최신개정판

1위

해커스

주간동아 선정 2022 올해의 교육 브랜드 파워
온·오프라인 금융자격증 부문 1위

3주 합격

해커스
전산세무 1급 법인세

이론+실무

이남호

베스트셀러
1위

**빈출
유형노트**
제공

 동영상강의 144강 무료
* 이론+실무 및 일부 강의 최대 7일간 수강 가능

해커스금융 | fn.Hackers.com

· 본 교재 인강(할인쿠폰 수록) · 빈출유형노트 특강(7일) 특별 · 최신기출문제 및 해설집
· 최신기출문제 해설강의 · 최신 개정세법 해설 특강(3일) 제공 · 최신 개정세법 자료집
· 이론+실무 기초특강(7일) · KcLep 프로그램 사용법 강의 · 전산세무 2급 이론요약노트

전산세무 1급 합격을 위한 해커스금융의 특별 혜택

이론+실무 기초특강 & 빈출유형노트 특강

해커스금융(fn.Hackers.com) 접속 후 로그인 ▶ 페이지 상단의 [회계/세무] 클릭 ▶ 좌측의 [전산세무회계 전급수 인강무료] 클릭 후 이용

* 수강신청 시 강의는 자동으로 시작되며, 7일간 수강 가능합니다.

▲
QR코드로
확인하기

이남호 교수님의 최신기출문제 해설강의(116강)+해설집

해커스금융(fn.Hackers.com) 접속 후 로그인 ▶ 페이지 상단의 [회계/세무] 클릭 ▶ 좌측의 [전산세무회계 기출해설 무료] 클릭 ▶ 급수 선택 후 이용

▲
QR코드로
확인하기

2024 최신 개정세법 해설 특강+자료집[PDF]

VFNE2C46EAB5DF8DBP

해커스금융(fn.Hackers.com) 접속 후 로그인 ▶ 페이지 하단의 [쿠폰&수강권 등록] 클릭 ▶ [수강권입력]란에 쿠폰번호 입력 후 이용

* 유효기간: 2025년 12월 31일까지(등록 후 7일간 수강 가능)
* 수강권 등록 시 강의는 자동으로 시작되며, 제공된 강의의 연장이 불가합니다.
* 자료집(PDF)은 특강 내 교안으로 제공됩니다.

기본기를 점검하는 강의+학습자료

① KcLep 프로그램 사용법 강의

해커스금융(fn.Hackers.com) 접속 후 로그인 ▶ 페이지 상단의 [회계/세무] 클릭 ▶ 좌측의 [전산세무회계 기출해설 무료] 클릭 후 이용

QR코드로
확인하기 ▶

② 기초 회계원리 학습자료[PDF]

A3Z7CSNC35ZR

해커스금융(fn.Hackers.com) 접속 후 로그인 ▶ 페이지 우측 상단의 [교재] 클릭 ▶ 좌측의 [무료 자료 다운로드] 클릭 ▶ 쿠폰번호 입력 후 이용

QR코드로
확인하기 ▶

전산세무 2급 이론요약노트[PDF]

9YJDXRAWB754

해커스금융(fn.Hackers.com) 접속 후 로그인 ▶ 페이지 우측 상단의 [교재] 클릭 ▶ 좌측의 [무료 자료 다운로드] 클릭 ▶ 쿠폰번호 입력 후 이용

▲
QR코드로
확인하기

합격의 기준, 해커스금융 fn.Hackers.com

해커스
전산세무 1급 법인세
이론+실무

해커스금융

▌이 책의 저자

이남호

학 력
단국대학교 회계학과 졸업

경 력
현 | 해커스금융 온라인 및 오프라인 전임교수

전 | KPMG 삼정회계법인(세무사업본부, Manager)
　　동남회계법인(회계감사)
　　한울회계법인(회계감사)

강의경력
현 | 한국생산성본부 회계·세무 실무강의

자격증
한국공인회계사(CPA), 세무사, 미국공인회계사(AICPA)

최근 5년간 평균 합격률 12.7%*, 낮은 합격률의 원인은?

시험에 합격하기 힘든 교재로 공부했기 때문입니다!

시중 교재는 시험에 출제되는 내용을 책에서 다루고 있지 않거나, 해설을 보아도 문제를 풀기 어렵거나, 이론과 실무를 따로 학습해야 하여 제대로 시험을 준비하기엔 턱없이 부족했습니다.

「해커스 전산세무 1급 법인세 이론+실무+최신기출」은

❶ **전산세무 1급 시험평가 범위 중 법인세를 이론과 실무로 나누어 수록하여 이론을 확실히 익힌 후 실무문제를 대비할 수 있습니다.**

법인세는 전체 출제비중 중 30%의 높은 비중을 차지하며, 난도가 높습니다. 따라서, 법인세 범위에 포함되는 내용을 확실하게 이해하는 것이 중요합니다. 본 교재는 71회분의 기출문제 중 법인세 문제를 분석하여 기출이론을 상세한 설명으로 수록하였고, 학습한 이론을 바탕으로 다양한 유형의 법인세 실무문제를 풀이해봄으로써 까다로운 법인세 문제를 대비할 수 있습니다.

❷ **총 12회분의 전산세무 1급 기출문제를 수록하여 실전에 철저히 대비할 수 있습니다.**

전산세무 시험은 기출문제를 많이 풀어보는 것이 중요합니다. 본 교재는 총 12회분의 전산세무 1급 기출문제와 상세한 해설을 수록하여 모르는 문제 없이 기출문제를 학습하며 실전에 대비할 수 있습니다.

전산세무 1급 법인세도 역시 해커스입니다!

「해커스 전산세무 1급 법인세 이론+실무+최신기출」은 금융·세무회계 분야에서 여러 차례 베스트셀러를 달성하며 쌓아온 해커스만의 합격 노하우와 철저한 기출 분석 결과를 담은 교재입니다.

해커스와 함께 전산세무 1급 시험을 준비하는 수험생 모두 합격의 꿈을 이루고 더 큰 목표를 향해 한걸음 더 나아갈 수 있기를 바랍니다.

* 82~112회 전산세무 1급 평균 합격률 기준(한국세무사회 공식 발표자료 기준)

목차

최신기출편 [전산세무 1급]

책속의 책

정답 및 해설

전산세무 2급 이론요약노트 PDF

최신 개정세법 자료집 PDF

기초회계원리 학습자료 PDF

최신기출문제 및 해설집 PDF

• 모든 PDF자료는 해커스금융 사이트(fn.Hackers.com)에서 무료로 다운받으실 수 있습니다.

전산세무 1급
학습방법

1 출제경향을 파악하고 학습플랜으로 전략적으로 학습한다.

출제비중 및 학습전략

법인세 이론 및 실무 기출문제를 철저히 분석한 최신출제경향을 통해 효과적인 학습전략을 세울 수 있습니다. 또한, 출제비중에 맞게 보다 전략적으로 학습할 수 있습니다.

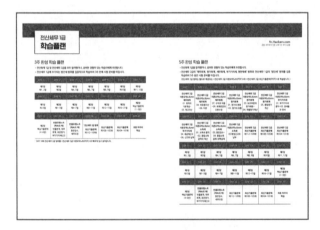

학습플랜

학습자의 상황에 따라 적합한 학습플랜을 선택할 수 있도록 3주/5주/7주 학습플랜을 수록하였습니다. 학습플랜을 통해 이론부터 실무까지 계획적으로 학습이 가능합니다.

2 시험에 꼭 나오는 이론을 확실하게 정리한다.

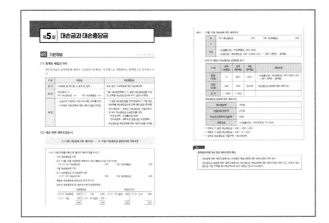

기출 횟수 및 빈출 표시

최근 71회 시험 중 각 이론과 관련된 문제의 출제 횟수를 표기하였고, 시험에 자주 나오는 이론에는 빈출을 표시하여 출제 경향과 중요한 이론을 파악할 수 있습니다.

기출포인트

시험에 자주 출제되는 포인트를 확인할 수 있습니다.

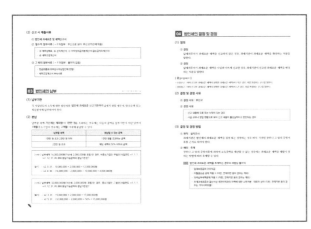

사례와 풀이

학습한 이론을 바로 사례에 적용하여 풀어보면서 문제 적용 능력을 키울 수 있으며, 자세한 풀이를 통해 어려운 문제도 쉽게 풀 수 있습니다.

용어 알아두기

본문 내용 중 생소한 용어를 설명하여 세무·회계 지식이 없는 학습자도 쉽게 학습할 수 있습니다.

핵심기출문제

시험에 자주 출제되는 핵심기출문제를 풀어보며 실전에 충분히 대비할 수 있습니다.

3 대표 출제유형 문제로 실무문제를 완전히 정복한다.

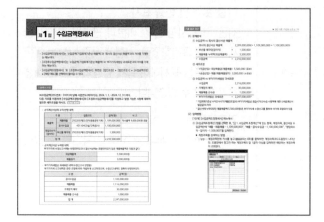

기출확인문제 및 기출 따라 하기

기출확인문제를 통해 대표적인 출제유형을 파악하고, 기출 따라 하기의 상세한 단계별 풀이과정을 통해 순서대로 답을 입력하며 자연스럽게 문제 해결 방법을 익힐 수 있습니다.

관련 이론 페이지

각 실무 문제 해설에 관련 이론 페이지를 수록하여 이론과 연계학습이 가능합니다.

4 풍부한 최신기출문제로 실전감각을 극대화한다.

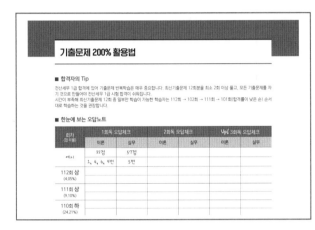

기출문제 200% 활용법

교재에 수록된 12회분의 최신기출문제를 보다 효율적으로 활용할 수 있습니다. 각 회차별 합격률을 확인하여 합격률이 낮은 순서대로 학습할 수 있고 각 회독마다 틀린 문제를 파악하여 효율적으로 복습할 수 있습니다.

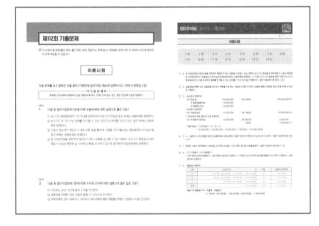

최신기출문제와 정답 및 해설

최신기출문제 12회분과 상세한 정답 및 해설을 제공합니다. 많은 기출문제를 풀어보며 확실하게 실전 연습을 할 수 있습니다.

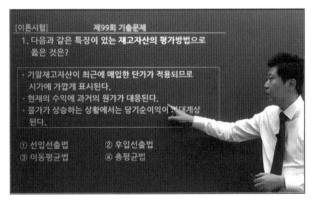

기출문제 해설강의

잘 이해되지 않는 문제는 해커스금융(fn.Hackers. com)에서 선생님의 자세한 최신기출문제 해설 강의로 확실하게 이해할 수 있습니다.

5 시험 직전 빈출유형노트로 최종 마무리한다.

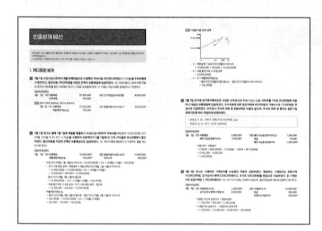

빈출분개 60선

자주 출제되는 분개 유형과 전산세무 2급에서 전산세무 1급에 새롭게 추가되는 유형을 분석하여 총 60개의 빈출분개를 수록했습니다. 시험 직전에 빠르게 문제와 풀이를 확인하여 다양한 분개 문제를 완전 정복할 수 있습니다.

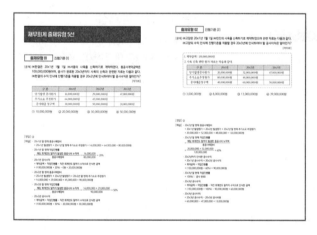

재무회계 / 표준원가 / 부가가치세신고 / 원천징수 / 세무조정 출제유형

전산세무 1급에서 자주 출제되는 대표적인 출제유형을 수록했습니다. 시험 직전에 출제유형을 한 번 더 확인하여 실수 없이 문제를 풀 수 있습니다.

6 다양한 부가 학습자료로 교재를 200% 활용한다.

최신기출문제 및 해설집 PDF

해커스금융(fn.Hackers.com)에서 교재에 수록된 최신기출문제 12회분을 포함한 42회분 기출문제 PDF를 제공합니다. 또한 알기 쉽게 설명된 정답 및 해설을 제공하여 모르는 문제 없이 기출문제 학습이 가능합니다.

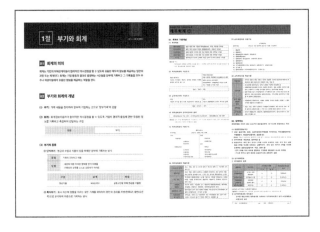

기초 회계원리 학습자료 PDF

기초 회계원리를 정리하여 기초 회계지식을 확실히 학습할 수 있습니다.

전산세무 2급 이론요약노트 PDF

전산세무 2급 핵심 이론을 정리하여 1급 출제범위에 포함되는 2급의 이론을 학습할 수 있습니다.

전산세무 1급
합격 가이드

▌전산세무 1급이란?

대학 졸업 수준의 재무회계와 원가회계, 세무회계(법인세, 소득세, 부가가치세)에 관한 지식과, 기업체의 세무회계 관리자로서 전산세무회계 프로그램을 활용한 세무회계 전반의 실무처리 업무를 수행할 수 있는지에 대한 능력을 평가하는 시험

▌자격시험 안내

▪ 시험일정

회 차	시험일	원서 접수일	합격자 발표
제114회	6/1(토)	5/2(목)~5/8(수)	6/20(목)
제115회	8/3(토)	7/4(목)~7/10(수)	8/22(목)
제116회	10/6(일)	8/29(목)~9/4(수)	10/24(목)
제117회	12/7(토)	10/31(목)~11/6(수)	12/26(목)

* 자세한 시험 일정은 한국세무사회 자격시험 사이트(http://license.kacpta.or.kr.)에서도 확인할 수 있습니다.

▪ 시험 관련 세부사항

시험방법	이론(30%)은 객관식 4지선다형 필기시험으로, 실무(70%)는 PC에 설치된 전산세무회계 프로그램(케이렙 : KcLep)을 이용한 실무시험으로 진행
합격자 결정기준	100점 만점에 70점 이상
시험시간	90분
응시자격	제한 없음 (다만, 부정행위자는 해당 시험을 중지 또는 무효로 하며, 이후 2년간 시험에 응시할 수 없음)
접수방법	한국세무사회 자격시험 사이트(http://license.kacpta.or.kr)로 접속하여 단체 및 개인별 선착순 접수(회원가입 및 사진등록)
시험주관	한국세무사회(02-521-8398, http://www.kacpta.or.kr)

■ 시험 평가범위

구 분		평가범위	비 고
이 론 (15문항, 30%)	재무회계 (10%)	당좌자산, 재고자산, 유·무형자산, 유가증권과 투자유가증권, 외화환산, 부채, 자본금, 잉여금, 자본조정, 수익과 비용, 회계변경	전산세무 2급 교재 또는 <전산세무 2급 이론 요약노트(PDF)> 학습자료로 학습 가능
	원가회계 (10%)	원가의 개념, 요소별·부문별원가계산, 개별·종합(단일, 공정별, 조별, 등급별) 원가계산, 표준원가계산	
	세무회계 (10%)	법인세법, 부가가치세법, 소득세법(종합소득세액의 계산 및 원천 징수 부분에 한함), 조세특례제한법(상기 관련 세법에 한함)	
실 무 (5문항, 70%)	재무회계 및 원가회계(15%)	거래자료입력, 결산자료입력	
	부가가치세(15%)	매입·매출거래자료 입력, 부가가치세 신고서의 작성 및 전자신고	
	원천제세(10%)	원천제세 전반 및 전자신고	
	법인세무조정(30%)	법인세무조정 전반	본 교재로 학습 가능

· 각 구분별 ±10% 이내에서 범위를 조정할 수 있음
· 답안매체로는 문제 USB 메모리가 주어지며, 이 USB 메모리에는 전산세무회계 실무과정을 폭넓게 평가하기 위하여 회계처리 대상의 기초등록사항 및 1년간의 거래자료가 전산 수록되어 있음
· 답안수록은 문제 USB 메모리의 기본 DATA를 이용하여 수험프로그램상에서 주어진 문제의 해답을 입력하고 USB 메모리에 일괄수록(저장)하면 됨

참고 학습 시 유의사항

전산세무 1급은 전산세무 2급 내용(재무회계, 원가회계, 세무회계, 부가가치세, 원천제세)에 법인세무조정 내용을 추가한 범위를 평가합니다. 전산세무 2급 내용은 본 교재에 수록되지 않으니, 전산세무 2급 내용은 <전산세무 2급 이론요약노트(PDF)> 또는 <해커스 전산세무 2급 이론+실무+최신기출>로 학습합니다.

합격 전략

● **TIP 1.** 전산세무 1급 시험은 전산세무 2급을 학습하셨다면 3주, 전산회계 1급을 학습하셨다면 5주, 전산회계 또는 전산세무 학습 경험이 없다면 7주 정도 학습하는 것이 좋습니다.

해커스가 분석한 결과, 전산세무 1급 합격자의 평균 학습기간은 55일이며, 이 중 본 교재에서 다루는 법인세의 평균 학습기간은 3주입니다. 법인세는 출제 비중이 높고(30%) 다른 범위보다 다소 까다로워 집중적으로 학습해야 합니다. 본 교재는 학습자의 다양한 상황에 맞춰 3주/5주/7주 학습플랜을 수록하였으며, 학습자의 상황에 따라 적합한 플랜을 선택할 수 있어 최적의 학습이 가능합니다. 또한 기출문제를 철저히 분석하여 출제되지 않은 불필요한 내용은 줄이고 출제된 핵심 이론을 전략적으로 수록하여 단기간에 체계적인 학습이 가능합니다.

● **TIP 2.** '이론 → 실무'의 순서대로 학습하는 것이 가장 효율적입니다.

전산세무 1급은 이론 30%, 실무 70%인 시험이지만, 이론이 바탕이 되어야 실무문제를 쉽게 풀 수 있습니다. 본 교재는 이론 학습 후 실무를 바로 연결하여 학습할 수 있도록 구성되어 있어 가장 효율적인 학습이 가능합니다.

● **TIP 3.** 기출문제를 많이 풀어볼수록 유리합니다.

전산세무회계 시험은 과거 출제된 문제가 반복해서 출제되는 경향이 있습니다. 따라서 기출문제 학습은 매우 중요하며, 최소 1년치(6회분) 이상의 기출문제를 학습하는 것을 권장합니다. 해커스는 총 12회분의 기출문제를 수록하여 다양한 기출문제를 학습할 수 있고, 효과적으로 반복 학습할 수 있도록 '기출문제 200% 활용법'을 수록하여 충분한 실전 연습이 가능합니다.

시험 당일
체크 포인트

┃ 시험 시작 전

1. 고사장 가기 전	· 수험표, 신분증, 일반계산기, 필기구(흑색 또는 청색)를 반드시 준비합니다. · 교재 부록인 <빈출유형노트>를 준비하여, 시험 시작 전까지 최종 정리를 합니다. 수험표　　신분증　　일반 계산기　　필기구　　<빈출유형노트> **참고** 유효신분증 　　주민등록증(분실 시 임시 발급확인서), 운전면허증, 여권, 생활기록부 사본(사진부착, 학교 직인 　　포함), 중·고등학생의 학생증(사진부착, 생년월일 포함), 청소년증(분실 시 청소년증 임시 발급 　　확인서), 장애인카드, 공무원증, 중·고등학교 재학증명서(사진부착, 생년월일과 학교 직인 포함)
2. 고사장 도착 (PM 2:40 이전)	· 고사장에는 오후 2시 40분(시험 시작 20분 전) 이전에 도착해야 합니다. · 고사장 입구에서 자신의 이름과 수험번호로 해당 고사실을 확인한 후, 고사실 입구에서 자 신의 자리를 확인합니다.
3. 쉬는 시간 (도착 후~PM 2:50)	· 고사장에 도착한 후, 약 오후 2시 50분까지 쉬는 시간이 주어집니다. 시험이 시작되면 쉬는 시간이 없으므로 반드시 이 시간에 화장실을 다녀오도록 합니다. · 컴퓨터를 부팅하여 키보드, 마우스 작동 상태 및 KcLep 프로그램 설치 유무를 확인합니다. · 준비해 간 <빈출유형노트>를 보면서 최종 마무리 학습을 합니다.
4. USB 수령 및 **문제 수록 파일 설치** (PM 2:50~2:55)	· USB 수령 : 감독관에게 USB를 수령한 후, USB 꼬리표에 기재된 내용이 본인이 응시한 시 험 종목 및 급수가 맞는지 확인하고, 꼬리표에 수험정보(수험번호, 성명)를 기재합니다. · USB 내 문제 수록 파일 설치 　· USB를 컴퓨터에 꽂은 후, 내 컴퓨터를 실행하여 USB 드라이브로 이동합니다. 　· USB 드라이브에서 문제 수록 파일인 'Tax.exe' 파일을 설치합니다. 　　**주의** Tax.exe 파일은 처음 설치한 이후, 수험자 임의로 절대 재설치(초기화)하지 말아야 합니다. 　· 파일이 설치되면 KcLep 프로그램을 실행한 후, 　　수험정보 [수험번호(8자리)] – [성명] – [문제유형(A, B)]을 정확히 입력합니다. 　　**주의** · 처음 수험정보를 입력한 이후에는 수정이 불가합니다. 　　　　· 수험정보를 잘못 입력하여 발생하는 일체의 불이익과 책임은 수험자 본인에게 있습니다.
5. 시험지 수령 (PM 2:55~3:00)	시험지가 USB 꼬리표에 기재된 시험 종목 및 급수와 동일한지 확인하고, 총 페이지 및 인쇄 상 태를 확인합니다.

▮ 시험 시작 후

1. 시험 시작 (PM 3:00)	감독관이 불러주는 [감독관 확인번호]를 정확히 입력한 후, 엔터를 누르면 시험이 시작됩니다.
2. 문제 풀이 및 답안 저장 (PM 3:00~4:30)	이론문제와 실무문제를 푸는 순서가 정해져 있지 않으므로, 본인이 편한 순서로 문제를 풉니다. **이론문제 답안부터 입력하는 방법** ① 시험지에 답안 체크 ② [이론문제 답안작성] 클릭 ③ 이론문제 답안 입력 ④ 실무문제 답안 입력 ⑤ [답안작성(USB로 저장)] 클릭 **실무문제 답안부터 입력하는 방법** ① 시험지에 답안 체크 ② 실무문제 답안 입력 ③ [이론문제 답안작성] 클릭 ④ 이론문제 답안 입력 ⑤ [답안작성(USB로 저장)] 클릭 **참고** · [이론문제 답안작성]을 클릭하여 작성한 답안은 USB에 저장되는 것이 아니며, PC 상에 임시로 작성되는 것입니다. 따라서 실무문제 답안까지 작성한 후, [답안저장(USB로 저장)] 버튼을 눌러야 모든 답안이 USB에 저장됩니다. · 실무문제 답안은 KcLep 프로그램 입력 시 자동으로 저장됩니다. **주의** · 답안저장 소요시간도 시험시간에 포함됩니다. [답안저장(USB로 저장)] 후 답안을 수정한 경우 반드시 다시 저장해야 하며, [답안저장(USB로 저장)]을 하지 않음으로써 발생하는 일체의 불이익과 책임은 수험자 본인에게 있습니다. · 타인의 답안을 자신의 답안으로 부정 복사한 경우, 해당 관련자 모두 불합격 처리됩니다.
3. 시험 종료 (PM 4:30)	답안이 수록된 USB를 감독관에게 제출한 후, 시험지를 가지고 조용히 퇴실합니다. **참고** 퇴실은 오후 4시 10분(시험 종료 20분 전)부터 가능합니다.

KcLep & 백데이터
설치방법

1. KcLep 수험용 프로그램 설치방법

CASE 1 | 해커스금융(fn.Hackers.com)에서 다운로드 받는 방법

1 해커스금융(fn.Hackers.com)에 접속합니다.

2 홈페이지 상단 bar 메뉴 '회계/세무' ▶ 무료컨텐츠 ▶ 무료 자료실 클릭 후, KcLep 최신 버전을 클릭합니다.

3 다운로드 파일을 클릭하여 KcLep 설치 파일을 다운로드합니다.

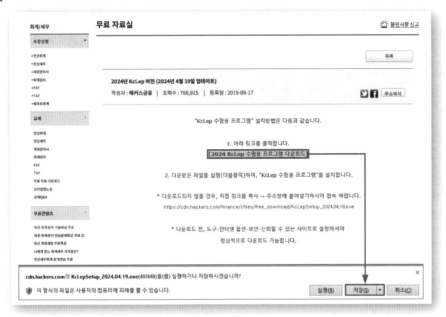

4 KcLepSetup_2024.04.19 설치파일이 설치폴더에 정상적으로 다운로드되었는지 확인합니다.

* KcLep 프로그램은 한국세무사회 업데이트 일정에 따라 버전이 달라질 수 있습니다.

5 다운로드 받은 파일을 실행하여 KcLep 수험용 프로그램을 설치합니다.

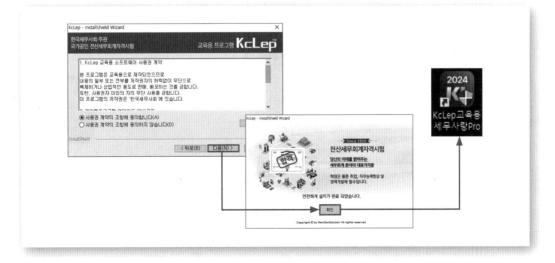

CASE 2 | 한국세무사회 홈페이지(license.kacpta.or.kr)에서 다운로드 받는 방법

1 한국세무사회 자격시험 홈페이지(license.kacpta.or.kr)에 접속 후 왼쪽 하단에 있는 케이렙(수험용) 다운로드를 클릭하여 다운로드합니다.

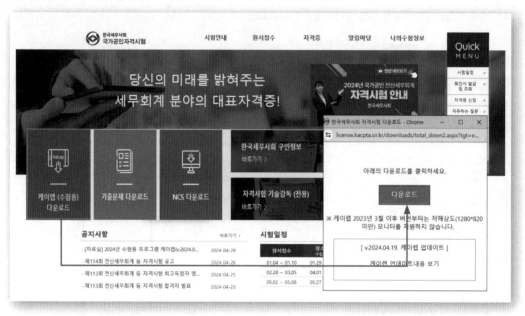

2 KcLepSetup_2024.04.19 설치파일이 설치폴더에 정상적으로 다운로드되었는지 확인합니다.

* KcLep 프로그램은 한국세무사회 업데이트 일정에 따라 버전이 달라질 수 있습니다.

3 다운로드 받은 파일을 실행하여 KcLep 수험용 프로그램을 설치합니다.

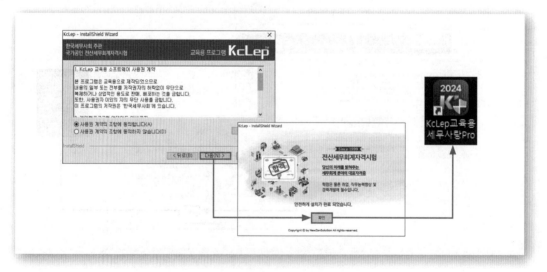

2. 백데이터 설치방법

1️⃣ 해커스금융(fn.Hackers.com)에 접속 후 상단 bar 메뉴 '회계/세무' ▶ 무료컨텐츠 ▶ 무료 자료실 클릭 후, 전산세무 1급 법인세 이론+실무+최신기출 백데이터를 클릭합니다.

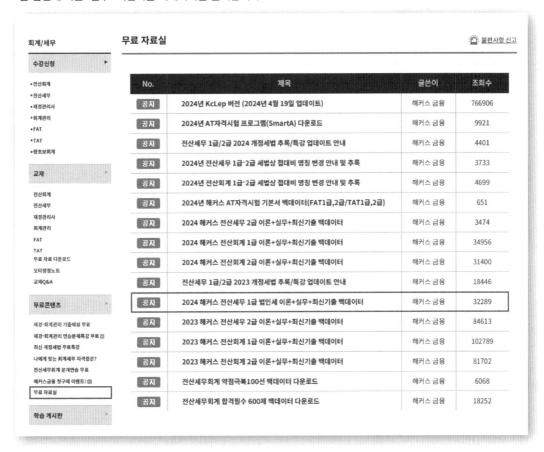

2️⃣ 다운로드 파일을 클릭하여 백데이터 파일을 다운로드합니다. (다운로드 완료 시, 압축파일이 생성됨)

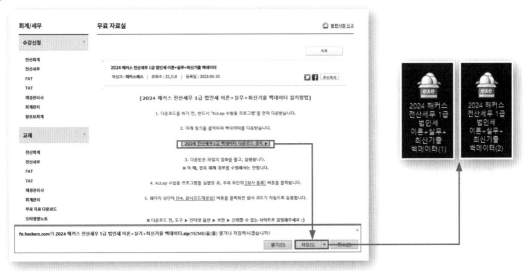

* 백데이터 업데이트 일정에 따라 파일명이 달라질 수 있습니다.

3 2024 해커스 전산세무 1급 법인세 이론+실무+최신기출 백데이터(1), (2)를 더블 클릭 시, 자동으로 정해진 위치에 압축이 해제되어 저장됩니다.

4 다운로드 완료 시, 다음과 같이 저장됩니다.

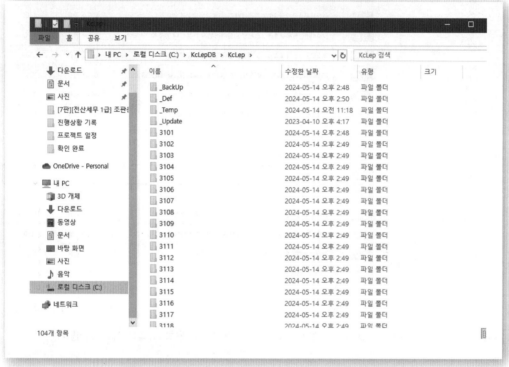

* 정렬방식 등에 따라 보이는 이미지와 다를 수 있습니다.

5 KcLep 프로그램을 실행시킨 후 [회사등록] 버튼을 클릭합니다.

6 [회사등록] 버튼 클릭 시 아래의 화면을 확인할 수 있으며 [F4 회사코드재생성] 클릭 후, [예(Y)] 버튼을 클릭합니다.

7 회사등록이 완료되었습니다.

* 백데이터 업데이트에 따라 보이는 이미지와 다를 수 있습니다.

Q. 저장되어 있는 실무 답을 지우고 다시 풀어보고 싶은데, 어떻게 하나요? (백데이터 초기화 방법)

A. 백데이터를 다시 다운받을 시 초기화된 상태에서 실무문제를 풀 수 있습니다. 백데이터를 다시 다운받기 전, p.20 **4**번과 같이 번호가 있는 폴더를 모두 이동(정답 데이터를 저장해두고 싶을 경우) 또는 삭제합니다. 이후 p.19의 순서대로 백데이터를 다시 다운로드하면 초기화할 수 있습니다.

전산세무 1급
학습플랜

3주 완성 학습 플랜

• 전산회계 1급 및 전산세무 2급을 모두 합격했거나, 공부한 경험이 있는 학습자에게 추천합니다.

• 전산세무 1급에 추가되는 법인세 범위를 집중적으로 학습하여 3주 만에 시험 준비를 마칩니다.

DAY 1 ☐	DAY 2 ☐	DAY 3 ☐	DAY 4 ☐	DAY 5 ☐	DAY 6 ☐	DAY 7 ☐
제1장 제1, 2절	제1장 제3절	제1장 제4, 5절	제1장 제6, 7절	제1장 제8, 9절	제1장 제10절	제1장 제11, 12절
DAY 8 ☐	DAY 9 ☐	DAY 10 ☐	DAY 11 ☐	DAY 12 ☐	DAY 13 ☐	DAY 14 ☐
제1장 제13절	제2장 제1~3절	제2장 제4~7절	제2장 제8~11절	제2장 제12~15절	제2장 제16~21절	제2장 핵심기출문제 (1~3번)
DAY 15 ☐	DAY 16 ☐	DAY 17 ☐	DAY 18 ☐	DAY 19 ☐	DAY 20 ☐	DAY 21 ☐
제2장 핵심기출문제 (4~6번)	빈출유형노트 (책속의 책) 빈출분개, 재무 회계, 표준원가, 부가가치세신고	빈출유형노트 (책속의 책) 원천징수, 세무조정	*전산세무 2급 범위 최신기출문제 제112~109회	최신기출문제 제108~105회	최신기출문제 제104~101회	최종 마무리 학습

* DAY 18에 전산세무 2급 범위를 <전산세무 2급 이론요약노트(PDF)>로 빠르게 짚고 넘어갑니다.

5주 완성 학습 플랜

- 전산회계 1급을 합격했거나, 공부한 경험이 있는 학습자에게 추천합니다.
- 전산세무 2급의 '재무회계, 원가회계, 세무회계, 부가가치세, 원천제세' 범위와 전산세무 1급의 '법인세' 범위를 집중 학습하여 5주 동안 시험 준비를 마칩니다.

  (전산세무 2급 범위는 별도로 제공되는 <전산세무 2급 이론요약노트(PDF)>와 <전산세무 2급 최신기출문제(PDF)>로 학습합니다.)

DAY 1 ☐	DAY 2 ☐	DAY 3 ☐	DAY 4 ☐	DAY 5 ☐	DAY 6 ☐	DAY 7 ☐
전산세무 2급 이론요약노트(PDF) 재무회계 01. 회계의 기본개념~ 03. 재고자산	전산세무 2급 이론요약노트(PDF) 재무회계 04. 비유동자산 ~06. 자본	전산세무 2급 이론요약노트(PDF) 재무회계 07. 수익과 비용 ~09. 회계변경과 오류수정	전산세무 2급 이론요약노트(PDF) 원가회계 01. 원가의 분류 ~02. 원가의 흐름	전산세무 2급 이론요약노트(PDF) 원가회계 03. 보조부문의 원가배분~ 04. 개별원가계산	전산세무 2급 이론요약노트(PDF) 원가회계 05. 종합원가 계산	전산세무 2급 이론요약노트(PDF) 부가가치세 01. 부가가치세 총칙~03. 영세율 과 면세

DAY 8 ☐	DAY 9 ☐	DAY 10 ☐	DAY 11 ☐	DAY 12 ☐	DAY 13 ☐	DAY 14 ☐
전산세무 2급 이론요약노트(PDF) 부가가치세 04. 세금계산서 ~06. 신고와 납부	전산세무 2급 이론요약노트(PDF) 소득세 01. 소득세 총칙 ~02. 종합소득 금액의 계산	전산세무 2급 이론요약노트(PDF) 소득세 03. 원천징수~ 04. 종합소득 공제·세액공제	전산세무 2급 이론요약노트(PDF) 소득세 05.확정신고와 납부	전산세무 2급 최신기출문제 제112~109회	전산세무 2급 최신기출문제 제108~105회	전산세무 2급 최신기출문제 제104~101회

DAY 15 ☐	DAY 16 ☐	DAY 17 ☐	DAY 18 ☐	DAY 19 ☐	DAY 20 ☐	DAY 21 ☐
제1장 제1, 2절	제1장 제3절	제1장 제4, 5절	제1장 제6, 7절	제1장 제8, 9절	제1장 제10절	제1장 제11, 12절

DAY 22 ☐	DAY 23 ☐	DAY 24 ☐	DAY 25 ☐	DAY 26 ☐	DAY 27 ☐	DAY 28 ☐
제1장 제13절	제2장 제1~3절	제2장 제4~7절	제2장 제8~11절	제2장 제12~15절	제2장 제16~21절	제2장 핵심기출문제 (1~3번)

DAY 29 ☐	DAY 30 ☐	DAY 31 ☐	DAY 32 ☐	DAY 33 ☐	DAY 34 ☐	DAY 35 ☐
제2장 핵심기출문제 (4~6번)	빈출유형노트 (책속의 책) 빈출분개, 재무회계, 표준원가, 부가가치세신고	빈출유형노트 (책속의 책) 원천징수, 세무조정	최신기출문제 제112~109회	최신기출문제 제108~105회	최신기출문제 제104~101회	최종 마무리 학습

7주 완성 학습 플랜

- 전산세무회계 시험을 위한 학습 경험 없이 바로 전산세무 1급에 도전하는 학습자에게 추천합니다.
- 1주부터 4주까지는 <해커스 전산세무 2급 이론+실무+최신기출> 교재로 학습하고, 5주부터 7주까지는 본 교재로 학습합니다.

1주	DAY 1 ☐	DAY 2 ☐	DAY 3 ☐	DAY 4 ☐	DAY 5 ☐	DAY 6 ☐	DAY 7 ☐
전산세무 2급 교재	제1장 제1, 2절	제1장 제3, 4절	제1장 제5~7절	제1장 제8, 9절	제2장 제1, 2절	제2장 3절	제2장 제4절
2주	DAY 8 ☐	DAY 9 ☐	DAY 10 ☐	DAY 11 ☐	DAY 12 ☐	DAY 13 ☐	DAY 14 ☐
전산세무 2급 교재	제2장 제5절	제3장 제1절 실무	제3장 제1절 핵심기출문제	제3장 제2절 실무	제3장 제2절 핵심기출문제	제4장 제1, 2절	제4장 제3, 4절
3주	DAY 15 ☐	DAY 16 ☐	DAY 17 ☐	DAY 18 ☐	DAY 19 ☐	DAY 20 ☐	DAY 21 ☐
전산세무 2급 교재	제4장 제5절	제4장 제6절	제5장 제1절 실무	제5장 제1절 핵심기출문제	제5장 제2절 실무	제5장 제2절 핵심기출문제 (1~4번)	제5장 제2절 핵심기출문제 (5~9번)
4주	DAY 22 ☐	DAY 23 ☐	DAY 24 ☐	DAY 25 ☐	DAY 26 ☐	DAY 27 ☐	DAY 28 ☐
전산세무 2급 교재	제6장 제1, 2절	제6장 제3~5절	제7장 제1절 실무	제7장 제1절 핵심기출문제	최신기출문제 제112~109회	최신기출문제 제108~105회	최신기출문제 제104~101회
5주	DAY 29 ☐	DAY 30 ☐	DAY 31 ☐	DAY 32 ☐	DAY 33 ☐	DAY 34 ☐	DAY 35 ☐
본 교재	제1장 제1, 2절	제1장 제3절	제1장 제4, 5절	제1장 제6, 7절	제1장 제8, 9절	제1장 제10절	제1장 제11, 12절
6주	DAY 36 ☐	DAY 37 ☐	DAY 38 ☐	DAY 39 ☐	DAY 40 ☐	DAY 41 ☐	DAY 42 ☐
본 교재	제1장 제13절	제2장 제1~3절	제2장 제4~7절	제2장 제8~11절	제2장 제12~15절	제2장 제16~21절	제2장 핵심기출문제 (1~3번)
7주	DAY 43 ☐	DAY 44 ☐	DAY 45 ☐	DAY 46 ☐	DAY 47 ☐	DAY 48 ☐	DAY 49 ☐
본 교재	제2장 핵심기출문제 (4~6번)	빈출유형노트 (책속의 책) 빈출분개, 재무 회계, 표준원가, 부가가치세신고	빈출유형노트 (책속의 책) 원천징수, 세무조정	최신기출문제 제112~109회	최신기출문제 제108~105회	최신기출문제 제104~101회	최종 마무리 학습

fn.Hackers.com

제 1 장

법인세 이론

제 **1** 장

법인세 이론

❘ Overview

법인세 이론은 이론시험 전체 15문제에서 약 2문제가 출제된다.

(이론시험 : 1문제당 2점의 배점으로 출제되어 총 30점 만점으로 구성)

법인세는 이론시험에서 출제비중이 높지 않으나, 실무시험 5번 '법인세무조정' 문제의 입력을 위한 바탕이 되므로 전산세무 1급 시험에서 30% 이상의 비중을 차지한다. 제1장 법인세 이론은 전산세무 1급 기출문제 분석을 바탕으로 실제 시험에서 출제될 가능성이 높은 내용만을 담아, 꼭 시험에 나올 수 있는 부분만 학습할 수 있도록 구성되어 있다.

❘ 출제비중

평균 2문제가 출제된다. 제1~13절에서 골고루 출제되는 편이며, 제10절 익금과 손금의 출제빈도가 가장 높고, 제1절 법인세 총칙의 출제빈도가 가장 낮다.

▎학습전략

1. 전체적인 흐름을 파악하는 이해 위주의 학습

학습 분량 대비 이론시험의 출제비중이 높지 않으므로 세부내용 하나하나를 암기하기보다는 법인세 과세체계와 전체 흐름에 대한 이해 위주로 학습한다.

2. 실무시험과 연결되는 내용에 집중

실무편 문제인 세무조정은 관련 법인세 이론을 알아야 풀 수 있으므로, 실무시험과 연결되는 내용을 집중적으로 학습한다.

제**1**절 | 법인세 총칙

01 법인세의 정의

법인세란 법인이 일정 기간 동안 벌어들인 소득에 대하여 과세하는 조세이다.

> 참고 이론적으로 볼 때 소득에 대한 세금은 법인소득세와 개인소득세로 나누어지는데, 우리나라에서는 법인소득세를 '법인세', 개인소득세를 '소득세'라고 한다.

02 과세대상 소득

(1) 각 사업연도 소득

기업활동을 통하여 매 사업연도마다 얻는 소득을 말한다. 이는 익금총액에서 손금총액을 차감하여 계산한다.

> 참고 과세대상 소득에 대한 학설과 규정방식

구 분	법인세법	소득세법
학 설	순자산증가설 : 순자산의 증가를 가져오는 모든 소득에 대하여 과세	소득원천설 : 소득의 성격을 분석하여 과세 여부를 판단
규정방식	포괄주의 : 과세대상이 아니라고 규정된 것 외의 소득은 모두 과세	열거주의 : 법에 열거된 소득만 과세 (단, 이자·배당소득은 유형별 포괄주의)

(2) 토지 등 양도소득

법인이 보유한 주택·별장, 비사업용 토지를 양도하여 얻는 소득을 말한다. 이는 각 사업연도 소득에 포함되어 일차적으로 각 사업연도 소득에 대한 법인세로 과세가 된 후, 소득세율과의 형평성 제고 및 부동산 투기 방지 목적으로 '토지 등 양도소득에 대한 법인세'로 한 번 더 과세한다.

(3) 청산소득

법인이 해산(단, 합병·분할에 따른 해산은 제외)에 의하여 소멸할 때 그 잔여재산가액이 자기자본총액을 초과하는 금액을 말한다. 이는 주로 법인 보유 자산의 가치상승분과 각 사업연도 소득의 탈루분으로 구성되며, 청산소득에 대한 법인세는 각 사업연도 소득에 대한 법인세의 최종 정산 과정이라고 볼 수 있다.

03 납세의무자

(1) 내국법인과 외국법인

① 내국법인

본점·주사무소 또는 사업의 실질적 관리장소를 국내에 둔 법인을 말한다.

② 외국법인

사업의 실질적 관리장소를 국내에 두지 않으면서 본점·주사무소를 외국에 둔 법인을 말한다.

(2) 영리법인과 비영리법인

① 영리법인

영리를 목적으로 하는 법인을 말한다. '영리'란 단순히 이윤추구 목적의 사업을 하는 것에 그치지 않고, 그러한 사업에서 발생한 이윤을 구성원에게 분배하는 것을 말한다.

② 비영리법인

학술·종교·자선 기타 영리 아닌 사업을 목적으로 하는 법인을 말한다. 비영리법인도 수익사업으로서 영리사업을 영위할 수 있으나, 그 이윤을 구성원에게 분배할 수 없고 고유목적사업에 사용하여야 한다.

04 납세의무자별 과세대상 소득의 범위   최근 71회 시험 중 2회 기출

구 분		각 사업연도 소득	토지 등 양도소득	청산소득
내국법인	영리법인	국내·외 모든 소득[1]	과세 O	과세 O
	비영리법인	국내·외 수익사업 소득	과세 O	과세 X
외국법인	영리법인	국내원천 모든 소득	과세 O	과세 X
	비영리법인	국내원천 수익사업 소득	과세 O	과세 X
국가·지방자치단체		과세 X	과세 X	과세 X

[1] 전산세무 1급 자격시험의 출제범위

사업연도란 법인의 소득을 계산하는 1회계기간을 말한다.

(1) 본래의 사업연도

① 원칙

법령이나 법인의 정관에서 정하는 1회계기간으로 한다. 다만, 그 기간은 1년을 초과할 수 없다.

② 법령·정관에 사업연도에 관한 규정이 없는 경우

사업연도를 정하여 신고하여야 한다.

③ 법령·정관에 사업연도에 관한 규정이 없고 사업연도를 신고하지 않은 경우

1월 1일부터 12월 31일까지를 사업연도로 한다.

(2) 최초 사업연도 개시일

내국법인의 최초 사업연도 개시일은 '설립등기일'로 한다. 다만, 법인 설립등기일 전에 생긴 손익을 최초 사업연도에 산입하는 경우에는 '손익이 최초로 발생한 날'로 한다.

(3) 사업연도의 변경

① 변경신고 기한

- 사업연도를 변경하려는 법인은 직전 사업연도 종료일로부터 3개월 이내에 변경신고를 하여야 한다.
- 기한 내에 변경신고를 하지 않은 경우 사업연도는 변경되지 아니한 것으로 본다. (→ 그 다음 사업 연도부터 사업연도가 변경됨)

② 변경 후 사업연도의 산정

- 사업연도가 변경된 경우 '종전의 사업연도 개시일부터 변경된 사업연도 개시일 전날까지'의 기간 을 1사업연도로 한다.
- 다만, 그 기간이 1개월 미만인 경우에는 그 기간을 변경된 사업연도에 포함한다.

(4) 사업연도의 의제

① 해산(단, 합병·분할에 따른 해산은 제외)한 경우

'사업연도 개시일~해산등기일'의 기간과 '해산등기일 다음 날~사업연도 종료일'의 기간을 각각 1사업 연도로 본다.

② 합병·분할에 따라 해산한 경우

'사업연도 개시일~합병등기일·분할등기일'의 기간을 1사업연도로 본다.

③ 청산 중에 있는 법인이 상법에 따라 사업을 계속하는 경우

'사업연도 개시일~계속등기일'의 기간과 '계속등기일 다음 날~사업연도 종료일'의 기간을 각각 1사업 연도로 본다.

④ 청산 중에 있는 법인의 잔여재산가액이 확정된 경우

'사업연도 개시일~잔여재산가액 확정일'의 기간을 1사업연도로 본다.

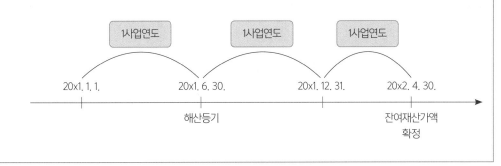

[사례] 본래의 사업연도가 '1월 1일~12월 31일'인 법인이 20x1년 6월 30일에 해산하여 20x2년 4월 30일에 잔여재산가액이 확정된 경우

06 납세지

최근 71회 시험 중 1회 기출

법인세의 납세지는 납세의무자가 법인세에 관한 신고·신청·납부 등의 행위를 하는 관할세무서를 결정하는 기준이 된다.

(1) 원칙적인 납세지

① 내국법인

법인 등기부상의 본점·주사무소(본점·주사무소가 국내에 있지 않은 경우에는 사업의 실질적 관리장소)

② 외국법인

주된 국내사업장

(2) 원천징수한 법인세의 납세지

원천징수한 법인세의 납세지는 해당 원천징수의무자의 소재지로 한다.

(3) 납세지의 변경신고

· 납세지가 변경된 법인은 변경된 날부터 15일 이내에 변경 후의 납세지 관할 세무서장에게 변경신고를 하여야 한다.
· 납세지가 변경된 법인이 부가가치세법 규정에 따라 사업자등록의 정정 신고를 한 경우에는 법인세법에 따른 납세지 변경신고를 한 것으로 본다.
· 납세지 변경신고를 하지 않은 경우에는 종전의 납세지를 그 법인의 납세지로 하며, 신고기한을 경과하여 변경신고를 한 경우에는 변경신고를 한 날부터 납세지가 변경된다.

핵심기출문제

* 본서에 수록된 기출문제의 날짜는 학습효과를 높이기 위하여 일부 수정함

01 법인세법과 관련한 다음의 설명 중 틀린 것을 고르시오. [제78회]

① 법인세는 법인의 납세지를 관할하는 세무서장 또는 지방국세청장이 과세한다.

② 내국법인의 법인세 납세지는 그 법인의 등기부에 따른 본점이나 주사무소의 소재지 (국내에 본점 또는 주사무소가 있지 아니하는 경우에는 사업을 실질적으로 관리하는 장소의 소재지)로 한다.

③ 일반 법인의 경우 최초 사업연도의 개시일은 설립등기일로 한다.

④ 사업연도는 법인의 소득을 계산하는 1회계기간으로서 법인의 정관에서 정하면 12개월을 초과할 수 있다.

02 사업연도가 매년 1월 1일부터 12월 31일까지인 법인이 사업연도를 매년 7월 1일부터 다음 연도 6월 30일까지로 변경하기로 하고 사업연도 변경신고를 20x1년 9월 1일에 한 경우 법인세법상 20x2년도 사업연도로 맞는 것은? [제69회]

① 20x2년 1월 1일~20x2년 12월 31일

② 20x2년 1월 1일~20x2년 8월 31일, 20x2년 9월 1일~20x3년 6월 30일

③ 20x2년 1월 1일~20x2년 6월 30일, 20x2년 7월 1일~20x3년 6월 30일

④ 20x1년 1월 1일~20x2년 6월 30일, 20x2년 7월 1일~20x3년 6월 30일

정답 및 해설

01 ④ 사업연도는 법인의 소득을 계산하는 1회계기간으로서 법령이나 법인의 정관(定款) 등에서 정하는 1회계기간으로 한다. 다만, 그 기간은 1년을 초과하지 못한다.

02 ③ 사업연도를 변경하려는 법인은 직전 사업연도 종료일로부터 3개월 이내에 변경신고를 하여야 한다. 사업연도가 변경된 경우 '종전의 사업연도 개시일부터 변경된 사업연도 개시일 전날까지'의 기간을 1사업연도로 한다.

01 세무조정의 정의

최근 71회 시험 중 2회 기출

각 사업연도의 소득금액은 익금총액에서 손금총액을 차감한 금액이다. 그러나 실제로 법인이 각 사업연도의 소득금액을 계산할 때에는, 익금총액과 손금총액을 별도로 산정하여 계산하는 방식(직접법)이 아니라 장부상 당기순이익에서 출발하여 '회계상 수익·비용'과 '법인세법상 익금·손금'의 차이를 조정해가는 방식(간접법)을 사용한다.

이와 같이 '결산서(장부)상의 당기순이익'을 가산조정 또는 차감조정하여 '법인세법상의 각 사업연도의 소득금액'에 도달하는 과정을 '세무조정'이라고 한다.

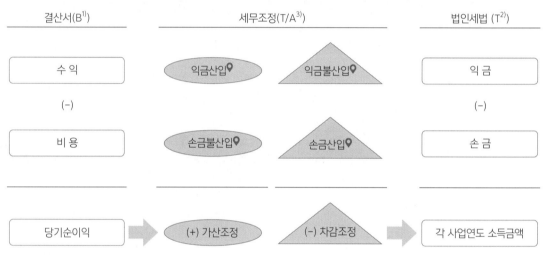

1) B : 결산서 = 장부(Book)
2) T : 법인세법(Tax)
3) T/A : 세무조정(Tax Adjustment)

│ 📍 용어 알아두기 │

- 익금산입 : 결산서에 수익으로 계상되어 있지 않지만 법인세법에 따른 익금에 해당하는 금액을 가산조정하는 것
- 익금불산입 : 결산서에 수익으로 계상되어 있지만 법인세법에 따른 익금에는 해당하지 않는 금액을 차감조정하는 것
- 손금산입 : 결산서에 비용으로 계상되어 있지 않지만 법인세법에 따른 손금에 해당하는 금액을 차감조정하는 것
- 손금불산입 : 결산서에 비용으로 계상되어 있지만 법인세법에 따른 손금에는 해당하지 않는 금액을 가산조정하는 것

(1) 기본개념

① 결산조정

익금·손금을 결산서에 수익·비용으로 계상함으로써 그 금액이 각 사업연도 소득금액에 반영되도록 하는 것을 말한다.

② 신고조정

결산서에 수익·비용으로 계상되지 않은 익금·손금이 있는 경우 이를 세무조정함으로써 그 금액이 각 사업연도 소득금액에 반영되도록 하는 것을 말한다.

(2) 결산조정항목

결산조정항목이란 결산서에 비용으로 계상한 금액에 한하여 손금으로 인정하는 항목을 말한다. 이는 손금에 대하여 결산서에 비용으로 계상한 금액이 세법상 손금보다 적은 경우라 하더라도 과소계상분을 신고조정(손금산입)으로 각 사업연도 소득금액에 반영할 수 없는 항목이다.

성격상 객관적인 외부거래 없이 내부적인 판단에 의하여 금액이 결정되는 추정경비가 여기에 해당하며, 대표적인 결산조정항목은 다음과 같다.

- 감가상각비의 손금산입
- 대손충당금의 손금산입
- 임의대손사유[1]에 해당하는 대손금의 손금산입
- 법 소정 고정자산·재고자산·주식의 평가손실

[1] 강제대손사유인 경우에는 신고조정항목

(3) 신고조정항목

신고조정항목이란 결산서에 수익·비용으로 계상한 금액이 세법상 익금·손금보다 적은 경우에 과소계상분은 반드시 신고조정(익금산입·손금산입)하여야 하는 항목을 말한다.

성격상 객관적인 외부거래로 인하여 발생되는 항목들인 것으로 볼 수 있고, 결산조정항목을 제외한 모든 세무조정사항은 신고조정항목에 해당한다.

신고조정항목에 대하여 결산서상 수익·비용 금액과 세법상 익금·손금이 다른 경우에는 익금산입·익금불산입·손금산입·손금불산입이라는 세무조정을 하여야 한다.

(1) 소득처분의 정의

소득처분이란 세무조정사항에 대하여 그 소득의 귀속을 확정하는 절차를 말한다.

① 세무조정사항으로 발생한 소득이 법인 외부로 유출된 경우, 소득귀속자를 파악하여 소득세를 원천징수한다.

② 세무조정사항으로 발생한 소득이 법인 내부에 남아있는 경우, 이를 결산서상 자본에서 조정하여 세법상 자본을 계산하고 향후 청산소득 계산 시 사용한다.

(2) 소득처분의 유형

가산조정(익금산입, 손금불산입)으로 세무조정한 금액에 대한 소득처분은 사외유출, 유보, 기타로 구분되고, 차감조정(손금산입, 익금불산입)으로 세무조정한 금액에 대한 소득처분은 △유보, 기타로 구분된다.

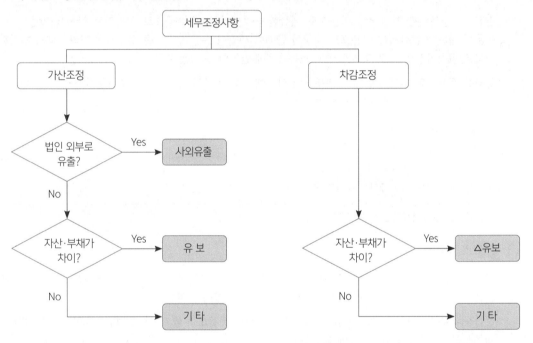

(3) 사외유출

사외유출은 가산조정으로 세무조정한 금액이 법인 외부로 유출된 경우에 하는 소득처분이다. 법인의 소득이 증가하는 경우에만 사외로 유출될 수 있으므로 사외유출 소득처분은 가산조정에만 있고 차감조정에는 없다.

① 소득의 귀속자가 분명한 경우

귀속자	소득처분	귀속자에 대한 과세	원천징수의무
주 주	배 당	소득세법상 배당소득으로 과세	O
임원, 사용인	상 여	소득세법상 근로소득으로 과세	O
법인, 개인사업자	기타사외유출	추가적인 과세 없음(∵ 장부에 반영되어 이미 각 사업연도 소득 또는 사업소득에 포함되어 있으므로)	X
그 외의 자	기타소득	소득세법상 기타소득으로 과세	O

귀속자가 중복되는 경우의 소득처분

> - 출자임원 또는 출자사용인이 귀속자인 경우(배당 vs 상여) : 상여
> - 법인주주가 귀속자인 경우(배당 vs 기타사외유출) : 기타사외유출

② 소득의 귀속자가 불분명한 경우

사외유출된 것은 분명하나 그 소득의 귀속자가 불분명한 경우에는 대표자에 대한 상여로 소득처분한다. 이는 귀속을 밝히지 못한 책임을 대표자에게 지우기 위함이다.

③ 추계의 경우

추계란 법인이 장부를 비치·기장하지 않은 경우 세법이 정하는 방법에 따라 과세표준을 추정하여 계산하는 것을 말한다. 추계의 경우 소득처분은 다음과 같이 한다.

> - 추계과세표준과 결산서상 세전이익과의 차액 : 대표자에 대한 상여
> - 천재지변 등 불가항력으로 장부나 증빙서류가 멸실되어 추계하는 경우 : 기타사외유출

④ 무조건 기타사외유출로 소득처분하여야 하는 경우

취 지	내 용
실지귀속 파악이 어려움	· ㉠ 기업업무추진비 한도초과액, ㉡ 적격증명서류 미수취 기업업무추진비 · ㉠ 기부금 한도초과액, ㉡ 비지정기부금 중 귀속자 불명분 · 임대보증금에 대한 간주익금 · ㉠ 업무용승용차의 임차료 중 감가상각비 상당액 한도초과액, ㉡ 업무용승용차의 처분손실 한도초과액 · 업무무관자산에 대한 지급이자
국가에 귀속	· '㉠ 채권자 불분명 사채이자', '㉡ 비실명 채권·증권의 이자'에 대하여 손금불산입한 금액 중 원천징수세액
실무관행 인정	· '귀속자 불분명' 또는 '추계'로 인하여 대표자 상여로 소득처분하고 해당 법인이 그 소득세 등을 대납하는 경우, '㉠ 대납하는 시점에 손비로 계상'하거나, '㉡ 대표자와의 특수관계가 소멸될 때까지 미회수'됨에 따라 손금불산입하는 금액
이중과세방지	· 불공정자본거래에 대한 부당행위계산 부인 규정이 적용되는 금액 중 귀속자에게 증여세가 과세되는 금액 · 외국법인의 국내사업장에 대한 각 사업연도 소득금액을 계산할 때 가산조정금액 중 외국법인 본점에 귀속되는 금액

(4) 유보와 △유보

유보와 △유보는 세무조정한 금액이 법인 내부에 남아있고 이에 따라 결산서와 세법 간에 자산·부채 금액의 차이가 발생하는 경우에 하는 소득처분이다. 유보 또는 △유보 소득처분이 생기면 동 금액을 결산서상 자본에서 조정하여 향후 청산소득 계산을 위한 세법상 자본을 계산하여야 한다.

모든 자산·부채는 결국 소멸되어 손익계산서로 반영되므로 당기에 유보(또는 △유보)로 소득처분된 금액은 당기 이후 언젠가는 반드시 반대의 세무조정에 따라 △유보(또는 유보)로 소득처분되어 소멸(추인)된다. 따라서 유보와 △유보 금액은 기업회계와 세무회계의 일시적 차이♀를 의미하며, 당기 이후의 정확한 세무조정을 위해서는 이에 대하여 기초 잔액, 당기 증감액, 기말 잔액을 기록하여 사후관리하여야 한다.

- 일시적 차이(Temporary Difference) : 유보 또는 △유보로 소득처분되는 세무조정
- 영구적 차이(Permanent Difference) : 사외유출(배당, 상여, 기타사외유출, 기타소득) 또는 기타로 소득처분되는 세무조정

(5) 기타

기타는 세무조정한 금액이 법인 내부에 남아있으나 결산서와 세법 간 자산·부채에는 차이가 없는 경우에 하는 소득처분이다. 따라서 기타 소득처분은 유보(△유보)와 달리 결산서상 자본을 조정할 필요가 없고 당기 이후에 반대의 세무조정도 유발되지 않는다.

이는 주로 자본에 해당하는 계정과목에 대한 세무조정에서 나타난다. 예를 들어, 세무상 손금을 결산서에 비용으로 계상하지 않고 자본 계정과목의 감소로 계상한 경우 기타로 소득처분한다.

참고 원천징수 또는 사후관리가 필요 없는 소득처분

> - 기타사외유출
> - 기타

04 세무조정 관련 신고서식    빈출 최근 71회 시험 중 12회 기출

(1) 소득금액조정합계표

세무조정사항은 '소득금액조정합계표' 서식에 기재하여 집계한다.

[사례]

익금산입 및 손금불산입			손금산입 및 익금불산입		
과 목	금 액	소득처분	과 목	금 액	소득처분
사례1	40[1]	유 보	사례2	20[2]	△유보
사례3	10[3]	유 보	사례4	60[4]	△유보
사례5	15	상 여	사례6	5	기 타
합 계	65		합 계	85	

[1] 당기 가산조정 40 (유보) = 기초 유보 잔액의 증가
[2] 당기 차감조정 20 (△유보) = 기초 유보 잔액의 감소
[3] 당기 가산조정 10 (유보) = 기초 △유보 잔액의 감소
[4] 당기 차감조정 60 (△유보) = 기초 △유보 잔액의 증가

(2) 자본금과 적립금조정명세서(을)

유보와 △유보 소득처분 금액은 '자본금과 적립금조정명세서(을)' 서식에 기초 잔액, 당기 증감액, 기말 잔액을 기록하여 관리한다.

[사례]

과 목	기초 잔액(ⓐ)	당기중 증감		기말 잔액 (ⓐ - ⓑ + ⓒ)
		감소(ⓑ)	증가(ⓒ)	
사례1, 사례2	100	20[2]	40[1]	120
사례3, 사례4	△50	△10[3]	△60[4]	△100
합 계	50	10	△20	20

[1] 당기 가산조정 40 (유보) = 기초 유보 잔액의 증가
[2] 당기 차감조정 20 (△유보) = 기초 유보 잔액의 감소
[3] 당기 가산조정 10 (유보) = 기초 △유보 잔액의 감소
[4] 당기 차감조정 60 (△유보) = 기초 △유보 잔액의 증가

기출포인트

서식 작성 시 유의사항

- '당기중 증감'란은 '감소(ⓑ) → 증가(ⓒ)'의 순서로 구성되어 있다.
- '감소'란에는 기초 유보 잔액의 감소(= 당기 차감조정)와 기초 △유보 잔액의 감소(= 당기 가산조정)를 기재하는 것이며, '기초 잔액'란 부호와 '감소'란 부호는 동일하게 기재하여야 한다.

(3) 자본금과 적립금조정명세서(갑)

향후 청산소득 계산에 사용할 세법상 자본은 '자본금과 적립금조정명세서(갑)' 서식에서 '결산서상 자본'에 '유보와 △유보의 기말 잔액(in 자본금과 적립금조정명세서(을))'을 가감하여 관리한다.

구체적인 서식 작성 방법은 실무편에서 학습하기로 한다.

핵심기출문제

*본서에 수록된 기출문제의 날짜는 학습효과를 높이기 위하여 일부 수정함

01 다음 중 법인세 세무조정 시 세무조정과 소득처분이 바르게 연결된 것은? [제46회]

① 주주임원에 대한 익금산입 : 배당
② 당 법인의 주주인 개인사업자의 사업소득을 구성하는 익금산입 : 기타사외유출
③ 당 법인의 임원인 개인사업자의 사업소득을 구성하는 익금산입 : 상여
④ 소득이 사외유출 되었으나 귀속자가 불분명한 익금산입 : 기타사외유출

02 다음은 법인세법상 소득처분에 대한 설명이다. 바르게 설명된 것은? [제34회]

① 모든 소득처분은 소득귀속자의 소득세 또는 법인세 납세의무를 유발한다.
② 모든 소득처분은 차기 및 그 이후의 세무상 소득금액에 영향을 미친다.
③ 출자자 및 출자임원에게 귀속되는 소득은 모두 상여로 소득처분한다.
④ 채권자가 불분명한 사채이자는 대표자 상여로 소득처분하며, 그 원천징수세액 상당액만 기타사외유출로 소득처분한다.

03 다음은 법인세법상의 소득처분에 대한 설명이다. 옳지 않은 것은? [제72회]

① 천재지변 등의 예외를 제외하고, 법인세를 추계결정하는 경우 과세표준과 법인의 재무상태표상의 당기순이익과의 차액(법인세 상당액을 공제하지 아니한 금액)은 대표자에 대한 상여로 처분한다.
② 사외유출된 소득의 귀속이 불분명하여 대표자에 대한 상여로 처분함에 따라 법인이 그에 대한 소득세를 대납하고 이를 손비로 계상한 경우에는 이를 손금불산입하여 기타사외유출로 처분한다.
③ 유보(△유보 포함)의 소득처분은 조세부담의 영구적 차이이므로 차기 이후에 당초의 세무조정에 반대되는 세무조정이 발생하지 않는다.
④ 귀속자가 임·직원의 경우에는 상여로 처리하고, 귀속자의 근로소득에 해당하여 소득세가 과세되고 원천징수가 필요하다.

04 법인세법상 법인의 세무상 자기자본총액(순자산)을 알 수 있는 법정 서식은?　　　[제66회]

① 법인세 과세표준 및 세액조정계산서
② 소득금액조정합계표
③ 자본금과 적립금조정명세서(을)
④ 자본금과 적립금조정명세서(갑)

정답 및 해설

01 ② ① 상여, ③ 기타사외유출, ④ 대표자 상여

02 ④ ① 유보 또는 기타 소득처분은 소득귀속자의 납세의무를 유발하지 않는다.
　　② 사외유출 또는 기타 소득처분은 차기 및 그 이후의 세무상 소득금액에 영향을 미치지 않는다.
　　③ 소득귀속자가 당 법인의 출자자일 때, 비사업자인 개인인 경우에는 배당으로 소득처분하고, 법인이거나 또는 사업자인 개인으로서 사업소득을 구성하는 경우에는 기타사외유출로 소득처분한다.

03 ③ 유보(△유보 포함)의 소득처분은 조세부담의 일시적 차이이므로 차기 이후에 당초의 세무조정에 반대되는 세무조정이 발생한다.

04 ④ '자본금과 적립금조정명세서(갑)' 서식에서는 '결산서상 자본'에 '유보와 △유보의 기말 잔액'을 가감하여 세법상 자본을 계산한다.

제**3**절 │ 감가상각비

01 세법상 감가상각제도의 특징
최근 71회 시험 중 **4**회 기출

(1) 규정에 따른 상각범위액 계산

감가상각이란 고정자산의 취득가액에서 잔존가액을 차감한 금액을 내용연수에 걸쳐 합리적이고 체계적인 방법으로 배분하는 과정을 말한다. 기업회계기준에서는 감가상각방법, 취득원가, 내용연수, 잔존가치에 대하여 폭넓은 선택과 추정을 허용하나, 세법에서는 기업 간 과세형평성 유지를 위하여 이에 대하여 비교적 획일화된 규정을 두고 있다.

(2) 감가상각비 시부인 계산 구조

고정자산에 대한 감가상각비는 결산서에 비용으로 계상한 경우에만 상각범위액 내에서 손금에 산입하고, 비용 계상액 중 상각범위액을 초과하는 금액은 손금에 산입하지 않는다. 이를 '감가상각비 시부인'이라고 하는데, 그 구체적인 처리방법은 다음과 같다.

구 분	명 칭	세법상 처리
회사계상액 > 상각범위액	상각부인액 (= 한도초과액)	· 손금불산입(유보) (→ 차기로 이월되어 추후 시인부족액 발생 시 추인)
회사계상액 < 상각범위액	시인부족액 (= 한도미달액)	· 세무조정 없음(∵ 결산조정항목) (→ 차기로 이월되지 않고 소멸) · 단, 전기이월 상각부인액이 있는 경우 : Min[당기 시인부족액, 전기이월 상각부인액]을 손금산입(△유보)

(3) 임의상각제도

감가상각비의 손금산입은 결산조정항목에 해당하므로 결산서에 비용으로 계상한 금액에 한하여 손금으로 인정되며, 전기이월 상각부인액이 없다면 시인부족액을 세무조정으로 손금산입할 수 없다.

따라서 세법상 상각범위액 안에서 회사는 상각 여부·금액·시기를 자유롭게 선택할 수 있으며, 이로 인해 세법상 감가상각제도를 '임의상각제도'라고 부른다.

[사례1] 다음 자료를 바탕으로 x1년~x2년의 세무조정을 하시오.
· x1년 초 기계장치 취득, 취득가액 200, 신고내용연수 2년, 신고상각방법 정액법
· x1년에 취득가액 200을 전액 비용 처리

[풀이]

구 분	x1년	x2년
회사계상액	200	0
상각범위액	100	100
상각부인액(시인부족액)	100	(100)
세무조정	<손금불산입> 100 (유보)	<손금산입> 100 (△유보)

[사례2] 다음 자료를 바탕으로 x1년~x4년의 세무조정을 하시오.
- x1년 초 기계장치 취득, 취득가액 200, 신고내용연수 2년, 신고상각방법 정액법
- x1년과 x2년에 비용 처리하지 않고, x3년과 x4년에 100씩 비용 처리

[풀이]

구 분	x1년	x2년	x3년	x4년
회사계상액	0	0	100	100
상각범위액	100	100	100	100
상각부인액 (시인부족액)	(100)	(100)	0	0
세무조정	없 음	없 음	없 음	없 음

참고 세법에서는 감가상각비를 상각범위액보다 과대계상하여 내용연수보다 짧게 상각하는 것은 인정하지 않지만, 감가상각비를 상각범위액보다 과소계상하여 내용연수보다 길게 상각하는 것은 인정한다. 즉, 세법에 규정되어 있는 내용연수는 해당 자산에 대한 최소한의 상각연수를 의미한다.

(4) 시부인 계산 단위

감가상각비는 개별 자산별로 시부인한다. 따라서, 한 자산에서는 상각부인액, 다른 자산에서는 시인부족액이 발생한 경우 서로 상계할 수 없으며, 각각 별도로 세무조정하여야 한다.

02 감가상각자산의 범위

최근 71회 시험 중 3회 기출

(1) 감가상각 대상자산

유형고정자산	건물, 구축물, 차량, 운반구, 공구, 기구, 비품, 선박, 항공기, 기계, 장치, 동물, 식물 등
무형고정자산	개발비[1], 사용수익기부자산가액[2], 영업권, 광업권, 특허권 등

[1] 개발 활동 관련 지출액은 그 성격상 과세기관 입장에서 자산성 여부를 판단하기 어려운 면이 있으므로, 기업회계기준에 따른 개발비(무형자산) 요건을 충족한 경우에만 이를 감가상각 대상자산으로 본다. 따라서 기업회계기준에 따라 회사가 해당 지출액을 비용으로 계상한 경우에는 그 지급이 확정된 사업연도의 손금에 산입한다.

[2] 금전 외의 자산을 특례기부금단체 또는 일반기부금단체에 기부한 후 그 자산을 사용하거나 그 자산으로부터 수익을 얻는 경우 해당 자산의 **장부가액**(시가 아님)을 말한다.
참고 비지정기부금에 해당하는 경우에는 무형자산으로 인정하지 않는다.

(2) 감가상각자산에 포함하는 것과 포함하지 않는 것

감가상각자산에 포함하는 것	감가상각자산에 포함하지 않는 것
· 장기할부조건으로 매입한 고정자산 (회사가 전액을 자산으로 계상하고 사업에 사용하는 경우에는 그 대금의 청산 또는 소유권의 이전 여부와 관계없이 이를 감가상각자산에 포함한다)	· 사업에 사용하지 않는 것[1] · 건설중인 자산 · 시간의 경과에 따라 그 가치가 감소되지 않는 것 [예] 토지

[1] · 유휴설비 : 감가상각자산 O (∵ 사업에 사용하고 있으나 일시적으로 가동되지 않고 있으므로)
　· 사용 중 철거한 자산 : 감가상각자산 X (∵ 사업에 사용하지 않으므로)
　· 취득 후 사용하지 않고 보관 중인 자산 : 감가상각자산 X (∵ 사업에 사용하지 않으므로)

(3) 리스자산의 경우

금융리스자산	리스 이용자의 감가상각자산
운용리스자산	리스 회사의 감가상각자산

> 참고 금융리스와 운용리스
> · 금융리스란 자산 소유에 따른 위험과 효익의 대부분이 리스 이용자에게 이전되는 리스를 말하며, 리스 이용자가 구입자금을 차입하여 자산을 장기할부로 취득하는 거래로 보아 회계처리한다.
> · 운용리스란 금융리스 이외의 리스를 말하며, 리스 이용자가 자산을 임차하는 거래로 보아 회계처리한다.

03　즉시상각의제

최근 71회 시험 중 4회 기출

(1) 원칙

'감가상각자산을 취득하기 위하여 지출한 금액'과 '감가상각자산에 대한 자본적 지출'을 결산서에 자산이 아니라 비용으로 계상한 경우, 해당 금액을 감가상각한 것으로 보아 다음과 같이 반영하여 감가상각 시부인 계산한다.

① 해당 금액을 감가상각자산의 취득가액에 합산 (→ 상각범위액 증가)

② 해당 금액을 회사계상 감가상각비에 합산 (→ 회사계상액 증가)

(2) 특례

감가상각자산을 취득하기 위하여 지출한 금액과 감가상각자산에 대한 자본적 지출을 결산서에 비용으로 계상하였더라도, 다음 중 어느 하나에 해당하는 경우에는 감가상각 시부인 계산 없이 비용 계상액을 전액 손금으로 인정한다.

소액자산의 취득가액	• 취득가액이 거래단위별 100만 원 이하인 감가상각자산 　예외 단, 다음의 자산은 제외 　　· 고유업무 성질상 대량으로 보유하는 자산 　　· 사업의 개시 또는 확장을 위하여 취득한 자산
단기사용자산의 취득가액	• 어업에 사용되는 어구 • 영화필름, 공구, 가구, 전기기구, 가스기기, 가정용 기구·비품, 시계, 시험기기, 측정기기, 간판 • 개별자산의 취득가액이 30만 원 미만인 대여사업용 비디오테이프 및 음악용 CD • 전화기(휴대용 전화기 포함), 개인용 컴퓨터(주변기기 포함)
소액수선비	• 개별자산별 수선비(자본적 지출과 수익적 지출) 합계액이 600만 원 미만인 경우 • 개별자산별 수선비(자본적 지출과 수익적 지출) 합계액이 전기말 재무상태표상 장부가액의 5% 미만인 경우 (→ 소액수선비 판단기준 : Max[600만 원, 전기말 재무상태표상 장부가액의 5%] 미만)
주기적 수선비	• 3년 미만의 기간마다 지출하는 주기적 수선비
생산설비·시설물의 폐기손실	• 시설개체·기술낙후로 인한 생산설비의 폐기손실(단, 비망가액 1천 원은 제외) • 사업폐지·사업장 이전 시 임차사업장 원상회복을 위한 시설물의 철거손실(단, 비망가액 1천 원은 제외) (→ 다른 사유 또는 다른 자산의 경우에는 인정되지 않음) (→ 손금액 = 해당 자산의 장부가액 − 1,000원)

[사례1] 다음 자료를 바탕으로 필요한 세무조정을 하시오.
- 기계장치(전기말 재무상태표상 취득가액 100,000,000원 및 감가상각누계액 20,000,000원)
- 신고내용연수 5년, 신고상각방법 정액법
- 결산서상 당기 감가상각비 : 20,000,000원
- 수선비 합계액 : 6,500,000원
  - 수익적 지출 : 4,500,000원(결산서에 비용으로 계상되어 있음)
  - 자본적 지출 : 2,000,000원(결산서에 비용으로 계상되어 있음)

[풀이]
- 소액수선비 판단 : 6,500,000원 ≥ 6,000,000원[1]
- 결산서에 비용으로 계상되어 있는 자본적 지출 2,000,000원에 대하여 즉시상각의제 규정이 적용됨
- 감가상각 시부인 계산
  - 취득가액 = 100,000,000 + 2,000,000 = 102,000,000원
  - 상각범위액 = 102,000,000 × 1/5 = 20,400,000원
  - 회사계상 감가상각비 = 20,000,000 + 2,000,000 = 22,000,000원
- 세무조정 : <손금불산입> 1,600,000 (유보)

[1] Max[6,000,000원, (100,000,000 − 20,000,000) × 5%]
　∴ 소액수선비 요건 충족 못함

[사례2] 다음 자료를 바탕으로 필요한 세무조정을 하시오.
· 기계장치(전기말 재무상태표상 취득가액 100,000,000원 및 감가상각누계액 20,000,000원)
· 신고내용연수 5년, 신고상각방법 정액법
· 결산서상 당기 감가상각비 : 20,000,000원
· 수선비 합계액 : 5,000,000원
  - 수익적 지출 : 3,000,000원(결산서에 비용으로 계상되어 있음)
  - 자본적 지출 : 2,000,000원(결산서에 비용으로 계상되어 있음)

[풀이] · 소액수선비 판단 : 5,000,000원 < 6,000,000원[1]
· 결산서에 비용으로 계상되어 있는 자본적 지출 2,000,000원에 대하여 특례 규정이 적용됨
· 감가상각 시부인 계산
  - 취득가액 = 100,000,000원
  - 상각범위액 = 100,000,000 × 1/5 = 20,000,000원
  - 회사계상 감가상각비 = 20,000,000원
· 세무조정 : 없음
[1] Max[6,000,000원, (100,000,000 - 20,000,000) × 5%]
  ∴ 소액수선비 요건 충족함

04 회사계상 감가상각비의 계산

최근 71회 시험 중 1회 기출

(1) 결산서상 감가상각비

판매비와관리비 또는 제조원가에 해당하는 감가상각비로 계상한 금액은 회사계상 감가상각비에 포함한다.

(2) 전기오류수정손실

전기 또는 그 이전 기간에 과소계상한 감가상각비를 기업회계기준에 따라 전기오류수정손실로 계상한 경우[1] 해당 금액을 당기에 감가상각한 것으로 보아 회사계상 감가상각비에 포함한다.
[1] (차) 전기오류수정손실(영업외비용)   xxx   (대) 감가상각누계액   xxx

(3) 손상차손

감가상각자산이 진부화, 물리적 손상 등에 따라 시장가치가 급격히 하락하여 기업회계기준에 따라 손상차손을 계상한 경우[1] 해당 금액을 감가상각한 것으로 보아 회사계상 감가상각비에 포함한다.
[1] (차) 유형자산손상차손(영업외비용)   xxx   (대) 손상차손누계액   xxx

참고 감가상각자산에 대하여 천재지변, 화재, 법령에 의한 수용, 채굴예정량 채진으로 인한 폐광의 사유로 평가손실을 계상한 경우에는 법정 고정자산 평가손실에 해당하므로, 감가상각 시부인 계산 없이 비용 계상액을 전액 손금으로 인정한다.

(4) 즉시상각의제

감가상각자산을 취득하기 위해 지출한 금액과 감가상각자산에 대한 자본적 지출을 결산서에 비용으로 계상한 경우 해당 금액을 감가상각한 것으로 보아 회사계상 감가상각비에 포함한다. (단, 특례에 해당하는 경우는 제외)

05 세법상 상각범위액의 계산

최근 71회 시험 중 2회 기출

(1) 상각방법별 상각범위액 계산

세법에서 선택할 수 있는 상각방법은 정액법, 정률법, 생산량비례법 중 하나이며, 상각범위액을 계산함에 있어서 잔존가액은 '0'으로 한다.

다만, 정률법의 경우 잔존가액이 없으면 상각률이 계산될 수 없으므로 '취득가액의 5%'를 잔존가액으로 하여 상각률을 계산하고, 동 금액은 미상각잔액이 최초로 5% 이하가 되는 사업연도의 상각범위액에 가산하여 상각한다.

① 정액법

$$상각범위액 \ = \ 세법상\ 취득가액^{1)} \ \times \ 상각률^{2)}$$

[1] = 기말 재무상태표상 취득가액 + 즉시상각의제누계액
    = 기말 재무상태표상 취득가액 + (당기 즉시상각의제 + 전기·그 이전의 즉시상각의제)
[2] 1/내용연수

② 정률법

$$상각범위액 \ = \ (세법상\ 기초\ 미상각잔액 \ + \ 자본적\ 지출)^{1)} \ \times \ 상각률^{2)}$$

[1] = 기초 재무상태표상 취득가액 − 기초 재무상태표상 감가상각누계액 + 전기이월 상각부인액
    + 자산으로 계상한 당기 발생 자본적 지출 + 당기 즉시상각의제
[2] $1 - \sqrt[n]{잔존가액/취득가액} = 1 - \sqrt[n]{0.05}$ (n : 내용연수)

③ 생산량비례법

$$상각범위액 \ = \ 세법상\ 취득가액 \ \times \ \frac{당기\ 생산량}{총\ 예정\ 생산량}$$

(2) 특수한 경우의 상각범위액 계산

① 기중에 신규로 취득한 자산

사업에 사용한 날부터 월할 상각하되, 1개월 미만은 1개월로 한다.

$$상각범위액 \ = \ 일반적인\ 상각범위액 \ \times \ \frac{해당\ 사업연도에\ 사용한\ 월수}{해당\ 사업연도의\ 월수}$$

[사례] 다음 자료를 바탕으로 x1년의 기계장치 상각범위액을 계산하시오.
- x1년 7월 15일 기계장치 취득, x1년 10월 20일 사업에 사용
- 취득가액 100, 신고내용연수 5년, 신고상각방법 정액법

[풀이] x1년 기계장치 상각범위액 = (100 × 3/12) × 1/5 = 5

② 기존 고정자산에 대한 자본적 지출

기존 고정자산에 대한 자본적 지출액은 신규 취득의 경우와는 달리 기중에 자본적 지출이 발생한 경우에도 기초에 지출한 것으로 보아 그 월수를 고려하지 않고 취득가액에 합산하여 상각범위액을 산정한다.

[사례] 다음 자료를 바탕으로 x2년의 기계장치 상각범위액을 계산하시오.
- x1년 초 기계장치 취득, 취득가액 100, 신고내용연수 5년, 신고상각방법 정액법
- x2년 4월 1일 자본적 지출액(자산계상) 40

[풀이] x2년 기계장치 상각범위액 = {100 + (40 × 12/12)} × 1/5 = 28

참고 기존 고정자산에 대한 자본적 지출이 발생하면 당초 신고한 내용연수가 경과하더라도 미상각잔액이 남게 되어, 실제 내용연수가 당초 신고한 내용연수보다 길어지게 된다. (→ 미상각잔액은 이후 사업연도에 상각)

(상기 사례에서)
- 취득가액 = 140
- x1년부터 x5년까지 5년간 상각범위액 합계액 = (20 × 1) + (28 × 4) = 132
- x5년 말에 남게 되는 최소 미상각잔액 = 8

③ 본래의 사업연도가 1년 미만인 경우

정관에서 정하는 본래의 사업연도가 1년 미만인 경우, 사업연도의 월수로 환산한 환산내용연수와 그에 따른 상각률을 적용한다. 1개월 미만은 1개월로 한다.

$$\text{환산내용연수} = \text{신고내용연수} \times \frac{12}{\text{사업연도의 월수}}$$

④ 일시적으로 사업연도가 1년 미만인 경우

사업연도의 변경 또는 사업연도의 의제(해산, 합병, 분할 등)에 따라 일시적으로 사업연도가 1년 미만이 된 경우, 월할 상각한다. 1개월 미만은 1개월로 한다.

$$\text{상각범위액} = \text{사업연도가 1년인 경우의 상각범위액} \times \frac{\text{사업연도의 월수}}{12}$$

06 상각범위액의 결정요소

(1) 취득가액

① 기본원칙

- 타인으로부터 매입한 자산 : 매입가액 + 부대비용
- 자기가 제조·생산·건설한 자산 : 제작원가 + 부대비용
- 증여로 취득한 자산 : 취득 당시 시가

② 자본적 지출과 수익적 지출

구 분	자본적 지출	수익적 지출
정 의	자산의 내용연수 연장 및 현실적인 가치 증가를 위한 지출	자산의 원상회복 및 능률유지를 위한 지출
처 리	취득가액	손 금
사 례	· 본래의 용도를 변경하기 위한 개조 · 엘리베이터 또는 냉난방 장치의 설치 · 빌딩 등에 있어서 피난시설 등의 설치 · 재해 등으로 인해 멸실·훼손되어 본래의 용도에 이용할 가치가 없는 건축물·기계·설비 등의 복구 · 기타 개량, 확장, 증설 등 자산의 가치를 증가시키는 것	· 건물 또는 벽의 도장 · 파손된 유리나 기와의 대체 · 기계의 소모된 부속품과 벨트의 대체 · 자동차의 타이어 튜브의 대체 · 재해를 입은 자산에 대한 외장의 복구, 도장, 유리의 삽입 · 기타 조업 가능한 상태의 유지 등을 위한 것

③ 즉시상각의제

감가상각자산을 취득하기 위하여 지출한 금액과 감가상각자산에 대한 자본적 지출을 결산서에 비용으로 계상한 경우 해당 금액을 감가상각자산의 취득가액에 합산한 후 이를 감가상각 시부인 계산한다. (단, 특례에 해당하는 경우는 제외)

(2) 잔존가액

① 기본원칙

- 세법상 상각범위액을 계산함에 있어서 잔존가액은 '0'으로 한다.
- 정률법의 경우 잔존가액이 없으면 상각률이 계산될 수 없으므로 '취득가액의 5%'를 잔존가액으로 하여 상각률을 계산하고, 동 금액은 미상각잔액이 최초로 5% 이하가 되는 사업연도의 상각범위액에 가산하여 상각한다.

② 상각완료자산의 비망가액

감가상각이 종료되는 자산에 대해서는 취득원가의 5%와 1,000원 중 적은 금액을 장부가액(미상각잔액)으로 남겨두고 동 금액은 손금(감가상각비)에 산입하지 않는다. 이는 사후관리를 위한 비망기록으로서, 해당 자산이 처분될 때 비로소 손금에 산입된다.

$$비망가액 \ = \ Min[⊙ \ 취득가액의 \ 5\%, \ ⊙ \ 1,000원]$$

(3) 내용연수

① 기준내용연수

기준내용연수란 자산의 종류별·업종별로 규정되어 있는 법정내용연수를 말한다.

- 건축물, 차량운반구, 비품 등의 내용연수

대상자산	기준내용연수	내용연수범위
차량운반구, 공구, 기구, 비품	5년	4~6년
선박, 항공기	12년	9~15년
연와조, 블록조, 콘크리트조, 토조, 목조 등의 건물과 구축물	20년	15~25년
철골·철근 콘크리트조, 석조, 철골조 등의 건물과 구축물	40년	30~50년

- 업종별 자산(기계장치)의 내용연수

대상자산	기준내용연수	내용연수범위
가죽·가방·신발제조업, 교육서비스업	4년	3~5년
농업, 임업, 도·소매업, 금융·보험업	5년	4~6년
전자부품·컴퓨터제조업, 통신업	6년	5~7년
의복제조업, 종합건설업, 숙박업, 부동산업	8년	6~10년
어업, 금속광업, 식료품제조업, 섬유제품제조업	10년	8~12년
담배제조업, 수상운송업, 항공운송업	12년	9~15년
연탄·석유정제품 제조업	14년	11~17년
전기·가스·증기·공기조절업	16년	12~20년
수도사업	20년	15~25년

- 시험연구용 자산의 내용연수

대상자산	기준내용연수	내용연수범위
광학기기, 시험기기, 측정기기, 기타 시험연구용 설비	3년	-
시험연구용 건물부속설비·구축물·기계장치	5년	-

- 무형고정자산의 내용연수

대상자산	기준내용연수	내용연수범위
영업권, 디자인권, 실용신안권, 상표권	5년	-
특허권	7년	-
어업권	10년	-
광업권	20년	-
댐사용권	50년	-

② 신고내용연수
- 기준내용연수에 기준내용연수의 25%를 가감한 기간을 넘지 않는 연 단위의 범위[1]를 내용연수범위라고 하는데, 회사는 내용연수범위에서 적용받고자 하는 내용연수를 선택하여 신고할 수 있고, 이때 신고한 내용연수를 신고내용연수라고 한다.

  [1] 예 기준내용연수 10년 → 내용연수범위 8~12년
- 내용연수는 영업개시일(또는 자산취득일)이 속하는 사업연도의 법인세 신고기한까지 신고하여야 하며, 기한 내에 신고하지 않은 경우에는 기준내용연수를 적용한다.
- 시험연구용 자산과 무형고정자산에 대해서는 내용연수범위가 없으므로 기준내용연수만 적용한다.
- 자산별·업종별로 적용한 신고내용연수 또는 기준내용연수는 그 후의 사업연도에도 계속하여 그 내용연수를 적용하여야 한다.

③ **특례내용연수**(내용연수의 변경)
- 적용 사유
  다음 중 어느 하나에 해당하는 경우에는 관할관청의 승인을 얻어 ⓐ 특례내용연수를 최초로 적용하거나 ⓑ 적용하던 내용연수를 특례내용연수로 변경할 수 있다.

내용연수 단축 사유	· 사업장의 특성으로 자산의 부식, 마모, 훼손의 정도가 현저한 경우 · 영업개시 후 3년이 경과한 법인으로서 당기 생산설비 가동률이 직전 3기 평균가동률보다 현저히 증가한 경우 · 신생산기술·신제품의 개발·보급으로 기존설비의 가속상각이 필요한 경우
내용연수 연장 사유	· 경제적 여건의 변동으로 조업을 중단하거나 생산설비의 가동률이 감소한 경우

- 특례내용연수
  특례내용연수란 기준내용연수에 기준내용연수의 50%를 가감한 기간을 넘지 않는 연 단위의 범위에서 신청하여 승인을 얻은 연수를 말한다.
- 절차
  - 특례내용연수는 ⓐ 영업개시일(기준내용연수가 다른 자산을 취득한 경우 자산취득일)로부터 3개월 이내 또는 ⓑ 변경할 내용연수를 적용하고자 하는 최초 사업연도의 종료일까지 승인신청하여야 한다.
  - 내용연수를 변경한 후 다시 변경하고자 하는 경우에는 변경한 내용연수를 최초로 적용한 사업연도 종료일로부터 3년이 경과하여야 한다.

④ 수정내용연수
- 적용 사유
  매입하는 법인 입장에서 기준내용연수의 50% 이상이 경과된 중고자산을 다른 법인 또는 개인사업자로부터 취득(합병·분할에 의한 승계취득 포함)한 경우에는 해당 자산에 대하여 수정내용연수를 적용할 수 있다.
- 수정내용연수
  수정내용연수란 해당 자산의 기준내용연수의 50%에 상당하는 연수(1년 미만은 없는 것으로 함)와 기준내용연수의 범위[1]에서 선택하여 신고한 연수를 말한다.

  [1] 예 기준내용연수 5년 → 수정내용연수의 선택범위 2~5년
- 절차
  수정내용연수는 중고자산 취득일(또는 합병·분할등기일)이 속하는 사업연도의 법인세 신고기한까지 신고하여야 한다. (→ 관할관청의 승인을 필요로 하지 않는다)

(1) 감가상각방법의 적용

감가상각방법은 자산별로 다음 중 하나를 선택하여 영업개시일(또는 자산취득일)이 속하는 사업연도의 법인세 신고기한까지 신고하여야 하며, 기한 내에 신고하지 않은 경우에는 무신고 시 상각방법을 적용한다.

구 분		신고 시 선택 가능한 상각방법	무신고 시 상각방법
유형 고정자산	일 반	정액법, 정률법	정률법
	건축물	정액법	정액법
	폐기물 매립시설	정액법, 생산량비례법	생산량비례법
	광업용 유형고정자산	정액법, 정률법, 생산량비례법	생산량비례법
무형 고정자산	일 반	정액법	정액법
	광업권	정액법, 생산량비례법	생산량비례법
	개발비	20년 이내의 기간 정액법[1]	5년 정액법[2]
	사용수익기부자산가액	사용수익기간 정액법[3]	
	주파수이용권, 공항·항만시설관리권	사용기간 정액법	

[1] 관련 제품의 판매·사용이 가능한 시점부터 20년 이내의 기간 내에서 연 단위로 신고한 내용연수 동안 균등하게 안분하여 월할 상각
[2] 관련 제품의 판매·사용이 가능한 시점부터 5년 동안 균등하게 안분하여 월할 상각
[3] 사용수익기간(사용수익기간에 관한 특약이 없는 경우 신고내용연수) 동안 균등하게 안분하여 월할 상각(단, 그 기간 중에 멸실·계약해지된 경우 미상각잔액을 전액 상각)

(2) 감가상각방법의 변경

① 변경 사유

자산별로 적용한 감가상각방법은 그 후의 사업연도에도 계속하여 적용하여야 하는 것이 원칙이나, 다음 중 어느 하나에 해당하는 경우에는 관할관청의 승인을 얻어 그 감가상각방법을 변경할 수 있다.

> ・ 상각방법이 서로 다른 법인이 합병·분할합병한 경우
> ・ 상각방법이 서로 다른 사업자의 사업을 인수한 경우
> ・ 외국인투자촉진법에 의하여 외국인투자자가 내국법인의 주식을 20% 이상 인수하게 된 경우
> ・ 해외시장의 경기변동 또는 경제적 여건의 변동으로 인하여 종전의 상각방법을 변경할 필요가 있는 경우
> ・ 국제회계기준을 최초로 적용한 사업연도에 회계정책의 변경에 따라 결산상각방법이 변경된 경우(변경된 결산상각방법과 같은 방법으로 변경하는 경우만 해당함)

② 변경 절차

・ 변경할 상각방법을 적용하고자 하는 최초 사업연도의 종료일까지 승인신청하여야 한다.
・ 법인이 변경승인을 얻지 않고 상각방법을 변경한 경우 상각범위액은 변경하기 전의 상각방법에 의하여 계산한다.

③ 감가상각방법 변경 후 상각범위액

$$\text{상각방법 변경 후 상각범위액} = \text{세법상 미상각잔액} \times \text{변경 후 상각률}^{1)}$$

1) • 변경 후 상각방법에 의한 상각률을 적용하되, 잔존 내용연수가 아니라 당초 신고내용연수(또는 기준내용연수)를 기준으로 하여 상각률을 적용한다. (∵ 내용연수의 변경과 감가상각방법의 변경은 각각 별도로 관할관청의 승인을 얻어야 하는 항목이므로)
• 감가상각방법을 변경하면 실제 내용연수가 당초 신고한 내용연수보다 길어지게 된다.

> **참고** 기업회계기준에서의 감가상각방법 변경
>
> • 회계추정의 변경으로 보아 전진법으로 회계처리
> • 당해 회계연도 개시일부터 잔존 내용연수 동안만 변경 후 상각방법을 적용

08 감가상각자산의 양도

최근 71회 시험 중 1회 기출

• 감가상각자산을 양도한 경우 해당 자산의 상각부인액은 양도일이 속하는 사업연도의 손금에 산입한다. (손금추인)(이유 : 상각부인액이 있는 자산을 양도한 경우 장부상 처분이익이 과대계상(또는 처분손실이 과소계상)되므로)
• 감가상각자산을 기중(예 5월 31일)에 양도한 경우에도 기초 시점부터 양도일까지의 기간(예 1월 1일~5월 31일)에 대한 감가상각 시부인 계산은 하지 않는다.
(이유 : 양도자산에 대한 감가상각비는 처분손익에 반영되어 양도일에 상각부인액이 손금추인되므로)
• 감가상각자산의 일부를 양도한 경우, 양도분에 대한 상각부인액은 다음과 같이 계산한다.

$$\text{양도분 상각부인액} = \text{해당 자산 전체 상각부인액} \times \frac{\text{양도분 취득가액}}{\text{해당 자산 전체 취득가액}}$$

• 감가상각자산의 일부를 양도한 경우, 미양도분에 대한 감가상각 시부인 계산은 다음과 같이 계산한다.

> • 회사계상액 : 미양도분에 대한 회사계상 감가상각비
> • 상각범위액 : 미양도분에 대한 세법상 가액 × 상각률

[사례] 다음 자료를 바탕으로 x3년의 세무조정을 하시오.
· x1년 초 4층 건물 취득, 취득가액 400, 상각방법 정액법, 장부상 내용연수 10년, 신고내용연수 16년
· x3년 5월 31일 3개층(취득가액 300 해당분)을 200에 현금 처분

[풀이] · 전기이월 내역(= x2년 말 내역)

구 분	장 부	전기이월 상각부인액	세 법
취득가액	400		400
감가상각누계액	(80)[1]	30 (유보)	(50)[2]
미상각잔액	320		350

[1] (400 × 1/10) × 2년 = 80
[2] (400 × 1/16) × 2년 = 50

- 양도분에 대한 상각부인액 손금추인

B	(차) 감가상각누계액	60	(대) 건물	300
	현금	200		
	유형자산처분손실	40		
T	(차) 감가상각누계액	37.5	(대) 건물	300
	현금	200		
	유형자산처분손실	62.5		
T/A	<손금산입> 22.5[1] (△유보)			

[1] $30 \times \dfrac{300}{400} = 22.5$

- 미양도분에 대한 감가상각 시부인

회사계상액	10
상각범위액	6.25
상각부인액 (시인부족액)	3.75
세무조정	<손금불산입> 3.75 (유보)

- 차기이월 내역(= x3년 말 내역)

구 분	장 부	차기이월 상각부인액	세 법
취득가액	100		100
감가상각누계액	(30)[1]	11.25 (유보)[3]	(18.75)[2]
미상각잔액	70		81.25

[1] (100 × 1/10) × 3년 = 30
[2] (100 × 1/16) × 3년 = 18.75
[3] 30(전기이월) + △22.5(양도분 손금추인) + 3.75(미양도분 당기 상각부인액) = 11.25

- 소득금액조정합계표

익금산입 및 손금불산입			손금산입 및 익금불산입		
과 목	금 액	소득처분	과 목	금 액	소득처분
상각부인액	3.75	유 보	전기 상각부인액	22.5	△유보

- 자본금과 적립금 조정명세서(을)

과 목	기초 잔액(ⓐ)	당기중 증감		기말 잔액 (ⓐ - ⓑ + ⓒ)
		감소(ⓑ)	증가(ⓒ)	
상각부인액	30	22.5	3.75	11.25

09 감가상각의제

(1) 정의

각 사업연도 소득에 대하여 법인세를 면제받거나 감면받는 경우에는 해당 사업연도의 소득금액을 계산할 때 개별 자산에 대한 감가상각비가 상각범위액이 되도록 감가상각비를 손금에 산입하여야 하는데, 이를 '감기상각의제'라고 한다.

> 참고 제도의 취지
>
> 감가상각비가 임의상각제도라는 점을 악용하여 회사가 감면사업연도에는 감가상각비를 계상하지 않고 미루어 두었다가 감면사업연도가 지난 후에 감가상각비를 계상하여 손금으로 인정받게 되면 법인세 부담을 이중으로 줄일 수 있게 되는데, 이러한 조세회피행위를 방지하기 위하여 감가상각의제 규정을 두고 있다.

따라서, 감가상각의제 규정이 적용되면 결산서상 감가상각비가 상각범위액에 미달하는 경우 그 미달하는 금액(= 시인부족액 = 감가상각의제액)을 세무조정으로 손금산입하여야 하며(신고조정항목, 강제상각제도), 이는 '결산조정항목, 임의상각제도'라는 세법상 감가상각비의 일반원칙에 대한 예외 규정이라고 볼 수 있다.

(2) 적용 효과

① 감면사업연도 : 감가상각의제액을 손금산입(△유보) 세무조정
② 그 이후 사업연도 : 상각범위액을 감소

> · 정액법 상각범위액 = Min[㉠, ㉡]
>   ㉠ 세법상 취득가액 × 상각률
>   ㉡ 세법상 본래의 미상각잔액 - 감가상각의제누계액
> · 정률법 상각범위액 = (세법상 본래의 미상각잔액 - 감가상각의제누계액) × 상각률

[사례] 다음 자료를 바탕으로 x1년~x6년의 세무조정을 하시오.
· x1년 초 기계장치 취득, 취득가액 200, 신고내용연수 4년, 신고상각방법 정액법
· 법인세 감면을 받는 x1년과 x2년에 비용 처리하지 않고, 그 이후 사업연도인 x3년~x6년에 50씩 비용 처리(단, 비망기록 1,000원은 무시)

[풀이]

구 분	x1년(감면)	x2년(감면)	x3년	x4년	x5년	x6년
회사계상액	0	0	50	50	50	50
상각범위액	50[1]	50[2]	50[3]	50[4]	0[5]	0[6]
상각부인액 (시인부족액)	(50)	(50)	0	0	50	50
세무조정	<손금산입> 50 (△유보)	<손금산입> 50 (△유보)	없 음	없 음	<손금불산입> 50 (유보)	<손금불산입> 50 (유보)

[1] Min[㉠ 200 × 1/4 = 50, ㉡ (200 - 0) - 0 = 200] = 50
[2] Min[㉠ 200 × 1/4 = 50, ㉡ (200 - 0) - 50 = 150] = 50
[3] Min[㉠ 200 × 1/4 = 50, ㉡ (200 - 0) - 100 = 100] = 50
[4] Min[㉠ 200 × 1/4 = 50, ㉡ (200 - 50) - 100 = 50] = 50
[5] Min[㉠ 200 × 1/4 = 50, ㉡ (200 - 100) - 100 = 0] = 0
[6] Min[㉠ 200 × 1/4 = 50, ㉡ (200 - 150 + 50) - 100 = 0] = 0

*본서에 수록된 기출문제의 날짜는 학습효과를 높이기 위하여 일부 수정함

01 ㈜세무는 제3기(20x1. 1. 1.~12. 31.) 회계기간에 대한 결산 시 유형자산인 차량운반구에 대한 감가상각비를 800,000원으로 계상하였으나, 법인세법상 상각범위액은 1,000,000원임을 세무조정 시 발견하였다. 결산내용을 수정하지 아니하는 경우 세무조정 내용으로 맞는 것은? (단, ㈜세무는 국제회계기준을 적용하는 법인에 해당하지 아니하고 법인세를 면제·감면받지 아니하였으며, 전기이월된 상각부인액은 없다) [제58회]

① 회사계상액 800,000원을 손금불산입(유보)로 조정하고, 상각범위액 1,000,000원을 손금산입(유보)로 조정한다.

② 감가상각비의 손금산입은 결산조정사항이므로 시인부족액 200,000원에 대한 추가적인 세무조정은 없다.

③ 상각범위액 1,000,000원과 회사계상액 800,000원과의 차액인 시인부족액 200,000원을 추가로 손금산입(유보)로 조정한다.

④ 시인부족액 200,000원은 다른 감가상각자산에서 발생하는 상각부인액과 상계하여 처리하고 잔액은 차기로 이월한다.

02 감가상각자산에 대하여 전기에 시인부족액 30만 원이 발생하였다. 당해 사업연도에 상각부인액 100만 원이 발생하였다면, 당해 사업연도의 세무조정과 차기로 이월될 시부인액은 얼마인가?

[제53회]

	당해 사업연도 세무조정	차기이월 시부인액
①	30만 원 손금불산입	상각부인액 70만 원
②	100만 원 손금불산입	상각부인액 100만 원
③	30만 원 손금산입	상각부인액 70만 원
④	100만 원 손금산입	상각부인액 100만 원

03 사업연도가 매년 1. 1.~12. 31.인 ㈜세무는 제5기에 1,000,000원에 취득한 유형자산을 제6기에 950,000원에 매각하였다. 당해 유형자산에 대한 제5기 감가상각범위액은 40,000원이었으나, ㈜세무의 감가상각비계상액이 70,000원이었다면 제6기 유형자산 양도에 대한 세무조정으로 옳은 것은? [제64회]

① 익금산입 50,000원 (유보)   ② 익금산입 70,000원 (유보)

③ 손금산입 50,000원 (△유보)   ④ 손금산입 30,000원 (△유보)

04 ㈜사이비리아는 PC방을 운영하고 있다. 다음 중 감가상각자산의 취득가액을 결산서에 비용으로 계상한 경우 감가상각 시부인 계산 없이 손금으로 인정하는 법인세법상 특례에 해당하지 않는 것은?

[제51회 수정]

① 사업의 개시를 위하여 컴퓨터 20대를 한 대당 80만 원에 취득하고, 이를 비용 처리하였다.

② 사업개시 1년 후에 영업에 사용할 120만 원짜리 휴대용 전화기를 취득하고, 이를 비용 처리하였다.

③ 사업개시 2년 후에 매장 계산대에서 사용할 200만 원짜리 개인용 컴퓨터를 취득하고, 이를 비용 처리하였다.

④ 매장에 있는 시스템 에어컨의 수선비 200만 원(자본적 지출에 해당함)을 지출하고, 이를 비용 처리하였다.

정답 및 해설

01 ② 감가상각비의 손금산입은 결산조정항목에 해당하므로 결산서에 비용으로 계상한 금액에 한하여 손금으로 인정되며, 전기이월 상각부인액이 없다면 시인부족액을 세무조정으로 손금산입할 수 없다.

02 ② 감가상각비의 손금산입은 결산조정항목에 해당하므로, 시인부족액은 차기로 이월되지 않고 소멸한다. 상각부인액은 차기로 이월되어 추후 시인부족액 발생 시 손금 추인된다.

03 ④ ・ 제5기 세무조정 : <손금불산입> 감가상각비 한도초과액 30,000원 (유보)
   ・ 제6기 세무조정 : <손금산입> 전기 감가상각비 한도초과액 30,000원 (△유보)
   ・ 감가상각자산을 양도하는 경우 해당 자산의 상각부인액은 양도일이 속하는 사업연도의 손금에 산입한다. (손금 추인)

04 ① 사업의 개시를 위하여 취득한 자산은 거래단위별 취득가액이 100만 원 이하라 하더라도 즉시상각의제 특례 규정이 적용되지 않는다.

01 퇴직금 적립제도

구 분	사내적립	사외적립
정 의	· 임직원에게 지급해야 할 퇴직금을 충당부채(충당금)로 설정하여 회사 내부에 적립	· 퇴직금 지급재원을 안전하게 보장하기 위하여 외부의 금융기관에 예치하고 지급을 위탁
회 계	· 퇴직급여추계액의 100%를 기말 현재 퇴직급여충당부채로 계상(단, 확정기여형(DC) 퇴직연금 가입분은 제외[1])	· 확정급여형(DB) 퇴직연금 예치금 잔액을 기말 현재 퇴직연금운용자산으로 계상
세 법	· 퇴직급여충당금 당기 추가설정액(전입액)의 손금한도를 규정 · 한도초과액 : 손금불산입(유보) · 한도미달액 : 세무조정 없음(결산조정항목) · 2016년부터는 한도계산산식에서 '퇴직급여추계액 × 0%'가 적용되어 사내적립액이 손금으로 거의 인정되지 않음 (→ 사외적립 유도)	· 퇴직연금 예치금 잔액을 기말 현재 퇴직연금충당금(퇴직연금부담금)으로 설정[2] · 퇴직연금충당금 당기 추가설정액(전입액)의 손금한도를 규정 · 한도초과액 : 손금불산입(유보) · 한도미달액 : 손금산입(△유보) (신고조정항목)

[1] 확정기여형(DC) 퇴직연금의 경우에는 회사부담금의 불입으로 회사의 퇴직금 지급의무가 소멸되므로, 회사는 불입 시점에 납입액을 퇴직급여(비용)로 인식하는 회계처리만 하면 되고, 퇴직급여충당부채와 퇴직연금운용자산을 장부에 계상할 필요가 없다. 세법에서도 확정기여형(DC) 퇴직연금에 가입한 임직원은 퇴직급여충당금 및 퇴직연금충당금 설정대상에서 제외하고 있다.

[2] 세법에서는 퇴직연금 예치금 잔액을 기말 현재 퇴직연금충당금으로 설정하도록 규정하고 있다. 그러나 기업회계기준에서는 퇴직급여충당부채 계정과목이 있으므로 퇴직연금충당금이라는 별도의 계정과목은 인정하지 않고 있고 이에 따라 실무에서 퇴직연금충당금을 장부에 계상하는 기업은 찾아보기 어렵다. 이러한 현실을 감안하여 세법에서는 퇴직연금충당금의 전입액에 대한 손금한도를 규정하되 한도미달액을 손금산입으로 신고조정할 수 있도록 규정하고 있다.

02 퇴직금 지급에 대한 세무조정

(1) 퇴직금 지급 시 세법상 처리

임직원이 퇴사함에 따라 퇴직금을 지급할 때, 세법상으로는 그 금액을 다음과 같은 순위에 따라 처리한다.

> [1순위] 퇴직연금충당금과 상계[1]
> [2순위] 퇴직급여충당금과 상계[2]
> [3순위] 퇴직급여로 손금산입

[1] 금융기관(퇴직연금사업자)으로부터 지급되는 퇴직일시금은 퇴직연금충당금과 상계한다. 다만, 퇴직연금충당금을 장부에는 계상하지 않고 신고조정에 의하여 손금에 산입하여 온 경우에는 ㉠ 해당 퇴직일시금을 퇴직급여로 계상한 후 ㉡ 그 금액을 손금불산입한다.

[2] 퇴직급여충당금 전기이월 부인액이 있는 법인이 퇴직금 지급에 따라 세법상 퇴직급여충당금 잔액을 초과하여 상계하는 경우 그 초과상계액은 손금으로 추인한다.

(2) 손금으로 인정되지 않는 퇴직금

① 비현실적 퇴직에 대한 퇴직금

현실적으로 퇴직하지 아니한 임직원에게 지급한 퇴직금은 해당 임직원이 현실적으로 퇴직할 때까지 그에 대한 업무무관 가지급금(대여금)으로 본다. (→ 현실적으로 퇴직할 때 손금에 산입)

② 임원퇴직금 한도초과액

임원에게 지급한 퇴직금 중 법 소정 한도액을 초과하는 금액은 손금에 산입하지 않는다.

---

03 퇴직급여충당금 설정에 대한 세무조정

최근 71회 시험 중 1회 기출

(1) 퇴직급여충당금 손금산입 한도액 계산

> 퇴직급여충당금 손금산입 한도액 = Min[⊙ 총급여액 기준, ⓒ 추계액 기준]
> ⊙ 당기에 지급한 총급여액[1] × 5%
> ⓒ (퇴직급여추계액[2] × 0%) − 세법상 기 설정 퇴직급여충당금[3] + 퇴직금전환금 기말 잔액[4]

[1] · 제외 금액 : 소득세법상 비과세소득, 손금으로 인정되지 않는 인건비
· 제외 대상 : 확정기여형(DC) 퇴직연금에 가입한 임직원, 중도퇴사자, 일용근로자

[2] Max[ⓐ, ⓑ] (단, 확정기여형(DC) 퇴직연금에 가입한 임직원 해당분은 제외)
ⓐ 회사의 지급규정에 의한 일시퇴직기준 퇴직급여추계액
ⓑ 근로자퇴직급여보장법 규정에 의한 보험수리기준 추계액

[3] = 세법상 기초 퇴직급여충당금 − 세법상 퇴직급여충당금 당기 감소액
= (재무상태표상 기초 퇴직급여충당금 − 퇴직급여충당금 전기이월 부인액)
  − (장부상 퇴직급여충당금 당기 감소액 ± 퇴직급여충당금 당기 유보·△유보 조정액)
= (재무상태표상 기초 퇴직급여충당금 − 장부상 퇴직급여충당금 당기 감소액)
  − (퇴직급여충당금 전기이월 부인액 ± 퇴직급여충당금 당기 유보·△유보 조정액)
= (당기 추가설정 전) 장부상 퇴직급여충당금 − (당기 추가설정 전) 퇴직급여충당금 부인액

[4] 1999. 3. 31. 이전에 국민연금법에 의하여 납부한 금액으로서 기말 재무상태표에 계상되어 있는 퇴직금전환금의 잔액

> **참고** 퇴직급여충당금 손금산입 한도액 산식의 특징
>
> · 'ⓒ'의 금액이 0(영) 이하이면 0(영)으로 한다.
> · 퇴직금전환금 기말 잔액이 없는 경우, 손금산입 한도액은 0(영)이 된다.
> · 퇴직금 지급 시 세법상 퇴직급여충당금 잔액을 초과 상계하여 손금으로 추인된 경우에는 '세법상 기 설정 퇴직급여충당금'이 0(영)이 된다.

(2) 퇴직급여충당금 한도초과액 및 한도미달액에 대한 세무조정

구 분	명 칭	세법상 처리
장부상 추가설정액 > 손금산입 한도액	한도초과액	손금불산입(유보)
장부상 추가설정액 < 손금산입 한도액	한도미달액	세무조정 없음(결산조정항목)

[사례1] 다음 자료를 바탕으로 필요한 세무조정을 하시오.

- 기초 퇴직급여충당금 5,000(부인액 1,000)
- 당기 퇴직급여충당금 감소 내역
  - 6월 15일 : 임원퇴직금 600(한도 400) 현금 지급
  - 7월 25일 : 비현실적 퇴직에 대한 퇴직금 500 현금 지급
- 당기 퇴직급여충당금 추가설정액 2,100
- 당기 총급여액 7,000 / 기말 퇴직급여추계액 6,000 / 기말 퇴직금전환금 잔액 없음 / 퇴직연금 미가입
- 장부상 퇴직급여충당금의 총계정원장

퇴직급여충당금

6/15 임원퇴직금	600	1/1 기초	5,000
7/25 비현실적 퇴직금	500	12/31 추가설정	2,100
12/31 기말	6,000		
	7,100		7,100

[풀이]
- 6월 15일 퇴직금 지급에 대한 세무조정

B	(차) 퇴직급여충당금	600	(대) 현금	600
T	(차) 퇴직급여충당금 사외유출	400 200	(대) 현금	600
T/A	· <손금산입> 퇴직급여충당금 200 (△유보) · <손금불산입> 임원퇴직금 한도초과 200 (상여)			

- 7월 25일 퇴직금 지급에 대한 세무조정

B	(차) 퇴직급여충당금	500	(대) 현금	500
T	(차) 가지급금	500	(대) 현금	500
T/A	· <손금산입> 퇴직급여충당금 500 (△유보) · <손금불산입> 가지급금 500 (유보)			

- 퇴직급여충당금 설정에 대한 세무조정

장부상 추가설정액	2,100원
손금산입 한도액	Min[㉠ 총급여액 기준, ㉡ 추계액 기준] = 0원 ㉠ 7,000 × 5% = 350원 ㉡ (6,000 × 0%) − 3,600[1] + 0 = △3,600(→ 0)원
한도초과액(한도미달액)	2,100원
세무조정	<손금불산입> 퇴직급여충당금 2,100 (유보)

[1] 세법상 기 설정 퇴직급여충당금
= (당기 추가설정 전) 장부상 퇴직급여충당금 − (당기 추가설정 전) 퇴직급여충당금 부인액
= (5,000 − 600 − 500) − (유보 1,000 + △유보 200 + △유보 500)
= 3,900 − 300 = 3,600

· 장부 및 세법상 퇴직급여충당금 증감 내역 분석

구 분	장 부	부인액	세 법
기초	5,000	유보 1,000	4,000
(-)감소	600	△유보 200	400
(-)감소	500	△유보 500	0
(+)증가	2,100	유보 2,100	0
(=)기말	6,000	유보 2,400	3,600

· 소득금액조정합계표

익금산입 및 손금불산입			손금산입 및 익금불산입		
과 목	금 액	소득처분	과 목	금 액	소득처분
임원퇴직금 한도초과	200	상 여	전기 퇴직급여충당금 부인액	200	△유보
가지급금	500	유 보	전기 퇴직급여충당금 부인액	500	△유보
퇴직급여충당금 부인액	2,100	유 보			

· 자본금과 적립금조정명세서(을)

과 목	기초 잔액 (ⓐ)	당기중 증감		기말 잔액 (ⓐ - ⓑ + ⓒ)
		감소(ⓑ)	증가(ⓒ)	
퇴직급여충당금 부인액	1,000	700	2,100	2,400
가지급금	0	0	500	500

[사례2] 다음 자료를 바탕으로 필요한 세무조정을 하시오.
- 기초 퇴직급여충당금 5,000(부인액 2,000)
- 당기 퇴직급여충당금 감소 내역
  - 8월 20일 : 퇴직금 3,500 현금 지급
- 당기 퇴직급여충당금 추가설정액 4,500
- 당기 총급여액 7,000 / 기말 퇴직급여추계액 6,000 / 기말 퇴직금전환금 잔액 400 / 퇴직연금 미가입
- 장부상 퇴직급여충당금의 총계정원장

퇴직급여충당금

8/20 퇴직금	3,500	1/1 기초	5,000
12/31 기말	6,000	12/31 추가설정	4,500
	9,500		9,500

[풀이] · 8월 20일 퇴직금 지급에 대한 세무조정

B	(차) 퇴직급여충당금	3,500	(대) 현금	3,500
T	(차) 퇴직급여충당금 퇴직급여	3,000 500	(대) 현금	3,500
T/A	<손금산입> 퇴직급여충당금 500 (△유보)			

· 퇴직급여충당금 설정에 대한 세무조정

장부상 추가설정액	4,500원
손금산입 한도액	Min[㉠ 총급여액 기준, ㉡ 추계액 기준] = 350원 ㉠ 7,000 × 5% = 350원 ㉡ (6,000 × 0%) − 0[1)] + 400 = 400원
한도초과액(한도미달액)	4,150원
세무조정	<손금불산입> 퇴직급여충당금 4,150 (유보)

1) 세법상 기 설정 퇴직급여충당금
 = (당기 추가설정 전) 장부상 퇴직급여충당금 − (당기 추가설정 전) 퇴직급여충당금 부인액
 = (5,000 − 3,500) − (유보 2,000 + △유보 500)
 = 1,500 − 1,500 = 0

· 장부 및 세법상 퇴직급여충당금 증감 내역 분석

구 분	장 부	부인액	세 법
기초	5,000	유보 2,000	3,000
(−)감소	3,500	△유보 500	3,000
(+)증가	4,500	유보 4,150	350
(=)기말	6,000	유보 5,650	350

- 소득금액조정합계표

익금산입 및 손금불산입			손금산입 및 익금불산입		
과 목	금 액	소득처분	과 목	금 액	소득처분
퇴직급여충당금 부인액	4,150	유 보	전기 퇴직급여충당금 부인액	500	△유보

- 자본금과 적립금조정명세서(을)

과 목	기초 잔액(ⓐ)	당기중 증감		기말 잔액 (ⓐ - ⓑ + ⓒ)
		감소(ⓑ)	증가(ⓒ)	
퇴직급여충당금 부인액	2,000	500	4,150	5,650

04 퇴직연금충당금 설정에 대한 세무조정

(1) 퇴직연금충당금 손금산입 한도액 계산

퇴직연금충당금 손금산입 한도액 = Min[㉠ 추계액 기준, ㉡ 예치금 기준] - 세법상 기 설정 퇴직연금충당금[2]
㉠ (퇴직급여추계액 × 100%) - 세법상 기말 퇴직급여충당금[1]
㉡ 퇴직연금운용자산 예치금 기말 잔액

[1] = 재무상태표상 기말 퇴직급여충당금 - 퇴직급여충당금 차기이월 부인액
 = 퇴직급여충당금 설정에 대한 세무조정까지 완료된 후의 금액임

[2] = 세법상 기초 퇴직연금충당금 - 세법상 퇴직연금충당금 당기 감소액
 = (재무상태표상 기초 퇴직연금충당금 - 퇴직연금충당금 전기이월 유보·△유보 잔액)
   - (장부상 퇴직연금충당금 당기 감소액 ± 퇴직연금충당금 당기 유보·△유보 조정액)
 = (재무상태표상 기초 퇴직연금충당금 - 장부상 퇴직연금충당금 당기 감소액)
   - (퇴직연금충당금 전기이월 유보·△유보 잔액 ± 퇴직연금충당금 당기 유보·△유보 조정액)
 = (당기 추가설정 전) 장부상 퇴직연금충당금 - (당기 추가설정 전) 퇴직연금충당금 유보·△유보 잔액

(2) 퇴직연금충당금 한도초과액 및 한도미달액에 대한 세무조정

구 분	명 칭	세법상 처리
장부상 추가설정액 > 손금산입 한도액	한도초과액	손금불산입(유보)
장부상 추가설정액 < 손금산입 한도액	한도미달액	손금산입(△유보) (신고조정항목)

(3) 확정급여형(DB) 퇴직연금 가입분에 대한 세무조정순서

① 퇴직금 지급에 대한 세무조정	→	② 퇴직급여충당금 설정에 대한 세무조정	→	③ 퇴직연금충당금 설정에 대한 세무조정

[사례] 다음 자료를 바탕으로 필요한 세무조정을 하시오.
- 기초 퇴직급여충당금 5,000(부인액 3,000)
- 당기 퇴직급여충당금 감소 내역
  - 9월 30일 : 퇴직금 1,000(이 중 800은 퇴직연금(DB)에서 지급, 200은 회사가 현금으로 지급)
- 당기 퇴직급여충당금 추가설정액 2,000
- 당기 총급여액 7,000 / 기말 퇴직급여추계액 6,000 / 기말 퇴직금전환금 잔액 없음
- 확정급여형(DB) 퇴직연금 가입 / 장부상 퇴직연금충당금 계상액 없음
- 퇴직연금충당금 전기이월 △유보 잔액 3,000
- 기초 퇴직연금운용자산 4,000 / 당기 퇴직연금(DB) 1,600 납입
- 장부상 퇴직급여충당금의 총계정원장

퇴직급여충당금

9/30 퇴직금	1,000	1/1 기초	5,000
12/31 기말	6,000	12/31 추가설정	2,000
	7,000		7,000

- 장부상 퇴직연금운용자산의 총계정원장

퇴직연금운용자산

1/1 기초	4,000	9/30 퇴직금	800
12/31 납입	1,600	12/31 기말	4,800
	5,600		5,600

[풀이] · 9월 30일 퇴직금 지급에 대한 세무조정

B	(차) 퇴직급여충당금	1,000	(대) 퇴직연금운용자산 현금	800 200
T	(차) 퇴직연금충당금 퇴직급여충당금	800 200	(대) 퇴직연금운용자산 현금	800 200
T/A	· <손금산입> 퇴직급여충당금 800 (△유보) · <손금불산입> 퇴직연금충당금 800 (유보)			

· 퇴직급여충당금 설정에 대한 세무조정

장부상 추가설정액	2,000원
손금산입 한도액	Min[㉠ 총급여액 기준, ㉡ 추계액 기준] = 0원 ㉠ 7,000 × 5% = 350원 ㉡ (6,000 × 0%) − 1,800[1] + 0 = △1,800(→ 0)원
한도초과액(한도미달액)	2,000원
세무조정	<손금불산입> 퇴직급여충당금 2,000 (유보)

[1] 세법상 기 설정 퇴직급여충당금
 = (당기 추가설정 전) 장부상 퇴직급여충당금 − (당기 추가설정 전) 퇴직급여충당금 부인액
 = (5,000 − 1,000) − (유보 3,000 + △유보 800)
 = 4,000 − 2,200 = 1,800

- 퇴직연금충당금 설정에 대한 세무조정

장부상 추가설정액	0원
손금산입 한도액	Min[⊙ 추계액 기준, ⓒ 예치금 기준] − 2,200[2] = 2,000원 ⊙ (6,000 × 100%) − 1,800[1] = 4,200원 ⓒ 4,800원
한도초과액(한도미달액)	(2,000)원
세무조정	<손금산입> 퇴직연금충당금 2,000 (△유보)

[1] 세법상 기말 퇴직급여충당금
= 재무상태표상 기말 퇴직급여충당금 − 퇴직급여충당금 차기이월 부인액
= 6,000 − (유보 3,000 + △유보 800 + 유보 2,000) = 6,000 − 4,200 = 1,800

[2] 세법상 기 설정 퇴직연금충당금
= (당기 추가설정 전) 장부상 퇴직연금충당금 − (당기 추가설정 전) 퇴직연금충당금 유보·△유보 잔액
= (0 − 0) − (△유보 3,000 + 유보 800) = 0 − △2,200 = 2,200

- 장부 및 세법상 퇴직급여충당금 증감 내역 분석

구 분	장 부	부인액	세 법
기초	5,000	유보 3,000	2,000
(−)감소	1,000	△유보 800	200
(+)증가	2,000	유보 2,000	0
(=)기말	6,000	유보 4,200	1,800

- 장부 및 세법상 퇴직연금충당금 증감 내역 분석

구 분	장 부	부인액	세 법
기초	0	△유보 3,000	3,000
(−)감소	0	유보 800	800
(+)증가	0	△유보 2,000	2,000
(=)기말	0	△유보 4,200	4,200

- 소득금액조정합계표

익금산입 및 손금불산입			손금산입 및 익금불산입		
과 목	금 액	소득처분	과 목	금 액	소득처분
퇴직급여충당금	2,000	유 보	전기 퇴직급여충당금 부인액	800	△유보
전기 퇴직연금충당금	800	유 보	퇴직연금충당금	2,000	△유보

- 자본금과 적립금조정명세서(을)

과 목	기초 잔액(ⓐ)	당기중 증감		기말 잔액 (ⓐ − ⓑ + ⓒ)
		감소(ⓑ)	증가(ⓒ)	
퇴직급여충당금 부인액	3,000	800	2,000	4,200
퇴직연금충당금	△3,000	△800	△2,000	△4,200

핵심기출문제

• 본서에 수록된 기출문제의 날짜는 학습효과를 높이기 위하여 일부 수정함

01 다음은 법인세법상 퇴직금 및 퇴직급여충당금제도에 대한 설명이다. 옳지 않은 것은?

[제45회]

① 퇴직급여지급규정에서 인정하는 경우, 기중에 입사한 임직원에 대하여 퇴직급여충당금을 설정할 수 있다.
② 확정기여형(DC) 퇴직연금이 설정된 부분에 대하여 퇴직급여충당금을 설정할 필요가 없다.
③ 확정급여형(DB) 퇴직연금이 설정된 부분에 대하여 퇴직급여충당금을 설정할 수 있다.
④ 임원에 대한 퇴직금은 회사의 지급규정이 없는 경우 손금으로 인정되지 아니한다.

02 다음 중 법인세법상 퇴직급여를 손금에 산입할 수 있는 현실적인 퇴직에 해당하지 않는 경우는?

[제63회]

① 근로자퇴직급여보장법에 따라 중간정산 시점부터 새로 근무연수를 기산하여 퇴직급여를 계산하는 경우의 퇴직급여 중간정산
② 법인의 사용인이 당해 법인의 임원으로 취임한 때
③ 외국법인의 국내지점 종업원이 본국의 본점으로 전출하는 때
④ 법인의 임원이 그 법인의 조직변경에 의하여 퇴직한 때

03 법인세법상 임원퇴직금은 정관에 퇴직금이 정해진 경우 그 금액으로 하되, 그 이외의 경우에는 다음 산식에 의하여 계산한다. 괄호 안에 알맞은 숫자는?

[제52회]

> 퇴직 직전 1년간 총급여액 × ( ) × 근속연수

① 1/10   ② 1/12   ③ 1/15   ④ 1/20

정답 및 해설

01 ④ 임원에 대한 퇴직금은 회사의 지급규정이 없는 경우 세법상 한도액까지 손금으로 인정된다.
(→ 제10절 09. (3) 참조)

02 ③ 외국법인의 국내지점 종업원이 본국의 본점으로 전출하는 경우는 현실적인 퇴직으로 보지 아니한다.
(→ 제10절 09. (3) 참조)

03 ① 법인세법상 임원퇴직금의 손금 한도액은 정관에 퇴직금이 정해진 경우 그 금액으로 하되, 그 외의 경우에는 '퇴직 직전 1년간 총급여액 × 10% × 근속연수'로 계산한다.
(→ 제10절 09. (3) 참조)

01 기본개념

(1) 회계와 세법의 차이

대손충당금의 설정방법에 대하여 기업회계기준에서는 보충법으로, 세법에서는 총액법으로 규정하고 있다.

구 분	대손금	대손충당금
정 의	수취채권 중 회수할 수 없게 된 금액	보유 중인 수취채권에 대한 대손예상액
회 계	(대손확정 시) (차) 대손충당금 ××× (대) 외상매출금 ×××	기말 대손예상액에서 기 설정 대손충당금을 차감한 금액을 대손충당금으로 추가 설정(보충법)
세 법	· 손금으로 인정되는 대손사유 해당 여부를 판단 · 수취채권 계정과목에 대한 세무조정을 의미함	· 기 설정 대손충당금을 전액 환입하고, 기말 대손예상액을 대손충당금으로 전액 새로 설정(총액법) · '회사계상액 = 장부상 대손충당금 기말잔액'으로 보아 대손충당금 손금한도를 규정 　· 한도초과액 : 손금불산입(유보) 　· 한도미달액 : 세무조정 없음(결산조정항목) · 대손충당금 계정과목에 대한 세무조정을 의미함

(2) 대손 관련 세무조정순서

① (기중) 대손금에 대한 세무조정 → ② (기말) 대손충당금 설정에 대한 세무조정

[사례] 다음 자료를 바탕으로 필요한 세무조정을 하시오.
· 기초 대손충당금 600
· 당기 10월 10일 대손확정 회계처리 200(세법상 손금 인정 안 됨)
　· 10/10 (차) 대손충당금　　　　　　　200　　　　　(대) 외상매출금　　　　　200
· 기말 대손예상액 700
· 당기 대손충당금 추가설정액 300
　· 12/31 (차) 대손상각비　　　　　　　300　　　　　(대) 대손충당금　　　　　300
· 세법상 대손충당금 손금산입 한도액 650
· 장부상 대손충당금 및 대손상각비의 총계정원장

	대손충당금				대손상각비		
10/10 대손확정	200	1/1　기초	600	12/31 추가설정	300	12/31 손익	300
12/31 기말	700	12/31 추가설정	300				
	900		900		300		300

[풀이] · 10월 10일 대손금에 대한 세무조정

B	(차) 대손충당금 200 (대) 외상매출금 200		
T	–		
T/A	· <손금불산입> 외상매출금 200 (유보) · <손금산입> 대손충당금 200 (△유보) [ⓐ] → [동시 생략](∵ 총액법)		

· 장부 및 세법상 대손충당금 설정방법 분석

구 분	장부 (보충법)	장부 (총액법)	세법 (총액법)	세무조정
환입 (익금)	0	400[1]	600[2]	<손금산입> 대손충당금 200 (유보) [ⓑ] → [동시 생략](∵총액법)
설정 (손금)	300	700[3]	한도액	대손충당금 설정에 대한 세무조정
손 익	(−)300	(−)300		

· 대손충당금 설정에 대한 세무조정

회사계상액	700원
손금산입 한도액	650원
한도초과액(한도미달액)	50원
세무조정	<손금불산입> 대손충당금 50 (유보)

[1] = 장부상 기 설정 대손충당금 = 600 − 200 = 400
[2] = 세법상 기 설정 대손충당금 = 600 − 0 = 600
[3] = 장부상 대손충당금 기말잔액 = 회사계상액

기출포인트

총액법에 따른 대손 관련 세무조정의 특징

- 대손금에 대한 세무조정에서는 수취채권 계정과목에 대한 세무조정만 하면 된다.
- 대손충당금 설정에 대한 세무조정에서는 대손충당금 계정과목에 대한 세무조정만 하면 되고, 장부상 대손충당금 기말 잔액을 회사계상액으로 보아 세법상 한도와 비교한다.

(1) 대손사유

① 강제대손사유(신고조정항목)

- 소멸시효완성 채권
    - 상법, 어음·수표법, 민법에 따른 소멸시효가 완성된 채권
- 법에 의하여 소멸된 채권
    - 「채무자 회생 및 파산에 관한 법률」에 따른 회생계획인가 결정 또는 법원의 면책결정에 따라 회수불능으로 확정된 채권
    - 민사집행법에 따라 채무자의 재산에 대한 경매가 취소된 압류채권

② 임의대손사유(결산조정항목)

- 부도발생일[1]로부터 6개월 이상 지난 채권[2]
    - 부도발생일로부터 6개월 이상 지난 수표 또는 어음상의 채권
    - 부도발생일로부터 6개월 이상 지난 중소기업의 외상매출금
    - 단, 채무자의 재산에 대하여 저당권을 설정하고 있는 경우는 제외
- 회수기일이 6개월 이상 지난 소액채권
    - 회수기일이 6개월 이상 지난 채권 중 채권가액이 30만 원 이하(채무자별 합계액 기준)인 채권
- 회수기일이 2년 이상 지난 중소기업의 외상매출금
    - 회수기일이 2년 이상 지난 중소기업의 외상매출금·미수금
    - 단, 특수관계인과의 거래로 발생한 경우는 제외
- 파산, 강제집행, 형의 집행, 사업의 폐지, 사망, 실종, 행방불명으로 인하여 회수할 수 없는 채권
- 재판상 화해 등 확정판결과 같은 효력을 가지는 것에 따라 회수불능으로 확정된 채권
- 물품의 수출 또는 외국에서의 용역제공으로 발생한 채권으로서 법 소정 사유에 해당하여 무역에 관한 법령에 따라 한국무역보험공사로부터 회수불능으로 확인된 채권

[1] 부도발생일 = 빠른 날 [부도수표·어음의 지급기일, 금융기관에 의한 부도확인일]

[2] 손금계상할 수 있는 금액 : 해당 채권 금액에서 1,000원(비망가액)을 뺀 금액 (→ 추후 소멸시효완성 시점에 1,000원을 손금에 산입)

(2) 대손금의 손금귀속시기

① 강제대손사유 : 대손사유가 발생한 날이 속하는 사업연도(신고조정항목)
② 임의대손사유 : 대손사유가 발생하여 결산서에 비용(또는 대손충당금의 감소)으로 계상한 날이 속하는 사업연도(결산조정항목)

(3) 결산서상 대손처리 여부에 따른 대손금 세무조정

구 분	결산서상 대손처리 O	결산서상 대손처리 X
강제대손사유 충족 O	–	손금산입(△유보)[1]
임의대손사유 충족 O	–	–
대손사유 충족 X	손금불산입(유보)[2]	–

[1] 추후 회사가 결산서에 대손처리를 할 때 : 손금불산입(유보)로 추인

[2] ㉠ 추후 대손사유를 충족하게 될 때, 또는 ㉡ 추후 동 채권이 회수되어 회사가 결산서에 반영할 때 : 손금산입(△유보)로 추인

[사례] 다음 자료를 바탕으로 x3년에 필요한 세무조정을 하시오.

- x3년 결산서에 대손처리(대손충당금과 상계)한 내역
  - x1년에 소멸시효가 완성된 A거래처 외상매출금 1,000,000
    (x1년에 손금산입으로 세무조정하였음)
  - x3년에 소멸시효가 완성된 B거래처 외상매출금 2,000,000
  - 부도발생일 x1년 4월 말인 C거래처 받을어음 3,000,000
  - 부도발생일 x3년 4월 말인 D거래처 받을어음 4,000,000
  - 세법상 대손사유 충족하지 못하는 E거래처 외상매출금 5,000,000
- x3년 결산서에 대손처리하지 않은 내역
  - x3년에 소멸시효가 완성된 F거래처 외상매출금 6,000,000
  - 부도발생일 x3년 4월 말인 G거래처 받을어음 7,000,000

[풀이] x3년 세무조정
- A : <손금불산입> A 외상매출금 1,000,000 (유보)
- B : 세무조정 없음
- C : <손금불산입> C 받을어음 1,000 (유보)
- D : <손금불산입> D 받을어음 1,000 (유보)
- E : <손금불산입> E 외상매출금 5,000,000 (유보)
- F : <손금산입> F 외상매출금 6,000,000 (△유보)
- G : 세무조정 없음

(4) 대손불능채권

다음의 채권은 (대손사유를 충족하더라도) 대손금으로 손금산입할 수 없다.

ⓐ 특수관계인에 대한 업무무관 가지급금
ⓑ 채무보증으로 인하여 발생한 구상채권
ⓒ 부가가치세법상 대손세액공제를 받은 부가가치세 매출세액 미수금

> 참고 대손불능채권을 결산서에 대손처리하는 경우 세법상 처리
>
> - ⓐ, ⓑ : 손금불산입하고 귀속자에 따라 사외유출(배당, 상여, 기타사외유출, 기타소득)로 소득처분(∵ 대손사유 충족시점이 추후에 도래하는 것이 아니므로)

B	(차) 대손충당금	100	(대) 업무무관 가지급금	100
T	(차) 사외유출	100	(대) 업무무관 가지급금	100
T/A	<손금불산입> 대손불능채권 100 (배당, 상여 등)			

> - ⓒ : 세무조정 없음(∵ 해당 금액만큼 부가세예수금이 감소하게 되어, 결산서에 대손처리(대손상각비의 발생 또는 대손충당금의 감소)를 할 수 없으므로)

구 분	외상매출 시	대손발생 시
B	(차) 외상매출금 110　　(대) 제품매출　　100 　　　　　　　　　　　　부가세예수금 10	(차) 대손충당금 100　　(대) 외상매출금　110 　　　　　　　　　　　　부가세예수금10

(5) 대손금 회수액 세무조정

전기 또는 그 이전 기간에 결산서에 대손처리했던 채권이 당기에 회수되어 '(차) 현금 xxx　(대) 대손충당금 xxx'으로 회계처리하는 경우, 이에 대한 세무조정은 다음과 같다.

구 분	당초 결산서상 대손처리 시	결산서상 회수처리 시
대손사유 충족 O	–	–[1]
대손사유 충족 X	손금불산입(유보)	손금산입(△유보)

[1] 세법 원문 : 손금에 산입한 대손금 중 회수한 금액은 그 회수된 날이 속하는 사업연도에 익금에 산입한다.

[사례] 전기에 결산서상 대손처리하여 감소시켰던 외상매출금 4,000,000원(이 중 800,000원은 당시 세법상 대손사유를 충족하지 못하여 손금불산입되었음)이 현금으로 회수되어 다음과 같이 회계처리한 경우 필요한 세무조정을 하시오.

(차) 현금　　　　　　　　　 4,000,000　　　　(대) 대손충당금　　　　　　　 4,000,000

[풀이] <손금산입> 외상매출금 800,000 (△유보)

---

03 대손충당금 설정에 대한 세무조정

(1) 대손충당금 손금산입 한도액 계산

$$\text{대손충당금 손금산입 한도액} = \text{기말 세법상 설정대상 채권가액}^{1)} \times \text{설정률}^{2)}$$

1) = 재무상태표상 기말 채권가액 − 설정제외 채권가액 ± 채권 관련 기말 유보·△유보 잔액
   = 재무상태표상 기말 채권가액 − 설정제외 채권가액 ± (채권 관련 기초 유보·△유보 잔액 ± 채권 관련 당기 유보·△유보 조정액)

2) = Max[⊙ 1%, ⓛ 대손실적률 = $\dfrac{\text{당기 세법상 대손금}}{\text{전기말 세법상 설정대상 채권가액}}$]

(2) 세법상 대손충당금 설정대상 채권가액

① 설정대상 채권가액

- 외상매출금, 받을어음, 미수금, 대여금, 그 밖에 기업회계기준에 의한 대손충당금 설정대상이 되는 모든 채권이 설정대상 채권가액에 포함된다.

  참고 부가가치세법에서는 재화 및 용역의 공급과 관련이 없는 대여금에 대하여는 대손세액공제가 인정되지 않는다.

- 부가가치세 매출세액 미수금도 설정대상 채권가액에 포함된다.

  예 공급가액 100, VAT 10인 제품을 외상판매한 경우, 외상매출금 110 전체가 설정대상 채권가액

② 설정제외 채권가액

- 특수관계인에 대한 업무무관 가지급금
- 채무보증으로 인하여 발생한 구상채권
- 부당행위계산에 해당하는 고가매매거래에서 시가초과액에 상당하는 양도법인의 채권
- 할인어음, 배서양도한 어음

③ 동일인에 대한 채권·채무의 상계 여부

원 칙	상계 X (→ 채권 총액에 대하여 대손충당금 설정 → 손금 한도↑ → 납세자에게 유리)
예 외	당사자 간의 약정에 의하여 상계하기로 한 경우에는 상계 O

(3) 대손충당금 한도초과액 및 한도미달액 세무조정

구 분	명 칭	세법상 처리
회사계상액(= 대손충당금 기말 잔액) > 손금산입 한도액	한도초과액	손금불산입(유보)
회사계상액(= 대손충당금 기말 잔액) < 손금산입 한도액	한도미달액	세무조정 없음(결산조정항목)

(4) 전기 대손충당금 한도초과액 세무조정

전기이월 대손충당금 부인액(유보)(= 전기 대손충당금 한도초과액)이 있는 경우, 당기에는 그 금액만큼 총액법에 따른 장부상 환입액과 세법상 환입액의 차이가 생기게 되어 손금산입(△유보)로 자동 추인된다. (자동추인사항)

[사례] 다음 자료를 바탕으로 필요한 세무조정을 하시오.
- 기초 대손충당금 10,000,000(부인액 1,000,000)
- 당기 11월 11일 대손확정 회계처리 4,000,000(이 중 2,500,000은 세법상 대손사유 충족하지 못함)
  - 11/11 (차) 대손충당금　　　　　　4,000,000　　　　(대) 외상매출금(A거래처)　　4,000,000
- 당기 결산서에 대손처리하지 않은 내역
  - 당기에 소멸시효가 완성된 외상매출금(B거래처) 3,000,000
- 당기 대손충당금 추가설정액 6,000,000
  - 12/31 (차) 대손상각비　　　　　　6,000,000　　　　(대) 대손충당금　　　　　　6,000,000
- 재무상태표상 대손충당금 설정대상 채권
  - 전기말 현재 : 100,000,000(부인액 없음)
  - 당기말 현재 : 200,000,000
- 장부상 대손충당금의 총계정원장

대손충당금

11/11 대손확정	4,000,000	1/1　기초	10,000,000
12/31 기말	12,000,000	12/31 추가설정	6,000,000
	16,000,000		16,000,000

[풀이] · 대손금에 대한 세무조정
- <손금불산입> A외상매출금 2,500,000 (유보)
- <손금산입> B외상매출금 3,000,000 (△유보)

· 대손충당금 손금산입 한도액 = 기말 세법상 설정대상 채권가액 × 설정률
$$= 199,500,000^{1)} \times 4.5\%^{2)}$$
$$= 8,977,500$$

1) = 재무상태표상 기말 채권가액 − 설정제외 채권가액
± (채권 관련 기초 유보·△유보 잔액 ± 채권 관련 당기 유보·△유보 조정액)
= 200,000,000 − 0 + (0 + 2,500,000 − 3,000,000)
= 199,500,000

2) $= \text{Max}[\text{㉠ } 1\%, \text{㉡ 대손실적률} = \dfrac{\text{당기 세법상 대손금}}{\text{전기말 세법상 설정대상 채권가액}}]$

$= \text{Max}[\text{㉠ } 1\%, \text{㉡ } 4.5\% = \dfrac{(4,000,000 − 2,500,000) + 3,000,000}{100,000,000}] = 4.5\%$

- 대손충당금 설정에 대한 세무조정

회사계상액	12,000,000원
손금산입 한도액	8,977,500원
한도초과액(한도미달액)	3,022,500원
세무조정	· <손금산입> 전기 대손충당금 1,000,000 (△유보) · <손금불산입> 대손충당금 3,022,500 (유보)

- 소득금액조정합계표

익금산입 및 손금불산입			손금산입 및 익금불산입		
과 목	금 액	소득처분	과 목	금 액	소득처분
대손금 부인액	2,500,000	유 보	대손금	3,000,000	△유보
대손충당금 부인액	3,022,500	유 보	전기 대손충당금 부인액	1,000,000	△유보

- 자본금과 적립금조정명세서(을)

과 목	기초 잔액 (ⓐ)	당기중 증감		기말 잔액 (ⓐ – ⓑ + ⓒ)
		감소(ⓑ)	증가(ⓒ)	
대손금 부인액(A외상매출금)	0	0	2,500,000	2,500,000
대손금(B외상매출금)	0	0	△3,000,000	△3,000,000
대손충당금 부인액	1,000,000	1,000,000	3,022,500	3,022,500

* 본서에 수록된 기출문제의 날짜는 학습효과를 높이기 위하여 일부 수정함

01 법인세법상 대손금에 대한 설명이다. 결산서에 비용 계상하지 않은 경우에도 세무조정에 의하여 손금 인정되는 것은? [제40회 수정]

① 부도발생일로부터 6개월 이상 지난 수표 또는 어음상의 채권
② 채무자의 파산, 강제집행, 사업의 폐지, 사망 등으로 회수할 수 없는 채권
③ 채무자 회생 및 파산에 관한 법률에 따른 회생계획인가의 결정 또는 법원의 면책결정에 따라 회수불능으로 확정된 채권
④ 회수기일이 6개월 이상 지난 채권 중 채권가액이 30만 원 이하(채무자별 합계액 기준)인 채권

02 다음은 법인세법상 대손사유이다. 대손사유 발생 시 반드시 손금산입하여야 하며 이후 사업연도에 손금산입할 수 없는 대손사유가 아닌 것은? [제71회]

① 상법상 소멸시효가 완성된 외상매출금
② 부도발생일로부터 6개월 이상 지난 어음
③ 채무자회생 및 파산에 관한 법률에 따른 회생계획인가의 결정에 따라 회수불능으로 확정된 채권
④ 민사집행법 제102조에 따라 채무자의 재산에 대한 경매가 취소된 압류채권

03 다음은 법인세법상 대손금 및 대손충당금에 대한 설명이다. 올바르지 아니한 것은? [제63회 수정]

① 전기 대손충당금 한도초과액은 당기에 손금산입으로 자동 추인된다.
② 소멸시효가 완성된 채권은 그 이후의 사업연도에도 언제든지 대손처리에 의한 손금산입이 가능하다.
③ 대손충당금 설정대상채권의 장부가액은 세무상 금액이므로 세무조정으로 익금산입한 채권 누락분도 설정대상에 포함한다.
④ 동일인의 채권 및 채무에 대하여 당사자 간 상계약정이 없는 경우 법인은 채무를 상계하지 않고 대손충당금을 설정할 수 있다.

04 다음은 ㈜세무(중소기업에 해당하지 아니함)가 당기 결산서에 대손처리한 채권과 관련된 내용이다. 현행 법인세법상 당기 대손금으로 인정되는 금액은 얼마인가? [제57회]

· 전기에 파산선고를 받아 회수불능 되었으나 전기에 대손처리하지 아니한 채권 : 1,800,000원
· 전기에 소멸시효가 완성된 채권 : 3,200,000원
· 부도발생일부터 6개월이 지난 채권(부도발생일 이전의 외상매출금) : 1,300,000원

① 1,800,000원　　② 3,099,000원　　③ 3,100,000원　　④ 6,299,000원

정답 및 해설

01 ③　채무자 회생 및 파산에 관한 법률에 따른 회생계획인가의 결정 또는 법원의 면책결정에 따라 회수불능으로 확정된 채권은 강제대손사유(신고조정항목)에 해당한다.

02 ②　부도발생일로부터 6개월 이상 지난 어음은 임의대손사유(결산조정항목)에 해당한다.

03 ②　소멸시효가 완성된 채권은 강제대손사유(신고조정항목)에 해당하므로 대손사유가 발생한 날(소멸시효가 완성된 날)이 속하는 사업연도에 손금으로 산입하여야 하며, 다른 사업연도에는 손금으로 산입할 수 없다.

04 ①　· 파산선고를 받아 회수불능된 채권(1,800,000원) : 임의대손사유(결산조정항목)이고 당기 결산서에 대손처리하였으므로 당기의 대손금으로 인정된다.
　　· 전기에 소멸시효가 완성된 채권(3,200,000원) : 강제대손사유(신고조정항목)이고 당기에 대손사유가 발생한 날이 속하지 않으므로 당기의 대손금으로 인정되지 않는다.
　　· 부도발생일부터 6개월이 지난 외상매출금(1,300,000원) : 중소기업의 경우에만 해당되는 대손사유이므로 당기의 대손금으로 인정되지 않는다.

제**6**절 | 기업업무추진비

01 기업업무추진비의 정의와 범위

빈출 최근 71회 시험 중 8회 기출

(1) 정의

기업업무추진비란 접대비, 교제비, 사례금, 그 밖에 어떠한 명목이든 상관없이 이와 유사한 성질의 비용으로서 법인이 업무와 관련하여 지출한 금액을 말한다.

종전의 '접대비'에서 '기업업무추진비'로 명칭이 변경되었다.

참고 광고선전비, 기업업무추진비, 기부금의 구별

→ 세법상 처리 : 광고선전비는 전액 손금 인정되고, 기업업무추진비와 기부금은 한도 내에서 손금 인정됨

(2) 범위

기업업무추진비에 해당하는지 여부는 계정과목의 명칭에 관계없이 그 실질내용에 따라 판단하여야 한다.

① 사용인이 조직한 단체에 지출한 복리시설비
- 그 단체가 별도의 법인인 경우 : 기업업무추진비
- 그 단체가 별도의 법인이 아닌 경우 : 기업업무추진비 아님
    (→ 해당 법인의 경리의 일부(예 복리후생비)로 봄)

② 약정에 의한 채권포기액
- 업무 관련성이 있는 경우 : 기업업무추진비
- 업무 관련성이 없는 경우 : 기부금
- 특수관계 없는 자와의 거래에서 발생한 채권을 포기하는 것이고 객관적으로 정당한 사유가 있는 경우 : 대손금 (→ 전액 손금 인정)
- 특수관계인에 대한 채권을 포기하는 것이고 조세부담의 부당감소 목적인 경우
    : 부당행위계산부인 (→ 전액 손금 불인정)

③ 판매 관련 부대비용
판매하는 물품에 대한 포장비, 운반비, 판매장려금(사전약정 없이 지급하는 경우를 포함), 판매수당
    : 기업업무추진비 아님 (→ 전액 손금 인정)

④ 광고선전용 증정품 (⑨ 견본품, 달력, 수첩, 부채)
- 불특정다수에게 증정 : 광고선전비
- 특정인에게 증정
  · 개당 3만 원 이하 : 광고선전비
  · 개당 3만 원 초과 (and) 인당 연간 5만 원 이하 : 광고선전비
  · 개당 3만 원 초과 (and) 인당 연간 5만 원 초과 : 전액 기업업무추진비

> [사례1] 고객 A에게 1년간 증정한 광고선전물품이 335,000원(= (10개 × @30,000원) + (1개 × @35,000원))인 경우 광고선전비 해당액은?
>
> [풀이] · 300,000원(= 10개 × @30,000원) : 광고선전비(∵ 개당 3만 원 이하)
> · 35,000원(= 1개 × @35,000원) : 광고선전비(∵ 연간 5만 원 이하)

> [사례2] 고객 B에게 1년간 증정한 광고선전물품이 370,000원(= (10개 × @30,000원) + (2개 × @35,000원))인 경우 광고선전비 해당액은?
>
> [풀이] · 300,000원(= 10개 × @30,000원) : 광고선전비(∵ 개당 3만 원 이하)
> · 70,000원(= 2개 × @35,000원) : 기업업무추진비(∵ 연간 5만 원 초과)

⑤ 주주·임원·사용인이 부담하여야 할 기업업무추진비
주주·임원·사용인이 부담하여야 할 성질의 기업업무추진비를 법인이 지출한 경우(사적 사용경비)
: 전액 손금불산입(배당, 상여)

⑥ 기업업무추진비 관련 부가가치세
- 기업업무추진비 관련 매입세액 불공제액 : 기업업무추진비
- 매입세액공제 받은 물품을 기업업무추진비 목적으로 사용할 때, 사업상 증여(재화의 간주공급)에 대하여 적용되는 매출세액 : 기업업무추진비

> [사례] 고객사에 선물용으로 제공하기 위하여 물품을 330,000원(공급가액 300,000원, 부가가치세 30,000원)에 현금 구입한 경우 기업업무추진비 해당액은?
>
> [풀이] · 회계처리 : (차) 기업업무추진비   330,000   (대) 현금   330,000
> · 기업업무추진비 해당액 : 330,000원

02 현물 기업업무추진비의 평가

기업업무추진비를 금전 외의 자산으로 제공한 경우 해당 자산의 가액은 이를 제공할 때의 시가(시가가 장부가액보다 낮은 경우에는 장부가액)에 따른다.

현물 기업업무추진비 평가액 = Max[시가, 장부가액]

[사례] 구입 시 매입세액공제를 받았던 상품(장부가액 1,000,000원, 시가 1,200,000원)을 고객사에 선물로 제공한 경우 기업업무추진비 해당액은?

B	(차) 기업업무추진비	1,120,000	(대) 상품	1,000,000
			부가세예수금	120,000
T	(차) 기업업무추진비	1,120,000	(대) 상품	1,000,000
			부가세예수금	120,000
	(차) 기업업무추진비	200,000	(대) 상품처분이익	200,000
T/A	· 비용(기업업무추진비)과 수익(상품처분이익)이 동시에 누락되어 손익에 미치는 영향이 없으므로 세무조정은 생략함			
	· 기업업무추진비 해당액 : 1,320,000원(= 1,200,000(시가) + 120,000(매출세액))			

03 기업업무추진비의 손금귀속시기

· 기업업무추진비의 손금귀속시기는 접대행위를 한 날이 속하는 사업연도로 한다.
· 접대행위가 일어났으나 아직 미지급된 금액도 그 사업연도의 기업업무추진비로 본다.
· 접대행위 및 지출을 한 사업연도의 손비로 처리하지 않고 이연처리한 경우 이를 접대행위를 한 사업연도의 기업업무추진비로 본다.

[사례1] x1년에 접대행위를 하고 x2년에 결제하는 경우

구 분	x1년	x2년
B	(차) 기업업무추진비 50,000 　　　(대) 미지급비용 50,000	(차) 미지급비용 50,000 (대) 현금 50,000
T	(차) 기업업무추진비 50,000 　　　(대) 미지급비용 50,000	(차) 미지급비용 50,000 (대) 현금 50,000
T/A	· 세무조정 없음 · 기업업무추진비 해당액 : 50,000원	· 세무조정 없음 · 기업업무추진비 해당액 : 0원

[사례2] x1년에 접대행위 및 지출을 하고 조세회피목적으로 이를 이연처리하는 경우[1]

구 분	x1년	x2년
B	(차) 선급비용 50,000　　(대) 현금 50,000	(차) 기업업무추진비 50,000 　　　　　　　　(대) 선급비용 50,000
T	(차) 기업업무추진비 50,000 　　　　　　　(대) 현금 50,000	–
T/A	· <손금산입> 50,000 (△유보) · 기업업무추진비 해당액 : 50,000원	· <손금불산입> 50,000 (유보) · 기업업무추진비 해당액 : 0원

[1] 기업업무추진비는 그 비용 성격상 이연처리(선급비용)가 인정될 수 없음

04 기업업무추진비 세무조정

최근 71회 시험 중 7회 기출

기업업무추진비는 업무와 관련된 비용이므로 손금에 해당한다. 그러나 과다 지출하게 되면 기업의 재무구조를 취약하게 하는 소비성 경비에 해당하므로 손금산입 한도를 두고 있고, 기업업무추진비 지출 시 거래상대방의 과세양성화를 도모하기 위하여 신용카드 등의 사용을 강제하고 있다.

[1단계] 기업업무추진비 직부인

(1) 사적 사용경비 또는 가공 기업업무추진비

ⓐ 기업업무추진비로 볼 수 없는 사적 사용경비 또는 ⓑ 지출에 대한 증명서류가 전혀 없는 기업업무추진비(가공 기업업무추진비)는 전액 손금불산입하고 귀속자에 따라 배당, 상여, 기타사외유출, 기타소득으로 처분하되, 귀속자가 불분명한 경우에는 대표자에 대한 상여로 소득처분한다.

(2) 적격증명서류 미수취 기업업무추진비

① 세법상 처리

한 차례의 접대에 지출한 금액이 3만 원(경조금은 20만 원)을 초과하는 기업업무추진비로서 적격증명서류를 미수취한 경우 손금불산입하고 기타사외유출로 소득처분한다.

건당 기업업무추진비	적격증명서류 미수취분
3만 원(경조금은 20만 원) 이하	전액 기업업무추진비로 인정
3만 원(경조금은 20만 원) 초과	전액 손금불산입(기타사외유출)

② 적격증명서류의 범위
- 해당 항목 : ㉠ 신용카드매출전표, ㉡ 현금영수증, ㉢ 세금계산서, ㉣ 계산서, ㉤ 사업자등록번호가 없는 개인으로부터 용역을 제공받고 발급하는 사업소득·기타소득 원천징수영수증
- 기업업무추진비에 대한 적격증명서류를 판단할 때, 신용카드는 법인명의 신용카드에 한한다. 따라서 임직원명의의 신용카드 사용분은 적격증명서류를 구비하지 못한 기업업무추진비로 본다.
- 재화·용역을 공급하는 신용카드 가맹점과 다른 가맹점(위장가맹점)의 명의로 작성된 매출전표를 받은 경우 적격증명서류를 구비하지 못한 기업업무추진비로 본다.

③ 건당 3만 원 초과분이더라도 적격증명서류 수취 여부에 관계없이 기업업무추진비로 인정되는 경우

- 현물 기업업무추진비
- 약정에 의한 채권포기액
- 지출 사실이 객관적으로 명백하나 적격증명서류를 구비하기 어려운 다음의 지출
  - 현금 외에 다른 지출 수단이 없는 국외 지역에서의 지출
  - 농·어민으로부터 직접 구입하고 그 대가를 금융회사를 통하여 지급한 지출(→ 법인세 신고 시 '경비 등 송금명세서'를 첨부하여 제출하여야 함)

[2단계] 기업업무추진비 한도계산

기업업무추진비 한도액 = ① + ② + ③

① 일반 기업업무추진비 한도액 = ㉠ + ㉡

㉠ 기본한도 : 1,200만 원(중소기업은 3,600만 원) × $\dfrac{\text{해당 사업연도 월수}^{1)}}{12}$

㉡ 수입금액한도 : (일반수입금액[2] × 적용률[3]) + (특정수입금액[2] × 적용률 × 10%)

② 문화 기업업무추진비 추가한도액 = Min[㉢, ㉣]

㉢ 문화 기업업무추진비[4]
㉣ (㉠ + ㉡) × 20%

③ 전통시장 기업업무추진비 추가한도액 = Min[㉤, ㉥]

㉤ 전통시장 기업업무추진비[5]
㉥ (㉠ + ㉡) × 10%

---

[1] 1개월 미만은 1개월로 한다.
[2] · 수입금액 : 기업회계기준에 따라 계산한 매출액
· 특정수입금액 : 특수관계인과의 거래에서 발생한 수입금액
· 일반수입금액 : 특정수입금액을 제외한 나머지 수입금액

수입금액	적용률
100억 원 이하	30/10,000
100억 원 초과 500억 원 이하	20/10,000
500억 원 초과	3/10,000

[3)]

> 참고 일반수입금액과 특정수입금액이 함께 있는 경우 일반수입금액부터 높은 적용률을 적용한다.

[4)] 국내에서의 문화 관련 지출로서 문화예술공연, 전시회, 박물관 등의 입장권 구입, 영상간행물 등의 구입, 취득가액이 거래단위별로 100만 원 이하인 미술품의 구입 용도로 지출한 기업업무추진비

[5)] 전통시장에서 지출한 기업업무추진비 (단, 소비성 서비스업(예 주점업)에 지출한 것이 아닐 것)

[3단계] 기업업무추진비 한도초과액에 대한 세무조정

기업업무추진비는 비용으로 계상하는 것이 일반적이나 그 성격에 따라 자산으로 계상하는 경우도 있다. 자산으로 계상한 기업업무추진비가 있는 경우 이를 회사 계상 기업업무추진비에 포함하여 한도초과액을 계산하여야 하며, 한도초과액은 '비용 계상분 → 건설중인자산 계상분 → 고정자산 계상분'의 순위에 따라 발생한 것으로 본다.

기업업무추진비 한도초과액에 대한 세무조정 방법은 다음과 같다.

① 기업업무추진비 한도초과액

손금불산입하고 기타사외유출로 소득처분한다.

② 기업업무추진비 한도초과액 중 자산 계상분

손금산입하고 △유보로 소득처분한다. (→ 해당 자산이 상각 또는 처분될 때 손금불산입하고 유보로 소득처분하므로 결국 세부담이 증가된다)

[사례] 다음 자료를 바탕으로 필요한 세무조정을 하시오.
· 기업업무추진비 해당액 : 80(= 판매관리비 40 + 건설중인자산 25 + 건물 15)
· 기업업무추진비 한도액 : 30
· 기업업무추진비 한도초과액 : 50

[풀이] ① <손금불산입> 기업업무추진비 한도초과액 50[1)] (기타사외유출)

② <손금산입> 건설중인자산 10 (△유보)

[1)] 기업업무추진비 한도초과액 50 = 판매관리비 40 + 건설중인자산 10

> 참고 기업업무추진비 한도초과액에 대한 구성 순위를 정하고 있는 규정의 취지 : 사후관리를 최소화하고 세무조정의 간편성을 도모

• 본서에 수록된 기출문제의 날짜는 학습효과를 높이기 위하여 일부 수정함

01 법인세법상 기업업무추진비에 대한 설명 중 틀린 것은? [제67회]

① 현물 기업업무추진비는 시가와 장부가액 중 큰 금액으로 평가한다.

② 특수관계 없는 자와의 거래에서 발생한 채권을 조기에 회수하기 위해서 채권의 일부를 불가피하게 포기한 경우에도 기업업무추진비로 본다.

③ 기업업무추진비에 대한 매입세액불공제액과 사업상 증여에 대한 매출세액은 기업업무추진비로 본다.

④ 기업업무추진비가 3만 원(경조금 20만 원)을 초과하는 경우에는 적격증명서류를 수취하여야 한다.

02 법인세법상 기업업무추진비에 관한 다음의 설명 중 옳지 않은 것은? [제70회]

① 내국법인이 경조금이 아닌 일반적인 기업업무추진비로 지출한 금액이 건당 3만 원을 초과하는 경우 법인신용카드매출전표 등 적격증빙을 수취하지 아니한 때에는 당해 금액을 손금에 산입하지 아니한다.

② 주주·출자자나 임원 또는 사용인이 부담하여야 할 기업업무추진비를 법인이 지출한 때에는 당해 금액을 손금에 산입하지 아니한다.

③ 법인이 광고선전 물품을 불특정다수인에게 기증하기 위하여 지출한 비용은 기업업무추진비로 보지 아니한다.

④ 기업업무추진비를 미지급금으로 계상한 경우에는 실제로 지출할 때까지 기업업무추진비로 보지 아니한다.

03 중소기업인 법인 甲의 제5기 사업연도(20x1년 8월 1일~12월 31일) 기업업무추진비 한도액 계산 시 수입금액이 없더라도 최소한 인정받을 수 있는 기업업무추진비 한도금액은?

[제62회]

① 24,000,000원   ② 18,000,000원   ③ 15,000,000원   ④ 7,500,000원

정답 및 해설

01 ② 특수관계 없는 자와의 거래에서 발생한 채권을 포기하는 것이고 객관적으로 정당한 사유가 있는 경우 이를 대손금으로 본다.

02 ④ 기업업무추진비의 손금귀속시기는 접대행위가 발생한 날이 속하는 사업연도로 한다. 따라서 접대행위가 발생하였으나 아직 미지급된 금액도 그 사업연도의 기업업무추진비로 본다.

03 ③ 36,000,000원 × (5개월/12개월) = 15,000,000원

제 **7** 절 | 지급이자

01 지급이자의 손금불산입

최근 71회 시험 중 1회 기출

지급이자(= 이자비용)는 순자산을 감소시키는 비용이므로 손금에 해당한다. 다만, 다음의 지급이자는 정해진 순위에 따라 손금불산입한다.

순 위	구 분	소득처분	세법 취지
1순위	채권자 불분명 사채이자	대표자 상여[1]	지하자본시장의 과세양성화 도모
2순위	비실명 채권·증권이자	대표자 상여[1]	금융실명제 정착 도모
3순위	건설자금이자	유 보	차입원가의 처리에 대한 기업 간 과세형평성 유지
4순위	업무무관자산 등에 대한 지급이자	기타사외유출[2]	비생산적 차입금사용 규제

[1] 원천징수세액은 기타사외유출로 소득처분(∵ 국가에 귀속)
[2] 대표자 상여 소득처분이 아님에 주의

02 채권자 불분명 사채이자

최근 71회 시험 중 1회 기출

(1) 채권자 불분명 사채(私債)이자의 범위

채권자 불분명 사채이자란 다음 중 어느 하나에 해당하는 차입금의 이자(알선수수료, 사례금 등 명목 여하에 불구하고 사채를 차입하고 지급하는 모든 금품을 포함)를 말한다.

- 채권자의 주소 및 성명을 확인할 수 없는 차입금
- 채권자의 능력 및 자산상태로 보아 금전을 대여한 것으로 인정할 수 없는 차입금
- 채권자와의 금전거래사실 및 거래내용이 불분명한 차입금

(2) 세무조정

해당 이자비용 중 원천징수세액을 제외한 금액	손금불산입(상여)
해당 이자비용 중 원천징수세액	손금불산입(기타사외유출)

03 비실명 채권·증권이자

(1) 비실명 채권·증권이자의 범위

비실명 채권·증권이자란 채권·증권의 이자·할인액·차익을 그 채권·증권의 발행법인이 직접 지급하는 경우 그 지급사실이 객관적으로 인정되지 아니하는 이자·할인액·차익을 말한다.

(2) 세무조정

해당 이자비용 중 원천징수세액을 제외한 금액	손금불산입(상여)
해당 이자비용 중 원천징수세액	손금불산입(기타사외유출)

04 건설자금이자

(1) 회계와 세법의 차이

건설자금이자(= 차입원가)란 자산의 취득에 사용된 차입금에 대한 이자비용을 말한다. 건설자금이자의 처리방법에 대하여 회계와 세법 간에 다음과 같은 차이점이 있다.

구 분	일반기업회계기준	법인세법
자본화 여부	• 특정차입금♀ 이자 : 자본화 선택 가능 • 일반차입금♀ 이자 : 자본화 선택 가능	• 특정차입금 이자 : 반드시 자본화하여야 함[1] • 일반차입금 이자 : 자본화 선택 가능[2][3]
자본화 대상자산	• 유형자산, 무형자산, 투자부동산, 재고자산	• 사업용 고정자산(유형자산, 무형자산) (→ 투자자산, 재고자산 : X)

[1] 세법 원문 : 건설자금에 충당한 차입금의 이자 중 특정차입금 이자는 손금에 산입하지 아니한다. (→ 취득원가에 산입한다)

[2] 세법 원문 : 건설자금에 충당한 차입금의 이자 중 일반차입금 이자는 손금에 산입하지 아니할 수 있다. (→ 취득원가 산입과 당기 손금산입 중 선택할 수 있다)

[3] 문제에서 '세부담을 최소화'하라는 요구사항이 있는 경우 : 일반차입금 이자는 자본화하지 않는다. (→ 특정차입금 이자만 자본화한다)

| ♀ 용어 알아두기 |

• 특정차입금 : 해당 자산을 취득할 목적으로 차입한 차입금
• 일반차입금 : 특정차입금을 제외한 나머지 차입금

(2) 건설자금이자 중 특정차입금이자

- 특정차입금이자란 그 명목 여하에 불구하고 사업용 고정자산의 매입·제작·건설에 소요되는 것이 분명한 차입금에 대한 지급이자 또는 이와 유사한 성질의 지출금을 말한다.
- 특정차입금이자는 건설 등이 준공된 날까지 이를 자본적 지출로 하여 그 원본(취득원가)에 가산한다.
  - 건설기간, 매입기간, 제작기간 중에 발생한 이자만 취득원가에 산입한다.
  - 건설 등이 준공된 이후에 발생한 이자는 손금에 산입한다.
- 특정차입금의 일시예금에서 생기는 수입이자는 원본에 가산하는 자본적 지출금액에서 차감한다.
- 특정차입금의 일부를 운용자금으로 전용한 경우 그 부분에 대한 지급이자는 손금에 산입한다.
- 특정차입금의 연체로 인하여 생긴 이자를 원본에 가산한 경우 그 가산한 금액은 이를 해당 사업연도의 자본적 지출로 하고, 그 원본에 가산한 금액에 대한 지급이자는 이를 손금으로 한다.

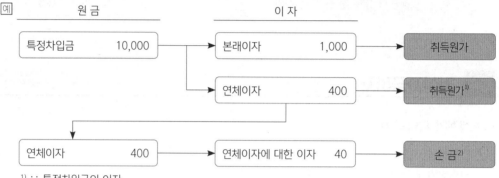

1) ∵ 특정차입금의 이자
2) ∵ 특정차입금의 이자가 아님

(3) 건설자금이자에 대한 세무조정

구 분		건설자금이자 과소계상[1]	건설자금이자 과대계상[2]
비상각자산		손금불산입(유보)[3]	손금산입(△유보)[4]
상각자산	기말 현재 건설 진행 중	손금불산입(유보)[5]	손금산입(△유보)[6]
	기말 현재 건설 완료	즉시상각의제[7]	손금산입(△유보)[8]

[1] 특정차입금이자를 비용으로 계상한 경우
[2] 세부담을 최소화하여야 하는 상황에서 일반차입금 이자를 자산으로 계상한 경우
[3] 추후 처분될 때 '손금산입(△유보)'로 추인
[4] 추후 처분될 때 '손금불산입(유보)'로 추인
[5] 완공 후 감가상각 및 처분될 때 '손금산입(△유보)'로 추인
[6] 완공 후 감가상각 및 처분될 때 '손금불산입(유보)'로 추인
[7] 자본적 지출을 비용으로 계상한 것이므로 해당 금액을 감가상각한 것으로 보아 감가상각 시부인 계산함
[8] 감가상각 및 처분될 때 '손금불산입(유보)'로 추인

[사례1] 토지에 대한 특정차입금이자 100을 회사가 비용으로 회계처리한 경우 필요한 세무조정을 하시오.

[풀이]

B	(차) 이자비용	100	(대) 현금 등	100
T	(차) 토지	100	(대) 현금 등	100
T/A	<손금불산입> 토지 100 (유보)			

[사례2] 토지에 대한 일반차입금이자 100을 회사가 자산으로 회계처리한 경우 필요한 세무조정을 하시오. (세부담 최소화를 가정함)

[풀이]

B	(차) 토지	100	(대) 현금 등	100
T	(차) 이자비용	100	(대) 현금 등	100
T/A	<손금산입> 토지 100 (△유보)			

[사례3] 당기 7월 1일에 완공된 건물에 대한 준공일 전까지의 특정차입금이자 100을 회사가 이자비용 계정과목으로 회계처리한 경우 세무조정을 하시오. (기말 재무상태표상 취득가액 500, 신고내용연수 5년, 결산서상 감가상각비 50)

[풀이]
- 건설자금이자에 대한 세무조정
  - → 100 : 즉시상각의제
- 감가상각 시부인 계산
  - 취득가액 = 500 + 100 = 600
  - 상각범위액 = 600 × (1년/5년) × (6개월/12개월) = 60
  - 회사계상 감가상각비 = 50 + 100 = 150
  - → T/A : <손금불산입> 상각부인액 90 (유보)

[사례4] 당기 7월 1일에 완공된 건물에 대한 준공일 전까지의 일반차입금이자 100을 회사가 건물 계정과목으로 회계처리한 경우 필요한 세무조정을 하시오. (기말 재무상태표상 취득가액 500, 신고내용연수 5년, 결산서상 감가상각비 50)(세부담 최소화를 가정함)

[풀이]
- 건설자금이자에 대한 세무조정
  - → T/A : <손금산입> 건물 100 (△유보)
- 자산감액분을 고려한 감가상각 세무조정
  [1단계] 자산감액분 상각비 직부인
  - 자산감액분 상각비 = 회사계상 상각비 × $\dfrac{\text{자산감액분}(\triangle \text{유보})}{\text{자산가액}}$
    = 50 × (100/500) = 10
  - → T/A : <손금불산입> 건물 10 (유보)
  [2단계] 감가상각 시부인
  - 상각범위액 = (회사계상 자산가액 − 자산감액분(△유보)) × 상각률
    = (500 − 100) × (1년/5년) × (6개월/12개월) = 40
  - 회사계상 감가상각비 = 회사계상 상각비 − 자산감액분 상각비(유보)
    = 50 − 10 = 40
  - → T/A : 세무조정 없음

05 업무무관자산 등에 대한 지급이자

(1) 손금불산입액

법인이 보유하고 있는 자산 중에 '업무무관자산' 또는 '특수관계인에 대한 업무무관 가지급금'이 있는 경우, 그 자산가액에 상당하는 차입금에 대한 지급이자는 손금에 산입하지 않는다.

$$손금불산입액(기타사외유출) = 지급이자^{1)} \times \frac{업무무관자산 \ 적수 \ + \ 업무무관 \ 가지급금 \ 적수}{차입금 \ 적수^{2)}}^{3)}$$

[1] 선순위 손금불산입 지급이자를 차감한 금액

[2] 선순위 손금불산입 지급이자 해당 차입금을 차감한 금액

[3] 분자 금액은 분모 금액(차입금 적수)을 한도로 함(→ 손금불산입 금액은 '지급이자 × 100%'를 초과할 수 없음)

(2) 업무무관자산

업무무관자산(동산·부동산)의 금액은 세법상 취득가액으로 하되, 고가매입의 경우 부당행위계산의 부인에 따른 시가 초과액을 포함한다.

(3) 특수관계인에 대한 업무무관 가지급금

① 정의

특수관계인에 대한 업무무관 가지급금이란 명칭 여하에 불구하고 해당 법인의 업무와 관련없이 특수관계인에게 지급한 자금 대여액을 말한다.

> **기출포인트**
>
> 지급이자 손금불산입 규정은 업무무관 가지급금에 대하여 적정이자를 수령하고 있는지 여부와 관계없이 적용한다.

② 업무무관 가지급금으로 보지 않는 것

다음 중 어느 하나에 해당하는 금액은 업무무관 가지급금으로 보지 않는다.

- 직원에 대한 ⓐ 월정급여액 범위 내의 일시적인 급료 가불금, ⓑ 경조사비의 대여금, ⓒ 학자금(자녀학자금 포함)의 대여액
- 중소기업의 직원에 대한 주택구입·전세자금 대여액
- 우리사주조합 또는 그 조합원에게 해당 법인의 주식취득자금을 대여한 금액
- '귀속자 불분명' 또는 '추계'로 인하여 대표자 상여로 소득처분하고 해당 법인이 그 소득세 등을 대납한 후, 이를 대표자와의 특수관계가 소멸될 때까지 가지급금으로 계상한 금액
- 미지급소득[1]에 대한 소득세 등을 법인이 대납하고 가지급금으로 계상한 금액
- 국민연금법에 의하여 근로자가 지급받은 것으로 보는 퇴직금전환금

[1] 소득세법 규정에 따라 지급한 것으로 의제되는 배당금과 상여금

③ 동일인에 대한 가지급금·가수금의 상계 여부

원 칙	상계 O (→ 가지급금 ↓ → 납세자에게 유리)
예 외	가지급금과 가수금의 발생 시에 각각 이자율 및 상환기간에 관한 약정이 있어 이를 상계할 수 없는 경우에는 상계 X

참고 동일인에 대한 채권·채무 및 가지급금·가수금

구 분	대손충당금 설정 시 동일인에 대한 채권·채무	업무무관 가지급금 계산 시 동일인에 대한 가지급금·가수금
원 칙	상계 X (→ 납세자에게 유리)	상계 O (→ 납세자에게 유리)
예 외	당사자 간 상계약정이 있는 경우 상계 O	각각 이자율·상환기간에 관한 약정이 있는 경우 상계 X

(4) 지급이자의 범위

손금불산입 대상이 되는 지급이자의 범위는 다음과 같다.

지급이자에 포함하는 것	지급이자에 포함하지 않는 것
· 금융어음♥의 할인료[1] · 금융리스료 중 이자상당액[3] · 사채할인발행차금 상각액	· 매각거래에 해당하는 상업어음♥의 할인료[2] · 운용리스료[4] · 자산 취득과정에서 생긴 채무에 대한 현재가치할인차금 상각액[5] · 연지급수입이자[5] · 기업구매자금대출이자[6]

[1] 금융어음의 할인료는 차입금(금융어음)에 대한 이자비용 성격임
[2] 매각거래에 해당하는 상업어음의 할인료는 결산서에 매출채권처분손실로 계상됨
[3] 금융리스료 중 이자상당액은 결산서에 이자비용으로 계상됨
[4] 운용리스료는 결산서에 임차료로 계상됨
[5] 회계처리방법의 선택에 대한 기업 간 과세형평성 유지 목적
[6] 정책적 지원 목적

| ♥ 용어 알아두기 |

· 금융어음(융통어음) : 자금조달을 목적으로 법인 스스로 발행하는 어음
· 상업어음 : 금융어음을 제외한 모든 어음

(5) 차입금 적수의 계산방법

업무무관자산 등에 대한 지급이자 손금불산입 규정에서 차입금 적수의 계산방법은 다음과 같다.

① 차입금 잔액으로 계산하는 방법

차입금 적수 = 차입금 잔액 × 일수(초일산입·말일불산입)

② 지급이자 금액과 연 이자율로 계산하는 방법

지급이자 = 차입금 × 연 이자율 × 일수 ÷ 365일(윤년 366일)
→ 차입금 × 일수 = 지급이자 ÷ 연 이자율 × 365일(윤년 366일)
→ 차입금 적수 = 지급이자 ÷ 연 이자율 × 365일(윤년 366일)[1]

[1] 지급이자를 '연 이자율'로 나누었으므로 사업연도 또는 차입기간이 1년 미만인 경우라 하더라도 365일(윤년 366일)을 곱해야 함

* 본서에 수록된 기출문제의 날짜는 학습효과를 높이기 위하여 일부 수정함

01 다음의 법인세법상 지급이자에 대한 손금불산입 항목이 동시에 적용되는 경우 그 적용순서로 옳은 것은? [제39회]

> ⓐ 비실명 채권·증권의 이자
> ⓑ 채권자가 불분명한 사채이자
> ⓒ 업무무관자산 등에 대한 지급이자
> ⓓ 건설자금에 충당한 차입금이자

① ⓑ - ⓐ - ⓓ - ⓒ

② ⓓ - ⓐ - ⓒ - ⓑ

③ ⓑ - ⓒ - ⓐ - ⓓ

④ ⓒ - ⓐ - ⓑ - ⓓ

02 현행 법인세법상 지급이자의 손금불산입에 대한 설명으로 틀린 것은? [제45회]

① 완공된 상각자산에 대한 건설자금이자를 과소계상한 경우 이자비용으로 처리한 건설
자금이자 전액을 손금불산입하고 유보로 소득처분한다.

② 채권자 불분명 사채이자는 전액을 손금에 산입하지 아니하며 사채이자에 대한 원천
징수세액 상당액은 기타사외유출로 소득처분하고 나머지는 대표자에 대한 상여로 소
득처분한다.

③ 특수관계자에 대한 업무무관 가지급금에 상당하는 차입금 지급이자를 계산할 때, 동일
인에 대한 가지급금과 가수금이 있는 경우, 원칙적으로 이를 상계하여 계산한다.

④ 지급이자의 손금불산입 규정이 동시에 적용되는 경우, '채권자가 불분명한 사채이자',
'지급받은 자가 불분명한 채권·증권 이자', '건설자금에 충당한 차입금이자', '업무무관
자산 등에 대한 지급이자'의 순서로 적용한다.

정답 및 해설

01 ① ⓒ 채권자가 불분명한 사채이자 → ⓐ 비실명 채권·증권의 이자 → ⓓ 건설자금에 충당한 차입금이자 → ⓒ 업무
무관자산 등에 대한 지급이자

02 ① 기말 현재 건설이 완료된 상각자산에 대한 건설자금이자를 과소계상한 경우, 이는 자본적 지출을 비용으로 계상
한 것이므로 해당 금액을 감가상각한 것으로 보아 감가상각 시부인 계산한다. (즉시상각의제)

제**8**절 | 부당행위계산의 부인

01 기본개념

최근 71회 시험 중 6회 기출

(1) 정의

부당행위계산의 부인이란 법인의 행위 또는 소득금액 계산이 '특수관계인과의 거래'로 인하여 '조세부담을 부당하게 감소시킨 것으로 인정'되는 경우에는 그 행위 또는 소득금액 계산에 관계없이 각 사업연도의 소득금액을 다시 계산하는 것을 말한다.

(2) 적용요건

① 특수관계인과의 거래이어야 한다.
② 해당 법인의 조세부담을 부당하게 감소시킨 것으로 인정되어야 한다.

(3) 특수관계인

① 특수관계인의 범위

특수관계인이란 해당 법인과 다음 중 어느 하나의 관계에 있는 자를 말한다.

- 임원♀의 임면권 행사, 사업방침의 결정 등 당해 법인의 경영에 대하여 사실상 영향력을 행사하고 있다고 인정되는 자와 그 친족
- 주주(소액주주[1]는 제외)와 그 친족
- 법인의 임원·사용인♀
- 해당 법인에 30% 이상을 출자하고 있는 법인에 30% 이상을 출자하고 있는 법인이나 개인
- 해당 법인이 「독점규제 및 공정거래에 관한 법률」에 의한 기업집단에 속하는 법인인 경우 그 기업집단에 소속된 계열회사
- 그 밖에 법 소정 요건에 따라 직·간접지분 관계가 있고 해당 법인에 지배적인 영향력을 행사하고 있다고 인정되는 법인

[1] 발행주식총수의 1% 미만을 소유한 주주

② 특수관계인 판정 시 유의사항

- 특수관계인 해당 여부는 그 행위 당시를 기준으로 하여 판단한다.
- 해당 법인의 특수관계인에 해당하는 경우, 해당 법인도 그 특수관계인의 특수관계인으로 본다. (쌍방관계를 기준으로 판단)

  예 A법인의 지분 30%를 B법인이 출자하고 있고, B법인의 지분 30%를 C법인이 출자하고 있는 경우
  : C법인은 A법인의 특수관계인에 해당하고, 이에 따라 A법인도 C법인의 특수관계인으로 봄

(4) 부당행위계산의 유형

해당 법인의 조세부담을 부당하게 감소시킨 것으로 인정되는 경우란 다음 중 어느 하나에 해당하는 경우를 말한다.

고가 매입 및 저가 양도	① 자산의 시가보다 높은 가액으로 매입한 경우[1] ② 자산을 무상 또는 시가보다 낮은 가액으로 양도한 경우[1] (다만, 법 소정 주식매수선택권의 행사에 따라 주식을 저가로 양도하는 경우는 제외)

고리 차입 및 저리 대여	③ 금전, 그 밖의 자산 또는 용역을 시가보다 높은 이율·요율이나 임차료로 차입하거나 임차한 경우[1]
	④ 금전, 그 밖의 자산 또는 용역을 무상 또는 시가보다 낮은 이율·요율이나 임대료로 대여하거나 임대한 경우[1]
	[예외] 다음 중 어느 하나에 해당하는 경우는 제외
	    • 법 소정 주식매수선택권의 행사에 따라 금전을 제공하는 경우
	    • 비출자임원(소액주주인 임원 포함) 및 사용인에게 사택을 제공하는 경우

자본 거래	⑤ 불공정합병, 불균등증자, 불균등감자에 해당하는 자본거래로 인하여 주주인 해당 법인이 특수관계인에 해당하는 다른 주주에게 이익을 분여한 경우 ⑥ ⑤ 외의 경우로서 증자, 감자, 합병, 분할 등에 따라 법인의 자본을 증가시키거나 감소시키는 거래를 통하여 해당 법인의 이익을 분여하였다고 인정되는 경우
그 밖의 거래	⑦ 무수익자산을 매입하였거나 그 자산에 대한 비용을 부담한 경우 ⑧ 불량자산을 차환하거나 불량채권을 양수한 경우 ⑨ 출연금을 대신 부담한 경우 ⑩ 파생상품에 근거한 권리를 행사하지 않거나 그 행사기간을 조정하는 등의 방법으로 이익을 분여한 경우 ⑪ 특수관계인에 해당하는 법인 간의 합병·분할에 있어서 불공정한 비율로 합병·분할하여 합병·분할에 따른 양도손익을 감소시킨 경우 ⑫ 그 밖에 ①~⑪에 준하는 행위에 따라 해당 법인의 이익을 분여하였다고 인정되는 경우

[1] 현저한 이익 분여의 검토 : 상기 유형 중 ①, ②, ③, ④ 및 이에 준하는 행위는 시가와 거래가액의 차액이 '시가의 5%' 이상이거나 '3억 원' 이상인 경우에만 부당행위계산의 부인 규정을 적용한다. (다만, 상장주식을 거래한 경우에는 이러한 검토 없이 부당행위계산의 부인 규정을 적용한다)

> 현저한 이익 분여 요건 : |시가 − 거래가액| ≥ Min[시가 × 5%, 3억 원]

◉ 용어 알아두기

• 사용자 : 회사를 의미함
• 임원 : 대표이사, 전무이사, 상무이사 등 이사회의 구성원을 말함
• 사용인 : 임원을 제외한 종업원을 의미함(= 직원)

(5) 시가의 산정방법

① 일반 원칙

• [1순위] 본래 시가

> • 해당 거래와 유사한 상황에서 ⓐ 해당 법인이 특수관계인 외의 불특정다수인과 계속적으로 거래한 가격 또는 ⓑ 특수관계인이 아닌 제3자 간에 일반적으로 거래된 가격이 있는 경우에는 그 가격
> • 상장주식의 시가 : 해당 거래가격[1], 거래일의 최종시세가액[2]

[1] 일반적인 장내거래의 경우 : 해당 거래가격
[2] 장외거래 또는 대량매매인 경우 : 거래일의 최종시세가액(단, 사실상 경영권의 이전이 수반되는 경우에는 그 가액의 20%를 가산함)

- **[2순위] 감정가액**

> ・ 감정평가법인 및 감정평가사가 평가한 감정가액(감정가액이 둘 이상인 경우에는 그 평균액)
>
> ・ 주식은 감정가액을 적용하지 않음

- **[3순위] 상속세 및 증여세법상 보충적 평가액**

> ・ 토지 : 개별공시지가
>
> ・ 건물 : 국세청장 고시가액
>
> ・ 그 외(예 비상장 주식) : 법 소정 평가방법에 따른 평가액

② 금전의 대여·차용의 경우

원 칙	가중평균차입이자율	예 외	당좌대출이자율

③ 자산(금전은 제외) 또는 용역 거래 중 일반원칙으로 시가를 산정할 수 없는 경우

> ・ 자산 임대료의 시가
>
> $= \{(\text{자산시가} \times 50\%) - \text{전세금·보증금}\} \times \text{정기예금이자율} \times \dfrac{\text{임대일수}}{365(\text{윤년} 366)}$
>
> ・ 건설 기타 용역 매출액의 시가 $=$ 용역제공원가(직접비·간접비) $\times$ (1 $+$ 정상거래 원가이익률[1])

[1] 특수관계인 외의 자에게 제공한 유사 용역제공거래에서의 원가이익률 $= \dfrac{\text{매출액} - \text{용역원가}}{\text{용역원가}}$

---

02 부당행위계산 부인의 주요 사례

(1) 자산의 고가매입

[사례] 대표이사(특수관계인)로부터 토지를 12,000(시가 10,000)에 현금으로 취득한 경우 필요한 세무조정을 하시오.

[풀이]

B	(차) 토지	12,000	(대) 현금	12,000
T	(차) 토지 사외유출	10,000 2,000[1]	(대) 현금	12,000
T/A	・ <손금산입> 토지 2,000 (△유보) ・ <손금불산입> 부당행위계산 부인 2,000 (상여)			

[1] 2,000 ≥ Min[10,000 × 5% = 500, 3억 원]

참고 자산의 고가매입에 대한 추가 고려사항

· if 감가상각자산인 경우 : 감가상각 시 자산감액분을 고려하여 처리하여야 한다.

[1단계] 자산감액분 상각비 직부인

· 자산감액분 상각비 = 회사계상 상각비 × $\dfrac{\text{자산감액분}(\triangle\text{유보})}{\text{자산가액}}$

→ T/A : <손금불산입> xxx (유보)

[2단계] 감가상각 시부인

· 상각범위액 = (회사계상 자산가액 − 자산감액분(△유보)) × 상각률
· 회사계상 감가상각비 = 회사계상 상각비 − 자산감액분 상각비(유보)

→ T/A : <손금불산입> ooo (유보)

· if 업무무관자산인 경우 : 업무무관자산 등에 대한 지급이자 손금불산입액을 계산할 때, 업무무관자산의 금액은 세법상 취득가액으로 하되, 고가매입의 경우 부당행위계산의 부인에 따른 시가초과액을 포함한다.

→ 손금불산입액 = 지급이자 × $\dfrac{12{,}000 \times \text{일수}}{\text{차입금 적수}}$

참고 자산의 고가양도에 대한 세법상 처리

원 칙	장부에 처분이익으로 반영되어 있으므로(→ 조세부담이 증가) 부당행위계산 부인 규정은 적용되지 않음
특 례	다만, 특수관계인에게 고가양도함에 따라 매입자에게 부당행위계산 부인 규정이 적용된 경우, 양도법인은 시가초과액에 상당하는 채권에 대하여 대손충당금을 설정할 수 없음

(2) 자산의 저가양도

[사례] 대표이사(특수관계인)에게 토지(장부가액 12,000)를 10,000(시가 12,000)에 현금으로 처분한 경우 필요한 세무조정을 하시오.

[풀이]

B	(차) 현금 　　유형자산처분손실	10,000 2,000	(대) 토지	12,000
T	(차) 현금 　　사외유출	12,000 2,000[1]	(대) 토지 　　현금	12,000 2,000
T/A	<손금불산입> 부당행위계산 부인 2,000 (상여)			

[1] 2,000 ≥ Min[12,000 × 5% = 600, 3억 원]

참고 자산의 저가매입에 대한 세법상 처리

원 칙	추후 장부에 감가상각비 과소 또는 처분이익 과대로 반영되므로(→ 조세부담이 증가) 부당행위계산 부인 규정은 적용되지 않음
특 례	특수관계인인 개인으로부터 유가증권을 시가보다 저가로 매입한 경우 익금산입특례규정이 적용됨 (취지 : 개인의 상장주식 또는 채무증권 양도차익이 소득세법상 미열거소득이라는 점이 증여세 회피 수단으로 악용될 수 있으므로 이를 보완하기 위한 목적)

(1) 정의

특수관계인에게 금전을 무상 또는 시가보다 낮은 이율로 대여한 경우 부당행위계산 부인 규정이 적용되어 시가와 실제 이자의 차이에 해당하는 금액을 익금에 산입하는데, 이때 시가에 해당하는 이자수익을 '가지급금 인정이자'라고 한다.

(2) 세무조정

시 가	= 가지급금 인정이자 = 가지급금 적수 × 인정이자율 × $\dfrac{1}{365(윤년\ 366)}$
실제 이자	= 회사계상 이자수익
차 이	· 차이 = 가지급금 인정이자 − 회사계상 이자수익 · 현저한 이익 분여 요건 : 차이 ≥ Min[가지급금 인정이자 × 5%, 3억 원] → 세무조정 : <익금산입> 차이 금액(사외유출[1])

[1] 귀속자에 따라 배당, 상여, 기타사외유출, 기타소득 중 하나로 소득처분

(3) 가지급금

'인정이자 대상 가지급금'의 범위, 제외항목, 가수금 상계 여부에 관한 내용은 '지급이자 손금불산입 대상 특수관계인에 대한 업무무관 가지급금'에서의 내용과 동일하다. (제7절 05. (3) 참조)

> 참고 특수관계인에 대한 업무무관 가지급금 관련 세법상 처리
>
> · 업무무관자산 등에 대한 지급이자 세무조정
> · 가지급금 인정이자 세무조정
> · 대손충당금 설정대상 채권에서 제외(∵ 대손불능채권)

(4) 인정이자율

① 원칙 : 가중평균차입이자율

가중평균차입이자율이란 자금을 대여한 법인의 대여 시점 현재 각각의 차입금 잔액(특수관계인으로부터의 차입금은 제외)에 차입 당시의 각각의 이자율을 곱한 금액의 합계액을 해당 차입금 잔액의 총액으로 나눈 비율을 말한다.

$$가중평균차입이자율 = \frac{\Sigma(대여\ 시점\ 현재\ 차입금\ 잔액^{1)} \times 차입\ 당시\ 이자율)}{\Sigma\,대여\ 시점\ 현재\ 차입금\ 잔액^{1)}}$$

[1] · 차입금 잔액은 자금 대여 시점별로 계산함
· 1, 2순위 지급이자 손금불산입 대상 차입금(채권자 불분명 사채, 비실명 채권·증권 발행분)은 제외함
· 특수관계인으로부터의 차입금은 제외함

[사례] 다음 자료를 바탕으로 x1년의 가지급금 인정이자 세무조정을 하시오. (1년은 365일이라고 가정함)
· 특수관계인에 대한 대여금 내역(기말까지 금액변동 없음)
· 임원 甲씨 : x1. 6. 1. 100,000,000원 무이자 조건으로 대여
· 계열사 乙법인 : x1. 10. 1. 160,000,000원 무이자 조건으로 대여
· 차입금 내역(특수관계인으로부터의 차입금은 없음)
· 차입금 A : 200,000,000원, 연 이자율 4%, 차입기간 x1. 1. 1.~x1. 6. 30.
· 차입금 B : 300,000,000원, 연 이자율 5%, 차입기간 x1. 4. 1.~x2. 3. 31.

[풀이] · 가중평균차입이자율 계산

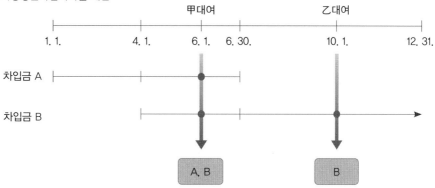

· 甲대여금에 대한 가중평균차입이자율

$$= \frac{(200,000,000 \times 4\%) + (300,000,000 \times 5\%)}{200,000,000 + 300,000,000} = 4.6\%$$

· 乙대여금에 대한 가중평균차입이자율 $= \dfrac{300,000,000 \times 5\%}{300,000,000} = 5\%$

· 가지급금 인정이자 계산 및 세무조정
· 甲대여금에 대한 가지급금 인정이자

$$= 100,000,000 \times 214일^{1)} \times 4.6\% \times \frac{1}{365} = 2,696,986원$$

1) x1. 6. 1.~x1. 12. 31.

→ 회사계상액 0원, 현저한 이익 분여 요건 충족
→ T/A : <익금산입> 가지급금 인정이자 2,696,986 (상여)

· 乙대여금에 대한 가지급금 인정이자

$$= 160,000,000 \times 92일^{1)} \times 5\% \times \frac{1}{365} = 2,016,438원$$

1) x1. 10. 1.~x1. 12. 31.

→ 회사계상액 0원, 현저한 이익 분여 요건 충족
→ T/A : <익금산입> 가지급금 인정이자 2,016,438 (기타사외유출)

② 예외 : 당좌대출이자율

다음 중 어느 하나에 해당하는 경우에는 기획재정부령으로 정하는 당좌대출이자율을 적용한다.

㉠ 해당 대여금(또는 차입금)에 한정하여 당좌대출이자율을 적용하는 경우

- 차입금 전액이 채권자 불분명 사채 또는 비실명 채권·증권 발행분인 경우
- 특수관계인이 아닌 자로부터 차입한 금액이 없는 경우
- 대여한 날부터 해당 사업연도 종료일까지의 기간이 5년을 초과하는 대여금이 있는 경우
- '자금 대여 법인의 가중평균차입이자율과 대여금리'가 대여 시점 현재 '자금 차입 법인의 가중평균차입이자율'보다 높은 경우(→ 해당 사업연도의 가중평균이자율이 없는 것으로 본다[1])

[1] 예 대여법인(가중평균차입이자율 20%), 차입법인(가중평균차입이자율 10%)에서
- if 대여금리 10.01%인 경우 : 대여법인(저리 대여)에 부당행위계산 부인 규정 적용
- if 대여금리 15%인 경우 : 대여법인(저리 대여)과 차입법인(고리 차입)에 각각 부당행위계산 부인 규정 적용
- if 대여금리 20%인 경우 : 차입법인(고리 차입)에 부당행위계산 부인 규정 적용
→ (규정 취지) 세무 조정의 간편성을 도모

㉡ 해당 사업연도와 이후 2개 사업연도(총 3개 사업연도)의 모든 대여금(또는 차입금)에 대하여 당좌대출이자율을 적용하는 경우

법인세 신고 시 당좌대출이자율을 시가로 선택하여 관련 서식을 제출한 경우

(5) 결산서에 미수이자를 계상한 경우 인정이자 세무조정

- 이자율 및 상환기간에 대한 약정이 있는 경우

구 분	미수이자 세무조정	인정이자 세무조정
미수이자 계상액 중 약정에 의한 지급기일 도래분[1]	세무조정 없음	인정이자와 장부상 이자수익의 차액을 익금산입(사외유출)
미수이자 계상액 중 약정에 의한 지급기일 미도래분[1]	익금불산입(△유보)[2]	

[1] 가지급금에 대한 이자수익(비영업대금이익)의 법인세법상 익금귀속시기 : 약정에 의한 지급기일
[2] 추후 약정에 의한 지급기일이 도래할 때 : 익금산입(유보)로 추인

- 이자율 및 상환기간에 대한 약정이 없는 경우

구 분	미수이자 세무조정	인정이자 세무조정
미수이자 계상액[1]	익금불산입(△유보)[2]	인정이자 총액을 익금산입(사외유출)

[1] 약정이 없는 이자수익의 법인세법상 익금귀속시기 : 실제 이자를 지급받은 날
[2] 추후 결산서에서 미수이자를 상계할 때 : 익금산입(유보)로 추인

[사례] 다음 자료를 바탕으로 x1년의 세무조정을 하시오. (1년은 365일이라고 가정함)

- x1년 4월 1일에 특수관계 있는 법인에게 400,000,000원 대여
  (대여기간 x1. 4. 1.~x2. 3. 31. / 연 이자율 3% / 만기에 이자수령하기로 약정)
- x1년 4월 1일 현재 가중평균차입이자율 5%
- x1년 결산서에 미수수익 9,000,000원(= 400,000,000원 × 3% × 9개월/12개월)을 계상

[풀이] · 미수이자에 대한 세무조정

B	(차) 미수수익	9,000,000	(대) 이자수익	9,000,000
T	(차) 미수수익	0	(대) 이자수익	0[1]
T/A	<익금불산입> 미수이자 9,000,000 (△유보)[2]			

[1] 법인세법상 익금귀속시기(= 약정에 의한 지급기일) : x2. 3. 31.
[2] x2년 : <익금산입> 전기 미수이자 9,000,000 (유보)

· 가지급금 인정이자에 대한 세무조정

가지급금 인정이자	$400,000,000 × 275일[1] × 5% × \dfrac{1}{365} = 15,068,493원$
회사계상 이자수익	9,000,000원
차 이	6,068,493원[2]
현저한 이익 분여 요건	차이 = 6,068,493 ≥ 753,424 = Min[가지급금 인정이자 × 5%, 3억 원]
T/A	<익금산입> 가지급금 인정이자 6,068,493 (기타사외유출)

[1] x1. 4. 1.~x1. 12. 31.
[2] if 이자율 및 상환기간에 대한 약정이 없는데 결산서에 미수이자를 계상하였다면
  : 인정이자 총액(15,068,493원)을 익금산입 세무조정

(6) 정당한 사유 없이 회수하지 않은 가지급금 원금 및 이자에 대한 세무조정

특수관계인에 대한 업무무관 가지급금의 원금 및 이자가 정당한 사유 없이 다음 중 어느 하나에 해당하는 날까지 회수하지 않은 경우, 이를 특수관계인에 대한 이익의 분여로 보아 익금에 산입하고 귀속자에 따라 사외유출(배당, 상여, 기타사외유출, 기타소득)로 소득처분한다.

구 분	익금산입시기
특수관계가 소멸되지 아니한 경우로서 회수하지 않은 이자	이자발생일이 속하는 사업연도 종료일로부터 1년이 되는 날
특수관계가 소멸된 경우로서 회수하지 않은 가지급금 원금 및 이자	특수관계가 소멸되는 날

[사례] 다음 자료를 바탕으로 x1년~x4년의 세무조정을 하시오.
- x1년 1월 1일에 대표이사 甲에게 100 현금대여(연 이자율 8% / 매년 말 이자수령하기로 약정)
- 가중평균차입이자율 5%(→ 가지급금 인정이자 세무조정 없음)
- x1년분 이자 8 : x1년 12월 31일까지 회수하지 않고, x1년 결산서에 미수금으로 계상
- x2년분 이자 8 : x2년 12월 31일까지 회수하지 않고, x2년 결산서에 미수금으로 추가 계상
- x3년 1월 1일에 대표이사 甲 퇴사 / 대여금 원금 및 이자 미회수
- x4년 1월 1일에 甲으로부터 원금 100과 이자 16을 현금으로 회수

[풀이]

구분	B	T	T/A
x1. 1. 1.	(차) 대여금　100 (대) 현금　100	(차) 대여금　100 (대) 현금　100	–
x1. 12. 31.	(차) 미수금　8 (대) 이자수익　8	(차) 미수금　8 (대) 이자수익　8[3]	–
x2. 12. 31.[1]	–	(차) 사외유출　8 (대) 미수금　8	· <익금불산입> 　미회수이자 8 (△유보) · <익금산입> 　부당행위 8 (상여)
x2. 12. 31.	(차) 미수금　8 (대) 이자수익　8	(차) 미수금　8 (대) 이자수익　8[4]	–
x3. 1. 1.[2]	–	(차) 사외유출　108 (대) 미수금　8 　　대여금　100	· <익금불산입> 　미회수이자 8 (△유보) · <익금불산입> 　대여금 100 (△유보) · <익금산입> 　부당행위 108 (상여)
x4. 1. 1.	(차) 현금　116 (대) 미수금　16 　　대여금　100	(차) 현금　116 (대) 이월익금　116	· <익금산입> 　전기 미회수이자 16 (유보) · <익금산입> 　전기 대여금 100 (유보) · <익금불산입> 　이월익금 116 (기타)

[1] x1년분 이자발생일이 속하는 사업연도 종료일(x1. 12. 31.)로부터 1년이 되는 날

[2] 특수관계가 소멸되는 날

[3] 법인세법상 익금귀속시기(= 약정에 의한 지급기일) : x1. 12. 31.

[4] 법인세법상 익금귀속시기(= 약정에 의한 지급기일) : x2. 12. 31.

fn.Hackers.com

* 본서에 수록된 기출문제의 날짜는 학습효과를 높이기 위하여 일부 수정함

01 다음 중 법인세법상 부당행위계산 부인 규정에 대한 설명으로 잘못된 것은? [제68회]

① 법인과 특수관계에 있는 자와의 거래이어야 한다.
② 당해 거래행위를 통해 조세부담이 부당하게 감소하여야 한다.
③ 대주주인 출자임원에게 무상으로 사택을 제공하는 행위는 부당행위계산의 유형이라고 할 수 있다.
④ 사업연도 종료일 현재 특수관계가 소멸하였다면 부당행위계산 부인을 적용하지 아니한다.

02 법인세법상의 부당행위계산 부인에 관한 설명이다. 옳지 않은 것은? [제37회]

① 비출자임원에게 사택을 무상으로 제공하는 경우에는 부당행위계산의 부인 규정을 적용하지 아니한다.
② 금전차입의 경우에는 시가를 가중평균차입이자율로 하되, 동 이자율의 적용이 불가능한 경우에는 당좌대출이자율로 한다.
③ 시가가 불분명한 경우 주식의 시가는 상속세 및 증여세법상의 평가금액으로 한다.
④ 특수관계자가 아닌 제3자와의 거래에도 요건만 충족한다면 부당행위계산 부인 규정이 적용될 수 있다.

03 다음 중 법인세법상 부당행위계산 부인 규정에 대한 설명으로 틀린 것은? [제49회]

① 소액주주에 해당하는 임원이나 사용인에게 사택을 제공하는 경우에는 이를 부당행위계산의 유형으로 보지 아니한다.
② 주권상장법인의 주식을 장외에서 거래한 경우 주식의 시가는 그 거래일의 최종시세가액을 적용하여 산정한다.
③ 부당행위계산의 부인 규정은 내국영리법인에 한하여 적용하므로 내국비영리법인과 외국법인은 그 적용을 받지 아니한다.
④ 자본거래로 인한 부당행위계산 부인 금액의 귀속자에게 증여세가 과세되는 경우 기타사외유출로 소득처분한다.

04 법인세법상 특수관계자의 업무무관 가지급금에 대한 설명으로 잘못된 것은? [제33회 수정]

① 특수관계자의 업무무관 가지급금에 대하여는 인정이자 상당액을 익금산입한다.

② 특수관계자의 업무무관 가지급금은 대손사유를 충족하더라도 대손금으로 인정되지 않는다.

③ 이자비용 중 특수관계자의 업무무관 가지급금 적수에 상응하는 금액은 원칙적으로 손금불산입하되, 가지급금에 대하여 적정이자를 수령하고 있는 경우에는 이를 손금으로 인정한다.

④ 이자비용 중 특수관계자의 업무무관 가지급금 적수에 상당하는 금액을 계산할 때, 동일인에 대한 가지급금과 가수금은 원칙적으로 서로 상계하되, 가지급금과 가수금에 각각 이자율 및 상환기간에 관한 약정이 있는 경우에는 상계하지 아니한다.

정답 및 해설

01 ④ 특수관계인 해당 여부는 그 행위 당시를 기준으로 하여 판단한다.

02 ④ 부당행위계산 부인 규정은 특수관계자와의 거래에 한하여 적용한다.

03 ③ 법인세법상 부당행위계산 부인 규정은 내국법인과 외국법인, 영리법인과 비영리법인을 구분하지 아니하고 모든 법인이 그 적용을 받는다.

04 ③ 업무무관자산 등에 대한 지급이자 손금불산입 규정은 특수관계인의 업무무관 가지급금에 대하여 적정이자를 수령하고 있는지 여부와 관계없이 적용한다.

제 **9** 절 | 자산의 취득과 평가

01 자산의 취득가액

최근 71회 시험 중 1회 기출

(1) 기본원칙

구 분	취득가액
타인으로부터 매입한 자산(단기매매증권 제외)	매입가액 + 부대비용
단기매매증권	매입가액
자기가 제조·생산·건설한 자산	제작원가 + 부대비용
그 외의 방법([예] 증여)으로 취득한 자산	취득 당시 시가

(2) 자산의 고가매입과 저가매입

구 분		취득가액	관련 규정
고가매입	특수관계인으로부터 시가보다 고가매입한 경우[1]	취득 당시 시가	부당행위계산 부인
	특수관계인 외의 자로부터 정상가액보다 고가매입한 경우	정상가액(= 시가 × 130%)	의제 기부금
저가매입	일반적인 경우	매입가액	–
	특수관계인인 개인으로부터 유가증권을 시가보다 저가매입한 경우	취득 당시 시가	익금산입특례

[1] 현저한 이익 분여 요건 충족 시

(3) 건설자금이자

구 분	일반기업회계기준	법인세법
자본화 여부	· 특정차입금 이자 : 자본화 선택 가능 · 일반차입금 이자 : 자본화 선택 가능	· 특정차입금 이자 : 반드시 자본화하여야 함 · 일반차입금 이자 : 자본화 선택 가능
자본화 대상자산	· 유형자산, 무형자산, 투자부동산, 재고자산	· 사업용 고정자산(유형자산, 무형자산) (→ 투자자산, 재고자산 : X)

(4) 연지급수입이자

구 분	일반기업회계기준	법인세법
Banker's Usance 이자📍	이자비용	· 원칙 : 취득가액 · 특례 : 결산서에 이자비용으로 계상한 경우 이를 손금으로 인정
Shipper's Usance 이자📍		
D/A 이자📍		
그 외 법 소정 연지급수입이자📍		

┃📍용어 알아두기 ┃

- 연지급수입 : 수입자가 선적서류 또는 물품을 인수한 날로부터 일정 기간이 경과한 후에 수입대금을 결제하는 조건의 수입(= 신용거래에 의한 외상 수입)
- 연지급수입이자 : 연지급수입에서 선적서류 또는 물품을 인수한 날부터 대금 지급기일까지의 기간에 대한 지급이자
- Banker's Usance 이자 : 은행이 신용을 공여하는 방식에서의 연지급수입이자
- Shipper's Usance 이자 : 수출자가 신용을 공여하는 방식에서의 연지급수입이자
- D/A 이자 : 신용장이 아니라 수출자와 수입자 간의 신용에 의하여 거래하는 인수도조건(Documents against Acceptance) 방식에서의 연지급수입이자

(5) 자산의 현재가치 평가

구 분	일반기업회계기준	법인세법
장기할부조건으로 취득한 자산의 취득가액	채무의 현재가치	· 원칙 : 채무의 명목가액 · 특례 : 채무의 현재가치로 자산의 취득가액을 계상한 경우 이를 인정 　→ 현재가치 계상액을 상각범위액 계산 시 취득가액으로 인정 　→ 현재가치할인차금 상각액을 손금(이자비용)으로 인정

> 참고 **과세형평성 유지 목적상 적용되지 않는 규정**
> 회계처리방법의 선택에 따라 세부담이 달라지는 것을 방지하기 위하여 '결산서에 이자비용으로 계상된 현재가치할인차금 상각액'과 '결산서에 이자비용으로 계상된 연지급수입이자'에 대하여는 다음의 규정을 적용하지 않는다.
>
> - 지급이자 손금불산입
> - 수입배당금 익금불산입 계산 시 지급이자 차감액
> - 원천징수 및 지급명세서 제출의무

(6) 유형고정자산의 취득과 함께 국·공채를 매입하는 경우

구 분	일반기업회계기준	법인세법
국·공채의 매입가액과 현재가치와의 차액	유형고정자산의 취득가액	· 원칙 : 국·공채의 취득가액 · 특례 : 유형고정자산의 취득가액으로 계상한 경우 이를 인정

(7) 의제매입세액 공제액

구 분	일반기업회계기준	법인세법
부가가치세법상 의제매입세액 공제액	취득가액에서 차감	취득원가에서 차감

02 재고자산의 평가

재고자산의 평가(= 기말 재고자산 가액의 결정)는 기초재고액과 당기매입액(또는 당기제품제조원가)을 기말 재고액과 매출원가로 배분하는 과정으로서 각 사업연도 소득금액에 중대한 영향을 미친다. 세법에서는 재고 자산의 평가에 관한 내용을 구체적으로 규정하여 자의적인 평가를 방지하고 있다.

(1) 평가방법의 종류

재고자산의 평가는 다음의 방법 중 법인이 관할관청에 신고한 방법에 따른다.

대분류	소분류		
원가법	· 개별법 · 총평균법	· 선입선출법 · 이동평균법	· 후입선출법 · 매출가격환원법
저가법	· Min[원가법[1])에 따른 평가액(취득가액), 기업회계기준에 따라 시가로 평가한 가액]		

[1] 저가법을 신고하는 경우에는 시가와 비교되는 원가법(소분류)을 함께 신고하여야 함

(2) 평가방법의 선택

재고자산의 평가방법을 신고할 때, 재고자산의 종류를 다음과 같이 구분하여 종류별·영업장별로 각각 다른 방법을 선택할 수 있다.

가. 제품 및 상품	나. 반제품 및 재공품	다. 원재료	라. 저장품

예 · 동일한 영업장에서 상품은 선입선출법(원가법), 원재료는 총평균법(저가법)을 선택 가능
  · A영업장의 원재료는 선입선출법(저가법), B영업장의 원재료는 총평균법(원가법)을 선택 가능

(3) 평가방법의 최초신고와 변경신고

구 분	신고기한	기한 경과 후 신고한 경우
최초신고	· 법인 설립일이 속하는 사업연도의 법인세 신고기한	· 신고일이 속하는 사업연도까지는 무신고 시 평가방법을 적용[1) · 그 후의 사업연도부터 신고한 평가방법을 적용
변경신고	· 변경할 평가방법을 적용하고자 하는 사업연도의 종료일 이전 3개월이 되는 날	· 변경신고일이 속하는 사업연도까지는 임의변경 시 평가방법을 적용 · 그 후의 사업연도부터 변경신고한 평가방법을 적용

[1] 재고자산의 평가방법을 신고하지 아니하여 무신고 시 평가방법을 적용받는 법인이 그 평가방법을 변경하려면 변경할 평가방법을 적용하고자 하는 사업연도의 종료일 이전 3개월이 되는 날까지 변경신고를 하여야 한다.

참고 재고자산 평가방법과 감가상각방법의 비교

구 분	재고자산 평가방법	감가상각방법
최초신고 기한	· 법인 설립일이 속하는 사업연도의 법인세 신고기한	· 영업개시일(또는 자산취득일)이 속하는 사업연도의 법인세 신고기한
기한 후 최초신고	· 해당 사업연도까지 : 무신고 시 평가방법 · 그 후 사업연도부터 : 신고한 평가방법	· 무신고 시 상각방법(계속 적용)
변경절차	· 변경할 평가방법을 적용하고자 하는 사업연도의 종료일 이전 3개월이 되는 날까지 변경신고 · 관할관청의 승인 필요 없음	· 변경할 상각방법을 적용하고자 하는 최초 사업연도 종료일까지 승인신청 · 법정 변경사유가 있어야 하고, 관할관청의 승인을 얻어야 함

(4) 무신고 또는 임의변경 시 평가방법

구 분	사 유	평가방법[1]
무신고	· 최초신고를 기한 내에 하지 않은 경우	· 선입선출법[3]
임의변경	· 변경신고를 기한 내에 하지 않고 평가방법을 변경한 경우 · 신고한 평가방법 외의 방법으로 평가한 경우[2]	· Max[㉠, ㉡] 　㉠ 무신고 시 평가방법(= 선입선출법[3]) 　㉡ 당초 신고한 평가방법

[1] 무신고 또는 임의변경 시 평가방법은 재고자산의 법정 종류별(제품·상품 / 반제품·재공품 / 원재료 / 저장품)로 구분하여 그 사유에 해당하는 종류별 자산에 한하여 준용한다.

[2] 평가방법을 신고하고 신고한 방법에 의하여 평가하였으나, 기장 또는 계산상의 착오가 있는 경우에는 임의변경으로 보지 아니한다. (→ 기장·계산상 차이 금액만 세무조정)

[3] 매매목적용 부동산은 개별법

[사례] 다음 자료를 바탕으로 x1년 사업연도(1. 1.~12. 31.)의 세무조정을 하시오.

· 제품 : x1년 10월 15일에 평가방법을 총평균법에서 후입선출법으로 변경신고하고, 장부에 후입선출법으로 계상하였다.
· 재공품 : 평가방법을 신고하지 않았고, 장부에 총평균법으로 계상하였다.
· 원재료 : 평가방법을 후입선출법으로 신고하고, 장부에 총평균법으로 계상하였다.
· 저장품 : 평가방법을 총평균법으로 신고하고, 장부에 총평균법으로 평가하였으나 계산 실수로 과소계상하였다.
· 기말 재고자산 내역

구 분	장부상 평가액	선입선출법	후입선출법	총평균법
제 품	250	280	250	260
재공품	120	140	110	120
원재료	70	68	67	70
저장품	20	25	21	23

[풀이]	구 분	상 태	장부상 평가액	세법상 평가액	세무조정
	제 품	임의변경	250	Max[㉠, ㉡] = 280 ㉠ 선입선출법 : 280 ㉡ 총평균법 : 260	<익금산입> 30 (유보)
	재공품	무신고	120	선입선출법 = 140	<익금산입> 20 (유보)
	원재료	임의변경	70	Max[㉠, ㉡] = 68 ㉠ 선입선출법 : 68 ㉡ 후입선출법 : 67	<손금산입> 2 (△유보)
	저장품	계산상 착오	20	총평균법 = 23	<익금산입> 3 (유보)

(5) 세무조정

매기 매출원가는 '기초재고 + 당기매입 – 기말재고'로 계산되고 당기의 기말 재고자산은 차기의 기초 재고자산으로 이월되므로, 당기말 재고자산 평가액에 대한 세무조정 금액은 차기에 반대 세무조정으로 자동 추인된다. (자동추인사항)

기말 재고자산 평가액	명 칭	당기 세무조정	차기 세무조정
장부상 평가액 < 세법상 평가액	재고자산평가감[1]	익금산입(유보)	손금산입(△유보)
장부상 평가액 > 세법상 평가액	재고자산평가증	손금산입(△유보)	익금산입(유보)

[1] 실무에서 사용하는 용어이며, 재고자산평가감이란 장부상 재고자산 평가액이 세법상 재고자산 평가액보다 작게 계상되어 있는 상태를 의미한다.

[사례] 당기말 장부상 상품 평가액 100, 당기말 세법상 상품 평가액 150인 경우 당기와 차기의 세무조정을 하시오.

[풀이] · 당기 : 장부상 기말재고 50 과소계상 → 장부상 매출원가[1] 50 과대계상 → 장부상 당기순이익 50 과소
계상
→ T/A : <익금산입> 재고자산평가감 50 (유보)

· 차기 : 장부상 기초재고 50 과소계상 → 장부상 매출원가[2] 50 과소계상 → 장부상 당기순이익 50 과대
계상
→ T/A : <손금산입> 전기 재고자산평가감 50 (△유보)

[1] = 기초재고 + 당기매입 – 기말재고(50↓)
[2] = 기초재고(50↓) + 당기매입 – 기말재고

03 유가증권의 평가

세법에서는 유가증권의 평가에 관한 내용을 구체적으로 규정하여 자의적인 평가를 방지하고 있다.

(1) 평가방법의 종류

유가증권의 평가는 원가법에 해당하는 다음의 방법 중 법인이 관할관청에 신고한 방법에 따른다. 따라서, 결산서에 계상된 유가증권의 평가이익과 평가손실은 세무조정을 통하여 원칙적으로 모두 부인된다.

① 채무증권 : 개별법, 총평균법, 이동평균법
② 지분증권 : 총평균법, 이동평균법

(2) 평가방법의 최초신고와 변경신고

재고자산의 규정을 준용

(3) 무신고 또는 임의변경 시 평가방법

① 무신고 : 총평균법
② 임의변경 : Max[㉠ 무신고 시 평가방법(= 총평균법), ㉡ 당초 신고한 평가방법]

(4) 세무조정

구 분	평가손익 계정과목	세무조정
단기매매증권	단기매매증권평가이익(수익)	· <익금불산입> (△유보)
	단기매매증권평가손실(비용)	· <손금불산입> (유보)
매도가능증권	매도가능증권평가이익(기타포괄손익누계액)	· <익금산입> (기타) · <익금불산입> (△유보)
	매도가능증권평가손실(기타포괄손익누계액)	· <손금산입> (기타) · <손금불산입> (유보)

참고 만기보유증권과 지분법적용투자주식의 평가

- 만기보유증권 : 장부가액과 공정가치가 다르더라도 결산서에 평가손익을 인식하지 않는다.
- 지분법적용투자주식 : 전산세무 자격시험의 출제범위를 벗어난다.

[사례1] 다음 자료를 바탕으로 x1년~x2년의 세무조정을 하시오.
- x1. 11. 1. 단기매매차익 목적으로 주식을 140에 현금으로 취득
- x1. 12. 31. 시가 200으로 평가
- x2. 8. 1. 160에 현금으로 처분

[풀이]

구 분	B	T	T/A
x1. 11. 1.	(차) 단기매매증권 140 (대) 현금 140	(차) 단기매매증권 140 (대) 현금 140	–
x1. 12. 31.	(차) 단기매매증권 60 (대) 단기매매증권평가이익 60	–	<익금불산입> 60 (△유보)
x2. 8. 1.	(차) 현금 160 처분손실 40 (대) 단기매매증권 200	(차) 현금 160 (대) 단기매매증권 140 처분이익 20	<익금산입> 60 (유보)

[사례2] 다음 자료를 바탕으로 x1년~x3년의 세무조정을 하시오.
- x1. 3. 1. 장기투자 목적으로 주식을 200에 현금으로 취득
- x1. 12. 31. 시가 240으로 평가
- x2. 12. 31. 시가 180으로 평가
- x3. 2. 1. 300에 현금으로 처분

[풀이]

구 분	B	T	T/A
x1. 3. 1.	(차) 매도가능증권 200 (대) 현금 200	(차) 매도가능증권 200 (대) 현금 200	–
x1. 12. 31.	(차) 매도가능증권 40 (대) 매도가능증권평가이익 40	–	· <익금산입> 40 (기타) · <익금불산입> 40 (△유보)
x2. 12. 31.	(차) 매도가능증권평가이익 40 매도가능증권평가손실 20 (대) 매도가능증권 60	–	· <손금산입> 60 (기타) · <손금불산입> 60 (유보)
x3. 2. 1.	(차) 현금 300 (대) 매도가능증권 180 매도가능증권평가손실 20 처분이익 100	(차) 현금 300 (대) 매도가능증권 200 처분이익 100	· <익금산입> 20 (기타) · <익금불산입> 20 (△유보)

04 외화자산·부채의 평가

세법에서는 외화자산·부채의 평가(= 외화환산손익)에 관한 내용을 구체적으로 규정하여 자의적인 평가를 방지하고 있다.

(1) 평가방법의 종류

금융회사[1] 외의 법인이 보유하는 화폐성[2] 외화자산·부채의 평가는 다음의 방법 중 법인이 관할관청에 신고한 방법에 따른다. (선택평가)

① 거래일환율 평가방법 : 취득일·발생일 현재의 매매기준율로 평가하는 방법 (→ 외화환산손익을 인정 X)
② 마감환율 평가방법 : 사업연도 종료일 현재의 매매기준율로 평가하는 방법 (→ 외화환산손익을 인정 O)

[1] 금융회사란 은행법에 의한 인가를 받아 설립된 은행 등을 말하며, 금융회사는 화폐성 외화자산·부채를 반드시 사업연도 종료일 현재의 매매기준율로 평가하여야 한다. (강제평가)

[2] 화폐성 자산·부채란 확정된 화폐단위 수량으로 회수하거나 지급하여야 하는 자산·부채를 말한다. 화폐성 외화자산·부채는 환율이 변동되면 원화환산액이 달라지기 때문에 외화환산손익이 발생한다.

구 분	자 산	부 채
화폐성	· 외화현금, 외화예금 · 매출채권, 미수금, 대여금, 임차보증금	· 매입채무, 미지급금, 차입금, 임대보증금
비화폐성	· 선급금 · 재고자산, 유형자산, 무형자산	· 선수금

(2) 평가방법의 신고

- 최초로 '② 마감환율 평가방법'을 신고하여 적용하기 이전 사업연도에는 '① 거래일환율 평가방법'을 적용하여야 한다.
- '② 마감환율 평가방법'을 적용하려는 법인은 적용하려는 최초 사업연도의 법인세 신고 시 관련 서식을 제출하여야 한다.
- 서식을 제출하여 신고한 평가방법은 그 후의 사업연도에도 계속 적용하여야 한다. 다만, 신고한 평가방법을 적용한 사업연도를 포함하여 5개 사업연도가 지난 후에는 다른 방법으로 신고하여 변경된 평가방법을 적용할 수 있다.

(3) 세법상 외화환산손익

'② 마감환율 평가방법'을 신고한 경우 다음에 해당하는 금액을 익금 또는 손금에 산입한다.

세법상 외화환산손익 = (외화금액 × 사업연도 종료일 현재 매매기준율) − 환산 전 원화기장액

(4) 세법상 외환차손익

외화자산을 회수하거나 외화부채를 상환하는 경우 다음에 해당하는 금액을 익금 또는 손금에 산입한다.

세법상 외환차손익 = 회수·상환하는 원화금액 − 원화기장액

[사례] 다음 자료를 바탕으로 x1년~x2년의 세무조정을 하시오. (회사는 외화자산·부채의 평가방법을 신고한 적이 없음)
- x1. 10. 20.에 제품 $500를 외상으로 수출 / x2. 2. 20.에 대금을 현금으로 회수
- x1. 10. 20. 매매기준율 : 1,000원/$
- x1. 12. 31. 매매기준율 : 1,100원/$
- x2. 2. 20. 매매기준율 : 1,160원/$

[풀이]

구분	B	T	T/A
x1. 10. 20.	(차) 외상매출금 500,000 (대) 제품매출 500,000	(차) 외상매출금 500,000 (대) 제품매출 500,000	–
x1. 12. 31.	(차) 외상매출금 50,000 (대) 외화환산이익 50,000	–	<익금불산입> 50,000 (△유보)
x2. 2. 20.	(차) 현금 580,000 (대) 외상매출금 550,000 외환차익 30,000	(차) 현금 580,000 (대) 외상매출금 500,000 외환차익 80,000	<익금산입> 50,000 (유보)

05 자산의 평가기준

최근 71회 시험 중 2회 기출

(1) 원칙

법인이 보유하는 자산과 부채를 평가(장부가액을 증액 또는 감액하는 것을 말하며, 감가상각을 제외함)한 경우에는 그 자산과 부채의 장부가액은 그 평가하기 전의 가액으로 한다. 즉, 결산서상 자산의 평가손익은 세법상으로는 원칙적으로 익금·손금으로 인정되지 않는다. (∵ 미실현손익)

(2) 예외 : 보험업법에 따른 고정자산 평가이익

보험업법(법률)에 따른 고정자산 평가증인 경우에는 이를 인정한다. (∵ 법률 간 충돌 방지)

(3) 예외 : 법정 고정자산·재고자산·주식의 평가손실

다음 중 어느 하나에 해당하는 자산은 감액사유가 발생한 사업연도에 장부가액을 해당 평가액으로 감액하여 결산서에 반영한 경우 이를 손금으로 인정한다. (결산조정항목[1])

[1] 다른 결산조정항목과의 차이점 : 일반적인 결산조정항목의 경우, 회사가 결산서에 반영한 사업연도가 손금귀속시기이므로 회사가 법정 사유가 발생한 사업연도 이후의 결산서에 이를 반영하는 경우 손금산입시기의 조정이 가능하다. 이와 달리 자산 평가손실의 경우에는, 감액사유가 발생한 사업연도의 결산서에 이를 반영하여야만 손금으로 인정되므로 손금산입시기의 조정이 불가능하다.

① 고정자산으로서 'ⓐ 천재지변, 화재, ⓑ 법령에 의한 수용, ⓒ 채굴예정량 채진에 따른 폐광'의 사유로 파손되거나 멸실된 것

> 참고 즉시상각의제 특례 규정
> 고정자산으로서 ⓐ 시설개체·기술낙후로 인한 생산설비의 폐기손실(단, 비망가액 1천 원은 제외), ⓑ 사업폐지·사업장 이전 시 임차사업장 원상회복을 위한 시설물의 철거손실(단, 비망가액 1천 원은 제외)

② 재고자산으로서 파손, 부패 등의 사유로 정상가격으로 판매할 수 없는 것
③ 주식으로서 주식발행법인이 파산한 경우
④ 주식으로서 주식발행법인이 'ⓐ 상장법인이거나 ⓑ 특수관계인이 아닌 비상장법인'으로서 부도가 발생한 경우(단, 비망가액 1천 원은 제외)

참고 세법에서 인정하는 자산의 평가손익

구 분	평가이익	평가손실
고정자산	• 보험업법에 따른 고정자산 평가증	• 천재지변, 화재, 법령에 의한 수용, 채굴예정량 채진에 따른 폐광 • 즉시상각의제 특례 규정이 적용되는 법 소정 생산설비·시설물의 폐기손실(비망가액 1천 원)
재고자산	-	• 평가방법을 저가법으로 신고 • 파손, 부패
화폐성 외화자산·부채	• 평가방법을 마감환율 평가방법으로 신고	• 평가방법을 마감환율 평가방법으로 신고
유가증권	-	• 주식발행법인이 파산한 주식 • 주식발행법인이 부도가 발생한 법 소정 주식(비망가액 1천 원)

참고 세무조정 시 '비망가액 1천 원' 처리가 필요한 항목

- 시설개체·기술낙후로 인한 생산설비의 폐기손실(즉시상각의제 특례 규정)
- 사업폐지·사업장 이전 시 임차사업장 원상회복을 위한 시설물의 철거손실(즉시상각의제 특례 규정)
- 감가상각완료자산의 비망가액[1]
- 임의대손사유 중 부도발생일로부터 6개월 이상 지난 채권[2]
- 주식발행법인이 부도가 발생한 법 소정 주식의 평가손실

[1] = Min[ⓐ 취득가액의 5%, ⓑ 1,000원]
[2] ⓐ 수표·어음상의 채권, ⓑ 중소기업의 외상매출금

＊본서에 수록된 기출문제의 날짜는 학습효과를 높이기 위하여 일부 수정함

01 법인세법상 재고자산의 평가에 대한 설명으로 옳지 않은 것은? [제77회]

① 법인이 재고자산을 평가함에 있어 영업장별 또는 재고자산의 종류별로 각각 다른 방법에 의하여 평가할 수 있다.
② 신설하는 영리법인은 설립일이 속하는 사업연도의 법인세 과세표준신고기한까지 평가방법신고서를 납세지 관할세무서장에게 제출하여야 한다.
③ 재고자산의 평가방법을 임의변경한 경우에는 당초 신고한 평가방법에 의한 평가금액과 무신고 시의 평가방법에 의한 평가금액 중 적은 금액으로 평가한다.
④ 재고자산의 평가방법을 변경하고자 하는 법인은 변경할 평가방법을 적용하고자 하는 사업연도의 종료일 이전 3개월이 되는 날까지 신고하여야 한다.

02 다음 중 법인세법상 재고자산의 평가에 대한 설명으로 틀린 것은? [제66회]

① 동일한 영업장 내에서 제품과 상품에 대하여 각각 다른 평가방법을 적용할 수 있다.
② 재고자산은 원가법 중 후입선출법을 적용하여 평가할 수 있다.
③ 수익사업을 새로 개시한 비영리내국법인은 수익사업 개시일이 속하는 사업연도의 법인세 과세표준 신고기한까지 재고자산의 평가방법을 신고하여야 한다.
④ 기한 내에 재고자산 평가방법의 변경신고 없이 방법을 변경(임의변경)한 경우 신고한 평가방법과 선입선출법(부동산은 개별법) 중 큰 금액으로 평가한다.

03 법인세법상 재고자산 평가방법과 고정자산 감가상각방법에 대한 설명으로 잘못된 것은? [제54회]

① 재고자산은 종류별, 영업장별로 서로 다른 평가방법을 선택할 수 있다.
② 재고자산 평가방법 변경 시 신고 후 승인을 필요로 한다.
③ 개발비에 대한 감가상각방법은 정액법만 가능하다.
④ 사용수익기부자산가액의 감가상각방법은 사용수익기간에 따른 정액법만 가능하다.

04 다음은 자본금과 적립금조정명세서(을)의 일부이다. 관련된 설명으로 틀린 것은?　[제36회]

과 목	기초 잔액	당기중 증감		기말 잔액
		감 소	증 가	
재고자산평가감	5,000,000	5,000,000	3,000,000	3,000,000

① 기말재고자산의 장부상 가액이 세법상 평가액보다 3,000,000원 작다.
② 당기의 각 사업연도 소득금액은 2,000,000원 감소한다.
③ 손익계산서상의 매출원가는 세법상의 금액에 비하여 2,000,000원 과소계상되어 있다.
④ 기초재고자산의 장부상 가액이 세법상 평가액보다 5,000,000원 크다.

---

01 ③ 재고자산의 평가방법을 임의변경한 경우에는 당초 신고한 평가방법에 의한 평가금액과 무신고 시의 평가방법에 의한 평가금액 중 큰 금액으로 평가한다.

02 ① 재고자산의 평가방법을 신고할 때, 동일한 사업장 내에서 제품과 상품에 대하여 각각 다른 평가방법을 적용할 수 없다.

03 ② 재고자산 평가방법 변경 시 신고 후 승인을 필요로 하지 않는다.

04 ④ 기초재고자산의 장부상 가액이 세법상 평가액보다 5,000,000원 적다.

제 **10** 절 | 익금과 손금

01 기본개념

최근 71회 시험 중 2회 기출

(1) 익금

익금이란 법인의 순자산을 증가시키는 거래로 인하여 발생하는 수익을 말한다. 다만, 자본의 납입 및 익금불산입 항목은 제외한다.

익금의 예시	· 사업수입금액(매출액) · 자산의 양도금액 · 자산의 임대료

(2) 손금

손금이란 법인의 순자산을 감소시키는 거래로 인하여 발생하는 비용을 말한다. 다만, 자본의 환급, 잉여금의 처분 및 손금불산입 항목은 제외한다.

손금의 예시	· 판매한 상품의 매입가액, 판매한 제품에 대한 원료의 매입가액 · 양도한 자산의 양도 당시 장부가액 · 자산의 임차료

(3) 그 외 손금의 예시

- 「식품등 기부 활성화에 관한 법률」에 따라 제조업·도매업·소매업을 영위하는 법인이 사업에서 발생한 잉여 식품 및 생활용품을 해당 법에서 정하는 제공자(Food Bank)에게 무상으로 기증하는 경우 그 장부가액(이 금액을 기부금으로 보지 않고 전액 손금 인정)
- 우리사주조합에 출연하는 자사주의 장부가액 또는 금품
- 사내근로복지기금 또는 공동근로복지기금에 출연하는 금품
- 장식·환경미화 등의 목적으로 사무실, 복도 등 여러 사람이 볼 수 있는 공간에 항상 비치하는 미술품의 취득가액을 그 취득한 날이 속하는 사업연도의 손금으로 계상한 경우 그 취득가액(취득가액이 거래단위별로 1천만 원 이하인 것에 한함[1])
  [1] 1천만 원 초과하는 경우 자산으로 처리

02 유가증권 저가매입에 대한 익금산입 특례

① 일반적인 자산의 저가매입에 따른 이익 : 매입시점에는 세무조정이 없다.
 (이유 : 추후 장부에 감가상각비 과소 또는 처분이익 과대로 반영되어 결국은 조세부담이 증가되므로)
② ⊙ 특수관계인 개인으로부터 ⓒ 유가증권을 ⓒ 시가보다 저가로 매입한 경우 : 매입시점에 시가와 매입가액의 차액을 익금산입(유보)으로 세무조정한다. (→ 추후 처분될 때 손금산입(△유보)로 추인)
 (취지 : 개인의 상장주식 또는 채무증권 양도차익이 소득세법상 미열거소득이라는 점이 증여세 회피 수단으로 악용될 수 있으므로, 매입법인의 법인세 과세시점을 처분시점에서 매입시점으로 앞당기기 위한 목적)

03 임대보증금에 대한 간주익금(= 법인세법상 간주임대료) 최근 71회 시험 중 1회 기출

(1) 부동산임대업을 주업으로 하는 차입금 과다 법인인 경우

취지	과도한 차입을 통한 부동산 투기를 방지하기 위한 목적
적용대상	다음의 요건을 모두 충족하는 법인 ① 부동산임대업을 주업으로 할 것: 사업연도 종료일 현재 자산총액 중 임대사업에 사용된 자산가액이 50% 이상 ② 차입금 과다 법인일 것: 차입금 적수가 자기자본적수의 2배를 초과
적용배제	주택과 그 부수토지(→ 주택 용도로 임대하도록 유도)
계산방법	간주익금 = (임대보증금 적수 − 건설비[1] 적수) × 정기예금이자율 × $\dfrac{1}{365(윤년366)}$ − 금융수익[2]
세무조정	<익금산입> (기타사외유출)

[1] 건축물의 취득가액(자본적 지출액 포함, 토지가액 제외)
[2] 해당 사업연도에 임대사업부분에서 발생한 수입이자, 수입배당금, 유가증권처분이익(처분손실은 차감, 음수일 때는 '0')의 합계액

(2) 추계하는 경우

취지	임대보증금의 운용수익을 장부에 기록하는 법인과 과세형평성 유지 목적
적용대상	장부를 비치·기장하지 않아 부동산임대에 대한 수입금액을 추계로 계산하는 모든 법인
적용배제	없음(→ 주택과 그 부수토지를 임대하는 경우에도 간주익금 적용 O)
계산방법	간주익금 = 임대보증금 적수 × 정기예금이자율 × $\dfrac{1}{365(윤년366)}$ 참고 '건설비 적수'와 '금융수익'을 차감하지 않음 (→ 간주익금 금액 ↑)
세무조정	상기 간주익금(추계수입금액)을 사용하여 추계과세표준을 구한 후, 추계과세표준과 결산서상 세전이익과의 차액을 세무조정함 <익금산입> (대표자 상여[1])

[1] 천재지변 등 불가항력으로 장부나 증빙서류가 멸실되어 추계하는 경우 : 기타사외유출

04 의제배당

의제배당이란 형식상 배당이 아니더라도 사실상 회사의 이익이 주주에게 귀속되는 경우 세법에서 이를 배당으로 간주하는 것을 말한다. 의제배당에 해당하는 경우 법 소정 금액을 법인주주의 각 사업연도 소득금액 및 개인주주의 배당소득으로 보아 과세한다.

(1) 피투자회사의 합병, 분할, 해산, 자본감소 등으로 인한 의제배당

피합병법인 등의 주주로서 받는 대가가 소멸되는 기존 주식의 취득가액을 초과하는 경우 그 초과액은 법인주주의 각 사업연도 소득금액으로 간주된다.

(2) 피투자회사의 잉여금 자본전입(무상주)으로 인한 의제배당

회사의 자본잉여금 또는 이익잉여금을 자본금으로 전입(무상증자 또는 주식배당)함에 따라 무상주를 교부하는 경우 자본전입 재원에 따라 의제배당 여부를 판단하고, 의제배당에 해당하는 무상주는 법인주주의 각 사업연도 소득금액으로 간주된다.

05 수입배당금의 익금불산입

법인단계에서 이익이 발생하면 이에 대하여 법인세가 과세되고 그 이익을 법인주주에게 배당할 때 다시 주주단계에서 법인세가 과세되는데 이를 '배당소득에 대한 이중과세'라고 한다. 이러한 문제를 해결하기 위하여 법인세법에서는 수입배당금의 익금불산입 규정을 두고 있다.

(1) 계산방법과 세무조정

내국법인(비영리내국법인 제외)이 다른 내국법인으로부터 수입배당금을 받은 경우, 수입배당금 중 다음의 금액을 익금불산입(기타)로 세무조정한다.

익금불산입액

$$= \left\{ 수입배당금^{1)} - (차입금이자^{2)} \times \frac{익금불산입\ 대상\ 주식의\ 세법상\ 장부가액\ 적수^{3)}}{사업연도\ 종료일\ 현재\ 장부상\ 자산총액\ 적수^{4)}} \right\} \times 익금불산입률^{5)}$$

[1] 의제배당 금액 포함

[2] 손익계산서상 이자비용 − 지급이자 손금불산입 − 현재가치할인차금 상각액 − 연지급수입이자

[3] (익금불산입 대상 주식의 재무상태표상 장부가액 ± 유보·△유보) × 주식보유 일수

[4] 사업연도 종료일 현재 재무상태표상 자산총액 × 사업연도 일수

참고 분모에서 재무상태표상 자산총액을 그대로 사용한 계산식 규정의 취지 : 실무적용의 편의성을 도모

[5]

피투자회사에 대한 출자비율		익금불산입률
20% 미만		30%
20% 이상	50% 미만	80%
	50% 이상	100%

(2) 계산단위

피투자회사가 둘 이상인 경우 익금불산입액은 피투자회사별로 계산하고, 그 금액이 0(영)보다 적은 경우에는 없는 것으로 본다.

(3) 적용배제

다음 중 어느 하나에 해당하는 수입배당금은 상기 익금불산입 규정을 적용하지 않는다.

① 배당기준일 전 3개월 이내에 취득한 주식에서 발생한 수입배당금

② 법인세법에 따른 지급배당에 대한 소득공제를 적용받는 유동화전문회사 등으로부터 받은 수입배당금
  (∵ 배당소득에 대한 이중과세조정 규정에 따라 피투자회사 단계에서 법인세가 과세되지 않으므로)

③ 최저한세 적용대상이 아닌 법 소정 세액감면을 감면율 100%로 적용받는 법인으로부터 받은 수입배당금
  (∵ 피투자회사 단계에서 법인세가 과세되지 않음)

06 자산수증이익 및 채무면제이익 중 이월결손금 보전에 충당된 금액 최근 71회 시험 중 2회 기출

자산수증이익 및 채무면제이익은 순자산을 증가시키는 수익이므로 익금에 해당한다. 다만, 자산수증이익 및 채무면제이익 중 이월결손금을 보전하는 데에 충당된 금액은 익금으로 보지 않는다.

> 참고 규정의 취지
> 이월결손금의 보전을 통하여 자본충실화를 도모

(1) 세무조정

다음의 금액을 익금불산입(기타)로 세무조정한다.

> 익금불산입액 = Min[① 당기의 자산수증이익 및 채무면제이익, ② 이월결손금[1] 잔액]

[1] 세법상 이월결손금을 말하며, 그 발생 시점에 제한이 없다.
  (→ 과세표준 계산 시 차감할 수 있는 공제시한(15년)이 경과한 이월결손금도 보전 가능)

(2) 보전 효과

자산수증이익 및 채무면제이익으로 충당된 이월결손금은 각 사업연도의 과세표준 계산에 있어서 공제된 것으로 본다. (→ 세법상 이월결손금 소멸)

[사례] 세부담 최소화를 위한 당기 세무조정을 하고, 당기 과세표준 계산 시 공제가능한 이월결손금 금액을 계산하시오.

- 10월 15일 회사의 임원으로부터 시가 100,000원의 토지를 증여받고 아래와 같이 회계처리함

  (차) 토지　　　　　　　　　　　100,000　　　(대) 자산수증이익(영업외수익)　　　100,000

- 세법상 이월결손금 내역
  - 16년 전 발생한 이월결손금 : 70,000
  - 6년 전 발생한 이월결손금 : 80,000

[풀이] · 자산수증이익의 이월결손금 보전에 대한 세무조정

　　　　<익금불산입> 자산수증이익　100,000[1] (기타)

- 과세표준 계산 시 공제가능한 이월결손금

  50,000(= 6년 전 발생한 이월결손금)

[1] Min[① 100,000, ② 150,000]

최근 71회 시험 중 5회 기출

07 주식의 발행과 소각

(1) 주식발행초과금과 주식발행할인차금

익금의 기본개념에서 살펴본 바와 같이 자본의 납입은 익금에서 제외된다. 주식발행(유상증자)거래에서 발행가액과 액면가액의 차이금액인 주식발행초과금(자본잉여금) 및 주식할인발행차금(자본조정)은 자본의 납입에 해당하므로 세법에서도 각각 익금(수익) 및 손금(비용)으로 보지 않는다. (→ 세무조정 없음)

다만, 채무의 출자전환으로 주식을 발행하는 경우로서 주식의 시가를 초과하여 발행된 금액은 익금(채무면제이익)으로 본다. (→ 기업회계기준에서도 동 금액을 수익으로 인식 → 세무조정 없음)

[사례] A사에 대한 단기차입금 80,000원이 주식으로 출자전환됨에 따라, 회사는 주식 10주(주당 액면가액 5,000원, 주당 시가 6,000원)를 발행하여 A사에 교부하였다. 기업회계기준에 따른 회계처리와 세무조정을 하시오.

[풀이] · 회계처리

(차) 단기차입금	80,000	(대) 자본금	50,000
		주식발행초과금	10,000
		채무면제이익	20,000

- 세무조정 : 없음

---

(2) 감자차익과 감자차손

손금의 기본개념에서 살펴본 바와 같이 자본의 환급은 손금에서 제외된다. 주식소각(유상감자)거래에서 매입가액과 액면가액의 차이금액인 감자차익(자본잉여금) 및 감자차손(자본조정)은 자본의 환급에 해당하므로 세법에서도 각각 익금(수익) 및 손금(비용)으로 보지 않는다. (→ 세무조정 없음)

08 자기주식의 취득, 처분, 소각

최근 71회 시험 중 2회 기출

구 분	계정과목	일반기업회계기준	법인세법	세무조정
취 득	자기주식	자본조정	익금 X (∵ 자산으로 봄)	없음(동시생략)
처 분	자기주식처분이익	자본잉여금	익금 O (∵ 자산의 양도에 따른 손익으로 봄)	<익금산입> (기타)
	자기주식처분손실	자본조정	손금 O (∵ 자산의 양도에 따른 손익으로 봄)	<손금산입> (기타)
소 각	감자차익	자본잉여금	익금 X (∵ 자본의 환급으로 봄)	없 음
	감자차손	자본조정	손금 X (∵ 자본의 환급으로 봄)	없 음

[사례] 다음 자료를 바탕으로 각 시점별 세무조정을 하시오.
- x1. 7. 1. 자기주식 10주를 주당 1,200원에 현금으로 취득(주당 액면가액 1,000원)
- x1. 8. 1. 주당 1,200원에 취득한 자기주식 6주를 주당 1,300원에 현금으로 처분(주당 액면가액 1,000원)
- x1. 9. 1. 주당 1,200원에 취득한 자기주식 4주를 소각(주당 액면가액 1,000원)

[풀이]

구 분	x1. 7. 1.	x1. 8. 1.	x1. 9. 1.
B	(차) 자기주식　　12,000 　　　(자본조정) (대) 현금　　　　12,000	(차) 현금　　　　　7,800 (대) 자기주식　　　7,200 　　자기주식처분이익 600 　　　(자본잉여금)	(차) 자본금　　　　4,000 　　감자차손　　　　800 　　　(자본조정) (대) 자기주식　　　4,800
T	(차) 자기주식　　12,000 　　　(자산) (대) 현금　　　　12,000	(차) 현금　　　　　7,800 (대) 자기주식　　　7,200 　　자산처분이익　　600 　　　(수익)	(차) 자본금　　　　4,000 　　감자차손　　　　800 　　　(자본의 환급) (대) 자기주식　　　4,800
T/A	–	<익금산입> 600 (기타)	–
동시생략 T/A	· <손금산입> 12,000 (기타) · <익금산입> 12,000 (유보)	· <익금산입> 7,200 (기타) · <손금산입> 7,200 (△유보)	· <익금산입> 4,800 (기타) · <손금산입> 4,800 (△유보)

(1) 급여

① 원칙

급여, 임금, 급료, 보수, 수당 등 일반적인 급여는 원칙적으로 전액 손금으로 인정된다.

② 예외

다음 중 어느 하나에 해당하는 경우, 이를 손금에 산입하지 아니한다. (→ 손금불산입(상여)로 세무조정)

> · 법인이 지배주주[1](그의 특수관계인 포함)인 임원·사용인에게 정당한 사유 없이 동일 직위의 임원·사용인 지급액을 초과하여 보수를 지급한 경우 그 초과보수
> · 비상근임원에게 지급하는 보수 중 부당행위계산에 해당하는 금액

[1] 지분율 1% 이상의 주주로서 그와 특수관계인의 지분 합계가 해당 법인의 주주 중 가장 많은 경우 그 주주를 말함

(2) 상여금

구 분	사용인 상여금	임원 상여금
급여지급기준 범위 내	손금 인정	손금 인정
급여지급기준 초과	손금 인정	손금불산입(상여)

① 원칙

법인이 지급하는 상여금은 원칙적으로 전액 손금으로 인정된다.

② 예외 : 임원상여금 한도초과액

임원에게 지급하는 상여금 중 정관·주주총회·사원총회 또는 이사회의 결의에 따라 결정된 급여지급기준에 의한 금액을 초과하여 지급하는 금액은 손금에 산입하지 아니한다. (→ 손금불산입(상여)로 세무조정)

③ 이익처분에 의해 지급하는 상여금

법인이 임원 또는 사용인에게 이익처분에 의하여 지급하는 상여금은 이를 손금에 산입하지 아니한다.[1]

[1] 회계처리 : (차) 미처분이익잉여금   xxx   (대) 현금 등   xxx
    → 별도의 세무조정 없음

(3) 퇴직급여

구 분		사용인 퇴직금	임원 퇴직금
현실적 퇴직	한도 범위 내	손금 인정	손금 인정
	한도 초과	손금 인정	손금불산입(상여)
비현실적 퇴직		손금불산입(유보)[1]	

[1] 현실적으로 퇴직할 때까지 그에 대한 업무무관 가지급금(대여금)으로 봄 (→ 현실적으로 퇴직할 때 손금(△유보)로 추인)

① 현실적 퇴직과 비현실적 퇴직

현실적 퇴직 사례	비현실적 퇴직 사례
· 사용인이 임원으로 취임한 경우 · 상근임원이 비상근임원으로 된 경우 · 임원·사용인이 그 법인의 조직변경·합병·분할·사업양도에 따라 퇴직한 경우 · 「근로자퇴직급여보장법」에 따라 퇴직급여를 중간정산하여 지급한 경우 · ⓐ 임원에게 퇴직급여를 중간정산하여 지급하는 것으로서, ⓑ 정관 또는 정관에서 위임된 퇴직급여 지급규정에 명시되어 있고, ⓒ 장기요양 등 법 소정 사유에 해당하는 경우	· 임원이 연임된 경우 · 법인의 대주주 변동으로 인하여 계산의 편의, 기타 사유로 모든 사용인에게 퇴직급여를 지급한 경우 · 외국법인의 국내지점 종업원이 본점(본국)으로 전출하는 경우 · 「근로자퇴직급여보장법」에 따라 퇴직급여를 중간정산하기로 하였으나 실제로 지급하지 않은 경우

② 임원퇴직금 한도초과액

현실적 퇴직일 때, 법인이 지급하는 퇴직급여는 원칙적으로 전액 손금으로 인정된다. 다만, 법인이 임원에게 지급하는 퇴직급여 중 다음의 한도액을 초과하는 금액은 손금에 산입하지 아니한다. (→ 손금불산입(상여)로 세무조정)

구 분	임원퇴직금 한도액
정관(또는 정관에서 위임된 퇴직급여지급규정)에 퇴직급여로 지급할 금액이 정해져 있는 경우	그 규정에 따른 금액
그 외의 경우	퇴직 전 1년간 총급여액[1] × 10% × 근속연수[2]

[1] 제외 금액 : 소득세법상 비과세소득, 손금 인정되지 않는 인건비([예] 임원상여금 한도초과액)
[2] 월수로 계산하되, 1개월 미만의 기간은 없는 것으로(절사) 한다.

[사례] 다음 자료를 바탕으로 임원퇴직금 한도액을 계산하시오.
· 퇴직급여 지급규정 없음
· 근속기간 : 20x1. 1. 1.~20x9. 5. 10.
· 퇴직 전 1년간 총급여액 : 120,000,000원

[풀이] · 근속연수 = 8년 4개월 = $8\frac{4}{12}$ 년
· 임원퇴직금 한도액 = 120,000,000원 × 10% × $8\frac{4}{12}$ 년 = 100,000,000원

참고 임원상여금과 임원퇴직금의 비교

구 분	임원 상여금	임원 퇴직금
지급규정	정관, 주주총회, 사원총회 또는 이사회의 결의에 따라 결정된 급여지급기준	정관(또는 정관에서 위임된 퇴직급여 지급규정)
지급규정이 없는 경우	전액 손금불산입	법정금액 초과분만 손금불산입

참고 1개월 미만의 기간에 대한 법인세법상 처리

· 절사하는 경우 : 임원퇴직금 한도액의 근속연수
· 1개월로 보는 경우 : 그 외([예] 기업업무추진비 한도액, 감가상각범위액)

(4) 복리후생비

법인이 임원 또는 사용인을 위하여 지출한 복리후생비에서 다음 중 어느 하나에 해당하는 비용은 손금으로 인정된다.

> · 직장체육비, 직장문화비, 직장회식비
> · 우리사주조합의 운영비
> · 직장어린이집의 운영비
> · 「국민건강보험법」, 「노인장기요양보험법」, 「고용보험법」에 따라 사용자로서 부담하는 보험료
> · 기타 임원 또는 사용인에게 사회통념상 타당하다고 인정되는 범위 안에서 지급하는 경조사비 등 위와 유사한 비용

10 세금과 공과금

(1) 조세

법인이 납부하는 조세는 그것이 업무와 관련된 것이라면 원칙적으로 손금으로 인정된다.

> 참고 조세의 손금귀속시기
>
> > · 취득단계 조세(예 취득세) : 해당 자산을 감가상각 또는 처분하는 사업연도
> > · 그 외의 조세 : 지출하는 사업연도

다만, 다음 중 어느 하나에 해당하는 조세는 손금으로 인정되지 않는다.

① 법인세 및 농어촌특별세, 법인지방소득세

각 사업연도 소득금액을 기초로 계산되는 법인세를 손금으로 인정하면 그 금액이 다시 각 사업연도 소득금액에 영향을 미치게 되어 순환 모순이 생긴다. 이에 따라, 손익계산서에 계상된 법인세비용(= 법인세 + 농어촌특별세 + 법인지방소득세) 금액에 대하여 손금불산입(기타사외유출)로 세무조정한다.

② 매입세액공제가 적용되는 부가가치세 매입세액

매입세액공제가 적용되는 부가가치세 매입세액은 자산(부가세대급금)으로 계상되었다가 부가가치세 신고를 통하여 환급받게 되므로 손금으로 인정되지 않는다.

③ 매입세액불공제가 적용되는 부가가치세 매입세액 중 의무불이행분 또는 업무무관분

매입세액불공제가 적용되는 부가가치세 매입세액은 그 불공제 사유에 해당 법인의 책임이 있는 경우에는 손금으로 인정되지 않고(∵ 해당 법인에 귀책사유가 있으므로), 그 외의 경우에는 손금으로 인정된다.

불공제 사유	내용	세무조정
세금계산서 미수취, 불명분	· 세금계산서를 발급받지 아니한 경우 · 발급받은 세금계산서의 필요적 기재사항이 전부 또는 일부가 기재되지 않았거나 사실과 다르게 적힌 경우	\<손금불산입> (기타사외유출)
매입처별 세금계산서합계표 미제출, 불명분	· 매입처별 세금계산서합계표를 제출하지 아니한 경우 · 제출한 매입처별 세금계산서합계표의 기재사항 중 거래처별 등록번호 또는 공급가액의 전부 또는 일부가 기재되지 않았거나 사실과 다르게 적힌 경우	\<손금불산입> (기타사외유출)
사업과 직접 관련이 없는 지출의 매입세액	· 사업과 직접 관련이 없는 지출에 대한 매입세액	\<손금불산입> (기타사외유출)
비영업용 소형승용차 관련 매입세액	· 비영업용 소형승용차의 구입, 임차, 유지에 관련된 매입세액	–
기업업무추진비 관련 매입세액	· 기업업무추진비 및 이와 유사한 비용인 교제비, 기밀비, 사례금 등의 매입세액	–
면세사업 관련 매입세액	· 면세사업과 관련된 매입세액	–
토지 관련 매입세액	· 토지의 조성 등을 위한 자본적 지출과 관련된 매입세액	–
사업자등록을 신청하기 전의 매입세액	· 사업자등록을 신청하기 전의 매입세액	\<손금불산입> (기타사외유출)

④ 개별소비세·주세 및 교통세·에너지세·환경세

개별소비세·주세 및 교통세·에너지세·환경세는 거래상대방에게 전가되는 간접세이므로 손금으로 인정되지 않는다.

⑤ 세법상 의무불이행으로 인한 세액(가산세 포함)·강제징수비

벌칙 효과 극대화 차원에서 세법상 의무불이행으로 인하여 납부하는 세액, 가산세[1], 강제징수비[2]는 손금으로 인정되지 않는다. (→ 손금불산입(기타사외유출)로 세무조정)

[1] 예 과소신고가산세, 납부지연가산세

[2] 강제징수비 : 국세징수법에 따른 재산의 압류·매각·청산에 소요된 비용

(2) 벌금·과료·과태료

벌칙 효과 극대화 차원에서 국가·지방자치단체로부터 법령에 따라 부과된 벌금·과료·과태료의 납부액은 손금으로 인정되지 않는다. (→ 손금불산입(기타사외유출)로 세무조정)

그러나, 사계약상의 의무불이행으로 인한 위약금, 자금사정으로 인해 발생하는 연체이자 등은 여기에 해당되지 않으므로 손금으로 인정된다는 점에 주의해야 한다.

손금으로 인정되는 사례	손금으로 인정되지 않는 사례
· 사계약상의 의무불이행으로 인하여 과하는 지체상금(∵ 법을 위반한 것은 아님) · 철도화차사용료 미납액에 대한 연체이자 · 산업재해보상보험료의 연체금 · 국유지사용료의 납부지연으로 인한 연체료 · 전기요금의 납부지연으로 인한 연체가산금	· 법인의 임원 또는 사용인이 관세법을 위반하고 지급한 벌과금 · 업무와 관련하여 발생한 교통사고 벌과금(∵ 교통법규를 위반) · 「산업재해보상보험법」 규정에 따라 징수하는 산업재해보상보험료의 가산금 · 최저예금지급준비금 부족에 대하여 「한국은행법」 규정에 따라 금융기관이 납부하는 과태료 · 「국민건강보험법」 규정에 따라 징수하는 연체금[1] · 외국 법률에 따라 국외에서 납부한 벌금

[1] 「국민건강보험법」에서 종전의 국민건강보험 가산금이 연체금으로 용어 변경됨에 따라 세법에서도 연체금으로 용어 변경함

(3) 공과금

공과금이란 조세 외의 강제적 부담금을 말한다. 법인이 납부하는 공과금은 그것이 업무와 관련된 것이라면 원칙적으로 손금으로 인정된다.

다만, 다음 중 어느 하나에 해당하는 공과금은 손금으로 인정되지 않는다. (→ 손금불산입(기타사외유출)로 세무조정)

· 법령에 따라 의무적으로 납부하는 것이 아닌 공과금
· 법령에 따른 의무의 불이행 또는 금지·제한의 위반에 대한 제재(制裁)로서 부과되는 공과금

손금으로 인정되는 사례	손금으로 인정되지 않는 사례
· 교통유발부담금 · 폐기물처리부담금	· 임의출연금(∵ 의무적으로 납부하는 것이 아님) · 폐수배출부담금(∵ 제한의 위반에 대한 제재로서 부과)

(4) 영업자가 조직한 단체에 지급한 회비

영업자가 조직한 단체에 지급한 회비로서, 법인 또는 주무관청에 등록한 조합·협회에 대한 것이고, 법령 또는 정관이 정하는 바에 따른 정상적인 회비징수방식에 의하여 경상경비 충당을 목적으로 조합원·회원에게 부과한 것일 경우에는 손금으로 인정된다.

영업자가 조직한 단체에 지급한 회비로서, 그 외의 경우에는 손금으로 인정되지 않는다.

구 분		세법상 처리
법인 또는 주무관청에 등록한 조합·협회(법정단체)[1]	법령 또는 정관이 정하는 바에 따른 정상적인 회비징수방식에 의하여 경상경비 충당을 목적으로 조합원·회원에게 부과하는 회비 (일반회비)	손금 인정 O
	그 외의 회비 (특별회비)	손금 인정 X[2]
임의로 조직된 조합·협회(임의단체)에 지급한 회비		손금 인정 X[2]

[1] 예 전국경제인연합회, 상공회의소, 대한건설협회
[2] 손금불산입(기타사외유출)로 세무조정 (∵ 비지정기부금)

(5) 징벌적 목적의 손해배상금

법인이 지급한 손해배상금 중 다음 중 어느 하나에 해당하는 손해배상금으로서 실제 발생한 손해를 초과하여 지급하는 금액은 벌과금과 유사한 징벌적 성격이 있다고 보아 손금에 산입하지 아니한다.

- 국내 법률[1]의 규정에 따라 지급한 손해배상금
- 외국 법령에 따라 지급한 손해배상금

[1] 예 「제조물 책임법」, 「중대재해 처벌 등에 관한 법률」, 「개인정보 보호법」

구 분		세법상 처리
법률 규정에 따라 지급한 손해배상금 (예 180만 원)	실제 발생한 손해액 (예 80만 원)	손금 인정 O
	실제 발생한 손해액 초과분 (예 100만 원)	손금 인정 X[1]

[1] 손금불산입(기타사외유출)로 세무조정

만약, 실제 발생한 손해액이 분명하지 않은 경우에는 해당 법률에서 규정하는 배상액의 실제 발생 손해액 대비 배수 상한을 사용하여[1] '지급한 손해배상금 $\times \dfrac{\text{배수상한} - 1}{\text{배수상한}}$'을 손금불산입으로 세무조정한다.

[1] 예 · 「제조물 책임법」(배수 상한 3배) : 180만 원 × 2/3 = 120만 원
· 「중대재해 처벌 등에 관한 법률」(배수 상한 5배) : 180만 원 × 4/5 = 144만 원

11 국세·지방세 과오납금의 환급

법인이 국세·지방세를 과오납한 경우, 과세당국으로부터 당초 납부했던 본세(환급금)는 물론 그에 대한 이자(환급금에 대한 이자)까지 환급받게 된다.

① 국세·지방세 과오납금의 환급금

과오납으로 인하여 돌려받은 국세·지방세의 환급금 자체가 법인의 익금에 해당하는지 여부는 그 국세·지방세가 당초 납부될 때 손금으로 인정되었었는지에 달려 있다.

사 례	당초 납부 시	환급 시
(업무관련자산에 대한) 재산세	손금 인정 O	익금 인정 O
법인세	손금 인정 X[1]	익금 인정 X[2]

[1] 회사가 비용으로 계상한 경우 : 손금불산입(기타사외유출)로 세무조정
[2] 회사가 수익으로 계상한 경우 : 익금불산입(기타)로 세무조정

② 국세·지방세 과오납금의 환급금에 대한 이자

과오납으로 인하여 돌려받은 국세·지방세 환급금에 대한 이자[1]는 (국세·지방세 환급금 자체가 익금에 해당하는지 여부를 불문하고) 익금으로 보지 않는다. (→ 회사가 수익으로 계상한 경우 : 익금불산입(기타)로 세무조정)[2]

[1] 실무에서는 이를 '환급가산금'이라고 부르기도 함
[2] 규정 취지 : 환급금에 대한 이자는 세금의 초과납부에 대한 보상 성격이므로 보상 효과의 훼손 방지 목적

12 과다경비

(1) 여비 등의 손금불산입

법인이 임원·사용인이 아닌 지배주주(그의 특수관계인 포함)에게 지급한 여비 및 교육훈련비는 손금에 산입하지 아니한다. (→ 손금불산입(배당)으로 세무조정)

(2) 공동경비의 손금불산입

법인이 법인 외의 자와 사업을 공동으로 운영함에 따라 지출한 비용(공동경비) 중 법 소정 배분기준[1]에 따른 분담금액을 초과하는 금액은 손금에 산입하지 아니한다. (→ 손금불산입(기타사외유출)로 세무조정)

[1] 예 출자비율

(1) 업무무관비용

다음의 비용은 그 법인의 업무와 직접 관련이 없다고 인정되는 지출금액으로서 해당 사업연도의 손금에 산입하지 아니한다.

> · 출자임원에게 제공한 사택의 유지비, 관리비, 사용료 (→ 손금불산입(상여)로 세무조정)
> 　[참고] 비출자임원(소액주주인 임원 포함) 및 사용인에게 제공한 사택의 유지비, 관리비, 사용료 : 전액 손금 인정
> · 법인이 공여한 「형법」 또는 「국제상거래에 있어서 외국공무원에 대한 뇌물방지법」에 따른 뇌물 (→ 손금불산입 (기타소득)으로 세무조정)
> · 「노동조합 및 노동관계조정법」 규정을 위반하여 지급하는 급여[1] (→ 손금불산입(기타소득)으로 세무조정)

[1] 노동조합의 업무에만 종사하는 자(노조전임자)에게 지급하는 급여

(2) 업무무관자산

① 업무무관자산의 범위

업무무관자산이란 그 법인의 업무와 직접 관련이 없다고 인정되는 다음의 자산을 말한다.

구 분	업무무관자산의 범위
부동산	· 법인의 업무에 직접 사용하지 않는 부동산. 다만, 법 소정 유예기간이 경과하기 전까지는 제외 · 법인의 업무에 직접 사용하지 않다가 법 소정 유예기간 중에 양도하는 부동산
동 산	· 서화 및 골동품. 다만, 장식·환경미화 등의 목적으로 사무실, 복도 등 여러 사람이 볼 수 있는 공간에 항상 비치하는 것은 제외 · 법인의 업무에 직접 사용하지 않는 자동차, 선박, 항공기 · 기타 위와 유사한 자산으로서 법인의 업무에 직접 사용하지 않는 자산

② 업무무관자산에 대한 세법상 처리

구 분	세법상 처리
취 득	· 업무무관자산의 매입가액과 취득부대비용[1] : 세법상 자산으로 인정됨 · 업무무관자산의 취득에 사용된 차입금에 대한 이자비용(차입원가) : 업무무관비용으로 봄 (→ 손금불산입(기타사외유출)로 세무조정)
보 유	· 업무무관비용 손금불산입 　- 업무무관자산에 대한 감가상각비 (→ 손금불산입(유보[2])로 세무조정) 　- 업무무관자산에 대한 보유단계의 세금[3]과 공과금 (→ 손금불산입(기타사외유출)로 세무조정) 　- 업무무관자산에 대한 수선비·유지비 (→ 손금불산입(사외유출 : 배당, 상여, 기타사외유출, 기타소득)로 세무조정) · 업무무관자산에 대한 지급이자 손금불산입 　- 법정 계산금액 (→ 손금불산입(기타사외유출)로 세무조정)
처 분	· 양도한 업무무관자산의 양도 당시 세법상 장부가액(= 당초 취득가액과 취득부대비용) : 손금으로 인정됨 (→ 세법상 처분손익이 각 사업연도 소득금액으로 반영)

[1] [예] 업무무관자산의 취득세
[2] 추후 처분될 때 손금산입(△유보)로 추인
[3] [예] 업무무관자산의 재산세

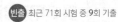
법인의 업무에 사용하지 않는 차량에 대한 감가상각비, 유지비 등은 손금으로 인정되지 않는 것이 원칙이나, 업무용 사용 여부에 대한 확인이 현실적으로 어렵고 이 점이 고가차량을 통한 단기간의 과도한 비용처리 수단으로 악용되는 문제가 있는 바, 업무용승용차 관련 비용에 대하여는 특례 규정이 적용된다.

(1) 적용 대상 업무용승용차의 범위

업무용승용차란 개별소비세 과세대상이 되는 승용자동차[1]를 말한다.

[1] 정원 8인승 이하이고 배기량 1,000cc 초과하는 승용자동차, 배기량 125cc 초과하는 이륜자동차, 캠핑용 자동차

다만, 다음 중 어느 하나에 해당하는 승용자동차는 제외한다.

- 택시운수업, 자동차판매업, 자동차임대업(렌트), 시설대여업(리스), 운전학원업, 무인경비업에서 사업에 직접 사용하는 승용자동차
- 장례식장 및 장의 관련 서비스업에서 사용하는 운구용 승용차
- 연구개발 목적으로 사용하는 자율주행 자동차

(2) 특례 규정

① 업무용승용차의 감가상각 시부인

구 분	일반 차량운반구	업무용승용차
감가상각방법	정액법과 정률법 중 신고한 상각방법	정액법
내용연수	4~6년의 범위에서 신고한 내용연수	5년
손금산입방법	임의상각제도(결산조정항목)	강제상각제도(신고조정항목)

② 업무용승용차 관련 비용 중 업무외사용금액 손금불산입

- 업무용승용차 관련 비용의 범위
  업무용승용차에 대한 감가상각비, 임차료, 유류비, 보험료, 수선비, 자동차세, 통행료 등
- 업무사용금액

$$\text{업무사용금액} = \text{업무용승용차 관련 비용} \times \text{업무사용비율}$$

선행 요건	운행기록	업무사용비율
가입 O 부착 O	작성·비치 O	· 업무사용비율 = $\dfrac{\text{운행기록으로 확인되는 업무용 주행거리}^{3)}}{\text{운행기록으로 확인되는 총 주행거리}}$
	작성·비치 X	· 업무용승용차 관련 비용이 1,500만 원[4] 이하인 경우 : 업무사용비율 = 100% (→ 업무용승용차 관련 비용 전액 업무사용금액으로 인정) · 업무용승용차 관련 비용이 1,500만 원 초과인 경우 : 업무사용비율 = $\dfrac{1,500\text{만 원}}{\text{업무용승용차 관련 비용}}$ (→ 업무용승용차 관련 비용 중 1,500만 원까지만 업무사용금액으로 인정)
업무전용자동차보험[1] 가입 X		· 업무사용비율 = 0% (→ 업무용승용차 관련 비용 전액 손금 불인정)
법인업무용 전용번호판[2] 부착 X		· 업무사용비율 = 0% (→ 업무용승용차 관련 비용 전액 손금 불인정)

¹⁾ 해당 법인의 임원·사용인이 직접 운전한 경우만 보상하는 자동차보험

²⁾ 국토교통부장관이 정하는 바에 따라 법인업무용 자동차에 부착하여야 하는 연두색 번호판

³⁾ 제조·판매시설 등 해당 법인의 사업장 방문, 거래처·대리점 방문, 회의 참석, 판촉 활동, 출·퇴근 등 직무와 관련된 업무수행을 위하여 주행한 거리

⁴⁾ 해당 사업연도가 1년 미만이거나 사업연도 중 일부 기간 동안 보유·임차한 경우에는 월할 계산

- 업무용승용차 관련 비용 중 업무외사용금액

$$업무외사용금액 \ = \ 업무용승용차 \ 관련 \ 비용 \ - \ 업무사용금액$$
$$= \ 업무용승용차 \ 관련 \ 비용 \ \times \ (1 \ - \ 업무사용비율)$$

- 세무조정
  업무용승용차 관련 비용 중 업무외사용금액을 손금불산입하고 귀속자에 따라 사외유출(배당, 상여, 기타사외유출, 기타소득)로 소득처분하되, 귀속자가 불분명한 경우에는 대표자에 대한 상여로 소득처분한다.

③ 업무용승용차의 감가상각비 한도초과액 계산과 세무조정

- 한도초과액에 대한 당기 손금불산입
  '업무사용금액 중 감가상각비'가 '800만 원'을 초과하는 경우 그 초과하는 금액(한도초과액)은 손금에 산입하지 아니한다. (→ 손금불산입(유보)¹⁾로 세무조정)

$$한도초과액 \ = \ (업무용승용차별 \ 감가상각비^{2)} \ \times \ 업무사용비율) \ - \ 800만 \ 원^{3)}$$

¹⁾ 업무용승용차의 임차료 중 감가상각비 상당액인 경우 : 기타사외유출

²⁾ 업무용승용차를 임차한 경우에는 임차료 중 법 소정 산식에 따라 계산한 감가상각비 상당액

³⁾ 해당 사업연도가 1년 미만이거나 사업연도 중 일부 기간 동안 보유·임차한 경우에는 월할 계산

- 한도초과액에 대한 이월 손금산입
  업무용승용차별 감가상각비 한도초과액 이월액은 해당 사업연도의 다음 사업연도부터 해당 업무용승용차의 '업무사용금액 중 감가상각비'가 '800만 원'에 미달하는 경우 그 미달하는 금액(한도미달액)을 한도로 하여 손금에 산입한다. (→ 손금산입(△유보)¹⁾로 세무조정)

$$손금산입액 \ = \ Min[한도미달액, \ 전기이월 \ 한도초과액]$$

¹⁾ 업무용승용차의 임차료 중 감가상각비 상당액인 경우 : 기타

④ 업무용승용차의 처분손실 한도초과액 계산과 세무조정

- 한도초과액에 대한 당기 손금불산입
  '업무용승용차의 처분손실'이 '800만 원'을 초과하는 경우 그 초과하는 금액(한도초과액)은 손금에 산입하지 아니한다. (→ 손금불산입(기타사외유출)로 세무조정)

$$한도초과액 \ = \ 업무용승용차의 \ 처분손실 \ - \ 800만 \ 원^{1)}$$

¹⁾ 해당 사업연도가 1년 미만인 경우에는 월할 계산

- 한도초과액에 대한 이월 손금산입
  업무용승용차별 처분손실 한도초과액 이월액은 해당 사업연도의 다음 사업연도부터 '800만 원'을 균등하게 손금에 산입하되, 남은 금액이 800만 원 미만인 사업연도에는 남은 금액을 모두 손금에 산입한다. (→ 손금산입(기타)로 세무조정)

$$손금산입액 \ = \ Min[800만 \ 원, \ 전기이월 \ 한도초과액]$$

[사례] 다음 자료를 바탕으로 x1년의 업무용승용차 관련 비용을 세무조정 하시오.
- x1. 1. 1. 대표이사 전용 업무용승용차 취득(취득가액 120,000,000원)
- 손익계산서상 감가상각비 20,000,000원, 기타 유지비 10,000,000원
- 업무전용자동차보험 가입, 법인업무용 전용번호판 부착
- 운행기록 작성·비치(총 주행거리 10,000㎞, 업무용 주행거리 8,000㎞)

[풀이] · 업무용승용차의 감가상각 시부인
- 회사계상액 : 20,000,000
- 상각범위액 : 120,000,000 × 1/5 = 24,000,000
- 세무조정 : <손금산입> 4,000,000 (△유보)
· 업무용승용차 관련 비용 중 업무외사용금액 손금불산입
- 업무용승용차 관련 비용 : 24,000,000[1](감가상각비) + 10,000,000(기타 유지비) = 34,000,000
  [1] = 20,000,000 + 4,000,000
- 업무사용비율 : $\dfrac{8,000㎞}{10,000㎞}$ = 80%
- 업무외사용금액 : 34,000,000 × (1 − 80%) = 6,800,000
- 세무조정 : <손금불산입> 6,800,000 (상여)
· 업무용승용차의 감가상각비 한도초과액 계산과 세무조정
- 업무사용금액 중 감가상각비 : 24,000,000 × 80% = 19,200,000
- 한도초과액 : 19,200,000 − 8,000,000 = 11,200,000
- 세무조정 : <손금불산입> 11,200,000 (유보)

15 손익의 귀속시기

 빈출 최근 71회 시험 중 14회 기출

(1) 기본원칙

① 권리의무확정주의

각 사업연도의 익금과 손금의 귀속사업연도는 그 익금과 손금이 확정된 날이 속하는 사업연도로 한다.

참고 기업회계기준의 수익·비용 인식기준 vs 법인세법의 익금·손금 귀속시기

구 분	기업회계기준	법인세법
인식기준 / 귀속시기	발생주의	권리의무확정주의
수익 / 익금	수익획득을 위한 노력이 완료되고 수익금액을 합리적으로 측정할 수 있는 시점에 수익 인식(실현주의)	권리가 확정된 시점에 익금 귀속
비용 / 손금	관련된 수익이 인식된 기간에 대응시켜서 비용 인식(수익·비용 대응의 원칙)	의무가 확정된 시점에 손금 귀속

② 기업회계기준과 관행의 보충적 적용

법인의 각 사업연도 소득금액을 계산할 때 그 법인이 익금과 손금의 귀속사업연도와 자산·부채의 취득 및 평가에 관하여 일반적으로 공정·타당하다고 인정되는 기업회계기준을 적용하거나 관행(慣行)을 계속 적용하여 온 경우에는 법인세법 및 조세특례제한법에서 달리 규정하고 있는 경우를 제외하고는 그 기업회계기준 또는 관행에 따른다.

> 예 법인세법상 손금으로 인정되는 급여·임금에 대하여 당기에 손금으로 귀속(판매비와관리비, 제조원가 중 판매분)시킬 것인지, 차기에 손금으로 귀속(제조원가 중 미판매분)시킬 것인지 판단할 때, 세법에 특별한 규정이 없으므로 기업회계기준을 보충적으로 적용함

(2) 자산 판매 손익의 귀속시기

① 일반적인 판매

구 분	일반기업회계기준	법인세법
재고자산의 판매 (부동산 제외)	· 인도한 시점	· 인도한 날
재고자산 외 자산의 양도 (부동산 포함)	· 법적 소유권이 이전되는 시점(다만, 그 전에 소유에 따른 위험과 효익이 실질적으로 이전되는 경우에는 그 시점)	· 다음 중 빠른 날 ⓐ 대금청산일 ⓑ 소유권 이전 등기일 ⓒ 인도일 ⓓ 사용수익일
시용판매	· 상대방이 구입의사를 표시한 시점	· 상대방이 구입의사를 표시한 날
위탁판매	· 수탁자가 위탁자산을 판매한 시점	· 수탁자가 위탁자산을 판매한 날

② 할부판매

구 분	일반기업회계기준	법인세법
단기할부판매	· 인도기준(명목가액)	· 인도기준(명목가액)
장기할부판매[1]	· 원칙 : 인도기준(현재가치) · 중소기업은 회수기일도래기준 선택 가능	· 원칙 : 인도기준(명목가액) · 결산서에 현재가치로 계상한 경우 이를 인정[2] · 중소기업은 회수기일도래기준으로 신고조정 가능[3] · 비중소기업이더라도 결산서에 회수기일도래기준으로 계상한 경우 이를 인정[4]

[1] ㉠ 재화를 먼저 공급한 후에 그 대가를 2회 이상 분할하여 할부로 받고, ㉡ 해당 재화의 인도일의 다음 날부터 최종할부금 지급기일까지의 기간이 1년 이상인 것

[2] 자산을 판매함으로써 발생한 채권에 대하여 기업회계기준이 정하는 바에 따라 현재가치로 평가하여 현재가치할인차금을 계상한 경우 현재가치할인차금은 해당 채권의 회수 기간 동안 기업회계기준에 따라 환입하였거나 환입할 금액을 각 사업연도의 익금(이자수익)에 산입한다.

[3] 중소기업인 법인이 장기할부조건으로 자산을 판매한 경우에는 그 장기할부조건에 따라 각 사업연도에 회수하였거나 회수할 금액을 해당 사업연도의 익금에 산입할 수 있다.

[4] 취지 : 장기할부판매 거래에 대한 부가가치세법상 공급시기(대가의 각 부분을 받기로 한 때) 규정과의 충돌 보완

(3) 용역 제공 손익의 귀속시기

① 건설·제조 기타 용역(도급공사 및 예약매출 포함)의 귀속시기

구 분	일반기업회계기준	법인세법
원 칙	· 장기·단기를 불문하고 진행기준	· 장기·단기를 불문하고 진행기준
특 례	· 중소기업은 단기건설공사에 대하여 인도기준(완성기준) 선택 가능 · 예약매출(예 아파트 신축분양사업) 중 미분양분은 인도기준	· 중소기업은 단기건설공사에 대하여 인도기준(완성기준)으로 신고조정 가능[1] · 기업회계기준에 따라 결산서에 인도기준으로 계상한 경우 이를 인정 · 작업진행률을 계산할 수 없다고 인정되는 경우 반드시 인도기준으로 신고조정[2]

[1] 중소기업인 법인이 수행하는 계약기간이 1년 미만인 건설 등의 경우 그 목적물의 인도일이 속하는 사업연도의 익금에 산입할 수 있다.

[2] 법인이 비치·기장한 장부가 없거나 비치·기장한 장부의 내용이 충분하지 아니하여 당해 사업연도 종료일까지 실제로 소요된 총공사비누적액 또는 작업시간 등을 확인할 수 없는 경우 그 목적물의 인도일이 속하는 사업연도의 익금에 산입한다.

② 진행기준에 의한 익금과 손금의 계산

익 금	= 계약금액 × 작업진행률 − 직전 사업연도 말까지 익금에 산입한 금액
작업진행률	$= \dfrac{\text{해당 사업연도 말까지 발생한 총공사비 누적액}}{\text{총공사예정비}^{[1]}}$
손 금	= 해당 사업연도에 발생한 총비용

[1] 기업회계기준을 적용하여 계약 당시 추정한 공사원가에 해당 사업연도 말까지의 변동상황을 반영하여 합리적으로 추정한 공사원가를 말함

> 참고 **아파트 등을 분양하는 경우 부지로 사용될 토지 취득원가의 처리**
>
> · 토지 취득원가는 작업진행률 계산 시 분자 및 분모에 산입하지 않는다. (∵ 구입 시점에 전액 발생)
> · 토지 취득원가를 작업진행률에 따라 안분하여 손금에 산입한다.

[사례] 아파트 분양 손익에 대한 x1년~x3년의 세무조정을 하시오.

- 공사기간 : x1. 7. 1.~x3. 6. 30.
- 계약금액 : 200억 원(미분양분 없음)
- 회사는 공사가 완료되어 고객에게 아파트를 인도한 x3년에 결산서상 수익 200억 원과 비용 168억 원 (= 토지취득원가 + 총공사비)을 계상
- 부지로 사용할 토지를 x1. 7. 1.에 60억 원에 취득
- 공사비 내역

구 분	x1년	x2년	x3년
당기 발생 공사비	25억 원	63억 원	20억 원
총공사비 추정액	100억 원	110억 원	-

[풀이] · 수익에 대한 세무조정

구 분	x1년	x2년	x3년
작업진행률	$\dfrac{25억\ 원}{100억\ 원} = 25\%$	$\dfrac{25억\ 원 + 63억\ 원}{110억\ 원} = 80\%$	100%(∵ 공사 완료)
세법상 익금	200억 원 × 25% = 50억 원	200억 원 × 80% − 50억 원 = 110억 원	200억 원 − 160억 원 = 40억 원
회사계상액	0원	0원	200억 원
T/A	<익금산입> 50억 원 (유보)	<익금산입> 110억 원 (유보)	<익금불산입> 160억 원 (△유보)

· 비용에 대한 세무조정

구 분	x1년	x2년	x3년
토지 취득원가 안분	60억 원 × 25% = 15억 원	60억 원 × 80% − 15억 원 = 33억 원	60억 원 − 48억 원 = 12억 원
세법상 손금	25억 원 + 15억 원 = 40억 원	63억 원 + 33억 원 = 96억 원	20억 원 + 12억 원 = 32억 원
회사계상액	0원	0원	168억 원
T/A	<손금산입> 40억 원 (△유보)	<손금산입> 96억 원 (△유보)	<손금불산입> 136억 원 (유보)

(4) 이자수익과 이자비용의 귀속시기

① 이자수익(수입이자)

구 분	일반기업회계 기준	법인세법
원 칙	발생주의	· 예금·적금의 이자 : 실제 이자를 지급받은 날(현금주의) · 비영업대금의 이익 : 약정에 따른 지급기일(약정주의) · 그 외 소득세법상 이자소득의 수입시기 : 현금주의 또는 약정주의
특 례		· 원천징수되지 않는 이자[1] : 기간경과분을 미수이자로 계상한 경우 이를 인정 O · 원천징수되는 이자 : 기간경과분을 미수이자로 계상한 경우 이를 인정 X[2]

[1] 실무에서 거의 없음

[2] 이유 : 소득의 귀속자가 기간경과분 미수이자를 익금으로 인식하여 법인세를 신고·납부하게 되면, 원천징수의무자가 실제로 이자를 지급할 때 이를 차감한 금액을 기준으로 원천징수해야 하는 문제가 생기기 때문

② 이자비용(지급이자)

구 분	일반기업회계 기준	법인세법
원 칙	발생주의	· 비영업대금의 이익에 해당하는 이자비용 : 약정에 따른 지급기일(약정주의) · 그 외 소득세법상 이자소득의 수입시기 : 현금주의 또는 약정주의
특 례		· 기간경과분을 미지급이자로 계상한 경우 이를 인정 O (단, 차입일부터 이자지급일이 1년을 초과하는 특수관계인과의 거래에 따른 이자는 제외)

(5) 기타 손익의 귀속시기

① 임대료(익금), 임차료(손금)

구 분	일반기업회계 기준	법인세법
원 칙	발생주의	· 계약 등에 따라 임대료 지급일이 정해진 경우 : 그 지급기일(약정주의) · 계약 등에 따라 임대료 지급일이 정해지지 않은 경우 : 실제 지급받은 날 (현금주의)
특 례		· 임대료지급기간이 1년 이하인 경우[1] : 결산서에 발생주의 기준으로 계상한 경우 이를 인정 O (→ 기간경과분을 미수임대료·미지급임차료로 계상한 경우 이를 인정 O) · 임대료지급기간이 1년 초과인 경우[2] : 반드시 발생주의 기준으로 신고조정

[1] 예 임대기간이 x1.1.1.~x2.12.31.이고 임대기간 동안 월 임대료를 매월 말일에 지급하기로 계약된 경우(임대료지급기간 : 1개월)

[2] 예 임대기간이 x1.1.1.~x2.12.31.이고 임대기간의 전체 임대료를 x2.12.31.에 일시 지급하기로 계약된 경우(임대료지급기간 : 2년)

② 배당금수익

구 분	일반기업회계기준	법인세법
배당금수익	배당을 받을 권리가 확정되는 시점	· 잉여금처분에 의한 배당 : 잉여금 처분결의일 · 그 외 소득세법상 배당소득의 수입시기

③ 판매보증비, 경품비, 하자보수비

구 분	일반기업회계기준	법인세법
판매보증비	요건을 충족하는 경우 제품보증충당부채를 인식하여 비용 계상 가능(발생주의)	실제 지급한 날(현금주의)[1]
경품비	요건을 충족하는 경우 경품충당부채를 인식하여 비용 계상 가능(발생주의)	실제 지급한 날(현금주의)[1]
하자보수비	요건을 충족하는 경우 하자보수충당부채를 인식하여 비용 계상 가능(발생주의)	실제 지급한 날(현금주의)[1]

[1] 충당금은 미확정채무의 성격이 있기 때문에, 권리의무확정주의를 기본원칙으로 하는 법인세법에서 충당금은 법에 열거된 것(예 퇴직급여충당금, 대손충당금)만 설정이 인정되고, 열거되지 않은 것(예 제품보증충당부채, 경품충당부채, 하자보수충당부채)은 설정이 인정되지 않는다.

핵심기출문제

* 본서에 수록된 기출문제의 날짜는 학습효과를 높이기 위하여 일부 수정함

01 ㈜세무는 내국법인인 주주에게 주식을 발행하고 그 대가로 토지를 현물출자 받았다. 발행주식의 액면금액은 1,000,000원, 시가는 1,200,000원이고 토지의 시가는 1,200,000원이다. ㈜세무가 주식발행 시 다음과 같이 회계처리한 경우 세무조정에 대한 설명으로 틀린 것은?

[제72회 수정]

| (차) 토지 | 1,300,000 | (대) 자본금 | 1,000,000 |
| | | 주식발행초과금 | 300,000 |

① 손금산입 토지 100,000원 (△유보)의 세무조정이 발생한다.
② 익금산입 주식발행초과금 100,000원 (기타)의 세무조정이 발생한다.
③ 세무조정을 반영하더라도 당기의 각 사업연도 소득금액은 변동이 없다.
④ 세무상 토지의 취득가액은 1,300,000원이다.

02 ㈜한결이 임원 및 종업원에게 지급한 상여금과 상여지급기준은 다음과 같다. 이 경우 필요한 세무조정은?

[제78회]

> (1) 임원의 상여금 지급 : 30,000,000원(회사의 임원상여금 지급기준 초과액 20,000,000원)
> (2) 종업원의 상여금 지급 : 17,000,000원(회사의 종업원상여금 지급기준 초과액 10,000,000원)

① <손금불산입> 상여금 한도초과액 10,000,000원 (상여)
② <손금불산입> 상여금 한도초과액 20,000,000원 (상여)
③ <손금불산입> 상여금 한도초과액 30,000,000원 (상여)
④ 세무조정 필요 없음

03 다음 중 법인세법상 전액 손금불산입되는 항목에 해당하지 않는 것은? [제75회]

① 대표이사가 가입한 친목단체에 지출한 회비
② 벌과금, 과태료 및 강제징수비
③ 업무와 관련 없는 토지에 대한 재산세
④ 사계약상의 의무불이행으로 인한 지체상금

04 다음 중 조세 이중과세의 방지 및 조정을 위한 내용이 아닌 것은? [제71회]

① 이월익금에 대한 익금불산입　　　　② 수입배당금의 익금불산입
③ 국세환급가산금의 익금불산입　　　　④ 외국납부세액공제

정답 및 해설

01 ④ · 현물출자에 따라 취득한 자산의 법인세법상 취득가액은 해당 자산의 시가이다.
　　　　· 세무조정
　　　　　· <손금산입> 토지　100,000원 (△유보)
　　　　　· <익금산입> 주식발행초과금　100,000원 (기타)

02 ② 임원상여금 중 급여지급기준을 초과하여 지급하는 금액은 손금에 산입하지 아니한다.

03 ④ 사계약상의 의무불이행으로 인한 지체상금은 손금으로 인정된다.

04 ③ 국세환급가산금의 익금불산입 규정은 세금 과다징수에 대한 보상적 성격이므로 이중과세의 방지 및 조정과는 관련이 없다.

05 다음의 손익계산서상 수익으로 계상된 내용 중 법인세법상 익금불산입액의 합계는? [제61회]

- 지방세 과오납금의 환부이자 500,000원
- 손금산입된 금액 중 환입된 금액 1,500,000원
- 단기매매증권평가이익 3,300,000원
- 보험업법에 의한 고정자산 평가차익 25,000,000원

① 3,800,000원 ② 4,800,000원 ③ 5,300,000원 ④ 30,300,000원

06 다음의 법인세법상 세무조정사항 중 소득처분이 나머지와 다른 것은 어느 것인가? [제58회]

① 부가가치세 납부지연 가산세 납부액
② 영업부장이 개인용도로 사용한 법인카드 금액
③ 기업업무추진비의 한도초과액
④ 업무상 과실로 구청에 납부한 벌과금

07 다음은 현행 법인세법상 2016. 1. 1. 이후 취득한 업무용승용차의 감가상각에 대한 설명이다. 옳지 않은 것은? [제78회]

① 감가상각방법은 정액법만 적용한다.
② 업무용승용차의 내용연수는 5년이다.
③ 감가상각비는 결산조정사항이므로 신고조정으로 손금산입이 불가능하다.
④ 감가상각비는 차량별로 연간 한도 800만 원을 원칙으로 한다.

08 다음 중 법인세법상 업무용승용차에 대한 설명으로 틀린 것을 고르시오. [제81회]

① 업무용승용차 관련 비용이란 감가상각비, 임차료, 유류비, 보험료, 수선비, 자동차세, 통행료 및 금융리스부채에 대한 이자비용 등 업무용승용차의 취득·유지를 위하여 지출한 비용을 말한다.

② 2016년 1월 1일 이후 취득한 업무용승용차는 정액법으로 5년간 강제상각하여야 한다.

③ 원칙적으로 업무전용자동차보험에 가입하지 아니하거나 법인업무용 전용번호판을 부착하지 아니한 경우 전액 손금으로 인정되지 않는다.

④ 업무전용자동차보험에 가입하고 법인업무용 전용번호판을 부착하였으나 운행일지를 작성하지 않을 경우 전액 손금으로 인정되지 않는다.

정답 및 해설

05 ① 지방세 과오납금의 환부이자 500,000 + 단기매매증권평가이익 3,300,000 = 3,800,000원

06 ② ②는 상여, ① ③ ④는 기타사외유출로 소득처분한다.

07 ③ 업무용승용차의 감가상각비는 강제상각제도로서 상각범위액에 미달한 경우 그 미달한 금액을 신고조정으로 손금산입한다.

08 ④ 업무전용자동차보험에 가입하고 법인업무용 전용번호판을 부착하였으나 운행일지를 작성하지 않을 경우, 업무용승용차 관련 비용은 전액(1,500만 원 이하일 때) 또는 1,500만 원까지(1,500만 원 초과일 때) 업무사용금액으로 인정된다.

09 법인세법상 손익귀속시기에 관한 다음의 설명 중 가장 옳지 않은 것은? [제61회]

① 중소기업이 장기할부조건으로 자산을 판매한 경우에는 장기할부조건에 따라 회수하였거나 회수할 금액과 이에 대응하는 비용을 각각 해당 사업연도의 익금과 손금에 산입할 수 있다.

② 지급기간이 1년 이하인 단기임대료는 원칙적으로 계약상 지급일을 귀속사업연도로 하나, 기간경과분에 대하여 임대료를 수익으로 계상한 경우에는 이를 익금으로 인정한다.

③ 자산을 타인에게 위탁하여 판매하는 경우에는 수탁자가 그 자산을 판매한 날이 속하는 사업연도를 귀속사업연도로 한다.

④ 법인세법상 용역제공에 의한 손익의 귀속사업연도는 진행기준만 인정된다.

10 법인세법상 손익의 귀속시기에 관한 설명이다. 틀린 것은? [제73회]

① 임대료 지급기간이 1년을 초과하는 경우 이미 경과한 기간에 대응하는 임대료 상당액과 비용은 이를 각각 해당 사업연도의 익금과 손금으로 본다.

② 중소기업인 경우 계약기간 1년 미만의 건설의 경우 수익과 비용을 각각 그 목적물의 인도일이 속하는 사업연도의 익금과 손금에 산입할 수 없다.

③ 용역제공에 의한 손익 귀속사업연도에서 기업회계기준에 근거하여 인도기준으로 회계처리한 경우 이를 인정한다.

④ 자산을 위탁판매하는 경우에는 그 수탁자가 매매한 날이 속하는 사업연도의 익금으로 한다.

11 다음은 법인세법의 손익귀속 사업연도와 관련된 설명이다. 적합하지 않은 것은? [제43회]

① 법인이 결산을 확정함에 있어 이미 경과한 기간에 대응하는 이자비용(차입일부터 이자지급일이 1년을 초과하는 특수관계인과의 거래에 따른 이자는 제외)을 계상하는 경우 세법상 이를 인정한다.

② 법인의 각 사업연도의 익금과 손금의 귀속사업연도는 원칙적으로 그 익금과 손금이 확정된 날이 속하는 사업연도로 한다.

③ 법인의 장기건설의 경우에는 원칙적으로 작업진행률을 기준으로 하여 수익과 비용을 해당 사업연도의 익금과 손금에 산입한다.

④ 법인이 원천징수 대상인 수입이자에 대하여 기업회계기준에 의한 기간 경과분을 결산서에 수익으로 계상한 경우 이를 해당 사업연도의 익금으로 한다.

12 기업회계기준에 의해 회계처리하였으나 법인세법상 세무조정을 수행하여야 하는 경우는?

① 매도가능증권을 취득한 후 공정가액법으로 평가한다.

② 중소기업의 예약매출인 경우 기업회계기준에 따라 그 목적물의 인도일이 속하는 사업
연도의 수익과 비용으로 계상한다.

③ 보험료를 선급한 경우 결산일에 선급보험료를 인식하는 회계처리를 한다.

④ 기계장치에 대한 수선비(수익적 지출)를 비용으로 회계처리를 한다.

정답 및 해설

09 ④ 법인세법상 용역제공에 의한 손익의 귀속시기에 있어서, 중소기업의 경우 또는 기업회계기준에 따라 인도기준으로 계상한 경우 등에는 인도기준을 적용할 수 있다.

10 ② 중소기업의 단기건설(1년 미만)용역은 인도기준에 따라 수익과 비용을 인도일이 속하는 사업연도의 익금과 손금에 산입할 수 있다.

11 ④ 법인이 원천징수 대상인 수입이자에 대하여 기간경과분을 결산서에 미수이자로 계상한 경우 이를 해당 사업연도의 익금으로 보지 않는다.

12 ① 법인세법상 유가증권은 원가법으로 평가한다.

제**11**절 | 기부금

01 기부금의 범위

최근 71회 시험 중 2회 기출

(1) 본래의 기부금

기부금이란 특수관계인 외의 자에게 사업과 직접 관계없이 무상으로 지출하는 금전 및 재산의 증여가액을 말한다.

> 참고 특수관계인에게 무상으로 지출하는 금전·재산의 증여는 부당행위계산의 부인 규정이 적용되므로 원칙적으로 기부금으로 보지 않는다. 다만, 특수관계인이 세법상 기부금 대상 단체(예 사회복지법인)인 경우에는 이를 기부금으로 본다.

(2) 의제기부금

법인이 특수관계인 외의 자에게 정당한 사유 없이 ① 자산을 정상가액보다 낮은 가액으로 양도하거나 ② 정상가액보다 높은 가액으로 매입함으로써, 그 차액 중 실질적으로 증여한 것으로 인정되는 금액은 이를 기부금으로 간주한다. 여기서 '정상가액'이란 시가에 시가의 30%를 가산하거나 차감한 범위의 가액을 말한다.

[사례1] 특수관계 없는 법인으로부터 토지를 15,000(시가 10,000)에 현금으로 취득한 경우 기부금 해당액은?

[풀이] · 자산의 고가매입에 대한 의제기부금 = 매입가액 − 정상가액
　　　　　　　　　　　　　　　　　　　　　 = 15,000 − (10,000 × 130%) = 2,000
　　　　 · 세무조정

B	(차) 토지	15,000	(대) 현금	15,000
T	(차) 토지 　　 의제기부금	13,000 2,000	(대) 현금	15,000
T/A	· <손금산입> 토지 2,000 (△유보) · 의제기부금 2,000 → 한도계산			

[사례2] 특수관계 없는 법인에 토지(장부가액 16,000)를 10,000(시가 16,000)에 현금으로 처분한 경우 기부금 해당액은?

[풀이]　· 자산의 저가양도에 대한 의제기부금 = 정상가액 − 양도가액
　　　　　　　　　　　　　　　　　　　　 = (16,000 × 70%) − 10,000 = 1,200

　　　　 · 세무조정

B	(차) 현금 　　유형자산처분손실	10,000 6,000	(대) 토지	16,000
T	(차) 현금 　　유형자산처분손실 (차) 의제기부금	11,200 4,800 1,200	(대) 토지 (대) 현금	16,000 1,200
T/A	· 의제기부금 1,200 → 한도계산			

02 기부금의 구분

최근 71회 시험 중 6회 기출

법인세법 및 조세특례제한법에서는 기부금을 공공성의 정도에 따라 특례기부금, 우리사주조합기부금, 일반기부금, 비지정기부금으로 구분하고 있으며, 손금 인정 범위에 차등을 두고 있다.

구 분	손금 한도액	세법상 처리
특례기부금	소득금액의 50%	한도초과액 → <손금불산입> (기타사외유출)
우리사주조합기부금	소득금액의 30%	한도초과액 → <손금불산입> (기타사외유출)
일반기부금	소득금액의 10%	한도초과액 → <손금불산입> (기타사외유출)
비지정기부금	–	전액 → <손금불산입> (사외유출[1])

[1] 귀속자에 따라 배당, 상여, 기타사외유출, 기타소득 중 하나로 소득처분

(1) 특례기부금 (법정기부금)

· 국가나 지방자치단체에 무상으로 기증하는 금품의 가액
· 국방헌금과 국군장병 위문금품의 가액
· 천재지변으로 생기는 이재민을 위한 구호금품의 가액
· 국·공립학교, 사립학교 등 교육기관에 시설비·교육비·연구비·장학금으로 지급하는 기부금
· 국립대학병원, 사립학교 부설 병원 등 의료기관에 시설비·교육비·연구비로 지급하는 기부금
· 사회복지사업을 주된 목적으로 하는 전문모금기관(예 사회복지공동모금회)에 지급하는 기부금

(2) 우리사주조합기부금

법인이 우리사주조합에 지출하는 기부금 : 우리사주제도를 실시하는 회사(B)의 주주인 당해 법인(A)이 우리사주 취득에 필요한 재원의 지원 목적으로 피투자회사(B)의 우리사주조합에 기부하는 금품을 말한다.

> 참고 우리사주제도를 실시하는 법인(A)이 당사(A)의 소속 근로자가 설립한 우리사주조합에 출연하는 자사주의 장부가액 또는 금품 : 기부금 X (→ 전액 손금 인정)

(3) 일반기부금 (지정기부금)

- 다음의 비영리단체에 고유목적사업비[1]로 지급하는 기부금
  - 사회복지사업법에 따른 사회복지법인
  - 영유아보육법에 따른 어린이집
  - 유치원, 초·중·고등학교, 기능대학, 전공대학형태·원격대학형태의 평생교육시설
  - 의료법에 따른 의료법인
  - 종교단체
  - 국세청장의 추천을 받아 기획재정부장관이 지정하여 고시하는 단체(예 대한적십자사)
- 학교장이 추천하는 개인에게 교육비, 연구비, 장학금으로 지급하는 기부금
- 사회복지시설 중 무료 또는 실비로 이용할 수 있는 시설(예 아동복지시설)에 지급하는 기부금
- 기획재정부장관이 지정하여 고시하는 국제기구(예 유엔난민기구)에 지급하는 기부금
- 사회복지·문화·예술 등 공익목적으로 지급하는 기부금으로서 기획재정부장관이 지정하여 고시하는 기부금

[1] 비영리단체의 정관에 규정된 설립목적을 수행하는 사업으로서 수익사업 외의 사업에 사용하기 위한 금액을 말함

(4) 비지정기부금

비지정기부금은 특례기부금, 우리사주조합기부금 및 일반기부금으로 열거되지 않은 기부금을 말한다. 비지정기부금은 전액 손금불산입하고 귀속자에 따라 사외유출(배당, 상여, 기타사외유출, 기타소득)로 소득처분한다.

> 참고 비지정기부금에 해당하는 사례

- 동창회비, 종친회비, 향우회비
- 경로당후원금
- 신용협동조합·새마을금고에 지출하는 기부금
- 법인이 정당에 지급하는 기부금(정치자금기부금)

03 현물기부금의 평가

구 분		현물기부금 평가액
특례기부금		장부가액
일반기부금	특수관계인 외의 자에게 기부한 것	
	특수관계인에게 기부한 것	Max[시가, 장부가액][1]
비지정기부금		

[1] 규정 취지 : '시가 < 장부가액'인 경우 시가와 장부가액의 차액(= 처분손실)이 전액 손금으로 인정되는 것을 방지

04 기부금의 손금귀속시기

기부금의 손금귀속시기는 현금 등으로 지출한 날이 속하는 사업연도로 한다. (현금주의)

· 어음을 발행한 경우 : 그 어음이 실제로 결제된 날(어음결제일)에 지출한 것으로 본다.
· 수표를 발행한 경우 : 그 수표를 교부한 날(수표교부일)에 지출한 것으로 본다.
· 법인이 기부금을 미지급금으로 계상한 경우 : 실제로 이를 지출할 때까지 기부금으로 보지 않는다.
· 법인이 기부금을 선급비용(또는 가지급금)으로 이연계상한 경우 : 그 지출한 사업연도의 기부금으로 본다.

[사례1] x1년에 기부약정을 하고 x2년에 결제하는 경우

[풀이]

구 분	x1년	x2년
B	(차) 기부금 50,000 (대) 미지급비용 50,000	(차) 미지급비용 50,000 (대) 현금 50,000
T	–	(차) 기부금 50,000 (대) 현금 50,000
T/A	· <손금불산입> 50,000 (유보) · 기부금 해당액 : 0원	· <손금산입> 50,000 (△유보) · 기부금 해당액 : 50,000원

[사례2] x1년에 기부행위 및 지출을 하고 조세회피목적으로 이를 이연처리하는 경우[1]

[풀이]

구 분	x1년	x2년
B	(차) 선급비용 50,000 (대) 현금 50,000	(차) 기부금 50,000 (대) 선급비용 50,000
T	(차) 기부금 50,000 (대) 현금 50,000	–
T/A	· <손금산입> 50,000 (△유보) · 기부금 해당액 : 50,000원	· <손금불산입> 50,000 (유보) · 기부금 해당액 : 0원

[1] 기부금은 그 비용 성격상 이연처리(선급비용)가 인정될 수 없음

05 기부금 세무조정

기부금은 업무와 직접 관련이 없는 지출이므로 본래 손금이 될 수 없으나, 기업의 사회적 책임 이행과 기부문화 장려를 위하여 일정한 한도 내에서 손금을 인정하고 있다.

[1단계] 차가감소득금액의 계산

차가감소득금액 = 기부금 한도시부인 세무조정을 제외한 모든 세무조정을 완료한 상태의 소득금액
= 결산서상 당기순이익 + 익금산입·손금불산입[1] - 손금산입·익금불산입[1]

[1] '당기지출액 중 기부금 한도초과액의 손금불산입(ⓐ)'과 '기부금 한도초과 이월액의 손금산입(ⓑ)'을 제외한 모든 세무조정
(→ 비지정기부금에 대한 세무조정, 기부금의 손금귀속시기에 대한 세무조정도 포함된 세무조정)

[2단계] 기부금 한도시부인

기부금 한도시부인 순서 : 특례기부금 → 우리사주조합기부금 → 일반기부금

구 분	손금 한도액	세법상 처리
특례기부금	(기준소득금액[1] - 이월결손금[2]) × 50%	· 한도초과액 : 손금불산입(기타사외유출)[4] · 한도미달액 : 세무조정 없음
우리사주조합기부금	(기준소득금액[1] - 이월결손금[2] - 특례기부금 손금인정액) × 30%	· 한도초과액 : 손금불산입(기타사외유출) · 한도미달액 : 세무조정 없음
일반기부금	(기준소득금액[1] - 이월결손금[2] - 특례기부금 손금인정액 - 우리사주조합기부금 손금인정액) × 10%[3]	· 한도초과액 : 손금불산입(기타사외유출)[4] · 한도미달액 : 세무조정 없음

[1] 기준소득금액 = 차가감소득금액 + (특례기부금 당기분 + 우리사주조합기부금 당기분 + 일반기부금 당기분)

[2] · 공제 기간 : 15년 이내 발생분
· 공제 한도
· 중소기업, 회생계획을 이행 중인 기업 : 기준소득금액의 100%
· 그 외 일반기업 : 기준소득금액의 80%

[3] 「사회적기업육성법」에 따른 사회적기업(예 취약계층에 일자리 제공 기업)이 지출한 일반기부금인 경우 : 20%

[4] · 특례기부금 및 일반기부금의 한도초과액은 해당 사업연도의 다음 사업연도 개시일부터 10년 이내에 끝나는 각 사업연도에 이월하여, 이월된 각 사업연도의 해당 기부금 한도액 범위 내에서 그 한도초과액을 손금에 산입한다.
· 손금 산입 순서 : '기부금 한도초과 이월액'을 한도액 범위 내에서 먼저 손금에 산입하고, 남은 한도액 범위 내에서 '당기에 지출한 기부금'을 손금에 산입한다.
· 특례기부금 및 일반기부금 한도초과 이월액이 있는 경우 세무조정 : Min[당기 한도액, 10년 내 한도초과 이월액]을 손금산입(기타)

[3단계] 각 사업연도 소득금액의 계산

차가감소득금액
+ 특례기부금·우리사주조합기부금·일반기부금의 당기지출액 중 한도초과액 (ⓐ)
- 특례기부금·일반기부금의 Min[당기 한도액, 10년 내 한도초과 이월액] (ⓑ)
────────────────────────────────
= 각 사업연도 소득금액

[사례] 다음 자료를 바탕으로 법인(중소기업)의 각 사업연도 소득금액을 계산하고, [소득금액조정합계표]와 [법인세 과세표준 및 세액조정계산서]를 작성하시오.

- 손익계산서 금액
  - 손익계산서상 당기순이익 : 75,000,000
  - 손익계산서상 법인세비용 : 7,000,000
  - 손익계산서상 기부금 : 23,000,000

- 손익계산서상 기부금 내역
  - 천재지변으로 생긴 이재민 구호금 : 3,000,000
  - 일반기부금 대상 공익법인에 고유목적 사업비로 지급한 불우이웃돕기 성금 : 10,000,000
  - 고아원(사회복지법인)에 고유목적 사업비로 지급한 당사 발행 약속어음(내년 3월 만기) : 4,000,000
  - 정당에 지급한 기부금 : 6,000,000

- 세법상 이월결손금 내역
  - 16년 전 발생한 이월결손금 : 2,000,000
  - 6년 전 발생한 이월결손금 : 15,000,000

- 기부금 한도초과 이월액 내역
  - 특례기부금 : 7,000,000(3년 전 발생)
  - 일반기부금 : 9,000,000(4년 전 발생)

[풀이] · 기부금의 분류

구 분	특 례	일 반	비지정
이재민 구호금	3,000,000		
불우이웃돕기 성금		10,000,000	
사회복지법인에 지급한 어음		0[1]	
정당에 지급한 기부금			6,000,000
합 계	3,000,000	10,000,000	6,000,000

[1] 어음결제일(내년 3월)에 지출한 것으로 본다.

· 각 사업연도 소득금액의 계산

당기순이익	75,000,000
+ 익금산입·손금불산입	17,000,000

　　　법인세비용 7,000,000(손금불산입, 기타사외유출)

　　　미지급기부금 4,000,000(손금불산입, 유보)

　　　비지정기부금 6,000,000(손금불산입, 기타사외유출)

− 손금산입·익금불산입	0
= 차가감소득금액	92,000,000
+ 기부금 한도초과액	10,000,000

　　　일반기부금 한도초과액 10,000,000[1](손금불산입, 기타사외유출) (ⓐ)

− 기부금 한도초과액 이월액 손금산입	15,000,000

　　　특례기부금 한도초과 이월액 7,000,000[1](손금산입, 기타) (ⓑ)

　　　일반기부금 한도초과 이월액 8,000,000[1](손금산입, 기타) (ⓑ)

= 각 사업연도 소득금액	87,000,000

[1] · 기준소득금액 = 차가감소득금액 + (특례기부금 당기분 + 일반기부금 당기분)
　　　　　　　　　= 92,000,000 + (3,000,000 + 10,000,000)
　　　　　　　　　= 105,000,000원

· 이월결손금(15년 이내 발생분, 기준소득금액의 100% 한도) = 15,000,000원

· 특례기부금
　· 한도액 = (기준소득금액 − 이월결손금) × 50% = (105,000,000 − 15,000,000) × 50% = 45,000,000원
　· 한도초과 이월액 손금산입 = Min[당기 한도액, 10년 내 한도초과 이월액]
　　　　　　　　　　　　　　　 = Min[45,000,000, 7,000,000] = 7,000,000원
　· 해당액 : 3,000,000(당기분) + 7,000,000(한도초과 이월액 손금산입액) = 10,000,000원
　· 한도초과액 : 0원

· 일반기부금
　· 한도액 = {기준소득금액 − 이월결손금 − 특례기부금 손금인정액} × 10%
　　　　　 = {105,000,000 − 15,000,000 − (3,000,000 + 7,000,000)} × 10% = 8,000,000원
　· 한도초과 이월액 손금산입 = Min[당기 한도액, 10년 내 한도초과 이월액]
　　　　　　　　　　　　　　　 = Min[8,000,000, 9,000,000] = 8,000,000원
　· 해당액 : 10,000,000(당기분) + 8,000,000(한도초과 이월액 손금산입액) = 18,000,000원
　· 한도초과액 : 10,000,000원

· [소득금액조정합계표]

익금산입 및 손금불산입			손금산입 및 익금불산입		
과 목	금 액	소득처분	과 목	금 액	소득처분
법인세비용	7,000,000	기타사외유출			
미지급기부금	4,000,000	유 보			
비지정기부금	6,000,000	기타사외유출			
합 계	17,000,000		합 계	0	

- [법인세 과세표준 및 세액조정계산서]

① 각 사 업 연 도 소 득 계 산	⑩ 결산서상 당기순손익		01	75,000,000
	소득조정 금액	⑩ 익금산입	02	17,000,000
		⑩ 손금산입	03	0
	⑩ 차가감소득금액 (⑩ + ⑩ - ⑩)		04	92,000,000
	⑩ 기부금한도초과액		05	10,000,000
	⑩ 기부금한도초과이월액 손금산입		54	15,000,000
	⑩ 각 사업연도소득금액 (⑩ + ⑩ - ⑩)		06	87,000,000
② 과 세 표 준 계 산	⑩ 각 사업연도소득금액 (⑩ = ⑩)			87,000,000
	⑩ 이월결손금		07	15,000,000
	⑩ 비과세소득		08	0
	⑪ 소득공제		09	0
	⑫ 과세표준 (⑩ - ⑩ - ⑩ - ⑪)		10	72,000,000

기출포인트

서식 작성 시 유의사항

- '기부금 한도초과액의 손금불산입(ⓐ)'과 '기부금 한도초과 이월액의 손금산입(ⓑ)'에 대한 세무조정은 [소득 금액조정합계표] 서식에 기재하지 않고, [법인세 과세표준 및 세액조정계산서] 서식의 해당란에 바로 기재한다.

- 기부금 한도액 계산식에서 이월결손금(15년 이내 발생분) 금액(15,000,000원)이 사용되더라도 세법상 이월 결손금이 소멸되는 것은 아니므로, 당기 과세표준 계산 시 공제할 수 있는 이월결손금(15년 이내 발생분) 금액 (15,000,000원)에는 변동이 없다.

핵심기출문제

01 법인세법상 기부금과 기업업무추진비에 대한 설명 중 옳지 않은 것은? [제48회]

① 정당에 기부한 정치자금은 10만 원까지는 세액공제를, 10만 원 초과분은 특례기부금으로 분류하여 시부인 계산한다.

② 천재지변으로 인하여 생긴 이재민을 위한 구호금품은 특례기부금에 해당한다.

③ 기업업무추진비는 발생주의, 기부금은 현금주의에 의하여 손비로 처리한다.

④ 1회의 접대에 지출한 금액이 3만 원을 초과하는 기업업무추진비로서 신용카드매출전표 등 법정증빙서류를 받지 않는 경우에는 한도액 계산 없이 바로 손금불산입한다.

02 다음 중 법인세법상 기업업무추진비 및 기부금에 대한 설명 중 틀린 것은? [제74회]

① 기업업무추진비는 발생주의에 따라, 기부금은 현금주의에 따라 인식한다.

② 현물기부금 중 특수관계인에게 기부한 일반기부금은 장부가액으로 평가한다.

③ 기업업무추진비 한도초과액은 손금불산입하고 기타사외유출로 소득처분한다.

④ 기부금 한도초과액은 소득금액조정합계표에 반영하지 않는다.

03 다음 중 법인세법상 기부금에 대한 설명으로 틀린 것은? [제44회 수정]

① 법인이 특수관계 없는 자에게 시가 3억 원인 토지를 2억 원에 양도하는 경우 1천만 원은 기부금으로 본다.

② 법인이 종교단체에 해당 단체의 고유목적사업비로 기부금을 지급하는 경우 비지정기부금에 해당하여 전액 손금불산입된다.

③ 비지정기부금을 금전 외의 자산으로 기부한 경우에는 자산의 시가와 장부가액 중 큰 금액을 기부한 것으로 본다.

④ 기부금은 현금주의에 의하여 귀속되므로 결산서에 기부금을 선급비용으로 이연 계상하거나 미지급비용으로 앞당겨 계상하는 경우 실제 지출된 사업연도의 기부금으로 본다.

04 법인세 세무조정결과(사업연도 : 올해 1. 1.~12. 31.)를 기준으로 소득금액조정합계표와 자본금과 적립금조정명세서(을)표에 반영되어야 하는 세무조정사항은 각각 몇 개인가?

[제76회]

> 가. 비지정기부금 나. 기업업무추진비 한도초과액
> 다. 감가상각비 한도초과액 라. 일반기부금 한도초과액
> 마. 내년 1월 2일이 만기인 약속어음으로 지급한 특례기부금

	소득금액조정합계표	자본금과 적립금조정명세서(을)표
①	4개	2개
②	4개	1개
③	5개	2개
④	5개	1개

정답 및 해설

01 ① 법인이 정당에 기부한 정치자금은 비지정기부금에 해당하여 손금불산입되고 기타사외유출로 소득처분된다.

02 ② 현물기부금 중 특수관계인에게 기부한 일반기부금은 시가와 장부가액 중 큰 금액으로 평가한다.

03 ② 법인이 종교단체에 해당 단체의 고유목적사업비로 기부금을 지급하는 경우 일반기부금에 해당한다.

04 ① · 소득금액조정합계표 : 가, 나, 다, 마
　　· 자본금과 적립금조정명세서(을)표 : 다, 마

제12절 | 과세표준과 세액

01 과세표준

(1) 과세표준의 계산

법인의 각 사업연도의 소득에 대한 법인세의 과세표준은 각 사업연도 소득금액에서 이월결손금, 비과세소득, 소득공제액을 차례로 공제한 금액으로 한다.

> 각 사업연도 소득금액
> - 이월결손금 ······ 이월공제 O
> - 비과세소득 ······ 이월공제 X
> - 소득공제 ······ 이월공제 X (단, 유동화전문회사 등의 초과배당액은 이월공제 O)
> ─────────────
> = 과세표준

(2) 이월결손금의 공제

이월결손금이란 당기 사업연도의 개시일 전 15년(2019년 12월 31일 이전 발생분은 10년) 이내에 개시한 사업연도에서 발생한 세법상 결손금으로서 그 후의 각 사업연도의 과세표준 계산을 할 때 공제되지 않고 당기로 이월되어 온 금액을 말한다. 이월결손금은 당기 과세표준 계산 시 각 사업연도 소득금액의 80% 또는 100%를 한도로 공제한다.

공제 한도	· 중소기업, 회생계획을 이행 중인 기업 : 각 사업연도 소득금액의 100% · 그 외 일반기업 : 각 사업연도 소득금액의 80%
공제 순서	· 먼저 발생한 사업연도의 이월결손금부터 순차로 공제
제외 금액	· 자산수증이익 및 채무면제이익으로 충당된 이월결손금은 각 사업연도의 과세표준 계산에 있어서 공제된 것으로 본다. (→ 세법상 이월결손금 소멸)
공제 배제	· 법인세 과세표준을 추계하는 경우에는 이월결손금 공제 X · 다만, 천재지변 등으로 장부나 증빙서류가 멸실되어 추계하는 경우에는 공제 O
공제 방법	· Min[당기 각 사업연도 소득금액의 100%(또는 80%), 이월결손금]을 반드시 공제(강제공제)

참고 이월결손금에 대한 세법상 처리

구 분	발생연도	이월결손금 소멸 여부	공제 방법
자산수증이익·채무면제이익으로 보전	발생 시점에 제한이 없음	소멸 O	선택공제
기부금 한도액 계산 시 차감	15년 이내 발생분	소멸 X	-
과세표준 계산 시 공제	15년 이내 발생분	소멸 O	강제공제

(3) 결손금의 소급공제

중소기업은 당기 사업연도에 세법상 결손금이 발생한 경우 그 결손금을 다음 사업연도로 이월하는 것이 아니라 직전 사업연도로 소급공제하여, 직전 사업연도 소득에 대한 법인세액을 한도로 환급을 받을 수 있다.

신청기한	결손금이 발생한 사업연도의 법인세 신고기한까지 소급공제를 신청해야 한다.
적용요건	다음 요건을 모두 충족하여야 한다. · 중소기업일 것 · 결손금이 발생한 사업연도에 대한 법인세를 당기의 법정 신고기한 내에 신고할 것 · 직전 사업연도에 대한 법인세를 직전기의 법정 신고기한 내에 신고하였을 것
환급세액	환급세액 = Min[㉠, ㉡] ㉠ 환급대상액 　= 전기 산출세액 변동분 　= 직전 사업연도 산출세액 − {(직전 사업연도 과세표준 − 소급공제 결손금 신청액[1]) × 전기 세율} ㉡ 한도 = 전기 납부세액 = 전기 산출세액 − 전기 감면·공제세액 + 0[2]
사후관리	다음 중 어느 하나에 해당하는 경우에는 과다하게 환급된 환급세액과 그에 대한 이자상당액을 해당 결손금이 발생한 사업연도의 법인세로서 징수한다. · 결손금이 발생한 사업연도에 대한 과세표준·세액이 변동되어 결손금이 감소된 경우 · 직전 사업연도에 대한 과세표준·세액이 변동되어 환급세액이 감소된 경우 · 중소기업에 해당하지 않는 법인이 결손금을 소급공제받은 경우

[1] 소급공제 받을 결손금 금액은 납세자가 결정하며(선택공제), 당기 발생 결손금 중 소급공제를 신청하지 않은 금액은 이월공제됨

[2] 벌칙 효과 극대화 차원에서 환급세액 한도 계산 시 전기 가산세를 가산하지 않음

(4) 비과세소득

구 분	종 류
법인세법상 비과세소득	공익신탁의 신탁에서 생기는 소득에 대한 비과세
조세특례제한법상 비과세소득	중소기업창업투자회사 등의 주식양도차익 등에 대한 비과세

(5) 소득공제

① 종류

구 분	종 류
법인세법상 소득공제	유동화전문회사 등에 대한 소득공제
조세특례제한법상 소득공제	자기관리 부동산투자회사 등에 대한 소득공제

② 유동화전문회사 등에 대한 소득공제

유동화전문회사·투자회사 등 명목회사(Paper Company)가 배당가능이익[1]의 90% 이상을 배당한 경우, 배당금액 전액을 해당 사업연도[2]의 소득금액 범위 내에서 공제[3]한다.

[1] 배당가능이익 = 손익계산서상 당기순이익 + 전기이월 이익잉여금 − 전기이월 결손금 − 적립한 이익준비금

[2] 배당을 결의한 잉여금처분의 대상이 되는 사업연도

[3] 배당금액이 해당 사업연도의 소득금액을 초과하여 공제받지 못한 경우 그 초과하는 금액은 5년간 이월공제

[사례1] 유동화전문회사인 A법인의 소득공제액은?
- 손익계산서상 당기순이익 80 / 전기이월 미처분 이익잉여금 20
- 당기 잉여금 처분 내역 : 현금배당 90 / 이익준비금 적립 9

[풀이]
- 배당가능이익 = 80 + 20 - 9 = 91
- 배당금액 = 90 ≥ 81.9 = 91 × 90%
- ∴ 소득공제액 = 배당금액 = 90[1]

[1] if 각 사업연도 소득금액 = 당기순이익 = 80이라면 : 당기소득공제액은 80, 초과배당금액 10은 5년간 이월공제

[사례2] 유동화전문회사인 B법인의 소득공제액은?
- 손익계산서상 당기순이익 80 / 전기이월 미처분 이익잉여금 20
- 당기 잉여금 처분 내역 : 현금배당 80 / 이익준비금 적립 8

[풀이]
- 배당가능이익 = 80 + 20 - 8 = 92
- 배당금액 = 80 < 82.8 = 92 × 90%
- ∴ 소득공제액 = 0

참고 **규정의 취지**

유동화전문회사·투자회사 등 명목회사는 투자자로부터 자금을 모집하여 특정 자산이나 사업에 투자하고 여기서 얻은 이익을 투자자에게 배당 절차를 통해 전달해주는 도관(Pass Through) 역할만 하는 회사이다. 이러한 점을 감안하여, 배당가능이익의 대부분을 배당하여 도관 역할만 하고 있는 회사인 경우, 배당 금액 전액을 소득공제해 줌으로써 법인세를 과세하지 않고, 배당소득에 대한 이중과세 문제가 피투자회사 단계에서 원천적으로 생기지 않도록 하려는 것이 규정의 취지이다.

→ 소득공제를 적용받는 유동화전문회사 등으로부터 배당을 받은 경우
: 주주 단계에서 수입배당금의 익금불산입 규정(법인주주)과 배당가산액(Gross-up) 규정(개인주주)을 적용하지 않음 (∵ 피투자회사 단계에서 배당소득의 이중과세문제가 이미 해결됨)

02 산출세액

최근 71회 시험 중 1회 기출

(1) 사업연도가 1년인 경우

산출세액 = 과세표준 × 세율[1]

과세표준		세 율
2억 원 이하		과세표준 × 9%
2억 원 초과	200억 원 이하	1,800만 원 + (과세표준 - 2억 원) × 19%
200억 원 초과	3천억 원 이하	37억 8천만 원 + (과세표준 - 200억 원) × 21%
	3천억 원 초과	625억 8천만 원 + (과세표준 - 3천억 원) × 24%

(2) 사업연도가 1년 미만인 경우

$$\text{산출세액} = (\text{과세표준} \times \frac{12}{\text{사업연도의 월수}^{1)}}) \times \text{세율} \times \frac{\text{사업연도의 월수}^{1)}}{12}$$

1) 1개월 미만은 1개월로 함

> [사례] 당기 사업연도 x1년 1. 1.~6. 30. / 당기 과세표준 1.8억 원일 때 당기 산출세액은?
>
> [풀이] · 과세표준 연환산액 = $180,000,000 \times \frac{12}{6}$ = 360,000,000 (→ 세율 : 9%, 19%)
>
> · 산출세액 = {(200,000,000 × 9%) + (360,000,000 − 200,000,000) × 19%} × $\frac{6}{12}$
>
> = 24,200,000원

03 세액감면

최근 71회 시험 중 1회 기출

(1) 감면세액의 계산

세액감면 규정에 따른 감면세액은 다음과 같이 계산한다. 해당 사업연도에 감면되지 못한 미감면분은 다음 사업연도로 이월되지 않고 소멸한다. (→ 세액감면은 이월감면 인정 X)

$$\text{감면세액} = \text{산출세액} \times \frac{\text{감면대상소득금액} - \text{해당 소득금액에서의 이월결손금·비과세소득·소득공제}}{\text{과세표준}} \times \text{감면율}$$

(2) 종류

법인세법에는 세액감면 규정이 없고, 조세특례제한법에만 세액감면 규정이 있다. 조세특례법상 세액감면은 '기간제한이 없는 세액감면'과 '기간제한이 있는 세액감면'으로 구분된다.

기간제한이 없는 세액감면[1]	· 중소기업특별세액감면 · 특허권 등 이전소득에 대한 세액감면
기간제한이 있는 세액감면[2]	· 창업중소기업 등에 대한 세액감면 · 수도권 밖으로 본사를 이전하는 법인에 대한 세액감면 · 제주투자진흥지구 등 입주기업에 대한 세액감면

[1] 감면대상소득이 발생하면 시기의 제한 없이 해당 사업연도에 감면을 적용
[2] 감면대상사업에서 최초로 소득이 발생한 사업연도와 그 다음 일정 기간(예 4년) 동안만 감면을 적용

(3) 중소기업특별세액감면

감면대상소득	제조업, 건설업, 도·소매업 등 법에 열거된 사업을 영위하는 중소기업에서 발생한 소득
감면율	사업장 소재지, 업종, 매출액 규모에 따라 5~30%

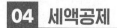

04 세액공제

(1) 종류

구 분	종 류	이월공제 여부
법인세법상 세액공제	외국납부 세액공제	10년간 이월공제
	재해손실 세액공제	이월공제 X
	사실과 다른 회계처리로 인한 경정에 따른 세액공제	기간제한 없이 이월공제
조세특례제한법상 세액공제	연구·인력개발비 세액공제	10년간 이월공제
	각종 투자세액공제[1]	10년간 이월공제
	그 밖의 세액공제[2]	10년간 이월공제

[1] 예 통합투자세액공제, 상생협력시설 투자세액공제

[2] 예 통합고용세액공제, 전자신고 세액공제

(2) 재해손실 세액공제

천재지변, 화재 등 재해로 인하여 사업용 자산총액의 20% 이상을 상실하여 납세가 곤란하다고 인정되는 경우 다음과 같이 계산한 금액을 세액공제한다.

$$공제세액 \; = \; Min[㉠, ㉡]$$
㉠ 공제대상세액[1] × 재해상실비율[2]
㉡ 상실된 자산가액[3]

[1] = 법인세 산출세액 − 다른 법률(조세특례제한법)에 따른 공제·감면세액 + 기장·신고·납부 관련 가산세(무기장·무신고·과소신고·납부지연 가산세)

[2] = $\dfrac{상실된 \; 자산가액}{상실 \; 전 \; 자산총액(토지는 \; 제외)}$

[3] · 자산가액은 재해발생일 현재의 장부가액으로 하되, 장부가 소실되어 장부가액을 확인할 수 없는 경우에는 관할세무서장이 확인한 가액으로 한다.
· 예금, 받을어음, 외상매출금 등은 해당 채권추심에 관한 증서가 멸실된 경우에도 이를 상실된 자산가액에 포함하지 않는다.
· 타인 소유의 자산으로서 그 상실에 대한 변상책임이 해당 법인에게 있는 것(예 리스한 자산)은 상실된 자산가액에 포함한다.
· 재해자산이 보험에 가입되어 있어 보험금을 수령하는 때에도 상실된 자산가액에서 동 보험금을 차감하지 않는다.

(3) 사실과 다른 회계처리로 인한 경정에 따른 세액공제

세법에서는 원칙적으로 법인이 당초 신고한 과세표준·세액이 과다하여 경정청구를 하는 경우 당초 과다
납부한 세액을 일시에 환급하도록 규정하고 있다. 그러나 분식회계(회계부정, Accounting Fraud)로 인하
여 시정조치를 받은 법인이 당초 과다납부한 세액을 경정청구하는 경우에는 이를 일시에 환급하지 않고
'당초 과다납부한 세액의 20%'를 한도로 하여 경정일이 속하는 사업연도부터 매년 세액공제하도록 하는
제재를 두고 있다.

> 세액공제액 = Min[㉠, ㉡, ㉢]
> ㉠ 당초 과다납부한 세액의 잔액(= 당초 과다납부한 세액 - 지금까지 세액공제된 금액)[1]
> ㉡ 당초 과다납부한 세액 × 20%
> ㉢ 해당 사업연도의 차감납부할 세액

[1] 당초 과다납부한 세액 중 세액공제 후 남는 잔액은 다음 사업연도로 이월하여 기간제한 없이 공제한다.

(4) 전자신고 세액공제

법인이 직접 전자신고방법에 의하여 법인세 신고를 하는 경우 해당 납부세액에서 2만 원을 공제한다. 이
경우 납부할 세액이 음수인 경우에는 이를 없는 것으로 한다.

05 외국납부세액공제
최근 71회 시험 중 1회 기출

내국법인이 국외에서 얻는 소득에 대하여 외국의 법인세를 납부하고, 그 소득은 국내 소득에 합산되어 다시 우
리나라의 법인세가 과세되는데 이를 '국제적 이중과세'라고 한다.

현행 법인세법에서는 이러한 국제적 이중과세 문제를 해결하기 위하여 'Gross-up 제도'를 두고 있는데, 이는
내국법인의 국외 소득에 대한 법인세를 과세할 때 해당 소득에 대한 외국 법인세 상당액을 소득금액에 가산하
여 산출세액을 계산한 후 그 금액을 다시 세액 자체에서 공제(외국납부세액공제)하는 방식을 말한다.

외국납부세액공제의 적용 여부는 내국법인이 선택할 수 있다. 외국납부세액공제의 적용을 선택하지 않은 경
우 외국납부세액을 각 사업연도 소득금액에 가산하지 않는다.

다만, 내국법인이 외국자회사[1]로부터 수입배당금을 받은 경우 수입배당금의 95%에 해당하는 금액을 익금에
산입하지 않는데(외국자회사 수입배당금의 익금불산입), 이러한 '외국자회사 수입배당금의 익금불산입' 적용
대상이 되는 수입배당금에 대해서는 '외국납부세액공제' 규정을 적용하지 않는다.

[1] 외국자회사 요건 : 내국법인이 외국법인의 의결권 있는 발행주식총수의 10%(해외자원개발사업을 하는 외국법인의 경
우 5%) 이상을 직접 출자하고 있고, 그 주식을 외국법인의 배당기준일 현재 6개월 이상 계속하여 보유하고 있어야 함

06 연구·인력개발비 세액공제

내국법인이 각 사업연도에 연구·인력개발비(R&D비용)가 있는 경우 다음의 금액을 법인세에서 공제한다.

> 연구·인력개발비 세액공제액 = ① + ② + ③

① 신성장·원천기술 연구개발비에 대한 세액공제액

> 신성장·원천기술 연구개발비 당기 발생액[1] × 공제율(20~40%)[2]

② 국가전략기술 연구개발비에 대한 세액공제액

> 국가전략기술 연구개발비 당기 발생액 × 공제율(30%~50%)[3]

③ 일반연구·인력개발비에 대한 세액공제액 = Max[㉠, ㉡][4]

> ㉠ 증가분 방식
> (일반연구·인력개발비 당기 발생액 – 일반연구·인력개발비 직전기 발생액) × 공제율(25~50%)[5]
> ㉡ 당기분 방식
> 일반연구·인력개발비 당기 발생액 × 공제율(0~25%)[6]

[1] 발생액(= 발생주의에 의한 금액) : 어음지급분 포함, 미지급비용 인식분 포함, 선급비용 인식분 제외

[2] 신성장·원천기술 연구개발비 공제율
- 중소기업♥ : 30% + Min[$\dfrac{\text{신성장·원천기술 연구개발비}}{\text{수입금액}}$ × 3배, 10%]
- 그 외 기업 : 20~40%

[3] 국가전략기술 연구개발비 공제율
- 중소기업 : 40% + Min[$\dfrac{\text{국가전력기술 연구개발비}}{\text{수입금액}}$ × 3배, 10%]
- 그 외 기업 : 30~40%

[4] 다음 중 어느 하나에 해당하는 경우에는 '증가분 방식(㉠)'은 적용하지 않고 '당기분 방식(㉡)'만 적용한다.
ⓐ '당기 사업연도 개시일부터 소급하여 4년간 일반연구·인력개발비'가 발생하지 않은 경우
ⓑ '직전기 사업연도에 발생한 일반연구·인력개발비'가 '당기 사업연도 개시일부터 소급하여 4년간 발생한 일반연구·인력개발비의 평균 발생액'보다 적은 경우
> 참고 연구·인력개발비 세액공제 신고서식 작성 시 유의사항
> '직전기 사업연도에 발생한 일반연구·인력개발비'와 '직전 4년간 발생한 일반연구·인력개발비'를 입력하여야 함

[5] 일반연구·인력개발비 증가분 방식 공제율
- 중소기업 : 50%
- 중견기업♥ : 40%
- 그 외 기업 : 25%

[6] 일반연구·인력개발비 당기분 방식 공제율
- 중소기업 : 25%
- 중견기업 : 8~15%
- 그 외 기업 : 0~2%

- **중소기업** : 업종이 소비성 서비스업(예 주점업)이 아니면서, 법 소정 자산총액 규모 및 매출액 규모 이하인 기업
- **중견기업** : 중소기업에는 해당하지 않으나, 업종이 소비성 서비스업이 아니면서, 법 소정 매출액 규모 이하인 기업

07 차감납부할세액

(1) 차감납부할세액의 계산

```
        산출세액
   -    최저한세 적용대상 세액감면·세액공제
   ─────────────────────────────────
   =    차감세액                          ……  Max[감면 후 세액, 최저한세]
   -    최저한세 적용제외 세액감면·세액공제
   +    가산세
   ─────────────────────────────────
   =    총부담세액
   -    기납부세액                        ……  중간예납세액, 원천납부세액, 수시부과세액
   ─────────────────────────────────
   =    차감납부할세액
```

(2) 세액감면과 세액공제의 적용순위

```
[1순위] 세액감면(∵ 이월감면이 인정되지 않으므로)
[2순위] 이월공제가 인정되지 아니하는 세액공제
[3순위] 이월공제가 인정되는 세액공제[1]
[4순위] 사실과 다른 회계처리로 인한 경정에 따른 세액공제[1]
```

[1] 이 경우 해당 사업연도 중에 발생한 세액공제액과 이월된 미공제액이 함께 있을 때에는 이월된 미공제액을 먼저 공제한다.

(3) 중복적용 배제

- 하나의 투자에 대하여 여러 가지 투자세액공제가 적용되는 경우 그 중 하나만 선택하여 적용받을 수 있다.
- ⓐ 중소기업특별세액감면, ⓑ 기간제한이 있는 세액감면(예 창업중소기업 등에 대한 세액감면), ⓒ 각종 투자세액공제(예 통합투자세액공제) 규정 중 둘 이상이 동시에 적용되는 경우 그 중 하나만 선택하여 적용받을 수 있다.

> 참고 '중소기업특별세액감면'과 '연구·인력개발비 세액공제'는 중복적용이 가능함

(1) 정의

최저한세(Alternative Minimum Tax : AMT)란 기업이 아무리 많은 조세감면(손금산입, 비과세, 소득공제, 세액감면, 세액공제 등)을 적용받더라도 그 기업이 납부해야 할 최소한의 세금을 말한다. 이는 과도한 조세감면을 제한하여 과세형평성을 제고하기 위한 제도적 장치이다.

따라서 '조세감면을 적용받은 후의 세액'이 '최저한세'에 미달하는 경우에는 그 미달액만큼 조세감면을 배제하게 된다.

(2) 최저한세의 계산

> 차감세액 = Max[① 감면 후 세액, ② 최저한세]
> ① 감면 후 세액 = 산출세액 – 최저한세 적용대상 세액감면·세액공제
> ② 최저한세 = 감면 전 과세표준[1] × 최저한세율[2]

[1] = 과세표준 + 최저한세 적용대상 손금산입·비과세·소득공제

[2]

구 분	감면 전 과세표준	최저한세율
중소기업		7%
그 외 기업	100억 원 이하분	10%[i]
	100억 원 초과 1,000억 원 이하분	12%
	1,000억 원 초과분	17%

[i] 중소기업이 최초로 중소기업에 해당하지 않게 된 경우 : 3년간 8%, 그 다음 2년간 9%

(3) 최저한세 적용 대상 항목

최저한세 규정은 조세특례제한법상 조세감면 중 법에 열거된 항목에 대하여 적용된다. (→ 법인세법상 조세감면 항목은 최저한세 규정이 적용되지 않는다)

최저한세가 적용되는 대표적인 항목은 다음과 같다.

구 분	종 류	최저한세 적용 여부
조세특례제한법상 준비금 및 손금산입	– [1]	(대부분) O
법인세법상 비과세소득	공익신탁의 신탁에서 생기는 소득에 대한 비과세	X
조세특례제한법상 비과세소득	중소기업창업투자회사 등의 주식양도차익 등에 대한 비과세	O
법인세법상 소득공제	유동화전문회사 등에 대한 소득공제	X
조세특례제한법상 소득공제	자기관리 부동산투자회사 등에 대한 소득공제	O

조세특례제한법상 기간제한 없는 세액감면	· 중소기업특별세액감면	O
	· 특허권 등 이전소득에 대한 세액감면	O
조세특례제한법상 기간제한 있는 세액감면	· 창업중소기업 등에 대한 세액감면	O
	· 수도권 밖으로 본사를 이전하는 법인에 대한 세액감면[2]	X
	· 제주투자진흥지구 등 입주기업에 대한 세액감면[2]	X
법인세법상 세액공제	· 외국납부 세액공제	X
	· 재해손실 세액공제	X
	· 사실과 다른 회계처리로 인한 경정에 따른 세액공제	X
조세특례제한법상 세액공제	· 중소기업의 연구·인력개발비 세액공제	X
	· 비중소기업의 연구·인력개발비 세액공제	O
	· 각종 투자세액공제	O
	· 전자신고 세액공제	O
	· 그 밖의 세액공제	(대부분) O

[1] 법 소정 요건 충족 시 손금산입(△유보)로 세무조정하는 과세이연제도(전산세무 자격시험의 출제범위를 벗어남)

[2] 최저한세 적용대상이 아니고 감면율이 100%이므로, 해당 세액감면을 적용받는 법인으로부터 배당을 받은 법인주주에게는 수입배당금의 익금불산입 규정을 적용하지 않음

기출포인트

연구·인력개발비 세액공제에 대한 최저한세 적용 여부

· 중소기업인 경우 : 최저한세 적용 X (→ 납세자에게 유리)

· 그 외 기업인 경우 : 최저한세 적용 O

(4) 조세감면 배제순서

'감면 후 세액'이 '최저한세'에 미달하여 최저한세 적용 대상 조세감면을 배제할 때, 그 배제순서는 다음과 같다.

구 분	배제순서
납세의무자(법인)가 신고하는 경우	납세의무자가 선택
과세기관이 경정하는 경우	준비금 → 손금산입 → 세액공제 → 세액감면 → 소득공제·비과세[1]

[1] 규정의 취지 : 과세이연 효과만 있는 준비금 및 손금산입, 이월이 가능한 세액공제, 이월이 불가능한 세액감면, 이월이 불가능하고 금액 계산에 세율이 고려되어야 하는 소득공제·비과세 순서로 배제함으로써 납세자에게 최대한 유리하도록 규정

09 농어촌특별세

(1) 정의

농어촌특별세란 농어촌 산업기반시설 확충에 필요한 재원을 마련하기 위한 세금으로서, 법인세액에 부가하여 과세된다.

(2) 농어촌특별세의 계산

> 농어촌특별세 = 조세특례제한법상 조세특례[1]에 의한 법인세 감면세액 × 20%

[1] 농어촌특별세가 과세되는 조세감면 : 비과세, 소득공제, 세액공제, 세액감면 (→ 준비금 및 손금산입은 과세 안 됨 (∵ 과세이연효과만 있기 때문))

(3) 농어촌특별세의 비과세

조세특례제한법상 비과세·소득공제·세액공제·세액감면이라 하더라도 법에 열거된 항목에 대해서는 농어촌특별세를 비과세한다.

농어촌특별세를 비과세하는 대표적인 항목은 다음과 같다.

구 분	종 류	농어촌특별세 비과세 여부
조세특례제한법상 기간제한 없는 세액감면	중소기업특별세액감면	O
조세특례제한법상 기간제한 있는 세액감면	창업중소기업 등에 대한 세액감면	O
조세특례제한법상 세액공제	연구·인력개발비 세액공제	O
	전자신고세액공제	O

참고 각종 투자세액공제 중 통합투자세액공제는 농어촌특별세 과세임

(4) 신고와 납부

해당 사업연도의 법인세 신고·납부기한까지 그에 대한 농어촌특별세도 신고[1]하고 납부하여야 한다.

[1] 별도의 신고서식을 제출

fn.Hackers.com

핵심기출문제

* 본서에 수록된 기출문제의 날짜는 학습효과를 높이기 위하여 일부 수정함

01 다음 중 법인세법상 내국법인의 각 사업연도의 소득에 대한 법인세 과세표준 계산에 대한
설명으로 틀린 것은? [제55회]

① 과세표준은 각 사업연도의 소득에서 이월결손금, 비과세소득, 소득공제액을 순차로 공
제한 금액이 된다.

② 이월결손금이란 각 사업연도 개시일 전 15년(2019년 12월 31일 이전 발생분은 10년) 이
내에 개시한 사업연도에서 발생한 결손금으로서 그 후의 각 사업연도의 과세표준 계
산을 할 때 공제되지 아니한 금액을 말한다.

③ 이월결손금은 공제기한 내에 임의로 선택하여 공제받을 수 없으며, 공제 가능한 사업
연도의 소득금액 범위 안에서 전액 공제받아야 한다.

④ 과세표준 계산 시 공제되지 아니한 비과세소득 및 소득공제는 다음 사업연도부터 3년
간 이월하여 공제받을 수 있다.

02 현행 법인세법상 결손금과 이월결손금의 감소원인에 대한 설명이다. 틀린 것은? [제77회]

① 중소기업의 결손금을 소급공제 신청한 경우

② 자산수증이익을 20년 전에 발생한 이월결손금에 보전한 경우

③ 법인의 과세표준 계산 시 이월결손금을 차감한 경우

④ 기부금 한도액 계산 시 이월결손금을 차감한 경우

03 조세특례제한법상 최저한세에 대한 다음 설명 중 가장 옳지 않은 것은? [제76회]

① 최저한세는 과다한 조세감면으로 인한 세부담의 형평성과 재정확보 측면을 고려하여 최소한의 세금을 납부하도록 하는 제도이다.

② 감면 후 세액이 최저한세에 미달하지 않는 경우에는 조세특례가 배제되지 않는다.

③ 최저한세로 인한 조세감면 배제순서는 납세의무자가 신고하는 경우와 과세기관이 경정하는 경우 모두 납세의무자의 선택에 따라 적용한다.

④ 법인세법에 의한 외국납부세액공제는 최저한세 적용 대상이 아니다.

정답 및 해설

01 ④ 각 사업연도의 소득에 대한 법인세의 과세표준을 계산함에 있어서 공제되지 아니한 비과세소득 및 소득공제액은 다음 사업연도에 이월하여 공제할 수 없다.
(단, 유동화전문회사 등에 대한 소득공제에서 초과배당금액은 5년간 이월공제 가능)

02 ④ 기부금 한도액 계산식에서 이월결손금이 차감 반영되더라도 세법상 이월결손금은 소멸되지 않는다.

03 ③ 최저한세로 인한 조세감면 배제순서를 정할 때, 과세기관이 경정하는 경우에는 법정 순서에 따른다.

제**13**절 | 신고와 납부

01 기납부세액

최근 71회 시험 중 **5회** 기출

(1) 중간예납세액

① 중간예납의무자
  - 각 사업연도의 기간이 6개월을 초과하는 내국법인
  - 다만, 다음의 경우는 제외

    > · 합병이나 분할에 의하지 않고 새로 설립된 법인의 설립 후 최초 사업연도
    > · 국내사업장이 없는 외국법인
    > · 청산법인 등 그 밖의 법 소정 법인

② 중간예납기간

  해당 사업연도 개시일부터 6개월

③ 중간예납세액의 계산
  - [방법1] 직전사업연도의 납부실적 기준

    > 중간예납세액
    > $= ($전기 산출세액[1] $-$ 전기 세액감면·세액공제 $-$ 전기 원천납부세액·수시부과세액[2]$)$
    > $\times \dfrac{6}{\text{직전 사업연도 월수}}$

    [1] 가산세 포함 (→ 중간예납세액 ↑)
    [2] 전기 중간예납세액은 차감하지 않음 (→ 중간예납세액 ↑)

  - [방법2] 중간예납기간의 가결산

    > 중간예납세액
    > $= \{($중간예납기간 과세표준 $\times \dfrac{12}{6}) \times$ 세율 $\times \dfrac{6}{12}\} -$ 중간예납기간 세액감면·세액공제
    > $\quad -$ 중간예납기간 원천납부세액·수시부과세액

  - 중간예납세액의 계산

원 칙	'방법1'과 '방법2' 중 하나를 선택하여 계산할 수 있음
예 외	직전사업연도의 산출세액이 없는 법인은 반드시 '중간예납기간의 가결산(방법2)'에 의하여 계산하여야 함

④ 납부
- 중간예납세액은 그 중간예납기간이 지난 날부터 2개월 이내에 납부하여야 한다.
  예 사업연도가 x1년 1월 1일부터 x1년 12월 31일까지인 경우 : x1년 8월 31일까지 납부
- 중간예납세액이 1천만 원을 초과하는 경우에는 분납할 수 있다.
- 직전사업연도에 중소기업으로서 '직전사업연도의 납부실적 기준(방법1)'으로 계산한 금액이 50만 원 미만인 내국법인은 중간예납의무가 없다.

(2) 원천납부세액

① 원천징수대상소득

구 분		원천징수세율
이자소득	비영업대금의 이익	25%
	그 외	14%
집합투자기구로부터의 이익 중 투자신탁의 이익		14%

② 소액부징수

원천징수세액이 1천 원 미만인 경우에는 해당 법인세를 징수하지 않는다.

(3) 수시부과세액

과세기관은 법인이 다음 중 어느 하나에 해당하는 사유로 법인세를 포탈할 우려가 있다고 인정되는 경우 수시로 그 법인에 대한 법인세를 부과할 수 있다.

- 신고를 하지 않고 본점 등을 이전한 경우
- 사업부진 기타의 사유로 인하여 휴업 또는 폐업상태에 있는 경우
- 기타 조세를 포탈할 우려가 있다고 인정되는 상당한 이유가 있는 경우

02 법인세의 신고

최근 71회 시험 중 1회 기출

(1) 신고기한

- 각 사업연도 종료일이 속하는 달의 말일부터 3개월 이내에 법인세 과세표준과 세액을 납세지 관할 세무서장에게 신고하여야 한다.
  예 사업연도가 x1년 1월 1일부터 12월 31일까지인 경우 : x2년 3월 31일까지 신고
- 각 사업연도의 소득금액이 없거나 결손금이 있는 법인도 신고하여야 한다.

(2) 신고 시 제출서류

① 법인세 과세표준 및 세액신고서

② 필수적 첨부서류 (→ if 미첨부 : 무신고로 보아 무신고가산세 적용)

- ⓐ 재무상태표, ⓑ 손익계산서, ⓒ 이익잉여금처분계산서(결손금처리계산서)
- ⓓ 세무조정계산서

③ 그 밖의 첨부서류 (→ if 미첨부 : 불이익 없음)

- 현금흐름표(외부감사대상법인에 한함)
- 세무조정계산서 부속서류

03 법인세의 납부

최근 71회 시험 중 1회 기출

(1) 납부기한

각 사업연도의 소득에 대한 법인세를 법인세 과세표준 신고기한까지 납세지 관할 세무서, 한국은행 또는 체신관서에 납부하여야 한다.

(2) 분납

납부할 세액(가산세는 제외함)이 1천만 원을 초과하는 경우에는 다음의 금액을 납부기한이 지난 날부터 1개월(중소기업의 경우에는 2개월) 이내에 분납할 수 있다.

납부할 세액	분납할 수 있는 금액
1천만 원 초과 2천만 원 이하	1천만 원을 초과하는 금액
2천만 원 초과	해당 세액의 50% 이하의 금액

[사례1] 납부세액 16,000,000원(가산세 2,000,000원 포함)인 경우, 비중소기업인 甲법인(사업연도 x1.1.1. ~x1.12.31.)의 최대 분납가능금액과 분납기한은?

[풀이] · x2.3.31. : 10,000,000 + 2,000,000 = 12,000,000원
· x2.4.30. : (16,000,000 - 2,000,000) - 10,000,000 = 4,000,000원

[사례2] 납부세액 32,000,000원(가산세 2,000,000원 포함)인 경우, 중소기업인 乙법인(사업연도 x1.1.1. ~x1.12.31.)의 최대 분납가능금액과 분납기한은?

[풀이] · x2.3.31. : 15,000,000 + 2,000,000 = 17,000,000원
· x2.5.31. : (32,000,000 - 2,000,000) × 50% = 15,000,000원

04 법인세의 결정 및 경정

(1) 정의

① 결정

납세의무자가 과세표준·세액을 신고하지 않은 경우, 과세기관이 과세표준·세액을 확정하는 처분을 말한다.

② 경정

납세의무자가 과세표준·세액을 사실과 다르게 신고한 경우, 과세기관이 신고된 과세표준·세액을 변경하는 처분을 말한다.

| 🔍 용어 알아두기 |

• 수정신고 : 이미 신고한 과세표준·세액이 정확한 과세표준·세액보다 작은 경우, 이를 변경하는 신고를 말한다.
• 경정청구 : 이미 신고한 과세표준·세액이 정확한 과세표준·세액보다 큰 경우, 이를 변경하는 신고를 말한다.

(2) 결정 및 경정 사유

① 결정 사유 : 무신고

② 경정 사유

> • 신고 내용에 오류 또는 누락이 있는 경우
> • 시설 규모나 영업 현황으로 보아 신고 내용이 불성실하다고 판단되는 경우

(3) 결정 및 경정 방법

① 원칙 : 실지조사

과세기관은 법인세의 과세표준·세액을 결정 또는 경정하는 경우 비치·기장된 장부나 그 밖의 증명서류를 근거로 하여야 한다.

② 예외 : 추계

장부나 그 밖의 증명서류에 의하여 소득금액을 계산할 수 없는 경우에는 과세표준·세액을 세법이 정하는 방법에 따라 추계할 수 있다.

참고 법인세 과세표준·세액을 추계하는 경우의 세법상 불이익

> • 임대보증금의 간주익금
> • 이월결손금 공제 적용 X (다만, 천재지변 등의 경우는 제외)
> • 외국납부세액공제 적용 X (다만, 천재지변 등의 경우는 제외)
> • 추계과세표준과 결산서상 세전이익과의 차액에 대한 소득처분 : 대표자 상여 (다만, 천재지변 등의 경우는 기타사외유출)

05 가산세

(1) 가산세의 종류

① 신고 관련 가산세

구 분	내 용	가산세액
무신고	법정신고기한까지 과세표준 신고를 하지 않은 경우	일반무신고 = Max[㉠, ㉡] ㉠ 무신고 납부세액 × 20% ㉡ 무신고 수입금액 × 7/10,000 부당[1]무신고 = Max[㉠, ㉡] ㉠ 무신고 납부세액 × 40%[2] ㉡ 무신고 수입금액 × 14/10,000
과소신고	법정신고기한까지 과세표준 신고를 한 경우로서, ⓐ 납부세액을 과소신고하거나, ⓑ 환급세액을 과대신고한 경우	일반과소신고 = 일반과소신고 납부세액 × 10% 부당[1]과소신고 = Max[㉠, ㉡] + ㉢ ㉠ 부당과소신고 납부세액 × 40%[2] ㉡ 부당과소신고 수입금액 × 14/10,000 ㉢ (과소신고 납부세액 − 부당과소신고 납부세액) × 10%

[1] 부당(부정)행위는 이중장부, 장부파기, 자산은닉 등 조세징수를 현저히 곤란하게 하는 행위를 말한다.
[2] 국제거래에서 발생한 부정행위인 경우 : 60%

② 기장 관련 가산세

구 분	내 용	가산세액
무기장	법인이 복식부기에 의한 장부를 비치·기장하지 아니한 경우	Max[㉠, ㉡] ㉠ 결정 산출세액 × 20% ㉡ 무기장 수입금액 × 7/10,000

③ 납부 관련 가산세

구 분	내 용	가산세액
납부지연	법인세를 ⓐ 납부기한까지 납부하지 않거나 미달 납부한 경우, 또는 ⓑ 초과 환급받은 경우	미달납부세액 × (22/100,000) × 미납일수[1]

[1] 법정 납부기한의 다음 날부터 자진납부일까지의 일수를 말한다.

④ 원천징수 관련 가산세

구 분	내 용	가산세액
원천징수 납부지연	원천징수의무자가 원천징수하여야 할 세액을 납부기한까지 납부하지 않거나 미달 납부한 경우	Min[㉠, ㉡] ㉠ (미달납부세액 × 3%) + {미달납부세액 × (22/100,000) × 미납일수[1])} ㉡ 한도 : 미달납부세액 × 10%
지급명세서 제출불성실	법정기한까지 지급명세서를 제출하지 않은 경우	미제출분 지급금액 × 1%[2) 3)]
	제출된 지급명세서가 불분명하거나, 기재된 금액이 사실과 다른 경우	불분명하거나 사실과 다른 분 지급금액 × 1%[2)]
근로소득 간이지급명세서 제출불성실	법정기한까지 근로소득간이지급명세서를 제출하지 않은 경우	미제출분 지급금액 × 법 소정 율
	제출된 근로소득간이지급명세서가 불분명하거나, 기재된 금액이 사실과 다른 경우	불분명하거나 사실과 다른 분 지급금액 × 법 소정 율

[1)] 법정 납부기한의 다음 날부터 자진납부일까지의 일수를 말한다.
[2)] 단, 일용근로소득의 지급명세서 : 0.25%
[3)] 제출기한이 지난 후 3개월 이내에 제출하는 경우에는 0.5%로 한다.
　　(단, 일용근로소득의 지급명세서 : 제출기한이 지난 후 1개월 이내에 제출하는 경우에는 0.125%로 한다)

참고 지급명세서의 제출의무
　• 이자소득, 배당소득, 특정사업소득, 상용근로소득, 연금소득, 기타소득, 퇴직소득
　　이자소득, 배당소득, 특정사업소득, 상용근로소득, 연금소득, 기타소득, 퇴직소득을 지급하면서 원천징수를 한 법인(원천징수의무자)은 소득귀속자별로 1년 동안의 소득지급액과 원천징수세액, 그에 대한 연말정산 결과를 기록한 신고서식(= 원천징수영수증 = 지급명세서)을 작성하여, 그 지급일이 속하는 연도의 다음 연도 2월 말일 또는 3월 10일까지 납세지 관할세무서장에게 제출하여야 한다.

구 분	지급명세서 제출기한
이자소득, 배당소득, 연금소득, 기타소득	다음 연도 2월 말
특정사업소득, 상용근로소득, 퇴직소득	다음 연도 3월 10일

　• 일용근로소득
　　일용근로소득에 대한 지급명세서의 경우, 제출기한은 그 지급일이 속하는 달의 다음 달 말일이며, 고용보험법에 따른 매월 근로내용 확인신고서에 기재하여 근로복지공단에 제출한 금액에 대하여는 세법에 따른 일용근로소득 지급명세서를 제출하지 아니할 수 있다.

일용근로소득 지급월	일용근로소득 지급명세서 제출기한
1~12월	다음 달 말

참고 근로소득간이지급명세서의 제출의무
　• 특정사업소득, 상용근로소득
　　특정사업소득, 상용근로소득을 지급한 원천징수의무자는 소득귀속자별로 법 소정 기간(예 반기) 동안의 소득지급액을 기록한 신고서식(= 근로소득간이지급명세서)을 작성하여 납세지 관할세무서장에게 제출하여야 한다. 근로소득간이지급명세서는 연 단위로 제출되는 연말정산 지급명세서와는 별도로 제출되는 것이며, 이는 근로장려금[1)]의 산정 자료로 활용된다.
　　[1)] 열심히 일은 하지만 소득이 적어 생활이 어려운 저소득 가구에 대하여 가구원 구성과 총급여액 등에 따라 산정된 금액을 지급하는 근로연계형 소득지원 제도

⑤ 적격증명서류 관련 가산세

구 분	내 용	가산세액
적격증명서류 수취불성실	지출건당 3만 원 초과(부가가치세 포함)인 경우로서, 사업과 관련하여 사업자로부터 재화·용역을 공급받고 적격증명서류[1]를 받지 아니하거나 사실과 다른 증명서류를 받은 경우	적격증명서류 미수취·불명분 금액[2] × 2%

[1] 적격증명서류 : 신용카드매출전표, 현금영수증, 세금계산서, 계산서
[2] 적격증명서류 미수취분(건당 3만 원 초과, 경조금은 건당 20만 원 초과)으로서 손금불산입되는 기업업무추진비에 대해서는 가산세를 적용하지 않는다.

참고 적격증명서류 이외의 증명서류를 수취한 경우의 세법상 불이익

구 분	손금인정 여부	적격증명서류 수취불성실 가산세 부과 여부
기업업무추진비[1]이고, 건당 3만 원(경조금 20만 원) 초과	손금불산입(기·사)	가산세 X
기업업무추진비 외의 경비[2]이고, 건당 3만 원 초과	손금 인정	가산세 O

[1] 임직원명의의 신용카드 사용분은 적격증명서류 수취분으로 인정 안 됨
[2] 임직원명의의 신용카드 사용분도 적격증명서류 수취분으로 인정됨

⑥ 주식변동상황명세서 관련 가산세

구 분	내 용	가산세액
주주명세서 제출불성실	ⓐ 설립등기일로부터 2개월 이내에 주주명세서를 제출하지 않거나, ⓑ 명세의 전부 또는 일부를 누락하거나, ⓒ 제출한 명세서가 불분명한 경우	미제출·누락제출·불명분 주식의 액면가액 × 0.5%
주식변동상황명세서 제출불성실	ⓐ 사업연도 중에 주식의 실제소유자가 변동되었는데 법인세 신고기한까지 주식변동상황명세서를 제출하지 않거나, ⓑ 명세의 전부 또는 일부를 누락하거나, ⓒ 제출한 명세서가 불분명한 경우	미제출·누락제출·불명분 주식의 액면가액 × 1%

⑦ 계산서 관련 가산세

구 분	내 용	가산세액
부실기재	발급한 계산서의 필요적 기재사항의 전부 또는 일부가 기재되지 않았거나 사실과 다른 경우(단, 착오인 경우 제외)	공급가액 × 1%
지연발급	계산서를 법정 발급기한 이후이면서 해당 재화·용역의 공급시기가 속하는 사업연도 말의 다음 달 25일까지 발급한 경우	공급가액 × 1%
미발급	재화·용역의 공급시기가 속하는 사업연도 말의 다음 달 25일까지 계산서를 발급하지 아니한 경우	공급가액 × 2%[1]
가공·허위 수수	ⓐ 재화·용역을 공급하거나 공급받지 않고 계산서 또는 신용카드매출전표 등을 발급하거나 발급받은 경우 ⓑ 재화·용역을 공급하거나 공급받고 실제와 다른 명의로 계산서 또는 신용카드매출전표 등을 발급하거나 발급받은 경우	공급가액 × 2%

지연전송	발급명세를 법정 전송기한 이후이면서 해당 재화·용역의 공급시기가 속하는 사업연도 말의 다음 달 25일까지 전송한 경우	공급가액 × 0.3%
미전송	발급명세를 재화·용역의 공급시기가 속하는 사업연도 말의 다음 달 25일까지 전송하지 아니한 경우	공급가액 × 0.5%
계산서합계표	ⓐ 매출·매입처별 계산서합계표를 제출기한[2]까지 제출하지 않거나, ⓑ 기재사항 중 거래처별 등록번호 또는 공급가액이 누락되거나 사실과 다른 경우(단, 착오인 경우 제외)	공급가액 × 0.5%
매입처별 세금계산서합계표	ⓐ 매입처별 세금계산서합계표를 제출기한[2]까지 제출하지 않거나, ⓑ 기재사항 중 거래처별 등록번호 또는 공급가액이 누락되거나 사실과 다른 경우(단, 착오인 경우 제외)	공급가액 × 0.5%

[1] 전자계산서 발급의무자(예 법인)가 종이계산서를 발급한 경우에는 그 공급가액의 1%를 가산세로 한다.

[2] 법인 : 매년 2월 10일 (다만, 부가가치세 신고 시 제출한 분은 제출 생략 가능)

⑧ 그 밖의 가산세

구 분	내 용	가산세액
업무용승용차관련 비용명세서 제출불성실	업무용승용차 관련 비용을 손금에 산입한 법인이 ⓐ 업무용승용차관련비용명세서를 제출하지 않거나 ⓑ 사실과 다르게 제출한 경우	· 명세서를 제출하지 않은 경우 : 손금에 산입한 금액 × 1% · 명세서를 사실과 다르게 제출한 경우 : 손금에 산입한 금액 중 실제 금액과의 차이 × 1%
기부금영수증 불성실	기부금영수증을 발급하는 법인이 기부금영수증을 사실과 다르게 발급한 경우	· 금액을 사실과 다르게 발급한 경우 : 실제 금액과의 차이 × 5% · 기부자의 인적사항을 사실과 다르게 발급한 경우 : 영수증에 적힌 금액 × 5%
	기부금영수증을 발급한 법인이 기부자별 발급명세를 작성·보관하지 않은 경우	작성·보관하지 않은 금액 × 0.2%
신용카드 불성실	ⓐ 신용카드가맹점이 신용카드에 의한 거래를 거부하거나, ⓑ 신용카드매출전표를 사실과 다르게 발급한 경우	Max[㉠, ㉡] ㉠ 건별 거부·불명분 금액 × 5% ㉡ 건별 5천 원
현금영수증 불성실	현금영수증가맹점으로 가입하여야 할 법인[1]이 가입하지 않은 경우	미가입기간의 수입금액 × 1%
	현금영수증 의무발행업종[2] 법인이 발급의무를 위반한 경우	미발급 금액 × 20%[3]
	현금영수증 의무발행업종의 발급의무 위반에 해당하지 않고, 건당 5천 원 이상의 거래금액에 대하여 ⓐ 현금영수증 발급을 거부하거나, ⓑ 현금영수증을 사실과 다르게 발급한 경우	Max[㉠, ㉡] ㉠ 건별 거부·불명분 금액 × 5% ㉡ 건별 5천 원

[1] 법 소정 소비자상대업종 (예 음식점업, 숙박업, 병원, 학원)

[2] 건당 10만 원 이상의 거래금액에 대하여 현금을 받은 경우 상대방이 요청하지 않더라도 반드시 현금영수증을 발급하여야 하는 업종 (예 음식점업, 숙박업, 병원, 학원)

[3] 착오나 누락으로 인하여 거래대금을 받은 날부터 10일 이내에 자진 신고하거나 자진 발급한 경우 : 10%

(2) 가산세의 중복적용 배제

- '신고불성실 가산세[1]'와 '무기장 가산세'가 동시에 적용되는 경우에는 그중 가산세액이 큰 가산세만 적용하고, 가산세액이 같은 경우에는 신고불성실 가산세만 적용한다.
  [1] '무신고 가산세' 또는 '과소신고 가산세'
- 원천징수납부지연 가산세가 부과되는 부분에 대해서는 법인세의 납부와 관련하여 납부지연 가산세를 부과하지 않는다.

(3) 가산세의 감면

① 수정신고 시 가산세 감면
- 감면대상 : 과소신고 가산세
- 감면율

수정신고 시기	감면율
1개월 이내	90%
1개월 초과~3개월 이내	75%
3개월 초과~6개월 이내	50%
6개월 초과~1년 이내	30%
1년 초과~1년 6개월 이내	20%
1년 6개월 초과~2년 이내	10%

② 기한 후 신고 시 가산세 감면
- 감면대상 : 무신고 가산세
- 감면율

기한 후 신고 시기	감면율
1개월 이내	50%
1개월 초과~3개월 이내	30%
3개월 초과~6개월 이내	20%

③ 지연 제출 및 지연 등록 시 가산세 감면
- 감면대상 : 지급명세서 제출불성실 가산세(1%, 0.25%), 근로소득간이지급명세서 제출불성실 가산세(법 소정 율), 주식변동상황명세서 제출불성실 가산세(1%), 매출·매입처별 계산서합계표 제출불성실 가산세(0.5%), 매입처별 세금계산서합계표 제출불성실 가산세(0.5%)
- 감면율

제출 시기	감면율
1개월 이내[1]	50%

[1] 지급명세서 제출불성실 가산세(1%)의 경우, 제출기한이 지난 후 3개월 이내에 제출하는 경우 50% 감면이 적용된다.

(4) 가산세의 한도

다음 중 어느 하나에 해당하는 가산세에 대해서는 그 의무위반의 종류별로 각각 1억 원(중소기업은 5천만 원)을 한도로 한다. 다만, 해당 의무를 고의적으로 위반한 경우에는 그렇지 않다.

- 지급명세서 제출불성실 가산세 및 근로소득간이지급명세서 제출불성실 가산세
- 적격증명서류 수취불성실 가산세
- 주주명세서 제출불성실 가산세
- 주식변동상황명세서 제출불성실 가산세
- 계산서 관련 가산세(미발급, 가공·허위 수수분은 제외)
- 기부금영수증 불성실 가산세

06 지출증빙 관리

최근 71회 시험 중 2회 기출

(1) 기본원칙

구 분		지출증빙 구비 여부	필요한 처리
재화·용역을 공급받는 거래	From 사업자	구비해야 함	'적격증명서류'를 수취하여야 함 [예외] · 수취면제 특례 · 경비 등 송금명세서 특례
	From 비사업자	구비해야 함	'원천징수'를 수행하여야 함
재화·용역을 공급받지 않는 거래		구비해야 함	–

- 법인에서 발생하는 모든 지출에 대하여는 그 지출에 대한 증명서류(지출증빙)를 수취하여 법인세 신고기한이 지난 날부터 5년간 보관하여야 한다.
- '지출증빙'이란 지출 사실을 객관적으로 입증할 수 있는 서류(예 거래명세서, 계약서, 지로영수증, 간이영수증, 송금증)를 말하며, 거래 형태에 따라 그에 대한 지출증빙은 다양하다. 그러나 모든 거래에 있어서 공통적으로 반드시 구비되어야 하는 지출증빙이 있는데, 바로 '송금증'이다. 바꾸어 말하면, 법인의 모든 지출은 반드시 법인 명의의 계좌를 거쳐서 결제되어야 한다.
- '사업자'로부터 '재화·용역을 공급받는 거래'에서 발생하는 지출(예 도매업자로부터 상품을 구입)일 경우, 법인은 반드시 '적격증명서류'를 수취하여야 한다. '적격증명서류'는 '신용카드매출전표, 현금영수증, 세금계산서, 계산서'를 말한다.
- '사업자가 아닌 자'로부터 '재화·용역을 공급받는 거래'에서 발생하는 지출(예 직원으로부터 근로를 제공받고 급여를 지급)일 경우, 법인은 반드시 '원천징수'를 수행하여야 한다.
- '재화·용역을 공급받지 않는 거래'에서 발생하는 지출(예 기부금)일 경우, '송금증'과 그 밖에 지출 사실을 객관적으로 입증할 수 있는 서류(예 기부금영수증)를 구비하여 두면 된다.
- '사업자'로부터 '재화·용역을 공급받는 거래'에서 발생하는 지출일 경우, '적격증명서류'를 수취하여야 하는 것이 원칙이나, '수취면제 특례[1]'와 '경비 등 송금명세서 특례[2]'라는 두 가지 예외가 인정된다.
  [1] 적격증명서류를 수취하지 않아도 되고, 그에 대하여 별도의 절차를 취할 필요도 없는 거래
  [2] 적격증명서류를 수취하지 않아도 되나, 그에 대하여 법인세 신고 시 '경비 등 송금명세서'를 첨부하여 제출하여야 하는 거래 (→ 해당 서식에 상대방의 사업자등록번호, 금융계좌번호, 송금일, 송금액 등을 기재하여야 함)

(2) 특례

① 수취면제 특례

- 소액 지출 : ⓐ 기업업무추진비이고 건당 3만 원 이하(경조금은 건당 20만 원 이하)인 경우와 ⓑ 기업업무추진비 외의 경비이고 건당 3만 원 이하인 경우
- 국외에서 재화 또는 용역을 공급받는 경우(∵ 원천징수를 수행)
- 저술가, 작곡가 등 부가가치세가 면세되는 인적용역을 직업상 제공하는 자로부터 용역을 공급받는 경우 (∵ 원천징수를 수행)
- 국가·지방자치단체로부터 재화 또는 용역을 공급받는 경우
- 비영리법인 중 수익사업이 아닌 부분으로부터 재화 또는 용역을 공급받는 경우
- 읍·면 지역에 소재하는 간이과세자 중 신규사업자 및 직전연도 공급대가 4,800만 원 미만인 사업자로서, 신용카드가맹점·현금영수증가맹점이 아닌 사업자로부터 재화 또는 용역을 공급받는 경우
- 사업의 포괄적 양수(∵ 계약서 사본을 관할 세무서장에게 제출)
- 공매, 경매, 수용(∵ 계약서 사본을 관할 세무서장에게 제출)
- 토지·건물을 구입하고 매매계약서 사본을 과세표준 신고서에 첨부하여 관할 세무서장에게 제출한 경우
- 법인이 아닌 주택임대사업자로부터 주택임대용역을 공급받는 경우
- 금융·보험용역
- 연체이자
- 도서·신문 대금
- 전기통신용역
- 택시운송용역
- 전산발매통합관리시스템에 가입한 사업자로부터 구입하는 입장권, 승차권, 승선권
- 항공기의 항행용역
- 철도의 여객운송용역
- 유료도로를 이용하고 지급하는 통행료
- 농어민으로부터 재화·용역을 직접 공급받은 경우로서 기업업무추진비 관련 지출이 아닌 경우

② 경비 등 송금명세서 특례

- 항공법에 의한 상업서류송달용역
- 공인중개업자에게 지급하는 수수료
- 간이과세자로부터 부동산임대용역을 공급받는 경우
- 간이과세자로부터 운송용역을 공급받는 경우
- 간이과세자로부터 재활용폐자원을 공급받는 경우
- 법인이 아닌 자로부터 임가공용역을 공급받는 경우
- 통신판매를 통하여 재화 또는 용역을 공급받는 경우
- 농어민으로부터 재화·용역을 직접 공급받은 경우로서 기업업무추진비 관련 지출인 경우

(3) 지출증빙 관리 미비 시 세법상 불이익

구 분				손금인정 여부	가산세 부과 여부
지출증빙 구비 X				손금불산입 (대표자 상여)	–
지출증빙 구비 O	적격증명서류 수취 X	기업업무 추진비[1]	건당 3만 원[2] 초과	손금불산입 (기타사외유출)	–
			건당 3만 원[2] 이하	–	–
		그 외	건당 3만 원 초과	손금 인정	적격증명서류 수취불성실 가산세(2%)
			건당 3만 원 이하	–	–
	원천징수 수행 X			손금 인정	원천징수납부지연 가산세(3~10%)

[1] 기업업무추진비의 경우, 신용카드는 법인명의의 신용카드에 한한다. 따라서 임직원명의의 신용카드 사용은 적격증명 서류를 수취하지 못한 기업업무추진비로 본다.

[2] 경조금은 건당 20만 원

핵심기출문제

＊본서에 수록된 기출문제의 날짜는 학습효과를 높이기 위하여 일부 수정함

01 다음은 법인세법상 법정서식에 대한 설명이다. 옳지 않은 것은?   [제41회]

① 법인세 과세표준 및 세액조정계산서 : 해당 사업연도의 소득금액 및 과세표준과 세액을 계산하는 서식
② 자본금과 적립금조정명세서(갑) : 법인의 세무상 자기자본총액(순자산)을 계산하는 서식
③ 자본금과 적립금조정명세서(을) : 유보소득의 기말 잔액을 계산하는 서식
④ 소득금액조정합계표 : 기부금 한도초과액을 포함한 모든 세무조정 항목을 나타내는 서식

02 다음 중 영리내국법인의 법인세 신고 시 법인세 과세표준 및 세액신고서와 함께 제출하지 않으면 무신고로 보아 가산세 부과대상이 되는 필수 첨부서류에 해당하지 않는 것은?

[2016년 8월 특별회차]

① 이익잉여금처분계산서(또는 결손금처리계산서)
② 재무상태표
③ 법인세 과세표준 및 세액조정계산서(세무조정계산서)
④ 현금흐름표

03 세법상 중소기업에 대한 조세지원제도로서 올바르지 못한 것은? [제42회]

① 중소기업은 각 사업연도에 세무상 결손금이 발생한 경우 소급공제 신청하여 직전 사업연도의 법인세를 환급받을 수 있다.

② 중소기업에 대해서는 소득세 및 법인세의 과소신고 가산세를 경감한다.

③ 일정한 업종을 영위하는 중소기업은 해당 업종에서 발생한 소득금액에 대하여 소득세 또는 법인세를 감면한다.

④ 중소기업은 최저한세를 적용함에 있어서 낮은 세율을 적용받는다.

정답 및 해설

01 ④ 세무조정 항목 중 기부금 한도초과액 손금불산입 및 기부금 한도초과이월액 손금산입은 소득금액조정합계표에 기재하지 아니하고 기부금조정명세서에서 계산한 후 과세표준 및 세액조정계산서에 직접 기재한다.

02 ④ 법인세 과세표준 및 세액 신고 시 필수적 첨부서류 : 재무상태표, 포괄손익계산서, 이익잉여금처분계산서(또는 결손금처리계산서), 세무조정계산서(법인세 과세표준 및 세액조정계산서)

03 ② 중소기업에 대하여 과소신고 가산세를 경감하는 규정은 없다.

04 다음 중 소규모사업자를 제외한 사업자에 있어 소득세법상 적격증명서류 수취불성실 가산세 대상인 것은?

[제73회]

① 택시비 5만 원을 현금으로 지급하고 영수증을 받은 경우
② 토지를 1억 원에 구입하고 계산서를 받지 않았으나 매매계약서 사본을 세무서에 제출한 경우
③ 간이과세자인 임대인에게 임차료 2백만 원을 지급하고 경비 등 송금명세서를 세무서에 제출한 경우
④ 경기도 과천시에 있는 빵집(신규사업자인 간이과세자이며, 신용카드 등 가맹점이 아님)에서 직원회식용 빵을 5만 원에 구입하고 간이영수증을 받은 경우

05 ㈜인천산업에서 업무 관련 경비를 지출함에 있어 경리부장 개인이 5,000,000원을 지출하고 다음 날 현금으로 정산받은 경우와 관련된 법인세법 규정에 대한 설명으로 틀린 것은?

[제39회]

① 첨부된 증빙이 개인신용카드매출전표이고 '기업업무추진비'라면 전액 손금불산입 대상에 해당한다.
② 첨부된 증빙이 개인신용카드매출전표이고 '직원 회식비'라면 손금으로는 인정되나 적격증명서류 수취불성실 가산세 대상에 해당한다.
③ 첨부된 증빙이 간이영수증이고 '광고선전비'라면 손금으로는 인정되나 적격증명서류 수취불성실 가산세 대상에 해당한다.
④ 첨부된 증빙이 개인신용카드매출전표라면 경리부장의 연말정산 시 신용카드등사용액 소득공제 대상 지출액에서 이를 제외하여야 한다.

06 다음은 법인세법상 기타사외유출로 소득처분하는 사항을 나열하고 있다. 이에 해당되지 않는 것은?

[제47회]

① 귀속이 불분명하여 대표자에게 상여로 처분한 금액에 대한 법인의 소득세부담액
② 일반기부금의 한도초과액
③ 지출증빙누락 복리후생비
④ 채권자불분명사채이자에 대한 원천징수세액

정답 및 해설

04 ④ 읍·면 지역 소재 간이과세자 중 신규사업자 및 직전연도 공급대가 4,800만 원 미만인 사업자로서 신용카드가맹점·현금영수증가맹점이 아닌 사업자로부터 3만 원이 초과하는 재화·용역을 공급받고 간이영수증을 수취하는 것은 수취면제 특례에 해당하나, 읍·면 지역 소재가 아니므로 세법상 불이익(가산세) 대상이 된다.

05 ② 기업업무추진비 외의 지출에서는 개인신용카드매출전표도 적격증명서류로 인정되므로, 첨부된 증빙이 개인신용카드매출전표이고 '직원 회식비'라면 적격증명서류 수취불성실 가산세 대상이 아니다.

06 ③ 지출증빙누락 복리후생비는 지출증빙을 구비하지 못한 지출에 해당하므로 대표자 상여로 소득처분한다.

제 **2** 장

법인세 실무

제 **2** 장

법인세 실무

| Overview

법인세 실무는 실무시험 전체 70점 중 30점의 비중으로 출제된다.

법인세 실무는 제1장 법인세 이론에서 학습한 세무조정을 KcLep의 [법인조정] 탭에 있는 다양한 메뉴에 입력하는 방법을 학습하는 장이다. '기출확인문제'를 본서의 풀이순서에 따라 KcLep에 입력해보고, 문제 풀이에 필요한 KcLep의 기능과 관련 이론을 학습할 수 있도록 구성되어 있다.

| 출제비중

30점의 비중으로 출제된다. 제1~21절에서 골고루 출제되는 편이며, 제1절 수입금액명세서와 제20절 법인세과세표준및세액조정계산서의 출제빈도가 가장 높고, 제12절 건설자금이자조정명세서의 출제빈도가 가장 낮다.

학습전략

제2장 법인세 실무는 실무문제에서 가장 비중이 크고 중요한 부분이므로, 전체 내용을 집중적으로 학습한다. 최근 71회 기출에서는 21가지의 세무조정 관련 메뉴 중 매회 5문제씩 무작위로 출제되고 있다. '핵심기출문제'에서 답을 입력하는 데에 어려움이 있다면 '세무조정 출제유형 25선'을 활용하여 수시로 반복 학습하도록 한다.

제1절 | 수입금액명세서

- [수입금액조정명세서]는 '수입금액(기업회계기준상 매출액)'과 '회사의 결산서상 매출액'과의 차이를 기재하는 메뉴이다.
- [조정후수입금액명세서]는 '수입금액(기업회계기준상 매출액)'과 '부가가치세법상 과세표준'과의 차이를 기재하는 메뉴이다.
- [수입금액조정명세서] 및 [조정후수입금액명세서] 화면은 [법인조정] ▶ [법인조정 I] ▶ [수입금액조정] ▶ [해당 메뉴]를 선택하여 들어갈 수 있다.

기출확인문제

㈜수입금액(코드번호 : 3101)의 당해 사업연도(제18기)는 2024. 1. 1.~2024. 12. 31.이다.
다음 자료를 이용하여 [수입금액조정명세서]와 [조정후수입금액명세서]를 작성하고 발생 가능한 사항에 대하여
필요한 세무조정을 하시오. 제75회 수정

- 손익계산서상의 수익 반영 내역

구 분		업종코드	금액(원)	비 고
매출액	제품매출	292203(제조/전자응용공작기계)	1,109,000,000	직수출액 9,000,000원 포함
	공사수입금	451104(건설/건축공사)	1,100,000,000	
영업외수익 (잡이익)	부산물 매각대	292203(제조/전자응용공작기계)	1,500,000	
합 계			2,210,500,000	

- 손익계산서상 누락된 내역
  부가가치세 수정신고서에는 반영되어있으나 결산서상에는 포함되어있지 않은 제품매출액은 다음과 같다.

외상매출액	5,500,000원
매출원가	3,000,000원

- 부가가치세법상 과세표준 내역(수정신고서 반영분)
  부가가치세 신고내역은 관련 규정에 따라 적법하게 신고하였으며, 수정신고내역도 정확히 반영되어있다.

구 분	금액(원)
공사수입금	1,100,000,000
제품매출	1,116,000,000
기계장치 매각	30,000,000
제품매출 선수금	1,000,000
합 계	2,247,000,000

(1) 문제분석

① 수입금액 vs 회사의 결산서상 매출액

회사의 결산서상 매출액	2,209,000,000(= 1,109,000,000 + 1,100,000,000)	
+ 부산물 매각대(잡이익)	+	1,500,000
+ 제품매출 누락액(외상매출액)	+	5,500,000
= 수입금액	=	2,216,000,000

② 세무조정

· <익금산입> 외상매출금(제품매출) 5,500,000 (유보)
· <손금산입> 제품(제품매출원가) 3,000,000 (△유보)

③ 수입금액 vs 부가가치세법상 과세표준

수입금액		2,216,000,000
+ 기계장치 매각	+	30,000,000
+ 제품매출 선수금	+	1,000,000[1]
= 부가가치세법상 과세표준	=	2,247,000,000[2]

[1] 기업회계기준상 수익인식시기(제품인도일)와 부가가치세법상 공급시기(선수금 수령액에 대한 선세금계산서 발급일)의 차이
[2] 결산서에 누락되었던 제품매출액(5,500,000원)은 부가가치세 수정신고를 통하여 여기에 포함되어 있음

(2) 입력방법

[1단계] [수입금액조정명세서] 메뉴에서

① [수입금액조정계산] 탭을 선택한 후, "① 1. 수입금액 조정계산"에 있는 항목, 계정과목, 결산서상 수입금액란에 "매출 – 제품매출 – 1,109,000,000", "매출 – 공사수입금 – 1,100,000,000", "영업외수익 – 잡이익 – 1,500,000"을 입력한다.

▶ 계정과목을 검색하는 방법

| 방법1 | 계정과목란에 커서를 놓고 ⊞코드(또는 F2)를 클릭하면 계정과목코드도움창이 나타난다. 도움창에서 찾고자 하는 계정과목의 앞 1글자 이상을 입력하면 해당하는 계정과목이 조회된다.

| 방법2 | 계정과목란에 커서를 놓고 F4 매출조회 (또는 F4)를 클릭하면 매출조회창이 나타난다. 매출조회창에서 매출과 영업외수익에 해당하는 계정과목과 금액이 조회된다.

② [기타수입금액조정] 탭을 선택한 후, "② 2. 수입금액 조정명세"에 있는 구분란에 "제품매출"을, 수입금액란에 "5,500,000"을, 대응원가란에 "3,000,000"을 입력한다.

▶ 구분란을 입력할 때 F2 코드(또는 F2)를 클릭한 후 계정과목코드도움창을 사용하여 입력하면, 해당 조정내용이 [수입금액조정계산] 탭에 자동으로 반영된다.

③ [수입금액조정계산] 탭을 선택한 후, "② 2. 수입금액조정명세"에 있는 "다. 기타 수입금액"란에 "(+)5,500,000"이 자동 반영되어 있는지를 확인하고, "① 1. 수입금액 조정계산"에 있는 조정란의 가산란에 "5,500,000"이 자동 반영되어 있는지를 확인하거나 또는 직접 입력한다.

④ "조정 후 수입금액"의 계 금액이 "2,216,000,000"임을 확인한다.

🔻 ①~④의 입력결과 화면은 아래와 같다.

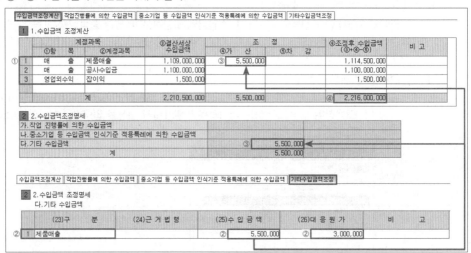

⑤ 화면 상단에 있는 F3 조정등록 (또는 F3)을 클릭한 후, "<익금산입> 외상매출금누락 5,500,000 (유보 발생)", "<손금산입> 매출원가과소 3,000,000 (△유보 발생[1])"을 입력한다.

익금산입 및 손금불산입			손금산입 및 익금불산입		
과 목	금 액	소득처분	과 목	금 액	소득처분
외상매출금누락	5,500,000	유보발생	매출원가과소	3,000,000	유보발생

[1] "유보 발생"으로 표시됨

[2단계] [조정후수입금액명세서] 메뉴에서

⑥ [업종별 수입금액 명세서] 탭을 선택한 후, 기준(단순)경비율번호, 수입금액계정조회, 국내생산품, 수입상품, 수출란에 "292203-1,116,000,000[1]-1,107,000,000[2]-0-9,000,000", "451104-1,100,000,000-1,100,000,000-0-0"을 입력하고, 03순번 라인에 있는 "1,500,000"을 Space bar 를 사용하거나 ⊗삭제(또는 F5)를 클릭하여 삭제한다.

[1] = 1,109,000,000 + 5,500,000 + 1,500,000
[2] = (1,109,000,000 + 5,500,000 + 1,500,000) − 9,000,000

▶ 화면 상단에 있는 F8 수입조회(또는 F8)를 클릭하면, [수입금액조정명세서] 메뉴에 입력되어 있는 "조정 후 수입금액"의 계정과목과 금액을 조회할 수 있다.

▶ 기준(단순)경비율번호란에 커서를 놓고 🖙코드(또는 F2)를 클릭하면 주업종도움창이 나타난다. 주업종도움창에서 코드번호를 입력하고 확인(Enter)을 클릭하면, 업태란과 종목란이 자동으로 완성된다.

⑦ [과세표준과 수입금액 차액 검토] 탭을 선택한 후, 부가가치세 신고 내역보기 를 클릭하여 신고된 부가가
치세 과세표준을 불러온 다음, "고정자산매각액 [25]"란에 "30,000,000", "거래(공급)시기차이가
산 [29]"란에 "1,000,000(비고 : 선수금)"[1]을 입력한다.

[1] "비고"란은 공란으로 두어도 정답 인정

▶ "(2) 수입금액과의 차액내역"에 금액을 입력할 때, 부가가치세법상 과세표준에 포함되어 있
으면 (+) 금액으로, 부가가치세법상 과세표준에 포함되어 있지 않으면 (−) 금액으로 입력한다.

▶ 부가가치세 신고 내역보기 를 클릭하면, 부가가치세법상 과세표준의 신고내역창이 나타난다. 해당 창
에서 신고내역을 선택하면 선택한 항목의 합계금액을 조회할 수 있다. 신고내역을 선택하고
확인(Enter) 을 클릭하면 해당 과세표준을 자동으로 불러온다.

참고　손익계산서상 누락된 제품매출액 5,500,000원에 대하여 부가가치세 수정신고를 한 경우와 수
정신고를 하지 않은 경우, 차액내역의 비교

구 분		if 부가가치세 수정신고 O	if 부가가치세 수정신고 X
조정 후 수입금액		2,216,000,000	2,216,000,000
고정자산 매각액	[25]	30,000,000	30,000,000
거래(공급)시기차이 가산	[29]	1,000,000	1,000,000
매출누락	[32]	0	(−)5,500,000
부가가치세 과세표준 신고금액		2,247,000,000	2,241,500,000

⑧ "(13) 차액과 (17) 차액계의차이금액"이 "0(영)"임을 확인한다.

▼ ⑥~⑧ 입력결과 화면은 아래와 같다.

· [업종별 수입금액명세서] 탭

업종별 수입금액 명세서 | 과세표준과 수입금액 차액검토

1 1.업종별 수입금액명세서

①업 태	②종 목	순번	③기준(단순)경비율번호	수입금액 수입금액계정조회 ④계(⑤+⑥+⑦)	내수판매 ⑤국내생산품	내수판매 ⑥수입상품	⑦수 출(영세율대상)
⑥ 제조.도매업	전자응용기계외	01	292203	1,116,000,000	1,107,000,000		9,000,000
건설업	건설 / 비주거용건물건	02	451104	1,100,000,000	1,100,000,000		
		03					
(111)기 타		11					
(112)합 계		99		2,216,000,000	2,207,000,000		9,000,000

· [과세표준과 수입금액 차액 검토] 탭

업종별 수입금액 명세서 | 과세표준과 수입금액 차액검토

2 2.부가가치세 과세표준과 수입금액 차액 검토 ⑦ 부가가치세 신고 내역보기

(1) 부가가치세 과세표준과 수입금액 차액

⑧과세(일반)	⑨과세(영세율)	⑩면세수입금액	⑪합계(⑧+⑨+⑩)	⑫조정후수입금액	⑬차액(⑪-⑫)
2,238,000,000	9,000,000		2,247,000,000	2,216,000,000	31,000,000

(2) 수입금액과의 차액내역(부가세과표에 포함되어 있으면 +금액, 포함되지 않았으면 -금액 처리)

⑭구 분	코드	(16)금 액	비 고	⑭구 분	코드	(16)금 액	비 고
자가공급(면세전용등)	21			거래(공급)시기차이감액	30		
사업상증여(접대제공)	22			주세 · 개별소비세	31		
개인적공급(개인적사용)	23			매출누락	32		
간주임대료	24				33		
자산매각 고정자산매각액	25	⑦ 30,000,000			34		
자산매각 그밖의자산매각액(부산물)	26				35		
폐업시 잔존재고재화	27				36		
작업진행률 차이	28				37		
거래(공급)시기차이가산	29	⑦ 1,000,000	선수금	(17)차 액 계	50	31,000,000	
				(13)차액과(17)차액계의차이금액			

수입금액

· 정의

수입금액이란 기업회계기준에 따라 계산한 매출액을 말한다. (∵ 영업외수익은 포함하지 않음)

· 수입금액의 계산(→ 서식 : [수입금액조정명세서])

회사의 손익계산서상 매출액(매출에누리·매출환입·매출할인을 차감한 금액)

＋ 부산물 매각대, 작업폐물 매각대[1]

± 그 외의 회사계상 매출액과 기업회계기준상 매출액과의 차이[2]

―――――――――――――――――――

＝ 수입금액

[1] 취지 : 기업회계기준에서는 영업외수익으로 처리하거나 제조원가에서 차감하도록 규정되어 있으나, 실무적으로 매출액과의 구분이 어려운 점을 감안하여 세법에서는 기업 간 과세형평성 유지를 위하여 획일화된 규정을 두고 있음

[2] ① 매출액을 영업외수익으로 회계처리하였거나, 영업외수익을 매출액으로 회계처리한 금액

② 기업회계기준상 당기 매출액에 해당하는 금액을 장부에 과대계상하였거나 과소계상한 금액

참고 ㉠ 임대보증금에 대한 간주익금(법인세법상 간주임대료), ㉡ 부당행위계산 부인에 따른 매출액의 익금 산입액은 기업회계기준상 매출액이 아니므로, 수입금액 계산 시 이를 가산하지 않는다.

· 수입금액과 부가가치세법상 과세표준과의 차이(→ 서식 : [조정후수입금액명세서])

수입금액

＋ 고정자산 매각[1]

＋ 부가가치세법상 간주공급[2]

＋ 임대료(영업외수익)

＋ 부가가치세법상 간주임대료

± 기업회계기준상 수익인식시기와 부가가치세법상 공급시기의 차이[3]

―――――――――――――――――――

＝ 부가가치세법상 과세표준

[1] 예 장부가액 100, 처분가액 120, 유형자산처분이익(영업외수익)이 20인 경우 : 수입금액은 0, 부가가치세법상 과세표준은 120

[2] 면세사업에 전용, 비영업용 소형승용차 또는 그 유지에 전용, 판매목적 타사업장 반출, 개인적 공급, 사업상 증여, 폐업시 잔존재화

[3] 예 장기할부판매(인도일 : x1. 1. 1.) 300에 대하여 대가의 각 부분을 받기로 한 때인 x1. 12. 31., x2. 12. 31., x3. 12. 31.에 각각 100씩 세금계산서를 발급한 경우

[(F3) 조정 등록] 입력방법

· 법인조정 메뉴에서 화면 상단에 있는 F3 조정등록 (또는 F3)을 클릭하면 세무조정 사항을 입력할 수 있는 [조정등록] 창이 나타난다.

· [조정등록] 창에 세무조정 사항을 입력하면, 세무조정 사항이 [소득금액조정합계표] 메뉴와 [자본금과 적립금조정명세서(을), (갑)] 메뉴로 자동 반영된다.

· 세무조정에서 '유보'와 '△유보' 소득처분을 입력할 때에는, 그 내용이 [자본금과 적립금조정명세서(을)] 메뉴에서 감소란과 증가란 중 어디에 반영되어야 하는지 구분해 주어야 한다.

· '익금산입 및 손금불산입'에서의 '유보' : ㉠ 유보의 증가 or ㉡ △유보의 감소[1]

· '손금산입 및 익금불산입'에서의 '△유보' : ㉢ △유보의 증가[2] or ㉣ 유보의 감소

1) 국세청이 발표한 서식 작성요령에서 유보와 관련된 '△'부호의 표시를 생략하고 있는 관계로, [조정등록] 창과 [소득금액조정합계표] 메뉴에서는 '△유보의 감소'가 '유보의 감소'로 표시된다.

2) 국세청이 발표한 서식 작성요령에서 유보와 관련된 '△'부호의 표시를 생략하고 있는 관계로, [조정등록] 창과 [소득금액조정합계표] 메뉴에서는 '△유보의 증가'가 '유보의 증가'로 표시된다.

· 전산세무 자격시험에서 세무조정 사항에 대한 채점대상은 다음과 같다.

· 세무조정이 가산조정(익금산입 및 손금불산입)에 입력되어 있는지, 아니면 차감조정(손금산입 및 익금불산입)에 입력되어 있는지?
· '금액'란이 맞는지?
· '소득처분'란이 맞는지?

· [조정등록] 창에서 과목란을 입력할 때에는 과목란에 커서를 놓고 화면 하단에 있는 버튼을 클릭하여 다음 중 하나의 방법을 선택할 수 있다. 전산세무 자격시험에서 '과목'란과 '소득명세'란은 채점대상이 아니므로, 과목란을 어느 방법으로 입력하더라도 상관없다.

구 분	입력방법
직접입력 (또는 F6)	과목란을 타이핑으로 직접 입력한다.
계정코드도움(F2) (또는 F2)	계정코드도움창을 사용하여 과목란을 계정과목으로 입력한다.
조정코드도움(F4) (또는 F4)	많이 사용하는 조정과목이 등록되어 있는 조정코드도움창을 사용하여 과목란을 조정과목으로 입력한다.

참고 손익조정 : 상속세 및 증여세법 규정에 따라 관련된 법인에 대하여 세무조정 없이 각 사업연도 소득금액을 직접 수정하여야 할 때 사용하는 기능으로서, 전산세무 자격시험의 출제범위를 벗어난다.

· [조정등록] 창에서 과목란을 입력할 때, '조정과목을 사용하는 방법'이 기본값으로 설정되어 있는 관계로, 화면 하단에 있는 버튼을 아무것도 클릭하지 않은 상태에서 과목란에 찾고자 하는 조정과목의 1글자 이상을 입력한 후 Enter↵를 누르면, 검색창에 해당하는 조정과목이 조회된다.

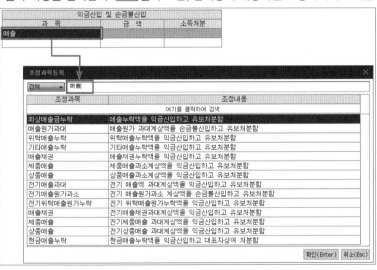

- [기업업무추진비조정명세서]는 기업업무추진비와 관련된 세무조정 내역을 기재하는 메뉴이다.
- [기업업무추진비조정명세서] 화면은 [법인조정] ▶ [법인조정 I] ▶ [과목별세무조정] ▶ [기업업무추진비조정명세서]를 선택하여 들어갈 수 있다.

기출확인문제

㈜기업업무추진비(코드번호 : 3102)는 중소기업이며, 당해 사업연도(제11기)는 2024. 1. 1.~2024. 12. 31. 이다.
다음 자료를 이용하여 [기업업무추진비조정명세서]를 작성하고 세무조정을 하시오. 제60회 수정

- 수입금액 조정명세서 내역은 다음과 같다.

항 목	계정과목	결산서상 수입금액	가 산	차 감	조정 후 수입금액
매 출	상품매출	529,900,000원	–	–	529,900,000원
	제품매출	1,190,100,000원	–	–	1,190,100,000원
계		1,720,000,000원	–	–	1,720,000,000원

- 특수관계인에 대한 매출은 제품매출액 370,000,000원, 상품매출액 12,000,000원이다.

- 장부상 기업업무추진비 내역은 다음과 같다.

계 정	건당 금액	법인카드사용액	개인카드사용액	합 계
기업업무추진비 (판관)	3만 원 초과분	31,227,000원	393,000원	31,620,000원
	3만 원 이하분	8,000원	30,000원	38,000원
	합 계	31,235,000원	423,000원	31,658,000원
기업업무추진비 (제조)	3만 원 초과분	18,612,000원	300,000원	18,912,000원
	3만 원 이하분	18,000원	25,000원	43,000원
	합 계	18,630,000원	325,000원	18,955,000원

- 기업업무추진비(판관, 3만 원 초과분, 법인카드사용액) 중에는 다음 항목이 포함되어 있다.
  - 대표이사가 개인적 용도의 지출을 법인카드로 결제한 금액 630,000원(1건)
  - 문화 기업업무추진비로 지출한 금액 7,000,000원(1건)
- 기업업무추진비(제조, 3만 원 초과분, 개인카드사용액)는 경조사비 300,000원(1건)이다.

(1) 문제분석

[1단계] 기업업무추진비 직부인

① 사적 사용경비 : <손금불산입> 630,000 (상여)

② 신용카드 등 미사용 : <손금불산입> 693,000[1] (기타사외유출)

    [1] = 393,000(판관, 건당 3만 원 초과, 개인카드) + 300,000(제조, 건당 20만 원 초과, 경조사비, 개인카드)

[2단계] 기업업무추진비 한도계산

기업업무추진비 한도액 = ① + ② + ③ = 47,128,600원

① 일반 기업업무추진비 한도액 = $36,000,000 + (1,338,000,000^{1)} \times \dfrac{30}{10,000}) + (382,000,000 \times \dfrac{30}{10,000} \times 10\%)$

                              = 40,128,600원

    [1] 일반수입금액 = 수입금액 − 특정수입금액 = 1,720,000,000 − (370,000,000 + 12,000,000)
                                  = 1,338,000,000원

② 문화 기업업무추진비 추가한도액 = Min[㉠, ㉡] = 7,000,000원
    ㉠ 문화 기업업무추진비 : 7,000,000원
    ㉡ 일반 기업업무추진비 한도액 × 20% = 40,128,600원 × 20% = 8,025,720원

③ 전통시장 기업업무추진비 추가한도액 = Min[㉢, ㉣] = 0원
    ㉢ 전통시장 기업업무추진비 = 0원
    ㉣ 일반 기업업무추진비 한도액 × 10% = 40,128,600원 × 10% = 4,012,860원

[3단계] 기업업무추진비 한도초과액에 대한 세무조정

① 기업업무추진비 해당액 = 31,658,000(기업업무추진비, 판관) + 18,955,000(기업업무추진비, 제조)
                              − 630,000(사적 사용경비) − 693,000(신용카드 등 미사용)
                              = 49,290,000원

② 기업업무추진비 한도액 = 47,128,600원

③ 기업업무추진비 한도초과액 = 2,161,400원

→ 세무조정 : <손금불산입> 2,161,400 (기타사외유출)

(2) 입력방법

[기업업무추진비조정명세서] 메뉴에서

① [1. 기업업무추진비 입력 (을)] 탭을 선택한 후, 화면 상단에 있는 F12 불러오기를 클릭하고 아래의 보조
    창에서 예(Y)를 클릭하면, [수입금액조정명세서] 메뉴에 입력되어 있는 '결산서상 수입금액[1]'과
    [회계관리] 모듈에 입력되어 있는 기업업무추진비 금액[2]을 자동으로 불러온다.

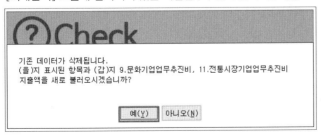

1) 만약, '자동으로 불러오는 수입금액'(= 결산서상 매출액)과 '정확한 수입금액'(= 기업회계기준에 따른 매출액)이 다를 경우(예 결산서에 매출 누락)에는 정확한 수입금액으로 수정하여 입력하여야 한다.

2) 만약, '자동으로 불러오는 기업업무추진비 금액'이 '문제에서 제시되는 기업업무추진비 금액'과 다를 경우에는 이를 수정하거나 추가로 입력하여야 한다.

② "① 1. 수입금액명세"에 있는 일반수입금액, 특수관계인 간 거래금액, 합계란에 "1,338,000,000 - 382,000,000 - 1,720,000,000"을 입력한다.

③ "② 2. 기업업무추진비 해당금액"에 다음과 같이 입력하고, "(18) 기업업무추진비 부인액"의 합계 금액이 "1,323,000"임을 확인한다.

④ 계정과목			합 계	기업업무 추진비(제조)	기업업무 추진비(판관)
⑤ 계정금액			50,613,000	18,955,000	31,658,000
⑥ 기업업무추진비계상액 중 사적사용경비			630,000		630,000
⑦ 기업업무추진비해당금액(= ⑤ - ⑥)			49,983,000	18,955,000	31,028,000
⑧ 신용카드 등 미사용 금액	경조사비 중 기준금액 초과액	⑨ 신용카드 등 미사용 금액	300,000	300,000	
		⑩ 총 초과금액	300,000	300,000	
	기업업무추 진비 중 기준금액 초과액	⑮ 신용카드 등 미사용 금액	393,000		393,000
		(16) 총 초과금액	50,232,000	18,612,000	31,620,000
(17) 신용카드 등 미사용 부인액			693,000[1)	300,000	393,000
(18) 기업업무추진비 부인액(= ⑥ + (17))			1,323,000[2)	300,000	1,023,000

1) = 신용카드 등 미사용 = 300,000(⑨) + 393,000(⑮)

2) = 사적 사용경비 + 신용카드 등 미사용 = 630,000 + (300,000 + 393,000)

④ 화면 상단에 있는 F3 조정등록(또는 F3)을 클릭한 후, "<손금불산입> 기업업무추진비 중 사적경비 630,000 (상여)", "<손금불산입> 신용카드 등 미사용액 693,000 (기타사외유출)"을 입력한다.

⑤ [2. 기업업무추진비 조정 (갑)] 탭을 선택한 후, "③ 기업업무추진비 한도초과액 조정"에 있는 "⑨ 문화 기업업무추진비 지출액"란에 "7,000,000"을 입력하고, "⑫ 한도초과액"이 "2,161,400"임을 확인한다.

⑥ 화면 상단에 있는 F3 조정등록(또는 F3)을 클릭한 후, "<손금불산입> 기업업무추진비 한도초과 2,161,400 (기타사외유출)"을 입력한다.

202 합격의 기준, 해커스금융 fn.Hackers.com

◈ ②~⑥ 입력결과 화면은 아래와 같다.

· [기업업무추진비 입력(을)] 탭

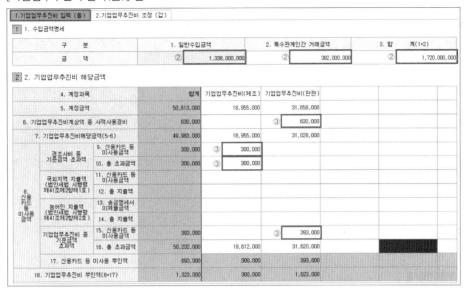

· [기업업무추진비 조정(갑)] 탭

중소기업				☐ 정부출자법인 ☐ 부동산임대업등(법.령제42조제2항)
		구분		금액
1. 기업업무추진비 해당 금액				49,983,000
2. 기준금액 초과 기업업무추진비 중 신용카드 등 미사용으로 인한 손금불산입액				693,000
3. 차감 기업업무추진비 해당금액(1-2)				49,290,000
일반 기업업무추진비 한도		4. 12,000,000 (중소기업 36,000,000) X 월수(12) / 12		36,000,000
	총수입금액 기준	100억원 이하의 금액 X 30/10,000		5,160,000
		100억원 초과 500억원 이하의 금액 X 20/10,000		
		500억원 초과 금액 X 3/10,000		
		5. 소계		5,160,000
	일반수입금액 기준	100억원 이하의 금액 X 30/10,000		4,014,000
		100억원 초과 500억원 이하의 금액 X 20/10,000		
		500억원 초과 금액 X 3/10,000		
		6. 소계		4,014,000
	7. 수입금액기준	(5-6) X 10/100		114,600
	8. 일반기업업무추진비 한도액 (4+6+7)			40,128,600
문화기업업무추진비 한도(「조특법」 제136조제3항)	9. 문화기업업무추진비 지출액		⑤	7,000,000
	10. 문화기업업무추진비 한도액(9와 (8 X 20/100) 중 작은 금액)			7,000,000
전통시장기업업무추진비 한도(「조특법」 제136조제6항)	11. 전통시장기업업무추진비 지출액			
	12. 전통시장기업업무추진비 한도액(11과 (8 X 10/100) 중 작은 금액)			
13. 기업업무추진비 한도액 합계(8+10+12)				47,128,600
14. 한도초과액(3-13)			⑤	2,161,400
15. 손금산입한도 내 기업업무추진비 지출액(3과 13중 작은 금액)				47,128,600

· [조정등록]

익금산입 및 손금불산입			손금산입 및 익금불산입		
과 목	금 액	소득처분	과 목	금 액	소득처분
④ 기업업무추진비중 개인적경비	630,000	상여			
신용카드등미사용액	693,000	기타사외유출			
⑥ 기업업무추진비한도초과	2,161,400	기타사외유출			
합 계	3,484,400		합 계		

side text: 법인세 실무 / 제2장 / 해커스 전산세무 1급 법인세 이론+실무+최신기출

- [고정자산등록]은 감가상각 대상자산별로 감가상각 시부인 계산에 필요한 정보(예 취득일, 취득가액, 감가상각방법, 내용연수, 회사계상 감가상각비)를 입력하는 메뉴이다.
- [미상각자산감가상각조정명세서]는 기말 현재 보유하고 있는 감가상각 대상자산별로 감가상각 시부인 계산 결과를 확인하는 메뉴이다.
- [감가상각비조정명세서합계표]는 건축물, 기계장치, 기타 유형고정자산, 무형고정자산별로 집계된 감가상각 시부인 계산 결과를 확인하는 메뉴이다.
- [고정자산등록], [미상각자산감가상각조정명세서], [감가상각비조정명세서합계표] 화면은 [법인조정] ▶ [법인조정 I] ▶ [감가상각비조정] ▶ [해당 메뉴]를 선택하여 들어갈 수 있다.

기출확인문제

㈜감가상각(코드번호 : 3103)의 당해 사업연도(제12기)는 2024. 1. 1.~2024. 12. 31.이다.
다음의 고정자산에 대하여 감가상각비조정에서 [고정자산등록], [미상각자산감가상각조정명세서] 및 [감가상각비조정명세서합계표]를 작성하고 세무조정을 하시오. 제69회

구 분	코 드	자산명	취득일	취득가액	전기말 감가상각누계액	회사계상 상각비	구 분	업 종
건 물	101	공장건물	2021. 3. 20.	200,000,000원	17,500,000원	8,000,000원	제 조	연와조
기계장치	102	절단기	2022. 7. 1.	50,000,000원	20,000,000원	10,000,000원	제 조	제조업

- 회사는 감가상각방법을 무신고하였다.
- 회사가 신고한 내용연수는 건물(연와조) 20년, 기계장치 5년이며, 이는 세법에서 정하는 범위 내의 기간이다.
- 회사는 건물에 대한 승강기 설치비용(자본적 지출) 20,000,000원을 당기 수선비로 회계처리하였다.
- 기계장치(절단기)의 전기말 상각부인액은 5,000,000원이다.

(1) 문제분석

① 공장건물의 감가상각 시부인
- 무신고 시 상각방법 : 정액법
- 회사계상 감가상각비 합계 = 결산서상 감가상각비 + 당기 즉시상각의제
  = 8,000,000 + 20,000,000[1]
  = 28,000,000원

  [1] 소액수선비 판단 : 20,000,000원 ≥ Max[6,000,000원, (200,000,000 − 17,500,000) × 5%]
  ∴ 소액수선비 요건 충족 못함

- 세법상 상각범위액 = 세법상 취득가액[1] × 상각률[2]
  = 220,000,000원[1] × 0.05[2]
  = 11,000,000원

  [1] = 기말 재무상태표상 취득가액 + (당기 즉시상각의제 + 전기·그 이전의 즉시상각의제)
  = 200,000,000 + (20,000,000 + 0) = 220,000,000원

  [2] = 1/내용연수 = 0.05

- 상각부인액(= 한도초과액) : 17,000,000원
- → 세무조정 : <손금불산입> 17,000,000 (유보)

② 절단기(기계장치)의 감가상각 시부인
- 무신고 시 상각방법 : 정률법
- 회사계상 감가상각비 합계 = 결산서상 감가상각비 = 10,000,000원
- 세법상 상각범위액 = (세법상 기초 미상각잔액 + 자본적 지출)[1] × 상각률[2]
  = 35,000,000원[1] × 0.451[2]
  = 15,785,000원

  [1] = 기초 재무상태표상 취득가액 − 기초 재무상태표상 감가상각누계액 + 전기이월 상각부인액
  + 자산으로 계상한 당기 발생 자본적 지출 + 당기 즉시상각의제
  = 50,000,000 − 20,000,000 + 5,000,000 + 0 + 0 = 35,000,000원

  [2] = $1 - \sqrt[n]{0.05}$ (n : 내용연수) = 0.451

- 시인부족액(= 한도미달액) : 5,785,000원
- 손금추인액 = Min[ⓐ 5,785,000, ⓑ 5,000,000] = 5,000,000원
- → 세무조정 : <손금산입> 5,000,000 (△유보)

(2) 입력방법

[1단계] [고정자산등록] 메뉴에서

① 자산계정과목란에 "건물"을 입력한 후, 자산코드/명, 취득년월일란에 "101−공장건물−2021. 3. 20."을 입력하고, 상각방법란에 "2 : 정액법"을 선택하여 입력한다.

② 자산계정과목란에 "기계장치"를 입력한 후, 자산코드/명, 취득년월일란에 "102−절단기−2022. 7. 1."을 입력하고, 상각방법란에 "1 : 정률법"을 선택하여 입력한다.

③ [기본등록사항] 탭을 선택한 후, 공장건물과 절단기에 대한 감가상각 정보를 다음과 같이 각각 입력한다.

구 분	공장건물(정액법)	절단기(정률법)
1. 기초가액	200,000,000	50,000,000
2. 전기말 상각누계액(-)	17,500,000	20,000,000
3. 전기말 장부가액	182,500,000	30,000,000
4. 당기중 취득 및 당기증가(+)[1]		
6. 전기말 자본적 지출액누계(+) (정액법만)[2]		
7. 당기 자본적 지출액(즉시상각분) (+)[3]	20,000,000	
8. 전기말 부인누계액(+) (정률법만 상각대상에 가산)		5,000,000
10. 상각대상금액	220,000,000	35,000,000
11. 내용연수/상각률/월수	20/0.05/12	5/0.451/12
12. 상각범위액(한도액) (= 10.× 상각률)	11,000,000	15,785,000
13. 회사계상액((일반적으로) = 12. - 7.)[4] [5]	8,000,000	10,000,000
14. 경비구분	500번대/제조	500번대/제조
15. 당기말 감가상각누계액(= 2. + 13.)	25,500,000	30,000,000
16. 당기말 장부가액(= 1. - 2. + 4. - 13.)	174,500,000	20,000,000
20. 업종	02/연와조, 블럭조	13/제조업

[1] [4] : 자산으로 계상한 당기 발생 자본적 지출
[2] [6] : 전기 또는 그 이전의 즉시상각의제
[3] [7] : 당기 즉시상각의제
[4] [13] : 회사계상 감가상각비 합계 - 그중 [7]에 해당하는 금액
[5] 사용자수정을 클릭한 후 입력함

기출포인트

[고정자산등록] 메뉴에서 당기 발생 자본적 지출의 입력방법

· 당기 발생 자본적 지출을 회사가 자산(취득가액에 가산)으로 회계처리한 경우 : [4]번란에 입력
· 당기 발생 자본적 지출을 회사가 비용으로 회계처리하였고 즉시상각의제 원칙규정이 적용되는 경우
  : [7]번란에 입력
· 당기 발생 자본적 지출을 회사가 비용으로 회계처리하였고 즉시상각의제 특례규정(예 소액수선비)이
  적용되는 경우 : 입력하지 않음

◉ ①~③ 입력결과 화면은 아래와 같다.

- 공장건물

- 절단기

[2단계] [미상각자산감가상각조정명세서] 메뉴에서

④ 화면 상단에 있는 F12 불러오기 (또는 F12)를 클릭하고 아래의 보조창에서 예(Y) 를 클릭하면, [고정자산등록] 메뉴에 입력되어 있는 감가상각 정보를 자동으로 불러온다.

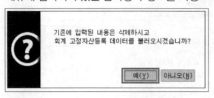

⑤ [유형자산(정액법)] 탭을 선택한 후, 공장건물의 "(23)상각부인액"이 "17,000,000"임을 확인한다.

⑥ [유형자산(정률법)] 탭을 선택한 후, 절단기의 "(27)기왕부인액 중 당기손금추인액"이 "5,000,000"임을 확인한다.

⑦ 화면 상단에 있는 F3 조정등록 (또는 F3)을 클릭한 후, "<손금불산입> 건물 감가상각비 한도초과 17,000,000 (유보발생)", "<손금산입> 전기 기계장치 감가상각비 한도초과 5,000,000 (유보 감소)"를 입력한다.

▼ ⑤~⑦ 입력결과 화면은 아래와 같다.

· [유형자산(정액법)] 탭

· [유형자산(정률법)] 탭

· [조정등록]

익금산입 및 손금불산입			손금산입 및 익금불산입		
과 목	금 액	소득처분	과 목	금 액	소득처분
⑦ 건물감가상각비한도초과	17,000,000	유보발생	⑦ 전기기계장치감가상각비한도초과	5,000,000	유보감소

[3단계] [감가상각비조정명세서합계표] 메뉴에서

⑧ 화면 상단에 있는 F12 불러오기(또는 F12)를 클릭하고 보조창에서 예(Y)를 클릭하면, [미상각자산감가상각조정명세서] 메뉴에서 계산된 감가상각 시부인 결과를 자동으로 불러온다.

⑨ 건축물의 "106. 상각부인액"이 "17,000,000"임을 확인한다.

⑩ 기계장치의 "108. 기왕부인액 중 당기손금추인액"이 "5,000,000"임을 확인한다.

❂ ⑨~⑩ 입력결과 화면은 아래와 같다.

1.자 산 구 분		코드	2.합 계 액	유 형 자 산			6.무형자산
				3.건 축 물	4.기계장치	5.기타자산	
재무 상태표 상가액	101.기말현재액	01	250,000,000	200,000,000	50,000,000		
	102.감가상각누계액	02	55,500,000	25,500,000	30,000,000		
	103.미상각잔액	03	194,500,000	174,500,000	20,000,000		
104.상각범위액		04	26,785,000	11,000,000	15,785,000		
105.회사손금계상액		05	38,000,000	28,000,000	10,000,000		
조정 금액	106.상각부인액 (105-104)	06	17,000,000	⑨ 17,000,000			
	107.시인부족액 (104-105)	07	5,785,000		5,785,000		
	108.기왕부인액 중 당기손금추인액	08	5,000,000		⑩ 5,000,000		
109.신고조정손금계상액		09					

- [퇴직급여충당금조정명세서]는 퇴직급여충당금과 관련된 세무조정 내역을 기재하는 메뉴이다.
- [퇴직급여충당금조정명세서] 화면은 [법인조정] ▶ [법인조정 I] ▶ [과목별세무조정] ▶ [퇴직급여충당금조정명세서]를 선택하여 들어갈 수 있다.

기출확인문제

㈜퇴충(코드번호 : 3104)의 당해 사업연도(제14기)는 2024. 1. 1.~2024. 12. 31.이다.
다음 자료를 이용하여 [퇴직급여충당금조정명세서]를 작성하고, 필요한 세무조정을 모두 소득금액조정합계표에 반영하시오. [제72회]

퇴직급여 충당부채 변동내역	전기이월	당기 지급액	당기 설정액	기말 잔액
	15,000,000원	5,000,000원	3,000,000원	13,000,000원

한편, 전기이월액 중에는 세무상 한도초과액 2,000,000원이 포함되어 있고 당기 지급액은 전부 현실적 퇴직으로 인하여 지급한 것이다.

- 당기중 급여지급에 대한 내용은 다음과 같다.

구 분	총급여액		1년 미만자		1년 이상자	
	인 원	금 액	인 원	금 액	인 원	금 액
임금(제)	42	850,000,000원	12	70,000,000원	30	780,000,000원
상여(제)		230,000,000원		40,000,000원		190,000,000원
급여(판)	21	330,000,000원	6	30,000,000원	15	300,000,000원
상여(판)		200,000,000원		20,000,000원		180,000,000원
계	63	1,610,000,000원	18	160,000,000원	45	1,450,000,000원

총급여액 및 퇴직금추계액

- 당해 사업연도 종료일 현재 퇴직급여지급 대상이 되는 임원 및 사용인은 45명이고, 회사 지급규정상 퇴직급여추계액은 200,000,000원, 보험수리적 퇴직급여추계액은 150,000,000원이다.
- 인건비 중 생산직 임원(1년 이상)에게 지급한 상여금 중 5,000,000원은 급여지급기준을 초과하여 지급한 것이다.

기 타
- 당사의 퇴직금지급규정에 의하면 1년 미만 근속자는 지급대상에서 제외되어 있다.
- 당사는 퇴직연금에 가입한 적이 없다.

(1) 문제분석

① 장부상 퇴직급여충당금의 총계정원장

퇴직급여충당금

xx/xx	지급	5,000,000	1/1	기초	15,000,000	(세법상 전기이월 부인액 : 2,000,000)
12/31	기말	13,000,000	12/31	추가설정	3,000,000	
		18,000,000			18,000,000	

② 당기 퇴직금 지급액에 대한 세무조정 : 없음

③ 임원상여금 중 급여지급기준 초과 지급액에 대한 세무조정
 : <손금불산입> 임원상여금 한도초과액 5,000,000 (상여)

④ 퇴직급여충당금 설정에 대한 세무조정

장부상 추가설정액	3,000,000원
손금산입 한도액	Min[㉠ 총급여액 기준, ㉡ 추계액 기준] = 0원 ㉠ 1,445,000,000원[1] × 5% = 72,250,000원 ㉡ (200,000,000원[2] × 0%) − 8,000,000원[3] + 0 = △8,000,000(→ 0)원
한도초과액	3,000,000원
세무조정	<손금불산입> 퇴직급여충당금 3,000,000 (유보)

[1] 당기에 지급한 총급여액 = 1,610,000,000(총급여액) − 160,000,000(1년 미만자)
   − 5,000,000(손금 인정되지 않는 인건비)
   = 1,445,000,000원

[2] 퇴직급여추계액 = Max[200,000,000(회사 지급규정), 150,000,000(보험수리기준)] = 200,000,000원

[3] 세법상 기 설정 퇴직급여충당금 = (당기 추가설정 전) 장부상 퇴직급여충당금
   − (당기 추가설정 전) 퇴직급여충당금 부인액
   = (15,000,000 − 5,000,000) − (유보 2,000,000) = 8,000,000원

⑤ 장부 및 세법상 퇴직급여충당금 증감 내역 분석

구 분	장 부	부인액	세 법
기초	15,000,000	유보 2,000,000	13,000,000
(−)감소	5,000,000	0	5,000,000
(+)증가	3,000,000	유보 3,000,000	0
(=)기말	13,000,000	유보 5,000,000	8,000,000

(2) 입력방법

[퇴직급여충당금조정명세서] 메뉴에서

① 화면 상단에 있는 F12 불러오기 를 클릭하고 아래의 보조창에서 예(Y) 를 클릭하면, [회계관리] 모듈에 입력되어 있는 총급여액 정보를 자동으로 불러온다.

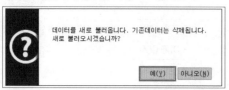

② "① 2. 총급여액 및 퇴직급여추계액 명세"에 있는 총급여액 정보를 다음과 같이 수정하고, "19.대상 급여액"의 합계 금액이 "1,445,000,000"임을 확인한다.

계정과목명	17. 총급여액		18. 대상 아닌 급여액		19. 대상 급여액	
	인 원	금 액	인 원	금 액	인 원	금 액
임금(제조)	42	850,000,000	12	70,000,000	30	780,000,000
상여금(제조)		225,000,000[1]		40,000,000		185,000,000
급여(판관비)	21	330,000,000	6	30,000,000	15	300,000,000
상여금(판관비)		200,000,000		20,000,000		180,000,000
합 계	63	1,605,000,000	18	160,000,000	45	1,445,000,000

[1] = 230,000,000 - 5,000,000(임원 상여금 한도초과액)

③ "② 퇴직금추계액명세서"에 있는 인원과 추계액을 "20. 기말 현재 임원 또는 직원 전원의 퇴직 시 퇴직급여 추계액"란에 "45 - 200,000,000"을, "21. 근로퇴직급여보장법에 따른 추계액"란에 "45 - 150,000,000"을 입력한다.

④ "③ 1. 퇴직급여충당금 조정"에 있는 "4. 장부상 충당금 기초잔액"란에 "15,000,000"을, "7. 기초 충당금 부인누계액"란에 "2,000,000"을, "8. 기중 퇴직금 지급액"란에 "5,000,000"을, "15. 회사 계상액"란에 "3,000,000"을 입력하고, "16. 한도초과액"이 "3,000,000"임을 확인한다.

▶ "8. 기중 퇴직금 지급액"란에는 "당기 중 퇴직금을 지급하면서 퇴직급여충당금과 상계한 금액"을 입력한다.

　참고　"세법상 기초 퇴직급여충당금(= 13,000,000 = 15,000,000 - 2,000,000)"보다 큰 금액 (예 14,000,000)을 "8. 기중 퇴직금 지급액"란에 입력하는 경우에는 그 초과액이 "9. 차감액"란에 (-)로 표시(예 (-)1,000,000)된다. 이 금액은 세법상 퇴직급여충당금 잔액을 초과하여 상계한 금액을 의미하며, 손금산입(△유보)로 세무조정(손금 추인)한다.

▶ 화면 상단에 있는 F8 잔액조회 (또는 F8)를 클릭한 후 "퇴직급여충당부채" 계정과목을 선택하면, 장부상 퇴직급여충당금의 기초 잔액, 당기 증가, 당기 감소, 기말 잔액을 확인할 수 있다.

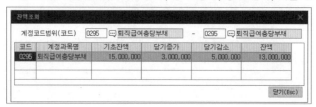

▶ 화면 상단에 있는 F7 원장조회(또는 F7)를 클릭한 후 "퇴직급여충당부채" 계정과목을 선택하면, 장부상 퇴직급여충당금의 일자별 원장 내용을 확인할 수 있고, 해당 원장을 더블 클릭하면 전표입력 내용까지 확인할 수 있다.

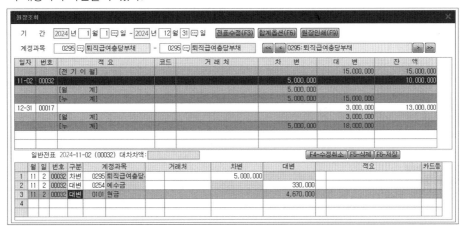

⑤ 화면 상단에 있는 F3 조정등록(또는 F3)을 클릭한 후, "<손금불산입> 임원상여금 한도초과 5,000,000 (상여)", "<손금불산입> 퇴직급여충당금한도초과 3,000,000 (유보 발생)"을 입력한다.

🔽 ②~⑤ 입력결과 화면은 아래와 같다.

· [퇴직급여충당금조정명세서]

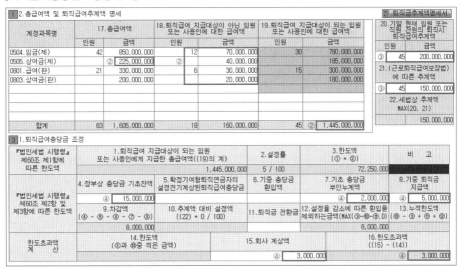

· [조정등록]

익금산입 및 손금불산입			손금산입 및 익금불산입		
과 목	금 액	소득처분	과 목	금 액	소득처분
임원상여금한도초과	5,000,000	상여			
퇴직급여충당금한도초과	3,000,000	유보발생			
합 계	8,000,000		합 계		

- [퇴직연금부담금등조정명세서]는 퇴직연금충당금과 관련된 세무조정 내역을 기재하는 메뉴이다.
- [퇴직연금부담금등조정명세서] 화면은 [법인조정] ▶ [법인조정 Ⅰ] ▶ [과목별세무조정] ▶ [퇴직연금부담금등조정명세서]를 선택하여 들어갈 수 있다.

기출확인문제

㈜퇴연(코드번호 : 3105)의 당해 사업연도(제10기)는 2024. 1. 1.~2024. 12. 31.이다.
다음 자료를 보고 [퇴직연금부담금등조정명세서]를 작성하고 필요한 세무조정을 하시오. 당사는 확정급여형 (DB) 퇴직연금에 가입하였으며 장부상 퇴직연금충당부채를 설정하지 아니하고 전액 신고조정에 의하여 손금에 산입하고 있다. 제76회

퇴직급여충당금 변동내역	· 전기이월 : 15,000,000원(전기말 한도초과 부인액 = 0) · 설정 : 0원			
퇴직급여추계액 내역	· 결산일 현재 정관 및 사규에 의한 임직원 퇴직급여추계액 : 1억 원 · 결산일 현재 근로자퇴직급여보장법에 의한 임직원 퇴직급여추계액 : 5천만 원			
퇴직연금운용자산 변동내역	퇴직연금운용자산			
	기초 잔액 당기납부액	60,000,000 25,000,000 ——————— 85,000,000	당기감소액 기말 잔액	15,000,000 70,000,000 ——————— 85,000,000
퇴직연금부담금 내역	· 전기 자본금과 적립금조정명세서(을) 기말 잔액에는 퇴직연금부담금 60,000,000원 (△유보)가 있다. · 이 중 당해 사업연도에 퇴직자에게 지급한 퇴직연금은 15,000,000원이며, 퇴직급여(비용)로 회계처리하였다.			

(1) 문제분석

① 장부상 퇴직급여충당금의 총계정원장

퇴직급여충당금

xx/xx 지급	0	1/1 기초	15,000,000	(세법상 전기이월 부인액 : 0)
12/31 기말	15,000,000	12/31 추가설정	0	
	15,000,000		15,000,000	

② 당기 퇴직금 지급액에 대한 세무조정

B	(차) 퇴직급여	15,000,000	(대) 퇴직연금운용자산	15,000,000
T	(차) 퇴직연금충당금	15,000,000	(대) 퇴직연금운용자산	15,000,000
T/A	<손금불산입> 전기 퇴직연금충당금 15,000,000 (유보)			

③ 퇴직급여충당금 설정에 대한 세무조정 : 없음

④ 퇴직연금충당금 설정에 대한 세무조정

장부상 추가설정액	0원
손금산입 한도액	Min[㉠ 추계액 기준, ㉡ 예치금 기준] − 45,000,000[3] = 25,000,000원 ㉠ (100,000,000원[1] × 100%) − 15,000,000원[2] = 85,000,000원 ㉡ 70,000,000원
(한도미달액)	(25,000,000)원
세무조정	<손금산입> 퇴직연금충당금 25,000,000 (△유보)

[1] 퇴직급여 추계액 = Max[100,000,000(사규), 50,000,000(근로자퇴직급여보장법)] = 100,000,000원

[2] 세법상 기말 퇴직급여충당금 = 재무상태표상 기말 퇴직급여충당금 − 퇴직급여충당금 차기이월 부인액
$$= 15,000,000 − (유보 0)$$
$$= 15,000,000원$$

[3] 세법상 기 설정 퇴직연금충당금 = (당기 추가설정 전) 장부상 퇴직연금충당금 − (당기 추가설정 전) 퇴직연금충당금 유보·△유보 잔액
$$= (0 − 0) − (△유보 60,000,000 + 유보 15,000,000)$$
$$= 0 − △45,000,000 = 45,000,000원$$

⑤ 장부 및 세법상 퇴직급여충당금 증감 내역 분석

구 분	장 부	부인액	세 법
기초	15,000,000	유보 0	15,000,000
(−)감소	0	0	0
(+)증가	0	0	0
(=)기말	15,000,000	유보 0	15,000,000

⑥ 장부 및 세법상 퇴직연금충당금 증감 내역 분석

구 분	장 부	부인액	세 법
기초	0	△유보 60,000,000	60,000,000
(-)감소	0	유보 15,000,000	15,000,000
(+)증가	0	△유보 25,000,000	25,000,000
(=)기말	0	△유보 70,000,000	70,000,000

(2) 입력방법

[퇴직연금부담금등조정명세서] 메뉴에서

① 화면 상단에 있는 F8 잔액조회 (또는 F8)를 클릭한 후 "퇴직급여충당부채", "퇴직연금운용자산", "퇴직급여" 계정과목을 선택하면, 각 계정과목의 장부상 기초 잔액, 당기 증가, 당기 감소, 기말 잔액을 확인할 수 있다.

▶ 퇴직급여충당부채

코드	계정과목명	기초잔액	당기증가	당기감소	잔액
0295	퇴직급여충당부채	15,000,000			15,000,000

▶ 퇴직연금운용자산

코드	계정과목명	기초잔액	당기증가	당기감소	잔액
0186	퇴직연금운용자산	60,000,000	25,000,000	15,000,000	70,000,000

▶ 퇴직급여(판관비)

코드	계정과목명	기초잔액	당기증가	당기감소	잔액
0806	퇴직급여		15,000,000	15,000,000	

② "① 나. 기말 퇴직연금 예치금 등의 계산"에 있는 "19. 기초 퇴직연금예치금 등"란에 "60,000,000"을, "20. 기중 퇴직연금예치금 등 수령 및 해약액"란에 "15,000,000"을, "21. 당기 퇴직연금예치금 등의 납입액"란에 "25,000,000"을 입력하고, "22. 퇴직연금예치금 등 계"가 "70,000,000"임을 확인한다.

③ "② 가. 손금산입대상 부담금 등 계산"에 있는 "14. 기초퇴직연금충당금 등 및 전기말 신고조정에 의한 손금산입액"란에 "60,000,000"을, "16. 기중퇴직연금 등 수령 및 해약액"란에 "15,000,000"을 입력한다.

④ "1. 퇴직급여추계액"란에 "100,000,000"을, "2. 장부상 기말 잔액"란에 "15,000,000"을, "11. 회사 손금 계상액"란에 "0"을 입력하고, "12. 조정금액"이 "25,000,000"임을 확인한다.

⑤ 화면 상단에 있는 F3 조정등록 (또는 F3)을 클릭한 후, "<손금불산입> 퇴직연금등지급 15,000,000 (△유보 감소)[1]", "<손금산입> 퇴직연금 등 손금산입 25,000,000 (△유보 발생)[2]"을 입력한다.

[1] "유보 감소"로 표시됨
[2] "유보 발생"으로 표시됨

◐ ②~⑤ 입력결과 화면은 아래와 같다.

- [퇴직연금부담금등조정명세서]

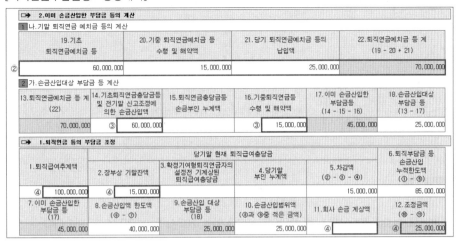

⇨ 2.이미 손금산입한 부담금 등의 계산			
1 나.기말 퇴직연금 예치금 등의 계산			
19.기초 퇴직연금예치금 등	20.기중 퇴직연금예치금 등 수령 및 해약액	21.당기 퇴직연금예치금 등의 납입액	22.퇴직연금예치금 등 계 (19 - 20 + 21)
② 60,000,000	15,000,000	25,000,000	70,000,000

2 가. 손금산입대상 부담금 등 계산					
13.퇴직연금예치금 등 계 (22)	14.기초퇴직연금충당금등 및 전기말 신고조정에 의한 손금산입액	15.퇴직연금충당금등 손금부인 누계액	16.기중퇴직연금등 수령 및 해약액	17.이미 손금산입한 부담금등 (14 - 15 - 16)	18.손금산입대상 부담금 등 (13 - 17)
70,000,000	③ 60,000,000		③ 15,000,000	45,000,000	25,000,000

⇨ 1.퇴직연금 등의 부담금 조정					
		당기말 현재 퇴직급여충당금			6.퇴직부담금 등 손금산입 누적한도액 (① - ⑨)
1.퇴직급여추계액	2.장부상 기말잔액	3.확정기여형퇴직연금자의 설정전 기계상된 퇴직급여충당금	4.당기말 부인 누계액	5.차감액 (② - ③ - ④)	
④ 100,000,000	④ 15,000,000			15,000,000	85,000,000
7.이미 손금산입한 부담금 등 (17)	8.손금산입액 한도액 (⑥ - ⑦)	9.손금산입 대상 부담금 등 (18)	10.손금산입범위액 (⑧과 ⑨중 적은 금액)	11.회사 손금 계상액	12.조정금액 (⑩ - ⑨)
45,000,000	40,000,000	25,000,000	25,000,000	④	④ 25,000,000

- [조정등록]

익금산입 및 손금불산입				손금산입 및 익금불산입		
과 목	금 액	소득처분		과 목	금 액	소득처분
⑤ 퇴직연금등지급	15,000,000	유보감소		⑤ 퇴직연금등손금산입	25,000,000	유보발생

- [대손충당금및대손금조정명세서]는 대손금 및 대손충당금과 관련된 세무조정 내역을 기재하는 메뉴이다.
- [대손충당금및대손금조정명세서] 화면은 [법인조정] ▶ [법인조정 I] ▶ [과목별세무조정] ▶ [대손충당금및대손금조정명세서]를 선택하여 들어갈 수 있다.

기출확인문제

㈜대손(코드번호 : 3106)의 당해 사업연도(제12기)는 2024. 1. 1.~2024. 12. 31.이다.
다음 자료를 보고 [대손충당금및대손금조정명세서]를 작성하고 필요한 세무조정을 하시오. (단, 당사는 중소기업에 해당하며, 대손실적률은 0.5%로 가정한다) [제69회 수정]

대손충당금(외상매출금) 상계 내역	• 7/1 : 채무자의 사망으로 더 이상 채무자의 소유 재산이 없음이 확인된 외상매출금 1,500,000원 • 10/1 : 연락두절로 인하여 회수기일이 6개월 이상 지난 외상매출금 500,000원 • 11/1 : 부도발생일로부터 6개월 이상 지난 외상매출금 600,000원
대손충당금(외상매출금) 잔액	• 장부상 기초 충당금 : 2,800,000원(전기 부인액 800,000원 포함) • 장부상 기말 충당금 : 3,200,000원
기말 외상매출금	장부상 외상매출금 기말 잔액 198,000,000원에는 올해(2024) 7월 5일에 상법상 소멸시효가 완성된 2,000,000원이 포함되어 있음

(1) 문제분석

① 장부상 대손충당금(외상매출금)의 총계정원장

대손충당금(외상매출금)

7/1	상계	1,500,000	1/1	기초	2,800,000	(세법상 전기이월 부인액 : 800,000)
10/1	상계	500,000				
11/1	상계	600,000				
12/31	기말	3,200,000	12/31	추가설정	3,000,000	
		5,800,000			5,800,000	

② 대손금에 대한 세무조정
- 7/1 : 세무조정 없음
- 10/1 : <손금불산입> 외상매출금 500,000 (유보)
  (∵ 단순 연락두절은 법정 대손사유에 해당하지 않고, 30만 원 이하의 소액채권이 아니므로)
- 11/1 : <손금불산입> 외상매출금 1,000 (유보) (∵ 비망가액)
- 7/5 : <손금산입> 외상매출금 2,000,000 (△유보) (∵ 강제대손사유)

③ 대손충당금 손금산입 한도액 = 기말 세법상 설정대상 채권가액 × 설정률
$$= 196,501,000원^{1)} × 1\%^{2)}$$
$$= 1,965,010원$$

[1] = 장부상 기말 채권가액 − 설정제외 채권가액 ± (채권 관련 기초 유보·△유보 잔액 ± 채권 관련 당기 유보·△유보 조정액)

= 198,000,000 − 0 + (0 + 500,000 + 1,000 + △2,000,000)

= 198,000,000 − 0 + (△1,499,000)

= 196,501,000원

[2] = Max[㉠ 1%, ㉡ 대손실적률 = $\dfrac{\text{당기 세법상 대손금}}{\text{전기말 세법상 설정대상 채권가액}}$ = 0.5%(가정치)] = 1%

④ 대손충당금 설정에 대한 세무조정

회사계상액	3,200,000원(= 장부상 대손충당금 기말잔액)
손금산입 한도액	1,965,010원
한도초과액	1,234,990원
세무조정	• <손금산입> 전기 대손충당금 800,000 (△유보) • <손금불산입> 대손충당금 1,234,990 (유보)

(2) 입력방법

[대손충당금및대손금조정명세서] 메뉴에서

① 화면 상단에 있는 F7원장조회(또는 F7)를 클릭한 후 "대손충당금(외상매출금)" 계정과목을 선택하면, 장부상 대손충당금(외상매출금)의 일자별 원장 내용을 확인할 수 있고, 해당 원장을 더블 클릭하면 전표입력내용까지 확인할 수 있다.

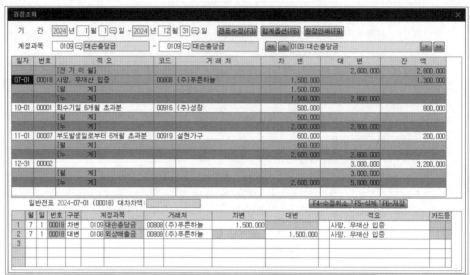

② "Ⅱ 2. 대손금조정"에 있는 내역을 다음과 같이 입력한다.

일 자	계정과목	채권내역[1]	대손사유[2]	금 액[3]	대손충당금상계액[4]			당기손금계상액[5]		
					계	시인액	부인액	계	시인액	부인액
7.1.	외상매출금	1. 매출채권	3. 사망,실종	1,500,000	1,500,000	1,500,000				
10.1.	외상매출금	1. 매출채권	7. 기타[6]	500,000	500,000		500,000			
11.1.	외상매출금	1. 매출채권	5. 부도(6개월)	600,000	600,000	599,000	1,000			
계				2,600,000	2,600,000	2,099,000	501,000			

[1] 화면 하단에 나타나는 안내에 따라 해당 내용을 입력

　1.매출채권, 2.미수금, 3.기타채권, 4.직접입력

[2] 화면 하단에 나타나는 안내에 따라 해당 내용을 입력

　1.파산, 2.강제집행, 3.사망,실종, 4.정리계획, 5.부도(6개월경과), 6.소멸시효완성

[3] 대손금에 대하여 회사 장부에서 "차변 대손충당금(상계)"로 회계처리하거나 "차변 대손상각비(발생)"으로 회계처리한 금액을 입력
　(→ 소멸시효 완성분 2,000,000원은 장부에는 반영되지 않았고 신고조정으로 대손금 처리한 것이므로 여기에 입력하지 않음)

[4] 대손금에 대하여 회사 장부에서 "차변 대손충당금(상계)"로 회계처리한 금액에 대한 세무조정 내역을 입력

[5] 대손금에 대하여 회사 장부에서 "차변 대손상각비(발생)"으로 회계처리한 금액에 대한 세무조정 내역을 입력

[6] 공란으로 두어도 정답으로 인정

③ "② 채권잔액"에 있는 "16. 계정과목"란에 "외상매출금"을, "17. 채권잔액의 장부가액"란에 "198,000,000[1]"을, "18. 기말 현재 대손금부인누계 – 전기"란에 "0[2]"을, "18. 기말 현재 대손금부인누계 – 당기"란에 "(-)1,499,000[3]"을 입력하고, "21. 채권잔액"이 "196,501,000"임을 확인한다.

> [1] 화면 상단에 있는 F12 불러오기 (또는 F12)를 클릭하면, [회계관리] 모듈에 입력되어 있는 채권잔액을 자동으로 불러옴
>
> [2] = 채권 관련 기초 유보·△유보 잔액 = 0
>
> [3] = 채권 관련 당기 유보·△유보 조정액
>   = 500,000 + 1,000 + △2,000,000
>   = △1,499,000
>
> > 참고 "17. 채권잔액의 장부가액"에 "대손충당금 설정 제외 채권가액(圓 특수관계인에 대한 업무무관 가지급금, 매각거래에 해당하는 할인어음)"이 포함되어 있는 경우에는 이를 "20. 충당금설정제외채권(할인, 배서, 특수채권)"란에 입력한다.

④ "③ 대손충당금조정"의 "손금산입액 조정"에 있는 "2. 설정률(%)"란에서 "기본율"을 선택하고, "4. 당기계상액"란에 "3,000,000[1]"을, "5. 보충액"란에 "200,000[2]"을 입력하고, "6. 계"가 "3,200,000[3]"이고, "7. 한도초과액"이 "1,234,990"임을 확인한다.

> [1] = 장부상 대손충당금 추가설정액
>
> [2] = 장부상 대손충당금 기말 잔액 – 장부상 대손충당금 추가설정액
>
> [3] = 장부상 대손충당금 기말 잔액

⑤ "③ 1. 대손충당금조정"의 "익금산입액 조정"에 있는 "8. 장부상 충당금기초잔액"란에 "2,800,000"을, "10. 충당금부인누계액"란에 "800,000"을 입력하고, "15. 과다환입(△)"이 "(-)800,000"임을 확인한다.

⑥ 화면 상단에 있는 F3 조정등록 (또는 F3)을 클릭한 후, 세무조정사항을 다음과 같이 입력한다.
- <손금불산입> 외상매출금[1] 500,000[2] (유보 발생)
- <손금불산입> 외상매출금[1] 1,000[2] (유보 발생)
- <손금산입> 외상매출금[3] 2,000,000 (△유보 발생)[4]
- <손금산입> 전기 대손충당금 한도초과 800,000 (유보 감소)
- <손금불산입> 대손충당금 한도초과 1,234,990 (유보 발생)

> [1] 프로그램에 등록되어 있는 조정과목을 사용하여 "대손금부인"으로 입력하여도 정답으로 인정
>
> [2] 두 금액을 하나로 합산하여 입력하여도 정답으로 인정
>
> [3] 프로그램에 등록되어 있는 조정과목을 사용하여 "소멸시효완성채권"으로 입력하여도 정답으로 인정
>
> [4] "유보 발생"으로 표시됨

● ②~⑥ 입력결과 화면은 아래와 같다.

· [대손충당금및대손금조정명세서]

1 2. 대손금조정　　　　　　　　　　　　　　　　　　　　　　　　　　　　　　크 게

	22. 일자	23.계정 과목	24.채권 내역	25.대손 사유	26.금액	대손충당금상계액			당기손금계상액		
						27.계	28.시인액	29.부인액	30.계	31.시인액	32.부인액
1	07.01	외상매출금	1.매출채권	3.사망,실종	1,500,000	1,500,000	1,500,000				
2	10.01	외상매출금	1.매출채권	7.기타	500,000	500,000		② 500,000			
3	11.01	외상매출금	1.매출채권	5.부도(6개월경과)	600,000	600,000	② 599,000	② 1,000			
		계			2,600,000	2,600,000	2,099,000	501,000			

2 채권잔액　　　　　　　　　　　　　　　　　　　　　　　　　　　　　　크 게

	16.계정 과목	17.채권잔액의 장부가액	18.기말현재대손금부인누계		19.합계 (17+18)	20.충당금설정제외채권 (할인,배서,특수채권)	21.채 권 잔 액 (19-20)
			전기	당기			
1	외상매출금	③ 198,000,000		③ -1,499,000	196,501,000		③ 196,501,000
2							
	계	198,000,000		-1,499,000	196,501,000		196,501,000

3 1.대손충당금조정

손금 산입액 조정	1.채권잔액 (21의금액)	2.설정률(%) ◉기본율 ◉실적율 ◉적립기준			3.한도액 (1×2)	회사계상액			7.한도초과액 (6-3)
		④ 1			1,965,010	4.당기계상액	5.보충액	6.계	
	196,501,000					④ 3,000,000	④ 200,000	3,200,000	④ 1,234,990

익금 산입액 조정	8.장부상 충당금기초잔액	9.기중 충당금환입액	10.충당금부인 누계액	11.당기대손금 상계액(27의금액)	12.충당금보충액 (충당금장부잔액)	13.환입할금액 (8-9-10-11-12)	14.회사환입액 (회사기말환입)	15.과소환입ㆍ과다 환입(▵)(13-14)
	⑤ 2,800,000		⑤ 800,000	2,600,000	200,000	-800,000		⑤ -800,000

4 3.국제회계기준 등 적용 내국법인에 대한 대손충당금 환입액의 익금불산입액의 조정

33.대손충당금 환입액의 익금불산입 금액	34.손금에 산입하여야 할 금액 Min(3,6)	35.익금에 산입하여야 할 금액 Max[0, (8-10-11)]	36.차액 Min[33, Max(0,34-35)]	37.상계후 대손충당금환입액의 익금불산입금액(33-36)

· [조정등록]

익금산입 및 손금불산입				손금산입 및 익금불산입			
	과 목	금 액	소득처분		과 목	금 액	소득처분
⑥	외상매출금	500,000	유보발생	⑥	외상매출금	2,000,000	유보발생
	외상매출금	1,000	유보발생		전기대손충당금한도초과	800,000	유보감소
	대손충당금한도초과	1,234,990	유보발생				
	합 계	1,735,990			합 계	2,800,000	

fn.Hackers.com

- [재고자산평가조정명세서]는 재고자산의 평가와 관련된 세무조정 내역을 기재하는 메뉴이다.
- [재고자산평가조정명세서] 화면은 [법인조정] ▶ [법인조정 I] ▶ [과목별세무조정] ▶ [재고자산평가조정명세서]를 선택하여 들어갈 수 있다.

기출확인문제

㈜재고자산(코드번호 : 3107)의 당해 사업연도(제4기)는 2024. 1. 1.~2024. 12. 31.이다.

회사는 2022. 3. 31. 재고자산 평가방법을 최초 신고한 이후 당초 신고하지 않은 재고자산을 포함하여 2024년도부터 모든 재고자산(제품, 재공품, 원재료)의 평가방법을 총평균법(원가법)으로 통일하기 위하여 2024년 11월 1일 평가방법(변경)신고서를 제출하고, 총평균법으로 평가하여 회계처리하였다.

원재료에 대하여 전기의 재고자산평가감 500,000원이 유보 처분되어 있다.

법인세법에 따라 [재고자산평가조정명세서]를 작성하고 세무조정사항을 소득금액조정합계표에 반영하시오. (각 재고자산별로 세무조정할 것) 제59회 수정

구 분	제 품	재공품	원재료
신고된 평가방법	후입선출법(원가법)	무신고	총평균법(원가법)
평가방법 최초 신고일	2022. 3. 31.	–	2022. 3. 31.
선입선출법 평가액	55,500,000원	2,300,000원	5,600,000원
후입선출법 평가액	52,200,000원	2,600,000원	5,000,000원
총평균법 평가액	54,400,000원	2,500,000원	5,250,000원

(1) 문제분석

구 분	상 태	장부상 평가액	세법상 평가액	세무조정
제 품	임의변경[1]	54,400,000	Max[㉠, ㉡] = 55,500,000 ㉠ 선입선출법 : 55,500,000 ㉡ 후입선출법 : 52,200,000	<익금산입> 당기 평가감 1,100,000 (유보)
재공품	무신고[1]	2,500,000	선입선출법 = 2,300,000	<손금산입> 당기 평가증 200,000 (△유보)
원재료	적 정	5,250,000	총평균법 = 5,250,000	<손금산입> 전기 평가감 500,000 (△유보)

[1] 재고자산 평가방법을 당초 신고한 평가방법(또는 무신고 시 평가방법)에서 변경하고자 하는 경우, 변경할 평가방법을 적용하고자 하는 사업연도(2024년)의 종료일 이전 3개월이 되는 날(2024년 9월 30일)까지 신고하여야 한다.

(2) 입력방법

[재고자산평가조정명세서] 메뉴에서

① 화면 상단에 있는 F8 잔액조회 (또는 F8)를 클릭한 후 "제품", "재공품", "원재료" 계정과목을 선택하면, 각 계정과목의 장부상 기말 잔액을 확인할 수 있다.

▶ 제품

코드	계정과목명	기초잔액	당기증가	당기감소	잔액
0150	제품	74,245,013	509,898,448	529,743,461	54,400,000

▶ 재공품

코드	계정과목명	기초잔액	당기증가	당기감소	잔액
0169	재공품		512,398,448	509,898,448	2,500,000

▶ 원재료

코드	계정과목명	기초잔액	당기증가	당기감소	잔액
0153	원재료	17,082,431	393,367,587	405,200,018	5,250,000

② "Ⅰ 1. 재고자산 평가방법 검토"에 있는 내역을 다음과 같이 입력한다.

자산별	신고일	신고방법	평가방법	적 부
제품 및 상품	2022-3-31	03 : 후입선출법	04 : 총평균법	X
반제품 및 재공품	-	00 : 무신고	04 : 총평균법	X
원재료	2022-3-31	04 : 총평균법	04 : 총평균법	O

③ "②2. 평가조정 계산"에 있는 내역을 다음과 같이 입력하고, 제품과 재공품의 "18. 조정액"이 각각 "1,100,000"과 "(-)200,000"임을 확인한다.

7. 과목		회사계산(장부가)	조정계산금액		18. 조정액
			세법상 신고방법	FIFO(무신고, 임의변경)	
코 드	과목명	13. 금액	15. 금액	17. 금액	
150	제품	54,400,000	52,200,000	55,500,000	1,100,000
169	재공품	2,500,000		2,300,000	(-)200,000
153	원재료	5,250,000	5,250,000		

④ 화면 상단에 있는 F3 조정등록(또는 F3)을 클릭한 후, 세무조정사항을 다음과 같이 입력한다.

- <익금산입> 제품평가감 1,100,000 (유보 발생)
- <손금산입> 재공품평가증[1] 200,000 (△유보 발생)[2]
- <손금산입> 전기 원재료평가감 500,000 (유보 감소)

[1] 프로그램에 등록되어 있는 조정과목을 사용하여 "재고자산평가증"으로 입력하여도 정답으로 인정
[2] "유보 발생"으로 표시됨

❡ ②~④의 입력결과 화면은 아래와 같다.

- [재고자산평가조정명세서]

- [조정등록]

fn.Hackers.com

제8절 | 세금과공과금명세서

- [세금과공과금명세서]는 세금 및 공과금과 관련된 세무조정 내역을 기재하는 메뉴이다.
- [세금과공과금명세서] 화면은 [법인조정] ▶ [법인조정Ⅰ] ▶ [과목별세무조정] ▶ [세금과공과금명세서]를 선택하여 들어갈 수 있다.

기출확인문제

㈜세금과공과금(코드번호 : 3108)의 당해 사업연도(제6기)는 2024. 1. 1.~2024. 12. 31.이다.
세금과공과금 계정에 입력된 다음 자료를 조회하여 [세금과공과금명세서]를 작성하고 필요한 세무조정을 행하시오. (단, 세무조정유형과 소득처분이 같은 세무조정이라고 하더라도 건별로 각각 세무조정을 하기로 한다)

제66회

일 자	적 요	금 액
3월 28일	법인세에 대한 농어촌특별세	1,320,000원
4월 23일	사업과 관련없는 불공제매입세액	920,000원
5월 4일	업무상 납부한 주정차위반 과태료	250,000원
7월 26일	공장건축물 재산세	1,720,000원
8월 18일	공장용지 취득 시 취득세 등	7,300,000원
8월 20일	법인균등분 주민세	62,500원
9월 4일	교통유발부담금	630,000원
10월 10일	산업재해보상보험료 가산금	128,000원
10월 17일	폐수배출부담금	2,400,000원

(1) 문제분석

일자	적요	금액	세무조정
3월 28일	법인세에 대한 농어촌특별세	1,320,000원	<손금불산입> 1,320,000 (기타사외유출)
4월 23일	사업과 관련없는 불공제매입세액	920,000원	<손금불산입> 920,000 (기타사외유출)
5월 4일	업무상 납부한 주정차위반 과태료	250,000원	<손금불산입> 250,000 (기타사외유출)
7월 26일	공장건축물 재산세	1,720,000원	
8월 18일	공장용지 취득 시 취득세 등	7,300,000원	<손금불산입> 7,300,000 (유보)
8월 20일	법인균등분 주민세	62,500원	
9월 4일	교통유발부담금	630,000원	
10월 10일	산업재해보상보험료 가산금	128,000원	<손금불산입> 128,000 (기타사외유출)
10월 17일	폐수배출부담금	2,400,000원	<손금불산입> 2,400,000 (기타사외유출)

(2) 입력방법

[세금과공금명세서] 메뉴에서

① 화면 상단에 있는 F12불러오기(또는 F12)를 클릭하고 전표자료 불러오기 창에서 기간(2024. 1. 1.~2024. 12. 31.) 입력 후 확인을 클릭하면, [회계관리] 모듈에 입력되어 있는 세금과공과 계정과목 정보를 자동으로 불러온다.

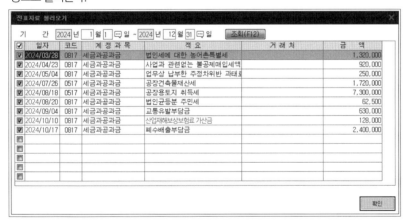

② 손금불산입 세무조정이 필요한 항목에 대하여, "손금불산입표시"란에 "1 : 손금불산입"을 입력하고, "손금불산입 계"가 "12,318,000"임을 확인한다.

▶ "손금불산입표시"란에 커서를 놓았을 때 화면 하단에 나타나는 안내에 따라 해당 내용을 입력한다.

> 0: 손금산입, 1: 손금불산입

③ 화면 상단에 있는 F3 조정등록(또는 F3)을 클릭한 후, 세무조정사항을 다음과 같이 입력하고, "손금불산입 세무조정 금액 합계"가 "12,318,000"임을 확인한다.

· <손금불산입> 농어촌특별세[1] 1,320,000 (기타사외유출)
· <손금불산입> 사업무관 불공제매입세액[1] 920,000 (기타사외유출)
· <손금불산입> 주정차위반 과태료[1] 250,000 (기타사외유출)
· <손금불산입> 공장용지 취득세[2] 7,300,000 (유보 발생)
· <손금불산입> 산업재해보상보험료 가산금[1] 128,000 (기타사외유출)
· <손금불산입> 폐수배출부담금[1] 2,400,000 (기타사외유출)

[1] 프로그램에 등록되어 있는 조정과목을 사용하여 "세금과공과 – 기타사외유출"로 입력하여도 정답으로 인정
[2] 프로그램에 등록되어 있는 조정과목을 사용하여 "세금과공과 – 유보발생"으로 입력하여도 정답으로 인정

◉ ②~③의 입력결과 화면은 아래와 같다.

· [세금과공과금명세서]

	코드	계정과목	월	일	거래내용	코드	지급처	금 액	손금불산입표시
	0817	세금과공과금	3	28	법인세에 대한 농어촌특별세			1,320,000	손금불산입 ②
	0817	세금과공과금	4	23	사업과 관련없는 불공제매입세액			920,000	손금불산입
	0817	세금과공과금	5	4	업무상 납부한 주정차위반 과태료			250,000	손금불산입
	0517	세금과공과금	7	26	공장건축물재산세			1,720,000	
	0517	세금과공과금	8	18	공장용토지 취득세			7,300,000	손금불산입
	0817	세금과공과금	8	20	법인균등분 주민세			62,500	
	0817	세금과공과금	9	4	교통유발부담금			630,000	
	0817	세금과공과금	10	10	산업재해보상보험료 가산금			128,000	손금불산입
	0817	세금과공과금	10	17	폐수배출부담금			2,400,000	손금불산입
		손금불산입 계						② 12,318,000	
		합 계						14,730,500	

· [조정등록]

익금산입 및 손금불산입			손금산입 및 익금불산입		
과 목	금 액	소득처분	과 목	금 액	소득처분
③ 농어촌특별세	1,320,000	기타사외유출			
사업무관 불공제매입세액	920,000	기타사외유출			
주정차위반 과태료	250,000	기타사외유출			
공장용지 취득세	7,300,000	유보발생			
산업재해보상보험료 가산금	128,000	기타사외유출			
폐수배출부담금	2,400,000	기타사외유출			
합 계	12,318,000		합 계		

과 목	금 액	과 목	금 액
③ 손금불산입액	12,318,000		

fn.Hackers.com

- [선급비용명세서]는 선급비용과 관련된 세무조정 내역을 기재하는 메뉴이다.
- [선급비용명세서] 화면은 [법인조정] ▶ [법인조정 I] ▶ [과목별세무조정] ▶ [선급비용명세서]를 선택하여 들어갈 수 있다.

기출확인문제

㈜선급비용(코드번호 : 3109)의 당해 사업연도(제9기)는 2024. 1. 1.~2024. 12. 31.이다.
당기말 현재의 보험료 기간미경과분(선급분)에 관한 자료는 다음과 같다. [선급비용명세서]를 작성하고, 전기분 선급비용을 포함한 관련 세무조정사항을 소득금액조정합계표에 반영하시오. 제67회

구 분	지출액(원)	거래처	보험기간	비 고
보험료(판매관리비)	1,800,000	경복화재	2024. 4. 1.~2025. 3. 31.	장부상 선급비용 미계상
보험료(판매관리비)	2,500,000	신일화재	2024. 7. 1.~2025. 6. 30.	장부상 선급비용 400,000원 계상

※ 직전 사업연도의 자본금과 적립금조정명세서(을)표에는 선급비용 1,500,000원이 손금불산입 유보 발생으로 세무조정되어 있다. (선급기간 : 2024. 1. 1.~2024. 3. 31.)
※ 위 두 보험료에 대하여 각각 세무조정한다.

기출 따라 하기   ▶ 관련 이론 I 익금과 손금 p.136

(1) 문제분석

① 당기 선급비용에 대한 세무조정

구 분	시작일	종료일	지급액	선급비용	회사계상액	조정대상금액
보험료 (경복화재)	2024. 4. 1.	2025. 3. 31.	1,800,000	443,835[1]		443,835[3]
보험료 (신일화재)	2024. 7. 1.	2025. 6. 30.	2,500,000	1,239,726[2]	400,000	839,726[4]

[1] $1,800,000원 \times \dfrac{90일(2025. 1. 1.~2025. 3. 31.)}{365일(2024. 4. 1.~2025. 3. 31.)} = 443,835원$(원 단위 미만 절사)

[2] $2,500,000원 \times \dfrac{181일(2025. 1. 1.~2025. 6. 30.)}{365일(2024. 7. 1.~2025. 6. 30.)} = 1,239,726원$

[3] 세무조정 : <손금불산입> 선급비용 443,835 (유보)

[4] 세무조정 : <손금불산입> 선급비용 839,726 (유보)

② 전기 선급비용에 대한 세무조정

　　<손금산입> 전기 선급비용 1,500,000 (△유보)

참고 계산기 기능을 활용하여 "일수"를 손쉽게 계산하는 방법

　　㉠ 화면 우측에 있는 🧮을 클릭한 후, 보조창에서 "일수" 탭을 선택한다.

　　㉡ 기간 계산방식에서 "초일산입, 말일산입"을 선택한다. (∵ 시작일과 종료일을 모두 포함하여 일수를 계산
　　　하고자 하는 상황이므로)

　　㉢ 시작일(예 2025. 1. 1.)과 종료일(예 2025. 3. 31.)을 입력한 후, 계산된 일수(예 90일)를 확인한다.

(2) 입력방법

[선급비용명세서] 메뉴에서

① 화면 상단에 있는 F4 계정구분등록(또는 F4)을 클릭하고 계정구분등록창에서 "선급 보험료"의 기간계산원칙
　이 "양편산입"[1]임을 확인한다.

[1] ∵ 시작일과 종료일을 모두 포함하여 일수를 계산하고자 하는 상황이므로

참고 계정구분등록에 기간계산원칙을 추가로 등록하는 방법

　　㉠ "계정과목명"란에 해당 내용(예 선급 임차료 2)을 입력한다.

　　㉡ 보조창에 있는 "기간계산원칙"란에 커서를 놓고, "1. 한편산입"과 "2. 양편산입" 중 하나(예 양편산
　　　입)를 선택한다.

　　(→ 추가로 등록한 내용은 Space bar 를 사용하여 삭제할 수 있다)

② 선급비용 계산에 필요한 정보를 "계정구분", "거래내용"[1], "거래처"[2], "시작일", "종료일", "지급액", "회사계상액"란에 입력하고, "조정대상금액"의 합계가 "1,283,561"임을 확인한다.

[1] "거래내용"란은 공란으로 두어도 정답으로 인정

[2] "거래처"란에 커서를 놓고 🖰코드 (또는 F2)를 클릭한 후, 해당 거래처를 검색하여 입력

▶ "계정구분"란에 커서를 놓으면, "계정구분등록"에 등록되어 있는 항목이 나타나고, 이 중 "선급 보험료"를 선택한다.

```
1.미경과 이자
2.선급 보험료
3.선급 임차료
```

③ 화면 상단에 있는 F3 조정등록 (또는 F3)을 클릭한 후, 세무조정사항을 다음과 같이 입력하고, "손금불산입 금액 합계"가 "1,283,561"임을 확인한다.

- <손금불산입> 선급비용(보험료) 과소계상 443,835 (유보 발생)
- <손금불산입> 선급비용(보험료) 과소계상 839,726 (유보 발생)
- <손금산입> 전기 선급비용(보험료) 과소계상 1,500,000 (유보 감소)

🔻 ②~③의 입력결과 화면은 아래와 같다.

- [선급비용명세서]

	계정구분	거래내용	거래처	대상기간 시작일	대상기간 종료일	지급액	선급비용	회사계상액	조정대상금액
② ☐	선급 보험료	보험료(2024.4.1.~2025.3.31.)	경복화재	2024-04-01	2025-03-31	1,800,000	443,835		443,835
☐	선급 보험료	보험료(2024.7.1.~2025.6.30.)	신일화재	2024-07-01	2025-06-30	2,500,000	1,239,726	400,000	839,726
☐									
	합 계					4,300,000	1,683,561	400,000	② 1,283,561

- [조정등록]

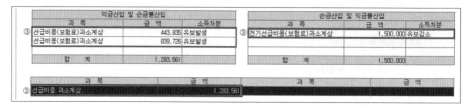

익금산입 및 손금불산입			손금산입 및 익금불산입		
과 목	금 액	소득처분	과 목	금 액	소득처분
③ 선급비용(보험료)과소계상	443,835	유보발생	③ 전기선급비용(보험료)과소계상	1,500,000	유보감소
선급비용(보험료)과소계상	839,726	유보발생			
합 계	1,283,561		합 계	1,500,000	

과 목	금 액	과 목	금 액
③ 선급비용 과소계상	1,283,561		

fn.Hackers.com

제 10 절 | 가지급금등의인정이자조정명세서

- [가지급금등의인정이자조정명세서]는 가지급금 인정이자와 관련된 세무조정 내역을 기재하는 메뉴이다.
- [가지급금등의인정이자조정명세서] 화면은 [법인조정] ▶ [법인조정 I] ▶ [과목별세무조정] ▶ [가지급금등의인정이자조정명세서]를 선택하여 들어갈 수 있다.

기출확인문제

㈜인정이자(코드번호 : 3110)의 당해(제6기) 사업연도는 2024. 1. 1.~2024. 12. 31.이다.
다음 자료를 이용하여 [가지급금등의인정이자조정명세서]를 작성하고, 세무조정사항을 소득금액조정합계표에 반영하시오. (단, 제시된 자료 외의 다른 세무조정사항은 무시하기로 한다) [제66회 수정]

- 가지급금 현황(거래처원장)

거래처 : 대표이사 강일수

일 자	적 요	차 변	대 변	잔 액
1/1	전기이월	15,700,000원		15,700,000원
4/15	대표이사 가지급	5,000,000원		20,700,000원
7/25	대표이사 가지급금 회수		6,500,000원	14,200,000원
9/30	대표이사 가지급	2,300,000원		16,500,000원

※ 상기 이외의 가지급금 및 가수금은 없다.

- 차입금 현황

차입기간	차입금	이자비용	이자율	차입은행
2023. 9. 1.~2026. 8. 31.	20,000,000원	1,200,000원	6%	구원은행
2024. 3. 1.~2027. 8. 31.	12,000,000원	500,000원	5%	구원은행
2024. 7. 1.~2028. 6. 30.	26,000,000원	650,000원	5%	행복캐피탈
2024. 9. 1.~2029. 8. 31.	30,000,000원	1,000,000원	10%	㈜일수산업

※ 위 이외의 차입금 및 이자비용은 없으며, ㈜일수산업은 당사와 특수관계에 있는 회사에 해당한다.

- 대표이사로부터 회수하여 장부에 계상한 이자수익은 350,000원이다.
- 기획재정부령으로 정하는 당좌대출이자율은 연 4.6%이며, 당사는 금전대차거래에 대하여 시가 적용방법을 신고한 바 없다.

(1) 문제분석

① 가지급금 적수 계산

일 자	적 요	차 변	대 변	잔 액	기 간	일 수	가지급금 적수
1/1	전기이월	15,700,000		15,700,000	1. 1.~4. 14.	105일	1,648,500,000
4/15	대 여	5,000,000		20,700,000	4. 15.~7. 24.	101일	2,090,700,000
7/25	회 수		6,500,000	14,200,000	7. 25.~9. 29.	67일	951,400,000
9/30	대 여	2,300,000		16,500,000	9. 30.~12. 31.	93일	1,534,500,000
합 계		23,000,000	6,500,000			366일	6,225,100,000

② 가지급금 인정이자 계산

일 자	적 요	가지급금 증감액	기 간	일 수	가지급금 적수	인정 이자율[1]	인정이자
1/1	전기이월	15,700,000	1. 1.~12. 31.	366일	5,746,200,000	0.06[2]	942,000[6]
4/15	대 여	5,000,000	4. 15.~12. 31.	261일	1,305,000,000	0.05625[3]	200,563[7]
7/25	회 수	(−)6,500,000	7. 25.~12. 31.	160일	(−)1,040,000,000	0.06[4]	(−)170,493[8]
9/30	대 여	2,300,000	9. 30.~12. 31.	93일	213,900,000	0.05345[5]	31,236[9]
합 계		16,500,000			6,225,100,000		1,003,306

[1] 금전대차거래에 대하여 시가 적용방법을 신고한 바 없으므로, 원칙에 따라 "가중평균차입이자율"을 적용함

[2] $\dfrac{\Sigma(\text{1월 1일 현재 차입금 잔액} \times \text{차입 당시 이자율})}{\Sigma\text{1월 1일 현재 차입금 잔액}} = \dfrac{20,000,000 \times 6\%}{20,000,000} = 0.06$

　　참고 　전기이월 가지급금은 1월 1일을 대여시점으로 보아 가중평균차입이자율을 계산한다.

[3] $\dfrac{\Sigma(\text{4월 15일 현재 차입금 잔액} \times \text{차입 당시 이자율})}{\Sigma\text{4월 15일 현재 차입금 잔액}} = \dfrac{(20,000,000 \times 6\%) + (12,000,000 \times 5\%)}{20,000,000 + 12,000,000} = 0.05625$

[4] 1월 1일 현재 인정이자율 = 0.06

　　참고 　'㉠ 가지급금을 회수'하거나, '㉡ 가지급금을 동일인에 대한 가수금과 상계'하는 경우, 먼저 발생한 가지급금부터 순서대로 감소시킨다.

[5] $\dfrac{\Sigma(\text{9월 30일 현재 차입금 잔액} \times \text{차입 당시 이자율})}{\Sigma\text{9월 30일 현재 차입금 잔액}}$

$= \dfrac{(20,000,000 \times 6\%) + (12,000,000 \times 5\%) + (26,000,000 \times 5\%)}{20,000,000 + 12,000,000 + 26,000,000} = 0.0534482$

(∵ 특수관계인((주)일수산업)으로부터의 차입금은 제외)

[6] 5,746,200,000 × 0.06 ÷ 366일 = 942,000원

[7] 1,305,000,000 × 0.05625 ÷ 366일 = 200,563원

[8] (−)1,040,000,000 × 0.06 ÷ 366일 = (−)170,493원(단수차이 발생)

[9] 213,900,000 × 0.05345 ÷ 366일 = 31,236원(단수차이 발생)

③ 가지급금 인정이자 세무조정

가지급금 인정이자	1,003,306원
회사계상 이자수익	350,000원
차 이	653,306원
현저한 이익 분여 요건	차이 = 653,306 ≥ 50,165 = Min[가지급금 인정이자 × 5%, 3억 원]
세무조정	<익금산입> 653,306 (상여)

(2) 입력방법

[가지급금등의인정이자조정명세서] 메뉴에서

① [1. 가지급금·가수금 입력] 탭을 선택한 후, "가지급금·가수금 선택"란에서 "1. 가지급금"을 선택하고, ▢회계데이타불러오기 를 클릭하면 아래의 보조창이 나타난다. 보조창에서 ▢회계전표 불러오기(Tab) 를 클릭하면, [회계관리] 모듈에 입력되어 있는 가지급금 정보를 자동으로 불러온다.

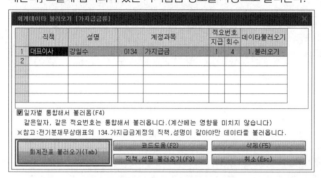

▶ 당사는 [회계관리] 모듈에서 "대표이사 강일수"에 대한 가지급금을 전표입력할 때, "134. 가지급금" 계정과목을 사용하였고, 지급(대여)할 때에는 적요란에 "1"을 입력하였고 회수할 때에는 적요란에 "4"를 입력하였다는 정보가 보조창에 나타난다.

▶ 가수금이 있는 경우에는, "가지급금·가수금 선택"란에서 "2. 가수금"을 선택하고, ▢회계데이타불러오기 를 클릭한 후, 보조창에서 ▢회계전표 불러오기(Tab) 를 클릭하면, [회계관리] 모듈에 입력되어 있는 가수금 정보를 자동으로 불러온다.

▶ 가지급금 및 가수금 정보를 직접 입력하여야 하는 경우에는, "직책"란과 "성명"란을 입력한 후, "적요"란에 커서를 놓았을 때 화면 하단에 나타나는 안내에 따라 해당 내용을 입력한다.

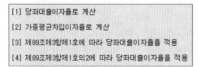

② 화면 상단에 있는 "이자율선택"을 클릭하면 등록되어 있는 항목이 나타나고, 이 중 "[2] 가중평균차입이자율로 계산"을 선택한다.

[1] 당좌대출이자율로 계산
[2] 가중평균차입이자율로 계산
[3] 제89조제3항제1호에 따라 당좌대출이자율을 적용
[4] 제89조제3항제1호의2에 따라 당좌대출이자율을 적용

▶ 인정이자율의 유형

가중평균차입이자율을 적용하는 경우	[2]
총 3개 사업연도의 모든 대여금에 대하여 당좌대출이자율을 적용하는 경우	[1]
가중평균차입이자율의 적용이 불가능하여 해당 대여금에 한정하여 당좌대출이자율을 적용하는 경우	[3], [4]

참고 선택사업연도의 입력

"이자율선택"란에서 "[1] 당좌대출이자율로 계산"을 선택한 경우에는, 화면 상단에 있는 CR8선택사업연도 (또는 Ctrl + F8)를 클릭한 다음, 아래의 보조창에 모든 대여금에 대하여 당좌대출이자율을 적용한 최초 사업연도를 입력하고 확인(Tab) 을 클릭한다.

▼ ①~②의 입력결과 화면은 아래와 같다.

③ [2. 차입금 입력] 탭을 선택한 후, 새로불러오기(전체거래처) 를 클릭하고 아래의 보조창에서 확인(Tab) 을 클릭 하면, [회계관리] 모듈에 입력되어 있는 차입금 정보를 자동으로 불러온다.

▶ 당사는 [회계관리] 모듈에서 차입금을 전표입력할 때, "256. 당좌차월", "260. 단기차입금", "293. 장기차입금" 계정과목을 사용하였다는 정보가 보조창에 나타난다.

▶ 차입금 정보를 직접 입력하여야 하는 경우에는, "거래처"란에 커서를 놓고 코드(또는 F2)를 클릭하여 해당 거래처를 검색하여 입력하고, "적요"란에 커서를 놓았을 때 화면 하단에 나타나는 안내에 따라 해당 내용을 입력한다.

　　1.전기이월 2.차입 3.상환

④ [회계관리] 모듈에서 불러온 전체 거래처에 대한 차입금 정보를 확인한 후, "㈜일수산업"에 커서를 놓고 화면 상단에 있는 ⊗삭제를 클릭한다.

▶ 특수관계인에 해당하는 "㈜일수산업"의 차입금 및 이자율이 가중평균차입이자율 계산에 영향을 미치지 않게 하기 위하여 해당 정보를 삭제하여야 한다.

⑤ "거래처명"란에서 "구원은행"을 선택한 후, "전기이월" 라인과 "차입(3월 1일)" 라인에 있는 "이자율"란에 해당 차입금의 연 이자율인 "6%"와 "5%"를 각각 입력한다. 이와 동일한 방법으로 "거래처명"란에서 "행복캐피탈"을 선택한 후, "차입(7월 1일)" 라인에 있는 "이자율"란에 "5%"를 입력한다.

▶ "이자율"란을 입력하면, "이자"란의 금액(= 이자대상금액 × 연 이자율)이 자동으로 계산되어 나타나는데, 이를 당기 사업연도의 장부상 이자비용 금액으로 수정하지 않도록 주의해야 한다. (∵ [2. 차입금 입력] 탭에는 가중평균차입이자율 계산에 필요한 정보를 입력하여야 하는데, 가중평균차입이자율은 "장부상 이자비용" 금액이 아니라, "이자대상금액 × 연 이자율" 금액을 사용하여 계산하기 때문)

▶ "이자"란에 커서를 놓고, 화면 하단에 나타나는 안내에 따라 [코드](또는 [F2])를 클릭하면 가중평균차입이자율 조회창이 나타난다. 이자대상금액에 대하여 연 이자율을 입력하고 나면 가중평균차입이자율의 일자별 변동 내역을 확인할 수 있다.

▶ 가중평균차입이자율 조회창에서 [계산근거보기(F3)](또는 [F3])를 클릭하면 일자별 가중평균이자율의 계산근거를 확인할 수 있다.

○ ⑤ 입력결과 화면은 아래와 같다.

・ 구원은행

		적요	연월일		차변	대변	이자대상금액	이자율 %	이자
1		1.전기이월	2024	1 1		20,000,000	20,000,000 ⑤	6.00000	⑤ 1,200,000
2		2.차입	2024	3 1		12,000,000	12,000,000 ⑤	5.00000	⑤ 600,000
	합 계					32,000,000	32,000,000		1,800,000

・ 행복캐피탈

		적요	연월일		차변	대변	이자대상금액	이자율 %	이자
1		2.차입	2024	7 1		26,000,000	26,000,000 ⑤	5.00000	⑤ 1,300,000

⑥ [3. 인정이자계산 : (을)지] 탭을 선택한 후, "차감적수"가 "6,225,100,000"임을 확인하고, "인정이자"가 "1,003,306"임을 확인한다.

▶ 화면 상단에 있는 F11연일수변경(또는 F11)을 클릭하면 연일수변경 보조창이 나타나는데, 여기서 현재 프로그램상에서 인정이자를 계산할 때 사용되는 일수가 365일인지 366일인지 확인할 수 있고 이를 변경할 수 있다.

◎ ⑥의 입력결과 화면은 아래와 같다.

⑦ [4. 인정이자조정 : (갑)지] 탭을 선택한 후, "6. 회사계상액"란에 "350,000"을 입력하고, "9. 조정액"이 "653,306"임을 확인한다.

◎ ⑦의 입력결과 화면은 아래와 같다.

⑧ 화면 상단에 있는 F3 조정등록(또는 F3)을 클릭한 후, "<익금산입> 가지급금 인정이자(대표이사) 653,306 (상여)"를 입력한다.

- [업무무관부동산등에관련한차입금이자조정명세서]는 지급이자와 관련된 세무조정 내역을 기재하는 메뉴이다.
- [업무무관부동산등에관련한차입금이자조정명세서] 화면은 [법인조정] ▶ [법인조정 I] ▶ [과목별세무조정] ▶ [업무무관부동산등에관련한차입금이자조정명세서]를 선택하여 들어갈 수 있다.

기출확인문제

㈜지급이자(코드번호 : 3111)의 당해(제7기) 사업연도는 2024. 1. 1.~2024. 12. 31.이다.
다음 자료를 보고 [업무무관부동산등에관련한차입금이자조정명세서]를 작성한 후 세무조정을 하시오. (단, 가지급금 인정이자 세무조정은 고려하지 않는다) 제62회

	자산 구분	금액(원)	취득일	비 고
업무무관자산 내역	선 박	38,000,000	전년도. 3. 3.	
	건 물	400,000,000	올해. 6. 9.	올해. 11. 3. (매각)
	토 지	320,000,000	올해. 2. 4.	
	상기 선박, 건물, 토지는 업무무관자산에 해당한다.			
차입금 및 이자비용 내역	차입금 구분	차입금액(원)	이자율	이자비용(원)
	장기차입금	100,000,000	연 13%	13,000,000
	단기차입금	180,000,000	연 10%	18,000,000
	장기차입금에 대한 이자비용에는 채권자 불분명 이자가 2,500,000원 포함되어 있으나, 원천징수세액은 없는 것으로 가정한다.			
가지급금 등 대여금 내역	· 7월 14일 상무이사 한상만에게 40,000,000원을 연 9% 이율로 대여 · 10월 2일 총무과 사원 윤경민에게 월정 급여 이내의 금액 380,000원 가불			

기출 따라 하기

▶ 관련 이론 | 지급이자 p.88, 92

(1) 문제분석

① 업무무관부동산 적수 계산

일 자	적 요	차 변	대 변	잔 액	기 간	일 수	가지급금 적수
2/4	토지 취득	320,000,000		320,000,000	2. 4.~6. 8.	126일	40,320,000,000
6/9	건물 취득	400,000,000		720,000,000	6. 9.~11. 2.	147일	105,840,000,000
11/3	건물 매각		400,000,000	320,000,000	11. 3.~12. 31.	59일	18,880,000,000
합 계		720,000,000	400,000,000			332일	165,040,000,000

② 업무무관동산 적수 계산

일 자	적 요	차 변	대 변	잔 액	기 간	일 수	가지급금 적수
1/1	선박 전기이월	38,000,000		38,000,000	1. 1.~12. 31.	366일	13,908,000,000
	합 계	38,000,000				366일	13,908,000,000

③ 업무무관 가지급금 적수 계산

일 자	적 요	차 변	대 변	잔 액	기 간	일 수	가지급금 적수
7/14	대 여	40,000,000		40,000,000	7. 14.~12. 31.	171일	6,840,000,000
	합 계	40,000,000				171일	6,840,000,000

④ 차입금 적수 계산

구 분	금 액	일 수	차입금 적수	이자율	이자비용
장기차입금	100,000,000	366일	36,600,000,000	연 13%	13,000,000
채권자불분명	xx,xxx,xxx	xxx일	(−)7,038,461,538[1]	연 13%	(−)2,500,000
단기차입금	180,000,000	366일	65,880,000,000	연 10%	18,000,000
합 계			95,441,538,462		28,500,000

[1] 차입금 적수 × 13% ÷ 366일 = 2,500,000원
∴ 차입금 적수 = 7,038,461,538원

⑤ 업무무관자산 등에 대한 지급이자 계산

$$= 지급이자 \times \frac{업무무관자산\ 적수\ +\ 업무무관\ 가지급금\ 적수}{차입금\ 적수}$$

$$= 28,500,000 \times \frac{Min[\ominus\ (165,040,000,000 + 13,908,000,000 + 6,840,000,000),\ \copyright\ 95,441,538,462]}{95,441,538,462}$$

$$= 28,500,000 \times \frac{Min[\ominus\ 185,788,000,000,\ \copyright\ 95,441,538,462]}{95,441,538,462}$$

$$= 28,500,000원$$

⑥ 세무조정
- <손금불산입> 채권자 불분명 사채이자 2,500,000 (대표자 상여)
- <손금불산입> 업무무관자산 등에 대한 지급이자 28,500,000 (기타사외유출)

(2) 입력방법

[업무무관부동산등에관련한차입금이자조정명세서] 메뉴에서

① [1. 적수입력(을)] 탭을 선택한 후, [1. 업무무관부동산] 탭을 선택하고, 불러오기 를 클릭하면 아래의 보조창이 나타난다. 보조창에서 코드(F2) 를 클릭하여 토지 계정과목의 코드번호를 "201"로 수정하고 확인(Tab) 을 클릭하면, [회계관리] 모듈에 입력되어 있는 업무무관부동산 정보를 자동으로 불러온다.

▶ 당사는 [회계관리] 모듈에서 업무무관부동산을 전표입력할 때, "201. 토지"와 "202. 건물" 계정과목을 사용하였다는 정보가 보조창에 나타난다.

▶ 업무무관부동산 정보를 직접 입력하여야 하는 경우에는, "월일"란을 입력한 후, "적요¹⁾"란을 입력하고, "차변" 또는 "대변"란에 금액을 입력한다.

　¹⁾ |방법1| 적요수정 을 클릭하여 타이핑
　　　|방법2| 화면 하단에 나타나는 안내(1.전기이월, 2.취득, 3.매각)에 따라 해당 항목을 선택

▼ ①의 입력결과 화면은 아래와 같다.

①	1.적수입력(을)	2.지급이자 손금불산입(갑)						
No	①월일		②적요	③차변	④대변	⑤잔액	⑥일수	⑦적수
1	2	4	취 득	320,000,000		320,000,000	126	40,320,000,000
2	6	9	취 득	400,000,000		720,000,000	147	105,840,000,000
3	11	3	매 각		400,000,000	320,000,000	59	18,880,000,000
4								
			합 계	720,000,000	400,000,000		332	165,040,000,000

② [2. 업무무관동산] 탭을 선택하고, 불러오기 를 클릭하면 아래의 보조창이 나타난다. 보조창에서 확인(Tab) 을 클릭하면, [회계관리] 모듈에 입력되어 있는 업무무관동산 정보를 자동으로 불러온다.

▶ 당사는 [회계관리] 모듈에서 업무무관동산을 전표입력할 때, "195. 선박" 계정과목을 사용하였다는 정보가 보조창에 나타난다.

▶ 업무무관동산 정보를 직접 입력하여야 하는 경우에는, "월일"란을 입력한 후, "적요¹⁾"란을 입력하고, "차변" 또는 "대변"란에 금액을 입력한다.

1) | 방법1 | 적요수정 을 클릭하여 타이핑

| 방법2 | 화면 하단에 나타나는 안내(1.전기이월, 2.취득, 3.매각)에 따라 해당 항목을 선택

▼ ②의 입력결과 화면은 아래와 같다.

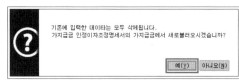

No	①월일		②적요	③차변	④대변	⑤잔액	⑥일수	⑦적수
1	1	1	전기이월	38,000,000		38,000,000	366	13,908,000,000
2								
	합		계	38,000,000			366	13,908,000,000

③ [3. 가지급금] 탭을 선택하고, 불러오기 를 클릭하면 아래의 보조창이 나타난다. 보조창에서 예(Y) 를 클릭하면, [가지급금등의인정이자조정명세서] 메뉴에 입력되어 있는 가지급금 정보를 자동으로 불러 온다.

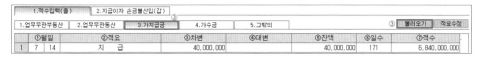

기존에 입력한 데이타는 모두 삭제됩니다.
가지급금 인정이자조정명세서의 가지급금에서 새로불러오시겠습니까?

예(Y) 아니오(N)

▶ 업무무관 가지급금 정보를 직접 입력하여야 하는 경우에는, "월일"란을 입력한 후, "적요1)"란을 입력하고, "차변" 또는 "대변"란에 금액을 입력한다.

1) | 방법1 | 적요수정 을 클릭하여 타이핑

| 방법2 | 화면 하단에 나타나는 안내(1.전기이월, 2.지급, 3.회수)에 따라 해당 항목을 선택

▶ 가수금이 있는 경우에는, [4. 가수금] 탭을 선택하고, 불러오기 를 클릭하여 [가지급금등의인정이 자조정명세서] 메뉴에 입력되어 있는 가수금 정보를 불러오거나, 직접 입력한다.

▼ ③의 입력결과 화면은 아래와 같다.

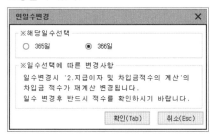

	①월일		②적요	③차변	④대변	⑤잔액	⑥일수	⑦적수
1	7	14	지 급	40,000,000		40,000,000	171	6,840,000,000

④ [2. 지급이자 손금불산입(갑)] 탭을 선택한 후, "ⓣ 2. 지급이자 및 차입금 적수 계산"에 있는 "이자율"란 및 "지급이자"란에 장기차입금 내역 "13% – 13,000,000"과 단기차입금 내역 "10% – 18,000,000" 을 각각 입력하고, 장기차입금 내역에 대하여 "채권자 불분명 사채이자 – 지급이자"란에 "2,500,000" 을 입력한다.

▶ 화면 우측에 있는 연일수 를 클릭하면 연일수변경 보조창이 나타나는데, 여기서 현재 프로그램 상에서 차입금 적수를 계산할 때 사용되는 일수가 365일인지 366일인지 확인할 수 있고 이를 변경할 수 있다.

연일수변경   ✕

※해당일수선택
○ 365일   ● 366일

※일수선택에 따른 변경사항
일수변경시 '2.지급이자 및 차입금적수의 계산'의
차입금 적수가 재계산 변경됩니다.
일수 변경후 반드시 적수를 확인하시기 바랍니다.

확인(Tab)   취소(Esc)

◆ ④의 입력결과 화면은 아래와 같다.

No	(9)이자율(%)	(10)지급이자	(11)차입금적수	(12)채권자불분명 사채이자 수령자불분명 사채이자		(15)건설 자금 이자 국조법 14조에 따른 이자		차 감	
				(13)지급이자	(14)차입금적수	(16)지급이자	(17)차입금적수	(18)지급이자 (10-13-16)	(19)차입금적수 (11-14-17)
1	④ 13.00000	13,000,000	36,600,000,000	④ 2,500,000	7,038,461,538			10,500,000	29,561,538,462
2	10.00000	18,000,000	65,880,000,000					18,000,000	65,880,000,000
3	④								
	합계	31,000,000	102,480,000,000	2,500,000	7,038,461,538			28,500,000	95,441,538,462

표 상단: 1 2. 지급이자 및 차입금 적수 계산 [연이율 일수 현재: 366일] 단수차이조정 연일수

⑤ "② 1. 업무무관부동산 등에 관련한 차입금 지급이자"에 있는 "①지급이자"가 "28,500,000"임을 확인하고, "⑥차입금(적수)"이 "95,441,538,462"임을 확인하고, "⑧손금불산입 지급이자"가 "28,500,000"임을 확인한다.

1.적수입력(을)	2.지급이자 손금불산입(갑)

② 1.업무무관부동산 등에 관련한 차입금 지급이자

①지급 이자	적 수				⑥차입금 (=19)	⑦ ⑥와 ⑧중 적은 금액	⑧손금불산입 지급이자 (①×⑦÷⑥)
	②업무무관 부 동 산	③업무무관 동 산	④가지급금 등	⑤계(②+③+④)			
⑤ 28,500,000	165,040,000,000	13,908,000,000	6,840,000,000	185,788,000,000 ⑤	95,441,538,462	95,441,538,462 ⑤	28,500,000

⑥ 화면 상단에 있는 F3 조정등록 (또는 F3)을 클릭한 후, 세무조정사항을 다음과 같이 입력한다.
· <손금불산입> 채권자불분명사채이자(원천세 제외) 2,500,000 (상여)
· <손금불산입> 업무무관자산지급이자 28,500,000 (기타사외유출)

익금산입 및 손금불산입			손금산입 및 익금불산입		
과 목	금 액	소득처분	과 목	금 액	소득처분
⑥ 채권자불분명사채이자(원천세제외)	2,500,000	상여			
⑥ 업무무관자산지급이자	28,500,000	기타사외유출			
합 계	31,000,000		합 계		

fn.Hackers.com

- [건설자금이자조정명세서]는 건설자금이자와 관련된 세무조정 내역을 기재하는 메뉴이다.
- [건설자금이자조정명세서] 화면은 [법인조정] ▶ [법인조정 I] ▶ [과목별세무조정] ▶ [건설자금이자조정명세서]를 선택하여 들어갈 수 있다.

기출확인문제

㈜건설자금이자(코드번호 : 3112)의 당해 사업연도(제11기)는 2024. 1. 1.~2024. 12. 31.이다.
회사는 제11기에 파주 공장신축을 위하여 아래와 같은 조건으로 시설자금을 차입하였다. [건설자금이자조정명세서]를 작성하고 세무조정을 하시오. (단, 세부담 최소화를 가정하며, 당기 세무상 건설자금이자 계산 시 원단위 미만은 절사한다) 제73회 수정

- 건설자산명 : 파주 공장신축
- 대출기관명 : 국민은행
- 시설자금 차입총액 : 1,500,000,000원(이 중 1,000,000,000원만 공장신축을 위해 사용하고, 나머지는 운용자금으로 전용함)
- 차입기간 : 2024. 3. 15.~2025. 3. 31.(당기 차입기간일수 : 292일)
- 공사기간 : 2024. 6. 1.~2025. 12. 31.(당기 공사기간일수 : 214일)
- 이자율 : 연 5%
- 상기 차입금에 대하여 회사는 제11기 결산 시 장부상 이자비용 59,836,065원을 계상하였다.

기출 따라 하기

▶ 관련 이론 | 지급이자 p.89

(1) 문제분석

① 시설자금 차입총액에 대한 장부상 이자비용 계상액

$$= 1,500,000,000원 \times 5\% \times \frac{292일^{1)}}{366일} = 59,836,065원$$

1) 당기 차입기간일수 : 292일(2024. 3. 15.~2024. 12. 31.)

② "당기 공사기간"과 "당기 차입기간"에 동시에 해당하는 기간 중 특정차입금의 일시예금에서 생기는 이자수익 = 0원

③ 특정차입금에 대한 건설자금이자

$$= \{1,000,000,000원^{1)} \times 5\% \times \frac{214일^{2)}}{366일}\} - 0원^{3)} = 29,234,972원$$

1) 특정차입금의 일부를 운용자금으로 전용한 경우 그 부분에 대한 지급이자는 손금에 산입함
2) 건설기간 중에 발생한 이자만 취득원가에 산입함
3) 특정차입금의 일시예금에서 생기는 수입이자는 원본에 가산하는 자본적 지출금액에서 차감함

④ 세무조정

<손금불산입> 건설자금이자 29,234,972 (유보)

(2) 입력방법

[건설자금이자조정명세서] 메뉴에서

① "① 2. 특정차입금 건설자금이자계산 명세"에 있는 "건설자산명"란에 "파주 공장신축"을 입력하고, "대출기관명"란에 커서를 놓고 ⊞코드(또는 F2)를 클릭하여 "국민은행"을 검색하여 입력한 후, 내역을 다음과 같이 입력한다.

⑦ 차입일	⑧ 차입금액	⑨ 이자율	⑩ 지급이자	⑪ 준공일	⑫ 대상일수	⑬ 대상금액
2024. 3. 15.	1,000,000,000[1]	5%	39,890,710[2]	2025. 12. 31.	214일[3]	29,234,972[4]

[1] 시설자금 차입총액 − 운용자금으로 전용한 금액

  = 1,500,000,000 − 500,000,000

  = 1,000,000,000원

[2] 당기 차입기간 동안 "⑧ 차입금액"란에 입력한 금액에 대한 이자비용 − 당기 차입기간 동안 일시예금에서 생기는 이자수익

  $= (1{,}000{,}000{,}000원 \times 5\% \times \dfrac{292일(당기\ 차입기간\ :\ 2024.\ 3.\ 15.{\sim}2024.\ 12.\ 31.)}{366일}) - 0원$

  = 39,890,710원

[3] "당기 공사기간"과 "당기 차입기간"에 동시에 해당하는 기간의 일수 = 214일(2024. 6. 1.~2024. 12. 31.)

[4] $⑧\ 차입금액 \times ⑨\ 이자율 \times \dfrac{⑫\ 대상일수}{365일}$ − "⑫ 대상일수" 기간 동안 일시예금에서 생기는 이자수익

  $= (1{,}000{,}000{,}000원 \times 5\% \times \dfrac{214일}{366일}) - 0원$

  = 29,234,972원

② "③ 1. 건설자금이자계산 조정"에 있는 "① 건설자금이자(건설중인자산분)"란에 "29,234,972"를, "② 회사계상액(건설중인자산분)"란에 "0[1]"을 입력하고, "④ 차감조정액(건설중인자산분)"이 "29,234,972"임을 확인한다.

  [1] "① 건설자금이자(건설중인자산분)"란의 금액(= 29,234,972원 = 세법상 건설자금이자 금액) 중 회사가 장부에 자산(건설중인자산)으로 회계처리한 금액

③ 화면 상단에 있는 F3 조정등록(또는 F3)을 클릭한 후, "<손금불산입> 건설자금이자 29,234,972 (유보발생)"을 입력한다.

⚫ ①~③ 입력결과 화면은 아래와 같다.

· [건설자금이자조정명세서]

1	2. 특정차입금 건설자금이자계산 명세								
No	⑤건설자산명	⑥대출기관명	⑦차입일	⑧차입금액	⑨이자율	⑩지급이자(일시이자수익차감)	⑪준공일(또는 예정일)	⑫대상일수(공사일수)	⑬대상금액(건설이자)
① 1	파주 공장신축	국민은행	2024-03-15	1,000,000,000	5.000	39,890,710	2025-12-31	214	29,234,972
2									
	합 계			1,000,000,000		39,890,710			29,234,972

2	1. 일반차입금 건설자금이자계산 명세			
	⑭해당 사업연도 중 건설등에 소요된 기간에 실제로 발생한 일반 차입금의 지급이자 등 합계			
⑮해당 건설등에 대하여 해당 사업연도에 지출한 금액의 적수	(16)해당 사업연도의 특정차입금의 적수	(17)사업연도 일수	(18)계산대상금액 (15/17 − 16/17)
(19)일반차입금 지급이자 등의 합계	(20)해당 사업연도의 일반 차입금의 적수	(21)자본화이자율(%) 19/(20/17)	(22)비교대상금액 (18 * 21)
(23)일반차입금 건설자금이자계상 대상금액 ([min (14), (22)])			

3	1. 건설자금이자계산 조정			
구 분	① 건설자금이자	② 회사계상액	③ 상각대상자산분	④ 차감조정액(①−②−③)
건설완료자산분				
건설중인자산분	② 29,234,972	②		② 29,234,972
계	29,234,972			29,234,972

· [조정등록]

익금산입 및 손금불산입			손금산입 및 익금불산입		
과 목	금 액	소득처분	과 목	금 액	소득처분
③ 건설자금이자	29,234,972	유보발생			

제13절 외화자산등평가차손익조정명세서

- [외화자산등평가차손익조정명세서]는 외화자산·부채를 사업연도 종료일 현재의 매매기준율로 평가하는 방법(마감환율 평가방법)을 선택한 법인이 외화자산·부채의 평가와 관련된 세무조정 내역을 기재하는 메뉴이다.

  > 참고 외화자산·부채를 취득일·발생일 현재의 매매기준율로 평가하는 방법(거래일환율 평가방법)을 선택한 법인은 [외화자산등평가차손익조정명세서] 메뉴를 작성하지 않고 외화자산·부채의 평가와 관련된 세무조정사항을 소득금액조정합계표에만 기재한다.

- [외화자산등평가차손익조정명세서] 화면은 [법인조정] ▶ [법인조정 I] ▶ [과목별세무조정] ▶ [외화자산등평가차손익조정명세서]를 선택하여 들어갈 수 있다.

기출확인문제

㈜외화자산(코드번호 : 3113)의 당해 사업연도(제12기)는 2024. 1. 1.~2024. 12. 31.이다.
다음 자료에 의하여 [외화자산등평가차손익조정명세서](갑),(을)을 작성하고 세무조정을 하여 소득금액조정합계표에 반영하시오. 제74회 수정

계정과목	발생일자	외화금액 (USD)	매매기준율			
			2023. 11. 1.	2023. 12. 31.	2024. 9. 1.	2024. 12. 31.
외화예금	2024. 9. 1.	$6,000	–	–	1,020원/$	1,050원/$
외화차입금	2023. 11. 1.	$10,000	1,000원/$	1,060원/$	–	1,050원/$

- 회사의 화폐성 외화자산·부채는 위 항목뿐이고, 발생 이후에 회수나 상환은 없었다.
- 회사는 외화자산·부채에 대하여 사업연도 종료일 현재의 매매기준율로 평가하는 방법으로 신고하였다.
- 회사는 매년 외화자산·부채에 대하여 기말평가에 관한 회계처리를 하지 않고 있다.
- 세무조정은 각 자산·부채별로 하기로 한다.
- 전기 세무조정사항 : <손금산입> 외화차입금 600,000 (△유보)

(1) 문제분석

① 외화예금 평가에 대한 세무조정

기말 평가액	6,300,000원 (= $6,000 × 1,050원/$)
평가 전 금액	6,120,000원 (= $6,000 × 1,020원/$)
세법상 외화환산손익	외화환산이익 180,000원
장부상 외화환산손익	0원
세무조정	<익금산입> 외화예금 180,000 (유보)

② 장부 및 세법상 외화예금 증감 내역 분석

구 분	장 부	유보(△유보)	세 법
발생	6,120,000	0	6,120,000
(±)외화환산	0	유보 180,000	180,000
(=)기말	6,120,000	유보 180,000	6,300,000

③ 외화차입금 평가에 대한 세무조정

| 방법1 | 서식 작성 목적

기말 평가액	10,500,000원 (= $10,000 × 1,050원/$)
평가 전 금액	10,600,000원 (= $10,000 × 1,060원/$)[1]
세법상 외화환산손익	외화환산이익 100,000원
장부상 외화환산손익	0원
세무조정	<익금산입> 외화차입금 100,000 (유보)

[1] = 전기말 장부상 원화금액 ± 전기말 유보·△유보 잔액
  = ($10,000 × 1,000원/$) + (△유보 600,000)
  = 10,600,000원(부채)

| 방법2 | 내부 관리 목적

1단계 세무조정	<익금산입> 전기 외화차입금 600,000 (유보)
기말 평가액	10,500,000원 (= $10,000 × 1,050원/$)
기말 장부상 금액	10,000,000원 (= $10,000 × 1,000원/$)
2단계 세무조정	<손금산입> 외화차입금 500,000 (△유보)
기말 유보·△유보 잔액	△유보 500,000

④ 장부 및 세법상 외화차입금 증감 내역 분석

구 분	장 부	유보(△유보)	세 법
전기말	△10,000,000	△유보 600,000	△10,600,000
(±)외화환산	0	유보 100,000	100,000
(=)기말	△10,000,000	△유보 500,000	△10,500,000

(2) 입력방법

[외화자산등평가차손익조정명세서] 메뉴에서

① [외화자산·부채의 평가(을지)] 탭을 선택한 후, 외화자산과 외화부채의 평가 내역을 다음과 같이 입력하고, 자산의 "⑩ 평가손익"이 "180,000", 부채의 "⑩ 평가손익"이 "100,000"임을 확인한다.

구 분	② 외화종류	③ 외화금액	④ 장부가액[1]		⑦ 평가금액		⑩ 평가손익[6]
			⑤ 적용환율[2]	⑥ 원화금액[3]	⑧ 적용환율[4]	⑨ 원화금액[5]	
자 산	USD[7]	6,000	1,020	6,120,000	1,050	6,300,000	180,000
부 채	USD[7]	10,000	1,060	10,600,000[8]	1,050	10,500,000	100,000

[1] "평가 전 금액"을 의미함

[2] ㉠ 당기 사업연도에 발생한 경우 : 발생 시 적용환율
　　㉡ 직전 사업연도 또는 그 이전에 발생하여 당기 사업연도로 이월된 경우 : 직전 사업연도 종료일 현재 세법상 신고방법에 의한 평가 시 적용환율

[3] ㉠ 당기 사업연도에 발생한 경우 : 장부상 원화금액
　　㉡ 직전 사업연도 또는 그 이전에 발생하여 당기 사업연도로 이월된 경우 : 직전 사업연도 종료일 현재 세법상 신고방법에 의한 평가금액(= 전기말 평가액 = 전기말 장부상 원화금액 ± 전기말 유보·△유보 잔액)

[4] 당기 사업연도 종료일 현재 매매기준율

[5] 기말 평가액 = 외화금액 × 당기 사업연도 종료일 현재 매매기준율

[6] (+)금액은 "세법상 외화환산이익", (−)금액은 "세법상 외화환산손실"을 의미함
　　· 자산 : "⑩ 평가손익" = "⑨" − "⑥"
　　· 부채 : "⑩ 평가손익" = "⑥" − "⑨"

[7] "외화종류"란에 커서를 놓고 🔲코드(또는 F2)를 클릭한 후, 통화코드도움창에서 "USD" 또는 "미국"을 입력하고 확인(Enter)을 클릭

[8] = $10,000 × 1,060원/$ = ($10,000 × 1,000원/$) + (△유보 600,000)

② [환율조정차·대등(갑지)] 탭을 선택한 후, "가. 화폐성 외화자산·부채 평가손익" 라인의 "② 당기손익금 해당액"이 "280,000[1]"임을 확인한 후, "③ 회사손익금 계상액"란에 "0[2]"을 입력하고, "⑥ 손익조정금액"이 "280,000[3]"임을 확인한다.

[1] [외화자산·부채의 평가(을지)] 탭에 있는 자산 "⑩ 평가손익"(= 180,000)과 부채 "⑩ 평가손익"
(= 100,000)의 합산액

[2] 당기 사업연도의 장부상 외화환산손익

[3] (+)금액은 "익금산입 및 손금불산입", (−)금액은 "손금산입 및 익금불산입"을 의미함
"⑥ 손익조정금액" = "② 당기손익금 해당액" − "③ 회사손익금 계상액"
= 280,000 − 0
= 280,000

③ 화면 상단에 있는 `F3 조정등록` (또는 `F3`)을 클릭한 후, 세무조정사항을 다음과 같이 입력하고, "세무조정 금액 합계"가 "(+)280,000"임을 확인한다.
- <익금산입> 외화예금[1] 180,000 (유보 발생)
- <익금산입> 외화차입금[1] 100,000 (유보 발생)[2][3]

[1] 프로그램에 등록되어 있는 조정과목에는 적절한 항목이 없으므로, `직접입력` 또는 `계정코드도움(F2)` 을 클릭하여 과목란에 적절한 내용을 입력하면 됨

[2] 외화차입금에 대한 세무조정을 아래와 같이 입력하여도 정답으로 인정
<익금산입> 전기 외화차입금 100,000 (△유보 감소)

[3] 외화차입금에 대한 세무조정을 아래의 두 가지 세무조정으로 나누어 입력하여도 정답으로 인정
- <익금산입> 전기 외화차입금 600,000 (△유보 감소)
- <손금산입> 외화차입금 500,000 (△유보 발생)

①~③ 입력결과 화면은 아래와 같다.

- [외화자산·부채의 평가(을지)] 탭

	②외화종류(자산)	③외화금액	④장부가액		⑦평가금액		⑩평가손익
			⑤적용환율	⑥원화금액	⑧적용환율	⑨원화금액	자 산(⑨-⑥)
1	USD	6,000.00	1,020.0000	① 6,120,000	1,050.0000	6,300,000	① 180,000
	합 계	6,000		6,120,000		6,300,000	180,000

	②외화종류(부채)	③외화금액	④장부가액		⑦평가금액		⑩평가손익
			⑤적용환율	⑥원화금액	⑧적용환율	⑨원화금액	부 채(⑥-⑨)
1	USD	10,000.00	1,060.0000	① 10,600,000	1,050.0000	10,500,000	① 100,000
	합 계	10,000		10,600,000		10,500,000	100,000

- [환율조정차·대등(갑지)] 탭

	차손익구분	⑦구분(외화자산,부채명)	⑧최종상환기일	⑨전기이월액	⑩당기경과일수/잔존일수		⑪손익금해당액(⑨X⑩)	⑫차기이월액(⑨-⑪)	비고
					발생일자 경과일수	잔존일수			
1									
	합계	차익							
		차손							

①구분		②당기손익금해당액	③회사손익금계상액	조정		⑥손익조정금액(②-③)
				④차익조정(③-②)	⑤차손조정(②-③)	
가. 화폐성 외화자산·부채	평가손익	② 280,000	②			② 280,000
나. 통화선도·통화스왑,환변동보험	평가손익					
다.환율조정	차익					
계정손익	차손					
계		280,000				280,000

- [조정등록]

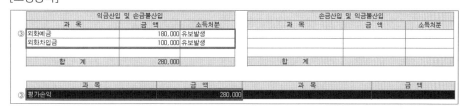

익금산입 및 손금불산입			손금산입 및 익금불산입		
과 목	금 액	소득처분	과 목	금 액	소득처분
③ 외화예금	180,000	유보발생			
외화차입금	100,000	유보발생			
합 계	280,000		합 계		

과 목	금 액	과 목	금 액
③ 평가손익	280,000		

제 14 절 | 소득금액조정합계표및명세서

- [소득금액조정합계표및명세서]는 당기 사업연도의 모든 세무조정사항[1]을 기재하여 집계하는 메뉴이다.
  [1] '기부금 한도초과액' 및 '기부금 한도초과이월액'에 대한 세무조정은 제외
- [소득금액조정합계표및명세서] 화면은 [법인조정] ▶ [법인조정 I] ▶ [소득및과표계산] ▶ [소득금액조정합계표및명세서]를 선택하여 들어갈 수 있다.

기출확인문제

㈜소득금액(코드번호 : 3114)의 당해 사업연도(제5기)는 2024. 1. 1.~2024. 12. 31.이다. 다음의 추가 자료에 대해 세무조정을 하고, 소득금액조정합계표에 반영하시오. [제71회]

재무상태표상 내역	· 5월 7일에 구입한 매도가능증권(취득가액 50,000,000원, 시장성 있음)의 기말 공정가액은 52,000,000원이고, 이에 대한 회계처리를 기업회계기준에 따라 12월 31일 결산 분개 시 적절하게 수행하였다.
손익계산서상 내역	· 전년도 법인세에 대한 추가 납부분 3,000,000원을 전기오류수정손실(영업외비용)로 계상하였다. · 잡이익 중에 국세환급가산금 198,000원이 있다. · 세금과공과금으로 처리한 금액에는 건물 재산세 3,700,000원, 교통위반범칙금 80,000원이 포함되어있다.

기출 따라 하기
▶ 관련 이론 | 자산의 취득과 평가 p.113, 익금과 손금 p.128, 131

(1) 문제분석

① 매도가능증권의 평가

B	(차) 매도가능증권	2,000,000	(대) 매도가능증권평가이익 (기타포괄손익누계액)	2,000,000
T		-		
T/A	· <익금산입> 매도가능증권평가이익 2,000,000 (기타) · <익금불산입> 매도가능증권 2,000,000 (△유보)			

② 전년도 법인세 추가 납부분

B	(차) 전기오류수정손실 (영업외비용)	3,000,000	(대) 보통예금	3,000,000
T	(차) 사외유출	3,000,000	(대) 보통예금	3,000,000
T/A	<손금불산입> 전년도 법인세 3,000,000 (기타사외유출)			

③ 국세환급금에 대한 이자

B	(차) 현금	198,000	(대) 잡이익(영업외수익)	198,000
T	(차) 현금	198,000	(대) 기타	198,000
T/A	<익금불산입> 국세환급금에 대한 이자 198,000 (기타)			

④ 건물 재산세(3,700,000원)와 교통위반범칙금(80,000원)

B	(차) 세금과공과금(판관비) (차) 세금과공과금(판관비)	3,700,000 80,000	(대) 현금 (대) 현금	3,700,000 80,000
T	(차) 세금과공과금(판관비) (차) 사외유출	3,700,000 80,000	(대) 현금 (대) 현금	3,700,000 80,000
T/A	<손금불산입> 교통위반범칙금 80,000 (기타사외유출)			

(2) 입력방법

[소득금액조정합계표및명세서] 메뉴에서

① 화면 상단에 있는 F7 원장조회 (또는 F7)를 클릭한 후 "매도가능증권평가이익(기타포괄손익누계액)", "전기오류수정손실(영업외비용)", "잡이익(영업외수익)", "세금과공과금(판관비)" 계정과목을 선택하면, 각 계정과목의 일자별 원장 내용을 확인할 수 있고[1], 해당 원장을 더블 클릭하면 전표입력 내용까지 확인할 수 있다.

[1] [회계관리] 모듈에 있는 [합계잔액시산표] 메뉴를 열어서 기간을 12월 31일로 입력한 후, 해당 계정과목을 더블 클릭하여도 동일한 내용을 확인할 수 있다.

▶ 매도가능증권평가이익(기타포괄손익누계액) – 12월 31일

	월	일	번호	구분	계정과목	거래처	차변	대변	적요	카드등
1	12	31	00230	차변	0178 매도가능증권		2,000,000		평가이익	
2	12	31	00230	대변	0394 매도가능증권평가이익			2,000,000	평가이익	

▶ 전기오류수정손실(영업외비용) – 4월 14일

	월	일	번호	구분	계정과목	거래처	차변	대변	적요	카드등
1	4	14	00009	차변	0962 전기오류수정손실		3,000,000			
2	4	14	00009	대변	0103 보통예금			3,000,000		

▶ 잡이익(영업외수익) – 8월 10일

	월	일	번호	구분	계정과목	거래처	차변	대변	적요	카드등
1	8	10	00024	입금	0930 잡이익		(현금)	198,000	국세환급금이자	

▶ 세금과공과금(판관비) – 7월 20일

	월	일	번호	구분	계정과목	거래처	차변	대변	적요	카드등
1	7	20	00003	출금	0817 세금과공과금		3,700,000	(현금)	건물재산세	부

▶ 세금과공과금(판관비) – 8월 27일

	월	일	번호	구분	계정과목	거래처	차변	대변	적요	카드등
1	8	27	00012	출금	0817 세금과공과금		80,000	(현금)	교통위반범칙금	부

② 메뉴 화면에 세무조정사항을 다음과 같이 입력한다.
- · <익금산입 및 손금불산입>　매도가능증권평가이익 2,000,000 (기타)
　　　　　　　　　　　　　　전기오류수정손실[1] 3,000,000 (기타사외유출)
　　　　　　　　　　　　　　세금과공과금[1] 80,000 (기타사외유출)
- · <손금산입 및 익금불산입>　매도가능증권[1] 2,000,000 (△유보 발생)[2]
　　　　　　　　　　　　　　잡이익[1] 198,000 (기타)

[1] 프로그램에 등록되어 있는 조정과목에는 적절한 항목이 없으므로, 화면 상단에 있는 `F6 직접입력` (또는 `F6`)을 클릭하거나 `코드` (또는 `F2`)를 클릭하여 과목란에 적절한 내용을 입력하면 됨
[2] "유보 발생"으로 표시됨

익금산입 및 손금불산입			손금산입 및 익금불산입		
과 목	금 액	소득처분	과 목	금 액	소득처분
② 매도가능증권평가이익	2,000,000	기타	② 매도가능증권	2,000,000	유보발생
전기오류수정손실	3,000,000	기타사외유출	잡이익	198,000	기타
세금과공과금	80,000	기타사외유출			
합　계	5,080,000		합　계	2,198,000	

fn.Hackers.com

제15절 | 기부금조정명세서

- [기부금조정명세서]는 기부금과 관련된 세무조정 내역을 기재하는 메뉴이다.
- [기부금조정명세서] 화면은 [법인조정] ▶ [법인조정 I] ▶ [과목별세무조정] ▶ [기부금조정명세서]를 선택하여 들어갈 수 있다.

기출확인문제

㈜기부금(코드번호 : 3115)의 당해 사업연도(제14기)는 2024. 1. 1.~2024. 12. 31.이다.
다음 자료에 의하여 [기부금조정명세서]를 작성하고 필요한 세무조정을 하시오. (단, 당사는 세법상 중소기업에 해당하며, 다른 문제의 세무조정은 무시하고 다음 자료만을 이용하도록 한다) 제72회

- 장부상 기부금 내역은 다음과 같다. 주어진 자료만 입력하고 당기분이 아닌 경우 기부금명세서에 입력하지 않도록한다.

일 시	금액(원)	비 고
4월 10일	5,000,000	국군장병 위문금품
5월 8일	1,000,000	인근 경로당 후원기부금
8월 4일	10,000,000	사회복지법인에 대한 고유목적사업비기부금
12월 25일	3,000,000	종교단체에 대한 어음기부금(만기일 : 내년 1월 10일)

- 기부금에 대한 세무조정 전 차가감소득금액은 다음과 같다.

구 분		금액(원)
결산서상 당기순이익		180,000,000
소득조정금액	익금산입	64,000,000
	손금산입	8,000,000

- 세무상 이월결손금 중 미공제된 이월결손금은 2022년에 발생한 5,000,000원이고, 이월기부금은 2023년에 지출한 일반기부금 한도초과액 8,000,000원이 있다.

(1) 문제분석

① 기부금의 분류

구 분	특 례	일 반	비지정
국군장병 위문금품	5,000,000		
경로당 후원기부금			1,000,000
사회복지법인 고유목적사업비기부금		10,000,000	
종교단체 어음기부금		0[1]	
합 계	5,000,000	10,000,000	1,000,000

[1] 어음으로 지급한 기부금 3,000,000원은 어음결제일(내년 1월 10일)에 지출한 것으로 본다.

② 비지정기부금 및 기부금 손금귀속시기에 대한 세무조정
- <손금불산입> 비지정기부금 1,000,000 (기타사외유출)
- <손금불산입> 어음지급기부금 3,000,000 (유보)

③ 각 사업연도 소득금액의 계산

당기순이익	180,000,000
+ 익금산입·손금불산입	+ 68,000,000[1]
− 손금산입·익금불산입	− 8,000,000
= 차가감소득금액	= 240,000,000
+ 기부금 한도초과액 　기부금 한도초과액 0(손금불산입, 기타사외유출)[2][3]	+ 0
− 기부금 한도초과액 이월액 손금산입 　일반기부금 한도초과 이월액 8,000,000(손금산입, 기타)[2][3]	− 8,000,000
= 각 사업연도 소득금액	= 232,000,000

[1] = 64,000,000 + 1,000,000(비지정기부금) + 3,000,000(어음지급기부금)

[2] • 기준소득금액 = 차가감소득금액 + (특례기부금 당기분 + 일반기부금 당기분)
　　　　　= 240,000,000 + (5,000,000 + 10,000,000) = 255,000,000원
- 이월결손금(15년 이내분, 기준소득금액의 100% 한도) = 5,000,000원
- 특례기부금
  - 한도액 = (기준소득금액 − 이월결손금) × 50% = (255,000,000 − 5,000,000) × 50% = 125,000,000원
  - 한도초과 이월액 손금산입 = Min[당기 한도액, 10년 내 한도초과 이월액] = Min[125,000,000, 0]
  　　　　= 0원
  - 해당액 : 5,000,000(당기분) + 0(한도초과 이월액 손금산입액) = 5,000,000원
  - 한도초과액 : 0원
- 일반기부금
  - 한도액 = (기준소득금액 − 이월결손금 − 특례기부금 손금인정액) × 10%
  　　= (255,000,000 − 5,000,000 − 5,000,000) × 10% = 24,500,000원
  - 한도초과 이월액 손금산입 = Min[당기 한도액, 10년 내 한도초과 이월액]
  　　　　= Min[24,500,000, 8,000,000] = 8,000,000원
  - 해당액 : 10,000,000(당기분) + 8,000,000(한도초과 이월액 손금산입액) = 18,000,000원
  - 한도초과액 : 0원

[3] '기부금 한도초과액의 손금불산입'과 '기부금 한도초과 이월액의 손금산입'에 대한 세무조정은 [소득금액조정합계표] 서식에 기재하지 않고, [법인세 과세표준 및 세액조정계산서] 서식의 해당란에 바로 기재한다.

(2) 입력방법

[기부금조정명세서] 메뉴에서

① [1. 기부금 입력] 탭을 선택한 후, 화면 상단에 있는 F12 불러오기 (또는 F12)를 클릭하고 아래의 보조창에서 예(Y)를 클릭하면, [회계관리] 모듈에 입력되어 있는 기부금 계정과목 정보를 자동으로 불러온다.

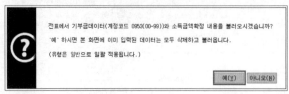

② [회계관리] 모듈에서 불러온 기부금 계정과목 정보에서, "12월 25일 – 종교단체기부금 – 3,000,000원"에 커서를 놓고 🅧삭제를 클릭한다.

▶ 어음으로 지급한 "12월 25일 – 종교단체기부금 – 3,000,000원"은 당기분이 아니므로 해당 정보를 삭제한다.

③ [회계관리] 모듈에서 불러온 기부금 계정과목 정보는 "1. 유형"란이 "2. 일반기부금"으로 일괄 입력되어 있는데, 이 중 "4월 10일 – 국군장병위문금품지급 – 5,000,000"의 "1. 유형"란을 "1. 특례기부금"으로 수정 입력하고, "5월 8일 – 경로당 후원기부금 – 1,000,000"의 "1. 유형"란을 "4. 그밖의기부금"으로 수정 입력한다.

▶ "1. 유형"란에 커서를 놓으면 등록되어 있는 항목이 나타나고, 이 중 하나를 선택한다.

> 1. [법인세법] 제24조제2항제1호에 따른 특례기부금
> 2. [법인세법] 제24조제2항제1호에 따른 일반기부금
> 3. 우리사주조합기부금
> 4. 그밖의기부금

④ "1. 기부금명세서"의 소계에서, "가. [법인세법] 제24조 제3항의 특례기부금 – 코드 10" 금액이 "5,000,000", "나. [법인세법] 제24조 제4항의 일반기부금 – 코드 40" 금액이 "10,000,000", "라. 그 밖의 기부금 – 코드 50" 금액이 "1,000,000"임을 확인한다.

⑤ 화면 상단에 있는 F3 조정등록 (또는 F3)을 클릭한 후, 세무조정사항을 다음과 같이 입력한다.
   · <손금불산입> 비지정기부금[1] 1,000,000 (기타사외유출)
   · <손금불산입> 어음지급기부금 3,000,000 (유보발생)

   [1] 프로그램에 등록되어 있는 조정과목에는 적절한 항목이 없으므로, 직접입력 또는 계정코드도움(F2) 을 클릭하여 과목란에 적절한 내용을 입력하면 됨

⑥ "2. 소득금액확정"에서 수정 을 클릭한 후, "1. 결산서상 당기순이익"란에 "180,000,000"을, "2. 익금산입"란에 "68,000,000[1]"을, "3. 손금산입"란에 "8,000,000[1]"을 입력하고, 입력이 완료되면 수정 해제 를 클릭한다.

   [1] 기부금 한도시부인 세무조정을 제외한 모든 세무조정을 완료한 상태의 집계금액
      = 비지정기부금 및 기부금 손금귀속시기에 대한 세무조정까지 포함된 세무조정의 집계금액

⑦ [2. 기부금 조정] 탭을 선택한 후, "① 1. 특례기부금 손금산입액 한도액 계산"에 있는 "2. 법인세법 제13조 제1항 제1호에 따른 이월결손금 합계액"란에 "5,000,000"을 입력한다.

⑧ "① 1. 특례기부금 손금산입액 한도액 계산"에 있는 "3. 법인세법 제24조 제3항에 따른 특례기부금 해당 금액"이 "5,000,000"임을, "4. 한도액"이 "125,000,000"임을 확인한다.

⑨ "③ 3. 일반기부금 손금산입 한도액 계산"에 있는 "13. 법인세법 제24조 제4항에 따른 일반기부금 해당 금액"이 "10,000,000"임을, "14. 한도액"이 "24,500,000"임을 확인한다.

⑩ "⑤ 5. 기부금 이월액 명세"에서, "사업연도"란에 "2023"를 입력하고, "기부금 종류"란에 "2. 법인세법 제24조 제4항에 따른 일반기부금"을 선택하여 입력한 후, "23. 한도초과 손금불산입액"란에 "8,000,000"을, "24. 기공제액"란에 "0"을 입력한다.

▶ "기부금 종류"란에 커서를 놓으면 등록되어 있는 항목이 나타나고, 이 중 하나를 선택한다.

> 1. 「법인세법」 제24조제2항제1호에 따른 특례기부금
> 2. 「법인세법」 제24조제2항제1호에 따른 일반기부금

⑪ "③ 3. 일반기부금 손금산입 한도액 계산"에 있는 "15. 이월잔액 중 손금산입액"[1]란이 "8,000,000" 임을 확인한 후, "⑤ 5. 기부금 이월액 명세"에 있는 "26. 해당 연도 손금추인액"란에 "8,000,000"을 입력한다.

[1] 일반기부금에 대한 한도초과 이월액 손금산입액
= Min[㉠ 당기 한도액, ㉡ 10년 내 한도초과 이월액] = Min[㉠ 24,500,000, ㉡ 8,000,000] = 8,000,000

◐ ③~⑪ 입력결과 화면은 아래와 같다.
· [1. 기부금 입력] 탭
· [조정등록]
· [2. 기부금 조정] 탭

제 16 절 | 자본금과적립금조정명세서

- [자본금과적립금조정명세서]는 '결산서상 자본'에서 '유보와 △유보의 기말 잔액'을 가감하여 '세법상 자본'을 계산하는 내역을 기재하는 메뉴이다.
- [자본금과적립금조정명세서] 화면은 [법인조정] ▶ [법인조정 Ⅱ] ▶ [신고부속서류] ▶ [자본금과적립금조정명세서]를 선택하여 들어갈 수 있다.

기출확인문제

㈜자본금(코드번호 : 3116)의 당해 사업연도(제12기)는 2024. 1. 1.~2024. 12. 31.이다.
다음 자료에 의하여 [자본금과적립금조정명세서](갑),(을)을 작성하시오. (단, 당사는 세법상 중소기업에 해당하며, 다른 문제의 세무조정은 무시하고 다음 자료만을 이용하도록 하고, 세부담 최소화를 가정한다. 세무조정은 생략한다) 제73회 수정

- 전기말 자본금과 적립금조정명세서(을) 잔액은 다음과 같다.
  - 선급비용 820,000원 (유보)
  - 비품 감가상각비 한도초과 4,500,000원 (유보)
  - 재고자산평가증 (-)600,000원 (△유보)
- 전기말 유보금액의 당기 변동내역은 다음과 같다.
  - 전기에 손금불산입 유보로 세무조정되었던 선급비용 820,000원의 선급기간은 올해 1월 1일~올해 3월 31일이다.
  - 당기에 비품의 감가상각비 시인부족액 1,300,000원이 발생하였다.
  - 당기말의 재고자산 금액은 적정하다.
- 자본금 및 잉여금의 계산은 기장자료를 조회하여 작성한다.
- 법인세 과세표준 및 세액신고서의 금액은 손익계산서에 계상된 법인세비용보다 법인세는 500,000원, 지방소득세는 50,000원 각각 크게 산출되었다. (전기분은 고려하지 않음)
- 세무상 이월결손금 내역은 다음과 같다.

사업연도	결손금 발생액	비 고
2013	100,000,000원	이미 공제된 이월결손금 : 70,000,000원
2023	50,000,000원	이미 공제된 이월결손금 : 없음

- 당기에 채무면제이익(영업외수익) 6,500,000원이 발생하였고, 당사는 동 금액을 이월결손금을 보전하는 데에 충당하기 위하여 익금불산입 기타로 세무조정하였다.
- 당기의 각 사업연도 소득금액은 40,000,000원이다.

(1) 문제분석

① 자본금과 적립금조정명세서(을)

과 목	기초 잔액(ⓐ)	당기중 증감		기말 잔액 (ⓐ - ⓑ + ⓒ)
		감소(ⓑ)	증가(ⓒ)	
선급비용	820,000	820,000¹⁾	0	0
비품 감가상각비 한도초과	4,500,000	1,300,000²⁾	0	3,200,000
재고자산평가증	△600,000	△600,000³⁾	0	0
합 계	4,720,000	1,520,000	0	3,200,000

¹⁾ <손금산입> 전기 선급비용 820,000 (△유보) = 기초 유보 잔액의 감소

²⁾ <손금산입> 전기 비품 감가상각비 한도초과 1,300,000 (△유보) = 기초 유보 잔액의 감소

³⁾ <익금산입> 전기 재고자산평가증 600,000 (유보) = 기초 △유보 잔액의 감소

② 자본금과 적립금조정명세서(갑)

과 목		기초 잔액 (ⓐ)	당기중 증감		기말 잔액 (ⓐ - ⓑ + ⓒ)
			감소(ⓑ)	증가(ⓒ)	
자본금 및 잉여금의 계산	1. 자본금	500,000,000		100,000,000¹⁾	600,000,000
	2. 자본잉여금	150,900,000		20,000,000¹⁾	170,900,000
	3. 자본조정				
	4. 기타포괄손익누계액				
	5. 이익잉여금	138,500,000		97,000,000²⁾	235,500,000
	6. 계	789,400,000		217,000,000	1,006,400,000³⁾
7. 자본금과 적립금명세서(을) 계		4,720,000	1,520,000		3,200,000
손익미계상 법인세 등	8. 법인세			500,000⁴⁾	500,000
	9. 지방소득세			50,000⁴⁾	50,000
	10. 계			550,000	550,000
11. 차가감계(= 6. + 7. - 10.)		794,120,000	1,520,000	216,450,000	1,009,050,000

¹⁾ 10월 2일 (차)보통예금 120,000,000 (대)자본금 100,000,000
　　　　　　　　　　　　　　　　　　 주식발행초과금 20,000,000

²⁾ 12월 31일 (차)손익(당기순이익) 97,000,000 (대)미처분이익잉여금 97,000,000

³⁾ 재무상태표상 기말 자본 총계

⁴⁾ 손익미계상 법인세 등 = '법인세 과세표준 및 세액신고서'의 법인세 등 - '손익계산서'의 법인세비용
　　　　　　　　　　 = 손익계산서상 법인세비용 금액 외에 추가로 부담하는 법인세 등
　　　　　　　　　　 = (+)로 기재하면 세법상 자본 계산 시 차감액으로 반영

참고 전기말 '자본금과적립금조정명세서(갑)' 서식에 '손익미계상 법인세 등' 금액이 있는 경우, 동 금액은 당기 서식 작성 시 '기초 잔액'란과 '감소'란에 동시에 기재한다.

③ 이월결손금

사업연도	이월결손금 발생액 (8) 일반결손금	감소내역 (12) 기공제액	감소내역 (13) 당기 공제액	감소내역 (14) 보전	잔 액 (16) 기한 내	잔 액 (17) 기한 경과	잔 액 (18) 계
2013-12-31	100,000,000	70,000,000		6,500,000		23,500,000[1]	23,500,000
2023-12-31	50,000,000		40,000,000		10,000,000		10,000,000
계	150,000,000	70,000,000	40,000,000	6,500,000	10,000,000	23,500,000	33,500,000

[1] 이월결손금의 공제기한 : 15년(단, 2019. 12. 31. 이전 발생분은 10년)

(2) **입력방법**

[자본금과적립금조정명세서] 메뉴에서

① [자본금과적립금조정명세서(을)] 탭을 선택한 후, 유보와 △유보의 기초 잔액과 당기 증감액을 입력한다.

▶ "과목 또는 사항"란을 입력할 때, 프로그램에 등록되어 있는 조정과목에 적절한 항목이 없는 경우에는, 화면 상단에 있는 F6 직접입력 (또는 F6)을 클릭하여 해당란에 적절한 내용을 입력한다.

	①과목 또는 사항	②기초잔액	당 기 중 증 감 ③감 소	당 기 중 증 감 ④증 가	⑤기말잔액 (=②-③+④)	비 고
①	선급비용	820,000	820,000			
	비품감가상각비한도초과	4,500,000	1,300,000		3,200,000	
	재고자산평가증	-600,000	-600,000			
	합 계	4,720,000	1,520,000		3,200,000	

② [자본금과적립금조정명세서(갑)] 탭을 선택한 후, 재무상태표상 자본금 및 잉여금의 기초 잔액과 당기 증감액을 입력하고, "손익미계상 법인세 등"에 있는 "8. 법인세"와 "9. 지방소득세" 라인의 "증가"란에 각각 "500,000"과 "50,000"을 입력한다.

▶ "7. 자본금과 적립금명세서(을) 계" 라인의 금액은 [자본금과적립금조정명세서(을)] 탭의 합계 금액이 자동으로 반영된다.

▶ [회계관리] 모듈에 있는 [재무상태표] 메뉴를 열어서 기간을 12월로 입력하면 자본금 및 잉여 금 계정과목들의 장부상 기초 잔액과 기말 잔액을 확인할 수 있고, 각 계정과목을 더블 클릭하면 일자별 원장 내용을 확인할 수 있으며, 해당 원장을 더블 클릭하면 전표입력 내용까지 확인할 수 있다.

· 재무상태표(12월 31일)

과 목	제 12(당)기2024년1월1일 ~2024년12월31일 금액	제 11(전)기2023년1월1일 ~2023년12월31일 금액
자본		
Ⅰ.자본금	600,000,000	500,000,000
자본금	600,000,000	500,000,000
Ⅱ.자본잉여금	170,900,000	150,900,000
주식발행초과금	170,900,000	150,900,000
Ⅲ.이익잉여금	235,500,000	138,500,000
미처분이익잉여금	235,500,000	138,500,000
(당기순이익)		
당기: 97,000,000		
전기: 89,500,000		
자본총계	1,006,400,000	789,400,000

· 10월 2일 전표

	월	일	번호	구분	계정과목	거래처	차변	대변	적요	카드등
1	10	2	00001	대변	0331 자본금			100,000,000	유상증자	부
2	10	2	00001	차변	0103 보통예금		120,000,000		유상증자	
3	10	2	00001	대변	0341 주식발행초과금			20,000,000	유상증자	

· 12월 31일 전표

	월	일	번호	구분	계정과목	거래처	차변	대변	적요	카드등
1	12	31	00396	차변	0400 손익		97,000,000		당기순손익 잉여금에 대체	
2	12	31	00396	대변	0377 미처분이익잉여금			97,000,000	당기순이익 잉여금에 대체	

▶ [회계관리] 모듈에 있는 [일계표(월계표)] 메뉴를 열어서 기간을 1월 1일부터 12월 31일까지로 입력하면 자본금 및 잉여금 계정과목들의 장부상 당기 증감액을 확인할 수 있고, 각 계정과목을 더블 클릭하면 일자별 원장 내용을 확인할 수 있으며, 해당 원장을 더블 클릭하면 전표입력 내용까지 확인할 수 있다.

조회기간 : 2024 년 1 월 01 일 ~ 2024 년 12 월 31 일

차 변			계정과목	대 변		
계	대체	현금		현금	대체	계
			5.자 본 금		100,000,000	100,000,000
			자 본 금		100,000,000	100,000,000
			6.자 본 잉 여 금		20,000,000	20,000,000
			주 식 발 행 초 과 금		20,000,000	20,000,000
374,000,000	374,000,000		7.이 익 잉 여 금		471,000,000	471,000,000
138,500,000	138,500,000		이 월 이 익 잉 여 금		235,500,000	235,500,000
235,500,000	235,500,000		미 처 분 이 익 잉 여 금		235,500,000	235,500,000

▶ [회계관리] 모듈에 있는 [이익잉여금처분계산서] 메뉴를 열어보면, "Ⅰ. 미처분이익잉여금" 라인에서 미처분이익잉여금 계정과목의 장부상 기초 잔액과 기말 잔액을 확인할 수 있고, 그 외에 미처분이익잉여금 계정과목의 당기 증감액에 대한 상세내역을 확인할 수 있다.

당기처분예정일 : 2025 년 2 월 25 일 전기처분확정일 : 2024 년 2 월 25 일

과목		계정과목명	제 12(당기) 2024년01월01일~2024년12월31일 제 12기(당기) 금액	제 11(전기) 2023년01월01일~2023년12월31일 제 11기(전기) 금액
Ⅰ.미처분이익잉여금			235,500,000	138,500,000
1.전기이월미처분이익잉여금			138,500,000	49,000,000
2.회계변경의 누적효과	0369	회계변경의누적효과		
3.전기오류수정이익	0370	전기오류수정이익		
4.전기오류수정손실	0371	전기오류수정손실		
5.중간배당금	0372	중간배당금		
6.당기순이익			97,000,000	89,500,000
Ⅱ.임의적립금 등의 이입액				
1.				
2.				
합계			235,500,000	138,500,000
Ⅲ.이익잉여금처분액				
1.이익준비금	0351	이익준비금		
2.재무구조개선적립금	0354	재무구조개선적립금		
3.주식할인발행차금상각액	0381	주식할인발행차금		
4.배당금				
가.현금배당	0265	미지급배당금		
주당배당금(률)		보통주		
		우선주		
나.주식배당	0387	미교부주식배당금		
주당배당금(률)		보통주		
		우선주		
5.사업확장적립금	0356	사업확장적립금		
6.감채적립금	0357	감채적립금		
7.배당평균적립금	0358	배당평균적립금		
8.기 업 합 리화 적립금	0352	기업합리화적립금		
9.상여금	0803	상여금		
Ⅳ.차기이월미처분이익잉여금			235,500,000	138,500,000

🔻 ②의 입력결과 화면은 아래와 같다.

	①과목 또는 사항	코드	②기초잔액	당 기 중 증 감		⑤기 말 잔 액 (=②-③+④)	비고
				③감 소	④증 가		
자본금및 잉여금의 계산	1.자 본 금	01	② 500,000,000		100,000,000	600,000,000	
	2.자 본 잉 여 금	02	150,900,000		20,000,000	170,900,000	
	3.자 본 조 정	15					
	4.기타포괄손익누계액	18					
	5.이 익 잉 여 금	14	138,500,000		97,000,000	235,500,000	
	12.기 타	17					
	6.계	20	789,400,000		217,000,000	1,006,400,000	
7.자본금과 적립금명세서(을)계		21	4,720,000	1,520,000		3,200,000	
손익미계상 법인세 등	8.법 인 세	22			② 500,000	500,000	
	9.지 방 소 득 세	23			50,000	50,000	
	10. 계 (8+9)	30			550,000	550,000	
11.차 가 감 계 (6+7-10)		31	794,120,000	1,520,000	216,450,000	1,009,050,000	

③ [이월결손금] 탭을 선택한 후, 세법상 이월결손금의 발생 및 증감 내역을 입력한다.

▶ "(6) 사업연도"란에는 결손금이 발생한 사업연도의 종료일을 입력한다.

1. 이월결손금 발생 및 증감내역

(6) 사업연도	이월결손금 발생액			(10) 소급공제	(11) 차감계	감소내역				잔액		
	(7) 계	(8) 일반결손금	(9) 배분한도초과금=((9)			(12) 기공제액	(13) 당기공제액	(14) 보전	(15) 계	(16) 기한 내	(17) 기한 경과	(18) 계
2013-12-31	100,000,000	100,000,000			100,000,000	70,000,000		6,500,000	76,500,000		23,500,000	23,500,000
2023-12-31	50,000,000	50,000,000			50,000,000		40,000,000		40,000,000	10,000,000		10,000,000
계	150,000,000	150,000,000			150,000,000	70,000,000	40,000,000	6,500,000	116,500,000	10,000,000	23,500,000	33,500,000

fn.Hackers.com

- [일반연구및인력개발비명세서]는 일반연구·인력개발비 세액공제액을 계산하는 내역을 기재하는 메뉴이다.
- [일반연구및인력개발비명세서] 화면은 [법인조정] ▶ [법인조정 I] ▶ [공제감면세액조정 I] ▶ [일반연구및인력개발비명세서]를 선택하여 들어갈 수 있다.

기출확인문제

㈜연구인력(코드번호 : 3117)의 당해 사업연도(제18기)는 2024. 1. 1.~2024. 12. 31.이다.
다음 자료를 보고 [일반연구및인력개발비명세서]를 작성하시오. (단, 회사는 중소기업에 해당하며, 서식 작성 시
'(1) 발생명세 및 증가발생액계산'과 '(2) 공제세액'만 작성하기로 한다) 제75회 수정

- 직전 4년간 연구 및 인력개발비 발생내역은 다음과 같고, 이는 모두 일반연구 및 인력개발비에 해당한다.
  - 2020년(12개월) : 20,000,000원
  - 2021년(12개월) : 24,000,000원
  - 2022년(12개월) : 35,000,000원
  - 2023년(12개월) : 32,000,000원
- 당해 사업연도 일반연구 및 인력개발비 발생내역은 다음과 같다.

계정과목	인건비[1]	재료비[2]
경상연구개발비(제조원가)	25,000,000원	5,000,000원
개발비(무형자산)	30,000,000원	10,000,000원

[1] 과학기술부장관에게 신고된 당사 연구개발전담부서의 연구요원 인건비이다.
경상연구개발비에는 주주(지분 15%)인 임원의 인건비 4,000,000원이 포함되어 있다.
[2] 연구전담부서에서 연구용으로 사용하는 재료비용이다.

(1) 문제분석

일반연구·인력개발비에 대한 세액공제액 = Max[㉠, ㉡][1] = 17,000,000원[5]

㉠ 증가분 방식 : (일반연구·인력개발비 당기 발생액[2] − 일반연구·인력개발비 직전기 발생액) × 공제율[3]
= (66,000,000 − 32,000,000) × 50% = 34,000,000원 × 50% = 17,000,000원

㉡ 당기분 방식 : 일반연구·인력개발비 당기 발생액[2] × 공제율[4]
= 66,000,000원 × 25% = 16,500,000원

[1] '증가분 방식(㉠)'을 적용하기 위한 요건
: '직전기 사업연도 일반연구·인력개발비' ≥ '직전 4년간 연평균 일반연구·인력개발비'이어야 함
: 32,000,000원 ≥ 27,750,000원 = $\dfrac{20,000,000 + 24,000,000 + 35,000,000 + 32,000,000}{4년}$

[2] = (25,000,000 − 4,000,000) + 30,000,000 + 5,000,000 + 10,000,000 = 66,000,000원

> 참고 연구·인력개발비로 인정되는 인건비란 연구전담부서에서 연구 업무에 종사하는 연구요원 및 이들의 연구 업무를 직접적으로 지원하는 자의 인건비를 말한다. 다만, 주주인 임원으로서 총발행주식의 10%를 초과하여 소유하는 자의 인건비는 제외한다.

[3] 중소기업 : 50%
[4] 중소기업 : 25%
[5] 중소기업의 연구·인력개발비 세액공제는 최저한세 적용 제외

(2) 입력방법

[일반연구및인력개발비명세서] 메뉴에서

① [1. 발생명세 및 증가발생액계산] 탭을 선택한 후, "[1] 해당 연도의 연구 및 인력개발비 발생명세"에 있는 "계정과목"란, "자체연구개발비 − 인건비 − (6) 금액"란, "자체연구개발비 − 재료비 등 − (7) 금액"란에 각각 내역을 입력하고, "(13) 총계"가 "66,000,000"임을 확인한다.

▶ "계정과목"란을 입력할 때, 📇코드(또는 F2)를 클릭한 후 계정코드도움창을 사용하여 해당 계정과목을 입력한다.

1 해당 연도의 연구 및 인력개발비 발생 명세						
계정과목	자체연구개발비					
	인건비		재료비 등		기타	
	인원	(6)금액	건수	(7)금액	건수	(8)금액
1 경상연구개발비		21,000,000		5,000,000		
2 개발비		30,000,000		10,000,000		
3						
합계		51,000,000		15,000,000		

계정과목	위탁 및 공동 연구개발비		(10)인력개발비	(11)맞춤형교육비용	(12)현장훈련 수당 등	(13)총 계
	건수	9.금액				
1 경상연구개발비						26,000,000
2 개발비						40,000,000
3						
합계						66,000,000

② "② 연구 및 인력개발비의 증가발생액의 계산"에 있는 "(14) 해당과세연도 발생액"란, "(16) 직전 1년"~"(19) 직전 4년"란에 각각 금액을 입력한 후, "(16) 직전 1년"란 금액 "32,000,000"이 "(20) 직전 4년간 연평균 발생액"란 금액 "27,750,000"보다 적지 않음을 확인하고, "(23) 증가발생액"이 "34,000,000"임을 확인한다.

2 연구 및 인력개발비의 증가발생액의 계산					
(14)해당과세연도 발생액(=(13))	(15)직전4년 발생액 계 (16+17+18+19)	(16)직전 1년 2023-01-01 ~ 2023-12-31	(17)직전 2년 2022-01-01 ~ 2022-12-31	(18)직전 3년 2021-01-01 ~ 2021-12-31	(19)직전 4년 2020-01-01 ~ 2020-12-31
66,000,000	111,000,000	32,000,000	35,000,000	24,000,000	20,000,000
(20)직전4년간 연평균 발생액	27,750,000	(21)직전3년간 연평균 발생액	30,333,333	(22)직전2년간 연평균 발생액	33,500,000
(23)증가발생액 (2013년 (14)-(21), 2014년 (14)-(22), 2015년이후 (14)-(16))					34,000,000

③ "[2. 공제세액]" 탭을 선택한 후, "③ 공제세액"에 있는 "해당 연도 총발생금액 공제 – 중소기업 – (24) 대상금액"이 "66,000,000"임을, "(26) 공제세액"이 "16,500,000"임을, "증가발생금액 공제 – (40) 대상금액"이 "34,000,000"임을, "(42) 공제세액"이 "17,000,000"임을, "(43) 해당연도에 공제받을 세액"이 "17,000,000"임을 확인하고, "※ 최저한세 설정"이 "제외"임을 확인한다.

3 공제세액						
해당 연도 총발생금액 공제	중소기업	(24)대상금액(=13) 66,000,000	(25)공제율 25%			(26)공제세액 16,500,000
	중소기업 유예기간 종료이후 5년내기업	(27)대상금액(=13)	(28)유예기간 종료연도	(29)유예기간 종료이후년차 -----	(30)공제율	(31)공제세액
	중견기업	(32)대상금액(=13)	(33)공제율 8%			(34)공제세액
	일반기업	(35)대상금액(=13)	공제율 (36)기본율	(37)추가	(38)계	(39)공제세액
증가발생금액 공제		(40)대상금액(=23) 34,000,000	(41)공제율 50%	(42)공제세액 17,000,000		※공제율 중소기업 : 50% 중견기업 : 40% 대 기업 : 25%
(43)해당연도에 공제받을 세액	중소기업(26과 42 중 선택) 중소기업 유예기간 종료이후 5년내 기업(31과 42 중 선택) 중견기업(34와 42 중 선택) 일반기업(39와 42 중 선택)			17,000,000		※ 최저한세 설정 ◉ 제외 ○ 대상

fn.Hackers.com

- [최저한세조정계산서]는 감면 후 세액과 최저한세를 계산하고 조세감면의 배제 여부를 검토하는 내역을 기재하는 메뉴이다.
- [최저한세조정계산서] 화면은 [법인조정] ▶ [법인조정Ⅱ] ▶ [세액계산 및 신고서] ▶ [최저한세조정계산서]를 선택하여 들어갈 수 있다.

기출확인문제

㈜최저한세(코드번호 : 3118)의 당해 사업연도(제12기)는 2024. 1. 1.~2024. 12. 31.이다.
다음은 최저한세 적용을 검토하기 위한 자료이다. 법인세 부담을 최소화할 수 있도록 [법인세과세표준및세액조정계산서]와 [최저한세조정계산서]를 작성하시오. (기존자료는 무시하고 아래의 자료만을 반영하여 작성하시오) 제74회

- 당기순이익 : 350,000,000원
- 손금산입 및 익금불산입 : 150,000,000원
- 통합투자세액공제 : 24,000,000원
- 기납부세액(지방소득세는 포함되지 않은 금액임)
  · 중간예납세액 : 10,000,000원
  · 원천납부세액 : 3,000,000원
- 당 법인은 중소기업이다.

- 익금산입 및 손금불산입 : 100,000,000원
- 연구·인력개발비세액공제 : 5,000,000원
- 외국납부세액공제 : 2,000,000원

기출 따라 하기
▶ 관련 이론 | 과세표준과 세액 p.166

(1) 문제분석

① 최저한세 적용 여부

근거 법	구 분	금 액	최저한세 적용 여부
법인세법상 세액공제	· 외국납부세액공제	2,000,000원	X
조세특례제한법상 세액공제	· 중소기업의 연구·인력개발비세액공제 · 통합투자세액공제	5,000,000원 24,000,000원	X O

② 차감세액 = Max[㉠ 감면 후 세액, ㉡ 최저한세] = 21,000,000원

    ㉠ 감면 후 세액 = 산출세액 − 최저한세 적용대상 세액감면·세액공제

        = {(350,000,000 + 100,000,000 − 150,000,000) × 세율(9%, 19%)} − 24,000,000

        = (37,000,000) − 24,000,000 = 13,000,000원

    ㉡ 최저한세 = 감면 전 과세표준[1] × 최저한세율[2]

        = 300,000,000 × 7% = 21,000,000원

        [1] 감면 전 과세표준 = 과세표준 + 최저한세 적용대상 손금산입·비과세·소득공제

                         = (350,000,000 + 100,000,000 − 150,000,000) + 0 = 300,000,000원

        [2] 중소기업 : 7%

③ 조세감면 배제 금액 = ㉡ 최저한세 − ㉠ 감면 후 세액 = ㉡ 21,000,000 − ㉠ 13,000,000

                        = 8,000,000원

    → 최저한세 적용대상 세액감면·세액공제 금액 = 24,000,000 − 8,000,000 = 16,000,000원

④ 차감납부할세액

	산출세액	37,000,000
−	최저한세 적용대상 세액감면·세액공제	− 16,000,000
=	차감세액	= 21,000,000
−	최저한세 적용제외 세액감면·세액공제	− 7,000,000
+	가산세	+ 0
=	총부담세액	= 14,000,000
−	기납부세액	− 13,000,000
=	차감납부할세액	= 1,000,000

(2) 입력방법

[1단계] [공제감면세액및추가납부세액합계표] 메뉴에서

① [최저한세배제세액공제] 탭을 선택한 후 "외국납부세액공제"와 "일반연구·인력개발비세액공제(최저한세 적용제외)"를 조회하고, [최저한세적용세액공제, 면제] 탭을 선택한 후 "통합투자세액공제"를 조회한다.

▶ [최저한세배제세액공제] 탭

| 최저한세배제세액감면 | **최저한세배제세액공제** | 최저한세적용세액감면 | 최저한세적용세액공제,면제 | 비과세,이월과세추가납부액 | 익금불산입 | 손금산입 |

①구 분		②근 거 법 조 항	코드	③대상세액	④감면(공제)세액
세액공제	(136)외국납부세액공제	「법인세법」 제57조 및 「조특법」 제104조의6	101		
	(137)재해손실세액공제	「법인세법」 제58조	102		
	(138)신성장동력·원천기술 연구개발비세액공제(최저한세 적용제외)	「조특법」 제10조 제1호	16A		
	(139)일반연구·인력개발비세액공제(최저한세 적용제외)	「조특법」 제10조 제3호	16B		
	(140)동업기업 세액공제 배분액(최저한세 적용제외)	「조특법」 제100조의18 제4항	12D		
	(141)성실신고 확인비용에 대한 세액공제	「조특법」 제126조의6	10A		
	(142)		199		
	(149)소 계		180		

▶ [최저한세적용세액공제, 면제] 탭

| 최저한세배제세액감면 | 최저한세배제세액공제 | 최저한세적용세액감면 | **최저한세적용세액공제, 면제** | 비과세,이월과세추가납부액 | 익금불산입 | 손금산입 |

①구　　　　분	②근 거 법 조 항	코드	⑤전기이월액	⑥당기발생액	⑦공제세액
(211)중소기업 고용증가 인원에 대한 사회보험료 세액공제	「조특법」 제30조의4 제1항	14Q			
(212)중소기업 사회보험 신규가입에 대한 사회보험료 세액공제	「조특법」 제30조의4 제3항	18G			
(213)전자신고에 대한 세액공제(납세의무자)	「조특법」 제104조의8 제1항	184			
(214)전자신고에 대한 세액공제(세무법인 등)	「조특법」 제104조의8 제3항	14J			
(215)제3자 물류비용 세액공제	「조특법」 제104조의14	14E			
(216)대학 맞춤형 교육비용 등 세액공제	「조특법」 제104조의18 제1항	14I			
(217)대학등 기부설비에 대한 세액공제	「조특법」 제104조의18 제2항	14K			
(218)기업의 운동경기부 설치운영비용 세액공제	「조특법」 제104조의22	140			
(219)동업기업 세액공제 배분액(최저한세 적용대상)	「조특법」 제100조의18 제4항	14L			
(220)산업수요맞춤형 고등학교 등 재학생에 대한 현장훈련수당 등 세액공제	「조특법」 제104조의18 제4항	14R			
(221)석유제품 전자상거래에 대한 세액공제	「조특법」 제104조의25	14P			
(222)금 현물시장에서 거래되는 금지금에 대한 과세특례	「조특법」 제126조의7 제8항	14V			
(223)금사업자와 스크랩등 사업자의 수입금액증가등 세액공제	「조특법」 제122조의4	14W			
(224)우수 선화주 인증 국제물류주선업자 세액공제	「조특법」 제104조의30	18N			
(225)소재·부품·장비 수요기업 공동출자 세액공제	「조특법」 제13조의3제1항	18M			
(226)소재·부품·장비 외국법인 인수세액 공제	「조특법」 제13조의3제2항	18P			
(227)선결제 금액에 대한 세액공제	「조특법」 제99조의12	18Q			
(228)통합 투자 세액공제	「조특법」 제24조	13W			
(229)소 계		149			

[2단계] [법인세과세표준및세액조정계산서] 메뉴에서

② "101.　결산서상　당기순손익"란에　"350,000,000"을,　"소득조정금액 – 102.　익금산입"란에 "100,000,000"을, "소득조정금액 – 103. 손금산입"란에 "150,000,000"을 입력한 후, 화면 상단에 있는 F1저장 (또는 F11)을 클릭한다.

[3단계] [최저한세조정계산서] 메뉴에서

③ 화면 상단에 있는 F12 불러오기 (또는 F12)를 클릭한 후, "(124) 세액공제" 라인에 있는 "② 감면후세액"란에 "24,000,000"을 입력한다.

④ "(124) 세액공제" 라인에 있는 "④ 조정감"과 "⑤ 조정후세액"이 각각 "8,000,000"과 "16,000,000" 임을 확인하고, "(125) 차감세액" 라인에 있는 "⑤ 조정후세액"이 "21,000,000"임을 확인한다.

[4단계] [법인세과세표준및세액조정계산서] 메뉴에서

⑤ "121. 최저한세 적용 대상 공제 감면 세액"란에 "16,000,000"을 입력하고, "122. 차감세액"이 "21,000,000"임을 확인한다.

⑥ "123. 최저한세 적용 제외 공제 감면 세액"란에 "7,000,000"을, "기납부세액 – 126. 중간예납세액" 란에 "10,000,000"을, "기납부세액 – 128. 원천납부세액"란에 "3,000,000"을 입력하고, "134. 차 가감 납부할 세액"이 "1,000,000"임을 확인한다.

▶ ②~⑥ 입력결과 화면은 아래와 같다.

· [법인세과세표준및세액조정계산서] 메뉴

· [최저한세조정계산서] 메뉴

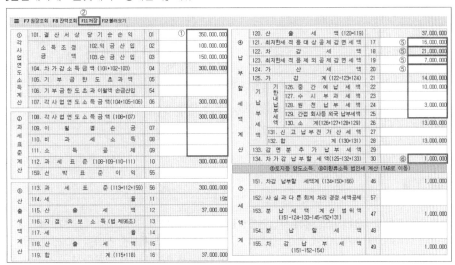

- [가산세액계산서]는 가산세액의 계산내역을 기재하고 집계하는 메뉴이다.
- [가산세액계산서] 화면은 [법인조정] ▶ [법인조정 II] ▶ [세액계산 및 신고서] ▶ [가산세액계산서]를 선택하여 들어갈 수 있다.

기출확인문제

㈜가산세(코드번호 : 3119)의 당해 사업연도(제11기)는 2024. 1. 1.~2024. 12. 31.이다.
본 문제에 한하여 제11기(2024. 1. 1.~2024. 12. 31.) 법인세 과세표준 신고를 2025년 4월 3일에 기한후신고로 이행한다고 가정하고, 다음 자료만을 이용하여 [가산세액계산서]를 작성하시오. (제59회 수정)

- 부당행위로 인한 기한후신고는 아니며, 법정납부기한은 2025년 3월 31일이었고 미납일수는 3일로 한다. 산출세액 및 미납세액은 17,300,000원이고 수입금액은 6,100,000,000원이다.
- 제11기 중 주주가 변동된 액면금액 45,000,000원에 대한 주식등변동상황명세서를 기한후신고 시 제출하였다.
- 당사가 지출한 경비 중 6,000,000원을 제외한 모든 경비는 법인세법에서 요구하는 세금계산서, 계산서, 신용카드매출전표 등의 적격증명서류를 갖추고 있다. 지출경비 6,000,000원에 대한 구체적인 내용은 다음과 같다.

구 분	금액(원)	비 고
사무용품비	1,760,000	전부 거래 건당 3만 원 이하 금액이다.
복리후생비	4,240,000	전부 거래 건당 3만 원 초과 금액이다.

- 회계 담당자의 실수로 제11기 8월분의 일용근로자에 대한 지급명세서(일용근로자 잡급 총액 : 40,000,000원)를 법정제출기한까지 제출하지 못하였음을 확인하고 제11기 10월 25일 제출하였다.

기출 따라 하기   ▶ 관련 이론 | 신고와 납부 p.176

(1) 문제분석

① (일반) 무신고 가산세[1] = Max[㉠, ㉡] = 2,135,000원

㉠ 무신고 납부세액 × 20% × 50% 감면 = 17,300,000원 × 10% = 1,730,000원

㉡ 수입금액 × 7/10,000 × 50% 감면 = 6,100,000,000원 × 3.5/10,000 = 2,135,000원

[1] 법정신고기한까지 법인세 과세표준 신고를 하지 않고 일반 무신고에 해당하는 경우, '무신고 납부세액의 20%'와 '수입금액의 7/10,000' 중 큰 금액을 무신고 가산세로 적용한다. 다만 신고기한 경과 후 1개월 내에 기한후신고를 하면 50%의 감면이 적용된다.

② 납부지연 가산세[1] = 미달납부세액 × 22/100,000 × 미납일수
      = 17,300,000원 × 22/100,000 × 3일 = 11,418원

[1] 법정납부기한까지 법인세를 납부하지 않은 경우, '미달납부세액 × 22/100,000 × 미납일수'를 납부지연 가산세로 적용한다.

③ 주식변동상황명세서 제출불성실 가산세[1] = 미제출분 주식의 액면가액 × 1% × 50% 감면

= 45,000,000원 × 0.5% = 225,000원

[1] 사업연도 중에 주식의 실제 소유자가 변동된 경우에는 법인세 신고기한까지 주식변동상황명세서를 제출하여야 하며 그러하지 아니한 경우에는 '미제출분 해당 주식 액면가액의 1%'를 주식변동상황명세서 제출불성실 가산세로 적용한다. 다만 제출기한 경과 후 1개월 내에 제출하면 50%의 감면이 적용되어 0.5%를 적용한다.

④ 적격증명서류 수취불성실 가산세[1] = 적격증명서류 미수취 금액 × 2%

= 4,240,000원 × 2% = 84,800원

[1] 사업자로부터 재화·용역을 공급받고 지출금액이 거래 건당 3만 원을 초과하는 경우에는 법인세법에서 요구하는 세금계산서 등의 적격증빙을 갖추어야 하며 그러하지 아니한 경우에는 '미수취 금액의 2%'를 적격증명서류 수취불성실 가산세로 적용한다.

⑤ 일용근로소득의 지급명세서 제출불성실 가산세[1] = 미제출분 지급금액 × 0.25% × 50% 감면

= 40,000,000원 × 0.125% = 50,000원

[1] 8월분의 일용근로자에 대한 지급명세서는 9월 말일까지 제출하여야 하며 미제출한 경우에는 '미제출한 금액의 0.25%'를 지급명세서 제출불성실 가산세로 적용한다. 다만 제출기한 경과 후 1개월 내에 제출하면 50%의 감면이 적용되어 0.125%를 적용한다.

⑥ 가산세액 합계

= (일반) 무신고 가산세 + 납부지연 가산세 + 주식변동상황명세서 제출불성실 가산세

+ 적격증명서류 미수취 가산세 + 지급명세서 제출불성실 가산세

= 2,135,000 + 11,418 + 225,000 + 84,800 + 50,000

= 2,506,218원

(2) 입력방법

[가산세액계산서] 메뉴에서

① [신고납부가산세] 탭을 선택한 후, "무신고 – 일반 – 무신고납부세액" 라인에 있는 "기준금액"란에 "17,300,000"을 입력하고 "가산세율"란에 "10/100"을 선택하여 입력한 후, "가산세액"이 "1,730,000"임을 확인한다. 동일한 방법으로 "무신고 – 일반 – 수입금액" 라인에 있는 "기준금액"란에 "6,100,000,000"을 입력하고 "가산세율"란에 "3.5/10,000"를 선택하여 입력한 후, "가산세액"이 "2,135,000"임을 확인한다.

▶ "무신고 – 일반 – 무신고납부세액"라인에 있는 "가산세율"란에 커서를 놓으면, "20/100"과 "10/100"이 나타나는데, 이 중 "10/100"을 선택한다.

▶ "무신고 – 일반 – 수입금액" 라인에 있는 "가산세율"란에 커서를 놓으면, "7/10,000"과 "3.5/10,000"가 나타나는데, 이 중 "3.5/10,000"를 선택한다.

② "납부지연" 라인에 있는 "(일수)"란에 커서를 놓고 미납일수창에서 미납일수를 "3"으로 입력하고, "미납세액"란에 "17,300,000"을 입력한 후, "가산세액"이 "11,418"임을 확인한다.

▶ "납부지연" 라인에 있는 "(일수)"란에 커서를 놓으면 아래의 보조창이 나타난다. 보조창에서 "자진납부기한"란에 "2025년 3월 31일"을, "납부일자"란에 "2025년 4월 3일"을 입력하고, "미납일수"가 "3"임을 확인한 후, 확인(TAB) 을 클릭한다.

③ [미제출가산세] 탭을 선택한 후, "지출증명서류" 라인에 있는 "기준금액"란에 "4,240,000"을 입력하고 "가산세액"이 "84,800"임을 확인한다.

④ "지급명세서 – 법인세법 제75의7① (일용근로) – 미제출" 라인에 있는 "기준금액"란에 "40,000,000"을 입력하고 "가산세율"란에 "12.5/10,000"를 선택하여 입력한 후, "가산세액"이 "50,000"임을 확인한다.

▶ "지급명세서 – 법인세법 제75의7① (일용근로) – 미제출" 라인에 있는 "가산세율"란에 커서를 놓으면, 선택항목이 나타나는데, 이 중 "12.5/10,000"를 선택한다.

> 참고 프로그램 업데이트 미비로 인하여 가산세율란에서 나타나는 선택항목에 "12.5/10,000"이 없을 경우에는, "가산세액"란에 "50,000"을 직접 입력한다.

```
1. 25/10,000
2. 12.5/10,000
```

⑤ "주식등변동상황명세서 – 미제출" 라인에 있는 "기준금액"란에 "45,000,000"을 입력하고 "가산세율"란에 "5/1,000"를 선택하여 입력한 후, "가산세액"이 "225,000"임을 확인한다.

▶ "주식등변동상황명세서 – 미제출" 라인에 있는 "가산세율"란에 커서를 놓으면, "10/1,000"과 "5/1,000"가 나타나는데, 이 중 "5/1,000"를 선택한다.

```
1. 10/1,000
2. 5/1,000
```

⑥ "합계" 라인에 있는 "가산세액"이 "2,506,218"임을 확인한다.

◯ ①~⑥ 입력결과 화면은 아래와 같다.

· [신고납부가산세] 탭

신고납부가산세	미제출가산세	토지등양도소득가산세	미환류소득			
①구분		각 사업년도 소득에 대한 법인세분				
		②계산기준	③기준금액	④가산세율	⑤코드	⑥가산세액
무기장		산출세액		20/100	27	
		수입금액		7/10,000	28	
무신고	일반 ①	무신고납부세액	17,300,000	10/100	29	1,730,000
		수입금액	6,100,000,000	3.5/10,000	30	2,135,000
	부정	무신고납부세액		40/100	31	
		무신고납부세액		60/100	80	
		수입금액		14/10,000	32	
과소신고	일반	과소신고납부세액		10/100	3	
	부정	과소신고납부세액		40/100	22	
		과소신고납부세액		60/100	81	
		과소신고수입금액		14/10,000	23	
부정 공제감면		공제감면세액		40/100	71	
납부지연	②	(일수)	3	2.2/10,000	4	11,418
		미납세액	17,300,000			

· [미제출가산세] 탭

신고납부가산세	미제출가산세	토지등양도소득가산세	미환류소득

구분		계산기준	기준금액	가산세율	코드	가산세액
지출증명서류 ③		미(허위)수취금액	4,240,000	2/100	8	84,800
지급 명세서	미(누락)제출	미(누락)제출금액		10/1,000	9	
	불분명	불분명금액		1/100	10	
	상증법 82조 1 6	미(누락)제출금액		2/1,000	61	
		불분명금액		2/1,000	62	
	상증법 82조 3 4	미(누락)제출금액		2/10,000	67	
		불분명금액		2/10,000	68	
	법인세법 제75의7①(일용근로) ④	미제출금액	40,000,000	12.5/10,000	96	50,000
		불분명등		25/10,000	97	
	법인세법 제75의7①(간이지급명세서)	미제출금액		25/10,000	102	
		불분명등		25/10,000	103	
소 계					11	50,000
주식등변동 상황명세서	미제출 ⑤	액면(출자)금액	45,000,000	5/1,000	12	225,000
	누락제출	액면(출자)금액		10/1,000	13	
	불분명	액면(출자)금액		1/100	14	
소 계					15	225,000
주주등명세서	미(누락)제출	액면(출자)금액		5/1,000	69	
	불분명	액면(출자)금액		5/1,000	73	
소 계					74	
계산서	계산서미발급	공급가액		2/100	16	
	계산서지연발급 등	공급가액		1/100	94	
	계산서가공(위장)수수	공급가액		2/100	70	
	계산서불분명	공급가액		1/100	17	
전자계산서	미전송	공급가액		5/1,000	93	
	지연전송	공급가액		3/1,000	92	
계산서합계표	미제출	공급가액		5/1,000	18	
	불분명	공급가액		5/1,000	19	
세금계산서합계표	미제출	공급가액		5/1,000	75	
	불분명	공급가액		5/1,000	76	
소 계					20	
기부금	영수증허위발급	발급금액		5/100	24	
	발급명세미작성(보관)	대상금액		2/1,000	25	
소 계					26	
신용카드 및 현금영수증	발급거부 (불성실)	거부(발급)금액		5/100	38	
		건 수		5,000원	39	
	소 계				40	
	현금영수증 가맹점미가입	미가맹일수		10/1,000	41	
		수입금액				
	현금영수증미발급	미발급금액		20/100	98	
세금우대자료 미제출,불분명		건 수		2,000	77	
유보소득 계산명세	미제출	미제출금액		5/1,000	78	
	불분명	불분명금액		5/1,000	79	
중간예납납부불성실가산세등					63	
동업기업 가산세 배분액		배분비율			64	
		배분합금액				
성실신고확인서 미제출		산출세액		5/100	95	
		수입금액		2/10,000	99	
업무용승용차 관리비용 명세서		미제출금액		1/100	100	
		불성실금액		1/100	101	
합 계					21	⑥ 2,506,218

- [법인세과세표준및세액조정계산서]는 법인세 과세표준과 세액을 계산하는 내역을 기재하는 메뉴이다.
- [법인세과세표준및세액조정계산서] 화면은 [법인조정] ▶ [법인조정 II] ▶ [세액계산 및 신고서] ▶ [법인세과세 표준및세액조정계산서]를 선택하여 들어갈 수 있다.

기출확인문제

㈜법인세(코드번호 : 3120)의 당해 사업연도(제5기)는 2024. 1. 1.~2024. 12. 31.이다.

다음 자료만을 이용하여 [법인세과세표준및세액조정계산서]를 작성하시오. (단, 당사는 세법상 중소기업에 해당하며, 세무조정입력은 생략한다) [제71회 수정]

- 손익계산서의 일부분이다.

손익계산서
2024. 1. 1.~2024. 12. 31.　　　　　　　　　　　　　　　　　　(단위 : 원)

- 중간 생략 -	
Ⅷ 법인세차감전순이익	200,000,000
Ⅸ 법인세등	10,000,000
Ⅹ 당기순이익	190,000,000

- 위의 자료를 제외한 세무조정자료는 다음과 같다.
  - 기업업무추진비 한도초과액 : 18,000,000원
  - 퇴직급여충당금 한도초과액 : 1,500,000원
  - 재고자산평가증 : 2,700,000원
  - 대표이사 향우회 회비 : 5,000,000원
- 기부금 관련 내역은 다음과 같다.
  기부금 한도초과 이월액 손금산입액 : 800,000원
- 이월결손금의 내역은 다음과 같다.

발생연도	2021년	2022년	2023년
금 액	10,000,000원	5,000,000원	3,000,000원

- 세액공제 및 감면세액은 다음과 같다.
  - 중소기업특별세액감면 : 1,000,000원
  - 연구·인력개발비세액공제 : 5,000,000원
- 법인세(지방소득세 별도) 기납부세액의 내역은 다음과 같다.
  - 중간예납세액 : 1,500,000원
  - 이자수익에 대한 원천징수세액 : 500,000원
- 소모품비(판관비)로 처리된 지출액 중에는 적격증빙을 수취하지 않고, 간이영수증을 수취한 1건(1,000,000원)이 있다.
- 분납 가능한 최대의 금액을 현금으로 분납하도록 처리한다.
- 최저한세는 고려하지 않는다.

(1) 문제분석

① [소득금액조정합계표] 서식에 기재되는 세무조정사항

익금산입 및 손금불산입			손금산입 및 익금불산입		
과 목	금 액	소득처분	과 목	금 액	소득처분
법인세등	10,000,000	기타사외유출	재고자산평가증	2,700,000	△유보
기업업무추진비 한도초과액	18,000,000	기타사외유출			
퇴직급여충당금 한도초과액	1,500,000	유 보			
대표이사 향우회 회비	5,000,000	상 여			
합 계	34,500,000		합 계	2,700,000	

② 차감납부세액의 계산

결산서상 당기순손익	190,000,000
+ 익금산입 및 손금불산입	+ 34,500,000
− 손금산입 및 익금불산입	− 2,700,000
= 차가감소득금액	= 221,800,000
+ 기부금 한도초과액	+ 0
− 기부금 한도초과 이월액 손금산입	− 800,000[1]
= 각 사업연도 소득금액	= 221,000,000
− 이월결손금	− 18,000,000[2]
− 비과세소득	− 0
− 소득공제	− 0
= 과세표준	= 203,000,000
× 세 율	× 9%, 19%
= 산출세액	= 18,570,000
− 최저한세 적용대상 세액감면·세액공제	− 1,000,000[3]
= 차감세액	= 17,570,000
− 최저한세 적용제외 세액감면·세액공제	− 5,000,000[3]
+ 가산세	+ 20,000[4]
= 총부담세액	= 12,590,000
− 기납부세액	− 2,000,000[5]
= 차감납부할세액	= 10,590,000
− 분납할세액	− 570,000[6]
= 차감납부세액	= 10,020,000

[1] [소득금액조정합계표] 서식에 기재하지 않고, [법인세과세표준및세액조정계산서] 서식의 해당란에 바로 기재

[2] 당기 과세표준 계산 시 공제할 수 있는 이월결손금(15년 이내 발생분)
   = 10,000,000 + 5,000,000 + 3,000,000 = 18,000,000원(≤ 각 사업연도 소득금액 × 100%(∵ 중소기업))

3) 최저한세 적용 여부

근거 법	구 분	금 액	최저한세 적용 여부
조세특례제한법상 기간제한 없는 세액감면	중소기업특별세액감면	1,000,000원	O
조세특례제한법상 세액공제	중소기업의 연구·인력개발비세액공제	5,000,000원	X

4) 적격증명서류 수취불성실 가산세 = 적격증명서류 미수취 금액 × 2%
= 1,000,000원 × 2% = 20,000원

5) 법인세 기납부세액 = 중간예납세액 + 원천납부세액 + 수시부과세액
= 1,500,000 + 500,000 + 0 = 2,000,000원

6) 납부할 세액(가산세는 제외)이 1천만 원 초과 2천만 원 이하인 경우 분납가능금액
= (차감납부할세액 − 가산세) − 10,000,000
= (10,590,000 − 20,000) − 10,000,000 = 570,000원

(2) 입력방법

[법인세과세표준및세액조정계산서] 메뉴에서

① "101. 결산서상 당기순손익"란에 "190,000,000"을 입력한다.

② "소득조정금액 − 102. 익금산입"란에 "34,500,000"을, "소득조정금액 − 103. 손금산입"란에 "2,700,000"을 입력한다.

③ "106. 기부금 한도초과 이월액 손금산입"란에 "800,000"을 입력한다.

④ "109. 이월결손금"란에 "18,000,000"을 입력한다.

⑤ "121. 최저한세 적용 대상 공제 감면 세액"란에 "1,000,000"을 입력한다.

▶ [공제감면세액및추가납부세액합계표] 메뉴에서 [최저한세적용세액감면] 탭을 선택한 후 "중소기업에 대한 특별세액감면"을 조회한다.

최저한세배제세액감면	최저한세배제세액공제	**최저한세적용세액감면**	최저한세적용세액공제·면제	비과세,이월과세추가납부액	익금불산입	손금산입

	①구 분	②근 거 법 조 항	코드	③대상세액	④감면세액
	(151)창업중소기업에 대한 세액감면	「조특법」 제6조제1항	111		
	(152)창업벤처중소기업 세액감면	「조특법」 제6조제2항	174		
	(153)에너지신기술 중소기업 세액감면	「조특법」 제6조제4항	13E		
	(154)중소기업에 대한 특별세액감면	「조특법」 제7조	112		
	(155)연구개발특구 입주기업에 대한 세액감면	「조특법」 제12조의2	179		
	(156)국제금융거래이자소득 면제	「조특법」 제21조	123		
	(157)사업전환 중소기업에 대한 세액감면	「조특법」 제33조의2	192		
	(158)무역조정지원기업의 사업전환세액감면	「조특법」 제33조의2	13A		
	(159)기업구조조정 전문회사 주식양도차익 세액감면	법률 제9272호 조세특례제한법 일부개정법률 부칙 제10조·제40조	13B		
	(160)혁신도시 이전 공공기관 세액감면	「조특법」 제62조제4항	13F		
	(161)수도권과밀억제권역외 지역이전 중소기업 세액감면(수도권 안으로 이전)	「조특법」 제63조	116		
세액감면	(162)농공단지입주기업 등 감면	「조특법」 제64조	117		
	(163)농업회사법인 감면(농업소득 외의 소득)	「조특법」 제68조	119		
	(164)소형주택 임대사업자에 대한 세액감면	「조특법」 제96조	131		
	(165)산림개발소득 감면	「조특법」 제102조	124		
	(166)동업기업 세액감면 배분액(최저한세 적용대상)	「조특법」 제100조의18 제4항	13D		
	(167)첨단의료복합단지 입주기업에 대한 감면	「조특법」 제121조의22	13H		
	(168)기술이전소득에 대한 세액감면	「조특법」 제12조제1항	13J		
	(169)기술대여에 대한 세액감면	「조특법」 제12조제3항	13K		
	(170)		164		
	(171)소 계		130		

⑥ "123. 최저한세 적용 제외 공제 감면 세액"란에 "5,000,000"을 입력한다.

⑦ "124. 가산세액"란에 "20,000"을 입력한다.

⑧ "기납부세액 – 126. 중간예납세액"란에 "1,500,000"을, "기납부세액 – 128. 원천납부세액"란에 "500,000"을 입력한다.

⑨ "분납할세액 – 154. 현금납부"란에 "570,000"을 입력한다.

⑩ "차감납부세액 – 160. 계"가 "10,020,000"임을 확인한다.

🔽 ①~⑩ 입력결과 화면은 아래와 같다.

① 각 사 업 연 도 소 득 계 산	101. 결 산 서 상 당 기 순 손 익	01		① 190,000,000
	소 득 조 정 금 액 102. 익 금 산 입	02		② 34,500,000
	103. 손 금 산 입	03		2,700,000
	104. 차 가 감 소 득 금 액 (101+102-103)	04		221,800,000
	105. 기 부 금 한 도 초 과 액	05		
	106. 기부금 한도 초과 이월액 손금산입	54		③ 800,000
	107. 각 사 업 연 도 소 득 금 액 (104+105-106)	06		221,000,000
② 과 세 표 준 계 산	108. 각 사 업 연 도 소 득 금 액 (108=107)			221,000,000
	109. 이 월 결 손 금	07		④ 18,000,000
	110. 비 과 세 소 득	08		
	111. 소 득 공 제	09		
	112. 과 세 표 준 (108-109-110-111)	10		203,000,000
	159. 선 박 표 준 이 익	55		
③ 산 출 세 액 계 산	113. 과 세 표 준 (113=112+159)	56		203,000,000
	114. 세 율	11		19%
	115. 산 출 세 액	12		18,570,000
	116. 지 점 유 보 소 득 (법 제96조)	13		
	117. 세 율	14		
	118. 산 출 세 액	15		
	119. 합 계 (115+118)	16		18,570,000

④ 납 부 할 세 액 계 산	120. 산 출 세 액 (120=119)			18,570,000
	121. 최저한세 적 용 대 상 공제 감면세액	17		⑤ 1,000,000
	122. 차 감 세 액	18		17,570,000
	123. 최저한세 적 용 제 외 공제 감면세액	19		⑥ 5,000,000
	124. 가 산 세 액	20		⑦ 20,000
	125. 가 감 계 (122-123+124)	21		12,590,000
	기 한 내 납 부 세 액 126. 중 간 예 납 세 액	22		⑧ 1,500,000
	127. 수 시 부 과 세 액	23		
	128. 원 천 납 부 세 액	24		500,000
	129. 간접 회사등 외국 납부세액	25		
	130. 소 계 (126+127+128+129)	26		2,000,000
	131. 신 고 납 부 전 가 산 세 액	27		
	132. 합 계 (130+131)	28		2,000,000
	133. 감 면 분 추 가 납 부 세 액	29		
	134. 차 가 감 납 부 할 세 액 (125-132+133)	30		10,590,000

⑤토지등 양도소득, ⑥미환류소득 법인세 계산 (TAB로 이동)

⑦ 세 액 계	151. 차 감 납부할 세액계 (134+150+166)	46		10,590,000
	152. 사 실 과 다 른 회계 처 리 경정 세액공제	57		
	153. 분 납 세 액 계 산 범 위 액 (151-124-133-145-152+131)	47		10,570,000
	154. 분 납 할 세 액	48		⑨ 570,000
	155. 차 감 납 부 세 액 (151-152-154)	49		⑩ 10,020,000

제 **21** 절 | 업무용승용차관련비용명세서

- [업무용승용차관련비용명세서]는 업무용승용차와 관련된 세무조정 내역을 기재하는 메뉴이다.
- [업무용승용차관련비용명세서] 화면은 [법인조정] ▶ [법인조정 I] ▶ [과목별세무조정] ▶ [업무용승용차관련 비용명세서]를 선택하여 들어갈 수 있다.

기출확인문제

㈜승용차(코드번호 : 3121)의 당해(제9기) 사업연도는 2024.1.1.~2024.12.31.이다.
다음 자료를 이용하여 [업무용승용차관련비용명세서]를 작성하고 관련된 세무조정을 소득금액조정합계표에 반영하시오. 제94회

코 드	<101> 12구2588 제네시스	<103> 35허1566 말리부
취득일	2021. 7. 1.	2024. 1. 1.
경비구분	800번대/판관비	800번대/판관비
사용자직책	대표이사	과 장
임차기간	–	2024. 1. 1.~2024. 12. 31.
업무전용자동차보험 가입여부	가 입	가 입
법인업무용 전용번호판 부착여부	부착(인정)	부 착
보험기간	2024. 1. 1.~2024. 12. 31.	2024. 1. 1.~2024. 12. 31.
운행기록부 사용여부	여	여
출퇴근 사용여부	여	여
총주행거리	25,000km	40,000km
업무사용거리	22,500km	40,000km
취득가액	60,000,000원(부가가치세 포함)	–
감가상각비	12,000,000원	–
임차료(렌트료)	–	12,000,000원(부가가치세 포함)
유류비	5,000,000원(부가가치세 포함)	3,600,000원(부가가치세 포함)
보험료	1,500,000원	–
자동차세	780,000원	–

(1) 문제분석

① [제네시스(12구2588) 관련 비용에 대한 세무조정]

1단계 업무용승용차의 감가상각 시부인

- 회사계상액 : 12,000,000원
- 상각범위액 : 60,000,000원[1] × 1/5 = 12,000,000원

  [1] 비영업용 소형승용차 관련 매입세액은 매입세액 불공제분이므로 부가가치세 포함 금액이 장부상 취득원가로 계상됨

- 세무조정 : 없음

2단계 업무용승용차 관련 비용 중 업무외사용금액

- 업무용승용차 관련 비용 : 감가상각비 + 유류비 + 보험료 + 자동차세
  = (12,000,000 ± 0)[1] + 5,000,000[2] + 1,500,000 + 780,000
  = 19,280,000원

  [1] 1단계 세무조정(5년, 정액법)이 반영된 금액
  [2] 비영업용 소형승용차 관련 매입세액은 매입세액 불공제분이므로 부가가치세 포함 금액이 장부상 비용으로 계상됨

- 업무사용비율 : $\dfrac{22,500km}{25,000km}$ = 90%
- 업무외사용금액 : 19,280,000원 × (100% − 90%) = 1,928,000원
- 세무조정 : <손금불산입> 1,928,000 (상여)

3단계 업무용승용차의 감가상각비 한도초과액

- 업무사용금액 중 감가상각비 : (12,000,000 ± 0) × 90% = 10,800,000원[1]

  [1] 1단계 세무조정(5년, 정액법)과 2단계 세무조정(업무외사용금액)이 반영된 금액

- 한도액 : 8,000,000원
- 한도초과액 : 2,800,000원
- 세무조정 : <손금불산입> 2,800,000 (유보)

② [말리부(35허1566) 관련 비용에 대한 세무조정]

1단계 업무용승용차의 감가상각 시부인

- 회사계상액 : 0원
- 상각범위액 : 0원(∵ 렌트한 차량이므로)
- 세무조정 : 없음

2단계 업무용승용차 관련 비용 중 업무외사용금액

- 업무용승용차 관련 비용 : 렌트료 + 유류비
  = 12,000,000[1] + 3,600,000[1]
  = 15,600,000원

  [1] 비영업용 소형승용차 관련 매입세액은 매입세액 불공제분이므로 부가가치세 포함 금액이 장부상 비용으로 계상됨

- 업무사용비율 : $\dfrac{40,000km}{40,000km}$ = 100%
- 업무외사용금액 : 15,600,000원 × (100% − 100%) = 0원
- 세무조정 : 없음

3단계 업무용승용차의 감가상각비 한도초과액

- 업무사용금액 중 감가상각비 : 8,400,000원[1] × 100% = 8,400,000원

  [1] 임차료 중 법 소정 산식에 따라 계산한 감가상각비 상당액
  = 렌트료 × 70% = 12,000,000원 × 70% = 8,400,000원

- 한도액 : 8,000,000원
- 한도초과액 : 400,000원
- 세무조정 : <손금불산입> 400,000 (기타사외유출)[1]

  [1] 임차료 중 감가상각비 상당액인 경우 소득처분 : 기타사외유출

(2) 입력방법

1단계 [업무용승용차관련비용명세서] 메뉴에서 화면상단에 있는 ⓣ 업무용승용차등록 실행 을 클릭한 다음, [업무용승용차등록] 보조창에서 등록사항을 새로 입력하거나 또는 이미 입력되어 있는 내용을 확인

① '12구2588 제네시스'에 대하여 입력되어 있는 고정자산계정과목, 취득일자, 경비구분, 사용자 직책, 임차여부, 보험가입여부, 보험기간, 운행기록부 사용여부, 출퇴근사용여부란을 확인한다.

② '35허1566 말리부'에 대하여 입력되어 있는 취득일자, 경비구분, 사용자 직책, 임차여부, 임차기간, 보험가입여부, 보험기간, 운행기록부 사용여부, 출퇴근사용여부란을 확인한다.

2단계 [업무용승용차관련비용명세서] 메뉴에서 화면상단에 있는 F12새로 불러오기(또는 Ctrl + F12)를 클릭한 다음, 세무조정에 필요한 정보를 입력

③ 화면 왼쪽에서 '12구2588 제네시스'를 선택한다.

코드	차량번호	차종	임차	보험(율)	운행기록	번호판	월수
0101	12구2588	제네시스	자가	여 (100%)	여	여	12

④ 총주행거리(25,000㎞), 업무용 사용거리(22,500㎞), 취득가액(60,000,000원), 감가상각비(12,000,000원), 유류비(5,000,000원), 보험료(1,500,000원), 자동차세(780,000원)를 입력한다.

▶ "(8) 취득가액"란에는 "세법상 취득가액"[1]을 입력한다.

[1] = 기말 재무상태표상 취득가액 + (당기 즉시상각의제 + 전기·그 이전의 즉시상각의제)

▶ "(11) 감가상각비"란에는 "1단계 세무조정(5년, 정액법)이 반영된 금액"을 입력한다.

참고 [업무용승용차관련비용명세서] 메뉴에서는 '(2단계) 업무외사용금액'과 '(3단계) 감가상각비 800만 원 한도초과'에 대한 세무조정 정보만 표시되므로, '(1단계) 5년 정액법 강제상각'에 대한 세무조정이 있는 경우라면 동 세무조정이 반영된 금액을 입력하여야 한다는 점에 주의해야 한다.

⑤ "(29) 업무외사용금액 – 합계"란이 "1,928,000"이고, "(30) 감가상각비(상당액) 한도초과금액"란이 "2,800,000"임을 확인한다.

◆ ④~⑤ 입력결과 화면은 아래와 같다.

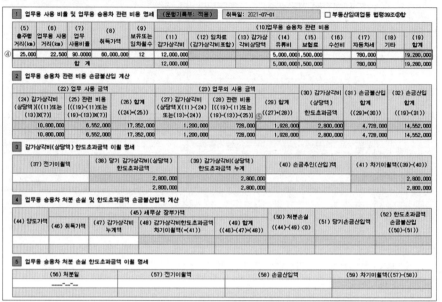

⑥ 화면 왼쪽에서 '35허1566 말리부'를 선택한다.

코드	차량번호	차종	임차	보험(율)	운행기록	번호판	월수
0100	35허1566	말리부	렌트 여 (100%)	여	여	12

⑦ 총주행거리(40,000km), 업무용 사용거리(40,000km), 임차료(12,000,000원), 유류비(3,600,000원)를 입력한다.

▶ "(12) 임차료(감가상각비 포함)"란에 "12,000,000"을 입력하면 "(13) 감가상각비 상당액"란에 "8,400,000"[1]이 자동으로 계산되어 표시된다.

[1] 임차료 중 법 소정 산식에 따라 계산한 감가상각비 상당액
 = 렌트료 × 70% = 12,000,000원 × 70% = 8,400,000원

⑧ "(29) 업무외사용금액 - 합계"란이 "0"이고, "(30) 감가상각비(상당액) 한도초과금액"란이 "400,000"임을 확인한다.

◐ ⑦~⑧ 입력결과 화면은 아래와 같다.

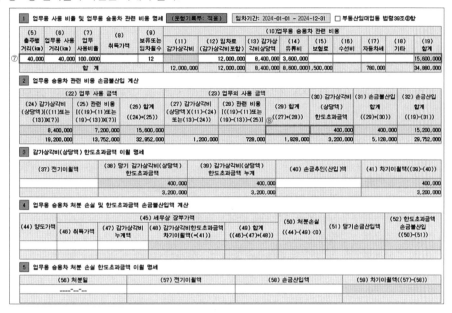

3단계 [조정등록] 입력

⑨ 화면상단에 있는 F3 조정등록 (또는 F3)을 클릭한 후, 세무조정 사항을 다음과 같이 입력한다.

· <손금불산입> 업무용승용차 업무미사용 1,928,000 (상여)
· <손금불산입> 업무용승용차 감가상각비 한도초과 2,800,000 (유보 발생)
· <손금불산입> 업무용승용차 감가상각비 한도초과 400,000 (기타사외유출)

익금산입 및 손금불산입			손금산입 및 익금불산입		
과 목	금 액	소득처분	과 목	금 액	소득처분
⑨ 업무용승용차업무미사용	1,928,000	상여			
업무용승용차감가상각비한도초과	2,800,000	유보발생			
업무용승용차감가상각비한도초과	400,000	기타사외유출			
합 계	5,128,000		합 계		

* 본서에 수록된 기출문제의 날짜는 학습효과를 높이기 위하여 일부 수정함

01 ㈜칠칠기업(회사코드 : 3177)은 전자부품을 생산하고 제조·도매업을 영위하는 중소기업이며, 당해 사업연도(제9기)는 2024. 1. 1.~2024. 12. 31.이다. 법인세무조정메뉴를 이용하여 재무회계 기장자료와 제시된 보충자료에 의하여 당해 사업연도의 세무조정을 하시오.

[제77회]

[작성대상서식]

1. 선급비용명세서
2. 퇴직급여충당금조정명세서
3. 업무무관부동산등에관련한차입금이자조정명세서
4. 소득금액조정합계표
5. 가산세액계산서, 법인세과세표준및세액조정계산서

---

(1) 다음의 자료를 이용하여 [선급비용명세서]를 작성하고 세무조정을 하시오.

구 분	상 호	납입액	보험기간	비 고
공장 화재보험	차이나리 손해보험	2,183,000원	2024년 2월 1일 ~2025년 1월 31일	장부에 선급비용 184,898원 계상
공장 자동차보험	근대해상화재	1,750,000원	2024년 8월 1일 ~2025년 7월 31일	–
본사 자동차보험	삼정화재	2,100,000원	2024년 4월 1일 ~2025년 3월 31일	–

<자본금과 적립금조정명세서(을)>(2023년)

과 목	기초 잔액	감 소	증 가	기말 잔액
선급비용			671,000원	671,000원

※ 전기분 선급비용 671,000원이 당기에 도래하였다.

01 (1) ▶ 관련 이론 | 익금과 손금 p.136

해 설 ① 문제분석

· 당기 선급비용에 대한 세무조정

구 분	시작일	종료일	지급액	선급비용	회사계상액	조정대상금액
공장 화재보험	2024. 2. 1.	2025. 1. 31.	2,183,000	184,898[1]	184,898	–
공장 자동차보험	2024. 8. 1.	2025. 7. 31.	1,750,000	1,016,438[2]	0	1,016,438[4]
본사 자동차보험	2024. 4. 1.	2025. 3. 31.	2,100,000	517,808[3]	0	517,808[5]

[1] $2{,}183{,}000원 \times \dfrac{31일(2025. 1. 1.\sim2025. 1. 31.)}{366일(2024. 2. 1.\sim2025. 1. 31.)} = 184{,}898원$

[2] $1{,}750{,}000원 \times \dfrac{212일(2025. 1. 1.\sim2025. 7. 31.)}{365일(2024. 8. 1.\sim2025. 7. 31.)} = 1{,}016{,}438원$

[3] $2{,}100{,}000원 \times \dfrac{90일(2025. 1. 1.\sim2025. 3. 31.)}{365일(2024. 4. 1.\sim2025. 3. 31.)} = 517{,}808원$

[4] 세무조정 : <손금불산입> 선급비용 1,016,438 (유보)

[5] 세무조정 : <손금불산입> 선급비용 517,808 (유보)

· 전기 선급비용에 대한 세무조정 : <손금산입> 전기 선급비용 671,000 (△유보)

② 입력방법

[선급비용명세서] 메뉴에서

· 화면 상단에 있는 F4 계정구분등록 (또는 F4)을 클릭하고 보조창에서 "선급 보험료"의 기간계산원칙이 "양편산입[1]"임을 확인한다.

[1] ∵ 시작일과 종료일을 모두 포함하여 일수를 계산하고자 하는 상황이므로

· 선급비용 계산에 필요한 정보를 "계정구분", "거래내용[1]", "거래처[2]", "시작일", "종료일", "지급액", "회사계상액"란에 입력하고, "조정대상금액"의 합계가 "1,534,246"임을 확인한다.

[1] "거래내용"란은 공란으로 두어도 정답으로 인정

[2] "거래처"란에 커서를 놓고 코드(또는 F2)를 클릭한 후, 해당 거래처를 검색하여 입력

· 화면 상단에 있는 F3 조정등록 (또는 F3)을 클릭한 후, 세무조정사항을 다음과 같이 입력하고, "손금불산입 세무조정 금액 합계"가 "1,534,246"임을 확인한다.

익금산입 및 손금불산입			손금산입 및 익금불산입		
과 목	금 액	소득처분	과 목	금 액	소득처분
선급비용(보험료) 과소계상	1,016,438[1]	유보 발생	전기 선급비용 (보험료) 과소계상	671,000	유보 감소
선급비용(보험료) 과소계상	517,808[1]	유보 발생			

[1] 두 금액을 하나로 합산하여 "1,534,246"으로 입력하여도 정답 인정

정답화면

	계정구분	거래내용	거래처	대상기간 시작일	대상기간 종료일	지급액	선급비용	회사계상액	조정대상금액
□	선급 보험료	공장 화재보험	차이나리손해보험	2024-02-01	2025-01-31	2,183,000	184,898	184,898	
□	선급 보험료	공장 자동차보험	근대해상화재	2024-08-01	2025-07-31	1,750,000	1,016,438		1,016,438
□	선급 보험료	본사 자동차보험	삼정화재	2024-04-01	2025-03-31	2,100,000	517,808		517,808
□									
	합 계					6,033,000	1,719,144	184,898	1,534,246

(2) 다음의 자료를 이용하여 [퇴직급여충당금조정명세서]를 작성하고, 관련된 세무조정을 하시오.

- 퇴직급여충당부채 내역

전기이월	기말 잔액	당기지급액	당기설정액
48,000,000원	51,000,000원	35,000,000원	38,000,000원

· 전기이월 중에는 세무상 한도초과액 3,000,000원이 포함되어 있다.
· 당기 지급액은 모두 현실적 퇴직으로 발생한 것이다.

- 급여내역

구 분	총급여액	
	인 원	금 액
급여(판)	21	500,000,000원
상여(판)	21	250,000,000원
임금(제)	42	1,020,000,000원
상여(제)	42	330,000,000원
계	63	2,100,000,000원

· 급여(판)에는 영업부 소속 근속기간이 1년 미만인 3명의 급여 30,000,000원이 포함되어 있다.
· 상여(판)에는 영업부 소속 근속기간이 1년 미만인 3명의 상여 20,000,000원이 포함되어 있다.

- 기타 사항
  · 사업연도 종료일 현재 퇴직급여 지급대상 임원 및 사용인(총 60명)에 대한 퇴직금추계액은 400,000,000원이고, 보험수리적 퇴직급여추계액은 350,000,000원이다.
  · 영업이사에게 지급한 상여금 중 10,000,000원은 정관상 급여지급기준을 초과한 것이다.
  · 당사의 퇴직금지급규정상 1년 미만 근속자에게는 퇴직금을 지급하지 않는다.
  · 당사는 퇴직연금에 가입한 적이 없다.

(2)
▶ 관련 이론 | 퇴직급여충당금 p.60

해 설 ① 문제분석

• 장부상 퇴직급여충당금의 총계정원장

퇴직급여충당금

xx/xx 지급	35,000,000	1/1 기초	48,000,000	(세법상 전기이월 부인액 : 3,000,000)
12/31 기말	51,000,000	12/31 추가설정	38,000,000	
	86,000,000		86,000,000	

• 당기 퇴직금 지급액에 대한 세무조정 : 없음

• 임원상여금 중 급여지급기준 초과 지급액에 대한 세무조정
  <손금불산입> 임원상여금 한도초과액 10,000,000 (상여)

• 퇴직급여충당금 설정에 대한 세무조정

장부상 추가설정액	38,000,000원
손금산입 한도	Min[㉠ 총급여액 기준, ㉡ 추계액 기준] = 0원 ㉠ 2,040,000,000[1] × 5% = 102,000,000원 ㉡ (400,000,000[2] × 0%) − 10,000,000[3] + 0 　 = △10,000,000(→ 0)원
한도초과액	38,000,000원
세무조정	<손금불산입> 퇴직급여충당금 38,000,000 (유보)

[1] 당기에 지급한 총급여액
  = 2,100,000,000(총급여액) − 50,000,000(1년 미만자) − 10,000,000(손금 인정되지 않는 인건비)
  = 2,040,000,000원

[2] 퇴직급여추계액
  = Max[400,000,000(회사 지급규정), 350,000,000(보험수리기준)] = 400,000,000원

[3] 세법상 기 설정 퇴직급여충당금
  = (당기 추가설정 전) 장부상 퇴직급여충당금 − (당기 추가설정 전) 퇴직급여충당금 부인액
  = (48,000,000 − 35,000,000) − (유보 3,000,000)
  = 10,000,000원

• 장부 및 세법상 퇴직급여충당금 증감 내역 분석

구 분	장 부	부인액	세 법
기초	48,000,000	유보 3,000,000	45,000,000
(−)감소	35,000,000	0	35,000,000
(+)증가	38,000,000	유보 38,000,000	0
(=)기말	51,000,000	유보 41,000,000	10,000,000

② 입력방법

[퇴직급여충당금조정명세서] 메뉴에서

· 화면 상단에 있는 F12 불러오기 를 클릭하고 보조창에서 예(Y) 를 클릭하여, [회계관리] 모듈에 입력되어 있는 총급여액 정보를 불러온다.

· "① 2. 총급여액 및 퇴직급여추계액 명세"에 있는 총급여액 정보를 다음과 같이 수정하고, "19."의 합계 금액이 "2,040,000,000"임을 확인한다.

계정과목명	17. 총급여액		18. 대상 아닌 급여액		19. 대상 급여액	
	인 원	금 액	인 원	금 액	인 원	금 액
임금(제조)	42	1,020,000,000			42	1,020,000,000
상여금(제조)		330,000,000				330,000,000
급여(판관비)	21	500,000,000	3	30,000,000	18	470,000,000
상여금(판관비)		240,000,000[1]		20,000,000		220,000,000
합 계	63	2,090,000,000	3	50,000,000	60	2,040,000,000

[1] = 250,000,000 − 10,000,000(임원상여금 한도초과액)

· "② 퇴직금추계액명세서"에 있는 인원과 추계액을 "20. 기말 현재 임원 또는 직원 전원의 퇴직시 퇴직급여추계액"란에 "60 – 400,000,000"을, "21. (근로퇴직급여보장법)에 따른 추계액"란에 "60 – 350,000,000"을 입력한다.

· "③ 1. 퇴직급여충당금 조정"에 있는 "4. 장부상 충당금 기초잔액"란에 "48,000,000"을, "7. 기초 충당금 부인누계액"란에 "3,000,000"을, "8. 기중 퇴직금 지급액"란에 "35,000,000"을, "15. 회사 계상액"란에 "38,000,000"을 입력하고, "16. 한도초과액"이 "38,000,000"임을 확인한다.

· 화면 상단에 있는 F3 조정등록 (또는 F3)을 클릭한 후, 세무조정사항을 다음과 같이 입력한다.

익금산입 및 손금불산입			손금산입 및 익금불산입		
과 목	금 액	소득처분	과 목	금 액	소득처분
임원상여금 한도초과	10,000,000	상 여			
퇴직급여충당금 한도초과	38,000,000	유보 발생			

정답화면

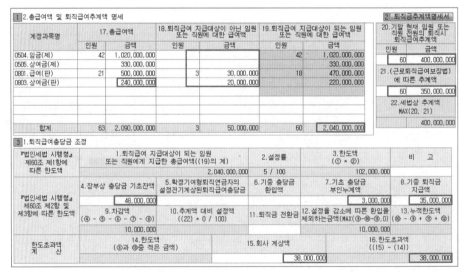

(3) 다음 자료에 의하여 [업무무관부동산등에관련한차입금이자조정명세서](갑),(을)을 작성하고, 필요한 세무조정을 소득금액조정합계표에 반영하시오.

- 차입금 및 이자지급 내역

이자율	지급이자	차입금	비 고
연 15%	1,500,000원	10,000,000원	채권자 불분명의 사채이자 (원천징수세액 : 231,000원)
연 5%	1,000,000원	20,000,000원	미완공 건물신축에 사용
연 6%	1,800,000원	30,000,000원	일반 차입금

※ 회사는 발생한 이자를 전액 손익계산서상에 이자비용으로 계상하였다.

- 당기말 현재 대여금 잔액 및 내역

구 분	내 용	잔 액	대여일
김대표	소득의 귀속이 불분명하여 대표자에게 소득처분한 금액에 대한 소득세를 법인이 납부하고 이를 가지급금으로 계상한 금액	5,000,000원	2월 15일
이대리	업무무관	40,000,000원	10월 15일

- 연일수는 366일이다.

(3)

▶ 관련 이론 | 지급이자 p.88, 92

해 설　① 문제분석

· 업무무관 가지급금 적수 계산

일 자	적 요	차 변	대 변	잔 액	기 간	일 수	적 수
10/15	대 여	40,000,000		40,000,000	10. 15.~12. 31.	78일	3,120,000,000
합 계		40,000,000				78일	3,120,000,000

· 차입금 적수 계산

구 분	금 액	일 수	차입금 적수	이자율	이자비용
일반차입금	30,000,000	366일	10,980,000,000[1]	연 6%	1,800,000
합 계			10,980,000,000		1,800,000

[1] 차입금 적수 × 6% ÷ 366일 = 1,800,000원
∴ 차입금 적수 = 10,980,000,000원

· 업무무관자산 등에 대한 지급이자 계산

$$= 지급이자 \times \frac{업무무관 \ 가지급금 \ 적수}{차입금 \ 적수}$$

$$= 1,800,000 \times \frac{Min[⊙ \ 3,120,000,000, ⓒ \ 10,980,000,000]}{10,980,000,000}$$

= 511,475원(원 단위 미만 절사)

· 세무조정
· <손금불산입> 채권자 불분명 사채이자(원천세 제외) 1,269,000 (대표자 상여)
· <손금불산입> 채권자 불분명 사채이자(원천세) 231,000 (기타사외유출)
· <손금불산입> 건설자금이자 1,000,000 (유보)
· <손금불산입> 업무무관자산 등에 대한 지급이자 511,475 (기타사외유출)

② 입력방법

[업무무관부동산등에관련한차입금이자조정명세서] 메뉴에서

- [1. 적수입력(을)] 탭을 선택한 후, [3. 가지급금] 탭을 선택하고, "월일"란에 "10월 15일"을 입력한 후, ┌적요수정┐을 클릭하여 타이핑하거나 화면 하단의 안내(┌1.전기이월, 2.지급, 3.회수┐)에 따라 해당 항목을 선택하여 "적요"란을 입력하고, "차변"란에 "40,000,000"을 입력한다.

- [2. 지급이자 손금불산입(갑)] 탭을 선택한 후, "① 2. 지급이자 및 차입금 적수 계산"에 있는 "이자율"란 및 "지급이자"란에 채권자 불분명의 사채이자 내역 "15% – 1,500,000", 미완공 건물신축 사용분 내역 "5% – 1,000,000", 일반 차입금 내역 "6% – 1,800,000"을 각각 입력하고, 채권자 불분명의 사채이자 내역에 대하여 "채권자불분명 사채이자 – 지급이자"란에 "1,500,000", 미완공 건물신축 사용분 내역에 대하여 "건설자금이자 – 지급이자"란에 "1,000,000"을 각각 입력한다.

- "② 1. 업무무관부동산 등에 관련한 차입금 지급이자"에 있는 "① 지급이자"가 "1,800,000"임을 확인하고, "⑥ 차입금(적수)"이 "10,980,000,000"임을 확인하고, "⑧ 손금불산입 지급이자"가 "511,475"임을 확인한다.

- 화면 상단에 있는 ┌F3 조정등록┐(또는 F3)을 클릭한 후, 세무조정사항을 다음과 같이 입력한다.

익금산입 및 손금불산입			손금산입 및 익금불산입		
과 목	금 액	소득처분	과 목	금 액	소득처분
채권자 불분명 사채이자(원천세 제외)	1,269,000	상 여			
채권자 불분명 사채이자(원천세)	231,000	기타사외유출			
건설자금이자[1]	1,000,000	유보 발생			
업무무관자산지급이자	511,475	기타사외유출			

[1] 프로그램에 등록되어 있는 조정과목에는 적절한 항목이 없으므로, ┌직접입력┐ 또는 ┌계정코드도움(F2)┐을 클릭하여 과목란에 적절한 내용을 입력하면 됨

정답화면
- [1. 적수입력(을)] 탭 ▶ [3. 가지급금]

- [2. 지급이자 손금불산입(갑)] 탭

(4) 다음의 자료를 이용하여 소득금액조정합계표를 완성하시오.

> 재무상태표 및 손익계산서에는 다음과 같은 계정과목이 포함되어 있다.
>
> | 계정과목 | 금 액 | 비 고 |
> |---|---|---|
> | 전기오류수정이익 | 3,000,000원 | 영업외수익에 포함된 것으로서 전기 법인세 과다납부분을 환급받은 것이다. |
> | 감가상각비 | 15,000,000원 | 세법상의 감가상각범위액은 20,000,000원이며 전기 감가상각부인액이 6,000,000원이 있다. |
> | 국고보조금 | 10,000,000원 | 회사는 정부로부터 국고보조금 10,000,000원을 지원받았으며 이를 자본조정계정으로 회계처리하였다. 동 국고보조금은 압축기장충당금이나 일시상각충당금 설정대상이 아니다. (상환의무가 없음) |

---

(4)
▶ 관련 이론 | 감가상각비 p.44, 익금과 손금 p.131

해　설　① 문제분석
- 전기 법인세 환급분

B	(차) 보통예금	3,000,000	(대) 전기오류수정이익 (영업외수익)	3,000,000
T	(차) 보통예금	3,000,000	(대) 기타	3,000,000
T/A	<익금불산입> 전기 법인세 환급분　3,000,000 (기타)			

- 감가상각 시부인

회사계상액	15,000,000원
상각범위액	20,000,000원
(시인부족액)	(5,000,000)원
손금추인액	Min[㉠ 당기 시인부족액, ㉡ 전기이월 상각부인액] = Min[㉠ 5,000,000, ㉡ 6,000,000] = 5,000,000원
세무조정	<손금산입> 전기 감가상각비 한도초과　5,000,000 (△유보)

- 국고보조금

B	(차) 보통예금	10,000,000	(대) 국고보조금(자본조정)[1] 10,000,000
T	(차) 보통예금	10,000,000	(대) 수익(익금)	10,000,000
T/A	<익금산입> 국고보조금 10,000,000 (기타)		

[1] 현행 기업회계기준에 부합하지 않는 회계처리임

참고 정부보조금 수취분에 대한 기업회계기준과 법인세법상의 처리

구 분	기업회계기준	법인세법
수익 관련 보조금	수 익	익 금
자산 관련 보조금	해당 자산의 차감계정 → 감가상각비(비용) 차감	압축기장충당금·일시상각충당금을 사용하여 T/A → 각 사업연도 소득금액 = 장부상 당기순이익

② 입력방법

[소득금액조정합계표및명세서] 메뉴에서

- 화면 상단에 있는 F7 원장조회 (또는 F7)를 클릭한 후 "전기오류수정이익(영업외수익)", "감가상각비(판관비)", "국고보조금(자본조정)" 계정과목을 선택하면, 각 계정과목의 일자별 원장 내용을 확인할 수 있고[1], 해당 원장을 더블 클릭하면 전표입력 내용까지 확인할 수 있다.

[1] [회계관리] 모듈에 있는 [합계잔액시산표] 메뉴를 열어서 기간을 12월 31일로 입력한 후, 해당 계정과목을 더블 클릭하여도 동일한 내용을 확인할 수 있음

▶ 전기오류수정이익(영업외수익) - 4월 30일

	월	일	번호	구분	계정과목	거래처	차변	대변	적요	카드등
1	4	30	00004	차변	0103 보통예금	98000 신한은행	3,000,000		법인세과다납부환급	
2	4	30	00004	대변	0912 전기오류수정이익	신한은행		3,000,000	법인세과다납부환급	

▶ 감가상각비(판관비), 감가상각누계액(차량운반구) - 12월 31일

	월	일	번호	구분	계정과목	거래처	차변	대변	적요	카드등
1	12	31	00216	결차	0818 감가상각비		15,000,000			
2	12	31	00216	결대	0209 감가상각누계액			15,000,000		

▶ 국고보조금(자본조정) - 10월 10일

	월	일	번호	구분	계정과목	거래처	차변	대변	적요	카드등
1	10	10	00003	차변	0103 보통예금	98000 신한은행	10,000,000		일시 국고보조금	
2	10	10	00003	대변	0384 국고보조금			10,000,000	정부사업 국고보조금 수령	

- 메뉴 화면에 세무조정사항을 다음과 같이 입력한다.

익금산입 및 손금불산입			손금산입 및 익금불산입		
과 목	금 액	소득처분	과 목	금 액	소득처분
국고보조금[1]	10,000,000	기 타	전기오류수정이익[1]	3,000,000	기 타
			전기 감가상각비 한도초과[1]	5,000,000	유보 감소

[1] 프로그램에 등록되어 있는 조정과목에는 적절한 항목이 없으므로, 화면 상단에 있는 F6 직접입력 (또는 F6)을 클릭하거나 코드 (또는 F2)를 클릭하여 과목란에 적절한 내용을 입력하면 됨

(5) 다음의 자료를 이용하여 법인세법상 [가산세액계산서]를 작성하고 [법인세과세표준및세액조정계산서]에 반영하시오.

> - 1기 확정 부가가치세 신고 시 누락한 매출세금계산서(공급가액 : 50,000,000원, 부가세 별도) 발급분을 반영하여 2024년 10월 5일 수정신고하였다.
> - 장부에는 매출액으로 반영되어 있으나 2기 확정 부가가치세 신고 시 제출 누락한 매출계산서(공급가액 : 20,000,000원)를 아직 미발급한 상태이다.
> - 올해 7월분 일용근로소득지급명세서(임금총액 : 160,000,000원)를 올해 12월 20일 제출하였다.
> - 당사가 지출한 경비(소모품비) 중 건당 3만 원 초과 금액으로서 정규증빙자료를 수취하지 못한 금액 10,000,000원이 있다.

정답 및 해설

(5)
해 설

▶ 관련 이론 | 신고와 납부 p.177

① 문제분석
- 매출세금계산서 발급분에 대한 부가가치세 수정신고와 관련된 가산세는 해당 부가가치세 신고서에 이미 반영되었으므로 법인세법상 가산세액계산서에는 이를 기재하지 않는다.

- 계산서 미발급 가산세 = 공급가액 × 2%
  = 20,000,000원 × 2% = 400,000원

- 일용근로소득의 지급명세서 제출불성실 가산세 = 미제출분 지급금액 × 0.25%
  = 160,000,000원 × 0.25% = 400,000원

- 적격증명서류 수취불성실 가산세 = 적격증명서류 미수취 금액 × 2%
  = 10,000,000원 × 2% = 200,000원

② 입력방법

1단계 [가산세액계산서] 메뉴에서
- [미제출가산세] 탭을 선택한 후, "지출증명서류" 라인에 있는 "기준금액"란에 "10,000,000"을 입력하고 "가산세액"이 "200,000"임을 확인한다.

- "지급명세서 – 법인세법 제75의7① (일용근로) – 미제출금액" 라인에 있는 "기준금액"란에 "160,000,000"을 입력하고 "가산세율"란에 "25/10,000"을 선택하여 입력한 후, "가산세액"이 "400,000"임을 확인한다.[1]

  [1] 프로그램 업데이트 미비로 인하여 가산세율란에서 나타나는 선택항목에 "25/10,000"이 없을 경우에는, "가산세액"란에 "400,000"을 직접 입력한다.

- "계산서 – 계산서미발급" 라인에 있는 "기준금액"란에 "20,000,000"을 입력하고 "가산세율"란에 "2/100"를 선택하여 입력한 후, "가산세액"이 "400,000"임을 확인한다.

- "합계" 라인에 있는 "가산세액"이 "1,000,000"임을 확인한다.

2단계 [법인세과세표준및세액조정계산서] 메뉴에서
- "124. 가산세액"란에 "1,000,000"을 입력한다.[1]

  [1] [가산세액계산서] 메뉴에서 해당 내용을 입력하고 화면 상단에 있는 F11저장(또는 F11)을 클릭한 후, [법인세과세표준및세액조정계산서] 메뉴에서 화면 상단에 있는 F12 불러오기(또는 F12)를 클릭하여도 정답으로 인정

정답화면   1단계   [가산세액계산서] 메뉴

| 신고납부가산세 | 미제출가산세 | 토지등양도소득가산세 | 미환류소득 |

구분		계산기준	기준금액	가산세율	코드	가산세액
지출증명서류		미(허위)수취금액	10,000,000	2/100	8	200,000
지급	미(누락)제출	미(누락)제출금액		10/1,000	9	
	불분명	불분명금액		1/100	10	
	상증법 82조 1 6	미(누락)제출금액		2/1,000	61	
		불분명금액		2/1,000	62	
	상증법 82조 3 4	미(누락)제출금액		2/10,000	67	
명세서		불분명금액		2/10,000	68	
	법인세법 제75의7①(일용근로)	미제출금액	160,000,000	25/10,000	96	400,000
		불분명등		25/10,000	97	
	법인세법 제75의7①(간이지급명세서)	미제출금액		25/10,000	102	
		불분명등		25/10,000	103	
소 계					11	400,000
주식등변동 상황명세서	미제출	액면(출자)금액		10/1,000	12	
	누락제출	액면(출자)금액		10/1,000	13	
	불분명	액면(출자)금액		1/100	14	
소 계					15	
주주등명세서	미(누락)제출	액면(출자)금액		5/1,000	69	
	불분명	액면(출자)금액		5/1,000	73	
소 계					74	
계산서	계산서미발급	공급가액	20,000,000	2/100	16	400,000
	계산서지연발급 등	공급가액		1/100	94	
	계산서가공(위장)수수	공급가액		2/100	70	
	계산서불분명	공급가액		1/100	17	
전자계산서	미전송	공급가액		5/1,000	93	
	지연전송	공급가액		3/1,000	92	
계산서합계표	미제출	공급가액		5/1,000	18	
	불분명	공급가액		5/1,000	19	
세금계산서합계표	미제출	공급가액		5/1,000	75	
	불분명	공급가액		5/1,000	76	
소 계					20	400,000
기부금	영수증허위발급	발급금액		5/100	24	
	발급명세미작성(보관)	대상금액		2/1,000	25	
소 계					26	
신용카드 및 현금영수증	발급거부 (불성실)	거부(발급)금액		5/100	38	
		건 수		5,000원	39	
소 계					40	
	현금영수증 가맹점미가입	미가맹일수		10/1,000	41	
		수입금액				
	현금영수증미발급	미발급금액		20/100	98	
세금우대자료 미제출.불분명		건 수		2,000	77	
유보소득 계산명세	미제출	미제출금액		5/1,000	78	
	불분명	불분명금액		5/1,000	79	
중간예납납부불성실가산세					63	
동업기업 가산세 배분액		배분비율			64	
		배분할금액				
성실신고확인서 미제출		산출세액		5/100	95	
		수입금액		2/10,000	99	
업무용승용차 관리비용 명세서		미제출금액		1/100	100	
		불성실금액		1/100	101	
합 계					21	1,000,000

2단계   [법인세과세표준및세액조정계산서] 메뉴

④ 납부할세액계산	120.산 출 세 액 (120=119)			
	121.최저한세 적용 대상 공제 감면 세액	17		
	122.차 감 세 액	18		
	123.최저한세 적용 제외 공제 감면 세액	19		
	124.가 산 세 액	20	1,000,000	
	125.가 감 계(122-123+124)	21	1,000,000	
	기한내납부세액 126.중 간 예 납 세 액	22		
	127.수 시 부 과 세 액	23		
	128.원 천 납 부 세 액	24		
	129.간접 회사등 외국 납부세액	25		
	130.소 계(126+127+128+129)	26		
	131.신 고 납 부 전 가 산 세 액	27		
	132.합 계 (130+131)	28		
	133.감 면 분 추 가 납 부 세 액	29		
	134.차가감 납부할 세액(125-132+133)	30	1,000,000	

02 ㈜칠오기업(회사코드 : 3175)은 전자기기를 생산하고 제조·도매업을 영위하는 중소기업이며, 당해 사업연도(제18기)는 2024. 1. 1.~2024. 12. 31.이다. 법인세무조정메뉴를 이용하여 재무회계 기장자료와 제시된 보충자료에 의하여 당해 사업연도의 세무조정을 하시오. [제75회]

> **[작성대상서식]**
>
> 1. 수입금액조정명세서, 조정후수입금액명세서
> 2. 세금과공과금명세서
> 3. 가지급금등인정이자조정명세서
> 4. 일반연구및인력개발비명세서
> 5. 법인세과세표준및세액조정계산서

(1) 다음 자료를 이용하여 [수입금액조정명세서]와 [조정후수입금액명세서]를 작성하고 발생 가능한 사항에 대하여 필요한 세무조정을 하시오.

- 손익계산서상의 수익 반영 내역

구 분		업종코드	금액(원)	비 고
매출액	제품매출	292203 (제조/전자응용공작기계)	1,109,000,000	직수출액 9,000,000원 포함
	공사수입금	451104 (건설/건축공사)	1,100,000,000	–
영업외수익 (잡이익)	부산물 매각대	292203 (제조/전자응용공작기계)	1,500,000	–
합 계			2,210,500,000	

- 손익계산서상 누락된 내역

  부가가치세 수정신고서에는 반영되어 있으나 결산서상에는 포함되어 있지 않은 제품매출액은 다음과 같다.

외상매출액	5,500,000원
매출원가	3,000,000원

- 부가가치세법상 과세표준 내역(수정신고서 반영분)

  부가가치세 신고내역은 관련 규정에 따라 적법하게 신고하였으며, 수정신고내역도 정확히 반영되어 있다.

구 분	금액(원)
공사수입금	1,100,000,000
제품매출	1,116,000,000
기계장치 매각	30,000,000
제품매출 선수금	1,000,000
합 계	2,247,000,000

02 (1)

▶ 관련 이론 | 익금과 손금 p.136

해 설 ① 문제분석

· 수입금액 vs 회사의 결산서상 매출액

회사의 결산서상 매출액	2,209,000,000	(= 1,109,000,000 + 1,100,000,000)
+ 부산물 매각대(잡이익)	+ 1,500,000	
+ 제품매출 누락액(외상매출액)	+ 5,500,000	
= 수입금액	= 2,216,000,000	

· 세무조정
· <익금산입> 외상매출금(제품매출) 5,500,000 (유보)
· <손금산입> 제품(제품매출원가) 3,000,000 (△유보)

· 수입금액 vs 부가가치세법상 과세표준

수입금액	2,216,000,000
+ 기계장치 매각	+ 30,000,000
+ 제품매출 선수금	+ 1,000,000[1]
= 부가가치세법상 과세표준	= 2,247,000,000[2]

[1] 기업회계기준상 수익인식시기(제품인도일)와 부가가치세법상 공급시기(선수금 수령액에 대한 선세금계산서 발급일)의 차이

[2] 결산서에 누락되었던 제품매출액(5,500,000원)은 부가가치세 수정신고를 통하여 여기에 포함되어 있음

② 입력방법

1단계 [수입금액조정명세서] 메뉴에서

· [수입금액조정계산] 탭을 선택한 후, "①1. 수입금액 조정계산"에 있는 항목, 계정과목[1], 결산서
상 수입금액란에 "매출 – 제품매출 – 1,109,000,000", "매출 – 공사수입금 – 1,100,000,000",
"영업외수익 – 잡이익 – 1,500,000"을 입력한다.

> [1] 계정과목란을 입력하는 방법 : ㉠ 코드(또는 F2)를 클릭하여 계정과목 검색창을 사용하거나,
> ㉡ F4 매출조회 (또는 F4)를 클릭하여 매출 및 영업외수익 검색창을 사용함

· [기타수입금액조정] 탭을 선택한 후, "②2. 수입금액 조정명세"에 있는 구분란에 "제품매출[1]"
을, 수입금액란에 "5,500,000"을, 대응원가란에 "3,000,000"을 입력한다.

> [1] 구분란을 입력할 때 코드(또는 F2)를 클릭한 후 계정과목 검색창을 사용하여 입력하면, 해당 조정
> 내용이 [수입금액조정계산] 탭에 자동으로 반영됨

· [수입금액조정계산] 탭을 선택한 후, "②2. 수입금액조정명세"에 있는 "다. 기타 수입금액"란에
"(+)5,500,000"이 자동 반영되어 있는지를 확인하고, "① 수입금액 조정계산"에 있는 조정란
의 가산란에 "5,500,000"이 자동 반영되어 있는지를 확인하거나 또는 직접 입력한다.

· "조정 후 수입금액"의 계 금액이 "2,216,000,000"임을 확인한다.

· 화면 상단에 있는 F3 조정등록 (또는 F3)을 클릭한 후, 세무조정사항을 다음과 같이 입력한다.

익금산입 및 손금불산입			손금산입 및 익금불산입		
과 목	금 액	소득처분	과 목	금 액	소득처분
외상매출금누락	5,500,000	유보 발생	매출원가과소	3,000,000	△유보 발생[1]

> [1] "유보 발생"으로 표시됨

2단계 [조정후수입금액명세서] 메뉴에서

· [업종별 수입금액 명세서] 탭을 선택한 후, 기준(단순)경비율번호, 수입금액계정조회, 국내생산
품, 수입상품, 수출란에 "292203 – 1,116,000,000[1] – 1,107,000,000[2] – 0 – 9,000,000",
"451104 – 1,100,000,000 – 1,100,000,000 – 0 – 0"을 입력하고, 03순번 라인에 있는
"1,500,000"을 Space bar 를 사용하거나 ⊗ 삭제 (또는 F5)를 클릭하여 삭제한다.

> [1] = 1,109,000,000 + 5,500,000 + 1,500,000
> [2] = (1,109,000,000 + 5,500,000 + 1,500,000) – 9,000,000

· [과세표준과 수입금액 차액검토] 탭을 선택한 후, 부가가치세 신고 내역보기 를 클릭하여 신고된 부가
가치세 과세표준을 불러온 다음[1], "고정자산매각액[25]"란에 "30,000,000", "거래(공급)시기
차이가산[29]"란에 "1,000,000(비고 : 선수금)[2]"을 입력한다.

> [1] 보조창에서 해당 신고내역을 선택하여 확인(Enter)을 클릭
> [2] "비고"란은 공란으로 두어도 정답으로 인정

· "(13) 차액과 (17) 차액계의차이금액"이 "0(영)"임을 확인한다.

정답화면   1단계   • [수입금액조정명세서] 메뉴에서 [수입금액조정계산] 탭

| 수입금액조정계산 | 작업진행률에 의한 수입금액 | 중소기업 등 수입금액 인식기준 적용특례에 의한 수입금액 | 기타수입금액조정 |

1. 수입금액 조정계산

	계정과목		③결산서상 수입금액	조정		⑥조정후 수입금액 (③+④-⑤)	비 고
	①항 목	②계정과목		④가 산	⑤차 감		
1	매 출	제품매출	1,109,000,000	5,500,000		1,114,500,000	
2	매 출	공사수입금	1,100,000,000			1,100,000,000	
3	영업외수익	잡이익	1,500,000			1,500,000	
	계		2,210,500,000	5,500,000		2,216,000,000	

2. 수입금액조정명세
가. 작업 진행률에 의한 수입금액
나. 중소기업 등 수입금액 인식기준 적용특례에 의한 수입금액

다. 기타 수입금액		5,500,000
계		5,500,000

• [수입금액조정명세서] 메뉴에서 [기타수입금액조정] 탭

| 수입금액조정계산 | 작업진행률에 의한 수입금액 | 중소기업 등 수입금액 인식기준 적용특례에 의한 수입금액 | 기타수입금액조정 |

2. 수입금액 조정명세
다. 기타 수입금액

(23)구 분	(24)근 거 법 령	(25)수 입 금 액	(26)대 응 원 가	비 고
1 제품매출		5,500,000	3,000,000	

2단계   • [조정후수입금액명세서] 메뉴에서 [업종별 수입금액 명세서] 탭

| 업종별 수입금액 명세서 | 과세표준과 수입금액 차액검토 |

1. 업종별 수입금액명세서

①업 태	②종 목	순번	③기준(단순)경비율번호	수 입 금 액				⑦수 출 (영세율대상)
				수입금액계정조회		내 수 판 매		
				④계(⑤+⑥+⑦)	⑤국내생산품	⑥수입상품		
제조.도매업	전자응용기계외	01	292203	1,116,000,000	1,107,000,000			9,000,000
건설업	건설 / 비주거용건물건	02	451104	1,100,000,000	1,100,000,000			
		03						
(111)기 타		11						
(112)합 계		99		2,216,000,000	2,207,000,000			9,000,000

• [조정후수입금액명세서] 메뉴에서 [과세표준과 수입금액 차액검토] 탭

| 업종별 수입금액 명세서 | 과세표준과 수입금액 차액검토 |

2. 부가가치세 과세표준과 수입금액 차액 검토   부가가치세 신고 내역보기

(1) 부가가치세 과세표준과 수입금액 차액

⑧과세(일반)	⑨과세(영세율)	⑩면세수입금액	⑪합계(⑧+⑨+⑩)	⑫조정후수입금액	⑬차액(⑪-⑫)
2,238,000,000	9,000,000		2,247,000,000	2,216,000,000	31,000,000

(2) 수입금액과의 차액내역(부가세과표에 포함되어 있으면 +금액, 포함되지 않았으면 -금액 처리)

⑭구 분	코드	(16)금 액	비 고	⑭구 분	코드	(16)금 액	비 고
자가공급(면세전용등)	21			거래(공급)시기차이감액	30		
사업상증여(접대제공)	22			주세 · 개별소비세	31		
개인적공급(개인적사용)	23			매출누락	32		
간주임대료	24				33		
자산 고정자산매각액	25	30,000,000			34		
매각 그밖의자산매각액(부산물)	26				35		
폐업시 잔존재고재화	27				36		
작업진행률 차이	28				37		
거래(공급)시기차이가산	29	1,000,000 선수금		(17)차 액 계	50	31,000,000	
				(13)차액과(17)차액계의차이금액			

(2) 세금과공과금의 계정별원장을 조회하여 [세금과공과금명세서]를 작성하고 관련된 세무조정을 소득금액조정합계표에 반영하시오. (단, 세무조정은 각 건별로 행하는 것으로 한다. 아래 항목 중 다른 세무조정명세서에 영향을 미치는 것은 관련 조정명세서에서 정상처리되었다고 가정한다)

일 자	적 요	금 액
1월 28일	자동차세	840,000원
2월 10일	재산분 주민세	2,500,000원
3월 21일	증권거래세	630,000원
3월 26일	공장용지 취득세	700,000원
4월 30일	법인세분 지방소득세	5,300,000원
6월 25일	국민연금 회사부담분	950,000원
8월 27일	주차위반 과태료	120,000원
9월 30일	산재보험 연체료	300,000원
10월 2일	이재민 구호금품	4,000,000원
12월 15일	종합부동산세	880,000원

정답 및 해설

(2)   ▶ 관련 이론 l 익금과 손금 p.128

해　설　① 문제분석

일 자	적 요	금 액	세무조정
1월 28일	자동차세	840,000원	
2월 10일	재산분 주민세	2,500,000원	
3월 21일	증권거래세	630,000원	
3월 26일	공장용지 취득세	700,000원	<손금불산입> 700,000 (유보)
4월 30일	법인세분 지방소득세	5,300,000원	<손금불산입> 5,300,000 (기타사외유출)
6월 25일	국민연금 회사부담분	950,000원	
8월 27일	주차위반 과태료	120,000원	<손금불산입> 120,000 (기타사외유출)
9월 30일	산재보험 연체료	300,000원	– [1]
10월 2일	이재민 구호금품	4,000,000원	– [2]
12월 15일	종합부동산세	880,000원	

[1] 「고용보험 및 산업재해보상보험의 보험료 징수 등에 관한 법률」에 따른 산업재해보상보험료의 연체금을 말하며, 이는 자금사정으로 인해 발생하는 연체이자에 해당하므로 손금으로 인정됨

[2] 특례기부금에 해당하므로, 관련 조정명세서([기부금조정명세서] 메뉴)에서 기부금 한도시부인 처리함

② 입력방법

[세금과공과금명세서] 메뉴에서

- 화면 상단에 있는 `F12 불러오기` (또는 `F12`)를 클릭하고 보조창에서 기간(2024년 1월 1일~2024년 12월 31일) 입력 후 `확인` 을 클릭하여, [회계관리] 모듈에 입력되어 있는 세금과공과 계정 과목 정보를 불러온다.

- 손금불산입 세무조정이 필요한 항목에 대하여, "손금불산입표시"란에 "1 : 손금불산입"을 입력하고, "손금불산입 계"가 "6,120,000"임을 확인한다.

- 화면 상단에 있는 `F3 조정등록` (또는 `F3`)을 클릭한 후, 세무조정사항을 다음과 같이 입력하고, "손금불산입 세무조정 금액 합계"가 "6,120,000"임을 확인한다.

익금산입 및 손금불산입			손금산입 및 익금불산입		
과 목	금 액	소득처분	과 목	금 액	소득처분
공장용지 취득세[1]	700,000	유보 발생			
법인세분 지방소득세[2]	5,300,000	기타사외유출			
주차위반 과태료	120,000	기타사외유출			

[1] 프로그램에 등록되어 있는 조정과목을 사용하여 "세금과공과 – 유보 발생"으로 입력하여도 정답으로 인정

[2] 프로그램에 등록되어 있는 조정과목을 사용하여 "세금과공과 – 기타사외유출"로 입력하여도 정답으로 인정

정답화면

☐	코 드	계정과목	월	일	거래내용	코 드	지급처	금 액	손금불산입표시
☐	0817	세금과공과금	1	28	자동차세			840,000	
☐	0817	세금과공과금	2	10	재산분 주민세			2,500,000	
☐	0817	세금과공과금	3	21	증권거래세			630,000	
☐	0517	세금과공과금	3	26	공장용지 취득세			700,000	손금불산입
☐	0817	세금과공과금	4	30	법인세분 지방소득세			5,300,000	손금불산입
☐	0817	세금과공과금	6	25	국민연금 회사부담분			950,000	
☐	0817	세금과공과금	8	27	주차위반 과태료			120,000	손금불산입
☐	0817	세금과공과금	9	30	산재보험 연체료			300,000	
☐	0817	세금과공과금	10	2	이재민 구호금품			4,000,000	
☐	0817	세금과공과금	12	15	종합부동산세			880,000	
☐									
					손 금 불 산 입 계			6,120,000	
					합 계			16,220,000	

(3) 다음 관련 자료를 이용하여 [가지급금등의인정이자조정명세서]를 작성하고, 관련된 세무조정
사항을 소득금액조정합계표에 반영하시오.

- 차입금과 지급이자 내역은 다음과 같다.
  모두 전년도에 차입한 것이며 원천징수세액은 없는 것으로 가정한다.

이자율	지급이자	차입금	비 고
20%	5,000,000원	25,000,000원	농협은행 차입금
16%	6,000,000원	37,500,000원	신한은행 차입금
10%	10,000,000원	100,000,000원	자회사인 ㈜파닉스로부터의 차입금
계	21,000,000원	162,500,000원	

- 가지급금내역

구 분	일 자	가지급금	당좌예금으로 회수한 이자수익
대표이사 : 김회장	올해. 5. 27.	97,500,000원	5,850,000원
등기이사 : 김이사	올해. 6. 27.	16,250,000원	1,750,000원

- 기획재정부령으로 정하는 당좌대출이자율은 연 4.6%이며, 당 회사는 금전대차거래에 대
해 시가 적용방법을 신고한 바 없다고 가정한다.

(3)   ▶ 관련 이론 | 부당행위계산의 부인 p.100

해   설   ① 문제분석
  • 가지급금 인정이자 계산 – 대표이사 김회장

일 자	적 요	가지급금 증감액	기 간	일 수	가지급금 적수	인정 이자율[1]	인정이자
5/27	대 여	97,500,000	5. 27. ~ 12. 31.	219일	21,352,500,000	0.176[2]	10,267,868[3]

[1] 금전대차거래에 대하여 시가 적용방법을 신고한 바 없으므로, 원칙에 따라 "가중평균차입이자율"을 적용함

[2] $\dfrac{\Sigma(5월 27일 현재 차입금 잔액 \times 차입 당시 이자율)}{\Sigma 5월 27일 현재 차입금 잔액}$

$= \dfrac{\Sigma(1월 1일 현재 차입금 잔액 \times 차입 당시 이자율)}{\Sigma 1월 1일 현재 차입금 잔액}$

$= \dfrac{(25,000,000원 \times 20\%) + (37,500,000원 \times 16\%)}{25,000,000 + 37,500,000} = 0.176$

(∵ 특수관계인((㈜)파닉스)으로부터의 차입금은 제외)

[3] 21,352,500,000원 × 0.176 ÷ 366일 = 10,267,868원(원 단위 미만 절사)

  • 가지급금 인정이자 세무조정 – 대표이사 김회장

가지급금 인정이자	10,267,868원
회사계상 이자수익	5,850,000원
차 이	4,417,868원
현저한 이익 분여 요건	차이 = 4,417,868 ≥ 513,393[1]
세무조정	<익금산입> 4,417,868 (상여)

[1] = Min[가지급금 인정이자 × 5%, 3억 원]

  • 가지급금 인정이자 계산 – 등기이사 김이사

일 자	적 요	가지급금 증감액	기 간	일 수	가지급금 적수	인정 이자율	인정이자
6/27	대 여	16,250,000	6. 27.~12. 31.	188일	3,055,000,000	0.176	1,469,071[1]

[1] 3,055,000,000원 × 0.176 ÷ 366일 = 1,469,071원(원 단위 미만 절사)

  • 가지급금 인정이자 세무조정 – 등기이사 김이사

가지급금 인정이자	1,469,071원
회사계상 이자수익	1,750,000원
차 이	(−)280,929원
세무조정	세무조정 없음 (∵ 조세부담을 감소시킨 것이 아니므로)

② 입력방법

[가지급금등의인정이자조정명세서] 메뉴에서

- [1. 가지급금·가수금 입력] 탭을 선택한 후, "가지급금·가수금 선택"란에서 "1. 가지급금"을 선택하고, 직책, 성명, 적요[1], 연월일, 차변란에 "대표이사 – 김회장 – 2. 대여 – 2024. 5. 27. – 97,500,000"과 "등기이사 – 김이사 – 2. 대여 – 2024. 6. 27. – 16,250,000"을 입력한다.

  [1] "적요"란에 커서를 놓았을 때 화면 하단에 나타나는 안내에 따라 해당 번호를 선택하여 입력

- 화면 상단에 있는 "이자율선택"을 클릭하면 등록되어 있는 항목이 나타나고, 이 중 "[2] 가중평균차입이자율로 계산"을 선택한다.

- [2. 차입금 입력] 탭을 선택한 후, 새로불러오기(전체거래처) 를 클릭하고 보조창에서 확인(Tab) 을 클릭하여, [회계관리] 모듈에 입력되어 있는 차입금 정보를 불러온다.

- [회계관리] 모듈에서 불러온 전체 거래처에 대한 차입금 정보를 확인한 후, "㈜파닉스"에 커서를 놓고 화면 상단에 있는 ⊗ 삭제 를 클릭한다.

- "거래처명"란에서 "농협은행"을 선택한 후, "전기이월" 라인에 있는 "이자율"란에 해당 차입금의 연 이자율인 "20%"를 입력한다. 이와 동일한 방법으로 "거래처명"란에서 "신한은행"을 선택한 후, "전기이월" 라인에 있는 "이자율"란에 "16%"를 입력한다.

- [3. 인정이자계산 : (을)지] 탭을 선택한 후, 대표이사 김회장에 대하여 "11. 차감적수"가 "21,352,500,000"이고 "13. 인정이자"가 "10,267,868"임을 확인한다. 이와 동일한 방법으로 등기이사 김이사에 대하여 "11. 차감적수"가 "3,055,000,000"이고 "13. 인정이자"가 "1,469,071"임을 확인한다.

- [4. 인정이자조정 : (갑)지] 탭을 선택한 후, 김회장에 대하여 "6. 회사계상액"란에 "5,850,000"을 입력하고, "9. 조정액"이 "4,417,868"임을 확인한다. 이와 동일한 방법으로 김이사에 대하여 "6. 회사계상액"란에 "1,750,000"을 입력하고, "9. 조정액"이 "0"임을 확인한다.

- 화면 상단에 있는 F3 조정등록 (또는 F3)을 클릭한 후, 세무조정사항을 다음과 같이 입력한다.

익금산입 및 손금불산입			손금산입 및 익금불산입		
과 목	금 액	소득처분	과 목	금 액	소득처분
가지급금인정이자(대표이사)	4,417,868	상 여			

정답화면 · [1. 가지급금·가수금 입력] 탭

· [2. 차입금 입력] 탭

· [3. 인정이자계산 : (을)지] 탭 – 대표이사 김회장

No	대여기간 발생연월일	회수일	연월일	적요	5.차변	6.대변	7.잔액(5-6)	일수	가지급금적수(7X8)	10.가수금적수	11.차감적수	이자율(%)	13.인정이자(11X12)
1	2024 5 27	차기 이월	5 27	2.대여	97,500,000		97,500,000	219	21,352,500,000		21,352,500,000	17.60000	10,267,868

· [3. 인정이자계산 : (을)지] 탭 – 등기이사 김이사

No	대여기간 발생연월일	회수일	연월일	적요	5.차변	6.대변	7.잔액(5-6)	일수	가지급금적수(7X8)	10.가수금적수	11.차감적수	이자율(%)	13.인정이자(11X12)
1	2024 6 27	차기 이월	6 27	2.대여	16,250,000		16,250,000	188	3,055,000,000		3,055,000,000	17.60000	1,469,071

· [4. 인정이자조정 : (갑)지] 탭

(4) 다음 자료에 의하여 [일반연구및인력개발비명세서]를 작성하시오.

- 직전 4년간 연구 및 인력개발비 발생합계(전부 일반연구 및 인력개발비)
  - 직전 1년 : 42,000,000원
  - 직전 3년 : 24,000,000원
  - 직전 2년 : 35,000,000원
  - 직전 4년 : 20,000,000원
- 당해 사업연도 일반연구 및 인력개발비 발생내역

계정과목/비목	인건비[1]	재료비[2]
경상연구개발비(제조)	25,000,000원	5,000,000원
개발비(무형자산)	30,000,000원	10,000,000원

[1] 당사의 연구전담부서의 연구요원의 인건비이다. 다만, 경상연구개발비 중 주주(지분 15%)인 임원의 인건비가 4,000,000원 포함되어 있다. 이 외에는 주주인 임원은 없다.
　※ 연구전담부서는 과학기술부장관에게 신고한 연구개발전담부서이다.

[2] 연구전담부서에서 연구용으로 사용하는 재료비용이다.

- 당사는 당해 사업연도에 중소기업에 해당한다.

(4)
　　　　　　　　　　　　　　　　　　　　　　　　　　　▶ 관련 이론 | 과세표준과 세액 p.164

해　설　① 문제분석

일반연구·인력개발비에 대한 세액공제액 = Max[㉠, ㉡][1] = 16,500,000원[5]

㉠ 증가분 방식 : (일반연구·인력개발비 당기 발생액[2] − 일반연구·인력개발비 직전기 발생액) × 공제율[3]
= (66,000,000 − 42,000,000) × 50% = 24,000,000원 × 50% = 12,000,000원

㉡ 당기분 방식 : 일반연구·인력개발비 당기 발생액[2] × 공제율[4]
= 66,000,000원 × 25% = 16,500,000원

[1] '증가분 방식(㉠)'을 적용하기 위한 요건
: '직전기 사업연도 일반연구·인력개발비' ≥ '직전 4년간 연평균 일반연구·인력개발비'이어야 함

$$: 42,000,000원 \geq 30,250,000원 = \frac{20,000,000 + 24,000,000 + 35,000,000 + 42,000,000}{4년}$$

[2] = (25,000,000 − 4,000,000) + 30,000,000 + 5,000,000 + 10,000,000 = 66,000,000원
(∵ 주주인 임원으로서 총발행주식의 10%를 초과하여 소유하는 자의 인건비는 제외)

[3] 중소기업 : 50%

[4] 중소기업 : 25%

[5] 중소기업의 연구·인력개발비 세액공제는 최저한세 적용 제외

② 입력방법

[일반연구및인력개발비명세서] 메뉴에서

- [1. 발생명세 및 증가발생액계산] 탭을 선택한 후, "① 해당 연도의 연구 및 인력개발비 발생 명세"에 있는 "계정과목"란[1], "자체연구개발비 – 인건비 – (6) 금액"란, "자체연구개발비 – 재료비 등 – (7) 금액"란에 각각 내역을 입력하고, "(13) 총계"가 "66,000,000"임을 확인한다.

  [1] 🔲코드(또는 F2)를 클릭한 후 계정과목 검색창을 사용하여 해당 계정과목을 입력

- "② 연구 및 인력개발비의 증가발생액의 계산"에 있는 "(14) 해당과세연도 발생액"란, "(16) 직전 1년"~"(19) 직전 4년"란에 각각 금액을 입력한 후, "(16) 직전 1년"란 금액 "42,000,000"이 "(20) 직전 4년간 연평균 발생액"란 금액 "30,250,000"보다 적지 않음을 확인하고, "(23) 증가발생액"이 "24,000,000"임을 확인한다.

- [2. 공제세액] 탭을 선택한 후, "③ 공제세액"에 있는 "해당 연도 총발생금액 공제 – 중소기업 – (24) 대상금액"이 "66,000,000"임을, "(26) 공제세액"이 "16,500,000"임을, "증가발생 금액 공제 – (40) 대상금액"이 "24,000,000"임을, "(42) 공제세액"이 "12,000,000"임을, "(43) 해당 연도에 공제받을 세액"이 "16,500,000"임을 확인하고, "※ 최저한세 설정"이 "제외"임을 확인한다.

정답화면

- [1. 발생명세 및 증가발생액계산] 탭

1.발생명세 및 증가발생액계산	2.공제세액	3.연구소/전담부서 현황	4.해당연도 연구·인력개발비 발생명세

① 해당 연도의 연구 및 인력개발비 발생 명세

계정과목	자체연구개발비					
	인건비		재료비 등		기타	
	인원	(6)금액	건수	(7)금액	건수	(8)금액
1 경상연구개발비		21,000,000		5,000,000		
2 개발비		30,000,000		10,000,000		
3						
합계		51,000,000		15,000,000		

계정과목	위탁 및 공동 연구개발비		(10)인력개발비	(11)맞춤형교육비용	(12)현장훈련 수당 등	(13)총 계
	건수	9.금액				
1 경상연구개발비						26,000,000
2 개발비						40,000,000
3						
합계						66,000,000

② 연구 및 인력개발비의 증가발생액의 계산

(14)해당과세연도 발생액(=(13))	(15)직전4년 발생액 계 (16+17+18+19)	(16)직전 1년 2023-01-01 ~ 2023-12-31	(17)직전 2년 2022-01-01 ~ 2022-12-31	(18)직전 3년 2021-01-01 ~ 2021-12-31	(19)직전 4년 2020-01-01 ~ 2020-12-31
66,000,000	121,000,000	42,000,000	35,000,000		20,000,000
(20)직전4년간 연평균 발생액		(21)직전3년간 연평균 발생액		(22)직전2년간 연평균 발생액	
30,250,000		33,666,666		38,500,000	
(23)증가발생액 (2013년 (14)-(21), 2014년 (14)-(22), 2015년이후 (14)-(16))				24,000,000	

- [2. 공제세액] 탭

1.발생명세 및 증가발생액계산	2.공제세액	3.연구소/전담부서 현황	4.해당연도 연구·인력개발비 발생명세

③ 공제세액

해당 연도 총발생금액 공제	중소기업	(24)대상금액(=13) 66,000,000	(25)공제율 25%		(26)공제세액 16,500,000
	중소기업 유예기간 종료이후 5년내기업	(27)대상금액(=13)	(28)유예기간 종료연도 ----.--	(29)유예기간 종료이후년차 (30)공제율	(31)공제세액
	중견기업	(32)대상금액(=13)	(33)공제율 8%		(34)공제세액
	일반기업	(35)대상금액(=13)	공제율 (36)기본율 (37)추가 (38)계 1%		(39)공제세액

증가발생금액 공제	(40)대상금액(=23) 24,000,000	(41)공제율 50%	(42)공제세액 12,000,000	※공제율 중소기업 : 50% 중견기업 : 40% 일반기업 : 30%

(43)해당연도에 공제받을 세액	중소기업(26과 42 중 선택) 중소기업 유예기간 종료이후 5년내 기업(31과 42 선택) 중견기업(34와 42 중 선택) 일반기업(39와 42 중 선택)	16,500,000	※ 최저한세 설정 ◉ 제외 ○ 대상

(5) 아래의 자료만을 이용하여 [법인세과세표준및세액조정계산서]를 작성하시오. (단, 주어진 자료 이외에는 없는 것으로 하고 기존에 입력된 자료는 무시하며, 세무조정입력은 생략한다)

- 손익계산서의 일부분이다.

손익계산서

2024. 1. 1.~2024. 12. 31.

– 중간 생략 –

Ⅷ 법인세차감전순이익	550,000,000원
Ⅸ 법인세 등	50,000,000원
Ⅹ 당기순이익	500,000,000원

- 위의 자료를 제외한 세무조정 자료는 다음과 같다.

> 당기말에 전무이사의 퇴직으로 인하여 지급한 퇴직금 100,000,000원이 판매비와 관리비에 퇴직급여로 반영되어 있다. 회사는 임원에 대한 퇴직금지급규정이 없다. 전무이사의 퇴직 전 1년간 받은 총급여액은 100,000,000원이며 근속기간은 8년 6개월이다.

- 이월결손금의 내역은 다음과 같으며 당기 이전에 공제된 내역은 없다.

발생연도	2011년	2019년	2021년
금 액	100,000,000원	30,000,000원	5,000,000원

- 세액공제 및 감면세액은 다음과 같다.
  - 중소기업특별세액감면 : 1,000,000원
  - 연구·인력개발세액공제 : 5,000,000원
  - 외국납부세액공제 : 3,000,000원

- 기납부세액내역은 다음과 같다.
  - 중간예납세액 : 15,000,000원
  - 이자수익에 대한 원천징수세액 : 500,000원

- 매출액 중 계산서를 미발급한 매출액 5,000,000원이 있음을 발견하였다. (결산 시 매출액은 장부에 이미 반영함)

- 납부세액은 분납이 가능한 경우 분납신청하고자 한다.

- 당사는 세법상 중소기업에 해당한다.

(5)
▶ 관련 이론 | 익금과 손금 p.127, 과세표준과 세액 p.158, 166, 신고와 납부 p.174

해 설　① 문제분석

· 세무조정사항

익금산입 및 손금불산입			손금산입 및 익금불산입		
과 목	금 액	소득처분	과 목	금 액	소득처분
법인세 등	50,000,000	기타사외유출			
임원퇴직금 한도초과액[1]	15,000,000	상 여			
합 계	65,000,000		합 계		

[1] · 근속연수 = 8년 6개월 = $8\frac{6}{12}$ 년

· 임원퇴직금 한도액 = 100,000,000원 × 10% × $8\frac{6}{12}$ 년 = 85,000,000원

· 임원퇴직금 한도초과액 = 100,000,000 − 85,000,000 = 15,000,000원

- 차감납부세액의 계산

	결산서상 당기순손익	500,000,000
+	익금산입 및 손금불산입	+ 65,000,000
−	손금산입 및 익금불산입	− 0
=	차가감소득금액	=565,000,000
+	기부금 한도초과액	+ 0
−	기부금 한도초과 이월액 손금산입	− 0
=	각 사업연도 소득금액	=565,000,000
−	이월결손금	− 35,000,000[1]
−	비과세소득	0
−	소득공제	− 0
=	과세표준	=530,000,000
×	세 율	× 9%, 19%
=	산출세액	= 80,700,000
−	최저한세 적용대상 세액감면·세액공제	− 1,000,000[2]
=	차감세액	= 79,700,000
−	최저한세 적용제외 세액감면·세액공제	− 8,000,000[2]
+	가산세	+ 100,000[3]
=	총부담세액	= 71,800,000
−	기납부세액	− 15,500,000[4]
=	차감납부할세액	= 56,300,000
−	분납할세액	− 28,100,000[5]
=	차감납부세액	= 28,200,000

[1] 당기 과세표준 계산 시 공제할 수 있는 이월결손금(15년(2019년 12월 31일 이전 발생분은 10년) 이내 발생분)
= 30,000,000 + 5,000,000
= 35,000,000원 (≤ 각 사업연도 소득금액의 100%(∵ 중소기업))

[2] 최저한세 적용 여부

근거 법	구 분	금 액	최저한세 적용 여부
조세특례제한법상 기간제한 없는 세액감면	중소기업특별세액감면	1,000,000원	O
조세특례제한법상 세액공제	중소기업의 연구·인력 개발비 세액공제	5,000,000원	X
법인세법상 세액공제	외국납부세액공제	3,000,000원	X

[3] 계산서 미발급 가산세 = 공급가액 × 2%
= 5,000,000원 × 2% = 100,000원

[4] 법인세 기납부세액 = 중간예납세액 + 원천납부세액 + 수시부과세액
= 15,000,000 + 500,000 + 0 = 15,500,000원

[5] 납부할 세액(가산세는 제외)이 2천만 원 초과인 경우 분납가능금액
= (차감납부할세액 − 가산세) × 50%
= (56,300,000 − 100,000) × 50% = 28,100,000원

② 입력방법

[법인세과세표준및세액조정계산서] 메뉴에서

- "101. 결산서상 당기순손익"란에 "500,000,000"을 입력한다.

- "소득조정금액 – 102. 익금산입"란에 "65,000,000"을, "소득조정금액 – 103. 손금산입"란에 "0"을 입력한다.

- "109. 이월결손금"란에 "35,000,000"을 입력한다.

- "121. 최저한세 적용 대상 공제 감면 세액"란에 "1,000,000[1]"을 입력한다.

  [1] [공제감면세액및추가납부세액합계표] 메뉴에서 [최저한세적용세액감면] 탭을 선택한 후 "중소기업에 대한 특별세액감면"을 조회할 수 있음

- "123. 최저한세 적용 제외 공제 감면 세액"란에 "8,000,000"을 입력한다.

- "124. 가산세액"란에 "100,000"을 입력한다.

- "기납부세액 – 126. 중간예납세액"란에 "15,000,000"을, "기납부세액 – 128. 원천납부세액"란에 "500,000"을 입력한다.

- "분납할세액 – 154. 현금납부"란에 "28,100,000"을 입력한다.

- "차감납부세액 – 160. 계"가 "28,200,000"임을 확인한다.

정답화면

① 각 사 업 연 도 소 득 계 산	101. 결 산 서 상 당 기 순 손 익	01	500,000,000
	소 득 조 정 금 액	102. 익 금 산 입	02	65,000,000
		103. 손 금 산 입	03	
	104. 차 가 감 소 득 금 액 (101+102-103)	04	565,000,000
	105. 기 부 금 한 도 초 과 액	05	
	106. 기 부 금 한 도 초 과 이월액 손금산입	54	
	107. 각 사 업 연 도 소 득 금 액 (104+105-106)	06	565,000,000

② 과 세 표 준 계 산	108. 각 사 업 연 도 소 득 금 액 (109=107)		565,000,000
	109. 이 월 결 손 금	07	35,000,000
	110. 비 과 세 소 득	08	
	111. 소 득 공 제	09	
	112. 과 세 표 준 (108-109-110-111)	10	530,000,000
	159. 선 박 표 준 이 익	55	

③ 산 출 세 액 계 산	113. 과 세 표 준 (113=112+159)	56	530,000,000
	114. 세 율	11	19%
	115. 산 출 세 액	12	80,700,000
	116. 지 점 유 보 소 득 (법 제96조)	13	
	117. 세 율	14	
	118. 산 출 세 액	15	
	119. 합 계 (115+118)	16	80,700,000

④ 납 부 할 세 액 계 산	120. 산 출 세 액 (120=119)		80,700,000
	121. 최저한세 적용대상 공제 감면세액	17	1,000,000
	122. 차 감 세 액	18	79,700,000
	123. 최저한세 적용제외 공제 감면세액	19	8,000,000
	124. 가 산 세 액	20	100,000
	125. 차 감 계 (122-123+124)	21	71,800,000
	기 납 부 세 액	126. 중 간 예 납 세 액	22	15,000,000
		127. 수 시 부 과 세 액	23	
		128. 원 천 납 부 세 액	24	500,000
		129. 간접 회사등 외국 납부세액	25	
		130. 소 계 (126+127+129+129)	26	15,500,000
	131. 신 고 납 부 전 가 산 세 액	27	
	132. 합 계 (130+131)	28	15,500,000
	133. 감 면 분 추 가 납 부 세 액	29	
	134. 차 가 감 납 부 할 세 액 (125-132+133)	30	56,300,000

⑤토지등 양도소득, ⑥미환류소득 법인세 계산 (TAB로 이동)

⑦ 세 액 계	151. 차 감 납부할 세액계 (134+150+166)	46	56,300,000
	152. 사 실 과 다 른 회계 처리 경정 세액공제	57	
	153. 분 납 세 액 계 산 범위액 (151-124-133-145-152+131)	47	56,200,000
	154. 분 납 할 세 액	48	28,100,000
	155. 차 감 납 부 세 액 (151-152-154)	49	28,200,000

03 ㈜칠삼기업(회사코드 : 3173)은 가구를 생산하고 제조·도매업(주업종코드 : 제조/가구 361002)을 영위하는 중소기업이며, 당해 사업연도(제11기)는 2024. 1. 1.~2024. 12. 31.이다. 법인세무조정메뉴를 이용하여 재무회계 기장자료와 제시된 보충자료에 의하여 당해 사업연도의 세무조정을 하시오.

[제73회]

[작성대상서식]

1. 세금과공과금명세서
2. 퇴직연금부담금조정명세서
3. 건설자금이자조정명세서
4. 감가상각조정명세서
5. 자본금과적립금조정명세서(갑)(을)

---

(1) 다음은 세금과공과금에 입력된 내용이다. 입력된 자료를 조회하여 [세금과공과금명세서]를 작성하고 필요한 세무조정을 행하시오. (단, 세무조정 시 같은 소득처분인 경우에도 건별로 각각 세무조정한다)

세금과공과금(제조원가)
2024. 1. 1.~2024. 12. 31.

일 자	금 액	적 요
4월 8일	8,750,000원	토지 취득세 납부
6월 16일	680,000원	공장에 대한 재산세

세금과공과금(판관비)
2024. 1. 1.~2024. 12. 31.

일 자	금 액	적 요
3월 31일	730,000원	법인세에 대한 농어촌특별세
4월 20일	123,000원	교통위반 과태료
7월 25일	350,000원	업무무관자산 관련 매입세액
8월 22일	100,000원	교통유발 부담금
8월 30일	62,500원	법인균등분 주민세
10월 20일	500,000원	전기요금의 납부지연으로 인한 연체가산금

03 (1)

▶ 관련 이론 | 익금과 손금 p.128

해 설 ① 문제분석

일 자	적 요	금 액	세무조정
3월 31일	법인세에 대한 농어촌특별세	730,000원	<손금불산입> 730,000 (기타사외유출)
4월 8일	토지 취득세 납부	8,750,000원	<손금불산입> 8,750,000 (유보)
4월 20일	교통위반 과태료	123,000원	<손금불산입> 123,000 (기타사외유출)
6월 16일	공장에 대한 재산세	680,000원	
7월 25일	업무무관자산 관련 매입세액[1]	350,000원	<손금불산입> 350,000 (기타사외유출)
8월 22일	교통유발부담금	100,000원	
8월 30일	법인균등분 주민세	62,500원	
10월 20일	전기요금의 납부지연으로 인한 연체가산금[2]	500,000원	

[1] 사업과 직접 관련이 없는 지출의 부가가치세 매입세액은 매입세액불공제되며, 이는 그 불공제 사유에 해당하는 법인에게 책임이 있으므로 손금으로 인정되지 않음

[2] 자금사정으로 인해 발생하는 연체이자에 해당하므로 손금으로 인정됨

② 입력방법

[세금과공과금명세서] 메뉴에서

· 화면 상단에 있는 [F12 불러오기](또는 [F12])를 클릭하고 보조창에서 기간(2024년 1월 1일~2024년 12월 31일) 입력 후 [확인]을 클릭하여, [회계관리] 모듈에 입력되어 있는 세금과공과 계정과목 정보를 불러온다.

· 손금불산입 세무조정이 필요한 항목에 대하여, "손금불산입표시"란에 "1 : 손금불산입"을 입력하고, "손금불산입 계"가 "9,953,000"임을 확인한다.

· 화면 상단에 있는 [F3 조정등록](또는 [F3])을 클릭한 후, 세무조정사항을 다음과 같이 입력하고, "손금불산입 세무조정 금액 합계"가 "9,953,000"임을 확인한다.

익금산입 및 손금불산입			손금산입 및 익금불산입		
과 목	금 액	소득처분	과 목	금 액	소득처분
농어촌특별세[1]	730,000	기타사외유출			
토지 취득세[2]	8,750,000	유보 발생			
교통위반 과태료[1]	123,000	기타사외유출			
업무무관 매입세액[1]	350,000	기타사외유출			

[1] 프로그램에 등록되어 있는 조정과목을 사용하여 "세금과공과 – 기타사외유출"로 입력하여도 정답으로 인정

[2] 프로그램에 등록되어 있는 조정과목을 사용하여 "세금과공과 – 유보 발생"으로 입력하여도 정답으로 인정

정답화면

코드	계정과목	월	일	거래내용	코드	지급처	금액	손금불산입표시
0817	세금과공과금	3	31	법인세에 대한 농어촌특별세납부			730,000	손금불산입
0517	세금과공과금	4	8	토지취득세납부			8,750,000	손금불산입
0817	세금과공과금	4	20	교통위반과태료			123,000	손금불산입
0517	세금과공과금	6	16	공장에 대한 재산세			680,000	
0817	세금과공과금	7	25	업무무관	00698	제우상회	350,000	손금불산입
0817	세금과공과금	8	22	교통유발부담금			100,000	
0817	세금과공과금	8	30	법인균등분 주민세			62,500	
0817	세금과공과금	10	20	전기요금 납부지연 연체가산금	00606	한국전력공사	500,000	
				손 금 불 산 입 계			9,953,000	
				합 계			11,295,500	

(2) 당사는 확정급여형(DB형) 퇴직연금에 가입하고 있으며, 장부상 퇴직급여충당부채 및 퇴직연금 충당부채를 설정하지 않고 있다. 다른 문제 및 기존자료 등을 무시하고 다음의 자료만을 이용하여 [퇴직연금부담금등조정명세서]를 작성하고 세무조정하시오.

- 퇴직연금 관련 내역
  - 퇴직연금운용자산 기초 잔액 : 100,000,000원
  - 당기 퇴직연금불입액 : 30,000,000원
  - 당기 퇴직금 지급액 : 20,000,000원(퇴직연금에서 지급 15,000,000원, 당사 현금 지급 5,000,000원)
  - 퇴직연금운용자산 기말 잔액 : 115,000,000원
- 전기 자본금과 적립금조정명세서(을) 기말 잔액에는 퇴직연금운용자산 100,000,000원 (△유보)가 있다.
- 당기말 현재 퇴직급여추계액은 140,000,000원이다.

---

(2)   ▶ 관련 이론 | 퇴직급여충당금 p.65

해   설   ① 문제분석

· 장부상 퇴직급여충당금 : 없음

· 장부상 퇴직연금운용자산의 총계정원장

퇴직연금운용자산

기초 잔액	100,000,000	당기퇴직금지급액	15,000,000
당기납부액	30,000,000	기말 잔액	115,000,000
	130,000,000		130,000,000

· 당기 퇴직금 지급액에 대한 세무조정

B	(차) 퇴직급여	20,000,000	(대) 퇴직연금운용자산	15,000,000
			현금	5,000,000
T	(차) 퇴직연금충당금	15,000,000	(대) 퇴직연금운용자산	15,000,000
	퇴직급여	5,000,000	현금	5,000,000
T/A	<손금불산입> 전기 퇴직연금충당금 15,000,000 (유보)			

· 퇴직급여충당금 설정에 대한 세무조정 : 없음

· 퇴직연금충당금 설정에 대한 세무조정

장부상 추가설정액	0원
손금산입 한도액	Min[㉠ 추계액 기준, ㉡ 예치금 기준] − 85,000,000[3] = 30,000,000원 ㉠ (140,000,000원[1] × 100%) − 0원[2] = 140,000,000원 ㉡ 115,000,000원
(한도미달액)	(30,000,000)원
세무조정	<손금산입> 퇴직연금충당금 30,000,000 (△유보)

[1] 퇴직급여 추계액 = 140,000,000원

[2] 세법상 기말 퇴직급여충당금 = 재무상태표상 기말 퇴직급여충당금 − 퇴직급여충당금 차기이월 부인액
   = 0원

[3] 세법상 기 설정 퇴직연금충당금
   = (당기 추가설정 전) 장부상 퇴직연금충당금 − (당기 추가설정 전) 퇴직연금충당금 유보·△유보 잔액
   = (0 − 0) − (△유보 100,000,000 + 유보 15,000,000)
   = 0 − △85,000,000 = 85,000,000원

· 장부 및 세법상 퇴직급여충당금 증감 내역 : 없음

· 장부 및 세법상 퇴직연금충당금 증감 내역 분석

구 분	장 부	부인액	세 법
기초	0	△유보 100,000,000	100,000,000
(−)감소	0	유보 15,000,000	15,000,000
(+)증가	0	△유보 30,000,000	30,000,000
(=)기말	0	△유보 115,000,000	115,000,000

② 입력방법

[퇴직연금부담금등조정명세서] 메뉴에서

- 화면 상단에 있는 **F7 원장조회** (또는 ⑰)를 클릭한 후 "퇴직연금운용자산", "퇴직급여" 계정과목을 선택하면, 각 계정과목의 일자별 원장 내용을 확인할 수 있고[1], 해당 원장을 더블 클릭하면 전표 입력 내용까지 확인할 수 있다.

  [1] [회계관리] 모듈에 있는 [합계잔액시산표] 메뉴를 열어서 기간을 12월 31일로 입력한 후, 해당 계정 과목을 더블 클릭하여도 동일한 내용을 확인할 수 있음

- "① 나. 기말 퇴직연금 예치금 등의 계산"에 있는 "19. 기초 퇴직연금예치금 등"란에 "100,000,000"을, "20. 기중 퇴직연금예치금 등 수령 및 해약액"란에 "15,000,000"을, "21. 당기 퇴직연금예치금 등의 납입액"란에 "30,000,000"을 입력하고, "22. 퇴직연금예치금 등 계"가 "115,000,000"임을 확인한다.

- "② 가. 손금산입대상 부담금 등 계산"에 있는 "14. 기초퇴직연금충당금등 및 전기말 신고조정에 의한 손금산입액"란에 "100,000,000"을, "16. 기중퇴직연금등 수령 및 해약액"란에 "15,000,000"을 입력한다.

- "1. 퇴직급여추계액"란에 "140,000,000"을, "2. 장부상 기말잔액"란에 "0"을, "11. 회사 손금 계상액"란에 "0"을 입력하고, "12. 조정금액"이 "30,000,000"임을 확인한다.

- 화면 상단에 있는 **F3 조정등록** (또는 ③)을 클릭한 후, 세무조정사항을 다음과 같이 입력한다.

익금산입 및 손금불산입			손금산입 및 익금불산입		
과 목	금 액	소득처분	과 목	금 액	소득처분
퇴직연금 등 지급	15,000,000	△유보 감소[1]	퇴직연금 등 손금산입	30,000,000	△유보 발생[2]

[1] "유보 감소"로 표시됨
[2] "유보 발생"으로 표시됨

정답화면

➡ 2.이미 손금산입한 부담금 등의 계산

① 나.기말 퇴직연금 예치금 등의 계산

19.기초 퇴직연금예치금 등	20.기중 퇴직연금예치금 등 수령 및 해약액	21.당기 퇴직연금예치금 등의 납입액	22.퇴직연금예치금 등 계 (19 - 20 + 21)
100,000,000	15,000,000	30,000,000	115,000,000

② 가.손금산입대상 부담금 등 계산

13.퇴직연금예치금 등 계 (22)	14.기초퇴직연금충당금 등 및 전기말 신고조정에 의한 손금산입액	15.퇴직연금충당금등 손금부인 누계액	16.기중퇴직연금등 수령 및 해약액	17.이미 손금산입한 부담금등 (14 - 15 - 16)	18.손금산입대상 부담금 등 (13 - 17)
115,000,000	100,000,000		15,000,000	85,000,000	30,000,000

➡ 1.퇴직연금 등의 부담금 조정

1.퇴직급여추계액	당기말 현재 퇴직급여충당금				6.퇴직부담금 등 손금산입 누적한도액 (① - ⑤)
	2.장부상 기말잔액	3.확정기여형퇴직연금자의 설정전 기계상된 퇴직급여충당금	4.당기말 부인 누계액	5.차감액 (② - ③ - ④)	
140,000,000					140,000,000

7.이미 손금산입한 부담금 등 (17)	8.손금산입액 한도액 (⑥ - ⑦)	9.손금산입 대상 부담금 등 (18)	10.손금산입범위액 (⑧과 ⑨중 적은 금액)	11.회사 손금 계상액	12.조정금액 (⑩ - ⑪)
85,000,000	55,000,000	30,000,000	30,000,000		30,000,000

(3) 당사는 당기(제11기)에 파주 공장신축을 위하여 아래와 같은 조건으로 국민은행에서 시설자금을 차입하였다. 기 입력된 자료를 활용하여, [건설자금이자조정명세서]를 작성하고 관련한 세무조정을 하시오. (단, 세부담 최소화를 가정하며, 당기 세무상 건설자금이자 계산 시 원 단위 미만은 절사한다)

- 시설자금 차입총액 : 1,500,000,000원(단, 이 중 1,000,000,000원만이 공장신축을 위해 사용됨)
- 차입기간 : 2024. 3. 15.~2025. 3. 31.(당기 차입기간일수 : 292일)
- 공사기간 : 2024. 6. 1.~2025. 12. 31.(당기 공사기간일수 : 214일)
- 이자율 : 연 5%
- 제11기 결산 시에 장부상 이자비용 59,836,065원을 계상하였다.
- 공장신축자금 1,000,000,000원에 대하여는 실제 지출하기 전까지 은행에 일시예치함에 따라 제11기의 공사기간 중 이자 1,500,000원을 수령하였고, 이를 제11기의 손익계산서에 이자수익으로 계상하였다.

정답 및 해설

(3)

▶ 관련 이론 | 지급이자 p.89

해 설   ① **문제분석**
- 시설자금 차입총액에 대한 장부상 이자비용 계상액
  $$= 1,500,000,000원 \times 5\% \times \frac{292일^{1)}}{366일} = 59,836,065원$$
  1) 당기 차입기간일수 : 292일(2024. 3. 15.~2024. 12. 31.)

- "당기 공사기간"과 "당기 차입기간"에 동시에 해당하는 기간 중 특정차입금의 일시예금에서 생기는 이자수익 = 1,500,000원

- 특정차입금에 대한 건설자금이자
  $$= (1,000,000,000원^{1)} \times 5\% \times \frac{214일^{2)}}{366일}) - 1,500,000원^{3)}$$
  $$= 29,234,972 - 1,500,000$$
  $$= 27,734,972원$$
  1) 특정차입금의 일부를 해당 건설에 사용하지 않고 운용자금으로 전용한 경우 그 부분에 대한 지급이자는 손금에 산입함
  2) 건설기간 중에 발생한 이자만 취득원가에 산입함
  3) 특정차입금의 일시예금에서 생기는 수입이자는 원본에 가산하는 자본적 지출금액에서 차감함

→ 세무조정 : <손금불산입> 건설자금이자 27,734,972 (유보)

② 입력방법

[건설자금이자조정명세서] 메뉴에서

· "① 2. 특정차입금 건설자금이자계산 명세"에 있는 "건설자산명"란에 "파주 공장신축"을 입력하고, "대출기관명"란에 커서를 놓고 [코드](또는 [F2])를 클릭하여 "국민은행"을 검색하여 입력한 후, 내역을 다음과 같이 입력한다.

⑦ 차입일	⑧ 차입금액	⑨ 이자율	⑩ 지급이자	⑪ 준공일	⑫ 대상일수	⑬ 대상금액
2024. 3. 15.	1,000,000,000[1]	5%	38,390,710[2]	2025. 12. 31.	214일[3]	27,734,972[4]

[1] 시설자금 차입총액 – 운용자금으로 전용한 금액
= 1,500,000,000 – 500,000,000 = 1,000,000,000원

[2] 당기 차입기간 동안 "⑧ 차입금액"란에 입력한 금액에 대한 이자비용 – 당기 차입기간 동안 일시예금에서 생기는 이자수익
$$= (1{,}000{,}000{,}000원 \times 5\% \times \frac{292일(당기\ 차입기간 : 2024.3.15.\sim2024.12.31.)}{365일}) - 1{,}500{,}000원$$
= 39,890,710 – 1,500,000 = 38,390,710원

[3] "당기 공사기간"과 "당기 차입기간"에 동시에 해당하는 기간의 일수 = 214일(2024. 6. 1.~2024. 12. 31.)

[4] $⑧\ 차입금액 \times ⑨\ 이자율 \times \dfrac{⑫\ 대상일수}{365일}$ – "⑫대상일수" 기간 동안 일시예금에서 생기는 이자수익
$$= (1{,}000{,}000{,}000원 \times 5\% \times \frac{214일}{366일}) - 1{,}500{,}000원$$
= 29,234,972 – 1,500,000 = 27,734,972원

· "③ 1. 건설자금이자계산 조정"에 있는 "① 건설자금이자(건설중인자산분)"란에 "27,734,972"을, "② 회사계상액(건설중인자산분)"란에 "0[1]"을 입력하고, "④ 차감조정액(건설중인자산분)"이 "27,734,972"임을 확인한다.

[1] "① 건설자금이자(건설중인자산분)"란의 금액(= 27,734,972원 = 세법상 건설자금이자 금액) 중 회사가 장부에 자산(건설중인자산)으로 회계처리한 금액

· 화면 상단에 있는 [F3 조정등록](또는 [F3])을 클릭한 후, 세무조정사항을 다음과 같이 입력한다.

익금산입 및 손금불산입			손금산입 및 익금불산입		
과 목	금 액	소득처분	과 목	금 액	소득처분
건설자금이자	27,734,972[1]	유보 발생			

[1] "<손금불산입> 이자비용 29,234,972 (유보 발생)"과 "<익금불산입> 이자수익 1,500,000 (△유보 발생)"으로 나누어 입력하여도 정답으로 인정

정답화면

(4) 다음의 고정자산을 [감가상각비조정] 메뉴에서 고정자산으로 등록하고 [미상각자산감가상각조정명세서] 및 [감가상각비조정명세서합계표]를 작성하고 세무조정을 하시오.

- 감가상각대상자산

자산 코드	계정 과목	내용 (자산명)	취득 연월일	취득 가액	전기말 감가 상각 누계액	당기 감가 상각비 계상액	기준 내용 연수	경 비	감가 상각 방법
001	건 물	공 장	2019. 1. 15.	10억 원	4억 원	0	40	제 조	정액법
002	기계장치	밀 링	2022. 3. 22.	6천만 원	2천만 원	1천만 원	5	제 조	정률법

- 건물에 대한 승강기 설치비용(자본적 지출) 36,000,000원을 당기 수선비로 지출했다.

- 회사는 밀링 기계장치에 대한 전기분 시인부족액에 대하여 다음과 같이 수정분개하였다.
  (차) 전기오류수정손실   15,000,000   (대) 감가상각누계액   15,000,000
  (이익잉여금)

- 건물 및 기계장치에 대한 감가상각방법을 세무서에 신고한 적이 없다.

(4)   ▶ 관련 이론 | 감가상각비 p.44

해   설   ① 문제분석

[공장(건물)의 감가상각 시부인]

· 무신고 시 상각방법 : 정액법

· 회사계상 감가상각비 합계 = 결산서상 감가상각비 + 당기 즉시상각의제

= 0 + 36,000,000[1]

= 36,000,000원

[1] 소액수선비 판단 : 36,000,000 ≥ Max[6,000,000, (1,000,000,000 − 400,000,000) × 5%]

∴ 소액수선비 요건 충족 못함

· 세법상 상각범위액 = 세법상 취득가액[1] × 상각률[2] = 25,900,000원

[1] = 기말 재무상태표상 취득가액 + (당기 즉시상각의제 + 전기·그 이전의 즉시상각의제)

= 1,000,000,000 + (36,000,000 + 0) = 1,036,000,000원

[2] = 1/내용연수 = 0.025

· 상각부인액(= 한도초과액) : 10,100,000원

→ 세무조정 : <손금불산입> 건물 감가상각비 한도초과 10,100,000 (유보)

[밀링(기계장치)의 감가상각 시부인]

· 무신고 시 상각방법 : 정률법

· 회사계상 감가상각비 합계 = 결산서상 감가상각비 + 전기오류수정손실

= 10,000,000 + 15,000,000[1]

= 25,000,000원

[1] 대변의 감가상각누계액 계정과목에 대응하여 차변을 "전기오류수정손실(이익잉여금)" 계정과목
으로 회계처리한 경우, 법인세법에서는 순자산증가설에 입각하여 동 금액을 일단 "손금산입(기
타)"로 세무조정한 후, 이를 회사계상 감가상각비로 보아 시부인 계산함

· 세법상 상각범위액 = (세법상 기초 미상각잔액 + 자본적 지출)[1] × 상각률[2]

= 18,040,000원

[1] = 기초 재무상태표상 취득가액 − 기초 재무상태표상 감가상각누계액 + 전기이월 상각부인액

+ 자산으로 계상한 당기 발생 자본적 지출 + 당기 즉시상각의제

= 60,000,000 − 20,000,000 + 0 + 0 + 0 = 40,000,000원

[2] = $1 - \sqrt[n]{0.05}$ (n : 내용연수) = 0.451

· 상각부인액(= 한도초과액) : 6,960,000원

→ 세무조정 : <손금산입> 전기오류수정손실 15,000,000 (기타)

<손금불산입> 기계장치 감가상각비 한도초과 6,960,000 (유보)

② 입력방법

1단계 [고정자산등록] 메뉴에서

- 자산계정과목란에 "건물"을 입력한 후, 자산코드/명, 취득년월일란에 "00001 – 공장 – 2019. 1. 15."를 입력하고, 상각방법란에 "2 : 정액법"을 선택하여 입력한다.

- 자산계정과목란에 "기계장치"를 입력한 후, 자산코드/명, 취득년월일란에 "00002 – 밀링 – 2022. 3. 22."를 입력하고, 상각방법란에 "1 : 정률법"을 선택하여 입력한다.

- [기본등록사항] 탭을 선택한 후, 공장과 밀링에 대한 감가상각 정보를 다음과 같이 각각 입력한다.

구 분	공장(정액법)	밀링(정률법)
1. 기초가액	1,000,000,000	60,000,000
2. 전기말 상각누계액(–)	400,000,000	20,000,000
3. 전기말 장부가액	600,000,000	40,000,000
4. 당기중 취득 및 당기증가(+)[1]		
6. 전기말 자본적지출액누계(정액법만) (+)[2]		
7. 당기 자본적 지출액(즉시상각분) (+)[3]	36,000,000	
8. 전기말 부인누계액 (정률법만 상각대상에 가산됨) (+)		
10. 상각대상금액	1,036,000,000	40,000,000
11. 내용연수/상각률/월수	40/0.025/12	5/0.451/12
12. 상각범위액(한도액) (= 10. × 상각률)	25,900,000	18,040,000
13. 회사계상액[4] [5]	0	25,000,000
14. 경비구분	500번대/제조	500번대/제조
15. 당기말 감가상각누계액(= 2. + 13.)	400,000,000	45,000,000
16. 당기말 장부가액(= 1. – 2. + 4. – 13.)	600,000,000	15,000,000
20. 업종	–	–

[1] [4] : 자산으로 계상한 당기 발생 자본적 지출

[2] [6] : 전기 또는 그 이전의 즉시상각의제

[3] [7] : 당기 즉시상각의제

[4] [13] = 회사계상 감가상각비 합계 – 그중 '[7]'에 해당하는 금액

[5] 사용자수정 을 클릭한 후 입력함

2단계 [미상각자산감가상각조정명세서] 메뉴에서

· 화면 상단에 있는 F12 불러오기 (또는 F12)를 클릭하고 보조창에서 예(Y) 를 클릭하여, [고정자산등록] 메뉴에 입력되어 있는 감가상각 정보를 불러온다.

· [유형자산(정액법)] 탭을 선택한 후, 공장의 "(23) 상각부인액"이 "10,100,000"임을 확인한다.

· [유형자산(정률법)] 탭을 선택한 후, 밀링의 "(26) 상각부인액"이 "6,960,000"임을 확인한다.

· 화면 상단에 있는 F3 조정등록 (또는 F3)을 클릭한 후, 세무조정사항을 다음과 같이 입력한다.

익금산입 및 손금불산입			손금산입 및 익금불산입		
과 목	금 액	소득처분	과 목	금 액	소득처분
건물 감가상각비 한도초과	10,100,000	유보 발생	전기오류수정손실[1]	15,000,000	기 타
기계장치 감가상각비 한도초과	6,960,000	유보 발생			

[1] 프로그램에 등록되어 있는 조정과목에는 적절한 항목이 없으므로, 직접입력 또는 계정코드도움(F2) 을 클릭하여 과목란에 적절한 내용을 입력하면 됨

3단계 [감가상각비조정명세서합계표] 메뉴에서

· 화면 상단에 있는 F12 불러오기 (또는 F12)를 클릭하고 보조창에서 예(Y) 를 클릭하여, [미상각자산감가상각조정명세서] 메뉴에서 계산된 감가상각 시부인 결과를 불러온다.

· 건축물의 "106. 상각부인액"이 "10,100,000"임을 확인한다.

· 기계장치의 "106. 상각부인액"이 "6,960,000"임을 확인한다.

정답화면 1단계 · [고정자산등록] 메뉴에서 [공장(건물)]

- [고정자산등록] 메뉴에서 [밀링(기계장치)]

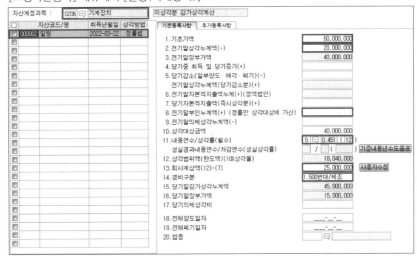

자산계정과목 :	0206 기계장치	미상각분 감가상각계산

기본등록사항 | 추가등록사항

	자산코드/명	취득년월일	상각방법
■ 000002 밀링		2022-03-22	정률법

1. 기초가액 60,000,000
2. 전기말상각누계액(-) 20,000,000
3. 전기말장부가액 40,000,000
4. 당기중 취득 및 당기증가(+)
5. 당기감소(일부양도 · 매각 · 폐기)(-)
   전기말상각누계액(당기감소분)(+)
6. 전기말자본적지출액누계(+)(정액법만)
7. 당기자본적지출액(즉시상각분)(+)
8. 전기말부인누계액(+) (정률만 상각대상에 가산)
9. 전기말의제상각누계액(-)
10. 상각대상금액 40,000,000
11. 내용연수/상각률(월수) 5 0.451 (12)
    성실경과내용연수/차감연수(성실상각률) .... / ( ) 기준내용년수도움표
12. 상각범위액(한도액)(10X상각율) 18,040,000
13. 회사계상액(12)-(7) .... 25,000,000 사용자수정
14. 경비구분 1.500번대/제조
15. 당기말감가상각누계액 45,000,000
16. 당기말장부가액 15,000,000
17. 당기의제상각비
18. 전체양도일자 .... ----
19. 전체폐기일자 .... ----
20. 업종

2단계 · [미상각자산감가상각조정명세서] 메뉴에서 [유형자산(정액법)] 탭

유형자산(정액법)	유형자산(정률법)	무형자산

계정	자산코드/명	취득년월일	입력내용		금액
0202 000001 공장		2019-01-15	업종코드/명		
			합계표 자산구분	1. 건축물	
			(4)내용연수(기준.신고)		40
			상각 계산 의 기초 가액	재무상태표 자산가액	(5)기말현재액	1,000,000,000
					(6)감가상각누계액	400,000,000
					(7)미상각잔액(5)-(6)	600,000,000
				회사계산 상각비	(8)전기말누계	400,000,000
					(9)당기상각비	
					(10)당기말누계(8)+(9)	400,000,000
				자본적 지출액	(11)전기말누계	
					(12)당기지출액	36,000,000
					(13)합계(11)+(12)	36,000,000
			(14)취득가액((7)+(10)+(13))		1,036,000,000
			(15)일반상각률.특별상각률		0.025
			상각범위 액계산	당기산출 상각액	(16)일반상각액	25,900,000
					(17)특별상각액	
					(18)계((16)+(17))	25,900,000
				(19) 당기상각시인범위액		25,900,000
			(20)회사계상상각액((9)+(12))		36,000,000
			(21)차감액((20)-(19))		10,100,000
			(22)최저한세적용에따른특별상각부인액		
			조정액	(23) 상각부인액((21)+(22))		10,100,000
				(24) 기왕부인액중당기손금추인액		
			부인액 누계	(25) 전기말부인누계액		
				(26) 당기말부인누계액 (25)+(23)-|(24)|		10,100,000
			당기말 의제상각액	(27) 당기의제상각액 (Δ(21)-|(24)|)		
				(28) 의제상각누계액		
			신고조정 감가상각 비계산	(29) 기준상각률		
				(30) 종전상각비		
				(31) 종전감가상각비 한도		
				(32) 추가손금산입대상액		
				(33) 동종자산 한도계산 후 추가손금산		
			신고조정 감가상각 비계산	(34) 기획재정부령으로 정하는 기준내용		
				(35) 기준감가상각비 한도		
				(36) 추가손금산입액		
			(37) 추가 손금산입 후 당기말부인액 누계		10,100,000

- [미상각자산감가상각조정명세서] 메뉴에서 [유형자산(정률법)] 탭

유형자산(정액법)	유형자산(정률법)	무형자산

계정	자산코드/명	취득년월일
0206	000002 밀링	2022-03-22

	입력내용	금액
	업종코드/명	
	합계표 자산구분	2. 기계장치
	(4)내용연수	5
상각 계산 의 기초 가액	재무상태표 자산가액	
	(5)기말현재액	60,000,000
	(6)감가상각누계액	45,000,000
	(7)미상각잔액(5)-(6)	15,000,000
	(8)회사계산감가상각비	25,000,000
	(9)자본적지출액	
	(10)전기말의제상각누계액	
	(11)전기말부인누계액	
	(12)가감계((7)+(8)+(9)-(10)+(11))	40,000,000
	(13)일반상각률,특별상각률	0.451
상각범위 액계산	당기산출 상각액	
	(14)일반상각액	18,040,000
	(15)특별상각액	
	(16)계((14)+(15))	18,040,000
	취득가액	
	(17)전기말현재취득가액	60,000,000
	(18)당기회사계산증가액	
	(19)당기자본적지출액	
	(20)계((17)+(18)+(19))	60,000,000
	(21) 잔존가액	3,000,000
	(22) 당기상각시인범위액	18,040,000
	(23)회사계상상각액((8)+(9))	25,000,000
	(24)차감액 ((23)-(22))	6,960,000
	(25)최저한세적용에따른특별상각부인액	
조정액	(26) 상각부인액 ((24)+(25))	6,960,000
	(27) 기왕부인액중당기손금추인액	
	(28) 당기말부인누계액 ((11)+(26)-|(27)|)	6,960,000
당기말 의제상각액	(29) 당기의제상각액 |△(24)|-|(27)|	
	(30) 의제상각누계액 ((10)+(29))	
신고조정 감가상각 비계산	(31) 기준상각률	
	(32) 종전상각비	
	(33) 종전감가상각비 한도	
	(34) 추가손금산입대상액	
	(35) 동종자산 한도계산 후 추가손금산	
신고조정 감가상각 비계산	(36) 기획재정부령으로 정하는 기준내용	
	(37) 기준감가상각비 한도	
	(38) 추가손금산입액	
	(39) 추가 손금산입 후 당기말부인액 누계	6,960,000

3단계 • [감가상각비조정명세서합계표] 메뉴

	1.자산구분	코드	2.합계액	유형고정자산			6.무형고정자산
				3.건축물	4.기계장치	5.기타자산	
재무 상태표 상가액	101.기말현재액	01	1,060,000,000	1,000,000,000	60,000,000		
	102.감가상각누계액	02	445,000,000	400,000,000	45,000,000		
	103.미상각잔액	03	615,000,000	600,000,000	15,000,000		
	104.상각범위액	04	43,940,000	25,900,000	18,040,000		
	105.회사손금계상액	05	61,000,000	36,000,000	25,000,000		
조정 금액	106.상각부인액 (105-104)	06	17,060,000	10,100,000	6,960,000		
	107.시인부족액 (104-105)	07					
	108.기왕부인액 중 당기손금추인액	08					
	109.신고조정손금계상액	09					

(5) 다음 자료를 이용하여 [자본금과적립금조정명세서](갑),(을)을 작성하시오. (단, 기존자료 및 다른 문제 내용은 무시하고 아래 자료만을 이용하도록 하고 세무조정은 생략한다)

- 전기말 자본금과 적립금조정명세서(을) 잔액은 다음과 같다.
  - 선급비용 820,000원 (유보)
  - 건물 감가상각비 한도초과 22,000,000원 (유보)

- 당기중 유보금액 변동내역은 다음과 같다.
  - 선급비용은 전액 2024.1.1.~2024.3.31.분으로 전기말에 손금불산입 유보로 세무조정된 금액이다.
  - 건물에 대한 감가상각비 세무조정결과 당기에 시인부족액 10,000,000원이 발생하였다.

- 재무상태표상 자본변동내역은 재무회계 재무상태표를 조회하도록 하고 손익계산서상 법인세비용이 법인세 과세표준 및 세액신고서상 법인세보다 법인세 500,000원, 지방소득세 50,000원 적게 계상되었다. (전기분은 고려하지 아니함)

(5)

▶ 관련 이론 | 감가상각비 p.44, 익금과 손금 p.136

해 설 ① 문제분석

· 자본금과 적립금조정명세서(을)

| 과 목 | 기초 잔액(ⓐ) | 당기중 증감 | | 기말 잔액 |
		감소(ⓑ)	증가(ⓒ)	(ⓐ - ⓑ + ⓒ)
선급비용	820,000	820,000[1]		0
건물 감가상각비 한도초과	22,000,000	10,000,000[2]		12,000,000
합 계	22,820,000	10,820,000		12,000,000

[1] <손금산입> 전기 선급비용 820,000 (△유보) = 기초 유보 잔액의 감소

[2] <손금산입> 전기 건물 감가상각비 한도초과 10,000,000 (△유보) = 기초 유보 잔액의 감소

· 자본금과 적립금조정명세서(갑)

| 과 목 | | 기초 잔액(ⓐ) | 당기중 증감 | | 기말 잔액 |
			감소(ⓑ)	증가(ⓒ)	(ⓐ - ⓑ + ⓒ)
자본금 및 잉여금의 계산	1. 자본금	1,867,500,000		100,000,000[1]	1,967,500,000
	2. 자본잉여금	6,900,000		2,000,000[2]	8,900,000
	3. 자본조정	△6,500,000	△3,000,000[2]		△3,500,000
	4. 기타포괄 손익누계액	△1,000,000			△1,000,000
	5. 이익잉여금	58,020,000	35,000,000[3]	500,321,400[3]	523,341,400
	6. 계	1,924,920,000	32,000,000	602,321,400	2,495,241,400[4]
7. 자본금과 적립금명세서(을) 계		22,820,000	10,820,000		12,000,000
손익미계상 법인세 등	8. 법인세			500,000[5]	500,000
	9. 지방소득세			50,000[5]	50,000
	10. 계			550,000	550,000
11. 차가감계(= 6. + 7. - 10.)		1,947,740,000	42,820,000	601,771,400	2,506,691,400

[1] 10월 28일 (차) 보통예금   100,000,000   (대) 자본금   100,000,000

[2] 4월 16일 (차) 당좌예금   5,000,000   (대) 자기주식처분이익   2,000,000
   자기주식   3,000,000

[3] · 3월 31일 (차) 미처분이익잉여금 42,000,000   (대) 이익준비금   2,000,000
   미지급배당금(현금배당)   20,000,000
   감채적립금   20,000,000

   · 4월 10일 (차) 미처분이익잉여금15,000,000   (대) 감가상각누계액   15,000,000
     (전기오류수정손실)

   · 12월 31일 (차) 손익(당기순이익)500,321,400   (대) 미처분이익잉여금   500,321,400

   · 당기 감소 = 현금배당 20,000,000 + 전기오류수정손실 15,000,000 = 35,000,000원

   · 당기 증가 = 당기순이익 500,321,400원

[4] = 재무상태표상 기말 자본 총계

[5] 손익미계상 법인세 등 = '법인세과세표준및세액신고서'의 법인세 등 - '손익계산서'의 법인세비용
         = 손익계산서상 법인세비용 금액 외에 추가로 부담하는 법인세 등
         = (+)로 기재하면 세법상 자본 계산 시 차감액으로 반영

② 입력방법

[자본금과적립금조정명세서] 메뉴에서

· [자본금과적립금조정명세서(을)] 탭을 선택한 후, 화면 상단에 있는 CF5전체삭제(Ctrl + F5)를 클릭하여 다른 문제 내용을 삭제하고, 유보와 △유보의 기초 잔액과 당기 증감액을 입력한다.[1]

> [1] "과목 또는 사항"란을 입력할 때, 프로그램에 등록되어 있는 조정과목에 적절한 항목이 없는 경우에는, 화면 상단에 있는 F6 직접입력(또는 F6)을 클릭하여 해당란에 적절한 내용을 입력

· [자본금과적립금조정명세서(갑)] 탭을 선택한 후, 재무상태표상 자본금 및 잉여금의 기초 잔액과 당기 증감액을 입력하고, "손익미계상 법인세 등"에 있는 "8. 법인세"와 "9. 지방소득세" 라인의 "증가"란에 각각 "500,000"과 "50,000"을 입력한다.[1)2)3)]

> [1] [회계관리] 모듈에 있는 [재무상태표] 메뉴를 열어서 기간을 12월로 입력하면 자본금 및 잉여금 계정과목들의 장부상 기초 잔액과 기말 잔액을 확인할 수 있고, 각 계정과목을 더블 클릭하면 일자별 원장 내용을 확인할 수 있으며, 해당 원장을 더블 클릭하면 전표입력 내용까지 확인할 수 있음

> [2] [회계관리] 모듈에 있는 [일계표(월계표)] 메뉴를 열어서 기간을 1월 1일부터 12월 31일까지로 입력하면 자본금 및 잉여금 계정과목들의 장부상 당기 증감액을 확인할 수 있고, 각 계정과목을 더블 클릭하면 일자별 원장 내용을 확인할 수 있으며, 해당 원장을 더블 클릭하면 전표입력 내용까지 확인할 수 있음

> [3] [회계관리] 모듈에 있는 [이익잉여금처분계산서] 메뉴를 열어보면, "Ⅰ. 미처분이익잉여금" 라인에서 미처분이익잉여금 계정과목의 장부상 기초 잔액과 기말 잔액을 확인할 수 있고, 그 외에 미처분이익잉여금 계정과목의 당기 증감액에 대한 상세내역을 확인할 수 있음

정답화면

· [자본금과적립금조정명세서(을)] 탭

①과목 또는 사항	②기초잔액	당 기 중 증 감 ③감 소	당 기 중 증 감 ④증 가	⑤기말잔액 (=②-③+④)	비 고
Ⅰ.세무조정유보소득계산					
선급비용	820,000	820,000			
건물감가상각비한도초과	22,000,000	10,000,000		12,000,000	
합 계	22,820,000	10,820,000		12,000,000	

· [자본금과적립금조정명세서(갑)] 탭

	①과목 또는 사항	코드	②기초잔액	당 기 중 증 감 ③감 소	당 기 중 증 감 ④증 가	⑤기 말 잔 액 (=②-③+④)	비 고
	Ⅰ.자본금과 적립금 계산서						
자본금및 잉여금의 계산	1.자 본 금	01	1,867,500,000		100,000,000	1,967,500,000	
	2.자 본 잉 여 금	02	6,900,000		2,000,000	8,900,000	
	3.자 본 조 정	15	-6,500,000	-3,000,000		-3,500,000	
	4.기타포괄손익누계액	18	-1,000,000			-1,000,000	
	5.이 익 잉 여 금	14	58,020,000	35,000,000	500,321,400	523,341,400	
		17					
	6.계	20	1,924,920,000	32,000,000	602,321,400	2,495,241,400	
7.자본금과 적립금명세서(을)계		21	22,820,000	10,820,000		12,000,000	
손익미계상 법인세 등	8.법 인 세	22			500,000	500,000	
	9.지 방 소 득 세	23			50,000	50,000	
	10. 계 (8+9)	30			550,000	550,000	
	11.차 가 감 계 (6+7-10)	31	1,947,740,000	42,820,000	601,771,400	2,506,691,400	

04 ㈜칠일기업(회사코드 : 3171)은 전자부품을 생산하고 제조·도매업(주업종코드 : 제조/기억장치 300101)을 영위하는 중소기업이며, 당해 사업연도(제5기)는 2024. 1. 1.~2024. 12. 31.이다. 법인세무조정메뉴를 이용하여 재무회계 기장자료와 제시된 보충자료에 의하여 당해 사업연도의 세무조정을 하시오. [제71회]

> [작성대상서식]
>
> 1. 수입금액조정명세서, 조정후수입금액명세서
> 2. 대손금및대손충당금조정명세서
> 3. 업무무관부동산등에관련한차입금이자조정명세서
> 4. 소득금액조정합계표
> 5. 법인세과세표준및세액조정계산서

(1) 다음 자료를 이용하여 [수입금액조정명세서] 및 [조정후수입금액명세서]를 작성하고 필요한 세무조정을 하시오.

> - 손익계산서상 수입금액은 다음과 같다.
>   - 제품매출(업종코드 : 300101) : 2,620,000,000원(수출매출액 320,000,000원 포함)
>   - 상품매출(업종코드 : 515050) : 1,400,000,000원
> - 기말상품재고액에 포함되어 있는 적송품 8,300,000원 중 2,000,000원은 결산일 현재 이미 수탁자가 2,700,000원에 판매하였으나 전자세금계산서를 미발급하고, 당사에 통보가 되지 아니하였다.
> - 당사는 매출거래처에 제품 5,000,000원(시가 6,000,000원)을 증여하고 다음과 같이 회계처리하였으며 이에 대한 부가가치세 신고는 적정하게 이루어졌다.
>   (차) 기업업무추진비   5,600,000   (대) 제품   5,000,000
>   부가세예수금   600,000

04 (1)

▶ 관련 이론 | 익금과 손금 p.136

해   설   ① 문제분석

· 수입금액 vs 회사의 결산서상 매출액

회사의 결산서상 매출액	4,020,000,000	(= 2,620,000,000 + 1,400,000,000)
+ 부산물 매각대(잡이익)	+ 0	
+ 상품위탁매출 누락액	+ 2,700,000	
= 수입금액	= 4,022,700,000	

· 세무조정

· <익금산입> 외상매출금(상품매출) 2,700,000 (유보)

· <손금산입> 상품(상품매출원가) 2,000,000 (△유보)

· 수입금액 vs 부가가치세법상 과세표준

수입금액	4,022,700,000
+ 부가가치세법상 간주공급	+ 6,000,000
− 매출누락	− 2,700,000[1]
= 부가가치세법상 과세표준	= 4,026,000,000[1]

[1] 수탁자로부터 통보를 받지 못함에 따라 결산서에 누락되었던 상품위탁매출액(2,700,000원)은 정확한 수입금액인 4,022,700,000원에는 포함되어 있으나 신고된 부가가치세 과세표준에는 포함되어 있지 않음

법인세 실무

제2장

해커스 전산세무 1급 법인세 이론+실무+최신기출

② 입력방법

1단계 [수입금액조정명세서] 메뉴에서

· [수입금액조정계산] 탭을 선택한 후, "① 1. 수입금액 조정계산"에 있는 항목, 계정과목[1], 결산서상 수입금액란에 "매출 − 제품매출 − 2,620,000,000", "매출 − 상품매출 − 1,400,000,000"을 입력한다.

> [1] 계정과목란을 입력하는 방법 : ㉠ ［코드］(또는 ［F2］)를 클릭하여 계정과목 검색창을 사용하거나, ㉡ ［F4 매출조회］(또는 ［F4］)를 클릭하여 매출 및 영업외수익 검색창을 사용함

· [기타수입금액조정] 탭을 선택한 후, "② 2. 수입금액 조정명세"에 있는 구분란에 "상품매출[1]"을, 수입금액란에 "2,700,000"을, 대응원가란에 "2,000,000"을 입력한다.

> [1] 구분란을 입력할 때 ［코드］(또는 ［F2］)를 클릭한 후 계정과목 검색창을 사용하여 입력하면, 해당 조정내용이 [수입금액조정계산] 탭에 자동으로 반영됨

· [수입금액조정계산] 탭을 선택한 후, "② 수입금액조정명세"에 있는 "다. 기타 수입금액"란에 "(+)2,700,000"이 자동 반영되어 있는지를 확인하고, "① 1. 수입금액 조정계산"에 있는 조정란의 가산란에 "2,700,000"이 자동 반영되어 있는지를 확인하거나 또는 직접 입력한다.

· "조정 후 수입금액"의 계 금액이 "4,022,700,000"임을 확인한다.

· 화면 상단에 있는 ［F3 조정등록］(또는 ［F3］)을 클릭한 후, 세무조정사항을 다음과 같이 입력한다.

익금산입 및 손금불산입			손금산입 및 익금불산입		
과 목	금 액	소득처분	과 목	금 액	소득처분
위탁매출누락	2,700,000	유보 발생	위탁매출원가누락	2,000,000	△유보 발생[1]

[1] "유보 발생"으로 표시됨

2단계 [조정후수입금액명세서] 메뉴에서

· [업종별 수입금액 명세서] 탭을 선택한 후, 기준(단순)경비율번호, 수입금액계정조회, 국내생산품, 수입상품, 수출란에 "300101 − 2,620,000,000 − 2,300,000,000[1] − 0 − 320,000,000", "515050 − 1,402,700,000[2] − 1,402,700,000 − 0 − 0"을 입력한다.

> [1] = 2,620,000,000 − 320,000,000

> [2] = 1,400,000,000 + 2,700,000

· [과세표준과 수입금액 차액검토] 탭을 선택한 후, ［부가가치세 신고 내역보기］를 클릭하여 신고된 부가가치세 과세표준을 불러온 다음[1], "사업상증여(접대제공)[22]"란에 "6,000,000", "매출누락 [32]"란에 "(−)2,700,000"을 입력한다.

> [1] 보조창에서 해당 신고내역을 선택하여 ［확인(Enter)］을 클릭

· "(13) 차액과 (17) 차액계의차이금액"이 "0(영)"임을 확인한다.

정답 및 해설

정답화면　1단계　• [수입금액조정명세서] 메뉴에서 [수입금액조정계산] 탭

> 수입금액조정계산　작업진행률에 의한 수입금액　중소기업 등 수입금액 인식기준 적용특례에 의한 수입금액　기타수입금액조정

1 1.수입금액 조정계산

	계정과목		③결산서상 수입금액	조　정		⑥조정후 수입금액 (③+④-⑤)	비　고
	①항　목	②계정과목		④가　산	⑤차　감		
1	매　출	제품매출	2,620,000,000			2,620,000,000	
2	매　출	상품매출	1,400,000,000	2,700,000		1,402,700,000	
		계	4,020,000,000	2,700,000		4,022,700,000	

2 2.수입금액 조정명세

가.작업 진행률에 의한 수입금액		
나.중소기업 등 수입금액 인식기준 적용특례에 의한 수입금액		
다.기타 수입금액		2,700,000
계		2,700,000

• [수입금액조정명세서] 메뉴에서 [기타수입금액조정] 탭

> 수입금액조정계산　작업진행률에 의한 수입금액　중소기업 등 수입금액 인식기준 적용특례에 의한 수입금액　기타수입금액조정

2 2.수입금액 조정명세
　　다.기타 수입금액

	(23)구　분	(24)근 거 법 령	(25)수 입 금 액	(26)대 응 원 가	비　고
1	상품매출		2,700,000	2,000,000	

2단계　• [조정후수입금액명세서] 메뉴에서 [업종별 수입금액 명세서] 탭

> 업종별 수입금액 명세서　과세표준과 수입금액 차액검토

1 1.업종별 수입금액명세서

①업　태	②종　목	순번	③기준(단순) 경비율번호	수 입 금 액			
				④계(⑤+⑥+⑦)	내 수 판 매		⑦수　출 (영세율대상)
				수입금액계정조회	⑤국내생산품	⑥수입상품	
제조,도매	컴퓨터주변기기	01	300101	2,620,000,000	2,300,000,000		320,000,000
도매및 상품중개업	도매 / 컴퓨터및주변장치	02	515050	1,402,700,000	1,402,700,000		
		03					
(111)기　타		11					
(112)합　계		99		4,022,700,000	3,702,700,000		320,000,000

• [조정후수입금액명세서] 메뉴에서 [과세표준과 수입금액 차액검토] 탭

> 업종별 수입금액 명세서　과세표준과 수입금액 차액검토

2 2.부가가치세 과세표준과 수입금액 차액 검토　　　　　　　　　　　　　부가가치세 신고 내역보기

(1) 부가가치세 과세표준과 수입금액 차액

⑧과세(일반)	⑨과세(영세율)	⑩면세수입금액	⑪합계(⑧+⑨+⑩)	⑫조정후수입금액	⑬차액(⑪-⑫)
3,706,000,000	320,000,000		4,026,000,000	4,022,700,000	3,300,000

(2) 수입금액과의 차액내역(부가세과표에 포함되어 있으면 +금액, 포함되지 않았으면 -금액 처리)

⑭구　분	코드	(16)금　액	비　고	⑭구　분	코드	(16)금　액	비　고
자가공급(면세전용등)	21			거래(공급)시기차이감액	30		
사업상증여(접대제공)	22	6,000,000		주세 · 개별소비세	31		
개인적공급(개인적사용)	23			매출누락	32	-2,700,000	
간주임대료	24				33		
자산 고정자산매각액	25				34		
매각 그밖의자산매각액(부산물)	26				35		
폐업시 잔존재고재화	27				36		
작업진행률 차이	28				37		
거래(공급)시기차이가산	29			(17)차 액 계	50	3,300,000	
				(13)차액과(17)차액계의차이금액			

(2) 다음 자료를 통하여 [대손충당금및대손금조정명세서]를 작성하고 세무조정하시오. (단, 대손 설정률은 1%로 가정한다)

- 당해연도 대손충당금 변동내역
  - 전기이월 대손충당금은 10,000,000원이다. (전기 부인액 4,000,000원)
  - 회사는 4월 10일 대손충당금 1,500,000원을 회수가 불가능한 외상매출금과 상계했으며, 이는 상법상에 따른 소멸시효가 완성된 채권이다.
  - 당기에 회사는 대손충당금 3,500,000원을 설정하였다.
  - 기말 대손충당금잔액은 12,000,000원이다.
- 채권 잔액으로 당기말 외상매출금 잔액은 210,000,000원, 미수금 잔액은 15,000,000원이다.
- 전기 이전에 대손처리한 외상매출금에 대한 대손요건 불충족으로 인한 유보금액 잔액이 전기 자본금과 적립금조정명세서(을)에 5,400,000원이 있으며 당기말까지 대손요건은 충족되지 아니하였다.

정답 및 해설

(2)
▶ 관련 이론 | 대손금과 대손충당금 p.70

해 설   ① 문제분석
- 장부상 대손충당금(외상매출금)의 총계정원장

대손충당금(외상매출금)

4/10 상계	1,500,000	1/1 기초	10,000,000	(세법상 전기이월 부인액 : 4,000,000)
12/31 기말	12,000,000	12/31 추가설정	3,500,000	
	13,500,000		13,500,000	

- 대손금에 대한 세무조정 : 4/10 세무조정 없음
- 대손충당금 손금산입 한도액 = 기말 세법상 설정대상 채권가액 × 설정률
  - = 230,400,000원[1] × 1%[2]
  - = 2,304,000원

[1] = 장부상 기말 채권가액 − 설정제외 채권가액
  ± (채권 관련 기초 유보·△유보 잔액 ± 채권 관련 당기 유보·△유보 조정액)
  = (210,000,000 + 15,000,000) − 0 + (5,400,000 ± 0)
  = 230,400,000원

[2] = 1%(가정치)

- 대손충당금 설정에 대한 세무조정

회사계상액	12,000,000원(= 장부상 대손충당금 기말 잔액)
손금산입 한도액	2,304,000원
한도초과액	9,696,000원
세무조정	· <손금산입> 전기 대손충당금 4,000,000 (△유보) · <손금불산입> 대손충당금 9,696,000 (유보)

② 입력방법

[대손충당금및대손금조정명세서] 메뉴에서

· 화면 상단에 있는 F7 원장조회(또는 F7)를 클릭한 후 "대손충당금(외상매출금)" 계정과목을 선택하면, 장부상 대손충당금(외상매출금)의 일자별 원장 내용을 확인할 수 있고[1], 해당 원장을 더블클릭하면 전표입력 내용까지 확인할 수 있다.

> [1] [회계관리] 모듈에 있는 [합계잔액시산표] 메뉴를 열어서 기간을 12월 31일로 입력한 후, 해당 계정과목을 더블 클릭하여도 동일한 내용을 확인할 수 있음

· "① 2. 대손금조정"에 있는 내역을 다음과 같이 입력한다.

일 자	계정과목	채권내역[1]	대손사유[1]	금 액[2]	대손충당금상계액[3]			당기손금계상액[4]		
					계	시인액	부인액	계	시인액	부인액
4. 10.	외상매출금	1. 매출채권	6. 소멸시효완성	1,500,000	1,500,000	1,500,000				

> [1] 각 란에 커서를 놓았을 때 화면 하단에 나타나는 안내에 따라 해당 내용을 입력

> [2] 대손금에 대하여 회사 장부에서 "차변 대손충당금(상계)"로 회계처리하거나 "차변 대손상각비(발생)"으로 회계처리한 금액을 입력
> (→ 장부에는 반영되지 않고 신고조정으로 대손금 처리하는 금액은 여기에 입력하지 않음)

> [3] 대손금에 대하여 회사 장부에서 "차변 대손충당금(상계)"로 회계처리한 금액에 대한 세무조정 내역을 입력

> [4] 대손금에 대하여 회사 장부에서 "차변 대손상각비(발생)"으로 회계처리한 금액에 대한 세무조정 내역을 입력

· "② 채권잔액"에 있는 "16. 계정과목"란과 "17. 채권잔액의 장부가액"란에 "외상매출금 – 210,000,000", "미수금 – 15,000,000"을 각각 입력한 후[1], "외상매출금" 라인에 있는 "18. 기말현재대손금부인누계 – 전기"란에 "5,400,000[2]"을, "18. 기말현재대손금부인누계 – 당기"란에 "0[3]"을 입력하고, "21. 채권잔액 – 계"가 "230,400,000"임을 확인한다.

> [1] 화면 상단에 있는 F12 불러오기(또는 F12)를 클릭하면, [회계관리] 모듈에 입력되어 있는 채권잔액을 자동으로 불러옴

> [2] = 채권 관련 기초 유보·△유보 잔액 = 5,400,000원

> [3] = 채권 관련 당기 유보·△유보 조정액 = 0원

> 참고 "17. 채권잔액의 장부가액"에 "대손충당금 설정 제외 채권가액(예 특수관계인에 대한 업무무관가지급금, 매각거래에 해당하는 할인어음)"이 포함되어 있는 경우에는 이를 "20. 충당금설정제외채권(할인, 배서, 특수채권)"란에 입력한다.

· "③ 1. 대손충당금조정"의 "손금산입액 조정"에 있는 "2. 설정률(%)"란에서 "기본율"을 선택하고, "4. 당기계상액"란에 "3,500,000[1]"을, "5. 보충액"란에 "8,500,000[2]"을 입력하고, "6. 계"가 "12,000,000[3]"이고, "7. 한도초과액"이 "9,696,000"임을 확인한다.

> [1] = 장부상 대손충당금 추가설정액

> [2] = 장부상 대손충당금 기말 잔액 – 장부상 대손충당금 추가설정액

> [3] = 장부상 대손충당금 기말 잔액

· "③ 1. 대손충당금조정"의 "손금산입액 조정"에 있는 "8. 장부상 충당금기초잔액"란에 "10,000,000"을, "10. 충당금부인누계액"란에 "4,000,000"을 입력하고, "15. 과다환입(△)"이 "(−)4,000,000"임을 확인한다.

- 화면 상단에 있는 F3 조정등록(또는 F3)을 클릭한 후, 세무조정사항을 다음과 같이 입력한다.

익금산입 및 손금불산입			손금산입 및 익금불산입		
과 목	금 액	소득처분	과 목	금 액	소득처분
대손충당금 한도초과	9,696,000	유보 발생	전기 대손충당금 한도초과	4,000,000	유보 감소

정답화면

1. 2. 대손금조정

	22.일자	23.계정과목	24.채권내역	25.대손사유	26.금액	대손충당금상계액			당기손금계상액		
						27.계	28.시인액	29.부인액	30.계	31.시인액	32.부인액
1	04.10	외상매출금	1.매출채권	6.소멸시효완성	1,500,000	1,500,000	1,500,000				
2											
		계			1,500,000	1,500,000	1,500,000				

2. 채권잔액

	16.계정과목	17.채권잔액의장부가액	18.기말현재대손금부인누계		19.합계(17+18)	20.충당금설정제외채권(할인,배서,특수채권)	21.채 권 잔 액(19-20)
			전기	당기			
1	외상매출금	210,000,000	5,400,000		215,400,000		215,400,000
2	미수금	15,000,000			15,000,000		15,000,000
3							
	계	225,000,000	5,400,000		230,400,000		230,400,000

3. 1.대손충당금조정

손금산입조정	1.채권잔액(21의금액)	2.설정률(%)			3.한도액(1×2)	회사계상액			7.한도초과액(6-3)
		●기본율	●실적율	●적립기준		4.당기계상액	5.보충액	6.계	
	230,400,000	1			2,304,000	3,500,000	8,500,000	12,000,000	9,696,000
익금산입조정	8.장부상충당금기초잔액	9.기중충당금환입액	10.충당금부인누계액	11.당기대손상계액(27의금액)	12.충당금보충액(충당금장부잔액)	13.환입할금액(8-9-10-11-12)	14.회사환입액(회사기말환입)	15.과소환입·과다환입(△)(13-14)	
	10,000,000		4,000,000	1,500,000	8,500,000	-4,000,000		-4,000,000	

(3) 다음의 자료를 이용하여 [업무무관부동산등에관련한차입금이자조정명세서]를 작성하고 이와 관련한 세무조정을 하시오.

- 차입금내역 및 이자지급 내역

내 역	이자율	지급이자
기업운영자금 대출이자 A	5%	11,522,460원
채권자가 불분명한 사채이자	18%	7,800,000원
기업운영자금 대출이자 B	3%	9,065,800원

- 가지급금 원장 내역

(단위 : 원)

일 자	차 변	대 변	잔 액
전기이월	15,000,000		15,000,000
올해. 6. 23.	20,000,000		35,000,000
올해. 9. 3.		5,000,000	30,000,000
올해. 11. 22.		10,000,000	20,000,000

- 기타내역
  - 위 가지급금은 모두 업무무관 가지급금이다.
  - 위 내역 외 가지급금, 가수금은 없으며 회사는 결산서상 가지급금에 대한 이자수익으로 1,047,917원을 계상하였다.
  - 자기자본 적수 계산은 무시하고 가지급금 인정이자조정명세서 작성은 생략한다.
  - 채권자 불분명 사채이자분에 대한 원천징수세액은 없는 것으로 한다.

(3)   ▶ 관련 이론 | 지급이자 p.88, 92

해   설   ① 문제분석
· 업무무관 가지급금 적수 계산

일자	적요	차변	대변	잔액	기간	일수	가지급금 적수
1/1	전기이월	15,000,000		15,000,000	1. 1.~6. 22.	174일	2,610,000,000
6/23	대여	20,000,000		35,000,000	6. 23.~9. 2.	72일	2,520,000,000
9/3	회수		5,000,000	30,000,000	9. 3.~11. 21.	80일	2,400,000,000
11/22	회수		10,000,000	20,000,000	11. 22.~12. 31.	40일	800,000,000
합계		35,000,000	15,000,000			366일	8,330,000,000

· 차입금 적수 계산

구분	금액	일수	차입금 적수	이자율	이자비용
기업운영자금 대출이자 A	xx,xxx,xxx	xxx일	84,344,407,200[1]	연 5%	11,522,460
기업운영자금 대출이자 B	xx,xxx,xxx	xxx일	110,602,760,000[2]	연 3%	9,065,800
합계			194,947,167,200		20,588,260

[1] 차입금 적수 × 5% ÷ 366일 = 11,522,460원
∴ 차입금 적수 = 84,344,407,200원

[2] 차입금 적수 × 3% ÷ 366일 = 9,065,800원
∴ 차입금 적수 = 110,602,760,000원(원 단위 미만 절사)

· 업무무관자산 등에 대한 지급이자 계산

$$= 지급이자 \times \frac{업무무관 \; 가지급금 \; 적수}{차입금 \; 적수}$$

$$= 20,588,260 \times \frac{Min[\text{㉠} \; 8,330,000,000, \; \text{㉡} \; 194,947,167,200]}{194,947,167,200}$$

= 879,726원(원 단위 미만 절사)

· 세무조정
· <손금불산입> 채권자 불분명 사채이자 7,800,000 (대표자 상여)
· <손금불산입> 업무무관자산 등에 대한 지급이자 879,726 (기타사외유출)

② 입력방법

[업무무관부동산등에관련한차입금이자조정명세서] 메뉴에서

- [1. 적수입력(을)] 탭을 선택한 후, [3. 가지급금] 탭을 선택하고, 불러오기 를 클릭하여 보조창에서 예(Y) 를 클릭하여, [가지급금등의인정이자조정명세서] 메뉴에 입력되어 있는 가지급금 정보를 불러온다.[1]

  [1] 업무무관가지급금 정보를 직접 입력하여야 하는 경우에는, "월일"란을 입력한 후, 적요수정 을 클릭하여 타이핑하거나 화면 하단의 안내(1.전기이월, 2.지급, 3.회수)에 따라 해당 항목을 선택하여 "적요"란을 입력하고, "차변" 또는 "대변"란에 금액을 입력

- [2. 지급이자 손금불산입(갑)] 탭을 선택한 후, "[I] 2. 지급이자 및 차입금 적수 계산"에 있는 "이자율"란 및 "지급이자"란에 기업운영자금 대출이자 A 내역 "5% - 11,522,460", 채권자 불분명 사채이자 내역 "18% - 7,800,000", 기업운영자금 대출이자 B 내역 "3% - 9,065,800"을 각각 입력하고, 채권자 불분명 사채이자 내역에 대하여 "채권자 불분명 사채이자 - 지급이자"란에 "7,800,000"을 입력한다.

- "[II] 1. 업무무관부동산 등에 관련한 차입금 지급이자"에 있는 "① 지급이자"가 "20,588,260"임을 확인하고, "⑥ 차입금(적수)"이 "194,947,167,200"임을 확인하고, "⑧ 손금불산입 지급이자"가 "879,726"임을 확인한다.

- 화면 상단에 있는 F3 조정등록(또는 F3)을 클릭한 후, 세무조정사항을 다음과 같이 입력한다.

익금산입 및 손금불산입			손금산입 및 익금불산입		
과 목	금 액	소득처분	과 목	금 액	소득처분
채권자 불분명 사채이자(원천세 제외)	7,800,000	상 여			
업무무관자산 지급이자	879,726	기타사외유출			

정답화면

- [1. 적수입력(을)] 탭

- [2. 지급이자 손금불산입(갑)] 탭

(4) 다음의 추가 자료에 대해 세무조정을 하고, 소득금액조정합계표에 반영하시오.

재무상태표상 내역	• 5월 7일에 구입한 매도가능증권(취득가액 50,000,000원, 시장성 있음) 의 기말 공정가액은 52,000,000원이고, 이에 대한 회계처리를 기업회계 기준에 따라 12월 31일 결산 분개 시 적절하게 수행하였다.
손익계산서상 내역	• 전년도 법인세에 대한 추가 납부분 3,000,000원을 전기오류수정손실(영 업외비용)로 계상하였다. • 잡이익 중에 국세환급가산금 198,000원이 있다. • 세금과공과금으로 처리한 금액에는 건물 재산세 3,700,000원, 교통위반 범칙금 80,000원이 포함되어 있다.

정답 및 해설

(4)   ▶ 관련 이론 | 자산의 취득과 평가 p.113, 익금과 손금 p.128, 130

해   설   ① 문제분석
  • 매도가능증권평가이익

B	(차) 매도가능증권	2,000,000	(대) 매도가능증권평가이익 (기타포괄손익누계액)	2,000,000
T			−	
T/A	• <익금산입> 매도가능증권평가이익 2,000,000 (기타) • <익금불산입> 매도가능증권 2,000,000 (△유보)			

  • 전년도 법인세 추가 납부분

B	(차) 전기오류수정손실 (영업외비용)	3,000,000	(대) 보통예금	3,000,000
T	(차) 사외유출	3,000,000	(대) 보통예금	3,000,000
T/A	<손금불산입> 전기 법인세 추가 납부분 3,000,000 (기타사외유출)			

  • 국세환급금에 대한 이자

B	(차) 현금	198,000	(대) 잡이익(영업외수익)	198,000
T	(차) 현금	198,000	(대) 기타	198,000
T/A	<익금불산입> 국세환급금에 대한 이자 198,000 (기타)			

  • 건물 재산세(3,700,000원)와 교통위반범칙금(80,000원)

B	(차) 세금과공과금(판관비) (차) 세금과공과금(판관비)	3,700,000 80,000	(대) 현금 (대) 현금	3,700,000 80,000
T	(차) 세금과공과금(판관비) (차) 사외유출	3,700,000 80,000	(대) 현금 (대) 현금	3,700,000 80,000
T/A	<손금불산입> 교통위반범칙금 80,000 (기타사외유출)			

② 입력방법

[소득금액조정합계표및명세서] 메뉴에서

· 화면 상단에 있는 F7 원장조회 (또는 F7)를 클릭한 후 "매도가능증권평가이익(기타포괄손익누계액)", "전기오류수정손실(영업외비용)", "잡이익(영업외수익)", "세금과공과금(판관비)" 계정과목을 선택하면, 각 계정과목의 일자별 원장 내용을 확인할 수 있고[1], 해당 원장을 더블 클릭하면 전표 입력 내용까지 확인할 수 있다.

[1] [회계관리] 모듈에 있는 [합계잔액시산표] 메뉴를 열어서 기간을 12월 31일로 입력한 후, 해당 계정 과목을 더블 클릭하여도 동일한 내용을 확인할 수 있음

▶ 매도가능증권평가이익(기타포괄손익누계액) – 12월 31일

	월	일	번호	구분	계정과목	거래처	차변	대변	적요	카드등
1	12	31	00230	차변	0178 매도가능증권		2,000,000		평가이익	
2	12	31	00230	대변	0394 매도가능증권평가이익			2,000,000	평가이익	

▶ 전기오류수정손실(영업외비용) – 4월 14일

	월	일	번호	구분	계정과목	거래처	차변	대변	적요	카드등
1	4	14	00009	차변	0962 전기오류수정손실		3,000,000			
2	4	14	00009	대변	0103 보통예금			3,000,000		

▶ 잡이익(영업외수익) – 8월 10일

	월	일	번호	구분	계정과목	거래처	차변	대변	적요	카드등
1	8	10	00024	입금	0930 잡이익		(현금)	198,000	국세환급금이자	

▶ 세금과공과금(판관비) – 7월 20일

	월	일	번호	구분	계정과목	거래처	차변	대변	적요	카드등
1	7	20	00003	출금	0817 세금과공과금		3,700,000	(현금)	건물재산세	부

▶ 세금과공과금(판관비) – 8월 27일

	월	일	번호	구분	계정과목	거래처	차변	대변	적요	카드등
1	8	27	00012	출금	0817 세금과공과금		80,000	(현금)	교통위반범칙금	부

· 메뉴 화면에 세무조정사항을 다음과 같이 입력한다.

익금산입 및 손금불산입			손금산입 및 익금불산입		
과 목	금 액	소득처분	과 목	금 액	소득처분
매도가능증권평가이익	2,000,000	기 타	매도가능증권	2,000,000	△유보 발생[2]
전기오류수정손실[1]	3,000,000	기타사외유출	잡이익[1]	198,000	기 타
세금과공과금[1]	80,000	기타사외유출			

[1] 프로그램에 등록되어 있는 조정과목에는 적절한 항목이 없으므로, 화면 상단에 있는 F6 직접입력 (또는 F6)을 클릭하거나 코드 (또는 F2)를 클릭하여 과목란에 적절한 내용을 입력하면 됨

[2] "유보 발생"으로 표시됨

(5) 다음 자료를 통하여 [법인세과세표준및세액조정계산서]를 완성하시오. (당사는 중소기업이며, 세무조정 입력은 생략하고, 불러온 자료들은 무시하고 아래의 자료를 참고하여 작성한다)

- 손익계산서의 일부분이다.

<table>
<tr><th colspan="2">손익계산서</th></tr>
<tr><td>2024. 1. 1.~2024. 12. 31.</td><td>(단위 : 원)</td></tr>
<tr><td colspan="2">- 중간 생략 -</td></tr>
<tr><td>Ⅷ 법인세차감전순이익</td><td>100,000,000</td></tr>
<tr><td>Ⅸ 법인세등</td><td>10,000,000</td></tr>
<tr><td>Ⅹ 당기순이익</td><td>90,000,000</td></tr>
</table>

- 위의 자료를 제외한 세무조정 자료는 다음과 같다.
  - 기업업무추진비 한도초과액 : 18,000,000원　　· 재고자산평가증 : 2,700,000원
  - 퇴직급여충당금 한도초과액 : 1,500,000원　　· 대표이사 향우회 회비 : 5,000,000원
- 기부금 관련 내역은 다음과 같다.
  - 기부금 한도초과 이월액 손금산입액 : 800,000원
- 이월결손금의 내역은 다음과 같다.

발생연도	2021년	2022년	2023년
금 액	10,000,000원	5,000,000원	3,000,000원

- 세액공제 및 감면세액은 다음과 같다.
  - 중소기업특별세액감면 : 1,000,000원　　· 연구인력개발세액공제 : 5,000,000원
- 기납부세액내역은 다음과 같다.
  - 중간예납세액 : 1,500,000원　　　　　　· 원천징수세액 : 500,000원
- 적격증빙을 수취하지 않고, 간이영수증을 수취한 비용(소모품비) 1건(1,000,000원)이 있다.
- 위 이외의 세무조정 자료는 없다.

(5)   ▶ 관련 이론 | 과세표준과 세액 p.158, 166, 신고와 납부 p.178

해 설   ① 문제분석
- [소득금액조정합계표] 서식에 기재되는 세무조정사항

익금산입 및 손금불산입			손금산입 및 익금불산입		
과 목	금 액	소득처분	과 목	금 액	소득처분
법인세 등	10,000,000	기타사외유출	재고자산평가증	2,700,000	△유보
기업업무추진비 한도초과액	18,000,000	기타사외유출			
퇴직급여충당금 한도초과액	1,500,000	유 보			
대표이사 향우회 회비	5,000,000	상 여			
합 계	34,500,000		합 계	2,700,000	

- 차감납부세액의 계산

	결산서상 당기순손익	90,000,000
+	익금산입 및 손금불산입	+ 34,500,000
−	손금산입 및 익금불산입	− 2,700,000
=	차가감소득금액	= 121,800,000
+	기부금 한도초과액	+ 0
−	기부금 한도초과 이월액 손금산입	− 800,000[1]
=	각 사업연도 소득금액	= 121,000,000
−	이월결손금	− 18,000,000[2]
−	비과세소득	− 0
−	소득공제	− 0
=	과세표준	= 103,000,000
×	세 율	× 9%
=	산출세액	= 9,270,000
−	최저한세 적용대상 세액감면·세액공제	− 1,000,000[3]
=	차감세액	= 8,270,000
−	최저한세 적용제외 세액감면·세액공제	− 5,000,000[3]
+	가산세	+ 20,000[4]
=	총부담세액	= 3,290,000
−	기납부세액	− 2,000,000[5]
=	차감납부할세액	= 1,290,000
−	분납할세액	− 0[6]
=	차감납부세액	= 1,290,000

[1] [소득금액조정합계표] 서식에 기재하지 않고, [법인세과세표준및세액조정계산서] 서식의 해당란에 바로 기재

[2] 당기 과세표준 계산 시 공제할 수 있는 이월결손금(15년 이내 발생분)
   = 10,000,000 + 5,000,000 + 3,000,000
   = 18,000,000원 (≤ 각 사업연도 소득금액의 100%(∵ 중소기업))

3) 최저한세 적용 여부

근거 법	구 분	금 액	최저한세 적용 여부
조세특례제한법상 기간제한 없는 세액감면	중소기업특별세액감면	1,000,000원	O
조세특례제한법상 세액공제	중소기업의 연구·인력개발비 세액공제	5,000,000원	X

4) 적격증명서류 수취불성실 가산세 = 적격증명서류 미수취 금액 × 2%
= 1,000,000원 × 2% = 20,000원

5) 법인세 기납부세액 = 중간예납세액 + 원천납부세액 + 수시부과세액
= 1,500,000 + 500,000 + 0 = 2,000,000원

6) 납부할 세액(가산세는 제외)이 1천만 원 이하이므로 분납할 수 있는 금액은 없음

② 입력방법

[법인세과세표준및세액조정계산서] 메뉴에서

· "101. 결산서상 당기순손익"란에 "90,000,000"을 입력한다.

· "소득조정금액 - 102. 익금산입"란에 "34,500,000"을, "소득조정금액 - 103. 손금산입"란에 "2,700,000"을 입력한다.

· "106. 기부금 한도초과 이월액 손금산입"란에 "800,000"을 입력한다.

· "109. 이월결손금"란에 "18,000,000"을 입력한다.

· "121. 최저한세 적용 대상 공제 감면 세액"란에 "1,000,000[1]"을 입력한다.

[1] [공제감면세액및추가납부세액합계표] 메뉴에서 [최저한세적용세액감면] 탭을 선택한 후 "중소기업에 대한 특별세액감면"을 조회할 수 있음

· "123. 최저한세 적용 제외 공제 감면 세액"란에 "5,000,000"을 입력한다.

· "124. 가산세액"란에 "20,000"을 입력한다.

· "기납부세액 - 126. 중간예납세액"란에 "1,500,000"을, "기납부세액 - 128. 원천납부세액"란에 "500,000"을 입력한다.

· "분납할세액 - 154. 현금납부"란에 "0"을 입력한다.

· "차감납부세액 - 160. 계"가 "1,290,000"임을 확인한다.

정답화면

① 각 사 업 연 도 소 득 계 산	101. 결 산 서 상 당 기 순 손 익	01	90,000,000
	소 득 조 정 금 액	102. 익 금 산 입	02	34,500,000
		103. 손 금 산 입	03	2,700,000
	104. 차 가 감 소 득 금 액 (101+102-103)	04	121,800,000
	105. 기 부 금 한 도 초 과 액	05	
	106. 기 부 금 한 도 초 과 이월액 손금산입	54	800,000
	107. 각 사 업 연 도 소 득 금 액(104+105-106)	06	121,000,000

② 과 세 표 준 계 산	108. 각 사 업 연 도 소 득 금 액 (108=107)		121,000,000
	109. 이 월 결 손 금	07	18,000,000
	110. 비 과 세 소 득	08	
	111. 소 득 공 제	09	
	112. 과 세 표 준 (108-109-110-111)	10	103,000,000
	159. 선 박 표 준 이 익	55	

③ 산 출 세 액 계 산	113. 과 세 표 준 (113=112+159)	56	103,000,000
	114. 세 율	11	9%
	115. 산 출 세 액	12	9,270,000
	116. 지 점 유 보 소 득 (법 제96조)	13	
	117. 세 율	14	
	118. 산 출 세 액	15	
	119. 합 계 (115+118)	16	9,270,000

④ 납 부 할 세 액 계 산	120. 산 출 세 액 (120=119)		9,270,000
	121. 최저한세 적 용 대 상 공제 감면 세액	17	1,000,000
	122. 차 감 세 액	18	8,270,000
	123. 최저한세 적용제외 공제 감면 세액	19	5,000,000
	124. 가 산 세 액	20	20,000
	125. 가 감 계 (122+123+124)	21	3,290,000
	기 한 내 납 부 세 액	126. 중 간 예 납 세 액	22	1,500,000
		127. 수 시 부 과 세 액	23	
		128. 원 천 납 부 세 액	24	500,000
		129. 간접 회사등 외국 납부세액	25	
		130. 소 계 (126+127+128+129)	26	2,000,000
	131. 신 고 납 부 전 가 산 세 액	27	
	132. 합 계 (130+131)	28	2,000,000
	133. 감 면 분 추 가 납 부 세 액	29	
	134. 차 가 감 납 부 할 세 액 (125-132+133)	30	1,290,000
	⑤토지등 양도소득, ⑥미환류소득 법인세 계산 (TAB로 이동)		
⑦ 세 액 계	151. 차 감 납부할 세액계 (134+150+166)	46	1,290,000
	152. 사 실 과 다 른 회계 처리 경정 세액공제	57	
	153. 분 납 세 액 계 산 범 위 액 (151-124-133-145-152+131)	47	1,270,000
	154. 분 납 할 세 액	48	
	155. 차 감 납 부 세 액 (151-152-154)	49	1,290,000

05
㈜육구기업(회사코드 : 3169)은 전자부품을 생산하고 제조·도매업(주업종코드 : 제조/자동차부품 343000)을 영위하는 중소기업이며, 당해 사업연도(제12기)는 2024. 1. 1.~2024. 12. 31.이다. 법인세무조정 메뉴를 이용하여 재무회계 기장자료와 제시된 보충자료에 의하여 당해 사업연도의 세무조정을 하시오. [제69회]

[작성대상서식]

1. 조정후수입금액명세서
2. 대손충당금및대손금조정명세서
3. 감가상각조정명세서
4. 기부금조정명세서
5. 자본금과 적립금조정명세서(갑)(을)

---

(1) 다음 자료를 이용하여 [수입금액조정명세서] 및 [조정후수입금액명세서]를 작성하고 필요한 세무조정을 하시오.

- 수입금액조정명세서 관련 사항
  - 제품매출은 당기 외상매출(판매가 1,600,000원, 부가가치세 별도, 원가 1,400,000원) 관련 거래가 누락되어 부가가치세 수정신고서로 반영하였으나 결산서 내용에는 포함되지 아니하였다.
  - 기 작성된 수입금액조정명세서를 참고하여 누락된 매출 관련 세무조정을 하시오.
- 손익계산서상의 수익 반영 내역

구 분		업종코드	금액(원)	비 고
매출액	공사수입금	451104 (건설/건축공사)	460,000,000	–
	제품매출	343000 (제조/자동차부품)	623,000,000	직수출액 13,000,000원 포함
영업외수익 (잡이익)	부산물 매각대	343000 (제조/자동차부품)	8,400,000	–
합 계			1,091,400,000	

- 부가가치세법상 과세표준 내역

구 분	금액(원)	비 고
공사수입금	470,000,000	기계장치 매각 10,000,000원 포함
제품매출	633,000,000	–
합 계	1,103,000,000	–

부가가치세 신고내역은 관련 규정에 따라 적법하게 신고하였으며, 수정신고내역도 정확히 반영되어 있다.

05 (1)   ▶ 관련 이론 | 익금과 손금 p.136

해   설   ① 문제분석
· 수입금액 vs 회사의 결산서상 매출액

회사의 결산서상 매출액	1,083,000,000	(= 460,000,000 + 623,000,000)
+ 부산물 매각대(잡이익)	+ 8,400,000	
+ 제품매출 누락액	+ 1,600,000	
= 수입금액	= 1,093,000,000	

· 세무조정
· <익금산입> 외상매출금(제품매출) 1,600,000 (유보)
· <손금산입> 제품(제품매출원가) 1,400,000 (△유보)

· 수입금액 vs 부가가치세법상 과세표준

수입금액	1,093,000,000
+ 기계장치 매각	+ 10,000,000
= 부가가치세법상 과세표준	= 1,103,000,000[1]

[1] 결산서에 누락되었던 제품매출액(1,600,000원)은 부가가치세 수정신고를 통하여 부가가치세법상 과세표준에 포함되어 있음

② 입력방법

[1단계] [수입금액조정명세서] 메뉴에서

- [수입금액조정계산] 탭을 선택한 후, "1 1. 수입금액 조정계산"에 있는 항목, 계정과목, 결산서상 수입금액란에 "매출 – 제품매출 – 623,000,000", "매출 – 공사수입금 – 460,000,000", "영업외수익 – 잡이익 – 8,400,000"이 입력되어 있음을 확인한다.

- [기타수입금액조정] 탭을 선택한 후, "2 2. 수입금액 조정명세"에 있는 구분란에 "제품매출", 수입금액란에 "1,600,000", 대응원가란에 "1,400,000"이 입력되어 있음을 확인한다.

- [수입금액조정계산] 탭을 선택한 후, "2 2. 수입금액 조정명세"에 있는 "다. 기타 수입금액"란에 "(+)1,600,000", "1 1. 수입금액 조정계산"에 있는 조정란의 가산란에 "1,600,000"이 입력되어 있음을 확인한다.

- "조정 후 수입금액"의 계 금액이 "1,093,000,000"임을 확인한다.

- 화면 상단에 있는 **F3 조정등록**(또는 F3)을 클릭한 후, 세무조정사항을 다음과 같이 입력한다.

익금산입 및 손금불산입			손금산입 및 익금불산입		
과 목	금 액	소득처분	과 목	금 액	소득처분
외상매출금누락	1,600,000	유보 발생	매출원가과소	1,400,000	△유보 발생[1]

[1] "유보 발생"으로 표시됨

[2단계] [조정후수입금액명세서] 메뉴에서

- [업종별수입금액명세서]탭을선택한후,기준(단순)경비율번호,수입금액계정조회,국내생산품,수입상품, 수출란에 "343000 – 633,000,000[1] – 620,000,000[2] – 0 – 13,000,000", "451104 – 460,000,000 – 460,000,000 – 0 – 0"을 입력하고, 03순번 라인에 있는 "8,400,000"을 Space bar 를 사용하거나 ⊗삭제 (또는 F5)를 클릭하여 삭제한다.

  [1] = 623,000,000 + 1,600,000 + 8,400,000

  [2] = (623,000,000 + 1,600,000 + 8,400,000) – 13,000,000

- [과세표준과 수입금액 차액검토] 탭을 선택한 후, **부가가치세 신고 내역보기** 를 클릭하여 신고된 부가가치세 과세표준을 불러온 다음[1], "고정자산매각액 [25]"란에 "10,000,000"을 입력한다.

  [1] 보조창에서 해당 신고내역을 선택하여 **확인(Enter)** 을 클릭

- "(13) 차액과 (17) 차액계의차이금액"이 "0(영)"임을 확인한다.

정답화면 [1단계] · [수입금액조정명세서] 메뉴에서 [수입금액조정계산] 탭

| 수입금액조정계산 | 작업진행률에 의한 수입금액 | 중소기업 등 수입금액 인식기준 적용특례에 의한 수입금액 | 기타수입금액조정 |

1. 수입금액 조정계산

계정과목		③결산서상 수입금액	조정		⑥조정후 수입금액 (③+④-⑤)	비고
①항 목	②계정과목		④가 산	⑤차 감		
1 매 출	제품매출	623,000,000	1,600,000		624,600,000	
2 매 출	공사수입금	460,000,000			460,000,000	
3 영업외수익	잡이익	8,400,000			8,400,000	
	계	1,091,400,000	1,600,000		1,093,000,000	

2. 수입금액조정명세
가. 작업 진행률에 의한 수입금액
나. 중소기업 등 수입금액 인식기준 적용특례에 의한 수입금액

다. 기타 수입금액	1,600,000
계	1,600,000

· [수입금액조정명세서] 메뉴에서 [기타수입금액조정] 탭

| 수입금액조정계산 | 작업진행률에 의한 수입금액 | 중소기업 등 수입금액 인식기준 적용특례에 의한 수입금액 | 기타수입금액조정 |

2. 수입금액 조정명세
다. 기타 수입금액

(23)구 분	(24)근 거 법 령	(25)수 입 금 액	(26)대 응 원 가	비 고
1 제품매출		1,600,000	1,400,000	

[2단계] · [조정후수입금액명세서] 메뉴에서 [업종별 수입금액 명세서] 탭

| 업종별 수입금액 명세서 | 과세표준과 수입금액 차액검토 |

1. 업종별 수입금액명세서

①업 태	②종 목	순번	③기준(단순)경비율번호	수입금액			⑦수 출 (명세율대상)
				④계(⑤+⑥+⑦)	내 수 판 매		
					⑤국내생산품	⑥수입상품	
자동차 및 트레일	자동차용동력전달장치	01	343000	633,000,000	620,000,000		13,000,000
건설업	건설 / 비주거용건물건	02	451104	460,000,000	460,000,000		
		03					
(111)기 타		11					
(112)합 계		99		1,093,000,000	1,080,000,000		13,000,000

· [조정후수입금액명세서] 메뉴에서 [과세표준과 수입금액 차액검토] 탭

| 업종별 수입금액 명세서 | 과세표준과 수입금액 차액검토 |

2. 부가가치세 과세표준과 수입금액 차액 검토   [부가가치세 신고 내역보기]

(1) 부가가치세 과세표준과 수입금액 차액

⑧과세(일반)	⑨과세(영세율)	⑩면세수입금액	⑪합계(⑧+⑨+⑩)	⑫조정후수입금액	⑬차액(⑪-⑫)
1,090,000,000	13,000,000		1,103,000,000	1,093,000,000	10,000,000

(2) 수입금액과의 차액내역(부가세과표에 포함되어 있으면 +금액, 포함되지 않았으면 -금액 처리)

⑭구 분	코드	(16)금 액	비 고	⑭구 분	코드	(16)금 액	비 고
자가공급(면세전용등)	21			거래(공급)시기차이감액	30		
사업상증여(접대제공)	22			주세·개별소비세	31		
개인적공급(개인적사용)	23			매출누락	32		
간주임대료	24				33		
자산 고정자산매각액	25	10,000,000			34		
매각 그밖의자산매각액(부산물)	26				35		
폐업시 잔존재고재화	27				36		
작업진행률 차이	28				37		
거래(공급)시기차이가산	29			(17)차 액 계	50	10,000,000	
				(13)차액과(17)차액계의차이금액			

(2) 다음 자료를 보고 [대손충당금및대손금조정명세서]를 작성하고 필요한 세무조정을 하시오.
(단, 당사는 중소기업에 해당하며, 대손실적률은 0.5%로 가정한다)

매출채권 내역	• 외상매출금 198,000,000원 중 48,000,000원은 외상매입금과 상계하기로 약정되어 있고, 18,000,000원은 부가가치세 매출세액임
대손발생 내역	• 7/1 : 소멸시효 완성분 외상매출금 1,500,000원 • 10/1 : 연락두절로 인하여 회수기일이 6개월 이상 지난 외상매출금 500,000원 • 11/1 : 부도발생일로부터 7개월 경과한 외상매출금 7,000,000원
외상매출금의 대손충당금 계정	• 장부상 기초 충당금 : 2,800,000원(전기 부인액 600,000원 포함) • 장부상 기말 충당금 : 3,000,000원

(2)

▶ 관련 이론 | 대손금과 대손충당금 p.70

해　설　① 문제분석

· 장부상 대손충당금(외상매출금)의 총계정원장

대손충당금(외상매출금)

7/1	상계	1,500,000	1/1	기초	2,800,000	(세법상 전기이월 부인액 : 600,000)
10/1	상계	500,000				
11/1	상계	800,000				
12/31	기말	3,000,000	12/31	추가설정	3,000,000	
		5,800,000			5,800,000	

· 대손금에 대한 세무조정
  · 7/1 : 세무조정 없음
  · 10/1 : <손금불산입> 외상매출금 500,000 (유보)
    (∵ 단순 연락두절은 법정 대손사유에 해당하지 않고, 30만 원 이하의 소액채권이 아니므로)
  · 11/1 : <손금불산입> 외상매출금 1,000 (유보)(∵ 비망가액)

· 대손충당금 손금산입 한도액 = 기말 세법상 설정대상 채권가액 × 설정률
$$= 150,501,000원^{1)} \times 1\%^{2)}$$
$$= 1,505,010원$$

1) = 장부상 기말 채권가액 − 설정제외 채권가액
    ± (채권 관련 기초 유보·△유보 잔액 ± 채권 관련 당기 유보·△유보 조정액)
  = 198,000,000 − 48,000,000 + (0 + 500,000 + 1,000)
  = 150,501,000원

2) = Max[㉠ 1%, ㉡ 대손실적률 = $\dfrac{당기 \ 세법상 \ 대손금}{전기말 \ 세법상 \ 설정대상 \ 채권가액}$ = 0.5%(가정치)] = 1%

· 대손충당금 설정에 대한 세무조정

회사계상액	3,000,000원(= 장부상 대손충당금 기말잔액)
손금산입 한도액	1,505,010원
한도초과액	1,494,990원
세무조정	· <손금산입> 전기 대손충당금 600,000 (△유보) · <손금불산입> 대손충당금 1,494,990 (유보)

② 입력방법

[대손충당금및대손금조정명세서] 메뉴에서

- 화면 상단에 있는 F7 원장조회 (또는 F7)를 클릭한 후 "대손충당금(외상매출금)" 계정과목을 선택하면, 장부상 대손충당금(외상매출금)의 일자별 원장 내용을 확인할 수 있고[1], 해당 원장을 더블클릭하면 전표입력 내용까지 확인할 수 있다.

  [1] [회계관리] 모듈에 있는 [합계잔액시산표] 메뉴를 열어서 기간을 12월 31일로 입력한 후, 해당 계정과목을 더블 클릭하여도 동일한 내용을 확인할 수 있음

- "① 2. 대손금조정"에 있는 내역을 다음과 같이 입력한다.

일 자	계정 과목	채권 내역[1]	대손사유[1]	금 액[2]	대손충당금상계액[3]			당기손금계상액[4]		
					계	시인액	부인액	계	시인액	부인액
7. 1.	외상 매출금	1. 매출 채권	6. 소멸시효완성	1,500,000	1,500,000	1,500,000				
10. 1.	외상 매출금	1. 매출 채권	7. 기타[5]	500,000	500,000		500,000			
11. 1.	외상 매출금	1. 매출 채권	5. 부도(6개월)	7,000,000	800,000	800,000		6,200,000	6,199,000	1,000
계				9,000,000	2,800,000	2,300,000	500,000	6,200,000	6,199,000	1,000

[1] 각 란에 커서를 놓았을 때 화면 하단에 나타나는 안내에 따라 해당 내용을 입력

[2] 대손금에 대하여 회사 장부에서 "차변 대손충당금(상계)"로 회계처리하거나 "차변 대손상각비(발생)"으로 회계처리한 금액을 입력

  (→ 장부에는 반영되지 않고 신고조정으로 대손금 처리하는 금액은 여기에 입력하지 않음)

[3] 대손금에 대하여 회사 장부에서 "차변 대손충당금(상계)"로 회계처리한 금액에 대한 세무조정 내역을 입력

[4] 대손금에 대하여 회사 장부에서 "차변 대손상각비(발생)"으로 회계처리한 금액에 대한 세무조정 내역을 입력

[5] 공란으로 두어도 정답으로 인정

- "② 채권잔액"에 있는 "16. 계정과목"란과 "17. 채권잔액의 장부가액"란에 "외상매출금 – 198,000,000[1]"을, "외상매출금" 라인에 있는 "18. 기말현재대손금부인누계 – 전기"란에 "0[2]"을, "18. 기말현재대손금부인누계 – 당기"란에 "501,000[3]"을, "20. 충당금설정제외채권(할인, 배서, 특수채권)"란에 "48,000,000[4]"을 입력하고, "21. 채권잔액 – 계"가 "150,501,000"임을 확인한다.

  [1] 화면 상단에 있는 F12 불러오기 (또는 F12)를 클릭하면, [회계관리] 모듈에 입력되어 있는 채권잔액을 자동으로 불러옴

  [2] = 채권 관련 기초 유보·△유보 잔액 = 0

  [3] = 채권 관련 당기 유보·△유보 조정액
  = 500,000 + 1,000
  = 501,000원

  [4] = 대손충당금 설정 제외 채권가액
  = 동일인에 대한 채권·채무에 대하여 당사자 간의 약정에 따라 상계하기로 한 금액
  = 48,000,000원

- "③ 1. 대손충당금조정"의 "손금산입액 조정"에 있는 "2. 설정률(%)"란에서 "기본율"을 선택하고, "4. 당기계상액"란에 "3,000,000[1]"을, "5. 보충액"란에 "0[2]"을 입력하고, "6. 계"가 "3,000,000[3]"이고, "7. 한도초과액"이 "1,494,990"임을 확인한다.

  [1] = 장부상 대손충당금 추가설정액

  [2] = 장부상 대손충당금 기말 잔액 − 장부상 대손충당금 추가설정액

  [3] = 장부상 대손충당금 기말 잔액

- "③ 1. 대손충당금조정"의 "익금산입액 조정"에 있는 "8. 장부상 충당금기초잔액"란에 "2,800,000"을, "10. 충당금부인누계액"란에 "600,000"을 입력하고, "15. 과다환입(△)"이 "(−)600,000"임을 확인한다.

- 화면 상단에 있는 F3 조정등록 (또는 F3)을 클릭한 후, 세무조정사항을 다음과 같이 입력한다.

익금산입 및 손금불산입			손금산입 및 익금불산입		
과 목	금 액	소득처분	과 목	금 액	소득처분
외상매출금[1]	500,000[2]	유보 발생	전기 대손충당금 한도초과	600,000	유보 감소
외상매출금[1]	1,000[2]	유보 발생			
대손충당금한도초과	1,494,990	유보 발생			

[1] 프로그램에 등록되어 있는 조정과목을 사용하여 "대손금부인"으로 입력하여도 정답으로 인정

[2] 두 금액을 하나로 합산하여 입력하여도 정답으로 인정

정답화면

(3) 다음 자료를 이용하여 [고정자산등록] 메뉴에 등록하고, 감가상각에 대한 세무조정을 하고, 소득금액조정합계표에 반영하시오.

구 분	코 드	자산명	취득일	취득가액	전기말 감가상각누계액	회사계상 상각비	구 분	업 종
건 물	101	공장건물	2021. 3. 20.	200,000,000원	17,500,000원	8,000,000원	제 조	연와조
기계장치	102	절단기	2022. 7. 1.	50,000,000원	20,000,000원	10,000,000원	제 조	제조업

- 회사는 감가상각방법을 무신고하였다.
- 회사가 신고한 내용연수는 건물(연와조) 20년, 기계장치 5년이며, 이는 세법에서 정하는 범위 내의 기간이다.
- 수선비 계정에는 건물에 대한 자본적 지출액 20,000,000원이 포함되어 있다.
- 기계장치(절단기)의 전기말 상각부인액은 5,000,000원이다.

정답 및 해설

(3)
▶ 관련 이론 | 감가상각비 p.44

해 설 ① 문제분석
[공장건물(건물)의 감가상각 시부인]
- 무신고 시 상각방법 : 정액법
- 회사계상 감가상각비 합계 = 결산서상 감가상각비 + 당기 즉시상각의제
= 8,000,000 + 20,000,000[1] = 28,000,000원
[1] 소액수선비 판단 : 20,000,000 ≥ Max[6,000,000, (200,000,000 − 17,500,000) × 5%]
∴ 소액수선비 요건 충족 못함

- 세법상 상각범위액 = 세법상 취득가액[1] × 상각률[2] = 11,000,000원
[1] = 기말 재무상태표상 취득가액 + (당기 즉시상각의제 + 전기·그 이전의 즉시상각의제)
= 200,000,000 + (20,000,000 + 0) = 220,000,000원
[2] = 1/내용연수 = 0.05

- 상각부인액(= 한도초과액) : 17,000,000원

→ 세무조정 : <손금불산입> 건물 감가상각비 한도초과 17,000,000 (유보)

[절단기(기계장치)의 감가상각 시부인]
- 무신고 시 상각방법 : 정률법
- 회사계상 감가상각비 합계 = 결산서상 감가상각비 = 10,000,000원
- 세법상 상각범위액 = (세법상 기초 미상각잔액 + 자본적 지출)[1] × 상각률[2] = 15,785,000
[1] = 기초 재무상태표상 취득가액 − 기초 재무상태표상 감가상각누계액 + 전기이월 상각부인액
+ 자산으로 계상한 당기 발생 자본적 지출 + 당기 즉시상각의제
= 50,000,000 − 20,000,000 + 5,000,000 + 0 + 0 = 35,000,000원
[2] = $1 - \sqrt[n]{0.05}$ (n : 내용연수) = 0.451

- 시인부족액(= 한도미달액) : 5,785,000원

- 손금추인액 = Min[ⓐ 5,785,000, ⓑ 5,000,000] = 5,000,000원
→ 세무조정 : <손금산입> 전기 기계장치 감가상각비 한도초과 5,000,000 (△유보)

② 입력방법

[1단계] [고정자산등록] 메뉴에서

- 자산계정과목란에 "건물"을 입력한 후, 자산코드/명, 취득년월일란에 "101 – 공장건물 – 2021. 3. 20."을 입력하고, 상각방법란에 "2 : 정액법"을 선택하여 입력한다.

- 자산계정과목란에 "기계장치"를 입력한 후, 자산코드/명, 취득년월일란에 "102 – 절단기 – 2022. 7. 1."을 입력하고, 상각방법란에 "1 : 정률법"을 선택하여 입력한다.

- [기본등록사항] 탭을 선택한 후, 공장건물과 절단기에 대한 감가상각 정보를 다음과 같이 각각 입력한다.

구 분	공장건물(정액법)	절단기(정률법)
1. 기초가액	200,000,000	50,000,000
2. 전기말 상각누계액(-)	17,500,000	20,000,000
3. 전기말 장부가액	182,500,000	30,000,000
4. 당기중 취득 및 당기증가(+)[1]		
6. 전기말 자본적 지출액누계(정액법만) (+)[2]		
7. 당기 자본적 지출액(즉시상각분) (+)[3]	20,000,000	
8. 전기말 부인누계액 (정률법만 상각대상에 가산됨) (+)		5,000,000
10. 상각대상금액	220,000,000	35,000,000
11. 내용연수/상각률/월수	20/0.05/12	5/0.451/12
12. 상각범위액(한도액) (= 10. × 상각률)	11,000,000	15,785,000
13. 회사계상[4] [5]	8,000,000	10,000,000
14. 경비구분	500번대/제조	500번대/제조
15. 당기말 감가상각누계액(= 2. + 13.)	25,500,000	30,000,000
16. 당기말 장부가액(= 1. – 2. + 4. – 13.)	174,500,000	20,000,000
20. 업종	02/연와조, 블럭조	13/제조업

[1] [4] : 자산으로 계상한 당기 발생 자본적 지출
[2] [6] : 전기 또는 그 이전의 즉시상각의제
[3] [7] : 당기 즉시상각의제
[4] [13] = 회사계상 감가상각비 합계 – 그중 '[7]'에 해당하는 금액
[5] 사용자수정 을 클릭한 후 입력함

[2단계] [미상각자산감가상각조정명세서] 메뉴에서

- 화면 상단에 있는 F12 불러오기 (또는 F12)를 클릭하고 보조창에서 예(Y) 를 클릭하여, [고정자산등록] 메뉴에 입력되어 있는 감가상각 정보를 불러온다.

- [유형자산(정액법)] 탭을 선택한 후, 공장건물의 "(23) 상각부인액"이 "17,000,000"임을 확인한다.

- [유형자산(정률법)] 탭을 선택한 후, 절단기의 "(27) 기왕부인액 중 당기손금추인액"이 "5,000,000"임을 확인한다.

- 화면 상단에 있는 F3 조정등록 (또는 F3)을 클릭한 후, 세무조정사항을 다음과 같이 입력한다.

익금산입 및 손금불산입			손금산입 및 익금불산입		
과 목	금 액	소득처분	과 목	금 액	소득처분
건물 감가상각비 한도초과	17,000,000	유보 발생	전기 기계장치 감가상각비 한도초과	5,000,000	유보 감소

정답화면　1단계　• [고정자산등록] 메뉴에서 [공장건물(건물)]

• [고정자산등록] 메뉴에서 [절단기(기계장치)]

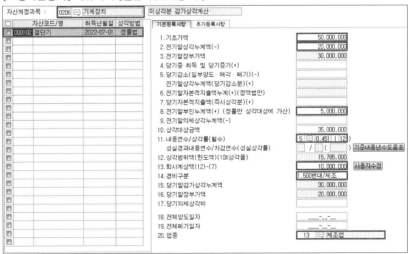

2단계 · [미상각자산감가상각조정명세서] 메뉴에서 [유형자산(정액법)] 탭

| 유형자산(정액법) | 유형자산(정률법) | 무형자산 |

계정	자산코드/명		취득년월일
0202	000101	공장건물	2021-03-20

입력내용				금액
업종코드/명	02	연와조, 블럭조		
합계표 자산구분		1. 건축물		
(4)내용연수(기준,신고)				20
상각 계산 의 기초 가액	재무상태표 자산가액	(5)기말현재액		200,000,000
		(6)감가상각누계액		25,500,000
		(7)미상각잔액(5)-(6)		174,500,000
	회사계산 상각비	(8)전기말누계		17,500,000
		(9)당기상각비		8,000,000
		(10)당기말누계(8)+(9)		25,500,000
	자본적 지출액	(11)전기말누계		
		(12)당기지출액		20,000,000
		(13)합계(11)+(12)		20,000,000
(14)취득가액((7)+(10)+(13))				220,000,000
(15)일반상각률.특별상각률				0.05
상각범위 액계산	당기산출 상각액	(16)일반상각액		11,000,000
		(17)특별상각액		
		(18)계((16)+(17))		11,000,000
	(19) 당기상각시인범위액			11,000,000
(20)회사계상상각액((9)+(12))				28,000,000
(21)차감액((20)-(19))				17,000,000
(22)최저한세적용에따른특별상각부인액				
조정액	(23) 상각부인액((21)+(22))			17,000,000
	(24) 기왕부인액중당기손금추인액			
부인액 누계	(25) 전기말부인누계액			
	(26) 당기말부인누계액 (25)+(23)-|24|			17,000,000
당기말 의제상각액	(27) 당기의제상각액 |△(21)|-|(24)|			
	(28) 의제상각누계액			
신고조정 감가상각 비계산	(29) 기준상각률			
	(30) 종전상각비			
	(31) 종전감가상각비 한도			
	(32) 추가손금산입대상액			
	(33) 동종자산 한도계산 후 추가손금산			
신고조정 감가상각 비계산	(34) 기획재정부령으로 정하는 기준내용			
	(35) 기준감가상각비 한도			
	(36) 추가손금산입액			
(37) 추가 손금산입 후 당기말부인액 누계				17,000,000

· [미상각자산감가상각조정명세서] 메뉴에서 [유형자산(정률법)] 탭

| 유형자산(정액법) | 유형자산(정률법) | 무형자산 |

계정	자산코드/명		취득년월일
0206	000102	절단기	2022-07-01

입력내용				금액
업종코드/명	13	제조업		
합계표 자산구분		2. 기계장치		
(4)내용연수				5
상각 계산 의 기초 가액	재무상태표 자산가액	(5)기말현재액		50,000,000
		(6)감가상각누계액		30,000,000
		(7)미상각잔액(5)-(6)		20,000,000
	(8)회사계산감가상각비			10,000,000
	(9)자본적지출액			
	(10)전기말의제상각누계액			
	(11)전기말부인누계액			5,000,000
	(12)가감계((7)+(8)+(9)-(10)+(11))			35,000,000
(13)일반상각률.특별상각률				0.451
상각범위 액계산	당기산출 상각액	(14)일반상각액		15,785,000
		(15)특별상각액		
		(16)계((14)+(15))		15,785,000
	취득가액	(17)전기말현재취득가액		50,000,000
		(18)당기회사계산증가액		
		(19)당기자본적지출액		
		(20)계((17)+(18)+(19))		50,000,000
	(21) 잔존가액			2,500,000
	(22) 당기상각시인범위액			15,785,000
(23)회사계상상각액((8)+(9))				10,000,000
(24)차감액 ((23)-(22))				-5,785,000
(25)최저한세적용에따른특별상각부인액				
조정액	(26) 상각부인액 ((24)+(25))			
	(27) 기왕부인액중당기손금추인액			5,000,000
(28) 당기말부인누계액 ((11)+(26)-|(27)|)				
당기말 의제상각액	(29) 당기의제상각액 |△(24)|-|(27)|			
	(30) 의제상각누계액 ((10)+(29))			
신고조정 감가상각 비계산	(31) 기준상각률			
	(32) 종전상각비			
	(33) 종전감가상각비 한도			
	(34) 추가손금산입대상액			
	(35) 동종자산 한도계산 후 추가손금산			
신고조정 감가상각 비계산	(36) 기획재정부령으로 정하는 기준내용			
	(37) 기준감가상각비 한도			
	(38) 추가손금산입액			
(39) 추가 손금산입 후 당기말부인액 누계				

(4) 다른 문제 및 기존자료 등의 내용은 무시하고 다음 자료만을 이용하여 [기부금조정명세서]를 작성하고 필요한 세무조정을 하시오. (단, 당사는 세법상 중소기업에 해당한다)

- 당기 기부금 내용은 다음과 같다. 적요 및 기부처 입력은 생략하고 당기 기부금이 아닌 경우 기부금명세서에 입력하지 않도록 한다.

일 자	금 액	지급내용
7월 16일	5,000,000원	태풍으로 인한 이재민 구호금품
9월 7일	10,000,000원	일반기부금 대상 공익법인에 고유목적사업비로 지급한 불우이웃돕기 성금
11월 3일	1,000,000원	인근 아파트 부녀회 후원금
12월 15일	3,000,000원	종교단체 어음기부금(만기일 : 내년 1. 15.)

- 기부금계산과 관련된 기타자료는 다음과 같다.
  - 전기에서 한도초과로 이월된 기부금은 2023년 일반기부금 한도초과액 5,000,000원이다.
  - 결산서상 당기순이익은 150,000,000원이고, 기부금에 대한 세무조정 전 익금산입 및 손금불산입 금액은 30,000,000원이며, 손금산입 및 익금불산입 금액은 7,000,000원이다.
  - 당기로 이월된 이월결손금은 2022년 발생분 20,000,000원이다.

(4)   ▶ 관련 이론 | 기부금 p.148

해   설   ① 문제분석

· 기부금의 분류

구 분	특 례	일 반	비지정
이재민 구호금품	5,000,000		
불우이웃돕기 성금		10,000,000	
부녀회 후원금			1,000,000
종교단체 어음기부금		0[1]	
합 계	5,000,000	10,000,000	1,000,000

[1] 어음으로 지급한 기부금 3,000,000원은 어음결제일(내년 1월 15일)에 지출한 것으로 봄

· 비지정기부금 및 기부금 손금귀속시기에 대한 세무조정
· <손금불산입> 비지정기부금 1,000,000 (기타사외유출)
· <손금불산입> 어음지급기부금 3,000,000 (유보)

· 각 사업연도 소득금액의 계산

당기순이익	150,000,000
+ 익금산입·손금불산입	+ 34,000,000[1]
− 손금산입·익금불산입	− 7,000,000
= 차가감소득금액	=177,000,000
+ 기부금 한도초과액	+ 0
기부금 한도초과액 0(손금불산입, 기타사외유출)[2][3]	
− 기부금 한도초과 이월액 손금산입	− 5,000,000
일반기부금 한도초과 이월액 5,000,000(손금산입, 기타)[2][3]	
= 각 사업연도 소득금액	=172,000,000

[1] = 30,000,000 + 1,000,000(비지정기부금) + 3,000,000(어음지급기부금)

[2] · 기준소득금액 = 차가감소득금액 + (특례기부금 당기분 + 일반기부금 당기분)
            = 177,000,000 + (5,000,000 + 10,000,000)
            = 192,000,000원
· 이월결손금(15년 이내 발생분, 기준소득금액의 100% 한도) = 20,000,000원
· 특례기부금
  · 한도액 = (기준소득금액 − 이월결손금) × 50% = (192,000,000 − 20,000,000) × 50% = 86,000,000원
  · 한도초과 이월액 손금산입 = Min[당기 한도액, 10년 내 한도초과 이월액]
              = Min[86,000,000, 0] = 0원
  · 해당액 : 5,000,000(당기분) + 0(한도초과 이월액 손금산입액) = 5,000,000원
  · 한도초과액 : 0원
· 일반기부금
  · 한도액 = (기준소득금액 − 이월결손금 − 특례기부금 손금인정액) × 10%
        = (192,000,000 − 20,000,000 − 5,000,000) × 10% = 16,700,000원
  · 한도초과 이월액 손금산입 = Min[당기 한도액, 10년 내 한도초과 이월액]
              = Min[16,700,000, 5,000,000] = 5,000,000원
  · 해당액 : 10,000,000(당기분) + 5,000,000(한도초과 이월액 손금산입액) = 15,000,000원
  · 한도초과액 : 0원

[3] '기부금 한도초과액의 손금불산입'과 '기부금 한도초과 이월액의 손금산입'에 대한 세무조정은 [소득금액조정합계표] 서식에 기재하지 않고, [법인세과세표준및세액조정계산서] 서식의 해당란에 바로 기재함

② 입력방법

[기부금조정명세서] 메뉴에서

- [1. 기부금 입력] 탭을 선택한 후, 화면 상단에 있는 F12 불러오기 (또는 F12)를 클릭하고 보조창에서 예(Y) 를 클릭하여, [회계관리] 모듈에 입력되어 있는 기부금 계정과목 정보를 자동으로 불러온다.

- [회계관리] 모듈에서 불러온 기부금 계정과목 정보에서, "12월 15일 – 종교단체기부금 – 3,000,000원"에 커서를 놓고 ⊗삭제 를 클릭한다.[1]

  [1] ∵ 어음으로 지급한 "12월 25일 – 종교단체기부금 – 3,000,000원"은 당기분이 아니므로

- [회계관리] 모듈에서 불러온 기부금 계정과목 정보는 "1. 유형"란이 "2. 일반기부금"으로 일괄 입력되어 있는데, 이 중 "7월 16일 – 이재민 구호금품 – 5,000,000"의 "1. 유형"란을 "1. 특례기부금"으로 수정 입력[1]하고, "11월 3일 – 부녀회 후원금 – 1,000,000"의 "1. 유형"란을 "4. 그 밖의 기부금"으로 수정 입력[1]한다.

  [1] "1. 유형"란에 커서를 놓으면 등록되어 있는 항목이 나타나고, 이 중 하나를 선택

- "1. 기부금명세서"의 소계에서, "가. [법인세법] 제24조 제3항의 특례기부금 – 코드 10" 금액이 "5,000,000", "나. [법인세법] 제24조 제4항의 일반기부금 – 코드 40" 금액이 "10,000,000", "라. 그 밖의 기부금 – 코드 50" 금액이 "1,000,000"임을 확인한다.

- 화면 상단에 있는 F3 조정등록 (또는 F3)을 클릭한 후, 세무조정사항을 다음과 같이 입력한다.

익금산입 및 손금불산입			손금산입 및 익금불산입		
과 목	금 액	소득처분	과 목	금 액	소득처분
비지정기부금[1]	1,000,000	기타사외유출			
어음지급기부금	3,000,000	유보 발생			

  [1] 프로그램에 등록되어 있는 조정과목에는 적절한 항목이 없으므로, 직접입력 또는 계정코드도움(F2) 을 클릭하여 과목란에 적절한 내용을 입력하면 됨

- "2. 소득금액확정"에서 수정 을 클릭한 후, "1. 결산서상 당기순이익"란에 "150,000,000"을, "2. 익금산입"란에 "34,000,000[1]"을, "3. 손금산입"란에 "7,000,000[1]"을 입력하고, 입력이 완료되면 수정 해제 를 클릭한다.

  [1] 기부금 한도시부인 세무조정을 제외한 모든 세무조정을 완료한 상태의 집계금액
   = 비지정기부금 및 기부금 손금귀속시기에 대한 세무조정까지 포함된 세무조정의 집계금액

- [2. 기부금 조정] 탭을 선택한 후, "□ 1. 특례기부금 손금산입액 한도액 계산"에 있는 "2. 법인세법 제13조 제1항 제1호에 따른 이월결손금 합계액"란에 "20,000,000"을 입력한다.

- "□ 1. 특례기부금 손금산입액 한도액 계산"에 있는 "3. 법인세법 제24조 제3항에 따른 특례기부금 해당 금액"이 "5,000,000"임을, "4. 한도액"이 "86,000,000"임을 확인한다.

- "③ 3. 일반기부금 손금산입 한도액 계산"에 있는 "13. 법인세법 제24조 제4항에 따른 일반기부금 해당 금액"이 "10,000,000"임을, "14. 한도액"이 "16,700,000"임을 확인한다.

- "⑤ 5. 기부금 이월액 명세"에서, "사업연도"란에 "2023"을 입력하고, "기부금 종류"란에 "2. 법인세법 제24조 제4항에 따른 일반기부금"을 선택하여 입력[1]한 후, "23. 한도초과 손금불산입액"란에 "5,000,000"을, "24. 기공제액"란에 "0"을 입력한다.

  [1] "기부금 종류"란에 커서를 놓으면 등록되어 있는 항목이 나타나고, 이 중 하나를 선택

- "③ 3. 일반기부금 손금산입 한도액 계산"에 있는 "15. 이월잔액 중 손금산입액[1]"란이 "5,000,000"임을 확인한 후, "⑤ 5. 기부금 이월액 명세"에 있는 "26. 해당연도 손금추인액"란에 "5,000,000"을 입력한다.

  [1] 일반기부금에 대한 한도초과 이월액 손금산입액
    = Min[㉠ 당기 한도액, ㉡ 10년 내 한도초과 이월액]
    = Min[㉠ 16,700,000, ㉡ 5,000,000] = 5,000,000원

정답화면 · [1. 기부금 입력] 탭

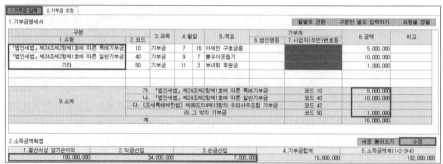

· [2. 기부금 조정] 탭

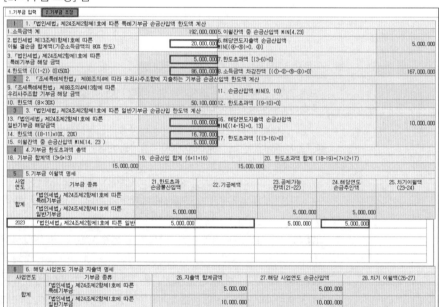

(5) 위의 기존자료 및 내용은 무시하고, 다음 [자료1]과 [자료2]를 이용하여 [자본금과적립금조정명세서](을) 및 [자본금과적립금조정명세서](갑)을 작성하시오. (단, 관련 세무조정사항에 대한 소득금액조정합계표 반영은 생략한다)

<table>
<tr>
<td rowspan="20">[자료1]
자본금과 적립금
조정명세서(을)
관련 자료</td>
<td colspan="5">1. 전기 자본금과 적립금조정명세서(을)</td>
</tr>
</table>

과 목	기초 잔액 (원)	당기중 증감(원)		기말 잔액 (원)
		감 소	증 가	
대손충당금 한도초과			800,000	800,000
선급비용	2,500,000	2,500,000	5,200,000	5,200,000
비품 감가상각비 한도초과			4,500,000	4,500,000
계	2,500,000	2,500,000	10,500,000	10,500,000

2. 당기의 관련 자료는 다음과 같다.
- 당기 대손충당금 한도액을 초과한 금액은 없다.
- 전기 선급비용 내역은 아래와 같다.

과목 또는 사항	금액(원)	참고사항
선급비용[1]	5,200,000	선급기간 : 2024. 1. 1.~2024. 4. 14.

[1] 전년도에는 손금불산입 유보발생으로 세무조정되어 있다.
- 당기에 감가상각비(비품) 시인부족액 1,520,000원이 발생하였다.

[자료2]
자본금과 적립금
조정명세서(갑)
관련 자료

1. 당기중 자본변동내역은 당기순이익 150,000,000원뿐이고, 전기말 재무상태표상 자본 내역은 아래와 같다.
- 자본금 : 500,000,000원
- 자본잉여금 : 150,900,000원
- 이익잉여금 : 138,500,000원
2. 법인세 과세표준 및 세액신고서의 법인세가 손익계산서에 계상된 법인세비용보다 법인세는 100,000원, 지방소득세는 10,000원 각각 적게 산출되었다. (전기분은 고려하지 않음)
3. 이월결손금과 당기결손금은 발생하지 않았다.
4. [자료1]의 기 작성된 자본금과 적립금조정명세서(을)을 반영한다.

(5)

▶ 관련 이론 | 감가상각비 p.44

해 설   ① 문제분석

· 자본금과 적립금조정명세서(을)

과 목	기초 잔액(ⓐ)	당기중 증감		기말 잔액 (ⓐ - ⓑ + ⓒ)
		감소(ⓑ)	증가(ⓒ)	
대손충당금 한도초과	800,000	800,000¹⁾	0	0
선급비용	5,200,000	5,200,000²⁾	0	0
비품 감가상각비 한도초과	4,500,000	1,520,000³⁾	0	2,980,000
합 계	10,500,000	7,520,000	0	2,980,000

¹⁾ <손금산입> 전기 대손충당금 한도초과 800,000 (△유보) = 기초 유보 잔액의 감소

²⁾ <손금산입> 전기 선급비용 5,200,000 (△유보) = 기초 유보 잔액의 감소

³⁾ <손금산입> 전기 비품 감가상각비 한도초과 1,520,000 (△유보) = 기초 유보 잔액의 감소

· 자본금과 적립금조정명세서(갑)

과 목		기초 잔액(ⓐ)	당기중 증감		기말 잔액 (ⓐ - ⓑ + ⓒ)
			감소(ⓑ)	증가(ⓒ)	
자본금 및 잉여금의 계산	1. 자본금	500,000,000			500,000,000
	2. 자본잉여금	150,900,000			150,900,000
	3. 자본조정	0			0
	4. 기타포괄손익누계액	0			0
	5. 이익잉여금	138,500,000		150,000,000¹⁾	288,500,000
	6. 계	789,400,000	0	150,000,000	939,400,000
7. 자본금과 적립금명세서(을) 계		10,500,000	7,520,000	0	2,980,000
손익미계상 법인세 등	8. 법인세			(−)100,000²⁾	(−)100,000
	9. 지방소득세			(−)10,000²⁾	(−)10,000
	10. 계			(−)110,000	(−)110,000
11. 차가감계(= 6. + 7. − 10.)		799,900,000	7,520,000	150,110,000	942,490,000

¹⁾ · 12월 31일 (차) 손익(당기순이익) 150,000,000   (대) 미처분이익잉여금   150,000,000

· 당기 감소 = 0원

· 당기 증가 = 당기순이익 150,000,000원

²⁾ 손익미계상 법인세 등 = '법인세 과세표준 및 세액신고서'의 법인세 등 − '손익계산서'의 법인세비용

= 손익계산서상 법인세비용 금액 외에 추가로 부담하는 법인세 등

= (+)로 기재하면 세법상 자본 계산 시 차감액으로 반영

→ '법인세 과세표준 및 세액신고서'의 법인세 등이 '손익계산서'의 법인세비용보다 적은 경우에는 (−)로 기재

② 입력방법

[자본금과적립금조정명세서] 메뉴에서

· [자본금과적립금조정명세서(을)] 탭을 선택한 후, 화면 상단에 있는 CF5전체삭제(Ctrl + F5)를 클릭하여 다른 문제 내용을 삭제하고, 유보와 △유보의 기초 잔액과 당기 증감액을 입력한다.[1]

[1] "과목 또는 사항"란을 입력할 때, 프로그램에 등록되어 있는 조정과목에 적절한 항목이 없는 경우에는, 화면 상단에 있는 F6적접입력(또는 F6)을 클릭하여 해당란에 적절한 내용을 입력

· [자본금과적립금조정명세서(갑)] 탭을 선택한 후, 재무상태표상 자본금 및 잉여금의 기초 잔액과 당기 증감액을 입력하고, "손익미계상 법인세 등"에 있는 "8. 법인세"와 "9. 지방소득세" 라인의 "증가"란에 각각 "(−)100,000"과 "(−)10,000"을 입력한다.

정답화면 · [자본금과적립금조정명세서(을)] 탭

자본금과적립금조정명세서(을)	자본금과적립금조정명세서(갑)		이월결손금		

□➡ Ⅰ.세무조정유보소득계산

①과목 또는 사항	②기초잔액	당 기 중 증 감		⑤기말잔액 (=②−③+④)	비 고
		③감 소	④증 가		
대손충당금한도초과	800,000	800,000			
선급비용	5,200,000	5,200,000			
비품감가상각비한도초과	4,500,000	1,520,000		2,980,000	
합 계	10,500,000	7,520,000		2,980,000	

· [자본금과적립금조정명세서(갑)] 탭

자본금과적립금조정명세서(을)	자본금과적립금조정명세서(갑)		이월결손금		

□➡ Ⅰ.자본금과 적립금 계산서

①과목 또는 사항		코드	②기초잔액	당 기 중 증 감		⑤기 말 잔 액 (=②−③+④)	비 고
				③감 소	④증 가		
자본금및 잉여금의 계산	1.자 본 금	01	500,000,000			500,000,000	
	2.자 본 잉 여 금	02	150,900,000			150,900,000	
	3.자 본 조 정	15					
	4.기타포괄손익누계액	18					
	5.이 익 잉 여 금	14	138,500,000		150,000,000	288,500,000	
	12.기타	17					
	6.계	20	789,400,000		150,000,000	939,400,000	
7.자본금과 적립금명세서(을)계		21	10,500,000	7,520,000		2,980,000	
손익미계상 법인세 등	8.법 인 세	22			−100,000	−100,000	
	9.지 방 소 득 세	23			−10,000	−10,000	
	10. 계 (8+9)	30			−110,000	−110,000	
11.차 가 감 계 (6+7-10)		31	799,900,000	7,520,000	150,110,000	942,490,000	

06 ㈜육칠기업(회사코드 : 3167)은 사무용가구를 생산하고 제조·도매업(주업종코드 : 제조/가구 361002)을 영위하는 중소기업이며, 당해 사업연도(제9기)는 2024. 1. 1.~2024. 12. 31.이다. 법인세무조정메뉴를 이용하여 재무회계 기장자료와 제시된 보충자료에 의하여 당해 사업연도의 세무조정을 하시오. [제67회]

> **[작성대상서식]**
>
> 1. 기업업무추진비조정명세서
> 2. 선급비용명세서
> 3. 대손충당금및대손금조정명세서
> 4. 퇴직연금부담금조정명세서
> 5. 업무무관부동산등에관련한차입금이자조정명세서

(1) 다음 자료를 이용하여 [기업업무추진비조정명세서]를 작성하고 세무조정을 하시오.

매출액 내역	• 기업회계기준상 매출액은 1,984,780,000원이고, 이 중 150,000,000원은 법인세법상 특수관계자와의 매출이다.
기업업무추진비 계정	• 제조경비 : 14,860,000원 (건당 3만 원 초과금액은 13,480,000원이고, 이 중 법인 신용카드 사용액은 13,120,000원) • 판매관리비 : 32,380,000원 (건당 3만 원 초과금액은 30,360,000원이고, 모두 법인 신용카드 사용액)
기 타	• 문화 기업업무추진비로 지출한 금액 21,000,000원이 광고선전비(판관비)에 계상되어 있고, 이는 지출 건당 3만 원 초과금액에 해당하며, 법인 신용카드를 사용하였다.

정답 및 해설

06 (1)   ▶ 관련 이론 | 기업업무추진비 p.80

해 설   ① **문제분석**

[1단계] 기업업무추진비 직부인

· 사적 사용경비 : 없음

· 신용카드 등 미사용 : <손금불산입> 360,000[1] (기타사외유출)

   [1] 13,480,000(제조경비, 건당 3만 원 초과, 총액) – 13,120,000(제조경비, 건당 3만 원 초과, 신용카드)

[2단계] 기업업무추진비 한도계산

기업업무추진비 한도액 = ① + ② + ③ = 49,859,208원

① 일반 기업업무추진비 한도액 = $36,000,000 + (1,834,780,000^{[1]} \times \dfrac{30}{10,000})$

$+ (150,000,000 \times \dfrac{30}{10,000} \times 10\%)$

$= 41,549,340$원

   [1] 일반수입금액 = 수입금액 – 특정수입금액 = 1,984,780,000 – 150,000,000 = 1,834,780,000원

② 문화 기업업무추진비 추가한도액 = Min[㉠, ㉡] = 8,309,868원
   ㉠ 문화 기업업무추진비 : 21,000,000원
   ㉡ 일반 기업업무추진비 한도액 × 20% = 41,549,340원 × 20% = 8,309,868원

③ 전통시장 기업업무추진비 추가한도액 = Min[㉢, ㉣] = 0원
   ㉢ 전통시장 기업업무추진비 = 0원
   ㉣ 일반 기업업무추진비 한도액 × 10% = 41,549,340원 × 10% = 4,154,934원

[3단계] 기업업무추진비 한도초과액에 대한 세무조정

· 기업업무추진비 해당액 = 14,860,000(기업업무추진비, 제조) + 32,380,000(기업업무추진비, 판관비) + 21,000,000(광고선전비, 판관비) – 0(사적 사용경비)
   – 360,000(신용카드 등 미사용)
   = 67,880,000원

· 기업업무추진비 한도액 = 49,859,208원

· 기업업무추진비 한도초과액 = 18,020,792원

→ 세무조정 : <손금불산입> 18,020,792 (기타사외유출)

② 입력방법

[기업업무추진비조정명세서] 메뉴에서

· [1. 기업업무추진비 입력(을)] 탭을 선택한 후, 화면 상단에 있는 F12 불러오기 (또는 F12)를 클릭하고 보조창에서 예(Y)를 클릭하여, [수입금액조정명세서] 메뉴에 입력되어 있는 '결산서상 수입금 액'[1]과 [회계관리] 모듈에 입력되어 있는 기업업무추진비 금액[2]을 불러온다.

[1] 만약, '자동으로 불러오는 수입금액'(= 결산서상 매출액)과 '정확한 수입금액'(= 기업회계기준에 따른 매출액)이 다를 경우(예 결산서에 매출 누락)에는 정확한 수입금액으로 수정하여 입력

[2] 만약, '자동으로 불러오는 기업업무추진비 금액'과 문제에서 제시되는 기업업무추진비 금액이 다를 경 우에는 이를 수정하거나 추가로 입력

· "① 1. 수입금액 명세"에 있는 일반수입금액, 특수관계인 간 거래금액, 합계란에 "1,834,780,000 - 150,000,000 - 1,984,780,000"을 입력한다.

· "② 2. 기업업무추진비 해당금액"에 다음과 같이 입력하고, "(18) 기업업무추진비 부인액"의 합 계 금액이 "360,000"임을 확인한다.

④ 계정과목			합 계	기업업무추진비 (제조)	기업업무추진비 (판관)	광고선전비
⑤ 계정금액			68,240,000	14,860,000	32,380,000	21,000,000
⑥ 기업업무추진비계상액 중 사적사용 경비						
⑦ 기업업무추진비해당금액(= ⑤ - ⑥)			68,240,000	14,860,000	32,380,000	21,000,000
⑧ 신용카드 등 미사용 금액	경조사비 중 기준금액 초과액	⑨ 신용카드 등 미사용 금액				
		⑩ 총 초과 금액				
	기업업무 추진비 중 기준금액 초과액	⑮ 신용카드 등 미사용 금액	360,000	360,000		
		(16) 총 초과 금액	64,840,000	13,480,000	30,360,000	21,000,000
(17) 신용카드 등 미사용 부인액			360,000[1]	360,000		
(18) 기업업무추진비 부인액(= ⑥ + (17))			360,000[2]	360,000		

[1] = 신용카드 등 미사용 = 0(⑨) + 360,000(⑮)

[2] = 사적 사용경비 + 신용카드 등 미사용 = 0 + 360,000

· [2. 기업업무추진비 조정(갑)] 탭을 선택한 후, "③ 기업업무추진비 한도초과액 조정"에 있 는 "⑨ 문화 기업업무추진비 지출액"란에 "21,000,000"을 입력하고, "⑫ 한도초과액"이 "18,020,792"임을 확인한다.

- 화면 상단에 있는 F3 조정등록 (또는 F3)을 클릭한 후, 세무조정사항을 다음과 같이 입력한다.

익금산입 및 손금불산입			손금산입 및 익금불산입		
과 목	금 액	소득처분	과 목	금 액	소득처분
신용카드 등 미사용액	360,000	기타사외유출			
기업업무추진비 한도초과	18,020,792	기타사외유출			

정답화면 · [기업업무추진비 입력(을)] 탭

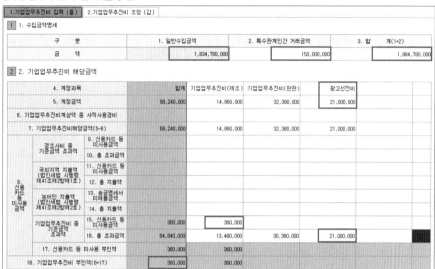

· [기업업무추진비 조정(갑)] 탭

(2) 당해 사업연도는 2024. 1. 1.~2024. 12. 31.이며, 당기말 현재의 보험료 기간미경과분(선급분)에 관한 자료는 다음과 같다. [선급비용명세서]를 작성하고, 전기분 선급비용을 포함한 관련 세무조정사항을 소득금액조정합계표에 반영하시오.

구 분	지출액(원)	거래처	보험기간	비 고
보험료(판매관리비)	1,800,000	경복화재	2024. 4. 1.~2025. 3. 31.	장부상 선급비용 미계상
보험료(판매관리비)	2,500,000	신일화재	2024. 7. 1.~2025. 6. 30.	장부상 선급비용 400,000원 계상

※ 직전 사업연도의 자본금과 적립금조정명세서(을) 표에는 선급비용 1,500,000원이 손금불산입 유보발생으로 세무조정되어 있다. (선급기간 : 2024. 1. 1.~2024. 3. 31.)

※ 위 두 보험료에 대하여 각각 세무조정한다.

(2)

▶ 관련 이론 | 익금과 손금 p.136

해   설   ① 문제분석

· 당기 선급비용에 대한 세무조정

구 분	시작일	종료일	지급액	선급비용	회사계상액	조정대상 금액
보험료 (경복화재)	2024. 4. 1.	2025. 3. 31.	1,800,000	443,835[1]		443,835[3]
보험료 (신일화재)	2024. 7. 1.	2025. 6. 30.	2,500,000	1,239,726[2]	400,000	839,726[4]

[1] $1,800,000원 \times \dfrac{90일(2025. 1. 1.\sim2025. 3. 31.)}{365일(2024. 4. 1.\sim2025. 3. 31.)} = 443,835원$ (원 단위 미만 절사)

[2] $2,500,000원 \times \dfrac{181일(2025. 1. 1.\sim2025. 6. 30.)}{365일(2024. 7. 1.\sim2025. 6. 30.)} = 1,239,726원$

[3] 세무조정 : <손금불산입> 선급비용 443,835 (유보)

[4] 세무조정 : <손금불산입> 선급비용 839,726 (유보)

· 전기 선급비용에 대한 세무조정
<손금산입> 전기 선급비용 1,500,000 (△유보)

② 입력방법

[선급비용명세서] 메뉴에서

· 화면 상단에 있는 F4 계정구분등록 (또는 F4)을 클릭하고 아래의 보조창에서 "선급 보험료"의 기간계
산원칙이 "양편산입[1]"임을 확인한다.

[1] ∵ 시작일과 종료일을 모두 포함하여 일수를 계산하고자 하는 상황이므로

· 선급비용 계산에 필요한 정보를 "계정구분", "거래내용[1]", "거래처[2]", "시작일", "종료일",
"지급액", "회사계상액"란에 입력하고, "조정대상금액"의 합계가 "1,283,561"임을 확인한다.

[1] "거래내용"란은 공란으로 두어도 정답으로 인정

[2] "거래처"란에 커서를 놓고 코드 (또는 F2)를 클릭한 후, 해당 거래처를 검색하여 입력

· 화면 상단에 있는 F3 조정등록 (또는 F3)을 클릭한 후, 세무조정사항을 다음과 같이 입력하고, "손
금불산입 세무조정 금액 합계"가 "1,283,561"임을 확인한다.

익금산입 및 손금불산입			손금산입 및 익금불산입		
과 목	금 액	소득처분	과 목	금 액	소득처분
선급비용(보험료) 과소계상	443,835	유보 발생	전기 선급비용 (보험료) 과소계상	1,500,000	유보 감소
선급비용(보험료) 과소계상	839,726	유보 발생			

정답화면

	계정구분	거래내용	거래처	대상기간		지급액	선급비용	회사계상액	조정대상금액
				시작일	종료일				
☐	선급 보험료	보험료(2024.4.1.~2025.3.31.)	경복화재	2024-04-01	2025-03-31	1,800,000	443,835		443,835
☐	선급 보험료	보험료(2024.7.1.~2025.6.30.)	신일화재	2024-07-01	2025-06-30	2,500,000	1,239,726	400,000	839,726
☐									
		합 계				4,300,000	1,683,561	400,000	1,283,561

(3) 다음 자료를 참고로 [대손충당금및대손금조정명세서]를 작성하고 관련 세무조정을 소득금액 조정합계표에 반영하시오. (세부담이 최소화되도록 할 것)

대손충당금 관련 전기말 자본금과 적립금 조정명세서(을)	① 과목 (사항)	② 기초 잔액	당기중 증감		⑤ 기말 잔액 (익기초 현재)
			③ 감소	④ 증가	
	대손충당금	5,000,000원	5,000,000원	6,500,000원	6,500,000원
	외상매출금	100,000,000원	33,000,000원	0원	67,000,000원

※ 외상매출금에 대한 대손요건 불충족으로 인한 유보잔액은 당기말 까지 대손요건이 충족되지 아니하였다.

당기 대손충당금 계정

대손충당금					
7/6	외상매출금	15,000,000	1/1	기초 잔액	19,300,000
12/31	기말 잔액	28,700,000	12/31	대손상각비	24,400,000
		43,700,000			43,700,000

※ 당기에 대손충당금과 상계한 외상매출금 중 9,000,000원은 대손 요건을 충족하지 못하였고, 나머지는 모두 소멸시효 완성분이다.

당기 외상매출금 계정 (대손실적률 : 0.8%)

외상매출금					
1/1	기초 잔액	1,950,000,000	7/6	대손충당금	15,000,000
7/1	당기발생	3,459,000,000	7/31	당기회수	3,814,000,000
			12/31	기말 잔액	1,580,000,000
		5,409,000,000			5,409,000,000

(3)

▶ 관련 이론 | 대손금과 대손충당금 p.70

해 설 ① 문제분석

- 장부상 대손충당금(외상매출금)의 총계정원장

대손충당금(외상매출금)

7/6	상계	15,000,000	1/1	기초	19,300,000	(세법상 전기이월 부인액 : 6,500,000)
12/31	기말	28,700,000	12/31	추가설정	24,400,000	
		43,700,000			43,700,000	

- 대손금에 대한 세무조정 : 7/6 <손금불산입> 외상매출금 9,000,000 (유보) (∵ 대손요건 미충족)

- 대손충당금 손금산입 한도액 = 기말 세법상 설정대상 채권가액 × 설정률
  $$= 1,656,000,000원^{1)} × 1\%^{2)}$$
  $$= 16,560,000원$$

1) = 장부상 기말 채권가액 − 설정제외 채권가액
   ± (채권 관련 기초 유보·△유보 잔액 ± 채권 관련 당기 유보·△유보 조정액)
   = 1,580,000,000 − 0 + (67,000,000 + 9,000,000)
   = 1,656,000,000원

2) = Max[㉠ 1%, ㉡ 대손실적률 = $\dfrac{당기\ 세법상\ 대손금}{전기말\ 세법상\ 설정대상\ 채권가액}$ = 0.8%(가정치)] = 1%

- 대손충당금 설정에 대한 세무조정

회사계상액	28,700,000원(= 장부상 대손충당금 기말 잔액)
손금산입 한도액	16,560,000원
한도초과액	12,140,000원
세무조정	· <손금산입> 전기 대손충당금 6,500,000 (△유보) · <손금불산입> 대손충당금 12,140,000 (유보)

② 입력방법

[대손충당금및대손금조정명세서] 메뉴에서

· 화면 상단에 있는 [F7 원장조회](또는 [F7])를 클릭한 후 "대손충당금(외상매출금)" 계정과목을 선택하면, 장부상 대손충당금(외상매출금)의 일자별 원장 내용을 확인할 수 있고[1], 해당 원장을 더블 클릭하면 전표입력 내용까지 확인할 수 있다.

  [1] [회계관리] 모듈에 있는 [합계잔액시산표] 메뉴를 열어서 기간을 12월 31일로 입력한 후, 해당 계정과목을 더블 클릭하여도 동일한 내용을 확인할 수 있음

· "① 2. 대손금조정"에 있는 내역을 다음과 같이 입력한다.

일 자	계정 과목	채권 내역[1]	대손사유[1]	금 액[2]	대손충당금상계액[3]			당기손금계상액[4]		
					계	시인액	부인액	계	시인액	부인액
7. 6.	외상 매출금	1. 매출 채권	7. 기타[5]	9,000,000	9,000,000		9,000,000			
7. 6.	외상 매출금	1. 매출 채권	6. 소멸시효 완성	6,000,000	6,000,000	6,000,000				
계				15,000,000	15,000,000	6,000,000	9,000,000			

  [1] 각 란에 커서를 놓았을 때 화면 하단에 나타나는 안내에 따라 해당 내용을 입력

  [2] 대손금에 대하여 회사 장부에서 "차변 대손충당금(상계)"로 회계처리하거나 "차변 대손상각비(발생)"으로 회계처리한 금액을 입력
  (→ 장부에는 반영되지 않고 신고조정으로 대손금 처리하는 금액은 여기에 입력하지 않음)

  [3] 대손금에 대하여 회사 장부에서 "차변 대손충당금(상계)"로 회계처리한 금액에 대한 세무조정 내역을 입력

  [4] 대손금에 대하여 회사 장부에서 "차변 대손상각비(발생)"으로 회계처리한 금액에 대한 세무조정 내역을 입력

  [5] 공란으로 두어도 정답으로 인정

· "② 채권잔액"에 있는 "16. 계정과목"란과 "17. 채권잔액의 장부가액"란에 "외상매출금 – 1,580,000,000[1]"을, "외상매출금" 라인에 있는 "18. 기말현재대손금부인누계 – 전기"란에 "67,000,000[2]"을, "18. 기말현재대손금부인누계 – 당기"란에 "9,000,000[3]"을, "20. 충당금설정 제외채권(할인,배서, 특수채권)"란에 "0[4]"을 입력하고, "21. 채권잔액 – 계"가 "1,656,000,000" 임을 확인한다.

  [1] 화면상단에 있는 [F12 불러오기](또는 [F12])를 클릭하면, [회계관리] 모듈에 입력되어 있는 채권잔액을 자동으로 불러옴

  [2] = 채권 관련 기초 유보·△유보 잔액 = 67,000,000원

  [3] = 채권 관련 당기 유보·△유보 조정액 = 9,000,000원

  [4] = 대손충당금 설정 제외 채권가액 = 0원

· "③ 1. 대손충당금조정"의 "손금산입액 조정"에 있는 "2. 설정률(%)"란에서 "기본율"을 선택하고, "4. 당기계상액"란에 "24,400,000[1]"을, "5. 보충액"란에 "4,300,000[2]"을 입력하고, "6. 계"가 "28,700,000[3]"이고, "7. 한도초과액"이 "12,140,000"임을 확인한다.

  [1] = 장부상 대손충당금 추가설정액

  [2] = 장부상 대손충당금 기말 잔액 – 장부상 대손충당금 추가설정액

  [3] = 장부상 대손충당금 기말 잔액

- "③ 대손충당금조정"의 "익금산입액 조정"에 있는 "8. 장부상 충당금기초잔액"란에 "19,300,000"을, "10. 충당금부인누계액"란에 "6,500,000"을 입력하고, "15. 과다환입(△)" 이 "(−)6,500,000"임을 확인한다.

- 화면 상단에 있는 F3 조정등록 (또는 F3)을 클릭한 후, 세무조정사항을 다음과 같이 입력한다.

익금산입 및 손금불산입			손금산입 및 익금불산입		
과 목	금 액	소득처분	과 목	금 액	소득처분
외상매출금[1]	9,000,000	유보 발생	전기 대손충당금 한도초과	6,500,000	유보 감소
대손충당금 한도초과	12,140,000	유보 발생			

[1] 프로그램에 등록되어 있는 조정과목을 사용하여 "대손금부인"으로 입력하여도 정답으로 인정

정답화면

① 2. 대손금조정

	22.일자	23.계정과목	24.채권내역	25.대손사유	26.금액	대손충당금상계액			당기손금계상액		
						27.계	28.시인액	29.부인액	30.계	31.시인액	32.부인액
1	07.06	외상매출금	1.매출채권	7.기타	9,000,000	9,000,000		9,000,000			
2	07.06	외상매출금	1.매출채권	6.소멸시효완성	6,000,000	6,000,000	6,000,000				
3											
		계			15,000,000	15,000,000	6,000,000	9,000,000			

② 채권잔액

	16.계정과목	17.채권잔액의 장부가액	18.기말현재대손금부인누계		19.합계(17+18)	20.충당금설정제외채권(할인,배서,특수채권)	21.채 권 잔 액(19-20)
			전기	당기			
1	외상매출금	1,580,000,000	67,000,000	9,000,000	1,656,000,000		1,656,000,000
2							
	계	1,580,000,000	67,000,000	9,000,000	1,656,000,000		1,656,000,000

③ 1.대손충당금조정

손금산입액 조정	1.채권잔액(21의금액)	2.설정률(%)			3.한도액(1×2)	회사계상액			7.한도초과액(6-3)
		⦿기본율	○실적율	○적립기준		4.당기계상액	5.보충액	6.계	
	1,656,000,000	1			16,560,000	24,400,000	4,300,000	28,700,000	12,140,000

익금산입액 조정	8.장부상 충당금기초잔액	9.기중 충당금환입액	10.충당금부인누계액	11.당기대손금상계액(27의금액)	12.충당금보충액(충당금장부잔액)	13.환입할금액(8-9-10-11-12)	14.회사환입액(회사기말환입)	15.과소환입·과다환입(△)(13-14)
	19,300,000		6,500,000	15,000,000	4,300,000	-6,500,000		-6,500,000

(4) 다음 자료에 의하여 [퇴직연금부담금조정명세서]를 작성하고 필요한 세무조정을 행하시오. 당사는 확정급여형(DB형) 퇴직연금에 가입하였으며 장부상 퇴직급여충당부채 및 퇴직연금충당부채를 설정하지 아니하고 전액 신고조정에 의하여 손금에 산입하고 있다.

---

1. 퇴직연금운용자산 계정내역

<table>
<tr><td colspan="4" align="center">퇴직연금운용자산</td></tr>
<tr><td>기초 잔액</td><td align="right">147,000,000</td><td>당기감소액</td><td align="right">12,000,000</td></tr>
<tr><td>당기납부액</td><td align="right">49,000,000</td><td>기말 잔액</td><td align="right">184,000,000</td></tr>
<tr><td></td><td align="right">196,000,000</td><td></td><td align="right">196,000,000</td></tr>
</table>

2. 퇴직연금운용자산 기초 잔액은 전기 자본금과 적립금조정명세서(을)에 퇴직연금충당부채와 관련된 금액 147,000,000원 (△유보)이 있다.

3. 퇴직연금운용자산 당기감소액에 대한 회계처리는 다음과 같다.
   (차) 퇴직급여(제조)   12,000,000   (대) 퇴직연금운용자산   12,000,000

4. 당기말 현재 퇴직급여추계액은 248,000,000원이다.

---

(4)

▶ 관련 이론 | 퇴직급여충당금 p.65

해 설   ① 문제분석

- 장부상 퇴직급여충당금 : 없음

- 장부상 퇴직연금운용자산의 총계정원장

퇴직연금운용자산			
기초 잔액	147,000,000	당기퇴직금지급액	12,000,000
당기납부액	49,000,000	기말 잔액	184,000,000
	196,000,000		196,000,000

- 당기 퇴직금 지급액에 대한 세무조정

B	(차) 퇴직급여	12,000,000	(대) 퇴직연금운용자산	12,000,000
T	(차) 퇴직연금충당금	12,000,000	(대) 퇴직연금운용자산	12,000,000
T/A	<손금불산입> 전기 퇴직연금충당금 12,000,000 (유보)			

- 퇴직급여충당금 설정에 대한 세무조정 : 없음

- 퇴직연금충당금 설정에 대한 세무조정

장부상 추가설정액	0원
손금산입 한도액	Min[㉠ 추계액 기준, ㉡ 예치금 기준] − 135,000,000[3] = 49,000,000원 ㉠ (248,000,000[1] × 100%) − 0[2] = 248,000,000원 ㉡ 184,000,000원
(한도미달액)	(49,000,000)원
세무조정	<손금산입> 퇴직연금충당금 49,000,000 (△유보)

[1] 퇴직급여추계액 = 248,000,000원

[2] 세법상 기말 퇴직급여충당금 = 재무상태표상 기말 퇴직급여충당금 − 퇴직급여충당금 차기이월 부인액
= 0원

[3] 세법상 기 설정 퇴직연금충당금
= (당기 추가설정 전) 장부상 퇴직연금충당금 − (당기 추가설정 전) 퇴직연금충당금 유보·△유보 잔액
= (0 − 0) − (△유보 147,000,000 + 유보 12,000,000)
= 0 − △135,000,000 = 135,000,000원

- 장부 및 세법상 퇴직급여충당금 증감 내역 : 없음

- 장부 및 세법상 퇴직연금충당금 증감 내역 분석

구 분	장 부	부인액	세 법
기초	0	△유보147,000,000	147,000,000
(−)감소	0	유보 12,000,000	12,000,000
(+)증가	0	△유보 49,000,000	49,000,000
(=)기말	0	△유보184,000,000	184,000,000

② 입력방법

[퇴직연금부담금등조정명세서] 메뉴에서

· 화면 상단에 있는 F7 원장조회 (또는 F7)를 클릭한 후 "퇴직연금운용자산", "퇴직급여" 계정과목을 선택하면, 각 계정과목의 일자별 원장 내용을 확인할 수 있고[1], 해당 원장을 더블 클릭하면 전표 입력 내용까지 확인할 수 있다.

> [1] [회계관리] 모듈에 있는 [합계잔액시산표] 메뉴를 열어서 기간을 12월 31일로 입력한 후, 해당 계정 과목을 더블 클릭하여도 동일한 내용을 확인할 수 있음

· "① 나. 기말 퇴직연금 예치금 등의 계산"에 있는 "19. 기초 퇴직연금예치금 등"란에 "147,000,000"을, "20. 기중 퇴직연금예치금 등 수령 및 해약액"란에 "12,000,000"을, "21. 당기 퇴직연금예치금 등의 납입액"란에 "49,000,000"을 입력하고, "22. 퇴직연금예치금 등 계"가 "184,000,000"임을 확인한다.

· "② 가. 손금산입대상 부담금 등 계산"에 있는 "14. 기초퇴직연금충당금등 및 전기말 신고조 정에 의한 손금산입액"란에 "147,000,000"을, "16. 기중퇴직연금등 수령 및 해약액"란에 "12,000,000"을 입력한다.

· "1. 퇴직급여추계액"란에 "248,000,000"을, "2. 장부상 기말잔액"란에 "0"을, "11. 회사 손금 계상액"란에 "0"을 입력하고, "12. 조정금액"이 "49,000,000"임을 확인한다.

· 화면 상단에 있는 F3 조정등록 (또는 F3)을 클릭한 후, 세무조정사항을 다음과 같이 입력한다.

익금산입 및 손금불산입			손금산입 및 익금불산입		
과 목	금 액	소득처분	과 목	금 액	소득처분
퇴직연금 등 지급	12,000,000	△유보 감소[1]	퇴직연금 등 손금산입	49,000,000	△유보 발생[2]

[1] "유보 감소"로 표시됨

[2] "유보 발생"으로 표시됨

정답화면

▷ 2.이미 손금산입한 부담금 등의 계산

① 나.기말 퇴직연금 예치금 등의 계산

19.기초 퇴직연금예치금 등	20.기중 퇴직연금예치금 등 수령 및 해약액	21.당기 퇴직연금예치금 등의 납입액	22.퇴직연금예치금 등 계 (19 - 20 + 21)
147,000,000	12,000,000	49,000,000	184,000,000

② 가.손금산입대상 부담금 등 계산

13.퇴직연금예치금 등 계 (22)	14.기초퇴직연금충당금등 및 전기말 신고조정에 의한 손금산입액	15.퇴직연금충당금등 손금부인 누계액	16.기중퇴직연금등 수령 및 해약액	17.이미 손금산입한 부담금등 (14 - 15 - 16)	18.손금산입대상 부담금 등 (13 - 17)
184,000,000	147,000,000		12,000,000	135,000,000	49,000,000

▷ 1.퇴직연금 등의 부담금 조정

1.퇴직급여추계액	당기말 현재 퇴직급여충당금					6.퇴직부담금 등 손금산입 누적한도액 (① - ⑤)
	2.장부상 기말잔액	3.확정기여형퇴직연금자의 설정전 기계상된 퇴직급여충당금	4.당기말 부인 누계액	5.차감액 (② - ③ - ④)		
248,000,000						248,000,000
7.이미 손금산입한 부담금 등 (17)	8.손금산입 한도액 (⑥ - ⑦)	9.손금산입 대상 부담금 등 (18)	10.손금산입범위액 (⑧과 ⑨중 적은 금액)	11.회사 손금 계상액		12.조정금액 (⑩ - ⑪)
135,000,000	113,000,000	49,000,000	49,000,000			49,000,000

(5) 다음 자료를 보고 [업무무관부동산등에관련한차입금이자조정명세서]를 작성한 후 세무조정을 하시오. (단, 가지급금 인정이자 세무조정은 고려하지 않는다)

자산취득 및 보유 현황	자산 구분	금액(원)	취득일
	건 물	400,000,000	전년도. 4. 10.
	토 지	320,000,000	올해. 7. 1.
	토지 및 건물은 회사 여유자금으로 취득한 투자목적용 자산이라고 가정한다.		

차입금 현황 및 이자지급 내역	차입금 구분	차입금액(원)	이자율	이자비용(원)
	장기차입금	150,000,000	연 7%	10,500,000
	단기차입금	170,000,000	연 5%	8,500,000
	장기차입금에 대한 이자비용에는 채권자 불분명 사채이자가 1,700,000원 포함되어 있다. (원천징수는 고려하지 않기로 한다)			

가지급금 등 대여금 현황	올해. 6. 20. 전무이사 김한에게 사업자금 30,000,000원을 연 3% 이율로 대여하였다.

(5)　　　　　　　　　　　　　　　　　　　　　　　　　　　▶ 관련 이론 | 지급이자 p.88, 92

해　설　① 문제분석

· 업무무관부동산 적수 계산

일자	적요	차변	대변	잔액	기간	일수	적수
1/1	건물 전기이월	400,000,000		400,000,000	1. 1.~6. 30.	182일	72,800,000,000
7/1	토지 취득	320,000,000		720,000,000	7. 1.~12. 31.	184일	132,480,000,000
	합 계	720,000,000				366일	205,280,000,000

· 업무무관 가지급금 적수 계산

일자	적요	차변	대변	잔액	기간	일수	적수
6/20	대 여	30,000,000		30,000,000	6. 20.~12. 31.	195일	5,850,000,000
	합 계	30,000,000				195일	5,850,000,000

· 차입금 적수 계산

구 분	금 액	일 수	차입금 적수	이자율	이자비용
장기차입금	150,000,000	366일	54,900,000,000	연 7%	10,500,000
채권자불분명	xx,xxx,xxx	xxx일	(−)8,888,571,428[1]	연 7%	(−)1,700,000
단기차입금	170,000,000	366일	62,220,000,000	연 5%	8,500,000
합 계			108,231,428,571[2]		17,300,000

[1] 차입금 적수 × 7% ÷ 366일 = 1,700,000원
　∴ 차입금 적수 = 8,888,571,428원

[2] 단수차이 1원 발생

· 업무무관자산 등에 대한 지급이자 계산

$$= 지급이자 \times \frac{업무무관자산 \ 적수 + 업무무관 \ 가지급금 \ 적수}{차입금 \ 적수}$$

$$= 17,300,000 \times \frac{Min[⊙ \ (205,280,000,000 + 5,850,000,000), \ ⊙ \ 108,231,428,571]}{108,231,428,571}$$

$$= 17,300,000 \times \frac{Min[⊙ \ 211,130,000,000, \ ⊙ \ 108,231,428,571]}{108,231,428,571}$$

$$= 17,300,000원$$

· 세무조정
· <손금불산입> 채권자 불분명 사채이자(원천세 제외) 1,700,000 (대표자 상여)
· <손금불산입> 업무무관자산 등에 대한 지급이자 17,300,000 (기타사외유출)

② 입력방법

[업무무관부동산등에관련한차입금이자조정명세서] 메뉴에서

· [1. 적수입력(을)] 탭을 선택한 후, [1. 업무무관부동산] 탭을 선택하고, [불러오기]를 클릭한 다음, 보조창에서 [예(Y)]를 클릭하여 토지 계정과목의 코드번호를 "201"로 수정하고 [확인(Tab)]을 클릭하여, [회계관리] 모듈에 입력되어 있는 업무무관부동산 정보를 불러온다.[1]

> [1] 업무무관부동산 정보를 직접 입력하여야 하는 경우에는, "월일"란을 입력한 후, [적요수정]을 클릭하여 타이핑하거나 화면 하단의 안내([1.전기이월, 2.취득, 3.매각])에 따라 해당 항목을 선택하여 "적요"란을 입력하고, "차변" 또는 "대변"란에 금액을 입력

· [3. 가지급금] 탭을 선택하고, [불러오기]를 클릭한 다음, 보조창에서 [예(Y)]를 클릭하여, [가지급금인정이자조정명세서] 메뉴에 입력되어 있는 가지급금 정보를 불러온다.[1]

> [1] 업무무관 가지급금 정보를 직접 입력하여야 하는 경우에는, "월일"란을 입력한 후, [적요수정]을 클릭하여 타이핑하거나 화면 하단의 안내([1.전기이월, 2.지급, 3.회수])에 따라 해당 항목을 선택하여 "적요"란을 입력하고, "차변" 또는 "대변"란에 금액을 입력

· [2. 지급이자 손금불산입(갑)] 탭을 선택한 후, "① 2. 지급이자 및 차입금 적수 계산"에 있는 "(9) 이자율"란 및 "(10) 지급이자"란에 장기차입금 내역 "7% – 10,500,000"과 단기차입금 내역 "5% – 8,500,000"을 각각 입력하고, 장기차입금 내역에 대하여 "(12) 채권자불분명 사채이자 – (13) 지급이자"란에 "1,700,000"을 입력한다.

· "② 1. 업무무관부동산 등에 관련한 차입금 지급이자"에 있는 "① 지급이자"가 "17,300,000"임을 확인하고, "⑥ 차입금(적수)"이 "108,231,428,571"임을 확인하고, "⑧ 손금불산입 지급이자"가 "17,300,000"임을 확인한다.

· 화면 상단에 있는 [F3 조정등록](또는 [F3])을 클릭한 후, 세무조정사항을 다음과 같이 입력한다.

익금산입 및 손금불산입			손금산입 및 익금불산입		
과 목	금 액	소득처분	과 목	금 액	소득처분
채권자 불분명 사채이자(원천세 제외)	1,700,000	상 여			
업무무관자산 지급이자	17,300,000	기타사외 유출			

정답화면 · [1. 적수입력(을)] 탭 ▶ [1. 업무무관부동산] 탭

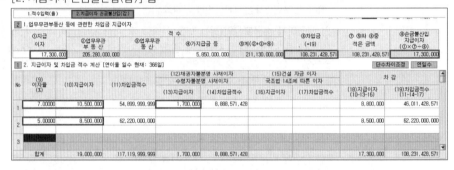

No	①월일		②적요	③차변	④대변	⑤잔액	⑥일수	⑦적수
1	1	1	전기이월	400,000,000		400,000,000	182	72,800,000,000
2	7	1	취 득	320,000,000		720,000,000	184	132,480,000,000
			합 계	720,000,000			366	205,280,000,000

· [1. 적수입력(을)] 탭 ▶ [3. 가지급금] 탭

No	①월일		②적요	③차변	④대변	⑤잔액	⑥일수	⑦적수
1	6	20	지 급	30,000,000		30,000,000	195	5,850,000,000

· [2. 지급이자 손금불산입(갑)] 탭

2 1. 업무무관부동산 등에 관련한 차입금 지급이자

①지급이자	적 수				⑥차입금 (=19)	⑦ ⑤와 ⑥중 적은 금액	⑧손금불산입 지급이자 (①×⑦÷⑤)
	②업무무관 부동산	③업무무관 동산	④가지급금 등	⑤계(②+③+④)			
17,300,000	205,280,000,000		5,850,000,000	211,130,000,000	108,231,428,571	108,231,428,571	17,300,000

1 2. 지급이자 및 차입금 적수 계산 [연이율 일수 현재: 366일]

No	(9) 이자율 (%)	(10)지급이자	(11)차입금적수	(12)채권자불분명 사채이자 수령자불분명 사채이자		(15)건설 자금 이자 국조법 14조에 따른 이자		차 감	
				(13)지급이자	(14)차입금적수	(16)지급이자	(17)차입금적수	(18)지급이자 (10-13-16)	(19)차입금적수 (11-14-17)
1	7.00000	10,500,000	54,899,999,999	1,700,000	8,888,571,428			8,800,000	46,011,428,571
2	5.00000	8,500,000	62,220,000,000					8,500,000	62,220,000,000
3									
	합계	19,000,000	117,119,999,999	1,700,000	8,888,571,428			17,300,000	108,231,428,571

해커스

전산세무 1급 법인세

이론+실무+최신기출

시험 전에 꼭 봐야 할

빈출유형노트

해커스금융

빈출분개 60선

전산세무 1급 시험에 자주 출제되는 분개문제 유형과 전산세무 2급에서 새롭게 추가되는 전산세무 1급 분개문제 유형을 엄선하여
수록하였습니다.
※ 분개입력은 ㈜빈출분개(코드번호: 5001) 데이터를 사용하여 연습할 수 있습니다.

1. 까다로운 분개

1 3월 1일 ㈜강서상사로부터 제품 판매대금으로 수령했던 약속어음 30,000,000원(만기 6개월)을 우리은행에
서 할인하고, 할인비용 700,000원을 차감한 잔액이 보통예금에 입금되었다. (단, 약속어음의 소유에 따른 위험
과 효익의 대부분을 할인 이후에도 당사가 그대로 보유함에 따라, 이 거래는 차입거래로 분류된다고 가정한다)

[일반전표입력]

3월 1일	(차) 보통예금	29,300,000	(대) 단기차입금(우리은행)	30,000,000
	이자비용	700,000		

참고 매각거래로 분류되는 경우의 회계처리

3월 1일	(차) 보통예금	29,300,000	(대) 받을어음(㈜강서상사)	30,000,000
	매출채권처분손실	700,000		

2 5월 1일 당사는 올해 1월 1일에 제품을 매출하고 ㈜성도상사로부터 약속어음(액면금액 10,000,000원, 만기
6개월, 이자율 연 6% 만기 시 지급)을 수령하여 보관하다가 5월 1일에 연 12% 이자율로 하나은행에서 할인
하였다. 할인비용을 차감한 잔액은 보통예금으로 입금되었다. (단, 매각거래에 해당한다고 가정하며, 월할 계산
하기로 한다)

[일반전표입력]

5월 1일	(차) 보통예금	10,094,000[2]	(대) 받을어음(㈜성도상사)	10,000,000
	매출채권처분손실	106,000[3]	이자수익	200,000[1]

[1] 보유기간(4개월, 1월~4월)의 이자수익 = 10,000,000원 × 6% × (4개월/12개월) = 200,000원
[2] · 만기 수령 예정 금액 = 액면금액 + 어음 전체기간(6개월, 1월~6월)의 이자수익
  = 10,000,000원 + {10,000,000원 × 6% × (6개월/12개월)}
  = 10,000,000 + 300,000 = 10,300,000원
 · 할인기간(2개월, 5월~6월)의 할인료
  = 10,300,000원 × 12% × (2개월/12개월) = 206,000원
 · 어음 할인거래 시 수령 금액 = 만기 수령 예정 금액 − 할인료
  = 10,300,000 − 206,000 = 10,094,000원
[3] 매출채권처분손실
  = 할인기간(2개월, 5월~6월)의 할인료 − 할인기간(2개월, 5월~6월)의 이자수익
  = 206,000원 − {10,000,000원 × 6% × (2개월/12개월)}
  = 206,000 − 100,000 = 106,000원

참고 시점별 어음 관련 금액

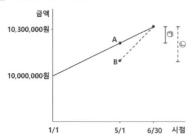

· A = 액면금액 + 보유기간(4개월)의 이자수익
  = 10,000,000 + 200,000 = 10,200,000원
· B = 어음 할인거래 시 수령 금액
  = 10,094,000원
· A − B = 매출채권처분손실
    = 할인기간(2개월)의 할인료(ⓒ) − 할인기간(2개월)의 이자수익(㉠)
    = 106,000원

3 3월 3일 전기에 장기투자목적으로 구입한 ㈜주은사의 주식(시장성 있음) 300주를 1주당 20,000원에 처분하고 대금은 보통예금에 입금되었다. 주식처분에 따른 증권거래세 40,000원과 거래수수료 15,000원은 현금으로 지급하였다. ㈜주은사 주식의 취득 및 변동내역은 다음과 같으며, 주식의 취득 및 평가는 일반기업회계기준에 따라 적정하게 반영하였다.

· 전년도 9. 20. : 500주 취득(주당 15,000원 소요)
· 전년도 12. 31. 시가 : 1주당 24,000원

[일반전표입력]

3월 3일 (차) 보통예금	6,000,000	(대) 매도가능증권(투자자산)	7,200,000
매도가능증권평가이익	2,700,000	현금	55,000
		매도가능증권처분이익	1,445,000[1]

  [1] 처분가액 − 취득원가
    = {(300주 × @20,000원) − 55,000원} − (300주 × @15,000원)
    = 5,945,000 − 4,500,000
    = 1,445,000원

4 3월 4일 당사는 사용하던 기계장치를 ㈜승원의 차량과 교환하였다. 제공하는 기계장치는 취득가액 10,000,000원, 감가상각누계액 8,500,000원이고, 추가로 500,000원을 현금으로 지급하였다. 동 기계장치의 공정가액은 1,700,000원이다. (단, 부가가치세는 고려하지 않으며, 일반전표입력 메뉴에 입력하기로 한다)

[일반전표입력]

3월 4일 (차) 차량운반구(신)	2,200,000[1]	(대) 기계장치(구)	10,000,000
감가상각누계액(기계장치)	8,500,000	현금	500,000
		유형자산처분이익	200,000[2]

  [1] 제공한 자산의 공정가치 + 현금지급액
    = 1,700,000 + 500,000 = 2,200,000원
  [2] 기계장치의 공정가치 − 기계장치의 장부가액
    = 1,700,000 − (10,000,000 − 8,500,000) = 200,000원

5 3월 5일 당사는 사용 중이던 기계장치를 동일 업종인 거래처에서 유사한 용도로 사용되던 기계장치와 교환하였다. (단, 부가가치세는 고려하지 않으며, 일반전표입력 메뉴에 입력하기로 한다)

구 분	사용 중이던 기계장치	교환거래로 취득하는 기계장치
취득가액	6,000,000원	?
감가상각누계액	3,200,000원	?
공정가치	4,000,000원	4,000,000원

[일반전표입력]
3월 5일 (차) 기계장치(신)   2,800,000[1]   (대) 기계장치(구)   6,000,000
            감가상각누계액(기계장치)   3,200,000

> [1] 제공한 자산의 장부가액 = 6,000,000 - 3,200,000 = 2,800,000원

6 3월 6일 산업자원부로부터 자산취득조건으로 국고보조금을 지원받은 당사는 국고보조금 100,000,000원이 보통예금에 입금되었음을 확인하였다. 다만, 30%는 해당 프로젝트를 성공하는 경우에 3년 거치 분할 상환해야 할 의무를 부담하며, 70%는 상환의무를 부담하지 아니한다.

[일반전표입력]
3월 6일 (차) 보통예금   100,000,000   (대) 장기차입금(산업자원부)   30,000,000
                                                              국고보조금(보통예금)[1]   70,000,000

> [1] 지원받은 국고보조금을 사용하여 유형자산을 취득할 때 해당 유형자산의 차감계정으로 대체한다.

7 3월 7일 국고보조금에 의해 취득한 기계장치를 ㈜원상에 매각대금 7,000,000원(부가가치세 별도)으로 처분하고 전자세금계산서를 발급하였으며 대금 중 5,000,000원은 약속어음(만기 : 올해 6. 1.)으로 받고, 나머지는 다음 달에 받기로 하였다. 처분하기 전까지 감가상각비와 감가상각누계액은 적정하게 회계처리되어 있으며, 처분 전 기계장치의 내용은 다음과 같다.

> · 기계장치 : 25,000,000원   · 국고보조금(기계장치 차감) : 8,000,000원
> · 감가상각누계액 : 7,000,000원

[매입매출전표입력]
3월 7일 유형 : 11.과세 / 공급가액 : 7,000,000 / 부가세 : 700,000 / 거래처 : ㈜원상 / 전자 : 여 / 분개 : 혼합

            (차) 감가상각누계액(기계장치)   7,000,000   (대) 기계장치   25,000,000
                국고보조금(기계장치)   8,000,000   부가세예수금   700,000
                미수금(㈜원상)[1]   7,700,000
                유형자산처분손실   3,000,000

> [1] 일반적인 상거래 이외의 거래이므로 어음을 수령하더라도 미수금 계정으로 회계처리한다.

8 3월 8일 제조부에서 사용하던 기계장치가 화재로 인해 소실되어 동일 날짜에 안전보험으로부터 보험금을 청구하여 보험금 9,800,000원을 보통예금 계좌로 입금받았다. 소실 전까지의 관련 회계처리는 적정하게 되었으며 기계장치의 내용은 다음과 같다.

> · 기계장치 : 18,000,000원 · 국고보조금(기계장치 차감) : 3,000,000원
> · 감가상각누계액 : 8,500,000원

[일반전표입력]

3월 8일	(차) 감가상각누계액(기계장치)	8,500,000	(대) 기계장치	18,000,000
	국고보조금(기계장치)	3,000,000		
	재해손실	6,500,000		
	(차) 보통예금	9,800,000	(대) 보험금수익	9,800,000

9 3월 9일 지난달 국민은행에서 차입한 장기차입금 800,000,000원을 국민은행과 협의하여 200,000,000원은 보통예금으로 바로 상환하는 대신 500,000,000원은 출자전환하기로 하고 잔액 100,000,000원은 면제받았다. 출자전환을 위해 보통주 5,000주(액면가액 주당 50,000원)를 발행하여 교부하였으며, 자본증자 등기를 마쳤다. (단, 3월 9일 현재 주식할인발행차금 계정의 잔액이 50,000,000원이라고 가정한다)

[일반전표입력]

3월 9일	(차) 장기차입금(국민은행)	800,000,000	(대) 보통예금	200,000,000
			자본금	250,000,000
			주식할인발행차금	50,000,000
			주식발행초과금	200,000,000
			채무면제이익	100,000,000

10 3월 10일 전기의 이익잉여금처분계산서이다. 처분확정일의 회계처리를 하시오.

이익잉여금처분계산서
2023년 1월 1일부터 2023년 12월 31일까지
처분확정일 2024년 3월 10일

(단위 : 원)

과 목	금 액	
Ⅰ. 미처분이익잉여금		69,500,000
1. 전기이월미처분이익잉여금	46,500,000	
2. 당기순이익	23,000,000	
Ⅱ. 임의적립금 등의 이입액		500,000
1. 사업확장적립금	500,000	
합 계		70,000,000
Ⅲ. 이익잉여금처분액		48,000,000
1. 이익준비금	3,000,000	
2. 배당금		
가. 현금배당	30,000,000	
나. 주식배당	15,000,000	
Ⅳ. 차기이월 미처분이익잉여금		22,000,000

[일반전표입력]

3월 10일	(차) 사업확장적립금	500,000	(대) 이월이익잉여금	500,000
	(차) 이월이익잉여금	48,000,000	(대) 이익준비금	3,000,000
			미지급배당금	30,000,000
			미교부주식배당금	15,000,000

11 3월 11일 만기 5년, 액면가 10,000,000원인 사채를 9,500,000원으로 할인발행하여 대금이 보통예금에 입금되었고 사채발행비 100,000원이 발생하여 현금으로 지급하였다.

[일반전표입력]

3월 11일	(차) 보통예금	9,500,000	(대) 사채	10,000,000
	사채할인발행차금	600,000	현금	100,000

12 3월 12일 당사는 액면금액 50,000,000원인 사채 중 40%를 18,000,000원에 중도상환하였다. 상환일 현재 사채할인발행차금 잔액은 4,500,000원이며, 상환대금은 보통예금 계좌에서 출금하였다. 회사의 다른 사채발행금액은 없는 것으로 가정하고, 당기의 이자비용 인식은 생략한다.

[일반전표입력]

3월 12일	(차) 사채	20,000,000	(대) 보통예금	18,000,000
			사채할인발행차금	1,800,000
			사채상환이익	200,000[1]

[1] 사채상환손익 = 상환가액 − 상환시점 현재 사채의 장부가액
= 18,000,000원 − {(50,000,000 − 4,500,000) × 40%}
= (−)200,000원 (상환이익)

13 3월 13일 미국에 있는 나이스사에 전년도 10월 10일 제품을 $20,000에 외상으로 수출하고 외상대금(계정과목 : 외상매출금)을 전액 당해연도 3월 13일 보통예금 통장으로 수취하였을 때 당해연도 3월 13일 회계처리를 하시오. (단, 전년도 12월 31일에 기업회계기준에 따라 적절하게 회계처리하였다고 가정한다)

> · 전년도 10월 10일 환율 : 1,100원/1$　　　　· 전년도 12월 31일 환율 : 1,300원/1$
> · 당해연도 3월 13일 환율 : 1,150원/1$

[일반전표입력]

3월 13일	(차) 보통예금	23,000,000	(대) 외상매출금(나이스)	26,000,000
	외환차손	3,000,000		

14 3월 14일 전년도에 미국 스탠다드은행으로부터 차입한 외화장기차입금(계정과목 : 외화장기차입금) $500,000와 이자비용 $15,000를 보통예금에서 지급하여 상환하였다.

> · 전년도 12월 31일 환율 : 1,100원/1$　　　　· 당해연도 상환 시점 환율 : 1,050원/1$

[일반전표입력]

3월 14일	(차) 외화장기차입금(스탠다드은행)	550,000,000	(대) 보통예금	540,750,000[1]
	이자비용	15,750,000[3]	외환차익	25,000,000[2]

[1] ($500,000 + $15,000) × 1,050원 = 540,750,000원 (원금 및 이자비용 상환금액)
[2] ($500,000 × 1,050원) − ($500,000 × 1,100원) = (−)25,000,000원 (부채이므로 외환차익)
[3] $15,000 × 1,050원 = 15,750,000원

15 3월 15일 생산직 사원 홍길동이 퇴사함에 따라 퇴직금 6,000,000원이 일시금으로 지급되었는데, 이 중 4,000,000원은 연금사인 ㈜최고생명이 퇴직연금(DB형) 적립액으로 현금 지급하였고, 나머지는 회사가 퇴직소득에 대한 소득세 원천징수액 900,000원을 차감한 후 현금으로 지급하였다. (퇴직일 현재 장부상 퇴직급여충당부채 계정잔액은 5,000,000원이다)

[일반전표입력]

3월 15일	(차) 퇴직급여충당부채	5,000,000	(대) 퇴직연금운용자산	4,000,000
	퇴직급여(제조)	1,000,000	예수금	900,000
			현금	1,100,000

16 3월 16일 본사 건물에 대한 감가상각비가 전년도에 500,000원만큼 과대계상된 오류를 발견하였다. 본 사항은 중대하지 않은 오류로 판단된다.

[일반전표입력]

3월 16일	(차) 감가상각누계액(건물)	500,000	(대) 전기오류수정이익(영업외수익)	500,000

2. 소득세법·법인세법 + 회계기준

17 3월 17일 영업직 직원들의 서비스 능력 향상을 위하여 외부에서 전문강사를 초빙하여 교육한 후 강의료로 500,000원을 지급하였다. 단, 사업소득에 대한 원천세(3.3%, 지방소득세 포함)를 차감한 나머지 금액을 보통예금 통장에서 계좌이체하였다. (예수금의 경우 소득세와 지방소득세를 합한 전체금액을 기재하시오)

[일반전표입력]

3월 17일	(차) 교육훈련비(판관비)	500,000	(대) 예수금	16,500
			보통예금	483,500

18 3월 18일 영업사원의 직무 능력 향상을 위한 외부강사 강연료에 대하여 현금으로 지급하고 기타소득으로 원천징수한 내역이 다음과 같다. 적절한 회계처리를 하시오.

> - 지급총액 : 3,000,000원
> - 소득세율 : 20%
> - 필요경비 : 지급총액의 60%
> - 지방소득세 : 소득세의 10%

[일반전표입력]

3월 18일	(차) 교육훈련비(판관비)	3,000,000	(대) 예수금	264,000[1]
			현금	2,736,000

[1] · 소득세 원천징수세액 = {3,000,000원 − (3,000,000원 × 60%)} × 20% = 240,000원
  · 지방소득세 원천징수세액 = 240,000원 × 10% = 24,000원
  ∴ 원천징수세액 합계 = 240,000 + 24,000 = 264,000원

19 3월 19일 정기주주총회(2024년 3월 15일 개최)에서 확정한 10,000,000원 금전 배당액을 지분비율로 계산하여 보통예금에서 지급하였다. 다음의 당사 주주명부를 참조하여 전표 입력하시오. (배당금 지급 시 세법에 따라 배당소득세를 원천징수하였으며, 거래처 코드는 국세의 경우 "세무서", 지방소득세의 경우 "구청"으로 각각 반영한다)

2023년 말 기준   (주)빈출분개

성 명	출자수	출자금액	비 고
나주인	5,000주	150,000,000원	개인주주
(주)다른나라	5,000주	150,000,000원	법인주주
계	10,000주	300,000,000원	

[일반전표입력]

3월 19일	(차) 미지급배당금	10,000,000	(대) 보통예금	9,230,000
			예수금(세무서)	700,000[1]
			예수금(구청)	70,000[1]

[1] · 법인에게 귀속되는 소득 중 원천징수대상은 '이자소득'과 '집합투자기구로부터의 이익 중 투자신탁이익'뿐이므로, 법인주주에게 지급하는 배당금에 대하여는 원천징수하지 않는다.
  · 개인주주에게 지급하는 배당금 5,000,000원(= 10,000,000원 × 50%)에 대하여는 소득세 14%, 지방소득세 1.4%를 원천징수한다.

20 3월 20일 당사가 10%의 지분을 보유하고 있는 ㈜수성으로부터 현금배당금 10,000,000원과 주식배당금 500주(주당 액면가액 5,000원)를 각각 보통예금과 주식으로 수령하였다. 배당금에 대한 원천징수 여부는 세법규정에 따라 처리하였다. 배당금에 관한 회계처리는 기업회계기준을 준수하였다.

[일반전표입력]

3월 20일 (차) 보통예금   10,000,000   (대) 배당금수익   10,000,000[1]

> [1] · 기업회계기준에 따르면, 회사가 현금배당을 수령한 경우 이를 배당금수익으로 회계처리하지만, 주식배당을 수령한 경우에는 이를 배당금수익으로 회계처리하지 않고 보유한 전체 주식의 수량의 증가와 단가의 감소를 비망기록으로 관리한다.
> · 법인에게 귀속되는 소득 중 원천징수대상은 '이자소득'과 '집합투자기구로부터의 이익 중 투자신탁이익'뿐이므로, 법인이 수령하는 배당금에 대하여는 원천징수되지 않는다.

21 12월 31일 다음 자료를 이용하여 법인세 및 법인세분 지방소득세에 대한 회계처리를 하시오.

법인세 과세표준 및 세액 조정 계산서 일부 내용	과세표준 계산	⑱ 각사업연도소득금액 (⑱ = ⑰)		329,200,000원
		⑲ 이월결손금	07	49,520,000원
		⑩ 비과세소득	08	0원
		⑪ 소득공제	09	0원
		⑫ 과세표준 (⑱ - ⑲ - ⑩ - ⑪)	10	279,680,000원
세율 정보	· 법인세율 - 법인세 과세표준 2억 원 이하 : 9% - 법인세 과세표준 2억 원 초과 200억 원 이하 : 19% · 지방소득세율 - 법인세 과세표준 2억 원 이하 : 0.9% - 법인세 과세표준 2억 원 초과 200억 원 이하 : 1.9%			
기타	· 위의 모든 자료는 법인세법상 적절하게 산출된 금액이다. · 기한 내 납부한 법인세 중간예납세액은 9,500,000원, 예금이자에 대한 원천징수 법인세액은 920,000원, 지방소득세액은 92,000원이 있다.			

[일반전표입력]

12월 31일 (차) 법인세등   33,139,200[1]   (대) 선납세금   10,420,000
                                                                미지급세금   22,719,200

          (차) 법인세등   3,313,920[2]   (대) 선납세금   92,000
                                                                미지급세금   3,221,920

> [1] (200,000,000 × 9%) + {(279,680,000 - 200,000,000) × 19%} = 33,139,200원
> [2] (200,000,000 × 0.9%) + {(279,680,000 - 200,000,000) × 1.9%} = 3,313,920원

3. 부가가치세법 + 회계기준

22 4월 22일 당사는 미국의 GN Company와 FOB 선적지 인도조건으로 수출계약을 체결하고 주문받은 제품(미화 60,000달러)은 4월 22일 선적하였다. 대금은 3월 22일에 선수금 미화 50,000달러를 즉시 52,500,000원으로 환전했고, 5월 22일에 잔금을 수령하기로 하였다. 대금수수내역 및 기준환율은 다음과 같고, 동 거래에 대하여 부가가치세법상 과세표준으로 선적일의 회계처리를 하시오.

구 분	금 액	기준환율
3월 22일	50,000달러	$1 = 1,050원
4월 22일	–	$1 = 1,100원
5월 22일	10,000달러	$1 = 1,070원

[매입매출전표입력]
4월 22일 유형 : 16.수출 / 공급가액 : 63,500,000[1] / 부가세 : 0 / 거래처 : GN / 분개 : 혼합 / (영세율구분 : 1.직접수출)

(차) 선수금(GN)	52,500,000	(대) 제품매출	63,500,000
외상매출금(GN)	11,000,000		

[1] · 공급시기(선적일) 도래 전에 원화로 환가한 경우 그 환가한 금액을 과세표준으로 하며, 그 외의 경우에는 공급시기(선적일)의 기준환율에 따라 계산한 금액을 과세표준으로 한다.
· 52,500,000원 + ($10,000 × @1,100원) = 63,500,000원

23 4월 23일 수출업체인 ㈜유한통상과 직접 도급계약을 체결하고 제공한 수출재화임가공용역 14,000,000원(공급가액)에 대한 전자세금계산서를 발급하였다. 대금은 5월 말에 받기로 하고 영세율 첨부서류는 적정하게 제출하기로 한다. 단, 매출계정은 제품매출 계정을 사용하기로 한다.

[매입매출전표입력]
4월 23일 유형 : 12.영세 / 공급가액 : 14,000,000 / 부가세 : 0 / 거래처 : ㈜유한통상 / 전자 : 여 / 분개 : 혼합(외상) / (영세율구분 : 10.수출재화임가공용역)

(차) 외상매출금(㈜유한통상)	14,000,000	(대) 제품매출	14,000,000

24 4월 24일 일본 교토에 소재하는 파나소닉사에게 다음의 소프트웨어 개발용역(국외에서 제공하는 용역)을 제공하고 용역대가인 ¥300,000은 1개월 후에 받기로 하였다. 단, 매출액은 용역매출 계정을 사용하기로 한다.

· 용역제공장소 : 일본국 교토시 　　· 용역제공기간 : 4월 20일~4월 24일
· 용역제공완료일 : 4월 24일
· 환율

일 자	4월 20일	4월 22일	4월 24일
재정환율	1,050원/¥100	1,030원/¥100	1,060원/¥100

[매입매출전표입력]
4월 24일 유형 : 16.수출 / 공급가액 : 3,180,000[1] / 부가세 : 0 / 거래처 : 파나소닉사 / 분개 : 혼합 / (영세율구분 : 6.국외에서 제공하는 용역)

(차) 외상매출금(파나소닉사)	3,180,000	(대) 용역매출	3,180,000

[1] · 통상적인 용역 제공의 공급시기는 역무의 제공이 완료되는 때이다.
· (¥300,000 × @10.6원) = 3,180,000원

25 4월 25일 ㈜여주산업(여주 소재 대리점)에게 약정에 따른 판매장려물품으로 제품(원가 10,000,000원, 시가 15,000,000원, 부가가치세 별도)을 제공하였다. 단, 제품 생산과정에서 적법하게 매입세액공제를 받았으며, 판매촉진비 계정을 사용하기로 한다.

[매입매출전표입력]
4월 25일 유형 : 14.건별 / 공급가액 : 15,000,000 / 부가세 : 1,500,000 / 거래처 : ㈜여주산업 / 분개 : 혼합

(차) 판매촉진비(판관비)	11,500,000	(대) 제품	10,000,000
		(적요 8. 타계정으로 대체액)	
		부가세예수금	1,500,000

26 4월 26일 당사의 제품 생산부서는 24시마트로부터 협력업체에 증정할 선물을 다음과 같이 외상으로 구입하고 종이세금계산서를 수취하였다. (단, 전액 비용으로 회계처리할 것)

세금계산서(공급받는자 보관용)					책번호		권		호
					일련번호			−	

	등록번호	1 1 6 − 0 1 − 1 9 0 8 1				등록번호	1 0 5 − 8 7 − 3 9 2 2 8		
공급자	상호(법인명)	24시마트	성명	박마리	공급받는자	상호(법인명)	㈜빈출분개	성명	김선빈
	사업장주소	경기도 과천시 별양동 15				사업장주소	경기도 시흥시 수인로3465번길 19		
	업태	도소매	종목	잡화		업태	제조, 도소매	종목	자동차부품

작성			공급가액											세액									비고
연	월	일	공란수	십	억	천	백	십	만	천	백	십	일	십	억	천	백	십	만	천	백	십	일	
xx	4	26					1	0	0	0	0	0	0				1	0	0	0	0	0	

월	일	품목	규격	수량	단가	공급가액	세액	비고
4	26	선물세트		50	20,000	1,000,000	100,000	

합계금액	현금	수표	어음	외상미수금	이 금액을 영수 / 청구 함
1,100,000				1,100,000	

[매입매출전표입력]
4월 26일 유형 : 54.불공 / 공급가액 : 1,000,000 / 부가세 : 100,000 / 거래처 : 24시마트 / 전자 : 부 / 분개 : 혼합
         / (불공제사유 : ④기업업무추진비 및 이와 유사한 비용 관련)

(차) 기업업무추진비(제조)	1,100,000	(대) 미지급금(24시마트)	1,100,000

27 4월 27일 마케팅 부서의 업무용 차량(5인승 승용차, 2,500cc)을 ㈜K자동차에서 35,000,000원(부가가치세 별도)에 취득하면서 전자세금계산서를 수취하였다. 대금은 취득세 2,240,000원과 함께 보통예금에서 지급하였다. (하나의 전표로 회계처리하시오)

[매입매출전표입력]
4월 27일 유형 : 54.불공 / 공급가액 : 35,000,000 / 부가세 : 3,500,000 / 거래처 : ㈜K자동차 / 전자 : 여 / 분개 : 혼합
         / (불공제사유 : ③비영업용 소형승용자동차 구입·유지 및 임차)

(차) 차량운반구	40,740,000[1]	(대) 보통예금	40,740,000

[1] 매입가액 + 매입세액불공제액 + 취득부대비용
   = 35,000,000 + 3,500,000 + 2,240,000 = 40,740,000원

28 4월 28일 회사는 공장을 신축하기 위하여 ㈜상일테크로부터 토지와 건물을 매입하면서, 건물에 대하여 다음의 세금계산서를 발급받고 대금은 보통예금으로 지급하였다. 동 건물은 구입 즉시 신축을 위하여 철거하였다. 다음의 세금계산서에 근거하여 해당 건물 취득에 대한 회계처리를 하시오.

전자세금계산서(공급받는자 보관용)							승인번호		
공급자	등록번호	220-81-19591			공급받는자	등록번호	105-87-39228		
	상호	㈜상일테크	성명(대표자)	김상일		상호	㈜빈출분개	성명(대표자)	김선빈
	사업장주소	서울 강남구 역삼로 700				사업장 주소	경기도 시흥시 수인로3465번길 19		
	업태	도소매		종사업장번호		업태	제조, 도소매		종사업장번호
	종목	전자부품				종목	자동차부품		

비고				수정사유			
작성일자	20xx. 4. 28.			공급가액	20,000,000원	세액	2,000,000원

월	일	품목	규격	수량	단가	공급가액	세액	비고
4	28	건물				20,000,000원	2,000,000원	

합계금액	보통예금	수표	어음	외상미수금	이 금액을 영수 함
22,000,000원	22,000,000원				

[매입매출전표입력]
4월 28일 유형 : 54.불공 / 공급가액 : 20,000,000 / 부가세 : 2,000,000 / 거래처 : ㈜상일테크 / 전자 : 여 / 분개 : 혼합
／ (불공제사유 : ⑥토지의 자본적 지출 관련)

　　　　(차) 토지　　　　　　　　　　20,000,000　　　(대) 보통예금　　　　　　　　22,000,000

29 4월 29일 대주주 김효주의 자택에서 사용할 목적으로 ㈜강진전자에서 TV를 1,000,000원(부가가치세 별도)에 구입하고 회사명의로 전자세금계산서를 발급받았다. 대금은 회사에서 현금으로 결재하였으며, 회사가 대신 지급한 대금은 김효주에 대한 가지급금으로 처리하기로 하였다.

[매입매출전표입력]
4월 29일 유형 : 54.불공 / 공급가액 : 1,000,000 / 부가세 : 100,000 / 거래처 : ㈜강진전자 / 전자 : 여
／ 분개 : 혼합(현금) / (불공제사유 : ②사업과 직접 관련 없는 지출)

　　　　(차) 가지급금(김효주)　　　　1,100,000　　　(대) 현금　　　　　　　　　1,100,000

30 4월 30일 매출 거래처인 ㈜석수물산의 대표이사 경조사를 축하하기 위하여 영업관리팀 결재하에 ㈜한마음농장에서 화분을 200,000원에 현금으로 구입하여 전달하고 전자계산서를 발급받았다.

[매입매출전표입력]
4월 30일 유형 : 53.면세 / 공급가액 : 200,000 / 거래처 : ㈜한마음농장 / 전자 : 여 / 분개 : 혼합(현금)

　　　　(차) 기업업무추진비(판관비)　　200,000　　　(대) 현금　　　　　　　　　　200,000

31 5월 1일 ㈜미생에 다음과 같이 제품을 할부판매하고, 전자세금계산서를 발급하였다. 할부금은 약정기일에 보통예금으로 입금되었다.

인도일	2024. 5. 1. (총 공급가액 40,000,000원, 총 세액 4,000,000원)				
할부내역	구 분	1차 할부	2차 할부	3차 할부	4차 할부
	약정기일	2024. 5. 1.	2024. 6. 1.	2024. 7. 1.	2024. 8. 1.
	공급가액	10,000,000원	10,000,000원	10,000,000원	10,000,000원
	세 액	1,000,000원	1,000,000원	1,000,000원	1,000,000원

[매입매출전표입력]
5월 1일 유형 : 11.과세 / 공급가액 : 40,000,000 / 부가세 : 4,000,000 / 거래처 : ㈜미생 / 전자 : 여 / 분개 : 혼합

(차) 보통예금	11,000,000	(대) 제품매출	40,000,000
외상매출금(㈜미생)	33,000,000	부가세예수금	4,000,000

32 5월 2일 ㈜태현에 제품 300,000,000원(부가가치세 별도)을 장기할부조건으로 판매하고, 2024년 5월 2일에 제품을 인도하였으며, 대가의 각 부분을 받기로 한 때에 전자세금계산서를 정상적으로 발급하였다. 할부금은 약정기일에 정상적으로 보통예금에 입금되었다. 2024년 5월 2일의 회계처리를 입력하시오.

구 분	1차 할부	2차 할부	3차 할부	4차 할부	합 계
약정기일	2024. 5. 2.	2024. 6. 30.	2024. 12. 31.	2025. 6. 30.	
공급가액	75,000,000원	75,000,000원	75,000,000원	75,000,000원	300,000,000원
부가가치세	7,500,000원	7,500,000원	7,500,000원	7,500,000원	30,000,000원

[매입매출전표입력]
5월 2일 유형 : 11.과세 / 공급가액 : 75,000,000 / 부가세 : 7,500,000 / 거래처 : ㈜태현 / 전자 : 여 / 분개 : 혼합

(차) 외상매출금(㈜태현)	225,000,000[1]	(대) 제품매출	300,000,000
보통예금	82,500,000	부가세예수금	7,500,000

[1] 총 외상매출액 - 1차 회수분 = 300,000,000 - 75,000,000 = 225,000,000원

> **참고** 일반기업회계기준에 따르면 장기할부판매에 대하여 인도한 시점에 매출을 인식하는 것이 원칙이나, 예외적으로 중소기업인 경우에는 회수되는 금액만 매출을 인식하는 것(회수기일 도래기준)도 인정된다. 따라서 중소기업을 전제로 하여 출제되는 전산세무 자격시험에서는 아래의 분개도 정답으로 인정된다.
> [매입매출전표입력]
> 5월 2일 유형 : 11.과세 / 공급가액 : 75,000,000 / 부가세 : 7,500,000 / 거래처 : ㈜태현 / 전자 : 여 / 분개 : 혼합
>
> | (차) 보통예금 | 82,500,000 | (대) 제품매출 | 75,000,000 |
> |---|---|---|---|
> | | | 부가세예수금 | 7,500,000 |

33 5월 3일 당사는 ㈜한국품질과 제품공급계약을 체결하였다. 제품은 잔금지급일인 2025년 1월 31일에 인도하기로 했다. 제품 공급가액은 500,000,000원이며 부가가치세는 50,000,000원이다. 대금은 지급 약정일에 보통예금으로 수령하였으며, 해당 제품의 공급과 관련하여 전자세금계산서는 부가가치세법에 따라 정상적으로 발급하였다. 2024년 5월 3일의 회계처리를 입력하시오.

구 분	계약금	1차 중도금	2차 중도금	잔 금
지급약정일	2024. 5. 3.	2024. 9. 30.	2024. 12. 31.	2025. 1. 31.
지급액 (부가가치세 포함)	165,000,000원	55,000,000원	165,000,000원	165,000,000원

[매입매출전표입력]
5월 3일 유형 : 11.과세 / 공급가액 : 150,000,000[1] / 부가가치세 : 15,000,000 / 거래처 : ㈜한국품질 / 전자 : 여
/ 분개 : 혼합

　　　　(차) 보통예금　　　　　　　　　165,000,000　　　　(대) 선수금(㈜한국품질)[2]　　　150,000,000
　　　　　　　　　　　　　　　　　　　　　　　　　　　　　　　부가세예수금　　　　　　　15,000,000

　　　[1] 중간지급조건부 판매에 대한 부가가치세법상 공급시기는 대가의 각 부분을 받기로 한 때이다.
　　　[2] 일반적인 제품 판매에 대한 일반기업회계기준상 수익인식 시기는 재화를 인도한 때이다.

34 5월 4일 당사는 공장건물을 신축하기로 하였다. 신축 공사는 ㈜한국토목건설과 다음과 같이 하기로 하였다. 당일에 계약금인 22,000,000원(부가가치세 포함)에 대하여 전자세금계산서를 발급받았고 대금은 당사가 발행한 약속어음(만기일 : 올해 9. 30.)으로 지급하였다.

　・ 총도급금액 : 220,000,000원(부가가치세 포함)
　・ 대금지급방식
　　・계약금(2024. 5. 4. / 공사착공일) : 22,000,000원(부가가치세 포함)
　　・중도금(2024. 12. 31.) : 88,000,000원(부가가치세 포함)
　　・잔금(2025. 6. 30. / 완공예정일) : 110,000,000원(부가가치세 포함)

[매입매출전표입력]
5월 4일 유형 : 51.과세 / 공급가액 : 20,000,000 / 부가가치세 : 2,000,000 / 거래처 : ㈜한국토목건설 / 전자 : 여
/ 분개 : 혼합

　　　　(차) 건설중인자산　　　　　　　20,000,000　　　　(대) 미지급금(㈜한국토목건설)[1]　　22,000,000
　　　　　　부가세대급금　　　　　　　 2,000,000

　　　[1] 일반적인 상거래 이외의 거래이므로 어음으로 지급하더라도 미지급금 계정으로 회계처리한다.

35 5월 5일 JYJ전자㈜에 제품 3,000,000원(부가가치세 별도)을 6월 15일에 인도하기로 계약을 체결하였다. 계약일인 5월 5일에 동 거래대금을 보통예금으로 받고 이에 대한 전자세금계산서를 발급하였다.

[매입매출전표입력]

5월 5일 유형 : 11.과세 / 공급가액 : 3,000,000[1] / 부가가치세 : 300,000 / 거래처 : JYJ전자㈜ / 전자 : 여 / 분개 : 혼합

(차) 보통예금	3,300,000	(대) 선수금(JYJ전자㈜)[2]	3,000,000
		부가세예수금	300,000

[1] · 일반적인 제품 판매에 대한 재화의 공급시기는 재화를 인도한 때이다.
   · 세금계산서는 재화·용역의 공급시기에 발급하는 것이 원칙이나, 공급시기가 되기 전에 대가의 전부 또는 일부를 미리 받고 동 금액에 대하여 세금계산서를 발급하는 경우에는 그 발급한 때를 재화·용역의 공급시기로 본다.
[2] 일반적인 제품 판매에 대한 일반기업회계기준상 수익인식 시기는 재화를 인도한 때이다.

36 5월 6일 당사는 안정적인 원자재 조달을 위해 ㈜제대로와 납품계약을 체결하고 이에 대한 계약금 132,000,000원(VAT 포함)을 보통예금으로 지급하였다. 원자재 납품기일은 6월 20일이나, ㈜제대로는 계약금 132,000,000원에 대해 전자세금계산서(작성연월일 : 5월 6일)를 발급하였다.

[매입매출전표입력]

5월 6일 유형 : 51.과세 / 공급가액 : 120,000,000 / 부가세 : 12,000,000 / 거래처 : ㈜제대로 / 전자 : 여 / 분개 : 혼합

(차) 선급금(㈜제대로)	120,000,000	(대) 보통예금	132,000,000
부가세대급금	12,000,000		

37 5월 7일 당사는 생산부 업무용으로 사용 중이던 승용차(5인승, 2,000cc)에 대한 수리를 개인사업자인 청산리카센타에서 정비하고 동일자에 정비대금 5,500,000원(부가가치세 포함)을 법인카드인 현대카드로 결제하였다. 승용차 정비내역은 자본적 지출에 해당한다.

[일반전표입력]

5월 7일 (차) 차량운반구	5,500,000	(대) 미지급금(현대카드)	5,500,000

> 참고 · 비영업용 소형승용차의 구입, 임차, 유지에 관련된 매입세액은 매입세액공제받을 수 없다.
>   · 10% 부가가치세가 기재된 신용카드매출전표를 수취하였더라도 매입세액공제받을 수 없는 경우라면, 해당 거래는 부가가치세신고서 작성 시 전혀 반영되지 않으므로 [매입매출전표입력] 메뉴가 아니라 [일반전표입력] 메뉴에 입력하여야 한다.

38 5월 8일 간이과세자(직전연도 공급대가 4,800만 원 미만)인 골목식당에서 공장 직원들이 회식을 하고 식대 1,000,000원(부가가치세 포함)을 법인카드(비씨카드)로 결제하였다.

[일반전표입력]

5월 8일 (차) 복리후생비(제조)	1,000,000	(대) 미지급금(비씨카드)	1,000,000

> 참고 · 간이과세자 중 신규사업자 및 직전연도 공급대가 4,800만 원 미만인 사업자는 세금계산서를 발급할 수 없는 자이므로, 동 사업자로부터 받은 신용카드매출전표 등으로는 매입세액공제받을 수 없다.
>   · 10% 부가가치세가 기재된 신용카드매출전표를 수취하였더라도 매입세액공제받을 수 없는 경우라면, 해당 거래는 부가가치세신고서 작성 시 전혀 반영되지 않으므로 [매입매출전표입력] 메뉴가 아니라 [일반전표입력] 메뉴에 입력하여야 한다.

39 5월 9일 영업팀장의 제주도 출장을 위하여 왕복항공권을 구입하고 법인카드인 비씨카드로 대금(공급가액 : 500,000원, 부가가치세 : 50,000원)을 결제하였다.

[일반전표입력]
5월 9일 (차) 여비교통비(판관비)　　　　　550,000　　　　(대) 미지급금(비씨카드)　　　　　550,000

> 참고　· 여객운송업(전세버스 제외)은 영수증만 발급할 수 있는 업종에 해당하므로 항공권을 구입하고 받은 신용카드매출전
> 　　　 표 등으로는 매입세액공제받을 수 없다.
> 　　　· 10% 부가가치세가 기재된 신용카드매출전표를 수취하였더라도 매입세액공제받을 수 없는 경우라면, 해당 거래는
> 　　　 부가가치세신고서 작성 시 전혀 반영되지 않으므로 [매입매출전표입력] 메뉴가 아니라 [일반전표입력] 메뉴에 입
> 　　　 력하여야 한다.

40 5월 10일 ㈜성공기업으로부터 비품인 업무용 빔프로젝터를 5,500,000원(부가가치세 포함)에 구입하고 전
자세금계산서를 발급받았다. 대금 중 550,000원은 지난달에 계약금으로 지급하였고, 2,000,000원은 보통
예금으로, 그리고 남은 잔액은 법인카드(비씨카드)로 결제하였다.

[매입매출전표입력]
5월 10일 유형 : 51.과세 / 공급가액 : 5,000,000 / 부가세 : 500,000 / 거래처 : ㈜성공기업 / 전자 : 여 / 분개 : 혼합

　　　(차) 비품　　　　　　　　　5,000,000　　　　(대) 선급금(㈜성공기업)　　　　　550,000
　　　　　 부가세대급금　　　　　500,000　　　　　　　 보통예금　　　　　　　　2,000,000
　　　　　　　　　　　　　　　　　　　　　　　　　　　　 미지급금(비씨카드)　　　　2,950,000

> 참고　매입세액공제받을 수 있는 지출에 대하여, 대금을 신용카드로 결제함에 따라 세금계산서도 발급받고 신용카드매출전표
> 　　　도 수취한 경우 '51.과세'를 선택하여야 한다.

41 5월 11일 3년 전에 발생한 ㈜대오실업의 외상매출금 7,260,000원(부가가치세 포함)에 대한 상법상 소멸시
효가 완성되었으며 올해 1기 확정부가가치세 신고 시 부가가치세법에 의한 대손세액공제신청도 정상적으
로 이루어질 예정이다. 대손세액공제액을 포함하여 대손과 관련된 회계처리를 하시오. (단, 대손충당금 잔액
은 1,000,000원인 것으로 가정한다)

[일반전표입력]
5월 11일 (차) 대손충당금(외상매출금)　　1,000,000　　　　(대) 외상매출금(㈜대오실업)　　7,260,000
　　　　　　　 대손상각비(판관비)　　　　5,600,000
　　　　　　　 부가세예수금　　　　　　　 660,000

42 9월 22일 세영식당에서 공장 생산라인 직원들의 야근식사를 제공받고 다음과 같이 종이세금계산서를 수취하였다. 2기 예정 부가가치세 신고 시 해당 세금계산서를 누락하여 2기 확정 부가가치세 신고서에 반영하려고 한다. 반드시 해당 세금계산서를 2기 확정 부가가치세 신고서에 반영시킬 수 있도록 입력/설정하시오.

세금계산서(공급받는자 보관용)							책번호			권				호		
							일련번호				−					

공급자	등록번호	1 2 5 − 2 2 − 1 9 2 2 7		공급받는자	등록번호	1 0 5 − 8 7 − 3 9 2 2 8	
	상호(법인명)	세영식당	성명(대표자) 김세영		상호(법인명)	㈜빈출분개	성명(대표자) 김선빈
	사업장주소	서울시 도봉구 방학동 15-3			사업장주소	경기도 시흥시 수인로3465번길 19	
	업태	음식	종목 한식		업태	제조, 도소매	종목 자동차부품

작성			공급가액											세액										비고
연	월	일	공란수	십	억	천	백	십	만	천	백	십	일	십	억	천	백	십	만	천	백	십	일	
XX	9	22					3	5	0	0	0	0	0					3	5	0	0	0	0	

월	일	품목	규격	수량	단가	공급가액	세액	비고
9	22	야근식대		1		3,500,000	350,000	

합계금액	현금	수표	어음	외상미수금	이 금액을 영수 함 청구
3,850,000	1,500,000			2,350,000	

[매입매출전표입력]
· 9월 22일 유형 : 51.과세 / 공급가액 : 3,500,000 / 부가세 : 350,000 / 거래처 : 세영식당 / 전자 : 부 / 분개 : 혼합

(차) 복리후생비(제조)	3,500,000	(대) 현금	1,500,000
부가세대급금	350,000	미지급금(세영식당)	2,350,000

· 해당 전표를 선택하여 [예정신고누락분 확정신고] 보조창을 열고[1], 확정신고 개시년월란에 "2024년 10월"을 입력
   [1] 메뉴 화면 상단에 있는 ⌈F11간편집계..⌉의 ⌈▽⌉를 클릭하고, ⌈SF5 예정 누락분⌉ (또는 ⌈Shift⌉+⌈F5⌉)을 선택

43 6월 30일 올해 제1기 확정신고기간의 부가가치세와 관련된 내용은 다음과 같다. 입력된 데이터는 무시하고, 다음 내용에 따라 6월 30일 부가세예수금과 부가세대급금을 정리하는 회계처리를 하시오. (예정신고미환급세액은 미수금으로 회계처리되어 있으며, 납부세액은 미지급세금, 가산세는 판관비의 세금과공과로 처리한다)

· 부가세대급금 : 51,000,000원   · 부가세예수금 : 71,000,000원
· 예정신고미환급세액 : 5,000,000원   · 예정신고누락분 세금계산서 관련 가산세 : 300,000원

[일반전표입력]

6월 30일	(차) 부가세예수금	71,000,000	(대) 부가세대급금	51,000,000
	세금과공과(판관비)	300,000	미수금	5,000,000
			미지급세금	15,300,000

44 12월 31일 다음의 2기 확정 부가가치세 신고서 내역을 참고하여 부가가치세 신고관련 회계처리를 하시오.

① 2기 확정 부가가치세 신고서의 일부이다.

| | 일반과세자 부가가치세 | [ ]예정 [v]확정
[ ]기한후과세표준 **신고서**
[ ]영세율 등 조기환급 | 홈택스(www.hometax.go.kr)에서도
신청할 수 있습니다.
(4쪽 중 제1쪽) |

※ 뒤쪽의 작성방법을 읽고 작성하시기 바랍니다.

| 관리번호 | | | | | 처리기간 | | 즉시 | |

신고기간 2024 년 제 2기 (10월1일 ~ 12월31일)

사업자	상 호 (법인명)	㈜빈출분개	성 명 (대표자명)	김선빈	사업자등록번호	1 0 5 - 8 7 - 3 9 2 2 8
	생년월일		전화번호		사업장 / 주소지 / 휴대전화	- -
	사업장 주소				전자우편 주소	

❶ 신 고 내 용

	구 분			금 액	세율	세 액
과세 표준 및 매출 세액	과세	세금계산서 발급분	(1)	100,000,000	10/100	10,000,000
		매입자발행 세금계산서	(2)		10/100	
		신용카드·현금영수증 발행분	(3)		10/100	
		기타(정규영수증 외 매출분)	(4)			
	영세율	세금계산서 발급분	(5)	50,000,000	0/100	
		기 타	(6)		0/100	
	예정 신고 누락 분		(7)			
	대 손 세 액 가 감		(8)			
	합 계		(9)	150,000,000	㉚	10,000,000
매입 세액	세금계산서 수 취 분	일반매입	(10)	70,000,000		6,500,000
		수출기업 수입분 납부유예	(10-1)			
		고정자산 매입	(11)	10,000,000		1,000,000
	예정 신고 누락 분		(12)			
	매입자발행 세금계산서		(13)			
	그 밖의 공제매입세액		(14)	10,000,000		384,615
	합계(10)-(10-1)+(11)+(12)+(13)+(14)		(15)	90,000,000		7,884,615
	공제받지 못할 매입세액		(16)			
	차 감 계 (15)-(16)		(17)	90,000,000	㉯	7,884,615
납부(환급)세액 (매출세액㉚-매입세액㉯)					㉰	2,115,385
경감 공제 세액	그 밖의 경감·공제세액		(18)			
	신용카드매출전표등 발행공제 등		(19)			
	합 계		(20)		㉱	
예 정 신 고 미 환 급 세 액			(21)		㉲	
예 정 고 지 세 액			(22)		㉳	
사업양수자의 대리납부 기납부세액			(23)		㉴	
매입자 납부특례 기납부세액			(24)		㉵	
가 산 세 액 계			(25)		㉶	
차감·가감하여 납부할 세액(환급받을 세액)(㉰-㉱-㉲-㉳-㉴-㉵+㉶)			(26)			2,115,385

② 「그 밖의 공제매입세액」은 의제매입세액이며 면세재화 구입 시 회계처리는 다음과 같이 처리하였다.

(차) 원재료   10,000,000   (대) 외상매입금   10,000,000

③ 2기 확정 부가가치세 납부세액은 미지급세금 계정으로 처리한다.

[일반전표입력]

12월 31일 (차) 부가세대급금	384,615	(대) 원재료	384,615
		(적요 8. 타계정으로 대체)	
(차) 부가세예수금	10,000,000	(대) 부가세대급금	7,884,615
		미지급세금	2,115,385

45 5월 15일 수출업체인 ㈜한미상사에 내국신용장(Local L/C)에 의하여 공급가액 10,000,000원의 제품을 납품하고 영세율전자세금계산서를 발급하였다. 대금은 ㈜한미상사가 발행한 당좌수표로 수취하였다.

[매입매출전표입력]

5월 15일   유형 : 12.영세 / 공급가액 : 10,000,000 / 부가세 : 0 / 거래처 : ㈜한미상사 / 전자 : 여 / 분개 : 혼합(현금)
/ (영세율구분 : 3.내국신용장·구매확인서에 의하여 공급하는 재화)

(차) 현금[1]	10,000,000	(대) 제품매출	10,000,000

[1] 타인발행 당좌수표에 해당하므로 현금 계정으로 회계처리한다.

---

46 5월 16일 공장에서 사용하던 다음의 기계장치를 ㈜서해에 매각하면서 전자세금계산서를 발급하고 매각대금은 ㈜서해에서 발행한 약속어음으로 수령하였다. (취득 시 매입세액공제를 받았음)

구 분	매각대금	취득금액
공급가액	12,000,000원	30,000,000원
부가가치세	1,200,000원	3,000,000원

※ 매각일 현재 감가상각누계액 : 16,000,000원

[매입매출전표입력]

5월 16일   유형 : 11.과세 / 공급가액 : 12,000,000 / 부가세 : 1,200,000 / 거래처 : ㈜서해 / 전자 : 여 / 분개 : 혼합

(차) 감가상각누계액(기계장치)	16,000,000	(대) 기계장치	30,000,000
미수금(㈜서해)[1]	13,200,000	부가세예수금	1,200,000
유형자산처분손실	2,000,000		

[1] 일반적인 상거래 이외의 거래이므로 어음을 수령하더라도 미수금 계정으로 회계처리한다.

---

47 5월 17일 대표이사가 업무를 위해 제주도에 방문하여 업무용승용차(998cc)를 ㈜탐라렌트카에서 3일간 렌트하고(렌트대금 : 500,000원, 부가가치세 별도) 전자세금계산서를 수령하였다. 대금은 다음 달 10일에 지급하기로 하였다. (임차료 계정과목으로 처리할 것)

[매입매출전표입력]

5월 17일   유형 : 51.과세[1] / 공급가액 : 500,000 / 부가세 : 50,000 / 거래처 : ㈜탐라렌트카 / 전자 : 여 / 분개 : 혼합

(차) 임차료(판관비)	500,000	(대) 미지급금(㈜탐라렌트카)	550,000
부가세대급금	50,000		

[1] 배기량 1,000cc 이하의 경차이므로 매입세액이 공제된다.

---

48 5월 18일 캐나다의 벤쿠버상사로부터 원재료를 수입하면서 인천세관으로부터 수입전자세금계산서(공급대가 : 5,500,000원)를 발급받았고, 부가가치세와 관세를 합해서 900,000원을 현금으로 지급하였다. 원재료의 공급가액은 회계처리하지 않고 관세 및 부가가치세만 회계처리하기로 한다.

[매입매출전표입력]

5월 18일   유형 : 55.수입 / 공급가액 : 5,000,000 / 부가세 : 500,000 / 거래처 : 인천세관 / 전자 : 여 / 분개 : 혼합

(차) 원재료	400,000	(대) 현금	900,000
부가세대급금	500,000		

4. 기말수정분개

49 당사는 매 기말 외상매출금에 대한 대손충당금을 연령분석법으로 설정하고 있다. 보충법에 따라 대손충당금을 추가 설정하고 장부에 반영하시오. (단, 당기 설정 전 대손충당금 잔액은 50,000원이라고 가정한다)

회수기일까지 남은 기간	당기말 외상매출금 잔액	대손설정률
30일 이내	5,000,000원	2%
31~60일	1,500,000원	7%
61~90일	1,000,000원	10%
91일 이상	500,000원	30%
	8,000,000원	

[일반전표입력]

12월 31일　(차) 대손상각비(판관비)　　　　　405,000　　　(대) 대손충당금(외상매출금)　　　　405,000[1]

> [1] ・당기말 대손충당금 추정액
> = (5,000,000원 × 2%) + (1,500,000원 × 7%) + (1,000,000원 × 10%) + (500,000원 × 30%)
> = 455,000원
> ・대손충당금 추가설정액 = 455,000 − 50,000 = 405,000원

50 기말 현재 단기투자목적으로 보유하고 있는 단기매매증권(시장성 있는 주식)의 관련 자료는 다음과 같다. 단기매매증권의 기말평가에 대한 회계처리를 하시오.

구 분	전년도 취득수량	1주당 취득원가	전년도 결산일 시가	당해연도 기중거래	당해연도 결산일 시가
단기매매증권	100주	@50,000원	@45,000원	30주 매도	@53,000원

[일반전표입력]

12월 31일　(차) 단기매매증권　　　　　560,000　　　(대) 단기매매증권평가이익　　　　560,000[1]

> [1] (@53,000원 − @45,000원) × (100주 − 30주) = 560,000원

51 기말 현재 장기투자목적으로 보유하고 있는 매도가능증권(시장성 있는 주식)의 관련 자료는 다음과 같다. 매도가능증권의 기말평가에 대한 회계처리를 하시오.

구 분	전년도 취득수량	1주당 취득원가	전년도 결산일 시가	당해연도 기중거래	당해연도 결산일 시가
매도가능증권	100주	@50,000원	@45,000원	30주 매도	@53,000원

[일반전표입력]
12월 31일　(차) 매도가능증권(투자자산)　　560,000　　(대) 매도가능증권평가손실　　350,000
　　　　　　　　　　　　　　　　　　　　　　　　　　　매도가능증권평가이익　　210,000

참고 · 기말 평가 전 재무상태표

　　　매도가능증권(투자자산)　　　　　　　　　　3,150,000
　　　매도가능증권평가손실(기타포괄손익누계액)　　350,000
　　　취득원가(차변 집계금액)　　　　　　　　　　3,500,000

· 기말 평가 후 재무상태표

　　　매도가능증권(투자자산)　　　　　　　　　　3,710,000
　　　매도가능증권평가이익(기타포괄손익누계액)　　(210,000)
　　　취득원가(차변 집계금액)　　　　　　　　　　3,500,000

52 다음 주어진 자료를 보고 결산 시 기계장치에 대한 감가상각비를 계상 하시오.

- 기계장치 취득원가 : 200,000,000원(기계장치 취득과 관련하여 국고보조금 80,000,000원 수령)
- 기계장치 사용용도 : 공장 제조설비　　· 기계장치 취득일 : 당해연도 10월 1일
- 기계장치 감가상각방법 : 정액법　　· 내용연수 : 4년
- 잔존가치 : 0원　　· 감가상각비 계산은 월할 상각하기로 한다.

[일반전표입력]
12월 31일　(차) 감가상각비(제조)　　12,500,000[1)]　　(대) 감가상각누계액(기계장치)　　12,500,000
　　　　　　　국고보조금(기계장치)　　5,000,000　　　　감가상각비(제조)　　　　　　　5,000,000[2)]

[1)] (200,000,000 − 0) × (1/4)년 × (3개월/12개월) = 12,500,000원
[2)] 12,500,000 × (80,000,000/200,000,000) = 5,000,000원

참고 당기 감가상각비로 계상되는 금액
= {(기계장치 취득원가 − 국고보조금 수령액) − 잔존가치} ÷ 내용연수 × (해당월수/12개월)
= {(200,000,000 − 80,000,000) − 0} ÷ 4년 × (3개월/12개월)
= 7,500,000원

53 당기(2024년) 1월 1일의 개발비 미상각 잔액은 48,000,000원이다. 개발비 상각에 대한 총내용연수는 5년이며, 2022년 초부터 상각을 시작하였다. (월할 상각하고 비용은 판매비와관리비로 분류한다)

[일반전표입력]
12월 31일　(차) 무형자산상각비(판관비)　　16,000,000[1)]　　(대) 개발비　　16,000,000

[1)] (전기말 미상각잔액 − 잔존가치) ÷ 기초 현재 잔여내용연수
= (48,000,000 − 0) ÷ (5년 − 2년) = 16,000,000원

참고 무형자산 상각 시, 별도의 언급이 없는 경우 잔존가치는 '0', 상각방법은 '정액법'인 것으로 본다.

54 회사가 보유 중인 특허권의 배타적 권리 가치가 10,000,000원으로 하락하였다. 회사는 보유 중인 특허권을 처분할 예정이며, 자산 손상차손 요건을 충족한다. (단, 손상차손 인식 전 특허권 계정 잔액은 30,000,000원이라고 가정한다)

[일반전표입력]

12월 31일	(차) 무형자산손상차손	20,000,000[1]	(대) 특허권	20,000,000

　　　　　　[1] 10,000,000 − 30,000,000 = (−)20,000,000원

55 당기(2024년) 12월 31일에 기말수정분개를 하려고 한다. 2024년 1월 1일 영업권(무형자산) 미상각잔액이 4,000,000원이 있으며, 이 영업권은 2022년 1월 초에 취득한 것이다. 회사는 당해연도(2024년)부터 영업권의 총내용연수를 기존 10년에서 6년으로 변경하였다. (단, 회계추정의 변경은 기업회계기준에 적합한 것으로 가정하며 상각방법은 정액법이고, 비용은 판매비와관리비로 분류하며 상각기간 계산 시 월할상각한다)

[일반전표입력]

12월 31일	(차) 무형자산상각비(판관비)	1,000,000[1]	(대) 영업권	1,000,000

　　　　　　[1] • 회계추정의 변경은 당해 회계연도 개시일부터 전진적으로 처리하여 그 효과를 당기와 당기 이후 기간에 반영한다.
　　　　　　　　• 당기 초 미상각잔액 = 4,000,000원
　　　　　　　　• 당기 상각비 계산 시 잔여 내용연수 = 변경된 총내용연수 − 경과된 내용연수
　　　　　　　　　　　　　　　　　　　　　　　　= 6년 − 2년 = 4년
　　　　　　　　• 당기 상각비 = (전기말 미상각잔액 − 잔존가치) ÷ 기초 현재 잔여내용연수
　　　　　　　　　　　　　　= (4,000,000원 − 0원) ÷ 4년 = 1,000,000원

56 다음의 주어진 자료를 보고 기말에 당사발행 사채에 관련하여 일반기업회계기준에 따라 회계처리하시오.

> • 사채의 액면가액 : 10,000,000원　　　　　　　　• 사채의 발행가액 : 9,540,000원
> • 유효이자율법 적용 시 액면가액과 발행가액의 차액에 해당하는 상각비는 223,000원이라고 가정함
> • 액면이자율에 대한 이자비용은 1,000,000원이며 매년 말 보통예금으로 지급함

[일반전표입력]

12월 31일	(차) 이자비용	1,223,000	(대) 보통예금	1,000,000
			사채할인발행차금	223,000

57 당사는 올해 1월 1일에 액면금액 100,000원인 ㈜서울이 발행한 채무증권(표시이자 10%, 유효이자 15%, 만기 3년)을 88,584원에 만기보유 목적으로 현금 구매하였다. 올해 12월 31일의 회계처리를 하시오. (단, 소수점 미만은 반올림하고 표시이자는 매년 말 현금수령하며 공정가치 측정은 고려하지 않는다)

[일반전표입력]

12월 31일	(차) 현금	10,000[1]	(대) 이자수익	13,288
	만기보유증권(투자자산)	3,288[2]		

　　　　　　[1] 100,000원 × 10% = 10,000원
　　　　　　[2] (88,584원 × 15%) − 10,000원 = 3,288원

58 당사는 제품판매 후 6개월간 발생하는 하자에 대하여 무상으로 보증수리용역을 제공하고 있으며 이에 대하여 제품판매액의 1%를 제품보증비(판관비)로 계상하고 장기제품보증부채로 설정하고 있다. 결산일 현재 무상보증 수리기간이 남아있는 제품판매액이 90,000,000원인 경우 기말 회계처리를 하시오. (단, 당기 설정 전 장기제품보증부채 잔액은 620,000원이라고 가정한다)

[일반전표입력]

12월 31일	(차) 제품보증비(판관비)	280,000	(대) 장기제품보증부채	280,000[1]

        [1] (90,000,000원 × 1%) − 620,000원 = 280,000원

---

59 결산일 현재 보관 중인 소모품은 577,000원이다. 회사는 당기 소모품 취득 시 모두 비용으로 회계처리하였고, 전기말 재무상태표상 소모품(자산) 잔액은 150,000원이다. (단, 비용은 판관비로 처리하고, 음수로 입력하지 말 것)

[일반전표입력]

12월 31일	(차) 소모품	427,000[1]	(대) 소모품비(판관비)	427,000

        [1] 577,000 − 150,000 = 427,000원
          (→ 당기말 재무상태표상 소모품(자산) 계정 잔액 : 577,000원)

   참고 아래 2개의 분개를 하나의 전표로 작성한 것으로 볼 수 있다.
     • 기초 소모품(자산) 계정에 대한 역분개

(차) 소모품비(판관비)	150,000	(대) 소모품	150,000

     • 기말 현재 소모품 미사용액에 대한 자산 인식 분개

(차) 소모품	577,000	(대) 소모품비(판관비)	577,000

---

60 당사의 외화자산 및 부채와 결산일 현재의 환율은 다음과 같다. 회사는 기업회계기준에 따라 회계처리하며 외화환산손실과 외화환산이익을 각각 인식한다. (다만, 자산·부채에 대한 거래처 입력은 생략하기로 한다)

계정과목	거래처	발생일	발생일 현재 환율	올해 12월 31일 환율
외화외상매출금($20,000)	파나소닉사	올해 10월 22일	1,100원	
외화장기차입금($30,000)	노미노스즈끼	올해 6월 2일	1,150원	1,200원
선수금($10,000)	㈜해피무역	올해 12월 15일	1,250원	

[일반전표입력]

12월 31일	(차) 외화외상매출금	2,000,000	(대) 외화환산이익	2,000,000[1]
	외화환산손실	1,500,000[2]	외화장기차입금	1,500,000

        [1] $20,000 × (@1,200 − @1,100) = 2,000,000원(자산이므로 외화환산이익)
        [2] $30,000 × (@1,200 − @1,150) = 1,500,000원(부채이므로 외화환산손실)

   참고 선수금은 비화폐성 항목에 해당하므로 외화환산손익을 인식하지 않는다.

재무회계 출제유형 5선

출제유형 01 | 진행기준 (1)

[문제] ㈜한결은 20x1년 1월 1일 ㈜서동의 사옥을 신축하기로 계약하였다. 총공사계약금액은 100,000,000원이며, 공사가 완료된 20x3년까지 사옥의 신축과 관련된 자료는 다음과 같다. ㈜한결의 수익 인식에 진행기준을 적용할 경우 20x2년에 인식하여야 할 공사수익은 얼마인가?

[제78회]

구 분	20x1년	20x2년	20x3년
당기발생 공사원가	16,000,000원	29,000,000원	47,000,000원
추가소요 추정원가	64,000,000원	45,000,000원	
공사대금 청구액	30,000,000원	50,000,000원	20,000,000원

① 10,000,000원　　② 20,000,000원　　③ 30,000,000원　　④ 50,000,000원

[정답] ③

[해설] · 20x1년 말 현재 총공사예정비
　　= 20x1년 발생원가 + 20x1년 말 현재 추가소요 추정원가 = 16,000,000 + 64,000,000 = 80,000,000원

· 20x1년 말 현재 작업진행률
$$= \frac{\text{해당 회계연도 말까지 발생한 총공사비 누적액}}{\text{총공사예정비}} = \frac{16,000,000}{80,000,000} = 20\%$$

· 20x1년 공사수익
　= 계약금액 × 작업진행률 - 직전 회계연도 말까지 수익으로 인식한 금액
　= (100,000,000원 × 20%) - 0원 = 20,000,000원

· 20x2년 말 현재 총공사예정비
　= 20x1년 발생원가 + 20x2년 발생원가 + 20x2년 말 현재 추가소요 추정원가
　= 16,000,000 + 29,000,000 + 45,000,000 = 90,000,000원

· 20x2년 말 현재 작업진행률
$$= \frac{\text{해당 회계연도 말까지 발생한 총공사비 누적액}}{\text{총공사예정비}} = \frac{16,000,000 + 29,000,000}{90,000,000} = 50\%$$

· 20x2년 공사수익
　= 계약금액 × 작업진행률 - 직전 회계연도 말까지 수익으로 인식한 금액
　= (100,000,000원 × 50%) - 20,000,000원 = 30,000,000원

[문제] ㈜고양은 20x1년 1월 1일 ㈜민진의 사옥을 신축하기로 계약하였으며 관련 자료는 다음과 같다. ㈜고양의 수익 인식에 진행기준을 적용할 경우 20x3년에 인식하여야 할 공사이익은 얼마인가?

[제90회]

구 분	20x1년	20x2년	20x3년
당기발생공사원가	20,000,000원	52,000,000원	47,000,000원
추가소요추정원가	80,000,000원	48,000,000원	
공사대금청구액	40,000,000원	60,000,000원	50,000,000원

1. 계약금액 : 150,000,000원
2. 사옥 신축 관련 원가 자료는 다음과 같다.

① 3,000,000원　　② 8,000,000원　　③ 13,000,000원　　④ 39,000,000원

[정답] ③

[해설] · 20x2년 말 현재 총공사예정비
　　　= 20x1년 발생원가 + 20x2년 발생원가 + 20x2년 말 현재 추가소요 추정원가
　　　= 20,000,000 + 52,000,000 + 48,000,000 = 120,000,000원

· 20x2년 말 현재 작업진행률
　　　= $\dfrac{\text{해당 회계연도 말까지 발생한 총공사비 누적액}}{\text{총공사예정비}}$
　　　= $\dfrac{20,000,000 + 52,000,000}{120,000,000}$ = 60%

· 20x2년까지 인식한 공사수익
　　　= 20x1년 공사수익 + 20x2년 공사수익
　　　= 계약금액 × 작업진행률
　　　= (150,000,000원 × 60%) = 90,000,000원

· 20x3년 말 현재 작업진행률
　　　= 100%(∵ 공사 완료)

· 20x3년 공사수익
　　　= 계약금액 × 작업진행률 − 직전 회계연도 말까지 수익으로 인식한 금액
　　　= (150,000,000원 × 100%) − 90,000,000원 = 60,000,000원

· 20x3년 공사이익
　　　= 20x3년 공사수익 − 20x3년 공사비용
　　　= 60,000,000 − 47,000,000 = 13,000,000원

[문제] 다음 자료를 보고 장기용역제공에 따른 20x2년 당기손익을 구하시오.　　　　　　　　[제93회]

- 용역제공기간 : 3년
- 계약기간 총수익 : 1,200,000원
- 용역제공 관련 원가

구 분	20x1년	20x2년	20x3년
당기발생원가	700,000원	500,000원	300,000원
추가소요추정원가	300,000원	300,000원	0원
손익인식액	이익 140,000원	?	

① 0원

② 손실 240,000원

③ 손실 380,000원

④ 손실 440,000원

[정답] ④

[해설] · 용역제공거래에서 이미 발생한 원가와 그 거래를 완료하기 위해 추가로 발생할 것으로 추정되는 원가의 합계액이 해당 용역거래의 총수익을 초과하는 경우에는 그 초과액과 이미 인식한 이익의 합계액을 전액 당기손실로 인식한다. (일반기업회계기준 16.12)

· 전체 계약에서 손실이 예상되는 경우의 진행기준 수익 인식(계약기간 3년, 총수익 1,200,000원)

구 분		20x1년	20x2년	20x3년
당기발생원가		700,000	500,000	300,000
추가소요 추정원가		300,000	300,000	0
총공사원가 추정액		1,000,000	1,500,000[1]	1,500,000
(누적) 작업진행률		$\dfrac{700,000}{1,000,000} = 70\%$	$\dfrac{700,000 + 500,000}{1,500,000} = 80\%$	100%
당기수익		1,200,000 × 70% = 840,000	(1,200,000 × 80%) - 840,000 = 120,000	1,200,000 - 960,000 = 240,000
당기비용	당기발생원가	△700,000	△500,000	△300,000
	예상손실전입(환입)	–	△60,000[2]	60,000
당기손익		140,000	△440,000	0

[1] 20x2년 말 현재 총공사원가 추정액 = 20x1년 발생원가 + 20x2년 발생원가 + 20x2년 말 현재 추가소요 추정원가
= 700,000 + 500,000 + 300,000 = 1,500,000원

[2] 20x2년 말 현재 추정되는 향후 예상손실 = 전체 계약 예상손실 × (100% - 누적진행률)
= (1,200,000 - 1,500,000) × (100% - 80%) = △60,000원

· 상기 사례에서 20x2년 당기손실의 분석

|방법1| = 20x2년 본래 손실 + 20x3년 본래 손실
= (120,000 - 500,000) + (240,000 - 300,000) = △380,000 + △60,000 = △440,000원

|방법2| = 20x2년 말 현재 추정되는 전체 계약 예상손실 + △|20x1년에 인식한 공사이익|
= (1,200,000 - 1,500,000) + △|140,000| = △300,000 + △140,000 = △440,000원

[문제] 다음 중 법인세 회계처리에 대한 설명으로 틀린 것은?   [제85회]

① 차감할 일시적 차이에 대하여는, 차감할 일시적 차이가 활용될 수 있는 가능성이 매우 높은 경우에만 이연법인세자산을 인식하여야 한다.

② 가산할 일시적 차이란 자산·부채가 회수·상환되는 미래기간의 과세소득을 감소시키는 효과를 가지는 일시적 차이를 말한다.

③ 가산할 일시적 차이에 대하여는, 원칙적으로 모든 가산할 일시적 차이에 대하여 이연법인세부채를 인식하여야 한다.

④ 이연법인세자산과 부채는 보고기간 말 현재까지 확정된 세율에 기초하여 당해 자산이 회수되거나 부채가 상환될 기간에 적용될 것으로 예상되는 세율을 적용하여 측정하여야 한다.

[정답] ②

[해설] · 차감할 일시적 차이란 자산·부채가 회수·상환되는 미래기간의 과세소득을 감소시키는 효과를 가지는 일시적 차이를 말한다.

· 차감할 일시적 차이는 미래기간의 과세소득을 감소시킨다. 그러나 차감할 일시적 차이를 활용할 수 있을 만큼 미래기간의 과세소득이 충분할 경우에만 차감할 일시적 차이의 법인세효과는 실현될 수 있다. 따라서 차감할 일시적 차이에 대하여는, 차감할 일시적 차이가 활용될 수 있는 가능성이 매우 높은 경우에만 이연법인세자산을 인식하여야 한다.

· 가산할 일시적 차이란 자산·부채가 회수·상환되는 미래기간의 과세소득을 증가시키는 효과를 가지는 일시적 차이를 말한다.

· 가산할 일시적 차이는 미래기간의 과세소득을 증가시킨다. 가산할 일시적 차이에 대하여는, 원칙적으로 모든 가산할 일시적 차이에 대하여 이연법인세부채를 인식하여야 한다.

· 이연법인세자산과 부채는 보고기간 말 현재까지 확정된 세율에 기초하여 당해 자산이 회수되거나 부채가 상환될 기간에 적용될 것으로 예상되는 세율을 적용하여 측정하여야 한다.

· 이연법인세자산과 부채는 현재가치로 할인하지 않는다.

· 중소기업인 경우에는 (이연법인세자산과 부채를 고려하지 않고) 법인세비용을 법인세법 등의 법령에 의하여 납부하여야 할 금액으로 할 수 있다.

[문제] 다음 자료에 의하여 20x1년도의 법인세비용을 구하면 얼마인가?　　　　　　　　[제94회 수정]

> 1. 당기 세무조정 사항과 일시적 차이가 실현되는 시기는 다음과 같다.
>
> (단위 : 원)
>
> | 구 분 | 20x1년 | 20x2년 | 20x3년 | 20x4년 |
> |---|---|---|---|---|
> | 기업업무추진비 한도초과 | 160,000 | | | |
> | 감가상각비 한도초과 | 180,000 | (60,000) | (60,000) | (60,000) |
> | 재고자산평가증 | (100,000) | 100,000 | | |
> | 법인세율(단일세율임) | 10% | 10% | 12% | 12% |
>
> 2. 20x1년도 초 이연법인세 잔액은 없으며, 20x1년도 법인세비용 차감전 순이익은 2,000,000원이다.
> 3. 미래의 과세소득은 충분하다고 가정한다.

① 204,600원　　　　② 208,000원　　　　③ 213,600원　　　　④ 216,000원

[정답] ③

[해설] ·20x1년 세무조정에 따른 법인세효과의 계산 (→ 기말 이연법인세자산 : 10,400원)

구 분	20x1년	20x2년	20x3년	20x4년
법인세비용차감전순이익	2,000,000			
기업업무추진비 한도초과	160,000			
감가상각비 한도초과	180,000	(60,000)	(60,000)	(60,000)
재고자산평가증	(100,000)	100,000		
과세소득	2,240,000	40,000	(60,000)	(60,000)
× 세 율	10%	10%	12%	12%
= 법인세부담액	224,000	4,000	(7,200)	(7,200)

·20x1년 법인세비용 회계처리

(차) 법인세비용	213,600	(대) 미지급세금	224,000
이연법인세자산	10,400[1]		

[1] 기말 이연법인세자산 - 기초 이연법인세자산 = 10,400 - 0 = 10,400원 (자산의 증가)

fn.Hackers.com

표준원가 출제유형 4선

이론 정리

1. 표준원가계산의 정의

표준원가계산(Standard Costing)이란 원가관리 목적으로 사전에 정한 표준가격과 표준수량을 사용하여 제품의 원가를 계산하고 실제원가와의 차이를 분석하는 원가계산방법을 말한다.

2. 표준원가계산의 특징

- 제품의 생산량만 파악하면 표준원가를 산출할 수 있으므로 신속하게 원가정보를 제공할 수 있다.
- 표준에서 벗어난 부분을 중점적으로 관리할 수 있는 '예외에 의한 관리(Management By Exception)'가 가능하고, 원가통제에 유용하다.

3. 표준원가 차이분석

- AP(Actual Price) : 실제가격
- SP(Standard Price) : 표준가격
- AQ(Actual Quantity) : 실제투입량
- SQ(Standard Quantity) : 실제생산량에 허용된 표준투입량
- 유리한 차이(F : Favorable variance) : 실제원가 < 표준원가
- 불리한 차이(U : Unfavorable variance) : 실제원가 > 표준원가

(1) 직접재료비 차이분석

1) '수량차이'를 '능률차이'라고 부르기도 함

[유의사항]
직접재료비의 가격차이는 '재료구입시점'을 기준으로 분석할 수도 있고 '재료사용시점'을 기준으로 분석할 수도 있음

(2) 직접노무비 차이분석

1) '임률차이'를 '가격차이'라고 부르기도 함

(3) 변동제조간접비 차이분석

(4) 고정제조간접비 차이분석

[유의사항]

- 고정제조간접비의 '예산차이'는 '가격차이'와 '능률차이'로 분리할 수 없음
- 기준조업도 : 고정제조간접비 예산액을 산정할 때 사용된 예정조업도를 의미함
- 고정제조간접비 차이분석에서의 SQ = 실제생산량에 허용된 표준투입량 = 실제조업도

[문제] 표준원가계산을 적용하는 A사의 직접재료비에 대한 원가자료는 다음과 같다. A사는 당기에 직접재료 30,000kg을 구입하여 25,000kg을 사용하였고, 직접재료의 기초 재고는 없었다. 직접재료비의 가격차이를 구입시점에 분리한다고 가정할 때, 직접재료비의 가격차이와 수량차이는 얼마인가? [출제 예상]

- 예상생산량 : 5,200단위
- 표준단가 : 220원/kg
- 표준수량 : 5kg/단위
- 실제생산량 : 4,600단위
- 실제단가 : 210원/kg

	가격차이	수량차이
①	300,000원(유리)	440,000원(불리)
②	300,000원(유리)	220,000원(유리)
③	250,000원(유리)	440,000원(불리)
④	250,000원(불리)	220,000원(유리)

[정답] ①

[해설]

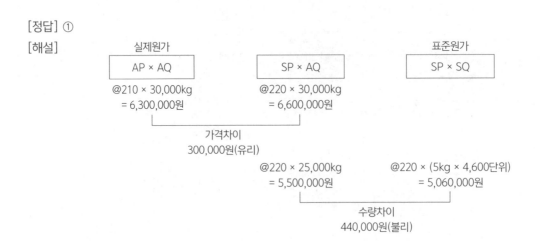

직접노무비 차이분석

[문제] 당사의 직접노무비가 다음과 같을 경우, 직접노무비 능률차이는 얼마인가? [제77회]

- 직접노무비 임률차이 : 50,000원(유리) · 실제 직접노무비 발생액 : 142,000원
- 실제 직접노동시간 : 48,000시간 · 표준 직접노동시간 : 46,000시간

① 3,840원 불리 ② 3,840원 유리
③ 8,000원 불리 ④ 8,000원 유리

[정답] ③

[해설]

변동제조간접비 차이분석

[문제] 제조활동에 관한 다음 자료를 이용하여 변동제조간접원가의 능률차이를 계산하면 얼마인가?

[제27회]

> · 변동제조간접원가 실제발생액 : 6,250,000원 · 실제생산량 : 750단위
> · 변동제조간접원가 표준배부율 : 200원/직접노동시간 · 실제직접노동시간 : 31,000시간
> · 표준 직접노동시간 : 40시간/단위

① 50,000원 불리 ② 250,000원 불리
③ 200,000원 유리 ④ 200,000원 불리

[정답] ④

[해설]

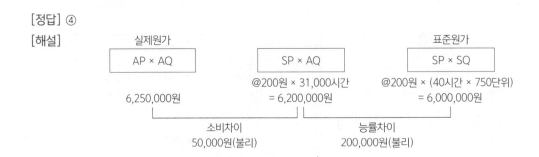

출제유형 04 | 고정제조간접비 차이분석

[문제] 표준원가계산제도를 사용하여 제품원가를 계산할 경우 다음 자료를 이용하여 실제조업도를 구하시오. [제78회]

- 기준조업도 : 900단위
- 예산차이 : 2,500원 유리
- 고정제조간접비 예산액 : 27,000원
- 조업도차이 : 3,000원 불리

① 700단위
② 800단위
③ 850단위
④ 900단위

[정답] ②

[해설]

∴ 고정제조간접비 차이분석에서의 SQ = 실제생산량에 허용된 표준투입량 = 실제조업도 = 800단위

부가가치세신고 출제유형 12선

출제유형 01 | 과세표준명세

기출확인문제

㈜VAT(1)(코드번호 : 5021)의 당기(제7기) 회계기간은 2024. 1. 1.~2024. 12. 31.이다.
다음은 올해 2기 부가가치세 예정신고 시 누락된 자료이다. 이를 반영하여 2기 확정신고기간의 부가가치세신고서 및 과세표준명세를 작성하시오. 2기 확정신고기간의 부가가치세신고납부는 다음 연도 1월 25일에 이루어진다. (전표입력 및 전자신고세액공제는 생략한다) 제72회

- 생산 과정에서 적법하게 매입세액공제 받았던 당사의 제품 3,000,000원(시가 3,500,000원, 부가가치세 별도)을 거래처인 ㈜태성산업에 접대 목적으로 무상제공하였다.
- 원재료 매입세금계산서 1건(공급가액 3,500,000원, 세액 350,000원)
- 사용하던 기계장치의 매출 전자세금계산서 1건(공급가액 5,000,000원, 부가가치세 500,000원)을 지연발급(공급일이 속하는 달의 다음 달 27일)하였다.
- 가산세는 일반과소신고 가산세를 적용하고, 가산세 계산 시 미납일수는 92일로 하며 예정신고기한이 지난 후 확정신고일까지의 기간은 1개월 초과 3개월 이내이다.
- 확정신고기간에 공급한 과세표준은 전액 매출액에 해당하며, 업태 및 종목, 업종코드는 다음과 같다고 가정한다.

업 태	종 목	업종코드	과세표준
도매업	가전제품	513221	500,000,000
제조업	기록매체 복제업	223001	450,000,000

[부가가치세신고서] (10월~12월)

- 예정신고누락분

구분				금액	세율	세액
7.매출(예정신고누락분)						
예정누락분	과세	세금계산서	33	5,000,000	10/100	500,000
		기타	34	3,500,000	10/100	350,000
	영세	세금계산서	35		0/100	
		기타	36		0/100	
	합계		37	8,500,000		850,000
12.매입(예정신고누락분)						
예정누락분		세금계산서	38	3,500,000		350,000
		그 밖의 공제매입세액	39			
	합계		40	3,500,000		350,000
	신용카드매출수령금액합계	일반매입				
		고정매입				
	의제매입세액					
	재활용폐자원등매입세액					
	과세사업전환매입세액					
	재고매입세액					
	변제대손세액					
	외국인관광객에대한환급/					
	합계					

- 가산세명세

25.가산세명세						
사업자미등록등		61		1/100		
세금계산서	지연발급 등	62	5,000,000	1/100		50,000
	지연수취	63		5/1,000		
	미발급 등	64		뒤쪽참조		
전자세금발급명세	지연전송	65		3/1,000		
	미전송	66		5/1,000		
세금계산서합계표	제출불성실	67		5/1,000		
	지연제출	68		3/1,000		
신고불성실	무신고(일반)	69		뒤쪽		
	무신고(부당)	70		뒤쪽		
	과소·초과환급(일반)	71	500,000	뒤쪽		12,500
	과소·초과환급(부당)	72		뒤쪽		
납부지연		73	500,000	뒤쪽		10,120
영세율과세표준신고불성실		74		5/1,000		
현금매출명세서불성실		75		1/100		
부동산임대공급가액명세서		76		1/100		
매입자납부특례	거래계좌 미사용	77		뒤쪽		
	거래계좌 지연입금	78		뒤쪽		
합계		79				72,620

> 참고 가산세
> - 세금계산서 지연발급 : 5,000,000 × 1% = 50,000원
> - 과소신고(일반) : (500,000 + 350,000 − 350,000) × 10% × (100% − 75%)[1] = 12,500원
> - 납부지연 : (500,000 + 350,000 − 350,000) × (22/100,000) × 92일 = 10,120원
>
> [1] 법정신고기한이 지난 후 1개월 초과 3개월 이내 수정신고에 해당하므로 75% 감면

- 과세표준명세

과세표준명세				
	업태	종목	코드	금액
28	제조 도매	기록매체 복제/가전제품	513221	500,000,000
29	제조업	기록매체 복제업	223001	450,000,000
30				
31	수입금액제외		513221	8,500,000
32	합계			958,500,000

> 참고 수입금액제외
> 수입금액제외 = 고정자산 매각 + 간주공급(사업상 증여) = 5,000,000 + 3,500,000 = 8,500,000원

기출확인문제

㈜VAT(2)(코드번호 : 5022)의 당기(제16기) 회계기간은 2024. 1. 1.~2024. 12. 31.이다.
부가가치세 신고와 관련된 다음의 자료를 토대로 올해 1기 확정 부가가치세 신고서를 작성하시오. (모두
4월~6월에 발생한 거래로 가정하고 전표입력은 생략한다) [제71회]

1. 6월 10일 과세사업에 사용하던 기계장치를 면세재화의 생산에 전용하였다. 면세사업에 전용된 기계장치에
   대한 내용은 다음과 같다. 당해 기계장치는 매입 시 세금계산서를 수령하였고 매입세액은 전액 공제되었다.
   · 취득일 : 전년도 6월 25일
   · 취득가액 : 30,000,000원(부가가치세 별도)

2. 다음은 올해 1기 확정 신고 기간 중 당사의 제품을 전용한 내용이다. 부가가치세 신고서에 반영하시오.

	전용내역	원 가	시 가
1	거래처 접대목적으로 사용	200,000원	300,000원
2	면세사업에 전용	5,000,000원	7,000,000원
3	업무용 승용차(2,000cc)의 수선에 사용	1,000,000원	2,000,000원
4	제품 홍보용으로 불특정다수인에게 무상배포	2,000,000원	3,000,000원

   · 전용된 당사의 제품은 매입세액공제를 적용받은 것이며, 부가가치세 과세사업에 해당하는 것이다.
   · 상기 원가와 시가는 공급가액이다.

3. 제품의 직매장 반출액 : 원가 10,000,000원, 시가 15,000,000원이며 적법하게 세금계산서는 발급하였고,
   당 사업장은 사업자단위과세 사업자나 총괄납부승인사업자가 아니다.

[부가가치세신고서] (4월~6월)

구분			정기신고금액		
			금액	세율	세액
과세표준및매출세액	과세	세금계산서발급분 1	10,000,000	10/100	1,000,000
		매입자발행세금계산서 2		10/100	
		신용카드·현금영수증발행분 3			
		기타(정규영수증외매출분) 4	24,300,000	10/100	2,430,000
	영세	세금계산서발급분 5		0/100	
		기타 6		0/100	
	예정신고누락분 7				
	대손세액가감 8				
	합계 9		34,300,000	㉮	3,430,000

참고 재화의 간주공급에 대한 과세표준
- 감가상각대상 자산(기계장치)
  = 취득가액 × {1 − (체감률 25% × 경과된 과세기간의 수)}
  = 30,000,000원 × {100% − (25% × 2)}
  = 15,000,000원 (간주시가)

- 감가상각대상이 아닌 자산(제품)
  = 거래처 접대목적 사용분(사업상 증여)의 시가 + 면세사업에 전용분의 시가
    + 2,000cc 승용차 수선목적 사용분(비영업용 소형승용차에 전용)의 시가
  = 300,000 + 7,000,000 + 2,000,000
  = 9,300,000원

- 판매목적 타사업장 반출
  = 직매장으로 반출된 제품의 취득원가
  = 10,000,000원

기출확인문제

㈜VAT(3)(코드번호 : 5023)의 당기(제11기) 회계기간은 2024. 1. 1.~2024. 12. 31.이다.
당사는 제1기 확정 부가가치세를 법정신고기한인 7월 25일에 신고 납부하였으나, 8월 14일에 다음과 같은 내용이 누락된 것을 알고 수정신고 및 납부하고자 한다. 부가가치세 수정신고를 위한 매입매출전표를 입력하고 (분개는 생략), 수정신고서(1차)와 가산세명세서를 작성하시오. 전자세금계산서 미발급가산세가 적용되는 부분은 전자세금계산서 미전송가산세는 적용하지 아니하며, 신고불성실가산세는 일반가산세를 적용한다. (과세표준명세서는 생략한다) 제83회

(1) 외국법인인 거래처에 수출한 재화에 대한 신고를 누락하였다. (직수출)

거래처명	선적일	수출신고일	대금결제일	환 율			외화금액
				선적일	수출신고일	대금결제일	
라로체	6. 27.	6. 29.	7. 10.	1,100원/$	1,020원/$	1,150원/$	$3,000

(2) 5월 3일 : ㈜대상라이프에 소형승용차(2,000cc)를 공급대가 13,200,000원(부가가치세 포함)에 현금 판매한 사실을 누락하였다. (세금계산서 미발급분)

(3) 사무실 6월분 임차료에 대한 종이발급분 매입 세금계산서를 누락하였다.
· 공급가액 : 2,000,000원(부가가치세 별도)
· 공급자 : 미림빌딩
· 일자 : 6월 30일

기출 따라 하기

1단계 [매입매출전표입력]

· 6월 27일 유형 : 16.수출 / 공급가액 : 3,300,000[1] / 부가가치세 : 0 / 거래처 : 라로체
/ 분개 : 분개 없음 / (영세율구분 : 1.직접수출)
[1] $3,000 × @1,100원 = 3,300,000원

· 5월 3일 유형 : 14.건별 / 공급가액 : 12,000,000 / 부가가치세 : 1,200,000
/ 거래처 : ㈜대상라이프 / 분개 : 분개 없음

· 6월 30일 유형 : 51.과세 / 공급가액 : 2,000,000 / 부가가치세 : 200,000 / 거래처 : 미림빌딩
/ 전자 : 부 / 분개 : 분개 없음

조회기간 : 2024년 4월 1일 ~ 2024년 6월 30일 신고구분 : 2.수정신고 신고차수 : 1

구분			정기신고금액				수정신고금액		
		번호	금액	세율	세액	번호	금액	세율	세액
과세표준및매출세액	과세 세금계산서발급분	1	879,300,000	10/100	87,930,000	1	879,300,000	10/100	87,930,000
	매입자발행세금계산서	2		10/100		2		10/100	
	신용카드·현금영수증발행분	3		10/100		3		10/100	
	기타(정규영수증외매출분)	4				4	12,000,000		1,200,000
	영세 세금계산서발급분	5		0/100		5		0/100	
	기타	6		0/100		6	3,300,000	0/100	
	예정신고누락분	7				7			
	대손세액가감	8				8			
	합계	9	879,300,000	㉮	87,930,000	9	894,600,000	㉮	89,130,000
매입세액	세금계산서수취분 일반매입	10	532,900,000		53,290,000	10	534,900,000		53,490,000
	수출기업수입분납부유예	10				10			
	고정자산매입	11				11			
	예정신고누락분	12				12			
	매입자발행세금계산서	13				13			
	그 밖의 공제매입세액	14	15,000,000		1,500,000	14	15,000,000		1,500,000
	합계(10)-(10-1)+(11)+(12)+(13)+(14)	15	547,900,000		54,790,000	15	549,900,000		54,990,000
	공제받지못할매입세액	16				16			
	차감계 (15-16)	17	547,900,000	㉯	54,790,000	17	549,900,000	㉯	54,990,000
납부(환급)세액(매출세액㉮-매입세액㉯)				㉰	33,140,000			㉰	34,140,000
경감·공제세액	그 밖의 경감·공제세액	18				18			
	신용카드매출전표등 발행공제등	19				19			
	합계	20		㉱		20		㉱	
예정신고미환급세액		21		㉲		21		㉲	
예정고지세액		22		㉳		22		㉳	
사업양수자의 대리납부 기납부세액		23		㉴		23		㉴	
매입자 납부특례 기납부세액		24		㉵		24		㉵	
신용카드업자의 대리납부 기납부세액		25		㉶		25		㉶	
가산세액계		26		㉷		26		㉷	256,050
차감.가감하여 납부할세액(환급받을세액)(㉰-㉱-㉲-㉳-㉴-㉵-㉶+㉷)		27			33,140,000			27	34,396,050
총괄납부사업자가 납부할 세액(환급받을 세액)									

25.가산세명세				정기		25.가산세명세			수정	
사업자미등록등		61		1/100		사업자미등록등	61		1/100	
세금계산서	지연발급 등	62		1/100		세금계산서 지연발급 등	62		1/100	
	지연수취	63		5/1,000		지연수취	63		5/1,000	
	미발급 등	64		뒤쪽참조		미발급 등	64	12,000,000	뒤쪽참조	240,000
전자세금발급명세	지연전송	65		5/1,000		전자세금 지연전송	65		5/1,000	
	미전송	66		5/1,000		발급명세 미전송	66		5/1,000	
세금계산서합계표	제출불성실	67		5/1,000		세금계산서 제출불성실	67		5/1,000	
	지연제출	68		3/1,000		합계표 지연제출	68		3/1,000	
신고불성실	무신고(일반)	69		뒤쪽		신고 무신고(일반)	69		뒤쪽	
	무신고(부당)	70		뒤쪽		무신고(부당)	70		뒤쪽	
	과소·초과환급(일반)	71		뒤쪽		불성실 과소·초과환급(일반)	71	1,000,000	뒤쪽	10,000
	과소·초과환급(부당)	72		뒤쪽		과소·초과환급(부당)	72		뒤쪽	
납부지연		73		뒤쪽		납부지연	73	1,000,000	뒤쪽	4,400
영세율과세표준신고불성실		74		5/1,000		영세율과세표준신고불성실	74	3,300,000	5/1,000	1,650
현금매출명세서불성실		75		1/100		현금매출명세서불성실	75		1/100	
부동산임대공급가액명세서		76		1/100		부동산임대공급가액명세서	76		1/100	
매입자 거래계좌 미사용		77		뒤쪽		매입자 거래계좌 미사용	77		뒤쪽	
납부특례 거래계좌 지연입금		78		뒤쪽		납부특례 거래계좌 지연입금	78		뒤쪽	
합계		79				합계	79			256,050

참고 가산세

- 세금계산서 미발급 : 12,000,000 × 2% = 240,000원
- 과소신고(일반) : (1,200,000 − 200,000) × 10% × (100% − 90%)[1] = 10,000원
- 납부지연 : (1,200,000 − 200,000) × (22/100,000) × 20일 = 4,400원
- 영세율과세표준신고불성실 : 3,300,000 × 0.5% × (100% − 90%)[1] = 1,650원

[1] 법정신고기한이 지난 후 1개월 이내 수정신고에 해당하므로 90% 감면

기출확인문제

㈜VAT(4)(코드번호 : 5024)의 당기(제10기) 회계기간은 2024. 1. 1.~2024. 12. 31.이다.
당사는 올해 2기 확정신고기간(10. 1.~12. 31.)의 부가가치세 신고를 기한 내에 하지 않아 다음 연도 2월 3일에 기한후신고를 하고 납부를 하고자 한다. 입력된 자료는 무시하고 아래의 자료만으로 부가가치세 기한후신고서를 작성하시오. (단, 매입매출전표입력은 생략하고, 과세표준명세는 신고구분만 입력할 것) 제107회

구 분	자 료
매출자료	· 전자세금계산서 발급분 과세 매출액 : 공급가액 300,000,000원, 세액 30,000,000원 · 신용카드 발급분 과세 매출액 : 공급가액 5,000,000원, 세액 500,000원 · 현금영수증 발급분 과세 매출액 : 공급가액 2,000,000원, 세액 200,000원 · 해외 직수출에 따른 매출액 : 공급가액 100,000,000원, 세액 0원
매입자료	· 전자세금계산서 발급받은 매입내역 표1 · 신용카드 사용분 매입내역 표2
기 타	· 전자세금계산서의 발급 및 국세청 전송은 정상적으로 이루어졌다. · 가산세 적용 시 일반(부당 아님) 무신고와 미납일수 9일을 가정한다. · 영세율첨부서류는 기한후신고 시 함께 제출할 예정이다.

· 전자세금계산서 발급받은 매입내역

구 분	공급가액	세 액
일반 매입	200,000,000원	20,000,000원
사업과 관련 없는 매입(고정자산 아님)	3,000,000원	300,000원
기계장치 매입	50,000,000원	5,000,000원
합 계	253,000,000원	25,300,000원

· 신용카드 사용분 매입내역

구 분	공급가액	세 액
일반 매입	10,000,000원	1,000,000원
접대를 위한 매입	1,000,000원	100,000원
합 계	11,000,000원	1,100,000원

1단계 [부가가치세신고서] (10월~12월) ▶ **F4 과표명세** (또는 F4)

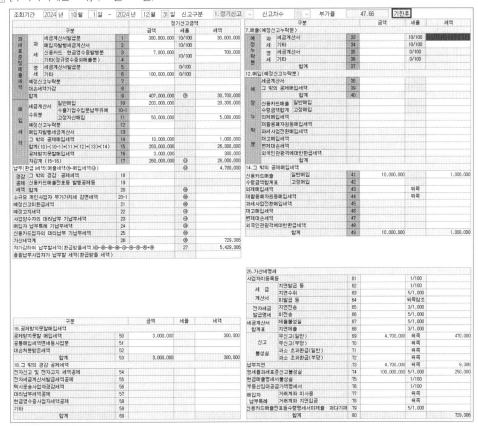

과세표준명세 ✕

신고구분 : 4 (1.예정 2.확정 3.영세율 조기환급 4.기한후과세표준)
국세환급금계좌신고 💬　　　　　　　은행　　　　　　　지점
계좌번호 :
폐업일자 : ____-__-__ 폐업사유 :　　　　　　　⌄

2단계 [부가가치세신고서] (10월~12월)

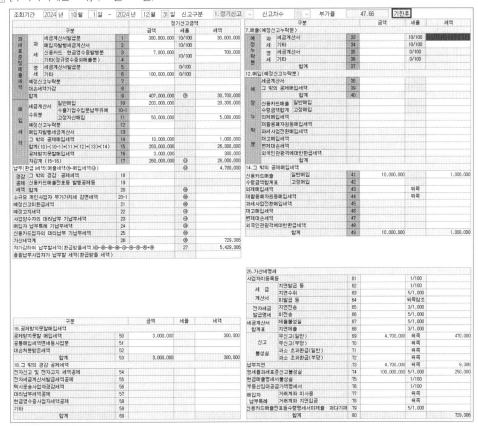

- '신용카드 사용분 중 접대를 위한 매입'은 10% 부가가치세가 기재된 신용카드매출전표를 수취하였지만 매입세액공제 받을 수 없는 경우에 해당하므로 부가가치세신고서에 기재하지 않는다.

참고 가산세
- 무신고(일반) : (30,000,000 + 500,000 + 200,000 − 20,000,000 − 5,000,000 − 1,000,000) × 20% × (100% − 50%)[1] = 470,000원
- 납부지연 : (30,000,000 + 500,000 + 200,000 − 20,000,000 − 5,000,000 − 1,000,000) × (22/100,000) × 9일 = 9,306원
- 영세율과세표준신고불성실 : 100,000,000 × 0.5% × (100% − 50%)[1] = 250,000원

[1] 법정신고기한이 지난 후 1개월 이내 기한후신고에 해당하므로 50% 감면

기출확인문제

㈜VAT(5)(코드번호 : 5025)의 당기(제8기) 회계기간은 2024. 1. 1.~2024. 12. 31.이다.
다음은 10월부터 12월까지 신용카드매출전표를 발급받은 내용이다. [신용카드매출전표등수령명세서](갑) 및 [건물등감가상각자산취득명세서]를 작성하고 제2기 확정 [부가가치세신고서]에 그 내용을 반영하시오. (아래의 거래는 모두 세금계산서 미발급 거래이며, 전표입력은 생략한다) 제70회

사용한 신용카드내역	거래처명 (등록번호)	성명 (대표자)	거래 일자	발행금액 (VAT 포함)	공급자의 업종 등	거래 내용
삼성카드 (법인카드, 사업용카드) 번호 : 1111-2222-3333 -4444	성한카센타 (138-08-42674)	김성한	10. 20.	440,000원	서비스업, 일반과세자	업무용경차(1,000cc) 수리비용
	듬박이 (135-05-92228)	김미선	11. 14.	550,000원	요식업, 일반과세자	직원 회식대 (복리후생비)
	건영상사 (805-08-15689)	정미라	12. 19.	660,000원	소매업, 간이과세자[1]	업무용계산기 구입
신한카드 (종업원 윤혜지 명의 일반카드) 번호 : 1000-2000-3000 -4000	천지고속버스 (608-08-16506)	송일국	10. 25.	165,000원	여객운송업, 일반과세자	직원의 출장교통비
	컴퓨터사랑 (222-23-33658)	김정란	11. 30.	1,100,000원	소매업, 일반과세자	노트북 구입 (자산처리한다)

[1] 직전연도 공급대가 4,800만 원 미만

기출 따라 하기

1단계 [신용카드매출전표등수령명세서] (10월~12월)

조회기간 : 2024년 10 월 ~ 2024년 12 월   구분 2기 확정

▷ 2. 신용카드 등 매입내역 합계

구분	거래건수	공급가액	세액
합 계	3	1,900,000	190,000
현금영수증			
화물운전자복지카드			
사업용신용카드	2	900,000	90,000
그 밖의 신용카드	1	1,000,000	100,000

▷ 3. 거래내역입력

	월/일	구분	공급자	공급자(가맹점) 사업자등록번호	카드회원번호	그 밖의 신용카드 등 거래내역 합계		
						거래건수	공급가액	세액
1	10-20	사업	성한카센타	138-08-42674	1111-2222-3333-4444	1	400,000	40,000
2	11-14	사업	듬박이	135-05-92228	1111-2222-3333-4444	1	500,000	50,000
3	11-30	신용	컴퓨터사랑	222-23-33658	1000-2000-3000-4000	1	1,000,000	100,000
4								
				합계		3	1,900,000	190,000

· 승용차라 하더라도 배기량 1,000cc 이하의 경차와 관련된 지출에 대하여는 매입세액이 공제된다.

· 간이과세자 중 신규사업자 및 직전연도 공급대가 4,800만 원 미만인 사업자는 세금계산서를 발급할 수 없는 자이므로, 동 사업자로부터 받은 신용카드매출전표는 매입세액공제가 불가하다.

· 고속버스는 여객운송업으로서 영수증만 발급할 수 있는 업종이므로, 동 업종으로부터 받은 신용카드매출전표는 매입세액공제가 불가하다.

2단계 [건물등감가상각자산취득명세서] (10월~12월)

| 조회기간 | 2024년 10 ▼ 월 ~ 2024년 12 ▼ 월 | 구분 | 2기 확정 |

➡ 취득내역

감가상각자산종류	건수	공급가액	세 액	비 고
합 계	1	1,000,000	100,000	
건 물 · 구축물				
기 계 장 치				
차 량 운 반 구				
기타감가상각자산	1	1,000,000	100,000	

거래처별 감가상각자산 취득명세

	월/일	상호	사업자등록번호	자산구분	공급가액	세액	건수
1	11-30	컴퓨터사랑	222-23-33658	기타	1,000,000	100,000	1
2							
		합 계			1,000,000	100,000	1

· 자산구분란에서 검색되는 사항(1 : 건물, 구축물 / 2 : 기계장치 / 3 : 차량운반구 / 4 : 기타) 중 '4 : 기타'를 선택한다.

3단계 [부가가치세신고서] (10월~12월)

구분				금액	세율	세액
7.매출(예정신고누락분)						
예정누락분	과세	세금계산서	33		10/100	
		기타	34		10/100	
	영세	세금계산서	35		0/100	
		기타	36		0/100	
		합계	37			
12.매입(예정신고누락분)						
예정누락분		세금계산서	38			
		그 밖의 공제매입세액	39			
		합계	40			
	신용카드매출수령금액합계	일반매입				
		고정매입				
	의제매입세액					
	재활용폐자원등매입세액					
	과세사업전환매입세액					
	재고매입세액					
	변제대손세액					
	외국인관광객에대한환급/					
	합계					
14.그 밖의 공제매입세액						
신용카드매출수령금액합계표	일반매입		41	900,000		90,000
	고정매입		42	1,000,000		100,000
의제매입세액			43		뒤쪽	
재활용폐자원등매입세액			44		뒤쪽	
과세사업전환매입세액			45			
재고매입세액			46			
변제대손세액			47			
외국인관광객에대한환급세액			48			
합계			49	1,900,000		190,000

기출확인문제

㈜VAT(6)(코드번호 : 5026)의 당기(제9기) 회계기간은 2024. 1. 1.~2024. 12. 31.이다.
다음 자료에 대하여 제2기 부가가치세 예정신고(7월 1일~9월 30일) 시 제출할 [신용카드매출전표등발행금액집계표]와 [부가가치세신고서]를 작성하시오. [제67회 수정]

1. 신용카드 및 현금영수증 매출내역 (모두 과세대상 제품매출로서 거래처는 ㈜용인상사이다)

거래일	신용카드거래		거래일	현금영수증거래	
	건 수	공급대가		건 수	공급대가
9/8	1	8,470,000원	9/10	1	3,520,000원
9/20	1	6,435,000원			

2. 신용카드거래분 중 9월 20일 거래는 거래처 ㈜용인상사(사업자등록번호 : 135-85-42657)가 세금계산서를 요구하여 세법에 따라 전자세금계산서 발급한 후, 다음 날 하나카드로 대금을 결제받은 것이다. 현금영수증 거래는 대금을 현금으로 수령하였다.

3. 회사는 세금계산서 발급의무면제대상이 아니며, 구분 표시된 봉사료 및 면세대상 거래는 없다.

기출 따라 하기

1단계 [신용카드매출전표등발행금액집계표] (7월~9월)

조회기간 : 2024년 07 ▼ 월 ~ 2024년 09 ▼ 월   구분 2기 예정

▷→ 1. 인적사항

상호[법인명]	㈜VAT(5)	성명[대표자]	이강섭	사업등록번호	105-81-43133
사업장소재지	서울특별시 영등포구 가마산로 398 (신길동)				

▷→ 2. 신용카드매출전표 등 발행금액 현황

구 분	합 계	신용·직불·기명식 선불카드	현금영수증	직불전자지급 수단 및 기명식선불 전자지급수단
합 계	18,425,000	14,905,000	3,520,000	
과세 매출분	18,425,000	14,905,000	3,520,000	
면세 매출분				
봉 사 료				

▷→ 3. 신용카드매출전표 등 발행금액중 세금계산서 교부내역

세금계산서발급금액	6,435,000	계산서발급금액	

- 하나의 거래에 대하여 세금계산서도 발급하고 신용카드매출전표도 발급한 금액이 있는 경우, 동 금액은 신용카드매출전표등발행금액집계표에서 '과세 매출분 ▶ 신용·직불·기명식 선불카드'란과 '세금계산서발급금액'란에 모두 기재한다.

구분				정기신고금액		
				금액	세율	세액
과세표준및매출세액	과세	세금계산서발급분	1	5,850,000	10/100	585,000
		매입자발행세금계산서	2		10/100	
		신용카드·현금영수증발행분	3	10,900,000	10/100	1,090,000
		기타(정규영수증외매출분)	4			
	영세	세금계산서발급분	5		0/100	
		기타	6		0/100	
	예정신고누락분		7			
	대손세액가감		8			
	합계		9	16,750,000	㉓	1,675,000
매입세액	세금계산서수취분	일반매입	10			
		수출기업수입분납부유예	10			
		고정자산매입	11			
	예정신고누락분		12			
	매입자발행세금계산서		13			
	그 밖의 공제매입세액		14			
	합계(10)-(10-1)+(11)+(12)+(13)+(14)		15			
	공제받지못할매입세액		16			
	차감계 (15-16)		17		㉔	
납부(환급)세액(매출세액㉓-매입세액㉔)					㉕	1,675,000
경감공제세액	그 밖의 경감·공제세액		18			
	신용카드매출전표등 발행공제등		19	11,990,000		
	세액 합계		20		㉖	
예정신고미환급세액			21		㉗	
예정고지세액			22		㉘	
사업양수자의 대리납부 기납부세액			23		㉙	
매입자 납부특례 기납부세액			24		㉚	
신용카드업자의 대리납부 기납부세액			25		㉛	
가산세액계			26		㉜	
차감.가감하여 납부할세액(환급받을세액)(㉕-㉖-㉗-㉘-㉙-㉚-㉛+㉜)			27			1,675,000
총괄납부사업자가 납부할 세액(환급받을 세액)						

- 하나의 거래에 대하여 세금계산서도 발급하고 신용카드매출전표도 발급한 금액이 있는 경우, 동 금액은 부가가치세신고서에서 '세금계산서 발급분'으로 기재한다.

- '경감공제세액 ▶ 신용카드매출전표등 발행공제등[19]'[1) ▶ 금액란
   = 과세 매출분 공급대가에 해당하는 신용·직불·기명식 선불카드 및 현금영수증 합계액 – 세금계산서발급 금액
   = 18,425,000원 – 6,435,000원 = 11,990,000원

   [1) 법인의 경우, 신용카드매출전표 등 발행공제가 적용되지 않으므로 '세액'란에는 숫자가 입력되지 않으며, (문제에서 별도의 요구사항이 없다면) '금액'란을 입력하지 않더라도 채점에는 영향이 없다.

기출확인문제

㈜VAT(7)(코드번호 : 5027)의 당기(제8기) 회계기간은 2024. 1. 1.~2024. 12. 31.이다.
7월 14일에 과세사업과 면세사업에 공통으로 사용하기 위해 ㈜파원에서 50,000,000원(부가가치세 별도)에 기계장치를 매입하였다. 이와 관련하여 기계장치 매입전자세금계산서 수취분에 대하여 매입매출전표를 입력하고 [공제받지못할매입세액명세서]를 작성하시오. 제78회

- 9월 28일 : 동 기계장치를 42,000,000원(부가가치세 별도)에 ㈜원상에 매각하였다. 공통사용재화는 기계장치 하나만 존재한다고 가정한다.
- 매입매출전표 입력 시 하단 분개는 생략하고 별도의 고정자산 등록은 하지 아니한다.
- 공급가액은 아래와 같다.

거래기간		면세공급가액(원)	과세공급가액(원)	총공급가액(원)
올해 1기	1. 1.~3. 31.	120,000,000	200,000,000	320,000,000
	4. 1.~6. 30.	320,000,000	140,000,000	460,000,000
	계	440,000,000	340,000,000	780,000,000
올해 2기	7. 1.~9. 30.	140,000,000	210,000,000	350,000,000
	10. 1.~12. 31.	350,000,000	150,000,000	500,000,000
	계	490,000,000	360,000,000	850,000,000

1단계 [매입매출전표입력]

- 7월 14일　유형 : 51.과세 / 공급가액 : 50,000,000 / 부가세 : 5,000,000 / 거래처 : ㈜파원
  / 전자 : 여 / 분개 : 분개 없음

  참고 아래와 같이 입력하여도 정답으로 인정
  7월 14일　유형 : 54.불공 / 공급가액 : 50,000,000 / 부가세 : 5,000,000 / 거래처 : ㈜파원 / 전자 : 여
  / 분개 : 분개 없음 / (불공제사유 : ⑨공통매입세액 안분계산분)

2단계 [공제받지못할매입세액명세서] 메뉴의 [공통매입세액안분계산내역] 탭 (7월~9월)

조회기간 : 2024년 07▼월 ~ 2024년 09▼월　　구분 : 2기 예정

공제받지못할매입세액내역	공통매입세액안분계산내역	공통매입세액의정산내역	납부세액또는환급세액재계산

산식	구분	과세·면세사업 공통매입		⑫총공급가액등	⑬면세공급가액등	면세비율 (⑬÷⑫)	⑭불공제매입세액 [⑪*(⑬÷⑫)]
		⑩공급가액	⑪세액				
1.당해 과세기간의 공급가액기준		50,000,000	5,000,000	780,000,000.00	440,000,000.00	56.410256	2,820,512
합계		50,000,000	5,000,000	780,000,000	440,000,000		2,820,512

불공제매입세액 (2,820,512) = 세액(5,000,000) * $\dfrac{\text{면세공급가액 (440,000,000)}}{\text{총공급가액 (780,000,000)}}$

- 2기 예정 안분계산
  5,000,000 × (440,000,000/780,000,000)[1] = 2,820,512원 불공제

[1] (당해 과세기간에 신규로 사업을 시작한 사업자가 아니면서) 과세사업과 면세사업에 공통으로 사용하는 재
화를 '매입한 과세기간 중에 다시 매각'함에 따라 매각한 재화의 과세표준을 직전 과세기간의 공급가액 비율
에 따라 안분계산한 경우에는, 그 재화에 대한 매입세액의 안분계산도 직전 과세기간의 공급가액 비율을 기
준으로 한다.

기출확인문제

㈜VAT(8)(코드번호 : 5028)의 당기(제8기) 회계기간은 2024. 1. 1.~2024. 12. 31.이다.
당사는 도서도매(면세사업)와 책장제조(과세사업)를 겸영하는 사업자이다. 다음 자료를 참고하여 올해 2기 확정신고 시 제출할 [공제받지못할매입세액명세서]를 작성하시오. (단, 예정신고는 세법에 따라 적정하게 신고한 것으로 가정하며, 과세재화와 면세재화는 상호 간 부수재화는 아니다) 제73회

(1) 매입세액에 관한 내역

일 자	내 역	매입세액	비 고
올해 7. 5.	책장 제조용 원재료 구입	500,000원	–
올해 8. 20.	회계팀 사무용품 구입	150,000원	과세·면세사업 사용 구분 불가
올해 9. 11.	직원휴게실 음료 등 다과	50,000원	휴게실은 전직원이 이용함
올해 10. 5.	책장을 위한 포장재 구입	100,000원	–
올해 11. 20.	세무사 사무소 수수료	100,000원	과세·면세사업 사용 구분 불가
올해 12. 11.	생산직 직원 안전장비	150,000원	생산직 직원은 책장을 조립함

(2) 공급가액에 대한 내역

(단위 : 원)

구 분	과세 공급가액	면세 공급가액
2기 예정신고	150,000,000	50,000,000
2기 확정신고	200,000,000	100,000,000
계	350,000,000	150,000,000

[공제받지못할매입세액명세서] 메뉴의 [공통매입세액의 정산내역] 탭 (10월~12월)

조회기간 : 2024 년 10 ▼ 월 ~ 2024 년 12 ▼ 월   구분 : 2기 확정

산식	구분	(15)총공통 매입세액	(16)면세 사업확정 비율			(17)불공제매입 세액총액 ((15)*(16))	(18)기불공제 매입세액	(19)가산또는 공제되는매입 세액((17)-(18))
			총공급가액	면세공급가액	면세비율			
1.당해과세기간의 공급가액기준		150,000	500,000,000.00	150,000,000.00	30.000000	45,000	37,500	7,500
1.당해과세기간의 공급가액기준		50,000	500,000,000.00	150,000,000.00	30.000000	15,000	12,500	2,500
1.당해과세기간의 공급가액기준		100,000	500,000,000.00	150,000,000.00	30.000000	30,000		30,000
합계		300,000	1,500,000,000	450,000,000		90,000	50,000	40,000

· 책장 제조용 원재료(7월 5일), 책장 포장재(10월 5일), 책장 생산직 직원 안전장비(12월 11일)는 공통매입세액
   이 아니라 과세사업(책장 제조) 관련 매입분에 해당함

· 회계팀 사무용품(8월 20일)에 대한 안분계산과 정산
   · 2기 예정신고 시 안분계산 = 150,000 × (50,000,000/200,000,000) = 37,500원 불공제
   · 2기 확정신고 시 정산 = 150,000 × (150,000,000/500,000,000) − 37,500 = 7,500원 불공제

· 직원휴게실 음료(9월 11일)에 대한 안분계산과 정산
   · 2기 예정신고 시 안분계산 = 50,000 × (50,000,000/200,000,000) = 12,500원 불공제
   · 2기 확정신고 시 정산 = 50,000 × (150,000,000/500,000,000) − 12,500 = 2,500원 불공제

· 세무사 사무소 수수료(11월 20일)에 대한 정산
   2기 확정신고 시 정산 = 100,000 × (150,000,000/500,000,000) − 0 = 30,000원 불공제

참고 아래와 같이 하나의 라인으로 입력하여도 정답으로 인정

조회기간 : 2024 년 10 ▼ 월 ~ 2024 년 12 ▼ 월   구분 : 2기 확정

산식	구분	(15)총공통 매입세액	(16)면세 사업확정 비율			(17)불공제매입 세액총액 ((15)*(16))	(18)기불공제 매입세액	(19)가산또는 공제되는매입 세액((17)-(18))
			총공급가액	면세공급가액	면세비율			
1.당해과세기간의 공급가액기준		300,000	500,000,000.00	150,000,000.00	30.000000	90,000	50,000	40,000
합계		300,000	500,000,000	150,000,000		90,000	50,000	40,000

기출확인문제

㈜VAT(9)(코드번호 : 5029)의 당기(제9기) 회계기간은 2024. 1. 1.~2024. 12. 31.이다.
다음 자료를 보고 2024년 2기 확정신고기간의 [공제받지못할매입세액명세서] 메뉴의 [납부세액또는환급세액재계산] 탭을 작성하시오. (단, 예정신고는 세법에 따라 적정하게 신고되었다고 가정하고 불러오는 데이터는 무시하기로 한다) 제94회

구 분	과세공급가액	면세공급가액	공통매입세액
2022년 1기	600,000,000원	400,000,000원	150,000,000원 – 건물 (2022년 6월에 취득)
2022년 2기	780,000,000원	220,000,000원	8,000,000원 – 화물차 (2022년 8월에 취득)
2023년 1기	900,000,000원	300,000,000원	5,000,000원 – 업무용소형승용차(3,000cc) (2023년 5월에 취득)
2023년 2기	760,000,000원	240,000,000원	20,000,000원 – 기계장치 (2023년 10월에 취득)
2024년 1기	840,000,000원	360,000,000원	
2024년 2기	900,000,000원	300,000,000원	

기출 따라 하기

[공제받지못할매입세액명세서] 메뉴 ▶ [납부세액또는환급세액재계산] 탭 (10월~12월)

조회기간 : 2024 년 10 월 ~ 2024 년 12 월 　구분 : 2기 확정

공제받지못할매입세액내역	공통매입세액안분계산내역	공통매입세액의정산내역	**납부세액또는환급세액재계산**

자산	(20)해당재화의 매입세액	(21)경감률[1-(체감률* 경과된과세기간의수)]			(22)증가 또는 감소된 면세공급가액(사용면적)비율					(23)가산또는 공제되는 매입세액 (20)*(21)*(22)
		취득년월	체감률	경과 과세 기간	경감률	당기		직전		증가율
						총공급	면세공급	총공급	면세공급	
1.건물,구축물	150,000,000	2022-06	5	5	75	1,200,000,000.00	300,000,000.00	1,200,000,000.00	360,000,000.00	-5.000000	-5,625,000
2.기타자산	20,000,000	2023-10	25	2	50	1,200,000,000.00	300,000,000.00	1,200,000,000.00	360,000,000.00	-5.000000	-500,000
합계											-6,125,000

· 건물(2022년 6월 취득) 공통매입세액에 대한 재계산

$$150,000,000원 × \{100\% - (5\% × 5)\} × (\frac{300,000,000}{900,000,000 + 300,000,000} - \frac{360,000,000}{840,000,000 + 360,000,000})$$

$$= 150,000,000원 × \{100\% - (5\% × 5)\} × (25\% - 30\%) = (-)5,625,000원 불공제 (→ 공제를 의미함)$$

· 화물차(2022년 8월 취득) : 재계산하지 않음 (∵ 4개 과세기간이 경과하였으므로)

· 업무용소형승용차(2023년 5월 취득) : 재계산하지 않음 (∵ 취득 당시 매입세액 불공제분이었으므로)

· 기계장치(2023년 10월 취득) 공통매입세액에 대한 재계산

$$20,000,000원 × \{100\% - (25\% × 2)\} × (\frac{300,000,000}{900,000,000 + 300,000,000} - \frac{360,000,000}{840,000,000 + 360,000,000})$$

$$= 20,000,000원 × \{100\% - (25\% × 2)\} × (25\% - 30\%) = (-)500,000원 불공제 (→ 공제를 의미함)$$

+ 더알아보기

직전과세기간에 재계산을 생략한 경우의 증감 면세비율 계산방법

[사례] 회사는 과세사업과 면세사업에 공통으로 사용하기 위하여 20x1년 5월에 건물을 공급가액 100,000,000원, 부가가치세 10,000,000원에 취득하여 사용하다가 20x4년 6월에 매각하였다. 건물 보유기간동안의 면세비율이 다음과 같을 때, 면세 관련 매입세액에 대하여 공통매입세액의 정산, 재계산을 하여 보자.

구분	20x1년 1기	20x1년 2기	20x2년 1기	20x2년 2기	20x3년 1기	20x3년 2기
면세비율	10%	40%	30%	33%	26%	24%

[풀이]

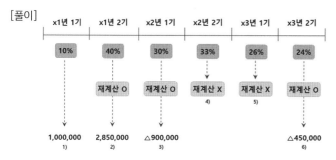

1) 10,000,000원 × 10% = 1,000,000원 불공제

2) 10,000,000원 × {100% - (5% × 1)} × (40% - 10%) = 2,850,000원 불공제

3) 10,000,000원 × {100% - (5% × 2)} × (30% - 40%) = (-)900,000원 불공제 (→ 공제를 의미함)

4) 33% - 30% = 3% → 증감 면세비율이 5% 미만이므로 재계산을 하지 않음

5) · 26% - 30% = (-)4% → 증감 면세비율이 5% 미만이므로 재계산을 하지 않음
   · 증감 면세비율은 해당 과세기간과 직전 과세기간의 차이(26% - 33% = (-)7%)가 아니라, 해당 과세기간과 직전 재계산한 과세기간의 차이(26% - 30% = (-)4%)를 말함

6) 10,000,000원 × {100% - (5% × 5)} × (24% - 30%) = (-)450,000원 불공제 (→ 공제를 의미함)

기출확인문제

㈜VAT(10)(코드번호 : 5030)의 당기(제18기) 회계기간은 2024. 1. 1.~2024. 12. 31.이다.
다음의 수출신고필증 및 환율정보를 이용하여 [매입매출전표입력] 메뉴에 입력하고 [수출실적명세서]를 작성
하시오. 제79회

1. 수출신고필증의 정보

UNI-PASS

수출신고필증

(갑지)
※ 처리기간 : 즉시

제출번호 99999-99-9999999	⑤신고번호 41757-17-050611X	⑥신고일자 20xx/6/3	⑦신고구분 일반P/L신고	⑧C/S구분 A
①신고자 강남 관세사				
②수출대행자 ㈜VAT(10) (통관고유부호) ㈜VAT(10) 1-97-1-01-9 수출자구분 (C)	⑨거래구분 11 일반형태	⑩종류 A 일반수출	⑪결제방법 TT 단순송금방식	
수출화주 ㈜VAT(10) (통관고유부호) ㈜VAT(10) 1-97-1-01-9 (주소) (대표자) (사업자등록번호) 120-81-12056	⑫목적국 JP JAPAN	⑬적재항 ICN 인천항	⑭선박회사(항공사)	
	⑮선박명(항공편명)	⑯출항예정일자	⑰적재예정보세구역	
	⑱운송형태 10 ETC		⑲검사희망일 20xx/6/10	
	⑳물품소재지			
③제조자 ㈜VAT(10) (통관고유부호) ㈜VAT(10) 1-97-1-01-9 제조장소 산업단지부호 999	㉑L/C번호		㉒물품상태	
	㉓사전임시개청통보여부		㉔반송 사유	
④구매자 ABC.CO.LTD. (구매자부호)	㉕환급신청인(1 : 수출/위탁자, 2 : 제조자) 간이환급			

품명·규격 (란번호/총란수 : 999/999)

㉖품명 ㉗거래품명			㉘상표명		
㉙모델·규격		㉚성분	㉛수량	㉜단가(USD)	㉝금액(USD)
K			230(EA)	150	34,500
㉞세번부호	9999.99-9999	㉟순중량 320kg	㊱수량	㊲신고가격(FOB)	$30,000 ₩30,000,000
㊳송품장부호	㊴수입신고번호		㊵원산지	㊶포장갯수(종류)	
㊷수출요건확인 (발급서류명)					
㊸총중량	320kg	㊹총포장갯수	㊺총신고가격 (FOB)		$30,000 ₩30,000,000
㊻운임(₩)	1,180,970	㊼보험료(₩)	㊽결제금액		CFR-USD - 34,500
㊾수입화물 관리번호			㊿컨테이너번호		
수출요건확인 (발급서류명)					
※신고인기재란			51세관기재란		
52운송(신고)인 53기간 부터 까지		54적재의무기한 20xx/6/30	55담당자	56신고수리일자	20xx/6/3

2. B/L에 의한 제품선적일은 6월 10일이다.

3. 본 수출거래와 관련하여 대금은 7월 15일 전액 보통예금 계좌에 입금되었다.

4. 기준환율정보는 다음과 같다.

구 분	6월 3일	6월 10일	7월 15일
환 율	1$ = 980	1$ = 1,000	1$ = 1,020

기출 따라 하기

1단계 [매입매출전표입력]

6월　10일[1]　유형 : 16.수출 / 공급가액 : 34,500,000[2] / 부가세 : 0 / 거래처 : ABC.CO.LTD.
／ 분개 : 혼합(외상) / (영세율구분 : 1.직접수출) / (수출신고번호 : 41757-17-050611X)

(차) 외상매출금(ABC.CO.LTD.)　34,500,000　　　　(대) 제품매출　　　　　34,500,000

[1] 직수출의 공급시기는 선적일이며 선하증권(B/L)에 기재되어 있음

[2] ・영세율 과세표준 계산 시 외화금액은 수출신고필증에서 '⑯총신고가격(FOB)'가 아니라 '㉚결제금액'에 기재되어 있는 금액으로 함
・공급시기(선적일) 도래 전에 원화로 환가한 경우 그 환가한 금액을 과세표준으로 하며, 그 외의 경우에는 공급시기(선적일)의 기준환율에 따라 계산한 금액을 과세표준으로 함
・과세표준 = $34,500 × @1,000원 = 34,500,000원

2단계 [수출실적명세서] (4월~6월)

조회기간 : 2024년 04 ▼ 월 ~ 2024년 06 ▼ 월　구분 : 1기 확정　　과세기간별입력

구분	건수	외화금액	원화금액	비고
⑨합계	1	34,500.00	34,500,000	
⑩수출재화[=⑨합계]	1	34,500.00	34,500,000	
⑪기타영세율적용				

		(13)수출신고번호	(14)선(기)적일자	(15)통화코드	(16)환율	금액 (17)외화	금액 (18)원화	전표정보 거래처코드	전표정보 거래처명
1	☐	41757-17-050611X	2024-06-10	USD	1,000.0000	34,500.00	34,500,000	00107	ABC.CO.LTD.
2	☐								
		합계				34,500	34,500,000		

참고 화면 상단에 있는 **SF4 전표불러오기** (또는 Shift + F4)를 클릭

기출확인문제

㈜VAT(11)(코드번호 : 5031)의 당기(제11기) 회계기간은 2024. 1. 1.~2024. 12. 31.이다.
당사는 ㈜하루만에게 수출용 원자재를 공급하고 구매확인서를 받았다. 2기 예정 부가가치세 신고 시 [내국신용장·구매확인서전자발급명세서]와 [영세율매출명세서]를 작성하고 [부가가치세신고서]의 과세표준 및 매출세액을 작성하시오. 제83회

외화획득용 원료·기재 구매확인서

※ 구매확인서번호 : PKT0071212

(1) 구매자	상 호 주 소 성 명 사업자등록번호	㈜하루만 서울시 서초구 양재천로 하지만 130-81-50417
(2) 공급자	상 호 주 소 성 명 사업자등록번호	㈜VAT(11) 대전광역시 중구 어덕마을로 41 유상훈 120-81-12056

1. 구매원료의 내용

(3) HS부호	(4) 품명 및 규격	(5) 단위수량	(6) 구매일	(7) 단가	(8) 금액	(9) 비고
6885550000	At	100 DPR	20xx-7-31	USD 2,500	USD 250,000	
TOTAL		100 DPR			USD 250,000	

2. 세금계산서(외화획득용 원료·기재를 구매한 자가 신청하는 경우에만 기재)

(10) 세금계산서번호	(11) 작성일자	(12) 공급가액	(13) 세액	(14) 품목	(15) 규격	(16) 수량
043010000008	20xx-7-31	287,500,000원	0원			

(17) 구매원료·기재의 용도명세 : 원자재

위의 사항을 대외무역법 제18조에 따라 확인합니다.

확인일자 20xx년 8월 8일
확인기관 한국무역정보통신
전자서명 1208102922

1단계 [내국신용장·구매확인서전자발급명세서] (7월~9월)

조회기간 2024 년 07 ▼ 월 ~ 2024 년 09 ▼ 월 구분 2기 예정

▷ 2. 내국신용장·구매확인서에 의한 공급실적 합계

구분	건수	금액(원)	비고
(9)합계(10+11)	2	287,500,000	
(10)내국신용장	1		
(11)구매확인서	1	287,500,000	

[참고] 내국신용장 또는 구매확인서에 의한 영세율 첨부서류 방법 변경(영 제64조 제3항 제1의3호
▶ 전자무역기반시설을 통하여 개설되거나 발급된 경우 내국신용장·구매확인서 전자발급명세서를 제출하고 이 외의 경우 내국신용장 사본을 제출함
=> 2011.7.1 이후 최초로 개설되거나 발급되는 내국신용장 또는 구매확인서부터 적용

▷ 3. 내국신용장·구매확인서에 의한 공급실적 명세서

(12)번호	(13)구분	(14)서류번호	(15)발급일	거래처정보 거래처명	(16)공급받는자의 사업자등록번호	(17)금액	전표일자	(18)비고
1	구매확인서	PKT0071212	2024-08-08	(주)하루만	130-81-50417	287,500,000		

2단계 [영세율매출명세서] (7월~9월)

조회기간 2024 년 07 ▼ 월 ~ 2024 년 09 ▼ 월 2기 예정

부가가치세법 | 조세특례제한법

(7)구분	(8)조문	(9)내용	(10)금액(원)
부가가치세법	제21조	직접수출(대행수출 포함)	
		중계무역·위탁판매·외국인도 또는 위탁가공무역 방식의 수출	
		내국신용장·구매확인서에 의하여 공급하는 재화	287,500,000
		한국국제협력단 및 한국국제보건의료재단에 공급하는 해외반출용 재화	
		수탁가공무역 수출용으로 공급하는 재화	
	제22조	국외에서 제공하는 용역	
	제23조	선박·항공기에 의한 외국항행용역	
		국제복합운송계약에 의한 외국항행용역	
	제24조	국내에서 비거주자·외국법인에게 공급되는 재화 또는 용역	
		수출재화임가공용역	
		외국항행 선박·항공기 등에 공급하는 재화 또는 용역	
		국내 주재 외교공관, 영사기관, 국제연합과 이에 준하는 국제기구, 국제연합군 또는 미국군에게 공급하는 재화 또는 용역	
		「관광진흥법 시행령」에 따른 일반여행업자가 외국인관광객에게 공급하는 관광알선용역	
		외국인전용판매장 또는 주한외국군인 등의 전용 유흥음식점에서 공급하는 재화 또는 용역	
		외교관 등에게 공급하는 재화 또는 용역	
		외국인환자 유치용역	
(11) 부가가치세법에 따른 영세율 적용 공급실적 합계			287,500,000
(12) 조세특례제한법 및 그 밖의 법률에 따른 영세율 적용 공급실적 합계			
(13) 영세율 적용 공급실적 총 합계(11)+(12)			287,500,000

3단계 [부가가치세신고서] (7월~9월)

조회기간 : 2024 년 7월 1일 ~ 2024 년 9월 30일

구분				정기신고금액 금액	세율	세액
과세표준및매출세액	과세	세금계산서발급분	1		10/100	
		매입자발행세금계산서	2		10/100	
		신용카드·현금영수증발행분	3		10/100	
		기타(정규영수증외매출분)	4			
	영세	세금계산서발급분	5	287,500,000	0/100	
		기타	6		0/100	
	예정신고누락분		7			
	대손세액가감		8			
	합계		9	287,500,000	㉮	

기출확인문제

㈜VAT(12)(코드번호 : 5032)의 당기(제9기) 회계기간은 2024. 1. 1.~2024. 12. 31.이다.
당사는 제조·도매업을 영위하는 중소기업이다. 입력된 자료는 무시하고 다음 의제매입세액 관련 자료를 이용하여 올해 제2기 확정신고 시 [의제매입세액공제신고서] 메뉴([제조업 면세농산물등] 탭을 이용)를 작성하시오. (단, 매입자료를 매입매출전표에 입력(분개 포함)하고, 의제매입세액공제받을 수 있는 금액까지 장부에 반영할 것) 제87회 수정

1. 면세 원재료 매입 관련 자료

날 짜	공급처명	공급가액	비 고
10월 20일	우리과일	70,500,000원	과일 7,000kg, 전액 비씨카드(법인)으로 결제, 1건
11월 10일	김만복	1,500,000원	과일 150kg, 농어민으로부터 직접 구입하고 현금 결제, 1건

2. 의제매입세액 관련 제품매출, 면세매입 및 의제매입세액공제액

(단위 : 원)

구 분	제1기 과세기간(1. 1.~6. 30.)	제2기 과세기간(7. 1.~12. 31.)
제품매출	56,000,000	100,000,000
면세 원재료 매입	18,200,000	72,000,000
의제매입세액공제액	700,000	–

※ 모든 원재료는 부가가치세 과세대상 제품 생산에 사용되었고 제2기 예정신고기간 의제매입세액공제액
은 없다.

| 방법1 |

1단계 [매입매출전표입력]

- 10월 20일 유형 : 58.카면 / 공급가액 : 70,500,000 / 거래처 : 우리과일 / 분개 : 혼합(외상) / (신용카드사 : 비씨카드(법인))

  (차) 원재료   70,500,000   (대) 외상매입금   70,500,000

                                                                           (비씨카드(법인))

- 11월 10일 유형 : 60.면건 / 공급가액 : 1,500,000 / 거래처 : 김만복 / 분개 : 혼합(현금)

  (차) 원재료   1,500,000   (대) 현금   1,500,000

2단계 [의제매입세액공제신고서] (10월 ~ 12월)

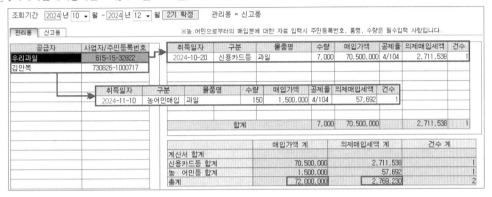

- 제조업을 영위하는 중소기업의 공제율 : 4/104

- 제조업의 경우에는 농·어민으로부터 직접 구입하는 것도 인정됨

- 당해연도 1역년 매입액 : 18,200,000(제1기) + 0(제2기 예정) + 72,000,000(제2기 확정) = 90,200,000원

- 이미 공제받은 금액 : 700,000(제1기) + 0(제2기 예정) = 700,000원

- 제2기 확정신고 시 의제매입세액공제 금액 = Min[㉠, ㉡] − ㉢ = 2,300,000원

  ㉠ 전체 1역년의 대상 매입가액 × 공제율 = 90,200,000원 × 4/104 = 3,469,230원

  ㉡ 전체 1역년의 과세표준 × 일정률 × 공제율 = 156,000,000원 × 50% × 4/104 = 3,000,000원

  ㉢ 이미 공제받은 금액 = 700,000원

  참고 면세농산물 등의 매입이 특정기간에 집중[1]되는 제조업인 경우에는, [제조업 면세농산물등] 탭을 사용하여, 6개월(과세기간)이 아니라 1년을 단위로 하여 의제매입세액 한도를 적용할 수 있다.

  [1] 제1기에 공급받은 면세농산물 등의 가액을 1역년에 공급받은 면세농산물 등의 가액으로 나누어 계산한 비율이 75% 이상이거나 25% 미만일 것

[일반전표입력]

    12월 31일   (차) 부가세대급금   2,300,000[1]   (대) 원재료   2,300,000

                                                                          (적요 8. 타계정으로 대체액)

             [1] 의제매입세액공제 금액

| 방법2 |

[매입매출전표입력]

- '방법1'과 동일하게 매입전표를 입력한 다음,
  해당 전표를 선택하여 메뉴 상단에 있는 F11 간편집계.. ▼의 ▼를 클릭하고, SF4 의제.재활용 (또는 Shift + F4)를 선택한
  후, 보조창에서 1:의제매입 을 클릭하고 확인(Tab) 을 클릭한다.

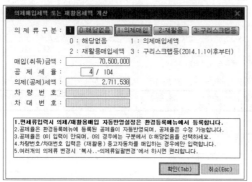

- 10월 20일   유형 : 58.카면 / 공급가액 : 70,500,000 / 거래처 : 우리과일 / 분개 : 혼합(외상)
  /(신용카드사 : 비씨카드(법인))

                    (차) 원재료   67,788,462   (대) 외상매입금   70,500,000
                             부가세대급금   2,711,538[1]   (비씨카드(법인))

                  [1] 한도를 고려하기 전의 의제매입세액공제액 = 70,500,000원 × (4/104) = 2,711,538원

- 11월 10일   유형 : 60.면건 / 공급가액 : 1,500,000 / 거래처 : 김만복 / 분개 : 혼합(현금)

                    (차) 원재료   1,442,308   (대) 현금   1,500,000
                             부가세대급금   57,692[1]

                  [1] 한도를 고려하기 전의 의제매입세액공제액 = 1,500,000원 × (4/104) = 57,692원

[의제매입세액공제신고서] (10월~12월) : '방법1'에서와 동일

[일반전표입력]

    12월 31일   (차) 원재료   469,230   (대) 부가세대급금   469,230[1]

                    [1] 의제매입세액공제액 중 한도초과액 = (2,711,538 + 57,692) − 2,300,000 = 469,230원

fn.Hackers.com

원천징수 출제유형 9선

출제유형 01 | 이자소득에 대한 원천징수

기출확인문제

㈜원천이자(코드번호 : 5041)의 2024년 귀속 원천징수자료와 관련하여 물음에 답하시오.
다음 자료를 이용하여 [기타소득자등록] 및 [이자배당소득자료입력] 메뉴에 관련 자료를 입력하여 원천징수세액
을 계산하시오. 제78회

- 소득자별 이자소득 지급내역

소득자			이자소득	소득지급일 /영수일	비 고
법 인	002	㈜대한	5,000,000원	2024-3-10	당사가 단기차입금에 대한 이자 비용을 지급한 것이다.
120-81-12342					

- 소득자는 제조업을 영위하고 본점이 국내에 소재하는 내국법인이며, 이자소득에 대한 원천징수세율은 다음과
같다.

구 분	세 율
일반이자소득	14%
비영업대금이익	25%

[1단계] [기타소득자등록] 메뉴에서 코드란에 "00002", 상호란에 "㈜대한"을 입력하고, 등록사항을 다음과 같이 입력한다.

[2단계] [이자배당소득자료입력] 메뉴에서 지급년월일 "3월 10일"을 입력하고, 코드(또는 F2)를 클릭하여 ㈜대한을 불러온 후, 다음과 같이 입력한다.

· 법인세법상 비영업대금이익에 대한 원천징수세율 : 25%

㈜원천배당(코드번호 : 5042)의 2024년 귀속 원천징수자료와 관련하여 물음에 답하시오.
다음의 자료를 보고 2024년 귀속 배당소득에 대하여 [이자배당소득자료입력] 메뉴에 관련 자료를 입력하시오.

제75회 수정

· 당사의 주주는 다음과 같다.

주주	구분	지분율
홍길동	국내 거주 내국인	70%
㈜청계산	국내 소재 내국법인	30%

· 제8기 배당금은 당사의 경영악화로 2024년 11월 경에 지급할 예정이다.

· 배당금을 결의한 이익잉여금처분계산서는 다음과 같다.

이익잉여금처분계산서
제8기 2023. 1. 1.~2023. 12. 31.
이익잉여금 처분결의일 2024. 2. 25.

(단위 : 원)

과목	금액	
Ⅰ. 미처분이익잉여금		57,690,000
1. 전기이월미처분이익잉여금	16,090,000	
2. 당기순이익	41,600,000	
Ⅱ. 이익잉여금처분액		55,000,000
1. 이익준비금	5,000,000	
2. 배당금		
가. 현금배당	50,000,000	
나. 주식배당	0	
Ⅲ. 차기이월미처분이익잉여금		2,690,000

1단계 [기타소득자등록] 메뉴에서 홍길동과 ㈜청계산의 소득구분란이 각각 "251. 내국법인 배당·분배금, 건설이자의 배당"으로 등록되어 있는지 확인한다.

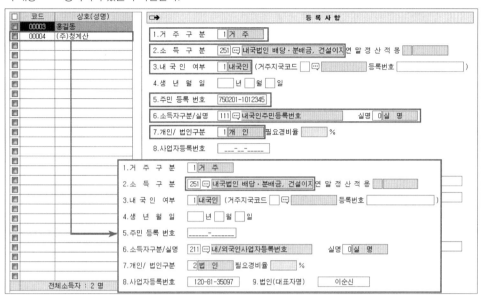

2단계 [이자배당소득자료입력] 메뉴에서 지급년월일 "5월 25일"을 입력하고, 코드(또는 F2)를 클릭하여 홍길동과 ㈜청계산을 불러온 후, 다음과 같이 입력한다.

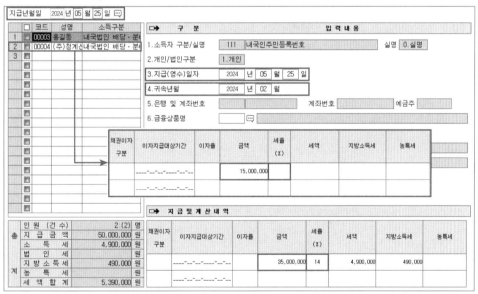

- 홍길동, ㈜청계산 ▶ 귀속년월 : 2024년 2월
  (∵ 잉여금처분에 의한 배당 시 소득세법상 배당소득의 수입시기 = 이익잉여금 처분결의일 = 2024년 2월 25일)
- 홍길동, ㈜청계산 ▶ 지급(영수)일자 : 2024년 5월 25일
  (∵ 이익잉여금 처분결의일(2월 25일)로부터 3개월 내에 배당금을 지급하지 아니하는 경우, 원천징수시기에 대한 특례규정에 따라 처분결의일로부터 3개월이 되는 날에 그 배당금을 지급한 것으로 보아 소득세를 원천징수하여야 함)
- 홍길동 ▶ 금액 = 50,000,000원 × 70% = 35,000,000원
- 홍길동 ▶ 세율 : 14% (∵ 소득세법상 일반적인 배당소득에 대한 원천징수세율 = 14%)
- ㈜청계산 ▶ 금액 = 50,000,000원 × 30% = 15,000,000원
- ㈜청계산 ▶ 세율 : 0% (∵ 법인세법에 따르면 일반적인 배당소득은 원천징수대상소득이 아님)

참고 원천징수시기에 대한 특례규정(= 지급시기 의제규정)

원천징수는 원천징수의무자가 소득을 실제로 지급하는 때에 하는 것이 원칙이나, 원천징수 대상 소득을 일정 시점까지 실제로 지급하지 아니하는 경우 다음의 규정에 따른 날에 그 소득을 지급한 것으로 보아 원천징수한다.

소득구분	미지급 내용	지급시기 간주일
근로소득 퇴직소득	1월~11월분 근로소득·퇴직소득을 12월 31일까지 지급하지 않은 경우	12월 31일
	12월분 근로소득·퇴직소득을 다음 연도 2월 말일까지 지급하지 않은 경우	다음 연도 2월 말일
배당소득	이익잉여금 처분에 따른 배당을 그 처분을 결정(결의)한 날로부터 3개월이 되는 날까지 지급하지 않은 경우	처분결의일로부터 3개월이 되는 날
	단, 11월~12월 사이에 결정된 처분에 따른 배당을 다음 연도 2월 말일까지 지급하지 않은 경우	다음 연도 2월 말일

출제유형 03   기타소득에 대한 원천징수

기출확인문제

㈜원천기타(코드번호 : 5043)의 2024년 귀속 원천징수자료와 관련하여 물음에 답하시오.
당사는 직업강사는 아니지만 여러 경험이 많으신 나부자(530320 – 2352117) 할머니를 모셔서, 임직원을 대상으로 인생에 대한 특별 강연을 개최하고 강연료로 120,000원을 강의 당일인 4월 20일에 지급하였다. 기타소득자에 대한 인적사항을 등록(코드 : 0001로 입력)하고 소득자료입력을 하시오. (단, 주민등록번호는 정확한 것으로 가정한다) 제71회

기출 따라 하기

1단계 [기타소득자등록] 메뉴에서 코드 "1", 성명 "나부자"를 등록하고, 다음과 같이 입력한다.

· 필요경비율 : 60% (∵ 인적용역의 일시적 제공에 해당하는 기타소득의 필요경비율 = 60%)

참고 세법 개정내용에 따른 필요경비율 변경 기능

세법 개정내용에 따라 인적용역의 일시적 제공 등 법 소정 기타소득의 필요경비율이 70%(2018년) 또는 60%(2019년부터)로 적용되는데, 화면 상단에 있는 F6 필요경비율 일괄변경 (또는 F6)을 클릭하면 아래의 보조창에서 해당 필요경비율을 확인할 수 있고, 70% 일괄변경(F7) 또는 60% 일괄변경(F8) 을 클릭하여 필요경비율을 변경할 수도 있다.

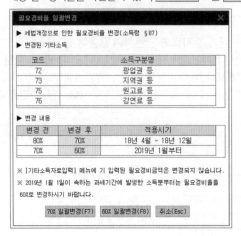

2단계 [기타소득자자료입력] 메뉴에서 지급년월일 "4월 20일"을 입력하고, [코드](또는 F2)를 클릭하여 나부자를 불러온 후, 다음과 같이 입력한다.

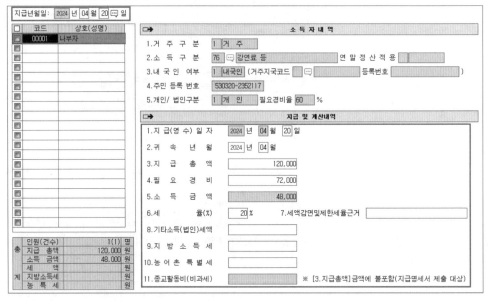

· 기타소득세액 : 0 (∵ 건별 기타소득금액이 5만 원 이하이므로 소득세를 과세하지 아니함(과세최저한))

기출확인문제

㈜원천사업(코드번호 : 5044)의 2024년 귀속 원천징수자료와 관련하여 물음에 답하시오.
회사가 8월 31일에 지급한 원천징수와 관련된 지급내역은 아래와 같다. 적요를 참고하여 소득구분을 판단하고 그에 해당하는 소득자 등록과 소득자료를 입력하시오. (소득자는 소득세법상 거주자이며, 주소 입력은 생략하며, 귀속월은 8월이며, 지급일(영수일)은 8월 31일이다) 제73회

- 코드 : 102
- 성명 : 장상호
- 주민등록번호 : 820502-1028957
- 지급액 : 2,000,000원
- 제공용역 : 기타모집수당
- 적요 : 장상호 씨는 고용 관계 없이 영리목적으로 계속·반복적으로 위 용역을 제공하고 있다.

기출 따라 하기

1단계 [사업소득자등록] 메뉴에서 코드란에 "00102", 성명란에 "장상호"를 입력하고, 등록사항을 다음과 같이 입력한다.

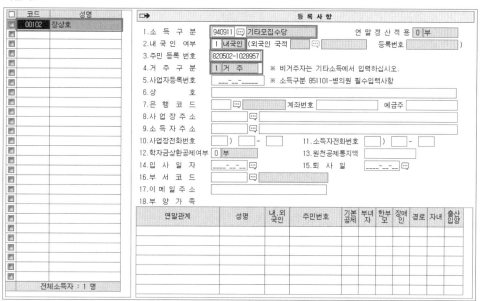

· 고용 관계 없이 계속·반복적으로 용역을 제공하고 얻는 소득은 사업소득에 해당한다.

2단계 [사업소득자료입력] 메뉴에서 지급년월일 "8월 31일"을 입력하고, 코드(또는 F2)를 클릭하여 장상호를 불러온 후, 다음과 같이 입력한다.

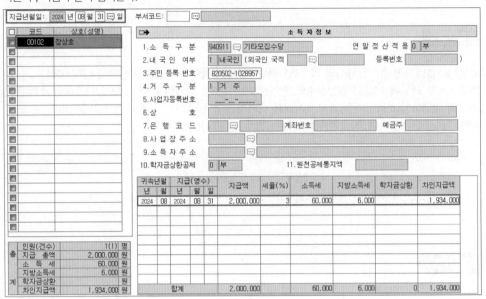

· 기타모집수당(소득세법상 특정사업소득)에 대한 소득세 원천징수세율 : 3%

출제유형 05	퇴직소득에 대한 원천징수

기출확인문제

㈜원천퇴직(코드번호 : 5045)의 2024년 귀속 원천징수자료와 관련하여 물음에 답하시오.

다음 자료를 이용하여 퇴직한 직원 나퇴직(사원코드 : 200)에 대한 퇴직소득세를 산출하고, [퇴직소득원천징수영수증]을 작성하시오. (단, 일반전표입력은 생략한다) 제76회

- 이름 : 나퇴직
- 주민등록번호 : 830821 – 1235636
- 입사년월일 : 2021. 5. 1.
- 퇴직소득지급일(영수일과 동일) : 2024. 12. 31.
- 퇴사년월일 : 2024. 12. 8.
- 퇴직금 : 10,000,000원
- 공로수당 : 1,700,000원
- 퇴직사유 : 자발적 퇴직
※ 단, 퇴직금에 대하여는 과세이연을 적용하지 않기로 한다.

기출 따라 하기

1단계 [사원등록] 메뉴에서, 나퇴직 사원의 퇴사년월일란에 "2024년 12월 8일"이 입력되어 있는지 확인한다.

□	사번	성명	주민(외국인)번호
□	101	김수원	1	810105-1025546
□	200	나퇴직	1	830821-1235636

기본사항 부양가족명세 추가사항

1. 입사년월일 2021 년 5 월 1 ⋯ 일 퇴사
2. 내/외국인 1 내국인
3. 외국인국적 KR ⋯ 대한민국 체류자격 ⋯
4. 주민구분 1 주민등록번호 주민등록번호 830821-1235636
5. 거주구분 1 거주자 6. 거주지국코드 KR ⋯ 대한민국
7. 국외근로제공 0 부 8. 단일세율적용 0 부 9. 외국법인 파견근로자 0 부
10. 생산직등여부 0 부 연장근로비과세 0 부 전년도총급여
11. 주소 ⋯ 충북 청주시 금가면 오솔길로 105
5층 501호
12. 국민연금보수월액 국민연금납부액
13. 건강보험보수월액 건강보험료경감 0 부 건강보험납부액
장기요양보험적용 1 여 장기요양보험납부액
14. 고용보험적용 1 여 (대표자 여부 0 부)
고용보험보수월액 고용보험납부액
15. 산재보험적용 1 여 16. 퇴사년월일 2024 년 12 월 8 ⋯ 일 (이월 여부 0 부)

전체인원	2	재직자수	1	퇴직자수	1

2단계 [퇴직소득자료입력] 메뉴에서, 지급년월란에 "12월", 소득자구분란에 "1.근로"를 선택하고 코드 (또는 F2)를 클릭하여 나퇴직(사원코드 : 200) 사원에 대한 퇴직소득자료입력 화면을 불러온 후, 구분란에 "1.퇴직"을 선택하고, 귀속년월과 영수일자를 확인한 다음, [소득명세] 탭에 있는 퇴직사유란에 "3. 자발적 퇴직"을 선택하고, 지급일을 확인하고, 과세퇴직급여란에 "11,700,000"을 입력한다.

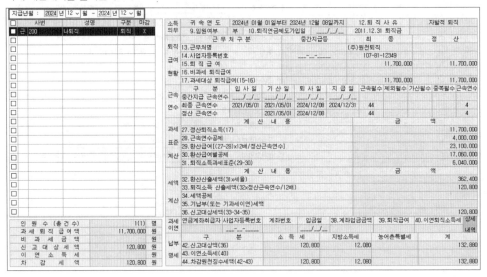

참고 [세액계산] 탭을 클릭하면 퇴직소득에 대한 소득세 계산내역을 확인할 수 있다.

3단계 [퇴직소득원천징수영수증] 메뉴에서 지급년월 "12월 ~ 12월"을 입력하여 나퇴직 사원의 퇴직소득에 대한 소득세 계산내역을 불러온다.

㈜원천사원(코드번호 : 5046)의 2024년 귀속 원천징수자료와 관련하여 물음에 답하시오.
다음 자료를 이용하여 이미란(사번 : 500번, 주민등록번호 : 981026-2222223)의 사원등록을 하시오.
[제90회]

1) 입사일(최초 취업일) : 2024년 5월 1일
2) 생산직 근로자이며, 전년도 총급여는 없고, 월정액급여액은 월 210만 원 이하이다.
3) 총급여액은 연 3,000만 원 이하이다.
4) 부양가족은 다음과 같다.

관 계	이 름	주민등록번호	비 고
배우자	김배우	971111-1111117	상용 근로소득금액 2,500만 원
자 녀	김자녀	230402-3111115	소득금액 없음

5) 중소기업취업자 소득세 감면을 최대한 적용받고자 신청하였다.
   • 감면기간 : 2024. 5. 1.~2029. 5. 31.
   • 감면율   : 90%
6) 중소기업취업자 감면은 연말정산 시 일괄 적용하기로 한다.
7) 당사는 중소기업이며 전자부품을 생산하는 제조업체이다.

[사원등록] 메뉴에 코드란에 "500", 성명란에 "이미란"을 입력하고, 등록사항을 다음과 같이 입력한다.

1단계 [기본사항] 탭

- 생산직 근로자이고, 직전연도 총급여액이 3,000만 원 이하로서, 월정액급여액이 월 210만 원 이하이므로, 연장근로수당은 연 240만 원을 한도로 비과세 가능하다.

2단계 [부양가족명세] 탭

연말 관계	성명	내/외 국인	주민(외국인, 여권)번호	나이	기본공제	부녀자	한부모	경로 우대	장애인	자녀	출산 입양	위탁 관계
0	이미란	내	1 981026-2222223	26	본인	○						
3	김배우	내	1 971111-1111117	27	부							
4	김자녀	내	1 230402-3111115	1	20세이하							

- 종합소득금액(근로소득금액) 3,000만 원 이하이고 배우자가 있는 여성이므로 이미란(본인)은 부녀자공제 가능하다.

3단계 [추가사항] 탭

참고 중소기업 취업자에 대한 소득세 감면(조세특례제한법 제30조)

- 요건: ㉠ 청년(34세 이하), 60세 이상, 장애인, 경력단절여성이 ㉡ 법 소정 업종의 중소기업에 취업한 경우
- 감면기간 및 감면율: 3년[1]간 70%(단, 청년의 경우 5년[1]간 90%)
  [1] 3년·5년이 되는 날이 속하는 달까지
- 한도: 과세기간별 200만 원 한도

✚ 더 알아보기

두루누리사회보험료 지원제도를 적용받는 경우 입력방법

[사원등록] 메뉴 ▶ [추가사항] 탭에서, 두루누리사회보험여부란에 "여"를 입력하고, 고용보험 적용률란과 국민연금 적용률란에 각각 "80%"를 입력한다.

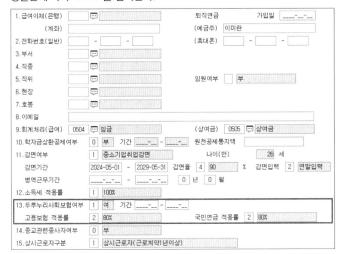

참고 **두루누리사회보험료 지원제도**

· 취지 : 사회보험 가입 부담을 덜어주기 위하여, 소규모 사업을 운영하는 사업주와 이에 고용된 근로자의 사회보험료 일부를 국가에서 지원해 주는 제도

· 지원 대상 : 근로자 수 10명 미만인 사업에 고용된 근로자 중 월 평균 보수가 법 소정 금액 미만이고 재산 등 추가 요건을 충족하는 경우, 근로자와 그 사업주

· 지원 혜택 : 근로자 및 사업주가 부담하는 국민연금과 고용보험료의 80%를 일정 기간 동안 국가에서 지원

기출확인문제

㈜원천급여(코드번호 : 5047)의 2024년 귀속 원천징수자료와 관련하여 물음에 답하시오.
다음은 영업부의 부장 김다움(사원코드 : 101, 주민등록번호 : 780103-1234567, 입사일 : 2014. 5. 6.)의
전년도 귀속 연말정산 결과와 올해 2월 급여자료이다. 자료를 바탕으로 올해 2월분 급여대장과 원천징수 이행
상황신고서를 작성하시오. 필요한 경우 수당 및 공제사항을 반드시 등록하시오. [제93회]

1. 김다움의 전년도 총급여는 65,000,000원이며 연말정산 결과는 다음과 같다.

구 분	소득세	지방소득세
결정세액	4,459,400원	445,940원
기납부세액	2,630,420원	263,060원
차감징수세액	1,828,980원	182,880원

2. 올해 2월 급여명세서는 다음과 같다. (급여 지급일 : 2월 28일)

구 분		금 액	비 고
지급액	기본급	2,500,000원	
	가족수당	300,000원	
	야간근로수당	400,000원	
	월차수당	120,000원	
	식 대	300,000원	별도 식사 제공 없음
	자가운전보조금	300,000원	본인 차량을 업무에 사용하고, 별도 여비를 지급하지 않음
공제액	국민연금	150,000원	국민연금, 건강보험료, 장기요양보험료, 고용보험료, 소득세, 지방소득세는 요율표를 무시하고 주어진 자료를 이용함
	건강보험료	200,000원	
	장기요양보험료	20,500원	
	고용보험료	28,160원	
	소득세	119,660원	
	지방소득세	11,960원	

3. 전년도 연말정산으로 인한 추가 납부세액은 3개월간 균등하게 분납하여 납부하는 것으로 신고하였다.

1단계 [급여자료입력] 메뉴에서 귀속년월 2월, 지급년월일 2월 28일을 입력한 후, [수당공제]를 클릭하여 수당등록에 다음과 같이 입력한다.

| No | 코드 | 과세구분 | 수당명 | 근로소득유형 | | | 월정액 | 사용여부 |
				유형	코드	한도		
1	1001	과세	기본급	급여			정기	여
2	1002	과세	상여	상여			부정기	여
3	1003	과세	직책수당	급여			정기	여
4	1004	과세	월차수당	급여			정기	여
5	1005	비과세	식대	식대	P01	(월)200,000	정기	여
6	1006	비과세	자가운전보조금	자가운전보조금	H03	(월)200,000	부정기	여
7	1007	비과세	야간근로수당	야간근로수당	001	(년)2,400,000	부정기	부
8	2001	과세	가족수당	급여			정기	여
9	2002	과세	야간근로수당	급여			부정기	여

· 생산직 근로자가 아니므로 야간근로수당은 과세 소득에 해당한다.

참고 [사원등록] 메뉴에서 연장근로비과세란이 "0 : 부"로 등록되어 있으면 [급여자료입력] 메뉴에서 '야간근로수당(비과세)'으로 금액을 입력하더라도 동 금액이 전액 과세로 자동 집계되는 기능이 있기 때문에, 이 문제에서 '야간근로수당(과세)'를 등록하지 않고, 400,000원을 '야간근로수당(비과세)'으로 입력하여도 정답으로 인정된다.

2단계 ① [급여자료입력] 메뉴에서 급여자료를 입력한다.

· 과세 = 기본급 + 월차수당 + 식대(한도초과분) + 자가운전보조금(한도초과분) + 가족수당
　　　　 + 야간근로수당(요건미충족)
　　　 = 2,500,000 + 120,000 + 100,000 + 100,000 + 300,000 + 400,000 = 3,520,000원

· 비과세 = 식대(한도) + 자가운전보조금(한도)
　　　　 = 200,000(제출) + 200,000(미제출) = 400,000원

② 메뉴 화면 상단에 있는 F7 중도퇴사자정산 ▾ 의 ▾를 클릭하고, F11 분납적용 (또는 F11)을 선택한 후, 분납적용 보조창에서 해당 사원을 선택하고 연말정산불러오기 , 분납(환급)계산 , 분납적용(Tab) 을 차례로 클릭한다.

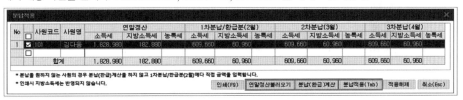

참고 연말정산으로 인한 소득세 추가납부세액이 10만 원을 초과하는 경우 이를 2월분, 3월분, 4월분 급여를 지급할 때에 나누어 원천징수할 수 있다. (소득세법 제137조 제4항)

③ 연말정산 소득세가 분납이 반영된 납부금액으로 표시되어 있음을 확인한다.

3단계 [원천징수이행상황신고서] 메뉴

참고 메뉴의 화면을 열 때 나타나는 아래의 보조창에서  를 클릭한다.

> ? 연말정산(A04) 추가 납부세액 분납을 적용하시겠습니까?
>
> 예(Y)   아니오(N)

기출확인문제

㈜원천연말(코드번호 : 5048)의 2024년 귀속 원천징수자료와 관련하여 물음에 답하시오.
다음은 사무관리직인 김태원(사원코드 201번, 입사일 2024. 1. 1.)의 연말정산 관련 자료이다. 김태원의 세부담이 최소화되는 방향으로 [연말정산추가자료입력] 메뉴를 이용하여 [부양가족] 탭을 수정하고 연말정산을 완료하시오. [제94회 수정]

1. 가족현황

관 계	성 명	나이(만)	비 고
본 인	김태원(751210-1254637)	49세	총급여 60,000,000원
배우자	이진실(791209-2458692)	45세	소득 없음
부	김진석(450814-1547861)	79세	소득 있음[1]
모	이명순(480428-2639216)	76세	소득 없음 (장애인)[2]
아 들	김찬원(000505-1569877)	24세	대학생
딸	김가영(060214-4452146)	18세	고등학생

[1] 부친인 김진석 씨는 부동산(상가) 임대 수입금액 2,400만 원, 임대소득 관련 필요경비 1,500만 원이 있음
[2] 모친인 이명순 씨는 장애인복지법상 장애인에 해당함

2. 연말정산 자료 (관련 증빙자료는 모두 국세청 자료에 해당함)
   (1) 보험료
       1) 본인 : 일반보장성보험료(자동차보험료) 840,000원, 저축성보험료 360,000원
       2) 본인 외 : 모친의 장애인전용 보장성보험료 1,200,000원
   (2) 의료비
       1) 부친의 상해사고 치료비 4,000,000원
       2) 모친의 휠체어 구입비 500,000원
       3) 아들의 시력보정용 안경 600,000원
   (3) 교육비
       1) 본인 : 경영대학원 교육비 10,000,000원
       2) 배우자 : 정규야간전문대학 교육비 6,000,000원
       3) 아들 : 대학교 수업료 9,000,000원 (이 중 2,000,000원은 취업 후 상환 조건의 학자금 대출로 지급)
       4) 딸 : 고등학교 수업료 2,000,000원, 교복구입비용 1,000,000원, 현장체험학습비 500,000원
   (4) 연금저축
       1) 본인 연금저축(2020년 가입) 당해 연도 납입금액 : 1,440,000원 (KEB 하나은행, 계좌번호 1012-4588-200)
   (5) 장기주택저당차입금 이자상환
       1) 본인 장기주택저당차입금 당해 연도 이자상환액 : 2,000,000원 (차입일 2013년 6월 1일, 상환기간 15년, 고정금리, 공제 요건 충족)

1단계 [연말정산입력자료입력] 메뉴에서 코드(또는 F2)를 클릭하여 201.김태원을 불러온 후, [부양가족] 탭의 상단부에서 다음과 같이 입력한다.

연말관계	성명	내/외국인		주민(외국인)번호	나이	기본공제	세대주구분	부녀자	한부모	경로우대	장애인	자녀	출산입양
0	김태원	내	1	751210-1254637	49	본인	세대주						
1	김진석	내	1	450814-1547861	79	부							
1	이명순	내	1	480428-2639216	76	60세이상				○		1	
3	이진실	내	1	791209-2458692	45	배우자							
4	김찬원	내	1	000505-3569877	24	부							
4	김가영	내	1	060214-4452146	18	20세이하						○	
		합 계 [명]				4				1	1	1	

· 김진석(부친)은 소득금액 요건을 충족하지 못하므로 기본공제 및 경로우대공제가 적용 안 됨
· 이명순(모친)의 기본공제란을 '장애인'으로 입력하여도 정답으로 인정

2단계 [부양가족] 탭의 하단부에서 다음과 같이 입력한다.
· 본인 김태원

자료구분	보험료				의료비					교육비	
	건강	고용	일반보장성	장애인전용	일반	실손	선천성이상아	난임	65세,장애인	일반	장애인특수
국세청			840,000							10,000,000 4.본인	
기타	2,206,080	480,000									

– 저축성 보험료는 공제 적용 안 됨
– 본인의 경우 대학원 학비도 공제 적용 가능함

· 부친 김진석

자료구분	보험료				의료비					교육비	
	건강	고용	일반보장성	장애인전용	일반	실손	선천성이상아	난임	65세,장애인	일반	장애인특수
국세청									4,000,000		
기타											

· 모친 이명순

자료구분	보험료				의료비					교육비	
	건강	고용	일반보장성	장애인전용	일반	실손	선천성이상아	난임	65세,장애인	일반	장애인특수
국세청				1,200,000					500,000		
기타											

· 배우자 이진실

자료구분	보험료				의료비					교육비	
	건강	고용	일반보장성	장애인전용	일반	실손	선천성이상아	난임	65세,장애인	일반	장애인특수
국세청										6,000,000 3.대학생	
기타											

· 아들 김찬원

자료구분	보험료				의료비					교육비	
	건강	고용	일반보장성	장애인전용	일반	실손	선천성이상아	난임	65세,장애인	일반	장애인특수
국세청					500,000 2.일반					7,000,000 3.대학생	
기타											

– 공제대상 교육비 = 대학교수업료 - 학자금 대출로 지급한 금액 = 9,000,000 - 2,000,000 = 7,000,000원

· 딸 김가영

자료구분	보험료				의료비					교육비	
	건강	고용	일반보장성	장애인전용	일반	실손	선천성이상아	난임	65세,장애인	일반	장애인특수
국세청										2,800,000 2.초중고	
기타											

– 중·고등학생 교복구입비는 1인당 연 50만원을 한도로 공제 적용 가능함
– 초·중·고등학생 체험학습비는 1인당 연 30만원을 한도로 공제 적용 가능함
– 공제대상 교육비 = 고등학교 수업료 + 교복구입비용(한도) + 현장체험학습비(한도)
　　　　　　　　 = 2,000,000 + 500,000 + 300,000 = 2,800,000원

3단계 [의료비] 탭에서 다음과 같이 입력한다.

	의료비 공제대상자						지급처			지급명세				14.산후조리원
	성명	내/외	5.주민등록번호	6.본인등해당여부	9.증빙코드	8.상호	7.사업자등록번호	10.건수	11.금액	11-1.실손보험수령액	12.미숙아선천성이상아	13.납입여부		
☐	김진석	내	450814-1547861	2	0	1			4,000,000		X	X		X
☐	이명순	내	480428-2639216	2	0	1			500,000		X	X		X
☐	김찬원	내	000505-3569877	3	X	1			500,000		X	X		X
☐														
☐														
					합계				5,000,000					
	일반의료비(본인)			6세이하, 65세이상인건강보험산정특례자장애인	4,500,000	일반의료비(그 외)			500,000	난임시술비				
										미숙아·선천성이상아				

· 의료비는 나이 및 소득금액의 제한을 받지 않음

· 장애인 보장구(예 휠체어)의 구입·임차 비용도 의료비 공제 적용 가능함

· 시력보정용 안경구입비는 1인당 연 50만원을 한도로 공제 적용 가능함

4단계 [연금저축 등 Ⅰ] 탭의 '2 연금계좌 세액공제' 에서 다음과 같이 입력한다.

· 구분 : 2.연금저축

· 금융회사 등 : (F2를 클릭하여 검색 후 입력) 305.KEB 하나은행

· 계좌번호 : 1012-4588-200

· 납입금액 : 1,440,000

5단계 [연말정산] 탭의 '장기주택저당차입금이자상환액' 보조창 에서 다음과 같이 입력한다.

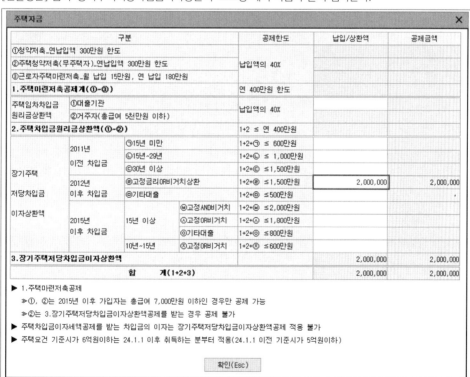

· 장기주택저당차입금 이자상환액 > 2012년 이후 차입금 > ㉣ 고정금리 OR 비거치상환 : 2,000,000원

6단계 [연말정산입력] 탭에서 화면 상단에 있는 `F8 부양가족탭불러오기`(또는 F8)를 클릭한다.

· 장기주택저당차입금 이자상환액 : 2,000,000

· 연금계좌 ▶ 연금저축 : 1,440,000

· 보장성보험 ▶ 일반 : 840,000

· 보장성보험 ▶ 장애인 : 1,200,000

· 의료비 ▶ 6세 이하, 65세 이상, 장애인 : 4,500,000

· 의료비 ▶ 그 밖의 공제대상자 : 500,000

· 교육비 ▶ 초중고 : 2,800,000

· 교육비 ▶ 대학생 ▶ (인별) : 6,000,000

· 교육비 ▶ 대학생 ▶ (인별) : 7,000,000

· 교육비 ▶ 본인 : 10,000,000

참고 자녀 대학교수업료 9,000,000원 (이 중 2,000,000원은 취업 후 상환 조건의 학자금 대출로 지급)

근로자 본인(김태원)의 대학생 자녀(김찬원)가 학자금 대출을 받아 등록금을 납입하고 동 자녀(김찬원)가 취업 후 원리금을 상환하는 경우의 교육비세액공제 적용 방법은 다음과 같다.

· 등록금 납입 시 : 7,000,000원에 대하여 근로자 본인(김태원)이 교육비 세액공제 적용
· 취업 후 원리금 상환 시 : 대출 원리금(= 원금 2,000,000원 + 이자) 의 상환액에 대하여 동 자녀(김찬원)가 교육비 세액공제 적용

기출확인문제

㈜원천정산(코드번호 : 5049)의 2024년 귀속 원천징수자료와 관련하여 물음에 답하시오.
다음은 영업부서 차정만(사번 : 2, 입사일 : 2024년 4월 1일) 사원의 연말정산 관련 자료이다. 본인 차정만의
세부담이 최소화되도록 [연말정산추가자료입력] 메뉴를 이용하여 [부양가족] 탭을 수정하고 연말정산을 완료
하시오. [제110회]

1. 부양가족 현황

관 계	성 명	주민등록번호	소득	비 고
본 인	차정만	910520 – 1724815	현 근무지 총급여 6,140만 원	세대주
배우자	한정숙	931227 – 2548713	700만 원	모두 일용근로소득에 해당
부	차도진	601110 – 1024623	부동산임대소득금액 300만 원	장애인(장애인복지법)
모	엄혜선	630708 – 2524654	소득 없음	2024년 10월 27일 사망
자녀	차민지	210202 – 4445452	소득 없음	
자녀	차민수	240303 – 3345459	소득 없음	2024년 3월 3일 출생

· 위 가족들은 모두 내국인으로 근로자 본인과 동거하면서 생계를 같이 하고 있으며, 기본공제대상자가 아닌
경우에도 부양가족명세에 등록하고 기본공제 "부"로 작성한다.
· 제시된 자료 외의 다른 소득은 없다고 가정한다.

2. 전(前) 근무지 자료는 아래와 같으며, 당사에서 합산하여 연말정산하기로 한다.

· 근무처명 : ㈜우림기획(207-81-08903)   · 근무기간 : 2024. 1. 1.~2024. 3. 31.
· 총급여액 : 8,400,000원
· 국민연금보험료 : 165,000원   · 건강보험료 : 98,700원
· 장기요양보험료 : 4,020원   · 고용보험료 : 12,300원

구분		소득세	지방소득세
세액명세	결정세액	128,100원	12,810원
	기납부세액	197,300원	19,730원
	차감징수세액	△69,200원	△6,920원

3. 연말정산 관련 자료 (국세청 연말정산간소화서비스 자료)

항목	내용
보험료	· 부친 장애인전용 보장성 보험료 : 950,000원 · 모친 보장성 보험료 : 400,000원
교육비	· 자녀 차민지 어린이집 급식비 : 500,000원 · 자녀 차민지 어린이집 방과 후 과정 수업료 : 300,000원 · 본인 차정만 대학원 교육비 : 11,000,000원(학교에서 장학금 8,000,000원 수령)
의료비	· 배우자 출산 병원비용 : 1,400,000원(본인 신용카드 결제) · 배우자 산후조리원 이용비 : 3,800,000원 · 부친 휠체어 구입비용 : 2,700,000원 · 모친 치료목적 병원비 : 3,000,000원(실손의료보험금 2,200,000원 수령)
신용카드 등 사용금액	· 본인 신용카드 사용액 : 12,000,000원(배우자 출산 병원비용 포함) · 배우자 직불카드 사용액 : 2,000,000원(전통시장사용분 300,000원 포함) · 전년 대비 소비증가분 없음
기부금	· 본인 이재민 구호금품 기부금 (금전) : 400,000원 · 모친 종교단체 기부금 (금전) : 1,000,000원

· 의료기관, 기부처의 상호나 사업자등록번호, 건수는 입력 생략한다.

기출 따라 하기

1단계 [연말정산입력자료입력] 메뉴에서 📠코드(또는 F2)를 클릭하여 2.차정만을 불러온 후, [소득명세] 탭에서 다음과 같이 입력한다.

· 근무처명 : ㈜우림기획

· 사업자등록번호 : 207-81-08903

· 근무기간 : 2024. 1. 1. ~ 2024. 3. 31.

· 급여 : 8,400,000

· 건강보험료 : 98,700

· 장기요양보험료 : 4,020

· 고용보험료 : 12,300

· 국민연금보험료 : 165,000

· 기납부세액 ▶ 소득세 : 128,100[1]

· 기납부세액 ▶ 지방소득세 : 12,810

[1] 전 근무지에서의 기납부세액은 종전근무지 근로소득원천징수영수증에 기재된 결정세액, 기납부세액, 차감징수세액 중 결정세액임

2단계 [부양가족] 탭의 상단부에서 다음과 같이 입력한다.

연말 관계	성명	내/외국인	주민(외국인)번호		나이	기본공제	세대주 구분	부녀 자	한부 모	경로 우대	장애 인	자녀	출산 입양
0	차정만	내	1	910520-1724815	33	본인	세대주						
1	차도진	내	1	601110-1024623	64	부							
1	엄혜선	내	1	630708-2524654	61	60세이상							
3	한정숙	내	1	931227-2548713	31	배우자							
4	차민지	내	1	210202-4445452	3	20세이하							
4	차민수	내	1	240303-3345459	0	20세이하							둘째
	합 계 [명]					5							

- 차도진(부친)은 소득금액 요건을 충족하지 못하므로 기본공제, 장애인공제 모두 적용 불가
- 연중에 사망한 자에 대하여는 사망일 전날의 상황에 따라 인적공제를 판단하므로, 엄혜선(모친)은 기본공제 적용 가능
- 일용근로소득은 분리과세되므로 한정숙(배우자)은 소득금액 요건을 충족함

3단계 [부양가족] 탭의 하단부에서 다음과 같이 입력한다.

- 본인 차정만

자료구분	보험료				의료비					교육비	
	건강	고용	일반보장성	장애인전용	일반	실손	선천성이상아	난임	65세,장애인	일반	장애인특수
국세청										3,000,000	
기타	2,558,093	517,100								4.본인	

자료구분	신용카드등 사용액공제							기부금
	신용카드	직불카드등	현금영수증	전통시장사용분	대중교통이용분	도서공연 등		
국세청	12,000,000							400,000
기타								

  - 본인의 경우 대학원 교육비도 공제 적용 가능함
  - 대학원 교육비에서 장학금 수령액을 차감한 금액만 공제 적용 가능함

- 부친 차도진

자료구분	보험료				의료비					교육비	
	건강	고용	일반보장성	장애인전용	일반	실손	선천성이상아	난임	65세,장애인	일반	장애인특수
국세청									2,700,000		
기타											

자료구분	신용카드등 사용액공제							기부금
	신용카드	직불카드등	현금영수증	전통시장사용분	대중교통이용분	도서공연 등		
국세청								
기타								

  - 차도진(부친)은 장애인이지만 소득금액 요건을 충족하지 못하므로, 장애인전용 보장성보험 공제 적용 안 됨

- 모친 엄혜선

자료구분	보험료				의료비					교육비	
	건강	고용	일반보장성	장애인전용	일반	실손	선천성이상아	난임	65세,장애인	일반	장애인특수
국세청			400,000		3,000,000	2,200,000					
기타					2.일반						

자료구분	신용카드등 사용액공제							기부금
	신용카드	직불카드등	현금영수증	전통시장사용분	대중교통이용분	도서공연 등		
국세청								1,000,000
기타								

- 배우자 한정숙

자료구분	보험료				의료비					교육비	
	건강	고용	일반보장성	장애인전용	일반	실손	선천성이상아	난임	65세,장애인	일반	장애인특수
국세청					3,400,000						
기타					2.일반						

자료구분	신용카드등 사용액공제							기부금
	신용카드	직불카드등	현금영수증	전통시장사용분	대중교통이용분	도서공연 등		
국세청		1,700,000		300,000				
기타								

· 자녀 차민지

자료구분	보험료				의료비					교육비	
	건강	고용	일반보장성	장애인전용	일반	실손	선천성이상아	난임	65세,장애인	일반	장애인특수
국세청										800,000	1.취학
기타											전

자료구분	신용카드등 사용액공제							기부금
	신용카드	직불카드등	현금영수증	전통시장사용분	대중교통이용분	도서공연 등		
국세청								
기타								

[4단계] [의료비] 탭에서 다음과 같이 입력한다.

	2024년 의료비 지급명세서													
	의료비 공제대상자					지급처			지급명세					14.산후조리원
	성명	내/외	5.주민등록번호	6.본인등해당여부	9.증빙코드	8.상호	7.사업자등록번호	10.건수	11.금액	11-1.실손보험수령액	12.미숙아선천성이상아	13.난임여부		
☐	한정숙	내	931227-2548713	3	X	1				1,400,000		X	X	X
☐	한정숙	내	931227-2548713	3	X	1				2,000,000		X	X	0
☐	차도진	내	601110-1024623	2	0	1				2,700,000		X	X	X
☐	엄혜선	내	630708-2524654	3	X	1				3,000,000	2,200,000	X	X	X
☐														
			합계							9,100,000	2,200,000			
	일반의료비 (본인)		6세이하,65세이상인건강보험산정특례자 장애인			2,700,000	일반의료비 (그 외)			6,400,000	난임시술비 미숙아.선천성이상아			

· 의료비는 나이 및 소득금액의 제한을 받지 않음
· 실손보험금 수령액으로 지급한 의료비는 공제 적용 안되므로, 서식에서 별도로 표기
· 산후조리원 비용은 출산 1회당 200만 원 한도가 적용되어야 하므로, [의료비] 탭의 '산후조리원' 란에서 "1.해당"을 입력
· 차도진(65세 이상·6세 이하가 아니고, 장애인이지만 소득금액 요건을 충족하지 못하는 부양가족)의 의료비는 본인 등 의료비로 분류되어 세액공제대상 의료비가 계산되어야 하므로, [의료비] 탭의 '6.본인 등 해당여부' 란에서 "3.그 밖의 공제대상자"를 "2.장애인"으로 수정 입력

[5단계] [신용카드 등] 탭에서 다음과 같이 입력한다.

	성명 생년월일	자료구분	신용카드	직불,선불	현금영수증	도서등신용	도서등직불	도서등현금	전통시장	대중교통	소비증가분 2023년	소비증가분 2024년
☐	차정만	국세청	12,000,000									
	1991-05-20	기타										
☐	차도진	국세청										
	1960-11-10	기타										
☐	엄혜선	국세청										
	1963-07-08	기타										
☐	한정숙	국세청		1,700,000					300,000			
	1993-12-27	기타										
☐	차민지	국세청										
	2021-02-02	기타										
☐	차민수	국세청										
	2024-03-03	기타										
	합계		12,000,000	1,700,000					300,000			

· 신용카드 등 사용액 중 의료비 결제액은 신용카드 공제 적용 가능함

6단계 [기부금] 탭에서 다음과 같이 입력한다.

- [기부금 입력] 세부 탭 ▶ 본인 차정만

구분		9.기부내용	노조회비여부	기부처			건수	기부명세			자료구분
7.유형	8.코드			10.상호(법인명)	11.사업자번호 등			13.기부금합계금액(14+15)	14.공제대상기부금액	15.기부장려금신청 금액	
특례	10	금전	부	필수 입력	필수 입력			400,000	400,000		국세청

- [기부금 입력] 세부 탭 ▶ 직계존속 엄혜선

구분		9.기부내용	노조회비여부	기부처			건수	기부명세			자료구분
7.유형	8.코드			10.상호(법인명)	11.사업자번호 등			13.기부금합계금액(14+15)	14.공제대상기부금액	15.기부장려금신청 금액	
종교	41	금전	부	필수 입력	필수 입력			1,000,000	1,000,000		국세청

- [기부금 조정] 세부 탭

구분		기부연도	16.기부금액	17.전년도까지공제된금액	18.공제대상금액(16-17)	해당연도공제금액	해당연도에 공제받지 못한 금액	
유형	코드						소멸금액	이월금액
특례	10	2024	400,000		400,000	400,000		
종교	41	2024	1,000,000		1,000,000	1,000,000		

7단계 [연말정산입력] 탭 화면 상단에 있는 **F8 부양가족탭불러오기**(또는 F8)를 클릭한다.

- 보장성보험 ▶ 일반 : 400,000

- 보장성보험 ▶ 장애인 : 0

- 의료비 ▶ 6세 이하, 65세 이상, 장애인 : 2,700,000

- 의료비 ▶ 그 밖의 공제대상자 ▶ 지출액 : 6,400,000

- 의료비 ▶ 그 밖의 공제대상자 ▶ 실손의료보험금 : 2,200,000

- 교육비 ▶ 취학전아동 : 800,000

- 교육비 ▶ 본인 : 3,000,000

- 기부금 ▶ 특례기부금 : 400,000

- 기부금 ▶ 일반기부금 ▶ 종교단체 : 1,000,000

- 신용카드 등 사용액 ▶ 신용카드 : 12,000,000

- 신용카드 등 사용액 ▶ 직불/선불카드 : 1,700,000

- 신용카드 등 사용액 ▶ 전통시장 : 300,000

- 신용카드 등 사용액 ▶ 소비증가분 : 0

세무조정 출제유형 25선

출제유형 01 | 수입금액명세서

기출확인문제

㈜빈출수입금액(코드번호 : 5101)의 당해 사업연도(제12기)는 2024. 1. 1.~2024. 12. 31.이다.
다음 자료를 이용하여 [수입금액조정명세서]와 [조정후수입금액명세서]를 작성하고 필요한 세무조정을 하시오.

제69회 수정

- 수입금액조정명세서 관련 사항
  - 제품매출은 당기 외상매출(판매가 1,600,000원, 부가가치세 별도, 원가 1,400,000원) 관련 거래가 누락되어 부가가치세 수정신고서로 반영하였으나 결산서 내용에는 포함되지 아니하였다.
  - 공사수입금의 매출에누리 700,000원(부가가치세 별도)에 대하여 마이너스 세금계산서가 발급되었으나 결산서에 이를 영업외비용(잡손실)으로 계상하였다.

- 손익계산서상의 수익 반영 내역

구 분		업종코드	금액(원)	비 고
매출액	공사수입금	451104(건설/건축공사)	460,700,000	–
	제품매출	343000(제조/자동차부품)	623,000,000	직수출액 13,000,000원 포함
영업외수익(잡이익)	부산물 매각대	343000(제조/자동차부품)	8,400,000	–
합 계			1,092,100,000	

- 부가가치세법상 과세표준 내역

구 분	금액(원)	비 고
공사수입금	470,000,000	기계장치 매각 10,000,000원 포함
제품매출	633,000,000	–
합 계	1,103,000,000	

부가가치세 신고내역은 관련 규정에 따라 적법하게 신고하였으며, 수정신고내역도 정확히 반영되어 있다.

(1) 문제분석

① 수입금액 vs 회사의 결산서상 매출액

회사의 결산서상 매출액	1,083,700,000	(= 623,000,000 + 460,700,000)
+ 부산물 매각대(잡이익)	+ 8,400,000	
+ 제품매출 누락	+ 1,600,000	
− 공사수입금 매출에누리(잡손실)	− 700,000	
= 수입금액	= 1,093,000,000	

② 세무조정

· <익금산입> 외상매출금(제품매출) 1,600,000 (유보)

· <손금산입> 제품(제품매출원가) 1,400,000 (△유보)

③ 수입금액 vs 부가가치세법상 과세표준

수입금액	1,093,000,000[1]
+ 기계장치 매각	+ 10,000,000
= 부가가치세법상 과세표준	= 1,103,000,000[2]

[1] = 제품매출(업종코드 : 343000)의 조정 후 수입금액 + 공사수입금(업종코드 : 451104)의 조정 후 수입금액
= (623,000,000 + 8,400,000 + 1,600,000) + (460,700,000 − 700,000)
= 633,000,000(직수출 13,000,000 포함) + 460,000,000 = 1,093,000,000원

[2] · 결산서에 누락되었던 제품매출(1,600,000원)은 부가가치세 수정신고를 통하여 여기에 포함되어 있음
· 결산서에 영업외비용으로 계상하였던 공사수입금 매출에누리(700,000원)는 마이너스 세금계산서가 발급
되었으므로 부가가치세 정기신고를 통하여 여기에 차감 반영되어 있음

(2) 입력화면

1단계 [수입금액조정명세서] 메뉴에서

· [수입금액조정계산] 탭

참고 ② 수입금액 조정명세 ▶ 다. 기타 수입금액 : 900,000
= 제품매출 누락 1,600,000(제품매출 ▶ 조정 ▶ 가산) − 영업외비용으로 계상한 공사수입금 매출에
누리 700,000(공사수입금 ▶ 조정 ▶ 차감)

· [기타수입금액조정] 탭

수입금액조정계산	작업진행률에 의한 수입금액	중소기업 등 수입금액 인식기준 적용특례에 의한 수입금액	기타수입금액조정

2. 2.수입금액 조정명세

다.기타 수입금액

	(23)구 분	(24)근 거 법 령	(25)수 입 금 액	(26)대 응 원 가	비 고
1	제품매출		1,600,000	1,400,000	
2	공사수입금		-700,000		
	계		900,000	1,400,000	

· [조정 등록]

익금산입 및 손금불산입			손금산입 및 익금불산입		
과 목	금 액	소득처분	과 목	금 액	소득처분
외상매출금누락	1,600,000	유보 발생	매출원가감소	1,400,000	△유보 발생

2단계 [조정후수입금액명세서] 메뉴에서

· [업종별 수입금액 명세서] 탭

업종별 수입금액 명세서	과세표준과 수입금액 차액검토

1. 1.업종별 수입금액명세서

①업 태	②종 목	순번	③기준(단순)경비율번호	수 입 금 액			
				수입금액계정조회	내 수 판 매		⑦수 출(영세율대상)
				④계(⑤+⑥+⑦)	⑤국내생산품	⑥수입상품	
자동차 및 트레일	자동차용동력전달장치	01	343000	633,000,000	620,000,000		13,000,000
건설업	건설 / 비주거용건물건	02	451104	460,000,000	460,000,000		
		03					
(111)기 타		11					
(112)합 계		99		1,093,000,000	1,080,000,000		13,000,000

· [과세표준과 수입금액 차액검토] 탭

업종별 수입금액 명세서	과세표준과 수입금액 차액검토

2. 2.부가가치세 과세표준과 수입금액 차액 검토 [부가가치세 신고 내역보기]

(1) 부가가치세 과세표준과 수입금액 차액

⑧과세(일반)	⑨과세(영세율)	⑩면세수입금액	⑪합계(⑧+⑨+⑩)	⑫조정후수입금액	⑬차액(⑪-⑫)
1,090,000,000	13,000,000		1,103,000,000	1,093,000,000	10,000,000

(2) 수입금액과의 차액내역(부가세과표에 포함되어 있으면 +금액, 포함되지 않았으면 -금액 처리)

⑭구 분	코드	(16)금 액	비 고	⑭구 분	코드	(16)금 액	비 고
자가공급(면세전용등)	21			거래(공급)시기차이감액	30		
사업상증여(접대제공)	22			주세·개별소비세	31		
개인적공급(개인적사용)	23			매출누락	32		
간주임대료	24				33		
자산 고정자산매각액	25	10,000,000			34		
매각 그밖의자산매각액(부산물)	26				35		
폐업시 잔존재고재화	27				36		
작업진행률 차이	28				37		
거래(공급)시기차이가산	29			(17)차 액 계	50	10,000,000	
				(13)차액과(17)차액계의차이금액			

기출확인문제

㈜빈출기업업무추진비(코드번호 : 5102)는 중소기업이며, 당해사업연도(제6기)는 2024. 1. 1.~2024. 12. 31. 이다.

다음 자료를 이용하여 [기업업무추진비조정명세서]를 작성하고 세무조정을 하시오. 제78회

- 손익계산서에 반영된 기업업무추진비 계정의 내역은 다음과 같다.
  - 기업업무추진비 총액은 45,600,000원이고, 판매비와관리비이며, 전액 건당 3만 원을 초과한다.
  - 기업업무추진비 중 경조사비를 제외한 금액은 40,580,000원이고, 이 중 법인신용카드 사용분은 38,580,000원이고 나머지 2,000,000원은 개인신용카드 사용분이다.
  - 기업업무추진비 중 경조사비에 해당하는 금액은 5,020,000원이고, 전액 현금으로 지출하였으며, 이 중 건당 20만 원 이하의 경조사비는 3,520,000원이고 나머지 1,500,000원은 건당 20만 원 초과 경조사비 이다.
- 손익계산서에 반영된 대손상각비 중 거래처의 외상매출금의 회수를 임의적으로 포기한 금액 3,000,000원이 포함되어 있다.
- 당사가 생산한 제품을 거래처 접대 목적으로 사용한 내용은 다음과 같이 회계처리하였다.

구 분	원 가	시 가
K제품	3,000,000원	5,000,000원
회계처리	(차) 복리후생비(판관비) 3,500,000	(대) 제품 3,000,000 부가세예수금 500,000

- 기업회계기준상 매출액은 4,550,000,000원이며 이 중 350,000,000원은 법인세법상 특수관계자와의 거래이다.

(1) 문제분석

1단계 기업업무추진비 직부인

① 사적 사용경비 : 없음

② 신용카드 등 미사용 : <손금불산입> 3,500,000[1] (기타사외유출)

[1] = 2,000,000(건당 3만 원 초과, 개인신용카드) + 1,500,000(건당 20만 원 초과, 경조사비)

2단계 기업업무추진비 한도계산

기업업무추진비 한도액 = ① + ② + ③ = 48,705,000원

① 일반 기업업무추진비 한도액 = $36,000,000 + (4,200,000,000^{[1]} \times \frac{30}{10,000}) + (350,000,000 \times \frac{30}{10,000} \times 10\%)$

$$= 48,705,000원$$

[1] 일반수입금액 = 수입금액 − 특정수입금액 = 4,550,000,000 − 350,000,000 = 4,200,000,000원

② 문화 기업업무추진비 추가한도액 = Min[㉠, ㉡] = 0원

㉠ 문화 기업업무추진비 : 0원

㉡ 일반 기업업무추진비 한도액 × 20% = 48,705,000원 × 20% = 9,741,000원

③ 전통시장 기업업무추진비 추가한도액 = Min[㉢, ㉣] = 0원

㉢ 전통시장 기업업무추진비 = 0원

㉣ 일반 기업업무추진비 한도액 × 10% = 48,705,000원 × 10% = 4,870,500원

3단계 기업업무추진비 한도초과액에 대한 세무조정

① 기업업무추진비 해당액 = 45,600,000(기업업무추진비, 판관) + 3,000,000(대손상각비, 판관)

+ 5,500,000(복리후생비, 판관)[1] − 0(사적 사용경비)

− 3,500,000(신용카드 등 미사용)

= 50,600,000원

[1] 현물 기업업무추진비는 'Max[시가, 장부가액]'으로 평가하며, 사업상 증여(재화의 간주공급)에 대하여 적용되는 부가가치세 매출세액도 기업업무추진비 해당액에 포함됨

② 기업업무추진비 한도액 = 48,705,000원

③ 기업업무추진비 한도초과액 = 1,895,000원

→ 세무조정 : <손금불산입> 1,895,000 (기타사외유출)

(2) 입력화면

[기업업무추진비조정명세서] 메뉴에서
- [기업업무추진비 입력(을)] 탭

1.기업업무추진비 입력 (을) | 2.기업업무추진비 조정 (갑)

1. 수입금액명세

구 분	1. 일반수입금액	2. 특수관계인간 거래금액	3. 합 계(1+2)
금 액	4,200,000,000	350,000,000	4,550,000,000

2. 기업업무추진비 해당금액

4. 계정과목		합계	기업업무추진비(판관)	대손상각비	복리후생비	
5. 계정금액		54,100,000	45,600,000	3,000,000	5,500,000	
6. 기업업무추진비계상액 중 사적사용경비						
7. 기업업무추진비해당금액(5-6)		54,100,000	45,600,000	3,000,000	5,500,000	
8. 신용카드 등 미사용금액	경조사비 중 기준금액 초과액	9. 신용카드 등 미사용금액	1,500,000	1,500,000			
		10. 총 초과금액	1,500,000	1,500,000			
	국외지역 지출액 (법인세법 시행령 제41조제2항제1호)	11. 신용카드 등 미사용금액					
		12. 총 지출액					
	농어민 지출액 (법인세법 시행령 제41조제2항제2호)	13. 송금명세서 미제출금액					
		14. 총 지출액					
	기업업무추진비 중 기준금액 초과액	15. 신용카드 등 미사용금액	2,000,000	2,000,000			
		16. 총 초과금액	52,600,000	44,100,000	3,000,000	5,500,000	
17. 신용카드 등 미사용 부인액		3,500,000	3,500,000			
18. 기업업무추진비 부인액(6+17)		3,500,000	3,500,000			

- [기업업무추진비 조정(갑)] 탭

1.기업업무추진비 입력 (을) | **2.기업업무추진비 조정 (갑)**

3 기업업무추진비 한도초과액 조정

중소기업			☐ 정부출자법인 ☐ 부동산임대업등(법.령제42조제2항)
	구분		금액
1. 기업업무추진비 해당 금액			54,100,000
2. 기준금액 초과 기업업무추진비 중 신용카드 등 미사용으로 인한 손금불산입액			3,500,000
3. 차감 기업업무추진비 해당금액(1-2)			50,600,000
일반 기업업무추진비 한도	4. 12,000,000 (중소기업 36,000,000) X 월수(12) / 12		36,000,000
	총수입금액 기준	100억원 이하의 금액 X 30/10,000	13,650,000
		100억원 초과 500억원 이하의 금액 X 20/10,000	
		500억원 초과 금액 X 3/10,000	
		5. 소계	13,650,000
	일반수입금액 기준	100억원 이하의 금액 X 30/10,000	12,600,000
		100억원 초과 500억원 이하의 금액 X 20/10,000	
		500억원 초과 금액 X 3/10,000	
		6. 소계	12,600,000
	7. 수입금액기준	(5-6) X 10/100	105,000
	8. 일반기업업무추진비 한도액 (4+6+7)		48,705,000
문화기업업무추진비 한도(「조특법」 제136조제3항)	9. 문화기업업무추진비 지출액		
	10. 문화기업업무추진비 한도액(9와 (8 X 20/100) 중 작은 금액)		
전통시장기업업무추진비 한도(「조특법」 제136조제6항)	11. 전통시장기업업무추진비 지출액		
	12. 전통시장기업업무추진비 한도액(11과 (8 X 10/100) 중 작은 금액)		
13. 기업업무추진비 한도액 합계(8+10+12)			48,705,000
14. 한도초과액(3-13)			1,895,000
15. 손금산입한도 내 기업업무추진비 지출액(3과 13중 작은 금액)			48,705,000

- [조정등록]

익금산입 및 손금불산입			손금산입 및 익금불산입		
과 목	금 액	소득처분	과 목	금 액	소득처분
신용카드 등 미사용액	3,500,000	기타사외유출			
기업업무추진비 한도초과	1,895,000	기타사외유출			

기출확인문제

㈜빈출감가상각(코드번호 : 5103)의 당해 사업연도(제10기)는 2024. 1. 1.~2024. 12. 31.이다.
다음의 고정자산을 감가상각비조정 메뉴에서 고정자산으로 등록하고 [미상각분감가상각조정명세서] 및
[감가상각비조정명세서합계표]를 작성하고 세무조정을 하시오. 제76회 수정

- 감가상각대상자산
  - 계정과목 : 차량운반구
  - 자산코드/자산명 : 001/1톤 포터 트럭
  - 취득 시 사용 가능할 때까지 지출한 비용은 운반비 1,000,000원, 차량취득세 1,000,000원이다. 취득한
    연도에 자동차세 500,000원을 납부하였다.

취득일	취득가액 (부대비용 제외한 금액)	전기말 감가상각누계액	기준내용연수	경비구분 /업종	상각방법
2023. 8. 1.	30,000,000원	7,000,000원	5년	제조 /13. 제조업	정률법

- 회사는 차량운반구(1톤 포터 트럭)에 대하여 전기에 다음과 같이 세무조정을 하였다.
  <손금불산입> 감가상각비 상각부인액 950,000 (유보)

- 회사는 차량운반구(1톤 포터 트럭)의 전기분 감가상각비에 대하여 당기에 다음과 같이 수정분개하였다.
  (차) 전기오류수정손실(영업외비용)   800,000   (대) 감가상각누계액   800,000

- 당기 제조원가명세서에 반영된 차량운반구(1톤 포터 트럭)의 감가상각비는 10,000,000원이다.

- 당기 제조원가명세서에 반영된 수선비 계정에는 차량운반구(1톤 포터 트럭)에 대한 자본적 지출액 2,500,000
  원이 포함되어 있다.

(1) 문제분석

[차량운반구(1톤 포터 트럭)의 감가상각 시부인]

① 상각방법 : 정률법

② 회사계상 감가상각비 합계 = 결산서상 감가상각비 + 전기오류수정손실 + 당기 즉시상각의제
$$= 10,000,000 + 800,000^{1)} + 0^{2)}$$
$$= 10,800,000원$$

   1) 대변의 감가상각누계액 계정과목에 대응하여 차변을 "전기오류수정손실(영업외비용)" 계정과목으로 회계처리
      한 경우, 이를 회사계상 감가상각비로 보아 시부인 계산함

   2) 소액수선비 판단 : 2,500,000 < Max[6,000,000, (32,000,000 − 7,000,000) × 5%]
      → 소액수선비 요건을 충족하므로, 감가상각 시부인 계산 없이 비용 계상액 2,500,000원을 전액 손금으로 인정

③ 세법상 상각범위액 = (세법상 기초 미상각잔액 + 자본적 지출)$^{1)}$ × 상각률$^{2)}$ = 11,703,450원

   1) = 기초 재무상태표상 취득가액 − 기초 재무상태표상 감가상각누계액 + 전기이월 상각부인액
      + 자산으로 계상한 당기 발생 자본적 지출 + 당기 즉시상각의제
      = 30,000,000 + 1,000,000 + 1,000,000 − 7,000,000 + 950,000 + 0 + 0 = 25,950,000원

   2) = $1 - \sqrt[n]{0.05}$ (n : 내용연수) = 0.451

④ 시인부족액(= 한도미달액) : 903,450원

⑤ 손금추인액 = Min[ⓐ 903,450, ⓑ 950,000] = 903,450원

   → 세무조정 : <손금산입> 전기 차량운반구 감가상각비 한도초과 903,450 (△유보)

(2) 입력화면

1단계 [고정자산등록]

- [유형자산(정률법)] 탭

유형자산(정액법)	유형자산(정률법)	무형자산

계정	자산코드/명	취득년월일
0208	000001 1톤 포터 트럭	2023-08-01

입력내용		금액
업종코드/명	13 제조업	
합계표 자산구분	3. 기타자산	
(4)내용연수		5
상각 계산 의 기초 가액	재무상태표 자산가액	(5)기말현재액	32,000,000
		(6)감가상각누계액	17,800,000
		(7)미상각잔액(5)-(6)	14,200,000
	(8)회사계산감가상각비	10,800,000
	(9)자본적지출액	
	(10)전기말의제상각누계액	
	(11)전기말부인누계액	950,000
	(12)가감계((7)+(8)+(9)-(10)+(11))	25,950,000
(13)일반상각률.특별상각률		0.451
상각범위 액계산	당기산출 상각액	(14)일반상각액	11,703,450
		(15)특별상각액	
		(16)계((14)+(15))	11,703,450
	취득가액	(17)전기말현재취득가액	32,000,000
		(18)당기회사계산증가액	
		(19)당기자본적지출액	
		(20)계((17)+(18)+(19))	32,000,000
	(21) 잔존가액	1,600,000
	(22) 당기상각시인범위액	11,703,450
(23)회사계상상각액((8)+(9))		10,800,000
(24)차감액 ((23)-(22))		-903,450
(25)최저한세적용에따른특별상각부인액		
조정액	(26) 상각부인액 ((24)+(25))	
	(27) 기왕부인액중당기손금추인액	903,450
(28) 당기말부인누계액 ((11)+(26)-|(27)|)		46,550
당기말 의제상각액	(29) 당기의제상각액 |△(24)|-|(27)|	
	(30) 의제상각누계액 ((10)+(29))	
신고조정 감가상각 비계산	(31) 기준상각률	
	(32) 종전상각비	
	(33) 종전감가상각비 한도	
	(34) 추가손금산입대상액	
	(35) 동종자산 한도계산 후 추가손금산	
신고조정 감가상각 비계산	(36) 기획재정부령으로 정하는 기준내용	
	(37) 기준감가상각비 한도	
	(38) 추가손금산입액	
(39) 추가 손금산입 후 당기말부인액 누계		46,550

- [조정등록]

익금산입 및 손금불산입			손금산입 및 익금불산입		
과 목	금 액	소득처분	과 목	금 액	소득처분
			전기 차량운반구 감가상각비 한도초과	903,450	유보 감소

1.자산 구 분		코드	2.합 계 액	유 형 자 산			6.무형자산
				3.건 축 물	4.기계장치	5.기타자산	
재무 상태표 상가액	101.기말현재액	01	32,000,000			32,000,000	
	102.감가상각누계액	02	17,800,000			17,800,000	
	103.미상각잔액	03	14,200,000			14,200,000	
104.상각범위액		04	11,703,450			11,703,450	
105.회사손금계상액		05	10,800,000			10,800,000	
조정 금액	106.상각부인액 (105-104)	06					
	107.시인부족액 (104-105)	07	903,450			903,450	
	108.기왕부인액 중 당기손금추인액	08	903,450			903,450	
109.신고조정손금계상액		09					

㈜빈출퇴충(코드번호 : 5104)의 당해 사업연도(제11기)는 2024. 1. 1.~2024. 12. 31.이다.
다음 자료를 이용하여 [퇴직급여충당금조정명세서]를 작성하고, 필요한 세무조정을 모두 소득금액조정합계표
에 반영하시오. [제60회]

급여자료	계정과목	인 원	금 액
	급여(판)	7	38,900,000원
	급여(제)	15	89,500,000원
	합 계	22	128,400,000원

- 인건비 중 세법상 한도를 초과하여 지급한 금액은 없다.
- 당기중 신입 직원은 없으나, 제조부 과장 1명이 8월 25일 퇴직하여 당기에 퇴직금 28,000,000원을 지급하였고 퇴직할 때까지 지급한 당기 급여는 16,000,000원이었다.

퇴직급여충당부채 변동내역

	퇴직급여충당부채		
당기지급	28,000,000	기초 잔액	47,000,000
기말 잔액	39,000,000	당기설정	20,000,000
	67,000,000		67,000,000

- 기초 잔액에는 전기 이전에 손금불산입된 금액 21,000,000원이 포함되어 있다.
- 당기설정액은 판매비와 관리비로 6,000,000원, 제조원가로 14,000,000원을 설정한 것이다.

기 타

- 퇴직전환금 계정의 기말 잔액은 8,000,000원이다.
- 당기말 현재 재직 중인 모든 임직원(21명)이 일시에 퇴직할 경우 지급해야 할 퇴직급여추계액은 110,000,000원이고, 보험수리적 기준에 의한 퇴직급여추계액은 90,000,000원이다.
- 회사는 현재 퇴직연금에 가입하지 않고 있다고 가정한다.

(1) 문제분석

① 장부상 퇴직급여충당금의 총계정원장

퇴직급여충당금

xx/xx 지급	28,000,000	1/1 기초	47,000,000 (세법상 전기이월 부인액 : 21,000,000)
12/31 기말	39,000,000	12/31 추가설정	20,000,000
	67,000,000		67,000,000

② 당기 퇴직금 지급액에 대한 세무조정

B	(차) 퇴직급여충당금	28,000,000	(대) 현금	28,000,000
T	(차) 퇴직급여충당금 　　퇴직급여	26,000,000 2,000,000	(대) 현금	28,000,000
T/A	<손금산입> 전기 퇴직급여충당금 2,000,000 (△유보)			

③ 퇴직급여충당금 설정에 대한 세무조정

장부상 추가설정액	20,000,000원
손금산입 한도액	Min[㉠ 총급여액 기준, ㉡ 추계액 기준] = 5,620,000원 ㉠ 112,400,000[1] × 5% = 5,620,000원 ㉡ (110,000,000[2] × 0%) − 0[3] + 8,000,000[4] = 8,000,000원
한도초과액	14,380,000원
세무조정	<손금불산입> 퇴직급여충당금 14,380,000 (유보)

[1] 당기에 지급한 총급여액 = 128,400,000(총급여액) − 16,000,000(중도 퇴사자)
　　　　　　　　　　　= 112,400,000원

[2] 퇴직급여추계액 = Max[110,000,000(회사 지급규정), 90,000,000(보험수리기준)] = 110,000,000원

[3] 세법상 기 설정 퇴직급여충당금 = (당기 추가설정 전) 장부상 퇴직급여충당금 − (당기 추가설정 전) 퇴직급여
　　　　　　　　　　　　　충당금 부인액
　　　　　　　　= (47,000,000 − 28,000,000) − (유보 21,000,000 + △유보 2,000,000)
　　　　　　　　= 19,000,000 − 19,000,000 = 0원

[4] 퇴직금전환금 계정의 기말잔액 = 8,000,000원

④ 장부 및 세법상 퇴직급여충당금 증감 내역 분석

구 분	장 부	부인액	세 법
기초	47,000,000	유보 21,000,000	26,000,000
(−)감소	28,000,000	△유보 2,000,000	26,000,000
(+)증가	20,000,000	유보 14,380,000	5,620,000
(=)기말	39,000,000	유보 33,380,000	5,620,000

(2) 입력화면

· [퇴직급여충당금조정명세서]

1 2.총급여액 및 퇴직급여추계액 명세								**2 퇴직급여추계액명세서**	
계정과목명	17.총급여액		18.퇴직급여 지급대상이 아닌 임원 또는 직원에 대한 급여액		19.퇴직급여 지급대상이 되는 임원 또는 직원에 대한 급여액			20.기말 현재 임원 또는 직원 전원의 퇴직시 퇴직급여추계액	
	인원	금액	인원	금액	인원	금액		인원	금액
0503.급여(제)	15	89,500,000	1	16,000,000	14	73,500,000		21	110,000,000
0801.급여(판)	7	38,900,000			7	38,900,000		**21.(근로퇴직급여보장법)에 따른 추계액**	
								21	90,000,000
								22.세법상 추계액 MAX(20, 21)	
합계	22	128,400,000	1	16,000,000	21	112,400,000		110,000,000	

3 1.퇴직급여충당금 조정								
『법인세법 시행령』 제60조 제1항에 따른 한도액	1.퇴직급여 지급대상이 되는 임원 또는 직원에게 지급한 총급여액((19)의 계)			2.설정률		3.한도액 (① * ②)		비 고
	112,400,000			5 / 100		5,620,000		
『법인세법 시행령』 제60조 제2항 및 제3항에 따른 한도액	4.장부상 충당금 기초잔액	5.확정기여형퇴직연금자의 설정전기계상된퇴직급여충당금		6.기중 충당금 환입액		7.기초 충당금 부인누계액		8.기중 퇴직금 지급액
	47,000,000					21,000,000		28,000,000
	9.차감액 (④ - ⑤ - ⑥ - ⑦ - ⑧)	10.추계액 대비 설정액 ((22) * 0 / 100)		11.퇴직금 전환금		12.설정률 감소에 따른 환입을 제외하는금액(MAX(③-⑨-⑪,0)		13.누적한도액 (⑩ - ⑨ + ⑪ + ⑫)
	-2,000,000			8,000,000				8,000,000
한도초과액 계 산	14.한도액 (③과 ⑬중 적은 금액)	15.회사 계상액				16.한도초과액 ((15) - (14))		
	5,620,000	20,000,000				14,380,000		

참고 "세법상 기초 퇴직급여충당금(26,000,000 = 47,000,000 - 21,000,000)"보다 큰 금액(28,000,000)을 "8. 기중 퇴직금 지급액"란에 입력하는 경우에는 그 초과액이 "9. 차감액"란에 (-)로 표시((-) 2,000,000) 되며, 이 금액은 세법상 퇴직급여충당금 잔액을 초과하여 상계한 금액을 의미하며, 손금산입(△유보)로 세무조정(손금 추인)함

· [조정등록]

익금산입 및 손금불산입			손금산입 및 익금불산입		
과 목	금 액	소득처분	과 목	금 액	소득처분
퇴직급여충당금 한도초과	14,380,000	유보 발생	전기 퇴직급여충당금 한도초과	2,000,000	유보 감소

기출확인문제

㈜빈출퇴연(코드번호 : 5105)의 당해 사업연도(제11기)는 2024. 1. 1.~2024. 12. 31.이다.
다음 자료를 이용하여 [퇴직연금부담금조정명세서]를 작성하고, 관련된 세무조정을 소득금액조정합계표에 반영하시오. 제82회

---

1. 퇴직금추계액
   - 기말 현재 직원, 임원 전원 퇴직 시 퇴직금추계액 : 320,000,000원
2. 퇴직급여충당금내역
   - 장부상 기초 퇴직급여충당금 : 30,000,000원
   - 전기말 현재 퇴직급여충당금부인액 : 6,000,000원
   - 장부상 당기 추가 설정 : 0원
3. 당기퇴직현황
   - 당기 퇴직금지급액은 총 20,000,000원이며 전액 퇴직급여충당금과 상계하였다.
   - 퇴직연금 수령액은 4,000,000원이다.
4. 퇴직연금현황
   - 장부상 기초 퇴직연금운용자산 금액은 230,000,000원이다.
   - 확정급여형(DB) 퇴직연금과 관련하여 신고조정으로 손금산입하고 있으며, 전기분까지 신고조정으로 손금산입된 금액은 230,000,000원이다.
   - 당기 회사의 퇴직연금불입액은 50,000,000원이다.

---

(1) 문제분석

① 장부상 퇴직급여충당금의 총계정원장

퇴직급여충당금

당기감소액	20,000,000	기초잔액	30,000,000	(세법상 전기이월 부인액 : 6,000,000)
기말잔액	10,000,000	추가설정	0	
	30,000,000		30,000,000	

② 장부상 퇴직연금운용자산의 총계정원장

퇴직연금운용자산

기초잔액	230,000,000	당기감소액	4,000,000
당기납부액	50,000,000	기말잔액	276,000,000
	280,000,000		280,000,000

③ 당기 퇴직금 지급액에 대한 세무조정

B	(차) 퇴직급여충당금	20,000,000	(대) 보통예금	16,000,000
			퇴직연금운용자산	4,000,000
T	(차) 퇴직급여충당금	16,000,000	(대) 보통예금	16,000,000
	퇴직연금충당금	4,000,000	퇴직연금운용자산	4,000,000
T/A	• <손금산입> 전기 퇴직급여충당금 4,000,000 (△유보) • <손금불산입> 전기 퇴직연금충당금 4,000,000 (유보)			

④ 퇴직급여충당금 설정에 대한 세무조정 : 없음

⑤ 퇴직연금충당금 설정에 대한 세무조정

장부상 추가설정액	0원
손금산입 한도액	Min[⊙ 추계액 기준, ⓒ 예치금 기준] − 226,000,000[3] = 50,000,000 ⊙ (320,000,000[1] × 100%) − 8,000,000[2] = 312,000,000 ⓒ 276,000,000
(한도미달액)	(50,000,000)
세무조정	<손금산입> 퇴직연금충당금 50,000,000 (△유보)

[1] 퇴직급여 추계액 = 320,000,000원

[2] 세법상 기말 퇴직급여충당금 = 재무상태표상 기말 퇴직급여충당금 − 퇴직급여충당금 차기이월 부인액
= 10,000,000 − (유보 6,000,000 + △유보 4,000,000)
= 10,000,000 − 2,000,000 = 8,000,000원

[3] 세법상 기 설정 퇴직연금충당금
= (당기 추가설정 전) 장부상 퇴직연금충당금 − (당기 추가설정 전) 퇴직연금충당금 유보·△유보 잔액
= (0 − 0) − (△유보 230,000,000 + 유보 4,000,000)
= 0 − △226,000,000 = 226,000,000원

⑥ 장부 및 세법상 퇴직급여충당금 증감 내역 분석

구 분	장 부	부인액	세 법
기초	30,000,000	유보 6,000,000	24,000,000
(-)감소	20,000,000	△유보 4,000,000	16,000,000
(+)증가	0	0	0
(=)기말	10,000,000	유보 2,000,000	8,000,000

⑦ 장부 및 세법상 퇴직연금충당금 증감 내역 분석

구 분	장 부	부인액	세 법
기초	0	△유보 230,000,000	230,000,000
(-)감소	0	유보 4,000,000	4,000,000
(+)증가	0	△유보 50,000,000	50,000,000
(=)기말	0	△유보 276,000,000	276,000,000

(2) 입력화면

· [퇴직연금부담금등조정명세서]

2.이미 손금산입한 부담금 등의 계산

1 나.기말 퇴직연금 예치금 등의 계산

19.기초 퇴직연금예치금 등	20.기중 퇴직연금예치금 등 수령 및 해약액	21.당기 퇴직연금예치금 등의 납입액	22.퇴직연금예치금 등 계 (19 - 20 + 21)
230,000,000	4,000,000	50,000,000	276,000,000

2 가. 손금산입대상 부담금 등 계산

13.퇴직연금예치금 등 계 (22)	14.기초퇴직연금충당금등 및 전기말 신고조정에 의한 손금산입액	15.퇴직연금충당금등 손금부인 누계액	16.기중퇴직연금 수령 및 해약액	17.이미 손금산입한 부담금등 (14 - 15 - 16)	18.손금산입대상 부담금 등 (13 - 17)
276,000,000	230,000,000		4,000,000	226,000,000	50,000,000

1.퇴직연금 등의 부담금 조정

1.퇴직급여추계액		당기말 현재 퇴직급여충당금			6.퇴직부담금 등 손금산입 누적한도액 (① - ⑤)
	2.장부상 기말잔액	3.확정기여형퇴직연금자의 설정전 기계상된 퇴직급여충당금	4.당기말 부인 누계액	5.차감액 (② - ③ - ④)	
320,000,000	10,000,000		2,000,000	8,000,000	312,000,000
7.이미 손금산입한 부담금 등 (17)	8.손금산입액 한도액 (⑥ - ⑦)	9.손금산입 대상 부담금 등 (18)	10.손금산입범위액 (⑧과 ⑨중 적은 금액)	11.회사 손금 계상액	12.조정금액 (⑩ - ⑪)
226,000,000	86,000,000	50,000,000	50,000,000		50,000,000

· [조정등록]

익금산입 및 손금불산입			손금산입 및 익금불산입		
과 목	금 액	소득처분	과 목	금 액	소득처분
전기 퇴직연금충당금	4,000,000	△유보 감소	전기 퇴직급여충당금	4,000,000	유보 감소
			퇴직연금충당금	50,000,000	△유보 발생

기출확인문제

㈜빈출대손(코드번호 : 5106)의 당해 사업연도(제10기)는 2024. 1. 1.~2024. 12. 31.이다.
다음 자료를 보고 [대손충당금및대손금조정명세서]를 작성하고 필요한 세무조정을 하시오. 제76회

- 당기중 대손충당금과 상계된 금액의 내용
  - 5월 1일 : ㈜민국이 발행한 약속어음으로 부도발생일로부터 6개월이 경과한 부도어음 13,000,000원(비망계정 1,000원을 공제한 후의 금액이라고 가정함)
  - 4월 1일 : 법원의 면책결정에 따라 회수불능으로 확정된 ㈜만세에 대한 미수금 20,000,000원
- 대손충당금 내역

<table>
<tr><td colspan="4" align="center">대손충당금</td></tr>
<tr><td>받을어음</td><td align="right">13,000,000</td><td>전기이월</td><td align="right">40,000,000</td></tr>
<tr><td>미수금</td><td align="right">20,000,000</td><td>대손상각비</td><td align="right">1,000,000</td></tr>
<tr><td>차기이월</td><td align="right">8,000,000</td><td></td><td></td></tr>
<tr><td></td><td align="right">41,000,000</td><td></td><td align="right">41,000,000</td></tr>
</table>

- 기말 대손충당금 설정대상 채권 잔액
  - 외상매출금 : 600,000,000원(이 중 당기 7월 2일 소멸시효 완성분 2,500,000원 포함)
  - 받을어음 : 200,000,000원(특수관계인에 대한 업무무관 가지급금 4,000,000원 포함)
- 전기 자본금과 적립금조정명세서(을) 기말 잔액 내역은 다음과 같다.
  - 대손충당금 한도초과 2,000,000원 (유보)
- 대손설정률은 1%로 가정한다.

(1) 문제분석

① 장부상 대손충당금의 총계정원장

대손충당금

5/1 상계	13,000,000	1/1 기초	40,000,000	(세법상 전기이월 부인액 : 2,000,000)
4/1 상계	20,000,000			
12/31 기말	8,000,000	12/31 추가설정	1,000,000	
	41,000,000		41,000,000	

② 대손금에 대한 세무조정

· 5/1 : 세무조정 없음

· 4/1 : 세무조정 없음

· 7/2 : <손금산입> 외상매출금 2,500,000 (△유보)(∵ 강제대손사유)

③ 대손충당금 손금산입 한도액 = 기말 세법상 설정대상 채권가액 × 설정률

= 793,500,000원[1] × 1%[2]

= 7,935,000원

[1] = 장부상 기말 채권가액 − 설정제외 채권가액 ± (채권 관련 기초 유보·△유보 잔액 ± 채권 관련 당기 유보· △유보 조정액)

= 800,000,000 − 4,000,000 + (0 + △ 2,500,000)

= 793,500,000원

[2] = 1%(가정치)

④ 대손충당금 설정에 대한 세무조정

회사계상액	8,000,000원(= 장부상 대손충당금 기말 잔액)
손금산입 한도액	7,935,000원
한도초과액	65,000원
세무조정	· <손금산입> 전기 대손충당금 2,000,000 (△유보) · <손금불산입> 대손충당금 65,000 (유보)

(2) 입력화면

- [대손충당금및대손금조정명세서]

2. 대손금조정

	22.일자	23.계정과목	24.채권내역	25.대손사유	26.금액	대손충당금상계액 27.계	28.시인액	29.부인액	당기손금계상액 30.계	31.시인액	32.부인액
1	05.01	받을어음	1.매출채권	5.부도(6개월경과)	13,000,000	13,000,000	13,000,000				
2	04.01	미수금	2.미수금	법원면책	20,000,000	20,000,000	20,000,000				
3											
				계	33,000,000	33,000,000	33,000,000				

채권잔액

	16.계정과목	17.채권잔액의 장부가액	18.기말현재대손금부인누계 전기	당기	19.합계(17+18)	20.충당금설정제외채권(할인,배서,특수채권)	21.채권잔액(19-20)
1	외상매출금	600,000,000		-2,500,000	597,500,000		597,500,000
2	받을어음	200,000,000			200,000,000	4,000,000	196,000,000
3	미수금						
	계	800,000,000		-2,500,000	797,500,000	4,000,000	793,500,000

1.대손충당금조정

손금산입액조정	1.채권잔액(21의금액)	2.설정률(%) ◉기본율 ◉실적율 ◉적립기준	3.한도액(1×2)	회사계상액 4.당기계상액	5.보충액	6.계	7.한도초과액(6-3)
조정	793,500,000	1	7,935,000	1,000,000	7,000,000	8,000,000	65,000

익금산입액조정	8.장부상충당금기초잔액	9.기중충당금환입액	10.충당금부인누계액	11.당기대손상계액(27의금액)	12.충당금보충액(충당금장부잔액)	13.환입할금액(8-9-10-11-12)	14.회사환입액(회사기말환입)	15.과소환입·과다환입(△)(13-14)
조정	40,000,000		2,000,000	33,000,000	7,000,000	-2,000,000		-2,000,000

- [조정등록]

익금산입 및 손금불산입			손금산입 및 익금불산입		
과 목	금 액	소득처분	과 목	금 액	소득처분
대손충당금 한도초과	65,000	유보 발생	외상매출금	2,500,000	△유보 발생
			전기 대손충당금 한도초과	2,000,000	유보 감소

기출확인문제

㈜빈출재고자산(코드번호 : 5107)의 당해 사업연도(제7기)는 2024. 1. 1.~2024. 12. 31.이다.
다음 자료를 이용하여 [재고자산평가조정명세서]를 작성하고 필요한 세무조정을 하시오. 주어진 자료 이외에
신고일, 품명, 규격, 단위, 수량, 단가 등은 입력을 생략하도록 하고, 세무조정은 재고자산별로 조정하도록 한다.

제64회 수정

- 재고자산평가방법
  - 당사는 제품과 원재료에 대하여 저가법(비교원가법은 총평균법)을 세법상 적정하게 신고하였으나, 재공품에 대하여는 평가방법을 신고한 바 없다.
  - 당사는 제품과 재공품은 저가법(비교원가법은 총평균법)을 적용하여 평가하고, 원재료는 후입선출법에 의하여 평가하였다.

- 평가방법별 재고자산평가금액은 다음과 같다.

(단위 : 원)

구 분	장부금액	총평균법	선입선출법	후입선출법	시 가
제 품	30,500,000	31,000,000	32,000,000	30,000,000	30,500,000
재공품	7,100,000	7,400,000	7,600,000	7,200,000	7,100,000
원재료	8,100,000	8,200,000	8,300,000	8,100,000	8,000,000

(1) 문제분석

구분	상태	장부상 평가액	세법상 평가액	세무조정
제품	적정	30,500,000	30,500,000[2]	
재공품	무신고[1]	7,100,000	선입선출법 = 7,600,000	<익금산입> 당기 평가감 500,000 (유보)
원재료	임의변경[1]	8,100,000	Max[㉠, ㉡] = 8,300,000 ㉠ 선입선출법 : 8,300,000 ㉡ 총평균법(저가법) : 8,000,000[3]	<익금산입> 당기 평가감 200,000 (유보)

[1] 재고자산 평가방법을 당초 신고한 평가방법(또는 무신고 시 평가방법)에서 변경하고자 하는 경우, 변경할 평가방법을 적용하고자 하는 사업연도(2024년)의 종료일 이전 3개월이 되는 날(2024년 9월 30일)까지 신고하여야 함

[2] Min[㉠ 총평균법, ㉡ 시가] = Min[㉠ 31,000,000, ㉡ 30,500,000] = 30,500,000원

[3] Min[㉠ 총평균법, ㉡ 시가] = Min[㉠ 8,200,000, ㉡ 8,000,000] = 8,000,000원

(2) 입력화면

· [재고자산평가조정명세서]

1. 재고자산 평가방법 검토

4.자산별	2.신고일	3.신고방법	4.평가방법	5.적부	6.비고
제 품 및 상 품		74:저가법,총평균법	74:저가법,총평균법	○	
반제품및재공품		00:무신고	74:저가법,총평균법	×	
원 재 료		74:저가법,총평균법	03:후입선출법	×	
저 장 품					
유가증권(채권)					
유가증권(기타)					

2. 평가조정 계산

7.과목		8.품명	9.규격	10.단위	11.수량	회사계산(장부가)		조정계산금액				18.조정액
코드	과목명					12.단가	13.금액	세법상신고방법		FIFO(무신고,임의변경시)		
								14.단가	15.금액	16.단가	17.금액	
1	0150 제품						30,500,000		30,500,000			
2	0169 재공품						7,100,000				7,600,000	500,000
3	0153 원재료						8,100,000		8,000,000		8,300,000	200,000
	계						45,700,000		38,500,000		15,900,000	700,000

· [조정등록]

익금산입 및 손금불산입			손금산입 및 익금불산입		
과 목	금 액	소득처분	과 목	금 액	소득처분
재공품평가감	500,000	유보 발생			
원재료평가감	200,000	유보 발생			

기출확인문제

㈜빈출세금과공과금(코드번호:5108)의 당해 사업연도(제12기)는 2024. 1. 1.~2014. 12. 31.이다. 당사의 판매비와관리비 중 세금과공과금의 내용은 다음과 같다. 이를 바탕으로 [세금과공과금명세서]를 작성하고 필요한 세무조정을 하시오. (단, 지급처는 입력 생략하고, 각 건별로 세무조정 할 것) 제111회 수정

일 자	금 액	적 요
2/12	100,000원	주차위반과태료
3/15	3,000,000원	제조물책임법 위반으로 지급한 손해배상금 (전액 실제 손해액 초과분에 해당함)
4/30	750,000원	법인세분 지방소득세
5/31	640,000원	거래처에 대한 납품을 지연하고 부담한 지체상금
6/25	300,000원	국민연금 회사부담분
7/16	180,000원	증자 관련 법무사비용
8/25	90,000원	산재보험료 가산금
9/26	3.700,000원	본사 신축 토지 관련 취득세
10/6	800,000원	본사 신축 토지 관련 개발부담금
11/15	575,000원	폐수초과배출부담금
12/4	200,000원	폐기물처리부담금

기출 따라 하기

(1) 문제분석

일 자	적 요	금 액	세무조정
2월 12일	주차위반과태료	100,000원	<손금불산입> 100,000 (기타사외유출)
3월 15일	제조물책임법 위반 손해배상금 (전액 실제 손해액 초과분)	3,000,000원	<손금불산입> 3,000,000 (기타사외유출)
4월 30일	법인세분 지방소득세	750,000원	<손금불산입> 750,000 (기타사외유출)
5월 31일	거래처에 대한 납품 지연 지체상금	640,000원	

6월 25일	국민연금 회사부담분	300,000원	
7월 16일	증자 관련 법무사비용	180,000원	<손금불산입> 180,000 (기타)
8월 25일	산재보험료 가산금	90,000원	<손금불산입> 90,000 (기타사외유출)
9월 26일	본사 신축 토지 관련 취득세	3,700,000원	<손금불산입> 3,700,000 (유보)
10월 6일	본사 신축 토지 관련 개발부담금[1]	800,000원	<손금불산입> 800,000 (유보)
11월 15일	폐수초과배출부담금	575,000원	<손금불산입> 575,000 (기타사외유출)
12월 4일	폐기물처리부담금	200,000원	

[1] 개발부담금이란 토지의 형질변경·용도변경 시 관련 법령에 따라 납부하는 공과금을 말하며, 이는 토지의 자본적 지출에 해당함

(2) 입력화면

· [세금과공과금명세서]

	코드	계정과목	월	일	거래내용	코드	지급처	금 액	손금불산입표시
□	0817	세금과공과금	2	12	주차위반과태료			100,000	손금불산입
□	0817	세금과공과금	3	15	제조물책임법 위반 손해배상금(실제 초과분)			3,000,000	손금불산입
□	0817	세금과공과금	4	30	법인세분 지방소득세			750,000	손금불산입
□	0817	세금과공과금	5	31	거래처에 대한 납품을 지연하고 부담한 지체상금			640,000	
□	0817	세금과공과금	6	25	국민연금 회사부담분			300,000	
□	0817	세금과공과금	7	16	증자 관련 법무사비용			180,000	손금불산입
□	0817	세금과공과금	8	25	산재보험료 가산금			90,000	손금불산입
□	0817	세금과공과금	9	26	본사 신축 토지 관련 취득세			3,700,000	손금불산입
□	0817	세금과공과금	10	6	본사 신축 토지 관련 개발부담금			800,000	손금불산입
□	0817	세금과공과금	11	15	폐수초과배출부담금			575,000	손금불산입
□	0817	세금과공과금	12	4	폐기물처리부담금			200,000	
□									
□									
□									
					손 금 불 산 입 계			9,195,000	
					합 계			10,335,000	

· [조정등록]

익금산입 및 손금불산입			손금산입 및 익금불산입		
과 목	금 액	소득처분	과 목	금 액	소득처분
주차위반과태료	100,000	기타사외유출			
제조물책임법 위반 손해배상금	3,000,000	기타사외유출			
법인세분 지방소득세	750,000	기타사외유출			
증자 관련 법무사비용	180,000	기타			
산재보험료 가산금	90,000	기타사외유출			
토지 관련 취득세	3,700,000	유보 발생			
토지 관련 개발부담금	800,000	유보 발생			
폐수초과배출부담금	575,000	기타사외유출			

기출확인문제

㈜빈출선급비용(코드번호 : 5109)의 당해 사업연도(제9기)는 2024. 1. 1.~2024. 12. 31.이다.
다음 자료는 당기 보험료 자료의 일부이다. [선급비용명세서]를 작성하고 관련된 세무조정을 [소득금액조정합계표]에 반영하시오. (단, 세무조정은 각 건별로 한다) 제88회

1. 보험료 내역

구 분	상 호	납입액	보험기간	비 고
대표자 종신보험	PCA생명	4,000,000원	2024년 9월 1일~2025년 8월 31일 (1년 단위 갱신상품)	대표자 사적보험료를 회사에서 대납 (전액 보험료(판관비)로 처리)
공장 화재보험	DGC화재	2,400,000원	2024년 2월 1일~2025년 1월 31일	장부에 선급비용 200,000원 계상
본사 자동차보험	ABC화재	2,100,000원	2024년 8월 1일~2025년 7월 31일	전액 보험료(판관비)로 처리

2. 자본금과 적립금 조정명세서(을)(2023년)

과 목	기초잔액	감 소	증 가	기 말
선급비용			800,000원	800,000원

※ 전기분 선급비용 800,000원이 당기에 손금 귀속시기가 도래하였다.

(1) 문제분석

① 대표자 사적 보험료에 대한 세무조정 : <손금불산입> 사적 사용경비 4,000,000 (상여)

② 당기 선급비용에 대한 세무조정

구 분	시작일	종료일	지급액	선급비용	회사계상액	조정대상금액
공장 화재보험	2024. 2. 1.	2025. 1. 31.	2,400,000	203,278[1]	200,000	3,278[3]
본사 자동차보험	2024. 8. 1.	2025. 7. 31.	2,100,000	1,219,726[2]	0	1,219,726[4]

[1] $2,400,000원 \times \dfrac{31일(2025. 1. 1.\sim2025. 1. 31.)}{366일(2024. 2. 1.\sim2025. 1. 31.)} = 203,278원$ (원 단위 미만 절사)

[2] $2,100,000원 \times \dfrac{212일(2025. 1. 1.\sim2025. 7. 31.)}{365일(2024. 8. 1.\sim2025. 7. 31.)} = 1,219,726원$

[3] 세무조정 : <손금불산입> 선급비용 3,278 (유보)

[4] 세무조정 : <손금불산입> 선급비용 1,219,726 (유보)

③ 전기 선급비용에 대한 세무조정 : <손금산입> 전기 선급비용 800,000 (△유보)

(2) 입력화면

· [선급비용명세서]

계정구분	거래내용	거래처	대상기간 시작일	대상기간 종료일	지급액	선급비용	회사계상액	조정대상금액
선급 보험료	공장 화재보험	DGC화재	2024-02-01	2025-01-31	2,400,000	203,278	200,000	3,278
선급 보험료	본사 자동차보험	ABC화재	2024-08-01	2025-07-31	2,100,000	1,219,726		1,219,726
합 계					4,500,000	1,423,004	200,000	1,223,004

· [조정등록]

익금산입 및 손금불산입			손금산입 및 익금불산입		
과 목	금 액	소득처분	과 목	금 액	소득처분
사적 사용경비	4,000,000	상 여	전기 선급비용(보험료) 과소계상	800,000	유보 감소
선급비용(보험료) 과소계상	3,278	유보 발생			
선급비용(보험료) 과소계상	1,219,726	유보 발생			

기출확인문제

㈜빈출인정이자(코드번호 : 5110)의 당해(제14기) 사업연도는 2024. 1. 1.~2024. 12. 31.이다.
다음 자료를 이용하여 [가지급금등의인정이자조정명세서]를 작성하고, 필요한 세무조정을 하시오. [제72회]

- 가지급금 및 가수금의 변동내역(대표이사 : 전순수)

가지급금	· 전기이월 : 47,000,000원(약정 없음) · 대여(2월 11일) : 18,000,000원(약정 없음) · 회수(11월 9일) : 22,000,000원
가수금	· 가수(7월 6일) : 13,000,000원

- 차입금내역
  - 좋은은행(연 8%)
    차입기간 : 2021. 6. 1.~2026. 5. 31., 차입금액 : 155,500,000원, 이자비용 : 연 12,440,000원
  - 최고은행(연 4%)
    차입기간 : 2022. 10. 1.~2027. 9. 30., 차입금액 : 15,875,000원, 이자비용 : 연 635,000원
- 당해 사업연도부터 이자율은 국세청장이 정하는 당좌대출이자율(4.6%)을 적용하며, 회사는 결산서상 인정이자에 대한 회계처리를 하지 않았다.

기출 따라 하기

(1) 문제분석

① 가지급금 적수 계산 – 대표이사 전순수

일자	적요	차변	대변	잔액	기간	일수	가지급금 적수
1/1	전기이월	47,000,000		47,000,000	1. 1.~2. 10.	41일	1,927,000,000
2/11	대여	18,000,000		65,000,000	2. 11.~11. 8.	272일	17,680,000,000
11/9	회수		22,000,000	43,000,000	11. 9.~12. 31.	53일	2,279,000,000
합계		65,000,000	22,000,000			366일	21,886,000,000

② 가수금 적수 계산 – 대표이사 전순수

일자	적요	차변	대변	잔액	기간	일수	가지급금 적수
7/6	가수		13,000,000	13,000,000	7. 6.~12. 31.	179일	2,327,000,000

③ 가지급금 인정이자 계산

일 자	적 요	(순)가지급금 증감액[1]	기 간	일 수	차감 적수[2]	인정 이자율[3]	인정이자
1/1	전기이월	47,000,000	1.1.~12.31.	366일	17,202,000,000	4.6%	2,162,000
2/11	대 여	18,000,000	2.11.~12.31.	325일	5,850,000,000	4.6%	735,245
7/6	가 수	(-)13,000,000	7.6.~12.31.	179일	(-)2,327,000,000	4.6%	(-)292,465
11/9	회 수	(-)22,000,000	11.9.~12.31.	53일	(-)1,166,000,000	4.6%	(-)146,546
합 계		30,000,000[4]			19,559,000,000[5]		2,458,234[6]

[1] 가지급금과 가수금 발생 시에 이자율·상환기간에 관한 약정이 각각 체결된 경우가 아니라면, 동일인에 대한 가지급금·가수금은 서로 상계하여 인정이자를 계산함

[2] '가지급금을 회수'하거나, '가지급금을 동일인에 대한 가수금과 상계'하는 경우, 먼저 발생한 가지급금부터 순서대로 감소시킴

[3] 문제에서 제시된 가정에 따라 "당좌대출이자율(4.6%)"을 적용함

[4] 가지급금 기말 잔액 - 가수금 기말 잔액 = 43,000,000 - 13,000,000 = 30,000,000원

[5] 가지급금 적수 - 가수금 적수 = 21,886,000,000 - 2,327,000,000 = 19,559,000,000원

[6] 19,559,000,000원 × 4.6% ÷ 366일 = 2,458,234원

④ 가지급금 인정이자 세무조정

가지급금 인정이자	2,458,234원
회사계상 이자수익	0원
차 이	2,458,234원
현저한 이익 분여 요건	차이 = 2,458,234 ≥ 122,911 = Min[가지급금 인정이자 × 5%, 3억 원]
세무조정	<익금산입> 2,458,234 (상여)

(2) 입력화면

[가지급금등의인정이자조정명세서] 메뉴에서

· [1. 가지급금·가수금 입력] 탭 ▶ [1. 가지급금]

· [1. 가지급금·가수금 입력] 탭 ▶ [2. 가수금]

- [2. 차입금 입력] 탭

- [3. 인정이자계산 : (을)지] 탭

- [4. 인정이자조정 : (갑)지] 탭

No	10.성명	11.가지급금적수	12.가수금적수	13.차감적수(11-12)	14이자율(%)	15.인정이자(13X14)	16.회사계상액	시가인정범위		19.조정액(=17)17>=3억,18>=5%
								17.차액(15-16)	18.비율(%)	
1	전순수	21,886,000,000	2,327,000,000	19,559,000,000	4.60	2,458,234		2,458,234	100.00000	2,458,234
	합 계	21,886,000,000	2,327,000,000	19,559,000,000		2,458,234				2,458,234

3.당좌대출이자율에 따른 가지급금 등의 인정이자 조정 (연일수 : 366일)

- [조정등록]

익금산입 및 손금불산입			손금산입 및 익금불산입		
과 목	금 액	소득처분	과 목	금 액	소득처분
가지급금인정이자(대표이사)	2,458,234	상 여			

- [선택사업연도]

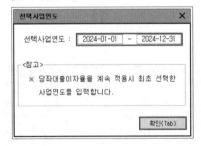

업무무관부동산등에관련한차입금이자조정명세서

㈜빈출지급이자(코드번호 : 5111)의 당해(제12기) 사업연도는 2024. 1. 1.~2024. 12. 31.이다.
다음 자료에 의하여 [업무무관부동산등에관련한차입금이자조정명세서]를 작성하고 관련된 세무조정을 하시오.
(단, 주어진 자료 이외의 자료는 무시한다) 제74회

· 차입에 대한 이자지급 내역(손익계산서에 모두 반영되어 있음)

이자율	지급이자	비 고
연 15%	1,500,000원	채권자 불분명의 사채이자(원천징수된 세액 없음)
연 10%	1,000,000원	미완공 건물신축에 사용
연 6%	600,000원	일반 차입금

· 업무무관 가지급금 증감내역

일 자	차 변	대 변	잔 액
전기이월	15,000,000원		15,000,000원
올해. 10. 1.		15,000,000원	0원

· 기타
 · 자기자본 적수 계산은 무시하고 가지급금 인정이자조정명세서 작성은 생략한다.
 · 연일수는 366일이다.

(1) 문제분석

① 업무무관 가지급금 적수 계산

일자	적요	차변	대변	잔액	기간	일수	가지급금 적수
1/1	전기이월	15,000,000		15,000,000	1.1.~9.30.	274일	4,110,000,000
10/1	회수		15,000,000	0	10.1.~12.31.	92일	0
합계		15,000,000	15,000,000			366일	4,110,000,000

② 차입금 적수 계산

구분	금액	일수	차입금 적수	이자율	이자비용
일반차입금	xx,xxx,xxx	xxx일	3,660,000,000[1]	연 6%	600,000
합계			3,660,000,000		600,000

[1] 차입금 적수 × 6% ÷ 366일 = 600,000원

∴ 차입금 적수 = 3,660,000,000원

③ 업무무관자산 등에 대한 지급이자 계산

$$= 지급이자 \times \frac{업무무관\ 가지급금\ 적수}{차입금\ 적수}$$

$$= 600,000 \times \frac{Min[⊙\ 4,110,000,000,\ ⊙\ 3,660,000,000]}{3,660,000,000}$$

$$= 600,000원$$

④ 세무조정
- <손금불산입> 채권자 불분명 사채이자(원천세 제외) 1,500,000 (대표자 상여)
- <손금불산입> 건설자금이자 1,000,000 (유보)
- <손금불산입> 업무무관자산 등에 대한 지급이자 600,000 (기타사외유출)

(2) 입력화면

[업무무관부동산등에관련한차입금이자조정명세서] 메뉴에서

- [1. 적수입력(을)] 탭

No	①월일		②적요	③차변	④대변	⑤잔액	⑥일수	⑦적수
1	1	1	전기이월	15,000,000		15,000,000	274	4,110,000,000
2	10	1	회 수		15,000,000		92	
3								
			합 계	15,000,000	15,000,000		366	4,110,000,000

[1.적수입력(을)] [2.지급이자 손금불산입(갑)]
[1.업무무관부동산] [2.업무무관동산] [3.가지급금] [4.가수금] [5.그밖의] [불러오기] [적요수정]

- [2. 지급이자 손금불산입(갑)] 탭

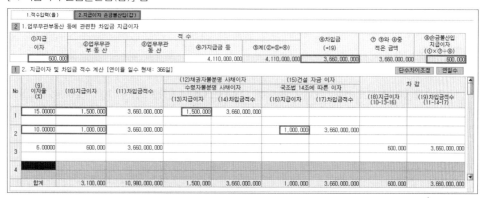

- [조정등록]

익금산입 및 손금불산입			손금산입 및 익금불산입		
과 목	금 액	소득처분	과 목	금 액	소득처분
채권자 불분명 사채이자(원천세 제외)	1,500,000	상 여			
건설자금이자	1,000,000	유보 발생			
업무무관자산지급이자	600,000	기타사외유출			

㈜빈출건설자금이자(코드번호 : 5112)의 당해 사업연도(제11기)는 2024. 1. 1.~2024. 12. 31.이다. 다음 자료와 같이 당기에 도원2공장 신축을 위하여 신축자금을 기업은행에서 차입하였다. [건설자금이자조정명세서]를 작성하고 관련 세무조정을 하시오. (원 단위 미만은 절사함) 제97회

1. 도원2공장 신축공사관련 차입내역

차입기관	차입기간	연이자율	차입금액(원)	비 고
기업은행	2024. 7. 1.~2025. 10. 31.	3.5%	1,000,000,000	공장신축을 위한 특정차입금

* 당해 공사일수는 153일이며, 차입일수는 184일에 해당함(1년은 366일로 계산할 것)
* 차입금액 중 100,000,000원을 차입일부터 일시투자하여 연 5%의 투자수익이 발생함

2. 공사관련 내용
· 도원2공장 신축관련공사로 공사기간은 2024. 8. 1.~2025. 9. 30.이며, 준공예정일은 2025. 9. 30.이다.
· 신축공사관련 차입금에 대한 이자비용으로 17,595,628원, 일시이자수익으로 2,513,661원을 손익계산서에 계상함

기출 따라 하기

(1) 문제분석
① 신축자금 차입총액에 대한 장부상 이자비용 계상액

$$= 1,000,000,000원 \times 3.5\% \times \frac{184일^{1)}}{366일} = 17,595,628원$$

1) 당기 차입기간일수 : 184일(2024. 7. 1.~2024. 12. 31.)

② 특정차입금 중 일부의 일시예금에서 생기는 이자에 대한 장부상 이자수익 계상액

$$= 100,000,000원 \times 5\% \times \frac{184일^{2)}}{366일} = 2,513,661원$$

2) 당기 일시예금일수 : 184일(2024. 7. 1.~2024. 12. 31.)

③ "당기 공사기간"과 "당기 차입기간"에 동시에 해당하는 기간 중 특정차입금의 일시예금에서 생기는 이자수익 (→ 건설자금이자 계산 시 차감 반영하여야 하는 금액)

$$= 100,000,000원 \times 5\% \times \frac{153일^{3)}}{366일} = 2,090,163원$$

3) 당기 중 해당 일시예금일수 : 153일(2024. 8. 1.~2024. 12. 31.)

④ 특정차입금에 대한 건설자금이자

$$= (1,000,000,000원^{4)} \times 3.5\% \times \frac{153일^{5)}}{366일}) - 2,090,163원^{6)}$$

$$= 14,631,147 - 2,090,163$$

$$= 12,540,984원$$

　　4) if 특정차입금의 일부를 해당 건설에 사용하지 않고 운용자금으로 전용한 경우 그 부분에 대한 지급이자는 손금에 산입함

　　5) 건설기간 중에 발생한 이자만 취득원가에 산입함

　　6) 특정차입금의 일시예금에서 생기는 수입이자는 원본에 가산하는 자본적 지출금액에서 차감함

⑤ 세무조정

　　<손금불산입> 건설자금이자　12,540,984 (유보)

(2) 입력화면

· [건설자금이자조정명세서]

1 2. 특정차입금 건설자금이자계산 명세

No	⑤건설 자산명	⑥대출 기관명	⑦차입일	⑧차입금액	⑨이자율	⑩지급이자 (일시이자수익차감)	⑪준공일 (또는 예정일)	⑫대상일수 (공사일수)	⑬대상금액 (건설이자)
1	도원2공장 신축	기업은행	2024-07-01	1,000,000,000	3.500	15,081,967	2025-09-30	153	12,540,984
2									
	합 계			1,000,000,000		15,081,967			12,540,984

2 3. 일반차입금 건설자금이자계산 명세

⑭해당 사업연도 중 건설등에 소요된 기간에 실제로 발생한 일반 차입금의 지급이자 등 합계			
⑮해당 건설등에 대하여 해당 사업연도에 지출한 금액의 적수	(16)해당 사업연도의 특정차입금의 적수	(17)사업연도 일수	(18)계산대상금액 (15/17 - 16/17)
(19)일반차입금 지급이자 등의 합계	(20)해당 사업연도의 일반 차입금의 적수	(21)자본화이자율(%) 19/(20/17)	(22)비교대상금액 (18 × 21)
(23)일반차입금 건설자금이자계상 대상금액 ([min (14), (22)])			

3 1. 건설자금이자계산 조정

구 분	① 건설자금이자	② 회사계상액	③ 상각대상자산분	④ 차감조정액(①-②-③)
건설완료자산분				
건설중인자산분	12,540,984			12,540,984
계	12,540,984			12,540,984

참고 ⑩지급이자(일시이자수익차감)란 금액

　= 당기 차입기간 동안 "⑧차입금액"란에 입력한 금액에 대한 이자비용 - 당기 차입기간 동안 일시예금에서 생기는 이자수익

$$= (1,000,000,000원 \times 3.5\% \times \frac{184일}{366일}) - (100,000,000원 \times 5\% \times \frac{184일}{366일})$$

$$= 17,595,628 - 2,513,661$$

$$= 15,081,967원$$

· [조정등록]

익금산입 및 손금불산입			손금산입 및 익금불산입		
과 목	금 액	소득처분	과 목	금 액	소득처분
건설자금이자	12,540,984[1)]	유보 발생			

1) "<손금불산입> 이자비용 14,631,147 (유보 발생)"과 "<익금불산입> 이자수익 2,090,163 (△유보 발생)"으로 나누어 입력하여도 정답 인정

기출확인문제

㈜빈출외화자산(코드번호 : 5113)의 당해 사업연도(제12기)는 2024. 1. 1.~2024. 12. 31.이다.
다음 자료에 의하여 [외화자산등평가차손익조정명세서](갑),(을)을 작성하고 세무조정을 하여 소득금액조정
합계표에 반영하시오. 제74회

계정과목	발생일자	외화종류	외화금액	발생 시 적용 환율	기말 매매기 준율
외화예금	올해. 4. 5.	USD	$10,000	$1 = 1,300원	$1 = 1,400원
외화차입금	올해. 9. 10.	USD	$5,000	$1 = 1,330원	$1 = 1,400원

· 당기 화폐성 외화자산과 외화부채는 위의 자료뿐이다.

· 발생 시 적용환율은 일반기업회계기준과 법인세법상 환율이다.

· 당해연도부터 법인세 신고 시 외화자산과 외화부채에 대한 평가손익을 기말환율로 인식하기로 하였으며, 이
  에 대한 신고를 위해 화폐성외화자산등평가방법신고서를 작성하여 법인세 신고 시 제출하고자 한다.

· 당해연도 결산 회계처리 시 대고객외국환매입율인 $1 = 1,370원을 적용하여 외화채권·채무를 평가하였다.

· 법인세신고 시 적용되는 환율은 기말 매매기준율로 신고하기로 한다.

· 세무조정은 각 자산, 부채별로 한다.

(1) 문제분석

① 외화예금 평가에 대한 세무조정

기말 평가액	14,000,000원 (= $10,000 × 1,400원/$)
평가 전 금액	13,000,000원 (= $10,000 × 1,300원/$)
세법상 외화환산손익	외화환산이익 1,000,000원
장부상 외화환산손익	외화환산이익 700,000원[1]
세무조정	<익금산입> 외화예금 300,000 (유보)

[1] ($10,000 × 1,370원/$) − ($10,000 × 1,300원/$) = 700,000원 외화환산이익

② 장부 및 세법상 외화예금 증감 내역 분석

구 분	장 부	유보(△유보)	세 법
발생	13,000,000	0	13,000,000
(±)외화환산	700,000	유보 300,000	1,000,000
(=)기말	13,700,000	유보 300,000	14,000,000

③ 외화차입금 평가에 대한 세무조정

기말 평가액	7,000,000원 (= $5,000 × 1,400원/$)
평가 전 금액	6,650,000원 (= $5,000 × 1,330원/$)
세법상 외화환산손익	외화환산손실 350,000원
장부상 외화환산손익	외화환산손실 200,000원[1]
세무조정	<손금산입> 외화차입금 150,000 (△유보)

[1] ($5,000 × 1,370원/$) − ($5,000 × 1,330원/$) = 200,000원 외화환산손실

④ 장부 및 세법상 외화차입금 증감 내역 분석

구 분	장 부	유보(△유보)	세 법
발생	△6,650,000	0	△6,650,000
(±)외화환산	△200,000	△유보 150,000	△350,000
(=)기말	△6,850,000	△유보 1,000,000	△7,000,000

(2) 입력화면

[외화자산등평가차손익조정명세서] 메뉴에서

· [외화자산·부채의 평가(을지)] 탭

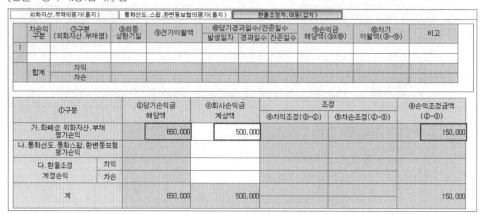

| | ②외화종류(자산) | ③외화금액 | ④장부가액 | | ⑦평가금액 | | ⑩평가손익 |
			⑤적용환율	⑥원화금액	⑧적용환율	⑨원화금액	자 산(⑨-⑥)
1	USD	10,000.00	1,300.0000	13,000,000	1,400.0000	14,000,000	1,000,000

| | ②외화종류(부채) | ③외화금액 | ④장부가액 | | ⑦평가금액 | | ⑩평가손익 |
			⑤적용환율	⑥원화금액	⑧적용환율	⑨원화금액	부 채(⑥-⑨)
1	USD	5,000.00	1,330.0000	6,650,000	1,400.0000	7,000,000	-350,000

· [환율조정차·대등(갑지)] 탭

| 차손익구분 | ⑦구분(외화자산·부채명) | ⑧최종상환기일 | ③전기이월액 | ⑩당기경과일수/잔존일수 | | | ⑪손익금해당액(⑨X⑩) | ⑫차기이월액(⑨-⑪) | 비고 |
				발생일자	경과일수	잔존일수			
1									
합계	차익								
	차손								

| ①구분 | | ②당기손익금해당액 | ③회사손익금계상액 | 조정 | | ⑥손익조정금액(②-③) |
				④차익조정(③-②)	⑤차손조정(②-③)	
가. 화폐성 외화자산·부채평가손익		650,000	500,000			150,000
나. 통화선도·통화스왑,환변동보험평가손익						
다. 환율조정계정손익	차익					
	차손					
계		650,000	500,000			150,000

· [조정등록]

| 익금산입 및 손금불산입 | | | 손금산입 및 익금불산입 | | |
과 목	금 액	소득처분	과 목	금 액	소득처분
외화예금	300,000	유보 발생	외화차입금	150,000	△유보 발생

기출확인문제

㈜빈출소득금액(코드번호 : 5114)의 당해 사업연도(제9기)는 2024. 1. 1.~2024. 12. 31.이다.
재무상태표 및 손익계산서에는 당기 발생하는 거래에 대하여 다음과 같은 계정과목이 포함되어 있으며 기업회계기준에 따라 정확하게 회계처리되었다. 이와 관련하여 [소득금액조정합계표]를 완성하시오. (제94회)

계정과목	금액(원)	비 고
잡이익	10,000,000	이 중 법인세 과다납부분 환급받은 금액이 8,000,000원이 포함되어 있다.
수수료비용	5,000,000	대주주인 출자임원이 사용하고 있는 사택의 유지비 4,000,000원이 포함되어 있다.
퇴직급여	15,000,000	임원에게 지급한 퇴직금으로서, 정관 규정에 의한 임원 퇴직금 한도액은 10,000,000원이다.
자기주식처분이익	700,000	–
매도가능증권 평가이익	3,500,000	기말 현재 기타포괄손익누계액에 계상된 금액이다.
법인세비용	20,000,000	–

기출 따라 하기

(1) 문제분석

① 법인세 과다납부분 환급

B	(차) 보통예금	8,000,000	(대) 잡이익	8,000,000
T	(차) 보통예금	8,000,000	(대) 기타	8,000,000
T/A	<익금불산입> 법인세 환급분 8,000,000 (기타)			

② 출자임원에게 제공한 사택의 유지비·관리비·사용료

B	(차) 수수료비용	4,000,000	(대) 보통예금	4,000,000
T	(차) 사외유출	4,000,000	(대) 보통예금	4,000,000
T/A	<손금불산입> 업무무관비용 4,000,000 (상여)[1]			

[1] 대주주인 임원이 귀속자인 경우 소득처분 : 상여

③ 임원퇴직금

B	(차) 퇴직급여	15,000,000	(대) 보통예금	15,000,000
T	(차) 퇴직급여 　　사외유출	10,000,000 5,000,000	(대) 보통예금	15,000,000
T/A	<손금불산입> 임원퇴직금 한도초과액 5,000,000 (상여)			

④ 자기주식의 처분

B	(차) 현금	5,000,000	(대) 자기주식 자기주식처분이익 (자본잉여금)	4,300,000 700,000
T	(차) 현금	5,000,000	(대) 자기주식 자기주식처분이익 (수익)	4,300,000 700,000
T/A	<익금산입> 자기주식처분이익 700,000 (기타)			

⑤ 매도가능증권의 평가

B	(차) 매도가능증권	3,500,000	(대) 매도가능증권평가이익 (기타포괄손익누계액)	3,500,000
T	–			
T/A	• <익금산입> 매도가능증권평가이익 3,500,000 (기타) • <익금불산입> 매도가능증권 3,500,000 (△유보)			

⑥ 법인세비용

B	(차) 법인세등	20,000,000	(대) 미지급세금	20,000,000
T	(차) 사외유출	20,000,000	(대) 미지급세금	20,000,000
T/A	<손금불산입> 법인세등 20,000,000 (기타사외유출)			

(2) 입력화면

[소득금액조정합계표및명세서]

익금산입 및 손금불산입			손금산입 및 익금불산입		
과 목	금 액	소득처분	과 목	금 액	소득처분
수수료비용	4,000,000	상 여	잡이익	8,000,000	기 타
퇴직급여	5,000,000	상 여	매도가능증권	3,500,000	△유보 발생
자기주식처분이익	700,000	기 타			
매도가능증권평가이익	3,500,000	기 타			
법인세등	20,000,000	기타사외유출			

기출확인문제

㈜빈출기부금(코드번호 : 5115)의 당해 사업연도(제15기)는 2024. 1. 1.~2024. 12. 31.이다. 다음의 자료를 이용하여 [기부금조정명세서]를 작성하고 관련된 세무조정사항을 [소득금액조정합계표]에 반영하시오. 제85회 수정

1. 전년도의 법인세과세표준및세액조정계산서

① 각 사 업 연 도 소 득 계 산	101.결 산 서 상 당 기 순 손 익	01	256,520,000
	소득조정 102.익 금 산 입	02	125,400,000
	금 액 103.손 금 산 입	03	35,485,000
	104.차 가 감 소 득 금 액 (101+102-103)	04	346,435,000
	105.기 부 금 한 도 초 과 액	05	10,000,000
	106.기부금 한도초과 이월액 손금산입	54	
	107.각사업연도소득금액(104+105-106)	06	356,435,000

② 과 세 표 준 계 산	108.각 사 업 연 도 소 득 금 액(108=107)		356,435,000
	109.이 월 결 손 금	07	
	110.비 과 세 소 득	08	
	111.소 득 공 제	09	
	112.과 세 표 준 (108-109-110-111)	10	356,435,000
	159.선 박 표 준 이 익	55	

③ 산 출 세 액 계 산	113.과 세 표 준 (113=112+159)	56	356,435,000
	114.세 율	11	20%
	115.산 출 세 액	12	51,287,000
	116.지 점 유 보 소 득 (법 제96조)	13	
	117.세 율	14	
	118.산 출 세 액	15	
	119.합 계 (115+118)	16	51,287,000

④ 납 부 할 세 액 계 산	120.산 출 세 액 (120=119)		51,287,000
	121.최저한세 적용 대상 공제 감면 세액	17	12,500,000
	122.차 감 세 액	18	38,787,000
	123.최저한세 적용 제외 공제 감면 세액	19	
	124.가 산 세 액	20	
	125.가 감 계(122-123+124)	21	38,787,000
기납부세액	126.중 간 예 납 세 액	22	15,000,000
	127.수 시 부 과 세 액	23	
	128.원 천 납 부 세 액	24	3,000,000
	129.간접 회사등 외국 납부세액	25	
	130.소 계(126+127+128+129)	26	18,000,000
	131.신 고 납 부 전 가 산 세 액	27	
	132.합 계 (130+131)	28	18,000,000
	133.감 면 분 추 가 납 부 세 액	29	
	134.차가감 납부할 세액(125-132+133)	30	20,787,000
	⑤토지등양도소득, ⑥미환류소득 법인세계산 (TAB로 이동)		
⑦ 세액계	151.차 가 감 납부할 세 액 계(134+150)	46	20,787,000
	152.사실과 다른 회계처리 경정세액공제	57	
	153.분 납 세 액 계 산 범 위 액 (151-124-133-145-152+131)	47	20,787,000
분납할세액	154.현 금 납 부	48	
	155.물 납	49	
	156. 계 (154+155)	50	
차감납부세액	157.현 금 납 부	51	20,787,000
	158.물 납	52	
	160. 계 (157+158) [160=(151-152-156)]	53	20,787,000

(1) 전년도에 지출한 기부금은 전액 일반기부금이다.

(2) 당해연도 결산서에 반영된 기부금은 다음과 같다.

기부일	금액(원)	내 용
5월 10일	15,000,000	이재민 구호성금
7월 30일	30,000,000	불우이웃돕기[1](어음기부 4,000,000원 포함 : 만기 내년. 1. 1.)
11월 30일	5,000,000	대표자 종친회 기부

[1] 일반기부금 대상 공익법인에 고유목적사업비로 지급한 불우이웃돕기 성금

2. 당해연도 결산서상 당기순이익 등 관련 세무조정금액은 다음과 같으며 기존에 입력된 자료는 무시한다.

  (1) 결산서상 당기순이익 : 250,000,000원

  (2) 위에서 제시한 기부금 관련 사항을 제외한 세무조정사항은 다음과 같다.

    • 익금산입·손금불산입 : 125,000,000원

    • 손금산입·익금불산입 : 55,000,000원

3. 기부금 관련하여 문제에서 제시한 자료 이외에는 없는 것으로 가정한다.

(1) 문제분석

① 기부금의 분류

구 분	특 례	일 반	비지정
이재민 구호성금	15,000,000		
불우이웃돕기		26,000,000[1]	
대표자 종친회 기부			5,000,000
합 계	15,000,000	26,000,000	5,000,000

[1] 어음으로 지급한 기부금 4,000,000원은 어음결제일(내년 1월 1일)에 지출한 것으로 봄

② 비지정기부금 및 기부금 손금귀속시기에 대한 세무조정
· <손금불산입> 비지정기부금 5,000,000 (상여)
· <손금불산입> 어음지급기부금 4,000,000 (유보)

③ 각 사업연도 소득금액의 계산

당기순이익	250,000,000
+ 익금산입·손금불산입	+ 134,000,000[1]
− 손금산입·익금불산입	− 55,000,000
= 차가감소득금액	= 329,000,000
+ 기부금 한도초과액	+ 500,000
일반기부금 한도초과액 500,000(손금불산입, 기타사외유출)[2][3]	
− 기부금 한도초과 이월액 손금산입	− 10,000,000
일반기부금 한도초과 이월액 10,000,000(손금불산입, 기타)[2][3]	
= 각 사업연도 소득금액	= 319,500,000

[1] = 125,000,000 + 5,000,000(비지정기부금) + 4,000,000(어음지급기부금)

[2] · 기준소득금액 = 차가감소득금액 + (특례기부금 당기분 + 일반기부금 당기분)
　　　　　　　　 = 329,000,000 + (15,000,000 + 26,000,000)
　　　　　　　　 = 370,000,000원
· 이월결손금(15년 이내 발생분, 기준소득금액의 100% 한도) = 0원
· 특례기부금
　· 한도액 = (기준소득금액 − 이월결손금) × 50% = (370,000,000 − 0) × 50% = 185,000,000원
　· 한도초과 이월액 손금산입 = Min[당기 한도액, 10년 내 한도초과 이월액]
　　　　　　　　　　　　　　　 = Min[185,000,000, 0] = 0원
　· 해당액 : 15,000,000(당기분) + 0(한도초과 이월액 손금산입액) = 15,000,000원
　· 한도초과액 : 0원
· 일반기부금
　· 한도액 = (기준소득금액 − 이월결손금 − 특례기부금 손금인정액) × 10%
　　　　　 = (370,000,000 − 0 − 15,000,000) × 10% = 35,500,000원
　· 한도초과 이월액 손금산입 = Min[당기 한도액, 10년 내 한도초과 이월액]
　　　　　　　　　　　　　　　 = Min[35,500,000, 10,000,000] = 10,000,000원
　· 해당액 : 26,000,000(당기분) + 10,000,000(한도초과 이월액 손금산입액) = 36,000,000원
　· 한도초과액 : 500,000원

[3] '기부금 한도초과액의 손금불산입'과 '기부금 한도초과 이월액의 손금산입'에 대한 세무조정은 [소득금액조정합계표] 서식에 기재하지 않고, [법인세과세표준및세액조정계산서] 서식의 해당란에 바로 기재함

(2) 입력화면

[기부금조정명세서] 메뉴에서

· [1. 기부금 입력] 탭

1.기부금 입력	2.기부금 조정

1.기부금명세서　　　　　　　　　　　　　　　　월별로 전환　구분만 별도 입력하기　유형별 정렬

구분			3.과목	4.월일	5.적요	기부처		8.금액	비고
1.구분	2.코드					6.법인명등	7.사업자(주민)번호등		
「법인세법」 제24조제2항제1호에 따른 특례기부금	10	기부금	5	10	이재민구호성금	경기도청	124-83-00269	15,000,000	
「법인세법」 제24조제2항제1호에 따른 일반기부금	40	기부금	7	30	불우이웃돕기	사회복지법인	124-82-09394	26,000,000	
기타	50	기부금	11	30	대표자 종친회 기부	대표자 종친회		5,000,000	

9.소계	가.「법인세법」 제24조제2항제1호에 따른 특례기부금	코드 10	15,000,000
	나.「법인세법」 제24조제2항제1호에 따른 일반기부금	코드 40	26,000,000
	다.〔조세특례제한법〕 제88조의4제13항의 우리사주조합 기부금	코드 42	
	라.그 밖의 기부금	코드 50	5,000,000
	계		46,000,000

2.소득금액확정　　　　　　　　　　　　　　　　　　새로 불러오기　수정

1.결산서상 당기순이익	2.익금산입	3.손금산입	4.기부금합계	5.소득금액계(1+2-3+4)
250,000,000	134,000,000	55,000,000	41,000,000	370,000,000

· [조정등록]

익금산입 및 손금불산입			손금산입 및 익금불산입		
과 목	금 액	소득처분	과 목	금 액	소득처분
비지정기부금	5,000,000	상 여			
어음지급기부금	4,000,000	유보 발생			

· [2. 기부금 조정] 탭

1.기부금 입력	2.기부금 조정

1. 1.「법인세법」 제24조제2항제1호에 따른 특례기부금 손금산입액 한도액 계산

1.소득금액 계	370,000,000	5.이월잔액 중 손금산입액 MIN[4,23]	
2.법인세법 제13조제1항제1호에 따른 이월 결손금 합계액(기준소득금액의 80% 한도)		6.해당연도지출액 손금산입액 MIN[(④-⑤)>0, ⑥]	15,000,000
3.「법인세법」 제24조제2항제1호에 따른 특례기부금 해당 금액	15,000,000	7.한도초과액 [(3-6)>0]	
4.한도액 {[(1-2)〉0]X50%}	185,000,000	8.소득금액 차감잔액 [(①-②-⑤-⑥)>0]	355,000,000

2. 2.「조세특례제한법」 제88조의4에 따라 우리사주조합에 지출하는 기부금 손금산입액 한도액 계산

9.「조세특례제한법」 제88조의4제13항에 따른 우리사주조합 기부금 해당 금액		11. 손금산입액 MIN(9, 10)	
10. 한도액 (8×30%)	106,500,000	12. 한도초과액 [(9-10)>0]	

3. 3.「법인세법」 제24조제2항제1호에 따른 일반기부금 손금산입 한도액 계산

13.「법인세법」 제24조제2항제1호에 따른 일반기부금 해당금액	26,000,000	16. 해당연도지출액 손금산입액 MIN(14-15)>0, 13]	25,500,000
14. 한도액 ((8-11)x10%, 20%)	35,500,000	17. 한도초과액 [(13-16)>0]	500,000
15. 이월잔액 중 손금산입액 MIN(14, 23)	10,000,000		

4. 4.기부금 한도초과액 총액

18. 기부금 합계액 (3+9+13)	41,000,000	19. 손금산입 합계 (6+11+16)	40,500,000	20. 한도초과액 합계 (18-19)=(7+12+17)	500,000

5. 5.기부금 이월액 명세

사업연도	기부금 종류	21.한도초과 손금불산입액	22.기공제액	23.공제가능 잔액(21-22)	24.해당연도 손금추인액	25.차기이월액 (23-24)
합계	「법인세법」 제24조제2항제1호에 따른 특례기부금					
	「법인세법」 제24조제2항제1호에 따른 일반기부금	10,000,000		10,000,000	10,000,000	
2023	「법인세법」 제24조제2항제1호에 따른 일반	10,000,000		10,000,000	10,000,000	

6. 6.해당 사업연도 기부금 지출 명세

사업연도	기부금 종류	26.지출액 합계금액	27.해당연도 손금산입액	28.차기 이월액(26-27)
합계	「법인세법」 제24조제2항제1호에 따른 특례기부금	15,000,000	15,000,000	
	「법인세법」 제24조제2항제1호에 따른 일반기부금	26,000,000	25,500,000	500,000

기출확인문제

㈜빈출자본금(코드번호 : 5116)의 당해 사업연도(제10기)는 2024. 1. 1.~2024. 12. 31.이다.
다음 자료를 이용하여 [자본금과적립금조정명세서] 중 [자본금과적립금조정명세서(을)] 탭을 완성하시오.

제76회 수정

• 전기 소득금액조정합계표의 내용은 다음과 같다.

전기분 익금산입·손금불산입		
과 목	금 액	비 고
법인세비용	11,000,000	손익계산서에 계상된 법인세비용
기업업무추진비	1,500,000	기업업무추진비 한도초과액
대손충당금	7,000,000	대손충당금 한도초과액
건물 감가상각비	10,000,000	감가상각부인액
합 계	29,500,000	

전기분 손금산입·익금불산입		
과 목	금 액	비 고
상 품	2,000,000	기말상품 과대계상액
합 계	2,000,000	

• 당기 소득금액조정합계표의 내용은 다음과 같다.

당기분 익금산입·손금불산입		
과 목	금 액	비 고
법인세비용	15,000,000	손익계산서에 계상된 법인세비용
기업업무추진비	2,500,000	3만 원 초과 신용카드 미사용 기업업무추진비
대손충당금	9,000,000	당기 대손충당금 한도초과액
상 품	5,000,000	당기 기말상품 과소계상액
상 품	2,000,000	전기 기말상품 과대계상액
합 계	33,500,000	

당기분 손금산입·익금불산입		
과 목	금 액	비 고
선급비용	1,000,000	당기 선급비용 과대계상액
외상매출금	8,000,000	소멸시효완성 채권
대손충당금	7,000,000	전기 대손충당금 한도초과액
건물 상각부인액 손금추인액	4,000,000	전기 건물 감가상각부인액 중 일부 손금추인
합 계	20,000,000	

기출 따라 하기

(1) 문제분석

① 전기 소득금액조정합계표

익금산입 및 손금불산입			손금산입 및 익금불산입		
과 목	금 액	소득처분	과 목	금 액	소득처분
법인세비용	11,000,000	기타사외유출	상품	2,000,000	△유보 발생
기업업무추진비	1,500,000	기타사외유출			
대손충당금	7,000,000	유보 발생			
건물 감가상각비	10,000,000	유보 발생			
합 계	29,500,000		합 계	2,000,000	

② 당기 소득금액조정합계표

익금산입 및 손금불산입			손금산입 및 익금불산입		
과 목	금 액	소득처분	과 목	금 액	소득처분
법인세비용	15,000,000	기타사외유출	선급비용	1,000,000	△유보 발생
기업업무추진비	2,500,000	기타사외유출	외상매출금	8,000,000	△유보 발생
대손충당금	9,000,000	유보 발생	전기 대손충당금	7,000,000	유보 감소
상품	5,000,000	유보 발생	전기 감가상각비	4,000,000	유보 감소
전기 상품	2,000,000	△유보 감소			
합 계	33,500,000		합 계	20,000,000	

③ 당기 자본금과 적립금 조정명세서(을)

과 목	기초 잔액(ⓐ)	당기중 증감		기말 잔액 (ⓐ - ⓑ + ⓒ)
		감소(ⓑ)	증가(ⓒ)	
대손충당금	7,000,000	7,000,000[1]	9,000,000[4]	9,000,000
건물 감가상각비	10,000,000	4,000,000[2]	0	6,000,000
상품	△2,000,000	△2,000,000[3]	5,000,000[5]	5,000,000
선급비용	0	0	△1,000,000[6]	△1,000,000
외상매출금	0	0	△8,000,000[7]	△8,000,000
합 계	15,000,000	9,000,000	5,000,000	11,000,000

[1] <손금산입> 전기 대손충당금 한도초과 7,000,000 (△유보) = 기초 유보 잔액의 감소

[2] <손금산입> 전기 건물 감가상각비 한도초과 4,000,000 (△유보) = 기초 유보 잔액의 감소

[3] <익금산입> 전기 재고자산평가증 2,000,000 (유보) = 기초 △유보 잔액의 감소

[4] <익금산입> 대손충당금 한도초과 9,000,000 (유보) = 유보 잔액의 증가

[5] <익금산입> 재고자산평가감 5,000,000 (유보) = 유보 잔액의 증가

[6] <손금산입> 선급비용 과대계상 1,000,000 (△유보) = △유보 잔액의 증가

[7] <손금산입> 외상매출금 소멸시효완성 8,000,000 (△유보) = △유보 잔액의 증가

(2) 입력화면

[자본금과적립금조정명세서(을)] 탭

자본금과적립금조정명세서(을)	자본금과적립금조정명세서(병)	자본금과적립금조정명세서(갑)	이월결손금

Ⅰ.세무조정유보소득계산

①과목 또는 사항	②기초잔액	당 기 중 증 감		⑤기말잔액 (=②-③+④)	비 고
		③감 소	④증 가		
대손충당금	7,000,000	7,000,000	9,000,000	9,000,000	
건물 감가상각비	10,000,000	4,000,000		6,000,000	
상품	-2,000,000	-2,000,000	5,000,000	5,000,000	
선급비용			-1,000,000	-1,000,000	
외상매출금			-8,000,000	-8,000,000	
합 계	15,000,000	9,000,000	5,000,000	11,000,000	

기출확인문제

㈜빈출연구인력(코드번호 : 5117)의 당해 사업연도(제11기)는 2024. 1. 1.~2024. 12. 31.이다.
다음 자료를 보고 [일반연구및인력개발비명세서]를 작성하시오. 회사는 중소기업에 해당하며, 서식 작성 시
[1. 발생명세 및 증가발생액계산]과 [2. 공제세액]만 작성하기로 한다. 제56회

· 직전 4년간 연구 및 인력개발비 발생내역은 다음과 같다. (모두 일반연구개발비에 해당한다)

구 분	사업연도	금액(원)
10기	2023. 1. 1.~2023. 12. 31.	30,000,000
9기	2022. 1. 1.~2022. 12. 31.	20,000,000
8기	2021. 1. 1.~2021. 12. 31.	35,000,000
7기	2020. 1. 1.~2020. 12. 31.	40,000,000

· 당해 사업연도 일반연구 및 인력개발비 발생내역은 다음과 같다.

계정과목	인건비(3명)	재료비(10건)	위탁개발비(5건)
경상연구개발비(판관비)	20,000,000원	44,000,000원	30,000,000원

· 인건비는 연구전담부서로 신고된 연구요원(주주인 임원이 아님)의 인건비이다.
· 재료비는 연구전담부서에서 시험 및 연구용으로 사용하는 재료비이다.

(1) 문제분석

일반연구·인력개발비에 대한 세액공제액 = Max[㉠, ㉡][1] = 23,500,000원[4]

㉠ 증가분 방식 : (일반연구·인력개발비 당기 발생액 − 일반연구·인력개발비 직전기 발생액) × 공제율[2]
= (94,000,000 − 30,000,000) × 50% = 64,000,000원 × 50%
= 32,000,000원 → 0원

㉡ 당기분 방식 : 일반연구·인력개발비 당기 발생액 × 공제율[3]
= 94,000,000원 × 25% = 23,500,000원

[1] '증가분 방식(㉠)'을 적용하기 위한 요건
: '직전기 사업연도 일반연구·인력개발비' ≥ '직전 4년간 연평균 일반연구·인력개발비'이어야 함

: $30,000,000원 < 31,250,000원 = \dfrac{30,000,000 + 20,000,000 + 35,000,000 + 40,000,000}{4년}$

∴ '증가분 방식(㉠)'을 적용할 수 없음

[2] 중소기업 : 50%

[3] 중소기업 : 25%

[4] 중소기업의 연구·인력개발비 세액공제는 최저한세 적용 제외

(2) 입력화면

[일반연구및인력개발비명세서] 메뉴에서

· [1. 발생명세 및 증가발생액계산] 탭

| 1.발생명세 및 증가발생액계산 | | 2.공제세액 | | 3.연구소/전담부서 현황 | | 4.해당연도 연구·인력개발비 발생명세 |

1 해당 연도의 연구 및 인력개발비 발생 명세

계정과목	자체연구개발비					
	인건비		재료비 등		기타	
	인원	(6)금액	건수	(7)금액	건수	(8)금액
1 경상연구개발비	3	20,000,000	10	44,000,000		
2						
합계	3	20,000,000	10	44,000,000		

계정과목	위탁 및 공동 연구개발비		(10)인력개발비	(11)맞춤형교육비용	(12)현장훈련 수당 등	(13)총 계
	건수	9.금액				
1 경상연구개발비	5	30,000,000				94,000,000
2						
합계	5	30,000,000				94,000,000

2 연구 및 인력개발비의 증가발생액의 계산

(14)해당과세연도 발생액(=(13))	(15)직전4년 발생액 계 (16+17+18+19)	(16)직전 1년 2023-01-01 ~ 2023-12-31	(17)직전 2년 2022-01-01 ~ 2022-12-31	(18)직전 3년 2021-01-01 ~ 2021-12-31	(19)직전 4년 2020-01-01 ~ 2020-12-31
94,000,000	125,000,000	30,000,000	20,000,000	35,000,000	40,000,000
(20)직전4년간 연평균 발생액	31,250,000	(21)직전3년간 연평균 발생액	28,333,333	(22)직전2년간 연평균 발생액	25,000,000
(23)증가발생액 (2013년 (14)-(21), 2014년 (14)-(22), 2015년이후 (14)-(16))					

· [2. 공제세액] 탭

1.발생명세 및 증가발생액계산		2.공제세액		3.연구소/전담부서 현황		4.해당연도 연구·인력개발비 발생명세

3 공제세액						
해당 연도 총발생금액 공제	중소기업	(24)대상금액(=13) 94,000,000	(25)공제율 25%			(26)공제세액 23,500,000
	중소기업 유예기간 종료이후 5년내기업	(27)대상금액(=13)	(28)유예기간 종료연도 ____-__	(29)유예기간 종료이후년차	(30)공제율	(31)공제세액
	중견기업	(32)대상금액(=13)	(33)공제율 8%			(34)공제세액
	일반기업	(35)대상금액(=13)	공제율			(39)공제세액
			(36)기본율 1%	(37)추가	(38)계	

증가발생금액 공제	(40)대상금액(=23)	(41)공제율 50%		(42)공제세액	※공제율 중소기업 : 50% 중견기업 : 40% 일반기업 : 30%

(43)해당연도에 공제받을 세액	중소기업(26과 42 중 선택)	23,500,000	※ 최저한세 설정 ◉ 제외 ○ 대상
	중소기업 유예기간 종료이후 5년내 기업(31과 42 중 선택)		
	중견기업(34와 42 중 선택)		
	일반기업(39와 42 중 선택)		

기출확인문제

㈜빈출최저한세(코드번호 : 5118)의 당해 사업연도(제11기)는 2024. 1. 1.~2024. 12. 31.이다.
다음 자료만을 참조하여 [세액공제조정명세서(3)] 메뉴 중 [3.당기공제 및 이월액계산] 탭, [최저한세조정계산서] 메뉴, [법인세 과세표준 및 세액조정계산서] 메뉴를 완성하시오. (당사는 중소기업이며, 불러온 자료는 무시하고 아래의 자료만을 참조한다) 제93회

- 결산서상 당기순이익 : 312,500,000원
- 익금산입액 : 27,850,000원
- 손금산입액 : 110,415,000원
- 중소기업에 대한 특별세액감면 : 5,197,400원
- 당기 발생 연구인력개발비 세액공제 : 3,500,000원
- 통합고용세액공제 : 7,000,000원 (전기 발생 이월액은 3,000,000원, 당기분은 4,000,000원)
- 원천납부세액 : 880,000원
- 최저한세에 따른 공제감면 배제는 납세자에게 유리한 방법으로 한다.
- 위 이외의 세무조정 자료는 없다.
- 당사는 분납을 하고자 한다.

(1) 문제분석

① 최저한세 적용 여부

구 분		금 액	최저한세 적용 여부
조세특례제한법상 기간제한 없는 세액감면	· 중소기업에 대한 특별세액감면	5,197,400원	O
조세특례제한법상 세액공제	· 중소기업의 연구·인력개발비 세액공제 · 통합고용세액공제	3,500,000원 7,000,000원	X O

② 차감세액 = Max[㉠ 감면 후 세액, ㉡ 최저한세] = 16,095,450원

㉠ 감면 후 세액 = 산출세액 − 최저한세 적용대상 세액감면·세액공제
= [{312,500,000 + (27,850,000 − 110,415,000)} × 세율(9%, 19%)]
− (5,157,400 + 7,000,000)
= [23,687,650] − 12,197,400 = 11,490,250원

㉡ 최저한세 = 감면 전 과세표준[1] × 최저한세율[2]
= 229,935,000원 × 7% = 16,095,450원

[1] 감면 전 과세표준 = 과세표준 + 최저한세 적용대상 손금산입·비과세·소득공제
= {312,500,000 + (27,850,000 − 110,415,000)} + 0 = 229,935,000원

[2] 중소기업 : 7%

③ 조세감면 배제 금액 = ㉡ 최저한세 − ㉠ 감면 후 세액 = ㉡ 16,095,450 − ㉠ 11,490,250
= 4,605,200원[1]

→ 최저한세 적용대상 세액감면·세액공제 금액 = (5,197,400 + 7,000,000) − 4,605,200 = 7,592,200원

[1] 공제·감면의 배제는 납세자에게 유리한 방법으로 선택할 수 있으므로, 이월이 가능한 '통합고용세액공제' 중 공제 기한이 많이 남은 당기 발생분 4,000,000원에서 4,000,000원을 배제하고, 전기 발생 이월액 3,000,000원에서 605,200원을 배제함

④ 차감납부세액의 계산

산출세액		23,687,650
− 최저한세 적용대상 세액감면·세액공제	−	7,592,200
= 차감세액	=	16,095,450
− 최저한세 적용제외 세액감면·세액공제	−	3,500,000
+ 가산세	+	0
= 총부담세액	=	12,595,450
− 기납부세액	−	880,000
= 차감납부할세액	=	11,715,450
− 분납할세액	−	1,715,450[1]
= 차감납부세액	=	10,000,000

[1] 납부할 세액(가산세는 제외)이 1천만 원 초과 2천만 원 이하인 경우 분납가능금액
= (차감납부할세액 − 가산세) − 10,000,000
= (11,715,450 − 0) − 10,000,000 = 1,715,450원

(2) 입력화면

· [법인세 과세표준 및 세액 조정계산서] 메뉴

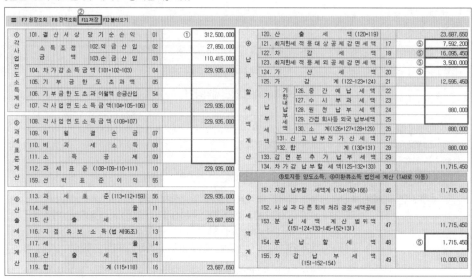

· [최저한세 조정계산서] 메뉴

①구분		코드	②감면후세액	③최저한세	④조정감	⑤조정후세액
(101)결산서상당기순이익		01	312,500,000			
소득조정금액	(102)익금산입	02	27,850,000			
	(103)손금산입	03	110,415,000			
(104)조정후소득금액(101+102-103)		04	229,935,000	229,935,000		229,935,000
최저한세적용대상 특별비용	(105)준비금	05				
	(106)특별상각,특례상각	06				
(107)특별비용손금산입전소득금액(104+105+106)		07	229,935,000	229,935,000		229,935,000
(108)기부금한도초과액		08				
(109)기부금한도초과이월액손금산입		09				
(110)각사업년도소득금액(107+108-109)		10	229,935,000	229,935,000		229,935,000
(111)이월결손금		11				
(112)비과세소득		12				
(113)최저한세적용대상비과세소득		13				
(114)최저한세적용대상익금불산입·손금산입		14				
(115)차가감소득금액(110-111-112+113+114)		15	229,935,000	229,935,000		229,935,000
(116)소득공제		16				
(117)최저한세적용대상소득공제		17				
(118)과세표준금액(115-116+117)		18	229,935,000	229,935,000		229,935,000
(119)선박표준이익		24				
(120)과세표준금액(118+119)		25	229,935,000	229,935,000		229,935,000
(121)세율		19	19 %	7 %		19 %
(122)산출세액		20	23,687,650	16,095,450		23,687,650
(123)감면세액		21	5,197,400			5,197,400
(124)세액공제		22	7,000,000		4,605,200	2,394,800
(125)차감세액(122-123-124)		23	11,490,250			16,095,450

· [세액공제조정명세서(3)] 메뉴 ▶ [3.당기공제 및 이월액계산] 탭

	(105)구분	(106)사업연도	요공제액		당기공제대상세액											
			(107)당기분	(108)이월분	(109)당기분	(110)1차연도	2차 3차 4차 5차 6차 7차 8차 9차 10차	(120)계
1	연구·인력개발비세액공제(최저한세제외)	2024-12	3,500,000		3,500,000			3,500,000
	소계		3,500,000		3,500,000			3,500,000
2	통합고용세액공제	2023-12		3,000,000	3,000,000			3,000,000
		2024-12	4,000,000		4,000,000			4,000,000
	소계		4,000,000	3,000,000	4,000,000	3,000,000		7,000,000
	합 계		7,500,000	3,000,000	7,500,000	3,000,000		10,500,000

당기공제대상세액				(121)최저한세적용에따른 미공제액	(122)기타사유로인한 미공제액	(123)공제세액 (120-121-122)	(124)소멸	(125)이월액 (107+108-123-124)
(109)당기분	(110)1차연도	2차 3차 4차 5차 6차 7차 8차 9차 10차	(120)계					
3,500,000			3,500,000			3,500,000		3,500,000
3,500,000			3,500,000			3,500,000		3,500,000
	3,000,000		3,000,000	605,200		2,394,800		605,200
4,000,000			4,000,000	⑥ 4,000,000				4,000,000
4,000,000	3,000,000		7,000,000	4,605,200		2,394,800		4,605,200
7,500,000	3,000,000		10,500,000	4,605,200		5,894,800		4,605,200

기출확인문제

㈜빈출가산세(코드번호 : 5119)의 당해 사업연도(제7기)는 2024. 1. 1.~2024. 12. 31.이다.
다음 자료를 이용하여 [가산세액계산서]를 작성하시오. 제86회

1. 당사가 지출한 금액 중 10,000,000원을 제외한 모든 금액은 법인세법에서 요구하는 세금계산서 등의 적격
증명서류를 갖추고 있다. 지출한 금액 10,000,000원에 대한 구체적인 내용은 다음과 같다.

구 분	금 액(원)	비 고
임차료	2,400,000	일반과세자인 임대인에게 임차료를 금융기관을 통해 지급하고 법인세 신고 시 송금사실을 기재한 '경비 등 송금명세서'를 첨부하였다.
차량운반구	5,000,000	종업원으로부터 개인 소유차량을 취득하고 거래명세서를 받았다.
세금과공과금	1,200,000	회사부담분 국민연금을 지급한 지로 용지가 있다.
복리후생비	1,400,000	전부 거래 건당 3만 원 초과 금액으로 간이영수증을 수취하였다.

2. 회계담당자의 실수로 9월분 일용근로자에 대한 지급명세서(일용근로자 임금 총액 : 32,000,000원)를 법정
제출기한까지 제출하지 못하여 당해연도 11월 25일에 제출하였다.

기출 따라 하기

(1) 문제분석

① 적격증명서류 수취불성실 가산세 = 적격증명서류 미수취 금액 × 2%

$$= (2,400,000^{1)} + 0^{2)} + 1,400,000^{3)}) × 2% = 76,000원$$

[1] 임대인이 간이과세자인 경우라면 '간이과세자로부터 부동산임대용역을 공급받는 경우'에 해당되어 '경비
등 송금명세서 특례'가 인정되나, 임대인이 일반과세자인 경우에는 적격증명서류 수취불성실 가산세를 적
용한다.

[2] 지로 용지에 의한 국민연금 지급액은 '국가·지방자치단체로부터 재화·용역을 공급받는 경우' 또는 '금융·
보험용역'에 해당하므로 '수취면제 특례'가 인정된다.

[3] 사업자로부터 재화·용역을 공급받고 지출금액이 거래 건당 3만 원을 초과하는 경우에는 법인세법에서 요
구하는 세금계산서 등의 적격증빙을 갖추어야 하며 그러하지 아니한 경우에는 '미수취 금액의 2%'를 적격
증명서류 수취불성실 가산세로 적용한다.

② 원천징수 납부지연 가산세 = 없음[1]

[1] 사업자가 아닌 자로부터 재화·용역을 공급받는 거래인 경우에는 원천징수를 수행하여야 하며 그러하지 아
니한 경우에는 '미달납부세액의 3%~10%'를 원천징수 납부지연 가산세로 적용한다. 다만 사업자가 아닌
종업원이 개인 소유차량을 매각하는 것은 소득세법상 미열거소득이므로 법인 입장에서는 지급금액에 대하
여 원천징수 의무가 없고 원천징수 납부지연 가산세가 적용되지 않는다.

③ 일용근로소득의 지급명세서 제출불성실 가산세 = 미제출분 지급금액 × 0.25% × 50% 감면[1]

$$= 32,000,000원 × 0.125\% = 40,000원$$

[1] 9월분 일용근로자에 대한 지급명세서는 10월 말일까지 제출하여야 하며 미제출한 경우에는 '미제출한 금액의 0.25%'를 지급명세서 제출불성실 가산세로 적용한다. 다만 제출기한 경과 후 1개월 내에 제출하면 50%의 감면이 적용되어 0.125%를 적용한다.

(2) 입력화면

[가산세액계산서]

신고납부가산세	미제출가산세	토지등양도소득가산세	미환류소득			

구분		계산기준	기준금액	가산세율	코드	가산세액
지출증명서류		미(허위)수취금액	3,800,000	2/100	8	76,000
지급 명세서	미(누락)제출	미(누락)제출금액		10/1,000	9	
	불분명	불분명금액		1/100	10	
	상증법 82조 1 6	미(누락)제출금액		2/1,000	61	
		불분명금액		2/1,000	62	
	상증법 82조 3 4	미(누락)제출금액		2/10,000	67	
		불분명금액		2/10,000	68	
	법인세법 제75의7①(일용근로)	미제출금액	32,000,000	12.5/10,000	96	40,000
		불분명등		25/10,000	97	
	법인세법 제75의7①(간이지급명세서)	미제출금액		25/10,000	102	
		불분명등		25/10,000	103	
	소 계				11	40,000
주식등변동 상황명세서	미제출	액면(출자)금액		10/1,000	12	
	누락제출	액면(출자)금액		10/1,000	13	
	불분명	액면(출자)금액		1/100	14	
	소 계				15	
주주등명세서	미(누락)제출	액면(출자)금액		5/1,000	69	
	불분명	액면(출자)금액		5/1,000	73	
	소 계				74	
계산서	계산서미발급	공급가액		2/100	16	
	계산서지연발급 등	공급가액		1/100	94	
	계산서가공(위장)수수	공급가액		2/100	70	
	계산서불분명	공급가액		1/100	17	
전자계산서	미전송	공급가액		5/1,000	93	
	지연전송	공급가액		3/1,000	92	
계산서합계표	미제출	공급가액		5/1,000	18	
	불분명	공급가액		5/1,000	19	
세금계산서합계표	미제출	공급가액		5/1,000	75	
	불분명	공급가액		5/1,000	76	
	소 계				20	
기부금	영수증허위발급	발급금액		5/100	24	
	발급명세미작성(보관)	대상금액		2/1,000	25	
	소 계				26	
신용카드 및 현금영수증	발급거부 (불성실)	거부(발급)금액		5/100	38	
		건 수		5,000원	39	
		소 계			40	
	현금영수증 가맹점미가입	미가맹일수		10/1,000	41	
		수입금액				
	현금영수증미발급	미발급금액		20/100	98	
세금우대자료 미제출.불분명		건 수		2,000	77	
유보소득 계산명세	미제출	미제출금액		5/1,000	78	
	불분명	불분명금액		5/1,000	79	
중간예납납부불성실가산세등					63	
동업기업 가산세 배분액		배분비율			64	
		배분할금액				
성실신고확인서 미제출		산출세액		5/100	95	
		수입금액		2/10,000	99	
업무용승용차 관리비용 명세서		미제출금액		1/100	100	
		불성실금액		1/100	101	
합 계					21	116,000

기출확인문제

㈜빈출법인세(코드번호 : 5120)의 당해 사업연도(제5기)는 2024. 1. 1.~2024. 12. 31.이다.
다음 자료만을 이용하여 [법인세과세표준및세액조정계산서]를 작성하시오. (단, 당사는 세법상 중소기업에 해
당하지 않으며, 회생계획 이행 중인 기업이 아닌 것으로 가정하고, 세무조정입력은 생략한다) 제71회 수정

· 손익계산서의 일부분이다.

손익계산서
2024. 1. 1.~2024. 12. 31.   (단위 : 원)

– 중간 생략 –

Ⅷ 법인세차감전순이익	1,200,000,000
Ⅸ 법인세등	40,000,000
Ⅹ 당기순이익	1,160,000,000

· 위의 자료를 제외한 세무조정 자료는 다음과 같다.
  · 기업업무추진비 한도초과액 : 18,000,000원   · 재고자산평가증 : 2,700,000원
  · 퇴직급여충당금 한도초과액 : 1,500,000원   · 대표이사 향우회 회비 : 5,000,000원

· 기부금 관련 내역은 다음과 같다.
  · 기부금한도초과 이월액 손금산입액 : 800,000원

· 이월결손금의 내역은 다음과 같다.

발생연도	2021년	2022년	2023년
금 액	650,000,000원	300,000,000원	50,000,000원

· 세액공제 및 감면세액은 다음과 같다.
  · 연구·인력개발비 세액공제 : 1,500,000원

· 법인세(지방소득세 별도) 기납부세액의 내역은 다음과 같다.
  · 중간예납세액 : 10,000,000원   · 이자수익에 대한 원천징수세액 : 500,000원

· 소모품비(판관비)로 처리된 지출액 중에는 적격증빙을 수취하지 않고, 간이영수증을 수취한 1건(1,000,000
원)이 있다.

· 분납 가능한 최대의 금액을 현금으로 분납하도록 처리한다.

· 최저한세는 고려하지 않는다.

(1) 문제분석

① [소득금액조정합계표] 서식에 기재되는 세무조정사항

익금산입 및 손금불산입			손금산입 및 익금불산입		
과 목	금 액	소득처분	과 목	금 액	소득처분
법인세 등	40,000,000	기타사외유출	재고자산평가증	2,700,000	△유보
기업업무추진비 한도초과액	18,000,000	기타사외유출			
퇴직급여충당금 한도초과액	1,500,000	유 보			
대표이사 향우회 회비	5,000,000	상 여			
합 계	64,500,000		합 계	2,700,000	

② 차감납부세액의 계산

결산서상 당기순손익	1,160,000,000
(+) 익금산입 및 손금불산입	64,500,000
(−) 손금산입 및 익금불산입	2,700,000
(=) 차가감소득금액	1,221,800,000
(+) 기부금 한도초과액	0
(−) 기부금 한도초과 이월액 손금산입	800,000[1]
(=) 각 사업연도 소득금액	1,221,000,000
(−) 이월결손금	976,800,000[2]
(−) 비과세소득	0
(−) 소득공제	0
(=) 과세표준	244,200,000
(×) 세 율	9%, 19%
(=) 산출세액	26,398,000
(−) 최저한세 적용대상 세액감면·세액공제	1,500,000[3]
(=) 차감세액	24,898,000
(−) 최저한세 적용제외 세액감면·세액공제	0[3]
(+) 가산세	20,000[4]
(=) 총부담세액	24,918,000
(−) 기납부세액	10,500,000[5]
(=) 차감납부할세액	14,418,000
(−) 분납할세액	4,398,000[6]
(=) 차감납부세액	10,020,000

[1] [소득금액조정합계표] 서식에 기재하지 않고, [법인세과세표준및세액조정계산서] 서식의 해당란에 바로 기재

[2] 당기 과세표준 계산 시 공제할 수 있는 이월결손금 = Min[㉠, ㉡] = 976,800,000원

　㉠ 이월결손금(15년 이내 발생분)

　　= 650,000,000 + 300,000,000 + 50,000,000 = 1,000,000,000원

　㉡ '중소기업' 또는 '회생계획을 이행 중인 기업'을 제외한 일반기업의 이월결손금 공제한도

　　= 각 사업연도 소득금액 × 80% = 1,221,000,000원 × 80% = 976,800,000원

³⁾ 최저한세 적용 여부

근거 법	구 분	금 액	최저한세 적용 여부
조세특례제한법상 세액공제	비중소기업의 연구·인력개발비 세액공제	1,500,000원	O

⁴⁾ 적격증명서류 수취불성실 가산세 = 적격증명서류 미수취 금액 × 2%
= 1,000,000원 × 2% = 20,000원

⁵⁾ 법인세 기납부세액 = 중간예납세액 + 원천납부세액 + 수시부과세액
= 10,000,000 + 500,000 + 0 = 10,500,000원

⁶⁾ 납부할 세액(가산세는 제외)이 1천만 원 초과 2천만 원 이하인 경우 분납가능금액
= (차감납부할세액 - 가산세) - 10,000,000
= (14,418,000 - 20,000) - 10,000,000 = 4,398,000원

(2) 입력화면

[법인세과세표준및세액조정계산서]

① 각사업연도소득계산	101. 결산서상 당기순손익	01	1,160,000,000
	소득조정 102. 익금산입	02	64,500,000
	금 액 103. 손금산입	03	2,700,000
	104. 차 가 감 소 득 금 액 (101+102-103)	04	1,221,800,000
	105. 기 부 금 한 도 초 과 액	05	
	106. 기부금한도초과 이월액 손금산입	54	800,000
	107. 각 사 업 연 도 소 득 금 액(104+105-106)	06	1,221,000,000

② 과세표준계산	108. 각 사 업 연 도 소 득 금 액 (108=107)		1,221,000,000
	109. 이 월 결 손 금	07	976,800,000
	110. 비 과 세 소 득	08	
	111. 소 득 공 제	09	
	112. 과 세 표 준 (108-109-110-111)	10	244,200,000
	159. 선 박 표 준 이 익	55	

③ 산출세액계산	113. 과 세 표 준 (113=112+159)	56	244,200,000
	114. 세 율	11	19%
	115. 산 출 세 액	12	26,398,000
	116. 지 점 유 보 소 득 (법 제96조)	13	
	117. 세 율	14	
	118. 산 출 세 액	15	
	119. 합 계 (115+118)	16	26,398,000

④ 납부할세액계산	120. 산 출 세 액 (120=119)		26,398,000
	121. 최저한세 적용대상 공제감면세액	17	1,500,000
	122. 차 감 세 액	18	24,898,000
	123. 최저한세 적용제외 공제감면세액	19	
	124. 가 산 세 액	20	20,000
	125. 가 감 계 (122-123+124)	21	24,918,000
기한내납부세액	126. 중 간 예 납 세 액	22	10,000,000
	127. 수 시 부 과 세 액	23	
	128. 원 천 납 부 세 액	24	500,000
	129. 간접 회사등 외국 납부세액	25	
	130. 소 계(126+127+128+129)	26	10,500,000
	131. 신 고 납 부 전 가 산 세 액	27	
	132. 합 계 (130+131)	28	10,500,000
	133. 감 면 분 추 가 납 부 세 액	29	
	134. 차 가 감 납 부 할 세 액(125-132+133)	30	14,418,000

⑤토지등 양도소득, ⑥미환류소득 법인세 계산 (TAB로 이동)			
⑦ 세액계	151. 차감 납부할 세액계 (134+150+166)	46	14,418,000
	152. 사실 과 다른 회계 처리 경정 세액공제	57	
	153. 분 납 세 액 계 산 범 위 액 (151-124-133-145-152+131)	47	14,398,000
	154. 분 납 할 세 액	48	4,398,000
	155. 차 감 납 부 세 액 (151-152-154)	49	10,020,000

기출확인문제

㈜빈출승용차(코드번호 : 5121)의 당해(제9기) 사업연도는 2024. 1. 1.~2024. 12. 31.이다.
다음 자료를 이용하여 [업무용승용차관련비용명세서]를 작성하고 관련된 세무조정을 소득금액조정합계표에 반영하시오. (제94회 수정)

코 드	<101> 12구2588 제네시스	<103> 35허1566 말리부
취득일	2023. 7. 1.	2024. 1. 1.
경비구분	800번대/판관비	800번대/판관비
사용자직책	대표이사	과 장
임차기간	–	2024. 1. 1.~2024. 12. 31.
업무전용자동차보험 가입여부	가 입	가 입
법인업무용 전용번호판 부착여부	부 착	부 착
보험기간	2024. 1. 1.~2024. 12. 31.	2024. 1. 1.~2024. 12. 31.
운행기록부 사용여부	여	부
출퇴근 사용여부	여	여
총주행거리	20,000km	–
업무사용거리	18,000km	–
취득가액	100,000,000원 (부가가치세 포함)	–
감가상각비	10,000,000원	–
임차료(렌트료)	–	12,000,000원 (부가가치세 포함)
유류비	15,000,000원 (부가가치세 포함)	2,400,000원 (부가가치세 포함)
보험료	8,000,000원	–
자동차세	7,000,000원	–

(1) 문제분석

　① [제네시스(12구2588) 관련 비용에 대한 세무조정]

　　1단계 업무용승용차의 감가상각 시부인

　　　・ 회사계상액 : 10,000,000원

　　　・ 상각범위액 : 100,000,000[1] × 1/5 = 20,000,000원

　　　　[1] 비영업용 소형승용차 관련 매입세액은 매입세액 불공제분이므로 부가가치세 포함 금액이 장부상 취득원가로 계상됨

　　　・ 세무조정 : <손금산입>　10,000,000 (△유보)

　　2단계 업무용승용차 관련 비용 중 업무외사용금액

　　　・ 업무용승용차 관련 비용 : 감가상각비 + 유류비 + 보험료 + 자동차세

　　　　= (10,000,000 + 10,000,000)[1] + 15,000,000[2] + 8,000,000 + 7,000,000

　　　　= 50,000,000원

　　　　　[1] 1단계 세무조정(5년, 정액법)이 반영된 금액

　　　　　[2] 비영업용 소형승용차 관련 매입세액은 매입세액 불공제분이므로 부가가치세 포함 금액이 장부상 비용으로 계상됨

　　　・ 업무사용비율 : $\dfrac{18,000km}{20,000km}$ = 90%

　　　・ 업무외사용금액 : 50,000,000 ×(100% - 90%) = 5,000,000원

　　　・ 세무조정 : <손금불산입>　5,000,000 (상여)

　　3단계 업무용승용차의 감가상각비 한도초과액

　　　・ 업무사용금액 중 감가상각비 : (10,000,000 + 10,000,000) × 90% = 18,000,000원[1]

　　　　　[1] 1단계 세무조정(5년, 정액법)과 2단계 세무조정(업무외사용금액)이 반영된 금액

　　　・ 한도액 : 8,000,000원

　　　・ 한도초과액 : 10,000,000원

　　　・ 세무조정 : <손금불산입>　10,000,000 (유보)

　② [말리부(35허1566) 관련 비용에 대한 세무조정]

　　1단계 업무용승용차의 감가상각 시부인

　　　・ 회사계상액 : 0원

　　　・ 상각범위액 : 0원(∵ 렌트한 차량이므로)

　　　・ 세무조정 : 없음

[2단계] 업무용승용차 관련 비용 중 업무외사용금액

· 업무용승용차 관련 비용 : 렌트료 + 유류비

= 12,000,000[1] + 2,400,000[1]

= 14,400,000원

[1] 비영업용 소형승용차 관련 매입세액은 매입세액 불공제분이므로 부가가치세 포함 금액이 장부상 비용으로 계상됨

· 업무사용비율 : 100%[1]

[1] 업무용승용차 관련 비용이 1,500만 원 이하이므로 운행기록부를 작성하지 않더라도 전액 업무사용금액으로 인정

· 업무외사용금액 : 14,400,000 × (100% - 100%) = 0원

· 세무조정 : 없음

[3단계] 업무용승용차의 감가상각비 한도초과액

· 업무사용금액 중 감가상각비 : 8,400,000[1] × 100% = 8,400,000원

[1] 임차료 중 법 소정 산식에 따라 계산한 감가상각비 상당액

= 렌트료 × 70% = 12,000,000 × 70% = 8,400,000원

· 한도액 : 8,000,000원

· 한도초과액 : 400,000원

· 세무조정 : <손금불산입> 400,000 (기타사외유출)[1]

[1] 임차료 중 감가상각비 상당액인 경우 소득처분 : 기타사외유출

(2) 입력화면

[업무용승용차관련비용명세서] 메뉴에서

[1단계] ⑪ 업무용승용차등록 실행 을 클릭한 다음, [업무용승용차등록]을 확인

· 12구2588 제네시스

· 35허1566 말리부

2단계 **CF12새로 불러오기**(또는 Ctrl + F12)를 클릭한 다음, [업무용승용차관련비용명세서]를 입력

· 12구2588 제네시스

참고 [업무용승용차관련비용명세서] 메뉴에서는 '(2단계) 업무외사용금액'과 '(3단계) 감가상각비 800
만 원 한도초과'에 대한 세무조정 정보만 표시되므로, "(11) 감가상각비"란에는 '(1단계) 5년 정
액법 강제상각'에 대한 세무조정이 반영된 금액인 "20,000,000"을 입력하여야 한다는 점에 주
의해야 한다.

· 35허1566 말리부

코드	차량번호	차종	임차	보험(율)	운행기록부	번호판	일수
0103	35허1566 말리부	렌트	여	(100%)	부	여	12

1 업무용 사용 비율 및 업무용 승용차 관련 비용 명세　(운행기록부: 미적용)　임차기간: 2024-01-01 ~ 2024-12-31　□ 부동산임대업등 법령39조①항

(5) 총주행 거리(㎞)	(6) 업무용 사용 거리(㎞)	(7) 업무 사용비율	(8) 취득가액	(9) 보유또는 임차월수	(10)업무용 승용차 관련 비용								
					(11) 감가상각비	(12) 임차료 (감가상각비포함)	(13) 감가상 각비상당액	(14) 유류비	(15) 보험료	(16) 수선비	(17) 자동차세	(18) 기타	(19) 합계
		100.0000		12		12,000,000	8,400,000	2,400,000					14,400,000
합 계					20,000,000	12,000,000	8,400,000	17,400,000	3,000,000		7,000,000		64,400,000

2 업무용 승용차 관련 비용 손금불산입 계산

(22) 업무 사용 금액			(23) 업무외 사용 금액			(30) 감가상각비 (상당액) 한도초과금액	(31) 손금불산입 합계	(32) 손금산입 합계
(24) 감가상각비 (상당액)[((11)또는 (13))X(7)]	(25) 관련 비용 [((19)-(11)또는 (19)-(13))X(7))]	(26) 합계 ((24)+(25))	(27) 감가상각비 (상당액)X(11)-(24) 또는(13)-(24))	(28) 관련 비용 [((19)-(11)또는 (19)-(13))-(25)]	(29) 합계 ((27)+(28))		((29)+(30))	((19)-(31))
8,400,000	6,000,000	14,400,000				400,000	400,000	14,000,000
26,400,000	33,000,000	59,400,000	2,000,000	3,000,000	5,000,000	10,400,000	15,400,000	49,000,000

3 감가상각비(상당액) 한도초과금액 이월 명세

(37) 전기이월액	(38) 당기 감가상각비(상당액) 한도초과금액	(39) 감가상각비(상당액) 한도초과금액 누계	(40) 손금추인(산입)액	(41) 차기이월액((39)-(40))
	400,000	400,000		400,000
	10,400,000	10,400,000		10,400,000

4 업무용 승용차 처분 손실 및 한도초과금액 손금불산입액 계산

(44) 양도가액	(45) 세무상 장부가액			(49) 합계 ((46)+(47)+(48))	(50) 처분손실 ((44)-(49))<0)	(51) 당기손금산입액	(52) 한도초과금액 손금불산입 ((50)-(51))
	(46) 취득가액	(47) 감가상각비 누계액	(48) 감가상각비한도초과금액 차기이월액(=(41))				

5 업무용 승용차 처분 손실 한도초과금액 이월 명세

(56) 처분일 ____-__-__	(57) 전기이월액	(58) 손금산입액	(59) 차기이월액((57)-(58))

3단계 [조정등록]

익금산입 및 손금불산입			손금산입 및 익금불산입		
과 목	금 액	소득처분	과 목	금 액	소득처분
업무용승용차 업무미사용	5,000,000	상 여	업무용승용차 감가상각비	10,000,000	△유보 발생
업무용승용차 감가상각비 한도초과	10,000,000	유보 발생			
업무용승용차 감가상각비 한도초과	400,000	기타사외 유출			

기출확인문제

㈜빈출승용리스(코드번호 : 5122)의 당해 사업연도(제7기)는 2024. 1. 1.~2024. 12. 31.이다.
다음 자료를 이용하여 [업무용승용차등록]과 [업무용승용차관련비용명세서]를 작성하고 관련 세무조정을 반영하시오. 다만, 아래의 업무용승용차에 대하여 업무전용자동차보험에 가입하고 법인업무용 전용번호판을 부착하였으며, 출퇴근용으로 사용하였으나 당기 차량운행일지를 작성하지는 않았다. 제100회 수정

1. 운용리스계약기간 및 보험가입기간(계약기간과 보험가입기간은 같다)

구 분	차량번호	계약기간 (보험가입기간)	보증금	자산코드
BMW	04소7777	2024. 4. 1.~2027. 3. 31.	20,000,000원	0101

2. 차량 관련 비용

운용리스금액[1]	유류비	보험료 (당기분)	자동차세	수선유지비	합 계
11,700,000원	1,200,000원	600,000원	400,000원	162,500원	14,062,500원

[1] 운용리스료에는 보험료, 자동차세, 수선유지비 미포함

(1) 문제분석

[BMW(04소7777) 관련 비용에 대한 세무조정]

1단계 업무용승용차의 감가상각 시부인

- 회사계상액 : 0원
- 상각범위액 : 0원(∵ 운용리스한 차량이므로)
- 세무조정 : 없음

2단계 업무용승용차 관련 비용 중 업무외 사용금액

- 운행기록을 작성·비치하지 않아도 업무사용비율을 100%로 인정받을 수 있는 기준금액
  = 15,000,000원 × (9개월/12개월) = 11,250,000원 이하[1]
  [1] 사업연도 중에 업무용승용차를 취득하였으므로 월할 계산

- 업무용승용차 관련 비용 : 리스료 + 유류비 + 보험료 + 자동차세 + 수선유지비
  = 11,700,000 + 1,200,000 + 600,000 + 400,000 + 162,500
  = 14,062,500원(> 11,250,000원)

- 업무사용비율 : $\dfrac{\text{1년 기준 1,500만 원}}{\text{업무용승용차 관련비용}} = \dfrac{11,250,000}{14,062,500} = 80\%$

- 업무외사용금액 : 14,062,500원 × (100% − 80%) = 14,062,500원 − 11,250,000원
  = 2,812,500원

- 세무조정 : <손금불산입> 2,812,500 (상여)

3단계 업무용승용차의 감가상각비 한도초과액

- 업무사용금액 중 감가상각비 : 11,700,000[1] × 80% = 9,360,000원[2]
  [1] 리스료 중 법 소정 산식에 따라 계산한 감가상각비 상당액
    = 리스료 전액 = 11,700,000원(∵ 리스료에 보험료·자동차세·수선유지비가 미포함)
  [2] 2단계 세무조정(업무외사용금액)이 반영된 금액

- 한도액 : 8,000,000원 × (9개월/12개월) = 6,000,000원[1]
  [1] 사업연도 중에 업무용승용차를 취득하였으므로 월할 계산

- 한도초과액 : 3,360,000원

- 세무조정 : <손금불산입> 3,360,000 (기타사외유출)[1]
  [1] 임차료 중 감가상각비 상당액인 경우 소득처분 : 기타사외유출

(2) 입력화면

[업무용승용차관련비용명세서] 메뉴에서

1단계 Ⓥ **업무용승용차등록 실행**을 클릭한 다음, [업무용승용차등록]을 입력

	코드	차량번호	차종	사용
☐	0101	04소7777	BMW	사용

차량 상세 등록 내용

1. 고정자산계정과목
2. 고정자산코드/명
3. 취득일자 2024-04-01
4. 경비구분
5. 사용자 부서
6. 사용자 직책
7. 사용자 성명
8. 임차여부 운용리스
9. 임차기간 2024-04-01 ~ 2027-03-31
10. 보험가입여부 가입
11. 보험기간 2024-04-01 ~ 2027-03-31
12. 운행기록부사용여부 부   전기이월누적거리 ___ km
13. 전용번호판 부착여부 여
14. 출퇴근사용여부 여   출퇴근거리 ___ km
15. 자택
16. 근무지

2단계 **CF12새로 불러오기**(또는 Ctrl + F12)를 클릭한 다음, [업무용승용차관련비용명세서]를 입력

코드	차량번호	차종	임차	보험(율)	운행기록	번호판	월수
0101	04소7777	BMW	리스	여 (100%)	부	여	9

1 업무용 사용 비율 및 업무용 승용차 관련 비용 명세 (운행기록부: 미적용) 임차기간: 2024-04-01 ~ 2027-03-31 ☐ 부동산임대업등 법인령39조①항

(5) 총주행 거리(km)	(6) 업무용 사용 거리(km)	(7) 업무 사용비율	(8) 취득가액	(9) 보유또는 임차월수	(10)업무용 승용차 관련 비용								
					(11) 감가상각비	(12) 임차료 (감가상각비포함)	(13) 감가상 각비상당액	(14) 유류비	(15) 보험료	(16) 수선비	(17) 자동차세	(18) 기타	(19) 합계
		80.0000		9		11,700,000	11,700,000	1,200,000	600,000	162,500	400,000		14,062,500
		합 계				11,700,000	11,700,000	1,200,000	600,000	162,500	400,000		14,062,500

2 업무용 승용차 관련 비용 손금불산입 계산

(22) 업무 사용 금액			(23) 업무외 사용 금액			(30) 감가상각비 (상당액) 한도초과금액	(31) 손금불산입 합계	(32) 손금산입 합계
(24) 감가상각비 (상당액)[((11)또는 (13))X(7)]	(25) 관련 비용 [{((19)-(11)또는 (19)-(13)))X(7)}	(26) 합계 ((24)+(25))	(27) 감가상각비 (상당액)X(11)-(24) 또는(13)-(24))	(28) 관련 비용 [{((19)-(11)또는 (19)-(13))-(25)}	(29) 합계 ((27)+(28))		((29)+(30))	((19)-(31))
9,360,000	1,890,000	11,250,000	2,340,000	472,500	2,812,500	3,360,000	6,172,500	7,890,000
9,360,000	1,890,000	11,250,000	2,340,000	472,500	2,812,500	3,360,000	6,172,500	7,890,000

3 감가상각비(상당액) 한도초과금액 이월 명세

(37) 전기이월액	(38) 당기 감가상각비(상당액) 한도초과금액	(39) 감가상각비(상당액) 한도초과금액 누계	(40) 손금추인(산입)액	(41) 차기이월액((39)-(40))
	3,360,000	3,360,000		3,360,000
	3,360,000	3,360,000		3,360,000

4 업무용 승용차 처분 손실 및 한도초과금액 손금불산입액 계산

(44) 양도가액	(45) 세무상 장부가액			(49) 합계 ((46)+(47)+(48))	(50) 처분손실 ((44)-(49) <0)	(51) 당기손금산입액	(52) 한도초과금액 손금불산입 ((50)-(51))
	(46) 취득가액	(47) 감가상각비 누계액	(48) 감가상각비한도초과금액 차기이월액(=(41))				

5 업무용 승용차 처분 손실 한도초과금액 이월 명세

(56) 처분일	(57) 전기이월액	(58) 손금산입액	(59) 차기이월액((57)-(58))

[3단계] [조정등록]

익금산입 및 손금불산입			손금산입 및 익금불산입		
과 목	금 액	소득처분	과 목	금 액	소득처분
업무용승용차 업무미사용	2,812,500	상 여			
업무용승용차 감가상각비 한도초과	3,360,000	기타사외유출			

＋ 더알아보기

1. 운용리스 차량에 대한 업무용승용차 관련 비용 세무조정

· 렌트 차량에 대한 업무용승용차 관련 비용과 동일한 논리로 세무조정한다.
(→ 1단계 세무조정(5년, 정액법)은 생략하고, 2단계 세무조정(업무외 사용금액)과 3단계 세무조정(감가상각비 연 800만 원 한도)만 함)

· 3단계 세무조정(감가상각비 연 800만 원 한도)을 할 때, 운용리스료 중 감가상각비 상당액을 별도의 세법 규정에 따라 계산하여야 한다.

2. 운용리스료 중 감가상각비 상당액

ⓐ 운용리스료에 보험료·자동차세·수선유지비가 포함되어 있지 않은 경우[1]

: 리스료 전액

ⓑ 운용리스료에 보험료·자동차세·수선유지비가 포함되어 있는 경우[1]

: 리스료 - 리스료에 포함되어 있는 보험료 - 리스료에 포함되어 있는 자동차세 - 리스료에 포함되어 있는 수선유지비[2]

[1] 렌트 차량의 경우에는 렌트료에 보험료·자동차세·수선유지비가 포함되어 있는 것이 일반적이나, 운용리스 차량의 경우에는 운용리스료에 보험료·자동차세·수선유지비가 포함되어 있지 않은 것이 일반적이다. 따라서, 실무에서는 대부분의 경우 'ⓐ' 산식이 적용되며, 'ⓑ' 산식이 적용되는 사례는 드물다.

[2] 리스료에 포함되어 있는 수선유지비를 별도로 구분하기 어려운 경우에는 '(리스료 - 보험료 - 자동차세) × 7%'를 수선유지비로 할 수 있다.

3. 렌트 차량과 운용리스 차량의 비교

구 분	렌트 차량	운용리스 차량
회계처리 시 비용 계정과목	임차료	임차료
번호판 기호	하, 허, 호	일반 기호
부가가치세법상 과세 여부	과 세	면 세
발급되는 증빙	세금계산서	계산서
임차료에 보험료·자동차세·수선유지비가 포함되어 있는지 여부	포함 ○	(일반적으로) 포함 X
업무용승용차 관련 비용의 법인세 세무조정 시 감가상각비 상당액	렌트료 × 70%	(일반적으로) 리스료 전액

기출확인문제

㈜빈출수입배당금(코드번호 : 5123)의 당해 사업연도(제11기)는 2024. 1. 1.~2024. 12. 31.이다.
다음 자료를 참조하여 「수입배당금액명세서」에 내용을 추가하여 작성을 완료하고 필요한 세무조정을 하시오.

제97회

---

1. 배당금 수취 현황

일 자	회사명	사업자등록번호	대표자	소재지	배당액
올해. 4. 10.	㈜한다	106-85-32321	김서울	서울시 영등포구 국제금융로 8	5,000,000원
올해. 4. 30.	㈜간다	108-86-00273	이인천	서울시 마포구 마포대로 3	750,000원

2. ㈜한다 주식내역

발행주식총수	당사보유내역	지분율	비 고
60,000주	60,000주	100%	• 일반법인 • 2020. 10. 15. 100% 지분 취득 • 취득일 이후 지분변동 없음

3. ㈜간다 주식내역

발행주식총수	당사보유내역	지분율	비 고
1,000,000주	5,000주	0.5%	• 주권상장법인 • 2021. 3. 15. 0.5% 지분 취득 • 취득일 이후 지분변동 없음

4. 기타내역
• 당사는 유동화전문회사 및 지주회사가 아니다.
• 당사는 지급이자가 없는 것으로 가정한다.
• 이에 따라 익금불산입 배제금액은 없다.

(1) 문제분석

① ㈜한다 주식에 대한 수입배당금의 익금불산입 금액

$$= \{ 수입배당금 - (차입금이자 \times \frac{익금불산입 \ 대상 \ 주식의 \ 세법상 \ 장부가액 \ 적수}{사업연도 \ 종료일 \ 현재 \ 장부상 \ 자산총액 \ 적수}) \} \times 익금불산입률$$

= {5,000,000 − (0)} × 100%[1]

= 5,000,000원

→ 세무조정 : <익금불산입> 수입배당금 5,000,000 (기타)

② ㈜간다 주식에 대한 수입배당금의 익금불산입 금액

= {750,000 − (0)} × 30%[1]

= 225,000원

→ 세무조정 : <익금불산입> 수입배당금   225,000 (기타)

[1] 수입배당금의 익금불산입률

피투자회사에 대한 출자비율		익금불산입률
20% 미만		30%
20% 이상	50% 미만	80%
	50% 이상	100%

(2) 입력화면

· [수입배당금액명세서]

1. 지주회사 또는 출자법인 현황

	1.법인명	2.구분	3.사업자등록번호	4.소재지	5.대표자성명	6.업태 + 종목
	㈜빈출수입배당금	2.일반법인	409-81-60674	서울특별시 영등포구 선유로 343 (당산동)	김홍도	제조,도매,건설 금속제품외,도급

2. 자회사 또는 배당금 지급법인 현황

No	7.법인명	8.구분	9.사업자등록번호	10.소재지	11.대표자	12.발행주식총수	13.지분율(%)
1	㈜한다	2.기타법인	106-85-32321	서울시 영등포구 국제금융로 8	김서울	60,000	100.00
2	㈜간다	1.주권,코스닥상장	108-86-00237	서울시 마포구 마포대로 3	이인천	1,000,000	0.50
3							

3. 수입배당금 및 익금불산입 금액 명세

No	14.자회사 또는 배당금 지급 법인명	15.배당금액	16.익금불산입비율(%)	17.익금불산입대상금액(15×16)	지급이자	16.비율(%)	18.지급이자관련익금불산입배제금액 익금불산입 적용대상자회사 주식의 장부가액	지주회사(출자법인)의 자산총액	18.배제금액	19.익금불산입액(17-18)
1	㈜한다	5,000,000	100.00	5,000,000		100.00				5,000,000
2	㈜간다	750,000	30.00	225,000		30.00				225,000
3										
	합계	5,750,000		5,225,000						5,225,000

· [조정등록]

익금산입 및 손금불산입			손금산입 및 익금불산입		
과 목	금 액	소득처분	과 목	금 액	소득처분
			배당금수익 익금불산입	5,000,000[1]	기 타
			배당금수익 익금불산입	225,000[1]	기 타

[1] 두 금액을 하나로 합산하여 "5,225,000"으로 입력하여도 정답 인정

기출확인문제

㈜빈출임대보증금(코드번호 : 5124)의 당해 사업연도(제11기)는 2024. 1. 1.~2024. 12. 31.이다.
다음의 자료를 이용하여 [임대보증금 등의 간주익금 조정명세서]를 작성하고 세무조정을 하시오. (단, 기존에 입력된 데이터는 무시하고 제시된 자료로 계산하며, 이 문제에 한정해서 부동산임대업을 주업으로 하는 영리내국법인으로서 차입금이 자기 자본의 2배를 초과하는 법인으로 가정한다) 제97회

1. 임대보증금의 내역

구 분	금 액	임대면적	비 고
전기이월	600,000,000원	20,000㎡	
4월 30일 보증금 감소	200,000,000원	6,000㎡	퇴실 면적 계산 시 이용
6월 1일 보증금 증가	300,000,000원	6,000㎡	입실 면적 계산 시 이용
기말잔액	700,000,000원	20,000㎡	

2. 건설비 상당액은 전기 말 400,000,000원으로 건물의 총 연면적은 20,000㎡이다.

3. 손익계산서상 이자수익 13,500,000원 중 임대보증금 운용수입은 2,800,000원이다. (1년 만기 정기예금 이자율은 3.5%로 가정함)

(1) 문제분석

- 임대보증금에 대한 간주익금(= 법인세법상 간주임대료)

$$= (임대보증금\ 적수 - 건설비\ 적수) \times 정기예금이자율 \times \frac{1}{365(윤년\ 366)} - 금융수익$$

$$= (234,600,000,000^{1)} - 142,560,000,000^{2)3)}) \times 3.5\% \times \frac{1}{365(윤년\ 366)} - 2,800,000$$

= 6,001,639원

→ 세무조정 : <익금산입> 간주익금　6,001,639 (기타사외유출)

1) 임대보증금 적수

일자	적요	입금액	반환액	잔액	기간	일수	임대보증금 적수
1/1	전기이월	600,000,000		600,000,000	1. 1.~4. 29.	120일	72,000,000,000
4/30	반환		200,000,000	400,000,000	4. 30.~5. 31.	32일	12,800,000,000
6/1	입금	300,000,000		700,000,000	6. 1.~12. 31.	214일	149,800,000,000
합계		900,000,000	200,000,000			366일	234,600,000,000

2) 건설비 상당액 적수 = 건설비 총액 적수 $\times \dfrac{당기의\ 임대면적(적수)}{건물의\ 총연면적(적수)}$

$$= (400,000,000원 \times 366일) \times \frac{7,128,000㎡}{(20,000 \times 366)㎡}$$

$$= 142,560,000,000원$$

3) 당기의 임대면적 적수

일자	적요	입실면적	퇴실면적	임대면적	기간	일수	임대면적 적수
1/1	전기이월	20,000		20,000	1. 1.~4. 29.	120일	2,400,000
4/30	반환		6,000	14,000	4. 30.~5. 31.	32일	448,000
6/1	입금	6,000		20,000	6. 1.~12. 31.	214일	4,280,000
합계		26,000	6,000			366일	7,128,000

(2) 입력화면

[임대보증금등의간주익금조정명세서] 메뉴에서

· [임대보증금등의 간주익금 조정] 탭 ▶ [2. 임대보증금등의 적수계산]

No	⑧일	자	⑨적 요	⑩임대보증금누계			⑪일 수	⑫적 수 (⑩X⑪)
				입금액	반환액	잔액누계		
1	01	01	전기이월	600,000,000		600,000,000	120	72,000,000,000
2	04	30	반환		200,000,000	400,000,000	32	12,800,000,000
			계	900,000,000	200,000,000	700,000,000	366	234,600,000,000

· [건설비 상당액 적수계산] 탭

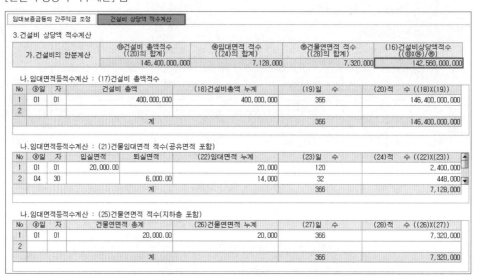

임대보증금등의 간주익금 조정 | 건설비 상당액 적수계산

3.건설비 상당액 적수계산

가.건설비의 안분계산	⑬건설비 총액적수 ((20)의 합계)	⑭임대면적 적수 ((24)의 합계)	⑮건물연면적 적수 ((28)의 합계)	(16)건설비상당액적수 ((⑬X⑭)/⑮)
	146,400,000,000	7,128,000	7,320,000	142,560,000,000

나.임대면적등적수계산 : (17)건설비 총액적수

No	⑧일	자	건설비 총액	(18)건설비총액 누계	(19)일 수	(20)적 수 ((18)X(19))
1	01	01	400,000,000	400,000,000	366	146,400,000,000
2						
			계		366	146,400,000,000

나.임대면적등적수계산 : (21)건물임대면적 적수(공유면적 포함)

No	⑧일	자	입실면적	퇴실면적	(22)임대면적 누계	(23)일 수	(24)적 수 ((22)X(23))
1	01	01	20,000.00		20,000	120	2,400,000
2	04	30		6,000.00	14,000	32	448,000
			계			366	7,128,000

나.임대면적등적수계산 : (25)건물연면적 적수(지하층 포함)

No	⑧일	자	건물연면적 총계	(26)건물연면적 누계	(27)일 수	(28)적 수 ((26)X(27))
1	01	01	20,000.00	20,000	366	7,320,000
2						
			계		366	7,320,000

· [임대보증금등의 간주익금 조정] 탭 ▶ [4. 임대보증금의 운용수입금액 명세서]

4.임대보증금등의 운용수입금액 명세서

No	(29)과 목	(30)계 정 금 액	(31)보증금운용수입금액	(32)기타수입금액	(33)비 고
1	이자수익	13,500,000	2,800,000	10,700,000	
2					
	계	13,500,000	2,800,000	10,700,000	

• [임대보증금등의 간주익금 조정] 탭 (전체 화면)

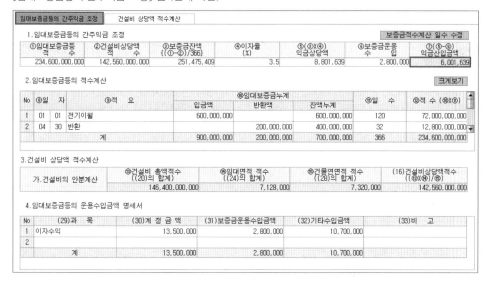

• [조정등록]

익금산입 및 손금불산입			손금산입 및 익금불산입		
과 목	금 액	소득처분	과 목	금 액	소득처분
임대보증금 간주익금	6,001,639	기타사외유출			

기출확인문제

㈜빈출주식등변동(코드번호 : 5125)의 당해 사업연도(제13기)는 2024. 1. 1.~2024. 12. 31.이다.
입력된 자료는 무시하고 다음의 자료를 참조하여 [주식등변동상황명세서]를 작성하시오. [제95회]

1. 등기사항전부증명서 일부

| 1주의 금액 금 5,000원 | . . |
| | . . |

| 발행할 주식의 총수 1,000,000주 | . . |
| | . . |

발행주식의 총수와 그 종류 및 각각의 수	자본금의 액	변경연월일 등기연월일
~~발행주식의 총수 10,000주~~ ~~보통주식 10,000주~~	~~금 50,000,000 원~~	
발행주식의 총수 20,000주 보통주식 20,000주	금 100,000,000 원	당해 연도 4. 18. 변경 당해 연도 4. 18. 등기

2. 주주내역
(1) 전년도 말 주주내역

성 명	주민등록번호	지배주주관계	주식수
장세억	660813-1953116	본 인	5,000주
인재율	690327-1082111	없 음	5,000주

(2) 당해 연도 말 주주내역

성 명	주민등록번호	지배주주관계	주식수
장세억	660813-1953116	본 인	10,000주
인재율	690327-1082111	없 음	8,000주
우민오	691115-1173526	없 음	2,000주

• 장세억과 인재율은 당해 연도 4월 18일 유상증자에 참여하였다. 유상증자는 액면가액으로 진행되었다.
• 인재율은 당해 연도 11월 15일 본인의 주식 2,000주를 우민오에게 액면가액으로 양도하였다.

(1) 문제분석

· 주식수 보유 현황

성명	지배주주 관계	기 초	당기 중 변동		기 말
			유상증자 (4월 18일)	양도, 양수 (11월 15일)	
장세억	본 인	5,000주	(+)5,000주		10,000주
인재율	없 음	5,000주	(+)5,000주	(−)2,000주	8,000주
우민오	없 음			(+)2,000주	2,000주
합 계		10,000주	(+)10,000주	0주	20,000주

(2) 입력화면

[주식등변동상황명세서] 메뉴에서

· [1. 주식 등 변동상황명세서] 탭 ▶ ① 자본금(출자금) 변동 상황 ▶ 보조창

· [1. 주식 등 변동상황명세서] 탭 ▶ ③ 주식 및 출자지분에 대한 사항 ▶ 장세억

· [1. 주식 등 변동상황명세서] 탭 ▶ ③ 주식 및 출자지분에 대한 사항 ▶ 인재율

· [1. 주식 등 변동상황명세서] 탭 ▶ ③ 주식 및 출자지분에 대한 사항 ▶ 우민오

· [2. 주식(출자지분) 양도명세서] 탭

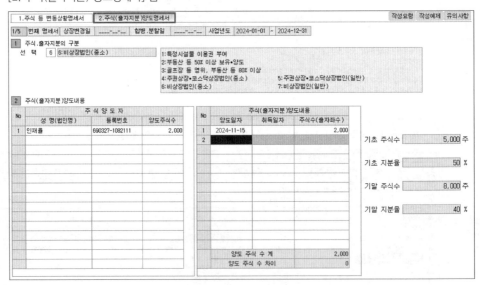

해커스
전산세무 1급 법인세
최신기출

해커스금융

▌이 책의 저자

이남호

학 력
단국대학교 회계학과 졸업

경 력
현 | 해커스금융 온라인 및 오프라인 전임교수

전 | KPMG 삼정회계법인(세무사업본부, Manager)
동남회계법인(회계감사)
한울회계법인(회계감사)

강의경력
현 | 한국생산성본부 회계·세무 실무강의

자격증
한국공인회계사(CPA), 세무사, 미국공인회계사(AICPA)

최신기출문제

기출문제 200% 활용법

모든 기출문제는 실전처럼 시간을 정해놓고 풀어보시길 바랍니다.
제한시간 : 1회분당 90분

정답 및 해설[책속의 책]

본서에 수록된 기출문제는 모두 실제 기출문제입니다.
(단, 세법이 개정되었거나 실제 기출문제에 오류가 있었던 경우 모두 올바르게 수정하고, 날짜 및 회사명은 학습효과를 높이기 위하여 일부 수정함)

해커스금융 사이트(fn.Hackers.com)에서 최신기출문제 8개년 42회분의 기출문제와 해설집을 무료로 학습할 수 있습니다.

기출문제 200% 활용법

■ 합격자의 Tip

전산세무 1급 합격에 있어 기출문제 반복학습은 매우 중요합니다. 최신기출문제 12회분을 최소 2회 이상 풀고, 모든 기출문제를 자기 것으로 만들어야 전산세무 1급 시험 합격이 쉬워집니다.

시간이 부족해 최신기출문제 12회 중 일부만 학습이 가능한 학습자는 112회 → 102회 → 111회 → 101회(합격률이 낮은 순) 순서대로 학습하는 것을 권장합니다.

■ 한눈에 보는 오답노트

회차 (합격률)	1회독 오답체크		2회독 오답체크		Up! 3회독 오답체크	
	이론	실무	이론	실무	이론	실무
예시	22점	57점				
	1, 4, 6, 9번	5번				
112회 상 (4.05%)						
111회 상 (9.10%)						
110회 하 (24.21%)						
109회 상 (9.32%)						
108회 하 (22.93%)						
107회 하 (23.29%)						
106회 하 (25.57%)						
105회 중 (11.63%)						
104회 중 (14.87%)						
103회 중 (11.07%)						
102회 상 (4.17%)						
101회 상 (9.30%)						

※ 난이도 기준
　　　난이도 상 – 합격률 10% 미만
　　　난이도 중 – 합격률 10% 이상 ~ 15% 미만
　　　난이도 하 – 합격률 15% 이상

제112회 기출문제

☑ 다시 봐야 할 문제(틀린 문제, 풀지 못한 문제, 헷갈리는 문제 등)는 회독별로 문제 번호 위 네모박스(□)에 체크하여 반복 학습할 수 있습니다.

이론시험

다음 문제를 보고 알맞은 것을 골라 [이론문제 답안작성] 메뉴에 입력하시오. (객관식 문항당 2점)

● 기 본 전 제 ●

문제에서 한국채택국제회계기준을 적용하도록 하는 전제조건이 없는 경우, 일반기업회계기준을 적용한다.

□□□
1. 다음 중 일반기업회계기준에 따른 유동부채에 대한 설명으로 틀린 것은?

① 보고기간 종료일로부터 1년 이내에 상환되어야 하는 단기차입금 등의 부채는 유동부채로 분류한다.
② 보고기간 후 1년 이상 결제를 연기할 수 있는 무조건의 권리를 가지고 있지 않은 부채는 유동부채로 분류한다.
③ 기업의 정상적인 영업주기 내에 상환 등을 통하여 소멸할 것이 예상되는 매입채무와 미지급비용 등의 부채는 유동부채로 분류한다.
④ 장기차입약정을 위반하여 채권자가 즉시 상환을 요구할 수 있는 채무는 보고기간 종료일과 재무제표가 사실상 확정된 날 사이에 상환을 요구하지 않기로 합의하면 비유동부채로 분류한다.

□□□
2. 다음 중 일반기업회계기준에 따른 수익의 인식에 대한 설명으로 옳지 않은 것은?

① 수강료는 강의 기간에 걸쳐 수익을 인식한다.
② 상품권을 판매한 경우 상품권 발행 시 수익으로 인식한다.
③ 위탁판매의 경우 위탁자는 수탁자가 제3자에게 해당 재화를 판매한 시점에 수익을 인식한다.
④ 재화의 소유에 따른 위험과 효익을 가지지 않고 타인의 대리인 역할을 수행하여 재화를 판매하는 경우에는 판매대금 총액을 수익으로 계상하지 않고 판매수수료만 수익으로 인식한다.

3. 다음의 자료를 이용하여 기말자본금을 계산하면 얼마인가?

> 1. 10,000주를 1주당 12,000원에 증자했다. (주식의 1주당 액면금액은 10,000원이며, 주식발행일 현재 주식할인발행차금 10,000,000원이 있다)
> 2. 자본잉여금 10,000,000원을 재원으로 무상증자(액면발행)를 실시했다.
> 3. 이익잉여금 10,000,000원을 재원으로 30%는 현금배당, 70%는 주식배당을 실시했다. (배당일 현재 이익준비금은 자본금의 2분의 1만큼의 금액이 적립되어 있다)
> 4. 전기말 재무상태표상 자본금은 30,000,000원이다.

① 147,000,000원   ② 150,000,000원   ③ 160,000,000원   ④ 167,000,000원

4. 다음 중 금융자산·금융부채에 대한 설명으로 알맞은 것을 모두 고르시오.

> 가. 금융자산은 금융상품의 계약당사자가 되는 때에만 재무상태표에 인식한다.
> 나. 제3자에게 양도한 금융부채의 장부금액과 지급한 대가의 차액은 기타포괄손익으로 인식한다.
> 다. 금융자산이나 금융부채의 후속측정은 상각후원가로 측정하는 것이 일반적이다.
> 라. 채무증권의 발행자가 채무증권의 상각후취득원가보다 현저하게 낮은 금액으로 중도상환권을 행사할 수 있는 경우 만기보유증권으로 분류될 수 없다.

① 가, 다   ② 가, 다, 라   ③ 가, 나, 라   ④ 가, 나, 다, 라

5. 다음 중 회계추정의 변경 및 오류수정에 대한 설명으로 틀린 것을 고르시오.

① 중대한 오류는 손익계산서에 손익을 심각하게 왜곡시키는 오류를 말한다.
② 회계추정을 변경한 경우 당기 재무제표에 미치는 영향을 주석에도 기재한다.
③ 회계추정의 변경은 전진적으로 처리하며 그 변경의 효과는 당해 회계연도 개시일부터 적용한다.
④ 비교재무제표를 작성하는 경우 중대한 오류의 영향을 받는 회계기간의 재무제표 항목은 재작성한다.

□□□
6. 아래의 그래프가 표시하는 원가행태와 그 예를 가장 적절하게 표시한 것은?

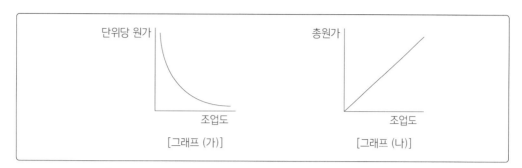

[그래프 (가)] [그래프 (나)]

① [그래프 (가)] : 변동원가, 커피 제조의 원두
② [그래프 (나)] : 고정원가, 생산직원의 급여
③ [그래프 (가)] : 고정원가, 기계장치 감가상각비
④ [그래프 (나)] : 변동원가, 공장 임차료

□□□
7. ㈜유레카는 동일한 원재료를 투입하여 동일한 제조공정으로 제품 A, B, C를 생산하고 있다. 세 가지 제품에 공통적으로 투입된 결합원가가 850,000원일 때, 순실현가치법으로 배부하는 경우 제품 A의 매출총이익은 얼마인가? (단, 기초 및 기말 재고는 없다고 가정한다)

제품	생산량	단위당 판매가격	추가가공원가(총액)
A	1,000개	@2,000원	200,000원
B	800개	@2,500원	500,000원
C	1,700개	@1,000원	없음

① 1,150,000원　　② 1,494,000원　　③ 1,711,000원　　④ 1,800,000원

□□□
8. 당사는 선입선출법에 의한 종합원가계산을 적용하고 있다. 당기 가공원가에 대한 완성품 환산량 단위당 원가가 10원인 경우 다음 자료에 의하여 당기 가공원가 발생액을 계산하면 얼마인가?

- 기초재공품 : 400단위, 완성도 40%
- 당기착수수량 : 2,200단위
- 기말재공품 : 700단위, 완성도 20%
- 당기완성수량 : 1,900단위

① 17,900원　　② 18,300원　　③ 18,500원　　④ 18,800원

□□□
9. 당사 판매부의 광고선전비를 제조원가로 잘못 회계처리한 경우 재무제표에 미치는 영향으로 옳은 것은? (단, 기말재고자산은 없다고 가정한다)

① 제품매출원가가 감소된다. ② 매출총이익이 감소된다.

③ 영업이익이 감소된다. ④ 당기순이익이 증가된다.

□□□
10. 회사는 제조간접원가를 직접노무시간을 기준으로 배부하고 있다. 당기말 현재 실제 제조간접원가 발생액은 100,000원이고, 실제 직접노무시간은 500시간이며, 예정배부율은 시간당 190원일 경우 제조간접원가 배부차이는 얼마인가?

① 10원 과대배부 ② 10원 과소배부 ③ 5,000원 과대배부 ④ 5,000원 과소배부

□□□
11. 다음 사례에 대한 수정세금계산서 발급 방법으로 적절한 것은 무엇인가?

> 조그만 상가를 임대하고 매월 1,000,000원의 임대료를 받는 김 씨는 임대료 세금계산서 발급내역을 검토하다가 7월분 임대료 세금계산서에 "0"이 하나 더 들어가 공급가액이 10,000,000원으로 표시된 것을 발견했다.

① 처음에 발급한 세금계산서의 내용대로 음의 표시를 하여 발급

② 발급 사유가 발생한 날을 작성일로 적고 비고란에 처음 세금계산서 작성일을 덧붙여 적은 후 붉은색 글씨로 쓰거나 음의 표시를 하여 발급

③ 발급 사유가 발생한 날을 작성일로 적고 추가되는 금액은 검은색 글씨로 쓰고, 차감되는 금액은 붉은색 글씨로 쓰거나 음의 표시를 하여 발급

④ 처음에 발급한 세금계산서의 내용대로 세금계산서를 붉은색 글씨로 쓰거나 음의 표시를 하여 발급하고, 수정하여 발급하는 세금계산서는 검은색 글씨로 작성하여 발급

□□□
12. 다음 중 부가가치세법상 음식점을 운영하는 개인사업자의 의제매입세액 공제율로 옳은 것은? (단, 해당 음식점업의 해당 과세기간의 과세표준은 2억 원을 초과한다)

① 2/104 ② 6/106 ③ 8/108 ④ 9/109

13. 다음 중 이월결손금 공제의 위치는 어디인가?

이자소득	배당소득	사업소득	근로소득	연금소득	기타소득
(가)					
이자소득금액	배당소득금액	사업소득금액	근로소득금액	연금소득금액	기타소득금액
(나)					
종합소득금액					
(다)					
종합소득 과세표준					
산출세액					
(라)					
결정세액					

① (가)　　　　　② (나)　　　　　③ (다)　　　　　④ (라)

14. 다음 중 소득세법상 주택임대소득에 대한 설명으로 옳지 않은 것은?

① 주택임대소득에서 발생한 결손금은 부동산 임대소득에서만 공제 가능하다.
② 임대주택의 기준시가가 12억 원을 초과하는 경우 1주택자이어도 월 임대소득에 대해 과세한다.
③ 주택임대소득 계산 시 주택 수는 본인과 배우자의 소유 주택을 합산하여 계산한다.
④ 간주임대료는 3주택 이상 소유자에 대해서만 과세하지만 2026년 12월 31일까지 기준시가 2억 원 이하이면서 40㎡ 이하인 소형주택에 대해서는 주택 수 산정과 보증금 계산에서 모두 제외한다.

15. 다음 중 법인세법상 중간예납에 대한 설명으로 틀린 것은?

① 내국법인으로서 각 사업연도의 기간이 6개월 미만인 법인은 중간예납 의무가 없다.
② 각 사업연도의 기간이 6개월을 초과하는 법인은 해당 사업연도 개시일부터 6개월간을 중간예납 기간으로 한다.
③ 중간예납은 중간예납기간이 지난 날부터 3개월 이내에 납부하여야 한다.
④ 중간예납세액의 계산 방법은 직전 사업연도의 산출세액을 기준으로 계산하거나 해당 중간예납기간의 법인세액을 기준으로 계산하는 방법이 있다.

실무시험

㈜수아이엔지(회사코드 : 4012)는 제조·도소매업을 영위하는 중소기업이며, 당기(제19기) 회계기간
은 2024. 1. 1.~2024. 12. 31.이다. 전산세무회계 수험용 프로그램을 이용하여 다음 물음에 답하시오.

● 기 본 전 제 ●
- 문제에서 한국채택국제회계기준을 적용하도록 하는 전제조건이 없는 경우, 일반기업회계기준을 적용하여 회계처리한다.
- 문제의 풀이와 답안작성은 제시된 문제의 순서대로 진행한다.

문제1 다음 거래에 대하여 적절한 회계처리를 하시오. (12점)

● 입력 시 유의사항 ●
- 일반적인 적요의 입력은 생략하지만, 타계정 대체거래는 적요번호를 선택하여 입력한다.
- 세금계산서·계산서 수수거래 및 채권·채무 관련 거래는 별도의 요구가 없는 한 반드시 기등록된 거래처코드를 선택하는 방법으로 거래처명을 입력한다.
- 제조경비는 500번대 계정코드를, 판매비와관리비는 800번대 계정코드를 사용한다.
- 회계처리 시 계정과목은 등록된 계정과목 중 가장 적절한 과목으로 한다.
- 매입매출전표를 입력하는 경우 입력화면 하단의 분개까지 처리하고, 세금계산서 및 계산서는 전자 여부를 입력하여 반영한다.

□□□
(1) 7월 31일 당사가 보유 중인 매도가능증권을 17,000,000원에 처분하고 대금은 보통예금 계좌
로 입금되었다. 해당 매도가능증권의 취득가액은 20,000,000원이며, 전년도 말 공정
가치는 15,000,000원이다. (3점)

□□□
(2) 8월 15일 면세사업에 사용하기 위하여 ㈜정우로부터 8,800,000원(부가가치세 포함)에 비품을
구입하면서, 계약금을 제외한 대금 전액을 보통예금 계좌에서 지급하였다. 당사는 해
당 거래 건으로 7월 30일에 계약금으로 1,000,000원을 지급하고 선급금으로 처리하
였다. 전자세금계산서는 인도일에 전액 발급받았다. (3점)

□□□
(3) 11월 10일 영업부 사무실을 이전하면서 미래공인중개사사무소(간이과세자, 세금계산서 발급사
업자)로부터 부동산 중개용역을 제공받고 중개수수료(비용) 1,485,000원(부가가치세
포함)을 현대카드로 결제하였다. (3점)

□□□
(4) 11월 22일 당사가 ㈜조은은행에 가입한 확정급여형(DB) 퇴직연금에서 퇴직연금운용수익(이자
성격) 5,000,000원이 발생하였다. 회사는 퇴직연금운용수익이 발생할 경우 자산관
리수수료를 제외한 나머지 금액이 퇴직연금 계좌에 입금된다. 퇴직연금에 대한 자산
관리수수료율은 납입액의 3%이다. (단, 이자소득에 대한 원천징수는 없으며, 해당 수
수료는 판매비및일반관리비 항목으로 처리하기로 한다) (3점)

문제 2 다음 주어진 요구사항에 따라 부가가치세신고서 및 부속서류를 작성하시오. (10점)

□□□
(1) 다음 자료를 보고 올해 2기 예정신고기간의 [수출실적명세서]를 작성하고, [매입매출전표입력]
에 반영하시오. (단, 영세율구분, 수출신고번호를 입력할 것) (3점)

1. 제품 수출내역

거래처	수출신고번호	선적일	환가일	통화코드	수출액
산비디아	13528-22-0003162	8월 22일	8월 25일	USD	$200,000

2. 일자별 기준환율

거래처	수출신고번호	선적일	환가일	수출신고일
산비디아	13528-22-0003162	₩1,360/$	₩1,350/$	₩1,330/$

3. 수출대금은 선적일 이후에 수령하였다.

(2) 다음의 자료를 이용하여 올해 2기 부가가치세 확정신고기간(10. 1.~12. 31.)의 [대손세액공제신고서]를 작성하시오. (단, 제시된 금액은 모두 부가가치세가 포함된 금액이며, 기존에 입력된 자료 또는 불러온 자료는 무시할 것) (5점)

	상호 (사업자등록번호)	채권종류	대손금액	당초 공급일	비고
대손 발생	우주무역 (123-12-45676)	받을어음	24,200,000원	2024. 10. 27.	부도발생일 2024. 11. 6.
	세정상사 (345-76-09097)	외상매출금	6,600,000원	2021. 11. 3.	소멸시효 완성
	한뜻전자 (455-09-39426)	외상매출금	4,950,000원	2021. 12. 31.	회수기일 2년 이상 경과
	용산전자 (857-23-43082)	외상매출금	11,000,000원	2023. 3. 2.	파산

• 세정상사의 외상매출금은 2024년 11월 3일에 법정 소멸시효가 완성되었다.
• 한뜻전자의 외상매출금은 회수기일이 2년 이상 경과하여 2024년 12월 1일에 대손금을 비용계상하였다. (특수관계인과의 거래는 아님)
• 용산전자는 법원으로부터 파산선고를 받아 2024년 10월 1일에 대손 확정되었다.

	상호 (사업자등록번호)	채권종류	대손회수액	당초 공급일	비고
대손 채권 회수	하나무역 (987-65-43215)	외상매출금	9,350,000원	2022. 10. 15.	대손채권 회수

• 하나무역의 외상매출금은 대손처리하였던 채권의 회수에 해당하며, 대손회수일은 2024년 10월 5일이다.

유의 사항	• 당사는 중소기업에 해당한다. • 대손사유 입력 시 조회되지 않는 사유에 대해서는 7.직접입력으로 하고, 비고란의 내용을 그대로 입력한다.

(3) 올해 1기 부가가치세 확정신고기간의 [부가가치세신고서]를 마감하여 전자신고를 수행하시오. (단, 저장된 데이터를 불러와서 사용할 것) (2점)

1. 부가가치세신고서와 관련 부속서류는 작성되어 있다. (세액공제는 반영되어 있음)
2. [전자신고] → [국세청 홈택스 전자신고변환(교육용)] 순으로 진행한다.
3. [전자신고]에서 전자파일 제작 시 신고인 구분은 2.납세자 자진신고로 선택하고, 비밀번호는 "12345678"로 입력한다.
4. [국세청 홈택스 전자신고변환(교육용)]에서 전자파일변환(변환대상파일선택) → 찾아보기
5. 전자신고용 전자파일 저장경로는 로컬디스크(C:)이며, 파일명은 "1. enc작성연월일.101.v4028507977"이다.
6. 형식검증하기 ➡ 형식검증결과확인 ➡ 내용검증하기 ➡ 내용검증결과확인 ➡ 전자파일제출 을 순서대로 클릭한다.
7. 최종적으로 전자파일 제출하기 를 완료한다.

문제 3 다음의 결산정리사항에 대하여 결산정리분개를 입력하여 결산을 완료하시오. (8점)

☐☐☐
(1) 결산일 현재 당사가 보유한 외화자산은 다음과 같다. 기말 결산일의 기준환율은 ￥100＝930원이다. (2점)

> • 계정과목 : 외화예금 　　　　• 외화가액 : ￥2,300,000 　　　　• 장부가액 : 21,000,000원

☐☐☐
(2) 다음 자료를 이용하여 재무제표의 장기성예금에 대하여 결산일의 적절한 회계처리를 하시오. (2점)

> • 은행명 : 큰산은행 　　　　　　　• 개설일 : 2년 전. 4. 25.
> • 예금 종류 : 정기예금 　　　　　　• 만기일 : 내년. 4. 25.
> • 금액 : 100,000,000원

☐☐☐
(3) 연말 재고실사 과정에서 다음의 내용이 누락된 사실을 발견하였다. (2점)

구분	사유	금액
제품	광고 선전 목적으로 불특정다수인에게 전달	8,000,000원
상품	훼손으로 인해 가치를 상실하여 원가성이 없는 상품	2,000,000원

☐☐☐
(4) 아래의 전기말 무형자산명세서를 참조하여 당해연도(20x4년) 결산일의 회계처리를 하시오. (2점)

> • 전기말(20x3년 12월 31일) 무형자산명세서
>
> | 취득일자 | 무형자산내역 | 장부가액 | 내용연수 |
> |---|---|---|---|
> | 20x1년 1월 1일 | 개발비 | 20,000,000원 | 5년 |
>
> • 추가사항 : 당기 상각비(판매비와관리비)를 인식하며, 당기 결산일 현재 개발비에 대한 연구는 실패가 확실할 것으로 판단된다.

□□□
(1) 다음은 사원 정상수(사번 102)의 부양가족과 관련 자료이다. 본인의 세부담이 최소화되도록
[사원등록] 메뉴의 [부양가족명세] 탭에 부양가족을 입력(기본공제 대상이 아닌 경우 "부"로 입
력)하시오. (단, 부양가족은 전부 생계를 같이하고 있으며, 가능한 범위에서 분리과세를 선택하
고 있다) (4점)

---

1. 부양가족

관계	성명 (주민등록번호)	비고
본인 (세대주)	정상수 (851025-1234561)	총급여액은 100,000,000원이며, 장애인복지법상 장애인이 었으나 당해연도 중 완치가 되었다.
배우자	황효림 (860424-2112346)	총급여액은 50,000,000원이며, 부양가족공제를 누구에게 공제하면 유리한지 고민 중이다.
부친	정학수 (580218-1233348)	당해 수령한 노령연금 총액은 5,100,000원이다.
모친	박순자 (620815-2123459)	다주택자로서 보유하였던 주택을 100,000,000원에 양도하 였다. (해당 주택의 취득가액은 100,500,000원이다)
딸	정은란 (090410-4134563)	오디션 프로그램에 참가하여 상금 10,000,000원과 2,000,000원 상당의 피아노를 부상으로 받았다.
아들	정은수 (130301-3789504)	EBS 교육방송 어린이 MC로서 프리랜서 소득금액이 5,000,000원 발생하였다.
아들	정은우 (140420-3115984)	어린이 모델로 활동하여 프리랜서 총수입금액이 1,000,000 원 발생하였다.

2. 연금소득공제표

총연금액	공제액
350만 원 이하	총연금액
350만 원 초과 700만 원 이하	350만 원 + 350만 원 초과액의 40%

□□□

(2) 다음의 자료를 이용하여 ① 소득자별로 각 소득에 따라 [소득자료입력]을 작성하고, ② [원천
징수이행상황신고서]를 작성 및 마감하여 ③ 국세청 홈택스에 전자신고를 수행하시오. (단, 당
사는 반기별 신고 특례 대상자가 아니며 정기분 신고에 해당한다) (6점)

<소득자료>

성명	지급액(세전)	소득내용	비고
박서준	5,000,000원	일시적 강연료 (고용관계 없음)	실제 발생한 필요경비는 없으며, 소득세법상 인정하는 최대 필요경비를 적용한다.
강태주	3,000,000원	학원강사가 지급받은 강의료	인적용역사업소득에 해당한다.

• 위 소득의 귀속연월은 모두 7월이고, 지급일은 8월 5일이다.
• 위의 소득자료에 대해서만 작성하고 다른 소득자는 없는 것으로 가정한다.
• 위의 소득자는 모두 내국인 및 거주자에 해당한다.

<전자신고 관련 유의사항>

1. [전자신고] → [국세청 홈택스 전자신고변환(교육용)] 순으로 진행한다.
2. [전자신고]에서 전자파일 제작 시 신고인 구분은 2.납세자 자진신고로 선택하고, 비밀번호는 "2024
   0204"로 입력한다.
3. [국세청 홈택스 전자신고변환(교육용)]에서 전자파일변환(변환대상파일선택) → `찾아보기`
4. 전자신고용 전자파일 저장경로는 로컬디스크(C:)이며, 파일명은 "작성연월일.01.t4028507977"
   이다.
5. `형식검증하기` ➡ `형식검증결과확인` ➡ `내용검증하기` ➡ `내용검증결과확인` ➡ `전자파일제출` 을 순서대로 클릭한다.
6. 최종적으로 `전자파일 제출하기` 를 완료한다.

문제 5 ㈜선호물산(회사코드 : 4112)은 제조·도소매업 및 건설업을 영위하는 중소기업이며, 당해 사업연도(제15기)는 2024. 1. 1.~2024. 12. 31.이다. [법인조정] 메뉴를 이용하여 기장되어 있는 재무회계 장부 자료와 제시된 보충자료에 의하여 해당 사업연도의 세무조정을 하시오. (30점) ※ 회사 선택 시 유의하시오.

● **작성대상서식** ●

1. 기업업무추진비조정명세서(갑)(을)
2. 미상각자산감가상각조정명세서
3. 가지급금등의인정이자조정명세서
4. 법인세과세표준및세액조정계산서
5. 자본금과적립금조정명세서(갑)(을)

□□□
(1) 다음은 기업업무추진비와 관련된 자료이다. [기업업무추진비조정명세서]를 작성하고 필요한 세무조정을 하시오. (6점)

> 1. 손익계산서상 기업업무추진비(판관비) 계정의 금액은 20,000,000원이며, 다음의 금액이 포함되어 있다.
>   - 전기 말 법인카드로 기업업무추진비 1,000,000원을 지출하였으나 회계처리를 하지 않아 이를 법인카드 대금 결제일인 당기 1월 25일에 기업업무추진비로 계상하였다.
> 2. 건설중인자산(당기말 현재 공사 진행 중)에 배부된 기업업무추진비(도급) 3,000,000원 중에는 대표이사가 개인적으로 사용한 금액으로서 대표이사가 부담해야 할 기업업무추진비 500,000원이 포함되어 있다.
> 3. 당기 수입금액 합계는 2,525,000,000원으로 제품매출 1,385,000,000원,
>   상품매출 1,140,000,000원이다.
> 4. 전기 이전의 세무조정은 모두 적법하게 이루어진 상황이며, 위 외의 기업업무추진비 지출액은 없다.
> 5. 위 기업업무추진비 중 신용카드 등 미사용금액은 없다.

□□□
(2) 다음 자료를 이용하여 [고정자산등록] 메뉴에 고정자산을 등록하고, [미상각자산감가상각조정명세서]를 작성하고 필요한 세무조정을 하시오. (6점)

[자료1]

자산코드	구분	자산명	취득일	취득가액	전기말 상각누계액	제조원가 명세서에 반영된 상각비	경비구분
1	기계장치 (업종코드 : 13)	기계장치	2021. 6. 1.	60,000,000원	12,000,000원	4,000,000원	제조

[자료2]
- 회사는 감가상각방법을 세법에서 정하는 시기에 정액법으로 신고하였다.
- 회사는 감가상각대상자산의 내용연수를 무신고하였다.

구분		기준내용연수
기계장치		6년
상각률	정액법	0.166
	정률법	0.394

- 수선비 계정에는 기계장치에 대한 자본적 지출액 10,000,000원이 포함되어 있다.
- 회사는 당해연도 1월 1일에 전기 과소상각비 해당액을 아래와 같이 회계처리하였다.
  (차) 전기오류수정손실(이익잉여금) 3,000,000원   (대) 감가상각누계액(기계장치) 3,000,000원

□□□
(3) 다음 자료를 이용하여 [가지급금등의인정이자조정명세서]를 작성하고, 필요한 세무조정을 하시오. (6점)

1. 손익계산서상 지급이자 내역

구분	국민은행	하나은행	합계
연 이자율	4.9%	5.7%	–
지급이자	6,370,000원	17,100,000원	23,470,000원
차입금	130,000,000원	300,000,000원	–
비고	차입금 발생일 : 전년도. 11. 10.	차입금 발생일 : 전년도. 1. 5.	–

2. 대표이사 장경석의 가지급금 및 가수금 내역

일자	금액	비고
2월 9일	100,000,000원	업무와 무관하게 대표이사에게 대여한 금액
5월 25일	20,000,000원	귀속자 불명분을 대표자 상여로 소득처분하고 해당 법인이 그 소득세를 대납한 금액
8월 27일	60,000,000원	대표이사 대여금 중 일부를 대표이사로부터 회수한 금액

3. 기타 추가사항
- 회사는 대표이사 대여금에 대하여 별도의 이자 지급에 관한 약정을 하지 않았으며, 결산일에 대표이사 대여금에 대한 이자수익을 아래와 같이 회계처리하였다.
  (차) 미수수익   2,000,000원   (대) 이자수익   2,000,000원
- 회사는 전년도(2023년)부터 당좌대출이자율(4.6%)을 시가로 적용한다.
- 불러온 자료는 무시하고 직접 입력하여 작성한다.

□□□
(4) 당사는 소기업으로서 「중소기업에 대한 특별세액감면」을 적용받으려 한다. 불러온 자료는 무시하고, 다음의 자료만을 이용하여 [법인세과세표준및세액조정계산서]를 작성하시오. (6점)

1. 표준손익계산서 일부

Ⅷ. 법인세비용차감전손익	217	461,600,000원
Ⅸ. 법인세비용	218	61,600,000원
Ⅹ. 당기순손익	219	400,000,000원

2. 소득금액조정합계표

익금산입 및 손금불산입			손금산입 및 익금불산입		
과목	금액	소득처분	과목	금액	소득처분
법인세비용	61,600,000원	기타사외유출	재고자산평가증	3,000,000원	유보감소
기업업무추진비	20,000,000원	기타사외유출			
세금과공과	1,400,000원	기타사외유출			
합계	83,000,000원		합계	3,000,000원	

3. 기타자료
   • 감면소득금액은 300,000,000원, 감면율은 20%이다.
   • 전년 대비 상시근로자 수의 변동은 없으며, 최저한세 적용 감면배제금액도 없다.
   • 지급명세서불성실가산세 500,000원이 있다.
   • 법인세 중간예납세액은 20,000,000원이고, 분납을 최대한 적용받고자 한다.

□□□
(5) 다음 자료만을 이용하여 [자본금과적립금조정명세서(갑)(을)]를 작성하시오. (단, 전산상에 입력된 기존 자료는 삭제할 것) (6점)

1. 전기(2023년) 자본금과적립금조정명세서(을)표상의 자료는 다음과 같다.

| 과목 | 기초잔액 | 당기중증감 | | 기말잔액 |
		감소	증가	
업무용승용차	13,200,000원	8,000,000원		5,200,000원
단기매매증권평가손실	15,000,000원	3,000,000원		12,000,000원

2. 당기(2024년)의 소득금액조정합계표에 입력되어 있는 내역은 다음과 같다.

손금산입및익금불산입		
과목	금액(원)	조정 이유
업무용승용차	5,200,000	전기 업무용승용차 감가상각 한도 초과액 추인
단기매매증권	5,000,000	단기매매증권평가이익(전기 유보 감소로 세무조정)

3. 당기말 재무상태표의 자본 내역은 다음과 같다.

| 과목 | 제15기 당기
2024년 1월 1일~2024년 12월 31일 | 제14기 전기
2023년 1월 1일~2023년 12월 31일 |
	금액(원)	금액(원)
I. 자본금	250,000,000	250,000,000
II. 자본잉여금	30,000,000	30,000,000
III. 자본조정	20,000,000	20,000,000
IV. 기타포괄손익누계액	50,000,000	50,000,000
V. 이익잉여금	107,000,000	52,000,000
(당기순이익)		
당기 :	55,000,000	25,000,000
전기 :	25,000,000	5,000,000
자본총계	457,000,000	402,000,000

• 법인세과세표준및세액신고서의 법인세 총부담세액이 손익계산서에 계상된 법인세비용보다 1,200,000원, 지방소득세는 150,000원 각각 더 많이 산출되었다. (전기분은 고려하지 않음)
• 이월결손금과 당기결손금은 발생하지 않았다.

▶ 정답 및 해설 | p.2

제111회 기출문제

✅ 다시 봐야 할 문제(틀린 문제, 풀지 못한 문제, 헷갈리는 문제 등)는 회독별로 문제 번호 위 네모박스(□)에 체크하여 반복 학습할 수 있습니다.

이론시험

다음 문제를 보고 알맞은 것을 골라 [이론문제 답안작성] 메뉴에 입력하시오. (객관식 문항당 2점)

● 기 본 전 제 ●

문제에서 한국채택국제회계기준을 적용하도록 하는 전제조건이 없는 경우, 일반기업회계기준을 적용한다.

□□□
1. 다음 중 재고자산에 대한 설명으로 옳지 않은 것은?

① 매입한 상품 중 선적지 인도기준에 의해 운송 중인 상품은 구매자의 재고자산에 포함된다.

② 위탁판매를 위해 수탁자가 보관 중인 상품은 수탁자의 재고자산에 포함된다.

③ 저가법으로 평가 시 발생한 재고자산 평가손실은 매출원가에 가산하며 재고자산의 차감계정으로 표시한다.

④ 영업활동을 수행하는 과정에서 발생하는 정상적인 감모손실은 매출원가로 처리한다.

□□□
2. 다음의 자본내역을 바탕으로 자기주식(취득가액 : 1주당 50,000원) 100주를 1주당 80,000원에 처분한 경우 재무상태표상 자기주식처분이익 잔액은 얼마인가? (단, 다음 자료는 자기주식 처분 전 자본내역이다)

- 보통주 자본금 : 99,000,000원(9,900주, 주당 10,000원)
- 자기주식처분손실 : 1,000,000원
- 자기주식 : 5,000,000원 • 감자차손 : 1,300,000원 • 미처분이익잉여금 : 42,000,000원

① 1,000,000원　　② 2,000,000원　　③ 3,000,000원　　④ 4,000,000원

3. 다음 중 당기에 취득한 유가증권을 매도가능증권으로 분류하는 경우와 단기매매증권으로 분류하는 경우 각각 당기 재무제표에 미치는 영향으로 알맞게 짝지어진 것은?

> • 1주당 취득가액 : 10,000원 　　　　• 취득 주식 수 : 3,000주
> • 1주당 기말 평가액 : 8,000원 　　　• 취득 시 발생한 거래 수수료 : 55,000원

	매도가능증권		단기매매증권	
①	(−)6,000,000원	기타포괄손익	(−)6,055,000원	당기손익
②	0원	기타포괄손익	(−)6,055,000원	당기손익
③	0원	당기손익	(−)6,000,000원	당기손익
④	(−)6,055,000원	기타포괄손익	(−)6,055,000원	당기손익

4. 다음 중 유형자산의 취득원가를 증가시키는 항목에 포함되지 않는 것은?

① 유형자산과 관련하여 새로운 고객층을 대상으로 영업을 하는 데 소요되는 직원 교육훈련비
② 설계와 관련하여 전문가에게 지급하는 수수료
③ 유형자산이 정상적으로 작동되는지 여부를 시험하는 과정에서 발생하는 원가
④ 취득세, 등록면허세 등 유형자산의 취득과 직접 관련된 제세공과금

5. 다음 중 아래의 이익잉여금처분계산서에 대한 설명으로 옳지 않은 것은? (단, 제8기의 기말 자본금은 3억 원, 이익준비금 잔액은 10,000,000원이며, 상법 규정에 따른 최소한의 이익준비금만 적립하기로 한다)

이익잉여금처분계산서
제8기 20x1. 1. 1.~20x1. 12. 31.
처분예정일 20x2. 3. 12.
(단위 : 원)

과목		금액
I. 미처분이익잉여금		108,000,000
1. 전기이월미처분이익잉여금	40,000,000	
2. 전기오류수정이익	8,000,000	
3. 당기순이익	60,000,000	
II. 임의적립금 등의 이입액		10,000,000
1. 결손보전적립금	10,000,000	
III. 이익잉여금처분액		(B)
1. 이익준비금	(A)	
2. 현금배당	30,000,000	
3. 주식할인발행차금	5,000,000	
IV. 차기이월 미처분이익잉여금		80,000,000

① 20x1년에 전기오류수정사항을 발견했으며 이는 중대한 오류에 해당한다.
② 20x1년도 손익계산서상 당기순이익은 108,000,000원이다.
③ (B)의 이익잉여금처분액 총액은 38,000,000원이다.
④ 20x1년 재무상태표상 주식발행초과금 잔액은 없다.

6. 다음 중 원가 집계과정에 대한 설명으로 틀린 것은?

① 당기총제조원가는 재공품계정의 대변으로 대체된다.
② 당기제품제조원가(당기완성품원가)는 제품계정의 차변으로 대체된다.
③ 당기제품제조원가(당기완성품원가)는 재공품계정의 대변으로 대체된다.
④ 제품매출원가는 매출원가계정의 차변으로 대체된다.

7. ㈜세민의 보조부문에서 발생한 변동제조간접원가는 3,000,000원, 고정제조간접원가는 5,000,000원이며, 제조부문의 기계시간 관련 자료는 다음과 같다. 이중배분율법에 의하여 보조부문의 제조간접원가를 제조부문에 배분할 경우 수선부문에 배분될 제조간접원가는 얼마인가?

구분	실제기계시간	최대기계시간
조립부문	5,400시간	8,800시간
수선부문	4,600시간	7,200시간

① 2,900,000원　　② 3,350,000원　　③ 3,500,000원　　④ 3,630,000원

8. 다음의 정상개별원가계산의 배부차이 조정 방법 중 당기순이익에 미치는 영향이 동일한 것끼리 짝지어진 것은? (단, 기말재고가 있는 것으로 가정한다)

가. 총원가비례배분법	나. 원가요소별 비례배분법
다. 매출원가조정법	라. 영업외손익법

① 가, 다　　② 나, 라　　③ 다, 라　　④ 모두 동일

9. 다음 중 공손에 대한 설명으로 틀린 것은?

① 정상공손은 정상품을 생산하기 위하여 어쩔 수 없이 발생하는 계획된 공손이다.
② 비정상공손은 통제할 수 없으므로 제품원가로 처리될 수 없다.
③ 기말재공품이 품질검사를 받지 않았다면, 정상공손원가는 모두 완성품에만 배부된다.
④ 정상공손은 단기적으로 통제할 수 없으므로 정상품원가에 가산된다.

10. ㈜성심은 단일 종류의 제품을 대량 생산하고 있다. 다음 자료를 바탕으로 평균법에 의한 기말재공품원가를 구하면 얼마인가? (단, 직접재료원가는 공정 초기에 모두 투입하고, 가공원가는 공정 전반에 걸쳐 균등하게 발생하며 공손품원가를 정상품의 제조원가에 포함하여 처리한다)

- 기초재공품 : 300개(완성도 60%), 직접재료원가 : 120,000원, 가공원가 : 200,000원
- 당기착수 : 900개, 직접재료원가 : 314,400원, 가공원가 : 449,750원
- 당기완성품 : 1,000개
- 기말재공품 : 100개(완성도 50%)
- 정상공손은 완성품 수량의 10%이며, 품질검사는 공정의 완료시점에 실시한다.

① 64,450원 ② 74,600원 ③ 92,700원 ④ 927,000원

11. 다음 중 부가가치세법상 영세율에 대한 설명으로 잘못된 것은?

① 영세율은 원칙적으로 거주자 또는 내국법인에 대하여 적용하며, 비거주자 또는 외국법인의 경우는 상호주의에 의한다.
② 선박 또는 항공기에 의한 외국항행용역의 공급은 영세율을 적용한다.
③ 수출을 대행하고 수출대행수수료를 받는 수출대행용역은 영세율에 해당한다.
④ 영세율을 적용받는 경우 조기환급이 가능하다.

12. 다음 중 아래의 사례에 적용될 부가가치세법상 환급에 대한 설명으로 옳은 것은? (단, 조기환급에 해당하는 경우 조기환급신고를 하기로 한다)

㈜부천은 법정신고기한 내에 올해 2기 부가가치세 예정신고를 마쳤으며, 매출세액은 10,000,000원, 매입세액은 25,000,000원(감가상각자산 매입세액 20,000,000원 포함)으로 신고서상 차가감하여 납부(환급)할 세액은 (−)15,000,000원이다.

① 예정신고기한이 지난 후 30일 이내에 15,000,000원이 환급된다.
② 예정신고 시 환급세액은 환급되지 않으므로 올해 2기 확정신고 시 예정신고미환급세액으로 납부세액에서 차감한다.
③ 환급세액에 매입세액 중 고정자산 매입세액의 비율을 곱하여 산출되는 12,000,000원만 환급된다.
④ 예정신고기한이 지난 후 15일 이내에 15,000,000원이 환급된다.

13. 다음 중 소득세법상 기타소득에 대한 설명으로 틀린 것은?

① 원천징수된 기타소득금액의 연간 합계액이 300만 원 이하인 경우 종합과세를 선택할 수 있다.

② 기타소득금액이 건당 5만 원 이하인 경우 납부할 기타소득세는 없다.

③ 복권당첨소득이 3억 원을 초과하는 경우 그 당첨소득 전체의 30%를 원천징수한다.

④ 기타소득의 유형과 유사한 소득이라 하더라도 그 소득이 사업의 형태를 갖추고 계속적, 반복적으로 발생되는 경우 사업소득에 해당한다.

14. 다음 중 법인세법상 기업업무추진비에 대한 설명으로 틀린 것은?

① 기업업무추진비에 해당하는지 여부는 계정과목의 명칭과 관계없이 그 실질 내용에 따라 판단한다.

② 현물 기업업무추진비는 시가와 장부가액 중 큰 금액으로 평가한다.

③ 특수관계가 없는 자와의 거래에서 발생한 채권을 조기에 회수하기 위하여 일부를 불가피하게 포기하는 경우 기업업무추진비에 해당하지 않는다.

④ 접대행위가 발생하였으나 해당 금액을 장기 미지급하였을 경우 그 지급한 날이 속하는 사업연도의 기업업무추진비로 손금 처리한다.

15. 다음 중 법인세법상 손익귀속시기에 관한 설명으로 가장 옳지 않은 것은?

① 법인의 수입이자에 대하여 기업회계기준에 의한 기간 경과분을 결산서에 수익으로 계상한 경우에는 원천징수 대상인 경우에도 이를 해당 사업연도의 익금으로 한다.

② 중소기업의 계약기간 1년 미만인 건설의 경우에는 수익과 비용을 각각 그 목적물의 인도일이 속하는 사업연도의 익금과 손금에 산입할 수 있다.

③ 용역제공에 의한 손익 귀속사업연도 판단 시 기업회계기준에 근거하여 인도기준으로 회계처리한 경우에는 이를 인정한다.

④ 자산을 위탁판매하는 경우에는 그 수탁자가 매매한 날이 속하는 사업연도의 익금으로 한다.

㈜기백산업(회사코드 : 4011)은 제조·도소매업을 영위하는 중소기업으로 당기(제12기) 회계기간은 2024. 1. 1.~2024. 12. 31.이다. 전산세무회계 수험용 프로그램을 이용하여 다음 물음에 답하시오.

● 기 본 전 제 ●

• 문제에서 한국채택국제회계기준을 적용하도록 하는 전제조건이 없는 경우, 일반기업회계기준을 적용하여 회계처리한다.
• 문제의 풀이와 답안작성은 제시된 문제의 순서대로 진행한다.

문제 1 다음 거래에 대하여 적절한 회계처리를 하시오. (12점)

● 입력 시 유의사항 ●

• 일반적인 적요의 입력은 생략하지만, 타계정 대체거래는 적요 번호를 선택하여 입력한다.
• 세금계산서·계산서 수수 거래 및 채권·채무 관련 거래는 별도의 요구가 없는 한 반드시 기등록된 거래처코드를 선택하는 방법으로 거래처명을 입력한다.
• 제조경비는 500번대 계정코드를, 판매비와관리비는 800번대 계정코드를 사용한다.
• 회계처리 시 계정과목은 등록된 계정과목 중 가장 적절한 과목으로 한다.
• 매입매출전표를 입력하는 경우 입력화면 하단의 분개까지 처리하고, 세금계산서 및 계산서는 전자 여부를 입력하여 반영한다.

□□□
(1) 2월 10일 당사의 제품을 ㈜서강에게 5,500,000원(부가가치세 포함)에 판매하고 ㈜서강에게 지급해야 할 미지급금 2,000,000원을 제품 대금과 상계하기로 상호 합의하였으며, 나머지 금액은 10일 뒤 수령하기로 하였다. (3점)

전자세금계산서					승인번호			
공급자	등록번호	105-81-23608	종사업장번호		공급받는자	등록번호	215-87-00864	종사업장번호	
	상호(법인명)	㈜기백산업	성명	최기백		상호(법인명)	㈜서강	성명	서강준
	사업장주소	서울특별시 동작구 여의대방로 28				사업장주소	서울특별시 구로구 구로동 123		
	업태	제조, 도소매	종목	자동차부품		업태	제조	종목	금형
	이메일					이메일			
작성일자	공급가액		세액		수정사유	비고			
20xx-02-10	5,000,000		500,000		해당 없음	당사 미지급금 2,000,000원 대금 일부 상계			
월	일	품목	규격	수량	단가	공급가액	세액	비고
2	10	자동차부품		10	500,000	5,000,000	500,000	

□□□
(2) 4월 11일 제조부에서 사용하던 기계장치가 화재로 인해 소실되어 동일 날짜에 ㈜조은손해보험
으로부터 보험금을 청구하여 보험금 12,000,000원을 보통예금 계좌로 입금받았다.
해당 기계장치 관련 내용은 다음과 같고, 소실 전까지의 관련 회계처리는 적정하게 이
루어졌다. (3점)

> • 기계장치 : 23,000,000원 • 감가상각누계액 : 8,000,000원
> • 국고보조금 : 5,000,000원

□□□
(3) 8월 31일 단기매매 목적으로 보유 중인 주식회사 최강의 주식(장부가액 25,000,000원)을 전
부 20,000,000원에 매각하였다. 주식 처분 관련 비용 15,000원을 차감한 잔액이 보
통예금 계좌로 입금되었다. (3점)

□□□
(4) 9월 26일 당사는 수출업자인 ㈜신화무역과 직접 도급계약을 체결하여 수출재화에 대한 임가공
용역(공급가액 13,000,000원)을 제공하고, 이에 대한 대금은 다음 달 말일에 받기로
하였다. (단, 세금계산서는 부가가치세 부담을 최소화하는 방향으로 전자 발행하였으
며, 매출은 용역매출 계정을 사용하고, 서류번호 입력은 생략한다) (3점)

문제 2 다음 주어진 요구사항에 따라 부가가치세 신고서 및 부속서류를 작성하시오. (10점)

□□□
(1) ㈜기백산업은 올해 1기 부가가치세 확정신고를 기한 내에 정상적으로 마쳤으나, 신고기한이 지
난 후 다음의 오류를 발견하여 정정하고자 한다. 아래의 자료를 이용하여 [매입매출전표입력]에
서 오류사항을 수정 또는 입력하고 제1기 확정신고기간의 [부가가치세신고서(1차 수정신고)]
와 [과세표준및세액결정(경정)청구서]를 작성하시오. (7점)

> 1. 오류사항
>   • 6월 15일 : 제품을 판매하고 전자세금계산서를 발급한 금액 2,200,000원(부가가치세 포함)을 신
>   용카드(현대카드)로 결제받고, 이를 매출로 이중신고하였다. (음수로 입력하지 말 것)
>   • 6월 30일 : 영업부의 소모품비(비용) 220,000원(부가가치세 포함)을 킹킹상사에 현금으로 지급
>   하고 종이세금계산서를 발급받았으나 이를 누락하였다.
>
> 2. 경정청구 이유는 다음과 같다.
>   ① 과세표준 : 신용카드, 현금영수증 매출 과다 신고
>   ② 매입세액 : 매입세금계산서합계표 단순누락, 착오기재
>
> 3. 국세환급금 계좌신고는 공란으로 두고, 전자신고세액공제는 적용하지 아니한다.

□□□

(2) 아래의 자료를 이용하여 올해 2기 부가가치세 예정신고기간에 대한 [신용카드매출전표등수령명세서]를 작성하시오. (3점)

<7월~9월 매입내역>

구입일자	상호 사업자등록번호	공급대가	증빙	비고
7월 12일	은지상회 378-12-12149	220,000원	현금영수증 (지출증빙)	공급자는 세금계산서 발급이 가능한 간이과세자이다.
8월 9일	가가스포츠 156-11-34565	385,000원	신용카드 (사업용카드)	직원 복리후생을 위하여 운동기구를 구입하였다.
8월 11일	지구본뮤직 789-05-26113	22,000원	신용카드 (사업용카드)	직원 휴게공간에 틀어놓을 음악 CD를 구입하였다.
9월 25일	장수곰탕 158-65-39782	49,500원	현금영수증 (지출증빙)	직원 회식대

※ 은지상회를 제외한 업체는 모두 일반과세자이다.
※ 신용카드(사업용카드) 결제분은 모두 국민법인카드(1234-1000-2000-3004)로 결제하였다.

문제 3 다음의 결산정리사항에 대한 결산정리분개를 입력하여 결산을 완료하시오. (8점)

□□□

(1) 영업부의 업무용 차량 보험료 관련 자료는 다음과 같다. 결산일에 필요한 회계처리를 하되, 전기 선급비용에 대한 보험료와 당기 보험료에 대하여 각각 구분하여 회계처리하시오. (단, 보험료의 기간 배분은 월할 계산하되, 음수로 입력하지 말 것) (2점)

차량 정보 – 차종 : F4(5인승, 2,000cc)
           – 차량번호 : 195호1993

구분	금액	비고
선급비용	400,000원	• 전년도 결산 시 올해 귀속 보험료를 선급비용으로 처리하였다.
보험료	1,200,000원	• 보험기간 : 올해. 4. 1.~내년. 3. 31. • 법인카드로 결제 후 전액 비용으로 처리하였다.

□□□
(2) 아래와 같이 발행된 사채에 대하여 결산일에 필요한 회계처리를 하시오. (2점)

발행일	사채 액면가액	사채 발행가액	액면이자율	유효이자율
올해. 1. 1.	50,000,000원	47,000,000원	연 5%	연 6%

- 사채의 발행가액은 적정하고, 사채발행비와 중도에 상환된 내역은 없는 것으로 가정한다.
- 사채이자는 매년 12월 31일에 보통예금 계좌에서 이체하여 지급한다.

□□□
(3) 실지재고조사법에 따른 기말재고자산 내역은 다음과 같다. (2점)

구분	금액	비고
제품	12,000,000원	롯데백화점에 판매를 위탁했으나 결산일 현재 판매되지 않은 적송품의 제품 원가 1,000,000원은 포함되어 있지 않다.
재공품	5,500,000원	–
원재료	3,000,000원	결산일 현재 운송 중인 도착지 인도조건으로 매입한 원재료 2,000,000원 은 포함되어 있지 않다.

□□□
(4) 결산일 현재 외상매출금 잔액과 미수금 잔액에 대해서 1%의 대손충당금을 보충법으로 설정하고 있다. (단, 외상매출금 및 미수금 이외의 채권에 대해서는 대손충당금을 설정하지 않는다) (2점)

문제 4 원천징수와 관련된 다음의 물음에 답하시오. (10점)

□□□
(1) 다음 중 기타소득에 해당하는 경우 [기타소득자등록] 및 [기타소득자료입력]을 작성하시오. (단, 필요경비율 적용 대상 소득은 알맞은 필요경비율을 적용한다) (4점)

코드	성명	거주구분	주민등록번호	지급내역	지급액 (소득세 및 지방소득세 공제 후)
001	고민중	거주/내국인	751015-1234568	일시적인 원고료	6,384,000원
002	은구슬	거주/내국인	841111-2345671	오디션 대회 상금	19,120,000원
003	박살라	거주/내국인	900909-2189527	계속반복적 배달수당	967,000원
※ 상기 지급액의 귀속월은 올해 8월이며, 지급연월일은 올해 8월 5일이다.					

□□□

(2) 다음은 영업부 사원 진시진(사번 : 1014)의 연말정산 관련 자료이다. [사원등록] 메뉴의 [부양가족] 탭을 작성하고, [연말정산추가자료입력] 메뉴의 [부양가족] 탭, [월세, 주택임차] 탭 및 [연말정산입력] 탭을 작성하시오. (단, 부양가족은 기본공제대상자 여부와 관계없이 모두 등록할 것) (6점)

---

1. 부양가족

관계	성명	주민등록번호	비고
본인	진시진	840718-2102821	• 총급여액 38,000,000원 (종합소득금액 30,000,000원 이하임) • 무주택세대의 세대주
배우자	편현주	890425-1436800	• 사업소득에서 결손금 8,000,000원 발생함 • 장애인복지법에 의한 장애인
아들	편영록	110506-3002008	• 중학교 재학 중 • 아마추어 바둑대회상금 10,000,000원 (80% 필요경비가 인정되는 기타소득에 해당하며, 종합소득세 신고는 하지 않음)
딸	편미주	130330-4520262	• 초등학교 재학 중
아버지	진영모	530808-1202829	• 양도소득금액 2,940,000원

※ 배우자 편현주는 귀농 준비로 별거 중이며, 다른 가족들은 생계를 같이하고 있다.

2. 연말정산자료간소화자료

소득(세액)공제증명서류 : 기본(지출처별)내역
[보장성 보험, 장애인전용보장성보험]

■ 계약자 인적사항

성명	진시진	주민등록번호	840718 – 2******

■ 보장성보험(장애인전용보장성보험)납입내역　　　　　　　　　　　(단위 : 원)

종류	상호	보험종류	주피보험자		납입금액 계
	사업자번호	증권번호			
	종피보험자1	종피보험자2	종피보험자3		
보장성	**생명		840718-2******	진시진	800,000
	-**-**				
보장성	**화재보험 주식회사				500,000
	-**-**		890425-1******	편현주	
장애인전용 보장성	**생명				1,200,000
	-**-**		890425-1******	편현주	
인별합계금액					2,500,000

소득(세액)공제증명서류 : 기본(지출처별)내역 [교육비]

■ 학생 인적사항

성명	편영록	주민등록번호	110506-3******

■ 교육비 지출내역

(단위 : 원)

교육비 종류	학교명	사업자번호	납입금액 계
고등학교	**중학교	***-**-*****	1,200,000
인별합계금액			1,200,000

소득(세액)공제증명서류 : 기본(지출처별)내역 [기부금]

■ 기부자 인적사항

성명	편현주	주민등록번호	890425-1******

■ 기부금 지출내역

(단위 : 원)

사업자번호	단체명	기부유형	기부금액 합계	공제대상 기부금액	기부장려금 신청금액
-**-**	***	정치자금기부금	1,100,000	1,100,000	0
인별합계금액					1,100,000

3. 월세자료

부동산 월세 계약서

본 부동산에 대하여 임대인과 임차인 쌍방은 다음과 같이 합의하여 임대차계약을 체결한다.

1. 부동산의 표시

소재지		경기도 부천시 부흥로 237, 2002호			
건물	구조	철근콘크리트	용도	오피스텔(주거용)	면적	84m²
임대부분	상동 소재지 전부				

2. 계약내용

제 1 조 위 부동산의 임대차계약에 있어 임차인은 보증금 및 차임을 아래와 같이 지불하기로 한다.

보증금	일금 일억 원정 (₩ 100,000,000)
차임	일금 일백이십만 원정 (₩ 1,200,000)은 매월 말일에 지불한다.

제 2 조 임대인은 위 부동산을 임대차 목적대로 사용·수익할 수 있는 상태로 하여 2023년 2월 1일까지 임차인에게 인도하며, 임대차기간은 인도일로부터 2025년 1월 31일까지 24개월로 한다.

… 중략 …

(갑) 임대인 : 조물주 (510909-2148719) (인)
(을) 임차인 : 진시진 (840718-2102821) (인)

문제5 ㈜소나무물산(회사코드 : 4111)은 전자부품의 제조·도소매업 및 건설업을 영위하는 중소기업으로 당해 사업연도(제12기)는 2024. 1. 1.~2024. 12. 31.이다. [법인조정] 메뉴를 이용하여 기장되어 있는 재무회계 장부 자료와 제시된 보충자료에 의하여 해당 사업연도의 세무조정을 하시오. (30점) ※ 회사 선택 시 유의하시오.

● **작성대상서식** ●

1. 수입금액조정명세서, 조정후수입금액명세서
2. 세금과공과금명세서
3. 대손충당금및대손금조정명세서
4. 업무무관부동산등에관련한차입금이자조정명세서(갑)(을)
5. 주식등변동상황명세서

□□□
(1) 아래의 자료를 이용하여 [수입금액조정명세서] 및 [조정후수입금액명세서]를 작성하고, 이와 관련된 세무조정을 [소득금액조정합계표및명세서]에 반영하시오. (8점)

1. 손익계산서상 수입금액
   - 상품매출(업종코드 503013) : 1,520,000,000원(수출매출액 150,000,000원 포함)
   - 제품매출(업종코드 381004) : 918,000,000원
   - 공사수입금(업종코드 452106) : 685,000,000원

2. 회사는 ㈜카굿즈에 일부 상품을 위탁하여 국내판매하고 있다. ㈜카굿즈는 2024. 12. 25. 위탁상품 판매금액 1,500,000원(원가 500,000원)이 누락된 사실을 2025. 1. 15.에 알려왔다.

3. 회사는 아래와 같이 2건의 장기도급공사를 진행하고 있다.

구분	A현장	B현장
도급자	㈜삼용	지저스 편
공사기간	2023. 7. 1.~2025. 6. 30.	2024. 2. 1.~2025. 8. 31.
도급금액	1,000,000,000원	500,000,000원
예정총공사원가	800,000,000원	350,000,000원
전기공사원가	200,000,000원	–
당기공사원가	400,000,000원	164,500,000원
전기 수익계상금액	250,000,000원	–
당기 수익계상금액	450,000,000원	235,000,000원

※ 예정총공사원가는 실제발생원가와 일치하며, 공사원가는 모두 비용으로 계상하였다.
※ 전기 장기도급공사 관련 세무조정은 없었다.

4. 부가가치세 과세표준에는 위 '2'의 위탁상품 판매금액에 대한 부가가치세 수정신고 내용이 반영되어 있다. 손익계산서상 수익과의 차이 원인은 결산서상 선수금으로 처리한 도매업(업종코드 503013)의 공급시기 전에 발행한 세금계산서 10,000,000원과 건설업(업종코드 381004)의 작업진행률 차이 및 사업용 고정자산 매각대금 100,000,000원이다.

□□□
(2) 당사의 판매비와관리비 중 세금과공과금의 내용은 다음과 같다. 이를 바탕으로 [세금과공과금명세서]를 작성하고, 필요한 세무조정을 [소득금액조정합계표및명세서]에 반영하시오. (단, 지급처는 생략하고 아래 항목별로 각각 세무조정 할 것) (6점)

일자	금액	적요
3/15	3,000,000원	제조물책임법 위반으로 지급한 손해배상금 (전액 실제 손해액 초과분에 해당함)
4/4	750,000원	종업원 기숙사용 아파트의 재산세
5/31	640,000원	거래처에 대한 납품을 지연하고 부담한 지체상금
6/16	180,000원	업무 관련 교통과속 범칙금
7/31	300,000원	본사의 주민세(재산분) 납부금액
8/25	90,000원	산재보험료 가산금
9/30	4,000,000원	본사 신축 토지 관련 취득세
10/6	800,000원	본사 신축 토지 관련 개발부담금
11/15	575,000원	폐수초과배출부담금

□□□
(3) 다음 자료를 이용하여 [대손충당금및대손금조정명세서]를 작성하고 필요한 세무조정을 하시오. (6점)

1. 당해연도 대손충당금 변동내역

내역	금액	비고
전기이월 대손충당금	10,000,000원	전기 대손충당금 한도 초과액 : 4,000,000원
회수불가능 외상매출금	7,000,000원	① 2월 27일 : 2,500,000원(소멸시효 완성) ② 8월 30일 : 4,500,000원(거래상대방 파산확정)
당기 설정 대손충당금	5,000,000원	–
기말 대손충당금 잔액	8,000,000원	–

2. 당기말 채권 잔액

내역	금액
외상매출금	447,000,000원
미수금	10,000,000원
합계	457,000,000원

3. 전기 이전에 대손처리한 외상매출금에 대한 대손 요건 미충족으로 인한 유보금액 잔액이 전기 [자본금과적립금조정명세서(을)]에 3,000,000원이 남아있으며, 이는 당기말까지 대손 요건을 충족하지 않는다.

4. 기타내역 : 대손설정률은 1%로 가정한다.

□□□

(4) 아래 자료만을 이용하여 [업무무관부동산등에관련한차입금이자조정명세서(갑)(을)]을 작성하고 관련 세무조정을 하시오. (단, 주어진 자료 외의 자료는 무시할 것) (6점)

1. 차입금에 대한 이자지급 내역

이자율	지급이자	차입금	비고
5%	1,000,000원	20,000,000원	채권자 불분명 사채이자(원천징수세액 없음)
6%	3,000,000원	50,000,000원	장기차입금
7%	14,000,000원	200,000,000원	단기차입금

2. 대표이사(서지누)에 대한 업무무관 가지급금 증감내역

일자	차변	대변	잔액
전기이월	50,000,000원		50,000,000원
2월 10일	25,000,000원		75,000,000원
7월 20일		20,000,000원	55,000,000원
9월 30일		10,000,000원	45,000,000원

3. 회사는 올해 7월 1일 업무와 관련 없는 토지를 50,000,000원에 취득하였다.

4. 기타사항
   • 자기자본 적수 계산은 무시하고 가지급금등의인정이자조정명세서 작성은 생략한다.
   • 연일수는 366일이다.

□□□

(5) 다음의 자료만을 이용하여 [주식등변동상황명세서]의 [주식 등 변동상황명세서] 탭과 [주식(출자지분)양도명세서]를 작성하시오. (단, ㈜소나무물산은 비상장 중소기업으로 무액면주식은 발행하지 않으며, 발행주식은 모두 보통주이고, 액면가액은 주당 5,000원으로 변동이 없다. 또한 당기중 주식 수의 변동 원인은 양수도 이외에는 없다) (4점)

1. 전기말(제11기) 주주명부

성명	주민등록번호	지배주주관계	보유 주식 수	취득일자
임영웅	960718 – 1058941	본인	17,000주	2013. 7. 5.
장민호	771220 – 1987656	없음(기타)	3,000주	2019. 9. 12.
합계	–	–	20,000주	–

2. 당기말(제12기) 주주명부

성명	주민등록번호	지배주주관계	보유 주식 수	주식 수 변동일
임영웅	960718 – 1058941	본인	15,000주	–
장민호	771220 – 1987656	없음(기타)	5,000주	2024. 8. 12.
합계	–	–	20,000주	–

3. 참고사항
- ㈜소나무물산의 주주는 위 2명 외에는 없는 것으로 하고, 각 주주의 주민등록번호는 올바른 것으로 가정하며 전기말 주주명부 내역은 전년도불러오기 메뉴를 활용한다.
- 위의 주어진 자료 외에는 입력하지 않는다.

▶ 정답 및 해설 | p.14

제110회 기출문제

☑ 다시 봐야 할 문제(틀린 문제, 풀지 못한 문제, 헷갈리는 문제 등)는 회독별로 문제 번호 위 네모박스(□)에 체크하여 반복 학습할 수 있습니다.

이론시험

다음 문제를 보고 알맞은 것을 골라 [이론문제 답안작성] 메뉴에 입력하시오. (객관식 문항당 2점)

● 기 본 전 제 ●

문제에서 한국채택국제회계기준을 적용하도록 하는 전제조건이 없는 경우, 일반기업회계기준을 적용한다.

□□□
1. 다음 중 재무제표 작성과 표시의 일반원칙에 대한 올바른 설명이 아닌 것은?

① 재무제표의 작성과 표시에 대한 책임은 회계감사인에게 있다.

② 기업을 청산하거나 경영활동을 중단할 의도가 있지 않은 한 일반적으로 계속기업을 전제로 재무제표를 작성한다.

③ 중요한 항목은 재무제표의 본문이나 주석에 그 내용이 잘 나타나도록 구분하여 표시한다.

④ 기간별 비교가능성을 제고하기 위하여 전기 재무제표의 모든 계량 정보를 당기와 비교하는 형식으로 표시한다.

□□□
2. 다음 중 무형자산에 대한 설명으로 틀린 것은?

① 이종자산과의 교환으로 무형자산을 취득하는 경우 교환으로 제공한 자산의 공정가치로 무형자산의 원가를 측정한다.

② 무형자산의 상각기간은 관계 법령이나 계약에 정해진 경우를 제외하고는 20년을 초과할 수 없다.

③ 무형자산의 합리적인 상각방법을 정할 수 없다면 정률법을 사용한다.

④ 자산의 원가를 신뢰성 있게 측정할 수 있고 미래 경제적 효익이 기업에 유입될 가능성이 매우 높다면 무형자산을 인식한다.

□□□
3. 다음 중 퇴직급여 및 퇴직연금의 회계처리에 대한 설명으로 옳은 것은?

① 확정기여형 퇴직연금제도에서 운용되는 자산은 기업이 직접 보유하고 있는 것으로 보아 회계처리한다.
② 확정급여형 퇴직연금제도는 퇴직연금 납입 외 운용수익이 발생하거나 종업원 퇴직 시에는 회계처리할 것이 없다.
③ 확정기여형 퇴직연금제도에서는 퇴직급여충당부채는 인식하지 않고 퇴직연금운용자산만 인식한다.
④ 확정기여형 퇴직연금에 납부해야 할 기여금은 이미 납부한 기여금을 차감한 후 부채(미지급비용)로 인식한다.

□□□
4. ㈜캉캉은 아래의 조건으로 사채를 발행하였다. 다음 중 사채의 발행방법 및 장부가액, 상각(환입)액, 이자비용의 변동으로 올바른 것은? (단, 사채이자는 유효이자율법에 따라 상각 및 환입한다)

- 발행일 : 올해 1월 1일
- 액면가액 : 5,000,000원
- 만기 : 3년
- 이자는 매년 말 지급
- 표시이자율 : 연 8%
- 유효이자율 : 연 10%

	발행방법	장부가액	상각(환입)액	이자비용
①	할인발행	매년 증가	매년 감소	매년 감소
②	할인발행	매년 증가	매년 증가	매년 증가
③	할증발행	매년 감소	매년 감소	매년 증가
④	할증발행	매년 감소	매년 증가	매년 감소

□□□
5. 다음 중 자본조정 항목은 몇 개인가?

- 감자차손
- 해외사업환산이익
- 매도가능증권평가손실
- 미처리결손금
- 감자차익
- 주식할인발행차금
- 자기주식처분손실
- 자기주식

① 1개
② 2개
③ 3개
④ 4개

□□□

6. 원가행태에 따른 분류 중 아래의 그래프가 나타내는 원가로 적절한 것은?

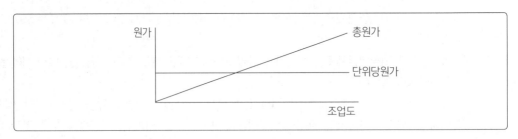

① 직접재료원가   ② 기계장치의 감가상각비
③ 임차료   ④ 공장건물의 보험료

□□□

7. ㈜태화의 원가 관련 자료가 아래와 같을 때 직접 재료원가는 얼마인가?

- 기초원가 : 950,000원
- 가공원가 : 1,200,000원
- 기말재공품 : 250,000원
- 기초재공품 : 100,000원
- 매출액은 2,000,000원으로 매출총이익률은 20%이다.
- 기초제품과 기말제품은 없는 것으로 한다.

① 400,000원   ② 550,000원   ③ 800,000원   ④ 950,000원

□□□

8. 다음의 자료에서 '매몰원가'와 최선의 방안 선택에 따른 '기회원가'는 얼마인가?

㈜백골은 10년 전에 취득한 기계장치(취득가액 25,000,000원)의 노후화를 경쟁력 저하의 원인으로 판단하고 아래와 같은 처리방안을 고려하고 있다.

구분	소프트웨어만 변경	장비까지 변경	그대로 사용
기대 현금유입	20,000,000원	80,000,000원	4,000,000원
기대 현금유출	10,000,000원	50,000,000원	1,000,000원

	매몰원가	기회원가
①	25,000,000원	50,000,000원
②	25,000,000원	30,000,000원
③	25,000,000원	10,000,000원
④	3,000,000원	10,000,000원

□□□
9. 다음 중 표준원가계산에 대한 설명으로 틀린 것은?

① 객관적인 표준원가를 설정하는 것이 쉽지 않다.

② 표준원가를 이용하면 제품원가계산과 회계처리가 신속·간편해진다.

③ 표준원가계산은 원가흐름의 가정이 필요 없다.

④ 표준원가계산은 다른 원가 계산방법과는 다르게 성과평가에 이용할 수 없는 단점이 있다.

□□□
10. 아래의 자료를 이용하여 기말제품재고액을 구하면 얼마인가?

> • 기초 대비 기말재공품재고 감소액 : 500,000원   • 당기 발생 총제조원가 : 1,500,000원
> • 전기 기말제품재고액 : 400,000원   • 당기 제품 매출원가 : 1,800,000원

① 400,000원   ② 600,000원   ③ 1,500,000원   ④ 2,000,000원

□□□
11. 다음 중 부가가치세법상 과세 대상에 해당하는 것은?

① 일반적인 용역의 무상공급인 경우

② 사업장별로 그 사업에 관한 모든 권리와 의무를 포괄적으로 승계시키는 경우

③ 자기의 사업과 관련하여 자기생산·취득한 재화를 비영업용 소형승용차로 사용하거나 그 유지를 위하여 사용·소비하는 경우

④ 질권, 저당권 또는 양도 담보의 목적으로 동산, 부동산 및 부동산상의 권리를 제공하는 경우

□□□
12. 다음 중 현행 부가가치세법에 대한 설명으로 틀린 것은?

① 부가가치세는 각 사업장마다 신고 및 납부하는 것이 원칙이다.

② 부가가치세는 세부담을 최종소비자가 하는 것이 원칙이다.

③ 사업상 독립적으로 재화를 공급하는 자는 영리이든 비영리이든 납세의무가 있다.

④ 과세의 대상이 되는 행위 또는 거래의 귀속이 명의일 뿐이고 사실상 귀속되는 자가 따로 있는 경우라 하더라도 명의자에 대하여 부가가치세법을 적용한다.

13. 다음 중 부가가치세법상 대손세액공제에 대한 설명으로 틀린 것은?

① 대손세액공제는 그 대손이 확정된 날이 속하는 과세기간의 매출세액에서 공제한다.

② 대손세액공제는 예정신고 시에는 공제되지 아니한다.

③ 대손세액공제를 받은 채권의 전부 또는 일부를 회수한 경우, 회수한 대손금액에 관련된 대손세액을 대손이 확정된 날이 속하는 과세기간의 매출세액에 가산하여 수정신고 하여야 한다.

④ 대손이 확정된 날이 속하는 과세기간의 확정신고 시 공제를 받지 못한 경우, 경정청구를 통하여 공제받을 수 있다.

14. 다음 중 소득세법상 비과세 근로소득에 해당하지 않는 것은?

① 근로자 또는 그 배우자의 출산이나 6세 이하 자녀의 보육과 관련하여 사용자로부터 받는 급여로서 월 30만 원 이내의 금액

② 식사 기타 음식물을 제공받지 않는 근로자가 받는 월 20만 원 이하의 식사대

③ 근로자가 천재·지변이나 그 밖의 재해로 인하여 받는 급여

④ 「국민건강보험법」, 「고용보험법」 또는 「노인장기요양보험법」에 따라 국가, 지방자치단체 또는 사용자가 부담하는 보험료

15. 다음 중 법인세법상 결산 시 비용으로 계상하지 않았더라도 반드시 손금에 산입하여야 하는 것은?

① 대손충당금
② 업무용승용차의 감가상각비
③ 부도발생일부터 6개월 이상 지난 어음
④ 재고자산평가손실

실무시험

㈜엣지전자(회사코드 : 4010)는 제조·도소매업 및 부동산임대업을 영위하는 중소기업이며, 당기(제16기) 회계기간은 2024. 1. 1.~2024. 12. 31.이다. 전산세무회계 수험용 프로그램을 이용하여 다음 물음에 답하시오.

● **기 본 전 제** ●

- 문제에서 한국채택국제회계기준을 적용하도록 하는 전제조건이 없는 경우, 일반기업회계기준을 적용하여 회계처리한다.
- 문제의 풀이와 답안작성은 제시된 문제의 순서대로 진행한다.

문제1 다음 거래에 대하여 적절한 회계처리를 하시오. (12점)

● **입력 시 유의사항** ●

- 일반적인 적요의 입력은 생략하지만, 타계정 대체거래는 적요 번호를 선택하여 입력한다.
- 세금계산서·계산서 수수 거래 및 채권·채무 관련 거래는 별도의 요구가 없는 한 반드시 기등록된 거래처코드를 선택하는 방법으로 거래처명을 입력한다.
- 제조경비는 500번대 계정코드를, 판매비와관리비는 800번대 계정코드를 사용한다.
- 회계처리 시 계정과목은 등록된 계정과목 중 가장 적절한 과목으로 한다.
- 매입매출전표를 입력하는 경우 입력화면 하단의 분개까지 처리하고, 세금계산서 및 계산서는 전자 여부를 입력하여 반영한다.

□□□
(1) 3월 10일　주주총회에서 아래와 같이 배당을 실시하기로 결의하였다. (단, 이월이익잉여금 계정을 사용할 것) (3점)

> - 현금배당 : 20,000,000원　　　　　　・주식배당 : 30,000,000원
> - 이익준비금은 현금배당의 10%를 적립하기로 한다.

(2) 7월 5일   대표이사의 업무용승용차(2,000cc, 5인승)를 장기렌트하기로 하고 아래의 전자세금
계산서를 발급받았다. 렌트카비용 정기결제일은 매월 25일이며, 보통예금 계좌에서
자동이체된다. 당사는 렌트카비용에 대하여 임차료 계정을 사용하며, 상대 계정으로
는 미지급비용 계정을 사용한다. (3점)

전자세금계산서					승인번호			
공급자	등록번호	178-78-00108	종사업장번호		공급받는자	등록번호	871-87-12345	종사업장번호	
	상호(법인명)	신화캐피탈	성명	박신화		상호(법인명)	㈜엣지전자	성명	최엣지
	사업장주소	서울특별시 강남구 서초동 123				사업장주소	부산광역시 해운대구 해운대로 777		
	업태	임대	종목	렌트카		업태	도소매,제조	종목	전자부품
	이메일					이메일			

작성일자	공급가액	세액	수정사유	비고
20xx/7/5	1,200,000	120,000		

월	일	품목	규격	수량	단가	공급가액	세액	비고
7	5	제네실수G100_23.07				1,200,000	120,000	

합계금액	현금	수표	어음	외상미수금	위 금액을 (청구) 함
1,320,000				1,320,000	

(3) 8월 13일   미국 PAC사로부터 전년도 11월 1일에 외상으로 매입한 원재료 $10,000에 대한 외
상매입금 전액을 보통예금 계좌에서 지급하였다. (단, 일자별 기준환율은 아래와 같고,
전년도의 회계처리는 모두 올바르게 이루어졌다고 가정한다) (3점)

구분	전년도 11월 1일	전년도 12월 31일	올해 8월 13일
기준환율	1,300원/$	1,200원/$	1,100원/$

□□□

(4) 9월 3일 개인소비자 김라인 씨에게 제품을 1,500,000원(부가가치세 별도)에 판매하고 현금을 수령하였다. 다만, 현금영수증 발급 정보를 요구했으나 거부함에 따라 자진발급 처리하였다. (단, 거래처는 자진발급(거래처코드 : 00148)으로 할 것) (3점)

현금영수증			
• 거래정보			
거래일시	20xx-9-3		
승인번호	G54782245		
거래구분	승인거래		
거래용도	소득공제		
발급수단번호	010 - **** - 1234		
• 거래금액			
공급가액	부가세	봉사료	총 거래금액
1,500,000	150,000	0	1,650,000
• 가맹점 정보			
상호	㈜엣지전자		
사업자번호	871-87-12345		
대표자명	최엣지		
주소	부산광역시 해운대구 해운대로 777		

• 익일 홈택스에서 현금영수증 발급 여부를 반드시 확인하시기 바랍니다.
• 홈페이지 (http://www.hometax.go.kr)
 – 조회/발급 > 현금영수증 조회 > 사용내역(소득공제) 조회
 > 매입내역(지출증빙) 조회
• 관련문의는 국세상담센터(☎126-1-1)

문제 2 다음 주어진 요구사항에 따라 부가가치세 신고서 및 부속서류를 작성하시오. (10점)

□□□
(1) 다음 자료에 의하여 제2기 부가가치세 확정신고기간(10월~12월)에 대한 [부동산임대공급가액명세서]를 작성하시오. (단, 정기예금이자율은 연 3.5%이다) (4점)

층	호수	상호 (사업자번호)	용도	면적(㎡)	보증금(원)	월세(원)	월관리비 (원)
			임대기간				
1층	101	커피숍 (209-05-33613)	점포	60	20,000,000	2,000,000	120,000
			2024. 4. 1.~ 2025. 3. 31.				
1층	102	편의점 (109-07-89510)	점포	60	30,000,000	1,800,000	150,000
			2023. 11. 1.~ 2024. 12. 31.				
2층	201	사무실 (204-23-22037)	점포	120	40,000,000	3,500,000	230,000
			2024. 1. 1.~ 2025. 12. 31.				
합계					90,000,000	7,300,000	500,000

□□□
(2) 다음 자료를 이용하여 올해 1기 부가가치세 예정신고기간에 대한 [공제받지못할매입세액명세서]의 [공제받지못할매입세액내역] 탭을 작성하시오. (단, 아래의 거래는 모두 예정신고기간에 이루어진 것으로 한다) (4점)

- 면세사업에 사용하기 위하여 소모품(1,100,000원, 부가가치세 포함)을 구입하고 대금은 법인카드(신한카드)로 결제하여 신용카드매출전표를 수령하였다.
- 거래처에 선물하기 위하여 안마의자(3,300,000원, 부가가치세 포함)를 구입하고 전자세금계산서를 수령하였다.
- 거래처에 선물하기 위하여 골프채 세트(3,300,000원, 부가가치세 포함)를 구입하고 현금영수증을 수령하였다.
- 대표이사가 개인적 용도로 사용하기 위하여 승용차(배기량 990cc)를 20,000,000원(부가가치세 별도)에 구입하고 세금계산서를 발급받았다.
- 공장용 토지의 취득과 관련하여 중개수수료 5,000,000원(부가가치세 별도)을 지출하고 세금계산서를 발급받았다.
- 원재료(공급가액 5,000,000원, 부가가치세 500,000원)를 구입하고 세금계산서를 수취하였다. (다만, 세금계산서에 공급받는자의 상호가 누락된 것을 발견하였다)
- 소모품(공급가액 1,000,000원, 부가가치세 100,000원)을 구입하였으나 공급시기에 세금계산서를 수취하지 못하였다. 하지만 올해 1기 확정신고기한 이내에 세금계산서를 수취하였다.

□□□
(3) 올해 1기 부가가치세 확정신고기간의 [부가가치세신고서]를 마감하고 전자신고를 수행하시오.
(단, 저장된 데이터를 불러와서 사용할 것) (2점)

> 1. 부가가치세신고서와 관련 부속서류는 작성되어 있다. (세액공제는 반영되어 있음)
>
> 2. [전자신고] → [국세청 홈택스 전자신고변환(교육용)] 순으로 진행한다.
>
> 3. [전자신고] 메뉴의 [전자신고제작] 탭에서 신고인구분은 2.납세자 자진신고를 선택하고, 비밀번호
> 는 "12345678"로 입력한다.
>
> 4. [국세청 홈택스 전자신고변환(교육용)] → 전자파일변환(변환대상파일선택) → 찾아보기 에서 전자
> 신고용 전자파일을 선택한다.
>
> 5. 전자신고용 전자파일 저장경로는 로컬디스크(C:)이며, 파일명은 "enc작성연월일.101.871871234
> 5"이다.
>
> 6. 형식검증하기 ➡ 형식검증결과확인 ➡ 내용검증하기 ➡ 내용검증결과확인 ➡ 전자파일제출 을 순서대로 클릭한다.
>
> 7. 최종적으로 전자파일 제출하기 를 완료한다.

문제 3 다음의 결산정리사항에 대하여 결산정리분개를 하거나 입력하여 결산을 완료하시오. (8점)

□□□
(1) 하나카드에서 올해 2월 1일에 연 6%의 이자율로 30,000,000원을 차입하였으며 이자는 1년마
다 지급하는 것으로 약정하였다. (단, 이자 계산은 월할 계산하며, 올해 말 현재 발생이자는 미지
급 상태이다) (2점)

□□□
(2) 다음은 장기 투자목적으로 보유하고 있는 매도가능증권(시장성 있는 주식)에 관한 자료이다. 결
산일 현재 필요한 회계처리를 하시오. (2점)

> • 전년도 4월 25일 보통주 1,000주를 주당 22,000원에 취득했다.
> • 전년도 12월 31일 1주당 시가는 15,000원이었다.
> • 올해 12월 31일 1주당 시가는 20,000원이다.

□□□
(3) 영업부서가 단독으로 사용하는 건물과 토지 관련 지출내역은 아래와 같다. 다음의 자료를 이용하
여 당기의 감가상각비를 계상하시오. (2점)

구분	금액	비고
토지 구입액	100,000,000원	
건물 신축가액	300,000,000원	• 내용연수 : 20년
취득세	20,000,000원 (토지분 취득세 5,000,000원 포함)	• 상각방법 : 정액법(월할 상각) • 잔존가치 : 없음
재산세	5,000,000원	• 영업부서는 해당 건물을 당기 11월 1일부 터 사용하였다.
합계	425,000,000원	

□□□
(4) 재고자산 실지조사 결과 기말재고자산의 내역은 다음과 같으며, 캉캉상사와 위탁판매계약을 체결하고 당기에 발송한 제품 중 수탁자가 아직 판매하지 않은 제품 2,000,000원은 실지재고조사 결과에 포함되어 있지 않다. (2점)

- 원재료 : 4,000,000원   • 재공품 : 6,000,000원   • 제품 : 5,200,000원

문제 4 2024년 귀속 원천징수와 관련된 다음 물음에 답하시오. (10점)

□□□
(1) 다음은 영업부서 차정만(사번 : 2, 입사일 : 2024년 4월 1일) 사원의 연말정산 관련 자료이다. 본인 차정만의 세부담이 최소화되도록 [연말정산추가자료입력] 메뉴를 이용하여 [부양가족] 탭을 수정하고 연말정산을 완료하시오. (7점)

1. 부양가족 현황

관계	성명	주민등록번호	소득	비고
본인	차정만	910520 – 1724815	현 근무지 총급여 6,140만 원	세대주
배우자	한정숙	931227 – 2548713	700만 원	모두 일용근로소득에 해당
부	차도진	601110 – 1024623	부동산임대소득금액 300만 원	장애인(장애인복지법)
모	엄혜선	630708 – 2524654	소득 없음	2024년 10월 27일 사망
자녀	차민지	210202 – 4445452	소득 없음	–
자녀	차민수	240303 – 3345459	소득 없음	2024년 3월 3일 출생

- 위 가족들은 모두 내국인으로 근로자 본인과 동거하면서 생계를 같이하고 있으며, 기본공제대상자가 아닌 경우에도 부양가족명세에 등록하고 기본공제 "부"로 작성한다.
- 제시된 자료 외의 다른 소득은 없다고 가정한다.

2. 전(前) 근무지 자료는 아래와 같으며, 당사에서 합산하여 연말정산하기로 한다.

- 근무처명 : ㈜우림기획(207-81-08903)   • 근무기간 : 2024. 1. 1.~2024. 3. 31.
- 총급여액 : 8,400,000원
- 국민연금보험료 : 165,000원   • 건강보험료 : 98,700원
- 장기요양보험료 : 4,020원   • 고용보험료 : 12,300원

구분		소득세	지방소득세
세액명세	결정세액	128,100원	12,810원
	기납부세액	197,300원	19,730원
	차감징수세액	△69,200원	△6,920원

3. 연말정산 관련 자료 (국세청 연말정산간소화서비스 자료)

항목	내용
보험료	• 부친 장애인전용 보장성 보험료 : 950,000원 • 모친 보장성 보험료 : 400,000원
교육비	• 자녀 차민지 어린이집 급식비 : 500,000원 • 자녀 차민지 어린이집 방과 후 과정 수업료 : 300,000원 • 본인 차정만 대학원 교육비 : 11,000,000원(학교에서 장학금 8,000,000원 수령)
의료비	• 배우자 출산 병원비용 : 1,400,000원(본인 신용카드 결제) • 배우자 산후조리원 이용비 : 3,800,000원 • 부친 휠체어 구입비용 : 2,700,000원 • 모친 치료목적 병원비 : 3,000,000원(실손의료보험금 2,200,000원 수령)
신용카드 등 사용금액	• 본인 신용카드 사용액 : 12,000,000원(배우자 출산 병원비용 포함) • 배우자 직불카드 사용액 : 2,000,000원(전통시장사용분 300,000원 포함) • 전년 대비 소비증가분 없음
기부금	• 본인 이재민 구호금품 기부금(금전) : 400,000원 • 모친 종교단체 기부금(금전) : 1,000,000원

• 의료기관, 기부처의 상호나 사업자등록번호, 건수는 입력 생략한다.

□□□
(2) 다음 자료를 이용하여 재무부서 대리 김라인(사번 : 111)의 [퇴직소득자료입력] 및 [원천징수이행상황신고서]를 작성하시오. (3점)

1. 주민등록번호 : 900111-2056237

2. 입사일은 2016년 1월 1일, 퇴사일은 2024년 12월 1일이며, 퇴직사유는 자발적 퇴직으로 처리한다.

3. 퇴사일 현재 퇴직금은 20,000,000원이다.

4. 퇴직금 지급일은 2024년 12월 14일이며, 과세이연계좌로 전액 지급하였다.

연금계좌 취급자	사업자등록번호	계좌번호	입금일
주민은행	201-81-68693	260-014-491234	2024. 12. 14.

문제 5 ㈜영웅물산(회사코드 : 4110)은 제조·도소매업(통신판매업) 및 건설업을 영위하는 중소기업이며, 당해 사업연도(제14기)는 2024. 1. 1.~2024. 12. 31.이다. [법인조정] 메뉴를 이용하여 기장되어 있는 재무회계 장부 자료와 제시된 보충자료에 의하여 해당 사업연도의 세무조정을 하시오. (30점) ※ 회사 선택 시 유의하시오.

● **작성대상서식** ●

1. 선급비용명세서
2. 업무용승용차관련비용명세서
3. 원천납부세액명세서
4. 퇴직연금부담금조정명세서
5. 기부금조정명세서, 법인세과세표준및세액조정계산서

□□□
(1) 다음 자료는 당기 보험료 내역이다. [선급비용명세서]를 작성하고, 보험료와 선급비용에 대하여 세무조정하시오. (단, 기존에 입력된 데이터는 무시하고 제시된 자료로만 계산하되 세무조정은 각 건별로 할 것) (6점)

---

1. 보험료 내역 (보험료는 모두 전액 일시납입함)
   (1) 대표자 사적보험료 : 회사에서 대납

보험사	납입액	보험기간	비고
과거생명	3,600,000원	2024. 1. 1.~2025. 12. 31.	보험료(판관비)로 처리함

   (2) 자동차(판매부서) 보험 내역

보험사	납입액	보험기간	비고
BD화재	1,800,000원	2024. 5. 1.~2025. 4. 30.	장부에 선급비용 400,000원 계상

   (3) 공장(생산부서) 화재보험 내역

보험사	납입액	보험기간	비고
화나화재	5,000,000원	2024. 7. 1.~2025. 6. 30.	장부에 선급비용 2,000,000원 계상

2. 전년도 자본금과적립금조정명세서(을) (전기에 (2), (3)과 관련된 선급비용 내역)

과목	기초잔액	감소	증가	기말
선급비용	–	–	1,000,000원	1,000,000원

※ 전기분 선급비용 1,000,000원은 당기에 손금 귀속시기가 도래하였다.

□□□

(2) 다음은 ㈜영웅물산의 법인차량 관련 자료이다. 아래 차량은 모두 영업부서에서 출퇴근 및 업무용으로 사용 중이며 임직원전용보험에 가입되어 있고 법인업무용 전용번호판을 부착하였다. 다음 자료를 이용하여 [업무용승용차등록] 및 [업무용승용차관련비용명세서]를 작성하고 관련된 세무조정을 하시오. (단, 당사는 부동산임대업을 영위하지 않으며, 사용부서 및 사용자직책 입력은 생략할 것) (7점)

구분	내용
코드 : 101 차종 : G80 차량번호 : 462두9636 (운용리스)	• 리스계약기간 : 2022. 5. 20.~2026. 5. 19.(보험가입 기간과 동일함) • 월 운용리스 금액 : 1,020,000원(전자계산서 발행됨) • 운용리스료 중 감가상각비 상당액 : 11,383,200원 • 유류비 : 4,500,000원(부가가치세 포함) • 당해연도 운행일지 : 10,000㎞(업무용 사용거리 9,000㎞) • 위의 차량 관련 비용 외 다른 항목의 비용은 고려하지 않으며, 전기이월된 감가상각비 한도초과액은 5,027,000원이다.
코드 : 102 차종 : 싼타페 차량번호 : 253러6417 (자가)	• 취득일 : 2021년 12월 10일 • 취득가액 : 38,000,000원(부가가치세 포함) • 감가상각비 계상액 : 7,600,000원 • 유류비 : 800,000원(부가가치세 포함) • 보험료 : 1,200,000원(당해연도 귀속분 보험료임) • 자동차세 : 400,000원 • 보험기간 : 2023. 12. 10.~2024. 12. 9. 　　　　　　 2024. 12. 10.~2025. 12. 9. • 당해연도 운행일지 : 미작성
• 주어진 차량 관련 비용 외에 다른 항목은 고려하지 않는다. • 세무조정 유형과 소득처분이 같은 세무조정인 경우 하나의 세무조정으로 처리한다.	

□□□

(3) 다음은 올해 1월 1일부터 12월 31일까지의 원천징수세액과 관련한 자료이다. 주어진 자료를 이용하여 [원천납부세액명세서(갑)]를 작성하시오. (단, 지방세 납세지는 기재하지 말 것) (4점)

적요	원천징수 대상금액	원천징수일	원천징수 세율	원천징수 의무자	사업자등록번호
정기예금 이자	8,000,000원	4/25	14%	㈜두리은행	130-81-01236
정기적금 이자	2,000,000원	7/18	14%	㈜주민은행	125-81-54217

□□□
(4) 당사는 확정급여형 퇴직연금에 가입하였으며, 그 자료는 다음과 같다. [퇴직연금부담금조정명세서]를 작성하고 세무조정사항을 [소득금액조정합계표]에 반영하시오. (6점)

> 1. 다음의 퇴직연금운용자산 계정의 기초잔액은 전액 전기에 신고조정에 의하여 손금산입된 금액이다.
>
> 퇴직연금운용자산
>
> | 기초잔액 | 108,000,000원 | 당기감소액 | 9,000,000원 |
> |---|---|---|---|
> | 당기납부액 | 12,000,000원 | 기말잔액 | 111,000,000원 |
> | | 120,000,000원 | | 120,000,000원 |
>
> ※ 당기 감소액 9,000,000원에 대한 회계처리는 다음과 같다.
> (차) 퇴직급여　　　　　　　9,000,000원　　　　(대) 퇴직연금운용자산　　　9,000,000원
>
> 2. 당기말 현재 퇴직연금운용자산의 당기분에 대하여 손금산입을 하지 않은 상태이며, 기초 퇴직연금충당금 등 및 전기말 신고조정에 의한 손금산입액은 108,000,000원이다.
>
> 3. 당기말 현재 퇴직급여추계액은 140,000,000원이다.
>
> 4. 당기말 현재 재무상태표상 퇴직급여충당부채 잔액은 20,000,000원이고, 당기말 현재 자본금과적립금조정명세서(을)에 기재되는 퇴직급여충당부채 한도초과액은 6,000,000원이다.

□□□
(5) 다음의 자료를 이용하여 [기부금조정명세서]와 [법인세과세표준및세액조정계산서]를 작성하고 필요한 세무조정(법인세비용 포함)을 하시오. (7점)

> 1. 당기 결산서상 당기순이익은 57,000,000원이며, 당기 법인세비용은 5,000,000원이다.
>
> 2. 손익계산서에 계상된 기부금 내역은 아래와 같다.
> (1) 3월 1일 : 1,000,000원(국방부 : 국방헌금)
> (2) 5월 5일 : 500,000원(사회복지법인 은혜 : 사회복지시설 기부금)
> (3) 10월 11일 : 600,000원(이천시 향우회 : 당사 소재 지역향우회 행사지원금)
> (4) 12월 1일 : 1,200,000원(서울시청 : 천재지변 구호금품)
>
> 3. 당기 법인세비용 및 기부금 지출 외에 소득금액조정합계표상 계상된 내역은 아래와 같다.
> (1) 익금산입 : 3,000,000원
> (2) 손금산입 : 1,000,000원
>
> 4. 전기에 발생한 법인세법 제24조 제3항 제1호에 따른 일반기부금(구(舊)지정기부금) 한도초과액은 6,000,000원이다.
>
> 5. 선납세금 계정에는 법인세 중간예납세액 3,000,000원, 금융소득에 대한 원천징수세액 1,400,000원이 계상되어 있다.

▶ 정답 및 해설 | p.27

☑ 다시 봐야 할 문제(틀린 문제, 풀지 못한 문제, 헷갈리는 문제 등)는 회독별로 문제 번호 위 네모박스(□)에 체크하여 반복 학습할 수 있습니다.

이 론 시 험

다음 문제를 보고 알맞은 것을 골라 [이론문제 답안작성] 메뉴에 입력하시오. (객관식 문항당 2점)

━━━━━━━━ ● 기 본 전 제 ● ━━━━━━━━
문제에서 한국채택국제회계기준을 적용하도록 하는 전제조건이 없는 경우, 일반기업회계기준을 적용한다.

□□□
1. 다음 중 일반기업회계기준상 유형자산에 관한 설명으로 틀린 것은?

① 자산에서 발생하는 미래 경제적 효익이 기업에 유입될 가능성이 매우 높은 경우 유형자산으로 인식한다.
② 유형자산을 가동하기 위해 필요한 장소와 상태에 이르게 하는 데 직접 관련된 원가를 포함하여 취득원가를 산출한다.
③ 유형자산인 건물의 구입 즉시 지출한 내부 관리비용, 청소비용도 유형자산의 취득원가이다.
④ 1년 이상 소요되는 유형자산 건설에 사용된 차입원가는 기간비용으로 처리하는 것이 원칙이나, 일반기업회계기준상 자본화 대상 요건을 충족하면 당해 자산의 취득원가에 산입한다.

□□□
2. 다음 중 일반기업회계기준상 자본에 관한 설명으로 옳지 않은 것은?

① 기업이 현물을 제공받고 주식을 발행하는 경우에는 특별한 경우가 아니면 제공받은 현물의 공정가치를 주식의 발행금액으로 한다.
② 지분상품을 발행하거나 취득하는 과정에서 발생한 등록비 및 기타 규제 관련 수수료, 법률 및 회계자문 수수료, 주권인쇄비 및 인지세와 같은 여러 가지 비용은 당기손익으로 인식한다.
③ 청약기일이 경과된 신주청약증거금은 신주납입액으로 충당될 금액을 자본조정으로 회계처리하며, 주식을 발행하는 시점에서 자본금과 자본잉여금으로 회계처리한다.
④ 주식으로 배당하는 경우에는 발행주식의 액면금액을 배당액으로 하여 자본금의 증가와 이익잉여금의 감소로 회계처리한다.

□□□
3. 다음 중 사채에 관한 설명으로 틀린 것은?

① 사채 액면금액의 차감 계정인 사채할인발행차금에 대해 유효이자율법을 적용하여 상각하고, 그 금액을 이자비용에 가산하도록 규정한다.

② 발행자의 입장에서 사채는 비유동부채로 분류한다.

③ 사채발행비란 사채를 발행하는데 직접 소요된 지출을 말하며, 사채발행가액에서 직접 차감한다.

④ 사채의 조기 상환 시 현금상환액보다 장부금액이 큰 경우 사채상환손실(영업외비용)로 처리한다.

□□□
4. 당기 결산일 현재 창고에 있는 기말재고자산을 실사한 결과, 창고에 보관 중인 기말재고자산은 20,000,000원으로 확인되었다. 다음의 추가사항을 고려하여 정확한 기말재고자산을 계산하면 얼마인가?

- FOB 선적지 인도기준에 의하여 매입한 상품 중 결산일 현재 운송 중인 상품 : 4,000,000원
- 결산일 현재 적송품 3,000,000원 중 60%는 수탁자가 판매하지 아니하고 보관 중이다.
- 시용매출을 위하여 고객에게 인도한 상품 6,000,000원 중 고객이 구입의사를 표시한 상품은 4,000,000원이다.
- 당해 회사가 수탁판매를 위하여 창고에 보관하고 있는 미판매 수탁상품 : 5,000,000원

① 22,200,000원　　② 22,800,000원　　③ 23,000,000원　　④ 24,000,000원

□□□
5. 다음 중 일반기업회계기준에 따른 회계변경에 대한 설명으로 가장 틀린 것은?

① 세법 개정으로 회계처리를 변경해야 하는 경우는 정당한 회계변경이 아니다.

② 회계변경 중 회계정책의 변경은 회계방법이 변경되는 것이므로 소급법을 적용한다.

③ 회계정책의 변경에 따른 누적효과를 합리적으로 결정하기 어려우면 소급법으로 적용한다.

④ 회계추정의 변경은 전진적으로 처리하여 당기와 미래기간에 반영시키는 방법이다.

□□□
6. 다음 중 공손에 대한 설명으로 옳지 않은 것은?

① 비정상공손은 정상적이고 효율적인 상황에서는 발생되지 않는 것으로 작업자의 부주의나 생산계획의 미비 등으로 인하여 발생되는 것이므로 영업외비용으로 처리한다.

② 정상공손은 효율적인 생산과정에서도 발생하는 공손으로 원가성이 있다고 본다.

③ 공손품 수량을 파악하는 것은 원가관리와 통제를 위한 것이다.

④ 공손품은 생산에 사용된 원재료로부터 남아 있는 찌꺼기나 조각을 말하는데 판매가치가 거의 없다.

7. 다음 중 표준원가계산과 관련된 설명으로 옳지 않은 것은?

① 표준원가계산은 변동원가계산제도와 종합원가계산제도에 적용할 수 있으나 전부원가계산제도에는 적용할 수 없다.

② 표준원가계산은 예산과 실제원가를 기초로 차이를 분석하여 예외에 의한 관리를 통해 효율적인 원가통제가 가능하다.

③ 과학적이고 객관적인 표준원가를 설정하는 것이 쉽지 않고, 표준원가를 설정하는 데 시간과 비용이 많이 든다.

④ 표준원가계산제도를 채택하더라도 표준원가와 실제원가가 상당한 차이가 있는 경우에는 표준원가를 실제의 상황에 맞게 조정하여야 한다.

8. 다음 중 당기총제조원가에 대한 설명으로 옳지 않은 것은?

① 기초제품보다 기말제품이 더 크면 당기총제조원가는 당기제품제조원가보다 크다.

② 간접재료원가도 당기총제조원가에 포함된다.

③ 기초와 기말에 재공품재고와 제품재고가 없다면, 당기총제조원가는 매출원가와 동일하다.

④ 생산직 사원의 인건비는 당기총제조원가에 포함된다.

9. ㈜하나의 매출총이익률은 40%이다. 다음 자료를 이용하여 ㈜하나의 기초재공품가액을 구하면 얼마인가?

- 기초제품 : 4,000,000원   • 기말재공품 : 2,000,000원   • 기말제품 : 3,000,000원
- 직접재료원가 : 5,000,000원   • 제조간접가 : 2,500,000원   • 직접노무원가 : 4,500,000원
- 당기매출액 : 20,000,000원   • 기초재공품 : ?

---

① 1,000,000원   ② 2,000,000원   ③ 3,000,000원   ④ 4,000,000원

10. 다음 중 개별원가계산과 종합원가계산에 대한 설명으로 가장 옳은 것은?

① 개별원가계산은 소품종 대량생산에 적합한 원가계산이다.
② 개별원가계산은 상대적으로 제조원가 계산이 부정확하다.
③ 종합원가계산은 고객의 주문에 따라 제품을 생산하는 건설업, 조선업 등의 업종에 적합하다.
④ 종합원가계산은 완성품환산량 계산이 필요하다.

11. 다음은 법인세법상 부당행위계산 부인에 대한 설명이다. 가장 옳지 않은 것은?

① 특수관계인간 자산을 고가양도한 경우에도 양도자가 법인인 경우 양도한 법인은 별도의 세무조정이 필요하지 않다.
② 금전 대여의 경우 그 시가는 가중평균차입이자율을 원칙으로 한다.
③ 특수관계인과의 거래가 아니더라도 부당한 조세의 감소가 있으면 부당행위계산 부인의 대상이 된다.
④ 금전 대여 등 일정한 거래에서 시가와 거래가액의 차액이 3억 원 이상이거나 시가의 5% 이상인 경우에 부당행위계산의 부인이 적용된다.

12. 다음 중 법인세법상 손익의 귀속시기에 관한 설명으로 틀린 것은?

① 내국법인의 각 사업연도 익금과 손금의 귀속 사업연도는 익금과 손금이 확정되는 날이 속하는 사업연도로 한다.
② 임대료 지급기간이 1년을 초과하는 경우 이미 경과한 기간에 대응하는 임대료 상당액과 비용은 이를 각각 해당 사업연도의 익금과 손금으로 한다.
③ 중소기업이 장기할부조건으로 자산을 판매하는 경우에는 장기할부조건에 따라 회수하였거나 회수할 금액과 이에 대응하는 비용을 각각 해당 사업연도의 익금과 손금에 산입할 수 있다.
④ 법인의 수입이자에 대하여 원천징수가 되는 경우로서 기업회계기준에 의한 기간경과분을 결산서에 수익으로 계상한 경우 이자수익으로 인정한다.

□□□
13. 다음 중 소득세법상 기타소득에 해당하는 서화·골동품 등의 양도소득에 관한 내용으로 가장 옳지 않은 것은? (단, 거주자에 한함)

① 개당, 점당, 조당 양도가액이 1억 원 이상인 경우에 과세한다.
② 양도일 현재 생존해 있는 국내 원작자의 작품은 과세하지 않는다.
③ 박물관·미술관에 양도함으로써 발생하는 소득은 비과세한다.
④ 골동품은 제작 후 100년이 넘은 것을 말한다.

□□□
14. 거주자 유석재 씨는 20x1. 1. 10. 연예인 자격으로 ㈜거성과 2년간 TV 광고 출연에 대한 일신 전속계약을 체결함과 동시에 전속계약금 2억 원을 일시에 현금으로 수령하였다. TV 광고 출연과 관련하여 실제로 소요된 필요경비가 없을 때 소득세법상 해당 전속계약금에 관한 설명으로 옳은 것은?

① 전속계약금은 기타소득으로서 20x1년에 귀속되는 총수입금액은 2억 원이다.
② 전속계약금은 사업소득으로서 20x1년에 귀속되는 총수입금액은 1억 원이다.
③ 전속계약금은 사업소득으로서 20x1년에 귀속되는 총수입금액은 2억 원이다.
④ 전속계약금은 기타소득으로서 수령한 금액의 80%는 필요경비로 인정된다.

□□□
15. 다음 중 부가가치세법상 수정세금계산서의 발급사유와 작성일자를 잘못 연결한 것은?

① 필요적 기재사항 등이 착오로 잘못 기재된 경우 : 당초 세금계산서의 작성일
② 당초 공급한 재화가 환입된 경우 : 당초 세금계산서의 작성일
③ 계약의 해제로 인하여 재화가 공급되지 아니한 경우 : 계약의 해제일
④ 공급가액이 증가가 되거나 차감이 되는 경우 : 증감 사유가 발생한 날

㈜가람산업(회사코드 : 4009)은 제조·도소매업을 영위하는 중소기업이며, 당기(제11기) 회계기간은 2024. 1. 1.~2024. 12. 31.이다. 전산세무회계 수험용 프로그램을 이용하여 다음 물음에 답하시오.

● 기 본 전 제 ●

• 문제에서 한국채택국제회계기준을 적용하도록 하는 전제조건이 없는 경우, 일반기업회계기준을 적용하여 회계처리한다.
• 문제의 풀이와 답안작성은 제시된 문제의 순서대로 진행한다.

문제1 다음 거래에 대하여 적절한 회계처리를 하시오. (12점)

● 입력 시 유의사항 ●

• 일반적인 적요의 입력은 생략하지만, 타계정 대체거래는 적요 번호를 선택하여 입력한다.
• 세금계산서·계산서 수수 거래 및 채권·채무 관련 거래는 별도의 요구가 없는 한 반드시 기등록된 거래처코드를 선택하는 방법으로 거래처명을 입력한다.
• 제조경비는 500번대 계정코드를, 판매비와관리비는 800번대 계정코드를 사용한다.
• 회계처리 시 계정과목은 등록된 계정과목 중 가장 적절한 과목으로 한다.
• 매입매출전표를 입력하는 경우 입력화면 하단의 분개까지 처리하고, 세금계산서 및 계산서는 전자 여부를 입력하여 반영한다.

□□□
(1) 2월 1일 당사는 신주 10,000주(액면가액 @5,000원)를 1주당 5,200원에 발행하고, 전액 보통예금 계좌로 납입받았으며, 신주발행비용 600,000원은 현금으로 지급하였다. (단, 회사에는 현재 주식할인발행차금 잔액이 없는 것으로 가정한다) (3점)

□□□
(2) 6월 30일 전기에 수출한 미국 ABC의 외상매출금(USD $20,000)이 전액 회수되어 보통예금 계좌에 입금하였다. 외상매출금과 관련된 회계처리는 일반기업회계기준을 준수하였으며, 관련 환율정보는 다음과 같다. (3점)

구분	1달러당 환율정보
발생 시	1,200원
전년도 12월 31일	1,380원
회수 입금 시(올해 6월 30일)	1,290원

(3) 10월 18일 원재료를 수입하면서 부산세관으로부터 수입전자세금계산서를 발급받고, 부가가치세 3,000,000원을 현금으로 지급했다. (단, 재고자산 관련 회계처리는 생략할 것) (3점)

수입전자세금계산서					승인번호			
세관명	등록번호	121-83-00561	종사업장번호		수입자	등록번호	609-81-02070	종사업장번호	
	세관명	부산세관	성명	부산세관장		상호(법인명)	㈜가람산업	성명	정수나
	세관주소	부산시 중구 충장대로 20				사업장주소	경상남도 창원시 성산구 창원대로 442		
수입신고 번호 또는 일괄발급기간 (총건)	1326345678					업태	제조	종목	전자제품
납부일자	과세표준		세액		수정사유	비고			
20xx. 10. 18.	30,000,000		3,000,000		해당 없음				
월	일	품목	규격	수량	단가	공급가액	세액	비고
10	18	원재료				30,000,000	3,000,000	

(4) 11월 10일 ㈜순양백화점에 제품을 판매하고 다음의 전자세금계산서를 발급하였다. 대금은 10월 30일에 수령한 계약금을 제외하고 ㈜순양백화점이 발행한 약속어음(만기 12월 31일)으로 받았다. (3점)

전자세금계산서					승인번호			
공급자	등록번호	609-81-02070	종사업장번호		공급받는자	등록번호	126-87-10121	종사업장번호	
	상호(법인명)	㈜가람산업	성명	정수나		상호(법인명)	㈜순양백화점	성명	진화영
	사업장주소	경상남도 창원시 성산구 창원대로 442				사업장주소	서울 강남구 테헤란로 98길 12		
	업태	제조	종목	전자제품		업태	소매	종목	잡화
	이메일					이메일			
작성일자	공급가액		세액		수정사유	비고			
20xx. 11. 10.	80,000,000		8,000,000		해당 없음				
월	일	품목	규격	수량	단가	공급가액	세액	비고
11	10	전자제품				80,000,000	8,000,000	
합계금액	현금	수표	어음	외상미수금	위 금액을 (청구) 함			
88,000,000	8,000,000		8,000,000					

문제 2 다음 주어진 요구사항에 따라 부가가치세 신고서 및 부속서류를 작성하시오. (10점)

□□□
(1) 올해 1기 부가가치세 예정신고 시 누락된 자료는 다음과 같다. 이를 [매입매출전표]에 입력하고 올해 1기 확정 [부가가치세신고서]에 반영하시오. (단, 분개는 생략하고, 부가가치세신고서 작성 시 전자신고세액공제를 적용할 것) (5점)

> • 1월 30일 : 업무용으로 사용할 소모품을 ㈜우람전자(621-81-99503)에서 구입하고, 770,000 원(부가가치세 포함)을 법인카드인 삼전카드로 결제하였다. (부가가치세 공제요건은 갖추었다)
>
> • 2월 25일 : 아람물산에 상품을 12,000,000원(부가가치세 별도)에 삼성카드로 매출하였으나, 업무상 착오로 예정신고기간에 누락하였다.
>
> • 일반과소신고가산세를 적용하고, 납부지연일수는 91일로 계산하시오.

□□□
(2) 다음은 올해 2기 부가가치세 예정신고기간(7. 1.~9. 30.)의 자료이다. 매입매출전표입력은 생략하고, [신용카드매출전표등발행금액집계표]를 작성하시오. (2점)

1. 신용카드 및 현금영수증 매출자료

구분	공급가액	세액
과세분 신용카드 매출	27,500,000원	2,750,000원
과세분 현금영수증 매출	0원	0원
면세분 신용카드 매출	17,300,000원	0원
면세분 현금영수증 매출	6,500,000원	0원

2. 신용카드 매출전표 및 현금영수증 발행분 중 세금계산서를 발급한 금액

구분	공급가액	세액
과세분 신용카드 매출분	4,000,000원	400,000원
과세분 현금영수증 매출분	0원	0원

(3) 당사는 과세 및 면세사업을 겸영하는 사업자이다. 아래의 자료를 이용하여 올해 2기 확정신고기간
(10. 1.~12. 31.)에 대한 [공제받지못할매입세액명세서]를 작성하시오. (3점)

---

(1) 2기 확정신고기간의 거래
- 거래처에 보낼 선물을 구입하고 전자세금계산서 1,100,000원(부가가치세 포함)을 발급받았으
  며, 대금은 현금으로 결제하였다.
- 공장에서 과세·면세사업에 공통으로 사용할 기계장치를 매입하고 전자세금계산서를 발급받았다.
  기계장치의 매입대금 22,000,000원(부가가치세 포함)은 보통예금 계좌에서 이체하였다.

(2) 2기 예정신고기간의 공통매입분에 대한 매입세액은 1,200,000원이며, 기불공제매입세액은
518,918원이다.

(3) 2기 예정신고기간의 과세매출액은 210,000,000원이며, 면세매출액은 160,000,000원이다.

(4) 2기 확정신고기간의 과세매출액은 300,000,000원이며, 면세매출액은 180,000,000원이다.

문제3 다음의 결산정리사항에 대하여 결산정리분개를 하거나 입력하여 결산을 완료하시오. (8점)

□□□

(1) 올해 5월 1일 일시적으로 건물 중 일부를 임대(기간 : 올해 5월 1일~내년 4월 30일)하고 1년분 임
대료 12,000,000원을 현금으로 받아 선수수익으로 회계처리하였다. 당기분 임대료를 월할로 계산
하여 기말 수정분개를 수행하시오. (단, 임대료는 영업외수익으로 처리하고, 음수(-)로 회계처리하
지 말 것) (2점)

□□□

(2) 다음은 당사가 취득한 단기매매증권 관련 자료이다. 결산일의 필요한 회계처리를 하시오. (2점)

- 취득일 : 전년도 8월 1일
- 주식 수 : 800주
- 주당 취득가액 : 20,000원
- 취득 시 지출한 취득수수료 : 1,000,000원
- 전년도 결산일 현재 주당 공정가액 : 20,000원
- 당기 결산일 현재 주당 공정가액 : 21,000원
- 전기의 단기매매증권 취득 및 평가에 관련된 회계처리는 일반기업회계기준에 따라 적정하게 처리함

□□□
(3) 당기 법인세 총부담세액은 15,000,000원, 법인세분 지방소득세는 1,500,000원이다. 다음 자료를 이용하여 적절한 결산 분개를 하시오. (단, 거래처명은 생략할 것) (2점)

계정과목명	거래처명	금액	비고
예수금	창원세무서	1,000,000원	12월 근로소득 원천징수분
	창원구청	100,000원	
선납세금	창원세무서	5,400,000원	법인세 중간예납액
	관악세무서	1,000,000원	이자소득 원천징수분
	관악구청	100,000원	

□□□
(4) 결산일 현재 제품의 실지재고를 파악해본 결과 감소한 수량은 전부 비정상 감모손실로 확인되었다. 비정상 재고자산감모손실에 대한 회계처리를 하고, 기말재고 입력 후 결산을 완료하시오. (2점)

- 장부상 수량 : 2,000개
- 단위당 취득원가 : 23,000원
- 실지재고 수량 : 1,950개
- 단위당 공정가액 : 27,000원

문제 4 원천징수와 관련된 다음의 물음에 답하시오. (10점)

□□□
(1) 다음은 손대수(사번 : 109, 입사일 : 2023. 1. 1.) 사원의 2024년 귀속 연말정산 관련 자료이다. [연말정산추가자료입력] 메뉴에 입력하시오. (7점)

1. 가족사항(모두 동거하며, 생계를 같이한다. 아래에 제시된 자료 외의 다른 소득은 없다)

관계	성명	주민등록번호	소득	비고
본인	손대수	630302-1111255	총급여 10,500만 원	세대주
아버지	손준기	410505-1135657	소득 없음	
어머니	최연주	460325-2122355	소득 없음	
배우자	이시아	660515-2153526	사업소득금액 3,000만 원	
딸	손아름	000506-4326220	소득 없음	대학생
아들	손민우	070205-3236149	일용근로소득 200만 원	고등학생

※ 기본공제대상자가 아닌 경우도 기본공제 "부"로 입력할 것

2. 연말정산 자료
※ 별도의 언급이 없는 한 국세청 홈택스 연말정산간소화서비스에서 조회된 자료이다.

구분	내용
보험료	• 본인(손대수) : 보장성보험료 600,000원 • 딸(손아름) : 보장성보험료 500,000원 • 아들(손민우) : 보장성보험료 450,000원

교육비	• 본인(손대수) : 사이버대학교 학비 2,000,000원 • 딸(손아름) : 대학교 학비 5,000,000원 • 아들(손민우) : 방과후과정 수업비 500,000원, 교복구입비 600,000원 　　　　　　　　　(교복구입비는 손대수 신용카드 결제)
의료비	• 본인(손대수) : 라식수술비 2,000,000원 • 아버지(손준기) : 보청기 구입비 1,000,000원 • 어머니(최연주) : 질병 치료비 3,550,000원(손대수 신용카드 결제) 　－ 보험업법에 따른 보험회사에서 실손의료보험금 2,000,000원 수령 • 아들(손민우) : 시력보정용 안경 구입비용 900,000원(손대수 신용카드 결제) 　－ 구입처 : 경성안경(사업자등록번호 605-29-32588) 　－ 의료증빙코드는 기타영수증으로 하고, 상호와 사업자등록번호 모두 입력할 것
신용카드 등 사용액	• 본인(손대수) : 신용카드 사용액 38,000,000원 • 본인(손대수) : 현금영수증 사용액 5,200,000원 • 딸(손아름) : 직불카드 사용액 3,100,000원 • 아들(손민우) : 직불카드 사용액 620,000원(대중교통분 400,000원 포함) ※ 전년도 대비 소비증가분은 없다고 가정함
유의사항	• 부양가족의 소득공제 및 세액공제 내용 중 손대수가 공제받을 수 있는 내역은 모두 손대수가 공제받는 것으로 한다.

□□□
(2) 다음 자료를 [원천징수이행상황신고서]에 직접 입력하여 마감하고, 국세청 홈택스로 직접 전자
신고 하시오. (단, 제시된 자료 외에는 없는 것으로 한다) (3점)

(1) 6월 귀속 기타소득(6월 말 지급)
　• 일시적 강의료 교수수당(3인) 지급 : 2,300,000원(소득세 : 184,000원)
(2) 6월 귀속 사업소득(6월 말 지급)
　• 외부 강사(1인)에게 지급된 강사료 : 1,000,000원(소득세 : 30,000원)
(3) 전월미환급세액 : 87,000원
(4) 유의사항
　• [전자신고] → [국세청 홈택스 전자신고변환(교육용)] 순으로 진행한다.
　• [전자신고]의 [전자신고제작] 탭에서 신고인구분은 2.납세자 자진신고를 선택하고, 비밀번호는
　　"12341234"로 입력한다.
　• [국세청 홈택스 전자신고변환(교육용)] → 전자파일변환(변환대상파일선택) → 찾아보기 에서 전
　　자신고용 전자파일을 선택한다.
　• 전자신고용 전자파일 저장경로는 로컬디스크(C:)이며, 파일명은 "연월일.01.t사업자등록번호"
　　이다.
　• 형식검증하기 ⇒ 형식검증결과확인 ⇒ 내용검증하기 ⇒ 내용검증결과확인 ⇒ 전자파일제출 을 순서대로 클릭한다.
　• 최종적으로 전자파일 제출하기 를 완료한다.

문제 5 ㈜부산전자(회사코드 : 4109)는 금속제품 등의 제조·도매업과 도급공사업을 영위하는 중소기업으로 당해 사업연도(제13기)는 2024. 1. 1.~2024. 12. 31.이다. [법인조정] 메뉴를 이용하여 기장되어 있는 재무회계 장부 자료와 제시된 보충자료에 의하여 해당 사업연도의 세무조정을 하시오. (30점) ※ 회사 선택 시 유의하시오.

● **작성대상서식** ●

1. 기업업무추진비조정명세서
2. 세금과공과금조정명세서
3. 대손충당금및대손금조정명세서
4. 법인세과세표준및세액조정계산서
5. 가산세액계산서

□□□
(1) 다음 자료를 이용하여 [기업업무추진비조정명세서]를 작성하고 필요한 세무조정을 하시오. (단, 세무조정은 각 건별로 입력할 것) (6점)

• 수입금액조정명세서 내역은 다음과 같다.

항목	계정과목	결산서상 수입금액	가산	차감	조정 후 수입금액
매출	상품매출	1,000,000,000원	–	–	1,000,000,000원
	제품매출	1,500,000,000원	–	–	1,500,000,000원
계		2,500,000,000원	–	–	2,500,000,000원

※ 특수관계인에 대한 제품매출액 350,000,000원과 특수관계인에 대한 상품매출액 150,000,000원이 포함되어 있다.

• 장부상 기업업무추진비 내역은 다음과 같다.

계정	건당 금액	법인카드사용액	개인카드사용액	합계
기업업무추진비 (판관비)	3만 원 초과분	35,280,000원	872,900원	36,152,900원
	3만 원 이하분	15,000원	30,000원	45,000원
	합계	35,295,000원	902,900원	36,197,900원
기업업무추진비 (제조원가)	3만 원 초과분	29,780,000원	525,000원	30,305,000원
	3만 원 이하분	10,000원	25,000원	35,000원
	합계	29,790,000원	550,000원	30,340,000원

• 기업업무추진비(판관비, 3만 원 초과분, 법인카드 사용액) 중에는 다음 항목이 포함되어 있다.
 – 대표이사가 개인적 용도의 지출을 법인카드로 결제한 금액 970,000원(1건)
 – 문화 기업업무추진비로 지출한 금액 5,000,000원(1건)
• 기업업무추진비(제조원가, 3만 원 초과분, 개인카드 사용액)에는 경조사비 525,000원(1건)이 포함되어 있다.

□□□

(2) 아래 주어진 자료에 의하여 [세금과공과금조정명세서]를 작성하고, 개별 항목별로 세무조정을 하시오. (단, 동일한 소득처분도 반드시 각각 세무조정할 것) (6점)

일자	적요	금액
1/28	화물트럭 자동차세	460,000원
2/26	사업소분주민세	800,000원
3/15	토지에 대한 개발부담금	2,100,000원
4/30	법인세분지방소득세 및 농어촌특별세	4,200,000원
7/20	폐수초과배출부담금	3,700,000원
8/20	대표이사 소유 비상장주식 매각 증권거래세	1,600,000원
8/27	주차위반 과태료(업무 관련 발생분)	220,000원
9/30	산재보험 연체료	480,000원
10/10	지급명세서미제출가산세	1,000,000원
12/15	환경개선부담금	440,000원

□□□

(3) 다음 자료를 참조하여 [대손충당금및대손금조정명세서]를 작성하고 필요한 세무조정을 하시오. (6점)

1. 당기 대손처리 내역은 다음과 같고, 모두 대손충당금과 상계하여 처리하였다.

일자	내역	비고
5월 29일	㈜대영의 외상매출금 40,000,000원	채무자의 사망으로 회수할 수 없는 것으로 확정된 채권
10월 21일	㈜영구의 외상매출금 3,000,000원	회수기일이 1년이 지나지 않은 채권
2월 1일	㈜몰라의 부도어음 19,999,000원 대손확정	부도일부터 6개월 이상 지난 부도어음 20,000,000원

2. 대손충당금 계정 내역

대손충당금

외상매출금	43,000,000원	전기이월	102,000,000원
받을어음	19,999,000원	당기설정액	15,000,000원
차기이월액	54,001,000원		
계	117,000,000원	계	117,000,000원

3. 당기말 채권 잔액

내역	금액	비고
외상매출금	1,300,000,000원	
받을어음	100,500,000원	
계	1,400,500,000원	

4. 전기말 자본금과 적립금 조정명세서(을) 일부

①과목 또는 사항	②기초잔액	③감소	④증가	⑤기말잔액
대손충당금	25,000,000원	25,000,000원	10,000,000원	10,000,000원

5. 기타내역
• 대손설정률은 1%로 가정한다.

□□□
(4) 다음의 자료를 이용하여 [자본금과적립금조정명세서] 중 이월결손금계산서 관련 내용만 작성하고, [법인세과세표준및세액조정계산서]를 작성하시오. (단, 불러온 자료는 무시하고 새로 입력할 것) (6점)

1. 세무상 결손금내역

사업연도	세무상결손금발생	비고
2010년	130,000,000원	전년도 귀속 사업연도까지 공제된 이월결손금은 50,000,000원이다.
2022년	90,000,000원	전년도 귀속 사업연도까지 공제된 이월결손금은 0원이다.

2. 기타내역
• 기한 내 이월결손금은 당기에 공제하기로 한다.
• 당사는 중소기업에 해당하며, 장부 등 증빙을 10년 이상 보관하고 있다.
• 당해연도 결산서상 당기순이익은 100,850,000원, 익금산입은 32,850,000원, 손금산입은 12,950,000원이다.
• 중소기업특별세액감면액은 520,000원, 연구인력개발세액공제액은 200,000원이다. (단, 최저한세는 검토하지 않기로 한다)
• 당해연도 원천납부세액은 140,000원이 있다.
• 당해연도 법인세는 일시에 전액 납부할 예정이며, 현금으로 납부할 예정이다.

□□□
(5) 다음 자료를 이용하여 [가산세액계산서]를 작성하시오. (6점)

1. 당사가 지출한 금액 중 아래의 항목을 제외한 모든 금액은 법인세법에서 요구하는 세금계산서 등의 적격 증빙서류를 갖추고 있다. 구체적인 내용은 다음과 같다.

구분	금액	비고
복리후생비	2,900,000원	전부 거래 건당 3만 원 이하 금액으로 간이영수증을 수취하였다.
소모품비	4,400,000원	전부 거래 건당 3만 원 초과 금액으로 간이영수증을 수취하였다.
임차료	4,800,000원	일반과세자인 임대인에게 임차료를 금융기관을 통해 지급하고 법인세 신고 시 송금사실을 기재한 '경비 등 송금명세서'를 첨부하였다.

2. 1월 지급분에 대한 일용근로소득지급명세서를 경리담당자의 단순 실수로 3월 10일에 제출하였다. 일용근로자에 대한 임금 지급총액은 30,000,000원이었다.

▶ 정답 및 해설 | p.43

제108회 기출문제

☑ 다시 봐야 할 문제(틀린 문제, 풀지 못한 문제, 헷갈리는 문제 등)는 회독별로 문제 번호 위 네모박스(□)에 체크하여 반복 학습할 수 있습니다.

$$\boxed{\textbf{이론시험}}$$

다음 문제를 보고 알맞은 것을 골라 [이론문제 답안작성] 메뉴에 입력하시오. (객관식 문항당 2점)

──────● 기 본 전 제 ●──────
문제에서 한국채택국제회계기준을 적용하도록 하는 전제조건이 없는 경우, 일반기업회계기준을 적용한다.

□□□
1. 다음 중 일반기업회계기준의 재무제표의 작성과 표시에 대한 설명으로 틀린 것은?

① 자산, 부채, 자본 중 중요한 항목은 재무상태표 본문에 별도 항목으로 구분하여 표시한다. 다만, 중요하지 않은 항목은 성격 또는 기능이 유사한 항목에 통합하여 표시할 수 있으며, 통합할 적절한 항목이 없는 경우에는 기타항목으로 통합할 수 있다.

② 자산과 부채는 원칙적으로 상계하여 표시하지 않는다. 다만, 기업이 채권과 채무를 상계할 수 있는 법적 구속력 있는 권리를 가지고 있고, 채권과 채무를 순액기준으로 결제하거나 채권과 채무를 동시에 결제할 의도가 있다면 상계하여 표시한다.

③ 정상적인 영업주기 내에 판매(소멸)되거나 사용되는 재고자산과 회수(지급)되는 매출채권(매입채무) 등은 보고기간 종료일로부터 1년 이내에 실현되지 않으면 유동자산(유동부채)으로 분류하여 표시할 수 없다.

④ 자산과 부채는 현금화 가능성이 높은 순서(유동성이 큰 항목)로 배열하는 것이 원칙이며, 잉여금은 자본거래(자본잉여금)와 손익거래(이익잉여금)로 구분 표시한다.

2. 다음 중 일반기업회계기준상 재고자산에 대한 설명으로 가장 틀린 것은?

① 금융기관 등으로부터 자금을 차입하고 그 담보로 제공된 저당상품은 담보제공자의 재고자산이다.

② 위탁매매계약을 체결하고 수탁자가 위탁자에게서 받은 적송품은 수탁자의 재고자산이다.

③ 매입자가 일정 기간 사용한 후에 매입 여부를 결정하는 조건으로 판매한 시송품은 매입자가 매입 의사표시를 하기 전까지는 판매자의 재고자산이다.

④ Usance Bill 또는 D/A Bill과 같이 연불조건으로 원자재를 수입하는 경우에 발생하는 이자는 차입원가로 처리한다.

3. 다음 중 일반기업회계기준에 따른 수익 인식기준으로 옳은 것은?

① 상품권 수익은 상품권을 판매한 시점에 수익으로 인식한다.

② 수강료는 용역제공 완료시점, 즉 강의종료일에 수익을 인식한다.

③ 장기할부판매는 기간에 걸쳐 수익으로 인식한다.

④ 수출업무를 대행만 하는 종합상사는 판매수수료만을 수익으로 인식한다.

4. 다음은 기말 자본의 일부분이다. 기말 재무상태표에 표시될 자본항목과 그 금액으로 틀린 것은?

- 감자차익 : 500,000원
- 보통주자본금 : 10,000,000원
- 이익준비금 : 1,000,000원
- 우선주자본금 : 5,000,000원
- 자기주식처분이익 : 1,000,000원
- 매도가능증권평가이익 : 300,000원
- 임의적립금 : 500,000원
- 미교부주식배당금 : 3,000,000원

① 자본금 15,000,000원

② 자본잉여금 1,500,000원

③ 자본조정 300,000원

④ 이익잉여금 1,500,000원

5. 다음 중 부채에 대한 설명으로 가장 옳은 것은?

① 경제적 효익이 내재된 자원이 기업에 유입됨으로써 이행될 것으로 기대되는 현재의 의무이다.

② 부채의 정의를 충족하고, 신뢰성 있게 추정된다면 부채로 인식한다.

③ 2년 기준으로 유동부채, 비유동부채로 분류할 수 있다.

④ 당해 의무를 이행하기 위하여 자원이 유출될 가능성이 매우 높은 충당부채는 주석으로만 기재한다.

☐☐☐

6. ㈜데코의 당기 직접노무원가에 관한 내용이 다음과 같을 경우, 직접노무원가 능률차이는 얼마 인가?

- 실제 직접노동시간 : 50,000시간
- 직접노무원가 임률 차이 : 200,000원(유리)
- 표준 직접노동시간 : 48,000시간
- 실제 직접노무원가 발생액 : 2,800,000원

① 120,000원 유리　　② 120,000원 불리　　③ 504,000원 유리　　④ 504,000원 불리

☐☐☐

7. ㈜한도제철은 동일한 원재료를 투입하여 단일공정에서 제품 A, B, C 세 가지의 등급품을 생산 하고 있다. 세 가지 제품에 공통으로 투입된 결합원가가 128,000원이라고 할 때, 아래의 자료 를 바탕으로 순실현가치법에 의하여 제품 A에 배분될 결합원가는 얼마인가?

구분	A	B	C
생산량	200개	400개	300개
분리점에서의 단위당 판매가격	@400원	@300원	@200원
추가가공원가	60,000원		
단위당 최종판매가격	@1,000원		

① 24,000원　　　② 48,000원　　　③ 56,000원　　　④ 80,000원

☐☐☐

8. 다음 중 보조부문의 원가배분에 대한 설명으로 가장 옳은 것을 고르시오.

① 단계배분법을 적용할 경우 배분이 끝난 보조부문에는 다시 원가를 배분하면 안 된다.
② 제조간접원가를 배부할 때 공장전체배부율을 적용하면 더욱 정확하게 보조부문원가를 배분할 수 있는 장점이 있다.
③ 제조원가 배분기준을 선택할 때는 원가의 상관관계보다 주주의 이익을 먼저 고려해야 한다.
④ 상호배분법은 배분 순서를 고려하면 더욱 정확한 결과를 얻을 수 있다.

9. 다음 중 표준원가계산에 대한 설명으로 옳지 않은 것은?

① 예산과 실제원가의 차이 분석을 통하여 효율적인 원가통제의 정보를 제공한다.

② 기말에 원가 차이를 매출원가에서 조정할 경우 불리한 차이는 매출원가에 가산하고 유리한 차이는 매출원가에서 차감한다.

③ 표준원가계산은 기업이 연초에 수립한 계획을 수치화하여 예산 편성을 하는 기초가 된다.

④ 표준원가계산을 선택한 경우에는 실제원가와 상관없이 표준원가로 계산한 재고자산의 금액을 재무상태표상 금액으로 결정하여야 한다.

10. 부산상사는 직접노동시간을 기준으로 제조간접원가를 예정배부하고 있다. 당기 제조간접원가 예산액은 5,000,000원이며, 실제 발생액은 5,200,000원이다. 예산조업도는 1,000,000시간이며, 실제조업도는 1,300,000시간이다. 당기의 제조간접원가 배부차액은 얼마인가?

① 1,200,000원(과대배부) ② 1,300,000원(과대배부)
③ 1,200,000원(과소배부) ④ 1,300,000원(과소배부)

11. 다음은 세금과공과금을 나열한 것이다. 다음 중 법인세법상 손금불산입 항목은 모두 몇 개인가?

- 업무무관자산의 재산세
- 폐수배출부담금
- 국민연금 사용자 부담분
- 교통사고벌과금
- 법인 사업소분 주민세
- 지급명세서미제출가산세

① 2개 ② 3개 ③ 4개 ④ 5개

12. 다음 중 법인세법상 결손금과 이월결손금에 대한 설명으로 가장 옳지 않은 것은?

① 이월결손금을 공제할 때는 먼저 발생한 사업연도의 결손금부터 순차적으로 공제한다.

② 원칙적으로 중소기업은 법정요건을 충족하면 당기의 결손금에 대하여 직전 사업연도의 소득에 과세된 법인세액을 한도로 소급 공제하여 법인세액을 환급받을 수 있다.

③ 천재지변 등의 사유로 인해 장부·기타 자료가 멸실된 경우를 제외하고는 당해연도의 소득금액을 추계결정할 경우 원칙적으로 이월결손금을 공제하지 않는다.

④ 2020년 이후에 개시하는 사업연도에 발생한 결손금은 10년간 이월하여 공제할 수 있다.

13. 다음 중 소득세법상 성실신고확인서 제출사업자가 적용받을 수 없는 세액공제는 무엇인가? (단, 공제요건은 모두 충족하는 것으로 가정한다)

① 보험료 세액공제 ② 의료비 세액공제
③ 교육비 세액공제 ④ 월세 세액공제

14. 다음 중 부가가치세법상 납세의무에 대한 설명으로 가장 잘못된 것은?

① 청산 중에 있는 내국법인은 계속등기 여부에 불구하고 사실상 사업을 계속하는 경우 납세의무가 있다.

② 영리 목적 없이 사업상 독립적으로 용역을 공급하는 자도 납세의무자에 해당한다.

③ 사업자가 아닌 자가 부가가치세가 과세되는 재화를 개인적 용도로 사용하기 위해 수입하는 경우에는 부가가치세 납세의무가 없다.

④ 부가가치세는 납세의무자와 실질적인 담세자가 일치하지 않는 간접세이다.

15. 다음 중 부가가치세법상 공제받지 못할 매입세액이 아닌 것은?

① 공급시기가 속하는 과세기간이 끝난 후 20일 이내에 사업자등록을 신청한 경우 그 공급시기의 매입세액

② 업무무관자산 취득 관련 매입세액

③ 비영업용 소형승용차의 구입과 임차 및 유지 관련 매입세액

④ 건축물이 있는 토지를 취득하여 그 건축물을 철거하여 토지만을 사용하는 경우에 철거한 건축물의 철거비용 관련 매입세액

실무시험

㈜한국전자(회사코드 : 4008)는 부동산임대업 및 제조·도소매업을 영위하는 중소기업이며, 당기(제11기) 회계기간은 2024. 1. 1.~2024. 12. 31.이다. 전산세무회계 수험용 프로그램을 이용하여 다음 물음에 답하시오.

● 기 본 전 제 ●

- 문제에서 한국채택국제회계기준을 적용하도록 하는 전제조건이 없는 경우, 일반기업회계기준을 적용하여 회계처리한다.
- 문제의 풀이와 답안작성은 제시된 문제의 순서대로 진행한다.

문제1 다음 거래에 대하여 적절한 회계처리를 하시오. (12점)

● 입력 시 유의사항 ●

- 일반적인 적요의 입력은 생략하지만, 타계정 대체거래는 적요 번호를 선택하여 입력한다.
- 세금계산서·계산서 수수 거래 및 채권·채무 관련 거래는 별도의 요구가 없는 한 반드시 기등록된 거래처코드를 선택하는 방법으로 거래처명을 입력한다.
- 제조경비는 500번대 계정코드를, 판매비와관리비는 800번대 계정코드를 사용한다.
- 회계처리 시 계정과목은 등록된 계정과목 중 가장 적절한 과목으로 한다.
- 매입매출전표를 입력하는 경우 입력화면 하단의 분개까지 처리하고, 세금계산서 및 계산서는 전자 여부를 입력하여 반영한다.

□□□

(1) 3월 5일 단기매매 목적으로 주권상장법인인 ㈜순양물산의 보통주 2,000주를 주당 5,000원에 취득하고, 대금은 증권거래수수료 50,000원과 함께 현금으로 지급하였다. (3점)

□□□

(2) 7월 30일 ㈜아름전자에 제품을 판매하고 다음과 같이 세금계산서를 발급하였다. 대금은 6월 30일에 선수금으로 2,000,000원을 받았으며, 나머지는 외상으로 하였다. (3점)

전자세금계산서					승인번호				
공급자	등록번호	105-81-23608	종사업장번호		공급받는자	등록번호	126-87-10121	종사업장번호	
	상호(법인명)	㈜한국전자	성명	김한국		상호(법인명)	㈜아름전자	성명	한아름
	사업장주소	충청남도 천안시 동남구 가마골1길 5				사업장주소	경기도 이천시 가좌로1번길 21-26		
	업태	제조 외	종목	자동차 부품		업태	제조	종목	전자제품
	이메일					이메일			

작성일자	공급가액	세액	수정사유	비고
20xx-07-30	20,000,000원	2,000,000원	해당 없음	

월	일	품목	규격	수량	단가	공급가액	세액	비고
07	30	부품				20,000,000원	2,000,000원	

합계금액	현금	수표	어음	외상미수금	위 금액을 (청구) 함
22,000,000원	2,000,000원			20,000,000원	

□□□
(3) 8월 20일 당사의 제품 제조에 사용 중인 리스자산(기계장치)의 운용리스계약이 만료되어 리스 자산(기계장치)을 인수하고 아래의 같이 전자계산서를 발급받았다. 인수대금은 리스보증금(리스보증금 계정으로 처리) 20,000,000원을 차감한 금액을 보통예금 계좌에서 이체하였다. (3점)

	전자세금계산서				승인번호				
공급자	등록번호	111-81-12348	종사업장번호		공급받는자	등록번호	105-81-23608	종사업장번호	
	상호(법인명)	㈜현대파이낸셜	성명	데이비드 웹		상호(법인명)	㈜한국전자	성명	김한국
	사업장주소	서울특별시 중구 도산대로 1212				사업장주소	충청남도 천안시 동남구 가마골1길 5		
	업태	금융업	종목	리스		업태	제조	종목	자동차부품
	이메일					이메일			
작성일자		공급가액		수정사유		비고			
20xx-08-20		48,500,000원		해당 없음					

월	일	품목	규격	수량	단가	공급가액	비고
08	20	기계장치		1	48,500,000원	48,500,000	

□□□
(4) 8월 30일 당사가 보유 중인 매도가능증권(보통주 15,000주, 주당 액면가액 5,000원, 주당 장부가액 7,000원)에 대하여 현금배당(1주당 100원)과 주식배당을 아래와 같이 지급받았으며, 현금배당은 보통예금 계좌로 입금되었다. (3점)

구분	수령액	1주당 공정가치	1주당 발행가액
현금배당	1,500,000원	-	-
주식배당	보통주 1,000주	6,000원	5,000원

다음 주어진 요구사항에 따라 부가가치세 신고서 및 부속서류를 작성하시오. (10점)

□□□

(1) 당사는 다음과 같은 부동산 임대차계약서를 작성하고 이와 관련된 전자세금계산서를 기한 내에 모두 발급하였다고 가정한다. 이를 바탕으로 올해 1기 부가가치세 예정신고기간(1. 1.~3. 31.)의 [부동산임대공급가액명세서] 및 [부가가치세신고서]를 작성하시오. (단, 간주임대료에 대한 정기예금이자율은 연 3.5%로 가정하며, 불러온 자료는 무시하고, 과표명세의 작성은 생략할 것) (6점)

부 동 산 임 대 차 계 약 서						■ 임대인용 □ 임차인용 □ 사무소보관용	
부동산의 표시	소재지	경기도 이천시 가좌로1번길 21-26 1층					
	구조	철근콘크리트조	용도	공장	면적	80㎡ 평	
보증금		금 60,000,000원정		월세	1,800,000원정(VAT 별도)		
제1조	위 부동산의 임대인과 임차인의 합의하에 아래와 같이 계약함.						
제2조	위 부동산의 임대차에 있어 임차인은 보증금을 아래와 같이 지불키로 함.						
계 약 금	6,000,000원정은 계약 시에 지불하고						
중 도 금	원정은 년 월 일 지불하며						
잔 금	54,000,000원정은 2024년 2월 1일 중개업자 입회하에 지불함.						
제3조	위 부동산의 명도는 2024년 2월 1일로 함.						
제4조	임대차기간은 2024년 2월 1일부터 2026년 1월 31일까지로 함.						
제5조	월세액은 매월 (말)일에 지불키로 하되, 만약 기일 내에 지불하지 못할 시에는 보증금에서 공제키로 함.						
제6조	임차인은 임대인의 승인 하에 계약 대상물을 개축 또는 변조할 수 있으나, 명도 시에는 임차인이 비용 일체를 부담하여 원상복구 하여야 함.						
제7조	임대인과 중개업자는 별첨 중개물건 확인설명서를 작성하여 서명·날인하고 임차인은 이를 확인·수령함. 다만, 임대인은 중개물건 확인설명에 필요한 자료를 중개업자에게 제공하거나 자료수집에 따른 법령에 규정한 실비를 지급하고 대행케 하여야 함.						
제8조	본 계약에 대하여 임대인의 위약 시는 계약금의 배액을 변상하며, 임차인의 위약 시는 계약금은 무효로 하고 반환을 청구할 수 없음.						
제9조	부동산중개업법 제20조 규정에 의하여 중개료는 계약 당시 쌍방에서 법정수수료를 중개인에게 각각 지불하여야 함.						
위 계약조건을 확실히 하고 후일에 증하기 위하여 본 계약서를 작성하고 각 1통씩 보관한다. 2023년 12월 26일							
임 대 인	주소	충청남도 천안시 동남구 가마골1길 5					
	사업자등록번호	105-81-23608	전화번호	031-826-6034	성명	㈜한국전자 ㉑	
임 차 인	주소	경기도 고양시 성사동 12					
	사업자등록번호	132-25-99050	전화번호	010-4261-6314	성명	고양기전 ㉑	
중개업자	주소	경기도 이천시 부악로 12			허가번호	XX-XXX-XXX	
	상호	이천 공인중개사무소	전화번호	031-1234-6655	성명	박이천 ㉑	

(2) 다음 자료를 이용하여 올해 2기 부가가치세 확정신고기간의 [신용카드매출전표등수령명세서]를 작성하시오. (단, 모든 거래는 대표이사의 개인명의 신용카드(우리카드 1234-5522-1111-4562)로 결제하였다) (2점)

거래일자	거래처명 (사업자등록번호)	공급대가	거래목적	업종	과세유형
10월 15일	한국문구 (123-11-12348)	22,000원	사무용품 구입	소매/문구	간이과세자 (세금계산서 발급 가능)
10월 21일	한국철도공사 (314-82-10024)	33,000원	서울지사 출장	여객운송	일반과세자
11월 8일	삼성디지털프라자 (617-81-17517)	1,650,000원	거래처 선물	도소매	일반과세자
12월 24일	밥도시락 (512-12-15237)	275,000원	당사 직원 점심식대	음식점업	일반과세자

□□□

(3) 당사는 수출용 원자재를 ㈜삼진에게 공급하고 구매확인서를 받았다. 다음의 구매확인서를 참조하여 올해 1기 부가가치세 확정신고기간의 [내국신용장·구매확인서전자발급명세서]와 [영세율매출명세서]를 작성하시오. (단, 회계처리는 생략할 것) (2점)

외화획득용 원료·기재구매확인서

※ 구매확인서번호 : PKT00621365

(1) 구매자　　(상호) ㈜삼진
　　　　　　　(주소) 인천시 부평구 부평대로 11
　　　　　　　(성명) 문대원
　　　　　　　(사업자등록번호) 201-81-01218

(2) 공급자　　(상호) ㈜한국전자
　　　　　　　(주소) 충청남도 천안시 동남구 가마골1길 5
　　　　　　　(성명) 김한국
　　　　　　　(사업자등록번호) 105-81-23608

1. 구매원료의 내용

(3) HS부호	(4) 품명 및 규격	(5) 단위수량	(6) 구매일	(7) 단가	(8) 금액	(9) 비고
	t	50 DPR	5월 31일	USD 6,000	USD 300,000	
TOTAL		50 DPR			USD 300,000	

2. 세금계산서(외화획득용 원료·기재를 구매한 자가 신청하는 경우에만 기재)

(10) 세금계산서번호	(11) 작성일자	(12) 공급가액	(13) 세액	(14) 품목	(15) 규격	(16) 수량
	5월 31일	393,000,000원	0원			

(17) 구매원료·기재의 용도명세 : 원자재

위의 사항을 대외무역법 제18조에 따라 확인합니다.

확인일자　　　　6월 7일
확인기관　　　　한국무역정보통신
전자서명

제출자 :　　㈜삼진　　(인)

문제 3 다음의 결산정리사항에 대하여 결산정리분개를 입력하여 결산을 완료하시오. (8점)

□□□
(1) 9월 1일에 현금으로 수령한 이자수익 중 차기연도에 속하는 이자수익 3,000,000원이 포함되어 있다. (단, 회계처리 시 음수로 입력하지 말 것) (2점)

□□□
(2) 다음은 올해 2기 부가가치세 확정신고기간의 자료이다. 12월 31일 현재 부가세예수금과 부가세대급금의 정리분개를 수행하시오. (납부세액인 경우에는 미지급세금, 환급세액인 경우에는 미수금으로 처리할 것) (2점)

- 부가세예수금 : 25,700,000원
- 부가세대급금 : 20,800,000원
- 부가가치세 가산세 : 500,000원
- 예정신고 미환급세액 : 3,000,000원

□□□
(3) 올해 초 소모품 3,000,000원을 구입하고, 전액 소모품 계정으로 회계처리하였다. 기말 현재 소모품 잔액을 확인해보니 200,000원이 남아 있었다. 소모품 사용액 중 40%는 영업부에서 사용하고, 나머지 60%는 생산부에서 사용한 것으로 확인되었다. (단, 회계처리 시 음수로 입력하지 말 것) (2점)

□□□
(4) 올해 7월 1일에 제조공장에서 사용할 기계장치를 200,000,000원(기계장치 취득용 국고보조금 100,000,000원 수령)에 취득하였다. 기계장치의 내용연수는 5년, 잔존가치는 없으며, 정액법으로 상각한다. 해당 기계장치에 대한 감가상각비를 계상하시오. (단, 월할 상각하고, 음수로 입력하지 말 것) (2점)

문제 4 원천징수와 관련된 다음의 물음에 답하시오. (10점)

□□□
(1) 다음은 기타소득에 대한 원천징수 관련 자료이다. 관련 메뉴를 이용하여 아래의 자료를 입력하고, 원천징수이행상황신고서를 작성하시오. (단, 세부담 최소화를 가정한다) (3점)

※ 다음의 기타소득은 모두 5월 귀속분이며, 5월 3일에 원천징수 후 지급하였다.
1. 정진우(코드 : 101, 국적 : 대한민국, 거주자, 주민등록번호 : 830521-1589635, 고용관계 없음)
   - 원고료 등 : 일시적으로 지급한 원고료(문예창작소득에 해당)
   - 수입금액 : 1,000,000원(필요경비는 확인 불가)
2. 김여울(코드 : 201, 국적 : 대한민국, 거주자, 주민등록번호 : 660912-1532651, 고용관계 없음)
   - 광업권 등 : 산업재산권 대여료(기타소득)
   - 수입금액 : 1,500,000원(입증되는 필요경비 1,000,000원)

□□□
(2) 다음은 영업부 사원 고민수(사번 : 150, 입사연월일 : 올해 10월 1일)의 연말정산 관련 자료이다. 당사가 지급한 올해 귀속 총급여액은 9,200,000원이다. 고민수의 세부담이 최소화되는 방향으로 [연말정산추가자료입력] 메뉴를 이용하여 연말정산을 완료하시오. (7점)

1. 고민수의 급여현황

종전근무지	근무기간	총급여액	공제금액
㈜진양물산 (150-87-00121)	2024. 1. 1.~ 2024. 8. 31.	35,000,000원	국민연금보험료 : 1,500,000원 국민건강보험료 : 1,280,000원 장기요양보험료 : 256,000원 고용보험료 : 350,000원 소득세 : 300,000원 지방소득세 : 30,000원

2. 부양가족현황(기본공제대상자가 아닌 경우에도 "부"로 등록할 것)

관계	나이	성명(주민등록번호)	비고
본인	28세	고민수(961021-1841212)	중소기업 근로자, 무주택 세대주
부	62세	고양철(621012-1146511)	부동산양도소득금액 500,000원, 이자소득금액 35,000,000원
모	61세	김순자(630115-2845410)	일용근로소득금액 10,000,000원
형제	31세	고민율(930105-1825411)	「장애인복지법」상 장애인, 총급여액 4,500,000원

3. 연말정산자료(모두 국세청 연말정산간소화서비스에서 조회한 자료이다)

구분	내역
보험료	• 고민수 : 자동차보험료 600,000원 • 고민율 : 장애인전용보장성보험료 700,000원
교육비	• 고민수 : 직업능력개발훈련시설 수강료 1,500,000원(근로자 수강지원금 500,000원) • 김순자 : 대학교 등록금 3,000,000원 • 고민율 : 장애인 특수교육비 1,000,000원
의료비	• 고민수 : 라식(레이저각막절삭술) 수술비 3,000,000원 • 고민율 : 간병비 지급액 300,000원
월세액	• 임대인 : 김아라(701210-2175453) • 계약면적 : 52㎡　　• 유형 : 오피스텔　　• 기준시가 : 3억 원 • 임대기간 : 2024년 1월 1일~2025년 12월 31일 • 연간 월세액 : 8,400,000원 • 주소지 : 충청남도 천안시 동남구 가마골길 10, 102호
주택마련저축 & 퇴직연금	• 주택청약종합저축(㈜국민은행, 계좌번호 1024521421) 납입금액 : 2,400,000원 • 퇴직연금(㈜신한은행, 계좌번호 110121050) 납입금액 : 1,000,000원 ※ 위 주택청약종합저축과 퇴직연금은 모두 고민수 본인이 계약하고 납부한 것임

문제 5 ㈜한양상사(회사코드 : 4108)는 전자응용기계 등의 제조·도매업 및 도급공사업을 영위하는 중소기업이며, 당해 사업연도(제18기)는 2024. 1. 1.~2024. 12. 31.이다. [법인조정] 메뉴를 이용하여 기장되어 있는 재무회계 장부 자료와 제시된 보충자료에 의하여 해당 사업연도의 세무조정을 하시오. (30점) ※ 회사 선택 시 유의하시오.

● **작성대상서식** ●

1. 소득금액조정합계표및명세서
2. 기부금조정명세서
3. 업무용승용차관련 비용명세서
4. 가지급금등의인정이자조정명세서
5. 퇴직연금부담금등조정명세서

□□□
(1) 다음의 자료를 보고 필요한 세무조정을 [소득금액조정합계표및명세서]에 반영하시오. (6점)

<손익계산서 자료>		
계정과목	금액	내용
기업업무추진비	58,000,000원	• 모두 적격증명서류를 수취하였음 • 대표이사의 개인적인 지출분 5,000,000원 포함 • 세법상 기업업무추진비 한도액 : 43,000,000원
감가상각비(A기계장치)	7,000,000원	• 전기 감가상각부인액 1,000,000원이 있음 • 세법상 당기 감가상각범위액 : 9,000,000원
법인세비용	23,000,000원	• 본사 사옥에 대한 재산세 납부액 3,000,000원이 포함됨

□□□
(2) 다음 자료를 이용하여 [기부금조정명세서]의 [1.기부금입력] 탭과 [2.기부금 조정] 탭을 작성하시오. (단, 기부처의 사업자번호 입력은 생략할 것) (6점)

1. 기부금 등 관련 내역

발생일	금액	지출처	내용
3월 2일	100,000,000원	특례기부금단체	사립대학교 장학금
8월 19일	20,000,000원	특례기부금단체	국방부 헌금
12월 24일	15,000,000원	일반기부금단체	종교단체 기부금

※ 특례기부금은 법인세법 제24조 제2항 1호, 일반기부금은 법인세법 제24조 제3항 1호에 해당한다.

2. 법인세과세표준 및 세액조정계산서상 차가감소득금액은 다음과 같이 가정한다.

결산서상 당기순손익		100,000,000원
소득조정 금액	익금산입	120,000,000원
	손금산입	110,000,000원

※ 기부금에 대한 세무조정 전 금액이다.

3. 2년 전 사업연도에 발생한 세무상 이월결손금 잔액 15,000,000원이 있다.

(3) 다음은 ㈜한양상사의 당해연도 업무용승용차 관련 자료이다. 아래의 제시된 자료만 반영하여 [업무용승용차등록]과 [업무용승용차관련 비용명세서]를 작성하고 관련 세무조정을 반영하시오. (6점)

차종	아폴로	카이10
코드	101	102
차량번호	382수3838	160우8325
취득일자	2024. 4. 10.	2022. 1. 1.
경비구분	800번대	800번대
사용자 직책	대표이사	부장
임차 여부	자가	자가
업무전용자동차 보험가입 여부	가입(2024. 4. 10.~2025. 4. 10.)	가입(2024. 1. 1.~2024. 12 .31.)
법인법무용 전용번호판 부착 여부	부착	부착(인정)
운행기록부 작성	여	여
출퇴근사용 여부	여	여
업무사용거리/총 주행거리	22,000km/22,000km	15,000km/15,000km
취득가액	75,000,000원	40,000,000원
업무용 승용차 관련 비용 (당해연도 귀속분)	감가상각비 : 11,250,000원 유류비 : 3,200,000원 자동차세 : 800,000원 보험료 : 1,500,000원	감가상각비 : 8,000,000원 유류비 : 2,000,000원 자동차세 : 450,000원 보험료 : 1,100,000원

(4) 다음의 자료를 이용하여 [가지급금등인정이자조정명세서]를 작성하고 관련 세무조정을 [소득금액조정합계표및명세서]에 반영하시오. (6점)

(1) 차입금의 내용

이자율	차입금	연간 지급이자	비고
연 12%	40,000,000원	4,800,000원	특수관계인으로부터의 차입금
연 9%	30,000,000원	2,700,000원	비특수관계인(순양은행)으로부터의 차입금
연 7%	20,000,000원	1,400,000원	비특수관계인(순양은행)으로부터의 차입금
계	90,000,000원	8,900,000원	-

※ 모두 장기차입금으로서 전년도에서 이월된 자료이다.

(2) 올해 12. 31. 현재 업무무관 가지급금 및 관련 이자수령 내역은 다음과 같다.

직책	성명	금전대여일	가지급금	약정이자율	이자수령액(이자수익계상)
대표이사	정삼진	전년도 6. 13.	20,000,000원	무상	0원

(3) 가중평균차입이율로 계산할 것

(5) 다음 자료를 이용하여 [퇴직연금부담금등조정명세서]를 작성하고, 관련된 세무조정을 [소득금액조정합계표및명세서]에 반영하시오. 당사는 확정급여형 퇴직연금에 가입하였으며, 전액 신고조정에 의하여 손금산입하고 있다. (6점)

퇴직급여충당금 변동내역	• 전기이월 : 40,000,000원(전기말 현재 한도초과부인액 7,000,000원 있음) • 설정 : 0원			
퇴직급여추계액 내역	• 결산일 현재 정관 및 사규에 의한 임직원 퇴직급여추계액 : 100,000,000원 • 결산일 현재 근로자퇴직급여보장법에 의한 임직원 퇴직급여추계액 : 50,000,000원			
퇴직연금운용자산 변동내역	퇴직연금운용자산			
	기초잔액	70,000,000원	당기감소액	40,000,000원
	당기납부액	20,000,000원	기말잔액	50,000,000원
		90,000,000원		90,000,000원
퇴직연금부담금 내역	• 전기 자본금과적립금조정명세서(을) 기말잔액에는 퇴직연금부담금 70,000,000 원(△유보)가 있다. • 이 중 사업연도에 퇴직자에게 지급한 퇴직연금은 40,000,000원이며 퇴직급여 (비용)로 회계처리하였다.			

▶ 정답 및 해설 | p.56

✅ 다시 봐야 할 문제(틀린 문제, 풀지 못한 문제, 헷갈리는 문제 등)는 회독별로 문제 번호 위 네모박스(□)에 체크하여 반복 학습할 수 있습니다.

이론시험

다음 문제를 보고 알맞은 것을 골라 [이론문제 답안작성] 메뉴에 입력하시오. (객관식 문항당 2점)

● 기 본 전 제 ●

문제에서 한국채택국제회계기준을 적용하도록 하는 전제조건이 없는 경우, 일반기업회계기준을 적용한다.

□□□
1. 다음 중 재무상태표에 대한 설명으로 올바른 것끼리 짝지어진 것은?

> 가. 재무상태표 항목은 자산, 부채, 자본으로 구분하고, 이해하기 쉽게 표시하며, 성격이나 금액이 중요하지 아니한 항목은 성격이 다른 항목에 통합하여 표시할 수 있다.
> 나. 재무상태표의 자산과 부채는 유동성이 큰 항목부터 배열한다.
> 다. 회사가 채권과 채무를 상계할 수 있는 법적 권리를 가지고 있고, 채권과 채무를 차액으로 결제하거나 동시에 결제 의도가 있어도 총액으로 표시하여야 한다.
> 라. 재무상태표는 일정 시점 현재 기업이 보유하고 있는 경제적 자원인 자산과 경제적 의무인 부채, 그리고 자본에 대한 정보를 제공하는 재무보고서이다.

① 가, 나   ② 나, 다   ③ 다, 라   ④ 나, 라

□□□
2. 다음 중 무형자산에 대한 회계처리와 보고방법에 대한 설명으로 옳지 않은 것은?

① 무형자산은 당해 자산의 법률적 취득 시점부터 합리적인 기간 동안에 정액법, 연수합계법, 체감잔액법, 생산량비례법 등 기타 합리적인 방법을 적용하여 상각한다.
② 자산에서 발생하는 미래 경제적 효익이 기업에 유입될 가능성이 매우 높고, 자산의 원가를 신뢰성 있게 측정할 수 있는 경우만 무형자산으로 인식한다.
③ 무형자산의 상각기간은 독점적·배타적인 권리를 부여하고 있는 관계 법령이나 계약에 정해진 경우를 제외하고는 20년을 초과할 수 없다.
④ 무형자산의 장부금액은 무형자산의 취득원가에서 상각누계액과 손상차손누계액을 차감한 금액으로 기록한다.

3. 다음 중 일반기업회계기준상 자본에 대한 설명으로 틀린 것은?

① 자본금은 법정자본금으로 발행주식수에 액면가액을 곱하여 계산하며, 액면가액을 초과하여 주식을 발행하는 경우 그 액면을 초과하는 금액은 주식발행초과금으로 하여 자본잉여금으로 계상한다.

② 자본잉여금은 증자나 감자 등 주주와의 거래에서 발생하여 자본을 증가시키는 잉여금이다.

③ 주식배당은 미처분이익잉여금을 재원으로 한다.

④ 이익잉여금처분계산서에 표시된 배당은 재무상태표에 부채로 인식한다.

4. 다음은 ㈜우리의 재고자산 관련 자료이다. 매출액이 200,000원인 경우, 당기 매출총이익은 얼마인가?

- 기초상품재고액 : 30,000원
- 기말상품재고액 : 50,000원(정상감모손실 10,000원을 차감한 후의 금액이다)
- 당기매입액 : 100,000원

① 100,000원   ② 110,000원   ③ 120,000원   ④ 130,000원

5. 다음 중 일반기업회계기준상 회계정책의 변경에 해당하는 것은?

① 재고자산 원가흐름의 가정을 선입선출법에서 후입선출법으로 변경한 경우

② 재고자산의 진부화 여부에 대한 판단과 평가를 변경한 경우

③ 감가상각자산에 내재된 미래 경제적 효익의 기대소비 형태를 변경한 경우

④ 수익인식 방법을 현금주의에서 발생주의로 변경한 경우

6. 다음 중 종합원가계산에 대한 설명으로 가장 적절하지 않은 것은?

① 동일한 종류의 제품을 대량생산하는 연속생산형태의 기업에 적용된다.

② 직접원가와 제조간접원가의 구분이 중요하다.

③ 제품 원가를 제조공정별로 집계한 다음 이를 완성품과 기말재공품에 배분하는 절차가 필요하다.

④ 제품 원가를 제조공정별로 집계한 다음 이를 그 공정의 생산량으로 나누어서 단위당 원가를 계산한다.

□□□

7. 다음 중 부문별원가계산에 대한 설명으로 잘못된 것은?

① 보조부문의 원가를 제조부문에 배분하는 방법 중 단일배분율법과 이중배분율법은 원가행태에 따른 원가배분방법으로 이중배분율법과 직접배분법은 서로 혼용하여 사용할 수 있다.

② 보조부문 원가를 제조부문에 배분하는 방법 중 상호배분법은 보조부문 상호 간의 용역수수관계를 고려하여 배분하는 방법이다.

③ 보조부문 간의 용역수수관계가 중요한 경우 직접배분법을 적용하여 부문별 원가를 배분하게 되면 원가배분의 왜곡을 초래할 수 있다.

④ 부문관리자의 성과평가를 위해서는 단일배분율법이 이중배분율법에 비해 보다 합리적이라고 할 수 있다.

□□□

8. 다음의 자료를 바탕으로 당기제품제조원가를 계산하면 얼마인가?

- 기초원재료재고는 50,000원이며, 당기에 원재료 200,000원을 매입하였다.
- 기말원재료재고는 기초에 비해서 20,000원이 감소하였다.
- 원재료는 모두 직접재료원가에 해당한다.
- 직접노무원가는 직접재료원가의 200%이다.
- 제조간접원가는 직접노무원가의 150%이다.
- 기초재공품재고는 100,000원이다.
- 기말재공품재고는 기초재공품재고의 200%이다.

① 1,200,000원　　② 1,220,000원　　③ 1,250,000원　　④ 1,300,000원

□□□

9. 다음 중 원가의 분류와 관련된 설명으로 가장 잘못된 것은?

① 준고정원가는 일정한 조업도 범위 내에서는 고정원가와 같이 일정한 원가이나 조업도가 일정 수준 이상 증가하면 원가 총액이 증가한다.

② 준변동원가는 관련범위 내에서 조업도와 관계없이 총원가가 일정한 부분과 조업도의 증감에 비례하여 총원가가 변동되는 부분이 혼합되어 있다.

③ 변동원가는 조업도가 증가하면 총변동원가는 비례하여 증가하며 단위당 변동원가도 증가한다.

④ 고정원가는 조업도가 증가하는 경우 관련 범위 내에서 총고정원가는 일정하나 단위당 고정원가는 감소한다.

10. 다음은 표준원가계산을 채택하고 있는 ㈜아람의 직접노무원가 관련 자료이다. 직접노무원가의 임률차이는 얼마인가?

> • 실제직접노동시간 : 5,000시간
> • 실제직접노무원가 발생액 : 2,000,000원
> • 직접노무원가 능률차이(불리) : 76,000원
> • 표준직접노동시간 : 4,800시간
> • 표준임률 : 380원/시간

① 176,000원(유리)   ② 176,000원(불리)
③ 100,000원(유리)   ④ 100,000원(불리)

11. 다음 중 법인세법상 대손금으로 손금산입할 수 있는 채권으로 옳은 것은?

① 회수기일이 6개월 이상 지난 채권 중 채권가액이 30만 원 이하(채무자별 채권가액의 합계액 기준)인 채권
② 부도발생일부터 6개월 이상 지난 수표 또는 어음상의 채권 및 외상매출금(중소기업의 외상매출금으로서 부도발생일 이전의 것에 한정)으로 해당 법인이 채무자의 재산에 대하여 저당권을 설정하고 있는 채권
③ 채무자가 파산한 채권의 채무보증(법령에서 허용하는 채무보증이 아닌 채무보증)으로 인하여 발생한 구상채권
④ 재판상의 확정판결로 회수불능으로 확정된 채권 중 특수관계인에게 해당 법인의 업무와 관련없이 지급한 가지급금 채권

12. 다음 중 법인세법상 업무용승용차와 관련된 설명으로 틀린 것은?

① 업무용승용차 관련 비용이란 감가상각비, 임차료, 유류비 등 업무용승용차의 취득 및 유지를 위하여 지출한 비용을 말한다.
② 업무전용자동차보험에 가입하지 않은 경우 업무용승용차 관련 비용은 전액 손금불산입한다.
③ 업무용승용차는 정액법과 정률법 중 신고한 상각방법으로 감가상각할 수 있고, 내용연수는 5년으로 한다.
④ 업무용승용차 관련 비용 중 업무 외 사용금액을 손금불산입하고 귀속자에 따라 소득처분하되 귀속자가 불분명한 경우에는 대표자에 대한 상여로 소득처분한다.

13. 다음 중 소득세법상 중간예납과 관련된 설명으로 틀린 것은?

① 당해연도에 신규로 사업을 개시한 자는 중간예납의무가 없다.

② 퇴직소득 및 양도소득에 대한 중간예납세액은 납세지 관할 세무서장이 결정하여 징수한다.

③ 중간예납세액이 50만 원 미만인 경우에는 해당 소득세를 징수하지 않는다.

④ 중간예납추계액이 중간예납기준액의 30%에 미달하는 경우에는 당해연도의 실적을 기준으로 신고할 수 있다.

14. 다음 중 소득세법상 사업소득과 관련된 설명으로 틀린 것은?

① 사업용 유형자산인 토지를 양도함으로써 발생한 차익은 사업소득금액 계산 시 총수입금액에 산입하지 않는다.

② 사업소득금액 계산 시 대표자 본인에 대한 급여는 필요경비로 인정되지 않는다.

③ 사업용 고정자산과 재고자산 등의 평가차손은 원칙적으로 필요경비로 인정된다.

④ 사업과 관련하여 해당 사업용 자산의 멸실 또는 파손으로 인하여 취득하는 보험차익은 사업소득금액 계산 시 총수입금액에 산입한다.

15. 다음 중 부가가치세법상 수정세금계산서 또는 수정전자세금계산서에 대한 설명으로 틀린 것은?

① 필요적 기재사항이 착오 외의 사유로 잘못 적힌 경우 해당 수정세금계산서의 발급 기한은 해당 재화나 용역의 공급일이 속하는 과세기간의 확정신고기한 다음 날부터 1년 이내이다.

② 계약의 해제로 재화 또는 용역이 공급되지 아니한 경우 해당 거래의 당초 계약일을 수정세금계산서의 작성일로 하여 발급한다.

③ 착오로 전자세금계산서를 이중으로 발급한 경우 처음에 발급한 세금계산서의 내용대로 음(陰)의 표시를 하여 발급한다.

④ 공급시기가 속하는 과세기간 종료 후 25일 이내에 내국신용장이 개설된 경우 수정세금계산서의 작성일을 처음 세금계산서 작성일로 적는다.

실무시험

㈜희서전자(회사코드 : 4007)는 제조·도소매업을 영위하는 중소기업이며, 당기(제19기) 회계기간은 2024. 1. 1.~2024. 12. 31.이다. 전산세무회계 수험용 프로그램을 이용하여 다음 물음에 답하시오.

───────────── ● 기 본 전 제 ● ─────────────
- 문제에서 한국채택국제회계기준을 적용하도록 하는 전제조건이 없는 경우, 일반기업회계기준을 적용하여 회계처리한다.
- 문제의 풀이와 답안작성은 제시된 문제의 순서대로 진행한다.

문제1 다음 거래에 대하여 적절한 회계처리를 하시오. (12점)

───────────── ● 입력 시 유의사항 ● ─────────────
- 일반적인 적요의 입력은 생략하지만, 타계정 대체거래는 적요 번호를 선택하여 입력한다.
- 세금계산서·계산서 수수 거래 및 채권·채무 관련 거래는 별도의 요구가 없는 한 반드시 기등록된 거래처코드를 선택하는 방법으로 거래처명을 입력한다.
- 제조경비는 500번대 계정코드를, 판매비와관리비는 800번대 계정코드를 사용한다.
- 회계처리 시 계정과목은 등록된 계정과목 중 가장 적절한 과목으로 한다.
- 매입매출전표를 입력하는 경우 입력화면 하단의 분개까지 처리하고, 세금계산서 및 계산서는 전자 여부를 입력하여 반영한다.

□□□
(1) 4월 20일 자기주식 300주를 총 2,700,000원에 처분하고 대금은 보통예금 계좌로 입금받았다. 다음은 ㈜희서전자의 전년도 기말 자본구성을 표시한 것이다. (3점)

	부분재무상태표	
	전년도 12월 31일	
자본잉여금		70,800,000원
주식발행초과금	70,000,000원	
자기주식처분이익	800,000원	
자본조정		(12,000,000원)
자기주식(1,000주, @12,000원)		

□□□
(2) 7월 11일   당사의 마케팅연구팀에 근무하는 관리직 직원들이 야근하면서 아래와 같이 저녁식사를 하고 법인카드(농협카드)로 결제하였다. (3점)

카드매출전표	
카 드 종 류 : 농협카드	
회 원 번 호 : 5554-5512-1122-1230	
거 래 유 형 : 신용승인	
결 제 방 법 : 일시불	
승 인 번 호 : 20xx07110012	
매 출 액 :	320,000원
부 가 세 :	32,000원
합 계 금 액 :	352,000원
단말기NO :	123456789
가맹점NO :	121-81-41118
가 맹 점 명 :	㈜생전주비빔밥
- 이하생략 -	

□□□
(3) 7월 26일   ㈜성동기업과 아래와 같은 조건으로 제품 할부판매계약을 체결하고 즉시 제품을 인도하였다. 1회차 할부금 및 부가가치세는 제품 인도와 동시에 보통예금 계좌로 입금되었으며, 전자세금계산서를 부가가치세법에 따라 발급하고, 매출수익은 판매대금 전액을 명목가액으로 인식하였다. (3점)

구분	계약서상 지급일	계약서상 지급액 (부가가치세 포함)
제1차 할부금	올해 7월 26일	11,000,000원
제2차 할부금	올해 8월 26일	33,000,000원
제3차 할부금	올해 12월 26일	66,000,000원
총계	–	110,000,000원

□□□
(4) 8월 21일   ㈜대수무역으로부터 구매확인서에 의하여 상품 6,000,000원을 매입하고 영세율전자세금계산서를 발급받았다. 대금은 보통예금 계좌에서 이체하여 지급하였다. (3점)

문제 2 다음 주어진 요구사항에 따라 부가가치세신고서 및 부속서류를 작성하시오. (10점)

□□□
(1) ㈜희서전자는 올해 1기 부가가치세 예정신고기한(4월 25일) 내에 신고하지 못하여 5월 4일에 기한 후 신고를 하고자 한다. 단, 입력된 자료는 무시하고 아래의 자료에 의하여 부가가치세 기한 후 신고서를 작성하시오. (단, 회계처리는 생략하고, 과세표준명세는 신고구분만 입력할 것) (5점)

구분	자료
매출자료	• 전자세금계산서 발급분 과세 매출액 : 공급가액 300,000,000원, 세액 30,000,000원 • 신용카드 발급분 과세 매출액 : 공급가액 5,000,000원, 세액 500,000원 • 현금영수증 발급분 과세 매출액 : 공급가액 2,000,000원, 세액 200,000원 • 해외 직수출에 따른 매출액 : 공급가액 100,000,000원, 세액 0원
매입자료	• 전자세금계산서 발급받은 매입내역 표1 • 신용카드 사용분 매입내역 표2
기타	• 전자세금계산서의 발급 및 국세청 전송은 정상적으로 이루어졌다. • 가산세 적용 시 일반(부당 아님) 무신고와 미납일수 9일을 가정한다. • 영세율첨부서류는 기한 후 신고 시 함께 제출할 예정이다.

전자세금계산서 발급받은 매입내역 (표1)

구분	공급가액	세액
일반 매입	200,000,000원	20,000,000원
사업과 관련없는 매입 (고정자산 아님)	3,000,000원	300,000원
기계장치 매입	50,000,000원	5,000,000원
합계	253,000,000원	25,300,000원

신용카드 사용분 매입내역 (표2)

구분	공급가액	세액
일반 매입	10,000,000원	1,000,000원
접대를 위한 매입	1,000,000원	100,000원
합계	11,000,000원	1,100,000원

□□□
(2) 다음의 매입 자료를 기초로 올해 1기 부가가치세 확정신고기간의 [의제매입세액공제신고서]를 작성하시오. 당사는 제조업을 영위하는 중소법인이며, 아래의 원재료 매입분은 모두 과세 대상 제품 생산에 사용된다고 가정한다. (단, 관련 자료의 매입매출전표입력은 생략한다) (3점)

공급자	사업자번호 (주민번호)	매입일자	품명	수량 (kg)	매입가격 (원)	증빙	건수
인천농원	123-91-41544	4월 6일	복숭아	180	16,000,000	계산서	1
푸른과일	123-91-10167	5월 13일	방울토마토	90	7,000,000	신용카드	1
우영우 (농민)	830630-2054517	6월 8일	사과	40	1,400,000	현금	1
김포쌀상사	215-91-67810	6월 19일	쌀	10	300,000	간이영수증	1

• 우영우(농민)는 작물재배업에 종사하는 개인으로서 당사에 사과를 직접 공급하고 있다.
• 올해 1기 과세기간에 매입한 면세농산물과 관련된 제품매출액은 90,000,000원(부가가치세 제외)이고, 모두 4월 이후 공급분이다.
• 올해 1기 예정 부가가치세 신고 시 의제매입세액 공제액은 없는 것으로 가정한다.

□□□
(3) ㈜희서전자의 올해 2기 확정신고기간의 [부가가치세신고서]를 작성하여 마감하고, 부가가치세 전자신고를 수행하시오. (2점)

1. 매출 전자세금계산서발급분 : 공급가액 300,000,000원, 세액 30,000,000원
2. 매입 전자세금계산서수취분 : 공급가액 150,000,000원, 세액 15,000,000원
3. 유의사항
   • 세액공제는 고려하지 않는다.
   • [전자신고] → [국세청 홈택스 전자신고변환(교육용)] 순으로 진행한다.
   • 전자신고용 전자파일 제작 시 신고인 구분은 2.납세자 자진신고로 선택하고, 비밀번호는 "12341234"로 입력한다.
   • 전자신고용 전자파일 저장경로는 로컬디스크(C:)이며, 파일명은 "enc작성연월일.101.v사업자등록번호"이다.
   • 최종적으로 국세청 홈택스에서 [전자파일 제출하기]를 완료한다.

문제 3　다음의 결산정리사항에 대하여 결산정리분개를 입력하여 결산을 완료하시오. (8점)

□□□
(1) 결산일 현재 재무상태표상 장기차입금(대구은행) 300,000,000원에 대한 만기가 내년 2월 말에 도래하여 만기일에 전액을 상환할 예정이다. (단, 거래처를 입력할 것) (2점)

□□□
(2) 임원에게 일시적으로 자금을 대여하고 있으며, 당해 대여금에 대한 이자를 결산에 반영하려고 한다. 다음은 '가지급금 등의 인정이자 조정명세서(갑)'의 일부이다. 이를 참조하여 회계처리하시오. (단, 이자는 수취하지 않았다) (2점)

3. 당좌대출이자율에 따른 가지급금 등의 인정이자 조정					
⑩ 성명	⑪ 적용 이자율 선택방법	⑫ 가지급금 적수	⑬ 가수금 적수	⑭ 차감 적수 (⑫ - ⑬)	⑮ 이자율
김수영	㉫	108,000,000,000		108,000,000,000	4.6
계					

⑯ 인정이자 (⑮×⑭)	⑰ 회사 계상액	시가인정범위		⑳ 조정액(=⑱) ⑱ ≥ 3억이거나 ⑲ ≥ 5%인 경우
		⑱차액 (⑯ - ⑰)	⑲비율(%) (⑱/⑯)×100	
13,610,958	13,610,958	0		

□□□
(3) 기말 현재 ㈜희서전자가 보유 중인 매도가능증권(시장성 있는 주식)은 장기투자목적으로 전년도 9월 8일에 취득한 것으로 관련 자료는 다음과 같다. 전기의 회계처리는 모두 적정하게 이루어졌다. 매도가능증권의 기말평가에 대한 회계처리를 하시오. (2점)

전년도 9월 8일 취득원가	전년도 12월 31일 공정가치	올해 12월 31일 공정가치
5,000,000원	4,700,000원	5,200,000원

□□□
(4) 총무팀에서 사용 중인 차량에 대한 자동차 보험료(올해 10. 1.~내년 9. 30.) 1,200,000원을 10월 1일 지급하고 전액 비용처리하였다. (단, 보험료의 기간 배분은 월할 계산하되, 음수로 입력하지 말 것) (2점)

문제4 원천징수와 관련된 다음 물음에 답하시오. (10점)

□□□
(1) 다음은 영업팀의 사원 홍길산(사번 : 103)의 부양가족 관련 자료이다. 본인의 세부담이 최소화되도록 [사원등록] 메뉴의 [부양가족명세] 탭에 부양가족을 입력(공제 대상이 아닌 경우 "부"로 입력)하시오. (단, 부양가족은 전부 생계를 같이하고 있으며, 제시된 자료 외에는 없는 것으로 한다) (4점)

관계	성명(주민등록번호)	비고
본인	홍길산(761121-1111118)	세대주, 장애인복지법상 장애인이었으나 당해연도 중 완치가 되었다.
배우자	김옥순(790921-2111110)	가정불화로 인해 일시적으로 퇴거하여 별도로 거주 중이다.
부(父)	홍준호(460218-1111113)	부동산(상가)임대사업소득금액 800만 원이 있다.
모(母)	정영자(480815-2111112)	은행이자소득 500만 원과 일용근로소득 1,200만 원이 있다.
자(子)	홍영수(070128-3111112)	고등학교 기숙사에 별도로 거주 중이다.
형(兄)	홍대산(740721-1111110)	장애인복지법상 장애인, 공공기관에서 근무하여 총급여 480만 원이 있다.
장모(丈母)	마순영(540108-2111110)	올해 복권당첨소득 150만 원이 있다.

□□□
(2) 비상장주식회사인 ㈜희서전자는 소액주주인 거주자 김영태(주민등록번호 : 860208-1069514) 씨에게 다음과 같이 배당소득을 지급하였다. 원천징수 대상 소득자를 [기타소득자등록]하고, [이자배당소득자료]를 입력하시오. (2점)

소득자 코드번호	배당소득	소득지급일/ 영수일	비고
00100	5,000,000원	3월 31일	올해 3월 4일 주주총회에서 결의한 전년도 귀속 이익잉여금처분계산서상 배당금을 지급한 것이다.

• 주어진 정보로만 등록 및 자료입력을 하기로 한다. 원천징수세율은 14%이다.

□□□
(3) 다음은 5월 귀속, 5월 31일 지급분에 대한 사업소득 및 기타소득 관련 자료이다. 이에 관한 자료입력을 하고, [원천징수이행상황신고서]를 작성하시오. (단, 당사는 반기별 사업장이 아니며, 전월미환급세액은 200,000원이다) (4점)

소득종류	소득자	거주구분	소득구분	인원	지급액
사업소득	정성호	거주자	기타모집수당	1	5,000,000원
기타소득	정도원	거주자	일시강연료	1	3,000,000원

문제 5 덕수기업㈜(회사코드 : 4107)은 자동차부품 제조·도매업 및 도급공사업을 영위하는 중소기업이며, 당해 사업연도(제15기)는 2024. 1. 1.~2024. 12. 31.이다. [법인조정] 메뉴를 이용하여 기장되어 있는 재무회계 장부 자료와 제시된 보충자료에 의하여 해당 사업연도의 세무조정을 하시오. (30점) ※ 회사 선택 시 유의하시오.

● **작성대상서식** ●

1. 수입금액조정명세서, 조정후수입금액명세서
2. 선급비용명세서
3. 업무무관부동산등에관련한차입금이자조정명세서
4. 퇴직연금부담금등 조정명세서
5. 자본금과 적립금 조정명세서(갑),(을)

□□□
(1) 아래의 자료를 이용하여 [수입금액조정명세서] 및 [조정후수입금액명세서]를 작성하고, 이와 관련된 세무조정을 [소득금액조정합계표및명세서]에 반영하시오. (6점)

1. 손익계산서상 수입금액
   • 상품매출(업종코드 503013) : 2,300,000,000원(수출매출액 300,000,000원 포함)
   • 제품매출(업종코드 343000) : 858,000,000원

2. 일부 상품매출액(공급가액 100,000,000원) 및 매출원가(70,000,000원)가 회계 담당 직원의 실수로 인하여 누락된 사실이 뒤늦게 발견되었다. 누락된 상품매출액은 손익계산서에 포함되어 있지 않지만, 법인세 신고 전에 이와 관련된 부가가치세 수정신고는 이미 완료하였다.

3. 부가가치세 과세표준에는 법인세법상 손익 귀속시기가 도래하지 않았지만, 부가가치세법상 적법한 세금계산서 발급 시기에 발급한 세금계산서(공급가액 20,000,000원, 세액 2,000,000원)가 포함되어 있다.

□□□
(2) 다음 자료를 이용하여 [선급비용명세서]를 작성하고, 관련 세무조정을 [소득금액조정합계표및명세서]에 반영하시오. (단, 세무조정은 각각 건별로 행하는 것으로 한다) (6점)

1. 전기 자본금과적립금조정명세서(을)

사업연도	2023. 1. 1. ~2023. 12. 31.	자본금과적립금조정명세서(을)		법인명	덕수기업㈜

세무조정유보소득계산

| ① 과목 또는 사항 | ② 기초잔액 | 당기 중 증감 | | ⑤ 기말잔액 | 비고 |
		③ 감소	④ 증가		
선급비용	–	–	350,000원	350,000원	–

※ 전기분 선급비용 350,000원이 당기에 보험기간의 만기가 도래하였다.

2. 당기 보험료(선급비용) 내역

구분	보험기간	납부금액	거래처	비고
본사 화재보험	2024. 7. 1.~2025. 6. 30.	4,000,000원	㈜흥해보험	전액 보험료(판관비) 처리
공장 화재보험	2024. 2. 1.~2025. 1. 31.	2,400,000원	㈜경상보험	200,000원 선급비용 계상
생명보험	2024. 5. 1.~2025. 4. 30.	4,800,000원	㈜살아보험	전액 보험료(판관비) 처리

※ 생명보험 납입액은 대표이사의 개인적인 보험료를 당사가 대납한 것이다.

□□□
(3) 다음 자료를 이용하여 [업무무관부동산등에관련한차입금이자조정명세서]를 작성하고, 관련 세무조정을 하시오. (6점)

1. 손익계산서상 지급이자의 내역

금융기관	연이자율	지급이자	차입금적수	비고
A은행	10%	15,000,000원	54,900,000,000	–
B은행	7%	14,000,000원	73,200,000,000	시설자금에 대한 차입금 전액으로 당기말 현재 미완성 건물에 사용함
합계	–	29,000,000원	128,100,000,000	–

2. 올해 5월 1일 회사는 대표이사에게 업무와 직접적인 관련이 없는 대여금 100,000,000원을 지급하고, 올해 11월 30일 대여금 100,000,000원을 회수하였다. (단, 별도의 이자는 수령하지 않음)

□□□
(4) 다음 자료를 이용하여 [퇴직연금부담금등조정명세서]를 작성하고, 이와 관련된 세무조정을 [소득금액조정합계표및명세서]에 반영하시오. (단, 당사는 확정급여형 퇴직연금에 가입하였으며, 장부상 퇴직급여충당부채 및 퇴직연금충당부채를 설정하지 않고 전액 신고조정에 의하여 손금산입하고 있다) (6점)

1. 퇴직급여추계액 : 기말 현재 임직원 전원 퇴사 시 퇴직급여추계액 275,000,000원

2. 퇴직연금 운용자산내역

퇴직연금운용자산			
기초	105,000,000원	당기감소액	37,500,000원
불입	50,000,000원	기말	117,500,000원
	155,000,000원		155,000,000원

3. 당기 중 퇴직연금운용자산 감소분에 대한 회계처리는 다음과 같다.
(차) 퇴직급여(제조)   37,500,000원   (대) 퇴직연금운용자산   37,500,000원

4. 퇴직연금운용자산 기초잔액과 관련하여 전기분 자본금과적립금조정명세서(을)에 퇴직연금충당부채 105,000,000원(△유보)이 있다.

(5) 다음 자료를 참고하여 당기 [자본금과적립금조정명세표(갑)]과 [자본금과적립금조정명세표(을)]
을 작성하시오. (단, 기존자료 및 다른 문제의 내용은 무시하고 아래의 자료만을 이용하고, 세무
조정은 생략한다) (6점)

---

1. 재무상태표 요약 (자본금과 이익잉여금은 당기 중 감소 없이 증가만 있었다)

전기말 요약 재무상태표			당기말 요약 재무상태표		
	자본금	100,000,000원		자본금	300,000,000원
	이익잉여금	320,000,000원		이익잉여금	420,000,000원
계	계	420,000,000원	계	계	720,000,000원

2. 기타

1. 전기말 자본금과적립금조정명세서(을) 잔액은 다음과 같다.
   (1) 대손충당금 한도초과액 : 4,000,000원
   (2) 단기매매증권평가손실 중 손금부인액 : 2,000,000원
   (3) 재고자산평가감 : 3,000,000원

2. 당기 중 유보금액 변동내역은 다음과 같다.
   (1) 당기 대손충당금 한도초과액 : 7,000,000원
   (2) 단기매매증권평가손실 중 손금불산입 유보발생액 : 1,000,000원
   (3) 전기말에 평가감된 재고자산은 당기 중에 모두 판매되었고, 당기말에는 재고자산평가감이
       발생하지 아니하였다.

▶ 정답 및 해설 | p.71

제106회 기출문제

다시 봐야 할 문제(틀린 문제, 풀지 못한 문제, 헷갈리는 문제 등)는 회독별로 문제 번호 위 네모박스(□)에 체크하여 반복 학습할 수 있습니다.

이론시험

다음 문제를 보고 알맞은 것을 골라 [이론문제 답안작성] 메뉴에 입력하시오. (객관식 문항당 2점)

● 기 본 전 제 ●

문제에서 한국채택국제회계기준을 적용하도록 하는 전제조건이 없는 경우, 일반기업회계기준을 적용한다.

□□□
1. 다음 중 재무정보의 질적특성에 대한 설명으로 옳지 않은 것은?

① 재무정보가 유용하기 위해 갖추어야 할 주요 속성을 말한다.
② 적시성 있는 정보 제공을 위해 신뢰성을 희생시켜도 된다.
③ 유형자산을 역사적원가로 평가하면 목적적합성은 저하되나 신뢰성은 제고된다.
④ 재무정보가 갖추어야 할 가장 중요한 질적특성은 목적적합성과 신뢰성이다.

□□□
2. 다음 중 수익의 인식에 대한 설명으로 가장 틀린 것은?

① 재화의 판매 이후에도 판매자가 관련 재화의 소유에 따른 위험의 대부분을 부담하는 경우에는 수익을 인식해서는 안 된다.
② 수강료수익은 용역제공의 완료 시점인 강의종료일에 인식한다.
③ 배당금수익은 배당금을 받을 권리와 금액이 확정되는 시점에 인식한다.
④ 로열티수익은 관련된 계약의 경제적 실질을 반영하여 발생기준에 따라 인식한다.

478 합격의 기준, 해커스금융 fn.Hackers.com

□□□
3. 다음은 당기 중 취득한 유가증권 관련 자료이다. 해당 유가증권을 단기매매증권으로 분류하는 경우와 매도가능증권으로 분류하는 경우 기말 손익계산서상에 계상되는 당기손익에 미치는 영향은 각각 얼마인가?

> • 취득 주식 수 : 2,000주
> • 취득 시 발생한 증권거래수수료 : 30,000원
> • 1주당 취득단가 : 10,000원
> • 1주당 기말 평가액 : 12,000원

① 단기매매증권 : 3,970,000원, 매도가능증권 : 4,000,000원
② 단기매매증권 : 4,000,000원, 매도가능증권 : 3,970,000원
③ 단기매매증권 : 4,000,000원, 매도가능증권 : 0원
④ 단기매매증권 : 3,970,000원, 매도가능증권 : 0원

□□□
4. 다음 중 일반기업회계기준상 유형자산의 취득원가에 대한 설명으로 바르지 못한 것은?

① 자산의 취득, 건설, 개발에 따른 복구원가에 대한 충당부채는 유형자산을 취득하는 시점에서 해당 유형자산의 취득원가에 반영한다.
② 증여로 취득한 자산은 공정가치를 취득원가로 한다.
③ 건물과 토지를 일괄취득 후 건물을 신축하기 위하여 기존 건물을 철거하는 경우 그 건물의 철거비용은 전액 당기비용으로 처리한다.
④ 다른 종류의 자산과의 교환으로 취득한 유형자산의 취득원가는 교환을 위하여 제공한 자산의 공정가치로 측정한다.

□□□
5. 유형자산의 감가상각방법 중 정액법, 정률법 및 연수합계법 각각에 의한 2차연도 감가상각비가 큰 금액부터 나열한 것은?

> • 기계장치 취득원가 : 15,000,000원(1월 1일 취득)
> • 잔존가치 : 취득원가의 5%
> • 내용연수 : 5년
> • 정률법 상각률 : 0.3

① 정률법 > 정액법 = 연수합계법
② 정률법 > 연수합계법 > 정액법
③ 연수합계법 > 정률법 > 정액법
④ 연수합계법 = 정액법 > 정률법

□□□

6. 다음 중 제조원가명세서에 관한 설명으로 옳지 않은 것은?

① 제조원가명세서의 당기제품제조원가는 손익계산서의 제품 매출원가 계산 시 반영된다.

② 제조원가명세서는 당기총제조원가를 구하는 과정을 나타내는 보고서이다.

③ 당기총제조원가는 재료비, 노무비, 제조경비의 총액을 나타낸다.

④ 제조원가명세서 항목 중 기말원재료와 기말재공품은 재무상태표에 영향을 미치는 항목이다.

□□□

7. 다음 중 정상개별원가계산에 대한 설명으로 옳지 않은 것은?

① 기본원가는 실제 발생한 원가를 사용하고, 제조간접원가는 예정배부액을 사용하여 원가를 계산하는 방법이다.

② 실제개별원가계산에 비해 신속한 원가계산을 할 수 있다.

③ 기초에 미리 예측한 제조간접원가 예산액을 실제조업도로 나누어 예정배부율을 계산한다.

④ 제조간접원가 실제발생액과 예정배부액의 차이를 조정하는 배부차이 조정이 필요하다.

□□□

8. 다음 자료를 이용하여 당기원재료매입액을 구하시오. (단, 간접재료비와 간접노무비는 없다고 가정한다)

Ⅰ. 재료원가	
기초원재료재고액	25,000,000원
기말원재료재고액	17,000,000원
Ⅱ. 노무원가	25,000,000원
Ⅲ. 제조간접원가	30,000,000원
Ⅳ. 당기총제조원가	가공원가의 200%

① 47,000,000원   ② 48,000,000원   ③ 49,000,000원   ④ 50,000,000원

□□□

9. 다음 중 종합원가계산에 대한 설명으로 틀린 것은?

① 기초재공품이 없는 경우 종합원가계산에 의한 원가 배부 시 평균법과 선입선출법의 결과가 동일하다.

② 평균법에 비해 선입선출법은 당기의 성과를 이전의 기간과 독립적으로 평가할 수 있다.

③ 선입선출법은 전기에 이미 착수한 기초재공품의 기완성도를 무시하고 기초재공품이 당기에 착수한 것으로 가정하여 원가계산을 한다.

④ 선입선출법에서는 기초재공품원가를 전액 완성품원가에 포함시킨다.

□□□
10. 다음 중 표준원가계산의 유용성과 한계에 대한 설명으로 틀린 것은?

① 표준원가의 설정에 시간과 비용이 많이 소요되지 않는다.

② 사전에 설정해 놓은 표준원가를 이용하여 제품원가계산을 하므로 신속한 제품원가계산이 가능하다.

③ 표준원가는 재무적 측정치(원가통제)만을 강조하고 비재무적 측정치(품질 등)를 무시한다.

④ 실제원가와 표준원가와의 차이를 분석함으로써 성과평가에 유용하다.

□□□
11. 다음 중 부가가치세법상 간이과세자에 대한 설명으로 가장 옳지 않은 것은?

① 간이과세자의 적용 범위는 직전 연도의 공급대가의 합계액이 1억 400만 원 미달하는 개인사업자이다.

② 간이과세자가 음식업을 영위할 때 직전 연도 공급대가 합계액이 4천800만 원 이상인 경우 공급받는 자가 사업자등록증을 제시하고 세금계산서 발급을 요구하면 교부해야 한다.

③ 간이과세자의 해당 과세기간에 대한 공급대가의 합계액이 4천800만 원 미만이면 납부의무를 면제한다.

④ 간이과세자가 부가가치세 과세기간에 대한 신고를 직접 전자신고하는 경우 납부세액에서 1만 원을 공제하거나 환급세액에 가산한다.

□□□
12. 다음 중 부가가치세법상 사업자등록에 대한 설명으로 옳지 않은 것은?

① 상속으로 사업자의 명의가 변경되는 경우 기존사업자는 폐업 신고를 하고 상속인의 명의로 새로이 사업자등록을 하여야 한다.

② 사업장마다 사업 개시일부터 20일 이내에 사업자등록을 신청하여야 한다.

③ 사업자등록을 한 사업자는 휴업 또는 폐업을 하는 경우 지체 없이 신고하여야 한다.

④ 사업자등록신청을 하였으나 사실상 사업을 시작하지 아니하게 되는 경우 사업장 관할 세무서장은 지체 없이 사업자등록을 말소하여야 한다.

13. 다음 중 소득세법에 관한 설명으로 옳은 것은?

① 거주자란 국내에 주소를 두거나 183일 이상의 거소(居所)를 둔 개인을 말한다.

② 외국을 항행하는 선박 또는 항공기 승무원의 경우 생계를 같이하는 가족이 거주하는 장소 또는 승무원이 근무기간 외의 기간 중 통상 체재하는 장소가 국내에 있다 하더라도 당해 승무원의 주소는 국내에 있는 것으로 보지 아니한다.

③ 캐나다의 시민권자나 영주권자의 경우 무조건 비거주자로 본다.

④ 국내에 거소를 둔 기간은 입국하는 날부터 출국하는 날까지로 한다.

14. 다음 중 법인세법상 업무용승용차 관련비용의 손금불산입 등 특례에 관한 설명으로 틀린 것은?

① 법인이 사용하는 모든 차량에 대하여 적용하지는 않는다.

② 임직원전용자동차보험에 가입하고 법인업무용 전용번호판을 부착하고 운행기록부상 확인되는 업무사용비율을 곱한 금액만 손금에 산입하는 것이 원칙이다.

③ 법인이 이용하는 업무용승용차가 임차한 렌트차량인 경우 임차료의 70%를 감가상각비 상당액으로 인정한다.

④ 임직원전용자동차보험에 가입하고 법인업무용 전용번호판을 부착하였으나 운행기록을 작성하지 않은 경우 업무사용비율이 없는 것으로 보아 해당 업무용승용차의 관련비용은 전액 손금불산입한다.

15. 다음 중 법인의 구분에 따른 납세의무에 대한 설명으로 틀린 것은?

① 영리내국법인은 국내·외 원천소득에 대하여 각 사업연도 소득에 대한 법인세 납세의무가 있다.

② 비영리내국법인의 경우 청산소득에 대한 법인세 납세의무가 없다.

③ 영리 및 비영리외국법인의 경우 청산소득에 대한 법인세 납세의무가 없다.

④ 외국의 정부는 비과세법인이므로 대한민국에 과세권이 없다.

실무시험

㈜정원산업(회사코드 : 4006)은 제조 및 도·소매업을 영위하는 중소기업으로, 당기(제11기) 회계기간은 2024. 1. 1.~2024. 12. 31.이다. 전산세무회계 수험용 프로그램을 이용하여 다음 물음에 답하시오.

● 기 본 전 제 ●

- 문제에서 한국채택국제회계기준을 적용하도록 하는 전제조건이 없는 경우, 일반기업회계기준을 적용하여 회계처리한다.
- 문제의 풀이와 답안작성은 제시된 문제의 순서대로 진행한다.

문제 1 다음 거래에 대하여 적절한 회계처리를 하시오. (12점)

● 입력 시 유의사항 ●

- 일반적인 적요의 입력은 생략하지만, 타계정 대체거래는 적요번호를 선택하여 입력한다.
- 세금계산서·계산서 수수거래 및 채권·채무 관련 거래는 별도의 요구가 없는 한 반드시 기등록된 거래처코드를 선택하는 방법으로 거래처명을 입력한다.
- 제조경비는 500번대 계정코드를, 판매비와관리비는 800번대 계정코드를 사용한다.
- 회계처리 시 계정과목은 등록된 계정과목 중 가장 적절한 과목으로 한다.
- 매입매출전표를 입력하는 경우 입력화면 하단의 분개까지 처리하고, 세금계산서 및 계산서는 전자 여부를 입력하여 반영한다.

□□□
(1) 2월 20일　당사가 보유 중인 매도가능증권의 50%를 25,500,000원에 처분하고 처분대금은 보통예금 계좌에 입금되었다. 해당 매도가능증권의 원시 취득가액은 56,000,000원이며, 전년도 기말 공정가치는 57,000,000원이다. (3점)

□□□

(2) 4월 14일 공장 이전을 위하여 4월 1일 매입한 토지(공장용지)의 지반 평탄화 작업을 위하여 ㈜
성토에게 공사용역을 의뢰하고 공급가액 7,000,000원의 전자세금계산서를 수령하였
다. 이에 대한 공사대금은 7월 20일에 지급하기로 하였다. (3점)

전자세금계산서						승인번호			
공급자	등록번호	105-81-23608	종사업장 번호		공급받는자	등록번호	126-87-10121	종사업장 번호	
	상호 (법인명)	㈜성토	성명	김관우		상호 (법인명)	㈜정원산업	성명	강호진
	사업장 주소	서울특별시 동작구 여의대방로 21				사업장 주소	서울시 서초구 강남대로 48-3		
	업태	건설업	종목	지반조성		업태	제조 외	종목	자동차 부품 외
	이메일	sungto@land119.com				이메일	hojinkang@jungwonmotors.co.kr		

작성일자	공급가액	세액	수정사유	비고
20xx-04-14	7,000,000원	700,000원	해당 없음	

월	일	품목	규격	수량	단가	공급가액	세액	비고
4	14	지반 평탄화 공사			7,000,000원	7,000,000원	700,000원	

합계금액	현금	수표	어음	외상미수금	위 금액을 (청구) 함
7,700,000원				7,700,000원	

□□□

(3) 6월 3일 개인소비자 김달자 씨에게 제품을 5,500,000원(부가가치세 포함)에 판매하고, 김달
자 씨의 신용카드(현대카드)로 결제하였다. (단, 외상매출금으로 회계처리할 것) (3점)

```
          카드매출전표

거 래 일 시 : 20xx/6/3 10:31
카 드 번 호 : 1111-****-****-4444
승 인 번 호 : 21458542 / 일시불
카 드 종 류 : 현대카드

판 매 금 액 :        5,000,000원
부 가 세 :            500,000원
합 계 금 액 :        5,500,000원

단말기NO :
가맹점NO :         126-87-10121
가 맹 점 명 :        ㈜정원산업
대 표 자 명 :         강호진
```

□□□

(4) 7월 10일 당사는 유상증자를 통해 보통주 15,000주를 1주당 발행가액 3,500원에 신규로 발행하고 신주납입대금 52,500,000원은 보통예금 계좌로 입금되었다. 증자일 현재 주식발행초과금은 15,000,000원이 있다. (1주당 액면가액은 5,000원이며, 하나의 거래로 처리할 것) (3점)

문제 2 다음 주어진 요구사항에 따라 부가가치세신고서 및 부속서류를 작성하시오. (10점)

□□□

(1) 다음 자료를 이용하여 올해 1기 부가가치세 예정신고기간에 대한 [공제받지못할매입세액명세서]를 작성하시오. (3점)

- 공장용지의 등기를 위하여 법무사에게 등기 수수료(330,000원, 부가가치세액 포함)를 지급하고 종이 세금계산서를 수령하였다.

- 면세사업에 사용하기 위하여 소모품(550,000원, 부가가치세액 포함)을 구입하고 대금은 법인카드(신한카드)로 결제하여 신용카드매출전표를 수령하였다.

- 거래처에 선물하기 위하여 안마의자(3,300,000원, 부가가치세액 포함)를 구입하고 전자세금계산서를 수령하였다.

- 거래처에 제공할 선물세트(1,100,000원, 부가가치세액 포함)를 구입하고 현금영수증을 수령하였다.

- 대표이사의 가족이 개인적으로 사용할 목적으로 노트북(1,650,000원, 부가가치세액 별도)을 구입하고 전자세금계산서를 수령하였다.

- 제1기 예정신고기간에 대한 공통매입세액은 5,000,000원이며, 공급가액의 합계액은 아래와 같다.
  (1) 과세공급가액 : 115,200,000원
  (2) 면세공급가액 :   4,800,000원

(2) 다음의 자료를 이용하여 ㈜정원산업(중소기업)의 올해 2기 확정신고기간의 [부가가치세신고서]를 작성하시오. (단, 아래의 거래는 모두 올해 10월부터 12월까지 발생한 거래이며, 전표입력 및 과세표준명세의 작성은 생략할 것) (5점)

- 제품을 판매하고 전자세금계산서(공급가액 55,000,000원, 세액 5,500,000원)를 발급하였다. 해당 거래의 판매대금 중 3,300,000원은 국민카드로 결제받았다.
- 비사업자인 개인소비자에게 제품을 판매하고 현금영수증(공급가액 8,000,000원, 세액 800,000원)을 발급하였다.
- 원재료를 매입하고 전자세금계산서(공급가액 20,000,000원, 세액 2,000,000원)를 발급받았다.
- 간이과세자(단, 직전 연도 1월~12월 부가가치세 과세표준이 48,000,000원을 초과함)에게 지급한 법인카드 결제액 3,300,000원(부가가치세 포함)은 복리후생 목적으로 지출한 비용이다.
- 회수기일이 2년 전 9월 1일인 ㈜사랑에 대한 외상매출금 16,500,000원을 대손 처리하고 장부에 반영하였다. (단, ㈜사랑은 ㈜정원산업의 특수관계 법인이다)
- 전자신고를 할 예정으로, 전자신고세액공제를 반영한다.

(3) 올해 2기 부가가치세 예정신고기간의 [부가가치세신고서]를 마감하여 전자신고를 수행하시오. (단, 저장된 데이터를 불러와서 사용할 것) (2점)

1. 부가가치세신고서와 관련 부속서류는 작성되어 있다.
2. [전자신고] → [국세청 홈택스 전자신고변환(교육용)] 순으로 진행한다.
3. 전자신고용 전자파일 제작 시 신고인 구분은 2.납세자 자진신고로 선택하고, 비밀번호는 "12345678"로 입력한다.
4. 전자신고용 전자파일 저장경로는 로컬디스크(C:)이며, 파일명은 "enc작성연월일.101.v1268710121"이다.
5. 최종적으로 국세청 홈택스에서 [전자파일 제출하기]를 완료한다.

문제 3 다음의 결산정리사항에 대하여 결산정리분개를 입력하여 결산을 완료하시오. (8점)

□□□
(1) 10월 1일 공장 화재 보험료를 지급하고, 전액 선급비용으로 처리하였다. 공장 화재 보험료는 4,320,000원이며, 보험기간은 올해 10월 1일부터 3년 후 9월 30일까지이다. (단, 보험료는 월할 계산할 것) (2점)

□□□
(2) 당기분 법인세(지방소득세 포함)가 33,000,000원으로 산출되었다. 단, 회사는 법인세 중간예납세액과 이자소득 원천징수세액 6,700,000원을 선납세금으로 계상하였다. (2점)

□□□
(3) 실지재고조사법에 따른 기말재고자산 내역은 다음과 같다. (2점)

구분	금액	비고
제품	6,300,000원	시용판매하였으나 결산일 현재까지 구매의사표시가 없는 시송품의 제품원가 200,000원은 포함되어 있지 않다.
재공품	4,500,000원	–
원재료	5,000,000원	결산일 현재 운송 중에 있는 선적지 인도조건으로 매입한 원재료 2,000,000원은 포함되어 있지 않다.

□□□
(4) 다음 자료에 의하여 당기의 이익잉여금처분계산서를 작성하시오. (2점)

- 당기처분예정일 : 2025년 3월 15일
- 전기처분확정일 : 2024년 2월 25일
- 주식할인발행차금상각액 : 3,000,000원
- 현금배당 : 10,000,000원
- 주식배당 : 20,000,000원
- ※ 이익준비금은 현금배당액의 10%를 설정한다.

문제 4 원천징수와 관련된 다음의 물음에 답하시오. (10점)

□□□

(1) 다음은 영업부 사원 김승현(사번 : 104)의 연말정산 관련 자료이다. [사원등록] 메뉴의 [부양가족] 탭을 작성하고, [연말정산추가자료입력] 메뉴의 [월세액] 탭 및 [연말정산입력] 탭을 입력하시오. (단, 부양가족은 기본공제대상자 여부를 불문하고 모두 등록할 것) (단, [연말정산입력] 탭에 지출액이 입력되지 않을 경우, [부양가족] 탭에 입력하고 **F8 부양가족탭불러오기**를 클릭할 것) (7점)

1. 부양가족

관계	성명	주민등록번호	비고
본인	김승현	660717 – 1002098	무주택 세대의 세대주
배우자	배나영	760128 – 2436807	사업소득에서 결손금 (–)2,000만 원 발생함
아들	김민성	060506 – 3002095	고등학교 재학 중
딸	김민아	120330 – 4520265	장애인복지법에 따른 장애인
아버지	김철민	541230 – 1786529	농지 양도에 따른 양도소득세 납부세액 0원 (양도소득금액 250만 원 발생함)

※ 아버지(김철민)는 주거형편상 별거 중이며, 다른 가족들은 생계를 같이함

2. 연말정산자료간소화자료

소득(세액)공제증명서류 : 기본(지출처별)내역
[보장성 보험, 장애인전용보장성보험]

■ 계약자 인적사항

성명	김승현	주민등록번호	660717 – 1******

■ 보장성보험(장애인전용보장성보험)납입내역   (단위 : 원)

종류	상호	보험종류	주피보험자		납입금액 계
	사업자번호	증권번호			
	종피보험자1	종피보험자2	종피보험자3		
보장성	**생명 ***-**-*****		760128 – 2******	배나영	800,000
보장성	**생명 ***-**-*****		541230 – 1******	김철민	500,000
장애인전용 보장성	**생명 ***-**-*****		120330 – 4******	김민아	1,500,000
인별합계금액					2,800,000

소득(세액)공제증명서류 : 기본(지출처별)내역 [교육비]

■ 학생 인적사항

성명	김민성	주민등록번호	060506 – 3******

■ 교육비 지출내역

(단위 : 원)

교육비 종류	학교명	사업자번호	납입금액 계
고등학교	**고등학교	***-**-*****	1,300,000
인별합계금액			1,300,000

소득(세액)공제증명서류 : 기본(지출처별)내역 [기부금]

■ 기부자 인적사항

성명	배나영	주민등록번호	760128 – 2******

■ 기부금 지출내역

(단위 : 원)

사업자번호	단체명	기부유형	기부금액 합계	공제대상 기부금액	기부장려금 신청금액
-**-**	***	정치자금기부금	100,000	100,000	0
인별합계금액					100,000

※ 기부금은 금전으로 지출함

3. 월세자료

부동산 월세 계약서

본 부동산에 대하여 임대인과 임차인 쌍방은 다음과 같이 합의하여 임대차계약을 체결한다.

1. 부동산의 표시

소재지		서울시 마포구 합정동 472			
건물	구조	철근콘크리트	용도	아파트(주거용)	면적	84㎡
임대부분		상동 소재지 전부			

2. 계약내용

제 1 조 위 부동산의 임대차계약에 있어 임차인은 보증금 및 차임을 아래와 같이 지불하기로 한다.

보증금	일금 일억팔천만 원정 (₩ 180,000,000)
차임	일금 육십만 원정 (₩ 600,000)은 매월 말일에 지불한다.

제 2 조 임대인은 위 부동산을 임대차 목적대로 사용·수익할 수 있는 상태로 하여 2023년 7월 1일까지 임차인에게 인도하며, 임대차기간은 인도일로부터 2025년 6월 30일까지 24개월로 한다.

… 중략 …

(갑) 임대인 : 한미진(531005 – 2786528) (인)

(을) 임차인 : 김승현(660717 – 1002098) (인)

□□□
(2) 다음 자료를 이용하여 회계부 과장 최미영(사번 : 105, 주민등록번호 : 820303-2356232, 입사일 : 2015. 1. 1.)의 [퇴직소득자료입력] 및 [원천징수이행상황신고서]를 작성하시오. (3점)

> 1. 근로자 본인 명의의 주택을 구입하면서 부족한 자금 마련을 위하여 퇴직금 중간정산을 신청하였다.
> 2. 중간정산일은 2024년 10월 31일이다.
> 3. 중간정산일 현재 퇴직금은 60,000,000원이다.
> 4. 퇴직금 지급일은 2024년 10월 31일이며, 현금으로 지급하였다.
> 5. 「근로자퇴직급여보장법」상의 중간정산 사유에 해당하며, 관련 증빙 서류를 제출받았다.

문제 5 세림산업㈜(회사코드 : 4106)은 제조·도매업 및 건설업을 영위하는 중소기업이며, 당해 사업연도(제12기)는 2024. 1. 1.~2024. 12. 31.이다. [법인조정] 메뉴를 이용하여 기장되어 있는 재무회계 장부 자료와 제시된 보충자료에 의하여 해당 사업연도의 세무조정을 하시오. (30점)
※ 회사 선택 시 유의하시오.

● **작성대상서식** ●

1. 세금과공과금명세서
2. 가지급금등인정이자조정명세서
3. 원천납부세액명세서
4. 법인세과세표준및세액조정계산서, 최저한세조정명세서
5. 자본금과적립금조정명세서(갑)(을)

□□□
(1) 세금과공과금 계정에 입력된 아래의 자료를 조회하여 [세금과공과금명세서]를 작성하고 필요한 세무조정을 작성하시오. (단, 세무조정 유형과 소득처분이 같은 세무조정일지라도 건별로 각각 세무조정을 하고, 세금과공과금명세서 외의 세무조정은 고려하지 말 것) (6점)

일자	적요	금액
3월 31일	법인세분 지방소득세	1,050,000원
5월 4일	초과폐수배출부담금	700,000원
6월 9일	전기요금납부지연 연체이자	30,000원
7월 15일	건강보험료 가산금	425,000원
8월 31일	사업소분 주민세	62,500원
9월 3일	공장건물 취득세	5,200,000원

□□□

(2) 다음 자료를 이용하여 [가지급금등의인정이자조정명세서]를 작성하고, [소득금액합계표및명세서]
에 필요한 세무조정을 반영하시오. (6점)

1. 손익계산서상 지급이자 내역

금융기관	최고은행	일류은행	합계
연이자율	2.5%	4.0%	
지급이자	6,000,000원	17,500,000원	23,500,000원
차입금	240,000,000원	437,500,000원	
비고	차입금 발생일 : 작년. 8. 1.	차입금 발생일 : 작년. 11. 11.	

2. 최대주주인 대표이사 김이삭에 대하여 업무와 직접 관련 없는 대여금을 9월 7일에 80,000,000
원, 10월 4일에 45,000,000원을 지급하였으며, 이자 지급에 대하여 약정을 하였다.

3. 회사는 대표이사 김이삭의 대여금에 대한 이자수익을 별도로 회계처리하지 않았다.

4. 회사는 인정이자 계산 시 가중평균차입이자율을 적용하기로 한다.

□□□

(3) 다음의 자료는 올해 1월 1일부터 12월 31일까지의 원천징수와 관련한 자료이다. 주어진 자료를 이
용하여 [원천납부세액명세서(갑)]를 작성하시오. (단, 지방세 납세지는 기재하지 말 것) (4점)

적요	원천징수 대상금액	원천징수일	원천징수세율	원천징수의무자	사업자등록번호
정기예금 이자	2,000,000원	8. 31.	14%	㈜신한은행	113-81-01231
정기적금 이자	6,000,000원	12. 31.	14%	㈜국민은행	125-81-01234

(4) 다음의 자료만을 이용하여 [법인세과세표준및세액조정계산서] 및 [최저한세조정명세서]를 작성하시오. (7점)

1. 손익계산서상 당기순이익 : 324,785,000원

2. 익금산입 총액 : 20,000,000원

3. 손금산입 총액 : 2,500,000원

4. 기부금한도초과액 : 1,300,000원

5. 기부금한도초과이월액 손금산입액 : 500,000원

6. 공제 가능한 이월결손금 : 11,000,000원

7. 세액공제 및 세액감면 (다음의 순서로 감면 및 공제하고 농어촌특별세는 고려하지 않는다)
   (1) 중소기업특별세액감면 : 8,700,000원 (최저한세 대상 세액감면)
   (2) 고용증대세액공제 : 22,000,000원 (최저한세 대상 세액공제)

8. 지급명세서불성실가산세 : 270,000원

9. 법인세중간예납세액은 2,000,000원이며 원천납부세액은 1,120,000원이다.

10. 세림산업㈜는 중소기업이며 현재 운영자금이 넉넉하지 않아 분납(최대한도)을 신청하고자 한다.

(5) 다음의 자료만을 이용하여 [자본금과적립금조정명세서(갑)(을)]를 작성하시오. (단, 전산상에 입력된 기존 자료는 무시할 것) (7점)

[자료1] 전기 자본금과적립금조정명세서(을)표상의 자료는 다음과 같다.

과목	기초잔액(원)	당기중 증감(원)		기말잔액(원)
		감소	증가	
재고자산평가감			6,000,000	6,000,000
선급비용	3,500,000	3,500,000	−1,800,000	−1,800,000
대손충당금한도초과			4,500,000	4,500,000
건물감가상각비한도초과			7,000,000	7,000,000

[자료2] 당기의 소득금액조정합계표 중에서 위의 내용과 관련된 내역은 다음과 같다.

익금산입 및 손금불산입		
과목	금액(원)	조정이유
전기선급비용	1,800,000	전기 선급비용 과다계상액의 당기 비용해당액

손금산입 및 익금불산입		
과목	금액(원)	조정이유
건물상각부인액손금추인액	2,700,000	당기 감가상각시인부족액
전기재고자산평가감	6,000,000	전기 재고자산평가감
전기대손충당금	4,500,000	전기 대손충당금한도초과액

[자료3] 재무상태표 요약 (당기말과 전기말의 차이 금액은 모두 당기 증가분임)

과목	제12기 당기	제11기 전기
	금액(원)	금액(원)
Ⅰ. 자본금	300,000,000	200,000,000
Ⅱ. 자본잉여금	50,000,000	25,000,000
Ⅲ. 자본조정	20,000,000	20,000,000
Ⅳ. 기타포괄손익누계액	30,000,000	30,000,000
Ⅴ. 이익잉여금	100,000,000	32,000,000
(당기순이익)		
당기 :	68,000,000	15,000,000
전기 :	15,000,000	5,000,000
자본총계	500,000,000	307,000,000

• 법인세과세표준및세액신고서의 법인세 총부담세액이 손익계산서에 계상된 법인세비용보다 1,578,000원, 지방소득세는 157,800원 각각 더 많이 산출되었다. (전기분은 고려하지 않음)

• 이월결손금과 당기결손금은 발생하지 않았다.

▶ 정답 및 해설 | p.83

제105회 기출문제

✓ 다시 봐야 할 문제(틀린 문제, 풀지 못한 문제, 헷갈리는 문제 등)는 회독별로 문제 번호 위 네모박스(□)에 체크하여 반복 학습할 수 있습니다.

이론시험

다음 문제를 보고 알맞은 것을 골라 [이론문제 답안작성] 메뉴에 입력하시오. (객관식 문항당 2점)

● 기 본 전 제 ●

문제에서 한국채택국제회계기준을 적용하도록 하는 전제조건이 없는 경우, 일반기업회계기준을 적용한다.

□□□
1. 다음 중 재무회계 개념체계에 대한 설명으로 가장 틀린 것은?

① 개념체계와 일반기업회계기준이 상충될 경우에는 일반기업회계기준이 개념체계보다 우선한다.
② 회계정보의 질적특성 중 신뢰성은 예측역할과 관련이 있다.
③ 회계정보의 질적특성 중 목적적합성은 적시성과 관련이 있다.
④ 재무제표의 기본가정 중 하나는 계속기업의 가정이다.

□□□
2. 유형자산 취득 후의 지출액은 자산(자본적 지출) 또는 비용(수익적 지출)으로 인식될 수 있다. 다음 중 가장 틀린 설명은?

① 자본적 지출이란 내용연수의 연장 등 자산의 가치를 증대시키는 지출액을 말한다.
② 상가 건물 취득 후 지출된 벽면 도색을 위한 지출액은 수익적 지출에 해당한다.
③ 자본적 지출을 수익적 지출로 처리한 경우 당기순이익은 과대계상된다.
④ 수익적 지출을 자본적 지출로 처리한 경우 자본은 과대계상된다.

□□□
3. 다음 중 일반기업회계기준에 따른 충당부채에 대한 설명으로 옳지 않은 것은?

① 과거 사건이나 거래의 결과에 따른 현재의무가 존재하여야 한다.
② 충당부채의 명목금액과 현재가치의 차이가 중요한 경우에는 현재가치로 평가한다.
③ 충당부채는 보고기간 말 현재 최선의 추정치를 반영하여 증감 조정한다.
④ 충당부채와 관련된 내용은 주석에 기재하지 않는다.

□□□
4. 기계장치에 대한 자료가 다음과 같을 때 20x2년 감가상각비로 계상하여야 할 금액은 얼마인가?

• 기계장치 취득원가 : 1,000,000원   • 정부보조금 수령액 : 300,000원
• 취득일자 : 20x1년 7월 1일   • 내용연수 : 5년
• 상각방법 : 정액법   • 잔존가치 : 없음
• 기계장치 취득과 관련하여 정부보조금을 수령하고, 이를 자산차감법으로 인식함

---

① 70,000원   ② 100,000원   ③ 140,000원   ④ 200,000원

□□□
5. 다음 중 회계변경에 관한 설명으로 틀린 것은?

① 일반기업회계기준에서 회계정책의 변경을 요구하는 경우 회계정책을 변경할 수 있다.
② 회계추정을 변경한 경우에는 변경내용, 그 정당성 및 그 변경이 당기 재무제표에 미치는 영향을 주석으로 기재한다.
③ 매기 동일한 회계정책 또는 회계추정을 사용하면 비교가능성이 증대되어 재무제표의 유용성이 향상된다.
④ 회계추정의 변경은 소급하여 적용하며, 전기 또는 그 이전의 재무제표를 비교목적으로 공시할 경우에는 소급적용에 따른 수정사항을 반영하여 재작성한다.

□□□
6. 다음 중 원가에 대한 설명으로 맞는 것은?

① 가공원가란 직접재료원가를 제외한 모든 원가를 말한다.
② 특정 제품 또는 특정 부문에 직접적으로 추적가능한 원가를 간접비라 한다.
③ 변동원가 총액은 조업도에 비례하여 감소한다.
④ 직접재료원가와 직접노무원가는 가공원가에 해당한다.

□□□

7. 다음의 자료를 이용하여 직접재료원가와 직접노무원가를 구하시오.

> • 기초 제품 재고액 : 2,000,000원 　　• 기말 제품 재고액 : 3,000,000원
> • 기초 재공품 원가 : 2,500,000원 　　• 기말 재공품 원가 : 1,000,000원
> • 가공원가 : 직접재료원가의 150% 　　• 제조간접원가 : 직접노무원가의 200%
> • 매출원가 : 3,000,000원

	직접재료원가	직접노무원가
①	500,000원	1,000,000원
②	800,000원	1,600,000원
③	1,000,000원	500,000원
④	1,600,000원	800,000원

□□□

8. 다음 중 결합원가계산에 대한 설명으로 틀린 것은?

① 부산물 회계처리에서 생산기준법은 부산물을 생산하는 시점에 부산물을 인식하나, 판매기준법은 부산물을 판매하는 시점에 부산물을 인식한다.

② 순실현가치법에서 배분 대상이 되는 원가는 분리점에 도달하는 시점까지 발생한 결합원가뿐만 아니라 분리점 이후에 발생한 추가가공원가도 포함된다.

③ 판매가치기준법은 연산품의 분리점에서의 판매가치를 기준으로 결합원가를 배분하는 방법이다.

④ 균등매출총이익율법은 모든 개별제품의 매출총이익률이 같아지도록 결합원가를 배분하는 방법이다.

□□□

9. 보조부문의 원가를 단계배분법에 따라 제조부문에 배분할 때 조립부문에 배분될 보조부문의 원가는 얼마인가? (단, 동력부문의 원가를 먼저 배분한다)

소비부문 　 제공부문	보조부문		제조부문	
	동력부문	수선부문	절단부문	조립부문
배분 전 원가	200,000원	120,000원	350,000원	400,000원
동력부문		20%	50%	30%
수선부문	60%		10%	30%

① 90,000원　　② 96,000원　　③ 120,000원　　④ 180,000원

10. 다음 중 표준원가계산과 관련된 설명으로 가장 거리가 먼 것은?

① 표준원가계산제도를 채택하면 실제원가와는 관계없이 언제나 표준원가로 계산된 재고자산이 재무제표에 보고된다.

② 표준원가계산은 예산과 실제원가를 기초로 차이를 분석하여 예외에 의한 관리를 통해 효율적인 원가통제가 가능하다.

③ 제품의 생산량만 파악하면 표준원가를 산출할 수 있으므로 신속하게 원가정보를 제공할 수 있다.

④ 직접재료원가 가격차이를 원재료 구입시점에서 분리하든 사용시점에서 분리하든 직접재료원가 능률차이에는 영향을 주지 않는다.

11. 다음 중 부가가치세법상 의제매입세액공제에 대한 설명으로 가장 옳지 않은 것은?

① 면세농산물 등을 공급받은 날이 속하는 예정신고 또는 확정신고 시 매출세액에서 공제한다.

② 예정신고 시에는 공제 한도 계산 없이 매입세액공제가 가능하다.

③ 간이과세자는 2021년 7월 1일 이후 공급받는 분부터 의제매입세액공제를 받을 수 없다.

④ 공제대상이 되는 원재료의 매입가액은 운임 등 취득부대비용을 포함한다.

12. 다음 중 부가가치세법상 공제되는 매입세액이 아닌 것은?

① 사업자등록을 신청하기 전 매입세액으로서 대표자주민번호를 적은 세금계산서도 발급받지 아니한 경우 당해 매입세액

② 매입처별세금계산서합계표를 경정청구나 결정 시에 제출하는 경우 당해 매입세액

③ 예정신고 시 매입처별 세금계산서합계표를 제출하지 못하여 해당 예정신고기간이 속하는 과세기간의 확정신고 시에 제출하는 경우 당해 매입세액

④ 공급시기 이후에 발급하는 세금계산서로서 해당 공급시기가 속하는 과세기간에 대한 확정신고기한 경과 전 발급받은 경우 당해 매입세액

□□□
13. 다음 중 소득세법상 공동사업장에 대한 소득금액 계산과 관련한 설명으로 옳지 않은 것은?

① 사업소득이 있는 거주자의 공동사업장에 대한 소득금액 계산에 있어서는 그 공동사업장을 1거주자로 본다.

② 대표공동사업자는 당해 공동사업장에서 발생하는 소득금액과 가산세액 및 원천징수된 세액의 각 공동사업자별 분배명세서를 제출하여야 한다.

③ 중소기업이 아닌 경우 기업업무추진비 한도액은 연간 12,000,000원에 공동사업자 구성원 수를 곱하여 계산된 금액을 한도로 한다.

④ 공동사업장에 관련되는 가산세는 각 공동사업자의 약정된 손익분배비율에 의해 배분한다.

□□□
14. 다음 중 근로소득만 있는 거주자로서 연말정산 시 산출세액에서 공제하는 세액공제에 대한 설명으로 틀린 것은?

① 의료비 세액공제는 지출된 의료비가 총급여액의 3%를 초과하는 경우에만 공제한다.

② 자녀세액공제는 특별세액공제에 해당하여 표준세액공제와 중복적용될 수 없다.

③ 근로자 본인을 위하여 지출된 교육비로서 학자금대출 원리금상환액에 대해서도 교육비 세액공제를 적용한다.

④ 월세액 세액공제를 적용받으면 표준세액공제가 적용되지 않는다.

□□□
15. 다음 중 법인세법상 결산조정항목과 신고조정항목에 대한 설명으로 틀린 것은?

① 결산조정항목은 원칙적으로 결산서상 비용으로 계상하여야 손금 인정이 가능하다.

② 결산조정항목은 손금의 귀속시기를 선택할 수 없으나 신고조정항목은 손금의 귀속시기를 선택할 수 있다.

③ 퇴직연금충당금 설정액은 신고조정항목이므로, 결산서에 비용으로 계상된 금액이 세법상 한도보다 적은 경우에 반드시 세무조정하여야 한다.

④ 결산조정항목은 대부분 추정경비이나 신고조정항목은 대부분 지출경비이다.

실무시험

㈜서희전자(회사코드 : 4005)은 제조·도소매업을 영위하는 중소기업이며, 당기(제10기) 회계기간은 2024. 1. 1.~2024. 12. 31.이다. 전산세무회계 수험용 프로그램을 이용하여 다음 물음에 답하시오.

● 기 본 전 제 ●

- 문제에서 한국채택국제회계기준을 적용하도록 하는 전제조건이 없는 경우, 일반기업회계기준을 적용하여 회계처리한다.
- 문제의 풀이와 답안작성은 제시된 문제의 순서대로 진행한다.

문제 1 다음 거래에 대하여 적절한 회계처리를 하시오. (12점)

● 입력 시 유의사항 ●

- 일반적인 적요의 입력은 생략하지만, 타계정 대체거래는 적요번호를 선택하여 입력한다.
- 세금계산서·계산서 수수거래 및 채권·채무 관련 거래는 별도의 요구가 없는 한 반드시 기등록된 거래처코드를 선택하는 방법으로 거래처명을 입력한다.
- 제조경비는 500번대 계정코드를, 판매비와관리비는 800번대 계정코드를 사용한다.
- 회계처리 시 계정과목은 등록된 계정과목 중 가장 적절한 과목으로 한다.
- 매입매출전표를 입력하는 경우 입력화면 하단의 분개까지 처리하고, 세금계산서 및 계산서는 전자 여부를 입력하여 반영한다.

□□□
(1) 8월 25일 당사는 제품인 컴퓨터를 ㈜성희에게 납품하고 총 대금 11,000,000원 중 5,000,000원을 보통예금으로 수령하였으며, 나머지 금액은 한 달 후에 수령하기로 하고 아래와 같은 전자세금계산서를 발급하였다. (3점)

전자세금계산서						승인번호			
공급자	등록번호	105-81-23608	종사업장번호		공급받는자	등록번호	126-87-10121	종사업장번호	
	상호(법인명)	㈜서희전자	성명	최서희		상호(법인명)	㈜성희	성명	하민우
	사업장 주소	서울특별시 동작구 여의대방로 28				사업장 주소	경기도 이천시 가좌로1번길 21-26		
	업태	제조	종목	전자제품		업태	도소매	종목	전자제품
	이메일					이메일			
작성일자		공급가액		세액		수정사유		비고	
20xx-08-25		10,000,000원		1,000,000원		해당 없음			

월	일	품목	규격	수량	단가	공급가액	세액	비고
8	25	전자제품		20	500,000원	10,000,000원	1,000,000원	

□□□
(2) 8월 31일 단기매매목적으로 보유 중인 주식회사 최강의 주식(장부가액 15,000,000원)을 전부 20,000,000원에 매각하였다. 주식처분 관련 비용 15,000원을 차감한 잔액이 보통예금 계좌로 입금되었다. (3점)

□□□
(3) 9월 30일 당사는 미국의 Amazon.com사에 제품을 직수출(FOB 조건 수출)하였다. 총 매출대금은 $40,000로, 9월 15일 계약금 $4,000를 수령하여 원화로 환전하고, 선적일은 9월 30일이며, 계약금을 제외한 잔금은 다음 달에 받기로 하였다. (단, 수출신고번호는 고려하지 말 것) (3점)

- 9월 15일 환가환율 : 1,000원/$ • 9월 30일 기준환율 : 1,200원/$

□□□
(4) 10월 12일 당사가 발행한 사채(액면가액 : 100,000,000원)의 70%를 상환하였으며, 상환대금 60,000,000원은 보통예금으로 지급하였다. (단, 상환일 현재 사채할증발행차금 잔액은 5,000,000원이다) (3점)

문제 2 다음 주어진 요구사항에 따라 부가가치세신고서 및 부속서류를 작성하시오. (10점)

□□□
(1) 다음의 자료를 이용하여 ㈜서희전자의 올해 1기 확정 부가가치세 수정신고서를 작성하시오. 단, 법정신고 및 납부기한은 7월 25일이며, 8월 4일에 수정신고(1차) 및 납부하고자 한다. (6점)

1. 제1기 확정 부가가치세 신고서 (정기신고하였으며, 납부세액은 기한 내 납부하였다)
   - 전자세금계산서 발급 매출액 : 공급가액 100,000,000원, 세액 10,000,000원
   - 전자세금계산서 수취 매입액(일반매입) : 공급가액 50,000,000원, 세액 5,000,000원

2. 정기신고 시 누락된 자료 (아래의 증빙자료는 법정기한 내 발급 및 수취하였다)
   - 종이세금계산서 발급 매출액 : 공급가액 20,000,000원, 세액 2,000,000원
   - 종이세금계산서 수취 매입액(고정자산매입) : 공급가액 2,000,000원, 세액 200,000원
   - 법인카드 사용 매입액(일반매입) : 5,500,000원(부가가치세 포함)
     - 법인카드 사용액은 전액 사업 관련성이 있으며, 거래처와 식사한 금액 220,000원(부가가치세 포함)이 포함되어 있다.

3. 누락된 매출액은 부당하게 누락된 것이 아니다.

□□□
(2) 다음 자료를 보고 올해 2기 부가가치세 확정신고 시 납부세액(환급세액) 재계산을 위한 [공제받지 못할매입세액명세서]를 작성하시오. (4점)

1. 과세사업과 면세사업에 공통으로 사용되는 자산의 구입내역

계정과목	취득일자	공급가액	부가가치세	비고
토지	2022. 1. 1.	300,000,000원	–	
건물	2022. 1. 1.	200,000,000원	20,000,000원	
기계장치	2023. 5. 1.	50,000,000원	5,000,000원	
비품	2022. 10. 5.	8,000,000원	800,000원	

2. 작년 및 올해의 공급가액 내역 (작년 및 올해 1기까지 납부세액 재계산은 올바르게 신고되었다)

구분	작년 2기	올해 1기	올해 2기
과세사업	200,000,000원	–	400,000,000원
면세사업	300,000,000원	400,000,000원	600,000,000원

문제 3 다음의 결산정리사항에 대하여 결산정리분개를 하거나 입력을 하여 결산을 완료하시오. (8점)

□□□
(1) 당사는 10월 1일 회계부서 직원에 대하여 확정급여형(DB) 퇴직연금에 가입하였으며 20,000,000원을 운용한 결과 6%(연 이자율)의 이자수익이 발생하였고, 12월 31일에 3개월분의 이자수익이 입금되었다. (단, 이자수익은 월할 계산할 것) (2점)

□□□
(2) 장부의 외상매출금 계정에는 해외 거래처인 Gigs와의 거래로 인한 외화외상매출금 $10,000(거래일 당시 기준환율 ₩1,200/$)가 포함되어 있다. 결산일 현재 필요한 회계처리를 하시오. (단, 결산일 현재 기준환율은 ₩1,250/$이다) (2점)

□□□
(3) 12월 31일 결산 마감 전 개발비(무형자산) 잔액이 12,000,000원이 있으며, 해당 무형자산은 올해 7월 1일에 취득하여 사용하고 있는 것이다. (단, 회사는 무형자산에 대하여 5년간 월할 균등상각하며, 비용은 판매비와관리비로 분류한다) (2점)

□□□
(4) 다음의 재고자산 자료를 결산시점에 필요에 따라 [일반전표입력] 메뉴와 [결산자료입력] 메뉴에 반영하시오. (2점)

구분	장부상			단위당 시가	실사 후 수량
	수량	단가	합계		
제품	10,000개	1,000원	10,000,000원	1,300원	9,800개

※ 장부상 수량과 실사 후 수량의 차이 중 40%만 정상적인 것이다.

문제 4 원천징수와 관련된 다음의 물음에 답하시오. (10점)

☐☐☐
(1) 아래의 자료를 바탕으로 회계팀 과장인 윤서준(사번 : 101번, 주민등록번호 : 910630-1123453, 입사일 : 올해 1. 5.)을 ①[사원등록]하고, 필요한 ②[수당공제등록]을 하여 ③ 7월분 [급여자료입력]과 ④ 7월분 [원천징수이행상황신고서]를 작성하시오. 한편 윤서준은 중소기업취업자소득세감면 적용 대상자로서 최초로 소득세 감면 신청을 하였으며, 매월 급여입력에 반영하는 것으로 가정한다. (6점)

1. 7월분 급여자료(급여지급일 : 7월 25일)

급여항목		공제항목	
기본급	4,500,000원	국민연금	202,500원
자가운전보조금	300,000원	건강보험료	157,270원
식대	300,000원	장기요양보험료	19,290원
국외근로수당	1,000,000원	고용보험료	42,300원
–	–	소득세	21,410원
–	–	지방소득세	2,140원

2. 부양가족 사항

관계	이름	주민등록번호	소득현황
배우자	이윤아	921212-2451111	별도의 소득금액 없음
자녀	윤아준	220301-3021414	

3. 추가 자료
- 수당등록 시 사용하지 않는 항목은 '부'로 표시하고, 월정액 여부와 통상임금 여부는 무시한다.
- 자가운전보조금은 본인 소유 차량을 업무에 사용하는 것에 대한 보조금이다. (별도 여비 미지급)
- 회사는 매월 정액 식대를 지급하고 있으며 별도의 현물식사는 제공하지 않는다.
- 국외근로수당은 중국에 소재한 지점으로 발령받아 근무함으로써 발생한 근로소득이다.
- 공제항목은 등급표를 적용하지 않고, 상기 자료를 적용한다.

☐☐☐
(2) 다음은 중간배당에 대한 원천징수 관련 자료이다. 다음 자료를 이용하여 [이자배당소득자료입력]을 하시오. (2점)

1. 배당소득자 관련 정보
   - 성명 : 김세무(코드 : 101, 국적 : 대한민국, 거주자)
   - 주민등록번호 : 801111-1012342
   - 1주당 배당금 : 1,000원
   - 소유 주식 수 : 5,000주
2. 올해 9월 1일 이사회의 결의로 중간배당을 결의하고, 즉시 배당금을 현금으로 지급함
3. 주어진 자료 이외의 자료입력은 생략함

□□□
(3) 전산에 입력된 다음의 자료를 이용하여 [원천징수이행상황신고서]를 작성 및 마감하고 국세청 홈택스에 전자신고를 하시오. (2점)

1. 소득자료

귀속월	지급월	소득구분	신고코드	인원	총지급액	소득세	비고
10월	11월	기타소득	A42	3명	6,000,000원	1,200,000원	매월신고, 정기신고

- 전월로부터 이월된 미환급세액 300,000원을 충당하기로 한다.

2. 유의사항
- 전자신고용 전자파일 제작 시 신고인 구분은 2.납세자 자진신고를 선택하고, 비밀번호는 "12345678"을 입력한다.
- 전자신고용 전자파일 저장경로는 로컬디스크(C:)이며, 파일명은 "작성연월일.01.t1058123608"이다.

문제 5 덕산기업㈜(회사코드 : 4105)은 안전유리 등을 생산하고 제조·도매업 및 도급공사업을 영위하는 중소기업이며, 당해 사업연도(제12기)는 2024. 1. 1.~2024. 12. 31.이다. [법인조정]메뉴를 이용하여 기장되어 있는 재무회계 장부 자료와 제시된 보충자료에 의하여 해당 사업연도의 세무조정을 하시오. (30점) ※ 회사 선택 시 유의하시오.

● **작성대상서식** ●

1. 수입금액조정명세서, 조정후수입금액명세서
2. 선급비용명세서
3. 대손충당금 및 대손금조정명세서
4. 업무무관부동산등에관련한차입금이자조정명세서
5. 업무용승용차관련비용명세서

□□□
(1) 다음 자료를 이용하여 [수입금액조정명세서] 및 [조정후수입금액명세서]를 작성하고, 필요한 세무조정을 하시오. (6점)

1. 손익계산서상 수입금액은 다음과 같다.

구분	계정과목	기준경비율코드	결산서상 수입금액
1	제품매출	261004	2,500,800,000원
2	공사수입금	452122	178,200,000원
계			2,679,000,000원

2. 손익계산서상 공사수입금액에는 다음과 같이 작업진행률에 의해 가산되어야 하는 공사수입금액이 누락되었다. (부가가치세법상 공급시기는 도래하지 않았음)

- 공사명 : 제주도지하철공사
- 도급금액 : 200,000,000원
- 해당연도 말 총공사비 누적액 : 80,000,000원
- 도급자 : 제주도도지사
- 총 공사예정비 : 100,000,000원
- 전기말 누적수입계상액 : 150,000,000원

3. 기말 결산 시 제품판매누락(공급가액 2,200,000원, 원가 2,000,000원)이 있었으나, 손익계산서에는 반영하지 못하였다. (부가가치세 수정신고는 적정하게 처리함)

4. 부가가치세법상 과세표준 내역

구분	금액	비고
제품매출	2,510,000,000원	사업상증여 시가 7,000,000원 포함 (매입세액공제를 정상적으로 받은 제품임)
공사수입금	178,200,000원	–
계	2,688,200,000원	–

□□□
(2) 다음의 자료를 이용하여 [선급비용명세서]를 작성하고, 관련된 세무조정을 [소득금액조정합계표및명세서]에 반영하시오. (단, 세무조정은 각 건별로 행하는 것으로 한다) (6점)

1. 전기 자본금과적립금조정명세서(을)

사업 연도	2023. 1. 1. ~ 2023. 12. 31.	자본금과적립금조정명세서(을)		법인명	덕산기업㈜

		세무조정유보소득계산			
① 과목 또는 사항	② 기초잔액	당기중 증감		⑤ 기말잔액	비고
		③ 감소	④ 증가		
선급비용	–	–	500,000원	500,000원	–

※ 전기분 선급비용 500,000원이 당기에 보험기간의 만기가 도래하였다.

2. 당기 화재보험료 내역

구분	보험기간	납부금액	거래처	선급비용 계상액
본사	2024. 7. 1.~2025. 6. 30.	60,000,000원	㈜한화보험	–
공장	2024. 9. 1.~2025. 8. 31.	90,000,000원	㈜삼성보험	15,000,000원

□□□
(3) 다음 자료를 이용하여 [대손충당금및대손금조정명세서]를 작성하고 필요한 세무조정을 하시오. 단, 대손설정률은 1%로 가정한다. (6점)

1. 당해연도 대손충당금 변동내역

내역	금액	비고
전기이월 대손충당금	15,000,000원	전기대손충당금한도초과액 : 6,000,000원
회수불가능 외상매출금 상계 대손충당금	2,000,000원	8월 16일 상계 처리하였으며, 이는 상법에 따른 소멸시효가 완성된 채권이다.
당기 설정 대손충당금	4,500,000원	
기말 대손충당금 잔액	17,500,000원	

2. 채권 잔액으로 당기말 외상매출금 잔액은 300,000,000원, 당기말 미수금 잔액은 25,000,000원 이다.

3. 전기 이전에 대손처리한 외상매출금에 대한 대손 요건 미충족으로 인한 유보금액 잔액이 전기 자본금과적립금조정명세서(을)에 7,000,000원이 남아있으며, 이는 아직 대손 요건을 충족하지 않는다.

□□□
(4) 아래의 자료를 바탕으로 [업무무관부동산등에관련한차입금이자조정명세서]를 작성하고, 필요한 세무조정을 하시오. (6점)

1. 재무상태표 내역
   • 자산총계 : 1,000,000,000원
   • 부채총계 : 300,000,000원
   • 납입자본금 : 100,000,000원

2. 손익계산서상 이자비용(당기에 상환된 차입금은 없다)

이자율	이자비용	차입일	비고
8%	10,000,000원	작년. 7. 1.	국민은행이자
12%	15,000,000원	작년. 6. 13.	건설자금이자 (현재 진행 중인 공장건설공사를 위한 이자비용)
10%	20,000,000원	작년. 1. 1.	금융어음할인료
4%	40,000,000원	올해. 1. 1.	신한은행이자
6%	30,000,000원	올해. 1. 1.	채권자 불분명사채이자 (원천징수는 없는 것으로 가정한다)

3. 대표이사 김세무의 가지급금 관련 자료
   • 작년 10월 1일 대표이사 김세무의 개인 주택 구입 목적으로 600,000,000원을 대여하였다.
   • 대표이사 김세무의 전기이월 가수금은 100,000,000원이다.
   • 해당 가지급금 및 가수금은 상환기간 및 이자율 등에 관한 약정이 없다.

4. 업무무관부동산 내역(결산일 말 현재 보유중인 부동산)
- 작년 11월 10일 회사는 업무와 관련없이 토지를 300,000,000원에 취득하고, 해당 토지의 취득세 50,000,000원을 세금과공과로 비용 처리하였으며, 이에 대한 세무조정은 적정하게 반영되었다.

□□□
(5) 다음은 덕산기업㈜의 법인차량 관련 자료이다. 아래의 차량은 모두 영업관리부에서 업무용으로 사용 중이며 임직원전용보험에 가입하고 법인업무용 전용번호판을 적법하게 부착하였다. 다음 자료를 이용하여 [업무용승용차등록] 및 [업무용승용차관련비용명세서]를 작성하고 관련 세무조정을 하시오. (단, 당사는 부동산임대업을 영위하지 않는다) (6점)

[27로2727] 소나타 (자가)
- 코드 : 101
- 취득일 : 2023년 5월 1일
- 취득가액 : 34,000,000원(부가가치세 포함)
- 감가상각비 : 6,800,000원
- 유류비 : 2,000,000원(부가가치세 포함)
- 보험료 : 1,000,000원(올해분)
- 자동차세 : 520,000원
- 보험기간 : 2023. 5. 1.~2024. 4. 30.
         2024. 5. 1.~2025. 4. 30.
- 2024년 운행일지 : 미작성

[38호2929] 제네시스 (렌트)
- 코드 : 102
- 임차일 : 2024년 9월 1일
- 월 렌트료 : 1,320,000원(부가가치세 포함)
- 렌트기간 : 2024. 9. 1.~2026. 8. 31.
- 유류비 : 2,200,000원(부가가치세 포함)
- 보험기간 : 2024. 9. 1.~2025. 8. 31.
- 2024년 운행일지 : 10,000㎞(업무용 사용거리 9,000㎞)

▶ 정답 및 해설 | p.95

제104회 기출문제

✅ 다시 봐야 할 문제(틀린 문제, 풀지 못한 문제, 헷갈리는 문제 등)는 회독별로 문제 번호 위 네모박스(□)에 체크하여 반복 학습할 수 있습니다.

이론시험

다음 문제를 보고 알맞은 것을 골라 [이론문제 답안작성] 메뉴에 입력하시오. (객관식 문항당 2점)

● 기 본 전 제 ●

문제에서 한국채택국제회계기준을 적용하도록 하는 전제조건이 없는 경우, 일반기업회계기준을 적용한다.

□□□
1. 다음 중 일반기업회계기준상 재무제표에 대한 설명으로 잘못된 것은?

① 유동자산은 당좌자산과 재고자산으로 구분하고, 비유동자산은 투자자산, 유형자산, 무형자산, 기타비유동자산으로 구분한다.
② 정상적인 영업주기 내에 판매되는 재고자산은 보고기간종료일부터 1년 이내에 실현되지 않더라도 유동자산으로 분류한다.
③ 자본은 자본금, 자본잉여금, 자본조정, 기타포괄손익누계액 및 이익잉여금(또는 결손금)으로 구분한다.
④ 원칙적으로 당기 재무제표에 보고되는 모든 계량정보에 대해 전기 비교정보를 공시하지만 비계량정보의 경우에 비교정보는 재무제표에 이를 포함할 수 없다.

□□□
2. 일반기업회계기준에 따른 수익인식기준에 대한 설명 중 옳지 않은 것은?

① 광고제작수수료는 광고 제작 진행률에 따라 수익을 인식한다.
② 할부판매는 원칙적으로 이자 부분을 제외한 판매가격에 해당하는 수익을 인도시점에 인식한다.
③ 건설형 공사계약의 경우 원칙적으로 공사 완성 시점에 수익을 인식한다.
④ 부동산의 판매수익은 법적 소유권이 구매자에게 이전되는 시점(다만, 그 전에 소유에 따른 위험과 보상이 실질적으로 이전되는 경우에는 그 시점)에 인식한다.

3. 재고자산에 대한 설명 중 옳지 않은 것은?

① 재고자산을 저가법으로 평가하는 경우, 원재료의 현행대체원가는 순실현가능가치에 대한 최선의 이용가능한 측정치로 활용될 수 있다.

② 저가법 적용에 따라 평가손실을 초래한 상황이 해소되어 시가가 최초의 장부금액을 초과하는 경우 시가금액으로 평가손실을 환입한다.

③ 정상적으로 발생한 감모손실은 매출원가에 가산한다.

④ 통상적으로 상호교환 될 수 없는 재고항목이거나 특정 프로젝트별로 생산되는 제품의 원가는 개별법을 사용하여 결정한다.

4. 기말 현재 당기순이익은 10,000,000원으로 계상되어 있다. 아래의 내용을 추가로 고려할 경우 최종적으로 계상될 당기순이익은 얼마인가?

> ㉠ 보통예금으로 외상매입금 20,000,000원을 지출하였다.
> ㉡ 외상매출금 5,000,000원을 보통예금으로 수령하였다.
> ㉢ 사무실 화재보험료 1,200,000원을 12월 1일에 일시납입했고, 이에 대한 선급비용은 1,100,000원으로 계상되어 있다. (보험기간은 올해 12월 1일~내년 11월 30일이며, 선급비용은 월할 계산하였다)

① (−)10,000,000원   ② (−)5,000,000원   ③ 8,900,000원   ④ 10,000,000원

5. 사채의 시장이자율보다 액면이자율이 높은 사채를 발행하고, 매년 유효이자율법에 의해 사채할증발행차금을 상각하는 경우 다음 설명 중 가장 옳지 않은 것은?

① 사채는 할증발행되고, 사채의 장부가액은 액면가액보다 높다.

② 사채의 장부가액은 매년 감소한다.

③ 사채할증발행차금의 상각액은 매년 감소한다.

④ 유효이자율법에 의한 이자비용은 매년 감소한다.

□□□
6. 일정 기간 관련 범위 내에서 조업도 수준의 변동에 따라 총원가가 일정한 모습으로 변동할 때 그 모습을 원가행태라고 한다. 원가행태에 대한 설명으로 틀린 것은?

① 변동원가는 관련범위 내에서 조업도의 변동에 정비례하여 총원가 변동하는 원가를 말하며, 단위당 변동원가는 조업도의 변동에 관계없이 일정하다.
② 준고정원가는 조업도와 관계없이 발생하는 고정원가와 조업도의 변동에 비례하여 발생하는 변동원가로 구성된 원가를 말한다.
③ 고정원가의 단위당 원가는 조업도의 증감과 반대로 변동한다.
④ 관련범위 내에서 조업도의 변동에 관계없이 총원가가 일정한 원가를 고정원가라고 하며, 총원가가 조업도의 변동에 아무런 영향을 받지 않는다.

□□□
7. 다음 중 개별원가계산과 종합원가계산에 대한 설명으로 가장 틀린 것은?

① 개별원가계산은 다품종소량생산에, 종합원가계산은 소품종대량생산에 적합한 원가계산방식이다.
② 개별원가계산은 정확한 원가계산이 가능하나, 종합원가계산은 원가계산의 정확도가 떨어진다.
③ 개별원가계산은 완성품환산량을 산정해야 하며, 종합원가계산은 제조간접비를 배부해야 한다.
④ 개별원가계산은 조선업, 항공기제조업 등의 업종에 주로 사용되나, 종합원가계산은 자동차, 전자제품 등의 업종에서 주로 사용되는 원가계산 방식이다.

□□□
8. 다음의 자료에 의하여 종합원가계산에 의한 가공비의 완성품환산량을 계산하시오. (단, 가공비는 가공 과정 동안 균등하게 발생한다고 가정한다)

• 기초재공품 : 400개(완성도 40%)   • 당기 착수량 : 800개
• 기말재공품 : 300개(완성도 60%)   • 당기 완성량 : 900개

	평균법	선입선출법
①	1,000개	900개
②	1,080개	920개
③	920개	1,080개
④	1,080개	900개

□□□

9. 부문별원가계산 시 보조부문원가를 제조부문에 배분하는 방법에 대한 설명으로 틀린 것은?

① 보조부문 상호 간의 용역수수를 인식하는지 여부에 따라 직접배분법, 단계배분법, 상호배분법으로 구분된다.

② 보조부문 간의 용역수수관계가 중요한 경우 직접배분법을 적용하여 부문별원가를 배분하게 되면 원가배분의 왜곡을 초래할 수 있다.

③ 제조간접비를 부문별 제조간접비 배부율에 따라 배부하는 경우 각 제조부문의 특성에 따라 제조간접원가를 배부하기 때문에 공장 전체 제조간접원가 배부율에 따라 배부하는 것보다 정확한 제품원가를 계산할 수 있다.

④ 상호배분법은 보조부문의 원가배분 순서에 따라 배분원가가 달라진다.

□□□

10. ㈜시후의 올해 11월 직접노무비에 관한 내용이 다음과 같을 경우, 직접노무비 임률차이는 얼마인가?

> • 실제 직접노무비 발생액 : 180,000원 　　• 실제 직접노동시간 : 33,000시간
> • 표준 직접노동시간 : 34,000시간 　　• 직접노무비 능률차이 : 5,000원(유리)

① 유리한 차이 5,000원　　　　　　　② 불리한 차이 5,000원

③ 불리한 차이 12,000원　　　　　　 ④ 불리한 차이 15,000원

□□□

11. 다음 중 부가가치세법상 수정(전자)세금계산서 발급사유와 발급절차에 관한 설명으로 잘못된 것은?

① 상대방에게 공급한 재화가 환입된 경우 수정(전자)세금계산서의 작성일은 재화가 환입된 날을 적는다.

② 계약의 해제로 재화·용역이 공급되지 않은 경우 수정(전자)세금계산서의 작성일은 계약해제일을 적는다.

③ 계약의 해지 등에 따라 공급가액에 추가 또는 차감되는 금액이 발생한 경우 수정(전자)세금계산서의 작성일은 증감사유가 발생한 날을 적는다.

④ 재화·용역을 공급한 후 공급시기가 속하는 과세기간 종료 후 25일 이내에 내국신용장이 개설된 경우 수정(전자)세금계산서의 작성일은 내국신용장이 개설된 날을 적는다.

□□□
12. 다음 중 부가가치세법상 면세와 영세율에 대한 설명으로 가장 틀린 것은?

① 면세의 경우 매입세액이 환급되지 않으나 영세율의 경우 매입세액의 전액 환급이 가능할 수 있다.
② 면세 대상은 주로 기초생활필수품 등의 재화의 공급이나 영세율 대상은 주로 수출 등 외화획득 재화의 공급이다.
③ 면세는 완전면세 제도이나 영세율은 부분면세 제도이다.
④ 면세사업자는 부가가치세법상 사업자가 아니나 영세율 사업자는 부가가치세법상 사업자이다.

□□□
13. 다음 중 소득세법상 종합소득과세표준 확정신고 대상자는?

① 공적연금소득과 양도소득이 있는 자
② 퇴직소득과 연말정산대상 근로소득이 있는 자
③ 일용근로소득과 연말정산대상 사업소득이 있는 자
④ 분리과세 이자소득과 사업소득에서 결손금이 발생한 자

□□□
14. 다음 중 소득세법상 결손금과 이월결손금에 관한 내용으로 틀린 것은?

① 사업소득의 이월결손금은 사업소득 → 근로소득 → 연금소득 → 기타소득 → 이자소득 → 배당소득의 순서로 공제한다.
② 사업소득의 이월결손금은 해당 이월결손금이 발생한 과세기간의 종료일부터 15년 이내에 끝나는 과세기간의 소득금액을 계산할 때 과거에 발생한 과세기간의 이월결손금부터 순서대로 공제한다.
③ 결손금 및 이월결손금을 공제할 때 해당 과세기간에 결손금이 발생하고 이월결손금이 있는 경우에는 결손금을 먼저 소득금액에서 공제한다.
④ 주거용 건물 임대 외의 부동산임대업에서 발생한 이월결손금은 타소득에서 공제할 수 있다.

□□□
15. 법인세법상 손익귀속시기에 관한 다음의 설명 중 가장 옳지 않은 것은?

① 지급기간이 1년 이하인 단기임대료는 원칙적으로 계약상 지급일을 귀속사업연도로 하나, 기간경과분에 대하여 임대료를 수익으로 계상한 경우에는 이를 익금으로 인정한다.
② 용역제공에 의한 손익 귀속사업연도에서 기업회계기준에 근거하여 인도기준으로 회계처리한 경우 이를 인정한다.
③ 중소기업의 계약기간 1년 미만인 건설의 경우라 하여도 수익과 비용을 각각 그 목적물의 인도일이 속하는 사업연도의 익금과 손금에 산입할 수 없다.
④ 자산을 타인에게 위탁하여 판매하는 경우에는 수탁자가 그 자산을 판매한 날이 속하는 사업연도를 귀속사업연도로 한다.

실무시험

㈜진산산업(회사코드 : 4004)은 제조·도소매업을 영위하는 중소기업이며, 당기(제10기) 회계기간은 2024. 1. 1.~2024. 12. 31.이다. 전산세무회계 수험용 프로그램을 이용하여 다음 물음에 답하시오.

● 기 본 전 제 ●

• 문제에서 한국채택국제회계기준을 적용하도록 하는 전제조건이 없는 경우, 일반기업회계기준을 적용하여 회계처리한다.
• 문제의 풀이와 답안작성은 제시된 문제의 순서대로 진행한다.

문제 1 다음 거래에 대하여 적절한 회계처리를 하시오. (12점)

● 입력 시 유의사항 ●

• 일반적인 적요의 입력은 생략하지만, 타계정 대체거래는 적요번호를 선택하여 입력한다.
• 세금계산서·계산서 수수거래 및 채권·채무 관련 거래는 별도의 요구가 없는 한 반드시 기등록된 거래처코드를 선택하는 방법으로 거래처명을 입력한다.
• 제조경비는 500번대 계정코드를, 판매비와관리비는 800번대 계정코드를 사용한다.
• 회계처리 시 계정과목은 등록된 계정과목 중 가장 적절한 과목으로 한다.
• 매입매출전표를 입력하는 경우 입력화면 하단의 분개까지 처리하고, 세금계산서 및 계산서는 전자 여부를 입력하여 반영한다.

□□□
(1) 1월 15일 ㈜진산산업은 영업부에서 사용할 업무용승용차(2,000cc)를 이용하기 위하여 현주캐피탈㈜과 리스계약(운용리스)을 체결하고 다음의 전자계산서를 수취하였다. 임차료는 익월 5일, 보통예금에서 지급된다. (3점)

전자계산서						승인번호			
공급자	등록번호	123-88-78774	종사업장 번호		공급받는자	등록번호	321-81-00129	종사업장 번호	
	상호 (법인명)	현주캐피탈㈜	성명	박현주		상호 (법인명)	㈜진산산업	성명	오현경
	사업장 주소	경기도 성남시 분당구				사업장 주소	서울시 마포구 상암동 1605		
	업태	금융업	종목	시설대여업		업태	제조 외	종목	전자제품
	이메일					이메일			
작성일자		공급가액			수정사유			비고	
20xx-01-15		700,000원			해당 없음				
월	일	품목	규격	수량		단가	공급가액		비고
1	15	리스료(123하1234)				700,000원	700,000원		
합계금액		현금		수표		어음	외상미수금	위 금액을 (청구) 함	
700,000원							700,000원		

□□□

(2) 2월 1일 만기 3년짜리 액면금액 50,000,000원인 사채를 48,000,000원에 할인발행하여 50,000원의 사채발행비를 제외한 금액이 보통예금으로 입금되었다. (3점)

□□□

(3) 3월 3일 회사는 사용 중이던 차량운반구를 중고차상사인 ㈜사랑최고사에 매각하고 전자세금계산서를 발급하였으며 매각대금은 당일 전액 보통예금으로 이체받았다. 결산서상 해당 차량운반구의 내역은 다음과 같다. (3점)

- 장부상 취득가액 55,000,000원
- 매각 시 감가상각누계액 40,000,000원

							전자세금계산서			승인번호			
공급자	등록번호	321-81-00129	종사업장 번호			공급받는자	등록번호	126-87-10121	종사업장 번호			
	상호 (법인명)	㈜진산산업	성명	오현경			상호 (법인명)	㈜사랑최고사	성명		이차량	
	사업장 주소	서울시 마포구 상암동 1605					사업장 주소	경기도 이천시 가로1번길 21 - 26				
	업태	제조 외	종목	전자제품			업태	도소매	종목		중고차	
	이메일						이메일					

작성일자	공급가액	세액	수정사유	비고
20xx-03-03	20,000,000원	2,000,000원	해당 없음	

월	일	품목	규격	수량	단가	공급가액	세액	비고
3	3	10수3325 차량대금		1	20,000,000원	20,000,000원	2,000,000원	

합계금액	현금	수표	어음	외상미수금	위 금액을 (영수) 함
22,000,000원	22,000,000원				

□□□

(4) 3월 21일 1월 21일에 2개월 후 상환조건으로 ㈜최강에 외화로 단기 대여한 $5,000에 대하여 만기가 도래하여 회수한 후 원화로 환전하여 보통예금 계좌에 이체하였다. (대여 시 환율은 $1당 1,800원, 회수 시 환율은 $1당 1,860원이다) (3점)

문제 2 다음 주어진 요구사항에 따라 부가가치세신고서 및 부속서류를 작성하시오. (10점)

□□□
(1) 다음 자료를 바탕으로 올해 2기 부가가치세 예정신고기간(7월 1일~9월 30일)의 [수출실적명세서] (거래처명은 생략) 및 [영세율매출명세서]를 작성하시오. (단, 매입매출전표 입력은 생략한다) (4점)

1. 기준환율

일자	7월 14일	7월 31일	9월 25일	9월 30일
환율	₩1,250/$	₩1,230/$	₩1,210/$	₩1,200/$

2. 매출 내역 (모두 [수출실적명세서]에 기재함)
   (1) 수출실적내용

수출신고번호	선적일자	대금결제일	통화	금액
34554-67-7698012	7월 14일	7월 31일	USD	$10,000

   (2) 기타영세율(국내에서 외국법인에게 공급한 재화에 해당함)

서류명	발급자	발급일자	공급일자	통화	금액
외화입금증명서	신한은행	9월 30일	9월 25일	USD	$20,000

□□□
(2) 다음 자료는 올해 1기 부가가치세 확정신고에 대한 매입 관련 전자세금계산서 내역이다. [공제받지 못할매입세액명세서]를 작성하시오. (단, 전표 입력은 생략한다) (4점)

- 4월 10일 : 원재료(공급가액 5,000,000원, 부가가치세 500,000원)를 구입하고 세금계산서를 수취하였다. (세금계산서에 공급받는자의 상호가 누락된 점이 발견되었다)
- 4월 12일 : 대표이사가 개인적 용도로 사용하기 위하여 승용차(배기량 990cc)를 15,000,000원(부가가치세 별도)에 구입하고 세금계산서를 발급받았다.
- 4월 20일 : 거래처에 접대목적으로 제공하기 위하여 접대용 물품을 500,000원(부가가치세 별도)에 구입하고 세금계산서를 발급받았다.
- 5월 10일 : 공장용 토지의 취득과 관련하여 지출한 중개수수료 3,000,000원(부가가치세 별도)을 지출하고 세금계산서를 발급받았다.
- 5월 29일 : 복리후생목적으로 상품(공급가액 2,000,000원, 부가가치세 200,000원)을 구입하였으나 공급시기에 세금계산서를 수취하지 못하였다. 하지만 올해 1기 확정신고기한 이내에 세금계산서를 수취하였다.

□□□
(3) 다음의 전산에 입력된 자료를 이용하여 올해 2기 확정신고기간의 [부가가치세신고서]를 작성하여 마감하고 국세청 홈택스에 전자신고 하시오. (2점)

1. 매출 및 매입자료(아래의 자료 외 다른 매출 및 매입은 없으며, 세액공제는 고려하지 않는다)
   • 매출전자세금계산서 공급가액 : 90,000,000원(부가가치세 별도)
   • 매입전자세금계산서 공급가액 : 75,000,000원(부가가치세 별도, 일반매입분)

2. 유의사항
   • 부속서류 및 부가가치세신고서는 입력된 자료를 조회하여 사용한다.
   • 마감 및 전자신고 시 오류는 발생하지 않아야 한다.
   • 신고서 마감 → [전자신고] → [국세청 홈택스 전자신고변환(교육용)] 순으로 진행한다.
   • 전자신고용 전자파일 제작 시 신고인 구분은 2.납세자 자진신고로 선택하고, 비밀번호는 "12345678"로 입력한다.
   • 전자신고용 전자파일 저장경로는 로컬디스크(C :)이며, 파일명은 "enc작성연월일.101. v3218100129"이다.
   • 최종적으로 국세청 홈택스에서 [전자파일 제출하기]를 완료한다.

문제 3 다음의 결산정리사항에 대하여 결산정리분개를 하거나 입력을 하여 결산을 완료하시오. (8점)

□□□
(1) 다음의 자료를 이용하여 제2기 부가가치세 확정신고기간에 대한 부가세대급금과 부가세예수금을 정리하는 분개를 입력하시오. (납부세액은 미지급세금으로 계상하고 환급세액은 미수금으로 계상하되, 거래처는 입력하지 말 것) (2점)

• 부가세대급금 : 7,500,000원　　　　• 부가세예수금 : 9,000,000원

□□□
(2) 올해 7월 1일에 50,000,000원을 차입하고 연 10%의 이자율로 이자를 지급하기로 하였다. 이자는 1년이 되는 날에 지급하기로 하여 올해 12월 31일 현재 미지급하였다. (단, 이자비용은 월할 계산할 것) (2점)

□□□
(3) 보유 중인 매도가능증권의 자료는 다음과 같다. 결산일의 필요한 회계처리를 하시오. (2점)

> 1. 매도가능증권 취득내역
>   - 취득일 및 취득한 주식수 : 올해 12월 1일, 300주
>   - 취득가액(주당) : 30,000원
>   - 취득 시 직접 관련된 거래원가 : 주당 1,000원
> 2. 결산일 현재 공정가치(주당) : 32,000원
> 3. 회사는 매도가능증권 취득 시 일반기업회계기준에 따라 취득원가를 계상하였다.

□□□
(4) 당사는 올해 9월 1일 제조공장에서 사용할 기계장치(120,000,000원)를 취득하였는데 취득 시 국고보조금 40,000,000원을 수령하였다. 해당 기계장치는 정액법(내용연수 5년, 잔존가치 없음)으로 월할 상각한다. (단, 기계장치는 10월 1일부터 사용이 개시되었다) (2점)

문제 4 원천징수와 관련된 다음의 물음에 답하시오. (10점)

□□□
(1) 당회사는 올해 9월 귀속, 10월 지급의 원천징수 신고를 11월 10일에 수행하였다. 다만, 회계담당자의 실수로 인하여 11월 20일에 다음의 사업소득자료가 누락된 것을 발견하였다. 누락된 사업소득자료를 [원천징수이행상황신고서]에 입력하고, 원천징수 관련 가산세를 반영하여 올해 9월 귀속, 10월 지급 [원천징수이행상황신고서]를 작성하시오. (단, 수정신고서를 작성하며 수정차수는 1차이고 추가납부세액은 11월 30일에 신고·납부하는 것으로 한다) (3점)

> 1. 정기급여신고 자료
>
> | 인원 | 총급여 | 징수세액 |
> | --- | --- | --- |
> | 6 | 30,000,000원 | 2,632,350원 |
>
> 2. 중간퇴사자 자료
>
> | 인원 | 총급여 | 징수세액 |
> | --- | --- | --- |
> | 1 | 5,000,000원 | △880,000원 |
>
> 3. 사업소득 자료(귀속연월일 9월 30일)
>
> | 코드 | 성명 | 지급일 | 주민등록번호 | 지급액 | 내용 | 소득구분코드 |
> | --- | --- | --- | --- | --- | --- | --- |
> | 100 | 김미영 | 10월 31일 | 790101-1234567 | 3,000,000원 | 강사료 | 940903 |

□□□
(2) 다음의 자료와 유의사항을 토대로 이준혁(사번 : 16)의 연말정산과 관련된 자료를 [연말정산추가
　　자료입력] 메뉴에 입력하시오. (단, [연말정산입력] 탭에 지출액이 입력되지 않을 경우, [부양가족]
　　탭에 입력하고 **F8 부양가족탭불러오기** 를 클릭할 것) (7점)

1. 부양가족 현황

성명	관계	연령(만)	비고
이준혁	본인	46세	무주택 세대주, 총급여액 7,500만 원
이혁진	아버지	72세	총급여액 500만 원
최민순	어머니	66세	장애인복지법상 장애인
장미정	배우자	42세	소득 없음
이미숙	여동생	34세	소득 없음
이시연	자녀	14세	중학생, 소득 없음
이채연	자녀	6세	취학전아동, 소득 없음

2. 연말정산 관련 자료 (모두 국세청 홈택스에서 조회한 자료임)

항목	내용
보험료	• 본인 : 보장성보험료 60만 원 • 자녀(이시연) : 상해보험료 100만 원
의료비	• 어머니 : 보청기 구입비 150만 원, 질병 치료 목적 한약 구입비 30만 원 • 배우자 : 질병치료비 100만 원(실손의료보험금 40만 원을 지급받음)
교육비	• 자녀(이시연) : 방과후학교 수업비 70만 원, 교복 구입비 60만 원 • 자녀(이채연) : 유치원 수업료 250만 원, 합기도장 수업료(월 단위 실시, 1주 5일 수업) 30만 원
기부금	• 본인 : 정치자금기부금(금전) 10만 원
월세, 주택임차 차입금	• 임대인 : 김정순(530820 – 2045891)　　• 임차인 : 이준혁 • 주택유형 : 단독주택　　• 주택계약면적 : 84㎡ • 임대차계약서상 주소지(주민등록표 등본의 주소지) : 서울시 서초구 서초로 45 • 임대차계약 기간 : 2023. 6. 1.~2025. 5. 31. • 매월 월세액 : 100만 원(2024년 총 지급액 1,200만 원)
신용카드 등 사용액	• 본인 신용카드 : 2,500만 원(전통시장사용분 100만 원 및 회사경비로 처리한 150만 원 포함) • 본인 현금영수증 : 중고자동차 구입비 1,400만 원, 합기도장 수업료 30만 원(위 자녀 이채연의 교육비 지출액임) • 전년 대비 소비증가분은 없음

3. 유의사항
　• 부양가족의 소득·세액공제 내용 중 이준혁이 공제받을 수 있는 내역은 모두 이준혁이 공제받는 것
　　으로 한다.
　• [월세, 주택임차차입] 탭은 월세액 세액공제 대상이 아니면 작성하지 말 것

문제 5 장수기업㈜(회사코드 : 4104)은 금속제품을 생산하고 제조·도매업을 영위하는 중소기업이며, 당해 사업연도(제12기)는 2024. 1. 1.~2024. 12. 31.이다. [법인조정] 메뉴를 이용하여 기장되어 있는 재무회계 장부 자료와 제시된 보충자료에 의하여 해당 사업연도의 세무조정을 하시오. (30점) ※ 회사 선택 시 유의하시오.

● **작성대상서식** ●

1. 기업업무추진비조정명세서
2. 미상각자산감가상각조정명세서, 감가상각비조정명세서합계표
3. 외화자산등평가차손익조정명세서
4. 소득금액조정합계표
5. 기부금조정명세서

□□□
(1) 아래의 내용을 바탕으로 당사의 [기업업무추진비조정명세서]를 작성하고, 필요한 세무조정을 하시오. (단, 세무조정은 각 건별로 행하는 것으로 한다) (6점)

1. 손익계산서상 매출액과 영업외수익은 아래와 같다.

구분	매출액	특이사항
제품매출	2,000,000,000원	
상품매출	1,202,000,000원	특수관계자에 대한 매출액 100,000,000원 포함
영업외수익	50,000,000원	부산물 매출액
합계	3,252,000,000원	

2. 손익계산서상 기업업무추진비(판관비) 계정의 내역은 아래와 같다.

구분	금액	비고
상무이사 개인경비	1,000,000원	현금 지출분
법인신용카드 사용분	45,000,000원	전액 3만 원 초과분
법정증빙서류 없는 기업업무추진비	500,000원	간이영수증 수취 1건
합계	46,500,000원	

3. 한편 당사는 자사 제품(원가 1,000,000원, 시가 1,500,000원)을 거래처에 사업상 증정하고 아래와 같이 회계처리하였다.

(차) 광고선전비(판관비)　　1,150,000원　　(대) 제품　　　　　　　　1,000,000원
　　　　　　　　　　　　　　　　　　　　　부가세예수금　　　　　　150,000원

(2) 다음의 고정자산에 대하여 감가상각비조정에서 [고정자산등록], [미상각자산감가상각조정명세서] 및 [감가상각비조정명세서합계표]를 작성하고 세무조정을 하시오. (6점)

구분	코드	자산명	취득일	취득가액	전기말 감가상각누계액	회사계상 상각비	구분	업종
건물	101	공장건물	2021. 3. 20.	400,000,000원	27,500,000원	8,000,000원	제조	연와조
기계장치	102	절단기	2022. 7. 1.	30,000,000원	20,000,000원	5,000,000원	제조	제조업

- 회사는 감가상각방법을 무신고하였다.
- 회사가 신고한 내용연수는 건물(연와조) 40년, 기계장치 5년이며, 이는 세법에서 정하는 범위 내의 기간이다.
- 회사는 공장건물의 승강기 설치비용(자본적 지출) 30,000,000원을 당기 수선비로 회계처리하였다.
- 기계장치(절단기)의 전기말 상각부인액은 5,000,000원이다.

(3) 다음 자료를 토대로 [외화자산등평가차손익조정명세서(갑),(을)]를 작성하고, 관련 세무조정을 [소득금액합계표]에 반영하시오. (6점)

1. 외화예금	2. 외화차입금
• 발생일자 : 당해연도 7월 10일 • 외화종류 : USD • 외화금액 : $12,000 • 발생 시 적용환율 : $1 = 1,800원 • 사업연도 종료일 매매기준율 : $1 = 1,960원	• 발생일자 : 당해연도 9월 17일 • 외화종류 : USD • 외화금액 : $7,500 • 발생 시 적용환율 : $1 = 1,890원 • 사업연도 종료일 매매기준율 : $1 = 1,960원

1. 당기 결산 회계처리 시 외화자산과 외화부채에 대한 평가를 하지 않았다.
2. 법인세 신고 시 외화자산 및 외화부채의 평가에 적용되는 환율은 사업연도 종료일의 매매기준율로 신고되어 있다.
3. 당기 화폐성 외화자산과 외화부채는 위의 자료뿐이다.
4. 세무조정은 각 자산 및 부채별로 한다.

□□□
(4) 다음의 자료를 이용하여 각 세무조정사항을 [소득금액조정합계표]에 반영하시오. (6점)

계정과목	금액	비고
임차료	12,600,000원	업무용승용차(렌트차량)에 대한 감가상각비상당액 : 12,600,000원 업무용승용차 감가상각비 한도액 : 8,000,000원
매도가능증권평가손실	3,000,000원	기말 현재 자본에 계상되어 있다.
법인세비용	7,200,000원	당기 손익계산서상에는 법인세 및 법인분지방소득세 합계 금액 7,200,000원이 계상되어 있다.
세금과공과금	72,000원	부가가치세 납부지연가산세가 계상되었다.
선급비용	1,200,000원	올해 12월 1일 선불로 지급한 1년분(올해 12. 1.~내년 11. 30.) 사무실 임차료 총액이며, 전액 선급비용으로 계상하였다. (월할 계산할 것)

□□□
(5) 다음은 장수기업㈜의 기부금과 관련된 자료이다. 다음 자료를 보고 [기부금조정명세서]를 작성하고 필요한 세무조정을 하시오. (단, 기존 자료는 무시하고 주어진 자료만을 이용하도록 한다) (6점)

1. 손익계산서상 기부금 내역
   • 3월 20일 천재지변으로 피해를 입은 이재민 구호금 : 4,000,000원
   • 5월 8일 어버이날을 맞아 인근 경로당 후원 : 2,000,000원
   • 10월 10일 교회 건물신축을 위하여 교회에 당사가 발행하여 지급한 약속어음(만기 : 내년 1월) : 10,000,000원
   • 11월 11일 사회복지사업법에 따른 사회복지법인에 지급한 고유목적사업비 : 7,500,000원
2. 손익계산서상 당기순이익은 45,000,000원이다.
3. 기부금 세무조정 전 손금불산입액은 1,800,000원이며, 손금산입액은 0원이다.

▶ 정답 및 해설 | p.110

제103회 기출문제

✅ 다시 봐야 할 문제(틀린 문제, 풀지 못한 문제, 헷갈리는 문제 등)는 회독별로 문제 번호 위 네모박스(□)에 체크하여 반복 학습할 수 있습니다.

이론시험

다음 문제를 보고 알맞은 것을 골라 [이론문제 답안작성] 메뉴에 입력하시오. (객관식 문항당 2점)

━━━━━ ● 기 본 전 제 ● ━━━━━
문제에서 한국채택국제회계기준을 적용하도록 하는 전제조건이 없는 경우, 일반기업회계기준을 적용한다.

□□□
1. 다음 중 현금및현금성자산과 장기금융자산에 대한 설명으로 틀린 것은?

① 현금성자산은 이자율의 변동에 따른 가치변동이 커야 한다.
② 취득일로부터 3개월 이내 만기가 도래하는 정기예금은 현금성자산으로 분류한다.
③ 결산일로부터 1년 이후 만기가 도래하는 금융상품은 장기금융자산으로 분류한다.
④ 타인발행당좌수표는 현금으로 분류한다.

□□□
2. 다음 중 유형자산의 취득원가에 포함되지 않는 것은?

> 가. 새로운 상품과 서비스를 소개하는 데에 발생하는 지출액
> 나. 유형자산이 정상적으로 작동하는지 여부를 시험하는 과정에서 발생하는 지출액
> 다. 유형자산의 설치장소 준비를 위하여 발생하는 지출액
> 라. 자산을 보유하면서 원상복구를 위해 발생되는 지출액

① 가   ② 나, 다   ③ 다, 라   ④ 가, 라

3. 다음은 자산과 부채의 유동성과 비유동성 구분에 대한 설명이다. 가장 옳지 않은 것은?

① 보고기간 종료일로부터 1년 이내에 상환되어야 하는 채무는 보고기간 종료일과 재무제표가 사실상 확정된 날 사이에 보고기간 종료일로부터 1년을 초과하여 상환하기로 합의한 경우에는 비유동부채로 분류한다.

② 투자자산에 속하는 매도가능증권 또는 만기보유증권 등의 비유동자산 중 1년 이내에 실현되는 부분은 유동자산으로 분류한다.

③ 정상적인 영업주기 내에 판매되거나 사용되는 재고자산은 보고기간 종료일로부터 1년 이내에 실현되지 않더라도 유동자산으로 분류한다.

④ 단기차입금 및 유동성장기차입금 등은 보고기간 종료일로부터 1년 이내에 상환되어야 하므로 영업주기와 관계없이 유동부채로 분류한다.

4. ㈜세무는 아래의 조건으로 사채를 발행하였다. 사채의 발행방법 및 장부가액, 상각(환입)액, 이자비용의 변동으로 올바른 것은? (단, 사채이자는 유효이자율법에 따라 상각 및 환입한다)

> • 발행일 : 20x1년 1월 1일
> • 액면가액 : 2,000,000원
> • 만기 : 3년
> • 이자는 매년 말 지급
> • 액면이자율 : 연 12%
> • 유효이자율 : 연 10%

	발행방법	장부가액	상각(환입)액	이자비용
①	할인발행	매년 증가	매년 감소	매년 감소
②	할인발행	매년 증가	매년 증가	매년 증가
③	할증발행	매년 감소	매년 감소	매년 증가
④	할증발행	매년 감소	매년 증가	매년 감소

5. 다음 중 재무상태표상의 자본에 대한 설명으로 옳은 것은?

① 자본금은 법정자본금으로 발행주식 수에 발행금액을 곱하여 계산한다.

② 보통주자본금과 우선주자본금은 자본금으로 통합하여 표시할 수 있다.

③ 자본잉여금은 주주와의 거래에서 발생하여 자본을 증가시키는 잉여금으로, 주식발행초과금, 자기주식처분이익, 감자차익, 감자차손을 포함한다.

④ 자본조정은 당해 항목의 성격으로 보아 자본거래에 해당하나 최종 납입된 자본으로 볼 수 없거나 자본의 가감 성격으로 자본금이나 자본잉여금으로 분류할 수 없는 항목이다.

□□□
6. 다음 중 원가행태에 대한 설명으로 가장 틀린 것은?

① 변동원가는 조업도의 변동에 비례하여 총원가가 변동하는 원가로써 직접재료비, 직접노무비가 이에 해당한다.

② 변동원가는 조업도의 증감에 따라 총변동원가는 증감하지만, 단위당 변동원가는 조업도의 변동에 영향을 받지 않는다.

③ 고정원가는 조업도의 변동과 관계없이 총원가가 일정하게 발생하는 원가를 말한다.

④ 준고정원가는 변동원가와 고정원가가 혼합된 원가를 말한다.

□□□
7. 다음 자료를 이용하여 직접재료원가와 직접노무원가를 계산하면 얼마인가?

구분	금액
직접재료원가	? 원
직접노무원가	? 원
제조간접원가	직접노무원가의 150%
가공원가	직접재료원가의 300%
당기총제조원가	1,400,000원

	직접재료원가	직접노무원가
①	350,000원	420,000원
②	350,000원	630,000원
③	420,000원	630,000원
④	420,000원	350,000원

□□□
8. 다음 중 부문별 원가계산에 대한 설명으로 가장 틀린 것은?

① 단계배분법은 보조부문 상호 간의 용역수수 관계를 일부만 반영한다.

② 제조간접비를 정확하게 배부하기 위해 부문별로 분류 및 집계하는 절차이고, 재고가 존재할 경우 배분방법에 따라 총이익이 달라진다.

③ 상호배분법은 보조부문원가의 배분이 배분 순서에 의해 영향을 받는다.

④ 보조부문이 하나인 경우 변동제조간접비와 고정제조간접비의 구분에 따라 단일배부율법과 이중배부율법을 적용할 수 있다.

9. 당사는 선입선출법에 따른 종합원가계산에 의하여 제품의 원가를 계산한다. 당기에 발생한 가공비는 15,000,000원이고 가공비 완성품환산량 단위당 원가는 10,000원이다. 다음의 재공품 완성도를 참고하여 기말재공품 완성도를 구하시오. (단, 가공비는 공정 전반에 걸쳐 균등하게 발생한다)

구분	수량	완성도
기초재공품	400개	30%
당기완성품	1,600개	100%
기말재공품	50개	?

① 20%   ② 30%   ③ 40%   ④ 70%

10. 다음 중 표준원가계산에 대한 설명으로 가장 틀린 것은?

① 표준원가계산은 사전에 객관적이고 합리적인 방법에 의하여 산정한 원가를 이용하되 그 표준원가는 회사 사정을 고려하여 현실적으로 달성 가능하도록 설정하여야 한다.

② 표준원가계산제도는 내부 의사결정을 위한 제도이다.

③ 예산과 실제원가의 차이분석을 통하여 효율적인 원가 통제의 정보를 제공한다.

④ 기말에 원가차이를 매출원가에서 조정할 경우 불리한 차이는 매출원가에서 차감하고 유리한 차이는 매출원가에 가산한다.

11. 다음 중 법인세법상 신고조정사항과 결산조정사항에 대한 설명으로 가장 틀린 것은?

① 신고조정사항은 객관적인 외부거래 없이 내부적인 계상 항목들에 대하여 손금산입 여부를 임의로 선택할 수 있도록 규정하고 있다.

② 신고조정사항에 해당하는 항목에 대하여 결산서상 수익·비용 금액과 세법상 익금·손금이 다른 경우에는 세무조정을 하여야 한다.

③ 결산조정사항에 해당하는 항목은 결산서에 반드시 손비로 계상해야만 세법상 손금으로 인정된다.

④ 결산조정사항을 제외한 모든 세무조정사항은 신고조정사항에 해당한다.

12. 다음 중 법인세법상 중간예납의무에 대한 설명으로 가장 틀린 것은?

① 사업연도의 기간이 6개월을 초과하는 내국법인은 원칙적으로 각 사업연도 중 중간예납기간에 대한 법인세 중간예납세액을 납부할 의무가 있다.

② 중간예납기간은 해당 사업연도의 개시일부터 6개월이 되는 날까지로 한다.

③ 합병이나 분할에 의하지 아니하고 새로 설립된 법인의 설립 후 최초 사업연도는 제외한다.

④ 직전 사업연도에 중소기업인 내국법인은 직전 사업연도의 산출세액을 기준으로 계산한 중간예납세액이 100만 원 미만인 경우 중간예납세액을 납부할 의무가 없다.

13. 다음 중 소득세법상 비과세소득에 해당하지 않는 것은?

① 1개의 주택을 소유하는 자의 주택임대소득(기준시가가 12억 원을 초과하는 주택 및 국외에 소재하는 주택의 임대소득은 제외)

② 지배주주 등의 특수관계인이 아닌 종업원이 발명진흥법에 따라 사용자로부터 받는 직무발명보상금으로서 연 700만 원 이하의 금액

③ 대금업을 영업으로 하지 않는 자가 타인에게 일시적·우발적으로 금전을 빌려주고 그 대가로 받은 이자 또는 수수료

④ 기타소득 중 서화·골동품을 박물관 또는 미술관에 양도함으로써 발생하는 소득

14. 다음 중 부가가치세법상 공급시기에 대한 설명으로 가장 틀린 것은?

① 사업자가 공급시기가 되기 전에 재화 또는 용역에 대한 대가의 전부를 받고, 그 받은 대가에 대하여 세금계산서를 발급하면 그 세금계산서를 발급하는 때를 공급시기로 본다.

② 공급 단위를 구획할 수 없는 용역을 계속적으로 공급하는 경우 대가의 각 부분을 받기로 한 때를 용역의 공급시기로 본다.

③ 사업자가 폐업 전에 공급한 재화의 공급시기가 폐업일 이후에 도래하는 경우에는 재화를 사용하거나 소비하는 때를 공급시기로 본다.

④ 재화의 공급의제 중 개인적 공급의 경우 재화를 사용하거나 소비하는 때를 공급시기로 본다.

15. 다음 중 부가가치세법상 수정세금계산서의 사유에 따른 절차가 바르게 나열되지 않은 것은?

	사유	발급매수	작성일자	수정신고 유무
①	재화의 환입	1매	환입된 날	수정신고 없음
②	내국신용장 사후개설	2매	내국신용장 개설일	수정신고 없음
③	공급가액 변동	1매	변동된 날	수정신고 없음
④	이중발급(착오)	1매	처음 작성일자	과세기간이 다를 경우 수정신고

㈜사천전자(회사코드 : 4003)는 제조 및 도매업을 영위하는 중소기업이며, 당기는 제11기로 회계기간은 2024. 1. 1.~2024. 12. 31.이다. 전산세무회계 수험용 프로그램을 이용하여 다음의 물음에 답하시오.

● 기 본 전 제 ●

- 문제에서 한국채택국제회계기준을 적용하도록 하는 전제조건이 없는 경우, 일반기업회계기준을 적용하여 회계처리한다.
- 문제의 풀이와 답안작성은 제시된 문제의 순서대로 진행한다.

문제 1 다음 거래에 대하여 적절한 회계처리를 하시오. (12점)

● 입력 시 유의사항 ●

- 일반적인 적요의 입력은 생략하지만, 타계정 대체거래는 적요번호를 선택하여 입력한다.
- 세금계산서·계산서 수수거래 및 채권·채무 관련 거래는 별도의 요구가 없는 한 반드시 기등록된 거래처코드를 선택하는 방법으로 거래처명을 입력한다.
- 제조경비는 500번대 계정코드를, 판매비와관리비는 800번대 계정코드를 사용한다.
- 회계처리 시 계정과목은 등록된 계정과목 중 가장 적절한 과목으로 한다.
- 매입매출전표를 입력하는 경우 입력화면 하단의 분개까지 처리하고, 세금계산서 및 계산서는 전자 여부를 입력하여 반영한다.

□□□
(1) 3월 31일 ㈜세무캐피탈로부터 올해 3월 1일에 5년 할부 지급 조건으로 구입하고 장기미지급금으로 처리한 업무용 승용차의 매입대금과 이자를 아래의 예정상환일에 보통예금 계좌에서 이체하여 지급하였다. (3점)

원리금상환스케줄표

거래처 : ㈜세무캐피탈

회차	예정상환일	할부원리금	원금	이자	잔액
1회차	20xx. 3. 31.	700,000원	650,000원	50,000원	29,350,000원

□□□
(2) 4월 20일 다음은 전기분 이익잉여금처분계산서 내역의 일부이다. 2월 28일에 열린 주주총회에서 확정된 배당을 실시하여 개인 주주에게 소득세 등 원천징수세액 3,080,000원을 차감한 16,920,000원을 보통예금에서 지급하였다. (3점)

과목	금액	
– 중간생략 –		
Ⅲ 이익잉여금 처분액		29,000,000원
1. 이익준비금	2,000,000원	
2. 기업합리화적립금	–	
3. 배당금	20,000,000원	
가. 현금배당	20,000,000원	
4. 사업확장적립금	7,000,000원	

□□□
(3) 7월 1일 국고보조금에 의해 취득한 기계장치를 파란상사에 12,000,000원(부가가치세 별도)에 매각하고 전자세금계산서를 발급하였으며, 대금 중 7,700,000원은 보통예금 계좌로 송금받고 차액은 다음 달에 수령하기로 하였다. 처분 전까지의 감가상각과 관련한 회계처리는 적정하게 처리하였다고 가정하며 관련 자료는 다음과 같다. (3점)

- 기계장치 취득원가 : 35,000,000원
- 국고보조금(기계차감) : 10,000,000원
- 감가상각누계액 : 15,000,000원

□□□
(4) 8월 10일 수년간 거래해온 함박식당(직전 연도 공급대가가 7천만 원인 간이과세자)에서 당사의 제품생산부 소속 직원들이 회식을 하고 식대 550,000원(부가가치세 포함)을 법인카드(하나카드)로 결제하였다. (3점)

다음 주어진 요구사항에 따라 부가가치세신고서 및 부속서류를 작성하시오. (10점)

□□□
(1) ㈜사천전자는 올해 1기 부가가치세 확정신고를 기한 내에 정상적으로 마쳤으나, 신고기한이 지난 후 다음의 오류를 발견하여 정정하고자 한다. 아래의 자료를 이용하여 매입매출전표입력에서 오류사항을 수정 또는 입력하고 제1기 확정신고기간의 [부가가치세신고서(수정신고)]와 [과세표준 및세액결정(경정)청구서]를 작성하시오. (7점)

1. 제1기 확정 부가가치세신고서

일반과세자 부가가치세
[ ] 예정 [V] 확정
[ ] 기한후과세표준   신고서
[ ] 영세율 등 조기환급

관리번호						처리기간	즉시					

신고기간 20xx년 제1기(4월 1일~6월 30일)

사업자	상호(법인명)	㈜사천전자	성명(대표자명)	윤정호	사업자등록번호	6 1 3 - 8 6 - 1 2 3 4 4			
	생년월일	1969-3-3	전화번호		사업장 051-1000-1234	주소지 - -	휴대전화 - -		
	사업장 주소	경상남도 사천시 용현면 시청로 37-8			전자우편 주소				

❶ 신고 내용

구분				금액	세율	세액
과세표준및매출세액	과세	세금계산서 발급분	(1)	32,500,000	10/100	3,250,000
		매입자발행 세금계산서	(2)		10/100	
		신용카드·현금영수증 발행분	(3)	500,000	10/100	50,000
		기타(정규영수증 외 매출분)	(4)			
	영세율	세금계산서 발급분	(5)		0/100	
		기타	(6)		0/100	
	예정신고누락분		(7)			
	대손세액 가감		(8)			
	합계		(9)	33,000,000	㉮	3,300,000
매입세액	세금계산서수취분	일반매입	(10)	15,000,000		1,500,000
		수출기업 수입분 납부유예	(10-1)			
		고정자산 매입	(11)			
	예정신고 누락분		(12)			
	매입자발행 세금계산서		(13)			
	그 밖의 공제매입세액		(14)			
	합계 (10)-(10-1)+(11)+(12)+(13)+(14)		(15)	15,000,000		1,500,000
	공제받지 못할 매입세액		(16)			
	차감계 (15)-(16)		(17)	15,000,000	㉯	1,500,000
납부(환급)세액 (매출세액㉮ -매입세액㉯)					㉲	1,800,000
경감·공제세액	그 밖의 경감·공제세액		(18)			
	신용카드매출전표등 발행공제 등		(19)	550,000		
	합계		(20)		㉣	
소규모 개인사업자 부가가치세 감면세액			(20-1)		㉤	
예정신고미환급세액			(21)		㉥	
예정고지세액			(22)		㉦	
사업양수자의 대리납부 기납부세액			(23)		㉧	
매입자 납부특례 기납부세액			(24)		㉨	
신용카드업자의 대리납부 기납부세액			(25)		㉩	
가산세액계			(26)		㉪	
차감·가감하여 납부할 세액(환급받을 세액)(㉲-㉣-㉤-㉥-㉦-㉧-㉨-㉩+㉪)			(27)			1,800,000

총괄 납부 사업자가 납부할 세액(환급받을 세액)

2. 오류사항

- 4월 30일 전자세금계산서를 발급한 외상매출금 중 550,000원(부가가치세 포함)을 신용카드로 결제받았는데, 이를 매출로 이중신고함
- 5월 31일 영업부의 제품 판매 관련 운반비 110,000원(부가가치세 포함)을 한주상사에 현금으로 지급하고 종이세금계산서를 발급받았으나 이를 누락함

3. 경정청구이유는 매출 : 신용카드 매출 과다 신고, 매입 : 매입세금계산서합계표 누락으로 한다.
4. 국세환급금 계좌신고는 공란으로 둔다.

□□□
(2) 다음은 올해 2기 부가가치세 예정신고기간(7. 1.~9. 30.)의 자료이다. 매입매출전표입력은 생략하고, [신용카드매출전표등발행금액집계표]를 작성하시오. (3점)

1. 7월 7일 : 제품을 김 씨에게 공급하고 현금영수증을 발행하였다.
   (공급가액 : 1,500,000원, 부가가치세 : 150,000원)

2. 8월 8일 : 제품을 나 씨에게 판매하고 세금계산서를 발급하였으며 신용카드로 결제받았다.
   (공급가액 : 1,000,000원, 부가가치세 : 100,000원)

3. 9월 3일 : 면세제품(공급가액 : 500,000원)을 한 씨에게 판매하고 계산서를 발급하였다.
   대금 중 200,000원은 현금영수증을 발급하고, 나머지는 한 씨의 신용카드로 결제받았다.

문제 3 다음의 결산정리사항에 대하여 결산정리분개를 하거나 입력을 하여 결산을 완료하시오. (8점)

□□□
(1) 다음 자료를 이용하여 재무제표의 장기성예금에 대하여 당기(20x2년) 결산일의 적절한 회계처리를 하시오. (2점)

은행명	예금종류	금액	개설일	만기일
대한은행	정기예금	30,000,000원	20x1. 5. 1.	20x3. 4. 30.

□□□
(2) 4월 1일 생산부 공장의 1년치 화재보험료(보험기간 : 올해 4. 1.~내년 3. 31.) 7,500,000원을 동남화재보험에 일시불로 지급하고 선급비용으로 회계처리하였다. 당기분 보험료를 월할로 계산하여 기말 수정분개를 수행하시오. (2점)

□□□
(3) 연말 재고실사 과정에서 다음의 누락 사실을 발견하였다. (2점)

• 광고 선전 목적으로 불특정다수인에게 전달한 제품 : 12,000,000원
• 훼손으로 인해 가치를 상실하여 원가성이 없는 제품 : 3,500,000원

(4) 다음 자료는 회사의 실제 당기 법인세과세표준및세액조정계산서의 일부 내용이다. 입력된 데이터는 무시하며, 법인세비용(법인지방소득세 포함)에 대한 회계처리를 하시오. (2점)

법인세과세표준 및세액조정계산서 일부내용	② 과세표준 계산	⑧ 각사업연도소득금액(⑧ = ⑩)		300,000,000
		⑨ 이월결손금	07	50,000,000
		⑩ 비과세소득	08	
		⑪ 소득공제	09	
		⑫ 과세표준(⑧ − ⑨ − ⑩ − ⑪)	10	250,000,000
기타	위의 모든 자료는 법인세법상 적절하게 산출된 금액이고, 법인세중간예납은 기한 내에 납부하여 선납세금 20,000,000원으로 회계처리하였다.			

문제 4 원천징수와 관련된 다음의 물음에 답하시오. (10점)

(1) 다음은 ㈜사천전자 영업부서의 신유리(사원코드 : 201)에 대한 연말정산자료이다. 신유리의 연말정산 관련 자료를 이용하여 세부담이 최소화되는 방향으로 [연말정산추가자료입력] 메뉴의 [소득명세] 탭, [부양가족] 탭과 [연말정산입력] 탭을 작성하시오. (단, [연말정산입력] 탭에 지출액이 입력되지 않을 경우, [부양가족] 탭에 입력하고 **F8 부양가족탭불러오기** 를 클릭할 것) (8점)

1. 신유리 급여 현황			
근무지	**근무기간**	**총급여**	**공제금액**
㈜영빌리지 152-88-11562	올해 1. 1.~올해 6. 30. (종전 근무지)	15,000,000원	국민연금보험료 675,000원 건강보험료 526,250원 장기요양보험료 64,320원 고용보험료 135,000원 근로소득세 249,780원 지방소득세 24,960원
㈜사천전자 613-86-12344	올해 7. 1.~계속 근무 중 (현재 근무지)	18,000,000원	국민연금보험료 810,000원 건강보험료 629,100원 장기요양보험료 77,160원 고용보험료 162,000원 근로소득세 509,100원 지방소득세 50,880원

2. 가족현황(아래 소득 외 다른 소득은 없으며 세대주는 신유리이다)

관계	성명(주민등록번호)	(만)나이	소득 여부
본인	신유리(760101-2156114)	48세	상기 총급여액에 대한 근로소득금액은 22,800,000원이다.
배우자	박진혁(750501-1234560)	49세	일용근로소득 7,000,000원
장녀	박은서(131101-4516583)	11세	기타소득금액 1,000,000원(퀴즈 대회 상금)
장남	박태수(070601-3456786)	17세	사업소득금액 5,000,000원(청소년 배우)
부친[1]	신장군(540207-1278516)	70세	즉석 복권 당첨금 20,000,000원, 장애인
모친[1]	김은정(550410-2584568)	69세	소득 없음

[1] 부친과 모친은 신유리의 집에서 함께 생활하고 있으며, 부친은 장애인복지법상 장애인에 해당한다.

3. 연말정산자료(모두 국세청 연말정산간소화서비스를 통해 조회된 자료이다)
   (1) 보험료 지출액
      • 본인 : 자동차보험료 600,000원, 보장성보험료 700,000원
      • 장남 : 보장성보험료 500,000원
      • 부친 : 장애인전용보장성보험료 2,000,000원
   (2) 의료비 지출액
      • 배우자 : 건강증진 목적의 보약 300,000원, 시력보정용 콘택트렌즈 300,000원
      • 장녀 : 시력보정용 안경 600,000원
      • 부친 : 장애인 의료기기 임차료 1,000,000원
   (3) 교육비 지출액
      • 장녀 : 초등학교 수업료 1,000,000원, 초등학교 교복 구입비 500,000원
      • 부친 : 장애인 특수교육비 4,000,000원

□□□
(2) 다음 자료는 당사의 4월 급여대장과 사업소득지급대장 일부다. 해당 자료를 참조하여 [원천징수이행상황신고서]를 조회하여 마감한 후 국세청 홈택스 기능을 이용하여 전자신고를 수행하시오. (단, 당사는 반기별 신고 특례 대상자가 아니다) (2점)

<자료1>

4월 급여대장

지급일 : 4월 30일

성명	지급내용				공제내용	
	기본급	직책수당	상여금	급여 계	소득세	지방소득세
홍길동	5,500,000원			5,500,000원	420,000원	42,000원
김정석	2,800,000원			2,800,000원	67,000원	6,700원

<자료2>

사업소득 지급대장

지급연월 : 4월

성명	귀속연월	지급연월일	지급액	소득세	지방소득세	차인지급액
이동자	4월	4월 30일	1,000,000원	30,000원	3,000원	967,000원

<전자신고 관련 유의사항>
• 전자신고용 전자파일 제작 시 신고인 구분은 2.납세자 자진신고로 선택하고, 비밀번호는 "12341234"로 입력한다.
• 전자신고용 전자파일 저장경로는 로컬디스크(C:)이며, 파일명은 "작성연월일.01.t6138612344"이다.

문제 5 ㈜신화정밀(회사코드 : 4103)은 자동차부품 제조 및 도매업을 영위하는 중소기업이며, 당해 사업연도(제12기)는 2024. 1. 1.~2024. 12. 31.이다. [법인조정] 메뉴를 이용하여 기장되어 있는 재무회계 장부 자료와 제시된 보충자료에 의하여 해당 사업연도의 세무조정을 하시오. (30점) ※ 회사 선택 시 유의하시오.

● **작성대상서식** ●

1. 대손충당금및대손금조정명세서
2. 업무무관부동산등에관련한차입금이자조정명세서
3. 퇴직연금부담금등조정명세서
4. 미상각자산감가상각조정명세서
5. 법인세과세표준및세액조정계산서

□□□
(1) 다음 자료를 참조하여 [대손충당금및대손금조정명세서]를 작성하고 필요한 세무조정을 하시오. (6점)

1. 대손 관련 명세서 내용

일자	내역	비고
1. 22.	㈜부실의 외상매출금 25,000,000원 대손 확정	회수기일이 2년 경과
7. 1.	㈜한심의 받을어음 30,000,000원 부도 처리	부도발생일(올해 7. 1.)로부터 6개월 미경과
11. 5.	㈜대단의 외상매출금 20,000,000원 대손 확정	강제집행으로 인하여 회수할 수 없음

2. 대손충당금 계정내역

대손충당금

외 상 매 출 금	45,000,000원	전 기 이 월	82,000,000원
받 을 어 음	30,000,000원	당 기 설 정 액	30,000,000원
차 기 이 월 액	37,000,000원		
계	112,000,000원	계	112,000,000원

3. 당기말 채권잔액

내역	금액	비고
외상매출금	2,420,000,000원	
받을어음	125,500,000원	
계	2,545,500,000원	

4. 전기말 자본금과적립금조정명세서(을) 일부

① 과목 또는 사항	② 기초잔액	③ 감소	④ 증가	⑤ 기말잔액
대손충당금	15,250,500원	15,250,500원	8,820,000원	8,820,000원

5. 기타내역

- 대손설정률은 1%로 가정한다.
- 당사는 중소기업에 해당한다.

□□□

(2) 아래 자료만을 이용하여 [업무무관부동산등에관련한차입금이자조정명세서(갑)(을)]을 작성하고 관련 세무조정을 하시오. (단, 주어진 자료 외의 자료는 무시할 것) (6점)

1. 차입금에 대한 이자지급 내역

이자율	지급이자	차입금	비고
4%	312,000원	7,800,000원	사채할인발행차금 상각액
5%	2,500,000원	50,000,000원	채권자 불분명 사채이자(원천징수세액 없음)
7%	14,840,000원	212,000,000원	

2. 대표이사(서태인)에 대한 업무무관 가지급금 증감내역

일자	차변	대변	잔액
전기이월	35,000,000원		35,000,000원
3. 5.	15,000,000원		50,000,000원
10. 20.		30,000,000원	20,000,000원

3. 대표이사(서태인)에 대한 가수금 증감내역

일자	차변	대변	잔액
5. 30.		7,000,000원	7,000,000원

4. 회사는 올해 7월 1일 업무와 관련없는 토지를 100,000,000원에 취득하였다.

5. 기타사항

- 대표이사 서태인의 가지급금과 가수금은 기간 및 이자율에 대한 별도의 약정은 없다.
- 자기자본 적수 계산은 무시하고 가지급금 인정이자조정명세서 작성은 생략한다.
- 연일수는 366일이다.

□□□
(3) 당사는 확정급여형(DB)퇴직연금에 가입하였다. 다음 자료를 이용하여 [퇴직연금부담금조정명세서]를 작성하고 이와 관련된 세무조정이 있는 경우 [소득금액조정합계표]를 작성하시오. (6점)

1. 퇴직급여추계액
   • 기말 현재 퇴직급여지급 대상이 되는 임·직원에 대한 퇴직급여 추계액은 60,000,000원이다.

2. 퇴직연금운용자산 현황
   • 기초 잔액 : 23,000,000원
   • 당기납입액 : 51,000,000원
   • 당기감소액 : 16,000,000원

3. 당기 감소액에 대한 회계처리를 아래와 같이 하였다.
   (차) 퇴직급여   16,000,000원   (대) 퇴직연금운용자산   16,000,000원

4. 장부상 퇴직급여충당부채 및 퇴직연금충당부채를 설정하지 않고 신고조정에 의하여 손금에 산입하고 있으며, 직전 사업연도말 현재 신고조정으로 손금산입한 퇴직연금부담금은 23,000,000원이다.

□□□
(4) 아래의 고정자산에 대하여 [감가상각비조정] 메뉴에서 [고정자산등록] 및 [미상각자산감가상각조정명세서]를 작성하고 세무조정을 하시오. (6점)

구분	자산명/자산코드	취득일	취득가액	전기말상각누계액	회사계상상각비(제조)
건물	공장건물/1	2021. 7. 1.	300,000,000원	25,000,000원	10,000,000원
기계장치	기계장치/1	2020. 7. 1.	60,000,000원	26,250,000원	7,500,000원

1. 회사는 기계장치의 감가상각방법을 세법에서 정하는 적법한 시기에 정액법으로 신고하였다.

2. 회사는 감가상각대상자산의 내용연수를 세법에서 정한 범위 내의 최단기간으로 적법하게 신고하였다.

3. 회사의 감가상각대상자산의 내용연수와 관련된 자료는 다음과 같고, 상각률은 세법이 정한 기준에 의한다.

구분	기준내용연수	내용연수범위
건물	40년	30년~50년
기계장치	8년	6년~10년

4. 건물관리비 계정에는 건물에 대한 자본적 지출액 30,000,000원이 포함되어 있다.

5. 기계장치의 전기 말 상각부인액은 4,000,000원이다.

(5) 당사는 소기업으로서 「중소기업에 대한 특별세액감면」을 적용받으려 한다. 불러온 자료는 무시하고, 다음 자료만을 이용하여 [법인세과세표준및세액조정계산서]를 작성하시오. (6점)

1. 표준손익계산서 일부

Ⅷ.법인세비용차감전손익	217	315,000,000원
Ⅸ.법인세비용	218	42,660,000원
Ⅹ.당기순손익	219	272,340,000원

2. 소득금액조정합계표

익금산입 및 손금불산입			손금산입 및 익금불산입		
과목	금액	소득처분	과목	금액	소득처분
법인세비용	42,660,000원	기타사외유출	선급비용	2,300,000원	유보감소
기업업무추진비	19,800,000원	기타사외유출			
잡손실	4,500,000원	기타사외유출			
합계	66,960,000원		합계	2,300,000원	

3. 감면소득금액은 337,000,000원이고 감면율은 20%이며, 당사는 전년 대비 상시근로자수는 변동 없고 최저한세 적용 감면배제금액도 없다.

4. 법인세 중간예납세액은 10,000,000원이고, 분납을 최대한 적용받고자 한다.

▶ 정답 및 해설 | p.125

제102회 기출문제

☑ 다시 봐야 할 문제(틀린 문제, 풀지 못한 문제, 헷갈리는 문제 등)는 회독별로 문제 번호 위 네모박스(□)에 체크하여 반복 학습할 수 있습니다.

이론시험

다음 문제를 보고 알맞은 것을 골라 [이론문제 답안작성] 메뉴에 입력하시오. (객관식 문항당 2점)

● **기 본 전 제** ●

문제에서 한국채택국제회계기준을 적용하도록 하는 전제조건이 없는 경우, 일반기업회계기준을 적용한다.

□□□
1. 다음 중 회계변경으로 인정되는 구체적인 사례로 가장 적절하지 않은 것은?

① 과거에는 발생한 경우가 없는 새로운 사건이나 거래에 대한 회계정책을 선택하거나 회계추정을 하는 경우
② 기업환경의 중대한 변화에 의하여 종전의 회계정책을 적용하면 재무제표가 왜곡되는 경우
③ 동종산업에 속한 대부분의 기업이 채택한 회계정책 또는 추정방법으로 변경함에 있어서 새로운 회계정책 또는 추정방법이 종전보다 더 합리적이라고 판단되는 경우
④ 일반기업회계기준의 제·개정으로 인하여 새로운 해석에 따라 회계변경을 하는 경우

2. 다음의 자료를 참조하여 계산한 20x2년 대손상각비와 20x3년 대손상각비는 각각 얼마인가?

구분	20x1년 말	20x2년 말
외상매출금	550,000원	300,000원
대손충당금	40,000원	20,000원
장 부 가 액	510,000원	280,000원

- 20x2년 기말 대손충당금 잔액은 기중에 외상매출금 50,000원이 대손 확정된 후의 잔액이다.
- 20x3년 기중에 18,000원의 외상매출금이 대손 확정 후, 기말 대손충당금 잔액은 12,000원 이다.

	20x2년 대손상각비	20x3년 대손상각비
①	20,000원	12,000원
②	30,000원	12,000원
③	20,000원	10,000원
④	30,000원	10,000원

3. 다음은 ㈜세계의 당기말 현재 고정자산명세서의 일부이다. 빈칸에 들어갈 금액으로 맞는 것은? 단, 월할 계산하며, 해당 자산의 잔존가치는 없다.

고정자산명세서
(20x1. 12. 31. 현재)

㈜세계 (단위 : 원)

자산명	취득일자	취득원가	당기증감	감가상각누계액	장부가액	내용연수	상각방법
비품	20x1. 10. 1.	(1)	0	(2)	2,375,000	5년	정액법

	(1)	(2)
①	3,000,000원	625,000원
②	2,500,000원	125,000원
③	2,750,000원	375,000원
④	2,666,667원	291,667원

□□□

4. 다음 중 일반기업회계기준에 따른 수익의 인식기준에 대한 설명으로 가장 틀린 것은?

① 상품권의 발행과 관련된 수익은 재화를 인도하거나 판매한 시점에 인식하여야 하므로 상품권을 판매한 시점에는 수익을 인식하지 아니하고 선수금으로 처리한다.

② 재고자산의 판매거래 이후에도 판매자가 관련 재화의 소유에 따른 위험의 대부분을 부담하는 경우에는 그 거래를 아직 판매로 보지 아니하며 수익을 인식하지 않는다.

③ 정기간행물은 구독신청에 의하여 판매하는 경우에는 구독신청 시에 수익을 인식한다.

④ 광고제작수수료는 광고제작의 진행률에 따라 인식한다.

□□□

5. 다음 중 자본금과 자본총계의 변동이 없는 거래를 모두 고른 것은?

가. 이익잉여금 적립	나. 주식분할
다. 주식배당	라. 현금배당

① 가, 나, 다, 라   ② 가, 나, 다   ③ 가, 나   ④ 가

□□□

6. 다음 중 원가에 대한 설명으로 맞는 것은 모두 몇 개인가?

ㄱ. 매몰원가는 이미 발생한 과거의 원가로서 의사결정과정에 영향을 주지 못하는 원가이다.
ㄴ. 고정원가는 관련범위 내에서 조업도의 증감에 상관없이 단위당 원가는 동일하다.
ㄷ. 종합원가계산은 제조원가를 직접재료비와 가공비로 구분하여 원가를 계산한다.
ㄹ. 표준원가계산에서 유리한 차이란 실제원가가 표준원가보다 큰 것을 말한다.

① 1개   ② 2개   ③ 3개   ④ 4개

538   합격의 기준, 해커스금융 fn.Hackers.com

□□□
7. 아래의 제조원가명가명세서에 대한 설명으로 다음 중 틀린 것은?

제조원가명세서		
Ⅰ. 재료비		85,000,000원
기초원재료재고액	25,000,000원	
(　　　　　　)	?　　원	
기말원재료재고액	10,000,000원	
Ⅱ. 노무비		13,000,000원
Ⅲ. 제조경비		20,000,000원
Ⅳ. (　　　　　)		?　　원
Ⅴ. 기초재공품재고액		?　　원
Ⅵ. 합계		130,500,000원
Ⅶ. (　　　　)		3,000,000원
Ⅷ. (　　　　)		?　　원

① 당기원재료매입액은 70,000,000원이다.
② 당기제품제조원가는 133,500,000원이다.
③ 기초재공품재고액은 12,500,000원이다.
④ 당기총제조원가는 118,000,000원이다.

□□□
8. ㈜세무는 선입선출법에 의한 종합원가제도를 채택하고 있다. 다음 자료를 참고하여 직접재료원가의 완성품환산량을 계산하면 얼마인가?

> • 직접재료는 공정초기에 40%가 투입되고, 나머지는 공정이 60% 진행된 시점에 투입된다.
> • 공손은 없는 것으로 가정한다.
> • 기초재공품은 2,000단위이며 완성도는 20%이다.
> • 당기착수량은 10,000단위이고 완성품 수량은 8,000단위이다.
> • 기말재공품은 4,000단위이며 완성도는 50%이다.

① 8,800단위　　　　② 9,200단위　　　　③ 10,800단위　　　　④ 12,000단위

9. 다음의 자료를 이용하여 계산한 직접재료원가의 가격차이와 수량차이로 올바른 것은?

• 실제 구입량 : 22,000kg	• 표준수량 : 2kg
• 실제 구입단가 : 30원/kg	• 표준가격 : 27.5원/kg
• 제품생산량 : 10,000개	• 표준원가 : 55원

	가격차이	수량차이
①	55,000원 불리	55,000원 불리
②	55,000원 유리	55,000원 유리
③	550,000원 유리	550,000원 유리
④	550,000원 불리	550,000원 불리

10. 다음 자료를 이용하여 계산한 정상공손 수량과 비정상공손 수량은 각각 몇 개인가? 단, 정상공손은 완성품 수량의 2%라 가정한다.

• 기초 재공품 수량 : 25,000개	• 기초 제품 수량 : 20,000개
• 당기 착수량 : 90,000개	• 제품 판매 수량 : 90,000개
• 기말 재공품 수량 : 12,500개	• 기말 제품 수량 : 30,000개

	정상공손	비정상공손
①	1,200개	1,300개
②	2,000개	500개
③	1,000개	1,000개
④	2,300개	200개

11. 다음 중 아래의 (㉠), (㉡)에 들어갈 숫자를 바르게 나열한 것은?

> 내국법인의 각 사업연도의 소득에 대한 법인세의 과세표준은 각 사업연도의 소득의 범위에서 각 사업연도의 개시일 전 (㉠)년 이내에 개시한 사업연도에서 발생한 결손금을 공제한 금액으로 한다. 다만, 결손금은 각 사업연도 소득의 100분의 (㉡)(중소기업과 회생계획을 이행 중인 기업 등 제외)을 한도로 한다.

	㉠	㉡
①	10	50
②	10	80
③	15	50
④	15	80

12. 다음 중 조세특례제한법상 중소기업특별세액감면에 대한 설명으로 틀린 것은?

① 복식부기의무자(개인)가 중소기업특별세액감면을 받기 위해서는 사업용계좌를 신고해야 한다.
② 전년 대비 고용인원이 감소하지 않은 경우 감면한도는 1억 원이다.
③ 중소기업 지원을 목적으로 하는 중소기업특별세액감면은 최저한세 적용배제 대상이다.
④ 법인의 본점이 수도권에 있는 경우 본점을 기준으로 감면율을 적용한다.

13. 다음 중 해당 과세기간의 총급여액이 7,500만 원인 경우 적용받을 수 없는 소득공제 및 세액공제는 어느 것인가?

> 가. 신용카드 등 사용금액에 대한 소득공제 중 도서·신문·공연비 등 지출분에 대한 추가공제액
> 나. 월세 세액공제
> 다. 특별소득공제 중 장기주택저당차입금의 이자상환액 소득공제
> 라. 의료비 세액공제 중 산후조리원에 지출한 비용(출산 1회당 200만 원 이내의 금액)

① 가   ② 나   ③ 나, 라   ④ 가, 나, 다

14. 근로자인 백남봉 씨는 연말정산 시 생계를 같이하는 부양가족에 대하여 인적공제(기본공제)를 적용하고자 한다. 다음 중 인적공제(기본공제) 대상이 아닌 것은? 단, 다른 소득은 없는 것으로 가정한다.

① 전업주부인 배우자는 로또(복권)에 당첨되어 1,000만 원을 수령하였다.

② 구청에서 일용직으로 근무하시는 62세 어머니는 일용직 급여가 600만 원이다.

③ 올해 초 퇴직하신 65세 아버지는 총급여가 300만 원이고, 퇴직소득금액이 90만 원이다.

④ 17세인 아들은 포스터 공모전에서 입상하여 A사로부터 상금 500만 원을 수령하였다.

15. 다음 중 부가가치세법상 과세기간에 대한 설명으로 틀린 것은?

① 신규사업자가 사업 개시 전 사업자등록을 하는 경우, 과세기간은 사업자등록일(등록신청일)로부터 해당 과세기간의 종료일까지이다.

② 간이과세자가 일반과세자로 변경되는 경우, 일반과세자로서 적용받게 되는 과세기간은 1월 1일부터 12월 31일까지이다.

③ 폐업자의 과세기간은 해당 과세기간 개시일로부터 폐업일까지이다.

④ 간이과세자의 과세기간은 1월 1일부터 12월 31일까지이다.

실무시험

㈜강진테크(회사코드 : 4002)은 제조·도소매업을 영위하는 중소기업이며, 당기(제15기) 회계기간은 2024. 1. 1.~2024. 12. 31.이다. 전산세무회계 수험용 프로그램을 이용하여 다음 물음에 답하시오.

● 기 본 전 제 ●

- 문제에서 한국채택국제회계기준을 적용하도록 하는 전제조건이 없는 경우, 일반기업회계기준을 적용하여 회계처리한다.
- 문제의 풀이와 답안작성은 제시된 문제의 순서대로 진행한다.

문제 1 다음 거래에 대하여 적절한 회계처리를 하시오. (12점)

● 입력 시 유의사항 ●

- 일반적인 적요의 입력은 생략하지만, 타계정 대체거래는 적요번호를 선택하여 입력한다.
- 세금계산서·계산서 수수거래 및 채권·채무 관련 거래는 별도의 요구가 없는 한 반드시 기등록된 거래처코드를 선택하는 방법으로 거래처명을 입력한다.
- 제조경비는 500번대 계정코드를, 판매비와관리비는 800번대 계정코드를 사용한다.
- 회계처리 시 계정과목은 등록된 계정과목 중 가장 적절한 과목으로 한다.
- 매입매출전표를 입력하는 경우 입력화면 하단의 분개까지 처리하고, 세금계산서 및 계산서는 전자 여부를 입력하여 반영한다.

□□□
(1) 2월 15일 당사는 업무에 사용하기 위하여 중고자동차 매매상으로부터 레이(경차)를 매입하고 법인카드로 결제하였다. 별도의 세금계산서는 받지 않았다. (3점)

카드매출전표
카 드 종 류 : 국민카드
회 원 번 호 : 2224-1222-****-1349
거 래 일 시 : 20xx. 2. 15. 13:05:16
거 래 유 형 : 신용승인
공 급 가 액 : 3,500,000원
부 가 세 액 :   350,000원
합   계 : 3,850,000원
결 제 방 법 : 일시불
승 인 번 호 : 71999995
은 행 확 인 : 국민은행
가맹점명 : ㈜생생자동차유통
사업자등록번호 : 130-86-23540
- 이하생략 -

□□□
(2) 3월 10일   주주총회에서 아래와 같이 배당을 실시하기로 결의하였다. (3점)

> • 현금배당 30,000,000원   • 주식배당 50,000,000원
> • 이익준비금은 현금배당의 10%를 적립하기로 한다.

□□□
(3) 4월 10일   제일투자㈜에서 차입한 장기차입금 100,000,000원의 상환기일이 도래하여 30,000,000 원은 보통예금으로 바로 상환하고, 40,000,000원은 이에 상당하는 시가의 주식으로 출자전환을 하기로 하였으며, 잔액 30,000,000원은 채무면제를 받았다. 동 일자에 출자전환을 위하여 보통주 6,000주(액면가액 5,000원)을 발행하여 교부하고, 자본 증자등기를 마쳤다. (하나의 전표로 입력할 것) (3점)

□□□
(4) 9월 30일   당사는 ㈜백운기업으로부터 기계장치(공급가액 20,000,000원, 세액 2,000,000원) 를 구입하고 전자세금계산서를 발급받았다. 대금 중 5,000,000원은 보통예금에서 지 급하고, 나머지는 외상으로 하였다. 단, 기계장치는 면세사업에만 사용하기로 한다. (3점)

문제 2 다음 주어진 요구사항에 따라 부가가치세신고서 및 부속서류를 작성하시오. (10점)

□□□
(1) 다음의 자료를 이용하여 올해 1기 확정신고기간(4월 1일~6월 30일)의 [대손세액공제신고서]를 작성하시오. (4점)

거래일자[1]	채권액(부가가치세 포함)	거래처	채권의 종류	대손 사유
작년 8월 1일	5,500,000원	㈜태백	외상매출금	거래상대방의 실종이 입증됨 (실종선고일 : 올해 5월 10일)
작년 7월 1일	16,500,000원	백두공업	단기대여금	거래상대방의 파산이 입증됨 (파산선고일 : 올해 6월 1일)
작년 9월 1일	7,700,000원	㈜상성	받을어음	어음 부도 발생 (부도 발생일 : 작년 11월 1일)
3년 전 5월 1일	11,000,000원	㈜한라	외상매출금	소멸시효의 완성 (소멸시효 완성일 : 올해 5월 1일)
올해 3월 7일	6,600,000원	㈜지구	받을어음	어음 부도 발생 (부도 발생일 : 올해 5월 1일)

[1] 세금계산서 작성일자를 의미함

(2) 본 문제에 한하여 당사는 고등어 통조림 제조업을 영위하는 중소기업 법인으로 가정한다. 다음은 올해 1기 확정신고기간(4. 1.~6. 30.)에 매입한 면세품목에 관한 자료이다. 의제매입세액공제와 관련한 거래만 [매입매출전표]([의제류매입] 탭을 활용할 것)에 입력하고, [의제매입세액공제신고서(관리용)]를 작성하시오. (단, 수량은 모두 "1"로 기재하고, 고등어는 원재료 계정을 사용할 것) (4점)

1. 면세품목 매입내역

구분	일자	상호	사업자등록번호	매입가격	품명
전자계산서 매입분 (현금거래)	4. 2.	㈜수상	108-81-49188	384,000원	수도요금
	5. 8.	㈜한상	109-81-31809	7,080,000원	고등어
신용카드 매입분 (보람카드)	5. 18.	㈜두상	107-81-69876	2,750,000원	고등어
	6. 12.	㈜세상	208-81-61880	564,000원	방역비(면세)

2. 추가자료
- 제1기 예정분 과세표준은 32,000,000원, 제1기 확정분 과세표준은 48,000,000원이며, 과세표준은 의제매입세액공제신고서상에 직접 입력한다.
- 제1기 예정신고 시 의제매입세액을 240,000원(매입가액 6,240,000원) 공제받은 것으로 가정한다.
- 관련없는 다른 자료는 무시한다.

(3) 다음의 자료를 이용하여 올해 2기 확정신고기간의 [부가가치세신고서]를 마감하고, 부가가치세신고서와 관련 부속서류를 국세청 홈택스에 전자신고하시오. (2점)

1. 부속서류 및 부가가치세신고서는 입력된 자료를 조회하여 사용한다. (세액공제는 고려하지 않는다)
2. 마감 및 전자신고 시 오류는 발생하지 않아야 한다.
3. 신고서 마감 → [전자신고] → [국세청 홈택스 전자신고변환(교육용)] 순으로 진행한다.
4. 전자신고용 전자파일 제작 시 신고인 구분은 2.납세자 자진신고로 선택하고, 비밀번호는 "12345678"로 입력한다.
5. 전자신고용 전자파일 저장경로는 로컬디스크(C:)이며, 파일명은 "enc작성연월일.101.v8808612342"이다.
6. 최종적으로 국세청 홈택스에서 [전자파일 제출하기]를 완료한다.

다음의 결산정리사항에 대하여 결산정리분개를 하거나 입력을 하여 결산을 완료하시오. (8점)

□□□
(1) 다음의 사채할증발행차금 환입표를 참조하여 일반기업회계기준에 따라 당기(20x2년) 기말 이자비용에 대한 회계처리를 하시오. 단, 표시이자는 보통예금으로 지급하였다. (2점)

<환입표>					
					(단위 : 원)
연도	사채이자비용		사채할증발행차금		장부금액
	표시이자	유효이자	당기환입액	미환입잔액	
20x1. 1. 1.				5,151	105,151
20x1. 12. 31.	10,000	8,412	1,588	3,563	103,563
20x2. 12. 31.	10,000	8,285	1,715	1,848	101,848
20x3. 12. 31.	10,000	8,152	1,848	0	100,000

□□□
(2) 다음은 장기투자목적으로 보유하고 있는 매도가능증권(시장성 있는 주식)에 관한 자료이다. 기말 현재 필요한 회계처리를 하시오. (2점)

- 취득 수량 : 700주(보통주)
- 1주당 취득원가 : 18,000원
- 전년도 12월 31일 1주당 시가 : 20,000원
- 당해연도 7월 1일 : 50% 매각(1주당 19,000원)
- 당해연도 12월 31일 1주당 시가 : 17,500원
- 위 매도가능증권에 대한 수정 전 재무상태표상 기타포괄손익누계액은 700,000원이며, 다른 매도가능증권은 없다.

□□□
(3) 당기(20x2년) 결산일 현재 장기차입금에 관한 내용이다. 일반기업회계기준에 따라 회계처리를 하시오. 단, 이자계산은 월할 계산으로 하되 1월 미만은 1월로 계산한다. (2점)

과목	거래처	발생일자	만기일자	금액(원)	이자율	이자지급일
장기 차입금	㈜우리캐피탈	20x1. 3. 1.	20x4. 2. 28.	100,000,000	연 6%	• 매년 3월 1일과 9월 1일 • 후불로 6개월분씩 지급

(4) 재고자산 실지 조사 결과 기말재고자산 내역은 다음과 같고, 위수탁계약을 맺어 당기에 발송한 제품 중 수탁자가 아직 판매하지 않은 제품 3,000,000원은 실지재고조사 결과에 포함되어 있지 않다. (2점)

재고자산	기말재고액
원재료	35,000,000원
재공품	17,500,000원
제품	55,000,000원

문제 4 원천징수와 관련된 다음의 물음에 답하시오. (10점)

(1) 다음은 영업부 과장 김과장(사원코드 : 5, 주민등록번호 : 831013-1687411, 입사일 : 2020. 3. 2.)의 전년도 연말정산 결과와 올해 2월 급여자료이다. 아래의 자료를 참고로 2월 귀속 급여자료를 입력하고, [원천징수이행상황신고서]를 작성하시오. 필요할 경우 수당 및 공제항목을 추가로 등록하되, 사용하지 않는 수당 및 공제항목은 사용 여부를 "부"로 반영하시오. (5점)

1. 김과장의 전년도 귀속 총급여는 72,000,000원이며, 연말정산 결과는 다음과 같다.

구분	소득세	지방소득세
결정세액	5,023,168원	502,316원
기납부세액	6,193,170원	619,320원
차가감징수세액	-1,170,000원	-117,000원

2. 올해 2월 급여명세서(급여지급일 : 매월 25일)

이름	김과장	지급일	2월 25일
기본급	5,000,000원	소득세	564,510원
직책수당	500,000원	지방소득세	56,450원
월차수당	270,000원	고용보험	48,560원
자가운전보조금	300,000원	국민연금	225,000원
식대	100,000원	건강보험	171,500원
귀하의 노고에 감사드립니다.		장기요양보험	21,040원

3. 특이사항
   - 본인 차량을 업무에 사용하고 시내출장 등에 소요된 실제 여비를 자가운전보조금과 별도로 정산받음
   - 식대와 별도로 현물식사를 제공받지 않음
   - 사회보험료와 소득세 및 지방소득세 공제액은 요율표를 무시하고 주어진 자료를 이용할 것
   - 연말정산 결과는 2월분 급여에 전액 반영하기로 함

□□□
(2) 다음의 자료를 바탕으로 배당소득자료를 입력하시오. (3점)

1. ㈜강진테크의 소득자별 배당소득 지급내역
   - ㈜강진테크의 주주는 다음과 같다.

소득자코드번호	주주	주민등록번호	거주자/비거주자 구분	지분율
00010	이사장	740102 - 1025122	거주자	100%

   - 제14기 배당금은 처분결의일에 지급할 예정이다.
   - 배당금을 결의한 이익잉여금처분계산서는 다음과 같다(전산에 입력된 자료는 무시할 것).

2. 전기 회계연도에 대한 이익잉여금처분계산서

   이익잉여금처분계산서

   처분결의일 2024. 3. 25.   제14기 2023. 1. 1.~2023. 12. 31.   (단위 : 원)

과목	금액
Ⅰ. 미처분이익잉여금	360,000,000
1. 전기이월 미처분이익잉여금	300,000,000
2. 당기순이익	60,000,000
Ⅱ. 이익잉여금처분액	44,000,000
1. 이익준비금	4,000,000
2. 배당금	
가. 현금배당	40,000,000
나. 주식배당	0
Ⅲ. 차기이월 미처분이익잉여금	316,000,000

□□□
(3) 다음 자료는 중도 퇴사한 영업부 과장 박철민(사번 : 302)에 관한 자료이다. 자료를 이용하여 필요한 [사원등록] 내용을 추가하고, [퇴직소득자료] 입력 및 [퇴직소득원천징수영수증]을 작성하시오. (2점)

- 입사일 : 2019년 11월 1일   - 퇴사일 : 2024년 11월 30일
- 퇴직금 : 14,800,000원(전액 과세)
- 퇴직사유 : 자발적 퇴직   - 퇴직금 지급일 : 2024년 12월 5일

문제 5. 장흥기업㈜(회사코드 : 4102)은 전자부품을 생산하고 제조·도매업을 영위하는 중소기업이며, 당해 사업연도(제13기)는 2024. 1. 1.~2024. 12. 31.이다. [법인조정] 메뉴를 이용하여 기장되어 있는 재무회계 장부 자료와 제시된 보충자료에 의하여 해당 사업연도의 세무조정을 하시오. (30점) ※ 회사 선택 시 유의하시오.

● **작성대상서식** ●

1. 기업업무추진비조정명세서
2. 가지급금등의인정이자조정명세서
3. 업무용승용자동차관련비용명세서
4. 자본금과적립금조정명세서(을)
5. 세액공제조정명세서(3), 최저한세조정계산서, 법인세과세표준및세액조정계산서

□□□

(1) 다음의 자료를 이용하여 [기업업무추진비조정명세서(갑),(을)]를 작성하고 세무조정사항이 있는 경우 [소득금액조정합계표]를 작성하시오. (6점)

1. 당사는 중소기업이다.

2. 수입금액조정명세서 내역은 다음과 같다.
   (1) 상품매출액 : 200,000,000원(특수관계인에 대한 매출액 50,000,000원 포함)
   (2) 제품매출액 : 2,350,000,000원(특수관계인에 대한 매출액 20,000,000원 포함)

3. 손익계산서 및 제조원가명세서에 기업업무추진비로 회계처리된 금액은 다음과 같다. 단, 전액 건당 3만 원 초과분에 해당한다.

계정과목	법인카드 사용액		현금 지출액	합계
	일반 기업업무추진비	문화 기업업무추진비	경조금	
기업업무추진비 (판관비)	25,000,000원	2,300,000원[1]	200,000원[2]	27,500,000원
기업업무추진비 (제조경비)	20,000,000원	3,500,000원	–	23,500,000원

[1] 문화 기업업무추진비 사용액 중 300,000원은 대표자와 그 가족이 박물관 관람을 위하여 사용하였다.

[2] 주요 거래처에 현금으로 경조사비를 지출하고, 적격증빙서류를 받지 않았다.

(2) 다음 관련 자료를 이용하여 [가지급금등의인정이자조정명세서]를 작성하고, 관련된 세무조정사항을 [소득금액조정합계표및명세서]에 반영하시오. (6점)

1. 차입금과 지급이자 내역

이자율	지급이자	차입금	비고
15%	3,000,000원	20,000,000원	기업은행 차입금
10%	4,000,000원	40,000,000원	농협은행 차입금
8%	8,000,000원	100,000,000원	자회사인 ㈜일등으로부터 차입금
계	15,000,000원	160,000,000원	

2. 가지급금과 이자수익 내역

구분	일자	가지급금	수취한 이자수익
대표이사 : 장홍도	올해. 5. 1.	40,000,000원	1,600,000원
감사 : 이감사	올해. 7. 15.	15,000,000원	1,575,000원

3. 기획재정부령으로 정하는 당좌대출이자율은 연간 4.6%이며, 당 회사는 금전대차거래에 대해 시가 적용방법을 신고한 바 없다고 가정한다.

(3) 작년 5월 3일 ㈜굿모닝캐피탈과 대표이사(장홍도) 전용 5인승 승용차 제네시스(14러4813)의 장기운용리스계약을 체결하였다. 아래의 자료를 이용하여 [업무용승용차등록] 및 [업무용승용차관련비용명세서]를 작성하여 관련 세무조정을 [소득금액조정합계표및명세서]에 반영하시오. (6점)

구분	금액	비고
리스료	24,000,000원	• 매월 2,000,000원, 계산서 수령함 • 리스료에는 보험료 500,000원, 자동차세 350,000원, 수선유지비 1,620,500원이 포함됨
유류비	4,100,000원	
리스계약기간	2023. 5. 3.~2025. 5. 2.	
보험기간 (업무전용자동차보험 가입)	2023. 5. 3.~2024. 5. 2. 2024. 5. 3.~2025. 5. 2.	
거리		• 전기이월누적거리 21,000km • 출퇴근거리 6,400km • 출퇴근 외 비업무거리 1,600km • 당기 총주행거리 8,000km
기타사항		• 코드 0003, 판매관리부의 차량으로 등록할 것 • 업무전용보험 가입하고, 법인업무용 전용번호판 부착하고, 운행기록부는 작성하였다고 가정함 • 전기 감가상각비(상당액) 한도 초과 이월액 18,000,000원 있음

(4) 입력된 자료는 무시하고 다음의 자료만을 이용하여 당기 [자본금과적립금조정명세서(을)]을 작성하시오. (6점)

1. 당기 [소득금액조정합계표]

익금산입 및 손금불산입		
과목	금액	비고
법인세비용	12,000,000원	당기 법인세비용 계상액
선급비용	500,000원	전기 선급비용 과대계상액
대손충당금	5,000,000원	당기 대손충당금 한도초과액
임차료	3,500,000원	렌트한 업무용승용차 관련 감가상각비상당액 한도초과금액
단기매매증권	2,000,000원	당기 단기매매증권평가손실금액

손금산입 및 익금불산입		
과목	금액	비고
선급비용	1,000,000원	당기 선급비용 과대계상액
대손충당금	4,000,000원	전기 대손충당금 한도초과액
감가상각비	800,000원	전기 비품상각부인액
제품	2,700,000원	전기 제품평가감금액

2. 전기 [자본금과적립금조정명세서(을)]

과목	기초	감소	증가	기말
선급비용	-800,000원	-800,000원	-500,000원	-500,000원
대손충당금	2,000,000원	2,000,000원	4,000,000원	4,000,000원
감가상각비			1,500,000원	1,500,000원
제품			2,700,000원	2,700,000원

□□□

(5) 다음의 자료를 참조하여 [세액공제조정명세서(3)] 중 [3.당기공제 및 이월액계산] 탭과 [최저한세 조정계산서], [법인세과세표준및세액조정계산서]를 작성하시오. (당사는 중소기업이며, 불러온 자료는 무시하고 아래의 자료만 참조한다) (6점)

---

1. 당기 표준손익계산서 일부

Ⅰ.매출액	01	5,330,600,000원
2.제품매출	05	5,330,600,000원
– 중략 –		
Ⅹ.당기순손익	219	272,385,400원

2. 당기 소득금액조정합계표및명세서 일부

익금산입 및 손금불산입				손금산입 및 익금불산입			
① 과목	② 금액	③ 소득처분		④ 과목	⑤ 금액	⑥ 소득처분	
		처분	코드			처분	코드
합계	12,400,200원			합계	17,326,000원		

3. 당기 공제감면세액및추가납부세액합계표(갑) 일부

1. 최저한세 적용제외 공제감면세액

① 구분	② 근거법조항	코드	③ 대상세액	④ 감면(공제)세액
⑭ 일반 연구·인력개발비세액공제	「조세특례제한법」제10조제1항제3호	16B	5,500,000원	5,500,000원

2. 최저한세 적용대상 공제감면세액

① 구분	② 근거법조항	코드	③ 대상세액	④ 감면세액
⑮ 중소기업에 대한 특별세액감면	「조세특례제한법」제7조	112	8,925,930원	8,925,930원

4. 선납세금 원장 일부

일자	적요	차변	대변	잔액
08-30	법인세 중간예납	1,360,000원		1,360,000원
[누계]		1,360,000원		1,360,000원

5. 기타사항
- 전기에 발생하여 이월된 '고용을 증대시킨 기업에 대한 세액공제' 잔액 6,650,000원이 있다.
- 최저한세에 따른 공제감면 배제는 납세자에게 유리한 방법으로 한다.
- 분납가능한 금액은 분납하기로 한다.
- 위 자료 외에 세무조정, 세액공제감면은 없는 것으로 한다.

▶ 정답 및 해설 | p.138

제101회 기출문제

✓ 다시 봐야 할 문제(틀린 문제, 풀지 못한 문제, 헷갈리는 문제 등)는 회독별로 문제 번호 위 네모박스(□)에 체크하여 반복 학습할 수 있습니다.

이론시험

다음 문제를 보고 알맞은 것을 골라 [이론문제 답안작성] 메뉴에 입력하시오. (객관식 문항당 2점)

● 기 본 전 제 ●

문제에서 한국채택국제회계기준을 적용하도록 하는 전제조건이 없는 경우, 일반기업회계기준을 적용한다.

□□□
1. 다음 중 유가증권에 대한 설명으로 가장 틀린 것은?

① 만기까지 보유할 적극적인 의사와 능력이 있는 채무증권을 만기보유증권이라 한다.
② 단기매매증권을 취득하기 위하여 부담한 증권거래수수료 등은 취득원가에 포함하지 않는다.
③ 단기매매증권과 매도가능증권은 공정가치로 평가한다.
④ 공정가치로 평가한 매도가능증권의 평가손익은 당기손익으로 인식한다.

□□□
2. 다음 중 재고자산에 대한 설명으로 가장 옳지 않은 것은?

① 재고자산이란 정상적인 영업활동 과정에서 판매를 목적으로 보유하고 있는 상품 또는 제품, 생산과정에 있는 자산 또는 생산이나 용역 제공과정에 사용될 자산을 말한다.
② 재고자산의 매입원가는 매입가격에 수입관세, 매입운임 등 취득과정에서 정상적으로 발생한 부대원가를 가산한 금액이다.
③ 재고자산의 가격이 계속 상승하고 재고자산 매입 수량이 판매 수량보다 큰 경우에 재고자산을 가장 낮게 보수적으로 평가하는 방법은 선입선출법이다.
④ 기초재고 수량과 기말재고 수량이 같고 물가가 상승할 때 선입선출법은 현재의 수익에 과거의 원가가 대응되므로 후입선출법보다 높은 이익을 계상하게 된다.

□□□

3. ㈜세무는 당기에 취득한 차량의 감가상각방법으로 정률법을 채택하였으나 회계부서의 실수로 정액법으로 감가상각비를 인식하였다. 이로 인해 당기 재무제표에 미치는 영향으로 옳은 것은?

	감가상각비	당기순이익	차량의 장부가액
①	감소	증가	감소
②	감소	증가	증가
③	증가	감소	감소
④	증가	감소	증가

□□□

4. ㈜디엘은 20x1년 1월 1일부터 3년간 ㈜미래의 사옥을 신축하는 계약을 체결하고 공사를 진행하고 있으며 관련 자료는 다음과 같다. 해당 공사의 수익인식기준으로 진행기준을 적용할 경우 ㈜디엘이 인식할 20x2년의 공사손실은 얼마인가?

> 1. 계약금액 : 100,000,000원
> 2. 사옥 신축 관련 원가 자료는 다음과 같다.
>
> | 구분 | 20x1년 | 20x2년 | 20x3년 |
> |---|---|---|---|
> | 당기발생공사원가 | 38,000,000원 | 46,000,000원 | 21,000,000원 |
> | 추가소요추정원가 | 57,000,000원 | 21,000,000원 | |
> | 누적 진행률 | 40% | 80% | 100% |
>
> 3. 20x1년에 인식한 공사이익은 2,000,000원이다.

① 5,000,000원   ② 6,000,000원   ③ 7,000,000원   ④ 8,000,000원

□□□

5. 다음 중 퇴직연금제도에 대한 설명으로 가장 틀린 것은?

① 확정기여제도에서 기업은 납부하여야 할 부담금을 퇴직급여비용으로 계상한다.
② 확정기여제도에서 기업은 추가적인 출연의무가 발생한다.
③ 확정급여제도에서 종업원은 확정된 퇴직급여를 받게 된다.
④ 확정급여제도에서 보고기간 말 현재 모든 종업원이 일시에 퇴직할 경우 지급하여야 할 퇴직금이 부채로 확정된다.

6. ㈜트리는 목재를 원재료로 하는 4가지 종류의 제품 생산을 고려 중이다. 총 두 번의 공정을 거쳐 제품을 완성하는데 제2공정의 작업량에 따라 최종제품이 결정된다. ㈜트리가 완제품에 대한 최선안을 선택할 때 기회원가는 얼마인가?

구분	침대	책상	의자	연필
판매가격	200,000원	150,000원	100,000원	90,000원
제1공정 원가	50,000원	50,000원	50,000원	50,000원
제2공정 원가	110,000원	50,000원	15,000원	10,000원

① 30,000원 　　② 35,000원 　　③ 40,000원 　　④ 10,000원

7. 다음은 원가계산방법에 대한 설명으로 아래의 빈칸에 각각 들어갈 말로 옳은 것은?

> 동일한 제조공정에서 동일한 종류의 원재료를 투입하여 서로 다른 2종 이상의 제품이 생산되는 것을 연산품이라 한다. 이러한 연산품이 개별적으로 식별 가능한 시점을 (㉠)이라 하고, (㉠)에 도달하기 전까지 연산품을 제조하는 과정에서 발생한 원가를 (㉡)라 한다.

	㉠	㉡
①	식별가능점	결합원가
②	식별가능점	추가가공원가
③	분리점	추가가공원가
④	분리점	결합원가

8. ㈜한세는 보조부문의 제조간접원가를 이중배분율법에 의해 제조부문에 배분하고자 한다. 보조부문에서 발생한 변동제조간접원가는 3,000,000원, 고정제조간접원가는 4,200,000원이다. 이 경우 수선부문에 배분될 보조부문의 제조간접원가를 구하시오.

제조부문	실제기계시간	최대기계시간
조립부문	2,000시간	3,000시간
수선부문	1,000시간	2,000시간

① 2,600,000원 　　② 2,680,000원 　　③ 3,080,000원 　　④ 3,520,000원

□□□

9. 선입선출법에 의한 종합원가계산을 적용할 경우 아래의 자료를 참고하여 당기 가공원가 발생액을 구하면 얼마인가?

> • 당기 가공원가에 대한 완성품환산량 단위당 원가는 12원이다.
> • 기초재공품은 250단위(완성도 20%)이다.
> • 기말재공품은 450단위(완성도 80%)이다.
> • 당기착수 수량은 2,300단위이며, 당기완성품 수량은 2,100단위이다.

① 21,480원   ② 28,920원   ③ 30,120원   ④ 36,120원

□□□

10. 표준원가계산을 채택하고 있는 ㈜세무의 직접노무원가 관련 자료는 다음과 같다. 직접노무원가의 능률차이는 얼마인가?

> • 직접노무원가 임률차이 : 20,000원(불리)   • 실제 직접노무원가 발생액 : 500,000원
> • 실제 직접노동시간 : 4,800시간   • 표준 직접노동시간 : 4,900시간

① 10,000원 유리   ② 10,000원 불리   ③ 20,000원 불리   ④ 20,000원 유리

□□□

11. 다음은 법인세법상 가산세에 대한 설명이다. 올바른 항목을 모두 고른 것은?

> 가. 주식등변동상황명세서 제출 불성실 가산세는 산출세액이 없으면 적용하지 않는다.
> 나. 과세소득이 있는 내국법인이 복식부기 방식으로 장부로 기장을 하지 않으면 산출세액의 20%와 수입금액의 0.07% 중 큰 금액을 가산세로 납부해야 한다.
> 다. 내국법인이 기업업무추진비를 지출하면서 적격증명서류를 받지 않아 손금불산입된 경우에도 증명서류 수취 불성실 가산세를 납부해야 한다.
> 라. 이자소득을 지급한 법인이 지급명세서를 제출기한이 지난 후 3개월 이내에 제출하는 경우 지급금액의 0.5%를 가산세로 납부해야 한다.

① 가, 라   ② 나, 다   ③ 가, 다   ④ 나, 라

12. 아래의 빈칸에 공통으로 들어갈 금액은?

> - 일반과세자의 부가가치세 예정고지세액이 (　　) 미만인 경우에는 부가가치세를 징수하지 않는다.
> - 직전 사업연도에 중소기업인 내국법인은 직전 사업연도의 산출세액을 기준으로 계산한 중간예납세액이 (　　) 미만인 경우 중간예납세액을 납부할 의무가 없다.
> - 간이과세자의 부가가치세 예정부과금액이 (　　) 미만인 경우에는 부가가치세를 징수하지 않는다.
> - 사업소득이 있는 거주자의 소득세 중간예납세액이 (　　) 미만인 경우 중간예납세액을 징수하지 않는다.

① 20만 원　　　　② 30만 원　　　　③ 50만 원　　　　④ 100만 원

13. 다음 중 소득세법상 납세의무에 대한 설명으로 가장 틀린 것은?

① 비거주자는 국내 및 국외 원천소득에 대한 소득세 납부의무를 진다.
② 법인으로 보는 단체가 아닌 단체로서 구성원 간 이익의 분배비율이 정해져 있지 않고 사실상 구성원별로 이익이 분배되지 않은 경우 1거주자로 보아 소득세 납세의무를 진다.
③ 공동사업장의 경우 원칙상 공동사업자별로 납세의무를 진다.
④ 피상속인의 소득금액에 대해 과세하는 경우에는 그 상속인이 납세의무를 진다.

14. 다음 중 부가가치세법상 공통매입세액의 안분계산에 대한 설명으로 가장 틀린 것은?

① 해당 과세기간의 총공급가액 중 면세공급가액이 5% 미만인 경우의 공통매입세액은 예외 없이 공통매입세액 전부를 매출세액에서 공제한다.
② 공통매입세액 안분계산 시 과세사업과 면세사업의 공급가액이 없는 경우에는 원칙적으로 면세사업의 매입가액비율, 예정공급가액비율, 예정사용면적비율의 순으로 적용한다. 다만, 예정사용면적비율을 우선 적용하는 예외가 있다.
③ 공통매입세액을 ②의 경우와 같이 안분하여 계산한 경우 과세사업과 면세사업의 공급가액 또는 사용면적이 확정되는 과세기간에 대한 납부세액을 확정신고를 할 때에 정산한다.
④ 해당 과세기간 중의 공통매입세액이 5만 원 미만인 경우 안분계산 없이 공통매입세액 전부를 매출세액에서 공제한다.

15. 다음 중 부가가치세법상 간이과세자에 대한 설명으로 가장 틀린 것은?

① 간이과세자는 의제매입세액공제를 적용하지 않는다.

② 해당 과세기간에 발급받은 세금계산서상 공급대가의 0.5%를 매입세액공제한다.

③ 일반과세를 적용받으려는 자는 언제든지 간이과세 포기신고를 할 수 있다.

④ 해당 과세기간에 대한 공급대가의 합계액이 4,800만 원 미만이면 납부의무를 면제한다.

㈜하나전자(회사코드 : 4001)는 제조·도소매업을 영위하는 중소기업이며, 당기(제10기) 회계기간은 2024. 1. 1.~2024. 12. 31.이다. 전산세무회계 수험용 프로그램을 이용하여 다음 물음에 답하시오.

● 기 본 전 제 ●

• 문제에서 한국채택국제회계기준을 적용하도록 하는 전제조건이 없는 경우, 일반기업회계기준을 적용하여 회계처리한다.
• 문제의 풀이와 답안작성은 제시된 문제의 순서대로 진행한다.

문제1 다음 거래에 대하여 적절한 회계처리를 하시오. (12점)

● 입력 시 유의사항 ●

• 일반적인 적요의 입력은 생략하지만, 타계정 대체거래는 적요번호를 선택하여 입력한다.
• 세금계산서·계산서 수수거래 및 채권·채무 관련 거래는 별도의 요구가 없는 한 반드시 기등록된 거래처코드를 선택하는 방법으로 거래처명을 입력한다.
• 제조경비는 500번대 계정코드를, 판매비와관리비는 800번대 계정코드를 사용한다.
• 회계처리 시 계정과목은 등록된 계정과목 중 가장 적절한 과목으로 한다.
• 매입매출전표를 입력하는 경우 입력화면 하단의 분개까지 처리하고, 세금계산서 및 계산서는 전자 여부를 입력하여 반영한다.

□□□
(1) 2월 15일 ㈜한라기계로부터 기계장치(공급가액 60,000,000원, 부가가치세액 6,000,000원)를 취득하고 전자세금계산서를 발급받았으며, 대금은 보통예금으로 지급하였다. 당사는 설비자산 취득을 위해 1월 30일에 정부로부터 상환의무가 없는 국고보조금 50,000,000 원을 보통예금 계좌로 수령하였다. (단, 국고보조금 회계처리를 포함한 모든 입력은 매입매출전표에서 할 것) (3점)

□□□
(2) 7월 5일 개인 소비자에게 제품 10대(대당 공급가액 300,000원, 부가가치세 별도)를 판매하고 대금을 현금으로 수령하였다. 소비자가 현금영수증의 발급을 원하지 않은 관계로 동 금액에 대해 국세청 지정번호(010-0000-1234)로 현금영수증을 발급하였다. (단, 거래처 입력은 생략할 것) (3점)

(3) 8월 10일 당사와 김부자 씨가 체결한 자본투자 계약의 약정에 따라 보통예금으로 자본납입을 받았다. (신주인수대금이 보통예금 계좌로 입금되었으며, 즉시 신주 교부와 증자등기를 완료하였다) 다음은 투자계약서의 일부 내용이다. (3점)

> 제1조 (신주의 발행과 인수)
> ① 회사는 본 계약에 따라 다음과 같은 본 건 주식을 발행하여 증자등기를 하고, 투자자는 이를 인수한다.
> 1. 발행할 주식의 총수(수권주식수) : 1,000,000주
> 2. 금회의 신주발행 내역
>   가. 신주의 종류와 수 : 기명식(보통주) 10,000주
>   나. 1주의 금액(액면가) : 금 500원
>   다. 본건 주식의 1주당 발행가액 : 금 3,000원
>   라. 본건 주식의 총 인수대금 : 금 30,000,000원
>   마. 본건 주식의 납입기일(증자등기일) : 20xx년 8월 10일

(4) 12월 20일 당사가 보유하고 있던 매도가능증권을 다음과 같은 조건으로 처분하고 대금은 보통예금계좌로 입금되었다. (단, 전년도의 기말평가는 일반기업회계기준에 따라 적절히 이루어졌다) (3점)

취득원가	전년도 말 공정가액	올해 12. 20. 양도가액	비고
15,000,000원	19,000,000원	17,000,000원	시장성 있음

문제 2 다음 주어진 요구사항에 따라 부가가치세신고서 및 부속서류를 작성하시오. (10점)

(1) 다음 자료에 근거하여 올해 1기 확정신고기간(4월 1일~6월 30일)의 [신용카드매출전표등수령명세서(갑)(을)]을 작성하고, 매입세액공제가 불가능한 세금계산서 매입의 경우 [공제받지못할매입세액명세서]를 작성하시오. 단, 신용카드매출전표 수령분은 모두 법인 명의의 신한카드(1111-2222-3333-4444)를 사용하였다. (5점)

사용일자	상호	유형	사업자등록번호	공급대가	수취 증빙	비고
5월 1일	㈜문구사랑	일반	115-81-00451	220,000원	세금계산서	경리부 문구 구입
5월 7일	과일나라	면세	323-90-11890	55,000원	신용카드매출전표	직원 간식 구입
5월 11일	㈜착한마트	일반	551-87-33392	165,000원	신용카드매출전표	영업부 소모품 구입
5월 27일	㈜기프트	일반	505-87-22155	550,000원	세금계산서	거래처 접대물품 구입
6월 7일	구인천국㈜	일반	516-88-25450	330,000원	현금영수증	직원 채용 광고비
6월 16일	커피세상	간이[1]	165-77-15608	52,250원	현금영수증	직원 간식 구입
6월 27일	쎈수학학원	면세	245-90-67890	220,000원	신용카드매출전표	대표자 자녀 학원비

[1] 세금계산서는 발급이 금지되어 있고, 영수증만을 발급해야 하는 자임

□□□
(2) 당사는 올해 2기 확정신고기간(10. 1.~12. 31.)의 부가가치세 신고를 기한 내에 하지 않아 다음연도 2월 10일에 기한후신고를 하고 납부를 하고자 한다. 다음 자료를 매입매출전표에 입력(분개는 생략)하고, [부가가치세신고서]를 작성(과세표준명세는 신고구분만 입력)하시오. 단, 전자세금계산서는 모두 적정하게 작성 및 전송하였으며, 가산세는 미납일수를 16일로 하고, 일반무신고가산세를 적용한다. (5점)

- 11월 30일 : 원재료(공급가액 10,000,000원, 부가가치세액 1,000,000원)를 ㈜하나물산으로부터 매입하고 전자세금계산서를 발급받았다.
- 12월 15일 : 제품(공급가액 15,000,000원, 부가가치세액 1,500,000원)을 ㈜삼일전자에 판매하고 전자세금계산서를 발급하였다.

문제 3 다음의 결산정리사항에 대하여 결산정리분개를 하거나 입력을 하여 결산을 완료하시오. (8점)

□□□
(1) 제2기 부가가치세 확정신고기간의 부가가치세와 관련된 내용이 아래와 같다. 입력된 다른 데이터는 무시하고 12월 31일 현재 부가세예수금과 부가세대급금의 정리분개를 수행하시오. (단, 납부세액일 경우 미지급세금, 환급세액일 경우에는 미수금으로 회계처리할 것) (2점)

- 부가세예수금 : 48,000,000원
- 부가세대급금 : 63,500,000원
- 전자신고세액공제 : 10,000원

□□□
(2) 당사는 ㈜금성이 올해 1월 1일 발행한 액면금액 2,000,000원인 채권(만기 3년, 표시이자율 연 7%, 유효이자율 연 10%, 만기 3년)을 1,850,787원에 만기보유목적으로 현금을 지급하고 취득하였다. 올해 12월 31일 회계처리를 하시오. (단, 표시이자는 매년 말 현금으로 수령하고, 기말 공정가치 측정은 고려하지 않으며, 소수점 미만은 절사한다) (2점)

□□□
(3) 다음은 대표이사가 당사로부터 차입한 금전소비대차 관련 자료이다. 올해 12월 31일 현재 가지급금 인정이자에 대한 회계처리를 하시오. (2점)

- 대여일 : 올해 5. 1.
- 대여금액 : 24,000,000원
- 적용이자율 : 당좌대출이자율(연간 4.6%)
- 적수 계산은 편의상 월할 계산함

□□□
(4) 당사는 전년도 7월 1일에 영업권을 취득하였다. 영업권의 내용연수는 5년이고, 상각방법은 정액법, 표시방법은 직접법을 채택하고 있다. 전년도 회계연도 결산 시 무형자산상각비는 월할상각하여 적절히 반영하였으며, 영업권의 전년도 기말잔액은 45,000,000원이다. 영업권에 대한 당기 결산분개를 하시오. (단, 비용은 판매비와관리비로 분류한다) (2점)

원천징수와 관련된 다음의 물음에 답하시오. (10점)

□□□
(1) 다음은 올해 4월 22일에 입사한 조지욱(사번 : 222번, 세대주)과 관련된 자료이다. [사원등록] 메뉴의 [부양가족명세] 탭을 수정하여 작성하고(기본공제 대상이 아닌 경우 반드시 기본공제를 "부"로 입력), [연말정산추가자료입력] 메뉴의 [소득명세], [연말정산입력] 탭을 작성하시오. (단, 소득세 부담 최소화를 가정한다) (단, [연말정산입력] 탭에 지출액이 입력되지 않을 경우, [부양가족] 탭에 입력하고 **F8 부양가족탭불러오기** 를 클릭할 것) (8점)

---

1. 종전 근무지 관련 자료
   - 근무처명 : ㈜재무(106-87-42541)
   - 근무기간 : 2024. 1. 1.~2024. 3. 31.
   - 급여내역 : 급여 20,000,000원, 상여 2,000,000원
   - 사회보험

국민연금	건강보험	장기요양	고용보험
707,400원	768,900원	53,740원	198,000원

   - 세액명세

구분		소득세	지방소득세
결정세액	결정세액	630,530원	63,050원
	기납부세액	2,101,770원	210,170원
	차감징수세액	-1,471,240원	-147,120원

2. 부양가족

가족관계증명서				
등록기준지	서울특별시 성북구 장위동 324-4			

구분	성명	출생연월일	주민등록번호	성별
본인	조지욱	1979년 4월 28일	790428-1072221	남

가족사항

구분	성명	출생연월일	주민등록번호	성별
부	조유성	1949년 8월 2일	490802-1028221	남
모	우유순	1950년 1월 14일	500114-2033216	여
배우자	이미지	1981년 9월 1일	810901-2245303	여
자녀	조지예	2013년 3월 31일	130331-4274310	여
자녀	조지근	2024년 3월 15일	240315-3044213	남

   - 배우자는 프리랜서 사업소득자로 연간 사업소득금액이 15,000,000원이다.
   - 본인의 부모님은 소득이 없으며, 다른 가족의 기본공제 대상자가 아니다.
   - 아버지(조유성)는 장애인복지법상 지체장애4급 장애인이다.

- 장인(이기진 540730-1052112)은 무직이나 올해 주택처분으로 인한 양도소득금액 10,000,000원이 발생하였고, 다른 가족의 기본공제 대상자가 아니다.
- 장모(유이자 551212-2033105)는 소득이 없으며, 다른 가족의 기본공제 대상자가 아니다.
- 그 외 부양가족은 소득이 없다.
- 주민등록번호는 모두 정상으로 가정한다.

3. 국세청 연말정산간소화서비스 자료

소득·세액공제증명서류 : 기본(지출처별)내역 [보장성보험, 장애인전용보장성보험]

■ 계약자 인적사항

성명	조지욱	주민등록번호	790428-*******

■ 보장성보험(장애인전용보장성보험)납입내역 (단위 : 원)

종류	상호	보험종류		납입금액 계
	사업자번호	증권번호	주피보험자	
	종피보험자1	종피보험자2	종피보험자3	
보장성	현다화재	자동차보험		1,200,000
	101-82-*****	8282882	790428-******* 조지욱	
보장성	현다화재	보장성보험		500,000
	101-82-******	MM82882	130331-******* 조지예	
인별합계금액				1,700,000

소득·세액공제증명서류 : 기본(지출처별)내역 [의료비]

■ 환자 인적사항

성명	조지근	주민등록번호	240315-*******

■ 의료비 지출내역 (단위 : 원)

사업자번호	상호	종류	납입금액 계
0-90-14*	삼숭****		3,600,000
의료비 인별합계금액			3,600,000
안경구입비 인별합계금액			
인별합계금액			3,600,000

<table>
<tr><td colspan="5" align="center">소득·세액공제증명서류 : 기본(지출처별)내역 [기부금]</td></tr>
</table>

■ 기부자 인적사항

성명	조지예	주민등록번호	130331-*******

■ 기부금 지출내역

(단위 : 원)

사업자번호	단체명	기부유형	기부금액 합계	공제대상 기부금액	기부장려금 신청금액
102-82-07606	(사)세프	종교단체외 일반기부금	800,000	800,000	
인별합계금액					800,000

- 의료비는 조지욱이 전부 지출하였다.
- 기부금은 금전으로 지출하였다.

□□□
(2) 다음 자료를 이용하여 이미 작성된 [원천징수이행상황신고서]를 조회하여 마감하고, 국세청 홈택스에 전자신고하시오. (2점)

1. 전산에 입력되어 있는 기본자료

귀속월	지급월	소득구분	신고코드	인원	총지급액	소득세	비고
5월	5월	근로소득	A01	5명	20,000,000원	1,000,000원	매월신고, 정기신고

2. 유의사항
- 위 자료를 바탕으로 원천징수이행상황신고서가 작성되어 있다.
- [원천징수이행상황신고서] 마감 → [전자신고] → [국세청 홈택스 전자신고 변환(교육용)] 순으로 진행한다.
- 전자신고용 전자파일 제작 시 신고인 구분은 2.납세자 자진신고를 선택하고, 비밀번호는 "12345678"을 입력한다.
- 전자신고용 전자파일 저장경로는 로컬디스크 (C:)이며, 파일명은 "작성연월일.01.t1258110126"이다.
- 최종적으로 국세청 홈택스에서 [전자파일 제출하기]를 완료하여야 한다.

문제 5 진주물산㈜(회사코드 : 4101)은 제조업을 영위하는 중소기업으로 전자부품을 생산하며, 당해 사업연도(제8기)는 2024. 1. 1.~2024. 12. 31.이다. [법인조정] 메뉴를 이용하여 기장되어 있는 재무회계 장부 자료와 제시된 보충자료에 의하여 해당 사업연도의 세무조정을 하시오. (30점) ※ 회사 선택 시 유의하시오.

● **작성대상서식** ●

1. 수입금액조정명세서, 조정후수입금액명세서
2. 세금과공과금명세서
3. 외화자산등평가차손익조정명세서
4. 소득금액조정합계표및명세서
5. 기부금조정명세서

□□□
(1) 다음 자료를 참조하여 [수입금액조정명세서]와 [조정후수입금액명세서]를 작성하시오. (단, 세무조정은 각 건별로 처리한다) (6점)

1. 재고 실사 반영 전 손익계산서 일부

Ⅰ. 매출액		3,730,810,900원
제품매출	3,730,810,900원	

※ 제품매출액에는 수출액 582,809,400원이 포함되어 있다.

2. 올해 1기 예정 부가가치세신고서 중 과세표준명세

④ 과세표준명세			
업태	종목	업종코드	금액
(27) 제조	그 외 기타 전자 부품 제조	321001	872,400,600원
(28)			
(29)			
(30) 수입금액제외	그 외 기타 전자 부품 제조	321001	12,000,000원
(31) 합계			884,400,600원

※ 과세표준명세상 수입금액제외는 업무용승용차 처분에 따른 전자세금계산서 발급분이다.

3. 올해 부가가치세 신고 내역

기수	일반과표	영세율과표	면세수입금액	합계
제1기 예정	733,511,000원	150,889,600원	0	884,400,600원
제1기 확정	795,515,000원	138,591,200원	0	934,106,200원
제2기 예정	802,445,000원	147,600,500원	0	950,045,500원
제2기 확정	828,530,500원	145,728,100원	0	974,258,600원
계	3,160,001,500원	582,809,400원	0	3,742,810,900원

4. 재고 실사 보고서 일부

- 제품재고 중 15,200,000원(판매가 18,000,000원)은 시송품으로 거래처에 반출하였으며, 올해 12월 29일 국내 구매자가 해당 제품의 구입의사를 전달했으나 재무제표와 부가가치세 신고서에 반영되지 않았다.
- 제품재고 중 8,500,000원(판매가 10,000,000원)은 위탁판매를 위해 수탁자에게 전달되었으며, 올해 12월 31일 국내 수탁자가 해당 제품이 판매되었다고 출고장을 보내왔으나 재무제표와 부가가치세 신고서에 반영되지 않았다.

□□□
(2) 세금과공과금의 계정별원장을 조회하여 [세금과공과금명세서]를 작성하고 관련 세무조정을 [소득금액조정합계표및명세서]에 반영하시오. (단, 아래의 항목 중 다른 세무조정명세서에 영향을 미치는 사항은 관련된 조정명세서에서 적정하게 처리되었다고 가정하고, 세무조정은 건별로 처리하도록 한다) (6점)

월일	적요	금액
1월 12일	주민세(종업원분)	1,700,000원
2월 15일	산재보험료 연체금	300,000원
3월 12일	국민연금 회사부담분	3,200,000원
3월 24일	사업과 관련없는 불공제매입세액	1,200,000원
4월 30일	법인세분 법인지방소득세	3,500,000원
5월 8일	대표자 개인의 양도소득세 납부	5,000,000원
6월 25일	폐수 초과배출부담금	750,000원
7월 3일	지급명세서미제출가산세	1,500,000원
9월 15일	간주임대료에 대한 부가가치세	650,000원
10월 5일	업무상 교통위반 과태료	100,000원
12월 9일	법인분 종합부동산세	5,700,000원

□□□

(3) 아래 당기의 외화거래자료를 이용하여 [외화자산등평가차손익조정명세서](갑),(을)를 작성하고,
세무조정사항이 있는 경우 [소득금액조정합계표및명세서]를 작성하시오. (6점)

계정과목	발생일자	외화금액(USD)	발생일 매매기준율	기말 매매기준율
외상매출금	올해 3. 2.	$20,000	$1 = 1,150원	$1 = 1,250원
외상매입금	올해 5. 5.	$12,000	$1 = 1,200원	$1 = 1,250원

• 당사는 외화자산 및 부채의 평가방법으로 사업연도 종료일 현재의 매매기준율을 관할 세무서장에게
신고하였지만, 실제 결산 시 1,200원/$의 환율을 적용하여 외화자산 및 부채를 평가하였다.
• 화폐성외화자산 및 부채는 위에 제시된 자료뿐이다.
• 세무조정 발생 시 세무조정은 각 자산 및 부채별로 하기로 한다.

□□□

(4) 다음의 자료를 이용하여 [소득금액조정합계표및명세서]를 추가로 작성하시오. (6점)

1. 손익계산서상 임원 상여금 5,000,000원, 제조원가명세서상 직원 상여금 25,000,000원이 계상되
어 있다. 단, 당사는 임원 및 직원에 대한 상여금 지급 규정이 없다.

2. 업무용 화물트럭의 자동차세 과오납금에 대한 환급금 200,000원과 환부이자 10,000원을 모두 잡
이익으로 회계처리하였다.

3. 당기 손익계산서상 법인세등 12,000,000원이 계상되어 있다.

4. 회사가 계상한 감가상각비는 20,000,000원이며, 세법상 감가상각범위액은 25,000,000원이다.
단, 전기 감가상각부인액 8,000,000원이 있다.

5. 채권자가 불분명한 사채이자를 지급하면서 다음과 같이 회계처리하고, 예수금은 원천징수세액으
로 납부하였다

• 이자 지급 시	: (차) 이자비용	2,000,000원	(대) 보통예금	1,450,000원
			예수금	550,000원
• 원천징수세액 납부 시 : (차) 예수금		550,000원	(대) 현금	550,000원

Side text: 최신기출 / 제101회 / 해커스 전산세무 1급 법인세 이론+실무+최신기출

□□□
(5) 다음 자료를 이용하여 [기부금조정명세서]의 [1.기부금입력] 탭과 [2.기부금조정] 탭을 작성하고 세무조정을 하시오. (단, 기부처의 사업자(주민)번호 입력은 생략하되, 기부금 입력 시 불러오기를 이용하고, 불러온 자료를 수정하여 완성할 것) (6점)

1. 기부금 등 관련 내역

발생일	금액	지출처[1]	내용
3월 11일	5,000,000원	일반기부금단체	종교단체 기부금
5월 23일	20,000,000원	특례기부금단체	국립대학병원에 연구비로 지출한 기부금
7월 21일	?	특례기부금단체	이재민 구호물품 (시가 : 4,000,000원, 장부가액 : 5,000,000원)
9월 10일	?	비지정기부금단체	보유 중인 토지를 양도 (시가 : 100,000,000원, 양도가액 : 60,000,000원)[2]

[1] 당사와 특수관계가 없는 단체이며, 사업과 직접적인 관계가 없는 지출이다.

[2] 토지는 정당한 사유 없이 저가 양도하였다.

2. 법인세과세표준 및 세액조정계산서상 차가감소득금액

결산서상 당기순손익		270,000,000원
소득조정 금액	익금산입	25,000,000원
	손금산입	10,000,000원

※ 기부금에 대한 세무조정 전 금액이다.

3. 세무상 미공제 이월결손금 및 이월기부금

구분	이월결손금	이월기부금(일반기부금)
2023년 발생분	15,000,000원	3,000,000원

▶ 정답 및 해설 | p.154

해커스
전산세무 1급 법인세

이론+실무+최신기출

정답 및 해설

해커스금융

이론시험

1 ④	2 ②	3 ①	4 ②	5 ①	6 ③	7 ②	8 ④
9 ②	10 ④	11 ④	12 ③	13 ②	14 ①	15 ③	

1 ④ 장기차입약정의 약정사항을 위반하여 채권자가 즉시 상환을 요구할 수 있는 채무는 보고기간 종료일과 재무제표가 사실상 확정된 날 사이에 채권자가 상환을 요구하지 않기로 합의하더라도 유동부채로 분류한다. 그 이유는 보고기간 종료일 현재 기업이 보고기간 종료일로부터 1년을 초과하여 결제를 연기할 수 있는 권리를 가지고 있지 않기 때문이다. (일반기업회계기준 문단 2.26)

2 ② 상품권을 판매한 경우 상품권을 회수하고 재화를 인도하는 시점에 수익을 인식한다. 상품권 발행 시점에는 받은 돈을 부채(선수금)로 기록한다.

3 ①
- 유상증자 회계처리

(차) 현금 등	120,000,000	(대) 자본금	100,000,000(ⓐ)
주식할인발행차금	10,000,000		
주식발행초과금	10,000,000		

- 무상증자 회계처리

(차) 자본잉여금	10,000,000	(대) 자본금	10,000,000(ⓑ)

- 이익잉여금 처분 결의 및 지급 회계처리

(차) 미처분이익잉여금	10,000,000	(대) 현금 등	3,000,000
		자본금	7,000,000(ⓒ)

- 기말자본금 = 기초자본금 + ⓐ + ⓑ + ⓒ
  = 30,000,000 + 100,000,000 + 10,000,000 + 7,000,000 = 147,000,000원

4 ② 나. 소멸하거나 제3자에게 양도한 금융부채의 장부금액과 지급한 대가의 차액은 당기손익으로 인식한다. (일반기업회계기준 문단 6.10)

5 ① 중대한 오류는 재무제표의 신뢰성을 심각하게 손상할 수 있는 매우 중요한 오류를 말한다. (일반기업회계기준 문단 5.18)

6 ③
- (가) 고정원가 / (나) 변동원가
- 커피 제조의 원두(변동원가) / 생산직원의 급여(준고정원가) / 기계장치 감가상각비(생산량비례법이 아니라면 고정원가) / 공장 임차료(고정원가)

7 ②
- 결합원가 배부액

구분	순실현가치	비율	결합원가 배부액
A	(1,000개 × @2,000원) − 200,000원 = 1,800,000원	36%	306,000원
B	(800개 × @2,500원) − 500,000원 = 1,500,000원	30%	255,000원
C	(1,700개 × @1,000원) = 1,700,000원	34%	289,000원
합계	5,000,000원	100%	850,000원

- 제품 A의 매출총이익 = 매출액 − 매출원가
  = (1,000개 × @2,000원) − (306,000원 + 200,000원) = 1,494,000원

8 ④ • 선입선출법에 의한 가공비의 완성품환산량 = 기초재공품 완성분 + 당기 착수 완성분 + 기말재공품
= (400 × 60%) + 1,500 + (700 × 20%) = 1,880개
• 선입선출법에 의한 가공비의 완성품환산량 단위당 원가 = 당기 가공비 발생액 ÷ 가공비의 완성품환산량
→ @10원 = ? ÷ 1,880개
∴ 당기 가공비 발생액 = 18,800원

9 ② 판매비와관리비를 매출원가로 잘못 회계처리한 경우 재무제표에 미치는 영향
: 매출원가 증가, 매출총이익 감소, 판매비와관리비 감소, 영업이익 불변, 당기순이익 불변

10 ④ • 예정배부액 = 실제조업도 × 예정배부율
= 500시간 × @190원 = 95,000원
• 배부차이 = 예정배부액 − 실제발생액
= 95,000 − 100,000 = (−)5,000원 (5,000원 과소배부)

11 ④ 필요적 기재사항 등이 착오로 잘못 적힌 경우, 처음에 발급한 세금계산서의 내용대로 세금계산서를 붉은색 글씨로 쓰거나 음(陰)의 표시를 하여 발급하고, 수정하여 발급하는 세금계산서는 검은색 글씨로 작성하여 발급한다. (부가가치세법 시행령 제70조 제1항 제5호)

12 ③ 음식점업을 경영하는 사업자 중 개인사업자의 의매입세액공제율 : 8/108 (단, 과세표준 2억 원 이하인 경우 9/109)

13 ② 소득세법상 이월결손금이 있는 경우, 종합소득금액 계산 시 이를 공제한다.

14 ① 주거용 건물 임대업에서 발생한 결손금은 '근로소득금액 − 연금소득금액 − 기타소득금액 − 이자소득금액 − 배당소득금액'의 순으로 공제하고, 남은 결손금은 다음 과세기간으로 이월시킨다.

15 ③ 중간예납은 중간예납기간이 지난 날부터 2개월 이내에 납부하여야 한다.

실무시험

문제 1 전표입력

(1) [일반전표입력]

7월 31일	(차) 보통예금	17,000,000	(대) 매도가능증권(투자)	15,000,000
	매도가능증권처분손실	3,000,000[1]	매도가능증권평가손실	5,000,000

[1] 처분금액 − 취득원가 = 17,000,000 − 20,000,000 = (−)3,000,000원

(2) [매입매출전표입력]

8월 15일   유형 : 54.불공 / 공급가액 : 8,000,000 / 부가세 : 800,000 / 거래처 : ㈜정우 / 전자 : 여 / 분개 : 혼합 / (불공제사유 : ⑤면세사업 관련)

(차) 비품	8,800,000	(대) 선급금(㈜정우)	1,000,000
		보통예금	7,800,000

(3) [매입매출전표입력]

11월 10일   유형 : 57.카과 / 공급가액 : 1,350,000 / 부가세 : 135,000 / 거래처 : 미래공인중개사사무소 / 분개 : 혼합(카드) / (신용카드사 : 현대카드)

(차) 부가세대급금	135,000	(대) 미지급금(현대카드)	1,485,000
수수료비용(판관비)	1,350,000		

(4) [일반전표입력]

11월 22일	(차) 퇴직연금운용자산	4,850,000	(대) 이자수익	5,000,000
	수수료비용(판관비)	150,000		

(1) 1단계 [매입매출전표입력]
   8월 22일   유형 : 16.수출 / 공급가액 : 272,000,000 / 부가세 : 0 / 거래처 : 산비디아 / 분개 : 혼합(외상) / (영세율구분 : 1.직접수출) / (수출신고번호 : 13528-22-0003162)
   (차) 외상매출금(산비디아)   272,000,000   (대) 제품매출   272,000,000

   2단계 [수출실적명세서] (7월~9월)

구분		건수	외화금액		원화금액		비고	
⑨합계		1	200,000.00		272,000,000			
⑩수출재화[=⑫합계]		1	200,000.00		272,000,000			
⑪기타영세율적용								

No	☐	(13)수출신고번호	(14)선(기)적일자	(15)통화코드	(16)환율	금액		전표정보	
						(17)외화	(18)원화	거래처코드	거래처명
1	☐	13528-22-0003162	2024-08-22	USD	1,360.0000	200,000.00	272,000,000	00147	산비디아

(2) [대손세액공제신고서] 메뉴 ▶ [대손발생] 탭 (10월~12월)

당초공급일	대손확정일	대손금액	공제율	대손세액	거래처		대손사유
2021-11-03	2024-11-03	6,600,000	10/110	600,000	세정상사	6	소멸시효완성
2021-12-31	2024-12-01	4,950,000	10/110	450,000	한뜻전자	7	회수기일 2년 이상 경과
2023-03-02	2024-10-01	11,000,000	10/110	1,000,000	용산전자	1	파산
2022-10-15	2024-10-05	-9,350,000	10/110	-850,000	하나무역	7	대손채권 회수
합 계		13,200,000		1,200,000			

• 부도발생 어음은 부도발생일(올해 11월 6일)로부터 6개월이 경과한 날(내년 5월 7일)이 속하는 내년 1기 확정신고기간에 대손세액공제가 가능하다.

(3) 1단계 신고서 마감 : [부가가치세신고서] 메뉴 (4월~6월)

   2단계 전자신고파일 제작 : [전자신고] 메뉴 (신고인구분 : 2.납세자 자진신고), (비밀번호 : 12345678)

   3단계 전자신고파일 제출 : [국세청 홈택스 전자신고변환(교육용)] 메뉴 (찾아보기 → 형식검증하기 → 형식검증결과확인 → 내용검증하기 → 내용검증결과확인 → 전자파일제출 → 신고서 접수증 확인)

(1) (수동결산)
   [일반전표입력] 12월 31일
   (차) 외화예금   390,000   (대) 외화환산이익   390,000[1]
   [1] (¥2,300,000 × @9.3원) − 21,000,000원 = 390,000원

(2) (수동결산)
   [일반전표입력] 12월 31일
   (차) 정기예금   100,000,000   (대) 장기성예금   100,000,000

(3) (수동결산)
   [일반전표입력] 12월 31일
   (차) 광고선전비(판관비)   8,000,000   (대) 제품   8,000,000
                                                  (적요8. 타계정으로 대체액)
   재고자산감모손실   2,000,000   상품   2,000,000
                                            (적요8. 타계정으로 대체액)

(4) (수동결산)
   [일반전표입력] 12월 31일
   (차) 무형자산상각비(판관비)   10,000,000   (대) 개발비   10,000,000[1]
   (차) 무형자산손상차손   10,000,000   (대) 개발비   10,000,000[2]
   [1] (전기말 미상각잔액 − 잔존가치) ÷ 기초 현재 잔여내용연수 = (20,000,000 − 0) ÷ (5년 − 3년) = 10,000,000원
   [2] 회수가능액 − 손상 전 장부금액 = 0 − (20,000,000 − 10,000,000) = (−)10,000,000원

(1) [사원등록] 메뉴 ▶ 102.정상수 ▶ [부양가족명세] 탭

연말관계	성명	내/외국인	주민(외국인, 여권)번호	나이	기본공제	부녀자	한부모	경로우대	장애인	자녀	출산입양	위탁관계
0	정상수	내	1 851025-1234561	39	본인				1			
3	황효림	내	1 860424-2112346	38	부							
1	정학수	내	1 580218-1233348	66	60세이상							
1	박순자	내	1 620815-2123459	62	60세이상							
4	정은란	내	1 090410-4134563	15	20세이하					○		
4	정은수	내	1 130301-3789504	11	부							
4	정은우	내	1 140420-3115984	10	20세이하					○		

- 연중에 장애가 치유된 자에 대해서는 치유일 전날의 상황에 따름
- 정상수(본인)의 총급여액이 황효림(배우자)의 총급여액보다 크기 때문에 부양가족공제를 정상수(본인)에게 적용하는 것이 세부담 최소화 차원에서 유리함
- 정학수(부친)의 연금소득금액 = 연금수령액 − 연금소득공제
  = 5,100,000 − {3,500,000 + (5,100,000 − 3,500,000) × 40%} = 960,000원
- 박순자(모친)는 과세대상 부동산을 양도하였으나 양도차손(결손금)이 발생하였으므로 소득금액 요건을 충족함
- 다수가 순위 경쟁하는 대회에서 받은 상금에 해당하는 기타소득의 필요경비율은 80%이므로, 정은란(딸)의 기타소득금액은 300만 원 이하(= 240만 원 = 1,200만 원 × (100% − 80%))로서 분리과세를 선택하였으므로(선택적 분리과세) 소득금액 요건을 충족함
- 프리랜서 소득은 사업소득(종합과세)에 해당하므로 정은수(아들)은 소득금액 요건을 충족하지 못함

(2) 1단계 [기타소득자등록] 메뉴 ▶ 001.박서준 (입력되어 있음)

2단계 [사업소득자등록] 메뉴 ▶ 003.강태주 (입력되어 있음)

3단계 [기타소득자자료입력] 메뉴 ▶ 8월 5일 ▶ 박서준

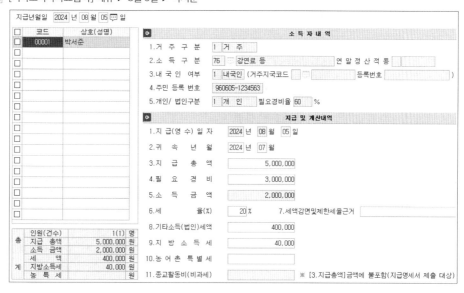

4단계 [사업소득자료입력] 메뉴 ▶ 8월 5일 ▶ 강태주

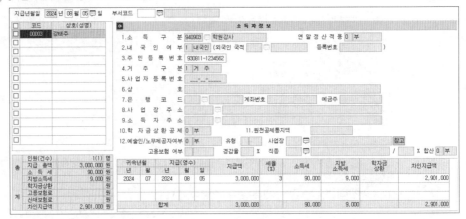

5단계 신고서 작성 : [원천징수이행상황신고서] 메뉴 (귀속기간 7월, 지급기간 8월)

6단계 신고서 마감 : [원천징수이행상황신고서] 메뉴 (귀속기간 7월, 지급기간 8월)

7단계 전자신고파일 제작 : [전자신고] 메뉴 (신고인구분 : 2.납세자 자진신고), (비밀번호 : 20240204)

8단계 전자신고파일 제출 : [국세청 홈택스 전자신고변환(교육용)] 메뉴 (찾아보기 → 형식검증하기 → 형식검증결과확인 → 내용검증하기 → 내용검증결과확인 → 전자파일제출 → 신고서 접수증 확인)

문제 5 세무조정

(1) ① 문제분석

1단계 기업업무추진비 직부인

① 전기 귀속분 : <손금불산입> 1,000,000[1] (유보)(= △유보 감소)

② 사적 사용경비 : <손금불산입> 500,000[2] (상여)

　　　　　　　　　　<손금산입> 500,000[2] (△유보)(= △유보 발생)

③ 신용카드 등 미사용 : 없음

[1] 전기(x1년)에 접대행위를 하고 법인카드로 지출하였으나, 장부에는 카드대금 결제일인 당기(x2년)에 비용을 기록한 경우

구분	전기(x1년)	당기(x2년)
B	–	(차) 기업업무추진비 1,000,000 　　　　　(대) 현금 등 1,000,000
T	(차) 기업업무추진비 1,000,000 　　　　　(대) 미지급금 1,000,000	(차) 미지급금 1,000,000 　　　　　(대) 현금 등 1,000,000
T/A	• <손금산입> 1,000,000 (△유보) • 1,000,000원을 해당액에 가산	• <손금불산입> 1,000,000 (유보) • 1,000,000원을 해당액에서 차감

²⁾ 기업업무추진비로 인정되지 않는 사적 사용경비를 건설자금이자(자산)으로 계상한 경우

B	(차) 기업업무추진비	500,000	(대) 현금 등	500,000
	건설중인자산	500,000	기업업무추진비	500,000
T	(차) 사외유출	500,000	(대) 현금 등	500,000
T/A	• <손금불산입> 사적 사용경비 500,000 (상여) • <손금산입> 건설중인자산 500,000 (△유보)			

2단계 기업업무추진비 한도계산

- 기업업무추진비 한도액 = ① + ② + ③ = 43,575,000

① 일반 기업업무추진비 한도액

$$= 36,000,000 + (2,525,000,000^{1)} \times \frac{30}{10,000}) + (0 \times \frac{30}{10,000} \times 10\%)$$
$$= 43,575,000$$

¹⁾ 일반수입금액 = 수입금액 − 특정수입금액 = 2,525,000,000 − 0 = 2,525,000,000

② 문화 기업업무추진비 추가한도액 = Min[㉠, ㉡] = 0

㉠ 문화 기업업무추진비 : 0

㉡ 일반 기업업무추진비 한도액 × 20% = 43,575,000 × 20% = 8,715,000

③ 전통시장 기업업무추진비 추가한도액 = Min[㉢, ㉣] = 0

㉢ 전통시장 기업업무추진비 = 0

㉣ 일반 기업업무추진비 한도액 × 10% = 43,575,000 × 10% = 4,357,500

3단계 기업업무추진비 한도초과액에 대한 세무조정

- 기업업무추진비 해당액 = 20,000,000(기업업무추진비, 판관비) + 3,000,000(기업업무추진비, 도급)
  − 1,000,000(전기 귀속분) − 500,000(사적 사용경비) − 0(신용카드 등 미사용)
  = 21,500,000
- 기업업무추진비 한도액 = 43,575,000
- 기업업무추진비 한도초과액 = 0
  → 세무조정 : 없음

② 입력화면

[기업업무추진비조정명세서] 메뉴에서

- [기업업무추진비 입력(을)] 탭

1. 기업업무추진비 입력 (을)   2. 기업업무추진비 조정 (갑)

1. 수입금액명세

구 분	1. 일반수입금액	2. 특수관계인간 거래금액	3. 합 계(1+2)
금 액	2,525,000,000		2,525,000,000

2. 기업업무추진비 해당금액

4. 계정과목	합계	기업업무추진비(도급)	기업업무추진비(판관)		
5. 계정금액	22,000,000	3,000,000	19,000,000		
6. 기업업무추진비계상액 중 사적사용경비	500,000	500,000			
7. 기업업무추진비해당금액(5-6)	21,500,000	2,500,000	19,000,000		
8. 신용카드등 미사용금액 / 경조사비 중 기준금액 초과액 / 9. 신용카드 등 미사용금액					
10. 총 초과금액					
국외지역 지출액 (법인세법 시행령 제41조제2항제1호) / 11. 신용카드 등 미사용금액					
12. 총 지출액					
농어민 지출액 (법인세법 시행령 제41조제2항제2호) / 13. 송금명세서 미제출금액					
14. 총 지출액					
기업업무추진비 중 기준금액 초과액 / 15. 신용카드 등 미사용금액					
16. 총 초과금액	23,000,000	3,000,000	20,000,000		
17. 신용카드 등 미사용 부인액					
18. 기업업무추진비 부인액(6+17)	500,000	500,000			

- [기업업무추진비 조정(갑)] 탭

1.기업업무추진비 입력 (을)	2.기업업무추진비 조정 (갑)

3 기업업무추진비 한도초과액 조정				□ 정부출자법인 □ 부동산임대업등(법.령제42조제2항)
중소기업				
구분				금액
1. 기업업무추진비 해당 금액				21,500,000
2. 기준금액 초과 기업업무추진비 중 신용카드 등 미사용으로 인한 손금불산입액				
3. 차감 기업업무추진비 해당금액(1-2)				21,500,000
일반 기업업무추진비 한도	4. 12,000,000 (중소기업 36,000,000) X 월수(12) / 12			36,000,000
	총수입금액 기준	100억원 이하의 금액 X 30/10,000		7,575,000
		100억원 초과 500억원 이하의 금액 X 20/10,000		
		500억원 초과 금액 X 3/10,000		
		5. 소계		7,575,000
	일반수입금액 기준	100억원 이하의 금액 X 30/10,000		7,575,000
		100억원 초과 500억원 이하의 금액 X 20/10,000		
		500억원 초과 금액 X 3/10,000		
		6. 소계		7,575,000
	7. 수입금액기준	(5-6) X 10/100		
	8. 일반기업업무추진비 한도액 (4+6+7)			43,575,000
문화기업업무추진비 한도(「조특법」 제136조제3항)	9. 문화기업업무추진비 지출액			
	10. 문화기업업무추진비 한도액(9와 (8 X 20/100) 중 작은 금액)			
전통시장기업업무추진비 한도(「조특법」 제136조제6항)	11. 전통시장기업업무추진비 지출액			
	12. 전통시장기업업무추진비 한도액(11과 (8 X 10/100) 중 작은 금액)			
13. 기업업무추진비 한도액 합계(8+10+12)				43,575,000
14. 한도초과액(3-13)				
15. 손금산입한도 내 기업업무추진비 지출액(3과 13중 작은 금액)				21,500,000

- [조정등록]

익금산입 및 손금불산입			손금산입 및 익금불산입		
과목	금액	소득처분	과목	금액	소득처분
전기 귀속분	1,000,000	△유보 감소	건설중인자산	500,000	△유보 발생
사적 사용경비	500,000	상여			

(2) ① 문제분석

[기계장치의 감가상각 시부인]
- 상각방법 : 정액법
- 회사계상 감가상각비 합계 = 결산서상 감가상각비 + 전기오류수정손실 + 당기 즉시상각의제
  = 4,000,000 + 3,000,000[1] + 10,000,000[2] = 17,000,000

  [1] 대변의 감가상각누계액 계정과목에 대응하여 차변을 "전기오류수정손실(이익잉여금)" 계정과목으로 회계처리한 경우, 법인세법에서는 순자산증가설에 입각하여 동 금액을 일단 "손금산입(기타)"로 세무조정한 후, 이를 회사계상 감가상각비로 보아 시부인 계산함

  [2] 소액수선비 판단 : 10,000,000 ≥ Max[6,000,000, (60,000,000 − 12,000,000) × 5%]
  ∴ 소액수선비 요건 충족 못함

- 세법상 상각범위액 = 세법상 취득가액[1] × 상각률[2] = 11,620,000원

  [1] = 기말 재무상태표상 취득가액 + (당기 즉시상각의제 + 전기·그 이전의 즉시상각의제)
  = 60,000,000 + (10,000,000 + 0) = 70,000,000원

  [2] = 1/내용연수 = 0.166

- 상각부인액(= 한도초과액) : 5,380,000
  → 세무조정 : <손금산입> 전기오류수정손실 3,000,000 (기타)
  <손금불산입> 기계장치 감가상각비 한도초과 5,380,000 (유보)

② 입력화면

　　<u>1단계</u> [고정자산등록]

자산계정과목	0206 🔲 기계장치	조정구분 0.전체 ⌄ 경비구분 0.전체 ⌄

□	자산코드/명	취득년월일	상각방법
□	000001 기계장치	2021-06-01	정액법

기본등록사항　추가등록사항

항목	금액
1.기초가액	60,000,000
2.전기말상각누계액(-)	12,000,000
3.전기말장부가액	48,000,000
4.당기중 취득 및 당기증가(+)	
5.당기감소(일부양도·매각·폐기)(-)	
전기말상각누계액(당기감소분)(+)	
6.전기말자본적지출액누계(+)(정액법만)	
7.당기자본적지출액(즉시상각분)(+)	10,000,000
8.전기말부인누계액(+)(정률만 상각대상에 가산)	
9.전기말의제상각누계액(-)	
10.상각대상금액	70,000,000
11.내용연수/상각률(월수)	6 🔲 0.166 (12) 연수별상각율
12.상각범위액(한도액)(10X상각율)	11,620,000
13.회사계상액(12)-(7)	7,000,000 사용자수정
14.경비구분	1.500번대/제조
15.당기말감가상각누계액	19,000,000
16.당기말장부가액	41,000,000
17.당기의제상각비	
18.전체양도일자	----_-_--
19.전체폐기일자	----_-_--
20.업종	13 🔲 제조업

　　<u>2단계</u> [미상각자산감가상각조정명세서] 메뉴에서

　　• [유형자산(정액법)] 탭 ▶ 001.기계장치

입력내용		금액	총계
업종코드/명 13	제조업		
합계표 자산구분	2. 기계장치		
(4)내용연수(기준.신고)		6	
상각 계산 의 기초 가액	재무상태표 자산가액 (5)기말현재액	60,000,000	60,000,000
	(6)감가상각누계액	19,000,000	19,000,000
	(7)미상각잔액(5)-(6)	41,000,000	41,000,000
	회사계상 상각비 (8)전기말누계	12,000,000	12,000,000
	(9)당기상각비	7,000,000	7,000,000
	(10)당기말누계(8)+(9)	19,000,000	19,000,000
	자본적 지출액 (11)전기말누계		
	(12)당기지출액	10,000,000	10,000,000
	(13)합계(11)+(12)	10,000,000	10,000,000
(14)취득가액((7)+(10)+(13))		70,000,000	70,000,000
(15)일반상각률.특별상각률		0.166	
상각범위 액계산	당기산출 상각액 (16)일반상각액	11,620,000	11,620,000
	(17)특별상각액		
	(18)계((16)+(17))	11,620,000	11,620,000
	(19) 당기상각시인범위액	11,620,000	11,620,000
(20)회사계상상각액((9)+(12))		17,000,000	17,000,000
(21)차감액((20)-(19))		5,380,000	5,380,000
(22)최저한세적용에따른특별상각부인액			
조정액	(23) 상각부인액((21)+(22))	5,380,000	5,380,000
	(24) 기왕부인액중당기손금추인액		
부인액 누계	(25) 전기말부인누계액		
	(26) 당기말부인누계액 (25)+(23)-|24|	5,380,000	5,380,000
당기말 의제상각액	(27) 당기의제상각액 |△(21)|-|(24)|		
	(28) 의제상각누계액		
신고조정 감가상각 비계산	(29) 기준상각률		
	(30) 종전상각비		
	(31) 종전감가상각비 한도		
	(32) 추가손금산입대상액		
	(33) 동종자산 한도계산 후 추가손금산		
신고조정 감가상각 비계산	(34) 기획재정부령으로 정하는 기준내용		
	(35) 기준감가상각비 한도		
	(36) 추가손금산입액		
(37) 추가 손금산입 후 당기말부인액 누계		5,380,000	5,380,000

　　• [조정등록]

익금산입 및 손금불산입			손금산입 및 익금불산입		
과목	금액	소득처분	과목	금액	소득처분
기계장치감가상각비 한도초과	5,380,000	유보 발생	전기오류수정손실	3,000,000	기타

(3) ① 문제분석
- 가지급금 적수 계산 – 대표이사 장경석

일자	적요	차변[1]	대변	잔액	기간	일수	가지급금 적수
2/9	대여	100,000,000		100,000,000	2. 9.~8. 26.	200일	20,000,000,000
8/27	회수		60,000,000	40,000,000	8. 27.~12. 31.	127일	5,080,000,000
합계		100,000,000	60,000,000			327일	25,080,000,000

[1] 귀속자 불명분을 대표자 상여로 소득처분하고 해당 법인이 그 소득세를 대납한 금액은 업무무관 가지급금으로 보지 않음

- 가지급금 인정이자 계산 – 대표이사 장경석

일자	적요	가지급금 증감액	기간	일수	가지급금 적수	인정이자율[1]	인정이자
2/9	대여	100,000,000	2. 9.~12. 31.	327일	32,700,000,000	4.6%	4,109,836
8/27	회수	(-)60,000,000	8. 27.~12. 31.	127일	(-)7,620,000,000	4.6%	(-)957,705
합계		40,000,000			25,080,000,000		3,152,131[2]

[1] 문제에서 제시된 가정에 따라 "당좌대출이자율(4.6%)"을 적용함(전년도 사업연도와 이후 2개 사업연도에 당좌대출이자율을 적용)
[2] 25,080,000,000 × 0.046 ÷ 366일 = 3,152,131원

- 미수이자에 대한 세무조정

B	(차) 미수수익	2,000,000	(대) 이자수익	2,000,000
T	(차) 미수수익	0	(대) 이자수익	0[1]
T/A	<익금불산입> 미수이자 2,000,000 (△유보)[2]			

[1] 약정이 없는 이자수익의 법인세법상 익금귀속시기 : 실제 이자를 지급받은 날
[2] 추후 결산서에 미수이자를 상계할 때 : 익금산입(유보)로 추인

- 가지급금 인정이자에 대한 세무조정 – 대표이사 장경석

가지급금 인정이자	3,152,131원
회사계상 이자수익	0원[1]
차이	3,152,131원[1]
현저한 이익 분여 요건	차이 = 3,890,706 ≥ 344,535 = Min[가지급금 인정이자 × 5%, 3억 원]
T/A	<익금산입> 가지급금 인정이자 3,890,706 (상여)

[1] 이자율 및 상환기간에 대한 약정이 없는데 결산서에 미수이자를 계상한 경우 : 인정이자 총액(3,152,131원)을 익금산입 세무조정

② 입력화면

[가지급금인정이자조정명세서] 메뉴에서
- [1. 가지급금·가수금 입력] 탭

- [2. 차입금 입력] 탭 : 입력 생략 가능 (∵ 당좌대출이자율을 적용하므로)

- [3. 인정이자계산 : (을)지] 탭 – 대표이사 장경석

No	월일		적요	차변	대변	잔액	일수	가지급금적수	가수금적수	차감적수
1	2	9	2.대여	100,000,000		100,000,000	200	20,000,000,000		
2	8	27	3.회수		60,000,000	40,000,000	127	5,080,000,000		

- [4. 인정이자조정 : (갑)지] 탭

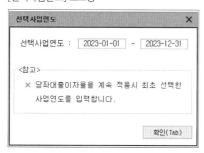

| 1.가지급금.가수금 입력 | 2.차입금 입력 | 3.인정이자계산 : (을)지 | 4.인정이자조정 : (갑)지 | | | | 이자율선택 : [1] 당좌대출이자율로 계산 |

3.당좌대출이자율에 따른 가지급금 등의 인정이자 조정 (연일수 : 366일)

No	10.성명	11.가지급금적수	12.가수금적수	13.차감적수(11-12)	14.이자율(%)	15.인정이자(13X14)	16.회사계상액	시가인정범위		19.조정액(=17) 17>=3억, 18>=5%
								17.차액(15-16)	18.비율(%)	
1	장경석	25,080,000,000		25,080,000,000	4.60	3,152,131		3,152,131	100.00000	3,152,131

- [조정등록] 보조창

익금산입 및 손금불산입			손금산입 및 익금불산입		
과목	금액	소득처분	과목	금액	소득처분
가지급금인정이자(대표이사)	3,152,131	상여	미수수익	2,000,000	△유보 발생

- [선택사업연도] 보조창

선택사업연도 ✕

선택사업연도 : 2023-01-01 ~ 2023-12-31

<참고>
※ 당좌대출이자율을 계속 적용시 최초 선택한
사업연도를 입력합니다.

확인(Tab)

(4) ① 문제분석
- 차감납부세액의 계산

결산서상 당기순손익	400,000,000
(+) 익금산입 및 손금불산입	83,000,000
(−) 손금산입 및 익금불산입	3,000,000
(=) 차가감소득금액	480,000,000
(+) 기부금 한도초과액	0
(−) 기부금 한도초과 이월액 손금산입	0
(=) 각 사업연도 소득금액	480,000,000
(−) 이월결손금	0
(−) 비과세소득	0
(−) 소득공제	0
(=) 과세표준	480,000,000
(×) 세율	9%, 19%
(=) 산출세액	71,200,000
(−) 최저한세 적용대상 세액감면·세액공제	8,900,000 ·····1)2)
(=) 차감세액	62,300,000
(−) 최저한세 적용제외 세액감면·세액공제	0
(+) 가산세	500,000
(=) 총부담세액	62,800,000
(−) 기납부세액	20,000,000
(=) 차감납부할세액	42,800,000
(−) 분납할세액	21,150,000 ·····3)
(=) 차감납부세액	21,650,000

1) 중소기업특별세액감면

$$= 산출세액 \times \frac{감면대상소득금액 - 해당\ 소득금액에서의\ 이월결손금·비과세소득·소득공제}{과세표준} \times 감면율$$

$$= 71,200,000 \times \frac{300,000,000 - 0}{480,000,000} \times 20\% = 8,900,000원$$

²⁾ 최저한세 적용 여부

근거 법	구분	금액	최저한세 적용 여부
조세특례제한법상 기간제한 없는 세액감면	중소기업특별세액감면	8,900,000원	○

³⁾ 납부할 세액(가산세는 제외)이 2천만 원 초과인 경우 분납가능금액
  = (차감납부할세액 − 가산세) × 50%
  = (42,800,000 − 500,000) × 50% = 21,150,000원

② 입력화면
• [법인세과세표준및세액조정계산서]

	101. 결 산 서 상 당 기 순 손 익	01	400,000,000
①각사업연도소득계산	소득조정금액 102. 익 금 산 입	02	83,000,000
	소득조정금액 103. 손 금 산 입	03	3,000,000
	104. 차 가 감 소 득 금 액 (101+102-103)	04	480,000,000
	105. 기 부 금 한 도 초 과 액	05	
	106. 기부금한도초과이월액손금산입	54	
	107. 각 사 업 연 도 소 득 금 액 (104+105-106)	06	480,000,000
②과세표준계산	108. 각 사 업 연 도 소 득 금 액 (108=107)		480,000,000
	109. 이 월 결 손 금	07	
	110. 비 과 세 소 득	08	
	111. 소 득 공 제	09	
	112. 과 세 표 준 (108-109-110-111)	10	480,000,000
	159. 선 박 표 준 이 익	55	
③산출세액계산	113. 과 세 표 준 (113=112+159)	56	480,000,000
	114. 세 율	11	19%
	115. 산 출 세 액	12	71,200,000
	116. 지 점 유 보 소 득 (법 제96조)	13	
	117. 세 율	14	
	118. 산 출 세 액	15	
	119. 합 계 (115+118)	16	71,200,000

	120. 산 출 세 액 (120=119)		71,200,000
④납부할세액계산	121. 최저한세 적용 대 상 공 제 감 면 세 액	17	8,900,000
	122. 차 감 세 액	18	62,300,000
	123. 최저한세 적용 제외 공 제 감 면 세 액	19	
	124. 가 산 세 액	20	500,000
	125. 가 감 계 (122-123+124)	21	62,800,000
	기한내납부세액 126. 중 간 예 납 세 액	22	20,000,000
	기한내납부세액 127. 수 시 부 과 세 액	23	
	기한내납부세액 128. 원 천 납 부 세 액	24	
	기한내납부세액 129. 간접 회사등 외국 납부세액	25	
	기한내납부세액 130. 소 계 (126+127+128+129)	26	20,000,000
	131. 신 고 납 부 전 가 산 세 액	27	
	132. 합 계 (130+131)	28	20,000,000
	133. 감 면 분 추 가 납 부 세 액	29	
	134. 차 가 감 납 부 할 세 액 (125-132+133)	30	42,800,000
⑤토지등 양도소득, ⑥미환류소득 법인세 계산 (TAB로 이동)			
⑤세액계산	151. 차감 납부할 세액계 (134+150+166)	46	42,800,000
	152. 사 실 과 다 른 회계 처리 경정 세액공제	57	
	153. 분 납 세 액 계 산 범 위 액 (151-124-133-145-152+131)	47	42,300,000
	154. 분 납 할 세 액	48	21,150,000
	155. 차 감 납 부 세 액 (151-152-154)	49	21,650,000

(5) ① 문제분석
• 자본금과적립금조정명세서(을)

과목	기초잔액 (ⓐ)	당기 중 증감		기말잔액 (ⓐ − ⓑ + ⓒ)
		감소 (ⓑ)	증가 (ⓒ)	
업무용승용차	5,200,000	5,200,000¹⁾	0	0
단기매매증권	12,000,000	5,000,000²⁾	0	7,000,000
합계	17,200,000	10,200,000	0	7,000,000

¹⁾ <손금산입> 전기 감가상각비 한도초과액 5,200,000 (△유보) = 기초 유보 잔액의 감소
²⁾ <손금산입> 전기 단기매매증권 5,000,000 (△유보) = 기초 유보 잔액의 감소

• 자본금과적립금조정명세서(갑)

과목		기초잔액 (ⓐ)	당기 중 증감		기말잔액 (ⓐ − ⓑ + ⓒ)
			감소 (ⓑ)	증가 (ⓒ)	
자본금 및 잉여금의 계산	1. 자본금	250,000,000			250,000,000
	2. 자본잉여금	30,000,000			30,000,000
	3. 자본조정	20,000,000			20,000,000
	4. 기타포괄손익누계액	50,000,000			50,000,000
	5. 이익잉여금	52,000,000		55,000,000	107,000,000
	6. 계	402,000,000		55,000,000	457,000,000¹⁾
7. 자본금과적립금명세서(을) 계		17,200,000	10,200,000	0	7,000,000
손익미계상 법인세 등	8. 법인세			1,200,000²⁾	1,200,000
	9. 지방소득세			150,000²⁾	150,000
	10. 계			1,350,000	1,350,000
11. 차가감계 (= 6. + 7. − 10.)		419,200,000	10,200,000	53,650,000	462,650,000

1) = 재무상태표상 기말 자본 총계
2) 손익미계상 법인세 등 = '법인세과세표준및세액신고서'의 법인세 등 − '손익계산서'의 법인세비용
= 손익계산서상 법인세비용 금액 외에 추가로 부담하는 법인세 등
= (+)로 기재하면 세법상 자본 계산 시 차감액으로 반영

② 입력화면

[자본금과적립금조정명세서] 메뉴에서

• [자본금과적립금조정명세서(을)] 탭

자본금과적립금조정명세서(을)	자본금과적립금조정명세서(병)	자본금과적립금조정명세서(갑)	이월결손금

I.세무조정유보소득계산

①과목 또는 사항	②기초잔액	당 기 중 증 감		⑤기말잔액 (=②-③+④)	비 고
		③감 소	④증 가		
업무용승용차	5,200,000	5,200,000			
단기매매증권	12,000,000	5,000,000		7,000,000	
합 계	17,200,000	10,200,000		7,000,000	

• [자본금과적립금조정명세서(갑)] 탭

자본금과적립금조정명세서(을)	자본금과적립금조정명세서(병)	자본금과적립금조정명세서(갑)	이월결손금

I.자본금과 적립금 계산서

	①과목 또는 사항	코드	②기초잔액	당 기 중 증 감		⑤기 말 잔 액 (=②-③+④)	비 고
				③감 소	④증 가		
자본금및	1.자 본 금	01	250,000,000			250,000,000	
잉여금의	2.자 본 잉 여 금	02	30,000,000			30,000,000	
계산	3.자 본 조 정	15	20,000,000			20,000,000	
	4.기타포괄손익누계액	18	50,000,000			50,000,000	
	5.이 익 잉 여 금	14	52,000,000		55,000,000	107,000,000	
	12.기타	17					
	6.계	20	402,000,000		55,000,000	457,000,000	
7.자본금과 적립금명세서(을)계 + (병)계		21	17,200,000	10,200,000		7,000,000	
손익미계상 법인세 등	8.법 인 세	22			1,200,000	1,200,000	
	9.지 방 소 득 세	23			150,000	150,000	
	10. 계 (8+9)	30			1,350,000	1,350,000	
11.차 가 감 계 (6+7-10)		31	419,200,000	10,200,000	53,650,000	462,650,000	

이론시험

1 ②	2 ②	3 ④	4 ①	5 ②	6 ①	7 ④	8 ③
9 ②	10 ①	11 ③	12 ④	13 ③	14 ④	15 ①	

1 ② 위탁판매를 위해 수탁자가 보관 중인 상품은 위탁자의 재고자산에 포함된다.

2 ② (자기주식 처분 시 회계처리)

(차) 현금 등	8,000,000	(대) 자기주식	5,000,000
		자기주식처분손실	1,000,000
		자기주식처분이익	2,000,000

3 ④ • 매도가능증권으로 분류하는 경우 : 기타포괄손익누계액 (−)6,550,000원

– 취득일 : (차) 매도가능증권	30,055,000	(대) 현금 등	30,055,000
– 결산일 : (차) 매도가능증권평가손실	6,055,000	(대) 매도가능증권	6,055,000

• 단기매매증권으로 분류하는 경우 : 당기순이익 (−)6,550,000원

– 취득일 : (차) 단기매매증권	30,000,000	(대) 현금 등	30,055,000
수수료비용	55,000		
– 결산일 : (차) 단기매매증권평가손실	6,000,000	(대) 단기매매증권	6,000,000

4 ① 새로운 지역에서 또는 새로운 고객층을 대상으로 영업을 하는 데 소요되는 직원 교육훈련비는 유형자산의 취득원가에 해당하지 않는다. (일반기업회계기준 문단 10.10)

5 ② • 20x1년도 손익계산서상 당기순이익은 60,000,000원이다.
  • 이익준비금 적립액(A) = 금전배당액의 10% = 30,000,000원 × 10% = 3,000,000원
  • 이익잉여금 처분액(B) = 38,000,000원
  • 중대하지 않은 오류의 수정은 당기 수익·비용으로 처리하므로 당기순이익에 반영되고, 중대한 오류의 수정은 소급하여 처리하므로 이익잉여금처분계산서상 'Ⅰ.미처분이익잉여금'에 반영된다.
  • 상법 규정에 따르면, 주식할인발행차금은 주식발행초과금과 우선 상계하여야 하고, 미상계잔액은 이익잉여금의 처분으로 상각할 수 있다.

6 ① 당기총제조원가는 재공품계정의 차변으로 대체된다.

7 ④ • 수선부문에 배분할 변동제조간접원가 = 3,000,000원 × $\dfrac{4,600시간}{5,400시간 + 4,600시간}$ = 1,380,000원

  • 수선부문에 배분할 고정제조간접원가 = 5,000,000원 × $\dfrac{7,200시간}{8,800시간 + 7,200시간}$ = 2,250,000원

  • 수선부문에 배분할 제조간접원가 = 1,380,000 + 2,250,000 = 3,630,000원

8 ③ 배부차이 조정방법 중 매출원가조정법(배부차이를 전액 매출원가에서 가감)과 영업외손익법(배부차이를 전액 영업외수익·비용으로 처리)이 각각 당기순이익에 미치는 영향은 서로 동일하다.

9 ② 비정상공손이란 작업자의 부주의, 생산계획의 미비 등에 따라 발생하는 것으로서 제조활동을 효율적으로 수행하면 방지할 수 있는 공손을 말한다.

10 ①

	물량	재료비	가공비
완성품	1,000	1,000	1,000
정상공손(100% 시점 검사)	100	100	100
기말재공품(50%)	100	100	50
완성품환산량	1,200	1,200	1,150
배분대상원가		434,400	649,750
환산량 단위당 원가		@362	@565

∴ 평균법에 의한 기말재공품 원가 = (100단위 × @362) + (50단위 × @565) = 64,450원

11 ③ 수출대행용역을 공급하는 사업자의 경우, 수출대행수수료에 대하여 10% 세율로 부가가치세가 과세된다.

12 ④ 감가상각자산(사업설비)의 취득은 조기환급대상에 해당하므로 예정신고를 한 경우 예정신고기한이 지난 후 15일 이내에 환급세액 전액(15,000,000원)을 환급받는다.

13 ③ 복권당첨소득이 3억 원을 초과하는 경우 3억 원까지는 20%, 3억 원 초과분은 30%를 원천징수한다.

14 ④ 기업업무추진비의 손금귀속시기는 접대행위를 한 날이 속하는 사업연도로 한다.

15 ① 원천징수가 되는 이자라면, 법인의 수입이자에 대하여 기간경과분을 미수이자로 계상한 경우 이를 익금으로 인정하지 않는다.

실무시험

문제 1 전표입력

(1) [매입매출전표입력]
  2월 10일 유형 : 11.과세 / 공급가액 : 5,000,000 / 부가세 : 500,000 / 거래처 : ㈜서강 / 전자 : 여 / 분개 : 혼합

(차) 미지급금(㈜서강)	2,000,000	(대) 부가세예수금	500,000
외상매출금(㈜서강)	3,500,000	제품매출	5,000,000

(2) [일반전표입력]
  4월 11일

(차) 감가상각누계액(기계장치)	8,000,000	(대) 기계장치	23,000,000
국고보조금(기계장치)	5,000,000		
재해손실	10,000,000		
(차) 보통예금	12,000,000	(대) 보험금수익	12,000,000

(3) [일반전표입력]
  8월 31일

(차) 보통예금	19,985,000	(대) 단기매매증권	25,000,000
단기매매증권처분손실	5,015,000		

(4) [매입매출전표입력]
  9월 26일 유형 : 12.영세 / 공급가액 : 13,000,000 / 부가세 : 0 / 거래처 : ㈜신화무역 / 전자 : 여 / 분개 : 혼합(외상)
  / (영세율구분 : 10.수출재화임가공용역)

(차) 외상매출금(㈜신화무역)	13,000,000	(대) 용역매출	13,000,000

문제 2 부가가치세신고

(1) 1단계 [매입매출전표입력] ▶ 6월 15일 : 아래의 전표를 선택하여 삭제
  6월 15일 유형 : 17.카과 / 공급가액 : 2,000,000 / 부가세 : 200,000 / 거래처 : 헬로마트㈜ / 분개 : 카드 / (신용카드사 : 현대카드)

(차) 외상매출금(현대카드)	2,200,000	(대) 부가세예수금	200,000
		제품매출	2,000,000

2단계 [매입매출전표입력] ▶ 6월 30일 : 아래의 전표를 추가로 입력

6월 15일   유형 : 51.과세 / 공급가액 : 200,000 / 부가세 : 20,000 / 거래처 : 킹킹상사 / 전자 : 부 / 분개 : 혼합
(현금)

(차) 부가세대급금	20,000	(대) 현금	220,000
소모품비(판관비)	200,000		

3단계 [부가가치세신고서] (4월~6월) ▶ 신고구분 : 2.수정신고 ▶ 신고차수 : 1차

구분				정기신고금액		
				금액	세율	세액
과세표준및매출세액	과세	세금계산서발급분	1	37,000,000	10/100	3,700,000
		매입자발행세금계산서	2		10/100	
		신용카드 · 현금영수증발행분	3	2,000,000	10/100	200,000
		기타(정규영수증외매출분)	4			
	영세	세금계산서발급분	5		0/100	
		기타	6		0/100	
	예정신고누락분		7			
	대손세액가감		8			
	합계		9	39,000,000	㉮	3,900,000
매입세액	세금계산서수취분	일반매입	10	20,000,000		2,000,000
		수출기업수입분납부유예	10-1			
		고정자산매입	11			
	예정신고누락분		12			
	매입자발행세금계산서		13			
	그 밖의 공제매입세액		14	1,000,000		100,000
	합계(10)-(10-1)+(11)+(12)+(13)+(14)		15	21,000,000		2,100,000
	공제받지못할매입세액		16			
	차감계 (15-16)		17	21,000,000	㉯	2,100,000
납부(환급)세액(매출세액㉮-매입세액㉯)					㉺	1,800,000

구분				수정신고금액		
				금액	세율	세액
과세표준및매출세액	과세	세금계산서발급분	1	37,000,000	10/100	3,700,000
		매입자발행세금계산서	2		10/100	
		신용카드 · 현금영수증발행분	3		10/100	
		기타(정규영수증외매출분)	4			
	영세	세금계산서발급분	5		0/100	
		기타	6		0/100	
	예정신고누락분		7			
	대손세액가감		8			
	합계		9	37,000,000	㉮	3,700,000
매입세액	세금계산서수취분	일반매입	10	20,200,000		2,020,000
		수출기업수입분납부유예	10-1			
		고정자산매입	11			
	예정신고누락분		12			
	매입자발행세금계산서		13			
	그 밖의 공제매입세액		14	1,000,000		100,000
	합계(10)-(10-1)+(11)+(12)+(13)+(14)		15	21,200,000		2,120,000
	공제받지못할매입세액		16			
	차감계 (15-16)		17	21,200,000	㉯	2,120,000
납부(환급)세액(매출세액㉮-매입세액㉯)					㉺	1,580,000

- 대금을 신용카드로 결제받음에 따라 세금계산서도 발급하고 신용카드매출전표도 발급한 경우에는 부가가치세신고서에서 "세금계산서 발급분"으로 기재하여야 한다.

4단계 [과세표준및세액결정(경정)청구서] (4월~6월) ▶ 수정차수 : 1차

◎ 청구인											
성 명	최기백		주민등록번호	890706	-	1421213	사업자등록번호	105	-	81	- 23608
주소(거소) 또는 영업소	서울특별시 동작구 여의대방로 28 (신대방동)										
상 호	(주)기백산업							전화번호	02	-	1234 - 1234

◎ 신고내용											
법정신고일	2024	년	7	월	25	일	최초신고일	2024	년	7	월 25 일
경정청구이유1				4102013		신용카드, 현금영수증 매출 과다 신고					
경정청구이유2				4103020		매입세금계산서합계표 단순 누락, 착오기재(세금계산서에 의해 확인되는 경					
구 분		최 초 신 고					경정(결정)청구 신 고				
과 세 표 준 금 액			39,000,000						37,000,000		
산 출 세 액			3,900,000						3,700,000		
가 산 세 액											
공제 및 감면세액			2,100,000						2,120,000		
납 부 할 세 액			1,800,000						1,580,000		
국세환급금 계좌신고	거래은행						계좌번호				
환 급 받 을 세 액									220,000		

(2) [신용카드매출전표등수령명세서] (7월~9월)

2. 신용카드 등 매입내역 합계

구분	거래건수	공급가액	세액
합 계	4	615,000	61,500
현금영수증	2	245,000	24,500
화물운전자복지카드			
사업용신용카드	2	370,000	37,000
그 밖의 신용카드			

3. 거래내역입력

No		월/일	구분	공급자	공급자(가맹점) 사업자등록번호	카드회원번호	그 밖의 신용카드 등 거래내역 합계		
							거래건수	공급가액	세액
1	☐	07-12	현금	은지상회	378-12-12149		1	200,000	20,000
2	☐	08-09	사업	가가스포츠	156-11-34565	1234-1000-2000-3004	1	350,000	35,000
3	☐	08-11	사업	지구본유직	789-05-26113	1234-1000-2000-3004	1	20,000	2,000
4	☐	09-25	현금	장수곰탕	158-65-39782		1	45,000	4,500
5	☐								
	☐								
	☐								
				합계			4	615,000	61,500

• 세금계산서 발급이 가능한 간이과세자로부터 받은 현금영수증은 매입세액공제가 가능하다.

문제3 결산

(1) (수동결산)

　[일반전표입력] 12월 31일

	(차) 보험료(판관비)	400,000	(대) 선급비용	400,000
	(차) 선급비용	300,000[1]	(대) 보험료(판관비)	300,000

　　[1] 1,200,000원 × (3개월/12개월) = 300,000원

(2) (수동결산)

　[일반전표입력] 12월 31일

	(차) 이자비용	2,820,000[1]	(대) 보통예금	2,500,000[2]
			사채할인발행차금	320,000

　　[1] 47,000,000 × 6% = 2,820,000원
　　[2] 50,000,000 × 5% = 2,500,000원

(3) (자동결산)

　[결산자료입력] 메뉴에서 (기간 : 1월~12월) 다음과 같이 입력한다. 자동결산 항목 입력이 완료되고 나면 상단의 [전표추가]를 클릭하여 결산분개를 생성한다.

　• 제품매출원가 ▶ 기말 원재료 재고액 : 3,000,000[1]
　• 제품매출원가 ▶ 기말 재공품 재고액 : 5,500,000
　• 제품매출원가 ▶ 기말 제품 재고액 : 13,000,000[2]

　　[1] 도착지 인도조건으로 매입하여 운송 중인 원재료 불포함
　　[2] 수탁자의 창고에 보관 중인 적송품 포함

(4) (수동결산 또는 자동결산)

　| 방법1 |　(수동결산)

　　[일반전표입력] 12월 31일

	(차) 대손상각비	3,631,280	(대) 대손충당금(외상매출금)	3,631,280[1]
	기타의대손상각비	550,000	대손충당금(미수금)	550,000[2]

　　　[1] (542,328,000 × 1%) − 1,792,000 = 3,631,280원
　　　[2] (55,000,000 × 1%) − 0 = 550,000원

　| 방법2 |　(자동결산)

　　[결산자료입력] 메뉴에서 (기간 : 1월~12월) 다음과 같이 입력한다. 자동결산 항목 입력이 완료되고 나면 상단의 [전표추가]를 클릭하여 결산분개를 생성한다.

　　• 판매비와 일반관리비 ▶ 대손상각 ▶ 외상매출금 : 3,631,280
　　• 영업외비용 ▶ 기타의대손상각 ▶ 미수금 : 550,000

(1) 1단계 [기타소득자등록] 메뉴 ▶ 001. 고민중

- 일시적 문예창작소득에 해당하는 기타소득의 필요경비율 : 60%

2단계 [기타소득자등록] 메뉴 ▶ 002.은구슬

- 다수가 순위 경쟁하는 대회에서 받은 상금에 해당하는 기타소득의 필요경비율 : 80%

3단계 [기타소득자등록] 메뉴 ▶ 003.박살라 : 입력 없음

- 계속·반복적 배달수당은 기타소득이 아니라 사업소득에 해당함

4단계 [기타소득자자료입력] 메뉴 ▶ 8월 5일 ▶ 고민중

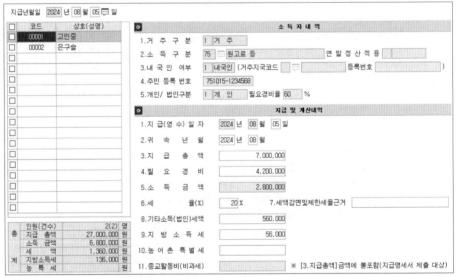

- 소득세·지방소득세 원천징수 후 지급액 = 총수입금액 − [{총수입금액 − (총수입금액 × 60%)} × 20% × 1.1]
  - → 6,384,000 = ? − [{? − (? × 60%)} × 20% × 1.1]
  - ∴ 총수입금액 = 7,000,000원

지급년월일	2024 년 08 월 05 ⊡ 일		
□	코드	상호(성명)	
□	00001	고민중	
□	00002	은구슬	

소 득 자 내 역

1.거 주 구 분   1 거 주
2.소 득 구 분   71 □ 상금 및 부상   연 말 정 산 적 용 □
3.내 국 인 여 부   1 내국인 (거주지국코드 □ -   등록번호   )
4.주 민 등 록 번 호   841111-2345671
5.개인/ 법인구분   1 개 인   필요경비율 80 %

지 급 및 계 산 내 역

1.지 급(영 수)일 자   2024 년 08 월 05 일
2.귀 속 년 월   2024 년 08 월
3.지 급 총 액   20,000,000
4.필 요 경 비   16,000,000
5.소 득 금 액   4,000,000
6.세 율(%)   20 %   7.세액감면및제한세율근거
8.기타소득(법인)세액   800,000
9.지 방 소 득 세   80,000
10.농 어 촌 특 별 세
11.종교활동비(비과세)   ※ [3.지급총액]금액에 불포함(지급명세서 제출 대상)

총계	인원(건수)	2(2) 명
	지급 총액	27,000,000 원
	소득 금액	6,800,000 원
	세 액	1,360,000 원
	지방소득세	136,000 원
	농 특 세	원

- 소득세·지방소득세 원천징수 후 지급액 = 총수입금액 − [{총수입금액 − (총수입금액 × 80%)} × 20% × 1.1]
  → 19,120,000 = ? − [{? − (? × 80%)} × 20% × 1.1]
  ∴ 총수입금액 = 20,000,000원

(2) 1단계 [사원등록] 메뉴 ▶ 1014.진시진 ▶ [부양가족명세] 탭

연말관계	성명	내/외국인	민(외국인,여권)번	나이	기본공제	부녀자	한부모	경로우대	장애인	자녀	출산입양	위탁관계
0	진시진	내	1 840718-2102821	40	본인	○						
3	편현주	내	1 890425-1436800	35	배우자				1			
4	편영록	내	1 110506-3002008	13	20세이하					○		
4	편미주	내	1 130330-4520262	11	20세이하					○		
1	진영모	내	1 530808-1202829	71	부							

- 종합소득금액 3,000만 원 이하이고 배우자가 있는 여성이므로 진시진(본인)은 부녀자공제 가능함
- 배우자·직계비속은 항상 생계를 같이하는 것으로 봄
- 편영록(아들)은 기타소득금액 300만 원 이하(200만 원 = 1,000만원 × (100% − 80%))로서 분리과세를 선택하였으므로(선택적 분리과세) 소득금액 요건을 충족함

2단계 [연말정산추가자료입력] 메뉴 ▶ 1014.진시진 ▶ [부양가족] 탭 ▶ 하단부

- 본인 진시진

자료구분	보험료				의료비					교육비	
	건강	고용	일반보장성	장애인전용	일반	실손	선천성이상아	난임	65세,장애인	일반	장애인특수
국세청			800,000								
기타	1,519,548	307,130									

자료구분	신용카드등 사용액공제						기부금
	신용카드	직불카드등	현금영수증	전통시장사용분	대중교통이용분	도서공연 등	
국세청							
기타							

- 배우자 편현주

자료구분	보험료				의료비					교육비	
	건강	고용	일반보장성	장애인전용	일반	실손	선천성이상아	난임	65세,장애인	일반	장애인특수
국세청			500,000	1,200,000							
기타											

자료구분	신용카드등 사용액공제						기부금
	신용카드	직불카드등	현금영수증	전통시장사용분	대중교통이용분	도서공연 등	
국세청							
기타							

- 아들 편영록

자료구분	보험료				의료비					교육비	
	건강	고용	일반보장성	장애인전용	일반	실손	선천성이상아	난임	65세,장애인	일반	장애인특수
국세청										1,200,000 2.초중	
기타										고	

자료구분	신용카드등 사용액공제						기부금	
	신용카드	직불카드등	현금영수증	전통시장사용분	대중교통이용분	도서공연 등		
국세청								
기타								

3단계 [기부금] 탭 : 입력 없음
- 정치자금기부금은 본인 지출분만 인정

4단계 [월세액] 탭 ▶ ① 월세액 세액공제 명세
- 임대인명 : 조물주
- 주민등록번호 : 510909-2148719
- 주택유형 : (F2)를 클릭하여 검색 후 입력) 오피스텔
- 주택계약면적(㎡) : 84
- 임대차계약서상 주소지 : 충청남도 천안시 동남구 가마골길 10, 102호
- 계약서상 임대차 계약기간 : 2023. 2. 1.~2025. 1. 31.
- 연간 월세액 : 14,400,000 (= 월 1,200,000원 × 12개월)
- 무주택자 해당 여부 : 여

5단계 [연말정산입력] 탭 ▶ F8 부양가족탭불러오기 클릭
- 보장성보험 ▶ 일반 : 1,300,000
- 보장성보험 ▶ 장애인 : 1,200,000
- 교육비 ▶ 초중고 : 1,200,000
- 기부금 ▶ 정치자금기부금 ▶ 10만 원 이하 : 0
- 기부금 ▶ 정치자금기부금 ▶ 10만 원 초과 : 0
- 월세액 : 14,400,000

문제 5 세무조정

(1) ① 문제분석
- 수입금액 vs 회사의 결산서상 매출액

회사의 결산서상 매출액	3,123,000,000 (= 1,520,000,000 + 918,000,000 + 685,000,000)
(+) 상품매출 누락액	1,500,000
(+) 공사수입금 누락액	50,000,000[1]
(=) 수입금액	3,174,500,000

[1] 작업진행률에 의해 가산되어야 하는 A현장 공사수입금액
= {(계약금액 × 작업진행률) − 직전 사업연도 말까지 익금에 산입한 금액} − 장부상 당기수익
= {(1,000,000,000 × $\frac{600,000,000}{800,000,000}$) − 250,000,000} − 450,000,000 = 50,000,000원

- 세무조정
<익금산입> 외상매출금(상품매출) 1,500,000 (유보)
<손금산입> 상품(상품매출원가) 500,000 (△유보)
<익금산입> 공사수입금 50,000,000 (유보)

- 수입금액 vs 부가가치세법상 과세표준

수입금액	3,174,500,000
(+) 고정자산 매각	100,000,000
(+) 공급시기 차이 가산	10,000,000
(−) 작업진행률 차이 차감	50,000,000
(=) 부가가치세법상 과세표준	3,234,500,000

② 입력화면

[1단계] [수입금액조정명세서]
- [수입금액조정계산] 탭

| 수입금액조정계산 | 작업진행률에 의한 수입금액 | 중소기업 등 수입금액 인식기준 적용특례에 의한 수입금액 | 기타수입금액조정 |

[1] 1.수입금액 조정계산

No	계정과목		③결산서상 수입금액	조 정		⑥조정후 수입금액 (③+④-⑤)	비 고
	①항 목	②계정과목		④가 산	⑤차 감		
1	매 출	상품매출	1,520,000,000	1,500,000		1,521,500,000	
2	매 출	제품매출	918,000,000			918,000,000	
3	매 출	공사수입금	685,000,000	50,000,000		735,000,000	
		계	3,123,000,000	51,500,000		3,174,500,000	

[2] 2.수입금액조정명세

가.작업 진행률에 의한 수입금액	50,000,000
나.중소기업 등 수입금액 인식기준 적용특례에 의한 수입금액	
다.기타 수입금액	1,500,000
계	51,500,000

- [작업진행률에 의한 수입금액] 탭

| 수입금액조정계산 | 작업진행률에 의한 수입금액 | 중소기업 등 수입금액 인식기준 적용특례에 의한 수입금액 | 기타수입금액조정 |

[2] 2.수입금액 조정명세
가.작업진행률에 의한 수입금액

No	⑦공사명	⑧도급자	⑨도급금액	작업진행률계산			⑬누적익금 산입액 (⑨×⑫)	⑭전기말누적 수입계상액	⑮당기회사 수입계상액	(16)조정액 (⑬-⑭-⑮)
				⑩해당사업연도말 총공사비누적액 (작업시간등)	⑪총공사 예정비 (작업시간등)	⑫진행률 (⑩/⑪)				
1	A현장	(주)삼용	1,000,000,000	600,000,000	800,000,000	75.00	750,000,000	250,000,000	450,000,000	50,000,000
2	B현장	지저스 편	500,000,000	164,500,000	350,000,000	47.00	235,000,000		235,000,000	
3										
	계		1,500,000,000	764,500,000	1,150,000,000		985,000,000	250,000,000	685,000,000	50,000,000

- [기타수입금액조정] 탭

| 수입금액조정계산 | 작업진행률에 의한 수입금액 | 중소기업 등 수입금액 인식기준 적용특례에 의한 수입금액 | 기타수입금액조정 |

[2] 2.수입금액 조정명세
다.기타 수입금액

No	(23)구 분	(24)근 거 법 령	(25)수 입 금 액	(26)대 응 원 가	비 고
1	상품매출		1,500,000	500,000	

- [조정등록] 보조창

익금산입 및 손금불산입			손금산입 및 익금불산입		
과목	금액	소득처분	과목	금액	소득처분
외상매출금누락	1,500,000	유보 발생	매출원가과소	500,000	△유보 발생
공사수입금	50,000,000	유보 발생			

[2단계] [조정후수입금액명세서]
- [업종별 수입금액 명세서] 탭

| 업종별 수입금액 명세서 | 과세표준과 수입금액 차액검토 |

[1] 1.업종별 수입금액 명세서

①업 태	②종 목	순번	③기준(단순) 경비율번호	수 입 금 액				⑦수 출 (영세율대상)
				수입금액계정조회 ④계(⑤+⑥+⑦)	내 수 판 매			
					⑤국내생산품	⑥수입상품		
제조.도매업	전자부품	01	503013	1,521,500,000	1,371,500,000			150,000,000
영화 관련산업	그 외 자동차용 신품 부품	02	381004	918,000,000	918,000,000			
건설업	도배, 실내 장식 및 내장	03	452106	735,000,000	735,000,000			
		10						
(111)기 타		11						
(112)합 계		99		3,174,500,000	3,024,500,000			150,000,000

- [과세표준과 수입금액 차액검토] 탭

(2) ① 문제분석

날짜	적요	금액	세무조정
3월 15일	제조물책임법 위반 손해배상금 (전액 실제 손해액 초과분)	3,000,000원	<손금불산입> 3,000,000 (기타사외유출)
4월 4일	종업원 기숙사 아파트 재산세	750,000원	
5월 31일	거래처에 대한 납품 지연 지체상금	640,000원	
6월 16일	업무 관련 교통 범칙금	180,000원	<손금불산입> 180,000 (기타사외유출)
7월 31일	본사 재산분 주민세	300,000원	
8월 25일	산재보험료 가산금	90,000원	<손금불산입> 90,000 (기타사외유출)
9월 30일	본사 신축 토지 관련 취득세	4,000,000원	<손금불산입> 4,000,000 (유보)
10월 6일	본사 신축 토지 관련 개발부담금[1]	800,000원	<손금불산입> 800,000 (유보)
11월 15일	폐수초과배출부담금	575,000원	<손금불산입> 575,000 (기타사외유출)

[1] 개발부담금이란 토지의 형질변경·용도변경 시 관련 법령에 따라 납부하는 공과금을 말하며, 이는 토지의 자본적 지출에 해당함

② 입력화면

- [세금과공과금명세서]

- [조정등록]

익금산입 및 손금불산입			손금산입 및 익금불산입		
과목	금액	소득처분	과목	금액	소득처분
제조물책임법 위반 손해배상금	3,000,000	기타사외유출			
업무 관련 교통 범칙금	180,000	기타사외유출			
산재보험료 가산금	90,000	기타사외유출			
토지 관련 취득세	4,000,000	유보 발생			
토지 관련 개발부담금	800,000	유보 발생			
폐수초과배출부담금	575,000	기타사외유출			

(3) ① 문제분석
- 장부상 대손충당금의 총계정원장

대손충당금

2/27 상계	2,500,000	1/1 기초	10,000,000	(세법상 전기이월 부인액 : 4,000,000)
8/30 상계	4,500,000			
12/31 기말	8,000,000	12/31 추가설정	5,000,000	
	15,000,000		15,000,000	

- 대손금에 대한 세무조정
  - 2/27 : 세무조정 없음
  - 8/30 : 세무조정 없음

- 대손충당금 손금산입 한도액 = 기말 세법상 설정대상 채권가액 × 설정률
  $$= 460,000,000^{1)} × 1\%^{2)} = 4,600,000원$$

  1) = 장부상 기말 채권가액 − 설정제외 채권가액 ± (채권관련 기초 유보·△유보 잔액 ± 채권관련 당기 유보·△유보 조정액)
  = (447,000,000 + 10,000,000) − 0 + (3,000,000 + 0)
  = 460,000,000원

  2) = 1%(가정치)

- 대손충당금 설정에 대한 세무조정

회사계상액	8,000,000 (= 장부상 대손충당금 기말잔액)
손금산입 한도액	4,600,000
한도초과액	3,400,000
세무조정	• <손금산입> 전기 대손충당금 4,000,000 (△유보) • <손금불산입> 대손충당금 3,400,000 (유보)

② 입력화면
- [대손충당금및대손금조정명세서]

제1111회 정답 및 해설   23

- [조정등록]

익금산입 및 손금불산입			손금산입 및 익금불산입		
과목	금액	소득처분	과목	금액	소득처분
대손충당금한도초과	3,400,000	유보 발생	전기대손충당금한도초과	4,000,000	유보 감소

(4) ① 문제분석

- 업무무관부동산 적수 계산

일자	적요	차변	대변	잔액	기간	일수	적수
7/1	토지 취득	50,000,000		50,000,000	7. 1.~12. 31.	184일	9,200,000,000
합계		50,000,000				184일	9,200,000,000

- 업무무관 가지급금 적수 계산

일자	적요	차변	대변	잔액	기간	일수	적수
1/1	전기이월	50,000,000		50,000,000	1. 1.~2. 9.	40일	2,000,000,000
2/10	대여	25,000,000		75,000,000	2. 10.~7. 19.	161일	12,075,000,000
7/20	회수		20,000,000	55,000,000	7. 20.~9. 29.	72일	3,960,000,000
9/30	회수		10,000,000	45,000,000	9. 30.~12. 31.	93일	4,185,000,000
합계		75,000,000	30,000,000			366일	22,220,000,000

- 차입금 적수 계산

구분	금액	일수	차입금 적수	이자율	이자비용
장기차입금	50,000,000	366일	18,300,000,000	연 6%	3,000,000
단기차입금	200,000,000	366일	73,200,000,000	연 7%	14,000,000
합계			91,500,000,000	–	17,000,000

- 업무무관자산 등에 대한 지급이자 계산

$$= 지급이자 \times \frac{업무무관자산 \ 등 \ 적수}{차입금 \ 적수}$$

$$= 17,000,000 \times \frac{Min[(\bigcirc \ (9,200,000,000 + 22,220,000,000), \ \bigcirc \ 91,500,000,000]}{91,500,000,000}$$

$$= 5,837,595원$$

- 세무조정

    <손금불산입> 채권자 불분명 사채이자(원천세 제외) 1,000,000 (대표자 상여)

    <손금불산입> 업무무관자산 등에 대한 지급이자 5,837,595 (기타사외유출)

② 입력화면

[업무무관부동산등에관련한차입금이자조정명세서] 메뉴에서

- [1. 적수입력(을)] 탭 ▶ [1. 업무무관부동산] 탭

No	①월일		②적요	③차변	④대변	⑤잔액	⑥일수	⑦적수
1	7	1	취 득	50,000,000		50,000,000	184	9,200,000,000

- [1. 적수입력(을)] 탭 ▶ [3. 가지급금] 탭

No	①월일		②적요	③차변	④대변	⑤잔액	⑥일수	⑦적수
1	1	1	전기이월	50,000,000		50,000,000	40	2,000,000,000
2	2	10	지 급	25,000,000		75,000,000	161	12,075,000,000
3	7	20	회 수		20,000,000	55,000,000	72	3,960,000,000
4	9	30	회 수		10,000,000	45,000,000	93	4,185,000,000
5								
			합 계	75,000,000	30,000,000		366	22,220,000,000

- [2. 지급이자 손금불산입(갑)] 탭

2 1.업무무관부동산 등에 관련한 차입금 지급이자

①지급이자	적 수				⑥차입금 (÷19)	⑦ ⑥와 ⑧중 적은 금액	⑨손금불산입 지급이자 (①×⑦÷⑥)
	②업무무관 부 동 산	③업무무관 동 산	④가지급금 등	⑤계(②+③+④)			
17,000,000	9,200,000,000		22,220,000,000	31,420,000,000	91,500,000,000	31,420,000,000	5,837,595

1 2. 지급이자 및 차입금 적수 계산 [연이율 일수 현재: 366일]   단수차이조정 연일수

No	(9)이자율(%)	(10)지급이자	(11)차입금적수	(12)채권자불분명 사채이자		(15)건설 자금 이자		차 감	
				수령자불분명 사채이자		국조법 14조에 따른 이자			
				(13)지급이자	(14)차입금적수	(16)지급이자	(17)차입금적수	(18)지급이자 (10-13-16)	(19)차입금적수 (11-14-17)
1	5.00000	1,000,000	7,320,000,000	1,000,000	7,320,000,000				
2	6.00000	3,000,000	18,300,000,000					3,000,000	18,300,000,000
3	7.00000	14,000,000	73,200,000,000					14,000,000	73,200,000,000
합계		18,000,000	98,820,000,000	1,000,000	7,320,000,000			17,000,000	91,500,000,000

- [조정등록]

익금산입 및 손금불산입			손금산입 및 익금불산입		
과목	금액	소득처분	과목	금액	소득처분
채권자불분명사채이자(원천세제외)	1,000,000	상여			
업무무관자산지급이자	5,837,595	기타사외유출			

(5) ① 문제분석

- 주식 수 보유 현황

성명	지배주주 관계	기초	당기 중 변동	기말
			양도, 양수 (8월 12일)	
임영웅	본인	17,000주	(–)2,000주	15,000주
장민호	없음	3,000주	(+)2,000주	5,000주
합계		20,000주	0주	20,000주

② 입력방법

[주식등변동상황명세서] 메뉴에서

- [1. 주식 등 변동상황명세서] 탭 ▶ **CF8 전년도불러오기** (또는 ctrl + F8)를 클릭

- [1. 주식 등 변동상황명세서] 탭 ▶ ① 자본금(출자금) 변동 상황 ▶ 보조창

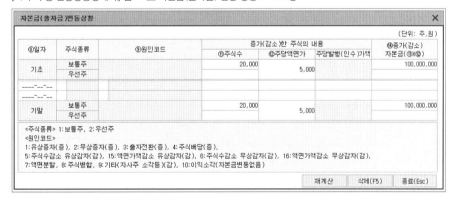

- [1. 주식 등 변동상황명세서] 탭 ▶ ③ 주식 및 출자지분에 대한 사항 ▶ 임영웅

- [1. 주식 등 변동상황명세서] 탭 ▶ ③ 주식 및 출자지분에 대한 사항 ▶ 장민호

- [2. 주식(출자지분) 양도명세서] 탭

이론시험

1 ①	2 ③	3 ④	4 ②	5 ④	6 ①	7 ②	8 ③
9 ④	10 ②	11 ③	12 ④	13 ③	14 ①	15 ②	

1 ① 재무제표의 작성과 표시에 대한 책임은 경영진에게 있다.

2 ③ 무형자산의 합리적인 상각방법을 정할 수 없는 경우에는 정액법을 사용한다.

3 ④ ① 확정급여형 퇴직연금제도에서는 운용되는 자산은 기업이 직접 보유하고 있는 것으로 보아 퇴직연금운용자산으로 회계처리한다. 그와 달리 확정기여형 퇴직연금제도에서는 퇴직연금운용자산을 인식하지 않는다.
　② 확정기여형 퇴직연금제도에서는 퇴직연금 납입 외 운용수익이 발생하거나 종업원 퇴직 시에 회계처리할 것이 없다. 그와 달리 확정급여형 퇴직연금제도에서는 시점별로 회계처리를 하여야 한다.
　③ 확정기여형 퇴직연금제도에서는 퇴직급여충당부채와 퇴직연금운용자산을 모두 인식하지 않는다.

4 ② • '액면이자율(8%) < 발행 당시의 시장이자율(10%)'이므로 할인발행
　• 할인발행의 경우 장부금액은 매년 증가
　• 유효이자율법의 특성상 상각액은 매년 증가
　• 할인발행의 경우 '이자비용 = 액면이자(일정) + 상각액(매년 증가)'이므로 이자비용은 매년 증가

5 ④ 감자차손(자본조정) / 해외사업환산이익(기타포괄손익누계액) / 매도가능증권평가손실(기타포괄손익누계액) / 미처리결손금(이익잉여금) / 감자차익(자본잉여금) / 주식할인발행차금(자본조정) / 자기주식처분손실(자본조정) / 자기주식(자본조정)

6 ① • 그래프가 나타내는 원가 : 변동비 (∵ 조업도가 증가할 때, 총원가는 비례적으로 증가하고 단위당 원가는 일정)
　• 직접재료원가(대개의 경우, 변동비) / 감가상각비(생산량비례법이 아니라면, 고정비) / 임차료(고정비) / 보험료(고정비)

7 ② • 매출총이익률 = (매출액 − 매출원가) ÷ 매출액
　　→ 0.2 = (2,000,000 − ?) ÷ 2,000,000
　　∴ 매출원가 = 1,600,000원
　• 기초제품과 기말제품이 없으므로, 당기제품제조원가 = 매출원가 = 1,600,000원
　• 당기제품제조원가 = 기초재공품 + 당기총제조원가 − 기말재공품
　　→ 1,600,000 = 100,000 + ? − 250,000
　　∴ 당기총제조원가 = 1,750,000원
　• 당기총제조원가 = 직접재료원가 + 가공원가
　　→ 1,750,000 = ? + 1,200,000
　　∴ 직접재료원가 = 550,000원

8 ③ • 10년 전에 25,000,000원에 취득한 기계장치에 대한 의사결정

구분	소프트웨어만 변경	장비까지 변경	그대로 사용
기대 현금유입	20,000,000원	80,000,000원	4,000,000원
기대 현금유출	10,000,000원	50,000,000원	1,000,000원
순현금유입액	10,000,000원	30,000,000원	3,000,000원
의사결정	차선안	최선안	–

　• 매몰원가 : 과거에 이미 발생한 원가로서 어떤 의사결정을 하더라도 회수할 수 없는 금액인 25,000,000원(취득원가)
　• 기회원가 : 최선안을 선택하였을 때 포기해야 하는 다른 대안들의 효익(순현금유입액) 중 가장 큰 금액인 10,000,000원

09 ④ 표준원가계산에서는 표준원가로 측정한 금액과 실제원가와의 차이를 분석할 수 있으므로 표준원가계산은 성과평가와 원가통제에 유용하다.

10 ② • 당기제품제조원가 = 기초재공품 + 당기총제조원가 − 기말재공품
　　　　　　　　　　　　 = 500,000 + 1,500,000 − 0 = 2,000,000원
　　 • 매출원가 = 기초제품 + 당기제품제조원가 − 기말제품
　　　→ 1,800,000 = 400,000 + 2,000,000 − ?
　　　∴ 기말제품 = 600,000원

11 ③ 사업자가 자기의 사업과 관련하여 자기생산·취득한 재화를 비영업용 소형승용차로 사용하거나 그 유지를 위하여 사용·소비하는 경우, 이를 재화의 공급으로 본다. (재화의 간주공급)

12 ④ 과세의 대상이 되는 행위 또는 거래의 귀속이 명의일 뿐이고 사실상 귀속되는 자가 따로 있는 경우 사실상 귀속되는 자에 대하여 부가가치세법을 적용한다.

13 ③ 대손세액공제를 받은 채권의 전부 또는 일부를 회수한 경우, 회수한 대손금액에 관련된 대손세액을 회수한 날이 속하는 과세기간의 매출세액에 가산한다.

14 ① 근로자 또는 그 배우자의 출산이나 6세 이하 자녀의 보육과 관련하여 사용자로부터 받는 급여로서 월 20만 원 이내의 금액은 비과세한다.

15 ② • ② 업무용승용차에 대한 정액법 5년 강제상각제도(신고조정항목)
　　 • ① 대손충당금(결산조정항목), ③ 임의대손사유(결산조정항목), ④ 재고자산의 파손·부패 등으로 인한 평가손실(결산조정항목)

실무시험

문제 1 전표입력

(1) [일반전표입력]
　3월　10일　(차) 이월이익잉여금　　52,000,000　　(대) 미지급배당금　　　20,000,000
　　　　　　　　　　　　　　　　　　　　　　　　　　미교부주식배당금　　30,000,000
　　　　　　　　　　　　　　　　　　　　　　　　　　이익준비금　　　　　2,000,000

(2) [매입매출전표입력]
　7월　5일　유형 : 54.불공 / 공급가액 : 1,200,000 / 부가세 : 120,000 / 거래처 : 신화캐피탈 / 전자 : 여 / 분개 : 혼합 /
　　　　　　(불공제사유 : ③비영업용 소형승용자동차 구입·유지 및 임차)
　　　　　　(차) 임차료(판관비)　　1,320,000　　(대) 미지급비용(신화캐피탈)　　1,320,000

(3) [일반전표입력]
　8월　13일　(차) 외상매입금(미국 PAC사)　12,000,000　　(대) 보통예금　　11,000,000
　　　　　　　　　　　　　　　　　　　　　　　　　　　　외환차익　　　1,000,000

(4) [매입매출전표입력]
　7월　5일　유형 : 22.현과 / 공급가액 : 1,500,000 / 부가세 : 150,000 / 거래처 : 자진발급 / 분개 : 혼합(현금)
　　　　　　(차) 현금　　1,650,000　　(대) 부가세예수금　　150,000
　　　　　　　　　　　　　　　　　　　　　제품매출　　　1,500,000

(1) [부동산임대공급가액명세서] (10월~12월)

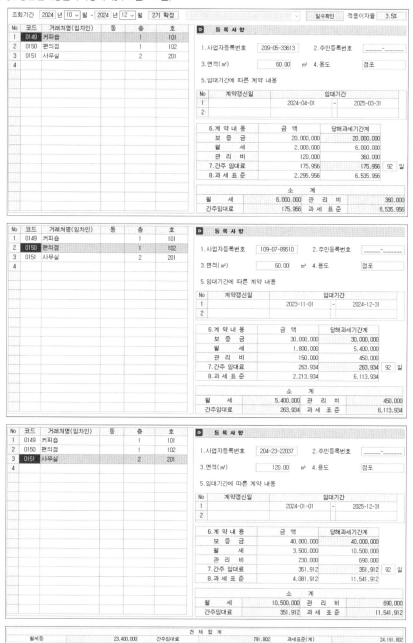

참고 전체합계 과세표준

참고 전체합계 과세표준
- 월세와 관리비 = (2,120,000 × 3개월) + (1,950,000 × 3개월) + (3,730,000 × 3개월) = 23,400,000원
- 간주임대료 = (20,000,000 × 연 3.5% × 92일/366일) + (30,000,000 × 연 3.5% × 92일/366일)
  + (40,000,000 × 연3.5% × 92일/366일) = 791,802원 (단수 차이)

(2) [공제받지못할매입세액명세서] 메뉴 ▶ [공제받지못할매입세액내역] 탭 (1월~3월)

공제받지못할매입세액내역	공통매입세액안분계산내역	공통매입세액의정산내역	납부세액또는환급세액재계산		
매입세액 불공제 사유			세금계산서		
			매수	공급가액	매입세액
①필요적 기재사항 누락 등					
②사업과 직접 관련 없는 지출			1	20,000,000	2,000,000
③개별소비세법 제1조제2항제3호에 따른 자동차 구입·유지 및 임차					
④기업업무추진비 및 이와 유사한 비용 관련			1	3,000,000	300,000
⑤면세사업등 관련					
⑥토지의 자본적 지출 관련			1	5,000,000	500,000
⑦사업자등록 전 매입세액					
⑧금·구리 스크랩 거래계좌 미사용 관련 매입세액					
합계			3	28,000,000	2,800,000

- [공제받지못할매입세액명세서] 서식에는 10% 부가가치세가 포함된 세금계산서를 발급받은 거래 중에서 매입세액공제를 받지 못하는 내역을 기재하는 것이므로 신용카드매출전표·현금영수증을 수취한 거래는 기재할 수 없음
- 공급받는 자의 상호는 필요적 기재사항이 아니므로 기재 누락되더라도 매입세액공제 가능함
- 세금계산서를 해당 재화·용역의 공급시기가 속하는 과세기간의 확정신고기한 이내에 발급받은 경우 매입세액공제 가능함

(3) 1단계 신고서 마감 : [부가가치세신고서] 메뉴 (4월~6월)

2단계 전자신고파일 제작 : [전자신고] 메뉴 (신고인구분 : 2.납세자 자진신고), (비밀번호 : 12345678)

3단계 전자신고파일 제출 : [국세청 홈택스 전자신고변환(교육용)] 메뉴 (찾아보기 → 형식검증하기 → 형식검증결과확인 → 내용검증하기 → 내용검증결과확인 → 전자파일제출 → 신고서 접수증 확인)

문제3 결산

(1) (수동결산)
[일반전표입력] 12월 31일

(차) 이자비용	1,650,000[1]	(대) 미지급비용	1,650,000

[1] 30,000,000원 × 6% × (11개월/12개월) = 1,650,000원

(2) (수동결산)
[일반전표입력] 12월 31일

(차) 매도가능증권(투자)	5,000,000	(대) 매도가능증권평가손실	5,000,000[1]

[1] 당기말 재무상태표에서 매도가능증권 계정과 매도가능증권평가손실 계정의 잔액을 차변으로 집계하여 보면 취득원가 금액이 된다.

매도가능증권 (투자자산)	20,000,000
매도가능증권평가손실 (기타포괄손익누계액)	2,000,000
취득원가 (차변 집계금액)	22,000,000

(3) (수동결산 또는 자동결산)
| 방법 1 | (수동결산)
[일반전표입력] 12월 31일

(차) 감가상각비(판관비)	2,625,000[1]	(대) 감가상각누계액(건물)	2,625,000

[1] {(300,000,000원 + 15,000,000원) − 0원} × (1/20)년 × (2개월/12개월) = 2,625,000원

| 방법 2 | (자동결산)
[결산자료입력] 메뉴에서 (기간 : 1월~12월) 다음과 같이 입력한다. 자동결산 항목 입력이 완료되고 나면 상단의 [전표추가]를 클릭하여 결산분개를 생성한다.
- 판매비와 일반관리비 ▶ 감가상각비 ▶ 건물 : 2,625,000

(4) (자동결산)
[결산자료입력] 메뉴에서 (기간 : 1월~12월) 다음과 같이 입력한다. 자동결산 항목 입력이 완료되고 나면 상단의 [전표추가]를 클릭하여 결산분개를 생성한다.
- 제품매출원가 ▶ 기말 원재료 재고액 : 4,000,000
- 제품매출원가 ▶ 기말 재공품 재고액 : 6,000,000
- 제품매출원가 ▶ 기말 제품 재고액 : 7,200,000[1]

[1] 수탁자가 아직 판매하지 않은 적송품 포함

(1) 1단계 [연말정산추가자료입력] 메뉴 ▶ 2.차정만 ▶ [소득명세] 탭
- 근무처명 : ㈜우림기획
- 사업자등록번호 : 207-81-08903
- 근무기간 : 2024. 1. 1.~2024. 3. 31.
- 급여 : 8,400,000
- 건강보험료 : 98,700
- 장기요양보험료 : 4,020
- 고용보험료 : 12,300
- 국민연금보험료 : 165,000
- 기납부세액 ▶ 소득세 : 128,100[1]
- 기납부세액 ▶ 지방소득세 : 12,810

[1] 전 근무지에서의 기납부세액은 종전근무지 근로소득원천징수영수증에 기재된 결정세액, 기납부세액, 차감징수세액 중 결정세액임

2단계 [부양가족] 탭 ▶ 상단부

연말관계	성명	내/외국인	주민(외국인)번호	나이	기본공제	세대주구분	부녀자	한부모	경로우대	장애인	자녀	출산입양
0	차정만	내	1 910520-1724815	33	본인	세대주						
1	차도진	내	1 601110-1024623	64	부							
1	엄혜선	내	1 630708-2524654	61	60세이상							
3	한정숙	내	1 931227-2548713	31	배우자							
4	차민지	내	1 210202-4445452	3	20세이하							
4	차민수	내	1 240303-3345459	0	20세이하							둘째
	합 계 [명]				5							

- 차도진(부)은 소득금액 요건을 충족하지 못하므로 기본공제, 장애인공제 모두 적용 불가함
- 연중에 사망한 자에 대하여는 사망일 전날의 상황에 따라 인적공제를 판단하므로 엄혜선(모)은 기본공제 적용 가능함
- 일용근로소득은 분리과세되므로 한정숙(배우자)은 소득금액 요건을 충족함

3단계 [부양가족] 탭 ▶ 하단부
- 본인 차정만

자료구분	보험료				의료비						교육비	
	건강	고용	일반보장성	장애인전용	일반	실손	선천성이상아	난임	65세,장애인		일반	장애인특수
국세청											3,000,000	
기타	2,558,093	517,100									4.본인	

자료구분	신용카드등 사용액공제						기부금
	신용카드	직불카드등	현금영수증	전통시장사용분	대중교통이용분	도서공연 등	
국세청	12,000,000						400,000
기타							

- 본인의 경우 대학원 교육비도 공제 적용 가능함
- 대학원 교육비에서 장학금 수령액을 차감한 금액만 공제 적용 가능함

- 부 차도진

자료구분	보험료				의료비					교육비	
	건강	고용	일반보장성	장애인전용	일반	실손	선천성이상아	난임	65세,장애인	일반	장애인특수
국세청									2,700,000		
기타											

자료구분	신용카드등 사용액공제						기부금
	신용카드	직불카드등	현금영수증	전통시장사용분	대중교통이용분	도서공연 등	
국세청							
기타							

- 차도진(부)은 장애인이지만 소득금액 요건을 충족하지 못하므로 장애인전용 보장성보험 공제 적용 안 됨

- 모 엄혜선

자료구분	보험료				의료비					교육비	
	건강	고용	일반보장성	장애인전용	일반	실손	선천성이상아	난임	65세,장애인	일반	장애인특수
국세청			400,000		3,000,000	2,200,000					
기타					2.일반						

자료구분	신용카드등 사용액공제						기부금
	신용카드	직불카드등	현금영수증	전통시장사용분	대중교통이용분	도서공연 등	
국세청							1,000,000
기타							

- 배우자 한정숙

자료구분	보험료				의료비						교육비	
	건강	고용	일반보장성	장애인전용	일반	실손	선천성이상아	난임	65세,장애인		일반	장애인특수
국세청					3,400,000 2.일반							
기타												

자료구분	신용카드등 사용액공제							기부금
	신용카드	직불카드등	현금영수증	전통시장사용분	대중교통이용분	도서공연 등		
국세청		1,700,000		300,000				
기타								

- 자녀 차민지

자료구분	보험료				의료비						교육비	
	건강	고용	일반보장성	장애인전용	일반	실손	선천성이상아	난임	65세,장애인		일반	장애인특수
국세청											800,000 1.취학 전	
기타												

자료구분	신용카드등 사용액공제							기부금
	신용카드	직불카드등	현금영수증	전통시장사용분	대중교통이용분	도서공연 등		
국세청								
기타								

4단계 [의료비] 탭

2024년 의료비 지급명세서

	의료비 공제대상자			6.본인등 해당여부	9.증빙 코드	지급처		10. 건수	지급명세		12.미숙아 선천성이상아	13.난임 여부	14.산후 조리원
	성명	내/외	5.주민등록번호			8.상호	7.사업자 등록번호		11.금액	11-1.실손 보험수령액			
☐	한정숙	내	931227-2548713	3	X	1			1,400,000		X	X	X
☐	한정숙	내	931227-2548713	3	X	1			2,000,000		X	X	0
☐	차도진	내	601110-1024623	2	0	1			2,700,000		X	X	X
☐	엄혜선	내	630708-2524654	3	X	1			3,000,000	2,200,000	X	X	X
☐													
	합계								9,100,000	2,200,000			
	일반의료비 (본인)		6세이하,65세이상인 건강보험산정특례자 장애인	2,700,000		일반의료비 (그 외)		6,400,000	난임시술비				
									미숙아,선천성이상아				

- 의료비는 나이 및 소득금액의 제한을 받지 않음
- 실손보험금 수령액으로 지급한 의료비는 공제 적용 안 되므로 서식에서 별도로 표기
- 산후조리원 비용은 출산 1회당 200만 원 한도가 적용되어야 하므로 [의료비] 탭의 '산후조리원'란에서 "1.해당"을 입력
- 차도진(65세 이상·6세 이하가 아니고, 장애인이지만 소득금액 요건을 충족하지 못하는 부양가족)의 의료비는 본인 등 의료비로 분류되어 세액공제대상 의료비가 계산되어야 하므로 [의료비] 탭의 '6.본인 등 해당여부'란에서 "3.그 밖의 공제대상자"를 "2.장애인"으로 수정 입력

5단계 [신용카드 등] 탭

	성명 생년월일	자료 구분	신용카드	직불,선불	현금영수증	도서등 신용	도서등 직불	도서등 현금	전통시장	대중교통	소비증가분	
											2023년	2024년
☐	차정만	국세청	12,000,000									
	1991-05-20	기타										
☐	차도진	국세청										
	1960-11-10	기타										
☐	엄혜선	국세청										
	1963-07-08	기타										
☐	한정숙	국세청		1,700,000					300,000			
	1993-12-27	기타										
☐	차민지	국세청										
	2021-02-02	기타										
☐	차민수	국세청										
	2024-03-03	기타										
	합계		12,000,000	1,700,000					300,000			

- 신용카드 등 사용액 중 의료비 결제액은 신용카드 공제 적용 가능함

6단계 [기부금] 탭

• [기부금 입력] 세부 탭 ▶ 본인 차정만

구분			노조 회비 여부	기부처		건수	기부명세			자료 구분
7.유형	8.코드	9.기부내용		10.상호(법인명)	11.사업자번호 등		13.기부금합계금액(14+15)	14.공제대상기부금액	15.기부장려금신청 금액	
특례	10	금전	부	필수 입력	필수 입력		400,000	400,000		국세청

• [기부금 입력] 세부 탭 ▶ 직계존속 엄혜선

구분			노조 회비 여부	기부처		건수	기부명세			자료 구분
7.유형	8.코드	9.기부내용		10.상호(법인명)	11.사업자번호 등		13.기부금합계금액(14+15)	14.공제대상기부금액	15.기부장려금신청 금액	
종교	41	금전	부	필수 입력	필수 입력		1,000,000	1,000,000		국세청

• [기부금 조정] 세부 탭

구분		기부연도	16.기부금액	17.전년도까지공제된금액	18.공제대상금액(16-17)	해당연도공제금액	해당연도에 공제받지 못한 금액	
유형	코드						소멸금액	이월금액
특례	10	2024	400,000		400,000	400,000		
종교	41	2024	1,000,000		1,000,000	1,000,000		

7단계 [연말정산입력] 탭 ▶ **F8 부양가족탭불러오기** 클릭

• 보장성보험 ▶ 일반 : 400,000
• 보장성보험 ▶ 장애인 : 0
• 의료비 ▶ 6세 이하, 65세 이상, 장애인 : 2,700,000
• 의료비 ▶ 그 밖의 공제대상자 ▶ 지출액 : 6,400,000
• 의료비 ▶ 그 밖의 공제대상자 ▶ 실손의료보험금 : 2,200,000
• 교육비 ▶ 취학전아동 : 800,000
• 교육비 ▶ 본인 : 3,000,000
• 기부금 ▶ 특례기부금 : 400,000
• 기부금 ▶ 일반기부금 ▶ 종교단체 : 1,000,000
• 신용카드 등 사용액 ▶ 신용카드 : 12,000,000
• 신용카드 등 사용액 ▶ 직불/선불카드 : 1,700,000
• 신용카드 등 사용액 ▶ 전통시장 : 300,000
• 신용카드 등 사용액 ▶ 소비증가분 : 0

(2) 1단계 [사원등록] 메뉴 ▶ 111.김라인 ▶ [기본사항] 탭 ▶ 퇴사연월일 입력 확인 : 2024년 12월 1일

2단계 [퇴직소득자료입력] 메뉴 ▶ 지급년월 12월 ▶ 소득자구분 1.근로 ▶ 111.김라인

참고 [세액계산] 탭을 클릭하면 퇴직소득에 대한 소득세 계산내역을 확인할 수 있다.

문제5 세무조정

(1) ① 문제분석
- 대표자 사적 보험료에 대한 세무조정 : <손금불산입> 사적 사용경비 3,600,000 (상여)
- 당기 선급비용에 대한 세무조정

구분	시작일	종료일	지급액	선급비용	회사계상액	조정대상금액
자동차 보험	2024. 5. 1.	2025. 4. 30.	1,800,000	591,780[1]	400,000	191,780[3]
공장 화재보험	2024. 7. 1.	2025. 6. 30.	5,000,000	2,479,452[2]	2,000,000	479,452[4]

[1] $1,800,000원 \times \dfrac{120일(2025. 1. 1.\sim2025. 4. 30.)}{365일(2024. 5. 1.\sim2025. 4. 30.)}$ = 591,780원(원 단위 미만 절사)

[2] $5,000,000원 \times \dfrac{181일(2025. 1. 1.\sim2025. 6. 30.)}{365일(2024. 7. 1.\sim2025. 6. 30.)}$ = 2,479,452원(원 단위 미만 절사)

[3] 세무조정 : <손금불산입> 선급비용 191,780 (유보)
[4] 세무조정 : <손금불산입> 선급비용 479,452 (유보)
- 전기 선급비용에 대한 세무조정 : <손금산입> 전기 선급비용 1,000,000 (△유보)

② 입력화면
- [선급비용명세서]

	계정구분	거래내용	거래처	대상기간 시작일	대상기간 종료일	지급액	선급비용	회사계상액	조정대상금액
☐	선급 보험료	자동차 보험	BD화재	2024-05-01	2025-04-30	1,800,000	591,780	400,000	191,780
☐	선급 보험료	공장 화재보험	화나화재	2024-07-01	2025-06-30	5,000,000	2,479,452	2,000,000	479,452
☐									
☐									
	합 계					6,800,000	3,071,232	2,400,000	671,232

- [조정등록]

익금산입 및 손금불산입			손금산입 및 익금불산입		
과목	금액	소득처분	과목	금액	소득처분
사적 사용경비	3,600,000	상여	전기 선급비용(보험료) 과소계상	1,000,000	유보 감소
선급비용(보험료) 과소계상	191,780	유보 발생			
선급비용(보험료) 과소계상	479,452	유보 발생			

(2) ① 문제분석

[G80(462두9636) 관련 비용에 대한 세무조정]

1단계 업무용승용차의 감가상각 시부인
- 회사계상액 : 0원
- 상각범위액 : 0원 (∵ 운용리스한 차량이므로)
- 세무조정 : 없음

2단계 업무용승용차 관련 비용 중 업무외사용금액
- 업무용승용차 관련 비용 : 운용리스료 + 유류비
  = (1,020,000 × 12개월) + 4,500,000[1] = 16,740,000원
  [1] 비영업용 소형승용차 관련 매입세액은 매입세액 불공제분이므로 부가가치세 포함 금액이 장부상 비용으로 계상됨
- 업무사용비율 : $\dfrac{9,000km}{10,000km}$ = 90%
- 업무외사용금액 : 16,740,000 × (100% − 90%) = 1,674,000원
- 세무조정 : <손금불산입> 1,674,000 (상여)

3단계 업무용승용차의 감가상각비 한도초과액
- 업무사용금액 중 감가상각비 : 11,383,200[1] × 90% = 10,244,880원[2]
  [1] 리스료 중 법 소정 산식에 따라 계산한 감가상각비 상당액 = 11,383,200원(가정치)
  [2] 2단계 세무조정(업무외사용금액)이 반영된 금액
- 한도액 : 8,000,000원
- 한도초과액 : 2,244,880원
- 세무조정 : <손금불산입> 2,244,880 (기타사외유출)[1]
  [1] 임차료 중 감가상각비 상당액인 경우 소득처분 : 기타사외유출

[싼타페(253러6417) 관련 비용에 대한 세무조정]

1단계 업무용승용차의 감가상각 시부인
- 회사계상액 : 7,600,000원
- 상각범위액 : 38,000,000[1] × 1/5 = 7,600,000원
- 세무조정 : 없음
[1] 비영업용 소형승용차 관련 매입세액은 매입세액 불공제분이므로 부가가치세 포함 금액이 장부상 취득원가로 계상됨

2단계 업무용승용차 관련 비용 중 업무외사용금액
- 업무용승용차 관련 비용 : 감가상각비 + 유류비 + 보험료 + 자동차세
  = (7,600,000 ± 0)[1] + 800,000[2] + 1,200,000 + 400,000 = 10,000,000원
  [1] 1단계 세무조정(5년, 정액법)이 반영된 금액
  [2] 비영업용 소형승용차 관련 매입세액은 매입세액 불공제분이므로 부가가치세 포함 금액이 장부상 비용으로 계상됨
- 업무사용비율 : 100%[1]
  [1] 업무용승용차 관련 비용이 1,500만 원 이하이므로 운행기록부를 작성하지 않더라도 전액 업무사용금액으로 인정
- 업무외사용금액 : 10,000,000 × (100% − 100%) = 0원
- 세무조정 : 없음

3단계 업무용승용차의 감가상각비 한도초과액
- 업무사용금액 중 감가상각비 : (7,600,000 ± 0) × 100% = 7,600,000원[1]
  [1] 1단계 세무조정(5년, 정액법)과 2단계 세무조정(업무외사용금액)이 반영된 금액
- 한도액 : 8,000,000원
- 한도초과액 : 0원 (한도미달액 400,000원)
- 세무조정 : 없음

② 입력화면

[업무용승용차관련비용명세서] 메뉴에서

1단계 ⓥ **업무용승용차등록 실행**을 클릭한 다음, [업무용승용차등록]을 입력

• 462두9636 G80

• 253러6417 싼타페

2단계 **F12 새로 불러오기**(또는 ctrl + F12)를 클릭한 다음, [업무용승용차관련비용명세서]를 입력

- 462두9636 G80

코드	차량번호	차종	임차	보험(율)	운행기록	번호판	월수
0101	462두9636	G80	리스	여 (100%)	여	여	12

1 업무용 사용 비율 및 업무용 승용차 관련 비용 명세 (운행기록부: 적용) 임차기간: 2022-05-20 ~ 2026-05-19 □ 부동산임대업등 법령42조②항

(5) 총주행 거리(km)	(6) 업무용 사용 거리(km)	(7) 업무 사용비율	(8) 취득가액	(9) 보유또는 임차월수	(10)업무용 승용차 관련 비용								
					(11) 감가상각비	(12) 임차료 (감가상각비포함)	(13) 감가상 각비상당액	(14) 유류비	(15) 보험료	(16) 수선비	(17) 자동차세	(18) 기타	(19) 합계
10,000	9,000	90.0000		12		12,240,000	11,383,200	4,500,000					16,740,000
합 계					7,600,000	12,240,000	11,383,200	5,300,000	1,200,000		400,000		26,740,000

2 업무용 승용차 관련 비용 손금불산입 계산

(22) 업무 사용 금액			(23) 업무외 사용 금액			(30) 감가상각비 (상당액) 한도초과금액	(31) 손금불산입 합계	(32) 손금산입 합계
(24) 감가상각비 (상당액)[((11)또는 (13))X(7)]	(25) 관련 비용 [((19)-(11)또는 (19)-(13))X(7)]	(26) 합계 ((24)+(25))	(27) 감가상각비 (상당액)X((11)-(24) 또는(13)-(24))	(28) 관련 비용 [((19)-(11)또는 (19)-(13)-(25)]	(29) 합계 ((27)+(28))		((29)+(30))	((19)-(31))
10,244,880	4,821,120	15,066,000	1,138,320	535,680	1,674,000	2,244,880	3,918,880	12,821,120
17,844,880	7,221,120	25,066,000	1,138,320	535,680	1,674,000	2,244,880	3,918,880	22,821,120

3 감가상각비(상당액) 한도초과금액 이월 명세

(37) 전기이월액	(38) 당기 감가상각비(상당액) 한도초과금액	(39) 감가상각비(상당액) 한도초과금액 누계	(40) 손금추인(산입)액	(41) 차기이월액((39)-(40))
5,027,000	2,244,880	7,271,880		7,271,880
5,027,000	2,244,880	7,271,880		7,271,880

4 업무용 승용차 처분 손실 및 한도초과금액 손금불산입액 계산

(44) 양도가액	(45) 세무상 장부가액			(49) 합계 ((46)+(47)+(48))	(50) 처분손실 ((44)-(49)〈0)	(51) 당기손금산입액	(52) 한도초과금액 손금불산입 ((50)-(51))
	(46) 취득가액	(47) 감가상각비 누계액	(48) 감가상각비한도초과금액 차기이월액(=(41))				

5 업무용 승용차 처분 손실 한도초과금액 이월 명세

(56) 처분일	(57) 전기이월액	(58) 손금산입액	(59) 차기이월액((57)-(58))
----.--.--			

- 253러6417 싼타페

코드	차량번호	차종	임차	보험(율)	운행기록	번호판	월수
0102	253러6417	싼타페	자가	여 (100%)	부	여	12

1 업무용 사용 비율 및 업무용 승용차 관련 비용 명세 (운행기록부: 미적용) 취득일: 2021-12-10 □ 부동산임대업등 법령42조②항

(5) 총주행 거리(km)	(6) 업무용 사용 거리(km)	(7) 업무 사용비율	(8) 취득가액	(9) 보유또는 임차월수	(10)업무용 승용차 관련 비용								
					(11) 감가상각비	(12) 임차료 (감가상각비포함)	(13) 감가상 각비상당액	(14) 유류비	(15) 보험료	(16) 수선비	(17) 자동차세	(18) 기타	(19) 합계
		100.0000	38,000,000	12	7,600,000			800,000	1,200,000		400,000		10,000,000
합 계					7,600,000	12,240,000	11,383,200	5,300,000	1,200,000		400,000		26,740,000

2 업무용 승용차 관련 비용 손금불산입 계산

(22) 업무 사용 금액			(23) 업무외 사용 금액			(30) 감가상각비 (상당액) 한도초과금액	(31) 손금불산입 합계	(32) 손금산입 합계
(24) 감가상각비 (상당액)[((11)또는 (13))X(7)]	(25) 관련 비용 [((19)-(11)또는 (19)-(13))X(7)]	(26) 합계 ((24)+(25))	(27) 감가상각비 (상당액)X((11)-(24) 또는(13)-(24))	(28) 관련 비용 [((19)-(11)또는 (19)-(13)-(25)]	(29) 합계 ((27)+(28))		((29)+(30))	((19)-(31))
7,600,000	2,400,000	10,000,000						10,000,000
17,844,880	7,221,120	25,066,000	1,138,320	535,680	1,674,000	2,244,880	3,918,880	22,821,120

3 감가상각비(상당액) 한도초과금액 이월 명세

(37) 전기이월액	(38) 당기 감가상각비(상당액) 한도초과금액	(39) 감가상각비(상당액) 한도초과금액 누계	(40) 손금추인(산입)액	(41) 차기이월액((39)-(40))
5,027,000	2,244,880	7,271,880		7,271,880

4 업무용 승용차 처분 손실 및 한도초과금액 손금불산입액 계산

(44) 양도가액	(45) 세무상 장부가액			(49) 합계 ((46)+(47)+(48))	(50) 처분손실 ((44)-(49)〈0)	(51) 당기손금산입액	(52) 한도초과금액 손금불산입 ((50)-(51))
	(46) 취득가액	(47) 감가상각비 누계액	(48) 감가상각비한도초과금액 차기이월액(=(41))				

5 업무용 승용차 처분 손실 한도초과금액 이월 명세

(56) 처분일	(57) 전기이월액	(58) 손금산입액	(59) 차기이월액((57)-(58))
----.--.--			

익금산입 및 손금불산입			손금산입 및 익금불산입		
과목	금액	소득처분	과목	금액	소득처분
업무용승용차 업무미사용	1,674,000	상여			
업무용승용차 감가상각비 한도초과	2,244,880	기타사외유출			

(3) ① 문제분석

날짜	적요	원천징수 대상금액	원천징수세율	법인세 원천납부세액
4월 25일	정기예금 이자	8,000,000원	14%[1]	1,120,000원
7월 18일	정기적금 이자	2,000,000원	14%[1]	280,000원

[1] 비영업대금 이익이 아닌 이자소득에 대한 법인세 원천징수세율 : 14%

② 입력화면

[원천납부세액명세서] 메뉴 ▶ [원천납부세액(갑)] 탭

No	1.적요 (이자발생사유)	2.원천징수의무자			3.원천 징수일		4.이자·배당금액	5.세율(%)	6.법인세	지방세 납세지
		구분	사업자(주민)번호	상호(성명)						
1	정기예금 이자	내국인	130-81-01236	(주)두리은행	4	25	8,000,000	14.00	1,120,000	
2	정기적금 이자	내국인	125-81-54217	(주)주민은행	7	18	2,000,000	14.00	280,000	
3										
			합계				10,000,000		1,400,000	

(4) ① 문제분석

• 장부상 퇴직급여충당금의 총계정원장

퇴직급여충당금

당기감소액	0	기초잔액	20,000,000	(세법상 전기이월 부인액 : 6,000,000)
기말잔액	20,000,000	추가설정	0	
	20,000,000		20,000,000	

• 장부상 퇴직연금운용자산의 총계정원장

퇴직연금운용자산

기초잔액	108,000,000	당기감소액	9,000,000
당기납부액	12,000,000	기말잔액	111,000,000
	120,000,000		120,000,000

• 당기 퇴직금 지급액에 대한 세무조정

B	(차) 퇴직급여	9,000,000	(대) 퇴직연금운용자산	9,000,000
T	(차) 퇴직연금충당금	9,000,000	(대) 퇴직연금운용자산	9,000,000
T/A	<손금불산입> 전기 퇴직연금충당금 9,000,000 (유보)			

• 퇴직급여충당금 설정에 대한 세무조정 : 없음

- 퇴직연금충당금 설정에 대한 세무조정

장부상 추가설정액	0
손금산입 한도액	Min[③ 추계액 기준, ⓒ 예치금 기준] − 99,000,000[3] = 12,000,000 ③ (140,000,000[1] × 100%) − 14,000,000[2] = 126,000,000 ⓒ 111,000,000
(한도미달액)	(12,000,000)
세무조정	<손금산입> 퇴직연금충당금 12,000,000 (△유보)

[1] 퇴직급여 추계액

[2] 세법상 기말 퇴직급여충당금
= 재무상태표상 기말 퇴직급여충당금 − 퇴직급여충당금 차기이월 부인액
= 20,000,000 − 유보 6,000,000
= 20,000,000 − 6,000,000 = 14,000,000원

[3] 세법상 기 설정 퇴직연금충당금
= (당기 추가설정 전) 장부상 퇴직연금충당금 − (당기 추가설정 전) 퇴직연금충당금 유보·△유보 잔액
= (0 − 0) − (△유보 108,000,000 + 유보 9,000,000)
= 0 − △99,000,000 = 99,000,000원

- 장부 및 세법상 퇴직급여충당금 증감 내역 분석

구분	장부	부인액	세법
기초	20,000,000	유보 6,000,000	14,000,000
(−) 감소	0	0	0
(+) 증가	0	0	0
(=) 기말	20,000,000	유보 6,000,000	14,000,000

- 장부 및 세법상 퇴직연금충당금 증감 내역 분석

구분	장부	부인액	세법
기초	0	△유보 108,000,000	108,000,000
(−) 감소	0	유보 9,000,000	9,000,000
(+) 증가	0	△유보 12,000,000	12,000,000
(=) 기말	0	△유보 111,000,000	111,000,000

② 입력화면
- [퇴직연금부담금등조정명세서]

2. 이미 손금산입한 부담금 등의 계산

① 나. 기말 퇴직연금 예치금 등의 계산

19. 기초 퇴직연금예치금 등	20. 기중 퇴직연금예치금 등 수령 및 해약액	21. 당기 퇴직연금예치금 등의 납입액	22. 퇴직연금예치금 등 계 (19 − 20 + 21)
108,000,000	9,000,000	12,000,000	111,000,000

② 가. 손금산입대상 부담금 등 계산

13. 퇴직연금예치금 등 계 (22)	14. 기초퇴직연금충당금등 및 전기말 신고조정에 의한 손금산입액	15. 퇴직연금충당금등 손금부인 누계액	16. 기중퇴직연금등 수령 및 해약액	17. 이미 손금산입한 부담금등 (14 − 15 − 16)	18. 손금산입대상 부담금 등 (13 − 17)
111,000,000	108,000,000		9,000,000	99,000,000	12,000,000

1. 확정연금 등의 부담금 조정

1. 퇴직급여추계액	2. 장부상 기말잔액	당기말 현재 퇴직급여충당금		5. 차감액 (② − ③ − ④)	6. 퇴직부담금 등 손금산입 누적한도액 (① − ⑤)
		3. 확정기여형퇴직연금자의 설정전 기계상된 퇴직급여충당금	4. 당기말 부인 누계액		
140,000,000	20,000,000		6,000,000	14,000,000	126,000,000

7. 이미 손금산입한 부담금 등 (17)	8. 손금산입한도액 (⑥ − ⑦)	9. 손금산입 대상 부담금 등 (18)	10. 손금산입범위액 (⑧과 ⑨중 적은 금액)	11. 회사 손금 계상액	12. 조정금액 (⑩ − ⑪)
99,000,000	27,000,000	12,000,000	12,000,000		12,000,000

- [조정등록]

익금산입 및 손금불산입			손금산입 및 익금불산입		
과목	금액	소득처분	과목	금액	소득처분
전기 퇴직연금충당금	9,000,000	△유보 감소	퇴직연금충당금	12,000,000	△유보 발생

(5) ① 문제분석

• 기부금의 분류

구분	특례	일반	비지정
– 국방헌금	1,000,000		
– 사회복지시설 기부금		500,000	
– 당사 소재 지역향우회 지원금			600,000
– 천재지변 구호금품	1,200,000		
합계	2,200,000	500,000	600,000

• 법인세비용, 비지정기부금, 기부금 손금귀속시기에 대한 세무조정
　<손금불산입> 법인세등 5,000,000 (기타사외유출)
　<손금불산입> 비지정기부금 600,000 (기타사외유출)

• 각 사업연도 소득금액의 계산

(1) 당기순이익	57,000,000
(2) 익금산입·손금불산입	8,600,000[1]
(3) 손금산입·익금불산입	1,000,000
(4) 차가감소득금액	64,600,000
(5) 기부금 한도초과액	0
① 기부금 한도초과액　　0 (손금불산입, 기타사외유출)[2][3]	
(6) 기부금 한도초과 이월액 손금산입	6,000,000
① 일반기부금 한도초과 이월액　　6,000,000 (손금산입, 기타)[2][3]	
(7) 각 사업연도 소득금액	58,600,000

[1] = 3,000,000 + 5,000,000(법인세비용) + 600,000(비지정기부금)

[2] • 기준소득금액 = 차가감소득금액 + (특례기부금 당기분 + 일반기부금 당기분)
　　　　　　　　 = 64,600,000 + (2,200,000 + 500,000)
　　　　　　　　 = 67,300,000원
　• 이월결손금(15년 이내 발생분, 기준소득금액의 100% 한도) = 0원
　• 특례기부금
　　– 한도액 = (기준소득금액 – 이월결손금) × 50% = (67,300,000 – 0) × 50%
　　　　　　 = 33,650,000원
　　– 한도초과 이월액 손금산입 = Min[당기 한도액, 10년 내 한도초과 이월액]
　　　　　　　　　　　　　　 = Min[33,650,000, 0] = 0원
　　– 해당액 : 2,200,000(당기분) + 0(한도초과 이월액 손금산입액) = 2,200,000원
　　– 한도초과액 : 0원
　• 일반기부금
　　– 한도액 = (기준소득금액 – 이월결손금 – 특례기부금 손금인정액) × 10%
　　　　　　 = (67,300,000 – 0 – 2,200,000) × 10% = 6,510,000원
　　– 한도초과 이월액 손금산입 = Min[당기 한도액, 10년 내 한도초과 이월액]
　　　　　　　　　　　　　　 = Min[6,510,000, 6,000,000] = 6,000,000원
　　– 해당액 : 500,000(당기분) + 6,000,000(한도초과 이월액 손금산입액) = 6,500,000원
　　– 한도초과액 : 0원

[3] '기부금 한도초과액의 손금불산입'과 '기부금 한도초과 이월액의 손금산입'에 대한 세무조정은 [소득금액조정합계표] 서식에 기재하지 않고, [법인세 과세표준 및 세액조정계산서] 서식의 해당란에 바로 기재함

② 입력화면
- [기부금조정명세서] 메뉴 ▶ [1.기부금 입력] 탭
- [기부금조정명세서] 메뉴 ▶ [조정등록] 보조창

익금산입 및 손금불산입			손금산입 및 익금불산입		
과목	금액	소득처분	과목	금액	소득처분
법인세등	5,000,000	기타사외유출			
비지정기부금	600,000	기타사외유출			

- [기부금조정명세서] 메뉴 ▶ [2.기부금 조정] 탭

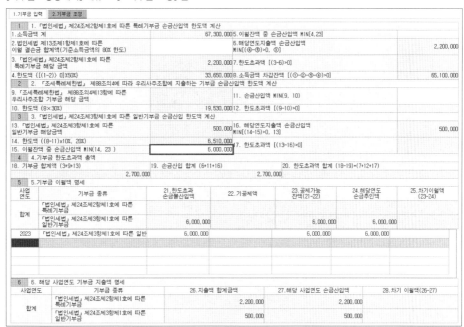

• [법인세과세표준및세액조정계산서]

① 각 사 업 연 도 소 득 계 산	101. 결 산 서 상 당 기 순 손 익	01	57,000,000
	소 득 조 정 금 액 102. 익 금 산 입	02	8,600,000
	103. 손 금 산 입	03	1,000,000
	104. 차 가 감 소 득 금 액 (101+102-103)	04	64,600,000
	105. 기 부 금 한 도 초 과 액	05	
	106. 기 부 금 한 도 초 과 이월액 손금산입	54	6,000,000
	107. 각 사 업 연 도 소 득 금 액(104+105-106)	06	58,600,000

② 과 세 표 준 계 산	108. 각 사 업 연 도 소 득 금 액 (108=107)	58,600,000
	109. 이 월 결 손 금	07	
	110. 비 과 세 소 득	08	
	111. 소 득 공 제	09	
	112. 과 세 표 준 (108-109-110-111)	10	58,600,000
	159. 선 박 표 준 이 익	55	

③ 산 출 세 액 계 산	113. 과 세 표 준 (113+112+159)	56	58,600,000
	114. 세 율	11	9%
	115. 산 출 세 액	12	5,274,000
	116. 지 점 유 보 소 득 (법 제96조)	13	
	117. 세 율	14	
	118. 산 출 세 액	15	
	119. 합 계 (115+118)	16	5,274,000

④ 납 부 할 세 액 계 산	120. 산 출 세 액 (120=119)		5,274,000
	121. 최 저 한 세 적 용 대 상 공 제 감 면 세 액	17	
	122. 차 감 세 액	18	5,274,000
	123. 최 저 한 세 적 용 제 외 공 제 감 면 세 액	19	
	124. 가 산 세 액	20	
	125. 가 감 계 (122-123+124)	21	5,274,000
	기한내납부세액 126. 중 간 예 납 세 액	22	3,000,000
	127. 수 시 부 과 세 액	23	
	128. 원 천 납 부 세 액	24	1,400,000
	129. 간접 회사등 외국 납부세액	25	
	130. 소 계(126+127+128+129)	26	4,400,000
	131. 신 고 납 부 전 가 산 세 액	27	
	132. 합 계 (130+131)	28	4,400,000
	133. 감 면 분 추 가 납 부 세 액	29	
	134. 차 가 감 납 부 할 세 액(125-132+133)	30	874,000

| ⑤토지등 양도소득, ⑥미환류소득 법인세 계산 (TAB로 이동) | | | |

⑦ 세 액 계	151. 차감 납부할 세액계 (134+150+166)	46	874,000
	152. 사 실 과 다 른 회계 처리 경정 세액공제	57	
	153. 분 납 세 액 계 산 범 위 액 (151-124-133-145-152+131)	47	874,000
	154. 분 납 할 세 액	48	
	155. 차 감 납 부 세 액 (151-152-154)	49	874,000

이론시험

1 ③	2 ②	3 ④	4 ②	5 ③	6 ④	7 ①	8 ①
9 ①	10 ④	11 ③	12 ④	13 ①	14 ②	15 ②	

1 ③ 유형자산을 구입한 후 지출하는 내부 관리비용, 청소비용 등은 자산의 보유와 관련된 지출이므로 당기 비용으로 인식한다.

2 ② 주식을 발행하는 과정에서 발생하는 등록비, 법률비용, 주권인쇄비, 인지세 등 여러 가지 지출(신주발행비)은 주식발행초과금에서 차감하거나 주식할인발행차금에 가산한다.

3 ④ 사채의 조기 상환 시 현금상환액보다 장부금액이 큰 경우 사채상환이익(영업외수익)으로 처리한다.

4 ② • 선적지 인도조건인 경우 상품 등을 선적하는 시점에 소유권이 구매자에게 이전되기 때문에 기말 현재 운송 중에 있는 미착품은 구매자(당사)의 재고자산에 포함된다.
- 당사가 수탁자인 경우 수탁판매를 위하여 당사 창고에 보관되어 있더라도 미판매 수탁상품은 당사(수탁자)의 재고자산에서 제외하여야 한다.
- 기말재고액 = 당사 창고 재고액 + 선적지 인도조건으로 매입하여 운송 중인 상품 + 기말 현재 판매되지 않은 적송품
  + 구매의사표시가 없는 시송품 − 미판매 수탁상품
  = 20,000,000 + 4,000,000 + (3,000,000 × 60%) + (6,000,000 − 4,000,000) − 5,000,000
  = 22,800,000원

5 ③ 회계정책의 변경에 따른 누적효과를 합리적으로 결정하기 어려운 경우에는 전진법을 적용한다.

6 ④ • 공손품이란 품질 및 규격이 표준에 미달하는 불합격품을 말한다.
- 작업폐물이란 생산에 사용된 원재료로부터 남아 있는 찌꺼기나 조각을 말한다.

7 ① 표준원가계산은 측정방법에 따른 분류에 해당하므로 제품원가범위에 따른 분류인 전부원가계산 또는 변동원가계산과 결합하여 적용할 수 있고, 집계방법에 따른 분류인 개별원가계산 또는 종합원가계산과 결합하여 적용할 수 있다.

8 ① • 기초재공품보다 기말재공품이 더 크면 당기총제조원가는 당기제품제조원가보다 크다.
- 기초제품보다 기말제품이 더 크면 당기제품제조원가는 매출원가보다 크다.

9 ① • 매출총이익률 = (매출액 − 매출원가) ÷ 매출액
  → 0.4 = (20,000,000 − ?) ÷ 20,000,000
  ∴ 매출원가 = 12,000,000원
- 매출원가 = 기초제품 + 당기제품제조원가 − 기말제품
  → 12,000,00 = 4,000,000 + ? − 3,000,000
  ∴ 당기제품제조원가 = 11,000,000원
- 당기총제조원가 = 직접재료비 + 직접노무비 + 제조간접비
  = 5,000,000 + 4,500,000 + 2,500,000 = 12,000,000원
- 당기제품제조원가 = 기초재공품 + 당기총제조원가 − 기말재공품
  → 11,000,000 = ? + 12,000,000 − 2,000,000
  ∴ 기초재공품 = 1,000,000원

10 ④ ① 개별원가계산은 다품종 소량생산에 적합한 원가계산이다.

② 개별원가계산은 상대적으로 계산이 복잡하나 정확성이 높다.

③ 종합원가계산은 정유업, 화학공업, 시멘트공업 등 동종제품을 대량생산하는 업종에 적합하다.

11 ③ 특수관계인과의 거래가 아니라면 부당한 조세의 감소가 있더라도 부당행위계산 부인 규정이 적용되지 않는다.

12 ④ 원천징수가 되는 이자라면, 법인의 수입이자에 대하여 기간경과분을 미수이자로 계상한 경우 이를 익금으로 인정하지 않는다.

13 ① 개당, 점당, 조당 양도가액이 6,000만 원 이상인 경우에 과세한다.

14 ② • 연예인 및 직업운동선수 등이 사업활동과 관련하여 받는 전속계약금은 사업소득으로 한다. (소득세법 시행령 제37조)

• 연예인 및 직업운동선수 등이 계약기간 1년을 초과하는 일신전속계약에 대한 대가를 일시에 받는 경우에는 계약기간에 따라 해당 대가를 균등하게 안분한 금액을 각 과세기간 종료일에 수입한 것으로 하며, 월수의 계산은 해당 계약기간의 개시일이 속하는 달이 1개월 미만인 경우에는 1개월로 하고 해당 계약기간의 종료일이 속하는 달이 1개월 미만인 경우에는 이를 산입하지 아니한다. (소득세법 시행령 제48조)

15 ② 당초 공급한 재화가 환입된 경우 : 재화가 환입된 날

실무시험

문제 1 전표입력

(1) [일반전표입력]

2월 1일	(차) 보통예금	52,000,000	(대) 자본금	50,000,000
			주식발행초과금	1,400,000
			현금	600,000

(2) [일반전표입력]

6월 30일	(차) 보통예금	25,800,000	(대) 외상매출금(미국 ABC)	27,600,000
	외환차손	1,800,000		

(3) [매입매출전표입력]

10월 18일 유형 : 55.수입 / 공급가액 : 30,000,000 / 부가세 : 3,000,000 / 거래처 : 부산세관 / 전자 : 여 / 분개 : 혼합 (현금)

	(차) 부가세대급금	3,000,000	(대) 현금	3,000,000

(4) [매입매출전표입력]

11월 10일 유형 : 11.과세 / 공급가액 : 80,000,000 / 부가세 : 8,000,000 / 거래처 : ㈜순양백화점 / 전자 : 여 / 분개 : 혼합

	(차) 선수금(㈜순양백화점)	8,000,000	(대) 부가세예수금	8,000,000
	받을어음(㈜순양백화점)	80,000,000	제품매출	80,000,000

문제 2 부가가치세신고

(1) [1단계] [매입매출전표입력]

• 1월 30일 유형 : 57.카과 / 공급가액 : 700,000 / 부가세 : 70,000 / 거래처 : ㈜우람전자 / 분개 : 분개 없음 / (신용카드사 : 삼전카드)

• 2월 25일 유형 : 17.카과 / 공급가액 : 12,000,000 / 부가세 : 1,200,000 / 거래처 : 아람물산 / 분개 : 분개 없음 / (신용카드사 : 삼성카드)

• 상기 두 전표(1월 30일, 2월 25일)를 각각 선택하여 [예정신고누락분 확정신고] 보조창을 열고[1], 확정신고 개시년월 란에 "2024년 4월"을 입력

[1] 메뉴 화면 상단에 있는 `F11 간편집계..▼` 의 ▼를 클릭하고, `SF5 예정 누락분` (또는 shift + F5)를 선택

구분				정기신고금액		
				금액	세율	세액
과세표준및매출세액	과세	세금계산서발급분	1	202,692,000	10/100	20,269,200
		매입자발행세금계산서	2		10/100	
		신용카드·현금영수증발행분	3		10/100	
		기타(정규영수증외매출분)	4			
	영세	세금계산서발급분	5		0/100	
		기타	6		0/100	
	예정신고누락분		7	12,000,000		1,200,000
	대손세액가감		8			
	합계		9	214,692,000	㉗	21,469,200
매입세액	세금계산서수취분	일반매입	10	158,247,196		15,824,719
		수출기업수입분납부유예	10-1			
		고정자산매입	11	35,000,000		3,500,000
	예정신고누락분		12	700,000		70,000
	매입자발행세금계산서		13			
	그 밖의 공제매입세액		14			
	합계(10)-(10-1)+(11)+(12)+(13)+(14)		15	193,947,196		19,394,719
	공제받지못할매입세액		16			
	차감계 (15-16)		17	193,947,196	㉡	19,394,719
납부(환급)세액(매출세액㉗-매입세액㉡)					㉢	2,074,481
경감공제세액	그 밖의 경감·공제세액		18			10,000
	신용카드매출전표등 발행공제등		19	13,200,000		
	합계		20		㉣	10,000
소규모 개인사업자 부가가치세 감면세액			20-1		㉤	
예정신고미환급세액			21		㉥	
예정고지세액			22		㉦	
사업양수자의 대리납부 기납부세액			23		㉧	
매입자 납부특례 기납부세액			24		㉨	
신용카드업자의 대리납부 기납부세액			25		㉩	
가산세액계			26		㉪	50,872
차감하여 납부할세액(환급받을세액)㉢-㉣-㉤-㉥-㉦-㉧-㉨-㉩+㉪			27			2,115,353
총괄납부사업자가 납부할 세액(환급받을 세액)						

구분				금액	세율	세액
7.매출(예정신고누락분)						
예정누락분	과세	세금계산서	33		10/100	
		기타	34	12,000,000	10/100	1,200,000
	영세	세금계산서	35		0/100	
		기타	36		0/100	
	합계		37	12,000,000		1,200,000
12.매입(예정신고누락분)						
예정누락분	세금계산서		38			
	그 밖의 공제매입세액		39	700,000		70,000
	합계		40	700,000		70,000
	신용카드매출수령금액합계	일반매입		700,000		70,000
		고정매입				
	의제매입세액					
	재활용폐자원등매입세액					
	과세사업전환매입세액					
	재고매입세액					
	변제대손세액					
	외국인관광객에대한환급세액					
	합계			700,000		70,000
14.그 밖의 공제매입세액						
신용카드매출수령금액합계표	일반매입		41			
	고정매입		42			
의제매입세액			43		뒤쪽	
재활용폐자원등매입세액			44		뒤쪽	
과세사업전환매입세액			45			
재고매입세액			46			
변제대손세액			47			
외국인관광객에대한환급세액			48			
합계			49			

구분		금액	세율	세액
16.공제받지못할매입세액				
공제받지못할 매입세액	50			
공통매입세액면세등사업분	51			
대손처분받은세액	52			
합계	53			
18.그 밖의 경감·공제세액				
전자신고 및 전자고지 세액공제	54			10,000
전자세금계산서발급세액공제	55			
택시운송사업자경감세액	56			
대리납부세액공제	57			
현금영수증사업자세액공제	58			
기타	59			
합계	60			10,000

25.가산세명세					
사업자미등록등		61		1/100	
세 금 계산서	지연발급 등	62		1/100	
	지연수취	63		5/1,000	
	미발급 등	64		뒤쪽참조	
전자세금 발급명세	지연전송	65		3/1,000	
	미전송	66		5/1,000	
세금계산서 합계표	제출불성실	67		5/1,000	
	지연제출	68		3/1,000	
신고 불성실	무신고(일반)	69		뒤쪽	
	무신고(부당)	70		뒤쪽	
	과소·초과환급(일반)	71	1,130,000	뒤쪽	28,250
	과소·초과환급(부당)	72		뒤쪽	
납부지연		73	1,130,000	뒤쪽	22,622
영세율과세표준신고불성실		74		5/1,000	
현금매출명세서불성실		75		1/100	
부동산임대공급가액명세서		76		1/100	
매입자 납부특례	거래계좌 미사용	77		뒤쪽	
	거래계좌 지연입금	78		뒤쪽	
신용카드매출전표등수령명세서미제출·과다기재		79		5/1,000	
합계		80			50,872

- 과소신고(일반) 가산세 : (1,200,000 – 70,000) × 10% × (100% – 75%)[1] = 28,250원
  [1] 법정신고기한이 지난 후 1개월 초과 3개월 이내 수정신고에 해당하므로 75% 감면
- 납부지연 가산세 (1,200,000 – 70,000) × (22/100,000) × 91일 = 22,622원(원 단위 미만 절사)

(2) [신용카드매출전표등발행금액집계표] (7월~9월)

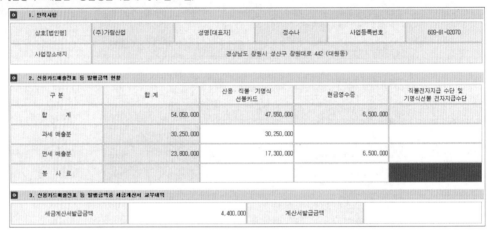

(3) 1단계 [공제받지못할매입세액명세서] 메뉴 ▶ [공제받지못할매입세액내역] 탭 (10월~12월)

공제받지못할매입세액내역	공통매입세액안분계산내역	공통매입세액의정산내역	납부세액또는환급세액재계산	
매입세액 불공제 사유	세금계산서			
	매수	공급가액	매입세액	
①필요적 기재사항 누락 등				
②사업과 직접 관련 없는 지출				
③개별소비세법 제1조제2항제3호에 따른 자동차 구입·유지 및 임차				
④기업업무추진비 및 이와 유사한 비용 관련	1	1,000,000	100,000	
⑤면세사업등 관련				
⑥토지의 자본적 지출 관련				
⑦사업자등록 전 매입세액				
⑧금·구리 스크랩 거래계좌 미사용 관련 매입세액				
합계	1	1,000,000	100,000	

산식	구분	(15)총공통매입세액	(16)면세 사업확정 비율			(17)불공제매입세액총액((15)*(16))	(18)기불공제매입세액	(19)가산또는공제되는매입세액((17)-(18))
			총공급가액	면세공급가액	면세비율			
1.당해과세기간의 공급가액기준		2,000,000	850,000,000.00	340,000,000.00	40.000000	800,000		800,000
1.당해과세기간의 공급가액기준		1,200,000	850,000,000.00	340,000,000.00	40.000000	480,000	518,918	-38,918
합계		3,200,000	1,700,000,000	680,000,000		1,280,000	518,918	761,082

- 확정신고기간에 구입한 공통매입분
  - 2기 확정신고 시 정산

  $$= \{2,000,000 \times \frac{(160,000,000 + 180,000,000)}{(210,000,000 + 160,000,000) + (300,000,000 + 180,000,000)}\} - 0 = 800,000원 불공제$$

- 예정신고기간에 구입한 공통매입분
  - 2기 예정신고 시 안분계산 $= 1,200,000 \times \frac{160,000,000}{210,000,000 + 160,000,000} = 518,918원 불공제$

  - 2기 확정신고 시 정산

  $$= \{1,200,000 \times \frac{(160,000,000 + 180,000,000)}{(210,000,000 + 160,000,000) + (300,000,000 + 180,000,000)}\} - 518,918$$

  $$= (-)38,918원 불공제 (\rightarrow 공제를 의미함)$$

문제3 결산

(1) (수동결산)
[일반전표입력] 12월 31일

(차) 선수수익	8,000,000	(대) 임대료	8,000,000[1]

[1] 당기 수익으로 계상되는 금액 = 12,000,000원 × (8개월/12개월) = 8,000,000원

(2) (수동결산)
[일반전표입력] 12월 31일

(차) 단기매매증권	800,000	(대) 단기매매증권평가이익	800,000[1]

[1] (@21,000원 - @20,000원) × 800주 = 800,000원

(3) (수동결산 또는 자동결산)
| 방법1 | (수동결산)
[일반전표입력] 12월 31일

(차) 법인세등	16,500,000	(대) 선납세금	6,500,000
		미지급세금	10,000,000

| 방법2 | (자동결산)
[결산자료입력] 메뉴에서 (기간 : 1월~12월) 다음과 같이 입력한다. 자동결산 항목 입력이 완료되고 나면 상단의 [전표추가]를 클릭하여 결산분개를 생성한다.
- 법인세등 ▶ 선납세금 : 6,500,000
- 법인세등 ▶ 추가계상액 : 10,000,000

(4) (수동결산 → 자동결산)
1단계 수동결산
[일반전표입력] 12월 31일

(차) 재고자산감모손실	1,150,000[1]	(대) 제품	1,150,000
		(적요8. 타계정으로 대체액)	

[1] • 총감모손실 : (2,000개 × @23,000원) - (1,950개 × @23,000원) = 1,150,000원
  • 비정상적인 감모손실 : 1,150,000원 × 100% = 1,150,000원

[결산자료입력] 메뉴에서 (기간 : 1월~12월) 다음과 같이 입력한다. 자동결산 항목 입력이 완료되고 나면 상단의 [전표추가]를 클릭하여 결산분개를 생성한다.

- 제품매출원가 ▶ 기말 제품 재고액 : 44,850,000[2]

  [2] 정상·비정상 감모손실과 평가손실까지 모두 반영된 실제 기말재고액

문제4 원천징수

(1) 1단계 [연말정산입력추가자료입력] 메뉴 ▶ 109.손대수 ▶ [부양가족] 탭 ▶ 상단부

연말 관계	성명	내/외국인	주민(외국인)번호	나이	기본공제	세대주 구분	부녀 자	한부 모	경로 우대	장애 인	자녀	출산 입양
0	손대수	내	1	630302-1111255	61	본인	세대주						
1	손준기	내	1	410505-1135657	83	60세이상				○			
1	최연주	내	1	460325-2122355	78	60세이상				○			
3	이시아	내	1	660515-2153526	58	부							
4	손아름	내	1	000506-4326220	24	부							
4	손민우	내	1	070205-3236149	17	20세이하						○	
	합 계 [명]							4			2	1	

- 일용근로소득은 분리과세되므로 손민우(아들)는 소득금액 요건을 충족함

2단계 [부양가족] 탭 ▶ 하단부

- 손대수

자료구분	보험료				의료비					교육비		
	건강	고용	일반보장성	장애인전용	일반	실손	선천성이상아	난임	65세,장애인	일반	장애인특수	
국세청			600,000		2,000,000 1.전액					2,000,000 4.본인		
기타	4,199,015	840,000										

자료구분	신용카드등 사용액공제						기부금	
	신용카드	직불카드등	현금영수증	전통시장사용분	대중교통이용분	도서공연 등		
국세청	38,000,000		5,200,000					
기타								

- 손준기

자료구분	보험료				의료비					교육비		
	건강	고용	일반보장성	장애인전용	일반	실손	선천성이상아	난임	65세,장애인	일반	장애인특수	
국세청									1,000,000			
기타												

자료구분	신용카드등 사용액공제						기부금	
	신용카드	직불카드등	현금영수증	전통시장사용분	대중교통이용분	도서공연 등		
국세청								
기타								

- 최연주

자료구분	보험료				의료비					교육비		
	건강	고용	일반보장성	장애인전용	일반	실손	선천성이상아	난임	65세,장애인	일반	장애인특수	
국세청						2,000,000			3,550,000			
기타												

자료구분	신용카드등 사용액공제						기부금	
	신용카드	직불카드등	현금영수증	전통시장사용분	대중교통이용분	도서공연 등		
국세청								
기타								

- 손아름

자료구분	보험료				의료비					교육비		
	건강	고용	일반보장성	장애인전용	일반	실손	선천성이상아	난임	65세,장애인	일반	장애인특수	
국세청										5,000,000 3.대학생		
기타												

자료구분	신용카드등 사용액공제						기부금	
	신용카드	직불카드등	현금영수증	전통시장사용분	대중교통이용분	도서공연 등		
국세청		3,100,000						
기타								

- 보장성보험료는 나이 및 소득금액의 제한을 받으므로 손아름(24세)은 공제 적용 안 됨
- 교육비는 나이의 제한을 받지 않음

• 손민우

자료구분	보험료				의료비					교육비	
	건강	고용	일반보장성	장애인전용	일반	실손	선천성이상아	난임	65세,장애인	일반	장애인특수
국세청			450,000							1,000,000 1.초중	
기타					500,000 2.일반					고	
자료구분	신용카드등 사용액공제							기부금			
	신용카드	직불카드등	현금영수증	전통시장사용분	대중교통이용분	도서공연 등					
국세청		220,000			400,000						
기타											

- 중학교·고등학교 교복구입비는 1인당 연 50만 원을 한도로 공제 적용 가능함

3단계 [신용카드 등] 탭

	성명 / 생년월일	자료구분	신용카드	직불,선불	현금영수증	도서등 신용	도서등 직불	도서등 현금	전통시장	대중교통	소비증가분 2023년	소비증가분 2024년
□	손대수 / 1963-03-02	국세청 / 기타	38,000,000		5,200,000							
□	손준기 / 1941-05-05	국세청 / 기타										
□	최연주 / 1946-03-25	국세청 / 기타										
□	이시아 / 1966-05-15	국세청 / 기타										
□	손아름 / 2000-05-06	국세청 / 기타		3,100,000								
□	손민우 / 2007-02-05	국세청 / 기타		220,000						400,000		███
	합계		38,000,000	3,320,000	5,200,000					400,000		

• 신용카드 등 사용액은 나이의 제한을 받지 않음
• 신용카드 등 사용액 중 의료비 결제액과 교복구입비(사교육비) 결제액은 신용카드 공제 적용 가능함

4단계 [의료비] 탭

							2024년 의료비 지급명세서							
	의료비 공제대상자						지급처		지급명세					14.산후 조리원
□	성명	내/외	5.주민등록번호	6.본인등 해당여부	9.증빙 코드	8.상호	7.사업자 등록번호	10. 건수	11.금액	11-1.실손 보험수령액	12.미숙아 선천성이상아	13.난임 여부	
□	손대수	내	630302-1111255	1	0	1				2,000,000		X	X	X
□	손준기	내	410505-1135657	2	0	1				1,000,000		X	X	X
□	최연주	내	460325-2122355	2	0	1				3,550,000	2,000,000	X	X	X
□	손민우	내	070205-3236149	3	X	5	경성안경	605-29-32588	1	500,000		X	X	X
□	███													
	합계								1	7,050,000	2,000,000			
	일반의료비 (본인)		2,000,000	6세이하, 65세이상인 건강보험산정특례자 장애인		4,550,000	일반의료비 (그 외)			500,000	난임시술비			
											미숙아·선천성이상아			

• 실손보험금 수령액으로 지급한 의료비는 공제 적용 안 되므로 서식에서 별도로 표기
• 시력보정용 안경 구입비는 1인당 연 50만 원을 한도로 공제 적용 가능함

5단계 [연말정산입력] 탭 ▶ **F8 부양가족탭불러오기** 클릭
• 보장성보험 ▶ 일반 : 1,050,000
• 의료비 ▶ 본인 ▶ 지출액 : 2,000,000
• 의료비 ▶ 6세 이하, 65세 이상, 장애인 ▶ 지출액 : 4,550,000
• 의료비 ▶ 6세 이하, 65세 이상, 장애인 ▶ 실손의료보험금 : 2,000,000
• 의료비 ▶ 그 밖의 공제대상자 : 500,000
• 교육비 ▶ 초중고 : 1,000,000
• 교육비 ▶ 대학생 : 5,000,000
• 교육비 ▶ 본인 : 2,000,000
• 신용카드 등 사용액 ▶ 신용카드 : 38,000,000
• 신용카드 등 사용액 ▶ 직불/선불카드 : 3,320,000
• 신용카드 등 사용액 ▶ 현금영수증 : 5,200,000
• 신용카드 등 사용액 ▶ 대중교통 : 400,000
• 신용카드 등 사용액 ▶ 소비증가분 : 0

(2) <u>1단계</u> 신고서 작성 : [원천징수이행상황신고서] 메뉴 (귀속기간 6월, 지급기간 6월)

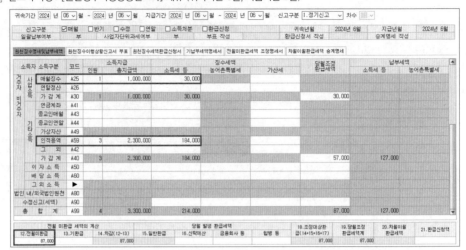

| 귀속기간 2024 년 06 월 ~ 2024 년 06 월 | 지급기간 2024 년 06 월 ~ 2024 년 06 월 | 신고구분 1.정기신고 차수 |

| 신고구분 | ☑매월 | □반기 | □수정 | □연말 | □소득처분 | □환급신청 | 귀속년월 2024년 6월 | 지급년월 2024년 6월 |
| 일괄납부여부 | 부 | 사업자단위과세여부 | 부 | 부표 작성 | 환급신청서 작성 | 승계명세 작성 |

원천징수명세및납부세액 | 원천징수이행상황신고서 부표 | 원천징수세액환급신청서 | 기납부세액명세서 | 전월미환급세액 조정명세서 | 차월이월환급세액 승계명세서

소득자 소득구분		코드	소득지급		징수세액			당월조정 환급세액	납부세액	
			인원	총지급액	소득세 등	농어촌특별세	가산세		소득세 등	농어촌특별세
거주자	사업소득	매월징수	A25	1	1,000,000	30,000					
		연말정산	A26								
		가 감 계	A30	1	1,000,000	30,000			30,000		
비거주자	기타소득	연금계좌	A41								
		종교인매월	A43								
		종교인연말	A44								
		가상자산	A49								
		인적용역	A59	3	2,300,000	184,000					
		그 외	A42								
		가 감 계	A40	3	2,300,000	184,000			57,000	127,000	
	이 자 소 득		A50								
	배 당 소 득		A60								
	그 외 소 득		▶								
법인	내/외국법인원천		A80								
	수정신고(세액)		A90								
총	합 계		A99	4	3,300,000	214,000			87,000	127,000	

전월 미환급 세액의 계산				당월 발생 환급세액				18.조정대상환 급(14+15+16+17)	19.당월조정 환급세액계	20.차월이월 환급세액	21.환급신청액
12.전월미환급	13.기환급	14.차감(12-13)	15.일반환급	16.신탁재산	금융회사 등	합병 등				
87,000		87,000						87,000	87,000	

<u>2단계</u> 신고서 마감 : [원천징수이행상황신고서] 메뉴 (귀속기간 6월, 지급기간 6월)

<u>3단계</u> 전자신고파일 제작 : [전자신고] 메뉴 (신고인구분 : 2.납세자 자진신고), (비밀번호 : 12341234)

<u>4단계</u> 전자신고파일 제출 : [국세청 홈택스 전자신고변환(교육용)] 메뉴 (찾아보기 → 형식검증하기 → 형식검증결과확인 → 내용검증하기 → 내용검증결과확인 → 전자파일제출 → 신고서 접수증 확인)

문제 5 세무조정

(1) ① 문제분석

<u>1단계</u> 기업업무추진비 직부인
① 사적 사용경비 : <손금불산입> 970,000 (상여)
② 신용카드 등 미사용 : <손금불산입> 1,397,900[1] (기타사외유출)
  [1] 872,900원(판관비, 개인카드사용액, 건당 3만 원 초과) + 525,000원(제조원가, 개인카드사용액, 건당 3만 원 초과)

<u>2단계</u> 기업업무추진비 한도계산
• 기업업무추진비 한도액 = ① + ② + ③ = 47,150,000
  ① 일반 기업업무추진비 한도액
    $= 36,000,000 + (2,000,000,000^{1)} \times \frac{30}{10,000}) + (500,000,000 \times \frac{30}{10,000} \times 10\%)$
    = 42,150,000
    [1] 일반수입금액 = 수입금액 − 특정수입금액 = 2,500,000,000 − 500,000,000 = 2,000,000,000
  ② 문화 기업업무추진비 추가한도액 = Min[㉠, ㉡] = 5,000,000
    ㉠ 문화 기업업무추진비 : 5,000,000
    ㉡ 일반 기업업무추진비 한도액 × 20% = 42,150,000 × 20% = 8,430,000
  ③ 전통시장 기업업무추진비 추가한도액 = Min[㉢, ㉣] = 0
    ㉢ 전통시장 기업업무추진비 = 0
    ㉣ 일반 기업업무추진비 한도액 × 10% = 42,150,000 × 10% = 4,215,000

<u>3단계</u> 기업업무추진비 한도초과액에 대한 세무조정
• 기업업무추진비 해당액 = 36,197,900(기업업무추진비, 판관비) + 30,340,000(기업업무추진비, 제조원가)
    − 970,000(사적 사용경비) − 1,397,900(신용카드 등 미사용)
    = 64,170,000
• 기업업무추진비 한도액 = 47,150,000
• 기업업무추진비 한도초과액 = 17,020,000
  → 세무조정 : <손금불산입> 17,020,000 (기타사외유출)

② 입력화면

[기업업무추진비조정명세서] 메뉴에서

• [기업업무추진비 입력(을)] 탭

| 1.기업업무추진비 입력 (을) | 2.기업업무추진비 조정 (갑) |

1. 수입금액명세

구 분	1. 일반수입금액	2. 특수관계인간 거래금액	3. 합 계(1+2)
금 액	2,000,000,000	500,000,000	2,500,000,000

2. 기업업무추진비 해당금액

4. 계정과목		합계	기업업무추진비(제조)	기업업무추진비(판관)	
5. 계정금액		66,537,900	30,340,000	36,197,900	
6. 기업업무추진비계상액 중 사적사용경비		970,000		970,000	
7. 기업업무추진비해당금액(5-6)		65,567,900	30,340,000	35,227,900	
8. 신용카드등 미사용금액	결조사비 중 기준금액 초과액	9. 신용카드 등 미사용금액	525,000	525,000	
		10. 총 초과금액	525,000	525,000	
	국외지역 지출액 (법인세법 시행령 제41조제2항제1호)	11. 신용카드 등 미사용액			
		12. 총 지출액			
	농어민 지출액 (법인세법 시행령 제41조제2항제2호)	13. 송금명세서 미제출금액			
		14. 총 지출액			
	기업업무추진비 중 기준금액 초과액	15. 신용카드 등 미사용액	872,900		872,900
		16. 총 초과금액	65,932,900	29,780,000	36,152,900
17. 신용카드 등 미사용 부인액		1,397,900	525,000	872,900	
18. 기업업무추진비 부인액(6+17)		2,367,900	525,000	1,842,900	

• [기업업무추진비 조정(갑)] 탭

| 1.기업업무추진비 입력 (을) | 2.기업업무추진비 조정 (갑) |

기업업무추진비 한도초과액 조정

중소기업			☐ 정부출자법인 ☐ 부동산임대업등(법.령제42조제2항)
구분			금액
1. 기업업무추진비 해당 금액			65,567,900
2. 기준금액 초과 기업업무추진비 중 신용카드 등 미사용으로 인한 손금불산입액			1,397,900
3. 차감 기업업무추진비 해당금액(1-2)			64,170,000
일반 기업업무추진비 한도	4. 12,000,000 (중소기업 36,000,000) X 월수(12) / 12		36,000,000
	총수입금액 기준	100억원 이하의 금액 X 30/10,000	7,500,000
		100억원 초과 500억원 이하의 금액 X 20/10,000	
		500억원 초과 금액 X 3/10,000	
		5. 소계	7,500,000
	일반수입금액 기준	100억원 이하의 금액 X 30/10,000	6,000,000
		100억원 초과 500억원 이하의 금액 X 20/10,000	
		500억원 초과 금액 X 3/10,000	
		6. 소계	6,000,000
	7. 수입금액기준	(5-6) X 10/100	150,000
	8. 일반기업업무추진비 한도액 (4+6+7)		42,150,000
문화기업업무추진비 한도(「조특법」 제136조제3항)	9. 문화기업업무추진비 지출액		5,000,000
	10. 문화기업업무추진비 한도액(9와 (8 X 20/100) 중 작은 금액)		5,000,000
전통시장기업업무추진비 한도(「조특법」 제136조제6항)	11. 전통시장기업업무추진비 지출액		
	12. 전통시장기업업무추진비 한도액(11과 (8 X 10/100) 중 작은 금액)		
13. 기업업무추진비 한도액 합계(8+10+12)			47,150,000
14. 한도초과액(3-13)			17,020,000
15. 손금산입한도 내 기업업무추진비 지출액(3과 13중 작은 금액)			47,150,000

• [조정등록]

익금산입 및 손금불산입			손금산입 및 익금불산입		
과목	금액	소득처분	과목	금액	소득처분
사적 사용경비	970,000	상여			
신용카드등미사용액	1,397,900[1]	기타사외유출			
기업업무추진비 한도초과	17,020,000	기타사외유출			

[1] "<손금불산입> 신용카드등미사용액 872,900 (기타사외유출)"과 "<손금불산입> 신용카드등미사용액 525,000 (기타사외유출)"으로 나누어 입력하여도 정답 인정

(2) ① 문제분석

날짜	적요	금액	세무조정
1월 28일	화물트럭 자동차세	460,000원	
2월 26일	사업소분 주민세	800,000원	
3월 15일	토지에 대한 개발부담금[1]	2,100,000원	<손금불산입> 2,100,000 (유보)
4월 30일	법인세분 지방소득세 및 농어촌특별세	4,200,000원	<손금불산입> 4,200,000 (기타사외유출)
7월 20일	폐수초과배출부담금	3,700,000원	<손금불산입> 3,700,000 (기타사외유출)
8월 20일	대표이사 소유 비상장주식 매각 증권거래세	1,600,000원	<손금불산입> 1,600,000 (상여)
8월 27일	주차위반 과태료(업무 관련 발생분)	220,000원	<손금불산입> 220,000 (기타사외유출)
9월 30일	산재보험 연체료	480,000원	
10월 10일	지급명세서미제출가산세	1,000,000원	<손금불산입> 1,000,000 (기타사외유출)
12월 15일	환경개선부담금	440,000원	

[1] 개발부담금이란 토지의 형질변경·용도변경 시 관련 법령에 따라 납부하는 공과금을 말하며, 이는 토지의 자본적 지출에 해당함

② 입력화면

• [세금과공과금명세서]

	코드	계정과목	월	일	거래내용	코드	지급처	금액	손금불산입표시
□	0817	세금과공과금	1	28	화물트럭 자동차세			460,000	
□	0817	세금과공과금	2	26	사업소분 주민세			800,000	
□	0817	세금과공과금	3	15	토지에 대한 개발부담금			2,100,000	손금불산입
□	0817	세금과공과금	4	30	법인세분지방소득세 및 농어촌특별세			4,200,000	손금불산입
□	0817	세금과공과금	7	20	폐수초과배출부담금			3,700,000	손금불산입
□	0817	세금과공과금	8	20	대표이사 소유 비상장주식매각 증권거래세			1,600,000	손금불산입
□	0817	세금과공과금	8	27	주차위반 과태료(업무 관련 발생분)			220,000	손금불산입
□	0817	세금과공과금	9	30	산재보험 연체료			480,000	
□	0817	세금과공과금	10	10	지급명세서미제출가산세			1,000,000	손금불산입
□	0817	세금과공과금	12	15	환경개선부담금			440,000	
□									
□									
□									
□									
					손 금 불 산 입 계			12,820,000	
					합 계			15,000,000	

• [조정등록]

익금산입 및 손금불산입			손금산입 및 익금불산입		
과목	금액	소득처분	과목	금액	소득처분
토지에 대한 개발부담금	2,100,000	유보 발생			
법인세분 지방소득세 등	4,200,000	기타사외유출			
폐수초과배출부담금	3,700,000	기타사외유출			
대표이사 증권거래세	1,600,000	상여			
주차위반 과태료	220,000	기타사외유출			
지급명세서미제출가산세	1,000,000	기타사외유출			

(3) ① 문제분석

• 장부상 대손충당금의 총계정원장

대손충당금

5/29 상계	40,000,000	1/1 기초	102,000,000	(세법상 전기이월 부인액 : 10,000,000)
10/21 상계	3,000,000			
2/1 상계	19,999,000			
12/31 기말	54,001,000	12/31 추가설정	15,000,000	
	117,000,000		117,000,000	

- 대손금에 대한 세무조정
  - 5/29 : 세무조정 없음
  - 10/21 : <손금불산입> 외상매출금 3,000,000 (유보) (∵ 세법상 대손사유 충족 X)
  - 2/1 : 세무조정 없음
- 대손충당금 손금산입 한도액 = 기말 세법상 설정대상 채권가액 × 설정률
  $$= 1,403,500,000^{1)} \times 1\%^{2)}$$
  $$= 14,035,000원$$
  ¹⁾ = 장부상 기말 채권가액 − 설정제외 채권가액 ± (채권 관련 기초 유보·△유보 잔액 ± 채권 관련 당기 유보·△유보 조정액)
  = (1,300,000,000 + 100,500,000) − 0 + (0 + 3,000,000) = 1,403,500,000원
  ²⁾ = 1%(가정치)
- 대손충당금 설정에 대한 세무조정

회사계상액	54,001,000 (= 장부상 대손충당금 기말잔액)
손금산입 한도액	14,035,000
한도초과액	39,966,000
세무조정	• <손금산입> 전기 대손충당금 10,000,000 (△유보) • <손금불산입> 대손충당금 39,966,000 (유보)

② 입력화면
- [대손충당금및대손금조정명세서]

- [조정등록]

익금산입 및 손금불산입			손금산입 및 익금불산입		
과목	금액	소득처분	과목	금액	소득처분
외상매출금	3,000,000	유보 발생	전기대손충당금한도초과	10,000,000	유보 감소
대손충당금한도초과	39,966,000	유보 발생			

(4) ① 문제분석
- 이월결손금

사업 연도	이월결손금	감소내역			잔액		
	발생액	(12)	(13)	(14)	(16)	(17)	(18)
	(8)일반결손금	기공제액	당기 공제액	보전	기한 내	기한 경과	계
2010	130,000,000	50,000,000		0		80,000,000¹⁾	80,000,000
2022	90,000,000		90,000,000	0	0		0
계	220,000,000	50,000,000	90,000,000	0	0	80,000,000	80,000,000

¹⁾ 이월결손금의 공제기한 : 15년(단, 2019. 12. 31. 이전 발생분은 10년)

- 차감납부세액의 계산

결산서상 당기순손익	100,850,000
(+) 익금산입 및 손금불산입	32,850,000
(−) 손금산입 및 익금불산입	12,950,000
(=) 차가감소득금액	120,750,000
(+) 기부금 한도초과액	0
(−) 기부금 한도초과 이월액 손금산입	0
(=) 각 사업연도 소득금액	120,750,000
(−) 이월결손금	90,000,000 ····· 1)
(−) 비과세소득	0
(−) 소득공제	0
(=) 과세표준	30,750,000
(×) 세율	9%
(=) 산출세액	2,767,500
(−) 최저한세 적용대상 세액감면·세액공제	520,000 ····· 2)
(=) 차감세액	2,247,500
(−) 최저한세 적용제외 세액감면·세액공제	200,000 ····· 2)
(+) 가산세	0
(=) 총부담세액	2,047,500
(−) 기납부세액	140,000
(=) 차감납부할세액	1,907,500
(−) 분납할세액	0 ····· 3)
(=) 차감납부세액	1,907,500

1) 당기 과세표준 계산 시 공제할 수 있는 이월결손금 = Min[ⓐ, ⓑ] = 90,000,000원

  ⓐ 이월결손금(15년 이내 발생분, 단, 2019. 12. 31. 이전 발생분은 10년 이내) = 90,000,000원

  ⓑ 각 사업연도 소득금액 × 100%(중소기업) = 120,750,000원

2) 최저한세 적용 여부

근거 법	구분	금액	최저한세 적용 여부
조세특례제한법상 기간제한 없는 세액감면	• 중소기업특별세액감면	520,000원	O
조세특례제한법상 세액공제	• 중소기업의 연구·인력개발비 세액공제	200,000원	X

3) 납부할 세액(가산세는 제외)이 1천만 원을 초과하지 않으므로 분납가능금액은 없음

② 입력화면

- [자본금과적립금조정명세서] 메뉴 ▶ [이월결손금] 탭

- [법인세과세표준및세액조정계산서]

① 각 사 업 연 도 소 득 계 산	101. 결 산 서 상 당 기 순 손 익	01	100,850,000
	소 득 조 정 102. 익 금 산 입	02	32,850,000
	금 액 103. 손 금 산 입	03	12,950,000
	104. 차 가 감 소 득 금 액 (101+102-103)	04	120,750,000
	105. 기 부 금 한 도 초 과 액	05	
	106. 기 부 금 한 도 초 과 이월액 손금산입	54	
	107. 각 사 업 연 도 소 득 금 액 (104+105-106)	06	120,750,000
② 과 세 표 준 계 산	108. 각 사 업 연 도 소 득 금 액 (108=107)		120,750,000
	109. 이 월 결 손 금	07	90,000,000
	110. 비 과 세 소 득	08	
	111. 소 득 공 제	09	
	112. 과 세 표 준 (108-109-110-111)	10	30,750,000
	159. 선 박 표 준 이 익	55	
③ 산 출 세 액 계 산	113. 과 세 표 준 (113=112+159)	56	30,750,000
	114. 세 율	11	9%
	115. 산 출 세 액	12	2,767,500
	116. 지 점 유 보 소 득 (법 제96조)	13	
	117. 세 율	14	
	118. 산 출 세 액	15	
	119. 합 계 (115+118)	16	2,767,500

④ 납 부 할 세 액 계 산	120. 산 출 세 액 (120=119)		2,767,500
	121. 최저한세 적 용 대 상 공 제 감 면 세 액	17	520,000
	122. 차 감 세 액	18	2,247,500
	123. 최저한세 적 용 제 외 공 제 감 면 세 액	19	200,000
	124. 가 산 세 액	20	
	125. 가 감 계 (122-123+124)	21	2,047,500
	기한내납부세액 126. 중 간 예 납 세 액	22	
	127. 수 시 부 과 세 액	23	
	128. 원 천 납 부 세 액	24	140,000
	129. 간접 회사등 외국 납부세액	25	
	130. 소 계 (126+127+128+129)	26	140,000
	131. 신 고 납 부 전 가 산 세 액	27	
	132. 합 계 (130+131)	28	140,000
	133. 감 면 분 추 가 납 부 세 액	29	
	134. 차 가 감 납 부 할 세 액(125-132+133)	30	1,907,500
⑤토지등 양도소득, ⑥미환류소득 법인세 계산 (TAB로 이동)			
⑦ 세 액 계	151. 차감 납부할 세액계 (134+150+166)	46	1,907,500
	152. 사 실 과 다 른 회계 처 리 결 정 세액공제	57	
	153. 분 납 세 액 계 산 범 위 액 (151-124-133-145-152+131)	47	1,907,500
	154. 분 납 할 세 액	48	
	155. 차 감 납 부 세 액 (151-152-154)	49	1,907,500

(5) ① 문제분석

- 적격증명서류 수취불성실 가산세 = 적격증명서류 미수취 금액 × 2%
  $$= (4,400,000^{1)} + 4,800,000^{2)}) × 2\% = 184,000원$$

  1) 사업자로부터 재화·용역을 공급받고 지출금액이 거래 건당 3만 원을 초과하는 경우에는 법인세법에서 요구하는 세금계산서 등의 적격증빙을 갖추어야 하며 그러하지 아니한 경우에는 '미수취 금액의 2%'를 적격증명서류 수취불성실 가산세로 적용한다.

  2) 임대인이 간이과세자인 경우라면 '간이과세자로부터 부동산임대용역을 공급받는 경우'에 해당되어 '경비 등 송금명세서 특례'가 인정되나, 임대인이 일반과세자인 경우에는 적격증명서류 수취불성실 가산세를 적용한다.

- 일용근로소득의 지급명세서 제출불성실 가산세 = 미제출분 지급금액 × 0.25% × 50% 감면[1]
  $$= 30,000,000 × 0.125\% = 37,500원$$

  1) 1월 지급분에 대한 일용근로소득 지급명세서는 2월 말까지 제출하여야 하며 미제출한 경우에는 '미제출한 금액의 0.25%'를 지급명세서 제출불성실 가산세로 적용한다. 다만 제출기한 경과 후 1개월 내에 제출하면 50%의 감면이 적용되어 0.125%를 적용한다.

② 입력화면

- [가산세액계산서]

신고납부가산세	미제출가산세	토지등양도소득가산세	미환류소득

구분		계산기준	기준금액	가산세율	코드	가산세액
지출증명서류		미(허위)수취금액	9,200,000	2/100	8	184,000
지급	미(누락)제출	미(누락)제출금액		10/1,000	9	
	불분명	불분명금액		1/100	10	
	상증법 82조 1 6	미(누락)제출금액		2/1,000	61	
		불분명금액		2/1,000	62	
	상증법 82조 3 4	미(누락)제출금액		2/10,000	67	
		불분명금액		2/10,000	68	
명세서	법인세법 제75의7①(일용근로)	미제출금액	30,000,000	12.5/10,000	96	37,500
		불분명등		25/10,000	97	
	법인세법 제75의7①(간이지급명세서)	미제출금액		25/10,000	102	
		불분명등		25/10,000	103	
소 계					11	37,500

이론시험

1 ③	2 ②	3 ④	4 ③	5 ②	6 ②	7 ③	8 ①
9 ④	10 ②	11 ③	12 ④	13 ①	14 ③	15 ①	

1 ③ 정상적인 영업주기 내에 판매(소멸)되거나 사용되는 재고자산과 회수(지급)되는 매출채권(매입채무) 등은 보고기간 종료일로부터 1년 이내에 실현되지 않더라도 유동자산(유동부채)으로 분류한다.

2 ② 적송품은 고객에게 판매되기 전까지 위탁자의 소유 자산이므로 기말 현재 판매되지 않은 적송품은 수탁자의 창고에 보관되어 있더라도 위탁자의 재고자산에 포함된다.

3 ④ ① 상품권 수익은 상품권을 회수하고 재화를 인도하는 시점에 수익을 인식한다.
② 수강료는 강의 기간 동안 발생기준에 따라 수익을 인식한다.
③ 장기할부판매는 인도시점에 현재가치로 수익(매출)을 인식하고, 명목금액과 현재가치의 차액(현재가치할인차금)은 기간 경과에 따라 수익(이자수익)을 인식한다.

4 ③ • 자본금 = 보통주자본금 + 우선주자본금
　　　　 = 10,000,000 + 5,000,000 = 15,000,000원
• 자본잉여금 = 감자차익 + 자기주식처분이익
　　　　 = 500,000 + 1,000,000 = 1,500,000원
• 기타포괄손익누계액 = 매도가능증권평가이익 = 300,000원
• 자본조정 = 미교부주식배당금 = 3,000,000원
• 이익잉여금 = 이익준비금 + 임의적립금
　　　　 = 1,000,000 + 500,000 = 1,500,000원

5 ② ① 경제적 효익이 내재된 자원이 기업으로부터 유출됨으로써 이행될 것으로 기대되는 현재의 의무이다.
③ 1년 기준으로 유동부채, 비유동부채로 분류한다. 다만, 정상적인 영업주기 내에 상환 등을 통하여 소멸할 것이 예상되는 매입채무와 미지급비용 등의 부채는 유동부채로 분류한다.
④ 충당부채는 자원의 유출 가능성이 매우 높고 그 금액을 신뢰성 있게 추정할 수 있으므로, 지출 시기나 금액에 불확실성이 있더라도 이를 부채로 인식한다.

6 ② (직접노무비 차이분석)

7 ③

구분	순실현가치	배분비율	결합원가 배분액
A	(200개 × @1,000원) − 60,000원 = 140,000원	14/32	56,000원
B	400개 × @300원 = 120,000원	12/32	48,000원
C	300개 × @200원 = 60,000원	6/32	24,000원
합계	320,000원	100%	128,000원

8 ① ② 제조간접원가를 배분할 때 부문별 배부기준을 적용하면 공장전체의 공통(단일) 배분기준을 적용할 때보다 더 정확하게 보조부문원가를 배분할 수 있다.

③ 제조원가 배분기준을 선택할 때 원가와 원가대상의 인과관계(상관관계)를 먼저 고려하여야 한다.

④ 상호배분법은 보조부문 상호 간 용역수수관계를 모두 반영하는 방법이므로 보조부문 간 배분순서를 정하지 않아도 된다.

9 ④ 원가관리 목적으로 표준원가계산을 사용한 경우에도 재무상태표상 재고자산 금액은 실제원가로 측정하여 보고한다.

10 ② • 예정배부율 = 제조간접비 예산액 ÷ 예정조업도

            = 5,000,000원 ÷ 1,000,000시간 = @5원/시간

    • 예정배부액 = 실제조업도 × 예정배부율

            = 1,300,000시간 × @5 = 6,500,000원

    • 배부차이 = 예정배부액 − 실제발생액

            = 6,500,000 − 5,200,000 = 1,300,000원(과대배부)

11 ③ 법인세법상 손금불산입 항목 : 업무무관자산의 재산세, 교통사고벌과금, 폐수배출부담금, 지급명세서미제출가산세

12 ④ 2020년 이후에 개시하는 사업연도에 발생한 결손금은 15년간 이월하여 공제할 수 있다.

13 ① 소득세법상 성실신고확인대상 사업자가 성실신고확인서를 제출하는 경우 의료비 세액공제, 교육비 세액공제, 월세액 세액공제를 적용받을 수 있다. (조세특례제한법 제122조의3)

14 ③ 재화를 수입하는 자는 사업자 여부에 관계없이 부가가치세 납세의무가 있다.

15 ① 사업자등록을 하기 전의 매입세액은 공제하지 않는 것이 원칙이다. 다만, 공급시기가 속하는 과세기간이 끝난 후 20일 이내에 등록신청한 경우에는 등록신청일로부터 공급시기가 속하는 과세기간의 기산일까지 역산한 기간 이내의 매입세액을 공제한다.

실무시험

문제1 전표입력

(1) [일반전표입력]

3월 5일 (차) 단기매매증권	10,000,000	(대) 현금	10,050,000
수수료비용(영업외비용)	50,000		

(2) [매입매출전표입력]

7월 30일 유형 : 11.과세 / 공급가액 : 20,000,000 / 부가세 : 2,000,000 / 거래처 : ㈜아름전자 / 전자 : 여 / 분개 : 혼합

(차) 선수금(㈜아름전자)	2,000,000	(대) 부가세예수금	2,000,000
외상매출금(㈜아름전자)	20,000,000	제품매출	20,000,000

(3) [매입매출전표입력]

8월 20일 유형 : 53.면세 / 공급가액 : 48,500,000 / 거래처 : ㈜현대파이낸셜 / 전자 : 여 / 분개 : 혼합

(차) 기계장치	48,500,000	(대) 리스보증금(㈜현대파이낸셜)	20,000,000
		보통예금	28,500,000

(4) [일반전표입력]

8월 30일 (차) 보통예금	1,500,000	(대) 배당금수익	1,500,000[1]

    [1] 기업회계기준에 따르면, 회사가 현금배당을 수령한 경우 이를 배당금수익으로 회계처리하지만, 주식배당을 수령한 경우에는 이를 배당금수익으로 회계처리하지 않고 보유한 전체 주식의 수량의 증가와 단가의 감소를 비망기록으로 관리한다.

(1) 1단계 [부동산임대공급가액명세서] (1월~3월)

참고 과세표준
- 월세와 관리비 = 1,800,000 × 2개월 = 3,600,000원
- 간주임대료 = 60,000,000 × 연 3.5% × 60일/366일 = 344,262원(원 단위 미만 절사)

2단계 [부가가치세신고서] (1월~3월)

	구분		정기신고금액 금액	세율	세액
과세표준및매출세액	과세	세금계산서발급분 1	3,600,000	10/100	360,000
		매입자발행세금계산서 2		10/100	
		신용카드·현금영수증발행분 3		10/100	
		기타(정규영수증외매출분) 4	344,262		34,426
	영세	세금계산서발급분 5		0/100	
		기타 6		0/100	
	예정신고누락분 7				
	대손세액가감 8				
	합계 9		3,944,262	㉑	394,426

(2) [신용카드매출전표등수령명세서] (10월~12월)

- 기업업무추진비 관련 지출(거래처 선물)은 매입세액공제 불가
- 한국철도공사(여객운송업)는 영수증만 발급할 수 있는 업종이므로 동 업종으로부터 수령한 신용카드매출전표는 매입세액공제 불가

(3) [1단계] [내국신용장·구매확인서전자발급명세서] (4월~6월)

2. 내국신용장·구매확인서에 의한 공급실적 합계

구분	건수	금액(원)	비고
(9)합계(10+11)	1	393,000,000	
(10)내국신용장			
(11)구매확인서	1	393,000,000	

[참고] 내국신용장 또는 구매확인서에 의한 영세율 첨부서류 방법 변경(영 제64조 제3항 제1의3호)
▶ 전자무역기반시설을 통하여 개설되거나 발급된 경우 내국신용장·구매확인서 전자발급명세서를 제출하고 이 외의 경우 내국신용장 사본을 제출함
⇒ 2011.7.1 이후 최초로 개설되거나 발급되는 내국신용장 또는 구매확인서부터 적용

3. 내국신용장·구매확인서에 의한 공급실적 명세서

	(12)번호	(13)구분	(14)서류번호	(15)발급일	품목	거래처정보 거래처명	(16)공급받는자의 사업자등록번호	(17)금액	전표일자	(18)비고
□	1	구매확인서	PKT00621365	2024-06-07		(주)삼진	201-81-01218	393,000,000		

[2단계] [영세율매출명세서] (4월~6월)

부가가치세법 | 조세특례제한법

(7)구분	(8)조문	(9)내용	(10)금액(원)
부가가치세법	제21조	직접수출(대행수출 포함)	
		중계무역·위탁판매·외국인도 또는 위탁가공무역 방식의 수출	
		내국신용장·구매확인서에 의하여 공급하는 재화	393,000,000
		한국국제협력단 및 한국국제보건의료재단에 공급하는 해외반출용 재화	
		수탁가공무역 수출용으로 공급하는 재화	
	제22조	국외에서 제공하는 용역	
	제23조	선박·항공기에 의한 외국항행용역	
		국제복합운송계약에 의한 외국항행용역	
	제24조	국내에서 비거주자·외국법인에게 공급되는 재화 또는 용역	
		수출재화임가공용역	
		외국항행 선박·항공기 등에 공급하는 재화 또는 용역	
		국내 주재 외교공관, 영사기관, 국제연합과 이에 준하는 국제기구, 국제연합군 또는 미국군에게 공급하는 재화 또는 용역	
		「관광진흥법 시행령」에 따른 일반여행업자가 외국인관광객에게 공급하는 관광알선용역	
		외국인전용판매장 또는 주한외국군인 등의 전용 유흥음식점에서 공급하는 재화 또는 용역	
		외교관 등에게 공급하는 재화 또는 용역	
		외국인환자 유치용역	
(11) 부가가치세법에 따른 영세율 적용 공급실적 합계			393,000,000
(12) 조세특례제한법 및 그 밖의 법률에 따른 영세율 적용 공급실적 합계			
(13) 영세율 적용 공급실적 총 합계(11)+(12)			393,000,000

[문제3] 결산

(1) (수동결산)
[일반전표입력] 12월 31일

(차) 이자수익	3,000,000	(대) 선수수익	3,000,000

(2) (수동결산)
[일반전표입력] 12월 31일

(차) 부가세예수금	25,700,000	(대) 부가세대급금	20,800,000
세금과공과(판관비)	500,000	미수금	3,000,000
		미지급세금	2,400,000

(3) (수동결산)
[일반전표입력] 12월 31일

(차) 소모품비(판관비)	1,120,000	(대) 소모품	2,800,000
소모품비(제조)	1,680,000		

(4) (수동결산)
[일반전표입력] 12월 31일

(차) 감가상각비(제조)	20,000,000[1]	(대) 감가상각누계액(기계장치)	20,000,000
국고보조금(기계장치)	10,000,000	감가상각비(제조)	10,000,000[1]

[1] 정액법에 의한 당기 감가상각비
= {(기계장치 취득원가 − 국고보조금 수령액) − 잔존가치} × (1/내용연수) × 해당 월수
= {(200,000,000 − 100,000,000) − 0} × (1/5) × (6개월/12개월) = 10,000,000원

문제 4 원천징수

(1) 1단계 [기타소득자등록] 메뉴 ▶ 101.정진우

등록 사항

1. 거 주 구 분 `1` 거 주
2. 소 득 구 분 `75` 원고료 등　　　　　연 말 정 산 적 용
3. 내 국 인 여부 `1` 내국인 (거주지국코드) 　　　등록번호 ( )
4. 생 년 월 일 　년　월　일
5. 주민 등록 번호 `830521-1589635`
6. 소득자구분/실명 `111` 주민등록번호　　　　실명 `0` 실 명
7. 개인/ 법인구분 `1` 개 인　필요경비율 `60.000` %

2단계 [기타소득자등록] 메뉴 ▶ 201.김여울

등록 사항

1. 거 주 구 분 `1` 거 주
2. 소 득 구 분 `72` 광업권 등　　　　　연 말 정 산 적 용
3. 내 국 인 여부 `1` 내국인 (거주지국코드) 　　　등록번호 ( )
4. 생 년 월 일 　년　월　일
5. 주민 등록 번호 `660912-1532651`
6. 소득자구분/실명 `111` 주민등록번호　　　　실명 `0` 실 명
7. 개인/ 법인구분 `1` 개 인　필요경비율 `60.000` %

3단계 [기타소득자자료입력] 메뉴 5월 3일 ▶ 정진우

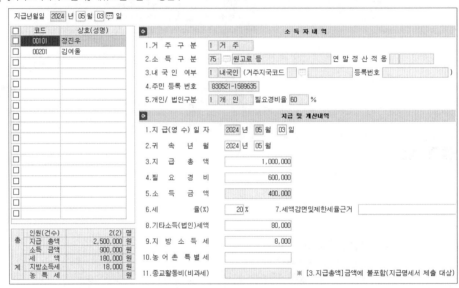

지급년월일 `2024` 년 `05` 월 `03` 일

코드	상호(성명)
00101	정진우
00201	김여울

소득자 내역

1. 거 주 구 분 `1` 거 주
2. 소 득 구 분 `75` 원고료 등　　　연 말 정 산 적 용
3. 내 국 인 여부 `1` 내국인 (거주지국코드) 등록번호 ( )
4. 주민 등록 번호 `830521-1589635`
5. 개인/ 법인구분 `1` 개 인　필요경비율 `60` %

지급 및 계산내역

1. 지 급(영 수)일 자 `2024` 년 `05` 월 `03` 일
2. 귀 속 년 월 `2024` 년 `05` 월
3. 지 급 총 액 `1,000,000`
4. 필 요 경 비 `600,000`
5. 소 득 금 액 `400,000`
6. 세 율(%) `20` %　7.세액감면및제한세율근거
8. 기타소득(법인)세액 `80,000`
9. 지 방 소 득 세 `8,000`
10. 농 어 촌 특 별 세
11. 종교활동비(비과세)　　　　※ [3.지급총액]금액에 불포함(지급명세서 제출 대상)

총계	인원(건수)	2(2) 명
	지급 총액	2,500,000 원
	소득 금액	900,000 원
	세 액	180,000 원
	지방소득세	18,000 원
	농 특 세	원

4단계 [기타소득자자료입력] 메뉴 5월 3일 ▶ 김여울

- 필요경비 = Max[㉠ 총수입금액 × 60%, ㉡ 실제 발생 금액]
  = Max[㉠ 1,500,000 × 60%, ㉡ 900,000] = 1,000,000원

5단계 [원천징수이행상황신고서] 메뉴

소득자 소득구분		코드	소득지급		징수세액			당월 조정 환급세액	납부세액	
			인원	총지급액	소득세 등	농어촌특별세	가산세		소득세 등	농어촌특별세
거주자	연금계좌	A41								
	종교인매월	A43								
기타소득	종교인연말	A44								
	가상자산	A49								
	인적용역	A59								
	그 외	A42	2	2,500,000	180,000					
	가 감 계	A40	2	2,500,000	180,000				180,000	
이 자 소 득		A50								
배 당 소 득		A60								
그 외 소 득		▶								
법인 내/외국법인원천		A80								
수정신고(세액)		A90								
총 합 계		A99	2	2,500,000	180,000				180,000	

(2) **1단계** [연말정산추가자료입력] 메뉴 ▶ 150.고민수 ▶ [소득명세] 탭
- 근무처명 : ㈜진양물산
- 사업자등록번호 : 150-87-00121
- 근무기간 : 2024. 1. 1.~2024. 8. 31.
- 급여 : 35,000,000
- 건강보험료 : 1,280,000
- 장기요양보험료 : 256,000
- 고용보험료 : 350,000
- 국민연금보험료 : 540,000
- 기납부세액 ▶ 소득세 : 300,000
- 기납부세액 ▶ 지방소득세 : 30,000

2단계 [부양가족] 탭 ▶ 상단부

연말 관계	성명	내/외국인	주민(외국인)번호	나이	기본공제	세대주 구분	부녀 자	한부 모	경로 우대	장애 인	자녀	출산 입양
0	고민수	내 1	961021-1841212	28	본인	세대주						
1	고양철	내 1	621012-1146511	62	부							
1	김순자	내 1	630115-2845410	61	60세이상							
6	고민율	내 1	930105-1825411	31	장애인					1		
		합 계 [명]				3				1		

- 고양철(부)는 금융소득 2,000만 원 초과로서 종합과세되므로(조건부 종합과세) 소득금액 요건 충족하지 못하고 기본 공제 불가
- 고민율(형제)은 소득금액 요건을 충족하며, 장애인은 나이 요건의 제한을 받지 않으므로 기본공제 가능

3단계 [부양가족] 탭 ▶ 하단부

- 고민수

자료구분	보험료				의료비					교육비	
	건강	고용	일반보장성	장애인전용	일반	실손	선천성이상아	난임	65세,장애인	일반	장애인특수
국세청			600,000		3,000,000 1.전액					1,000,000 4.본인	
기타	1,903,900	423,600									

자료구분	신용카드등 사용액공제						기부금
	신용카드	직불카드등	현금영수증	전통시장사용분	대중교통이용분	도서공연 등	
국세청							
기타							

  - 직업능력개발훈련시설 수강료에서 수강지원금 수령액을 차감한 금액만 공제 적용 가능함

- 김순자

자료구분	보험료				의료비					교육비	
	건강	고용	일반보장성	장애인전용	일반	실손	선천성이상아	난임	65세,장애인	일반	장애인특수
국세청											
기타											

자료구분	신용카드등 사용액공제						기부금
	신용카드	직불카드등	현금영수증	전통시장사용분	대중교통이용분	도서공연 등	
국세청							
기타							

  - 직계존속에 대한 (일반)교육비는 공제 적용 안 됨

- 고민율

자료구분	보험료				의료비					교육비	
	건강	고용	일반보장성	장애인전용	일반	실손	선천성이상아	난임	65세,장애인	일반	장애인특수
국세청				700,000							1,000,000
기타											

자료구분	신용카드등 사용액공제						기부금
	신용카드	직불카드등	현금영수증	전통시장사용분	대중교통이용분	도서공연 등	
국세청							
기타							

4단계 [의료비] 탭

							2024년 의료비 지급명세서							
	의료비 공제대상자						지급처			지급명세				14.산후 조리원
☐	성명	내/외	5.주민등록번호	6.본인등 해당여부	9.증빙 코드	8.상호	7.사업자 등록번호	10. 건수	11.금액	11-1.실손 보험수령액	12.미숙아 선천성이상아	13.난임 여부	
☐	고민수	내	961021-1841212	1	0	1			3,000,000		X	X	X
☐													
☐													
				합계					3,000,000				
	일반의료비 (본인)		3,000,000	6세이하,65세이상인 건강보험산정특례자 장애인			일반의료비 (그 외)			난임시술비			
										미숙아,선천성이상아			

- 간병비 지급액은 공제 적용 안 됨

5단계 [월세액] 탭 ▶ ① 월세액 세액공제 명세
- 임대인명 : 김아라
- 주민등록번호 : 701210-2175453
- 주택유형 : (F2를 클릭하여 검색 후 입력) 오피스텔
- 주택계약면적(㎡) : 52
- 임대차계약서상 주소지 : 충청남도 천안시 동남구 가마골길 10, 102호
- 계약서상 임대차 계약기간 : 2024. 1. 1.~2025. 12. 31.
- 연간 월세액 : 8,400,000
- 무주택자 해당 여부 : 여

6단계 [연금저축 등 Ⅰ] 탭 ▶ ④ 주택마련저축 공제
- 구분 : 2.주택청약종합저축
- 금융회사 등 : (F2를 클릭하여 검색 후 입력) 306.㈜국민은행
- 계좌번호 : 1024521421
- 납입금액 : 2,400,000

7단계 [연금저축 등 Ⅰ] 탭 ▶ ① 연금계좌 세액공제 – 퇴직연금계좌
- 구분 : 1.퇴직연금
- 금융회사 등 : (F2를 클릭하여 검색 후 입력) 308.㈜신한은행
- 계좌번호 : 110121050
- 납입금액 : 1,000,000

8단계 [연말정산입력] 탭 ▶ **F8 부양가족탭불러오기** 클릭
- 주택마련저축 ▶ 주택청약 : 2,400,000
- 연금계좌 ▶ 근로자퇴직연금 : 1,000,000
- 월세액 : 8,400,000
- 보장성보험 ▶ 일반 : 600,000
- 보장성보험 ▶ 장애인 : 700,000
- 의료비 ▶ 본인 : 3,000,000
- 교육비 ▶ 본인 : 1,000,000
- 교육비 ▶ 장애인 특수교육비 : 1,000,000

문제 5 세무조정

(1) ① 문제분석
- 각 계정과목에 대한 세무조정

계정과목	비고	세무조정
기업업무추진비	사적 사용경비	<손금불산입> 5,000,000 (상여)
기업업무추진비	한도초과액	<손금불산입> 10,000,000 (기타사외유출)
감가상각비	감가상각 시부인[1]	<손금산입> 1,000,000 (△유보)
법인세등	재산세 납부액은 손금 인정	<손금불산입> 20,000,000 (기타사외유출)

[1] 손금추인액 = Min[㉠ 당기 시인부족액, ㉡ 전기이월 상각부인액]
= Min[㉠ 2,000,000 ㉡ 1,000,000] = 1,000,000원

② 입력화면
[소득금액조정합계표및명세서]

익금산입 및 손금불산입			손금산입 및 익금불산입		
과목	금액	소득처분	과목	금액	소득처분
사적 사용경비	5,000,000	상여	전기 감가상각비 한도초과	1,000,000	유보 감소
기업업무추진비 한도초과	10,000,000	기타사외유출			
법인세등	20,000,000	기타사외유출			

(2) ① 문제분석
- 기부금의 분류

구분	특례	일반	비지정
– 사립대학교 장학금 – 국방부 헌금 – 종교단체 기부금	100,000,000 20,000,000	 15,000,000	
합계	120,000,000	15,000,000	0

- 비지정기부금 및 기부금 손금귀속시기에 대한 세무조정 : 없음
- 각 사업연도 소득금액의 계산

(1) 당기순이익	100,000,000
(2) 익금산입·손금불산입	120,000,000[1]
(3) 손금산입·익금불산입	110,000,000
(4) 차가감소득금액	110,000,000
(5) 기부금 한도초과액	8,500,000
① 특례기부금 한도초과액 5,000,000 (손금불산입, 기타사외유출)[2] [3]	
② 일반기부금 한도초과액 3,500,000 (손금불산입, 기타사외유출)[2] [3]	
(6) 기부금 한도초과 이월액 손금산입	0
① 기부금 한도초과 이월액 0 (손금산입, 기타)[2] [3]	
(7) 각 사업연도 소득금액	118,500,000

[1] = 120,000,000 + 0(어음지급기부금) + 0(비지정기부금)

[2] • 기준소득금액 = 차가감소득금액 + (특례기부금 당기분 + 일반기부금 당기분)
= 110,000,000   + (120,000,000 + 15,000,000) = 245,000,000원
- 이월결손금(15년 이내 발생분, 기준소득금액의 100% 한도) = 15,000,000원
- 특례기부금
  - 한도액 = (기준소득금액 – 이월결손금) × 50% = (245,000,000 – 15,000,000) × 50% = 115,000,000원
  - 한도초과 이월액 손금산입 = Min[당기 한도액, 10년 내 한도초과 이월액]
    = Min[115,000,000, 0] = 0원
  - 해당액 : 120,000,000(당기분) + 0(한도초과 이월액 손금산입액) = 120,000,000원
  - 한도초과액 : 5,000,000원
- 일반기부금
  - 한도액 = (기준소득금액 – 이월결손금 – 특례기부금 손금인정액) × 10%
    = (245,000,000 – 15,000,000 – 115,000,000) × 10% = 11,500,000원
  - 한도초과 이월액 손금산입 = Min[당기 한도액, 10년 내 한도초과 이월액]
    = Min[11,500,000, 0] = 0원
  - 해당액 : 15,000,000(당기분) + 0(한도초과 이월액 손금산입액) = 15,000,000원
  - 한도초과액 : 3,500,000원

[3] '기부금 한도초과액의 손금불산입'과 '기부금 한도초과 이월액의 손금산입'에 대한 세무조정은 [소득금액조정합계표] 서식에 기재하지 않고, [법인세 과세표준 및 세액조정계산서] 서식의 해당란에 바로 기재함

② 입력화면

[기부금조정명세서] 메뉴에서
- [1. 기부금 입력] 탭

1.기부금 입력	2.기부금 조정							

1.기부금명세서   월별로 전환   구분만 별도 입력하기   유형별 정렬

구분		3.과목	4.월일	5.적요	기부처		8.금액	비고
1.유형	2.코드				6.법인명등	7.사업자(주민)번호등		
24조제2항제1호에	10	기부금	3 2	사립대학교 장학금			100,000,000	
24조제2항제1호에	10	기부금	8 19	국방부 헌금			20,000,000	
24조제3항제1호에	40	기부금	12 24	종교단체 기부금			15,000,000	
		가. 「법인세법」 제24조제2항제1호에 따른 특례기부금				코드 10	120,000,000	
9.소계		나. 「법인세법」 제24조제3항제1호에 따른 일반기부금				코드 40	15,000,000	
		다. 〔조세특례제한법〕 제88조의4제13항의 우리사주조합 기부금				코드 42		
		라.그 밖의 기부금				코드 50		
		계					135,000,000	

2.소득금액확정   새로 불러오기   수정

1.결산서상 당기순이익	2.익금산입	3.손금산입	4.기부금합계	5.소득금액계(1+2-3+4)
100,000,000	120,000,000	110,000,000	135,000,000	245,000,000

- [조정등록] 보조창 : 입력사항 없음
- [2. 기부금 조정] 탭

1.기부금 입력	2.기부금 조정			
1	**1. 「법인세법」 제24조제2항제1호에 따른 특례기부금 손금산입액 한도액 계산**			
1.소득금액 계		245,000,000	5.이월잔액 중 손금산입액 MIN[4,23]	
2.법인세법 제13조제1항제1호에 따른 이월 결손금 합계액(기준소득금액의 80% 한도)		15,000,000	6.해당연도지출액 손금산입액 MIN[(④-⑤)>0, ⑥]	115,000,000
3. 「법인세법」 제24조제2항제1호에 따른 특례기부금 해당 금액		120,000,000	7.한도초과액 [(3-6)>0]	5,000,000
4.한도액 {[(1-2) 0]X50%}		115,000,000	8.소득금액 차감잔액 [(①-②-⑤-⑥)>0]	115,000,000
2	**2. 「조세특례제한법」 제88조의4에 따라 우리사주조합에 지출하는 기부금 손금산입액 한도액 계산**			
9.「조세특례제한법」 제88조의4제13항에 따른 우리사주조합 기부금 해당 금액			11. 손금산입액 MIN(9, 10)	
10.한도액 (8×30%)		34,500,000	12.한도초과액 [(9-10)>0]	
3	**3. 「법인세법」 제24조제3항제1호에 따른 일반기부금 손금산입 한도액 계산**			
13.「법인세법」 제24조제3항제1호에 따른 일반기부금 해당금액		15,000,000	16.해당연도지출액 손금산입액 MIN(14-15)>0, 13]	11,500,000
14.한도액 ((8-11)x10%, 20%)		11,500,000	17. 한도초과액 [(13-16)>0]	3,500,000
15. 이월잔액 중 손금산입액 MIN(14, 23)				
4	**4.기부금 한도초과액 총액**			
18. 기부금 합계액 (3+9+13)		19. 손금산입 합계 (6+11+16)		20. 한도초과액 합계 (18-19)=(7+12+17)
135,000,000		126,500,000		8,500,000

5	**5.기부금 이월액 명세**					
사업 연도	기부금 종류	21.한도초과 손금불산입액	22.기공제액	23.공제가능 잔액(21-22)	24.해당연도 손금추인액	25.차기이월액 (23-24)
합계	「법인세법」 제24조제2항제1호에 따른 특례기부금					
	「법인세법」 제24조제3항제1호에 따른 일반기부금					

6	**6. 해당 사업연도 기부금 지출액 명세**			
사업연도	기부금 종류	26.지출액 합계금액	27.해당 사업연도 손금산입액	28.차기 이월액(26-27)
합계	「법인세법」 제24조제2항제1호에 따른 특례기부금	120,000,000	115,000,000	5,000,000
	「법인세법」 제24조제3항제1호에 따른 일반기부금	15,000,000	11,500,000	3,500,000

(3) ① 문제분석

[아폴로(382수3838) 관련 비용에 대한 세무조정]

1단계 업무용승용차의 감가상각 시부인
- 회사계상액 : 11,250,000원
- 상각범위액 : (75,000,000 × 1/5) × (9개월/12개월) = 11,250,000원
- 세무조정 : 없음

2단계 업무용승용차 관련 비용 중 업무외사용금액
- 업무용승용차 관련 비용 : 감가상각비 + 유류비 + 보험료 + 자동차세
  = (11,250,000 ± 0)[1] + 3,200,000 + 1,500,000 + 800,000 = 16,750,000원
  [1] 1단계 세무조정(5년, 정액법)이 반영된 금액
- 업무사용비율 : $\frac{22,000km}{22,000km}$ = 100%
- 업무외사용금액 : 16,750,000 × (100% - 100%) = 0원
- 세무조정 : 없음

3단계 업무용승용차의 감가상각비 한도초과액
- 업무사용금액 중 감가상각비 : (11,250,000 ± 0) × 100% = 11,250,000원[1]
  [1] 1단계 세무조정(5년, 정액법)과 2단계 세무조정(업무외사용금액)이 반영된 금액
- 한도액 : 8,000,000 × (9개월/12개월) = 6,000,000원
- 한도초과액 : 5,250,000원
- 세무조정 : <손금불산입> 5,250,000 (유보)

[카이10(160우8325) 관련 비용에 대한 세무조정]

1단계 업무용승용차의 감가상각 시부인
- 회사계상액 : 8,000,000원
- 상각범위액 : 40,000,000 × 1/5 = 8,000,000원
- 세무조정 : 없음

2단계 업무용승용차 관련 비용 중 업무외사용금액

- 업무용승용차 관련 비용 : 감가상각비 + 유류비 + 보험료 + 자동차세
  = (8,000,000 ± 0)[1] + 2,000,000 + 1,100,000 + 450,000 = 11,550,000원
  [1] 1단계 세무조정(5년, 정액법)이 반영된 금액

- 업무사용비율 : $\dfrac{15,000km}{15,000km}$ = 100%
- 업무외사용금액 : 11,550,000 × (100% − 100%) = 0원
- 세무조정 : 없음

3단계 업무용승용차의 감가상각비 한도초과액

- 업무사용금액 중 감가상각비 : (8,000,000 ± 0) × 100% = 8,000,000원[1]
  [1] 1단계 세무조정(5년, 정액법)과 2단계 세무조정(업무외사용금액)이 반영된 금액

- 한도액 : 8,000,000원
- 한도초과액 : 0원
- 세무조정 : 없음

② 입력화면

[업무용승용차관련 비용명세서] 메뉴에서

1단계 ⓥ 업무용승용차등록 실행을 클릭한 다음, [업무용승용차등록]을 입력

- 382수3838 아폴로

- 160우8325 카이10

2단계 **F12 새로 불러오기**(또는 ctrl + F12)를 클릭한 다음, [업무용승용차관련 비용명세서]를 입력

• 382수3838 아폴로

코드	차량번호	차종	임차	보험(률)	운행기록	번호판	월수
0101	382수3838	아폴로	자가	여 (100%)	여	여	9

1 업무용 사용 비율 및 업무용 승용차 관련 비용 명세 〈운행기록부: 적용〉 취득일: 2024-04-10 □ 부동산임대업등 법령42조 ②항

(5) 총주행 거리(km)	(6) 업무용 사용 거리(km)	(7) 업무 사용비율	(8) 취득가액	(9) 보유또는 임차월수	(11) 감가상각비	(12) 임차료 (감가상각비포함)	(13) 감가상 각비상당액	(14) 유류비	(15) 보험료	(16) 수선비	(17) 자동차세	(18) 기타	(19) 합계
22,000	22,000	100.000	75,000,000	9	11,250,000			3,200,000	1,500,000		800,000		16,750,000
	합 계				19,250,000			5,200,000	2,600,000		1,250,000		28,300,000

2 업무용 승용차 관련 비용 손금불산입 계산

(22) 업무 사용 금액			(23) 업무외 사용 금액			(30) 감가상각비 (상당액) 한도초과금액	(31) 손금불산입 합계 ((29)+(30))	(32) 손금산입 합계 ((19)-(31))
(24) 감가상각비 (상당액)[((11)또는 (13))X(7)]	(25) 관련 비용 [((19)-(11)또는 (19)-(13))X(7)]	(26) 합계 ((24)+(25))	(27) 감가상각비 (상당액)X((11)-(24) 또는(13)-(24))	(28) 관련 비용 [((19)-(11)또는 (19)-(13))-(25)]	(29) 합계 ((27)+(28))			
11,250,000	5,500,000	16,750,000				5,250,000	5,250,000	11,500,000
19,250,000	9,050,000	28,300,000				5,250,000	5,250,000	23,050,000

3 감가상각비(상당액) 한도초과금액 이월 명세

(37) 전기이월액	(38) 당기 감가상각비(상당액) 한도초과금액	(39) 감가상각비(상당액) 한도초과금액 누계	(40) 손금추인(산입)액	(41) 차기이월액((39)-(40))
	5,250,000	5,250,000		5,250,000
	5,250,000	5,250,000		5,250,000

4 업무용 승용차 처분 손실 및 한도초과금액 손금불산입액 계산

(44) 양도가액	(45) 세무상 장부가액			(49) 합계 ((46)-(47)+(48))	(50) 처분손실 ((44)-(49)〈0)	(51) 당기손금산입액	(52) 한도초과금액 손금불산입 ((50)-(51))
	(46) 취득가액	(47) 감가상각비 누계액	(48) 감가상각비한도초과금액 차기이월액(=(41))				

5 업무용 승용차 처분 손실 한도초과금액 이월 명세

(56) 처분일	(57) 전기이월액	(58) 손금산입액	(59) 차기이월액((57)-(58))
----'--'--			

• 160우8325 카이10

코드	차량번호	차종	임차	보험(률)	운행기록	번호판	월수
0102	160우8325	카이10	자가	여 (100%)	여	여	12

1 업무용 사용 비율 및 업무용 승용차 관련 비용 명세 〈운행기록부: 적용〉 취득일: 2022-01-01 □ 부동산임대업등 법령42조 ②항

(5) 총주행 거리(km)	(6) 업무용 사용 거리(km)	(7) 업무 사용비율	(8) 취득가액	(9) 보유또는 임차월수	(11) 감가상각비	(12) 임차료 (감가상각비포함)	(13) 감가상 각비상당액	(14) 유류비	(15) 보험료	(16) 수선비	(17) 자동차세	(18) 기타	(19) 합계
15,000	15,000	100.000	40,000,000	12	8,000,000			2,000,000	1,100,000		450,000		11,550,000
	합 계				19,250,000			5,200,000	2,600,000		1,250,000		28,300,000

2 업무용 승용차 관련 비용 손금불산입 계산

(22) 업무 사용 금액			(23) 업무외 사용 금액			(30) 감가상각비 (상당액) 한도초과금액	(31) 손금불산입 합계 ((29)+(30))	(32) 손금산입 합계 ((19)-(31))
(24) 감가상각비 (상당액)[((11)또는 (13))X(7)]	(25) 관련 비용 [((19)-(11)또는 (19)-(13))X(7)]	(26) 합계 ((24)+(25))	(27) 감가상각비 (상당액)X((11)-(24) 또는(13)-(24))	(28) 관련 비용 [((19)-(11)또는 (19)-(13))-(25)]	(29) 합계 ((27)+(28))			
8,000,000	3,550,000	11,550,000						11,550,000
19,250,000	9,050,000	28,300,000				5,250,000	5,250,000	23,050,000

3 감가상각비(상당액) 한도초과금액 이월 명세

(37) 전기이월액	(38) 당기 감가상각비(상당액) 한도초과금액	(39) 감가상각비(상당액) 한도초과금액 누계	(40) 손금추인(산입)액	(41) 차기이월액((39)-(40))
	5,250,000	5,250,000		5,250,000

4 업무용 승용차 처분 손실 및 한도초과금액 손금불산입액 계산

(44) 양도가액	(45) 세무상 장부가액			(49) 합계 ((46)-(47)+(48))	(50) 처분손실 ((44)-(49)〈0)	(51) 당기손금산입액	(52) 한도초과금액 손금불산입 ((50)-(51))
	(46) 취득가액	(47) 감가상각비 누계액	(48) 감가상각비한도초과금액 차기이월액(=(41))				

5 업무용 승용차 처분 손실 한도초과금액 이월 명세

(56) 처분일	(57) 전기이월액	(58) 손금산입액	(59) 차기이월액((57)-(58))
----'--'--			

3단계 [조정등록]

익금산입 및 손금불산입			손금산입 및 익금불산입		
과목	금액	소득처분	과목	금액	소득처분
업무용승용차 감가상각비 한도초과	5,250,000	유보 발생			

(4) ① 문제분석

• 가지급금 적수 계산 – 대표이사 정삼진

일자	적요	차변	대변	잔액	기간	일수	가지급금 적수
1/1	전기이월	20,000,000	0	20,000,000	1. 1.~12. 31.	366일	7,320,000,000

• 가지급금 인정이자 계산 – 대표이사 정삼진

일자	적요	가지급금 증감액	기간	일수	가지급금 적수	인정이자율[1]	인정이자
1/1	전기이월	20,000,000	1. 1.~12. 31.	366일	7,320,000,000	0.082[2]	1,640,000[3]

[1] 문제에서 제시된 가정에 따라 "가중평균차입이자율"을 적용함

[2] $\dfrac{\Sigma(1월 1일 현재 차입금 잔액 \times 차입 당시 이자율)}{\Sigma 1월 1일 현재 차입금 잔액} = \dfrac{(30,000,000 \times 9.0\%) + (20,000,000 \times 7.0\%)}{30,000,000 + 20,000,000} = 0.082$

[3] 7,320,000,000 × 0.082 ÷ 366일 = 1,640,000원

• 가지급금 인정이자에 대한 세무조정 – 대표이사 정삼진

가지급금 인정이자	1,640,000원
회사계상 이자수익	0원
차이	1,640,000원
현저한 이익 분여 요건	차이 = 1,640,000 ≥ 82,000 = Min[가지급금 인정이자 × 5%, 3억 원]
T/A	<익금산입> 가지급금 인정이자 1,640,000 (상여)

② 입력화면

[가지급금인정이자조정명세서] 메뉴에서

• [1. 가지급금·가수금 입력] 탭

• [2. 차입금 입력] 탭

- [3. 인정이자계산 : (을)지] 탭 – 대표이사 정삼진

No	대여기간		연월일	적요	5.차변	6.대변	7.잔액(5-6)	일수	가지급금적수(7X8)	10.가수금적수	11.차감적수	이자율(%)	13.인정이자(11X12)
	발생연월일	회수일											
1	2024 1 1	차기 이월	1	1 1.전기이월	20,000,000		20,000,000	366	7,320,000,000		7,320,000,000	8.20000	1,640,000

- [4. 인정이자조정 : (갑)지] 탭

No	1.성명	2.가지급금적수	3.가수금적수	4.차감적수(2-3)	5.인정이자	6.회사계상액	시가인정범위		9.조정액(=7) 7>=3억, 8>=5%
							7.차액(5-6)	8.비율(%)	
1	정삼진	7,320,000,000		7,320,000,000	1,640,000		1,640,000	100.00000	1,640,000

- [조정등록] 보조창

익금산입 및 손금불산입			손금산입 및 익금불산입		
과목	금액	소득처분	과목	금액	소득처분
가지급금인정이자(대표이사)	1,640,000	상여			

(5) ① 문제분석

- 장부상 퇴직급여충당금의 총계정원장

퇴직급여충당금

당기감소액		기초잔액	40,000,000	(세법상 전기이월 부인액 : 7,000,000)
기말잔액	40,000,000	추가설정	0	
	40,000,000		40,000,000	

- 장부상 퇴직연금운용자산의 총계정원장

퇴직연금운용자산

기초잔액	70,000,000	당기감소액	40,000,000
당기납부액	20,000,000	기말잔액	50,000,000
	90,000,000		90,000,000

- 당기 퇴직금 지급액에 대한 세무조정

B	(차) 퇴직급여	40,000,000	(대) 퇴직연금운용자산	40,000,000
T	(차) 퇴직연금충당금	40,000,000	(대) 퇴직연금운용자산	40,000,000
T/A	<손금불산입> 전기 퇴직연금충당금 40,000,000 (유보)			

- 퇴직급여충당금 설정에 대한 세무조정 : 없음

- 퇴직연금충당금 설정에 대한 세무조정

장부상 추가설정액	0
손금산입 한도액	Min[⊙ 추계액 기준, ⓒ 예치금 기준] – 30,000,000[3] = 20,000,000 ⊙ (100,000,000[1] × 100%) – 33,000,000[2] = 67,000,000 ⓒ 50,000,000
(한도미달액)	(20,000,000)
세무조정	<손금산입> 퇴직연금충당금 20,000,000 (△유보)

[1] 퇴직급여 추계액 = Max[100,000,000(회사 지급규정), 50,000,000(보험수리기준)] = 100,000,000원

[2] 세법상 기말 퇴직급여충당금
= 재무상태표상 기말 퇴직급여충당금 – 퇴직급여충당금 차기이월 부인액
= 40,000,000 – 유보 7,000,000 = 40,000,000 – 7,000,000 = 33,000,000원

[3] 세법상 기 설정 퇴직연금충당금
= (당기 추가설정 전) 장부상 퇴직연금충당금 – (당기 추가설정 전) 퇴직연금충당금 유보·△유보 잔액
= (0 – 0) – (△유보 70,000,000 + 유보 40,000,000) = 0 – △30,000,000 = 30,000,000원

- 장부 및 세법상 퇴직연금충당금 증감 내역 분석

구분	장부	부인액	세법
기초	40,000,000	유보 7,000,000	33,000,000
(-) 감소	0	0	0
(+) 증가	0	0	0
(=) 기말	40,000,000	유보 7,000,000	33,000,000

- 장부 및 세법상 퇴직연금충당금 증감 내역 분석

구분	장부	부인액	세법
기초	0	△유보 70,000,000	70,000,000
(-) 감소	0	유보 40,000,000	40,000,000
(+) 증가	0	△유보 20,000,000	20,000,000
(=) 기말	0	△유보 50,000,000	50,000,000

② 입력화면

- [퇴직연금부담금등조정명세서]

2.이미 손금산입한 부담금 등의 계산

1 나.기말 퇴직연금 예치금 등의 계산

19.기초 퇴직연금예치금 등	20.기중 퇴직연금예치금 등 수령 및 해약액	21.당기 퇴직연금예치금 등의 납입액	22.퇴직연금예치금 등 계 (19 - 20 + 21)
70,000,000	40,000,000	20,000,000	50,000,000

2 가.손금산입대상 부담금 등 계산

13.퇴직연금예치금 등 계 (22)	14.기초퇴직연금충당금등 및 전기말 신고조정에 의한 손금산입액	15.퇴직연금충당금등 손금부인 누계액	16.기중퇴직연금등 수령 및 해약액	17.이미 손금산입한 부담금등 (14 - 15 - 16)	18.손금산입대상 부담금 등 (13 - 17)
50,000,000	70,000,000		40,000,000	30,000,000	20,000,000

1.퇴직연금 등의 부담금 조정

1.퇴직급여추계액		당기말 현재 퇴직급여충당금			6.퇴직부담금 등 손금산입 누적한도액 (① - ⑤)
	2.장부상 기말잔액	3.확정기여형퇴직연금자의 설정전 기계상된 퇴직급여충당금	4.당기말 부인 누계액	5.차감액 (② - ③ - ④)	
100,000,000	40,000,000		7,000,000	33,000,000	67,000,000
7.이미 손금산입한 부담금 등 (17)	8.손금산입액 한도액 (⑥ - ⑦)	9.손금산입 대상 부담금 등 (18)	10.손금산입범위액 (⑧과 ⑨중 적은 금액)	11.회사 손금 계상액	12.조정금액 (⑩ - ⑪)
30,000,000	37,000,000	20,000,000	20,000,000		20,000,000

- [조정등록]

익금산입 및 손금불산입			손금산입 및 익금불산입		
과목	금액	소득처분	과목	금액	소득처분
전기 퇴직연금충당금	40,000,000	△유보 감소	퇴직연금충당금	20,000,000	△유보 발생

이론시험

1 ④	2 ①	3 ④	4 ③	5 ①	6 ②	7 ④	8 ②
9 ③	10 ④	11 ①	12 ③	13 ②	14 ③	15 ②	

1 ④ 가. 자산, 부채, 자본 중 중요하지 않은 항목은 성격 또는 기능이 유사한 항목에 통합하여 표시할 수 있다. (일반기업회계기준 문단 2.34)

　　 다. 기업이 채권과 채무를 상계할 수 있는 법적 구속력 있는 권리를 가지고 있고, 채권과 채무를 순액기준으로 결제하거나 채권과 채무를 동시에 결제할 의도가 있다면 상계하여 표시한다. (일반기업회계기준 문단 2.42)

2 ① 무형자산의 상각은 자산이 사용 가능한 때부터 시작한다. (일반기업회계기준 문단 11.26)

3 ④ 이익잉여금처분계산서에는 당기 회계연도에 대한 이익잉여금 처분 내용이 기재되지만, 재무상태표일 시점에서 동 처분 내용은 미발생사건일 뿐이므로 이익잉여금처분계산서에 배당으로 표시되더라도 당기 재무상태표에는 부채로 인식하지 않는다.

4 ③ • 정상감모손실은 매출원가로 처리한다.
　　 • 상품매출원가 = (기초재고 + 당기매입 − 실제 기말재고) − 타계정대체
　　　　　　　　　 = (30,000 + 100,000 − 50,000) − 0 = 80,000원
　　 • 매출총이익 = 매출액 − 매출원가
　　　　　　　　 = 200,000 − 80,000 = 120,000원

5 ① ① 재고자산 평가방법의 변경 : 회계정책의 변경
　　 ② 재고자산 진부화 여부 판단 및 평가의 변경 : 회계추정의 변경
　　 ③ 감가상각방법의 변경 : 회계추정의 변경
　　 ④ 수익인식시기를 현금주의에서 발생주의로 변경 : 오류 수정

6 ② • 개별원가계산에서는 원가요소를 직접비와 제조간접비로 구분하여 원가를 계산한다.
　　 • 종합원가계산에서는 원가요소를 재료비와 가공비로 구분하여 원가를 계산한다.

7 ④ 이중배분율법에서는 보조부문의 원가를 변동비와 고정비로 구분하여 서로 다른 배분기준을 사용하므로 부문관리자의 성과평가 측면에서 단일배분율법에 비해 보다 합리적이라고 할 수 있다.

8 ② • (직접)재료비 = 기초원재료 + 당기매입 − 기말원재료
　　　　　　　　　　 = 50,000 + 200,000 − (50,000 − 20,000) = 220,000원
　　 • 직접노무비 = 직접재료비 × 200%
　　　　　　　　 = 220,000 × 2 = 440,000원
　　 • 제조간접비 = 직접노무비 × 150%
　　　　　　　　 = 440,000 × 1.5 = 660,000원
　　 • 당기총제조원가 = 직접재료비 + 직접노무비 + 제조간접비
　　　　　　　　　　 = 220,000 + 440,000 + 660,000 = 1,320,000원
　　 • 당기제품제조원가 = 기초재공품 + 당기총제조원가 − 기말재공품
　　　　　　　　　　　 = 100,000 + 1,320,000 − (100,000 × 2) = 1,220,000원

9 ③ 변동원가는 조업도가 증가하면, 총변동원가는 비례하여 증가하며, 단위당 변동원가는 일정하다.

10 ④ (직접노무비 차이분석)

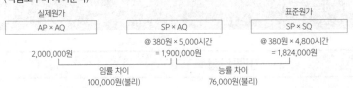

	실제원가		표준원가
	AP × AQ	SP × AQ	SP × SQ
		@ 380원 × 5,000시간 = 1,900,000원	@ 380원 × 4,800시간 = 1,824,000원
	2,000,000원		

임률 차이 100,000원(불리) 능률 차이 76,000원(불리)

11 ① ② 부도발생일로부터 6개월 이상 지난 채권이라 하더라도 채무자의 재산에 대하여 저당권을 설정하고 있는 경우는 대손사유에서 제외된다.

③ 채무보증으로 인하여 발생한 구상채권은 대손불능채권에 해당한다.

④ 특수관계인에 대한 업무무관 가지급금은 대손불능채권에 해당한다.

12 ③ 업무용승용차는 정액법을 상각방법으로 하고 내용연수를 5년으로 하여 계산한 금액을 감가상각비로 하여 손금에 산입하여야 한다.

13 ② 사업소득에 대하여 중간예납을 하여야 하며, 퇴직소득 및 양도소득에 대하여는 중간예납을 하지 않는다.

14 ③ • 사업용 유형자산인 토지를 양도함으로써 발생한 차익은 양도소득에 해당한다.

• 사업용 고정자산과 재고자산 등의 평가차손은 사업소득금액을 계산할 때 원칙적으로 필요경비에 산입하지 아니한다.

15 ② 계약의 해제로 재화 또는 용역이 공급되지 아니한 경우에는 계약해제일을 수정세금계산서의 작성일로 하여 발급한다.

실무시험

문제1 전표입력

(1) [일반전표입력]

4월 20일 (차) 보통예금	2,700,000	(대) 자기주식	3,600,000
자기주식처분이익	800,000		
자기주식처분손실	100,000		

(2) [매입매출전표입력]

7월 11일 유형 : 57.카과 / 공급가액 : 320,000 / 부가세 : 32,000 / 거래처 : ㈜생전주비빔밥 / 분개 : 혼합(카드) / (신용카드사 : 농협카드)

(차) 부가세대급금	32,000	(대) 미지급금(농협카드)	352,000
복리후생비(판관비)	320,000		

(3) [매입매출전표입력]

7월 26일 유형 : 11.과세 / 공급가액 : 100,000,000 / 부가세 : 10,000,000 / 거래처 : ㈜성동기업 / 전자 : 여 / 분개 : 혼합

(차) 보통예금	11,000,000	(대) 부가세예수금	10,000,000
외상매출금(㈜성동기업)	99,000,000	제품매출	100,000,000

(3) [매입매출전표입력]

8월 21일 유형 : 52.영세 / 공급가액 : 6,000,000 / 부가세 : 0 / 거래처 : ㈜대수무역 / 전자 : 여 / 분개 : 혼합

(차) 상품	6,000,000	(대) 보통예금	6,000,000

문제2 부가가치세신고

(1) 1단계 [부가가치세신고서] (1월~3월) ▶ F4 과표명세 (또는 F4)

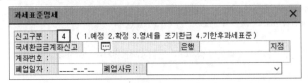

과세표준명세	✕
신고구분 : 4 (1.예정 2.확정 3.영세율 조기환급 4.기한후과세표준)	
국세환급금계좌신고 ▯ 은행 지점	
계좌번호 :	
폐업일자 : ____-__-__ 폐업사유 : ⌄	

구분				정기신고금액		
				금액	세율	세액
과세표준및매출세액	과세	세금계산서발급분	1	300,000,000	10/100	30,000,000
		매입자발행세금계산서	2		10/100	
		신용카드·현금영수증발행분	3	7,000,000	10/100	700,000
		기타(정규영수증외매출분)	4			
	영세	세금계산서발급분	5		0/100	
		기타	6	100,000,000	0/100	
	예정신고누락분		7			
	대손세액가감		8			
	합계		9	407,000,000	㉮	30,700,000
매입세액	세금계산서수취분	일반매입	10	203,000,000		20,300,000
		수출기업수입분납부유예	10-1			
		고정자산매입	11	50,000,000		5,000,000
	예정신고누락분		12			
	매입자발행세금계산서		13			
	그 밖의 공제매입세액		14	10,000,000		1,000,000
	합계(10)-(10-1)+(11)+(12)+(13)+(14)		15	263,000,000		26,300,000
	공제받지못할매입세액		16	3,000,000		300,000
	차감계 (15-16)		17	260,000,000	㉯	26,000,000
납부(환급)세액(매출세액㉮-매입세액㉯)					㉰	4,700,000
경감공제세액	그 밖의 경감·공제세액		18			
	신용카드매출전표등 발행공제등		19			
	합계		20		㉣	
소규모 개인사업자 부가가치세 감면세액			20-1		㉤	
예정신고미환급세액			21		㉥	
예정고지세액			22		㉦	
사업양수자의 대리납부 기납부세액			23		㉧	
매입자 납부특례 기납부세액			24		㉨	
신용카드업자의 대리납부 기납부세액			25		㉩	
가산세액계			26		㉪	729,306
차가감하여 납부할세액(환급받을세액)㉰-㉣-㉤-㉥-㉦-㉧-㉨-㉩+㉪			27			5,429,306
총괄납부사업자가 납부할 세액(환급받을 세액)						

구분				금액	세율	세액
7.매출(예정신고누락분)						
예정누락분	과세	세금계산서	33		10/100	
		기타	34		10/100	
	영세	세금계산서	35		0/100	
		기타	36		0/100	
	합계		37			
12.매입(예정신고누락분)						
예정누락분	세금계산서		38			
	그 밖의 공제매입세액		39			
	합계		40			
	신용카드매출 수령금액합계	일반매입				
		고정매입				
	의제매입세액					
	재활용폐자원등매입세액					
	과세사업전환매입세액					
	재고매입세액					
	변제대손세액					
	외국인관광객에대한환급세액					
	합계					
14.그 밖의 공제매입세액						
신용카드매출 수령금액합계표	일반매입		41	10,000,000		1,000,000
	고정매입		42			
의제매입세액			43		뒤쪽	
재활용폐자원등매입세액			44		뒤쪽	
과세사업전환매입세액			45			
재고매입세액			46			
변제대손세액			47			
외국인관광객에대한환급세액			48			
합계			49	10,000,000		1,000,000

구분		금액	세율	세액
16.공제받지못할매입세액				
공제받지못할 매입세액	50	3,000,000		300,000
공통매입세액면세등사업분	51			
대손처분받은세액	52			
합계	53	3,000,000		300,000
18.그 밖의 경감·공제세액				
전자신고 및 전자고지 세액공제	54			
전자세금계산서발급세액공제	55			
택시운송사업자경감세액	56			
대리납부세액공제	57			
현금영수증사업자세액공제	58			
기타	59			
합계	60			

25. 가산세명세						
사업자미등록등		61		1/100		
세 금 계산서	지연발급 등	62		1/100		
	지연수취	63		5/1,000		
	미발급 등	64		뒤쪽참조		
전자세금 발급명세	지연전송	65		3/1,000		
	미전송	66		5/1,000		
세금계산서 합계표	제출불성실	67		5/1,000		
	지연제출	68		3/1,000		
신고 불성실	무신고(일반)	69	4,700,000	뒤쪽	470,000	
	무신고(부당)	70		뒤쪽		
	과소·초과환급(일반)	71		뒤쪽		
	과소·초과환급(부당)	72		뒤쪽		
납부지연		73	4,700,000	뒤쪽	9,306	
영세율과세표준신고불성실		74	100,000,000	5/1,000	250,000	
현금매출명세서불성실		75		1/100		
부동산임대공급가액명세서		76		1/100		
매입자 납부특례	거래계좌 미사용	77		뒤쪽		
	거래계좌 지연입금	78		뒤쪽		
신용카드매출전표등수령명세서미제출·과다기재		79		5/1,000		
합계		80			729,306	

- '신용카드 사용분 중 접대를 위한 매입'은 10% 부가가치세가 기재된 신용카드매출전표를 수취하였지만 매입세액공제 받을 수 없는 경우에 해당하므로 부가가치세신고서에 기재하지 않는다.

  참고 가산세
  - 무신고(일반) : (30,000,000 + 500,000 + 200,000 − 20,000,000 − 5,000,000 − 1,000,000) × 20% × (100% − 50%)[1] = 470,000원
  - 납부지연 : (30,000,000 + 500,000 + 200,000 − 20,000,000 − 5,000,000 − 1,000,000) × (22/100,000) × 9일 = 9,306원
  - 영세율과세표준신고불성실 : 100,000,000 × 0.5% × (100% − 50%)[1] = 250,000원
    [1] 법정신고기한이 지난 후 1개월 이내 기한후신고에 해당하므로 50% 감면

(2) [의제매입세액공제신고서] (4월~6월)

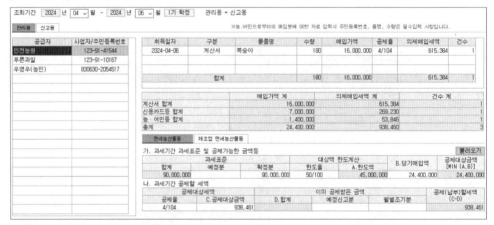

- 제조업을 영위하는 중소기업의 공제율 : 4/104
- 제조업의 경우 농·어민으로부터 직접 구입분도 공제 적용 가능
- 당기매입액 : 예정분 0 + 확정분 24,400,000 = 24,400,000원
- 이미 공제받은 금액(예정신고분) : 0원
- 확정신고 시 의제매입세액공제 금액 = Min[㉠, ㉡] − ㉢ = 938,461원
  ㉠ 전체 과세기간의 대상 매입가액 × 공제율 = 24,400,000 × 4/104 = 938,461원
  ㉡ 전체 과세기간의 과세표준 × 일정율 × 공제율 = 90,000,000 × 50% × 4/104 = 1,730,769원
  ㉢ 예정신고 시 의제매입세액공제 금액 = 0원

(3) 1단계 신고서 마감 : [부가가치세신고서] 메뉴 (10월~12월)

  2단계 전자신고파일 제작 : [전자신고] 메뉴 (신고인구분 : 2.납세자 자진신고), (비밀번호 : 12341234)

  3단계 전자신고파일 제출 : [국세청 홈택스 전자신고변환(교육용)] 메뉴 (찾아보기 → 형식검증하기 → 형식검증결과확인 → 내용검증하기 → 내용검증결과확인 → 전자파일제출 → 신고서 접수증 확인)

(1) (수동결산)

[일반전표입력] 12월 31일

(차) 장기차입금(대구은행)	300,000,000	(대) 유동성장기부채(대구은행)	300,000,000

(2) (수동결산)

[일반전표입력] 12월 31일

(차) 미수수익	13,610,958	(대) 이자수익	13,610,958

(3) (수동결산)

[일반전표입력] 12월 31일

(차) 매도가능증권(투자)	500,000	(대) 매도가능증권평가손실	300,000
		매도가능증권평가이익	200,000[1]

[1] 당기말 재무상태표에서 매도가능증권 계정과 매도가능증권평가이익 계정의 잔액을 차변으로 집계하여 보면 취득원가 금액이 된다.

매도가능증권 (투자자산)	5,200,000
매도가능증권평가이익 (기타포괄손익누계액)	(200,000)
취득원가 (차변 집계금액)	5,000,000

(4) [일반전표입력] 12월 31일

(차) 선급비용	900,000[1]	(대) 보험료(판관비)	900,000

[1] 1,200,000원 × (9개월/12개월) = 900,000원

문제4 원천징수

(1) [사원등록] 메뉴 ▶ 103.홍길산 ▶ [부양가족명세서] 탭

연말관계	성명	내/외국인	주민(외국인, 여권)번호	나이	기본공제	부녀자	한부모	경로우대	장애인	자녀	출산입양	위탁관계
0	홍길산	내	1 761121-1111118	48	본인				1			
3	김옥순	내	1 790921-2111110	45	배우자							
1	홍준호	내	1 460218-1111113	78	부							
1	정영자	내	1 480815-2111112	76	60세이상			○				
4	홍영수	내	1 070128-3111112	17	20세이하					○		
6	홍대산	내	1 740721-1111110	50	장애인				1			
2	마순영	내	1 540108-2111110	70	60세이상			○				

• 연중에 장애가 치유된 자에 대해서는 치유일 전날의 상황에 따름
• 배우자·직계비속은 항상 생계를 같이하는 것으로 봄
• 금융소득 2,000만 원 이하인 경우 분리과세되고(조건부 종합과세), 일용근로소득은 분리과세되므로 정영자(모)는 소득금액 요건을 충족함
• 홍대산(형)은 소득금액 요건을 충족하며, 장애인은 나이 요건의 제한을 받지 않으므로 기본공제 가능함

(2) 1단계 [기타소득자등록] 메뉴 ▶ 100.김영태

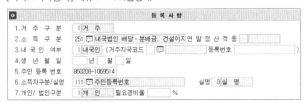

(3) 1단계 [사업소득자등록] 메뉴 ▶ 101.정성호 (입력되어 있음)

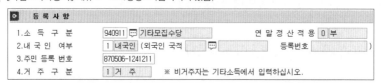

2단계 [기타소득자등록] 메뉴 ▶ 101.정도원 (입력되어 있음)

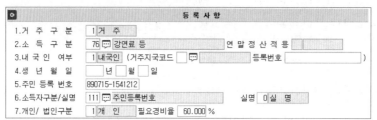

3단계 [사업소득자료입력] 메뉴

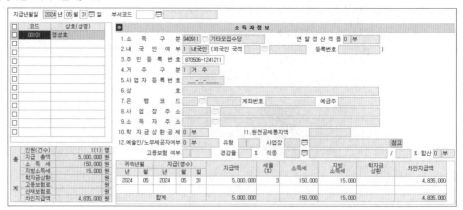

4단계 [기타소득자자료입력] 메뉴

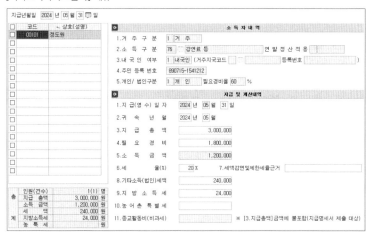

5단계 [원천징수이행상황신고서] 메뉴

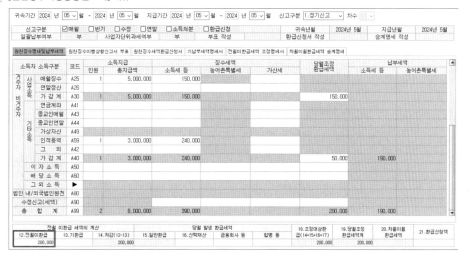

문제 5   세무조정

(1) ① 문제분석

- 수입금액 VS 회사의 결산서상 매출액

    회사의 결산서상 매출액 3,158,000,000 (= 2,300,000,000 + 858,000,000)

(+) 상품매출 누락액	100,000,000
(=) 수입금액	3,258,000,000

- 세무조정

    <익금산입> 외상매출금(상품매출) 100,000,000 (유보)

    <손금산입> 상품(상품매출원가) 70,000,000 (△유보)

- 수입금액 vs 부가가치세법상 과세표준

수입금액	3,258,000,000
(+) 공급시기차이가산	20,000,000[1]
(=) 부가가치세법상 과세표준	3,278,000,000[2]

[1] 기업회계기준상 수익인식시기(예 인도일)와 부가가치세법상 공급시기(예 선수금 수령액에 대한 선세금계산서 발급일)의 차이

[2] 결산서에 누락되었던 매출액(100,000,000원)은 부가가치세 수정신고를 통하여 여기에 포함되어 있음

② 입력화면

1단계 [수입금액조정명세서]

- [수입금액조정계산] 탭

| 수입금액조정계산 | 작업진행률에 의한 수입금액 | 중소기업 등 수입금액 인식기준 적용특례에 의한 수입금액 | 기타수입금액조정 |

1 1.수입금액 조정계산

No	계정과목		③결산서상 수입금액	조 정		⑥조정후 수입금액 (③+④-⑤)	비 고
	①항 목	②계정과목		④가 산	⑤차 감		
1	매 출	상품매출	2,300,000,000	100,000,000		2,400,000,000	
2	매 출	제품매출	858,000,000			858,000,000	
		계	3,158,000,000	100,000,000		3,258,000,000	

2 2.수입금액 조정명세

가.작업 진행률에 의한 수입금액	
나.중소기업 등 수입금액 인식기준 적용특례에 의한 수입금액	
다.기타 수입금액	100,000,000
계	100,000,000

- [기타수입금액조정] 탭

| 수입금액조정계산 | 작업진행률에 의한 수입금액 | 중소기업 등 수입금액 인식기준 적용특례에 의한 수입금액 | 기타수입금액조정 |

2 2.수입금액 조정명세
    다.기타 수입금액

No	(23)구 분	(24)근 거 법 령	(25)수 입 금 액	(26)대 응 원 가	비 고
1	상품매출		100,000,000	70,000,000	

- [조정등록] 보조창

익금산입 및 손금불산입			손금산입 및 익금불산입		
과목	금액	소득처분	과목	금액	소득처분
외상매출금누락	100,000,000	유보 발생	매출원가과소	70,000,000	△유보 발생

2단계 [조정후수입금액명세서]

- [업종별 수입금액 명세서] 탭

| 업종별 수입금액 명세서 | 과세표준과 수입금액 차액검토 |

1 1.업종별 수입금액 명세서

①업 태	②종 목	순번	③기준(단순) 경비율번호	수 입 금 액			⑦수 출 (영세율대상)
				수입금액계정조회	내 수 판 매		
				④계(⑤+⑥+⑦)	⑤국내생산품	⑥수입상품	
제조, 도매업	자동차부품	01	503013	2,400,000,000	2,100,000,000		300,000,000
자동차 및 트레일러	그 외 자동차용 신품 부품	02	343000	858,000,000	858,000,000		
		10					
(111)기 타		11					
(112)합 계		99		3,258,000,000	2,958,000,000		300,000,000

- [과세표준과 수입금액 차액검토] 탭

| 업종별 수입금액 명세서 | 과세표준과 수입금액 차액검토 |

2 2.부가가치세 과세표준과 수입금액 차액 검토   부가가치세 신고 내역보기

(1) 부가가치세 과세표준과 수입금액 차액

⑧과세(일반)	⑨과세(영세율)	⑩면세수입금액	⑪합계(⑧+⑨+⑩)	⑫조정후수입금액	⑬차액(⑪-⑫)
2,978,000,000	300,000,000		3,278,000,000	3,258,000,000	20,000,000

(2) 수입금액과의 차액내역(부가세과표에 포함되어 있으면 +금액, 포함되지 않았으면 -금액 처리)

⑭구 분	코드	(16)금 액	비 고	⑭구 분	코드	(16)금 액	비 고
자가공급(면세전용등)	21			거래(공급)시기차이감액	30		
사업상증여(접대제공)	22			주세 · 개별소비세	31		
개인적공급(개인적사용)	23			매출누락	32		
간주임대료	24				33		
자산 유형자산 및 무형자산 매각액	25				34		
매각 그밖의자산매각액(부산물)	26				35		
폐업시 잔존재고재화	27				36		
작업진행률 차이	28				37		
거래(공급)시기차이가산	29	20,000,000		(17)차 액 계	50	20,000,000	
				(13)차액과(17)차액계의차이금액			

(2) ① 문제분석
- 대표자 사적 보험료에 대한 세무조정 : <손금불산입> 사적 사용경비 4,800,000 (상여)
- 당기 선급비용에 대한 세무조정

구분	시작일	종료일	지급액	선급비용	회사계상액	조정대상금액
본사 화재보험	2024. 7. 1.	2025. 6. 30.	4,000,000	1,983,561[1]	0	1,983,561[3]
공장 화재보험	2024. 2. 1.	2025. 1. 31.	2,400,000	203,278[2]	200,000	3,278[4]

[1] $4,000,000원 \times \dfrac{181일(2025.\ 1.\ 1.\ \sim 2025.\ 6.\ 30.)}{365일(2024.\ 7.\ 1.\ \sim 2025.\ 6.\ 30.)} = 1,983,561원$ (원 단위 미만 절사)

[2] $2,400,000원 \times \dfrac{31일(2025.\ 1.\ 1.\ \sim 2025.\ 1.\ 31.)}{366일(2024.\ 2.\ 1.\ \sim 2025.\ 1.\ 31.)} = 203,278원$ (원 단위 미만 절사)

[3] 세무조정 : <손금불산입> 선급비용 1,983,561 (유보)

[4] 세무조정 : <손금불산입> 선급비용 3,278 (유보)

- 전기 선급비용에 대한 세무조정 : <손금산입> 전기 선급비용 350,000 (△유보)

② 입력화면
- [선급비용명세서]

	계정구분	거래내용	거래처	대상기간 시작일	대상기간 종료일	지급액	선급비용	회사계상액	조정대상금액
□	선급 보험료	본사 화재보험	(주)홍해보험	2024-07-01	2025-06-30	4,000,000	1,983,561		1,983,561
□	선급 보험료	공장 화재보험	(주)경상보험	2024-02-01	2025-01-31	2,400,000	203,278	200,000	3,278
□									
□									
	합 계					6,400,000	2,186,839	200,000	1,986,839

- [조정등록]

익금산입 및 손금불산입			손금산입 및 익금불산입		
과목	금액	소득처분	과목	금액	소득처분
사적 사용경비	4,800,000	상여	전기 선급비용(보험료) 과소계상	350,000	유보 감소
선급비용(보험료) 과소계상	1,983,561	유보 발생			
선급비용(보험료) 과소계상	3,278	유보 발생			

(3) ① 문제분석
- 업무무관가지급금 적수 계산

일자	적요	차변	대변	잔액	기간	일수	적수
5/1	지급	100,000,000		100,000,000	5. 1.~10. 31.	213일	21,300,000,000
11/30	회수		100,000,000	0	11. 1.~12. 31.	32일	0
합계		100,000,000	100,000,000			245일	21,300,000,000

- 차입금 적수 계산

구분	금액	일수	차입금 적수	이자율	이자비용
A은행	150,000,000	366일	54,900,000,000	연 10%	15,000,000
합계			54,900,000,000		15,000,000

- 업무무관자산 등에 대한 지급이자 계산

$= 지급이자 \times \dfrac{업무무관\ 자산\ 등\ 적수}{차입금\ 적수}$

$= 15,000,000 \times \dfrac{Min[\ominus\ 21,300,000,000\ ,\ \bigcirc\ 54,900,000,000]}{54,900,000,000} = 5,819,672원$

- 세무조정 : <손금불산입> 건설자금이자 14,000,000 (유보)
　　　　　　<손금불산입> 업무무관자산 등에 대한 지급이자 5,819,672 (기타사외유출)

② 입력화면

[업무무관부동산등에관련한차입금이자조정명세서] 메뉴에서

• [1. 적수입력(을)] 탭 ▶ [3. 가지급금] 탭

No	①월일		②적요	③차변	④대변	⑤잔액	⑥일수	⑦적수
1	5	1	지 급	100,000,000		100,000,000	213	21,300,000,000
2	11	30	회 수		100,000,000		32	
			합 계	100,000,000	100,000,000		245	21,300,000,000

• [2. 지급이자 손금불산입(갑)]

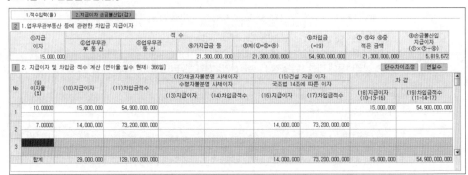

• [조정등록]

익금산입 및 손금불산입			손금산입 및 익금불산입		
과목	금액	소득처분	과목	금액	소득처분
건설자금이자	14,000,000	유보 발생			
업무무관자산지급이자	5,819,672	기타사외유출			

(4) ① 문제분석

• 장부상 퇴직급여충당금 : 없음

• 장부상 퇴직연금운용자산의 총계정원장

퇴직연금운용자산

기초잔액	105,000,000	당기감소액	37,500,000
당기납입액	50,000,000	기말잔액	117,500,000
	155,000,000		155,000,000

• 당기 퇴직금 지급액에 대한 세무조정

B	(차) 퇴직급여	37,500,000	(대) 퇴직연금운용자산	37,500,000
T	(차) 퇴직연금충당금	37,500,000	(대) 퇴직연금운용자산	37,500,000
T/A	<손금불산입> 전기 퇴직연금충당금 37,500,000 (유보)			

• 퇴직급여충당금 설정에 대한 세무조정 : 없음

• 퇴직연금충당금 설정에 대한 세무조정

장부상 추가설정액	0
손금산입 한도액	Min[⊙ 추계액 기준, ⓒ 예치금 기준] − 67,500,000[3] = 50,000,000 ⊙ (275,000,000[1] × 100%) − 0[2] = 275,000,000 ⓒ 117,500,000
(한도미달액)	(50,000,000)
세무조정	<손금산입> 퇴직연금충당금 50,000,000 (△유보)

[1] 퇴직급여 추계액

[2] 세법상 기말 퇴직급여충당금
= 재무상태표상 기말 퇴직급여충당금 − 퇴직급여충당금 차기이월 부인액 = 0원

3) 세법상 기 설정 퇴직연금충당금

= (당기 추가설정 전) 장부상 퇴직연금충당금 – (당기 추가설정 전) 퇴직연금충당금 유보·△유보 잔액

= (0 – 0) – (△유보 105,000,000 + 유보 37,500,000)

= 0 – △67,500,000 = 67,500,000원

- 장부 및 세법상 퇴직급여충당금 증감 내역 : 없음
- 장부 및 세법상 퇴직연금충당금 증감 내역 분석

구분	장부	부인액	세법
기초	0	△유보 105,000,000	105,000,000
(–) 감소	0	유보 37,500,000	37,500,000
(+) 증가	0	△유보 50,000,000	50,000,000
(=) 기말	0	△유보 117,500,000	117,500,000

② 입력화면

- [퇴직연금부담금등조정명세서]

- [조정등록]

익금산입 및 손금불산입			손금산입 및 익금불산입		
과목	금액	소득처분	과목	금액	소득처분
전기 퇴직연금충당금	37,500,000	△유보 감소	퇴직연금충당금	50,000,000	△유보 발생

(5) ① 문제분석

- 자본금과적립금조정명세서(을)

과목	기초잔액 (ⓐ)	당기 중 증감		기말잔액 (ⓐ – ⓑ + ⓒ)
		감소 (ⓑ)	증가 (ⓒ)	
대손충당금 한도초과액	4,000,000	4,000,000¹⁾	7,000,000³⁾	7,000,000
단기매매증권평가손실	2,000,000	0	1,000,000⁴⁾	3,000,000
재고자산평가감	3,000,000	3,000,000²⁾	0	0
합계	9,000,000	7,000,000	8,000,000	10,000,000

1) <손금산입> 전기 대손충당금 한도초과액 4,000,000 (△유보) = 기초 유보 잔액의 감소

2) <손금산입> 전기 재고자산평가감 3,000,000 (△유보) = 기초 유보 잔액의 감소

3) <익금산입> 대손충당금 한도초과액 7,000,000 (유보) = 유보 잔액의 증가

4) <익금산입> 단기매매증권평가손실 1,000,000 (유보) = 유보 잔액의 증가

• 자본금과적립금조정명세서(갑)

과목		기초잔액 (ⓐ)	당기 중 증감		기말잔액 (ⓐ - ⓑ + ⓒ)
			감소 (ⓑ)	증가 (ⓒ)	
자본금 및 잉여금의 계산	1. 자본금	100,000,000		200,000,000	300,000,000
	2. 자본잉여금				
	3. 자본조정				
	4. 기타포괄손익누계액				
	5. 이익잉여금	320,000,000		100,000,000	420,000,000
	6. 계	420,000,000		300,000,000	720,000,000[1]
7. 자본금과 적립금 명세서(을) 계		9,000,000	7,000,000	8,000,000	10,000,000
손익미계상 법인세 등	8. 법인세				
	9. 지방소득세				
	10. 계				
11. 차가감계 (= 6. + 7. - 10.)		429,000,000	7,000,000	308,000,000	730,000,000

[1] = 재무상태표상 기말 자본 총계

② 입력화면

[자본금과적립금조정명세서] 메뉴에서

• [자본금과적립금조정명세서(을)] 탭

자본금과적립금조정명세서(을)	자본금과적립금조정명세서(병)	자본금과적립금조정명세서(갑)	이월결손금

⊙   I .세무조정유보소득계산

①과목 또는 사항	②기초잔액	당 기 중 증 감		⑤기말잔액 (=②-③+④)	비 고
		③감 소	④증 가		
대손충당금 한도초과액	4,000,000	4,000,000	7,000,000	7,000,000	
단기매매증권평가손실	2,000,000		1,000,000	3,000,000	
재고자산평가감	3,000,000	3,000,000			
합 계	9,000,000	7,000,000	8,000,000	10,000,000	

• [자본금과적립금조정명세서(갑)] 탭

자본금과적립금조정명세서(을)	자본금과적립금조정명세서(병)	자본금과적립금조정명세서(갑)	이월결손금

⊙   I .자본금과 적립금 계산서

①과목 또는 사항		코드	②기초잔액	당 기 중 증 감		⑤기 말 잔 액 (=②-③+④)	비 고
				③감 소	④증 가		
자본금및 잉여금의 계산	1.자 본 금	01	100,000,000		200,000,000	300,000,000	
	2.자 본 잉 여 금	02					
	3.자 본 조 정	15					
	4.기타포괄손익누계액	18					
	5.이 익 잉 여 금	14	320,000,000		100,000,000	420,000,000	
	12.기타	17					
	6.계	20	420,000,000		300,000,000	720,000,000	
7.자본금과 적립금명세서(을)계 + (병)계		21	9,000,000	7,000,000	8,000,000	10,000,000	
손익미계상 법인세 등	8.법 인 세	22					
	9.지 방 소 득 세	23					
	10. 계 (8+9)	30					
11.차 가 감 계 (6+7-10)		31	429,000,000	7,000,000	308,000,000	730,000,000	

이론시험

1 ②	2 ②	3 ④	4 ③	5 ③	6 ②	7 ③	8 ①
9 ③	10 ①	11 ④	12 ①	13 ①	14 ④	15 ④	

1 ② 회계정보가 정보이용자에게 유용하기 위해서는 그 정보가 의사결정에 반영될 수 있도록 적시에 제공되어야 한다. 적시성 있는 정보라 하여 반드시 목적적합성을 갖는 것은 아니나, 적시에 제공되지 않은 정보는 주어진 의사결정에 이용할 수 없으므로 목적적합성을 상실하게 된다. 그러나 적시성 있는 정보를 제공하기 위해 신뢰성을 희생해야 하는 경우가 있으므로 경영자는 정보의 적시성과 신뢰성 간의 균형을 고려해야 한다. (일반기업회계기준 재무회계개념체계 문단 45)

2 ② 수강료수익은 강의 기간 동안 발생기준에 따라 인식한다.

3 ④ • 단기매매증권으로 분류하는 경우
  – 취득일 : (차) 단기매매증권　　　　　20,000,000　　(대) 현금 등　　　　　20,030,000
  　　　　　　수수료비용　　　　　　　　30,000
  　　　　　　(영업외비용)
  – 결산일 : (차) 단기매매증권　　　　　4,000,000　　(대) 단기매매증권평가이익　　4,000,000
  　　　　　　　　　　　　　　　　　　　　　　　　　(영업외수익)

  – 당기순이익 영향 = (−)30,000 + 4,000,000 = 3,970,000원 증가
  • 매도가능증권으로 분류하는 경우
  – 취득일 : (차) 매도가능증권　　　　　20,030,000　　(대) 현금 등　　　　　20,030,000
  – 결산일 : (차) 매도가능증권　　　　　3,970,000　　(대) 매도가능증권평가이익　　3,970,000
  　　　　　　　　　　　　　　　　　　　　　　　　　(기타포괄손익누계액)

  – 당기순이익 영향 = 0원

4 ③ 건물과 토지를 일괄취득 후 건물을 신축하기 위하여 기존 건물을 철거하는 경우 그 건물의 철거비용은 토지의 취득원가에 가산한다.

5 ③ • 정액법
  – 2차연도 : (15,000,000 − 750,000) ÷ 5 = 2,850,000원
  • 정률법
  – 1차연도 : (15,000,000 − 0) × 0.3 = 4,500,000원
  – 2차연도 : (15,000,000 − 4,500,000) × 0.3 = 3,150,000원
  • 연수합계법
  – 2차연도 : $(15,000,000 - 750,000) \times \dfrac{4}{1+2+3+4+5} = 3,800,000$원

6 ② 제조원가명세서는 당기제품제조원가를 구하는 과정을 나타내는 보고서이다.

7 ③ 기초에 미리 예측한 제조간접원가 예산액을 예정조업도로 나누어 예정배부율을 계산한다.

8 ① • 당기총제조원가 = 가공원가의 200% = (25,000,000 + 30,000,000) × 2 = 110,000,000원
  • (직접)재료비 = 당기총제조원가 − 가공원가 = 110,000,000 − (25,000,000 + 30,000,000) = 55,000,000원
  • 재료비 = 기초원재료 + 당기원재료매입액 − 기말원재료
  → 55,000,000 = 25,000,000 + ? − 17,000,000
  ∴ 당기원재료매입액 = 47,000,000원

9 ③ 평균법은 전기에 이미 착수한 기초재공품의 기완성도를 무시하고 기초재공품이 당기에 착수한 것으로 가정하여 원가계산을 한다.

10 ① 표준원가의 설정에 시간과 비용이 많이 소요된다.

11 ④ 간이과세자는 부가가치세를 환급받을 수 없으므로, 전자신고세액공제를 적용받더라도 이를 환급세액에 가산할 수는 없다.

12 ① 상속으로 사업자의 명의가 변경되는 경우 등록사항 변경 신고를 하여야 한다.

13 ① ② 외국을 항행하는 선박 또는 항공기 승무원의 경우 생계를 같이하는 가족이 거주하는 장소 또는 승무원이 근무기간 외의 기간 중 통상 체재하는 장소가 국내에 있는 때에는 당해 승무원의 주소는 국내에 있는 것으로 본다.
③ 비거주자란 거주자가 아닌 개인을 말한다. 따라서 외국 영주권 여부와 관계없이 세법상 요건에 따라 거주자 여부를 판단한다.
④ 국내에 거소를 둔 기간은 입국하는 날의 다음 날부터 출국하는 날까지로 한다.

14 ④ 임직원전용자동차보험에 가입하고 법인업무용 전용번호판을 부착하였으나 운행기록을 작성하지 않은 경우 업무용승용차 관련 비용 중 대당 1,500만 원까지만 업무사용금액으로 인정한다.

15 ④ • 비영리외국법인이란 외국법인 중 외국의 정부·지방자치단체 및 영리를 목적으로 하지 아니하는 법인(법인으로 보는 단체를 포함한다)을 말한다. (법인세법 제2조 제4호)
• 비영리외국법인의 경우, 국내원천 수익사업의 각 사업연도 소득과 토지 등 양도소득에 대하여 법인세 납세의무가 있다.

실무시험

문제 1 전표입력

(1) [일반전표입력]

2월 20일	(차) 보통예금	25,500,000	(대) 매도가능증권(투자)	28,500,000
	매도가능증권평가이익	500,000		
	매도가능증권처분손실	2,500,000[1]		

[1] 처분금액 − 취득원가 = 25,500,000 − (56,000,000 × 50%) = (−)2,500,000원

(2) [매입매출전표입력]

4월 14일 유형 : 54.불공 / 공급가액 : 7,000,000 / 부가세 : 700,000 / 거래처 : ㈜성토 / 전자 : 여 / 분개 : 혼합 / (불공제사유 : ⑥토지의 자본적 지출 관련)

(차) 토지	7,700,000	(대) 미지급금(㈜성토)	7,700,000

(3) [매입매출전표입력]

6월 3일 유형 : 17.카과 / 공급가액 : 5,000,000 / 부가세 : 500,000 / 거래처 : 김달자 / 분개 : 혼합 / (신용카드사 : 현대카드)

(차) 외상매출금(현대카드)	5,500,000	(대) 제품매출	5,000,000
		부가세예수금	500,000

(4) [일반전표입력]

7월 10일	(차) 보통예금	52,500,000	(대) 자본금	75,000,000
	주식발행초과금	15,000,000		
	주식할인발행차금	7,500,000		

문제 2 부가가치세신고

(1) **1단계** [공제받지못할매입세액명세서] 메뉴 ▶ [공제받지못할매입세액내역] 탭 (1월~3월)

조회기간 2024년 01월 ~ 2024년 03월		구분 1기 예정	

		세금계산서		
매입세액 불공제 사유		매수	공급가액	매입세액
①필요적 기재사항 누락 등				
②사업과 직접 관련 없는 지출		1	1,650,000	165,000
③개별소비세법 제1조제2항제3호에 따른 자동차 구입·유지 및 임차				
④기업업무추진비 및 이와 유사한 비용 관련		1	3,000,000	300,000
⑤면세사업등 관련				
⑥토지의 자본적 지출 관련		1	300,000	30,000
⑦사업자등록 전 매입세액				
⑧금·구리 스크랩 거래계좌 미사용 관련 매입세액				
합계		3	4,950,000	495,000

2단계 [공제받지못할매입세액명세서] 메뉴 ▶ [공통매입세액안분계산내역] 탭 (1월~3월)

조회기간 2024년 01월 ~ 2024년 03월		구분 1기 예정	

		과세·면세사업 공통매입					
산식	구분	⑩공급가액	⑪세액	⑫총공급가액등	⑬면세공급가액	면세비율 (⑬÷⑫)	⑭불공제매입세액 [⑪×(⑬÷⑫)]
1.당해과세기간의 공급가액기준		50,000,000	5,000,000	120,000,000.00	4,800,000.00	4.000000	200,000
합계		50,000,000	5,000,000	120,000,000	4,800,000		200,000

불공제매입세액 (200,000) = 세액(5,000,000) * 면세공급가액 (4,800,000) / 총공급가액 (120,000,000)

- 공통매입세액에 대한 안분계산[1]

$$= 5,000,000 \times \frac{4,800,000}{115,200,000 + 4,800,000} = 5,000,000 \times 4\% = 200,000원 \ 불공제$$

[1] 면세사업비율이 5% 미만이더라도 공통매입세액이 500만 원 이상인 경우 안분 계산을 하여야 한다.

(2) [부가가치세신고서] (10월~12월)

조회기간 2024년 10월 1일 ~ 2024년 12월 31일 신고구분 1.정기신고 신고차수 부가율 63.49 확정					

	구분		정기신고금액		
			금액	세율	세액
과세표준및매출세액	과세	세금계산서발급분	1	55,000,000	10/100	5,500,000
		매입자발행세금계산서	2		10/100	
		신용카드·현금영수증발행분	3	8,000,000	10/100	800,000
		기타(정규영수증외매출분)	4		10/100	
	영세	세금계산서발급분	5		0/100	
		기타	6		0/100	
	예정신고누락분		7			
	대손세액가감		8			
	합계		9	63,000,000	㉮	6,300,000
매입세액	세금계산서수취분	일반매입	10	20,000,000		2,000,000
		수출기업수입분납부유예	10-1			
		고정자산매입	11			
	예정신고누락분		12			
	매입자발행세금계산서		13			
	그 밖의 공제매입세액		14	3,000,000		300,000
	합계(10)-(10-1)+(11)+(12)+(13)+(14)		15	23,000,000		2,300,000
	공제받지못할매입세액		16			
	차감계 (15-16)		17	23,000,000	㉯	2,300,000
납부(환급)세액(매출세액㉮-매입세액㉯)					㉰	4,000,000
경감공제세액	그 밖의 경감·공제세액		18			10,000
	신용카드매출전표등 발행공제등		19			
	합계		20		㉱	10,000
소규모 개인사업자 부가가치세 감면세액			20-1		㉲	
예정신고미환급세액			21		㉳	
예정고지세액			22		㉴	
사업양수자의 대리납부 기납부세액			23		㉵	
매입자 납부특례 기납부세액			24		㉶	
신용카드업자의 대리납부 기납부세액			25		㉷	
가산세액계			26		㉸	
차가감하여 납부할세액(환급받을세액)㉰-㉱-㉲-㉳-㉴-㉵-㉶-㉷+㉸			27			3,990,000
총괄납부사업자가 납부할 세액(환급받을 세액)						

	구분			금액	세율	세액
7.매출(예정신고누락분)						
예정누락분	과세	세금계산서	33		10/100	
		기타	34		10/100	
	영세	세금계산서	35		0/100	
		기타	36		0/100	
	합계		37			
12.매입(예정신고누락분)						
예정누락분	세금계산서		38			
	그 밖의 공제매입세액		39			
	합계		40			
14.그 밖의 공제매입세액						
신용카드매출	일반매입		41	3,000,000		300,000
수령금액합계표	고정매입		42			
의제매입세액			43		뒤쪽	
재활용폐자원등매입세액			44		뒤쪽	
과세사업전환매입세액			45			
재고매입세액			46			
변제대손세액			47			
외국인관광객에대한환급세액			48			
합계			49	3,000,000		300,000

구분		금액	세율	세액
16.공제받지못할매입세액				
공제받지못할 매입세액	50			
공통매입세액면세등사업분	51			
대손처분받은세액	52			
합계	53			
18.그 밖의 경감·공제세액				
전자신고 및 전자고지 세액공제	54			10,000
전자세금계산서발급세액공제	55			
택시운송사업자경감세액	56			
대리납부세액공제	57			
현금영수증사업자세액공제	58			
기타	59			
합계	60			10,000

- 회수기일이 2년 이상 지난 중소기업의 외상매출금·미수금이더라도, 특수관계인과의 거래로 발생한 경우는 대손세액공제를 받을 수 없다.

(3) 1단계 신고서 마감 : [부가가치세신고서] 메뉴 (7월~9월)

2단계 전자신고파일 제작 : [전자신고] 메뉴 (신고인구분 : 2.납세자 자진신고), (비밀번호 : 12345678)

3단계 전자신고파일 제출 : [국세청 홈택스 전자신고변환(교육용)] 메뉴 (찾아보기 → 형식검증하기 → 형식검증결과확인 → 내용검증하기 → 내용검증결과확인 → 전자파일제출 → 신고서 접수증 확인)

문제 3 결산

(1) (수동결산)
[일반전표입력] 12월 31일

(차) 보험료(제조)	360,000[1)	(대) 선급비용		360,000

1) 당기 비용으로 계상되는 금액 = 4,320,000원 × (3개월/36개월) = 360,000원

(2) (수동결산 또는 자동결산)
| 방법 1 | (수동결산)
[일반전표입력] 12월 31일

(차) 법인세등	33,000,000	(대) 선납세금		6,700,000
		미지급세금		26,300,000

| 방법 2 | (자동결산)
[결산자료입력] 메뉴에서 (기간 : 1월~12월) 다음과 같이 입력한다. 자동결산 항목 입력이 완료되고 나면 상단의 [전표추가]를 클릭하여 결산분개를 생성한다.
- 법인세등 ▶ 선납세금 : 6,700,000
- 법인세등 ▶ 추가계상액 : 26,300,000

(3) (자동결산)
[결산자료입력] 메뉴에서 (기간 : 1월~12월) 다음과 같이 입력한다. 자동결산 항목 입력이 완료되고 나면 상단의 [전표추가]를 클릭하여 결산분개를 생성한다.
- 제품매출원가 ▶ 기말 원재료 재고액 : 7,000,000[1)
- 제품매출원가 ▶ 기말 재공품 재고액 : 4,500,000
- 제품매출원가 ▶ 기말 제품 재고액 : 6,500,000[2)

1) 선적지 인도조건으로 매입하여 운송 중인 원재료 포함
2) 결산일 현재까지 고객의 구매의사표시가 없는 시송품 포함

(4) [이익잉여금처분계산서] 메뉴에서 다음과 같이 입력한다. 처분예정일과 처분내역 입력이 완료되고 나면 상단의 [전표추가]를 클릭하여 마감분개를 생성한다.
- 당기처분예정일 : 2025년 3월 15일
- 전기처분확정일 : 2024년 2월 25일
- 351.이익준비금 : 1,000,000
- 265.미지급배당금 : 10,000,000
- 387.미교부주식배당금 : 20,000,000
- 381.주식할인발행차금상각액 : 3,000,000

문제4 원천징수

(1) 1단계 [사원등록] 메뉴 ▶ 104.김승현 ▶ [부양가족명세] 탭

연말 관계	성명	내/외 국인		주민(외국인,여권)번호	나이	기본공제	부녀 자	한부 모	경로 우대	장애 인	자녀	출산 입양	위탁 관계
0	김승현	내	1	660717-1002098	58	본인							
3	배나영	내	1	760128-2436807	48	배우자							
4	김민성	내	1	060506-3002095	18	20세이하					○		
4	김민아	내	1	120330-4520265	12	20세이하				1	○		
1	김철민	내	1	541230-1786529	70	부							

• 김민아(딸)에 대하여 기본공제란에 '장애인'을 입력하여도 정답 인정

2단계 [연말정산추가자료입력] 메뉴 ▶ 104.김승현 ▶ [부양가족] 탭 ▶ 하단부
• 본인 김승현

자료구분	보험료				의료비					교육비	
	건강	고용	일반보장성	장애인전용	일반	실손	선천성이상아	난임	65세,장애인	일반	장애인특수
국세청											
기타	2,354,280	510,000									

• 아버지 김철민 : 입력 없음

  – 김철민(아버지)은 소득금액 요건을 충족하지 못하므로, 보장성보험료 공제 적용 안 됨

• 배우자 배나영

자료구분	보험료				의료비					교육비	
	건강	고용	일반보장성	장애인전용	일반	실손	선천성이상아	난임	65세,장애인	일반	장애인특수
국세청			800,000								
기타											

• 아들 김민성

자료구분	보험료				의료비					교육비	
	건강	고용	일반보장성	장애인전용	일반	실손	선천성이상아	난임	65세,장애인	일반	장애인특수
국세청										1,300,000 2.초중 고	
기타											

• 딸 김민아

자료구분	보험료				의료비					교육비	
	건강	고용	일반보장성	장애인전용	일반	실손	선천성이상아	난임	65세,장애인	일반	장애인특수
국세청				1,500,000							
기타											

3단계 [기부금] 탭 : 입력 없음
• 정치자금기부금은 본인 지출분만 인정

4단계 [월세액] 탭 ▶ ① 월세액 세액공제 명세
• 임대인명 : 한미진   • 주민등록번호 : 531005-2786528
• 주택유형 : 아파트   • 주택계약면적(㎡) : 84
• 임대차계약서상 주소지 : 서울시 마포구 합정동 472
• 계약서상 임대차 계약기간 : 2023. 7. 1.~2025. 6. 30.
• 연간 월세액 : 7,200,000[1)]   • 무주택자 해당 여부 : 여
[1)] 600,000원 × 12개월 = 7,200,000원

5단계 [연말정산입력] 탭 ▶ **F8 부양가족탭불러오기** 클릭
• 보장성보험 ▶ 일반 : 800,000
• 보장성보험 ▶ 장애인 : 1,500,000
• 교육비 ▶ 초중고 : 1,300,000
• 기부금 ▶ 정치자금기부금 ▶ 10만 원 이하 : 0
• 월세액 : 7,200,000

(2) 1단계 [퇴직소득자료입력] 메뉴 ▶ 지급년월 10월 ▶ 소득자구분 1.근로 ▶ 105.최미영

참고 [세액계산] 탭을 클릭하면 퇴직소득에 대한 소득세 계산내역을 확인할 수 있다.

2단계 [원천징수이행상황신고서] 메뉴

문제 5 세무조정

(1) ① 문제분석

날짜	적요	금액	세무조정
3월 31일	법인세분 지방소득세	1,050,000원	<손금불산입> 1,050,000 (기타사외유출)
5월 4일	초과폐수배출부담금	700,000원	<손금불산입> 700,000 (기타사외유출)
6월 9일	전기요금납부지연 연체이자	30,000원	
7월 15일	건강보험료 가산금	425,000원	<손금불산입> 425,000 (기타사외유출)
8월 31일	사업소분 주민세	62,500원	
9월 3일	공장건물 취득세[1]	5,200,000원	

[1] 즉시상각의제에 해당하므로, 관련 조정명세서([미상각자산감가상각조정명세서])에서 감가상각비 한도시부인 처리함

② 입력화면
  • [세금과공과금명세서]

코드	계정과목	월	일	거래내용	코드	지급처	금액	손금불산입표시
0817	세금과공과금	3	31	법인세분 지방소득세			1,050,000	손금불산입
0517	세금과공과금	5	4	초과폐수배출부담금			700,000	손금불산입
0817	세금과공과금	6	9	전기요금납부지연 연체이자			30,000	
0817	세금과공과금	7	15	건강보험료 가산금			425,000	손금불산입
0817	세금과공과금	8	31	사업소분주민세			62,500	
0817	세금과공과금	9	3	공장건물취득세			5,200,000	
				손 금 불 산 입 계			2,175,000	
				합 계			7,467,500	

  • [조정등록]

익금산입 및 손금불산입			손금산입 및 익금불산입		
과목	금액	소득처분	과목	금액	소득처분
법인세분 지방소득세	1,050,000	기타사외유출			
초과폐수배출부담금	700,000	기타사외유출			
건강보험료 가산금	425,000	기타사외유출			

(2) ① 문제분석

  • 가지급금 적수 계산 – 대표이사 김이삭

일자	적요	차변	대변	잔액	기간	일수	가지급금 적수
9/7	대여	80,000,000		80,000,000	9. 7.~10. 3.	27일	2,160,000,000
10/4	대여	45,000,000		125,000,000	10. 4.~12. 31.	89일	11,125,000,000
합계		125,000,000	0			116일	13,285,000,000

  • 가지급금 인정이자 계산 – 대표이사 김이삭

일자	적요	가지급금 증감액	기간	일수	가지급금 적수	인정이자율[1]	인정이자
9/7	대여	80,000,000	9. 7.~12. 31.	116일	9,280,000,000	0.0346863[2]	879,477[3]
10/4	대여	45,000,000	10. 4.~12. 31.	89일	4,005,000,000	0.0346863[4]	379,559[5]
합계		125,000,000			13,285,000,000		1,259,036

[1] 문제에서 제시된 가정에 따라 "가중평균차입이자율"을 적용함

[2] $\dfrac{\Sigma(9월 7일 현재 차입금 잔액 \times 차입 당시 이자율)}{\Sigma 9월 7일 현재 차입금 잔액}$

$= \dfrac{(240,000,000 \times 2.5\%) + (437,500,000 \times 4.0\%)}{240,000,000 + 437,500,000} = 0.0346863$

[3] $9,280,000,000 \times 0.0346863 \div 366일 = 879,477원$(원 단위 미만 절사)

[4] $\dfrac{\Sigma(10월 4일 현재 차입금 잔액 \times 차입 당시 이자율)}{\Sigma 10월 4일 현재 차입금 잔액} = 0.0346863$

[5] $4,005,000,000 \times 0.0346863 \div 366일 = 379,559원$

• 가지급금 인정이자에 대한 세무조정 – 대표이사 김이삭

가지급금 인정이자	1,259,036원
회사계상 이자수익	0원
차이	1,259,036원
현저한 이익 분여 요건	차이 = 1,259,036 ≥ 62,951 = Min[가지급금 인정이자 × 5%, 3억 원]
T/A	<익금산입> 가지급금 인정이자 1,259,036 (상여)

② 입력화면
[가지급금인정이자조정명세서] 메뉴에서
• [1. 가지급금·가수금 입력] 탭

• [2. 차입금 입력] 탭

• [3. 인정이자계산:(을)지] 탭 – 대표이사 김이삭

No	대여기간 발생연월일		회수일	연월일	적요	5.차변	6.대변	7.잔액(5-6)	일수	가지급금적수(7X8)	가수금	11.차감적수	이자율(%)	13.인정이자(11X12)
1	2024 9 7	차기 이월	9 7	2.대여	80,000,000		80,000,000	116	9,280,000,000		9,280,000,000	3.46863	879,477
2	2024 10 4	차기 이월	10 4	2.대여	45,000,000		45,000,000	89	4,005,000,000		4,005,000,000	3.46863	379,559
	합 계					125,000,000	125,000,000		13,285,000,000		13,285,000,000		1,259,036

• [4. 인정이자조정:(갑)지] 탭

No	1.성명	2.가지급금적수	3.가수금적수	4.차감적수(2-3)	5.인정이자	6.회사계상액	시가인정범위		9.조정액(=7) 7>=3억,8>=5%
							7.차액(5-6)	8.비율(%)	
1	김이삭	13,285,000,000		13,285,000,000	1,259,036		1,259,036	100.00000	1,259,036

• [조정등록] 보조창

익금산입 및 손금불산입			손금산입 및 익금불산입		
과목	금액	소득처분	과목	금액	소득처분
가지급금 인정이자(대표이사)	1,259,036	상여			

(3) ① 문제분석

날짜	적요	원천징수 대상금액	원천징수세율	법인세 원천납부세액
8월 31일	정기예금 이자	2,000,000원	14%[1]	280,000원
12월 31일	정기적금 이자	6,000,000원	14%[1]	840,000원

[1] 비영업대금 이익이 아닌 이자소득에 대한 법인세 원천징수세율 : 14%

② 입력화면
[원천납부세액명세서] 메뉴 ▶ [원천납부세액(갑)] 탭

No		1.적요 (이자발생사유)	2.원 천 징 수 의 무 자			3.원천 징수일		4.이자·배당금액	5.세율(%)	6.법인세	지방세 납세지
			구분	사업자(주민)번호	상호(성명)						
1		정기예금 이자	내국인	113-81-01231	(주)신한은행	8	31	2,000,000	14.00	280,000	
2		정기적금 이자	내국인	125-81-01234	(주)국민은행	12	31	6,000,000	14.00	840,000	
3											
					합 계			8,000,000		1,120,000	

(4) ① 문제분석

• 최저한세 적용 여부

구분		금액	최저한세 적용 여부
조세특례제한법상 기간제한 없는 세액감면	중소기업에 대한 특별세액감면	8,700,000원	○
조세특례제한법상 세액공제	고용증대 세액공제	22,000,000원	○

• 차감세액 = Max[㉠ 감면 후 세액, ㉡ 최저한세] = 23,245,950원
   ㉠ 감면 후 세액 = 산출세액 − 최저한세 적용대상 세액감면·세액공제
         = [324,785,000 + (20,000,000 − 2,500,000) + 1,300,000 − 500,000 − 11,000,000 × 세율
         (9%,19%)] − (8,700,000 + 22,000,000)
         = [43,096,150] − 30,700,000 = 12,396,150원
   ㉡ 최저한세 = 감면 전 과세표준[1] × 최저한세율[2]
         = 332,085,000 × 7% = 23,245,950원
   [1] 감면 전 과세표준 = 과세표준 + 최저한세 적용대상 손금산입·비과세·소득공제
         = {324,785,000 + (20,000,000 − 2,500,000) + 1,300,000 − 500,000 − 11,000,000} + 0
         = 332,085,000원
   [2] 중소기업 : 7%

- 조세감면 배제 금액 = ⓒ 최저한세 − ⑦ 감면 후 세액 = ⓒ 23,245,950 − ⑦ 12,396,150

  = 10,849,800원[1]

  → 최저한세 적용대상 세액감면·세액공제 금액 = (8,700,000 + 22,000,000) − 10,849,800

  = 19,850,200원

[1] 공제·감면의 배제는 납세자에게 유리한 방법으로 선택할 수 있으므로, 이월이 가능한 '고용증대 세액공제' 22,000,000원에서
10,849,800원을 배제함

- 차감납부세액의 계산

산출세액	43,096,150
(−) 최저한세 적용대상 세액감면·세액공제	19,850,200
(=) 차감세액	23,245,950
(−) 최저한세 적용제외 세액감면·세액공제	0
(+) 가산세	270,000
(=) 총부담세액	23,515,950
(−) 기납부세액	3,120,000[1]
(=) 차감납부할세액	20,395,950
(−) 분납할세액	10,062,975[2]
(=) 차감납부세액	10,332,975

[1] 법인세 기납부세액 = 중간예납세액 + 원천납부세액 + 수시부과세액

= 2,000,000 + 1,120,000 + 0 = 3,120,000원

[2] 납부할 세액(가산세는 제외)이 2천만원 초과인 경우 분납가능금액

= (차감납부할세액 − 가산세) × 50%

= (20,395,950 − 270,000) × 50% = 10,062,975원

② 입력화면

- [법인세과세표준및세액조정계산서] 메뉴

① 각사업연도소득계산	101. 결산서상당기순손익	01	① 324,785,000
	소득조정금액 102. 익금산입	02	20,000,000
	103. 손금산입	03	2,500,000
	104. 차가감소득금액 (101+102−103)	04	342,285,000
	105. 기부금한도초과액	05	1,300,000
	106. 기부금한도초과이월액손금산입	54	500,000
	107. 각사업연도소득금액 (104+105−106)	06	343,085,000
② 과세표준계산	108. 각사업연도소득금액 (108=107)		343,085,000
	109. 이월결손금	07	11,000,000
	110. 비과세소득	08	
	111. 소득공제	09	
	112. 과세표준 (108−109−110−111)	10	332,085,000
	159. 선박표준이익	55	
③ 산출세액계산	113. 과세표준 (113+112+159)	56	332,085,000
	114. 세율	11	19%
	115. 산출세액	12	43,096,150
	116. 지점유보소득 (법 제96조)	13	
	117. 세율	14	
	118. 산출세액	15	
	119. 합계 (115+118)	16	43,096,150

④ 납부할세액계산	120. 산출세액 (120=119)		43,096,150
	121. 최저한세 적용대상 공제감면세액	17	⑤ 19,850,200
	122. 차감세액	18	23,245,950
	123. 최저한세 적용제외 공제감면세액	19	⑤
	124. 가산세액	20	⑤ 270,000
	125. 가감계 (122−123+124)	21	23,515,950
기납부세액	126. 중간예납세액	22	2,000,000
	127. 수시부과세액	23	
	128. 원천납부세액	24	1,120,000
	129. 간접회사등외국납부세액	25	
	130. 소계 (126+127+128+129)	26	3,120,000
	131. 신고납부전가산세액	27	
	132. 합계 (130+131)	28	3,120,000
	133. 감면분추가납부세액	29	
	134. 차가감납부할세액 (125−132+133)	30	20,395,950
⑤토지등양도소득, ⑥미환류소득 법인세 계산 (TAB로 이동)			
⑦ 세액계	151. 차감납부할세액계 (134+150+166)	46	20,395,950
	152. 사실과다른회계처리경정세액공제	57	
	153. 분납세액계산범위액 (151−124−133−145−152+131)	47	20,125,950
	154. 분납할세액	48	⑤ 10,062,975
	155. 차감납부세액 (151−152−154)	49	10,332,975

• [최저한세조정계산서] 메뉴

≡ F3 조정등록 F4 조정감순서 CF5 전체삭제 F6 중소기업유예연차 F7 원장조회 F8 잔액조회 F11 저장 F12 불러오기 CF12 접대비1원단수조정

①구분			코드	②감면후세액	③최저한세	④조정감	⑤조정후세액
(101) 결 산 서 상 당 기 순 이 익			01	324,785,000			
소득조정금액	(102)익 금 산 입		02	20,000,000			
	(103)손 금 산 입		03	2,500,000			
(104) 조 정 후 소 득 금 액 (101+102-103)			04	342,285,000	342,285,000		342,285,000
최저한세적용대상 특 별 비 용	(105)준 비 금		05				
	(106)특별상각,특례상각		06				
(107) 특별비용손금산입전소득금액(104+105+106)			07	342,285,000	342,285,000		342,285,000
(108) 기 부 금 한 도 초 과 액			08	1,300,000	1,300,000		1,300,000
(109) 기부금 한도초과 이월액 손 금 산 입			09	500,000	500,000		500,000
(110) 각 사 업 년 도 소 득 금 액 (107+108-109)			10	343,085,000	343,085,000		343,085,000
(111) 이 월 결 손 금			11	11,000,000	11,000,000		11,000,000
(112) 비 과 세 소 득			12				
(113) 최저한세적용대상 비 과 세 소 득			13				
(114) 최저한세적용대상 익금불산입 · 손금산입			14				
(115) 차 가 감 소 득 금 액 (110-111-112+113+114)			15	332,085,000	332,085,000		332,085,000
(116) 소 득 공 제			16				
(117) 최저한세적용대상 소 득 공 제			17				
(118) 과 세 표 준 금 액 (115-116+117)			18	332,085,000	332,085,000		332,085,000
(119) 선 박 표 준 이 익			24				
(120) 과 세 표 준 금 액 (118+119)			25	332,085,000	332,085,000		332,085,000
(121) 세 율			19	19 %	7 %		19 %
(122) 산 출 세 액			20	43,096,150	23,245,950		43,096,150
(123) 감 면 세 액			21	④ 8,700,000		④	④ 8,700,000
(124) 세 액 공 제			22	22,000,000		10,849,800	11,150,200
(125) 차 감 세 액 (122-123-124)			23	12,396,150			④ 23,245,950

(5) ① 문제분석

• 자본금과적립금조정명세서(을)

과목	기초잔액 (ⓐ)	당기 중 증감		기말잔액 (ⓐ - ⓑ + ⓒ)
		감소(ⓑ)	증가(ⓒ)	
재고자산평가감	6,000,000	6,000,000[1]	0	0
선급비용	(-)1,800,000	(-)1,800,000[2]	0	0
대손충당금 한도초과	4,500,000	4,500,000[3]	0	0
건물감가상각비 한도초과	7,000,000	2,700,000[4]	0	4,300,000
합계	15,700,000	11,400,000	0	4,300,000

[1] <손금산입> 전기 재고자산평가감 6,000,000 (△유보) = 기초 유보 잔액의 감소
[2] <익금산입> 전기 선급비용 과다계상액 1,800,000 (유보) = 기초 △유보 잔액의 감소
[3] <손금산입> 전기 대손충당금 한도초과액 4,500,000 (△유보) = 기초 유보 잔액의 감소
[4] <손금산입> 전기 상각부인액 손금추인 2,700,000 (△유보) = 기초 유보 잔액의 감소

• 자본금과적립금조정명세서(갑)

과목		기초잔액 (ⓐ)	당기 중 증감		기말잔액 (ⓐ - ⓑ + ⓒ)
			감소(ⓑ)	증가(ⓒ)	
자본금 및 잉여금의 계산	자본금	200,000,000		100,000,000	300,000,000
	2. 자본잉여금	25,000,000		25,000,000	50,000,000
	3. 자본조정	20,000,000			20,000,000
	4. 기타포괄손익누계액	30,000,000			30,000,000
	5. 이익잉여금	32,000,000		68,000,000	100,000,000
	6. 계	307,000,000		193,000,000	500,000,000[1]
7. 자본금과 적립금 명세서(을) 계		15,700,000	11,400,000		4,300,000
손익미계상 법인세 등	8. 법인세			1,578,000[2]	1,578,000
	9. 지방소득세			157,800[2]	157,800
	10. 계			1,735,800	1,735,800
11. 차가감계 (= 6. + 7. - 10.)		322,700,000	11,400,000	191,264,200	502,564,200

[1] = 재무상태표상 기말 자본 총계
[2] 손익미계상 법인세 등 = '법인세과세표준및세액신고서'의 법인세 등 - '손익계산서'의 법인세비용
　　 = 손익계산서상 법인세비용 금액 외에 추가로 부담하는 법인세 등
　　 = (+)로 기재하면 세법상 자본 계산 시 차감액으로 반영

② 입력화면
[자본금과적립금조정명세서] 메뉴에서

• [자본금과적립금조정명세서(을)] 탭

| 자본금과적립금조정명세서(을) | 자본금과적립금조정명세서(병) | 자본금과적립금조정명세서(갑) | 이월결손금 |

Ⅰ.세무조정유보소득계산

①과목 또는 사항	②기초잔액	당 기 중 증 감		⑤기말잔액 (=②-③+④)	비 고
		③감 소	④증 가		
재고자산평가감	6,000,000	6,000,000			
선급비용	-1,800,000	-1,800,000			
대손충당금한도초과	4,500,000	4,500,000			
건물감가상각비한도초과	7,000,000	2,700,000		4,300,000	
합 계	15,700,000	11,400,000		4,300,000	

• [자본금과적립금조정명세서(갑)] 탭

| 자본금과적립금조정명세서(을) | 자본금과적립금조정명세서(병) | 자본금과적립금조정명세서(갑) | 이월결손금 |

Ⅰ.자본금과 적립금 계산서

	①과목 또는 사항	코드	②기초잔액	당 기 중 증 감		⑤기 말 잔 액 (=②-③+④)	비 고
				③감 소	④증 가		
자본금및 잉여금의 계산	1.자 본 금	01	200,000,000		100,000,000	300,000,000	
	2.자 본 잉 여 금	02	25,000,000		25,000,000	50,000,000	
	3.자 본 조 정	15	20,000,000			20,000,000	
	4.기타포괄손익누계액	18	30,000,000			30,000,000	
	5.이 익 잉 여 금	14	32,000,000		68,000,000	100,000,000	
	12.기타	17					
	6.계	20	307,000,000		193,000,000	500,000,000	
7.자본금과 적립금명세서(을)계 + (병)계		21	15,700,000	11,400,000		4,300,000	
손익미계상 법인세 등	8.법 인 세	22			1,578,000	1,578,000	
	9.지 방 소 득 세	23			157,800	157,800	
	10. 계 (8+9)	30			1,735,800	1,735,800	
11.차 가 감 계 (6+7-10)		31	322,700,000	11,400,000	191,264,200	502,564,200	

이론시험

1 ②	2 ③	3 ④	4 ③	5 ④	6 ①	7 ③	8 ②
9 ④	10 ①	11 ④	12 ①	13 ③	14 ②	15 ②	

1 ② • 목적적합성의 구성요소 : 예측가치, 피드백가치, 적시성
• 신뢰성의 구성요소 : 표현의 충실성, 검증가능성, 중립성

2 ③ • 자본적 지출(자산)을 수익적 지출(비용)로 처리하는 경우 영향
 : 자산 과소, 비용 과대 → 당기순이익 과소 → 자본 과소
• 수익적 지출(비용)을 자본적 지출(자산)로 처리하는 경우 영향
 : 자산 과대, 비용 과소 → 당기순이익 과대 → 자본 과대

3 ④ 충당부채와 관련된 내용은 주석에 기재한다. (예 기초와 기말 장부금액 및 당기 증감 내용, 충당부채의 성격과 자원이 유출이 예상되는 시기) (일반기업회계기준 문단 14.19)

4 ③ • 20x2년 감가상각비 회계처리

(차) 감가상각비	200,000	(대) 감가상각누계액	200,000
정부보조금	60,000	감가상각비	60,000

• 20x2년 감가상각비 = (기계장치 취득원가 - 정부보조금 수령액) - 잔존가치 ÷ 내용연수
 = {(1,000,000 - 300,000) - 0} ÷ 5
 = 140,000원

5 ④ • 회계추정의 변경은 전진적으로 처리하여 그 효과를 당기와 당기 이후의 기간에 반영한다.
• 회계정책의 변경은 소급하여 적용하는 것이 원칙이다.

6 ① ② 특정 제품 또는 특정 부문에 직접적으로 추적가능한 원가를 직접비라 한다.
③ 변동원가 총액은 조업도에 비례하여 증가한다.
④ 직접노무원가와 제조간접원가는 가공원가에 해당한다.

7 ③ • 매출원가 = 기초 제품 + 당기제품제조원가 - 기말 제품
 → 3,000,000 = 2,000,000 + ? - 3,000,000
 ∴ 당기제품제조원가 = 4,000,000원
• 당기제품제조원가 = 기초 재공품 + 당기총제조원가 - 기말 재공품
 → 4,000,000 = 2,500,000 + ? - 1,000,000
 ∴ 당기총제조원가 = 2,500,000원
• 당기총제조원가 = 직접재료원가 + 직접재료원가의 150%
 → 2,500,000 = ? + (? × 1.5)
 ∴ 직접재료원가 = 1,000,000원
• 당기총제조원가 = 직접재료원가 + 직접노무원가 + 직접노무원가의 200%
 → 2,500,000 = 1,000,000 + ? + (? × 2)
 ∴ 직접노무원가 = 500,000원

8 ② 결합원가계산에서 배분 대상이 되는 원가는 결합제품의 제조과정에서 분리점 이전까지 투입된 원가(결합원가)이다.

9 ④ · 동력부문 → 조립부문 : 200,000원 × 30% = 60,000원

· 동력부문 → 수선부문 : 200,000원 × 20% = 40,000원

· 수선부문 → 조립부문 : (120,000원 + 40,000원) × $\dfrac{30\%}{10\% + 30\%}$ = 120,000원

· 조립부문에 배분될 보조부문의 원가 = 60,000 + 120,000 = 180,000원

10 ① 표준원가와 실제원가가 상당한 차이가 있는 경우에는 표준원가를 실제의 상황에 맞게 조정하여야 한다.

11 ④ 공제대상이 되는 원재료의 매입가액은 운임 등 취득부대비용을 제외한 금액으로 한다.

12 ① 사업자등록을 신청한 사업자가 사업자등록증 발급일까지 거래에 대하여 해당 사업자 또는 대표자의 주민번호를 적어 발급받은 경우, 당해 매입세액은 매입세액공제가 가능하다.

13 ③ 사업소득이 있는 거주자의 공동사업장에 대한 기업업무추진비 한도액 계산에 있어서는 그 공동사업장을 1거주자로 본다.

14 ② 자녀세액공제는 특별세액공제에 해당하지 않으므로, 특별소득공제·특별세액공제·월세액 세액공제를 신청하지 않은 경우에는 표준세액공제와 중복 공제가 가능하다.

15 ② 결산조정항목은 손금의 귀속시기를 선택할 수 있으나 신고조정항목은 손금의 귀속시기를 선택할 수 없다.

실무시험

문제1 전표입력

(1) [매입매출전표입력]
8월 25일 유형 : 11.과세 / 공급가액 : 10,000,000 / 부가세 : 1,000,000 / 거래처 : ㈜성희 / 전자 : 여 / 분개 : 혼합

(차) 보통예금	5,000,000	(대) 제품매출	10,000,000
외상매출금(㈜성희)	6,000,000	부가세예수금	1,000,000

(2) [일반전표입력]
8월 31일 (차) 보통예금   19,985,000   (대) 단기매매증권   15,000,000
    단기매매증권처분이익   4,985,000

(3) [매입매출전표입력]
9월 30일 유형 : 16.수출 / 공급가액 : 47,200,000 / 부가세 : 0 / 거래처 : Amazon.com / 분개 : 혼합
/ (영세율구분 : 1.직접수출)
    (차) 선수금(Amazon.com)   4,000,000   (대) 제품매출   47,200,000
    외상매출금(Amazon.com)   43,200,000

(4) [일반전표입력]
10월 12일 (차) 사채   70,000,000   (대) 보통예금   60,000,000
    사채할증발행차금   3,500,000   사채상환이익   13,500,000

문제 2 부가가치세신고

(1) [부가가치세신고서] (4월~6월)

조회기간 2024 년 4 월 1 일 ~ 2024 년 6 월 30 일 신고구분 2.수정신고 신고차수 1 부가율 54.33

	구분		정기신고금액 금액	세율	세액		구분		수정신고금액 금액	세율	세액
과세표준및매출세액	과세	세금계산서발급분	1	100,000,000	10/100	10,000,000	과세	세금계산서발급분	1	120,000,000	10/100	12,000,000
		매입자발행세금계산서	2		10/100			매입자발행세금계산서	2		10/100	
		신용카드·현금영수증발행분	3		10/100			신용카드·현금영수증발행분	3		10/100	
		기타(정규영수증외매출분)	4					기타(정규영수증외매출분)	4			
	영세	세금계산서발급분	5		0/100		영세	세금계산서발급분	5		0/100	
		기타	6		0/100			기타	6		0/100	
	예정신고누락분		7				예정신고누락분		7			
	대손세액가감		8				대손세액가감		8			
	합계		9	100,000,000	⑨	10,000,000	합계		9	120,000,000	⑨	12,000,000
매입세액	세금계산서수취분	일반매입	10	50,000,000		5,000,000	세금계산서수취분	일반매입	10	50,000,000		5,000,000
		수출기업수입분납부유예	10-1					수출기업수입분납부유예	10-1			
		고정자산매입	11					고정자산매입	11	2,000,000		200,000
	예정신고누락분		12				예정신고누락분		12			
	매입자발행세금계산서		13				매입자발행세금계산서		13			
	그 밖의 공제매입세액		14				그 밖의 공제매입세액		14	4,800,000		480,000
	합계(10)-(10-1)+(11)+(12)+(13)+(14)		15	50,000,000		5,000,000	합계(10)-(10-1)+(11)+(12)+(13)+(14)		15	56,800,000		5,680,000
	공제받지못할매입세액		16				공제받지못할매입세액		16			
	차감계 (15-16)		17	50,000,000	⑭	5,000,000	차감계 (15-16)		17	56,800,000	⑭	5,680,000
납부(환급)세액(매출세액⑨-매입세액⑭)					⑮	5,000,000	납부(환급)세액(매출세액⑨-매입세액⑭)				⑮	6,320,000
경감공제세액	그 밖의 경감·공제세액		18				그 밖의 경감·공제세액		18			
	신용카드매출전표등 발행공제등		19				신용카드매출전표등 발행공제등		19			
	합계		20		⑯		합계		20		⑯	
소규모 개인사업자 부가가치세 감면세액			20-1		⑯		소규모 개인사업자 부가가치세 감면세액		20-1		⑯	
예정신고미환급세액			21		⑱		예정신고미환급세액		21		⑱	
예정고지세액			22		⑲		예정고지세액		22		⑲	
사업양수자의 대리납부 기납부세액			23		⑳		사업양수자의 대리납부 기납부세액		23		⑳	
매입자 납부특례 기납부세액			24		㉑		매입자 납부특례 기납부세액		24		㉑	
신용카드업자의 대리납부 기납부세액			25		㉒		신용카드업자의 대리납부 기납부세액		25		㉒	
가산세액계			26		㉓		가산세액계		26		㉓	216,104
차가감하여 납부할세액(환급받을세액)⑮-⑯-⑱-⑲-⑳-㉑-㉒+㉓			27			5,000,000	차가감하여 납부할세액(환급받을세액)⑮-⑯-⑱-⑲-⑳-㉑-㉒+㉓		27			6,536,104
총괄납부사업자가 납부할 세액(환급받을 세액)							총괄납부사업자가 납부할 세액(환급받을 세액)					

부가세신고서 2쪽 수정신고

7.매출(예정신고누락분) 구분			금액	세율	세액	7.매출(예정신고누락분) 구분			금액	세율	세액
예정누락분	과세	세금계산서	33		10/100		예정누락분	과세	세금계산서	33		10/100	
		기타	34		10/100				기타	34		10/100	
	영세	세금계산서	35		0/100			영세	세금계산서	35		0/100	
		기타	36		0/100				기타	36		0/100	
	합계		37					합계		37			

12.매입(예정신고누락분)			금액			12.매입(예정신고누락분)					
예정누락분	세금계산서		38			예정누락분	세금계산서		38			
	그 밖의 공제매입세액		39				그 밖의 공제매입세액		39			
	합계		40				합계		40			
	신용카드매출수령금액합계	일반매입					신용카드매출수령금액합계	일반매입				
		고정매입						고정매입				
	의제매입세액						의제매입세액					
	재활용폐자원등매입세액						재활용폐자원등매입세액					
	과세사업전환매입세액						과세사업전환매입세액					
	재고매입세액						재고매입세액					
	변제대손세액						변제대손세액					
	외국인관광객에대한환급세액						외국인관광객에대한환급세액					
	합계						합계					

14.그 밖의 공제매입세액			금액	세율	세액	14.그 밖의 공제매입세액			금액	세율	세액
신용카드매출수령금액합계표	일반매입		41			신용카드매출수령금액합계표	일반매입		41	4,800,000		480,000
	고정매입		42				고정매입		42			
의제매입세액			43	뒤쪽		의제매입세액			43	뒤쪽	
재활용폐자원등매입세액			44	뒤쪽		재활용폐자원등매입세액			44	뒤쪽	
과세사업전환매입세액			45			과세사업전환매입세액			45		
재고매입세액			46			재고매입세액			46		
변제대손세액			47			변제대손세액			47		
외국인관광객에대한환급세액			48			외국인관광객에대한환급세액			48		
합계			49			합계			49	4,800,000		480,000

확인[Tab]

부가세신고서 2쪽 수정신고

25.가산세명세				세율	세액	25.가산세명세				세율	세액
사업자미등록등			61	1/100		사업자미등록등			61	1/100	
세금계산서	지연발급 등		62	1/100		세금계산서	지연발급 등		62	1/100	
	지연수취		63	5/1,000			지연수취		63	5/1,000	
	미발급 등		64	뒤쪽참조			미발급 등		64	뒤쪽참조	20,000,000	200,000
전자세금발급명세	지연전송		65	3/1,000		전자세금발급명세	지연전송		65	3/1,000	
	미전송		66	5/1,000			미전송		66	5/1,000	
세금계산서합계표	제출불성실		67	5/1,000		세금계산서합계표	제출불성실		67	5/1,000	
	지연제출		68	3/1,000			지연제출		68	3/1,000	
신고불성실	무신고(일반)		69	뒤쪽		신고불성실	무신고(일반)		69	뒤쪽	
	무신고(부당)		70	뒤쪽			무신고(부당)		70	뒤쪽	
	과소·초과환급(일반)		71	뒤쪽			과소·초과환급(일반)		71	1,320,000	뒤쪽	13,200
	과소·초과환급(부당)		72	뒤쪽			과소·초과환급(부당)		72	뒤쪽	
납부지연			73	뒤쪽		납부지연			73	1,320,000	뒤쪽	2,904
영세율과세표준신고불성실			74	5/1,000		영세율과세표준신고불성실			74	5/1,000	
현금매출명세서불성실			75	1/100		현금매출명세서불성실			75	1/100	
부동산임대공급가액명세서			76	1/100		부동산임대공급가액명세서			76	1/100	
매입자 납부특례	거래계좌 미사용		77	뒤쪽		매입자 납부특례	거래계좌 미사용		77	뒤쪽	
	거래계좌 지연입금		78	뒤쪽			거래계좌 지연입금		78	뒤쪽	
신용카드매출전표등수령명세서미제출·과다기재			79	5/1,000		신용카드매출전표등수령명세서미제출·과다기재			79	5/1,000	
합계			80			합계			80			216,104

확인[Tab]

- 세금계산서 미발급 등 가산세[1] : 20,000,000원 ×1% = 200,000원

  [1] '세금계산서 지연발급 등' 라인에 입력하여도 정답으로 인정

- 과소신고(일반) 가산세 : (2,000,000 − 200,000 − 480,000) × 10% × (100% − 90%)[2] = 13,200원

  [2] 법정신고기한이 지난 후 1개월 이내 수정신고에 해당하므로 90% 감면된다.

- 납부지연 가산세 : (2,000,000 − 200,000 − 480,000) ×(22/100,000) ×10일 = 2,904원

(2) [공제받지못할매입세액명세서] 메뉴 ▶ [납부세액또는환급세액재계산] 탭 (10월~12월)

자산	(20)해당재화의 매입세액	(21)경감률[1-(체감률*경과된과세기간의수)]			(22)증가 또는 감소된 면세공급가액(사용면적)비율					(23)가산또는 공제되는 매입세액 (20)*(21)*(22)
		취득년월	체감률	경과 과세기간	경감률	당기		직전			증가율
						총공급	면세공급	총공급	면세공급		
1.건물,구축물	20,000,000	2022-01	5	5	75	1,000,000,000.00	600,000,000.00	400,000,000.00	400,000,000.00	-40.000000	-6,000,000
2.기타자산	5,000,000	2023-05	25	3	25	1,000,000,000.00	600,000,000.00	400,000,000.00	400,000,000.00	-40.000000	-500,000

- 건물 공통매입세액에 대한 재계산

$$20,000,000 × 100\% − (5\% × 5) × (\frac{600,000,000}{400,000,000 + 600,000,000} − \frac{400,000,000}{0 + 400,000,000})$$

$$= 20,000,000 × 100\% − (5\% × 5) × (60\% − 100\%)$$

$$= (−)6,000,000원 \text{ 불공제 } (→ 공제를 의미함)$$

- 기계장치 공통매입세액에 대한 재계산

$$5,000,000 × \{100\% − (25\% × 3)\} × (\frac{600,000,000}{400,000,000 + 600,000,000} − \frac{400,000,000}{0 + 400,000,000})$$

$$= 5,000,000 × \{100\% − (25\% × 3)\} × (60\% − 100\%)$$

$$= (−)500,000원 \text{ 불공제 } (→ 공제를 의미함)$$

문제 3 결산

(1) (수동결산)

[일반전표입력] 12월 31일

| (차) 퇴직연금운용자산 | 300,000 | (대) 퇴직연금운용수익 | 300,000[1] |
| | | (또는 이자수익) | |

[1] 20,000,000원 × 6% × (3개월/12개월) = 300,000원

(2) (수동결산)

[일반전표입력] 12월 31일

| (차) 외상매출금(Gigs) | 500,000 | (대) 외화환산이익 | 500,000[1] |

[1] ($10,000 × @1,250원) − ($10,000 × @1,200원) = 500,000원

(3) (수동결산 또는 자동결산)

| 방법1 | (수동결산)

[일반전표입력] 12월 31일

| (차) 무형자산상각비(판관비) | 1,200,000[1] | (대) 개발비 | 1,200,000 |

[1] (취득원가 − 잔존가치) × (1/총내용연수) × 해당 월수

= (12,000,000 − 0) × (1/5) × (6개월/12개월) = 1,200,000원

| 방법2 | (자동결산)

[결산자료입력] 메뉴에서 (기간 : 1월~12월) 다음과 같이 입력한다. 자동결산 항목 입력이 완료되고 나면 상단의 [전표추가]를 클릭하여 결산분개를 생성한다.

- 판매비와 일반관리비 ▶ 무형자산상각비 ▶ 개발비 : 1,200,000

(4) (수동결산 → 자동결산)

1단계 수동결산

[일반전표입력] 12월 31일

| (차) 재고자산감모손실 | 120,000[1] | (대) 제품 | 120,000 |
| | | (적요8. 타계정으로 대체액) | |

[1] • 총감모손실 : (10,000개 × @1,000원) − (9,800개 × @1,000원) = 200,000원

• 비정상적인 감모손실 : 200,000원 × (100% − 40%) = 120,000원

자동결산

[결산자료입력] 메뉴에서 (기간 : 1월~12월) 다음과 같이 입력한다. 자동결산 항목 입력이 완료되고 나면 상단의 [전표추가]를 클릭하여 결산분개를 생성한다.
- 제품매출원가 ▶ 기말 제품 재고액 : 9,800,000[2]

  [2] 정상·비정상 감모손실과 평가손실까지 모두 반영된 실제 기말재고액

문제 4 원천징수

(1) 1단계 [사원등록] 메뉴 ▶ 101.윤서준 ▶ [기본사항] 탭

1. 입사년월일	2024 년 1 월 5 일	
2. 내/외국인	1 내국인	
3. 외국인국적	KR 대한민국	체류자격
4. 주민구분	1 주민등록번호	주민등록번호 910630-1123453
5. 거주구분	1 거주자	6. 거주지국코드 KR 대한민국
7. 국외근로제공	1 월 100만원 비과세	8. 단일세율적용 0 부 9. 외국법인 파견근로자 0 부
10. 생산직등여부	0 부	연장근로비과세 0 부 전년도총급여

2단계 [사원등록] 메뉴 ▶ 101.윤서준 ▶ [부양가족명세] 탭

연말관계	성명	내/외국인	주민(외국인,여권)번호	나이	기본공제	부녀자	한부모	경로우대	장애인	자녀	출산입양	위탁관계
0	윤서준	내	1 910630-1123453	33	본인							
3	이윤아	내	1 921212-2451111	32	배우자							
4	윤아준	내	1 220301-3021414	2	20세이하							

3단계 [사원등록] 메뉴 ▶ 101.윤서준 ▶ [추가사항] 탭

11. 감면여부	1 중소기업취업감면	나이(만) 33 세
감면기간	2024-01-05 ~ 2029-01-31	감면율 4 90 % 감면입력 1 급여입력
병역근무기간	----.--.-- ~ ----.--.--	0 년 0 월

참고 중소기업 취업자에 대한 소득세 감면(조세특례제한법 제30조)
- 요건 : ㉠ 청년(34세 이하), 60세 이상, 장애인, 경력단절여성이
  ㉡ 법 소정 업종의 중소기업에 취업한 경우
- 감면기간 및 감면율 : 3년[1]간 70%(단, 청년의 경우 5년[1]간 90%)

  [1] 3년·5년이 되는 날이 속하는 달까지
- 한도 : 과세기간별 200만 원 한도

4단계 [급여자료입력] 메뉴 ▶ [수당공제] 보조창 ▶ [수당등록] 탭

No	코드	과세구분	수당명	근로소득유형 유형	근로소득유형 코드	근로소득유형 한도	월정액	통상임금	사용여부
1	1001	과세	기본급	급여			정기	여	여
2	1002	과세	상여	상여			부정기	부	부
3	1003	과세	직책수당	급여			정기	부	부
4	1004	과세	월차수당	급여			정기	부	부
5	1005	비과세	식대	식대	P01	(월)200,000	정기	부	여
6	1006	비과세	자가운전보조금	자가운전보조금	H03	(월)200,000	부정기	부	여
7	1007	비과세	야간근로수당	야간근로수당	O01	(년)2,400,000	부정기	부	부
8	2001	비과세	국외근로 월100만원(소득	국외근로 월100만원(소득령	M01	(월)1,000,000	정기	부	여

5단계 [급여자료입력] 메뉴

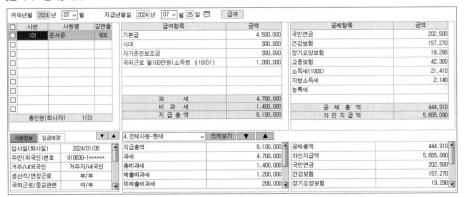

- 과세 = 기본급 + 식대(한도초과분) + 자가운전보조금(한도초과분)
  = 4,500,000 + 100,000 + 100,000 = 4,700,000원
- 비과세 = 식대(한도) + 자가운전보조금(한도) + 국외근로수당
  = 200,000(제출) + 200,000(미제출) + 1,000,000(제출) = 1,400,000원

6단계 [원천징수이행상황명세서] 메뉴

(2) **1단계** [기타소득자등록] 메뉴 ▶ 101.김세무

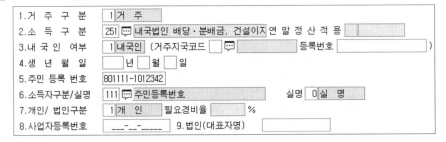

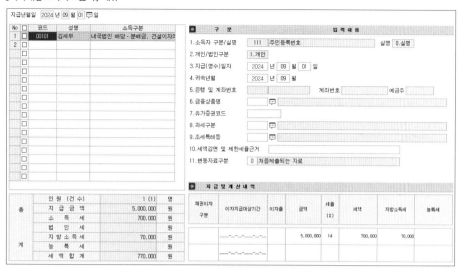

- 소득세법상 일반적인 배당소득에 대한 원천징수세율 : 14%

(3) 1단계 신고서 마감 : [원천징수이행상황신고서] 메뉴 (귀속기간 10월~10월, 지급기간 11월~11월)

2단계 전자신고파일 제작 : [전자신고] 메뉴 (신고인구분 : 2.납세자 자진신고), (비밀번호 : 12345678)

3단계 전자신고파일 제출 : [국세청 홈택스 전자신고변환(교육용)] 메뉴 (찾아보기 → 형식검증하기 → 형식검증결과확인 → 내용검증하기 → 내용검증결과확인 → 전자파일제출 → 신고서 접수증 확인)

문제5 세무조정

(1) ① 문제분석

- 수입금액 vs 회사의 결산서상 매출액

  회사의 결산서상 매출액 2,679,000,000 (= 2,500,800,000 + 178,200,000)
  (+) 제품매출 누락액   2,200,000
  (+) 공사수입금 누락액   10,000,000[1]
  (=) 수입금액   2,691,200,000

  [1] 작업진행률에 의해 가산되어야 하는 공사수입금액

  = (계약금액 × 작업진행률) − 직전 사업연도 말까지 익금에 산입한 금액

  $$= (200,000,000 \times \frac{80,000,000}{100,000,000}) - 150,000,000 = 10,000,000원$$

- 세무조정
  <익금산입> 외상매출금(제품매출) 2,200,000 (유보)
  <손금산입> 제품(제품매출원가) 2,000,000 (△유보)
  <익금산입> 공사수입금 10,000,000 (유보)

- 수입금액 vs 부가가치세법상 과세표준

  수입금액   2,691,200,000
  (+) 부가가치세법상 간주공급   7,000,000
  (−) 공급시기 차이 감액   10,000,000[1]
  (=) 부가가치세법상 과세표준 2,688,200,000

  [1] 기업회계기준상 수익인식시기(작업진행률에 의해 가산)와 부가가치세법상 공급시기(도래하지 않았음)의 차이

② 입력화면

1단계 [수입금액조정명세서]

• [수입금액조정계산] 탭

| 수입금액조정계산 | 작업진행률에 의한 수입금액 | 중소기업 등 수입금액 인식기준 적용특례에 의한 수입금액 | 기타수입금액조정 |

1 1.수입금액 조정계산

No	계정과목		③결산서상 수입금액	조정		⑥조정후 수입금액 (③+④-⑤)	비 고
	①항 목	②계정과목		④가 산	⑤차 감		
1	매 출	제품매출	2,500,800,000	2,200,000		2,503,000,000	
2	매 출	공사수입금	178,200,000	10,000,000		188,200,000	
		계	2,679,000,000	12,200,000		2,691,200,000	

2 2.수입금액 조정명세

가.작업 진행률에 의한 수입금액		10,000,000
나.중소기업 등 수입금액 인식기준 적용특례에 의한 수입금액		
다.기타 수입금액		2,200,000
	계	12,200,000

• [작업진행률에 의한 수입금액] 탭

| 수입금액조정계산 | 작업진행률에 의한 수입금액 | 중소기업 등 수입금액 인식기준 적용특례에 의한 수입금액 | 기타수입금액조정 |

2 2.수입금액 조정명세
가.작업진행률에 의한 수입금액

No	⑦공사명	⑧도급자	⑨도급금액	작업진행률계산				⑬누적익금 산입액 (⑨×⑫)	⑭전기말누적 수입계상액	⑮당기회사 수입계상액	(16)조정액 (⑬-⑭-⑮)
				⑩해당사업연도말 총공사비누적액 (작업시간등)	⑪총공사 예정비 (작업시간등)	⑫진행률 (⑩/⑪)					
1	제주도지하철공사	제주도도지사	200,000,000	80,000,000	100,000,000	80.00	160,000,000	150,000,000		10,000,000

• [기타수입금액조정] 탭

| 수입금액조정계산 | 작업진행률에 의한 수입금액 | 중소기업 등 수입금액 인식기준 적용특례에 의한 수입금액 | 기타수입금액조정 |

2 2.수입금액 조정명세
다.기타 수입금액

No	(23)구 분	(24)근 거 법 령	(25)수 입 금 액	(26)대 응 원 가	비 고
1	제품매출		2,200,000	2,000,000	

• [조정등록] 보조창

익금산입 및 손금불산입			손금산입 및 익금불산입		
과목	금액	소득처분	과목	금액	소득처분
외상매출금누락	2,200,000	유보 발생	매출원가과소	2,000,000	△유보 발생
공사수입금	10,000,000	유보 발생			

2단계 [조정후수입금액명세서]

• [업종별 수입금액 명세서] 탭

| 업종별 수입금액 명세서 | 과세표준과 수입금액 차액검토 |

1 1.업종별 수입금액 명세서

①업 태	②종 목	순번	③기준(단순) 경비율번호	수 입 금 액			
				수입금액계정조회	내 수 판 매		⑦수 출 (명세율대상)
				④계(⑤+⑥+⑦)	⑤국내생산품	⑥수입상품	
제조.도매업,도급	안전유리	01	261004	2,503,000,000	2,503,000,000		
건설업	철도 궤도 전문공사업	02	452122	188,200,000	188,200,000		
		10					
(111)기 타		11					
(112)합 계		99		2,691,200,000	2,691,200,000		

• [과세표준과 수입금액 차액검토] 탭

참고 수입금액과의 차액내역에서 '(−)10,000,000'을 '작업진행률 차이[28]'란에 입력하여도 정답 인정

(2) ① 문제분석
• 당기 선급비용에 대한 세무조정

구분	시작일	종료일	지급액	선급비용	회사계상액	조정대상금액
본사 화재보험료	2024. 7. 1.	2025. 6. 30.	60,000,000	29,753,424[1]	0	29,753,424[3]
공장 화재보험료	2024. 9. 1.	2025. 8. 31.	90,000,000	59,917,808[2]	15,000,000	44,917,808[4]

[1] $60,000,000원 \times \dfrac{181일(2025. 1. 1.\sim2025. 6. 30.)}{365일(2024. 7. 1.\sim2025. 6. 30.)} = 29,753,424원$(원 단위 미만 절사)

[2] $90,000,000원 \times \dfrac{243일(2025. 1. 1.\sim2025. 8. 31.)}{365일(2024. 9. 1.\sim2025. 8. 31.)} = 59,917,808원$

[3] 세무조정 : <손금불산입> 선급비용 29,753,424 (유보)
[4] 세무조정 : <손금불산입> 선급비용 44,917,808 (유보)

• 전기 선급비용에 대한 세무조정
: <손금산입> 전기 선급비용 500,000 (△유보)

② 입력화면
• [선급비용명세서]

계정구분	거래내용	거래처	대상기간 시작일	대상기간 종료일	지급액	선급비용	회사계상액	조정대상금액
선급 보험료	본사 화재보험료	(주)한화보험	2024-07-01	2025-06-30	60,000,000	29,753,424		29,753,424
선급 보험료	공장 화재보험료	(주)삼성보험	2024-09-01	2025-08-31	90,000,000	59,917,808	15,000,000	44,917,808
				합 계	150,000,000	89,671,232	15,000,000	74,671,232

• [조정등록]

익금산입 및 손금불산입			손금산입 및 익금불산입		
과목	금액	소득처분	과목	금액	소득처분
선급비용(보험료) 과소계상	29,753,424	유보 발생	전기 선급비용(보험료) 과소계상	500,000	유보 감소
선급비용(보험료) 과소계상	44,917,808	유보 발생			

(3) ① 문제분석
- 장부상 대손충당금의 총계정원장

대손충당금			
8/16 상계	2,000,000	1/1 기초	15,000,000 (세법상 전기이월 부인액 : 6,000,000)
12/31 기말	17,500,000	12/31 추가설정	4,500,000
	19,500,000		19,500,000

- 대손금에 대한 세무조정
  - 8/16 : 세무조정 없음
- 대손충당금 손금산입 한도액 = 기말 세법상 설정대상 채권가액 × 설정률
  $$= 332,000,000^{1)} × 1\%^{2)}$$
  $$= 3,320,000원$$
  $^{1)}$ = 장부상 기말 채권가액 – 설정제외 채권가액
    ± (채권관련 기초 유보·△유보 잔액 ± 채권관련 당기 유보·△유보 조정액)
    = (300,000,000 + 25,000,000) – 0 + (7,000,000 + 0)
    = 332,000,000원
  $^{2)}$ = 1% (가정치)

- 대손충당금 설정에 대한 세무조정

회사계상액	17,500,000(= 장부상 대손충당금 기말잔액)
손금산입 한도액	3,320,000
한도초과액	14,180,000
세무조정	• <손금산입> 전기 대손충당금 6,000,000 (△유보) • <손금불산입> 대손충당금 14,180,000 (유보)

② 입력화면
- [대손충당금및대손금조정명세서]

- [조정등록]

익금산입 및 손금불산입			손금산입 및 익금불산입		
과목	금액	소득처분	과목	금액	소득처분
대손충당금한도초과	14,180,000	유보 발생	전기대손충당금한도초과	6,000,000	유보 감소

(4) ① 문제분석

- 업무무관부동산 적수 계산

일자	적요	차변	대변	잔액	기간	일수	적수
1/1	전기이월	350,000,000[1]		350,000,000	1. 1.~12. 31.	366일	128,100,000,000
합계		350,000,000				366일	128,100,000,000

[1] 업무무관 토지의 취득세(업무무관자산의 취득부대비용)는 세법상 자산으로 인정됨

- 업무무관 가지급금 적수 계산

일자	적요	차변	대변	잔액	기간	일수	적수
1/1	전기이월	600,000,000		600,000,000	1. 1.~12. 31.	366일	219,600,000,000
합계		600,000,000				366일	219,600,000,000

- 가수금[1] 적수 계산

일자	적요	차변	대변	잔액	기간	일수	적수
1/1	전기이월		100,000,000	100,000,000	1. 1.~12. 31.	366일	36,600,000,000
합계			100,000,000			366일	36,600,000,000

[1] 가지급금과 가수금 발생 시에 이자율·상환기간에 관한 약정이 각각 체결된 경우가 아니라면, 동일인에 대한 가지급금·가수금은 서로 상계하여 업무무관 가지급금 적수를 계산함

- 차입금 적수 계산

구분	금액	일수	차입금 적수	이자율	이자비용
국민은행이자	125,000,000	366일	45,750,000,000	연 8%	10,000,000
금융어음할인료	200,000,000	366일	73,200,000,000	연 10%	20,000,000
신한은행이자	1,000,000,000	366일	− 366,000,000,000	연 4%	40,000,000
합계			484,950,000,000		70,000,000

- 업무무관자산 등에 대한 지급이자 계산

$$= 지급이자 \times \frac{업무무관자산\ 등\ 적수}{차입금\ 적수}$$

$$= 70,000,000 \times \frac{Min[\bigcirc\ (128,100,000,000 + 219,600,000,000 − 36,600,000,000),\ \bigcirc\ 484,950,000,000]}{484,950,000,000}$$

$$= 44,905,660원$$

- 세무조정

    <손금불산입> 채권자 불분명 사채이자(원천세 제외) 30,000,000 (대표자 상여)

    <손금불산입> 건설자금이자 15,000,000 (유보)

    <손금불산입> 업무무관자산 등에 대한 지급이자 44,905,660 (기타사외유출)

② 입력화면

[업무무관부동산등에관련한차입금이자조정명세서] 메뉴에서

- [1. 적수입력(을)] 탭 ▶ [1. 업무무관부동산] 탭

No	①월일		②적요	③차변	④대변	⑤잔액	⑥일수	⑦적수
1	1	1	전기이월	350,000,000		350,000,000	366	128,100,000,000

6. 자기자본 적수 계산					불러오기
⑧재무상태표자산총계	⑨재무상태표부채총계	⑩자기자본 (⑧-⑨)	⑪납입자본금	⑫사업연도 일수	⑬적수
1,000,000,000	300,000,000	700,000,000	100,000,000	366	256,200,000,000

- [1. 적수입력(을)] 탭 ▶ [3. 가지급금] 탭

No	①월일		②적요	③차변	④대변	⑤잔액	⑥일수	⑦적수
1	1	1	전기이월	600,000,000		600,000,000	366	219,600,000,000

- [1. 적수입력(을)] 탭 ▶ [4. 가수금] 탭

No	①월일		②적요	③차변	④대변	⑤잔액	⑥일수	⑦적수
1	1	1	전기이월		100,000,000	100,000,000	366	36,600,000,000

- [2. 지급이자 손금불산입(갑)] 탭

2	1.업무무관부동산 등에 관련한 차입금 지급이자								
①지급이자	적 수				⑥차입금 (=19)	⑦ ⑤와 중 적은 금액	⑧손금불산입 지급이자 (①×⑦÷⑥)
	②업무무관부동산	③업무무관동산	④가지급금 등	⑤계(②+③+④)			
70,000,000	128,100,000,000		183,000,000,000	311,100,000,000	484,950,000,000	311,100,000,000	44,905,660

| 1 | 2. 지급이자 및 차입금 적수 계산 [연이율 일수 현재: 366일] | | | | | | | | 단수차이조정 | 연일수 |

No	(9)이자율(%)	(10)지급이자	(11)차입금적수	(12)채권자불분명 사채이자 수령자불분명 사채이자		(15)건설 자금 이자 국조법 14조에 따른 이자		차 감	
				(13)지급이자	(14)차입금적수	(16)지급이자	(17)차입금적수	(18)지급이자 (10-13-16)	(19)차입금적수 (11-14-17)
1	8.00000	10,000,000	45,750,000,000					10,000,000	45,750,000,000
2	12.00000	15,000,000	45,750,000,000			15,000,000	45,750,000,000		
3	10.00000	20,000,000	73,200,000,000					20,000,000	73,200,000,000
4	4.00000	40,000,000	366,000,000,000					40,000,000	366,000,000,000
5	6.00000	30,000,000	183,000,000,000	30,000,000	183,000,000,000				
	합계	115,000,000	713,700,000,000	30,000,000	183,000,000,000	15,000,000	45,750,000,000	70,000,000	484,950,000,000

- [조정등록]

익금산입 및 손금불산입			손금산입 및 익금불산입		
과목	금액	소득처분	과목	금액	소득처분
채권자불분명사채이자(원천세제외)	30,000,000	상여			
건설자금이자	15,000,000	유보 발생			
업무무관자산지급이자	44,905,660	기타사외유출			

(5) ① 문제분석

[소나타(27로2727) 관련 비용에 대한 세무조정]

1단계 업무용승용차의 감가상각 시부인
- 회사계상액 : 6,800,000원
- 상각범위액 : 34,000,000[1] × 1/5 = 6,800,000원
- 세무조정 : 없음

  [1] 비영업용 소형승용차 관련 매입세액은 매입세액 불공제분이므로 부가가치세 포함 금액이 장부상 취득원가로 계상됨

2단계 업무용승용차 관련 비용 중 업무외사용금액
- 업무용승용차 관련 비용 : 감가상각비 + 유류비 + 보험료 + 자동차세
  = (6,800,000 ± 0)[1] + 2,000,000[2] + 1,000,000 + 520,000
  = 10,320,000원

  [1] 1단계 세무조정(5년, 정액법)이 반영된 금액

  [2] 비영업용 소형승용차 관련 매입세액은 매입세액 불공제분이므로 부가가치세 포함 금액이 장부상 비용으로 계상됨
- 업무사용비율 : 100%[1]

  [1] 업무용승용차 관련 비용이 1,500만 원 이하이므로 운행기록부를 작성하지 않더라도 전액 업무사용금액으로 인정
- 업무외사용금액 : 10,320,000 × (100% - 100%) = 0원
- 세무조정 : 없음

3단계 업무용승용차의 감가상각비 한도초과액
- 업무사용금액 중 감가상각비 : (6,800,000 ± 0) × 100% = 6,800,000원[1]

  [1] 1단계 세무조정(5년, 정액법)과 2단계 세무조정(업무외사용금액)이 반영된 금액
- 한도액 : 8,000,000원
- 한도초과액 : 0원 (한도미달액 1,200,000원)
- 세무조정 : 없음

[제네시스(38호2929) 관련 비용에 대한 세무조정]

1단계 업무용승용차의 감가상각 시부인

- 회사계상액 : 0원
- 상각범위액 : 0원 (∵ 렌트한 차량이므로)
- 세무조정 : 없음

2단계 업무용승용차 관련 비용 중 업무외사용금액

- 운행기록을 작성·비치하지 않아도 업무사용비율을 100%로 인정받을 수 있는 기준금액

  = 15,000,000원 × (4개월/12개월) = 5,000,000원 이하[1]

  [1] 사업연도 중에 업무용승용차를 취득하였으므로 월할 계산

- 업무용승용차 관련 비용 : 렌트료 + 유류비

  = (1,320,000 × 4개월) + 2,200,000

  = 7,480,000원

- 업무사용비율 : $\dfrac{9,000km}{10,000km}$ = 90%

- 업무외사용금액 : 7,480,000 × (100% − 90%) = 748,000원
- 세무조정 : <손금불산입> 748,000 (상여)

3단계 업무용승용차의 감가상각비 한도초과액

- 업무사용금액 중 감가상각비 : 3,396,000[1] × 90% = 3,326,400원

  [1] 임차료 중 법 소정 산식에 따라 계산한 감가상각비 상당액

  = (1,320,000 × 4개월) × 70% = 3,396,000원

- 한도액 : 8,000,00원 × (4개월/12개월) = 2,666,667
- 한도초과액 : 659,733원
- 세무조정 : <손금불산입> 659,733 (기타사외유출)[1]

  [1] 임차료 중 감가상각비 상당액인 경우 소득처분 : 기타사외유출

② 입력화면

[업무용승용차관련비용명세서] 메뉴에서

1단계 **⑰ 업무용승용차등록 실행**을 클릭한 다음, [업무용승용차등록]을 입력

- 27로2727 소나타

코드	차량번호	차종	사용
0101	27로2727	소나타	사용
0102	38호2929	제네시스	사용

차량 상세 등록 내용

1. 고정자산계정과목 : 0208 차량운반구
2. 고정자산코드/명 :
3. 취득일자 : 2023-05-01
4. 경비구분 : 6.800번대/판관비
5. 사용자 부서 :
6. 사용자 직책 :
7. 사용자 성명 :
8. 임차여부 : 자가
9. 임차기간 : _ _ _ _-_ _-_ _ ~ _ _ _ _-_ _-_ _
10. 보험가입여부 : 가입
11. 보험기간 : 2023-05-01 ~ 2024-04-30
    2024-05-01 ~ 2025-04-30
12. 운행기록부사용여부 : 부   전기이월누적거리 : km
13. 전용번호판 부착여부 : 여
14. 출퇴근사용여부 : 여   출퇴근거리 : km
15. 자택 :
16. 근무지 :

• 38호2929 제네시스

□	코드	차량번호	차종	사용
□	0101	27로2727	소나타	사용
□	0102	38호2929	제네시스	사용

차량 상세 등록 내용

1. 고정자산계정과목
2. 고정자산코드/명
3. 취득일자　2024-09-01
4. 경비구분　6.800번대/판관비
5. 사용자 부서
6. 사용자 직책
7. 사용자 성명
8. 임차여부　렌트
9. 임차기간　2024-09-01 ~ 2026-08-31
10. 보험가입여부　가입
11. 보험기간　2024-09-01 ~ 2025-08-31
　　　____-__-__ ~ ____-__-__
12. 운행기록부사용여부　여　　전기이월누적거리　　km
13. 전용번호판 부착여부　여
14. 출퇴근사용여부　여　　출퇴근거리　　km
15. 자택
16. 근무지

2단계 **F12 새로 불러오기**(또는 ctrl + F12)를 클릭한 다음, [업무용승용차관련비용명세서]를 입력

• 27로2727 소나타

코드	차량번호	차종	임차	보험(율)	운행기록	번호판	월수
0101	27로2727	소나타	자가	여 (100%)	부	여	12

① 업무 사용 비율 및 업무용 승용차 관련 비용 명세　(운행기록부: 미적용)　취득일: 2023-05-01　　☐ 부동산임대업등 법령42조②항

(5) 총주행 거리(km)	(6) 업무용 사용 거리(km)	(7) 업무 사용비율	(8) 취득가액	(9) 보유또는 임차월수	(10)업무용 승용차 관련 비용								
					(11) 감가상각비	(12) 임차료 (감가상각비포함)	(13) 감가상 각비상당액	(14) 유류비	(15) 보험료	(16) 수선비	(17) 자동차세	(18) 기타	(19) 합계
	100.0000	34,000,000	12	6,800,000			2,000,000	1,000,000		520,000		10,320,000
	합계			6,800,000		5,280,000	3,696,000	4,200,000	1,000,000		520,000		17,800,000

② 업무용 승용차 관련 비용 손금불산입 계산

(22) 업무 사용 금액			(23) 업무외 사용 금액			(30) 감가상각비 (상당액) 한도초과금액	(31) 손금불산입 합계	(32) 손금산입 합계
(24) 감가상각비 (상당액)[((11)또는 (13))X(7)]	(25) 관련 비용 [((19)-(11)또는 (19)-(13))X(7)]	(26) 합계 ((24)+(25))	(27) 감가상각비 (상당액)X((11)-(24) 또는(13)-(24))	(28) 관련 비용 [((19)-(11)또는 (19)-(13))-(25)]	(29) 합계 ((27)+(28))		((29)+(30))	((19)-(31))
6,800,000	3,520,000	10,320,000						10,320,000
10,126,400	6,925,600	17,052,000	369,600	378,400	748,000	659,733	1,407,733	16,392,267

③ 감가상각비(상당액) 한도초과금액 이월 명세

(37) 전기이월액	(38) 당기 감가상각비(상당액) 한도초과금액	(39) 감가상각비(상당액) 한도초과금액 누계	(40) 손금추인(산입)액	(41) 차기이월액((39)-(40))
	659,733	659,733		659,733

④ 업무용 승용차 처분 손실 및 한도초과금액 손금불산입액 계산

(44) 양도가액	(45) 세무상 장부가액			(50) 처분손실 ((44)-(49)<0)	(51) 당기손금산입액	(52) 한도초과금액 손금불산입 ((50)-(51))
	(46) 취득가액	(47) 감가상각비 누계액	(48) 감가상각비한도초과금액 차기이월액(=(41))	(49) 합계 ((46)-(47)+(48))		

⑤ 업무용 승용차 처분 손실 한도초과금액 이월 명세

(56) 처분일	(57) 전기이월액	(58) 손금산입액	(59) 차기이월액((57)-(58))
____-__-__			

• 38호2929 제네시스

코드	차량번호	차종	임차	보험(율)	운행기록	번호판	월수
0102	38호2929	제네시스	렌트	여 (100%)	여	여	4

1 업무용 사용 비율 및 업무용 승용차 관련 비용 명세 (운행기록부: 적용) 임차기간: 2024-09-01 ~ 2026-08-31 □ 부동산임대업등 법령42조②항

(5) 총주행 거리(km)	(6) 업무 사용 거리(km)	(7) 업무 사용비율	(8) 취득가액	(9) 보유또는 임차월수	(11) 감가상각비	(12) 임차료 (감가상각비포함)	(13) 감가상 각비상당액	(14) 유류비	(15) 보험료	(16) 수선비	(17) 자동차세	(18) 기타	(19) 합계
10,000	9,000	90.0000		4		5,280,000	3,696,000	2,200,000					7,480,000
합 계					6,800,000	5,280,000	3,696,000	4,200,000	1,000,000		520,000		17,800,000

위 (10)업무용 승용차 관련 비용

2 업무용 승용차 관련 비용 손금불산입 계산

(24) 감가상각비 (상당액)(((11)또는 (13))X(7))	(25) 관련 비용 [((19)-(11)또는 (13))X(7)]	(26) 합계 ((24)+(25))	(27) 감가상각비 (상당액)X(11)-(24) 또는(13)-(24))	(28) 관련 비용 [((19)-(11)또는 (19)-(13))-(25)]	(29) 합계 ((27)+(28))	(30) 감가상각비 (상당액) 한도초과금액	(31) 손금불산입 합계 ((29)+(30))	(32) 손금산입 합계 ((19)-(31))
3,326,400	3,405,600	6,732,000	369,600	378,400	748,000	659,733	1,407,733	6,072,267
10,126,400	6,925,600	17,052,000	369,600	378,400	748,000	659,733	1,407,733	16,392,267

(22) 업무 사용 금액 / (23) 업무외 사용 금액

3 감가상각비(상당액) 한도초과금액 이월 명세

(37) 전기이월액	(38) 당기 감가상각비(상당액) 한도초과금액	(39) 감가상각비(상당액) 한도초과금액 누계	(40) 손금추인(산입)액	(41) 차기이월액((39)-(40))
	659,733	659,733		659,733
	659,733	659,733		659,733

4 업무용 승용차 처분 손실 및 한도초과금액 손금불산입액 계산

(44) 양도가액	(46) 취득가액	(47) 감가상각비 누계액	(48) 감가상각비한도초과금액 차기이월액(=(41))	(49) 합계 ((46)-(47)+(48))	(50) 처분손실 ((44)-(49)<0)	(51) 당기손금산입액	(52) 한도초과금액 손금불산입 ((50)-(51))

(45) 세무상 장부가액

5 업무용 승용차 처분 손실 한도초과금액 이월 명세

(56) 처분일	(57) 전기이월액	(58) 손금산입액	(59) 차기이월액((57)-(58))
----'--'--			

3단계 [조정등록]

익금산입 및 손금불산입			손금산입 및 익금불산입		
과목	금액	소득처분	과목	금액	소득처분
업무용승용차 업무미사용	748,000	상여			
업무용승용차 감가상각비 한도초과	659,733	기타사외유출			

이론시험

1 ④	2 ③	3 ②	4 ④	5 ③	6 ②	7 ③	8 ②
9 ④	10 ④	11 ④	12 ③	13 ④	14 ④	15 ③	

1 ④ 재무제표의 기간별 비교가능성을 제고하기 위하여 전기 재무제표의 모든 계량정보를 당기와 비교하는 형식으로 표시한다. 또한 전기 재무제표의 비계량정보가 당기 재무제표를 이해하는 데 필요한 경우에는 이를 당기의 정보와 비교하여 주석에 기재한다. 예를 들어, 전기 보고기간종료일 현재 미해결 상태인 소송사건이 당기 재무제표가 사실상 확정된 날까지 해결되지 않은 경우에는 전기 보고기간종료일에 불확실성이 존재하였다는 사실과 내용, 당기에 취해진 조치 및 결과 등에 대한 정보를 주석으로 기재한다. (일반기업회계기준 문단 2.12)

2 ③ 건설형 공사계약의 경우 장기·단기를 불문하고 원칙적으로 진행기준에 따라 수익을 인식한다.

3 ② 저가법 적용에 따라 평가손실을 초래했던 상황이 해소되어 시가가 회복되는 경우에는 최초의 취득원가(최초의 장부금액)를 회복된 시가의 한도로 하여 평가손실을 환입한다.

4 ④
- ㉠ (차) 외상매입금   20,000,000   (대) 보통예금   20,000,000
- ㉡ (차) 보통예금   5,000,000   (대) 외상매출금   5,000,000
- ㉢ (차) 보험료(판관비)   100,000   (대) 현금 등   1,200,000
       선급비용   1,100,000
- ㉠과 ㉡은 당기순이익에 영향을 미치지 않으며, ㉢ 거래에 대하여 장부에 보험료 100,000원과 선급비용 1,100,000원으로 계상되어 있으므로 당기순이익에 변동이 없다.

5 ③
- 유효이자율법의 특성상 매기 상각액의 절댓값 크기는 매년 커진다. 따라서, 사채할증발행차금의 상각액은 매년 증가한다.
- 할증발행 이자비용 = 액면이자(일정) − 상각액(매년 절댓값 커짐) = 매년 감소

6 ② 준변동원가는 조업도와 관계없이 발생하는 고정원가와 조업도의 변동에 비례하여 발생하는 변동원가로 구성된 원가를 말한다.

7 ③ 개별원가계산은 제조간접비를 배부해야 하며, 종합원가계산은 완성품환산량을 산정해야 한다.

8 ②
- 평균법에 의한 가공비의 완성품환산량 = 완성분 + 기말재공품
  = 900 + (300 × 60%)
  = 1,080개
- 선입선출법에 의한 가공비의 완성품환산량 = 기초재공품 완성분 + 당기 착수 완성분 + 기말재공품
  = (400 × 60%) + 500 + (300 × 60%)
  = 920개

9 ④ 상호배분법은 보조부문 상호 간의 용역수수관계를 모두 반영하는 방법으로서, 보조부문의 원가배분 순서에 따라 배분원가가 달라지지 않는다.

10 ④ (직접노무비 차이분석)

실제원가		표준원가
AP × AQ	SP × AQ	SP × SQ
	@5원 × 33,000시간	@5원 × 34,000시간
180,000원	= 165,000원	= 170,000원

임률차이
15,000원(불리)

능률차이
5,000원(유리)

11 ④ 재화·용역을 공급한 후 공급시기가 속하는 과세기간 종료 후 25일 이내에 내국신용장이 개설된 경우 수정(전자)세금계산서의 작성일은 당초 세금계산서 작성일을 적는다.

12 ③ 면세는 부분면세 제도이나 영세율은 완전면세 제도이다.

13 ④ 사업소득에서 결손금이 발생한 경우에도 종합소득과세표준 확정신고를 하여야 한다.

14 ④ 주거용 건물 임대 외의 부동산임대업에서 발생한 이월결손금은 타소득에서 공제할 수 없다.

15 ③ 중소기업인 법인이 수행하는 계약기간이 1년 미만인 건설 등의 경우 그 목적물의 인도일이 속하는 사업연도의 익금에 산입할 수 있다.

실무시험

문제1 전표입력

(1) [매입매출전표입력]

1월 15일 유형 : 53.면세 / 공급가액 : 700,000 / 거래처 : 현주캐피탈㈜ / 전자 : 여 / 분개 : 혼합

(차) 임차료(판관비)	700,000	(대) 미지급금(현주캐피탈㈜)	700,000

(2) [일반전표입력]

2월 1일

(차) 보통예금	47,950,000	(대) 사채	50,000,000
사채할인발행차금	2,050,000		

(3) [매입매출전표입력]

3월 3일 유형 : 11.과세 / 공급가액 : 20,000,000 / 부가세 : 2,000,000 / 거래처 : ㈜사랑최고사 / 전자 : 여 / 분개 : 혼합

(차) 감가상각누계액(차량운반구)	40,000,000	(대) 차량운반구	55,000,000
보통예금	22,000,000	부가세예수금	2,000,000
		유형자산처분이익	5,000,000

(4) [일반전표입력]

3월 21일

(차) 보통예금	9,300,000	(대) 단기대여금(㈜최강)	9,000,000
		외환차익	300,000

(1) 1단계 [수출실적명세서] (7월~9월)

조회기간 2024 년 07 ∨ 월 - 2024 년 09 ∨ 월 구분 : 2기 예정   과세기간별입력

구분	건수	외화금액	원화금액	비고
⑨합계	2	30,000.00	36,700,000	
⑩수출재화[=⑫합계]	1	10,000.00	12,500,000	
⑪기타영세율적용	1	20,000.00	24,200,000	

No	□	(13)수출신고번호	(14)선(기)적일자	(15)통화코드	(16)환율	금액 (17)외화	금액 (18)원화	전표정보 거래처코드	전표정보 거래처명
1	□	34554-67-7698012	2024-07-14	USD	1,250.0000	10,000.00	12,500,000		
2	□								
	□								
	□								
	□								
	□								
	□								
	□								
	□								
		합계				10,000	12,500,000		

2단계 [영세율매출명세서] (7월~9월)

조회기간 2024 년 07 ∨ 월 ~ 2024 년 09 ∨ 월   2기 예정

부가가치세법 | 조세특례제한법

(7)구분	(8)조문	(9)내용	(10)금액(원)
부가가치세법	제21조	직접수출(대행수출 포함)	12,500,000
		중계무역·위탁판매·외국인도 또는 위탁가공무역 방식의 수출	
		내국신용장·구매확인서에 의하여 공급하는 재화	
		한국국제협력단 및 한국국제보건의료재단에 공급하는 해외반출용 재화	
		수탁가공무역 수출용으로 공급하는 재화	
	제22조	국외에서 제공하는 용역	
	제23조	선박·항공기에 의한 외국항행용역	
		국제복합운송계약에 의한 외국항행용역	
	제24조	국내에서 비거주자·외국법인에게 공급되는 재화 또는 용역	24,200,000
		수출재화임가공용역	
		외국항행 선박·항공기 등에 공급하는 재화 또는 용역	
		국내 주재 외교공관, 영사기관, 국제연합과 이에 준하는 국제기구, 국제연합군 또는 미군에게 공급하는 재화 또는 용역	
		「관광진흥법 시행령」에 따른 일반여행업자가 외국인관광객에게 공급하는 관광알선용역	
		외국인전용판매장 또는 주한외국군인 등의 전용 유흥음식점에서 공급하는 재화 또는 용역	
		외교관 등에게 공급하는 재화 또는 용역	
		외국인환자 유치용역	
(11) 부가가치세법에 따른 영세율 적용 공급실적 합계			36,700,000
(12) 조세특례제한법 및 그 밖의 법률에 따른 영세율 적용 공급실적 합계			
(13) 영세율 적용 공급실적 총 합계(11)+(12)			36,700,000

(2) [공제받지못할매입세액명세서] 메뉴 ▶ [공제받지못할매입세액내역] 탭 (4월~6월)

조회기간	2024 년 04 ∨ 월 ~ 2024 년 06 ∨ 월		구분	1기 확정	
공제받지못할매입세액내역	공통매입세액안분계산내역	공통매입세액의정산내역		납부세액또는환급세액재계산	

매입세액 불공제 사유	세금계산서		
	매수	공급가액	매입세액
①필요적 기재사항 누락 등			
②사업과 직접 관련 없는 지출	1	15,000,000	1,500,000
③비영업용 소형승용자동차 구입·유지 및 임차			
④접대비 및 이와 유사한 비용 관련	1	500,000	50,000
⑤면세사업등 관련			
⑥토지의 자본적 지출 관련	1	3,000,000	300,000
⑦사업자등록 전 매입세액			
⑧금·구리 스크랩 거래계좌 미사용 관련 매입세액			
합계	3	18,500,000	1,850,000

(3) 1단계 신고서 마감 : [부가가치세신고서] 메뉴 (10월~12월)

　　2단계 전자신고파일 제작 : [전자신고] 메뉴 (신고인구분 : 2.납세자 자진신고), (비밀번호 : 12345678)

　　3단계 전자신고파일 제출 : [국세청 홈택스 전자신고변환(교육용)] 메뉴 (찾아보기 → 형식검증하기 → 형식검증결과확인 → 내용검증하기 → 내용검증결과확인 → 전자파일제출 → 신고서 접수증 확인)

문제 3 결산

(1) (수동결산)
[일반전표입력] 12월 31일

(차) 부가세예수금	9,000,000	(대) 부가세대급금	7,500,000
		미지급세금	1,500,000

(2) (수동결산)
[일반전표입력] 12월 31일

(차) 이자비용	2,500,000¹⁾	(대) 미지급비용	2,500,000

　　1) 50,000,000원 × 10% × (6개월/12개월) = 2,500,000원

(3) (수동결산)
[일반전표입력] 12월 31일

(차) 매도가능증권(투자)	300,000¹⁾	(대) 매도가능증권평가이익	300,000

　　1) (300주 × @32,000원) − {(300주 × @30,000원) + (300주 × @1,000원)} = 300,000원

(4) (수동결산)
[일반전표입력] 12월 31일

(차) 감가상각비(제조)	6,000,000¹⁾	(대) 감가상각누계액(기계장치)	6,000,000
국고보조금(기계장치)	2,000,000	감가상각비(제조)	2,000,000¹⁾

　　1) 정액법에 의한 당기 감가상각비
　　　 = {(기계장치 취득원가 − 국고보조금 수령액) − 잔존가치} ÷ 내용연수 × 해당 월수
　　　 = {(120,000,000 − 40,000,000) − 0} ÷ 5 × (3개월/12개월)
　　　 = 4,000,000원

(1) [원천징수이행상황신고서]

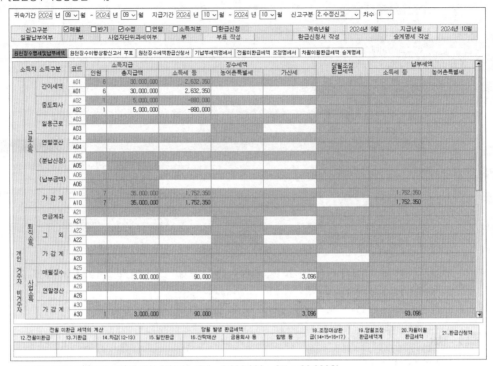

- 소득세법상 강사료(사업소득)에 대한 원천징수세액 = 3,000,000 × 3% = 90,000원
- 원천징수납부지연 가산세 = Min[㉠, ㉡] = 3,096원
  - ㉠ (미달납부세액 × 3%) + 미달납부세액 × (22/100,000) × 미납일수
    = (90,000 × 3%) + {90,000 × (22/100,000) × 20} = 3,096원
  - ㉡ 한도 : 미달납부세액 × 10% = 90,000 × 10% = 9,000원

(2) 1단계 [연말정산입력추가자료입력] 메뉴 ▶ 16.이준혁 ▶ [부양가족] 탭 ▶ 하단부
- 본인 이준혁

자료구분	보험료				의료비					교육비	
	건강	고용	일반보장성	장애인전용	일반	실손	선천성이상아	난임	65세,장애인	일반	장애인특수
국세청			600,000								
기타	2,942,844	600,000									

자료구분	신용카드등 사용액공제						기부금
	신용카드	직불카드등	현금영수증	전통시장사용분	대중교통이용분	도서공연 등	
국세청	22,500,000		1,700,000	1,000,000			100,000
기타							

- 어머니 최민순

자료구분	보험료				의료비					교육비	
	건강	고용	일반보장성	장애인전용	일반	실손	선천성이상아	난임	65세,장애인	일반	장애인특수
국세청									1,800,000		
기타											

- 배우자 장미정

자료구분	보험료				의료비					교육비	
	건강	고용	일반보장성	장애인전용	일반	실손	선천성이상아	난임	65세,장애인	일반	장애인특수
국세청					1,000,000	400,000					
기타					2.일반						

- 자녀 이시연

자료구분	보험료				의료비					교육비	
	건강	고용	일반보장성	장애인전용	일반	실손	선천성이상아	난임	65세,장애인	일반	장애인특수
국세청			1,000,000							1,200,000	
기타										2.초중고	

- 중학교·고등학교 교복구입비는 1인당 연 50만 원을 한도로 공제 적용 가능함

- 자녀 이채연

자료구분	보험료				의료비					교육비	
	건강	고용	일반보장성	장애인전용	일반	실손	선천성이상아	난임	65세,장애인	일반	장애인특수
국세청										2,800,000	
기타										1.취학전	

2단계 [의료비] 탭

2024년 의료비 지급명세서

	성명	내/외	5.주민등록번호	6.본인등해당여부	9.증빙코드	8.상호	7.사업자등록번호	10.건수	11.금액	11-1.실손보험수령액	12.미숙아선천성이상아	13.난임여부	14.산후조리원
□	최민순	내	580802-2121113	2	0	1				1,800,000		X	X	X
□	장미정	내	820503-2111113	3	X	1				1,000,000	400,000	X	X	X
□														
□														
	합계									2,800,000	400,000			
	일반의료비 (본인)			6세이하,65세이상인건강보험산정특례자장애인			1,800,000	일반의료비 (그 외)		1,000,000	난임시술비 미숙아.선천성이상아			

- 실손보험금 수령액으로 지급한 의료비는 공제 적용 안되므로, 서식에서 별도로 표기

3단계 [기부금] 탭
- [기부금 입력] 세부 탭 ▶ 본인 이준혁

구분		9.기부내용	노조회비여부	기부처			건수	기부명세			자료구분
7.유형	8.코드			10.상호(법인명)	11.사업자번호 등			13.기부금합계금액(14+15)	14.공제대상기부금액	15.기부장려금신청 금액	
정치자금	20	금전	부	필수 입력	필수 입력			100,000	100,000		국세청

- [기부금 조정] 세부 탭

구분		기부연도	16.기부금액	17.전년도까지공제된금액	18.공제대상금액(16-17)	해당연도공제금액	해당연도에 공제받지 못한 금액	
유형	코드						소멸금액	이월금액
정치자금	20	2024	100,000		100,000	100,000		

4단계 [신용카드 등] 탭

	내/외관계	성명생년월일	자료구분	신용카드	직불,선불	현금영수증	도서등신용	도서등직불	도서등현금	전통시장	대중교통	소비증가분	
												2023년	2024년
□	내 0	이준혁 1978-01-06	국세청 기타	22,500,000		1,700,000				1,000,000			
□	내 1	이혁진 1952-05-08	국세청 기타										
□	내 1	최민순 1958-08-02	국세청 기타										
□	내 3	장미정 1982-05-03	국세청 기타										
□	내 4	이시연 2010-09-06	국세청 기타										
□	내 4	이채연 2018-06-03	국세청 기타										
□	내 6	이미숙 1990-06-01	국세청 기타										
	합계			22,500,000		1,700,000				1,000,000			

- 신용카드 등 사용액 중에서 회사의 비용으로 계상된 지출액은 공제 적용 안 됨
- 신용카드 등 사용액 중에서 중고자동차는 구입금액의 10%를 공제 적용 가능함
- 신용카드 등 사용액 중에서 학원비(사교육비)는 신용카드 공제 적용 가능함

5단계 [월세액] 탭 ▶ ① 월세액 세액공제 명세[1]
- 임대인명 : 김정순
- 주민등록번호 : 530820-2045891
- 주택유형 : (F2를 클릭하여 검색 후 입력) 단독주택
- 주택계약면적(㎡) : 84
- 임대차계약서상 주소지 : 서울시 서초구 서초로 45
- 계약서상 임대차 계약기간 : 2023. 6. 1. ~ 2025. 5. 31.
- 연간 월세액 : 12,000,000
- 무주택자 해당 여부 : 여

[1] 근로자 본인의 총급여액이 8,000만 원 이하에 해당하므로 월세액 세액공제 적용 가능함

6단계 [연말정산입력] 탭 ▶ **F8 부양가족탭불러오기** 클릭
- 보장성보험 ▶ 일반 : 1,600,000
- 의료비 ▶ 6세 이하, 65세 이상, 장애인 : 1,800,000
- 의료비 ▶ 그 밖의 공제대상자 ▶ 지출액 : 1,000,000
- 의료비 ▶ 그 밖의 공제대상자 ▶ 실손의료보험금 : 400,000
- 교육비 ▶ 취학전아동 : 2,800,000
- 교육비 ▶ 초중고 : 1,200,000
- 기부금 ▶ 정치자금기부금 ▶ 10만 원 이하 : 100,000
- 월세액 : 12,000,000
- 신용카드 등 사용액 ▶ 신용카드 : 22,500,000
- 신용카드 등 사용액 ▶ 현금영수증 : 1,700,000
- 신용카드 등 사용액 ▶ 전통시장 : 1,000,000
- 신용카드 등 사용액 ▶ 소비증가분 : 0

문제 5 세무조정

(1) ① 문제분석

1단계 기업업무추진비 직부인
① 사적 사용경비 : <손금불산입> 1,000,000 (상여)
② 신용카드 등 미사용 : <손금불산입> 500,000 (기타사외유출)

2단계 기업업무추진비 한도계산
- 기업업무추진비 한도액 = ① + ② + ③ = 45,486,000
① 일반 기업업무추진비 한도액
= $36,000,000 + (3,152,000,000^{1)} \times \frac{30}{10,000}) + (100,000,000 \times \frac{30}{10,000} \times 10\%)$
= 45,486,000

[1] 일반수입금액 = 수입금액 − 특정수입금액 = 3,252,000,000 − 100,000,000 = 3,152,000,000
② 문화 기업업무추진비 추가한도액 = Min[㉠, ㉡] = 0
㉠ 문화 기업업무추진비 : 0
㉡ 일반 기업업무추진비 한도액 × 20% = 45,486,000 × 20% = 9,097,200
③ 전통시장 기업업무추진비 추가한도액 = Min[㉢, ㉣] = 0
㉢ 전통시장 기업업무추진비 = 0
㉣ 일반 기업업무추진비 한도액 × 10% = 45,486,000 × 10% = 4,548,600

3단계 기업업무추진비 한도초과액에 대한 세무조정
- 기업업무추진비 해당액 = 46,500,000(기업업무추진비, 판관비) + 1,650,000(광고선전비, 판관비)[1] − 1,000,000(사적 사용경비) − 500,000(신용카드 등 미사용) = 46,650,000

[1] 현물 기업업무추진비는 'Max[시가, 장부가액]'으로 평가하며, 사업상 증여(재화의 간주공급)에 대하여 적용되는 부가가치세 매출세액도 기업업무추진비 해당액에 포함됨
따라서 장부에 1,150,000원으로 계상되어 있더라도 기업업무추진비 해당액은 1,650,000원(= 시가 1,500,000 + 매출세액 150,000)이 됨
- 기업업무추진비 한도액 = 45,486,000
- 기업업무추진비 한도초과액 = 1,164,000
→ 세무조정 : <손금불산입> 1,164,000 (기타사외유출)

② 입력화면

[기업업무추진비조정명세서] 메뉴에서

• [기업업무추진비 입력(을)] 탭

| 1.기업업무추진비 입력 (을) | 2.기업업무추진비 조정 (갑) |

1 1. 수입금액명세

구 분	1. 일반수입금액	2. 특수관계인간 거래금액	3. 합 계(1+2)
금 액	3,152,000,000	100,000,000	3,252,000,000

2 2. 기업업무추진비 해당금액

4. 계정과목		합계	기업업무추진비(판관)	광고선전비	
5. 계정금액		48,150,000	46,500,000	1,650,000	
6. 기업업무추진비계상액 중 사적사용경비		1,000,000	1,000,000		
7. 기업업무추진비해당금액(5-6)		47,150,000	45,500,000	1,650,000	
8. 신용카드 등 미사용금액	경조사비 중 기준금액 초과액	9. 신용카드 등 미사용금액			
		10. 총 초과금액			
	국외지역 지출액 (법인세법 시행령 제41조제2항제1호)	11. 신용카드 등 미사용금액			
		12. 총 지출액			
	농어민 지출액 (법인세법 시행령 제41조제2항제2호)	13. 송금명세서 미제출금액			
		14. 총 지출액			
	기업업무추진비 중 기준금액 초과액	15. 신용카드 등 미사용금액	500,000	500,000	
		16. 총 초과금액	48,150,000	46,500,000	1,650,000	
17. 신용카드 등 미사용 부인액		500,000	500,000		
18. 기업업무추진비 부인액(6+17)		1,500,000	1,500,000		

• [기업업무추진비 조정(갑)] 탭

| 1.기업업무추진비 입력 (을) | 2.기업업무추진비 조정 (갑) |

3 기업업무추진비 한도초과액 조정

중소기업			☐ 정부출자법인
			☐ 부동산임대업등(법.령제42조제2항)

구분			금액
1. 기업업무추진비 해당 금액			47,150,000
2. 기준금액 초과 기업업무추진비 중 신용카드 등 미사용으로 인한 손금불산입액			500,000
3. 차감 기업업무추진비 해당금액(1-2)			46,650,000
기업업무추진비 한도	일반 기업업무추진비 한도	4. 12,000,000 (중소기업 36,000,000) X 월수(12) / 12		36,000,000
		총수입금액 기준	100억원 이하의 금액 X 30/10,000	9,756,000
			100억원 초과 500억원 이하의 금액 X 20/10,000	
			500억원 초과 금액 X 3/10,000	
			5. 소계	9,756,000
		일반수입금액 기준	100억원 이하의 금액 X 30/10,000	9,456,000
			100억원 초과 500억원 이하의 금액 X 20/10,000	
			500억원 초과 X 3/10,000	
			6. 소계	9,456,000
		7. 수입금액기준	(5-6) X 10/100	30,000
		8. 일반기업업무추진비 한도액 (4+6+7)		45,486,000
문화기업업무추진비 한도(「조특법」 제136조제3항)	9. 문화기업업무추진비 지출액			
	10. 문화기업업무추진비 한도액(9와 (8 X 20/100) 중 작은 금액)			
전통시장기업업무추진비 한도(「조특법」 제136조제6항)	11. 전통시장기업업무추진비 지출액			
	12. 전통시장기업업무추진비 한도액(11과 (8 X 10/100) 중 작은 금액)			
13. 기업업무추진비 한도액 합계(8+10+12)			45,486,000
14. 한도초과액(3-13)			1,164,000
15. 손금산입한도 내 기업업무추진비 지출액(3과 13중 작은 금액)			45,486,000

• [조정등록]

익금산입 및 손금불산입			손금산입 및 익금불산입		
과목	금액	소득처분	과목	금액	소득처분
사적경비	1,000,000	상여			
신용카드등미사용액	500,000	기타사외유출			
기업업무추진비 한도초과	1,164,000	기타사외유출			

(2) ① 문제분석

[공장건물(건물)의 감가상각 시부인]
- 무신고시 상각방법 : 정액법
- 회사계상 감가상각비 합계 = 결산서상 감가상각비 + 당기 즉시상각의제
  = 8,000,000 + 30,000,000[1] = 38,000,000

  [1] 소액수선비 판단 : 30,000,000 ≥ Max[6,000,000, (400,000,000 − 27,500,000) × 5%]
  ∴ 소액수선비 요건 충족 못함
- 세법상 상각범위액 = 세법상 취득가액[1] × 상각률[2] = 10,750,000원

  [1] = 기말 재무상태표상 취득가액 + (당기 즉시상각의제 + 전기·그 이전의 즉시상각의제)
  = 400,000,000 + (30,000,000 + 0) = 430,000,000원

  [2] = 1/내용연수 = 0.025
- 상각부인액(= 한도초과액) : 27,250,000
  → 세무조정 : <손금불산입> 건물 감가상각비 한도초과 6,333,000 (유보)

[절단기(기계장치)의 감가상각 시부인]
- 무신고 시 상각방법 : 정률법
- 회사계상 감가상각비 합계 = 결산서상 감가상각비 = 5,000,000
- 세법상 상각범위액 = (세법상 기초 미상각잔액 + 자본적 지출[1]) × 상각률[2] = 6,765,000

  [1] = 기초 재무상태표상 취득가액 − 기초 재무상태표상 감가상각누계액 + 전기이월 상각부인액
  + 자산으로 계상한 당기 발생 자본적 지출(당기 중 취득) + 당기 즉시상각의제
  = 30,000,000 − 20,000,000 + 5,000,000 + 0 + 0 = 15,000,000

  [2] = $1 - \sqrt[n]{0.05}$ (n : 내용연수) = 0.451
- 시인부족액(= 한도미달액) : 1,765,000원
- 손금추인액 = Min[ⓐ 1,765,000, ⓑ 5,000,000] = 1,765,000원
  → 세무조정 : <손금산입> 전기 기계장치 감가상각비 한도초과 1,765,000 (△유보)

② 입력화면

1단계 [고정자산등록] 메뉴에서

- 공장건물(건물)

• 절단기(기계장치)

2단계 [미상각자산감가상각조정명세서] 메뉴에서

• [유형자산(정액법)] 탭 ▶ 공장건물

• [유형자산(정률법)] 탭 ▶ 절단기

유형자산(정액법)	유형자산(정률법)	무형자산

계정	자산코드/명		취득년월일
0206	000102	절단기	2022-07-01

	입력내용		금액	총계
업종코드/명	13	제조업		
합계표 자산구분	2. 기계장치			
(4)내용연수			5	
상각계산의기초가액	재무상태표자산가액	(5)기말현재액	30,000,000	30,000,000
		(6)감가상각누계액	25,000,000	25,000,000
		(7)미상각잔액(5)-(6)	5,000,000	5,000,000
	(8)회사계산감가상각비		5,000,000	5,000,000
	(9)자본적지출액			
	(10)전기말의제상각누계액			
	(11)전기말부인누계액		5,000,000	5,000,000
	(12)가감계((7)+(8)+(9)-(10)+(11))		15,000,000	15,000,000
(13)일반상각률.특별상각률			0.451	
상각범위액계산	당기산출상각액	(14)일반상각액	6,765,000	6,765,000
		(15)특별상각액		
		(16)계((14)+(15))	6,765,000	6,765,000
	취득가액	(17)전기말현재취득가액	30,000,000	30,000,000
		(18)당기회사계산증가액		
		(19)당기자본적지출액		
		(20)계((17)+(18)+(19))	30,000,000	30,000,000
	(21) 잔존가액		1,500,000	1,500,000
	(22) 당기상각시인범위액		6,765,000	6,765,000
조정액	(23)회사계상상각액((8)+(9))		5,000,000	5,000,000
	(24)차감액((23)-(22))		-1,765,000	-1,765,000
	(25)최저한세적용에따른특별상각부인액			
	(26) 상각부인액 ((24)+(25))			
	(27) 기왕부인액중당기손금추인액		1,765,000	1,765,000
(28) 당기말부인누계액 ((11)+(26)-|(27)|)			3,235,000	3,235,000
당기말의제상각액	(29) 당기의제상각액 |△(24)|-|(27)|		
	(30) 의제상각누계액 ((10)+(29))			
신고조정감가상각비계산	(31) 기준상각률			
	(32) 종전상각비			
	(33) 종전감가상각비 한도			
	(34) 추가손금산입대상액			
	(35) 동종자산 한도계산 후 추가손금산			
신고조정감가상각비계산	(36) 기획재정부령으로 정하는 기준내용			
	(37) 기준감가상각비 한도			
	(38) 추가손금산입액			
(39) 추가 손금산입 후 당기말부인액 누계			3,235,000	3,235,000

• [조정등록]

익금산입 및 손금불산입			손금산입 및 익금불산입		
과목	금액	소득처분	과목	금액	소득처분
건물감가상각비 한도초과	27,250,000	유보 발생	전기 기계장치감가상각비 한도초과	1,765,000	유보 감소

3단계 [감가상각비조정명세서합계표]

1.자산구분		코드	2.합계액	유형자산			6.무형자산
				3.건축물	4.기계장치	5.기타자산	
재무상태표상각액	101.기말현재액	01	430,000,000	400,000,000	30,000,000		
	102.감가상각누계액	02	60,500,000	35,500,000	25,000,000		
	103.미상각잔액	03	369,500,000	364,500,000	5,000,000		
104.상각범위액		04	17,515,000	10,750,000	6,765,000		
105.회사손금계상액		05	43,000,000	38,000,000	5,000,000		
조정금액	106.상각부인액 (105-104)	06	27,250,000	27,250,000			
	107.시인부족액 (104-105)	07	1,765,000		1,765,000		
	108.기왕부인액 중 당기손금추인액	08	1,765,000		1,765,000		
109.신고조정손금계상액		09					

(3) ① 문제분석

[외화예금]

• 외화예금 평가에 대한 세무조정

기말 평가액	23,520,000원 (= $12,000 ×1,960원/$)
평가 전 금액	21,600,000원 (= $12,000 ×1,800원/$)
세법상 외화환산손익	1,920,000원 외화환산이익
장부상 외화환산손익	0원 외화환산이익
세무조정	<익금산입> 외화예금 1,920,000 (유보)

• 장부 및 세법상 외화예금 증감 내역 분석

구분	장부	유보(△유보)	세법
발생	21,600,000	0	21,600,000
(±)외화환산	0	유보 1,920,000	1,920,000
(=)기말	21,600,000	유보 1,920,000	23,520,000

[외화차입금]

• 외화차입금 평가에 대한 세무조정

기말 평가액	14,700,000원 (= $7,500 ×1,960원/$)
평가 전 금액	14,175,000원 (= $7,500 ×1,890원/$)
세법상 외화환산손익	525,000원 외화환산손실
장부상 외화환산손익	0원 외화환산손실
세무조정	<손금산입> 외화차입금 525,000 (△유보)

• 장부 및 세법상 외화차입금 증감 내역 분석

구분	장부	유보(△유보)	세법
발생	△14,175,000	0	△14,175,000
(±)외화환산	△0	△유보 525,000	△525,000
(=)기말	△14,175,000	△유보 525,000	△14,700,000

② 입력화면

[외화자산등평가차손익조정명세서] 메뉴에서

• [외화자산·부채의 평가(을지)] 탭

- [환율조정차·대등(갑지)] 탭

No	②차손익구분	⑥구분 (외화자산·부채명)	⑧최종상환기일	⑨전기이월액	⑩당기경과일수/잔존일수			⑪손익금해당액(⑨X⑫)	⑭차기이월액(⑨-⑪)	비고
					발생일자	경과일수	잔존일수			
1										
	합계	차익								
		차손								

①구분		②당기손익금해당액	③회사손익금계상액	조정		⑥손익조정금액(②-③)
				④차익조정(③-②)	⑤차손조정(②-③)	
가. 화폐성 외화자산·부채 평가손익		1,395,000				1,395,000
나. 통화선도·통화스왑, 환변동보험 평가손익						
다. 환율조정 계정손익	차익					
	차손					
계		1,395,000				1,395,000

- [조정등록]

익금산입 및 손금불산입			손금산입 및 익금불산입		
과목	금액	소득처분	과목	금액	소득처분
외화예금	1,920,000	유보 발생	외화차입금	525,000	△유보 발생

(4) ① 문제분석

- 업무용승용차(렌트차량) 감가상각비 한도초과

감가상각비상당액	12,600,000
한도액	8,000,000
한도초과액	4,600,000
세무조정	<손금불산입> 업무용승용차 감가상각비 한도초과 4,600,000 (기타사외유출)[1]

[1] 임차료 중 감가상각비 상당액인 경우 소득처분 : 기타사외유출

- 매도가능증권의 평가

B	(차) 매도가능증권평가손실 (기타포괄손익누계액)	3,000,000	(대) 매도가능증권	3,000,000
T		–		
T/A	• <손금산입> 매도가능증권평가손실 3,000,000 (기타) • <손금불산입> 매도가능증권 3,000,000 (유보)			

- 법인세비용

B	(차) 법인세등	7,200,000	(대) 미지급세금	7,200,000
T	(차) 사외유출	7,200,000	(대) 미지급세금	7,200,000
T/A	<손금불산입> 법인세등 7,200,000 (기타사외유출)			

- 부가가치세 납부지연가산세

B	(차) 세금과공과금	72,000	(대) 현금 등	72,000
T	(차) 사외유출	72,000	(대) 현금 등	72,000
T/A	<손금불산입> 부가가치세 납부지연가산세 72,000 (기타사외유출)			

- 선급비용

B	(차) 선급비용	1,200,000	(대) 현금 등	1,200,000
T	(차) 임차료 선급비용	100,000[1] 1,100,000	(대) 현금 등	1,200,000
T/A	<손금산입> 선급비용 과대계상 100,000 (△유보)			

$^{1)}$ 1,200,000원 × (1개월/12개월) = 100,000원

② 입력화면

[소득금액조정합계표및명세서]

익금산입 및 손금불산입			손금산입 및 익금불산입		
과목	금액	소득처분	과목	금액	소득처분
임차료	4,600,000	기타사외유출	매도가능증권평가손실	3,000,000	기타
매도가능증권	3,000,000	유보 발생	선급비용	100,000	△유보 발생
법인세등	7,200,000	기타사외유출			
세금과공과금	72,000	기타사외유출			

(5) ① 문제분석

• 기부금의 분류

구분	특례	일반	비지정
− 이재민 구호금 − 경로당 후원 − 교회 기부금 − 사회복지법인 고유목적사업비	4,000,000	0$^{1)}$ 7,500,000	2,000,000
합계	4,000,000	7,500,000	2,000,000

$^{1)}$ 어음으로 지급한 기부금 10,000,000원은 어음결제일(내년 1월)에 지출한 것으로 봄

• 비지정기부금 및 기부금 손금귀속시기에 대한 세무조정
  <손금불산입> 어음지급기부금 10,000,000 (유보)
  <손금불산입> 비지정기부금 2,000,000 (기타사외유출)

• 각 사업연도 소득금액의 계산

(1) 당기순이익	45,000,000
(2) 익금산입·손금불산입	13,800,000$^{1)}$
(3) 손금산입·익금불산입	0
(4) 차가감소득금액	58,800,000
(5) 기부금 한도초과액	870,000
① 일반기부금 한도초과액 870,000 (손금불산입, 기타사외유출)$^{2) 3)}$	
(6) 기부금 한도초과 이월액 손금산입	0
① 기부금 한도초과 이월액 0 (손금산입, 기타)$^{2) 3)}$	
(7) 각 사업연도 소득금액	59,670,000

$^{1)}$ = 1,800,000 + 10,000,000(어음지급기부금) + 2,000,000(비지정기부금)

$^{2)}$ • 기준소득금액 = 차가감소득금액 + (특례기부금 당기분 + 일반기부금 당기분)
  　　　　　　 = 58,800,000 + (4,000,000 + 7,500,000)
  　　　　　　 = 70,300,000원

• 이월결손금(15년 이내 발생분, 기준소득금액의 100% 한도) = 0원

• 특례기부금
  − 한도액 = (기준소득금액 − 이월결손금) × 50% = (70,300,000 − 0) × 50%
  　　　　 = 35,150,000원
  − 한도초과 이월액 손금산입 = Min[당기 한도액, 10년 내 한도초과 이월액]
  　　　　　　　　　　　　 = Min[35,150,000, 0] = 0원
  − 해당액 : 4,000,000(당기분) + 0(한도초과 이월액 손금산입액) = 4,000,000원
  − 한도초과액 : 0원

- 일반기부금
  - 한도액 = (기준소득금액 − 이월결손금 − 특례기부금 손금인정액) × 10%
    = (70,300,000 − 0 − 4,000,000) × 10% = 6,630,000원
  - 한도초과 이월액 손금산입 = Min[당기 한도액, 10년 내 한도초과 이월액]
    = Min[6,630,000, 0] = 0원
  - 해당액 : 7,500,000(당기분) + 0(한도초과 이월액 손금산입액) = 7,500,000원
  - 한도초과액 : 870,000원

3) '기부금 한도초과액의 손금불산입'과 '기부금 한도초과 이월액의 손금산입'에 대한 세무조정은 [소득금액조정합계표] 서식에 기재하지 않고, [법인세과세표준및세액조정계산서] 서식의 해당 란에 바로 기재함

② 입력화면

[기부금조정명세서] 메뉴에서

• [1. 기부금 입력] 탭

구분			3.과목	4.월일		5.적요	기부처		8.금액	비고
1.유형	2.코드						6.법인명등	7.사업자(주민)번호등		
24조제2항제1호에	10	기부금		3	20	천재지변 이재민 구호금품			4,000,000	
기타	50	기부금		5	8	어버이날 아파트경로당 후원			2,000,000	
24조제2항제1호에	40	기부금		11	11	사회복지법인 고유목적사업비			7,500,000	
9.소계			가. 「법인세법」 제24조제2항제1호에 따른 특례기부금				코드 10		4,000,000	
			나. 「법인세법」 제24조제2항제1호에 따른 일반기부금				코드 40		7,500,000	
			다. 「조세특례제한법」 제88조의4제13항의 우리사주조합 기부금				코드 42			
			라. 그 밖의 기부금				코드 50		2,000,000	
			계						13,500,000	

2.소득금액확정

1.결산서상 당기순이익	2.익금산입	3.손금산입	4.기부금합계	5.소득금액계(1+2-3+4)
45,000,000	13,800,000		11,500,000	70,300,000

• [조정등록] 보조창

익금산입 및 손금불산입			손금산입 및 익금불산입		
과목	금액	소득처분	과목	금액	소득처분
어음지급기부금	10,000,000	유보 발생			
비지정기부금	2,000,000	기타사외유출			

• [2. 기부금 조정] 탭

1. 1. 「법인세법」 제24조제2항제1호에 따른 특례기부금 손금산입액 한도액 계산

1.소득금액 계	70,300,000	5.이월잔액 중 손금산입액 MIN[4,23]	
2.법인세법 제13조제1항제1호에 따른 이월 결손금 합계액(기준소득금액의 80% 한도)		6.해당연도지출액 손금산입액 MIN[(④-⑤)>0, ③]	4,000,000
3. 「법인세법」 제24조제2항제1호에 따른 특례기부금 해당 금액	4,000,000	7.한도초과액 [(3-6)>0]	
4.한도액 [((1-2)>0)X50%]	35,150,000	8.소득금액 차감잔액 [((①-②-⑤-⑥)>0]	66,300,000

2. 2. 「조세특례제한법」 제88조의4에 따라 우리사주조합에 지출하는 기부금 손금산입액 한도액 계산

9. 「조세특례제한법」 제88조의4제13항에 따른 우리사주조합 기부금 해당 금액		11. 손금산입액 MIN(9, 10)	
10. 한도액 (8×30%)	19,890,000	12. 한도초과액 [(9-10)>0]	

3. 3. 「법인세법」 제24조제2항제1호에 따른 일반기부금 손금산입 한도액 계산

13. 「법인세법」 제24조제2항제1호에 따른 일반기부금 해당금액	7,500,000	16.해당연도지출액 손금산입액 MIN[(14-15)>0, 13]	6,630,000
14. 한도액 ((8-11)x10%, 20%)	6,630,000	17. 한도초과액 [(13-16)>0]	870,000
15. 이월잔액 중 손금산입액 MIN(14, 23)			

4. 4.기부금 한도초과액 총액

18. 기부금 합계액 (3+9+13)	19. 손금산입 합계 (6+11+16)	20. 한도초과액 합계 (18-19)=(7+12+17)
11,500,000	10,630,000	870,000

5. 5.기부금 이월액 명세

사업연도	기부금 종류	21.한도초과 손금불산입액	22.기공제액	23.공제가능 잔액(21-22)	24.해당연도 손금추인액	25.차기이월액 (23-24)
합계	「법인세법」 제24조제2항제1호에 따른 특례기부금					
	「법인세법」 제24조제2항제1호에 따른 일반기부금					

6. 6. 해당 사업연도 기부금 지출액 명세

사업연도	기부금 종류	26.지출액 합계금액	27.해당 사업연도 손금산입액	28.차기 이월액(26-27)
합계	「법인세법」 제24조제2항제1호에 따른 특례기부금	4,000,000	4,000,000	
	「법인세법」 제24조제2항제1호에 따른 일반기부금	7,500,000	6,630,000	870,000

▶문제 | p.521

이론시험

1 ①	2 ④	3 ①	4 ④	5 ④	6 ④	7 ①	8 ③
9 ③	10 ④	11 ①	12 ④	13 ③	14 ③	15 ②	

1 ① 현금성자산이란 ㉠ 큰 거래비용 없이 현금으로 전환이 용이하고 ㉡ 이자율 변동에 따른 가치변동의 위험이 중요하지 않은 것으로서 ㉢ 취득 당시에 만기가 3개월 이내인 채무증권 또는 금융상품을 말한다.

2 ④ 정상적인 사용을 위한 시운전비(가.)와 설치장소 준비를 위한 지출(다.)은 취득부대비용에 해당하므로 유형자산의 취득원가에 포함된다.

3 ① 보고기간 종료일로부터 1년 이내에 상환되어야 하는 채무는, 보고기간 종료일과 재무제표가 사실상 확정된 날 사이에 보고기간 종료일로부터 1년을 초과하여 상환하기로 합의하더라도 유동부채로 분류한다. (일반기업회계기준 문단 2.24)

4 ④ • 유효이자율법의 특성상 매기 상각액의 절댓값 크기는 매년 커진다.
　　• 할인발행 이자비용 = 액면이자(일정) + 상각액(매년 절댓값 커짐) = 매년 증가
　　• 할증발행 이자비용 = 액면이자(일정) − 상각액(매년 절댓값 커짐) = 매년 감소

5 ④ ① 자본금은 법정자본금으로 발행주식 수에 액면금액을 곱하여 계산한다.
　　② 보통주자본금과 우선주자본금이 있다면 둘을 구분하여 표시하여야 한다.
　　③ 감자차손은 자본조정에 해당한다.

6 ④ 준변동원가는 변동원가와 고정원가가 혼합된 원가를 말한다.

7 ① • 당기총제조원가 = 직접재료비 + 가공비
　　→ 1,400,000 = ? + (? × 3)
　　∴ 직접재료비 = 350,000원
　　• 가공비 = 직접노무비 + 제조간접비
　　→ (350,000 × 3) = ? + (? × 1.5)
　　∴ 직접노무비 = 420,000원

8 ③ 상호배분법은 보조부문 상호 간의 용역수수관계를 모두 반영하는 방법으로서, 보조부문원가의 배분이 배분 순서에 의해 영향을 받지 않는다.

9 ③ • 선입선출법에 의한 가공비의 완성품환산량 단위당 원가 = 당기발생 가공비 ÷ 가공비의 완성품환산량
　　→ @10,000 = 15,000,000 ÷ ?
　　∴ 가공비의 완성품환산량 = 1,500개
　　• 평균법에 의한 가공비의 완성품환산량 = 기초재공품 완성분 + 당기착수 완성분 + 기말재공품
　　→ 1,500 = (400 × 70%) + 1,200 + (50 × ?)
　　∴ 기말재공품 완성도 = 40%

10 ④ 기말에 원가차이를 매출원가에서 조정할 경우 불리한 차이는 매출원가에 가산하고 유리한 차이는 매출원가에서 차감한다.

11 ① 결산조정사항은 객관적인 외부거래 없이 내부적인 계상 항목들에 대하여 손금산입 여부를 임의로 선택할 수 있도록 규정하고 있다.

12 ④ 직전 사업연도에 중소기업인 내국법인은 직전 사업연도의 산출세액을 기준으로 계산한 중간예납세액이 50만 원 미만인 경우 중간
예납세액을 납부할 의무가 없다.

13 ③ 비영업대금이익이란 대금업을 영업으로 하지 않는 자가 타인에게 일시적·우발적으로 금전을 빌려주고 그 대가로 받은 이자 또는 수
수료를 말하며, 이는 과세대상 이자소득에 해당한다.

14 ③ 사업자가 폐업 전에 공급한 재화 또는 용역의 공급시기가 폐업일 이후에 도래하는 경우에는 그 폐업일을 공급시기로 본다.

15 ② 내국신용장이나 구매확인서가 과세기간 종료 후 25일 이내에 개설된 경우, 당초의 10% 세금계산서를 (−) 표시하고, 당초 작성연월
일로 0% 세금계산서를 발급한다. 따라서, 작성일자는 당초 작성연월일이 된다.

실무시험

문제 1 전표입력

(1) [일반전표입력]
　　3월　31일　(차) 장기미지급금(㈜세무캐피탈)　650,000　　(대) 보통예금　　700,000
　　　　　　　　　이자비용　　50,000

(2) [일반전표입력]
　　4월　20일　(차) 미지급배당금　20,000,000　　(대) 보통예금　　16,920,000
　　　　　　　　　　　　　　　　　　　　　　　　　예수금　　3,080,000

(3) [매입매출전표입력]
　　7월　1일　유형 : 11.과세 / 공급가액 : 12,000,000 / 부가세 : 1,200,000 / 거래처 : 파란상사 / 전자 : 여 / 분개 : 혼합
　　　　　　　(차) 감가상각누계액(기계장치)　15,000,000　　(대) 기계장치　　35,000,000
　　　　　　　　　국고보조금(기계장치)　10,000,000　　　　　부가세예수금　　1,200,000
　　　　　　　　　보통예금　7,700,000　　　　　　　　　　　유형자산처분이익　　2,000,000
　　　　　　　　　미수금(파란상사)　5,500,000

(4) [매입매출전표입력]
　　8월　10일　유형 : 57.카과 / 공급가액 : 500,000 / 부가세 : 50,000 / 거래처 : 함박식당 / 분개 : 혼합(카드)
　　　　　　　/ (신용카드사 : 하나카드)
　　　　　　　(차) 복리후생비(제조)　500,000　　(대) 미지급금(하나카드)　　550,000
　　　　　　　　　부가세대급금　50,000

문제 2 부가가치세신고

(1) [1단계] [매입매출전표입력]
　　• 4월 30일 : "전표번호 : 5003 / 유형 : 17.카과 / 공급가액 : 500,000 / 부가세 : 50,000" 전표를 삭제
　　• 5월 31일 : 전표를 추가 입력
　　　　유형 : 51.과세 / 공급가액 : 100,000 / 부가세 : 10,000 / 거래처 : 한주상사 / 전자 : 부
　　　　/ 분개 : 혼합(현금)
　　　　(차) 운반비(판관비)　100,000　　(대) 현금　　110,000
　　　　　　부가세대급금　10,000

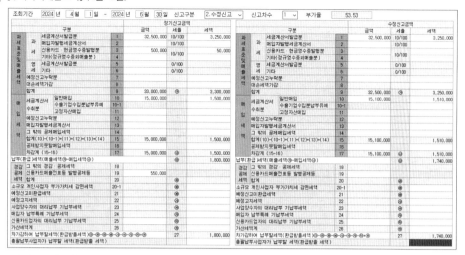

• 정기신고 시 매출분이 이중신고되고 매입분은 누락되었으므로 신고 및 납부 관련 가산세는 없다.

3단계 [과세표준및세액결정(경정)청구서]

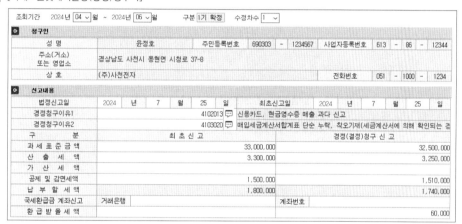

(2) [신용카드매출전표등발행금액집계표] (7월~9월)

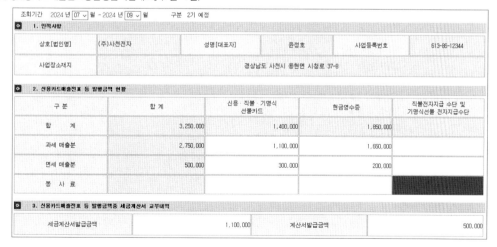

  (1) (수동결산)
    [일반전표입력] 12월 31일

(차) 정기예금	30,000,000	(대) 장기성예금	30,000,000

  (2) (수동결산)
    [일반전표입력] 12월 31일

(차) 보험료(제조)	5,625,000[1]	(대) 선급비용	5,625,000

      [1] 보험료 지급액 중 당기 비용으로 계상되는 금액
        = 7,500,000원 × (9개월/12개월) = 5,625,000원

  (3) (수동결산)
    [일반전표입력] 12월 31일

(차) 광고선전비(판관비)	12,000,000	(대) 제품	15,500,000
재고자산감모손실	3,500,000	(적요 8. 타계정으로 대체액)	

  (4) (수동결산 또는 자동결산)
    | 방법 1 | (수동결산)
    [일반전표입력] 12월 31일

(차) 법인세등	27,500,000[1]	(대) 선납세금	20,000,000
		미지급세금	7,500,000
(차) 법인세등	2,750,000[2]	(대) 미지급세금	2,750,000

    [1] (200,000,000 × 9%) + {(250,000,000 − 200,000,000) × 19%} = 27,500,000원
    [2] 27,500,000 × 10% = 2,750,000원

    | 방법 2 | (자동결산)
    [결산자료입력] 메뉴에서 (기간 : 1월~12월) 다음과 같이 입력한다. 자동결산 항목 입력이 완료되고 나면 상단의
    [전표추가]를 클릭하여 결산분개를 생성한다.
    • 법인세등 ▶ 선납세금 : 20,000,000
    • 법인세등 ▶ 추가계상액 : 10,250,000[3]
      [3] 7,500,000 + 2,750,000 = 10,250,000원

문제 4 원천징수

  (1) 1단계 [연말정산추가자료입력] 메뉴 ▶ 201.신유리 ▶ [소득명세] 탭
    • 근무처명 : ㈜영빌리지
    • 사업자등록번호 : 152-88-11562
    • 근무기간 : 2024. 1. 1.~2024. 6. 30.
    • 급여 : 15,000,000
    • 건강보험료 : 526,250
    • 장기요양보험료 : 64,320
    • 고용보험료 : 135,000
    • 국민연금보험료 : 675,000
    • 기납부세액 ▶ 소득세 : 249,780
    • 기납부세액 ▶ 지방소득세 : 24,960

2단계 [부양가족] 탭 ▶ 상단부

연말 관계	성명	내/외국인	주민(외국인)번호	나이	기본공제	세대주 구분	부녀 자	한부 모	경로 우대	장애 인	자녀	출산 입양
0	신유리	내	1 760101-2156114	48	본인	세대주	○					
1	신장군	내	1 540207-1278516	70	60세이상				○	1		
1	김은정	내	1 550410-2584568	69	60세이상							
3	박진혁	내	1 750501-1234560	49	배우자							
4	박은서	내	1 131101-4516583	11	20세이하						○	
4	박태수	내	1 070601-3456786	17	부							
합 계 [명]					5		1		1	1	1	

- 종합소득금액(근로소득금액) 3,000만 원 이하이고 배우자가 있는 여성이므로 신유리(본인)는 부녀자공제 가능함
- 신장군(부친)에 대하여 기본공제란에 '장애인'을 입력하여도 정답 인정

3단계 [부양가족] 탭 ▶ 하단부
- 본인 신유리

자료구분	보험료				의료비					교육비	
	건강	고용	일반보장성	장애인전용	일반	실손	선천성이상아	난임	65세,장애인	일반	장애인특수
국세청			1,300,000								
기타	1,296,830	297,000									

- 부친 신장군

자료구분	보험료				의료비					교육비	
	건강	고용	일반보장성	장애인전용	일반	실손	선천성이상아	난임	65세,장애인	일반	장애인특수
국세청				2,000,000					1,000,000		4,000,000
기타											

  – 장애인 특수교육비는 직계존속인 장애인도 적용 가능하며 한도 없이 전액 인정됨

- 배우자 박진혁

자료구분	보험료				의료비					교육비	
	건강	고용	일반보장성	장애인전용	일반	실손	선천성이상아	난임	65세,장애인	일반	장애인특수
국세청					300,000 2.일반						
기타											

- 자녀 박은서

자료구분	보험료				의료비					교육비	
	건강	고용	일반보장성	장애인전용	일반	실손	선천성이상아	난임	65세,장애인	일반	장애인특수
국세청					500,000 2.일반					1,000,000 2.초중 고	
기타											

  – 초등학교 교복구입비는 공제 적용 안 됨

- 자녀 박태수

자료구분	보험료				의료비					교육비	
	건강	고용	일반보장성	장애인전용	일반	실손	선천성이상아	난임	65세,장애인	일반	장애인특수
국세청											
기타											

  – 보장성보험료(일반)는 나이 및 소득금액의 제한을 받으므로, 박태수(자녀)의 보장성보험료는 공제 적용 안 됨

4단계 [의료비] 탭

								2024년 의료비 지급명세서					
	의료비 공제대상자						지급처			지급명세			14.산후 조리원
☐	성명	내/외	5.주민등록번호	6.본인등 해당여부	9.증빙 코드	8.상호	7.사업자 등록번호	10. 건수	11.금액	11-1.실손 보험수령액	12.미숙아 선천성이상아	13.난임 여부	
☐	신장군	내	540207-1278516	2	0		1		1,000,000		X	X	X
☐	박진혁	내	750501-1234560	3	X		1		300,000		X	X	X
☐	박은서	내	131101-4516583	3	X		1		500,000		X	X	X
☐													
☐													
			합계						1,800,000				
일반의료비 (본인)		6세이하,65세이상인 건강보험산정특례자 장애인		1,000,000	일반의료비 (그 외)			800,000	난임시술비				
									미숙아.선천성이상아				

- 건강증진목적의 보약은 공제 적용 안 됨
- 시력보정용 안경·콘택트렌즈 구입비는 1인당 연 50만 원을 한도로 공제 적용 가능함

5단계 [연말정산입력] 탭 ▶ **F8 부양가족탭불러오기** 클릭
- 보장성보험 ▶ 일반 : 1,300,000
- 보장성보험 ▶ 장애인 : 2,000,000
- 의료비 ▶ 6세 이하, 65세 이상, 장애인 : 1,000,000
- 의료비 ▶ 그 밖의 공제대상자 : 800,000
- 교육비 ▶ 초중고 : 1,000,000
- 교육비 ▶ 장애인 특수교육비 : 4,000,000

(2) 1단계 신고서 마감 : [원천징수이행상황신고서] 메뉴 (귀속기간 4월~4월, 지급기간 4월~4월)

2단계 전자신고파일 제작 : [전자신고] 메뉴 (신고인구분 : 2.납세자 자진신고), (비밀번호 : 12341234)

3단계 전자신고파일 제출 : [국세청 홈택스 전자신고변환(교육용)] 메뉴 (찾아보기 → 형식검증하기 → 형식검증결과확인 → 내용검증하기 → 내용검증결과확인 → 전자파일제출 → 신고서 접수증 확인)

문제 5 **세무조정**

(1) ① 문제분석

- 장부상 대손충당금의 총계정원장

대손충당금

1/22 상계	25,000,000	1/1 기초	82,000,000 (세법상 전기이월 부인액 : 8,820,000)
7/1 상계	30,000,000		
11/5 상계	20,000,000		
12/31 기말	37,000,000	12/31 추가설정	30,000,000
	112,000,000		112,000,000

- 대손금에 대한 세무조정
  - 7/1 : <손금불산입> 받을어음 30,000,000 (유보) (∵ 세법상 대손사유 충족 X)

- 대손충당금 손금산입 한도액 = 기말 세법상 설정대상 채권가액 × 설정률
  $$= 2,575,500,000^{1)} × 1\%^{2)}$$
  $$= 25,755,000원$$

  $^{1)}$ = 장부상 기말 채권가액 − 설정제외 채권가액
  　± (채권관련 기초 유보·△유보 잔액 ± 채권관련 당기 유보·△유보 조정액)
  = (2,420,000,000 + 125,500,000) − 0 + (0 + 30,000,000)
  = 2,575,500,000원
  $^{2)}$ = 1% (가정치)

- 대손충당금 설정에 대한 세무조정

회사계상액	37,000,000(= 장부상 대손충당금 기말잔액)
손금산입 한도액	25,755,000
한도초과액	11,245,000
세무조정	• <손금산입> 전기 대손충당금 8,820,000 (△유보) • <손금불산입> 대손충당금 11,245,000 (유보)

② 입력화면

- [대손충당금및대손금조정명세서]

1. 2. 대손금조정 (크게보기)

No	22. 일자	23.계정 과목	24.채권 내역	25.대손 사유	26. 금액	대손충당금상계액			당기 손비계상액		
						27. 계	28.시인액	29.부인액	30. 계	31.시인액	32.부인액
1	01.22	외상매출금	1.매출채권	회수기일 2년 경과	25,000,000	25,000,000	25,000,000				
2	07.01	받을어음	1.매출채권	5.부도(6개월경과)	30,000,000	30,000,000		30,000,000			
3	11.05	외상매출금	1.매출채권	2.강제집행	20,000,000	20,000,000	20,000,000				
4											
		계			75,000,000	75,000,000	45,000,000	30,000,000			

2. 채권잔액 (크게보기)

No	16.계정 과목	17.채권잔액의 장부가액	18.기말현재대손금부인누계		19.합계 (17+18)	20.충당금설정제외채권 (할인,배서,특수채권)	21.채 권 잔 액 (19-20)
			전기	당기			
1	외상매출금	2,420,000,000			2,420,000,000		2,420,000,000
2	받을어음	125,500,000		30,000,000	155,500,000		155,500,000
3							
	계	2,545,500,000		30,000,000	2,575,500,000		2,575,500,000

3. 1.대손충당금조정

손금 산입액 조정	1.채권잔액 (21의금액)	2.설정률(%)			3.한도액 (1×2)	회사계상액			7.한도초과액 (6-3)
		●기본율 ○실적율 ○적립기준				4.당기계상액	5.보충액	6. 계	
	2,575,500,000	1			25,755,000	30,000,000	7,000,000	37,000,000	11,245,000

익금 산입액 조정	8.장부상 충당금기초잔액	9.기중 충당금환입액	10.충당금부인 누계액	11.당기대손금 상계액(27의금액)	12.충당금보충액 (충당금장부잔액)	13.환입할금액 (8-9-10-11-12)	14.회사환입액 (회사기말환입)	15.과소환입·과다 환입(△)(13-14)
	82,000,000		8,820,000	75,000,000	7,000,000	-8,820,000		-8,820,000

- [조정등록]

익금산입 및 손금불산입			손금산입 및 익금불산입		
과목	금액	소득처분	과목	금액	소득처분
받을어음	30,000,000	유보 발생	전기대손충당금한도초과	8,820,000	유보 감소
대손충당금한도초과	11,245,000	유보 발생			

(2) ① 문제분석

- 업무무관부동산 적수 계산

일자	적요	차변	대변	잔액	기간	일수	적수
7/1	토지 취득	100,000,000		100,000,000	7. 1.~12. 31.	184일	18,400,000,000
	합계	100,000,000				184일	18,400,000,000

- 업무무관 가지급금 적수 계산

일자	적요	차변	대변	잔액	기간	일수	적수
1/1	전기이월	35,000,000		35,000,000	1. 1.~3. 4.	64일	2,240,000,000
3/5	대여	15,000,000		50,000,000	3. 5.~10. 19.	229일	11,450,000,000
10/20	회수		30,000,000	20,000,000	10. 20.~12. 31.	73일	1,460,000,000
	합계	50,000,000	30,000,000			366일	15,150,000,000

- 가수금[1] 적수 계산

일자	적요	차변	대변	잔액	기간	일수	적수
5/30	가수		7,000,000	7,000,000	5. 30.~12. 31.	216일	1,512,000,000
	합계		7,000,000			216일	1,512,000,000

[1] 가지급금과 가수금 발생 시에 이자율·상환기간에 관한 약정이 각각 체결된 경우가 아니라면, 동일인에 대한 가지급금·가수금은 서로 상계하여 업무무관 가지급금 적수를 계산함

- 차입금 적수 계산

구분	금액	일수	차입금 적수	이자율	이자비용
사채할인발행차금 상각액	7,800,000	366일	2,854,800,000	연 4%	312,000
차입금	212,000,000	366일	77,592,000,000	연 7%	14,840,000
합계			80,446,800,000		15,152,000

- 업무무관자산 등에 대한 지급이자 계산

$$= 지급이자 \times \frac{업무무관자산 \ 등 \ 적수}{차입금 \ 적수}$$

$$= 15,152,000 \times \frac{Min[⊙ \ (18,400,000,000 + 15,150,000,000 - 1,512,000,000), \ ⓒ \ 80,446,800,000]}{80,446,800,000}$$

$$= 6,034,295원$$

- 세무조정
  <손금불산입> 채권자 불분명 사채이자(원천세 제외) 2,500,000 (대표자 상여)
  <손금불산입> 업무무관자산 등에 대한 지급이자 6,034,295 (기타사외유출)

② 입력화면

[업무무관부동산등에관련한차입금이자조정명세서] 메뉴에서

- [1. 적수입력(을)] 탭 ▶ [1. 업무무관부동산] 탭

No	①월일	②적요	③차변	④대변	⑤잔액	⑥일수	⑦적수
1	7 1	취 득	100,000,000		100,000,000	184	18,400,000,000

- [1. 적수입력(을)] 탭 ▶ [3. 가지급금] 탭

No	①월일	②적요	③차변	④대변	⑤잔액	⑥일수	⑦적수
1	1 1	전기이월	35,000,000		35,000,000	64	2,240,000,000
2	3 5	지 급	15,000,000		50,000,000	229	11,450,000,000
3	10 20	회 수		30,000,000	20,000,000	73	1,460,000,000
4							
		합 계	50,000,000	30,000,000		366	15,150,000,000

- [1. 적수입력(을)] 탭 ▶ [4. 가수금] 탭

No	①월일	②적요	③차변	④대변	⑤잔액	⑥일수	⑦적수
1	5 30	가 수		7,000,000	7,000,000	216	1,512,000,000

- [2. 지급이자 손금불산입(갑)] 탭

2. 1.업무무관부동산 등에 관련한 차입금 지급이자

①지급이자	적수				⑥차입금 (=19)	⑦ ⑤와 ⑥중 적은 금액	⑧손금불산입 지급이자 (①×⑦÷⑥)
	②업무무관부동산	③업무무관동산	④가지급금 등	⑤계(②+③+④)			
15,152,000	18,400,000,000		13,638,000,000	32,038,000,000	80,446,800,000	32,038,000,000	6,034,295

1. 2. 지급이자 및 차입금 적수 계산 [연이율 일수 현재: 366일]   단수차이조정 연일수

No	(9)이자율(%)	(10)지급이자	(11)차입금적수	(12)채권자불분명 사채이자 수령자불분명 사채이자		(15)건설 자금 이자 국조법 14조에 따른 이자		차 감	
				(13)지급이자	(14)차입금적수	(16)지급이자	(17)차입금적수	(18)지급이자 (10-13-16)	(19)차입금적수 (11-14-17)
1	4.00000	312,000	2,854,800,000					312,000	2,854,800,000
2	5.00000	2,500,000	18,300,000,000	2,500,000	18,300,000,000				
3	7.00000	14,840,000	77,592,000,000					14,840,000	77,592,000,000
	합계	17,652,000	98,746,800,000	2,500,000	18,300,000,000			15,152,000	80,446,800,000

- [조정등록]

익금산입 및 손금불산입			손금산입 및 익금불산입		
과목	금액	소득처분	과목	금액	소득처분
채권자불분명사채이자(원천세제외)	2,500,000	상여			
업무무관자산지급이자	6,034,295	기타사외유출			

(3) ① 문제분석
- 장부상 퇴직급여충당금 : 없음
- 장부상 퇴직연금운용자산의 총계정원장

퇴직연금운용자산

기초잔액	23,000,000	당기감소액	16,000,000
당기납입액	51,000,000	기말잔액	58,000,000
	74,000,000		74,000,000

- 당기 퇴직금 지급액에 대한 세무조정

B	(차) 퇴직급여	16,000,000	(대) 퇴직연금운용자산	16,000,000
T	(차) 퇴직연금충당금	16,000,000	(대) 퇴직연금운용자산	16,000,000
T/A	<손금불산입> 전기 퇴직연금충당금 16,000,000 (유보)			

- 퇴직급여충당금 설정에 대한 세무조정 : 없음
- 퇴직연금충당금 설정에 대한 세무조정

장부상 추가설정액	0
손금산입 한도액	Min[⊙ 추계액 기준, ⓒ 예치금 기준] − 7,000,000[3] = 51,000,000 ⊙ (60,000,000[1] ×100%) − 0[2] = 60,000,000 ⓒ 58,000,000
(한도미달액)	(51,000,000)
세무조정	<손금산입> 퇴직연금충당금 51,000,000 (△유보)

[1] 퇴직급여 추계액

[2] 세법상 기말 퇴직급여충당금
  = 재무상태표상 기말 퇴직급여충당금 − 퇴직급여충당금 차기이월 부인액
  = 0원

[3] 세법상 기 설정 퇴직연금충당금
  = (당기 추가설정 전) 장부상 퇴직연금충당금 − (당기 추가설정 전) 퇴직연금충당금 유보·△유보 잔액
  = (0 − 0) − (△유보 23,000,000 + 유보 16,000,000)
  = 0 − △7,000,000 = 7,000,000원

- 장부 및 세법상 퇴직급여충당금 증감 내역 : 없음
- 장부 및 세법상 퇴직연금충당금 증감 내역 분석

구분	장부	부인액	세법
기초	0	△유보 23,000,000	23,000,000
(−) 감소	0	유보 16,000,000	16,000,000
(+) 증가	0	△유보 51,000,000	51,000,000
(=) 기말	0	△유보 58,000,000	58,000,000

② 입력화면
  - [퇴직연금부담금등조정명세서]

  - [조정등록]

익금산입 및 손금불산입			손금산입 및 익금불산입		
과목	금액	소득처분	과목	금액	소득처분
전기 퇴직연금충당금	16,000,000	△유보 감소	퇴직연금충당금	51,000,000	△유보 발생

(4) ① 문제분석

[공장건물의 감가상각 시부인]

- 상각방법 : 정액법
- 회사계상 감가상각비 합계 = 결산서상 감가상각비 + 당기 즉시상각의제
  = 10,000,000 + 30,000,000[1] = 40,000,000원

  [1] 소액수선비 판단 : 30,000,000 ≥ Max[6,000,000, (300,000,000 – 25,000,000) × 5%]
  ∴ 소액수선비 요건 충족 못함

- 세법상 상각범위액 = 세법상 취득가액[1] × 상각률[2] = 11,220,000원

  [1] = 기말 재무상태표상 취득가액 + (당기 즉시상각의제 + 전기·그 이전의 즉시상각의제)
  = 300,000,000 + (30,000,000 + 0) = 330,000,000원

  [2] = 1/내용연수 = 1/30 = 0.034

- 상각부인액(= 한도초과액) : 28,780,000원
  → 세무조정 : <손금불산입> 건물 감가상각비 한도초과 28,780,000 (유보)

[기계장치의 감가상각 시부인]

- 상각방법 : 정액법
- 회사계상 감가상각비 합계 = 결산서상 감가상각비 + 당기 즉시상각의제
  = 7,500,000 + 0 = 7,500,000원

- 세법상 상각범위액 = 세법상 취득가액[1] × 상각률[2] = 9,960,000원

  [1] = 기말 재무상태표상 취득가액 + (당기 즉시상각의제 + 전기·그 이전의 즉시상각의제)
  = 60,000,000 + (0 + 0) = 60,000,000원

  [2] = 1/내용연수 = 1/6 = 0.166

- 시인부족액(= 한도미달액) : 2,460,000원
- 손금추인액 = Min[ⓐ 2,460,000, ⓑ 4,000,000] = 2,460,000원
  → 세무조정 : <손금산입> 전기 기계장치 감가상각비 한도초과 2,460,000 (△유보)

② 입력화면

1단계 [고정자산등록] 메뉴

- 공장건물

- 기계장치

2단계 [미상각자산감가상각조정명세서]

- [유형자산(정액법)] 탭 ▶ 공장건물

- [유형자산(정액법)] 탭 ▶ 기계장치

유형자산(정액법)	유형자산(정률법)	무형자산

계정	자산코드/명		취득년월일
0202	000001	공장건물	2021-07-01
0206	000001	기계장치	2020-07-01

업종코드/명		입력내용	금액	총계
합계표 자산구분		2. 기계장치		
(4)내용연수(기준.신고)			6	
상각 계산 의 기초 가액	재무상태표 자산가액	(5)기말현재액	60,000,000	360,000,000
		(6)감가상각누계액	33,750,000	68,750,000
		(7)미상각잔액(5)-(6)	26,250,000	291,250,000
	회사계산 상각비	(8)전기말누계	26,250,000	51,250,000
		(9)당기상각비	7,500,000	17,500,000
		(10)당기말누계(8)+(9)	33,750,000	68,750,000
	자본적 지출액	(11)전기말누계		
		(12)당기지출액		30,000,000
		(13)합계(11)+(12)		30,000,000
(14)취득가액((7)+(10)+(13))			60,000,000	390,000,000
(15)일반상각율.특별상각율			0.166	
상각범위 액계산	당기산출 상각액	(16)일반상각액	9,960,000	21,180,000
		(17)특별상각액		
		(18)계((16)+(17))	9,960,000	21,180,000
(19) 당기상각시인범위액			9,960,000	21,180,000
(20)회사계상상각액((9)+(12))			7,500,000	47,500,000
(21)차감액((20)-(19))			-2,460,000	26,320,000
(22)최저한세적용에따른특별상각부인액				
조정액		(23) 상각부인액((21)+(22))		28,780,000
부인액 누계		(24) 기왕부인액중당기손금추인액	2,460,000	2,460,000
		(25) 전기말부인누계액	4,000,000	4,000,000
		(26) 당기말부인누계액 (25)+(23)-I(24)I	1,540,000	30,320,000
당기말 의제상각액		(27) 당기의제상각액 Ⅰ△(21)Ⅰ-I(24)I		
		(28) 의제상각누계액		
신고조정 감가상각 비계산		(29) 기준상각률		
		(30) 종전상각비		
		(31) 종전감가상각비 한도		
		(32) 추가손금산입대상액		
		(33) 동종자산 한도계산 후 추가손금산		
신고조정 감가상각 비계산		(34) 기획재정부령으로 정하는 기준내용		
		(35) 기준감가상각비 한도		
		(36) 추가손금산입액		
(37) 추가 손금산입 후 당기말부인액 누계			1,540,000	30,320,000

- [조정등록] 보조창

익금산입 및 손금불산입			손금산입 및 익금불산입		
과목	금액	소득처분	과목	금액	소득처분
건물감가상각비 한도초과	28,780,000	유보 발생	전기 기계장치감가상각비 한도초과	2,460,000	유보 감소

(5) ① 문제분석

- 차감납부세액의 계산

결산서상 당기순손익	272,340,000
(+) 익금산입 및 손금불산입	66,960,000
(−) 손금산입 및 익금불산입	2,300,000
(=) 차가감소득금액	337,000,000
(+) 기부금 한도초과액	0
(−) 기부금 한도초과 이월액 손금산입	0
(=) 각 사업연도 소득금액	337,000,000
(−) 이월결손금	0
(−) 비과세소득	0
(−) 소득공제	0
(=) 과세표준	337,000,000
(×) 세율	9%, 19%
(=) 산출세액	44,030,000
(−) 최저한세 적용대상 세액감면·세액공제	8,806,000 [1] [2]
(=) 차감세액	35,224,000
(−) 최저한세 적용제외 세액감면·세액공제	0
(+) 가산세	0
(=) 총부담세액	35,224,000
(−) 기납부세액	10,000,000
(=) 차감납부할세액	25,224,000
(−) 분납할세액	12,612,000 [3]
(=) 차감납부세액	12,612,000

1) 중소기업특별세액감면

$$= 산출세액 \times \frac{감면대상소득금액 - 해당\ 소득금액에서의\ 이월결손금·비과세소득·소득공제}{과세표준} \times 감면율$$

$$= 44,030,000 \times \frac{337,000,000 - 0}{337,000,000} \times 20\% = 8,806,000원$$

2) 최저한세 적용 여부

근거 법	구분	금액	최저한세 적용 여부
조세특례제한법상 기간제한 없는 세액감면	• 중소기업특별세액감면	8,806,000원	O

3) 납부할 세액(가산세는 제외)이 2천만 원 초과인 경우 분납가능금액

= (차감납부할세액 − 가산세) × 50%

= (25,224,000 − 0) × 50% = 12,612,000원

② 입력화면

• [법인세과세표준및세액조정계산서]

① 각 사 업 연 도 소 득 계 산	101. 결산서상 당기순손익	01	272,340,000	④ 납 부 할 세 액 계 산	120. 산 출 세 액 (120=119)		44,030,000
	소득조정 금액 102.익 금 산 입	02	66,960,000		121. 최저한세 적용대상 공제감면세액	17	8,806,000
	103.손 금 산 입	03	2,300,000		122. 차 감 세 액	18	35,224,000
	104. 차 가 감 소 득 금 액 (101+102-103)	04	337,000,000		123. 최저한세 적용제외 공제감면세액	19	
	105. 기 부 금 한 도 초 과 액	05			124. 가 산 세 액	20	
	106. 기 부 금 한 도 초 과 이월액 손금산입	54			125. 가 감 계 (122-123+124)	21	35,224,000
	107. 각 사 업 연 도 소 득 금 액 (104+105-106)	06	337,000,000		기한내 납부 세액 126. 중 간 예 납 세 액	22	10,000,000
② 과 세 표 준 계 산	108. 각 사 업 연 도 소 득 금 액 (108=107)		337,000,000		127. 수 시 부 과 세 액	23	
	109. 이 월 결 손 금	07			128. 원 천 납 부 세 액	24	
	110. 비 과 세 소 득	08			129. 간접 회사등 외국 납부세액	25	
	111. 소 득 공 제	09			130. 소 계 (126+127+128+129)	26	10,000,000
	112. 과 세 표 준 (108-109-110-111)	10	337,000,000		131. 신 고 납 부 전 가 산 세 액	27	
	159. 선 박 표 준 이 익	55			132. 합 계 (130+131)	28	10,000,000
③ 산 출 세 액 계 산	113. 과 세 표 준 (113=112+159)	56	337,000,000		133. 감 면 분 추 가 납 부 세 액	29	
	114. 세 율	11	19%		134. 차 가 감 납 부 할 세 액 (125-132+133)	30	25,224,000
	115. 산 출 세 액	12	44,030,000	⑤토지등 양도소득, ⑥미환류소득 법인세 계산 (TAB로 이동)			
	116. 지 점 유 보 소 득 (법 제96조)	13		⑦ 세 액 계	151. 차감 납부할 세액계 (134+150+166)	46	25,224,000
	117. 세 율	14			152. 사실과 다른 회계 처리 경정 세액공제	57	
	118. 산 출 세 액	15			153. 분 납 세 액 계 산 범 위 액 (151-124-133-145-152+131)	47	25,224,000
	119. 합 계 (115+118)	16	44,030,000		154. 분 납 할 세 액	48	12,612,000
					155. 차 감 납 부 세 액 (151-152-154)	49	12,612,000

이론시험

1 ①	2 ④	3 ②	4 ③	5 ③	6 ②	7 ②	8 ①
9 ①	10 ②	11 ④	12 ③	13 ①	14 ③	15 ②	

1 ① • ① : 정당한 사유에 의한 회계변경의 예에 해당하지 않는다.
　　• ②, ③, ④ : 일반기업회계기준에서 소개하고 있는 정당한 사유에 의한 회계변경의 예에 해당한다.

2 ④ • 20x2년의 대손충당금 총계정원장 (→ 20x2년의 대손상각비 : 30,000원)

	대손충당금		
대손확정	40,000[1)]	기초	40,000
기말	20,000	추가설정	20,000[2)]
	60,000		60,000

[1)] 대손확정일 회계처리

(차) 대손충당금	40,000	(대) 외상매출금	50,000
대손상각비	10,000		

[2)] 추가설정 회계처리

(차) 대손상각비	20,000	(대) 대손충당금	20,000

• 20x3년의 대손충당금 총계정원장 (→ 20x3년의 대손상각비 : 10,000원)

	대손충당금		
대손확정	18,000[3)]	기초	20,000
기말	12,000	추가설정	10,000[4)]
	30,000		30,000

[3)] 대손확정일 회계처리

(차) 대손충당금	18,000	(대) 외상매출금	18,000

[4)] 추가설정 회계처리

(차) 대손상각비	10,000	(대) 대손충당금	10,000

3 ② • 올해 감가상각비 = (취득원가 − 잔존가치) × (1/내용연수) × (3개월/12개월)
　　→ ? = {(2,375,000 + ?) − 0} × (1/5) × (3개월/12개월)
　　∴ 올해 감가상각비 = 125,000원 = (2) 감가상각누계액
　　• (1) 취득원가 = 2,375,000 + 125,000 = 2,500,000원

4 ③ 정기간행물은 금액이 매기간 동일한 경우 구독기간에 걸쳐 매기간 동일한 금액으로 수익을 인식하고, 금액이 기간별로 상이한 경우 총예상판매금액을 해당 기간 금액의 비율로 안분하여 수익을 인식한다.

5 ③ • 다. 주식배당 : 자본금 증가, 자본총계 변동 없음
　　• 라. 현금배당 : 자본금 변동 없음, 자본총계 감소

6 ② • ㄴ. 단위당 고정원가는 조업도가 증가할수록 감소한다.
　　• ㄹ. 표준원가계산에서 유리한 차이란 실제원가가 표준원가보다 작은 것을 말한다.

7 ②

제조원가명세서	
Ⅰ. 재료비	85,000,000원
기초원재료재고액	25,000,000원
당기원재료매입액	<u>70,000,000원</u>
기말원재료재고액	10,000,000원
Ⅱ. 노무비	13,000,000원
Ⅲ. 제조경비	20,000,000원
Ⅳ. 당기총제조원가	<u>118,000,000원</u>
Ⅴ. 기초재공품재고액	<u>12,500,000원</u>
Ⅵ. 합계	130,500,000원
Ⅶ. 기말재공품재고액	3,000,000원
Ⅷ. 당기제품제조원가	<u>127,500,000원</u>

8 ①
- 재료비가 공정초기에 40% 투입, 60% 시점에 나머지 60% 투입되므로, 선입선출법에 의한 재료비 완성품환산량 계산 시 기초재공품(물량 2,000단위, 완성도 20%) 완성분은 1,200단위(= 2,000 × 60%), 기말재공품(물량 4,000단위, 완성도 50%)는 1,600단위(= 4,000 × 40%)이다.
- 선입선출법에 의한 재료비 완성품환산량 = 기초재공품 완성분 + 당기착수 완성분 + 기말재공품
$$= (2{,}000 × 60\%) + 6{,}000 + (4{,}000 × 40\%)$$
$$= 8{,}800단위$$

9 ① (직접재료비 차이분석)

10 ②
- 기초 제품 수량 + 당기 완성량 = 당기 판매량 + 기말 제품 수량
  - → 20,000 + ? = 90,000 + 30,000
  - ∴ 당기 완성량 = 100,000개
- 기초 재공품 수량 + 당기 착수량 = 당기 완성량 + 공손 수량 + 기말 재공품 수량
  - → 25,000 + 90,000 = 100,000 + ? + 12,500
  - ∴ 공손 수량 = 2,500개
- 정상공손 수량 = 완성품 수량의 2% = 100,000 × 2% = 2,000개
- 비정상공손 수량 = 공손 수량 − 정상공손 수량 = 2,500 − 2,000 = 500개

11 ④
- 이월결손금이란 당기 사업연도의 개시일 전 15년 이내에 개시한 사업연도에서 발생한 세법상 결손금으로서 그 후의 각 사업연도의 과세표준 계산을 할 때 공제되지 않고 당기로 이월되어 온 금액을 말한다.
- 중소기업 등을 제외한 일반기업의 경우, 이월결손금은 당기 과세표준 계산 시 각 사업연도 소득금액의 80%를 한도로 공제한다.

12 ③ 중소기업특별세액감면은 최저한세가 적용되는 항목에 해당한다.

13 ①
- 신용카드 등 사용액 소득공제 중 도서 등 지출분에 대한 추가공제액 : 총급여액 7,000만 원 이하
- 월세액 세액공제 : 총급여액 8,000만 원 이하
- 장기주택저당차입금의 이자상환액 소득공제 : 총급여액 요건 없음
- 의료비 세액공제 중 산후조리원 비용(출산 1회당 200만 원 한도) : 총급여액 요건 없음

14 ③ ① 분리과세이므로 소득금액 요건 충족
② 분리과세이므로 소득금액 요건 충족
③ 근로소득금액 90만 원(= 300만 원 − (300만 원 × 70%))과 퇴직소득금액 90만 원이 있으므로 소득금액 요건 미충족
④ 기타소득금액 100만 원(= 500만 원 − (500만 원 × 80%))이므로 소득금액 요건 충족

15 ② 간이과세자가 일반과세자로 변경되는 경우, 일반과세자로서 적용받게 되는 과세기간은 7월 1일부터 12월 31일까지이다. (부가가치세법 제5조 제4항 제2호)

문제 1 전표입력

(1) [매입매출전표입력]
   2월 15일   유형 : 57.카과 / 공급가액 : 3,500,000 / 부가세 : 350,000 / 거래처 : ㈜생생자동차유통 / 분개 : 혼합(카드)
   / (신용카드사 : 국민카드)

(차) 차량운반구	3,500,000	(대) 미지급금(국민카드)	3,850,000
부가세대급금	350,000		

(2) [일반전표입력]
   3월 10일   (차) 이월이익잉여금   83,000,000   (대) 미지급배당금   30,000,000
   미교부주식배당금   50,000,000
   이익준비금   3,000,000

(3) [일반전표입력]
   4월 10일   (차) 장기차입금(제일투자㈜)   100,000,000   (대) 보통예금   30,000,000
   자본금   30,000,000
   주식발행초과금   10,000,000
   채무면제이익   30,000,000

(4) [매입매출전표입력]
   9월 30일   유형 : 54.불공 / 공급가액 : 20,000,000 / 부가세 : 2,000,000 / 거래처 : ㈜백운기업 / 전자 : 여 / 분개 : 혼합
   / (불공제사유 : ⑤면세사업 관련)
   (차) 기계장치   22,000,000   (대) 보통예금   5,000,000
   미지급금(㈜백운기업)   17,000,000

문제 2 부가가치세신고

(1) [대손세액공제신고서] 메뉴 ▶ [대손발생] 탭 (4월~6월)

당초공급일	대손확정일	대손금액	공제율	대손세액	거래처		대손사유
2023-08-01	2024-05-10	5,500,000	10/110	500,000	(주)태백	3	사망, 실종
2023-09-01	2024-05-02	7,700,000	10/110	700,000	(주)상성	5	부도(6개월경과)
2021-05-01	2024-05-01	11,000,000	10/110	1,000,000	(주)한라	6	소멸시효완성
합 계		24,200,000		2,200,000			

조회기간 : 2024년 04월 ~ 2024년 06월 1기 확정
탭 : 대손발생 / 대손변제

- 재화·용역의 공급과 관련이 없는 채권(단기대여금)에 대하여는 대손세액 공제를 받을 수 없다.
- 올해 부도발생 어음은 부도발생일(올해 5월 1일)로부터 6개월이 경과한 날(올해 11월 2일)이 속하는 올해 2기 확정신고기간에 대손세액공제가 가능하다.

(2) 1단계 [매입매출전표입력]
   • 5월 8일   유형 : 53.면세 / 공급가액 : 7,080,000 / (의제구분 : 1.의제매입) / (세율 : 4/104) / (공제세액 : 272,307)
   / 거래처 : ㈜한상 / 전자 : 여 / 분개 : 혼합(현금)
   (차) 원재료   6,807,693   (대) 현금   7,080,000
   부가세대급금   272,307
   • 5월 18일   유형 : 58.카면 / 공급가액 : 2,750,000 / (의제구분 : 1.의제매입) / (세율 : 4/104)
   / (공제세액 : 105,769) / 거래처 : ㈜두상 / 분개 : 혼합(카드) / (신용카드사 : 보람카드)
   (차) 원재료   2,644,231   (대) 외상매입금(보람카드)   2,750,000
   부가세대급금   105,769

2단계 [의제매입세액공제신고서] (4월~6월)

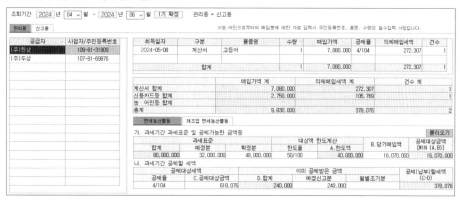

- 제조업을 영위하는 중소기업의 공제율 : 4/104
- 당기매입액 : 예정분 6,240,000 + 확정분 9,830,000 = 16,070,000원
- 이미 공제받은 금액(예정신고분) : 240,000원
- 확정신고 시 의제매입세액공제 금액 = Min[㉠, ㉡] − ㉢ = 378,076원
  ㉠ 전체 과세기간의 대상 매입가액 × 공제율 = 16,070,000 × 4/104 = 618,076원
  ㉡ 전체 과세기간의 과세표준 × 일정율 × 공제율 = 80,000,000 × 50% × 4/104 = 1,538,461원
  ㉢ 예정신고 시 의제매입세액공제 금액 = 240,000원

(3) 1단계 신고서 마감 : [부가가치세신고서] 메뉴 (10월~12월)

2단계 전자신고파일 제작 : [전자신고] 메뉴 (신고인구분 : 2.납세자 자진신고), (비밀번호 : 12345678)

3단계 전자신고파일 제출 : [국세청 홈택스 전자신고변환(교육용)] 메뉴 (찾아보기 → 형식검증하기 → 형식검증결과확인 → 내용검증하기 → 내용검증결과확인 → 전자파일제출 → 신고서 접수증 확인)

문제3 결산

(1) (수동결산)
[일반전표입력] 12월 31일

(차) 이자비용	8,285	(대) 보통예금	10,000
사채할증발행차금	1,715		

(2) (수동결산)
[일반전표입력] 12월 31일

(차) 매도가능증권평가이익	700,000	(대) 매도가능증권(투자자산)	875,000
매도가능증권평가손실	175,000[1]		

[1] 당기말 재무상태표에서 매도가능증권 계정과 매도가능증권평가손실 계정의 잔액을 차변으로 집계하여 보면 취득원가 금액이 된다.

매도가능증권 (투자자산)	6,125,000
매도가능증권평가손실 (기타포괄손익누계액)	175,000
취득원가 (차변 집계금액)	6,300,000

(3) (수동결산)
[일반전표입력] 12월 31일

(차) 이자비용	2,000,000[1]	(대) 미지급비용	2,000,000

[1] 100,000,000원 × 6% × (4개월/12개월) = 2,000,000원

(4) (자동결산)
[결산자료입력] 메뉴에서 (기간 : 1월~12월) 다음과 같이 입력한다. 자동결산 항목 입력이 완료되고 나면 상단의 [전표추가]를 클릭하여 결산분개를 생성한다.
- 제품매출원가 ▶ 기말 원재료 재고액 : 35,000,000
- 제품매출원가 ▶ 기말 재공품 재고액 : 17,500,000
- 제품매출원가 ▶ 기말 제품 재고액 : 58,000,000[1]
  [1] 수탁자가 아직 판매하지 않은 적송품 포함

문제 4 원천징수

(1) **1단계** [급여자료입력] 메뉴 ▶ [수당공제] 보조창 ▶ [수당등록] 탭

No	코드	과세구분	수당명	근로소득유형 유형	근로소득유형 코드	근로소득유형 한도	월정액	통상임금	사용여부
1	1001	과세	기본급	급여			정기	여	여
2	1002	과세	상여	상여			부정기	부	부
3	1003	과세	직책수당	급여			정기	부	여
4	1004	과세	월차수당	급여			정기	부	여
5	1005	비과세	식대	식대	P01	(월)200,000	정기	부	여
6	1006	비과세	자가운전보조금	자가운전보조금	H03	(월)200,000	부정기	부	부
7	1007	비과세	야간근로수당	야간근로수당	O01	(년)2,400,000	부정기	부	부
8	2001	과세	자가운전보조금	급여			정기	부	여

• 시내출장 등에 소요된 실제 여비를 별도로 정산받고 있으므로 자가운전보조금은 과세에 해당

2단계 ① [급여자료입력] 메뉴에서 급여자료를 입력한다.
•	과세 = 기본급 + 직책수당 + 월차수당 + 자가운전보조금(요건미충족)
= 5,000,000 + 500,000 + 270,000 + 300,000 = 6,070,000원
•	비과세 = 식대
= 100,000(제출)
② 메뉴 화면 상단에 있는 **F7 중도퇴사자정산** ▼의 ▼를 클릭하고, **SF6 연말정산** (또는 shift + F6)을 선택한 후, 연말정산 보조창에서 해당 사원을 선택하고 새로불러오기, 연말정산데이타적용 을 차례로 클릭한다.
③ 연말정산 소득세가 반영되어 있음을 확인한다.

3단계 [원천징수이행상황신고서] 메뉴

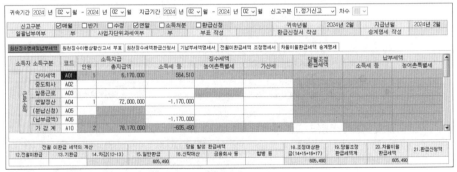

참고 메뉴의 화면을 열 때 나타나는 아래의 보조창에서 아니오(N)를 클릭한다.

(2) [1단계] [기타소득자등록] 메뉴 ▶ 10.이사장

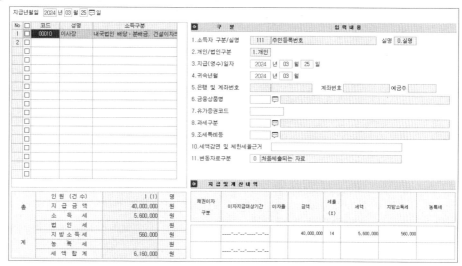

[2단계] [이자배당소득자료입력] 메뉴

(3) [1단계] [사원등록] 메뉴 ▶ 302.박철민 ▶ [기본사항] 탭 ▶ 퇴사연월일 입력 : 2024년 11월 30일

[2단계] [퇴직소득자료입력] 메뉴 ▶ 지급년월 12월 ▶ 소득자구분 1.근로 ▶ 302.박철민

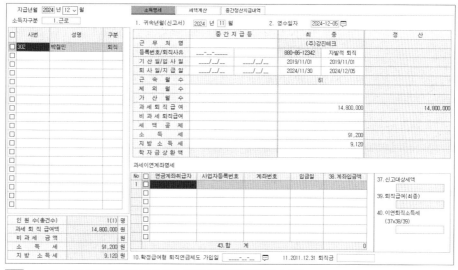

[참고] [세액계산] 탭을 클릭하면 퇴직소득에 대한 소득세 계산내역을 확인할 수 있다.

지급년월: 2024 년 12 ∨ 월 ～ 2024 년 12 ∨ 월

□	사번	성명	구분	마감
■	근 302	박철민	퇴직	X
□				
□				
□				
□				
□				
□				
□				
□				
□				
□				
□				
□				
□				
□				

소득 의무	귀 속 연 도	2024년 01월 01일부터 2024년 11월 30일까지	12.퇴 직 사 유	자발적 퇴직
	9.임원여부 부	10.퇴직연금제도가입일 ___/__/__	2011.12.31 퇴직금	

	근 무 처 구 분	중간지급등	최 종	정 산
퇴직	13.근무처명		(주)강진테크	
급여	14.사업자등록번호		880-86-12342	
현황	15.퇴 직 급 여		14,800,000	14,800,000
	16.비과세 퇴직급여			
	17.과세대상 퇴직급여(15-16)		14,800,000	14,800,000

근속 연수	구 분	입 사 일	기 산 일	퇴 사 일	지 급 일	근속월수	제외월수	가산월수	중복월수	근속연수
	중간지급 근속연수	__/__/__	__/__/__	__/__/__	__/__/__					
	최종 근속연수	2019/11/01	2019/11/01	2024/11/30	2024/12/05	61				6
	정산 근속연수		2019/11/01	2024/11/30		61				6

과세 표준 계산	계 산 내 용	금 액
	27.정산퇴직소득(17)	14,800,000
	28.근속연수공제	7,000,000
	29.환산급여[(27-28)x12배/정산근속연수]	15,600,000
	30.환산급여별공제	12,560,000
	31.퇴직소득과세표준(29-30)	3,040,000

세액 계산	계 산 내 용	금 액
	32.환산산출세액(31x세율)	182,400
	33.퇴직소득 산출세액(32x정산근속연수/12배)	91,200
	34.세액공제	
	35.기납부(또는 기과세이연)세액	
	36.신고대상세액(33-35)	91,200

과세 이연	연금계좌취급자	사업자등록번호	계좌번호	입금일	38.계좌입금액	39.퇴직급여	40.이연퇴직소득세	상세 내역
		___-__-_____		__/__/__				

납부 명세	구 분	소 득 세	지방소득세	농어촌특별세	계
	42.신고대상(36)	91,200	9,120		100,320
	43.이연소득세(40)				
	44.차감원천징수세액(42-43)	91,200	9,120		100,320

인 원 수 (총 건 수)	1(1) 명
과 세 퇴 직 급 여 액	14,800,000 원
비 과 세 급 여 액	원
신 고 대 상 세 액	91,200 원
이 연 소 득 세	원
차 감 세 액	91,200 원

문제 5 세무조정

(1) ① 문제분석

1단계 기업업무추진비 직부인
① 사적 사용경비 : <손금불산입> 300,000 (상여)
② 신용카드 등 미사용 : 없음

2단계 기업업무추진비 한도계산
• 기업업무추진비 한도액 = ① + ② + ③ = 48,961,000
① 일반 기업업무추진비 한도액
$$= 36,000,000 + (2,480,000,000^{1)} \times \frac{30}{10,000}) + (70,000,000 \times \frac{30}{10,000} \times 10\%)$$
$$= 43,461,000$$
1) 일반수입금액 = 수입금액 – 특정수입금액 = 2,550,000,000 – 70,000,000 = 2,480,000,000
② 문화 기업업무추진비 추가한도액 = Min[㉠, ㉡] = 5,500,000
㉠ 문화 기업업무추진비 : 2,300,000(문화 기업업무추진비, 판관) + 3,500,000(문화 기업업무추진비, 제조) – 300,000(사적 사용경비) = 5,500,000
㉡ 일반 기업업무추진비 한도액 × 20% = 43,461,000 × 20% = 8,692,200
③ 전통시장 기업업무추진비 추가한도액 = Min[㉢, ㉣] = 0
㉢ 전통시장 기업업무추진비 = 0
㉣ 일반 기업업무추진비 한도액 × 10% = 43,461,000 × 10% = 4,346,100

3단계 기업업무추진비 한도초과액에 대한 세무조정
• 기업업무추진비 해당액 = 27,500,000(기업업무추진비, 판관) + 23,500,000(기업업무추진비, 제조) – 300,000(사적 사용경비) – 0(신용카드 등 미사용) = 50,700,000
• 기업업무추진비 한도액 = 48,961,000
• 기업업무추진비 한도초과액 = 1,739,000
→ 세무조정 : <손금불산입> 1,739,000 (기타사외유출)

② 입력화면

[기업업무추진비조정명세서] 메뉴에서

• [기업업무추진비 입력(을)] 탭

| 1.기업업무추진비 입력 (을) | 2.기업업무추진비 조정 (갑) |

1. 수입금액명세

구 분	1. 일반수입금액	2. 특수관계인간 거래금액	3. 합 계(1+2)
금 액	2,480,000,000	70,000,000	2,550,000,000

2. 기업업무추진비 해당금액

	4. 계정과목		합계	기업업무추진비(제조)	기업업무추진비(판관)	
	5. 계정금액		51,000,000	23,500,000	27,500,000	
	6. 기업업무추진비계상액 중 사적사용경비		300,000		300,000	
	7. 기업업무추진비해당금액(5-6)		50,700,000	23,500,000	27,200,000	
8. 신용 카드 등 미사용 금액	경조사비 중 기준금액 초과액	9. 신용카드 등 미사용금액				
		10. 총 초과금액				
	국외지역 지출액 (법인세법 시행령 제41조제2항제1호)	11. 신용카드 등 미사용금액				
		12. 총 지출액				
	농어민 지출액 (법인세법 시행령 제41조제2항제2호)	13. 송금명세서 미제출금액				
		14. 총 지출액				
	기업업무추진비 중 기준금액 초과액	15. 신용카드 등 미사용금액				
		16. 총 초과금액	50,800,000	23,500,000	27,300,000	
	17. 신용카드 등 미사용 부인액					
	18. 기업업무추진비 부인액(6+17)		300,000		300,000	

• [기업업무추진비 조정(갑)] 탭

| 1.기업업무추진비 입력 (을) | 2.기업업무추진비 조정 (갑) |

3. 기업업무추진비 한도초과액 조정

중소기업			☐ 정부출자법인 ☐ 부동산임대업등(법.령제42조제2항)
구분			금액
1. 기업업무추진비 해당 금액			50,700,000
2. 기준금액 초과 기업업무추진비 중 신용카드 등 미사용으로 인한 손금불산입액			
3. 차감 기업업무추진비 해당금액(1-2)			50,700,000
기업업무추진비 한도	일반	4. 12,000,000 (중소기업 36,000,000) X 월수(12) / 12		36,000,000
		총수입금액 기준	100억원 이하의 금액 X 30/10,000	7,650,000
			100억원 초과 500억원 이하의 금액 X 20/10,000	
			500억원 초과 금액 X 3/10,000	
			5. 소계	7,650,000
		일반수입금액 기준	100억원 이하의 금액 X 30/10,000	7,440,000
			100억원 초과 500억원 이하의 금액 X 20/10,000	
			500억원 초과 금액 X 3/10,000	
			6. 소계	7,440,000
		7. 수입금액기준	(5-6) X 10/100	21,000
		8. 일반기업업무추진비 한도액 (4+6+7)		43,461,000
문화기업업무추진비 한도(「조특법」 제136조제3항)	9. 문화기업업무추진비 지출액			5,500,000
	10. 문화기업업무추진비 한도액(9와 (8 X 20/100) 중 작은 금액)			5,500,000
전통시장기업업무추진비 한도(「조특법」 제136조제6항)	11. 전통시장기업업무추진비 지출액			
	12. 전통시장기업업무추진비 한도액(11과 (8 X 10/100) 중 작은 금액)			
13. 기업업무추진비 한도액 합계(8+10+12)				48,961,000
14. 한도초과액(3-13)				1,739,000
15. 손금산입한도 내 기업업무추진비 지출액(3과 13중 작은 금액)				48,961,000

• [조정등록]

익금산입 및 손금불산입			손금산입 및 익금불산입		
과목	금액	소득처분	과목	금액	소득처분
개인적경비	300,000	상여			
기업업무추진비 한도초과	1,739,000	기타사외유출			

(2) ① 문제분석

- 가지급금 인정이자 계산 - 대표이사 장홍도

일자	적요	가지급금 증감액	기간	일수	가지급금 적수	인정이자율[1]	인정이자
5/1	대여	40,000,000	5. 1.~12. 31.	245일	9,800,000,000	0.1166666[2]	3,123,859[3]

[1] 금전대차거래에 대하여 시가 적용방법을 신고한 바 없으므로, 원칙에 따라 "가중평균차입이자율"을 적용함

[2]
$$\frac{\Sigma(5월 1일 현재 차입금 잔액 \times 차입 당시 이자율)}{\Sigma 5월 1일 현재 차입금 잔액}$$

$$= \frac{(20,000,000 \times 15\%) + (40,000,000 \times 10\%)}{20,000,000 + 40,000,000}$$

= 0.1166666 (∵ 특수관계인((㈜)일등)으로부터의 차입금은 제외)

[3] 9,800,000,000 × 0.1166666 ÷ 366일 = 3,123,859원(원 단위 미만 절사)

- 가지급금 인정이자 계산 - 감사 이감사

일자	적요	가지급금 증감액	기간	일수	가지급금 적수	인정이자율	인정이자
7/15	대여	15,000,000	7. 15.~12. 31.	170일	2,550,000,000	0.1166666[4]	812,841[5]

[4]
$$\frac{\Sigma(7월 15일 현재 차입금 잔액 \times 차입 당시 이자율)}{\Sigma 7월 15일 현재 차입금 잔액} = 0.1166666$$

[5] 2,550,000,000 × 0.1166666 ÷ 366일 = 812,841원

- 가지급금 인정이자에 대한 세무조정 - 대표이사 장홍도

가지급금 인정이자	3,123,859원
회사계상 이자수익	1,600,000원
차이	1,523,859원
현저한 이익 분여 요건	차이 = 1,523,859 ≥ 156,192 = Min[가지급금 인정이자 × 5%, 3억 원]
T/A	<익금산입> 가지급금 인정이자 1,523,859 (상여)

- 가지급금 인정이자에 대한 세무조정 - 감사 이감사

가지급금 인정이자	812,841원
회사계상 이자수익	1,575,000원
차이	(-)762,159원
현저한 이익 분여 요건	차이 = (-)762,159 < 40,642 = Min[가지급금 인정이자 × 5%, 3억 원]
T/A	없음

② 입력화면

[가지급금등의 인정이자조정명세서] 메뉴에서

• [1. 가지급금·가수금 입력] 탭

• [2. 차입금 입력] 탭

• [3. 인정이자계산 : (을)지] 탭 – 대표이사 장홍도

No	대여기간		연월일	적요	5.차변	6.대변	7.잔액(5-6)	일수	가지급금적수(7X8)	가수금	11.차감적수	이자율(%)	13.인정이자(11X12)
	발생연월일	회수일											
1	2024 5 1	차기 이월	5 1	2.대여	40,000,000		40,000,000	245	9,800,000,000		9,800,000,000	11.66666	3,123,859

• [3. 인정이자계산 : (을)지] 탭 – 감사 이감사

No	대여기간		연월일	적요	5.차변	6.대변	7.잔액(5-6)	일수	가지급금적수(7X8)	가수금	11.차감적수	이자율(%)	13.인정이자(11X12)
	발생연월일	회수일											
1	2024 7 15	차기 이월	7 15	2.대여	15,000,000		15,000,000	170	2,550,000,000		2,550,000,000	11.66666	812,841

• [4. 인정이자조정 : (갑)지] 탭

No	1.성명	2.가지급금적수	3.가수금적수	4.차감적수(2-3)	5.인정이자	6.회사계상액	시가인정범위		9.조정액(=7) 7>=3억,8>=5%
							7.차액(5-6)	8.비율(%)	
1	장홍도	9,800,000,000		9,800,000,000	3,123,859	1,600,000	1,523,859	48.78129	1,523,859
2	이감사	2,550,000,000		2,550,000,000	812,841	1,575,000	-762,159		

• [조정등록] 보조창

익금산입 및 손금불산입			손금산입 및 익금불산입		
과목	금액	소득처분	과목	금액	소득처분
가지급금인정이자(대표이사)	1,523,859	상여			

(3) ① 문제분석

[제네시스(14러4813) 관련 비용에 대한 세무조정]

1단계 업무용승용차의 감가상각 시부인
- 회사계상액 : 0원
- 상각범위액 : 0원 (∵ 운용리스한 차량이므로)
- 세무조정 : 없음

2단계 업무용승용차 관련 비용 중 업무외사용금액
- 업무용승용차 관련 비용 : 리스료 + 유류비
  = 24,000,000[1] + 4,100,000
  = 28,100,000원
  [1] 보험료, 자동차세, 수선유지비가 포함된 금액
- 업무사용비율 : $\frac{6,400km}{8,000km}$ = 80%
- 업무외사용금액 : 28,100,000원 × (100% − 80%) = 5,620,000원
- 세무조정 : <손금불산입> 5,620,000 (상여)

3단계 업무용승용차의 감가상각비 한도초과액
- 업무사용금액 중 감가상각비 : 21,529,500[1] × 80% = 17,223,600원[2]
  [1] 리스료 중 법 소정 산식에 따라 계산한 감가상각비 상당액
    = 리스료 − 리스료에 포함되어 있는 보험료 − 리스료에 포함되어 있는 자동차세
      − 리스료에 포함되어 있는 수선유지비
    = 24,000,000 − 500,000 − 350,000 − 1,620,500 = 21,529,500원
  [2] 2단계 세무조정(업무외사용금액)이 반영된 금액
- 한도액 : 8,000,000원
- 한도초과액 : 9,223,600원
- 세무조정 : <손금불산입> 9,223,600 (기타사외유출)[1]
  [1] 임차료 중 감가상각비 상당액인 경우 소득처분 : 기타사외유출

참고 운용리스료 중 감가상각비 상당액
  ⓐ 운용리스료에 보험료·자동차세·수선유지비가 포함되어 있지 않은 경우[1]
    : 리스료 전액
  ⓑ 운용리스료에 보험료·자동차세·수선유지비가 포함되어 있는 경우[1]
    : 리스료 − 리스료에 포함되어 있는 보험료 − 리스료에 포함되어 있는 자동차세
      − 리스료에 포함되어 있는 수선유지비[2]
  [1] 렌트 차량의 경우에는 렌트료에 보험료·자동차세·수선유지비가 포함되어 있는 것이 일반적이나, 운용리스 차량의 경우에는 운용리스료에 보험료·자동차세·수선유지비가 포함되어 있지 않은 것이 일반적이다. 따라서, 실무에서는 대부분의 경우 'ⓐ' 산식이 적용되며, 'ⓑ' 산식이 적용되는 사례는 드물다.
  [2] 리스료에 포함되어 있는 수선유지비를 별도로 구분하기 어려운 경우에는 '(리스료 − 보험료 − 자동차세) × 7%'를 수선유지비로 할 수 있다.

② 입력화면

[업무용승용차관련비용명세서] 메뉴에서

1단계 **⑰ 업무용승용차등록 실행**을 클릭한 다음, [업무용승용차등록]을 입력

코드	차량번호	차종	사용
0003	14러4813	제네시스	사용

⚙ 차량 상세 등록 내용

1. 고정자산계정과목
2. 고정자산코드/명
3. 취득일자　2023-05-03
4. 경비구분　6.800번대/판관비
5. 사용자 부서
6. 사용자 직책　대표이사
7. 사용자 성명　장홍도
8. 임차여부　운용리스
9. 임차기간　2023-05-03 ~ 2025-05-02
10. 보험가입여부　가입
11. 보험기간　2023-05-03 ~ 2024-05-02
　　　　　　　2024-05-03 ~ 2025-05-02
12. 운행기록부사용여부　여　　전기이월누적거리　21,000 km
13. 전용번호판 부착여부　여
14. 출퇴근사용여부　여　　출퇴근거리　6,400 km
15. 자택
16. 근무지

2단계 **C·F12 새로 불러오기**(또는 ctrl + F12)를 클릭한 다음, [업무용승용차관련비용명세서]를 입력

코드	차량번호	차종	임차	보험(율)	운행기록	번호판	월수
0003	14러4813	제네시스	리스	여 (100%)	여	여	12

1 업무용 사용 비율 및 업무용 승용차 관련 비용 명세 (운행기록부: 적용)　임차기간: 2023-05-03 ~ 2025-05-02　□ 부동산임대업등 법령42조②항

(5) 총주행 거리(km)	(6) 업무용 사용 거리(km)	(7) 업무 사용비율	(8) 취득가액	(9) 보유또는 임차월수	(11) 감가상각비	(12) 임차료 (감가상각비포함)	(13) 감가상 각비상당액	(14) 유류비	(15) 보험료	(16) 수선비	(17) 자동차세	(18) 기타	(19) 합계
8,000	6,400	80.0000		12		24,000,000	21,529,500	4,100,000						28,100,000
		합 계				24,000,000	21,529,500	4,100,000						28,100,000

(10)업무용 승용차 관련 비용

2 업무용 승용차 관련 비용 손금불산입 계산

(24) 감가상각비 (상당액)[((11)또는 (13))X(7)]	(25) 관련 비용 [((19)-(11)또는 (19)-(13))X(7)]	(26) 합계 ((24)+(25))	(27) 감가상각비 (상당액)X(11)-(24) 또는(13)-(24)]	(28) 관련 비용 [((19)-(11)또는 (19)-(13))-(25)]	(29) 합계 ((27)+(28))	(30) 감가상각비 (상당액) 한도초과금액	(31) 손금불산입 합계 ((29)-(30))	(32) 손금산입 합계 ((19)-(31))
17,223,600	5,256,400	22,480,000	4,305,900	1,314,100	5,620,000	9,223,600	14,843,600	13,256,400
17,223,600	5,256,400	22,480,000	4,305,900	1,314,100	5,620,000	9,223,600	14,843,600	13,256,400

(22) 업무 사용 금액 / (23) 업무외 사용 금액

3 감가상각비(상당액) 한도초과금액 이월 명세

(37) 전기이월액	(38) 당기 감가상각비(상당액) 한도초과금액	(39) 감가상각비(상당액) 한도초과금액 누계	(40) 손금추인(산입)액	(41) 차기이월액((39)-(40))
18,000,000	9,223,600	27,223,600		27,223,600
18,000,000	9,223,600	27,223,600		27,223,600

4 업무용 승용차 처분 손실 및 한도초과금액 손금불산입액 계산

(44) 양도가액	(46) 취득가액	(47) 감가상각비 누계액	(48) 감가상각비한도초과금액 차기이월액(=(41))	(49) 합계 ((46)-(47)+(48))	(50) 처분손실 ((44)-(49)〈0〉)	(51) 당기손금산입액	(52) 한도초과금액 손금불산입 ((50)-(51))

(45) 세무상 장부가액

5 업무용 승용차 처분 손실 한도초과금액 이월 명세

(56) 처분일	(57) 전기이월액	(58) 손금산입액	(59) 차기이월액((57)-(58))
----.--.--			

3단계 [조정등록]

익금산입 및 손금불산입			손금산입 및 익금불산입		
과목	금액	소득처분	과목	금액	소득처분
업무용승용차 업무미사용	5,620,000	상여			
업무용승용차 감가상각비 한도초과	9,223,600	기타사외유출			

(4) ① 문제분석
  • 당기 [소득금액조정합계표]

익금산입 및 손금불산입			손금산입 및 익금불산입		
과목	금액	소득처분	과목	금액	소득처분
법인세비용	12,000,000	기타사외유출	선급비용	1,000,000	△유보 발생
전기 선급비용	500,000	△유보 감소	전기 대손충당금	4,000,000	유보 감소
대손충당금	5,000,000	유보 발생	전기 감가상각비	800,000	유보 감소
임차료	3,500,000	기타사외유출	전기 제품	2,700,000	유보 감소
단기매매증권	2,000,000	유보 발생			

  • 당기 [자본금과적립금조정명세서(을)]

과목	기초잔액 (ⓐ)	당기 중 증감		기말잔액 (ⓐ - ⓑ + ⓒ)
		감소(ⓑ)	증가(ⓒ)	
선급비용	△500,000	△500,000[1]	△1,000,000[5]	△1,000,000
대손충당금	4,000,000	4,000,000[2]	5,000,000[6]	5,000,000
감가상각비	1,500,000	800,000[3]	0	700,000
제품	2,700,000	2,700,000[4]	0	0
단기매매증권	0	0	2,000,000[7]	2,000,000
합계	7,700,000	7,000,000	6,000,000	6,700,000

[1] <익금산입> 전기 선급비용 과대계상 500,000 (유보) = 기초 △유보 잔액의 감소

[2] <손금산입> 전기 대손충당금 한도초과 4,000,000 (△유보) = 기초 유보 잔액의 감소

[3] <손금산입> 전기 감가상각비 한도초과 800,000 (△유보) = 기초 유보 잔액의 감소

[4] <손금산입> 전기 재고자산평가감 2,700,000 (△유보) = 기초 유보 잔액의 감소

[5] <손금산입> 선급비용 과대계상 1,000,000 (△유보) = △유보 잔액의 증가

[6] <익금산입> 대손충당금 한도초과 5,000,000 (유보) = 유보 잔액의 증가

[7] <익금산입> 단기매매증권 평가손실 2,000,000 (유보) = 유보 잔액의 증가

② 입력화면
  • [자본금과적립금조정명세서(을)] 탭

①과목 또는 사항	②기초잔액	당 기 중 증 감		⑤기말잔액 (=②-③+④)	비 고
		③감 소	④증 가		
선급비용	-500,000	-500,000	-1,000,000	-1,000,000	
대손충당금	4,000,000	4,000,000	5,000,000	5,000,000	
감가상각비	1,500,000	800,000		700,000	
제품	2,700,000	2,700,000			
단기매매증권			2,000,000	2,000,000	
합 계	7,700,000	7,000,000	6,000,000	6,700,000	

(5) ① 문제분석

- 최저한세 적용 여부

구분		금액	최저한세 적용 여부
조세특례제한법상 기간제한 없는 세액감면	• 중소기업에 대한 특별세액감면	8,925,930원	O
조세특례제한법상 세액공제	• 중소기업의 연구·인력개발비 세액공제	5,500,000원	X
	• 고용을 증대시킨 기업에 대한 세액공제	6,650,000원	O

- 차감세액 = Max[㉠ 감면 후 세액, ㉡ 최저한세] = 18,722,172원

  ㉠ 감면 후 세액 = 산출세액 − 최저한세 적용대상 세액감면·세액공제

   = [{272,385,400 + (12,400,200 − 17,326,000)} × 세율(9%,19%)] − (8,925,930 + 6,650,000)

   = [30,817,324] − 15,575,930 = 15,241,394원

  ㉡ 최저한세 = 감면 전 과세표준[1] × 최저한세율[2]

   = 267,459,600 × 7% = 18,722,172원

  [1] 감면 전 과세표준 = 과세표준 + 최저한세 적용대상 손금산입·비과세·소득공제

   = {272,385,400 + (12,400,200 − 17,326,000)} + 0 = 267,459,600원

  [2] 중소기업 : 7%

- 조세감면 배제 금액 = ㉡ 최저한세 − ㉠ 감면 후 세액 = ㉡ 18,722,172 − ㉠ 15,241,394

   = 3,480,778원[1]

  → 최저한세 적용대상 세액감면·세액공제 금액 = (8,925,930 + 6,650,000) − 3,480,778 = 12,095,152원

  [1] 공제·감면의 배제는 납세자에게 유리한 방법으로 선택할 수 있으므로, 이월이 가능한 '고용을 증대시킨 기업에 대한 세액공제' 6,650,000원에서 3,480,778원을 배제함

- 차감납부세액의 계산

산출세액	30,817,324
(−) 최저한세 적용대상 세액감면·세액공제	12,095,152
(=) 차감세액	18,722,172
(−) 최저한세 적용제외 세액감면·세액공제	5,500,000
(+) 가산세	0
(=) 총부담세액	13,222,172
(−) 기납부세액	1,360,000
(=) 차감납부할세액	11,862,172
(−) 분납할세액	1,862,172 [1]
(=) 차감납부세액	10,000,000

[1] 납부할 세액(가산세는 제외)이 1천만 원 초과 2천만 원 이하인 경우 분납가능금액

  = (차감납부할세액 − 가산세) − 10,000,000

  = (11,862,172 − 0) − 10,000,000 = 1,862,172원

② 입력화면

- [법인세과세표준및세액조정계산서] 메뉴

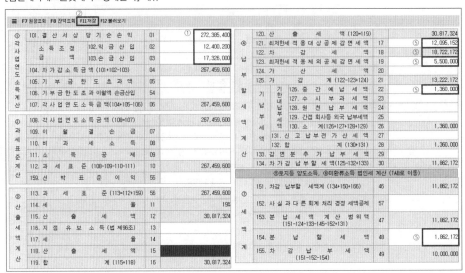

☰ F7 원장조회 F8 잔액조회 F11저장 F12 불러오기

			코드		금액
①각사업연도소득계산	101. 결산서상당기순손익		01	①	272,385,400
	소득조정금액	102. 익금산입	02		12,400,200
		103. 손금산입	03		17,326,000
	104. 차가감소득금액 (101+102-103)		04		267,459,600
	105. 기부금한도초과액		05		
	106. 기부금한도초과이월액손금산입		54		
	107. 각사업연도소득금액 (104+105-106)		06		267,459,600
②과세표준계산	108. 각사업연도소득금액 (108=107)				267,459,600
	109. 이월결손금		07		
	110. 비과세소득		08		
	111. 소득공제		09		
	112. 과세표준 (108-109-110-111)		10		267,459,600
	159. 선박표준이익		55		
③산출세액계산	113. 과세표준 (113=112+159)		56		267,459,600
	114. 세율		11		19%
	115. 산출세액		12		30,817,324
	116. 지점유보소득 (법제96조)		13		
	117. 세율		14		
	118. 산출세액		15		
	119. 합계 (115+118)		16		30,817,324

			코드		금액
	120. 산출세액 (120=119)				30,817,324
④납부할세액계산	121. 최저한세적용대상공제감면세액		17	⑤	12,095,152
	122. 차감세액		18		18,722,172
	123. 최저한세적용제외공제감면세액		19	⑤	5,500,000
	124. 가산세액		20		
	125. 가감계 (122-123+124)		21		13,222,172
기한내납부세액	126. 중간예납세액		22	⑤	1,360,000
	127. 수시부과세액		23		
	128. 원천납부세액		24		
	129. 간접회사등외국납부세액		25		
	130. 소계 (126+127+128+129)		26		1,360,000
	131. 신고납부전가산세액		27		
	132. 합계 (130+131)		28		1,360,000
	133. 감면분추가납부세액		29		
	134. 차가감납부할세액 (125-132+133)		30		11,862,172
⑤토지등양도소득, ⑥미환류소득법인세계산 (TAB으로 이동)					
	151. 차감납부할세액계 (134+150+166)		46		11,862,172
⑦세액계	152. 사실과다른회계처리경정세액공제		57		
	153. 분납세액계산범위액 (151-124-133-145-152+131)		47		11,862,172
	154. 분납할세액		48	⑤	1,862,172
	155. 차감납부세액 (151-152-154)		49		10,000,000

- [최저한세조정계산서] 메뉴

☰ F3 조정등록 F4 조정감순서 CF5 전체삭제 F6 중소기업유예연차 F7 원장조회 F8 잔액조회 F11저장 F12 불러오기 CF2 접대비1원단수조정

①구분	코드	②감면후세액	③최저한세	④조정감	⑤조정후세액
(101) 결산서상당기순이익	01	272,385,400			
소득조정금액 (102) 익금산입	02	12,400,200			
(103) 손금산입	03	17,326,000			
(104) 조정후소득금액 (101+102-103)	04	267,459,600	267,459,600		267,459,600
최저한세적용대상 특별비용 (105) 준비금	05				
(106) 특별상각,특례상각	06				
(107) 특별비용손금산입전소득금액 (104+105+106)	07	267,459,600	267,459,600		267,459,600
(108) 기부금한도초과	08				
(109) 기부금한도초과이월액손금산입	09				
(110) 각사업년도소득금액 (107+108-109)	10	267,459,600	267,459,600		267,459,600
(111) 이월결손금	11				
(112) 비과세소득	12				
(113) 최저한세적용대상비과세소득	13				
(114) 최저한세적용대상익금불산입·손금산입	14				
(115) 차가감소득금액 (110-111-112+113+114)	15	267,459,600	267,459,600		267,459,600
(116) 소득공제	16				
(117) 최저한세적용대상소득공제	17				
(118) 과세표준금액 (115-116+117)	18	267,459,600	267,459,600		267,459,600
(119) 선박표준이익	24				
(120) 과세표준금액 (118+119)	25	267,459,600	267,459,600		267,459,600
(121) 세율	19	19 %	7 %		19 %
(122) 산출세액	20	30,817,324	18,722,172		30,817,324
(123) 감면세액	21	④ 8,925,930		④	④ 8,925,930
(124) 세액공제	22	6,650,000		3,480,778	3,169,222
(125) 차감세액 (122-123-124)	23	15,241,394			④ 18,722,172

• [세액공제조정명세서(3)] 메뉴 ▶ [3.당기공제 및 이월액계산] 탭

	(105)구분	(106)사업연도	요공제액 (107)당기분	(108)이월분	당기공제대상세액 (109)당기분	(110)1차연도 2³4⁵6⁷8⁹10	(120)계
1	연구·인력개발비세액공제(최저한세제외)	2024-12	5,500,000		5,500,000		5,500,000
	소계		5,500,000		5,500,000		5,500,000
2	고용을 증대시킨 기업에 대한 세액공제	2023-12		6,650,000		6,650,000	6,650,000
	소계			6,650,000		6,650,000	6,650,000
	합 계		5,500,000	6,650,000	5,500,000	6,650,000	12,150,000

당기공제대상세액 (109)당기분	(110)1차연도 2³4⁵6⁷8⁹10	(120)계	(121)최저한세적용에따른 미공제액	(122)기타사유로인한 미공제액	(123)공제세액(120-121-122)	(124)소멸	(125)이월액(107+108-123-124)
5,500,000		5,500,000			5,500,000		
5,500,000		5,500,000			5,500,000		
	6,650,000	6,650,000	⑥ 3,480,778		3,169,222		3,480,778
	6,650,000	6,650,000	3,480,778		3,169,222		3,480,778
5,500,000	6,650,000	12,150,000	3,480,778		8,669,222		3,480,778

이론시험

1 ④	2 ③	3 ②	4 ③	5 ②	6 ③	7 ④	8 ②
9 ②	10 ①	11 ④	12 ③	13 ①	14 ①	15 ③	

1 ④ 매도가능증권의 평가손익은 기타포괄손익누계액으로 인식한다.

2 ③ ㉠ 물가가 상승(재고자산의 가격이 계속 상승)하고, ㉡ 기말재고수량이 기초재고수량보다 같거나 큰(매입 수량이 판매 수량보다 큰) 경우, 기말재고자산가액을 가장 높게 평가하는 방법은 선입선출법이다.

3 ② • 정률법의 경우, 내용연수 초기에는 감가상각비를 많이 인식하고 후기로 갈수록 적게 인식한다.
　　• 내용연수 초기일 때, '정률법 → 정액법' 영향
　　　: 감가상각비 감소, 당기순이익 증가, 기말 장부금액 증가

4 ③ • 전체 계약에서 손실이 예상되는 경우의 진행기준 수익 인식(계약기간 3년, 총수익 100,000,000원)

구분		20x1년	20x2년	20x3년
당기발생원가		38,000,000	46,000,000	21,000,000
추가소요 추정원가		57,000,000	21,000,000	0
총공사원가 추정액		95,000,000	105,000,000[1]	105,000,000
(누적) 작업진행률		40%	80%	100%
당기수익		100,000,000 × 40% = 40,000,000	(100,000,000 × 80%) − 40,000,000 = 40,000,000	20,000,000
당기비용	당기발생원가	△38,000,000	△46,000,000	△21,000,000
	예상손실전입(환입)	–	△1,000,000[2]	1,000,000
당기손익		2,000,000	△7,000,000	0

[1] 20x2년말 현재 총공사원가 추정액
　= 20x1년 발생원가 + 20x2년 발생원가 + 20x2년 말 현재 추가소요 추정원가
　= 38,000,000 + 46,000,000 + 21,000,000 = 105,000,000원
[2] 20x2년말 현재 추정되는 향후 예상손실
　= 전체 계약 예상손실 × (100% − 누적진행률)
　= (100,000,000 − 105,000,000) × (100% − 80%) = △1,000,000원
• 20x2년 당기손실 = 20x2년 말 현재 추정되는 전체 계약 예상손실 + △|20x1년에 인식한 공사이익|
　　　　　　　　 = (100,000,000 − 105,000,000) + △|2,000,000| = △7,000,000원

5 ② 확정기여형 퇴직연금에서는 회사가 연금을 불입하면 회사의 퇴직금 지급의무가 소멸되므로, 추가적인 출연의무는 발생하지 않는다.

6 ③ • 제품별 이익 : 침대 40,000원(차선안) / 책상 50,000원(최선안) / 의자 35,000원 / 연필 30,000원
　　• 기회원가 = 차선안의 효익 = 40,000원

7 ④ • 분리점 : 연산품의 제조과정에서 각 제품의 물리적 식별이 가능한 시점
　　• 결합원가 : 연산품의 제조과정에서 분리점 이전까지 투입된 원가

8 ② • 이중배분율법 : 보조부문의 원가를 변동비와 고정비로 구분한 후, 변동비는 실제조업도 기준으로 배분하고, 고정비는 최대조업도 기준으로 배분하는 방법

• 수선부문에 배분될 보조부문의 제조간접원가

= 변동제조간접원가 + 고정제조간접원가

$$= (3,000,000원 \times \frac{1,000시간}{2,000시간 + 1,000시간}) + (4,200,000원 \times \frac{2,000시간}{3,000시간 + 2,000시간})$$

$$= 1,000,000원 + 1,680,000원 = 2,680,000원$$

9 ② • 선입선출법에 의한 가공비의 완성품환산량 = 기초재공품 완성분 + 당기착수 완성분 + 기말재공품

$$= (250 \times 80\%) + 1,850 + (450 \times 80\%)$$

$$= 2,410개$$

• 가공비의 완성품환산량 단위당 원가 = 당기발생 가공비 ÷ 가공비의 완성품환산량

→ @12원 = ? ÷ 2,410개

∴ 당기발생 가공비 = 28,920원

10 ① (직접노무비 차이분석)

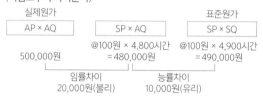

실제원가 | 표준원가

| AP × AQ | SP × AQ | SP × SQ |

@100원 × 4,800시간 = 480,000원 | @100원 × 4,900시간 = 490,000원

500,000원

임률차이 20,000원(불리) | 능률차이 10,000원(유리)

11 ④ • 가. 주식등변동상황명세서 제출불성실 가산세는 산출세액이 없는 경우에도 적용한다.

• 다. 적격증명서류 미수취분으로서 손금불산입되는 기업업무추진비에 대해서는 적격증명서류 수취불성실 가산세를 적용하지 않는다.

12 ③ • 개인사업자(간이과세자 포함)의 경우 예정신고기간의 부가가치세는 직전 과세기간 납부세액의 1/2에 해당하는 금액이 과세관청으로부터 고지되므로 별도의 신고 없이 납부만 하면 된다. 다만, 징수세액이 50만 원 미만인 경우에는 고지·징수되지 않는다.

• 사업소득이 있는 거주자는 소득세 중간예납을 하여야 한다. 다만, 중간예납세액이 50만 원 미만인 경우 징수되지 않는다.

• 직전 사업연도에 중소기업인 내국법인으로서 직전 사업연도의 산출세액을 기준으로 계산한 중간예납세액이 50만 원 미만인 경우 중간예납의무가 없다.

13 ① 비거주자는 국내원천소득에 대하여만 소득세 납부의무를 진다.

14 ① 해당 과세기간의 총공급가액 중 면세공급가액이 5% 미만인 경우 공통매입세액을 전액 공제되는 매입세액으로 한다. 다만, 공통매입세액이 500만 원 이상인 경우는 안분계산하여야 한다.

15 ③ 간이과세를 포기하고 일반과세를 적용받으려는 자는 일반과세를 적용받고자 하는 달의 전달 마지막 날까지 간이과세 포기신고를 하여야 한다.

실무시험

문제1 전표입력

(1) [매입매출전표입력]

2월 15일 유형 : 51.과세 / 공급가액 : 60,000,000 / 부가세 : 6,000,000 / 거래처 : ㈜한라기계 / 전자 : 여 / 분개 : 혼합

(차) 기계장치	60,000,000	(대) 보통예금	66,000,000
부가세대급금	6,000,000	국고보조금(기계장치)	50,000,000
국고보조금(보통예금)	50,000,000		

(2) [매입매출전표입력]
  7월 5일 유형 : 22.현과 / 공급가액 : 3,000,000 / 부가세 : 300,000 / 거래처 : (공란) / 분개 : 혼합(현금)
      (차) 현금   3,300,000   (대) 제품매출   3,000,000
                                                  부가세예수금   300,000

(3) [일반전표입력]
  8월 10일 (차) 보통예금   30,000,000   (대) 자본금   5,000,000
                                                  주식발행초과금   25,000,000

(4) [일반전표입력]
  12월 20일 (차) 보통예금   17,000,000   (대) 매도가능증권(투자)   19,000,000
              매도가능증권평가이익 4,000,000   매도가능증권처분이익   2,000,000[1)]
      [1)] 처분금액 - 취득원가 = 17,000,000 - 15,000,000 = 2,000,000원

문제 2 부가가치세신고

(1) [1단계] [신용카드매출전표등수령명세서] (4월~6월)

[2단계] [공제받지못할매입세액명세서] (4월~6월)

매입세액 불공제 사유	세금계산서		
	매수	공급가액	매입세액
①필요적 기재사항 누락 등			
②사업과 직접 관련 없는 지출			
③비영업용 소형승용자동차 구입·유지 및 임차			
④접대비 및 이와 유사한 비용 관련	1	500,000	50,000
⑤면세사업등 관련			
⑥토지의 자본적 지출 관련			
⑦사업자등록 전 매입세액			
⑧금·구리 스크랩 거래계좌 미사용 관련 매입세액			
합계	1	500,000	50,000

(2) 1단계 [매입매출전표입력]
- 11월 30일 유형 : 51.과세 / 공급가액 : 10,000,000 / 부가세 : 1,000,000 / 거래처 : ㈜하나물산 / 전자 : 여
  / 분개 : 분개없음
- 12월 15일 유형 : 11.과세 / 공급가액 : 15,000,000 / 부가세 : 1,500,000 / 거래처 : ㈜삼일전자 / 전자 : 여
  / 분개 : 분개없음

2단계 [부가가치세신고서] 메뉴에서 기간 "4월~6월", 신고구분 "1.정기신고"를 입력한 후, 화면 상단의 **F4 과표명세** (또는
F4)를 클릭하고, 보조창에서 신고구분 란에 "4.기한후과세표준"을 선택하고 **확인[Tab]** 을 클릭한다.

3단계 [부가가치세신고서] (10월~12월)

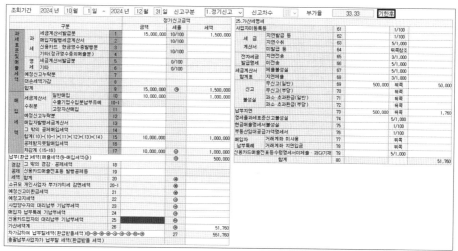

- 무신고(일반) 가산세 : 500,000 × 20% × 50% 감면[1] = 50,000원

  [1] 1개월 이내에 기한 후 신고하는 경우이므로 50% 감면

- 납부지연 가산세 : 500,000 × (22/100,000) × 16일 = 1,760원

문제 3 결산

(1) (수동결산)
[일반전표입력] 12월 31일

(차) 부가세예수금	48,000,000	(대) 부가세대급금	63,500,000
미수금	15,510,000	잡이익	10,000

(2) (수동결산)
[일반전표입력] 12월 31일

(차) 현금	140,000[1]	(대) 이자수익	185,078[2]
만기보유증권(투자)	45,078		

[1] 액면이자 = 액면금액 × 액면이자율 = 2,000,000 × 7% = 140,000원

[2] 유효이자 = 장부금액 × 유효이자율 = 1,850,787 × 10% = 185,078원

(3) (수동결산)
[일반전표입력] 12월 31일

(차) 미수수익	736,000	(대) 이자수익	736,000[1]

[1] 24,000,000 × 4.6% × (8개월/12개월) = 736,000원

(4) (수동결산 또는 자동결산)
| 방법 1 | (수동결산)
[일반전표입력] 12월 31일

(차) 무형자산상각비(판관비)	10,000,000[1]	(대) 영업권	10,000,000

[1] (전기말 미상각잔액 − 잔존가치) ÷ 기초 현재 잔여내용연수
= (45,000,000 − 0) × (12개월/54개월) = 10,000,000원

| 방법2 | (자동결산)

[결산자료입력] 메뉴에서 (기간 : 1월~12월) 다음과 같이 입력한다. 자동결산 항목 입력이 완료되고 나면 상단의 [전표추가]를 클릭하여 결산분개를 생성한다.
- 판매비와 일반관리비 ▶ 무형자산상각비 ▶ 영업권 : 10,000,000

문제 4 원천징수

(1) 1단계 [사원등록] 메뉴 ▶ 222.조지욱 ▶ [부양가족명세] 탭

연말관계	성명	내/외국인	주민(외국인, 여권)번호	나이	기본공제	부녀자	한부모	경로우대	장애인	자녀	출산입양	위탁관계
0	조지욱	내	1	790425-1072221	45	본인							
1	조유성	내	1	490802-1028221	75	60세이상			○	1			
1	우유순	내	1	500114-2033216	74	60세이상			○				
2	이기진	내	1	540730-1052112	70	부							
2	유이자	내	1	551212-2033105	69	60세이상							
3	이미지	내	1	810901-2245303	43	부							
4	조지예	내	1	130331-4274310	11	20세이하					○		
4	조지근	내	1	240315-3044213	0	20세이하						둘째	

- 조유성에 대하여 기본공제란에 '장애인'을 입력하여도 정답 인정

2단계 [연말정산추가자료입력] 메뉴 ▶ 222.조지욱 ▶ [소득명세] 탭
- 근무처명 : ㈜재무
- 사업자등록번호 : 106-87-42541
- 근무기간 : 2024. 1. 1. ~ 2024. 3. 31.
- 급여 : 20,000,000
- 상여 : 2,000,000
- 건강보험료 : 768,900
- 장기요양보험료 : 53,740
- 고용보험료 : 198,000
- 국민연금보험료 : 707,400
- 기납부세액 ▶ 소득세 : 630,530[1]
- 기납부세액 ▶ 지방소득세 : 63,050

[1] 전 근무지에서의 기납부세액은 종전 근무지 근로소득원천징수영수증에 기재된 결정세액, 기납부세액, 차감징수세액 중 결정세액임

3단계 [부양가족] 탭 ▶ 하단부
- 본인 조지욱

자료구분	보험료				의료비						교육비	
	건강	고용	일반보장성	장애인전용	일반	실손	선천성이상아	난임	65세,장애인		일반	장애인특수
국세청			1,200,000									
기타	3,647,740	854,000										

- 자녀 조지예

자료구분	보험료				의료비						교육비	
	건강	고용	일반보장성	장애인전용	일반	실손	선천성이상아	난임	65세,장애인		일반	장애인특수
국세청			500,000									
기타												

자료구분	신용카드등 사용액공제						기부금
	신용카드	직불카드등	현금영수증	전통시장사용분	대중교통이용분	도서공연 등	
국세청							800,000
기타							

- 자녀 조지근

자료구분	보험료				의료비						교육비	
	건강	고용	일반보장성	장애인전용	일반	실손	선천성이상아	난임	65세,장애인		일반	장애인특수
국세청									3,600,000			
기타												

4단계 [의료비] 탭

2024년 의료비 지급명세서

	성명	내/외	5.주민등록번호	6.본인등 해당여부	9.증빙 코드	8.상호	7.사업자 등록번호	10. 건수	11.금액	11-1.실손 보험수령액	12.미숙아 선천성이상아	13.난임 여부	14.산후 조리원
							지급처			지급명세			
☐	조지근	내	240315-3044213	2	0	1				3,600,000		X	X	X
☐														
☐														
			합계						3,600,000				
	일반의료비 (본인)			6세이하,65세이상인 건강보험산정특례자 장애인		3,600,000	일반의료비 (그 외)			난임시술비			
										미숙아·선천성이상아			

5단계 [부양가족] 탭 ▶ 하단부

• [기부금 입력] 세부 탭 ▶ 직계비속 조지예

구분			노조회비여부	기부처			건수	기부명세			자료구분
7.유형	8.코드	9.기부내용		10.상호(법인명)	11.사업자번호 등			13.기부금합계 금액(14+15)	14.공제대상 기부금액	15.기부장려금 신청 금액	
일반	40	금전	부	필수 입력	필수 입력		1	800,000	800,000		국세청

• [기부금 조정] 세부 탭

구분		기부연도	16.기부금액	17.전년도까지 공제된금액	18.공제대상 금액(16-17)	해당연도 공제금액	해당연도에 공제받지 못한 금액	
유형	코드						소멸금액	이월금액
일반	40	2024	800,000		800,000	800,000		

6단계 [연말정산입력] 탭 ▶ **F8 부양가족탭불러오기** 클릭
• 보장성보험 ▶ 일반 : 1,700,000
• 의료비 ▶ 6세 이하, 65세 이상, 장애인 : 3,600,000
• 기부금 ▶ 일반기부금 ▶ 종교단체 외 : 800,000

(2) 1단계 신고서 마감 : [원천징수이행상황신고서] 메뉴 (귀속기간 5월~5월, 지급기간 5월~5월)

2단계 전자신고파일 제작 : [전자신고] 메뉴 (신고인구분 : 2.납세자 자진신고), (비밀번호 : 12345678)

3단계 전자신고파일 제출 : [국세청 홈택스 전자신고변환(교육용)] 메뉴 (찾아보기 → 형식검증하기 → 형식검증결과확인 → 내용검증하기 → 내용검증결과확인 → 전자파일제출 → 신고서 접수증 확인)

문제5 세무조정

(1) ① 문제분석

• 수입금액 vs 회사의 결산서상 매출액

회사의 결산서상 매출액	3,730,810,900
(+) 제품시용매출 누락액	18,000,000
(+) 제품위탁매출 누락액	10,000,000
(=) 수입금액	3,758,810,900

• 세무조정
<익금산입> 외상매출금(제품매출) 18,000,000 (유보)
<손금산입> 제품(제품매출원가) 15,200,000 (△유보)
<익금산입> 외상매출금(제품매출) 10,000,000 (유보)
<손금산입> 제품(제품매출원가) 8,500,000 (△유보)

• 수입금액 vs 부가가치세법상 과세표준

수입금액	3,758,810,900
(+) 고정자산 매각	12,000,000
(-) 매출누락	28,000,000[1]
(=) 부가가치세법상 과세표준	3,742,810,900[1]

[1] 결산서에 누락되었던 제품시용매출액(18,000,000원)과 제품위탁매출액(10,000,000원)은 정확한 수입금액인 3,758,810,900원에는 포함되어 있으나 신고된 부가가치세 과세표준에는 포함되어 있지 않음

② 입력화면

1단계 [수입금액조정명세서]

• [수입금액조정계산] 탭

수입금액조정계산	작업진행률에 의한 수입금액	중소기업 등 수입금액 인식기준 적용특례에 의한 수입금액	기타수입금액조정

1 1.수입금액 조정계산

No	계정과목		③결산서상 수입금액	조 정		⑥조정후 수입금액 (③+④-⑤)	비 고
	①항 목	②계정과목		④가 산	⑤차 감		
1	매 출	제품매출	3,730,810,900	28,000,000		3,758,810,900	
		계	3,730,810,900	28,000,000		3,758,810,900	

2 2.수입금액조정명세

가.작업 진행률에 의한 수입금액	
나.중소기업 등 수입금액 인식기준 적용특례에 의한 수입금액	
다.기타 수입금액	28,000,000
계	28,000,000

• [기타수입금액조정] 탭

수입금액조정계산	작업진행률에 의한 수입금액	중소기업 등 수입금액 인식기준 적용특례에 의한 수입금액	기타수입금액조정

2 2.수입금액 조정명세
다.기타 수입금액

No	(23)구 분	(24)근 거 법 령	(25)수 입 금 액	(26)대 응 원 가	비 고
1	제품매출		18,000,000	15,200,000	
2	제품매출		10,000,000	8,500,000	
	계		28,000,000	23,700,000	

• [조정등록] 보조창

익금산입 및 손금불산입			손금산입 및 익금불산입		
과목	금액	소득처분	과목	금액	소득처분
외상매출금누락	18,000,000	유보 발생	매출원가가소	15,200,000	△유보 발생
외상매출금누락	10,000,000	유보 발생	매출원가가소	8,500,000	△유보 발생

2단계 [조정후수입금액명세서]

• [업종별 수입금액 명세서] 탭

업종별 수입금액 명세서	과세표준과 수입금액 차액검토

1 1.업종별 수입금액 명세서

①업 태	②종 목	순번	③기준(단순) 경비율번호	수 입 금 액				⑦수 출 (영세율대상)
				수입금액계정조회	내 수 판 매			
				④계(⑤+⑥+⑦)	⑤국내생산품	⑥수입상품		
제조	전자부품	01	321001	3,758,810,900	3,176,001,500			582,809,400

• [과세표준과 수입금액 차액검토] 탭

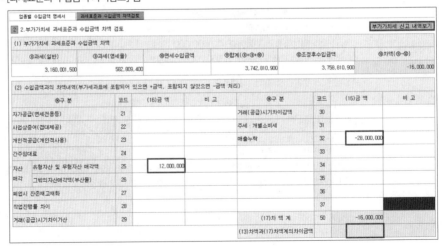

업종별 수입금액 명세서	과세표준과 수입금액 차액검토

2 2.부가가치세 과세표준과 수입금액 차액 검토 부가가치세 신고 내역보기

(1) 부가가치세 과세표준과 수입금액 차액

⑧과세(일반)	⑨과세(영세율)	⑩연세수입금액	⑪합계(⑧+⑨+⑩)	⑫조정후수입금액	⑬차액(⑪-⑫)
3,160,001,500	582,809,400		3,742,810,900	3,758,810,900	-16,000,000

(2) 수입금액과의 차액내역(부가세과표에 포함되어 있으면 +금액, 포함되지 않았으면 -금액 처리)

⑭구 분		코드	(16)금 액	비 고	⑭구 분	코드	(16)금 액	비 고
자가공급(면세전용등)		21			거래(공급)시기차이감액	30		
사업상증여(접대제공)		22			주세 · 개별소비세	31		
개인적공급(개인적사용)		23			매출누락	32	-28,000,000	
간주임대료		24				33		
자산 매각	유형자산 및 무형자산 매각액	25	12,000,000			34		
	그밖의자산매각액(부산물)	26				35		
폐업시 잔존재고재화		27				36		
작업진행률 차이		28				37		
거래(공급)시기차이가산		29			(17)차 액 계	50	-16,000,000	
					(13)차액과(17)차액계의차이금액			

(2) ① 문제분석

날짜	적요	금액	세무조정
1월 12일	주민세(종업원분)	1,700,000원	
2월 15일	산재보험료 연체금	300,000원	
3월 12일	국민연금 회사부담분	3,200,000원	
3월 24일	사업과 관련없는 불공제매입세액	1,200,000원	<손금불산입> 1,200,000 (기타사외유출)
4월 30일	법인세분 법인지방소득세	3,500,000원	<손금불산입> 3,500,000 (기타사외유출)
5월 8일	대표자 개인의 양도소득세 납부	5,000,000원	<손금불산입> 5,000,000 (상여)
6월 25일	폐수 초과배출부담금	750,000원	<손금불산입> 750,000 (기타사외유출)
7월 3일	지급명세서 미제출 가산세	1,500,000원	<손금불산입> 1,500,000 (기타사외유출)
9월 15일	간주임대료에 대한 부가가치세	650,000원	
10월 5일	업무상 교통위반 과태료	100,000원	<손금불산입> 100,000 (기타사외유출)
12월 9일	법인분 종합부동산세	5,700,000원	

② 입력화면

• [세금과공과금명세서]

	코드	계정과목	월	일	거래내용	코드	지급처	금 액	손금불산입표시
□	0817	세금과공과금	1	12	주민세(종업원분)			1,700,000	
□	0817	세금과공과금	2	15	산재보험료 연체금			300,000	
□	0817	세금과공과금	3	12	국민연금회사부담금		국민연금관리공단	3,200,000	
□	0817	세금과공과금	3	24	사업과 관련없는 불공제매입세액	00120	신세상백화점	1,200,000	손금불산입
□	0817	세금과공과금	4	30	법인세분 법인지방소득세			3,500,000	손금불산입
□	0817	세금과공과금	5	8	대표자 개인의 양도소득세 납부		강남구청	5,000,000	손금불산입
□	0517	세금과공과금	6	25	폐수 초과배출부담금		진주시청	750,000	손금불산입
□	0817	세금과공과금	7	3	지급명세서미제출가산세		진주세무서	1,500,000	손금불산입
□	0817	세금과공과금	9	15	간주임대료에대한부가세		진주세무서	650,000	
□	0817	세금과공과금	10	5	업무상 교통위반과태료		진주경찰서	100,000	손금불산입
□	0817	세금과공과금	12	9	법인분 종합부동산세			5,700,000	
□									
□									
□									
					손 금 불 산 입 계			12,050,000	
					합 계			23,600,000	

• [조정등록]

익금산입 및 손금불산입			손금산입 및 익금불산입		
과목	금액	소득처분	과목	금액	소득처분
사업과 관련없는 불공제매입세액	1,200,000	기타사외유출			
법인세분 법인지방소득세	3,500,000	기타사외유출			
대표자 개인의 양도소득세 납부	5,000,000	상여			
폐수 초과배출부담금	750,000	기타사외유출			
지급명세서 미제출 가산세	1,500,000	기타사외유출			
업무상 교통위반 과태료	100,000	기타사외유출			

(3) ① 문제분석

[외상매출금]

• 외상매출금 평가에 대한 세무조정

기말 평가액	25,000,000원 (= $20,000 × 1,250원/$)
평가 전 금액	23,000,000원 (= $20,000 × 1,150원/$)
세법상 외화환산손익	2,000,000원 외화환산이익
장부상 외화환산손익	1,000,000원 외화환산이익[1]
세무조정	<익금산입> 외상매출금 1,000,000 (유보)

[1] ($20,000 × 1,200원/$) − ($20,000 × 1,150원/$) = 1,000,000원 외화환산이익

• 장부 및 세법상 외상매출금 증감 내역 분석

구분	장부	유보(△유보)	세법
발생	23,000,000	0	23,000,000
(±) 외화환산	1,000,000	유보 1,000,000	2,000,000
(=) 기말	24,000,000	유보 1,000,000	25,000,000

[외상매입금]

• 외상매입금 평가에 대한 세무조정

기말 평가액	15,000,000원 (= $12,000 × 1,250원/$)
평가 전 금액	14,400,000원 (= $12,000 × 1,200원/$)
세법상 외화환산손익	600,000원 외화환산손실
장부상 외화환산손익	0원 외화환산손실[1]
세무조정	<손금산입> 단기차입금 600,000 (△유보)

[1] ($12,000 × 1,200원/$) − ($12,000 × 1,200원/$) = 0원 외화환산손실

• 장부 및 세법상 외상매입금 증감 내역 분석

구분	장부	유보(△유보)	세법
발생	△14,400,000	0	△14,400,000
(±) 외화환산	△0	△유보 600,000	△600,000
(=) 기말	△14,400,000	△유보 600,000	△15,000,000

② 입력화면

[외화자산등평가차손익조정명세서] 메뉴에서

• [외화자산·부채의 평가(을지)] 탭

No	②외화종류(자산)	③외화금액	④장부가액		⑦평가금액		⑩평가손익
			⑤적용환율	⑥원화금액	⑧적용환율	⑨원화금액	자 산(⑨−⑥)
1	USD	20,000.00	1,150.0000	23,000,000	1,250.0000	25,000,000	2,000,000
2							
	합 계			23,000,000		25,000,000	2,000,000

No	②외화종류(부채)	③외화금액	④장부가액		⑦평가금액		⑩평가손익
			⑤적용환율	⑥원화금액	⑧적용환율	⑨원화금액	부 채(⑥−⑨)
1	USD	12,000.00	1,200.0000	14,400,000	1,250.0000	15,000,000	−600,000
2							
	합 계			14,400,000		15,000,000	−600,000

- [환율조정차·대등(갑지)] 탭

No	①차손익 구분	②구분 (외화자산·부채명)	③최종 상환기일	④전기이월액	⑤당기경과일수/잔존일수		⑥손익금 해당액(③×⑤)	⑦차기 이월액(③-⑥)	비고
					발생일자	경과일수	잔존일수			
1										
	합계	차익								
		차손								

①구분		②당기손익금 해당액	③회사손익금 계상액	조정		⑥손익조정금액 (②-③)
				④차익조정(⑥-②)	⑤차손조정(②-⑥)	
가. 화폐성 외화자산·부채 평가손익		1,400,000	1,000,000			400,000
나. 통화선도·통화스왑, 환변동보험 평가손익						
다. 환율조정 계정손익	차익					
	차손					
계		1,400,000	1,000,000			400,000

- [조정등록]

익금산입 및 손금불산입			손금산입 및 익금불산입		
과목	금액	소득처분	과목	금액	소득처분
외상매출금	1,000,000	유보 발생	외상매입금	600,000	△유보 발생

(4) ① 문제분석

- 임원상여금

B	(차) 상여금	5,000,000	(대) 보통예금	5,000,000
T	(차) 사외유출	5,000,000	(대) 보통예금	5,000,000
T/A	<손금불산입> 임원상여금 한도초과액 5,000,000 (상여)			

- 자동차세 과오납금에 대한 환급금과 환부이자

B	(차) 보통예금 보통예금	200,000 10,000	(대) 잡이익 잡이익	200,000 10,000
T	(차) 보통예금 보통예금	200,000 10,000	(대) 잡이익 기타	200,000 10,000
T/A	<익금불산입> 자동차세 과오납금 환부이자 10,000 (기타)			

- 법인세비용

B	(차) 법인세등	12,000,000	(대) 미지급세금	12,000,000
T	(차) 사외유출	12,000,000	(대) 미지급세금	12,000,000
T/A	<손금불산입> 법인세등 12,000,000 (기타사외유출)			

- 감가상각 시부인

회사계상액	20,000,000
상각범위액	25,000,000
(시인부족액)	(5,000,000)
손금추인액	Min[⊙ 당기 시인부족액, ⓒ 전기이월 상각부인액] = Min[⊙ 5,000,000, ⓒ 8,000,000] = 5,000,000원
세무조정	<손금산입> 전기 감가상각비 한도초과 5,000,000 (△유보)

- 채권자 불분명 사채이자

B	(차) 이자비용	2,000,000	(대) 보통예금		1,450,000
			예수금(현금)		550,000
T	(차) 이자비용	2,000,000	(대) 상여		1,450,000
			기타사외유출		550,000
T/A	<손금불산입> 채권자불분명사채이자(원천세 제외) 1,450,000 (대표자상여)				
	<손금불산입> 채권자불분명사채이자(원천세) 550,000 (기타사외유출)				

② 입력화면

[소득금액조정합계표및명세서]

익금산입 및 손금불산입			손금산입 및 익금불산입		
과목	금액	소득처분	과목	금액	소득처분
상여금	5,000,000	상여	잡이익	10,000	기타
법인세등	12,000,000	기타사외유출	전기 감가상각비 한도초과	5,000,000	유보 감소
이자비용	1,450,000	상여			
이자비용	550,000	기타사외유출			

(5) ① 문제분석
- 기부금의 분류

구분	특례	일반	비지정
– 종교단체 기부금		5,000,000	
– 병원 연구비 기부금	20,000,000		
– 이재민 구호금품	5,000,000[1]		
– 비지정기부금			10,000,000[2]
합계	25,000,000	5,000,000	10,000,000

[1] 현물기부금의 평가 : 특례기부금인 경우, 장부가액

[2] 자산의 저가양도에 대한 의제기부금 = 정상가액 – 양도가액

= (100,000,000 × 70%) – 60,000,000 = 10,000,000원

- 비지정기부금 및 기부금 손금귀속시기에 대한 세무조정
  <손금불산입> 비지정기부금 10,000,000 (기타사외유출)
- 각 사업연도 소득금액의 계산

(1) 당기순이익	270,000,000
(2) 익금산입·손금불산입	35,000,000[1]
(3) 손금산입·익금불산입	10,000,000
(4) 차가감소득금액	295,000,000
(5) 기부금 한도초과액	0
① 기부금 한도초과액 0 (손금불산입, 기타사외유출)[2] [3]	
(6) 기부금 한도초과 이월액 손금산입	3,000,000
① 일반기부금 한도초과 이월액 3,000,000 (손금산입, 기타)[2] [3]	
(7) 각 사업연도 소득금액	292,000,000

[1] = 25,000,000 + 10,000,000(비지정기부금)

[2] • 기준소득금액 = 차가감소득금액 + (특례기부금 당기분 + 일반기부금 당기분)

= 295,000,000 + (25,000,000 + 5,000,000)

= 325,000,000원

• 이월결손금(15년 이내 발생분, 기준소득금액의 100% 한도) = 15,000,000원

- 특례기부금
  - 한도액 = (기준소득금액 − 이월결손금) × 50% = (325,000,000 − 15,000,000) × 50%
    = 155,000,000원
  - 한도초과 이월액 손금산입 = Min[당기 한도, 10년 내 한도초과 이월액]
    = Min[155,000,000, 0] = 0원
  - 해당액 : 25,000,000(당기분) + 0(한도초과 이월액 손금산입액) = 25,000,000원
  - 한도초과액 : 0원
- 일반기부금
  - 한도액 = (기준소득금액 − 이월결손금 − 특례기부금 손금인정액) × 10%
    = (325,000,000 − 15,000,000 − 25,000,000) × 10% = 28,500,000원
  - 한도초과 이월액 손금산입 = Min[당기 한도, 10년 내 한도초과 이월액]
    = Min[28,500,000, 3,000,000] = 3,000,000원
  - 해당액 : 5,000,000(당기분) + 3,000,000(한도초과 이월액 손금산입액) = 8,000,000원
  - 한도초과액 : 0원

3) '기부금 한도초과액의 손금불산입'과 '기부금 한도초과 이월액의 손금산입'에 대한 세무조정은 [소득금액조정합계표] 서식에 기재하지 않고, [법인세과세표준및세액조정계산서] 서식의 해당란에 바로 기재함

② 입력화면

[기부금조정명세서] 메뉴에서

- [1. 기부금 입력] 탭

- [조정등록] 보조창

익금산입 및 손금불산입			손금산입 및 익금불산입		
과목	금액	소득처분	과목	금액	소득처분
비지정기부금	10,000,000	기타사외유출			

• [2. 기부금 조정] 탭

1.기부금 입력	2.기부금 조정

1 1. 「법인세법」 제24조제2항제1호에 따른 특례기부금 손금산입액 한도액 계산

1.소득금액 계	325,000,000	5.이월잔액 중 손금산입액 MIN[4,23]	
2.법인세법 제13조제1항제1호에 따른 이월 결손금 합계액(기준소득금액의 80% 한도)	15,000,000	6.해당연도지출액 손금산입액 MIN[(④-⑤)>0, ⑥]	25,000,000
3.「법인세법」 제24조제2항제1호에 따른 특례기부금 해당 금액	25,000,000	7.한도초과액 [(3-6)>0]	
4.한도액 [(1-2)×50%]	155,000,000	8.소득금액 차감잔액 [(①-②-⑤-⑥)>0]	285,000,000

2 2. 「조세특례제한법」 제88조의4에 따라 우리사주조합에 지출하는 기부금 손금산입액 한도액 계산

9.「조세특례제한법」 제88조의4제13항에 따른 우리사주조합 기부금 해당 금액		11. 손금산입액 MIN(9, 10)	
10. 한도액 (8×30%)	85,500,000	12. 한도초과액 [(9-10)>0]	

3 3. 「법인세법」 제24조제2항제1호에 따른 일반기부금 손금산입 한도액 계산

13.「법인세법」 제24조제2항제1호에 따른 일반기부금 해당금액	5,000,000	16. 해당연도지출액 손금산입액 MIN[(14-15)>0, 13]	5,000,000
14. 한도액 ((8-11)×10%, 20%)	28,500,000	17. 한도초과액 [(13-16)>0]	
15. 이월잔액 중 손금산입액 MIN(14, 23)	3,000,000		

4 4.기부금 한도초과액 총액

18. 기부금 합계액 (3+9+13)	19. 손금산입 합계 (6+11+16)	20. 한도초과액 합계 (18-19)=(7+12+17)
30,000,000	30,000,000	

5 5.기부금 이월액 명세

사업 연도	기부금 종류	21.한도초과 손금불산입액	22.기공제액	23.공제가능 잔액(21-22)	24.해당연도 손금추인액	25.차기이월액 (23-24)
합계	「법인세법」 제24조제2항제1호에 따른 특례기부금					
	「법인세법」 제24조제2항제1호에 따른 일반기부금	3,000,000		3,000,000	3,000,000	
2023	「법인세법」 제24조제2항제1호에 따른 일반	3,000,000		3,000,000	3,000,000	

6 6. 해당 사업연도 기부금 지출액 명세

사업연도	기부금 종류	26.지출액 합계금액	27.해당 사업연도 손금산입액	28.차기 이월액(26-27)
합계	「법인세법」 제24조제2항제1호에 따른 특례기부금	25,000,000	25,000,000	
	「법인세법」 제24조제2항제1호에 따른 일반기부금	5,000,000	5,000,000	